AF748538

CTET & TETs

केन्द्रीय एवं राज्य स्तरीय शिक्षक पात्रता परीक्षा

चैप्टरवाइज सॉल्वड पेपर्स 2020 2011

सामाजिक विज्ञान/ अध्ययन एवं शिक्षाशास्त्र

पेपर 2 के लिए

CTET & TETs

केन्द्रीय एवं राज्य स्तरीय शिक्षक पात्रता परीक्षा

चैप्टरवाइज सॉल्वड पेपर्स 2020 2011

सामाजिक विज्ञान / अध्ययन एवं शिक्षाशास्त्र

पेपर 2 के लिए

अरिहन्त 'विशेषज्ञ मंडल'
द्वारा संग्रहित एवं सम्पादित

arihant
अरिहन्त पब्लिकेशन्स (इण्डिया) लिमिटेड

arihant

अरिहन्त पब्लिकेशन्स (इण्डिया) लिमिटेड

卐 **रजि. कार्यालय**

'रामछाया' 4577/15, अग्रवाल रोड, दरिया गंज, नई दिल्ली- 110002

फोन: 011-47630600, 43518550

मुख्य कार्यालय

कालिन्दी, टी०पी० नगर, मेरठ (यूपी)– 250002

फोन: 0121-7156203, 7156204

卐 **शाखा कार्यालय**

आगरा, अहमदाबाद, बरेली, बंगलुरु, चेन्नई, दिल्ली, गुवाहाटी, हैदराबाद, जयपुर, झाँसी, कोलकाता, लखनऊ, नागपुर तथा पुणे

卐 **ISBN** 978-93-24193-59-9

PO No : TXT-XX-XXXXXXX-X-XX

PUBLISHED BY ARIHANT PUBLICATIONS (INDIA) LTD.

'अरिहन्त' की पुस्तकों के बारे में अधिक जानकारी के लिए हमारी वेबसाइट **www.arihantbooks.com** पर लॉग इन करें या **info@arihantbooks.com** पर सम्पर्क करें।

Follow us on...

विषय-सूची

सॉल्वड पेपर

08 जनवरी, 2020

UPTET

उत्तर प्रदेश शिक्षक पात्रता परीक्षा

पेपर II (कक्षा VI-VIII)

सामाजिक विज्ञान

1. आरामबाग अधोलिखित किस मुगल बादशाह ने बनवाया था?
(a) जहाँगीर (b) अकबर
(c) हुमायूँ (d) बाबर

2. वर्ष 1916 में भारत में होमरूल आन्दोलन की शुरुआत किसने की थी?
(a) जी.के. गोखले (b) लाला लाजपत राय
(c) बी.जी. तिलक (d) गाँधीजी

3. अधोलिखित में से किस लेखक की पुस्तक से कश्मीर के बारहवीं शताब्दी ईसवी के इतिहास का विवरण प्राप्त होता है?
(a) जल्हण (b) बिल्हण
(c) कल्हण (d) कालिदास

4. दिल्ली के किस सुल्तान ने 'सिकन्दर द्वितीय' (सानी) की उपाधि धारण की थी?
(a) सिकन्दर लोदी (b) अलाउद्दीन खिलज़ी
(c) बलबन (d) इल्तुतमिश

5. सुमेलित कीजिए

	सूची I		सूची I
A.	राजा राममोहन राय	1.	रामकृष्ण मिशन
B.	विवेकानन्द	2.	प्रार्थना समाज
C.	दयानन्द सरस्वती	3.	ब्रह्म समाज
D.	एम. जी. रानाडे	4.	आर्य समाज

कूट

	A	B	C	D
(a)	1	2	3	4
(b)	4	1	2	3
(c)	3	4	2	1
(d)	3	1	4	2

6. निम्नलिखित में से किसे 'मदर ऑफ इण्डियन रिवोल्यूशन' कहा जाता है?
(a) ऐनी बेसेण्ट (b) मैडम भीकाजी कामा
(c) कल्पना दत्त (d) प्रीतीलता वाडेदर

7. 'सुदर्शन झील' का निर्माण किस शासक के काल में हुआ?
(a) अशोक (b) बिन्दुसार
(c) समुद्रगुप्त (d) चन्द्रगुप्त

8. पुष्यभूति राजवंश की वंशावली अधोलिखित किस राजा के नाम से प्रारम्भ होती है?
(a) प्रभाकरवर्धन (b) राज्यवर्धन
(c) नरवर्धन (d) आदित्यवर्धन

9. अधोलिखित में से कौन-सी ताम्रपाषाणिक ग्रामीण संस्कृति प्राचीनतम है?
(a) जोरवे संस्कृति (b) कायथा संस्कृति
(c) अहार संस्कृति (d) मालवा संस्कृति

10. मौर्य साम्राज्य की स्थापना से पहले समस्त उत्तरी भारत विभक्त था
(a) बीस राजतन्त्र शासन में
(b) दो शासन तन्त्रों में
(c) दस राजतन्त्र शासन में
(d) सोलह महाजनपद व गणराज्यों में

11. निम्नलिखित में से कौन-सा अपरदन अभिकर्ता बालुका स्तूपों (बालू टिब्बा) के निर्माण के लिए उत्तरदायी है?
(a) पवन (b) भूमिगत जल
(c) हिमनदी (d) नदी

12. निम्नलिखित में से कौन-सी पृथ्वी के वायुमण्डल की सबसे निचली परत है?
(a) तापमण्डल (b) समतापमण्डल
(c) मध्यमण्डल (d) क्षोभमण्डल

13. पूर्ववर्ती नदी है
(a) गोदावरी (b) यमुना
(c) गंगा (d) सतलुज

14. पृथ्वी के बाह्य परत को कहते हैं
(a) पपड़ी (क्रस्ट) (b) क्षोभमण्डल
(c) जलमण्डल (d) स्थलमण्डल

15. निम्नलिखित में से कौन-सी गर्म धारा है?
(a) क्यूरोशियो धारा (b) लैब्राडोर धारा
(c) कनारी धारा (d) क्यूराइल धारा

16. निम्नलिखित में से कौन-सा परिवहन का सबसे सस्ता साधन है?
(a) सड़क परिवहन (b) रेल परिवहन
(c) जल परिवहन (d) वायु परिवहन

17. गोदावरी नदी निकलती है
(a) अमरकण्टक से (b) बेतूल से
(c) नासिक से (d) महाबलेश्वर से

18. स्वेज़ नहर जोड़ती है
(a) भूमध्य सागर—लाल सागर
(b) लाल सागर—अरब सागर
(c) भूमध्य सागर—अटलाण्टिक महासागर
(d) भूमध्य सागर—अरब सागर

19. निम्नलिखित में से कौन-सा/से ताप-व्युत्क्रमण के लिए आदर्श स्थितियाँ हैं?
A. बादलयुक्त आकाश B. शान्त एवं स्थिर वायु
C. लम्बे ग्रीष्मकालीन दिन
कूट
(a) A, B और C (b) B और C
(c) केवल C (d) केवल B

20. मेघालय का पठार विस्तार है
(a) प्रायद्वीपीय पठार (b) अरावली
(c) हिमालय (d) तिब्बत का पठार

21. संविधान सभा का संवैधानिक सलाहकार कौन था?
(a) डॉ. बी. एन. राव (b) के. एम. मुन्शी
(c) के. सुब्बा राव (d) डॉ. राजेन्द्र प्रसाद

22. भारतीय संसद की सबसे बड़ी समिति कौन-सी है?
(a) प्राक्कलन समिति (b) कार्य मन्त्रणा समिति
(c) लोक लेखा समिति (d) सार्वजनिक उपक्रम समिति

23. संविधान में मूल कर्त्तव्य कब जोड़े गए?
(a) वर्ष 1979 में (b) वर्ष 1978 में
(c) वर्ष 1977 में (d) वर्ष 1976 में

24. सर्वप्रथम 'पंचायती राज' का गठन किस वर्ष हुआ?
(a) वर्ष 1987 (b) वर्ष 1959
(c) वर्ष 1968 (d) वर्ष 1972

25. निम्नलिखित में से कौन-सा संविधान के 73वें संशोधन में सम्मिलित है?
A. जिला पंचायत B. क्षेत्र पंचायत
C. ग्राम पंचायत D. नगर निगम
कूट
(a) सभी चारों (b) A, B और C
(c) B, C और D (d) A, B और D

26. भारतीय संविधान के अनुसार निम्न में से किसे अवशिष्ट शक्तियाँ प्रदान की गई हैं?
(a) स्थानीय निकायों को (b) राज्य तथा केन्द्र को
(c) केन्द्र को (d) राज्य को

27. प्रधानमन्त्री नरेन्द्र मोदी G-7 शिखर सम्मेलन में सम्मिलित होने के लिए वर्ष 2019 में किस देश की यात्रा पर गए थे?
(a) इटली (b) फ्रांस (c) जर्मनी (d) इंग्लैण्ड

28. भारत के सर्वोच्च न्यायालय में न्यायाधीशों की संख्या कितनी है?
(a) 34 (b) 33
(c) 31 (d) 30

29. 'लुक ईस्ट पालिसी' का 'एक्ट ईस्ट पालिसी' में परिवर्तन कब हुआ?
(a) दिसम्बर, 2015 (b) नवम्बर, 2015
(c) दिसम्बर, 2014 (d) नवम्बर, 2014

30. उत्तर प्रदेश जमींदारी उन्मूलन और भूमि सुधार अधिनियम, 1950 अन्तर्निहित है
(a) बारहवीं अनुसूची में (b) ग्यारहवीं अनुसूची में
(c) दसवीं अनुसूची में (d) नवीं अनुसूची में

31. सन्तुलित आहार में सुरक्षात्मक पोषक तत्त्व है
(a) विटामिन व खनिज लवण (b) प्रोटीन
(c) वसा (d) कार्बोज

32. निम्नलिखित विधियों में से भोजन पकाने की सर्वोत्तम विधि क्या है?
(a) सेंकना (b) तलना
(c) भूनना (d) उबालना

33. ट्रिप्सिन एन्जाइम किस क्रिया में सहायक होता है?
(a) न्यूक्लिक अम्ल के पाचन में (b) वसा के पाचन में
(c) कार्बोहाइड्रेट के पाचन में (d) प्रोटीन के पाचन में

34. चेचक के विषाणु का नाम बताइए
(a) बैसिलस टाइफोसस (b) विब्रियो कॉलेरी
(c) एण्टअमीबा हिस्टोलिटिका (d) वेरिओला वाइरस

35. शेफर विधि का प्रयोग किया जाता है
(a) टाँग की हड्डी टूटने पर
(b) सामान्य मूर्छा (बेहोशी) आने पर
(c) पसली की हड्डी टूटने पर
(d) रोगी के पानी में डूबने पर

36. सम्पोषणीय विकास की संकल्पना की व्याख्या सर्वप्रथम किसमें की गई है?
(a) प्रथम पृथ्वी सम्मेलन रिपोर्ट (b) ब्राण्टलैण्ड कमीशन रिपोर्ट
(c) विश्व विकास रिपोर्ट (d) मानव विकास रिपोर्ट

37. निम्न में से किसे भारत का राष्ट्रीय जलीय जीव कहा जाता है?
(a) कछुआ (b) डॉल्फिन गैंगेटिका
(c) मगर (d) घड़ियाल

38. किस वर्ष वन संरक्षण अधिनियम पारित किया गया था?
(a) वर्ष 1980 (b) वर्ष 1990
(c) वर्ष 1986 (d) वर्ष 1988

39. निम्नलिखित में से कौन-सी हरितगृह से सम्बन्धित गैस नहीं है?
(a) मीथेन (b) ओज़ोन
(c) कार्बन डाइ-ऑक्साइड (d) नाइट्रोजन

40. निम्नलिखित में से कौन-सी मृदा संरक्षण की विधि नहीं है?
(a) जैविक खाद (b) मृदा अपरदन रोकना
(c) कीटनाशक रसायन (d) फसल चक्र

41. अरहर की संकर किस्म है
(a) अहार (b) आई.सी.पी.एच.-8
(c) यू.पी.ए.एस.-120 (d) आई.सी.पी.एल.-87

42. निम्न में से किस राज्य को 'सोयाबीन-राज्य' कहा जाता है?
(a) आन्ध्र प्रदेश (b) मध्य प्रदेश
(c) राजस्थान (d) महाराष्ट्र

43. ''ग्रीन हाउस'' में सब्जियों को उगाने की विधि को कहते हैं
(a) किचेन गार्डेनिंग (b) फ्लोटिंग गार्डेनिंग
(c) वेजीटेबल फोर्सिंग (d) ट्रक गार्डेनिंग

44. मृदाओं के कण घनत्व का औसत मूल्य होता है
(a) 2.85 ग्रा/सेमी^{3} (b) 2.75 ग्रा/सेमी^{3}
(c) 2.66 ग्रा/सेमी^{3} (d) 2.56 ग्रा/सेमी^{3}

45. निम्नलिखित में बाग लगाने की कौन-सी विधि पहाड़ी क्षेत्रों में अपनाई जाती है?
(a) वर्गाकार (b) समोच्च
(c) एकान्तर (d) षट्भुजाकार

46. सिलाई मशीन कब भारी चलती है?
(a) शटल में धागा अटक जाने पर
(b) प्रेशर फुट में ज्यादा दबाव होने पर
(c) बेल्ट बहुत ढीली होने पर
(d) तेल की कमी तथा सफाई न होने पर

47. वृद्धावस्था में कैल्शियम की कमी से कौन-सा रोग हो जाता है?
(a) ऑस्टियोमेलेशिया (b) एनीमिया
(c) ऑस्टियोपोरोसिस (d) रिकेट्स

48. हीमोग्लोबिन में प्रोटीन नामक तत्त्व कौन-सा है?
(a) लिपोप्रोटीन (b) ग्लोबिन
(c) हीमोग्लोबिन (d) हीम

49. आजकल यूरोप और भारत में किस जर्मन शिक्षाशास्त्री की पाठ योजना पद्धति प्रचलित है?
(a) हर्बर्ट (b) डाल्टन
(c) मॉण्टेसरी (d) फ्रोबेल

50. योजना विधि आधारित है
(a) करके सीखने पर (b) देखने पर
(c) सुनने पर (d) इनमें से कोई नहीं

51. पंचम सवारी ताल में कितनी मात्राएँ होती हैं?
(a) 15 (b) 14 (c) 12 (d) 16

52. 'वन्दे मातरम्' राष्ट्रीय गीत के रचयिता कौन हैं?
(a) अरविन्द घोष (b) बंकिम चन्द्र चटर्जी
(c) शरत चन्द्र चट्टोपाध्याय (d) रवीन्द्र नाथ टैगोर

53. 'राग भैरव' का गायन समय क्या है?
(a) रात्रि (b) सायंकाल
(c) दोपहर (d) प्रातः काल

54. सामान्य मुद्रा में कार्बन तथा नाइट्रोजन (C : M) का अनुपात होता है
(a) 20 :1 (b) 15 :1
(c) 10 :1 (d) 5 :1

55. विशिष्ट मृदा में मृदा वर्ग कणों के आपेक्षिक अनुपात को कहते हैं
(a) मृदा समूह (b) मृदा कणाकार
(c) मृदा संरचना (d) मृदा समुच्चयता

56. ओलम्पिक खेलों का आदर्श वाक्य क्या है?
(a) एवर ग्रीन (b) आल्टियस, सीटियस, फोर्टियस
(c) फॉर एवर हायर (d) एवर ऑन वर्ड

57. निम्नलिखित में से कौन अर्जुन पुरस्कार विजेता हैं?
(a) दारा सिंह (b) पुलेला गोपीचन्द
(c) प्रदीप खाल्को (d) विशेष भृगुवंशी

58. मनोरंजन कितने प्रकार के होते हैं?
(a) दस (b) आठ
(c) पाँच (d) चार

59. निम्नलिखित में से कौन-सा आसन घुटनों की शक्ति के लिए अच्छा होता है?
(a) चक्रासन (b) ताड़ासन
(c) वज्रासन (d) सुखासन

60. प्रथम राष्ट्रीय खेल विश्वविद्यालय कहाँ खोला गया है?
(a) मणिपुर (b) असोम
(c) महाराष्ट्र (d) मध्य प्रदेश

उत्तरमाला

1	(d)	2	(c)	3	(c)	4	(b)	5	(d)	6	(b)	7	(d)	8	(c)	9	(c)	10	(d)
11	(a)	12	(d)	13	(d)	14	(d)	15	(a)	16	(c)	17	(c)	18	(a)	19	(d)	20	(a)
21	(a)	22	(a)	23	(d)	24	(b)	25	(b)	26	(c)	27	(b)	28	(a)	29	(d)	30	(d)
31	(a)	32	(d)	33	(d)	34	(d)	35	(d)	36	(b)	37	(b)	38	(a)	39	(d)	40	(c)
41	(b)	42	(b)	43	(c)	44	(c)	45	(b)	46	(d)	47	(c)	48	(b)	49	(d)	50	(d)
51	(a)	52	(b)	53	(d)	54	(b)	55	(b)	56	(b)	57	(b)	58	(c)	59	(d)	60	(a)

संकेत एवं हल

1. (d) आरामबाग का निर्माण मुगल सम्राट बाबर ने 1528 ई. में आगरा में करवाया था। प्रारम्भ में बाबर की मृत्यु के पश्चात् उसके शव को आरामबाग में दफनाया गया था, लेकिन बाद में बाबर के शव को अफगानिस्तान (काबुल) में दफनाया गया था। आरामबाग एक फारसी उद्यान है, जिसका अर्थ है—'आराम का बाग'।

2. (c) वर्ष 1916 में भारत में होमरूल आन्दोलन की शुरुआत बाल गंगाधर तिलक (बी. जी. तिलक) ने की थी। भारतीय होमरूल आन्दोलन, आयरिश होमरूल आन्दोलन से अभिप्रेरित था। यह आन्दोलन भारत में लगभग 1916 से वर्ष 1918 के बीच लगभग दो वर्ष तक चला। वर्ष 1921 में ऑल इण्डिया होमरूल आन्दोलन ने अपना नाम बदलकर स्वराज्य सभा कर लिया।

3. (c) 12वीं शताब्दी के प्रसिद्ध कश्मीरी लेखक, कल्हण ने कश्मीर का इतिहास 'राजतरंगिणी' नामक पुस्तक में वर्णित किया है। यह पुस्तक सम्पूर्ण कश्मीर के इतिहास का वर्णन करती है। यह संस्कृत में लिखी उस समय की एक महत्त्वपूर्ण पुस्तक है। इस पुस्तक में उस समय के कश्मीर के वंशों—लोहार वंश, कार्कोट वंश आदि के विषय में वर्णन करती है।

4. (b) दिल्ली के खिलजी वंश के शासक अलाउद्दीन खिलजी (1296-1316 ई.) ने सिकन्दर द्वितीय (सानी) की उपाधि धारण की थी।

अलाउद्दीन ने सेना को नकद वेतन देने और स्थायी सेना की नींव रखी। इसने घोड़ा दागने और सैनिकों का हुलिया रखने की प्रथा की शुरुआत की।

5. (d) सही सुमेलन इस प्रकार है

राजा राम मोहन राय	ब्रह्म समाज (राजा राममोहन राय ने इसकी स्थापना 1828 ई. में की थी)
विवेकानन्द	रामकृष्ण मिशन (इन्होंने 1897 ई. में इसकी स्थापना की)
दयानन्द सरस्वती	आर्य समाज (इन्होंने 1875 ई. में इसकी स्थापना बम्बई में की)
एम. जी. रानाडे	प्रार्थना समाज (केशवचन्द्र के सहयोग से एम. जी. रानाडे, आत्माराम पाण्डुरंग, देवेन्द्रनाथ ठाकुर ने इसकी स्थापना 1867 ई. में की थी।

6. (b) मदर ऑफ इण्डियन रिवोल्यूशन मैडम भीकाजी कामा को कहा जाता है। इनका जन्म बम्बई में सितम्बर, 1861 को एक पारसी परिवार में हुआ था। इन्होंने पेरिस में पेरिस इण्डियन सोसायटी की स्थापना की। इन्होंने वर्ष 1907 में जर्मनी के स्टूटगार्ड में दूसरे समाजवादी कांग्रेस सम्मेलन में 'भारतीय स्वतन्त्रता' का झण्डा फहराया था।

7. (d) सुदर्शन झील का निर्माण मौर्य साम्राज्य के संस्थापक चन्द्रगुप्त मौर्य ने अपने गिरनार के उपशासक पुष्यगुप्त वैश्य से करवाया था। बाद में अशोक ने इसका पुनरुद्धार करवाया।

8. (c) पुष्यभूति राजवंश की वंशावली इस वंश के शासक 'नरवर्धन' से प्रारम्भ होती है। सोनीपत (हरियाणा) तथा नालन्दा (बिहार) से प्राप्त अभिलेख से इस वंश की जानकारी प्राप्त होती है। इस वंश का वास्तविक संस्थापक प्रभारकरवर्द्धन था। उसने 'परमभट्टारक' व 'महाराजधिराज' की उपाधि धारण की थी। 'हर्षचरित' में प्रभाकरवर्द्धन को 'हूण केसरी' कहा गया है।

9. (c) भारत की ताम्रपाषाणिक ग्रामीण संस्कृति में अहार संस्कृति (2100-1800 ई. पू.) सबसे प्राचीन ग्रामीण संस्कृति है। अहार संस्कृति के अन्तर्गत राजस्थान के अहार, बालापस, गिलुण्ड आदि स्थल आते हैं।

10. (d) मौर्य साम्राज्य की स्थापना से पहले समस्त उत्तरी भारत सोलह महाजनपद व गणराज्यों में विभक्त था। सोलह महाजनपदों की जानकारी बौद्ध ग्रन्थ अंगुत्तर निकाय से मिलती है। यह महाजनपदों अंग, मगध, काशी, वत्स, अश्मक, कम्बोज, कुरु, मत्स्य, मल्ल, शूरसेन, पांचाल चेदि, गांधार वज्जि, कोशल, अवन्ति थे।

11. (a) पवन द्वारा निर्मित स्थलाकृतियों में रेगिस्तानी क्षेत्रों में बालुका स्तूपों या बालू टिब्बा के निर्माण में अपरदन अभिकर्ता की भूमिका महत्त्वपूर्ण होती है, क्योंकि रेगिस्तानी क्षेत्रों में तेज हवाओं के साथ विभिन्न स्थानों पर बड़े-बड़े बालू टिब्बों का निर्माण हो जाता है।

12. (d) क्षोभमण्डल, वायुमण्डल की सबसे निचली परत है। इसकी ऊँचाई ध्रुवों पर 8 किमी तथा विषुवत् रेखा पर लगभग 18 किमी होती है। सभी वायुमण्डल घटनाएँ; जैसे– बादल, आँधी, वर्षा इसी मण्डल में घटित होती हैं।

13. (d) सतलुज नदी एक पूर्ववर्ती नदी है। एक पूर्ववर्ती नदी वह नदी है, जिसका प्रवाह अन्तर्निहित पर्वत स्थलाकृति में परिवर्तन के बावजूद अपने मूल प्रवाह को बनाए रखती है। कई हिमालयी नदियाँ पूर्ववर्ती उत्पत्ति के अन्य उदाहरण हैं; जैसे– सिन्धु, ब्रह्मपुत्र, तथा कोसी आदि।

14. (d) पृथ्वी की सम्पूर्ण बाह्य परत, जिस पर महाद्वीप एवं महासागर स्थित हैं, स्थलमण्डल कहलाती है। पृथ्वी के कुल भाग का 29% भाग स्थल एवं 71% भाग पर जल है। पृथ्वी के भू-क्षेत्रफल व जल क्षेत्रफल का अनुपात 3 : 7 है।

15. (a) निम्न में से क्युरोशियो धारा गर्म जल धारा है। निम्न अक्षांशों में उष्ण कटिबन्धों से उच्च समशीतोष्ण और उपध्रुवीय कटिबन्धों की ओर बहने वाली जलधाराओं को गर्म जल धारा कहते हैं।

16. (c) लम्बी दूरी के लिए परिवहन का सबसे सस्ता साधन जलमार्ग है। भारत में जलमार्गों का विकास किया जा रहा है तथा इलाहाबाद से हल्दिया (NW-1) जलमार्ग की दूरी 1629 किमी है, जल परिवहन सस्ता एवं सुगम्य यातायात का साधन है, क्योंकि इसके निर्माण में परिवहन मार्गों का निर्माण नहीं करना पड़ता और केवल परिवहन के साधनों से ही यातायात किया जाता है।

17. (c) गोदावरी नदी नासिक जिले (महाराष्ट्र) के त्रयम्बक गाँव की एक पहाड़ी से निकलती है। इसकी लम्बाई 1465 किमी है तथा इसे वृद्ध गंगा या दक्षिण गंगा भी कहा जाता है। गोदावरी नदी दक्षिण भारत की सबसे लम्बी नदी है। यह नदी बंगाल की खाड़ी में मिलती है।

18. (a) स्वेज नहर भूमध्य सागर और लाल सागर को जोड़ती है। 1858 ई. में एक फ्रांसीसी इन्जीनियर फर्डीनेण्ड की देखरेख में स्वेज नहर का निर्माण शुरू हुआ था।

यह नहर 168 किमी लम्बी और 60 मी चौड़ी है। इस नहर के कारण यूरोप से एशिया और पूर्वी अफ्रीका का सरल और सीधा मार्ग खुल गया।

19. (d) ताप व्युत्क्रमन के लिए आदर्श परिस्थितियाँ 'शान्त व स्थिर वायु' है। इसके अतिरिक्त साफ आकाश व लम्बी रातों का होना भी ताप व्युत्क्रमण के लिए आवश्यक है। शान्त व स्थिर वायु से निचले स्तर पर कोई उर्ध्वाधर मिश्रण नहीं होता जो ताप व्युत्क्रमण के लिए एक आदर्श परिस्थितियों का निर्माण करती है।

20. (a) मेघालय का पठार वास्तव में मुख्य भारतीय प्रायद्वीपीय पठार का एक विस्तार है। मेघालय पठार में कार्बी आंगलोंग पठार और मेघालय पठार दो अलग-अलग पठार हैं। ऐसा माना जाता है कि हिमालय की उत्पत्ति के समय भारतीय प्लेट के उत्तरपूर्वी संचलन से उत्पन्न बल के कारण, राजमहल पहाड़ियों और कार्बी मेघालय पठार के बीच एक बहुत गैप (स्थान) पैदा हो गया था। इससे मेघालय और कार्बी आंगलोंग पठार मुख्य प्रायद्वीपीय पठार से अलग हो गया।

21. (a) संविधान सभा का संवैधानिक सलाहकार डॉ. बी. एन. राव को नियुक्त किया गया था। बी. एन. राव एक भारतीय सिविल सेवक, न्यायविद्, राजनयिक और राजनेता थे, जिन्हें भारत के संविधान के निर्माण में महत्त्वपूर्ण भूमिका के लिए जाना जाता था। ये वर्ष 1950 से 1952 तक संयुक्त राष्ट्र सुरक्षा परिषद् में भारत के प्रतिनिधि भी रहे।

22. (a) भारतीय संसद की सबसे बड़ी समिति प्राक्कलन समिति है। इस समिति में लोकसभा के 30 सदस्य होते हैं। इस समिति के सदस्यों का चुनाव प्रत्येक वर्ष आनुपातिक प्रतिनिधित्व के आधार पर एकल संक्रमणीय मत द्वारा किया जाता है। इसके सदस्यों का कार्यकाल 1 वर्ष का होता है। इस समिति का अध्यक्ष लोकसभा के अध्यक्ष द्वारा मनोनीत किया जाता है। यह समिति सरकारी खर्च में कैसे कमी लाई जाए, संगठन में कैसे कुशलता लाई जाए तथा प्रशासन में कैसे सुधार किए जाएँ आदि पर रिपोर्ट देती है।

23. (d) हमारे संविधान में मूल कर्त्तव्य सरदार स्वर्ण सिंह समिति की अनुशंसा पर संविधान के 42वें संशोधन अधिनियम, 1976 के द्वारा संविधान में जोड़े गए। इसे पूर्व सोवियत गणराज्य के संविधान से लिया गया है।

इन्हें संविधान के भाग 4 (क) में अनुच्छेद 51 (क) के तहत् रखा गया है।

24. (b) पंचायती राज का शुभारम्भ स्वतन्त्र भारत में 2 अक्टूबर, 1959 को भारत के प्रथम प्रधानमन्त्री जवाहरलाल नेहरू के द्वारा राजस्थान राज्य के नागौर जिले में हुआ। 73वें संविधान संशोधन 1992 द्वारा संविधान के भाग 9 और अनुच्छेद 243 (क से ण तक) तथा अनुसूचित 11 का प्रावधान किया गया है।

25. (b) संविधान के 73वें संशोधन 1993 के अन्तर्गत पंचायती राज व्यवस्था को त्रिस्तरीय आधार पर लागू किया गया, जिसमें जिला पंचायत, क्षेत्र पंचायत व ग्राम पंचायत की व्यवस्था की गई है। पंचायती राज व्यवस्थ में प्रत्येक स्तर में एक तिहाई स्थानों पर महिलाओं के लिए आरक्षण की व्यवस्था की गई है। इसका कार्यकाल 5 वर्ष निर्धारित किया गया है।

26. (c) भारतीय संविधान के अनुसार केन्द्र सरकार को अवशिष्ट शक्तियाँ प्रदान की गई है। भारतीय संविधान में जिन शक्तियों का उल्लेख संघ, राज्य व समवर्ती सूची में नहीं है उन्हें अवशिष्ट शक्तियाँ कहा जाता है। अवशिष्ट शक्तियों का प्रारूप भारतीय संविधान में 'कनाडा' से लिया गया है। अवशिष्ट पर नियम बनाने का अधिकार केन्द्र सरकार का होता है।

27. (b) प्रधानमन्त्री नरेन्द्र मोदी G-7 के 45वें शिखर सम्मेलन में भाग लेने के लिए फ्रांस के शहर बीयारिट्ज (Biarritz) गए थे। यह सम्मेलन 24-26 अगस्त, 2019 को आयोजित किया गया था। इसके सदस्य देशों में कनाडा, फ्रांस, जर्मनी, इटली, जापान, इंग्लैण्ड और अमेरिका हैं। इसका गठन वर्ष 1973 में हुआ था।

28. (a) भारत के सर्वोच्च न्यायालय में न्यायाधीशों की संख्या 34 (33 + 1 मुख्य न्यायाधीश) है। भारत की न्यायिक व्यवस्था के सर्वोच्च शिखर पर भारत का उच्चतम न्यायालय है। उच्चतम न्यायालय दिल्ली में स्थित है। उच्चतम न्यायालय का गठन सम्बन्धी प्रावधान अनुच्छेद-124 में दिया गया है। न्यायाधीशों की नियुक्ति राष्ट्रपति के द्वारा होती है।

29. (d) 'लुक ईस्ट पॉलिसी' का 'एक्ट ईस्ट पॉलिसी' में परिवर्तन नवम्बर, 2014 में किया गया। लुक ईस्ट पॉलिसी को भारत सरकार ने 1992 में अपनाया था। यह मूल रूप से एक आर्थिक पहल है, जिसमें संवाद और सहयोग के लिए संस्थागत तन्त्र की स्थापना सहित राजनीतिक, रणनीतिक और सांस्कृतिक आयाम की रूपरेखा का वर्णन किया गया है। भारत ने इण्डोनेशिया, वियतनाम, मलेशिया, जापान, कोरिया गणराज्य, ऑस्ट्रेलिया, सिंगापुर और दक्षिण-पूर्व एशियाई देशों के संगठन (आसियान) के साथ रणनीतिक साझेदारी के लिए अपने सम्बन्धों को उन्नत किया है।

30. (d) उत्तर प्रदेश जमींदारी उन्मूलन और भूमि सुधार अधिनियम, 1950 का सम्बन्ध भारतीय संविधान की नवीं अनुसूची से है। इस अधिनियम द्वारा जमींदारी प्रणाली का उन्मूलन किया गया।

31. (a) सन्तुलित आहार में सुरक्षात्मक पोषक तत्व विटामिन व खनिज लवण है। सन्तुलित आहार में उपस्थित सुरक्षात्मक पोषक तत्त्व व्यक्ति के प्रतिरक्षा तन्त्र को मजबूत करके, जठराग्नि के कार्य को नियमित करके तथा मनुष्य के उपापचय तन्त्र को मजबूत करके विभिन्न बीमारियों से मनुष्य की रक्षा करते हैं। नवजात शिशु के लिए माँ का दूध सुरक्षात्मक पोषक तत्त्व की तरह कार्य करता है। मनुष्य के आहार में उपस्थित ये विटामिन्स तथा खनिज लवण मनुष्य को विभिन्न रोगों से बचाते हैं।

32. (d) खाद्य पदार्थों को अधिकतर जल के माध्यम से अथवा भाप द्वारा उबालकर पकाया जाना चाहिए, क्योंकि यह भोजन पकाने का सबसे सर्वोत्तम विधि है। इस माध्यम से पकाए गए खाद्य पदार्थों की पोषकता सीधी आँच या तलने की विधि से अधिक होती है।

33. (d) ट्रिप्सिन अग्न्याशयी रस में पाए जाने वाला एक एन्जाइम है, जो प्रोटीन के पाचन में सहायक होता है। यह प्रोटीन तथा पेप्टोन को डाइपेप्टाइट्स तथा ट्राइपेप्टाइट्स में बदल देता है। इसके कारण प्रोटीन मनुष्य शरीर में आसनी से पच जाती है।

34. (d) चेचक एक विषाणु जनित बीमारी है, जो *वेरिओला वाइरस* के कारण होती है। चेचक के कारण शरीर में दाने उभर आते हैं। इन दानों में खुजली तथा दर्द भी होता है। इस बीमारी के कारण रोगी को बुखार तथा कमजोरी का अनुभव होता है। चेचक की बीमारी को टीकाकरण से रोका जा सकता है।

35. (d) शेफर विधि का प्रयोग रोगी के पानी में डूबने पर किया जाता है। शेफर एक कृत्रिम साँस देने की विधि है। इसके अन्तर्गत व्यक्ति को पेट के बल लिटाकर उसकी कमर पर दबाव डाला जाता है, जिससे उसके फेफड़े सक्रिय अवस्था में आने का प्रयास करते हैं।

36. (b) सम्पोषणीय विकास की संकल्पना की व्याख्या सर्वप्रथम वर्ष 1984 में ब्राण्टलैण्ड कमीशन रिपोर्ट में प्रकाशित हुई थी। इस रिपोर्ट में पहली बार आर्थिक विकास व वैश्वीकरण के नकारात्मक परिणामों पर प्रकाश डाला गया, साथ ही औद्योगिकरण व जनसंख्या वृद्धि के कारण होने वाली समस्याओं के सम्भावित समाधान खोजने पर भी प्रकाश डाला गया।

37. (b) भारत का राष्ट्रीय जलीय जीव गंगा डॉल्फिन (*डॉल्फिन गैंगेटिका*) है, जो केवल मीठे पानी में ही रह सकने वाली डॉल्फिन की एक प्रजाति है। वर्तमान में यह विलुप्त होने के कगार पर है। इस कारण सरकार ने इसे राष्ट्रीय जलजीव घोषित कर दिया है।

38. (a) भारत सरकार द्वारा वर्ष 1980 में वन संरक्षण अधिनियम पारित किया गया था। इसके द्वारा वनों के क्षरण को रोका गया। इसके अन्तर्गत वनों के संवर्द्धन से सम्बन्धित सभी कार्यों को परिभाषित तथा प्रोत्साहित किया गया था।

39. (d) नाइट्रोजन, हरित गैस से सम्बन्धित गैस नहीं है। ग्रीन हाउस गैस पृथ्वी के वातावरण या जलवायु में परिवर्तन और अन्ततः भूमण्डलीय ऊष्मीकरण के लिए उत्तरदायी होती है। इसमें, कार्बन डाइ-ऑक्साइड, नाइट्स ऑक्साइड, मीथेन, क्लोरोफ्लोरो कार्बन, वाष्प तथा ओजोन आदि गैसें होती हैं।

40. (c) कीटनाशक रसायन मृदा संरक्षण की विधि के अन्तर्गत नहीं आती है। मृदा संरक्षण से तात्पर्य उन विधियों से है, जो मृदा को अपने स्थान से हटने से रोकती है। मृदा संरक्षण के अन्तर्गत वनों की रक्षा, वृक्षारोपण, बाँध बनाना, बाढ़ नियन्त्रण, अत्यधिक चराई पर रोक, पट्टीदार व सीढ़ीदार कृषि, समोच्चरेखीय जुताई आदि विधियों को अपनाया जाता है।

41. (b) आई.सी.पी. एच-8 अरहर की संकर किस्म हैं। अरहर एक प्रमुख दलहनी फसल है। विश्व में सबसे अधिक अरहर की खेती भारत में ही होती है।
यू.पी.ए.एस.-120 अरहर की अगैती किस्म है, जबकि आहार अरहर की पछेती किस्म है।

42. (b) मध्य प्रदेश को सोयाबीन राज्य कहा जाता है। सोयाबीन दलहन तथा तिलहन दोनों की फसल मानी जाती है, क्योंकि इसमें प्रोटीन तथा तेल दोनों की मात्रा होती है। सोयाबीन एक महत्त्वपूर्ण खाद्य स्रोत है। इसके मुख्य घटक प्रोटीन कार्बोहाइड्रेट और वसा होते हैं।

43. (c) ग्रीन हाउस विधि के अन्तर्गत सब्जियों को वेजीटेबल फोर्सिंग के अन्तर्गत उगाया जाता है। इस विधि में कृत्रिम रूप से किसी सब्जी विशेष को उगाने के लिए वातावरण पैदा करने या नियन्त्रित वातावरण में सब्जी को उगाया जाता है। इसके लिए ग्रीन हाउस या ग्लास हाउस का प्रयोग किया जाता है तथा इनमें इच्छित तापक्रम और आपेक्षित आर्द्रता बनाए रखने का प्रबन्ध किया जाता है।

44. (c) मृदा में ठोस भाग के प्रति इकाई आयतन में भार को कण घनत्व कहते हैं। मृदाओं के कण घनत्व का परिसर 2.5 से 2.7 तक या औसत मान 2.66 ग्राम/सेमी^{3} होता है।

45. (b) बाग लगाने की 'समोच्च विधि' पहाड़ी क्षेत्रों में अपनायी जाती है। इसके लिए ढाल 15% से अधिक होना चाहिए। रोपन विधि का चुनाव फसल टोपोग्राफी, फसल की किस्म तथा पौधे के घनत्व पर निर्भर करता है।

46. (d) सिलाई मशीन एक ऐसा यान्त्रिक उपकरण है, जो किसी वस्त्र या अन्य चीज को परस्पर एक धागे या तार से सिलने के काम आती है। यदि सिलाई मशीन की नियमित सिफाई नहीं की जाती तथा मशीन के कलपुर्जों में तेल नहीं डाला जाता, तो सिलाई मशीन भारी चलती है।

47. (c) वृद्धावस्था में कैल्शियम की कमी से ऑस्टियोपोरोसिस रोग हो जाता है। इस रोग में रोगी का कंकाल कमजोर हो जाता है तथा जोड़ों में दर्द होने के साथ-साथ सूजन भी आ जाती है। इसके कारण हड्डी के टूटने का खतरा बढ़ जाता है। उम्र के साथ आस्टियोपोरोसिस का खतरा बढ़ जाता है। इसे साइलेंट रोग भी कहते हैं, क्योंकि इसके लक्षण अचानक ही दिखाई देते हैं।

48. (b) हीमोग्लोबिन में पाया जाने वाला तत्त्व ग्लोबिन या ग्लयूबिन है। हीमोग्लोबिन वास्तव में लाल रक्त कोशिकाओं में पाया जाने वाला तथा लौह युक्त ऑक्सीजन का परिवहन करने वाला धातु प्रोटीन होता है।

यह अस्थिमज्जा मे विटामिन-बी 6 की उपस्थिति में ग्लाइलिन नामक एमिनों एसिड से संयोग कर 'हीम' नामक यौगिक बनाता है जो ग्लोबिन नामक प्रोटीन से संयोजित होकर हीमोग्लोबिन का निर्माण करती है।

49. (d) फ्रोबेल जर्मनी के प्रसिद्ध शिक्षाशास्त्री थे। इन्होंने किण्डरगार्डन शिक्षा पद्धति की संकल्पना दी।

इन्होंने शैक्षणिक खिलौना का विकास किया, जिन्हें फ्रोबेल उपहार के नाम से भी जाना जाता है। वर्तमान में यूरोप तथा एशिया में इसी शिक्षण पद्धति का अनुसरण किया जाता है।

50. (d) योजना विधि के अन्तर्गत बालक अपने अनुभवों के आधार पर सीखतें है उन्हें स्वतन्त्र रूप से सोचने व विचारने का अवसर प्राप्त होता है। जो उनके शारीरिक व मानसिक विकास में सहायक होता है। इस विधि के जन्मदाता 'डब्ल्यू. एच. किलपैट्रिक' थे।

51. (a) पंचम सवारी ताल में 15 मात्राएँ तथा 4 विभाग होते है। इस ताल को कथक नृत्य के साथ बजाया जाता है साथ ही इसका प्रयोग तबला वादक स्वतन्त्र वादन में भी करते है।

52. (b) भारत के राष्ट्रीय गीत के रचयिता बंकिम चन्द्र चटर्जी थे। ये बांग्ला भाषा के प्रख्यात उपन्यासकार, कवि, गद्यकार और पत्रकार थे। भारतीय स्वतन्त्रता संग्राम में इनका योगदान अविस्मरणीय रहा।

53. (d) 'राग भैरव' भैरवी थाट का आश्रय राग है। इस रोग को गाने का समय प्रातःकाल है, परन्तु वर्तमान में इस राग को गाकर महफिल समाप्त करने की परम्परा है। इस राग में बारह स्वरों का स्वतन्त्र रूप से प्रयोग किया जाता है। यह राग भाव अभिव्यक्ति के लिए बहुत अनुकूल और प्रभावकारी है।

54. (b) सामान्य मुद्रा में कार्बन तथा नाइट्रोजन (C : N) का अनुपात 15 :1 होता है। इसके अतिरिक्त कृषि योग्य भूमि में इसका औसत अनुपात 10 : 0 से 12 : 1 तक होता है।

55. (b) मृदा में विभिन्न मृदा वर्ग कणों के आपेक्षिक अनुपात को मृदा कणाकार कहते हैं, जबकि मृदा कणों की व्यवस्था को मृदा संरचना कहते हैं तथा मृदा कण के एक इकाई आयतन की संहति को मृदा समुच्चयता कहते हैं।

56. (b) ओलम्पिक खेलों का आदर्श वाक्य आल्टियस, सीटियस, फोर्टियस है, जिसका अभिप्राय तीव्रता, उच्चतर तथा मजबूती से है। इस आदर्श वाक्य को ओलम्पिक समिति द्वारा वर्ष 1924 में अपनाया गया था।

57. (b) पुलेला गोपीचन्द एक भारतीय बैडमिण्टन खिलाड़ी हैं। राष्ट्रीय और अन्तर्राष्ट्रीय स्तर पर एक बैडमिण्टन खिलाड़ी के रूप में उनकी उत्कृष्ट उपलब्धियों को सम्मानित करने के लिए भारत सरकार ने उन्हें वर्ष 1999 में अर्जुन पुरस्कार से सम्मानित किया था।

58. (c) मनोरंजन मुख्यतः पाँच प्रकार के होते हैं। मनोरंजन एक ऐसी क्रिया है, जिसमें सम्मिलित होने वाले को आनन्द आता है। मनोरंजन अकेले तथा कुछ लोगों को कुछ करते हुए देखने से भी हो सकता है।

59. (d) सुखासन योग सबसे सरल आसनों में से एक है। इस आसन के अभ्यास से घुटनों तथा टखनों में खिंचाव आता है।

इसके अलावा सुखासन पीठ को मजबूती प्रदान करने में भी सहायता करता है। सुखासन का अभ्यास दण्डासन, वज्रासन, उत्तानासन, बालासन, धनुरासन को पूर्ण करता है।

60. (a) प्रथम राष्ट्रीय खेल विश्वविद्यालय मणिपुर राज्य में शुरू किया गया है। भारत का यह विश्व विद्यालय मुख्यतः खेल व शारीरिक शिक्षा को बढ़ावा देने लिए भारत सरकार द्वारा स्थापित पहला केन्द्रीय विश्वविद्यालय है। इस विश्वविद्यालय का शिलायान्स 16 मार्च, 2018 को किया गया था।

सॉल्वड पेपर

08 दिसम्बर, 2019

CTET

केन्द्रीय शिक्षक पात्रता परीक्षा

पेपर II (कक्षा VI-VIII)

सामाजिक विज्ञान

निर्देश (प्र.सं. 1-60) *निम्नलिखित प्रश्नों के उत्तर देने के लिए सही/सबसे उपयुक्त विकल्प चुनिए*

1. 1857 के विद्रोह के बाद अंग्रेजों ने किस प्रकार भारत पर अपने नियन्त्रण को समेकित किया?
(a) तुष्टिकरण तथा सम्पत्ति अधिकारों की सुरक्षा करके
(b) ईस्ट इण्डिया कम्पनी के सभी अधिकार ब्रिटिश साम्राज्य के हाथ में सौंप कर, ताकि भारतीय मामलों को ज्यादा बेहतर ढंग से सँभाला जा सके
(c) अवध, बिहार, मध्य भारत और दक्षिण भारत से ज्यादा सिपाहियों की भर्ती कर
(d) भूमिहीनों तथा किसानों की रक्षा के लिए नीतियाँ बनाकर

2. निम्नलिखित में से क्या प्रतिनिधि लोकतन्त्र की विशेषता नहीं है?
(a) जनता को मतदान का अधिकार
(b) मतदान द्वारा प्रतिनिधि का चुनाव
(c) प्रतिनिधियों के हाथ में निर्णय-निर्माण की प्रक्रिया
(d) जनता की निर्णय-निर्माण की प्रक्रिया में प्रत्यक्ष सहभागिता

3. भारत के किस क्षेत्र को 'छोटा तिब्बत' कहा गया है?
(a) हिमाचल प्रदेश (b) लद्दाख (c) अरुणाचल प्रदेश (d) सिक्किम

4. भारत में अपील प्रणाली या पौनर्वादिक प्रणाली किसे कहते हैं?
(a) निचले न्यायालय के आदेश के खिलाफ उच्च न्यायालय में अपील का प्रावधान
(b) न्यायिक सेवा में आवेदन का प्रावधान
(c) न्यायालय के आदेश के खिलाफ संसद में अपील का प्रावधान
(d) राज्य कार्यपालिका प्रमुख का सर्वोच्च अपील प्राधिकारी के रूप में कार्यरत होने का प्रावधान

5. निम्नलिखित में से कौन-सा प्रायद्वीपीय पठार का लक्षण नहीं है?
(a) इस पठार पर पश्चिम की ओर बहने वाली महानदी और कृष्णा नदियाँ मौजूद हैं
(b) यह उत्तरी मैदानों के दक्षिण में स्थित है
(c) इसके उत्तर-पश्चिम में अरावली श्रृंखला स्थित है
(d) यहाँ कोयला एवं लौह-अयस्क जैसे खनिजों की प्रचुरता है

6. निम्नलिखित में से कौन-सा कथन अफ्रीका के बारे में सही है?
(a) इसके पश्चिम में यूराल पर्वत है, जो इसे एशिया से अलग करता है
(b) अफ्रीका का बहुत बड़ा भाग दक्षिणी गोलार्द्ध में स्थित है
(c) यही एक ऐसी महाद्वीप है, जिससे होकर कर्क, विषुवत् तथा मकर रेखाएँ गुजरती हैं
(d) गोबी मरुस्थल इस महाद्वीप में स्थित है

7. भारत के दक्षिणी भागों विशेषकर तमिलनाडु और आन्ध्र प्रदेश में शरद् ॠतु में वर्षा होती है, क्योंकि
(a) पवन स्थल भागों से लौटकर अरब सागर की ओर प्रवाहित होती है
(b) पवन स्थल भागों से लौटकर बंगाल की खाड़ी की प्रवाहित होती है
(c) पवन अरब सागर से बंगाल की खाड़ी की ओर प्रवाहित होती है
(d) पवन बंगाल की खाड़ी से अरब सागर की तरफ प्रवाहित होती है

8. निम्नलिखित में से कौन भ्रंशोत्थ पर्वत है?
(a) वॉसजेस पर्वत (b) हिमालय पर्वत
(c) अप्लेशियन पर्वत (d) यूराल पर्वत

9. कथन (A) पृथ्वी से हमें चन्द्रमा का केवल एक ही भाग दिखाई पड़ता है।
कारण (B) चन्द्रमा पृथ्वी का एक चक्कर लगभग 27 दिनों में पूरा करता है और लगभग इतने ही समय में वह अपने अक्ष पर एक चक्कर भी पूरा करता है।
कूट
(a) A गलत है, परन्तु B सही है
(b) A और B दोनों सही हैं और B सही व्याख्या है A की
(c) A और B दोनों सही हैं परन्तु B सही व्याख्या नहीं है A की
(d) A सही है, परन्तु B गलत है

10. कायान्तरित शैल के बारे में दिए गए कथनों पर विचार कीजिए
A. आग्नेय और अवसादी शैल उच्च ताप और दाब के प्रभाव में कायान्तरित शैलों में परिवर्तित हो जाती है।
B. कायान्तरित शैल उच्च ताप और दाब के प्रभाव में पिघलकर द्रवित मैग्मा बनाते हैं।
C. संगमरमर एक कायान्तरित शैल है

कूट
(a) A एवं C सही है और B गलत है
(b) B एवं C सही हैं और A गलत है
(c) A एवं B सही हैं और C गलत है
(d) A, B और C तीनों सही हैं

11. अन्तरिक्ष से प्रवेश करने वाले उल्का पिण्ड वायुमण्डल की किस परत में आने पर जल जाते हैं?
(a) समतापमण्डल (b) मध्यमण्डल
(c) बाह्य वायुमण्डल (d) बहिर्मण्डल

12. ऋतु प्रवास जुड़ा हुआ है
(a) ऐसे स्थान जहाँ बस्तियाँ विकसित होती हैं।
(b) लोगों के आवागमन से
(c) घरों के पास-पास बसावट से
(d) एक छोटे, घर के पौधे रखने का कृत्रिम अहाता से

13. स्थायी पवनों के सम्बन्ध में कथन A और B पर विचार कीजिए
A. ये पवनें वर्षभर लगातार निश्चित दिशा में चलती रहती हैं।
B. पश्चिम एवं पूर्वी पवनें इनके उदाहरण हैं।
कूट
(a) A और B दोनों गलत हैं (b) A सही है, B गलत है
(c) A गलत है, B सही है (d) A और B दोनों सही हैं

14. ब्राजील के कम्पोस और वेनेजुएला के लानोस उदाहरण हैं
(a) भूमध्य सागरीय वनस्पति के (b) शीतोष्ण कटिबन्धीय घास स्थल के
(c) टुण्ड्रा प्रकार की वनस्पति के (d) उष्ण कटिबन्धीय घास स्थल के

15. 'जलवायु' के सम्बन्ध में कथन A और B पर विचार कीजिए
A. जलवायु वायुमण्डल में दिन-प्रतिदिन होने वाला परिवर्तन है।
B. किसी स्थान की जलवायु सिर्फ उसकी ऊँचाई तथा उच्चावच पर निर्भर करती है।
कूट
(a) A और B दोनों गलत हैं (b) A सही है, B गलत है
(c) A गलत है, B सही है (d) A और B दोनों सही हैं

16. दिए गए लक्षणों A और B के आधार पर ऊर्जा स्रोत की पहचान करें
A. यह एक परम्परागत ऊर्जा का स्रोत है।
B. यह ऊर्जा-स्रोत तब निर्मुक्त होती है, जब अपरिष्कृत तेल को धरातल पर लाया जाता है।
कूट
(a) मोम (b) बायोगैस
(c) प्राकृतिक गैस (d) भू-तापीय ऊर्जा

17. भारत का शोध संस्थान 'मैत्री' कहाँ अवस्थित है?
(a) एशिया (b) ऑस्ट्रेलिया
(c) अण्टार्कटिका (d) यूरोप

18. निम्नलिखित में से कौन-सा कथन खनिज के सन्दर्भ में सही नहीं है?
(a) सभी खनिज अधात्विक होते हैं
(b) ये प्राकृतिक रूप से प्राप्त होने वाले पदार्थ हैं
(c) इनका एक निश्चित रासायनिक संघटन होता है
(d) ये विभिन्न प्रकार के भू-वैज्ञानिक परिवेश में निर्मित होते हैं

19. निम्नलिखित का मिलान कीजिए

A. नर्मदा घाटी	1. आरम्भिक गणतन्त्र
B. वज्जी	2. आखेट और संग्रहण
C. गारो पहाड़ियाँ	3. लगभग 2500 वर्ष पूर्व के शहर
D. गंगा घाटी	4. प्रथम नगर
E. सिन्धु और उसकी सहायक नदियाँ	5. आरम्भिक कृषि

कूट

	A	B	C	D	E
(a)	5	4	3	2	1
(b)	1	2	3	4	5
(c)	5	1	2	4	3
(d)	2	1	5	3	4

20. नीचे दो कथन (A) और (B) भारतीय इतिहास के 'तिथियों और काल' के समसामयिक वाद-विवादों के सन्दर्भ में दिए गए हैं
कथन (A) 'हिन्दू-मुस्लिम-ब्रिटिश' जैसी कालावधि उपयुक्त है, क्योंकि शासकों का धर्म ही एकमात्र महत्त्वपूर्ण ऐतिहासिक परिवर्तन रहा है।
कथन (B) लम्बी समयावधि में घटित होने वाली 'ऐतिहासिक प्रक्रियाओं' को निश्चित तिथियों और काल विभाजनों के अन्तर्गत लाना समस्यात्मक है।
कूट
(a) (A) गलत है, किन्तु (B) सही है।
(b) (A) और (B) दोनों सही हैं तथा (A) की सही व्याख्या (B) है।
(c) (A) और (B) दोनों सही हैं, किन्तु (A) की सही व्याख्या (B) नहीं है।
(d) (A) सही है, किन्तु (B) गलत है।

21. नीचे दो कथन उन्नीसवीं शताब्दी में नई लोकप्रिय भारतीय कला के सन्दर्भ में हैं
कथन (A) कई चित्रों में अपने आस-पास के बदलावों का उपहास किया गया, अंग्रेजी भाषी लोगों के नए शौकों को मज़ाक तथा औरतों को घर से बाहर न निकलने की सलाह दी गई।
कथन (B) राष्ट्रवादी विचारों को अभिव्यक्त करने और लोगों को ब्रिटिश शासन के खिलाफ उद्वेलित करने के लिए छवियों का इस्तेमाल किया जाता था।
कूट
(a) (A) गलत है, किन्तु (B) सही है
(b) (A) और (B) दोनों सही हैं तथा (A) की सही व्याख्या (B) है
(c) (A) और (B) दोनों सही हैं, किन्तु (A) की सही व्याख्या (B) नहीं है
(d) (A) सही है, किन्तु (B) गलत है

22. भारत में आरम्भिक मानवों पर समझ के लिए निम्नलिखित में से किसे एक प्राथमिक स्रोत माना जा सकता है?
(a) मध्य प्रदेश की शैल चित्रकला
(b) काँगड़ा शैली की चित्रकला
(c) गिरनार का शैल अभिलेख
(d) पादशाहनामा चित्रकला

23. ब्रिटिश काल से पहले बच्चों को पढ़ाया जाता था
(a) वार्षिक परीक्षा के माध्यम से मूल्यांकन के लिए।
(b) सरकारी संस्थानों में
(c) एक निश्चित फीस लेकर
(d) साल भर, फसल की कटाई के समय छोड़कर, जब वे खेतों में काम करते थे।

24. नीचे दो कथन 18-19 वीं शताब्दियों में यूरोप में राष्ट्र-राज्यों के उदय सन्दर्भ में हैं।
कथन (A) अठारहवीं शताब्दी तक यूरोप के लोग स्वयं को राष्ट्र-राज्य के रूप में देखते थे।
कथन (B) प्रारम्भिक उन्नीसवीं शताब्दी में लोगों को यह बोध कराया गया कि प्रत्येक भाषी समुदाय एक अलग राष्ट्र था।
कूट
(a) (A) गलत है, किन्तु (B) सही है
(b) (A) और (B) दोनों सही हैं तथा (A) की सही व्याख्या (B) है
(c) (A) और (B) दोनों सही हैं, किन्तु (A) की सही व्याख्या (B) नहीं है
(d) (A) सही है, किन्तु (B) गलत है

25. बी.सी.ई. का तात्पर्य है
(a) बिफ़ोर कॉन्टेम्परारी एरा (b) बिफोर क्रिश्चिन एरा
(c) बिफ़ोर कॉमन एरा (d) बिफ़ोर सीज़र एरा

26. हम यह आज कैसे जानते हैं कि पुरापाषाण युग में भारत में शुतुरमुर्ग होते थे?
(a) विदेशी यात्रियों के वृत्तान्तों में इनका वर्णन है
(b) उस समय की कृतियों में इन पक्षियों का विविध लेख हमें मिलता है
(c) महाराष्ट्र के पटने पुरास्थल से शुतुरमुर्ग के अण्डों के अवशेष मिले हैं
(d) शुतुरमुर्गों पर मौखिक स्मृतियाँ हमारे पास दिल्ली के राष्ट्रीय संग्रहालय में अभिलेखित हैं

27. हड़प्पा सभ्यता का पतन कैसे हुआ?
A. ऐसा लगता है कि शासकों का नियन्त्रण समाप्त हो गया।
B. जंगलों का विनाश हो गया होगा।
C. सभ्यता के पूरे क्षेत्र में बाढ़ आ गई।
D. सम्भवत: नदियाँ सूख गई थीं।
कूट
(a) B, C और D (b) A, B और C
(c) A, B और D (d) A, C और D

28. महायान बौद्ध धर्म के अन्तर्गत
(a) मूर्तिकला के केन्द्रों के रूप में मथुरा एवं तक्षशिलाा का पतन हुआ
(b) मूर्तियों में बुद्धि की उपस्थिति सिर्फ कुछ संकेतों के माध्यम से दर्शाई जाती थी
(c) बुद्ध की प्रतिमाएँ बनाई जाने लगीं
(d) बोधिसत्वों को नहीं स्वीकारा गया, क्योंकि उन्हें अभी भी ज्ञान की प्राप्ति करना बाकी था

29. खिलजी और तुगलक वंश के अन्तर्गत प्रशासन और समेकन के सन्दर्भ में सही क्या है?
(a) अलाउद्दीन खिलजी और मुहम्मद तुगलक गंगा के मैदानी इलाकों पर जोर जबरदस्ती अपना अधिकार लम्बे समय तक रख पाए
(b) उपमहाद्वीप का काफी बड़ा हिस्सा दिल्ली के सुल्तानों के अधिकारों में रहा
(c) गंगा के मैदानी इलाके के घने जंगलों वाले क्षेत्र को पहली बार पैठा गया
(d) दिल्ली से बंगाल जैसे सुदूर प्रान्तों का नियन्त्रण कठिन था

30. जनजातीय लोगों के इतिहास के पुनर्निर्माण में निम्न में से कौन-सा कथन गलत है?
(a) जनजातीय समाज अपनी विविध प्रकार की जरूरतों के लिए एक-दूसरे पर निर्भर रहा
(b) समकालीन इतिहासकार और मुसाफ़िरों ने जनजातियों के बारे में बहुत कम जानकारी दी है
(c) अधिकांश जनजातीय समूहों ने लिखित दस्तावेज रखा है
(d) जनजातीय लोगों ने समृद्ध रीति-रिवाजों और मौखिक परम्पराओं का संरक्षण किया है

31. निम्नलिखित में से जेण्डर रूढ़िवादिता का उदाहरण नहीं है
(a) कक्षा में अनुशासन बनाए रखने के लिए लड़कों एवं लड़कियों को अलग-अलग पंक्तियों में बिठाना
(b) सिर्फ लड़कों को फुटबॉल टूर्नामेण्ट में भाग लेने के लिए प्रोत्साहित किया जाता है
(c) सिर्फ लड़कियों को कक्षा का बोर्ड सजाने के लिए कहा जाता है
(d) हालाँकि लड़के कक्षागत चर्चा में दबदबा बनाने का प्रयास करते हैं, लेकिन लड़कियों एवं लड़कों, दोनों की सहभागिता को प्रोत्साहित किया जाता है

32. सामाजिक विज्ञान शिक्षण को प्रभावी बनाने के लिए आवश्यक होगा
A. अतीत की सभी सांस्कृतिक प्रथाओं को बनाए रखना।
B. साहित्यिक स्रोतों का समालोचनात्मक विश्लेषण करना चाहे वे कितने भी पुराने हों।
C. सभी गैर-शाब्दिक स्रोतों का निष्कासन करना।
D. स्रोतों के ट्राई-एंग्यूलेशन (त्रिकोणीयन) को प्रमुखता देना।
कूट
(a) C और D (b) A और C
(c) B और C (d) B और D

33. कक्षा में 'सामाजिक न्याय' के प्रति संवेदशीलता को प्रोत्साहित किया जा सकता है
A. कक्षा में विचार-विमर्श के दौरान समकालीन जन-आन्दोलनों और पक्षसमर्थन की कहानियों के अंशों को शामिल करके।
B. भारतीय सामाजिक परिवेश के ऐतिहासिक सन्दर्भों को एक गैर-बराबर शक्ति समीकरण के रूप में देख कर।
C. सामाजिक न्याय पर आधारित संवैधानिक प्रावधानों को कक्षा चर्चाओं में शामिल करके।
D. कक्षा के दोषी बच्चों को तुरन्त शारीरिक दण्ड देकर।
कूट
(a) C और D (b) A और B
(c) A, B और C (d) B, C और D

34. इतिहास शिक्षणशास्त्र प्रयास करेगा कि
A. इतिहास का निर्माण स्रोतों पर आधारित होता है।
B. इतिहास सामाजिक प्रक्रियाओं में निरन्तरता और बदलाव को खोजे।
C. इतिहास व्याख्यानों के विभेदों से संलग्न हो तथा प्रमुख समुदाय के विचारों को अनुमोदित करे।
D. इतिहास घटनाओं को एक काल विशेष के सामाजिक राजनीतिक सन्दर्भों में रख कर देखे।
कूट
(a) B, C और D (b) A, B और C
(c) A, B और D (d) A, C और D

35. प्रदूषण रहित हवा का अधिकार, भारत में किस मौलिक अधिकार के भाग के रूप में स्वीकारा गया है?
(a) आजादी (b) समानता
(c) जीवन (d) न्याय

36. भारत का वर्णन करने के लिए 'विविधता में एकता' मुहावरे का निर्माण किसने किया था?
(a) राजेन्द्र प्रसाद (b) जवाहरलाल नेहरू
(c) बी. आर. अम्बेडकर (d) एम. के. गाँधी

37. लोकसभा में कितने सदस्य मनोनीत होते हैं न कि मतदान द्वारा चुन कर आते हैं?
(a) 0 (कोई भी नहीं) (b) 4 (चार)
(c) 1 (एक) (d) 2 (दो)

38. वर्ष 2006 में नेपाल में सरकार का रूप राजतन्त्र से बदल कर .... हो गया।
(a) अल्पतन्त्र (b) एकतन्त्र
(c) तानाशाही (d) लोकतन्त्र

39. जन स्वास्थ्य के क्षेत्र में 'कोस्टा रीका' उपागम किसे कहा गया है?
(a) सेना के जवानों के स्वास्थ्य पर खर्चा करना
(b) स्वास्थ्य और सुरक्षा पर एक समान खर्च करना
(c) सुरक्षा बजट पर स्वास्थ्य बजट से ज्यादा खर्च करना
(d) सैन्य बल न रखना, ताकि जन-स्वास्थ्य पर ज्यादा खर्च किया जा सके

40. वर्ष 1997 में भारतीय उच्चतम न्यायालय ने विशाखा निर्देश की रचना महिलाओं को .... यौन उत्पीड़न से बचाने के लिए की गई।
(a) सड़कों पर (b) गाड़ियों में
(c) कार्यस्थलों पर (d) वैवाहिक सम्बन्धों में

41. निम्नलिखित में से कौन, भारत में एक राज्य के राज्यपाल की नियुक्ति करते हैं?
(a) अटॉर्नी जनरल (b) विधानसभा के सदस्य
(c) संसद के सदस्य (d) केन्द्र सरकार

42. निम्नलिखित में से कौन ग्रामीण प्रशासनिक अधिकारी नहीं है?
(a) लेखपाल (b) पटवारी
(c) नगर निगम वार्ड कॉउन्सिलर (d) भूमि रिकॉर्ड अधिकारी

43. भारतीय उच्चतम न्यायालय द्वारा दिए गए डी.के. बासू निर्देश क्या है?
(a) गिरफ्तारी, नजरबन्दी और पूछ-ताछ के दौरान पुलिस द्वारा पालन की जाने वाली प्रक्रियाओं से जुड़े निर्देश
(b) कार्यस्थल पर यौन उत्पीड़न की रोकथाम के लिए निर्देश
(c) बच्चों के हानिकारक रोजगारों से बचाव के लिए निर्देश
(d) घरेलू हिंसा से महिलाओं के बचाव के लिए निर्देश

44. वन अधिकार कानून-2006 अपने शीर्षक में कौन-सी श्रेणी के अधिकारों को स्वीकारता है?
(a) अति पिछड़ी जातियाँ
(b) अनुसूचित जनजातियाँ
(c) अनुसूचित जातियाँ
(d) आर्थिक रूप से पिछड़े वर्ग

45. द्वितीयक स्रोत का एक उदाहरण है
(a) हमारे अतीत-(I)-कक्षा 6 के लिए एन.सी.ई.आर.टी. की इतिहास की पाठ्य-पुस्तक
(b) भारत का संविधान
(c) जनगणना रिपोर्ट, 2011
(d) जन्म एवं मृत्यु के पंजीकरण रिकॉर्ड

46. नीचे दिए गए कथनों पर विचार कीजिए
A. परीक्षाएँ, तन्त्र की सुविधा के लिए निर्मित कृत्रिम परिस्थितियाँ हैं, न कि व्यक्तिगत शिक्षार्थी के लिए।
B. स्मृति परीक्षण से दूर दक्षताओं के परीक्षण पर जोर के रूप में बदलाव सामाजिक विज्ञान की कक्षाओं में तनाव को कम करेगा

कूट
(a) कथन B सही है, किन्तु कथन A गलत है
(b) केवल कथन A सही है
(c) दोनों कथन A एवं B सही हैं
(d) कथन A सही है, किन्तु कथन B गलत है

47. सामाजिक विज्ञान के अध्यापक/अध्यापिका का मुख्य उद्देश्य होना चाहिए
(a) समाज में यथास्थिति बनाए रखने तथा सरकार के सभी निर्णयों को स्वीकार करने के लिए शिक्षार्थियों को तैयार कराना
(b) शिक्षार्थियों में प्रतिस्पर्द्धा जाग्रत करना
(c) सभी तत्त्व जो समाज का निर्माण करते हैं, उनके बीच सम्बन्धों का बोध कराना
(d) शिक्षार्थियों को सामाजिक-ऐतिहासिक तथ्य याद करवाना

48. सामाजिक विज्ञान में आकलन का मुख्य उद्देश्य है
(a) शिक्षार्थियों को प्रतिपुष्टि देना तथा मानक स्थापित करना, जिनको पाने के लिए वे प्रयासरत रहें
(b) पाठ्य-पुस्तक ज्ञान को याद करने की क्षमताओं के लिए परीक्षा के तनाव को कम करना
(c) शिक्षार्थियों को वर्गीकृत करने एवं चिन्हित करने के लिए
(d) शिक्षार्थियों के बीच सामाजिक विभेदों को दर्शाने के लिए

49. सामाजिक विज्ञान की कक्षा में फिल्मों को एक प्रभावी शैक्षणिक उपकरण के रूप में उपयोग किया जा सकता है, क्योंकि
A. फिल्में कक्षा के भीतर, बाहरी दुनिया को ला सकती हैं।
B. फिल्में अनदेखे और अनसुने सन्दर्भों को खोजने की शक्ति से प्रेरित करती हैं।
C. फिल्में ऐसी कहानियों, संवादों और छवियों को सामने लाती हैं, जो जीवन में हमसे दूर हो सकती हैं।
D. फिल्में एक वस्तुनिष्ठ माध्यम हैं, जो छात्रों को एक ही तरीके से अपने विचार प्रस्तुत करने के लिए प्रोत्साहित कर सकती हैं।

कूट
(a) B, C और D
(b) A, B और C
(c) A, B और D
(d) A, B और D

50. कक्षा में मानचित्र के प्रयोग के सन्दर्भ में निम्नलिखित कथनों में सही कौन है?
A. मानचित्र एक सामाजिक-राजनीतिक निर्मिति है।
B. चिरकाल से 'उत्तर' को सदा सभी सामाजिक-राजनीतिक सन्दर्भों में मानचित्र में ऊपर दर्शाया गया है।
C. मानचित्र एक त्रि-आयामी साधन है, जबकि हम एक दो-आयामी दुनिया में रहते हैं।
D. शिक्षार्थियों में 'समय की अवधारणा' को विकसित करने के लिए मानचित्र एक सहायक सामग्री है।

कूट
(a) A, B और C
(b) केवल A
(c) केवल B
(d) C और D

51. शिक्षार्थियों के जीवन में अधिगम को जोड़ने के प्रयास में सामाजिक विज्ञान के शिक्षक को चाहिए कि
A. विषय-वस्तु में विविध सांस्कृतिक दृष्टिकोणों को इरादतन (जानबूझकर) एवं सुस्पष्ट शामिल करें।
B. कक्षा में शिक्षार्थियों को उनके निजी एवं पारिवारिक सन्दर्भ में चिन्हित करना।
C. शिक्षार्थियों को अपने उदाहरणों एवं अनुभवों को कक्षा में साझा करने के लिए मौका दें।

कूट
(a) केवल B
(b) A एवं B
(c) A एवं C
(d) B एवं C

52. इतिहास पढ़ते वक्त 'वंशावली चार्ट' का प्रयोग होता है
A. किसी साम्राज्य या वंश के वर्धन एवं विकास को चित्रित करने के लिए
B. अनुक्रम एवं प्रकार्यात्मक सम्बन्धों को दर्शाने के लिए।
C. एक कालक्रमिक रूपरेखा देने के लिए।
D. शिक्षार्थियों में स्थान की अवधारणा विकसित करने के लिए।

कूट
(a) C और D
(b) A, B और C
(c) A, C और D
(d) B, C और D

53. दृष्टि बाधित शिक्षार्थियों के साथ कार्य करते समय एक सामाजिक विज्ञान शिक्षक को किस प्रकार से शिक्षण अधिगम प्रक्रिया में अनुकूलन करना चाहिए?
A. यथोचित विराम तथा पुनरावृत्ति के साथ स्पष्ट एवं उच्च आवाज में बोलना।
B. विविध प्रकार के आकर्षक दृश्यों वाले कार्यपत्रों का प्रयोग करना।
C. मौखिक संकेतों द्वारा कल्पना करने के अवसरों को उत्पन्न करना।
D. कक्षा में चर्चा के दौरान 'टेक्टाइल' (स्पर्श/करने वाली) सामग्रियों को शामिल करना।

कूट
(a) B, C और D
(b) A और B
(c) A, C और D
(d) केवल B

54. सामाजिक विज्ञान शिक्षण में 'प्रोजेक्ट विधि' के कथनों पर विचार करें
A. यह उपयोगितावादी दृष्टिकोण से प्रेरित है।
B. यह शिक्षार्थियों को खोजी बना देता है।
C. यह पूर्णरूपेण एक शिक्षक केन्द्रित विधि है।
D. यह स्व-निर्देशित क्रियाकलापों द्वारा अधिगम को मानती है।

कूट
(a) A, C और D
(b) A और B
(c) A, B और C
(d) A, B और D

55. अन्वेषण को इच्छुक रचनात्मक दृष्टिकोण से एक सामाजिक विज्ञान की शिक्षिका अपने शिक्षार्थियों को किस रूप में देखेगी?

A. सामाजिक प्रक्रियाओं में खोज करने को उत्सुक।
B. स्रोतों के आधार पर कल्पनाशील।
C. समस्याओं के समाधान के सुझावों की कोशिश करने वाले।
D. विवादास्पद मुद्दों को उच्चतर शिक्षा के स्तर पर चर्चा करने के लिए स्थगित करने वाले।

कूट

(a) B, C और D (b) A और B
(c) A, B और C (d) A, B और D

56. सामाजिक विज्ञान के पाठ्यचर्या को अधिक समावेशी बनाने में निम्न में से कौन सहायक हो सकता है?

A. पाठ्यचर्या को जेण्डर सम्बन्धित मुद्दों से जोड़ना।
B. कक्षा में एकरूप निर्देश एवं एक निश्चित शिक्षण शैली।
C. विभिन्न स्रोतों को शामिल करना अधिकारिक एवं निम्नवर्गीय प्रसंगों के।
D. एक परीक्षापत्र सभी शिक्षार्थियों के लिए।

सही विकल्प का चयन करें

(a) केवल B, C एवं D (b) केवल A एवं B
(c) केवल A एवं C (d) केवल B एवं D

57. विद्यार्थियों को विवेचनात्मक होना क्यों सीखना चाहिए?

(a) एकरूप, समशील दृष्टिकोण की कद्र करने के लिए
(b) कमियों को इंगित करने के लिए एवं लगभग सभी चीजों पर दोषदर्शी होने के लिए
(c) समाज में यथा-स्थिति बनाए रखने के लिए
(d) यह समझने के लिए कि मुद्दे उनकी खुद की जिन्दगी से कैसे जुड़े हुए हैं

58. निम्नलिखित उदाहरणों में से विविधता को दर्शाने वाले उदाहरण का चयन करें

(a) परितोष को बांग्ला अच्छी आती है, वहीं सुचिता हिन्दी बोलती है
(b) सरोज को स्कूल जाने का अवसर मिला, जबकि निर्मला को स्कूल जाने का अवसर नहीं मिला
(c) एलेन एक गरीब परिवार से वास्ता रखता है, जबकि साइमन का परिवार बहुत अमीर है
(d) रघु सुरेश को फ़ुटबॉल की टीम में शामिल नहीं करना चाहता है, क्योंकि वह समाज के एक खास समुदाय से आता है

59. एक स्कूल के सामाजिक विज्ञान के शैक्षणिक भ्रमण में जीरो, बोमडिला, नामदफा राष्ट्रीय उद्यान, तवांग तथा लिसांग गाँव को शामिल किया गया। किस माध्यम से विद्यार्थियों को आप भ्रमण किए गए दो राज्यों को इंगित करने को कहेंगे?

(a) नागालैण्ड एवं त्रिपुरा एक समय रेखा पर
(b) मिजोरम एवं मेघालय एक मानचित्र पर
(c) मणिपुर एवं सिक्किम एक समय रेखा पर
(d) अरुणाचल प्रदेश एवं मणिपुर एक मानचित्र पर

60. सामाजिक विज्ञान की समसामयिक समझ अध्यापकों को निम्नलिखित सभी को करने को प्रोत्साहित करती है, केवल इसको छोड़कर

(a) शिक्षार्थियों को कक्षा में विकसित ज्ञान को मूर्त परिस्थितियों में उपयोग करने के लिए अवसर देना
(b) शिक्षार्थियों को दूसरों के स्थानीय अनुभवों को पढ़ने तथा स्वयं के अनुभवों को खोजने के लिए
(c) प्रश्नों के समान उत्तर देने के लिए शिक्षार्थियों को प्रोत्साहन देना, जिससे कि सभी बेहतर बन सकें।
(d) शिक्षार्थियों को दी गई विषय-वस्तु पर प्रश्न बनाने की क्षमता के लिए प्रशंसा करना तथा उसे अधिगम की जाँच के लिए वैध स्वीकारना

उत्तरमाला

1 (b)	2 (d)	3 (b)	4 (a)	5 (a)	6 (c)	7 (c)	8 (a)	9 (b)	10 (d)
11 (b)	12 (b)	13 (b)	14 (d)	15 (a)	16 (c)	17 (c)	18 (a)	19 (d)	20 (a)
21 (c)	22 (a)	23 (d)	24 (a)	25 (*)	26 (c)	27 (d)	28 (c)	29 (d)	30 (c)
31 (d)	32 (d)	33 (c)	34 (c)	35 (c)	36 (b)	37 (d)	38 (d)	39 (d)	40 (c)
41 (d)	42 (c)	43 (a)	44 (b)	45 (a)	46 (c)	47 (c)	48 (a)	49 (b)	50 (a)
51 (c)	52 (b)	53 (c)	54 (d)	55 (c)	56 (c)	57 (d)	58 (a)	59 (d)	60 (c)

✓ संकेत एवं हल

1. (b) भारत में 1857 का विद्रोह वायसराय कैनिंग के शासनकाल में हुआ था। इस विद्रोह के पश्चात् ब्रिटिश सरकार ने 'ईस्ट इण्डिया कम्पनी' से शासन संचालन की जिम्मेदारी ब्रिटिश साम्राज्य (राजशाही) के हाथ में सौंप दी, जिससे भारतीय मामलों को ज्यादा बेहतर ढंग से सँभाला जा सके। 1 नवम्बर, 1858 को इलाहाबाद में लॉर्ड कैनिंग ने भारत सरकार और संचालन के लिए शाही उद्घोषणा की और ईस्ट इण्डिया कम्पनी द्वारा की गई सभी घोषणाएँ तथा सन्धियों की समीक्षा करके वैधता प्रदान की गई।

2. (d) प्रतिनिधि लोकतन्त्र को प्रत्यक्ष लोकतन्त्र तथा प्रतिनिधि सरकार भी कहा जाता है। लगभग सभी आधुनिक पश्चिमी शैली के लोकतन्त्र; जैसे–यू. के., फ्रांस, संयुक्त राज्य अमेरिका आदि प्रतिनिधि लोकतन्त्र के उदाहरण हैं। इसकी मुख्य विशेषताएँ हैं–जनता को मतदान का अधिकार, मतदान द्वारा प्रतिनिधि का चुनाव, प्रतिनिधियों के हाथ में निर्णय-निर्माण की प्रक्रिया आदि है। इसके अतिरिक्त जनता की निर्णय-निर्माण की प्रक्रिया में प्रत्यक्ष सहभागिता प्रत्यक्ष लोकतंत्र की विशेषता नही है।

3. (b) लद्दाख क्षेत्र को भारत का 'छोटा तिब्बत' कहा जाता है। लद्दाख काराकोरम और हिमालयी पहाड़ों से घिरा हुआ है। इसे न केवल तिब्बत के साथ भौगोलिक निकटता के कारण 'लिटिल तिब्बत' के रूप में जाना जाता है, बल्कि इसलिए कि यह क्षेत्र कई तिब्बती संस्कृतियों का पालन भी करता है। यहाँ पर सितम्बर माह में प्रत्येक वर्ष 'लद्दाख महोत्सव' मनाया जाता है।

4. (a) भारत में एकीकृत न्यायपालिका की स्थापना की गई है। सभी अधीनस्थ न्यायालयों पर सर्वोच्च न्यायालय का नियन्त्रण होता है। यदि कोई व्यक्ति या संस्था निचली अदालतों (Lower Courts) के निर्णय/क्रियाओं से सन्तुष्ट नहीं होता है, तो वह उच्च या सर्वोच्च न्यायालय में अपील कर सकता है। अतः इसी को भारत में अपील प्रणाली या पौनर्वादिक प्रणाली कहा जाता है।

5. (a) भारत का प्रायद्वीपीय पठार सामान्य तौर पर त्रिकोणीय है। यह पश्चिम में पश्चिमी घाट, पूर्व में पूर्वी घाट तथा उत्तर में सतपुड़ा, मैकाल श्रेणी और महादेव पहाड़ियों से घिरा हुआ है। इसके उत्तर-पश्चिम में अरावली श्रृंखला स्थित है। प्रायद्वीपीय पठार उत्तरी मैदानों के दक्षिण में स्थित है इस पठार में लौह-अयस्क तथा खनिज का प्रचुर भण्डार पाया जाता है। महानदी, छत्तीसगढ़ तथा ओडिशा राज्य से प्रवाहित होकर बंगाल की खाड़ी में गिरती है। कृष्णा नदी का प्रवाह भी पूर्व की ओर है, जो बंगाल की खाड़ी में गिरती है। अतः यह प्रायद्वीपीय पठार का लक्षण नहीं है।

6. (c) अफ्रीका विश्व का दूसरा सबसे बड़ा महाद्वीप है, जो यूरोप से जिब्राल्टर जलसन्धि द्वारा पृथक् होता है। अफ्रीका के पूर्व में हिन्द महासागर तथा पश्चिम में अटलाण्टिक महासागर स्थित है। अफ्रीका एकमात्र महाद्वीप है, जिससे होकर विषुवत रेखा, कर्क रेखा तथा मकर रेखाएँ गुजरती हैं।

7. (c) भारत के तमिलनाडु तथा आन्ध्र प्रदेश राज्यों में शरद् ऋतु में वर्षा लौटते हुए मानसून या उत्तरी-पूर्वी मानसून के कारण होती है। यह मानसून पवन द्वारा अरब सागर से बंगाल की खाड़ी की ओर प्रवाहित होता है।

8. (a) भ्रंशोत्थ पर्वत या ब्लॉक पर्वत का निर्माण पृथ्वी की ऊपरी सतहों के ऊपर उठने या बहुत बड़े भाग के टूट कर ऊर्ध्वाधर रूप से विस्थापित होने से होता है। द ग्रेट अफ्रीकन रिफ्ट वैली, यूरोप में वॉसजेस पर्वत (फ्रांस और जर्मनी की सीमा पर स्थित), ब्लैक फॉरेस्ट (जर्मनी), साल्ट रेंज (पाकिस्तान) आदि भ्रंशोत्थ पर्वत (Block Mountain) के उदाहरण हैं। विकल्प में दिए गए अन्य पर्वत मोड़दार पर्वत के उदाहरण हैं, जो एशिया का हिमालय पर्वत, यूरोप का आल्प्स पर्वत, दक्षिण अमेरिका में एण्डीज पर्वत, उत्तरी अमेरिका में रॉकी पर्वत तथा रूस में यूरॉल पर्वत आदि।

9. (b) चन्द्रमा पृथ्वी की एक परिक्रमा लगभग 27 दिन 8 घण्टे में पूरी करता है और इतने ही समय में वह अपने अक्ष पर एक घूर्णन करता है। यही कारण है कि चन्द्रमा का सदैव एक ही भाग दिखता है। चन्द्रमा का लभग 57 प्रतिशत अर्थात् एक भाग ही पृथ्वी से दिखाई पड़ता है।

10. (d) ताप, दाब एवं रासायनिक क्रियाओं के कारण आग्नेय एवं अवसादी चट्टानों से कायान्तरित चट्टान का निर्माण होता है। संगमरमर, स्लेट, एन्थ्रेसाइट कोयला, क्वार्ट्जाइट, नीस, ग्रेफाइट आदि कायान्तरित चट्टान के उदाहरण हैं। इसके अतिरिक्त कायान्तरित शैल उच्च ताप व दाब के प्रभाव में पिघलकर द्रवित मैग्मा बनाते है। अतः तीनों कथन सही हैं।

11. (b) अन्तरिक्ष से प्रवेश करने वाले उल्का पिण्ड वायुमण्डल की 'मध्यमण्डल' परत में आने पर जल जाते हैं। उल्काएँ वास्तव में क्षुद्र ग्रह के टुकड़े तथा धूमकेतुओं द्वारा पीछे छोड़े गये धूल के कण होते हैं, जो प्रकाश की चमकीली घाटी के रूप में दिखाई देते है। ये आकाश में क्षण भर के लिए चमकते हैं और लुप्त हो जाते हैं। इसके अतिरिक्त जो उल्का पिण्ड पूर्णतः नष्ट नहीं होते, वे चट्टानों के रूप में पृथ्वी पर गिरते हैं। इन्हें उल्काश्म या Shooting stars कहते हैं।

12. (b) ऋतु प्रवास लोगों के आवागमन से जुड़ा हुआ है। यह एक प्रकार का पशुचारणवाद या घुमन्तूवाद है, जो गर्मियों तथा सर्दियों के निश्चित मौसम में पशुओं को चारागाहों के लिए ऋतु प्रवास करते हैं। इसमें पशुचारक झुण्ड में एक स्थान से दूसरे स्थान पर पशुओं को लेकर जाते हैं। वे सामान्यतया पर्वतीय क्षेत्रों में सर्दियों में तथा गर्मियों में समतल क्षेत्रों में पशु चराने चले जाते हैं।

13. (b) (A) पृथ्वी के अधिकांश क्षेत्र में एक ही दिशा (निश्चित दिशा) में वर्ष भर चलने वाली पवन को प्रचलित पवन या स्थायी पवन कहते हैं।

(B) ये पवनें एक वायु-भार कटिबन्ध से दूसरे वायु-भार कटिबन्ध की ओर नियमित रूप से चलती रहती हैं। इसके प्रमुख उदाहरण हैं–पछुवा पवन, ध्रुवीय पवन और व्यापारिक पवन।

अतः दिए हुए कूट में कथन A सही है, परन्तु B गलत है।

14. (d) ब्राजील के कम्पोस और वेनेजुएला के लानोस उष्ण कटिबन्धीय घास स्थल के उदाहरण हैं। दक्षिण अमेरिका के अर्जेण्टीना एवं उरुग्वे में पम्पास घास का मैदान समतल उपजाऊ मैदान है, जो अटलाण्टिक महासागर से एण्डीज पर्वत तक लगभग 300,000 वर्ग मील या 777,000 वर्ग किमी में विस्तृत है। लानोस दक्षिण अमेरिका के कोलम्बिया और वेनेजुएला के पूर्व में स्थित बाढ़ वाले घास के मैदानों एवं सवाना बायोम का भाग है।

15. (a) दिए हुए दोनों कथन जलवायु के सम्बन्ध में गलत हैं। पृथ्वी की सतह के एक क्षेत्र में तापमान, आर्द्रता, वायमुण्डलीय दबाव, हवा, वर्षा और अन्य मौसम सम्बन्धी तत्त्वों की सामान्य स्थिति जब लम्बे समय तक बनी रहती है, तो उसे जलवायु कहा जाता है। साधारण शब्दों में जलवायु लगभग 30 वर्षों की औसत स्थिति है। जलवायु, मौसम से अलग होती है। मौसम वातावरण में दिन की स्थिति है। कुछ प्रमुख जलवायु के प्रकार है–उष्णकटिबन्धीय, रेगिस्तानी/शुष्क, शीतोष्ण, ध्रुवीय और भूमध्य सागरीय जलवायु आदि।

16. (c) प्राकृतिक गैस एक परम्परागत ऊर्जा स्त्रोत है। प्राकृतिक गैस सामान्यतः कई गैसों; जैसे-मेथेन, एथेन, प्रोपेन, ब्यूटेन आदि का मिश्रण है, परन्तु इसमें मेथेन गैस 80 से 90% तक पायी जाती है। प्राकृतिक गैस मुख्यतः जीवाश्म ईंधनों के साथ पायी जाती है। यह गैस तब निर्मुक्त होती है, जब अपरिष्कृत तेल को धरातल पर लाया जाता है। प्राकृतिक गैस का उपयोग उद्योग, परिवहन, संचार व्यवस्था घरेलू कार्यों में तथा विद्युत बनाने में किया जाता है।

अतः प्राकृतिक गैस के सम्बन्ध में दोनों कथन सही हैं।

17. (c) भारत का शोध संस्थान 'मैत्री' अण्टार्कटिका में अवस्थित है। यह भारत का दूसरा स्थायी अनुसन्धान केन्द्र है। इसकी स्थापना वर्ष 1989 में की गई थी। अण्टार्कटिका पर भारत का पहला शोध संस्थान दक्षिण गंगोत्री वर्ष 1983-84 में स्थापित किया गया था।

18. (a) खनिजों के सन्दर्भ में कथन I सही नहीं है। सभी खनिज धात्विक व अधात्विक दोनों प्रकार के होते हैं। धात्विक खनिजों के अन्तर्गत लोहा, मैंगनीज, निकेल व कोबाल्ट आदि आते हैं, जबकि अधात्विक खनिजों के अन्तर्गत अभ्रक, फेल्सपार, क्वार्ट्ज, पोटाश व सल्फर आदि आते हैं। इसके अतिरिक्त खनिज प्राकृतिक रूप से प्राप्त होने वाले पदार्थ हैं, इनका एक निश्चित रासायनिक संघटन होता है, ये विभिन्न प्रकार के भू-वैज्ञानिक परिवेश में निर्मित होते हैं।

19. (d) सही सुमेलन इस प्रकार है

A.	नर्मदा घाटी	2.	आखेट और संग्रहण
B.	वज्जी	1.	आरम्भिक गणतन्त्र
C.	गारो पहाड़ियाँ	5.	आरम्भिक कृषि
D.	गंगा घाटी	3.	लगभग 2500 वर्ष पूर्व के शहर
E.	सिन्धु व उसकी सहायक नदियाँ	4.	प्रथम नगर

20. (a) ''हिन्दु-मुस्लिम-ब्रिटिश' जैसी-जैसी कालावधि उपयुक्त है, क्योंकि शासकों का धर्म ही एकमात्र

महत्त्वपूर्ण परिवर्तन रहा है।" यह कथन भारतीय इतिहास की तिथियों व काल के वाद-विवादों के सन्दर्भ में गलत है, जबकि "लम्बी समयावधि के घटित होने वाली ऐतिहासिक प्रक्रियाओं को निश्चित तिथियों व काल विभाजन के अन्तर्गत लाना समस्यात्मक है।" यह कथन भारतीय इतिहास की तिथियों व काल के वाद-विवादों के सन्दर्भ में गलत है।

अतः दिये हुए कथन के सन्दर्भ में कथन (A) गलत परन्तु कथन (B) सही है।

21. (c) 19वीं शताब्दी में लोकप्रिय भारतीय कला के अन्तर्गत कई चित्रों में अपने आस-पास के बदलावों का उपहास किया गया। अंग्रेजी भाषा लोंगों के नए शौकों का मजाक व औरतों को घर से बाहर न निकालने की सलाह दी है। इसके अतिरिक्त 19वीं सदी के अन्त तक यान्त्रिक प्रिण्टिंग प्रेस स्थापित किए गए, जिसका प्रयोग राष्ट्रवादी विचारों को अभिव्यक्त करने तथा लोगों को ब्रिटिश शासन के खिलाफ उद्वेलित करने के लिए छवियों का प्रयोग किया जाता था।

अतः दिये हुए दोनों कथन सही हैं, परन्तु कथन (A) की सही व्याख्या कथन (B) नहीं है।

22. (a) भारत में आरम्भिक मानवों पर समझ के लिए मध्य प्रदेश की शैल चित्रकला (जैसे– भीमबेटका की गुफाएँ) को प्राथमिक स्रोत माना जा सकता है। अन्य प्राथमिक स्रोत के अन्तर्गत अभिलेखागार और पाण्डुलिपि साम्रगी तस्वीरें, ऑडिया रिकार्डिंग, वीडियो रिकार्डिंग, फिल्में, पत्र-पत्रिकाएँ व डायरी, स्क्रैप बुक व सरकारी प्रकाश आदि आते हैं।

23. (d) ब्रिटिशकाल से पहले भारत में बच्चों को साल भर पढ़ाया जाता था, लेकिन फसलों की कटाई के समय को छोड़कर क्योंकि वे उस समय, खेतों में काम करते थे।

24. (a) **कथन** (A) अठारहवीं शताब्दी तक यूरोप के लोग स्वयं को राष्ट्र-राज्य के रूप में देखते थे।

कथन (B) 18-19वीं शताब्दियों में यूरोप में लोगों के यह बोध कराया गया कि प्रत्येक भाषी समुदाय एक अलग राष्ट्र था। ऐसे राष्ट्रों को राष्ट्र-राज्य कहा गया तथा भाषा के आधार पर अनेक राष्ट्रों का जन्म हुआ।

अतः दिए हुए कथन के सन्दर्भ में कथन (A) गलत है तथा (B) सही है।

25. (*) बी.सी.ई. (BCE) से तात्पर्य इतिहास के अन्तर्गत पूर्व कॉमन एरा एवं पूर्व क्राइस्ट एरा (Before Christ Era) दोनों से लगाया जाता है। इसका प्रारम्भ 1 सी. ई. (CE) से माना जाता है। वर्तमान में यही कैलेण्डर अत्यधिक प्रचलित है।

26. (c) सेलुलर व आविध जीव विज्ञान केन्द्र द्वारा किए गए अध्ययन में पुरापाषाण युग (लगभग 25000 वर्ष पूर्व) में भारत में शुतुरमुर्ग के अवशेष मिले हैं। शुतुरमुर्ग मूलतः अफ्रीका का निवासी है। परन्तु भारत में महाराष्ट्र के पटने पुरास्थल से शुतुरमुर्ग के अवशेष मिले हैं।

27. (d) हड़प्पा सभ्यता के पतन के सम्बन्ध में विद्वान् अनेक कारण बताते हैं;

- ऐसा लगता है कि शासकों का नियन्त्रण समाप्त हो गया।
- सभ्यता के पूरे क्षेत्र में बाढ़ आ गई।
- सम्भवतः नदियाँ सूख गई थीं।

अतः इस सन्दर्भ में कथन (A), (C), (D) सही हैं।

28. (c) बौद्ध धर्म में महायान मत के अनुयायी बुद्ध को एक देवता के रूप में मानकर तथा उनकी मूर्तियाँ बनाकर पूजा करते थे। इनका प्रमुख उद्देश्य मानव जाति का कल्याण, परसेवा तथा परोपकार की भावना पर बल देना था। इसके अतिरिक्त महायान सम्प्रदाय में बोधिसत्वों की परिकल्पना भी की गई है, जिनका अन्तिम लक्ष्य बुद्धत्व को प्राप्त करना था।

29. (d) दिल्ली सल्तनत की स्थापना मुहम्मद गौरी के गुलाम कुतुबुद्दीन ऐबक ने 1206 ई. में की थी।

दिल्ली सल्तनत के केन्द्रीय प्रशासन के मुखिया को 'सुल्तान' कहा जाता था। बंगाल, दिल्ली सल्तनत के अन्तर्गत था, परन्तु उस पर कई बार नियन्त्रण प्रभावहीन हो जाता था। अतः एक केन्द्रीय प्रशासन के द्वारा सुदूर प्रान्तों पर नियन्त्रण कठिन था। अतः दिल्ली सल्तनत के प्रशासन के सन्दर्भ में कथन (d) सही है।

30. (c) जनजाति एक भारतीय समूह है, जो कुछ विशिष्ट गुणों और विशेषताओं के कारण एक अद्वितीय सांस्कृतिक, सामाजिक और राजनीतिक इकाई का निर्माण करते हैं। जनजाति पूरे विश्व में पाई जाती हैं, जनजातियों में समृद्ध रीति-रिवाज और मौखिक परम्पराओं, परस्पर आत्मनिर्भरता, जनजातीय पहचान आदि पाए जाते हैं, परन्तु अधिकांश जनजातीय समूहों में लिखित दस्तावेज नहीं पाए जाते हैं।

31. (d) जेण्डर रूढ़िवादिता से तात्पर्य किसी महिला या पुरुष की विशिष्ट विशेषताओं या भूमिकाओं का वर्णन या दायित्व निर्वहन में भेदभाव से है। अन्य तीनों विकल्प (a) (b) (c) जेण्डर रूढ़िवादिता के द्योतक हैं। परन्तु दिया गया विकल्प (d) रूढ़िवादिता का उदाहरण नहीं है।

32. (d) *सामाजिक विज्ञान शिक्षण को प्रभावी बनाने के लिए निम्नलिखित विषय/मुद्दें आवश्यक हैं*

- साहित्यिक स्रोतों का समालोचनात्मक विश्लेषण करना भले ही वे कितने भी पुराने हों।
- स्रोतों के ट्राई-एंग्यूलेशन (त्रिकोणीयन) को प्रमुखता देना।

अतः सामाजिक विज्ञान शिक्षण के सन्दर्भ में कथन (B) व (D) सही हैं।

33. (c) कक्षा में 'सामाजिक न्याय' के प्रति संवेदनशीलता को निम्न माध्यम से प्रोत्साहित किया जा सकता है

- कक्षा में विचार-विमर्श के दौरान समकालीन। जन-आन्दोलनों की चर्चा करके।
- भारतीय सामाजिक परिवेश के ऐतिहासिक सन्दर्भों को एक गैर-बराबर शक्ति समीकरण के रूप में देखकर चर्चा करते हैं।
- सामाजिक न्याय पर आधारित संवैधानिक प्रावधानों को कक्षा चर्चाओं में शामिल करके।

34. (c) इतिहास शिक्षणशास्त्र निम्नलिखित प्रयास करता है कि

(A) इतिहास का निर्माण स्रोतों पर आधारित होता है।

(B) इतिहास सामाजिक प्रक्रियाओं में निरन्तरता और बदलाव को खोजे।

(D) इतिहास घटनाओं को एक काल विशेष के सामाजिक राजनीतिक सन्दर्भों में रख कर देखे।

अतः इतिहास शिक्षाशास्त्र के सन्दर्भ में विकल्प (c) सही है।

35. (c) सर्वोच्च न्यायालय ने AIR 1987 SC 1086 के वाद में संविधान के अनुच्छेद 21 की व्याख्या की कि प्रत्येक व्यक्ति को प्रदूषण मुक्त वातावरण में जीने का मौलिक अधिकार है।

36. (b) भारत का वर्णन करने के लिए 'विविधता में एकता' मुहावरे का निर्माण भारत के प्रथम प्रधानमन्त्री जवाहरलाल नेहरू ने किया था। उनका मानना था कि विभिन्न भाषाओं, धर्म, खान-पान के बावजूद भारत में एकता है। समुदायों की एक-दूसरे पर परस्पर निर्भरता तथा बन्धन आदि एकता की कड़ी हैं।

37. (d) यदि राष्ट्रपति को विदित है कि लोकसभा में एंग्लो-इण्डियन समुदाय को उचित प्रतिनिधित्व नहीं मिला है, तो वह भारतीय संविधान के अनुच्छेद-331 के अन्तर्गत अधिकतम 2 सदस्यों को मनोनीत कर सकता है। उन सदस्यों के अधिकार एवं कर्त्तव्य वही होंगे, जो अन्य निर्वाचित 543 सदस्यों के हैं। लोकसभा में अधिकतम 552 सदस्य हो सकते हैं। वर्तमान में सदस्यों की संख्या 545 हैं।

38. (d) जून, 2006 में नेपाली संसद ने 200 वर्ष पुरानी राजशाही को समाप्त करके लोकतन्त्र की स्थापना की। वर्ष 2008 से वहाँ निर्वाचित सरकार शासन कर रही है। नेपाल का आधिकारिक नाम 'संघीय लोकतान्त्रिक गणराज्य' कर दिया गया है।

39. (d) 'कोस्टा रीका' की सरकार अपने सभी नागरिकों को सुरक्षित पेयजल, आवास, स्वच्छता और पोषण जैसी सभी बुनियादी सुविधाएँ प्रदान करती है। वहाँ की सरकार के लिए स्वास्थ्य एक प्राथमिक एजेण्डा है अर्थात् कोस्टा रीका दृष्टिकोण से अभिप्राय है- स्थायी सेना और रक्षा बजट को समाप्त करना, जिसके अन्तर्गत देश अपने नागरिकों की मूलभूत सुविधाओं पर अधिक धन खर्च कर सकें।

40. (c) भारत के सर्वोच्च न्यायालय ने वर्ष 1997 में विशाखा निर्देश की रचना महिलाओं को कार्यस्थलों पर यौन उत्पीड़न से बचाने के लिए की थी। भारतीय संसद ने वर्ष 2013 में इस निर्देश के स्थान पर कार्यस्थल पर महिलाओं के यौन उत्पीड़न (रोकथाम, निषेध और निवारण) अधिनियम निर्मित किया।

41. (d) भारत में एक राज्य के राज्यपाल की नियुक्ति राष्ट्रपति (अनु. 155) द्वारा पाँच वर्षों के लिए की जाती है। राज्यपाल राष्ट्रपति के प्रसादपर्यन्त या कार्यकाल (पाँच वर्ष) तक अपने पद पर रह सकता है। राष्ट्रपति केन्द्र सरकार का संवैधानिक प्रधान होता है, उसे नाममात्र का शासक कहा जाता है, क्योंकि वास्तविक शक्ति प्रधानमन्त्री में केन्द्रित होती है। इसके अतिरिक्त विधानसभा तथा संसद सदस्यों का निर्वाचन प्रत्यक्षतः जनता द्वारा किया जाता है। अटॉर्नी जनरल की नियुक्ति राष्ट्रपति द्वारा (अनु. 76-1) की जाती है।

42. (c) नगर-निगम वार्ड काउन्सिलर ग्रामीण प्रशासनिक अधिकारी नहीं है। इनका निर्वाचन नगरपालिका परिषद में एक विशिष्ट वार्ड के मतदाताओं द्वारा किया जाता है। इसके अतिरिक्त लेखपाल या पटवारी या भूमि रिकॉर्ड अधिकारी सभी एक ही पद हैं, जो ग्रामीण प्रशासनिक अधिकारी होते हैं।

43. (a) भारतीय उच्चतम न्यायालय के वर्ष 1997 में दिए गए डी.के. बासू निर्देश गिरफ्तारी, नजरबन्दी और

पूछ-ताछ के दौरान पुलिस द्वारा पालन की जाने वाली प्रक्रियाओं से सम्बन्धित है।

44. (b) वन अधिकार अधिनियम-2006 को अनुसूचित जनजातीय अधिनियम, जनजातीय भूमि अधिनियम, आदिवासी अधिकार अधिनियम के नाम से जाना जाता है। यक कानून अपने शीर्षक में अनुसूचित जनजातियों श्रेणी के अधिकारों को स्वीकार करता है। यह कानून इन समुदायों को वन भूमि पर अधिकार की मान्यता देता है। जिन वन भूमियों पर वे पीढ़ियों से रहते आए हैं।

45. (a) प्रश्नानुसार द्वितीयक स्रोत का एक उदाहरण है हमारे अतीत-(I) कक्षा-6 के लिए एन.सी.ई.आर.टी. की इतिहास की पाठ्य-पुस्तक। अन्य उदाहरण हैं–पुस्तक सूची, जीवन सम्बन्धी कार्य, डिक्शनरी पुस्तकें (शब्दकोश, विश्वकोष, एटलस आदि) घटना के बाद पत्रिकाओं एवं समाचार-पत्रों एवं पत्रिकाओं के लेख, साहित्य समीक्षा और समीक्षा लेख, इतिहास की पुस्तकें, टीकाएँ और ग्रन्थ, पाठ्य-पुस्तकें, सूचकांक और सार, आलोचना और व्याख्या का कार्य आदि।

46. (c) कथन (A) परीक्षाएँ, तन्त्र की सुविधा के लिए निर्मित कृत्रिम परिस्थितियाँ हैं, न कि व्यक्तिगत शिक्षार्थी के लिए सही प्रतीत हो रहा है। विश्व में खुली प्रतियोगिता के द्वारा सर्वप्रथम सिविल सेवा परीक्षाओं का आयोजन चीन में किया गया था।

कथन (B) इसके अतिरिक्त स्मृति परीक्षण से दूर दक्षताओं के परीक्षण पर जारे के रूप में बदलवा सामाजिक विज्ञान की कक्षाओं में तनाव को कम करेगा। अतः दिए गए दोनों कथन सही है।

47. (c) सामाजिक विज्ञान के अध्यापक/अध्यापिका का मुख्य उद्देश्य होना चाहिए कि वे सभी तत्त्व जो समाज का निर्माण करते हैं, उनके बीच के सम्बन्धों का छात्रों में बोध कराना, जिससे छात्र सभी तत्त्वों तथा क्रियाकलापों पर निरपेक्ष तथा सारगर्भित जानकारी प्राप्त कर सकें।

48. (a) सामाजिक विज्ञान में आकलन का मुख्य उद्देश्य है–शिक्षार्थियों को प्रतिपुष्टि देना तथा मानक स्थापित करना, जिनको पाने के लिए वे प्रयासरत रहें।

49. (b) सामाजिक विज्ञान की कक्षा में फिल्मों को एक प्रभावी शैक्षणिक उपकरण के रूप में उपयोग किया जा सकता है, क्योंकि–

- फिल्में कक्षा के भीतर, बाहरी दुनिया को ला सकती हैं।
- फिल्में अनदेखे और अनसुने सन्दर्भों को खोजने की शक्ति से प्रेरित करती हैं।
- फिल्में ऐसी कहानियों, संवादों और छवियों को सामने लाती हैं, जो जीवन में हमसे दूर हो सकती हैं।

50. (a)

- मानचित्र एक सामाजिक-राजनीतिक निर्मिति है।
- चिरकाल से 'उत्तर' को सदा सभी सामाजिक-राजनीतिक सन्दर्भों में मानचित्र में ऊपर दर्शाया गया है।
- मानचित्र एक त्रि-आयामी साधन है, जबकि हम एक दो-आयामी दुनिया में रहते हैं।

अतः कथन A, B और C तीनों सत्य हैं।

51. (c) शिक्षार्थियों के जीवन में अधिगम को जोड़ने के प्रयास में सामाजिक विज्ञान के शिक्षक को चाहिए कि

- विषय-वस्तु में विविध सांस्कृतिक दृष्टिकोणों के इरादतन एवं सुस्पष्ट शामिल करें।
- शिक्षार्थियों को अपने उदाहरणों व अनुभवों को कक्षा में साझा करने का मौका दे।

अतः विकल्प (c) सही है।

52. (b)इतिहास पढ़ाते समय वैशाली चार्ट का प्रयोग किसी साम्राज्य यावंश के वर्णन एवं विकास को चित्रित करने के लिए, अनुक्रम एवं प्रकार्यात्मक सम्बन्धों को दिखाने के लिए तथा एक कालक्रमिक रूपरेखा देने के लिए किया जाता है। अतः कथन A, B और C इतिहास पढ़ते समय 'वंशावली चार्ट' का प्रयोग होता है।

53. (c) दृष्टि बाधित शिक्षार्थियों के साथ कार्य करते समय एक सामाजिक विज्ञान शिक्षक को शिक्षण अधिगम प्रक्रिया में निम्नलिखित प्रक्रिया अपनानी चाहिए

- यथोचित विराम तथा पुनरावृत्ति के साथ स्पष्ट एवं उच्च आवाज में बोलना।
- मौखिक संकेतों द्वारा कल्पना करने के अवसरों को उत्पन्न करना।
- कक्षा में चर्चा के दौरान 'टेक्टाइल' (स्पर्श करने वाली) सामग्रियों को शामिल करना।

अतः विकल्प (c) सही है।

54. (d) सामाजिक विज्ञान शिक्षण में 'प्रोजेक्ट विधि' उपयोगितावादी दृष्टिकोण से प्रेरित है। यह शिक्षार्थियों को खोजी बना देती है। यह स्व-निर्देशित क्रियाकलापों द्वारा अधिगम को मानती है।

अतः कथन A, B और C सामाजिक विज्ञान शिक्षण में 'प्रोजेक्ट विधि' अपनाई गई है।

55. (c) अन्वेषण को इच्छुक रचनात्मक दृष्टिकोण से एक सामाजिक विज्ञान की शिक्षिका अपने शिक्षार्थियों को *निम्न रूप में देखेगी*

- सामाजिक प्रक्रियाओं में खोज करने को उत्सुक।
- स्रोतों के आधार पर कल्पनाशील।
- समस्याओं के समाधान के सुझावों की कोशिश करने वाले।

अतः विकल्प (c) सही है।

56. (c) सामाजिक विज्ञान की पाठ्यचर्या को अधिक समावेशी बनाने के लिए निम्न उपाय सहायक हो सकते हैं

- पाठ्यचर्या को जेण्डर सम्बन्धित मुद्दों से जोड़ना
- विभिन्न स्रोतों को शामिल करना आधिकारिक व निम्नवर्गीय प्रसंगों के रूप में।

अतः विकल्प (c) सही है।

57. (d) विद्यार्थियों को विवेचनात्मक होना चाहिए, जिससे वह समझ सके कि मुद्दे उनकी खुद की जिन्दगी से कैसे जुड़े हुए हैं।

58. (a) विकल्प (a) में विविधता दिखती है; जैसे–परितोष को बांग्ला अच्छी आती है, वहीं सुचिता हिन्दी बोलती है। अन्य विकल्प एक-दूसरे से समानता रखते हैं।

59. (d) एक स्कूल के सामाजिक विज्ञान के शैक्षणिक भ्रमण में जीरो (लोवर सुबानसिटी जिला), बोमडिला (वेस्ट कामेंग जिला), नामदफा राष्ट्रीय उद्यान (चाँगलाँग जिला), तवांग (बुद्धिस्ट स्थल) तथा लिसांग (काँगपोग्पी) को शामिल किया गया। इसके लिए अरुणाचल प्रदेश एवं मणिपुर एक मानचित्र पर विद्यार्थियों को भ्रमण करने को कहा जाएगा।

60. (c) सामाजिक विज्ञान की समसामयिक समझ प्रश्नों के समान उत्तर देने के लिए शिक्षार्थियों को प्रोत्साहित नहीं करती। जबकि प्रश्न में दिए गए अन्य विकल्प सामाजिक ज्ञान की समसामयिक समझ के सन्दर्भ में उचित है।

सॉल्वड पेपर

17 नवम्बर, 2019

HTET

हरियाणा शिक्षक पात्रता परीक्षा

पेपर II (कक्षा VI-VIII)

सामाजिक विज्ञान

1. अक्टूबर क्रान्ति के दौरान रूस का जार कौन था?
(a) ब्लादिमीर लेनिन (b) निकोलस II
(c) एलेक्जेण्डर करेन्सकी (d) निकोलस I

2. 'इन्दिरा साहनी एवं अन्य बनाम भारत सरकार' मामले का सम्बन्ध था
(a) अन्य पिछड़ा वर्ग आरक्षण से
(b) अनुसूचित जाति आरक्षण के समापन से
(c) स्त्री सुरक्षा से
(d) कामकाजी महिलाओं के अधिकारों से

3. निम्न कथनों पर विचार कीजिए
I. भारत की संसद के दोनों सदनों की शक्तियाँ समान नहीं हैं।
II. इसी कारण भारतीय संविधान में उच्च सदन व निम्न सदन शब्दावली प्रयोग की गई है।
कूट
(a) II सही, किन्तु I गलत है (b) I सही, किन्तु II गलत है
(c) I और II दोनों सही हैं (d) I और II दोनों गलत है

4. निम्नलिखित में से कौन-सा अन्तरपर्वतीय पठार का उदाहरण नहीं है?
(a) तिब्बत का पठार (b) मैक्सिको का पठार
(c) दक्कन ट्रैप (d) बोलीविया एवं पेरू का पठार

5. उत्पादन-सम्भावना वक्र को किस नाम से जानते हैं?
(a) तटस्थता वक्र (b) माँग वक्र
(c) पूर्ति वक्र (d) रूपान्तरण वक्र

6. आई सी ओर आ (I.C.O.R.) क्या है?
(a) $\frac{\text{पूँजी में परिवर्तन}}{\text{उत्पादन में परिवर्तन}}$ (b) $\frac{\text{आय में परिवर्तन}}{\text{पूँजी में परिवर्तन}}$
(c) $\frac{\text{आय में परिवर्तन}}{\text{उपभोग में परिवर्तन}}$ (d) $\frac{\text{उत्पादन में परिवर्तन}}{\text{पूँजी में परिवर्तन}}$

7. रानी लक्ष्मीबाई पराजित हुई और मार दी गई
(a) जून, 1757 में (b) जून, 1858 में
(c) जुलाई, 1757 में (d) जुलाई, 1858 में

8. होआ हाओ आन्दोलन के संस्थापक हैं
(a) हुनी फु सो (b) आँग सान सू की
(c) माओत्से तुंग (d) फान बाई चाऊ

9. जी एन पी एवं जी डी पी में क्या अन्तर है?
(a) अनुदान पर अप्रत्यक्ष करों का आधिक्य
(b) मूल्यह्रास
(c) अप्रत्यक्ष करों पर अनुदान का आधिक्य
(d) विदेशों से प्राप्त शुद्ध साधन आय

10. भारत में केन्द्र सरकार के विरुद्ध अविश्वास प्रस्ताव
(a) लोकसभा व राज्यसभा दोनों में पेश किया जा सकता है
(b) मात्र लोकसभा में पेश किया जा सकता है
(c) मात्र राज्यसभा में पेश किया जा सकता है
(d) लोकसभा में विपक्ष का सबसे बड़ा दल ही ला सकता है

11. स्वराज पार्टी के संस्थापक कौन थे?
(a) सी. आर. दास (b) बी. आर. अम्बेडकर
(c) जे. एल. नेहरू (d) एम. के. गाँधी

12. निम्न कथनों पर विचार कीजिए।
I. अन्तर्राष्ट्रीय मुद्रा कोष विश्व के किसी भी देश को आधार व ऋण देने वाली बड़ी संस्था है।
II. इसके समस्त सदस्य देशों को समान मताधिकार प्राप्त हैं।
कूट
(a) I सही व II गलत है (b) I गलत व II सही है
(c) I और II दोनों गलत हैं (d) I और II दोनों सही हैं

13. भारत के संघीय बजट में सार्वजनिक उपक्रमों से प्राप्त लाभ किसके अन्तर्गत आते हैं?
(a) राजकोषीय घाटा (b) नियोजित व्यय
(c) पूँजीगत प्राप्तियाँ (d) राजस्व प्राप्तियाँ

14. आर्थिक सर्वे प्रकाशित किया जाता है
(a) योजना आयोग द्वारा (b) भारतीय सांख्यिकी संस्थान द्वारा
(c) आर. बी. आई. द्वारा (d) वित्त मन्त्रालय द्वारा

15. आयनमण्डल में 'कैनिली-हैवीसाइड' परत है
(a) डी-परत (b) ई-परत
(c) एफ-परत (d) जी-परत

16. निम्न देशों में से सार्वभौम वयस्क मताधिकार सबसे आखिर में अपनाने वाला देश है
(a) भारत (b) दक्षिण अफ्रीका
(c) संयुक्त राज्य अमेरिका (d) जर्मनी

17. निम्न कथनों पर विचार कीजिए
I. भारत के मुख्य चुनाव आयुक्त की नियुक्ति भारत का राष्ट्रपति करता है।
II. मुख्य चुनाव आयुक्त राष्ट्रपति के प्रति उत्तरदायी होते हैं।
कूट
(a) I और II दोनों सही हैं (b) I और II दोनों गलत हैं
(c) I सही और II गलत है (d) I गलत और II सही है

18. 'ईएनएसओ (ENSO)' घटना सम्बन्धित है
(a) पर्यटन से (b) व्यापार से
(c) परिवहन से (d) भारतीय मानसून से

19. मॉण्टेस्क्यू द्वारा लिखित पुस्तक का नाम है
(a) द सोशल कॉन्ट्रैक्ट (b) द स्पिरिट ऑफ लॉज
(c) दास कैपिटल (d) ट्रीटीज ऑन टॉलरेन्स

20. किस वर्ष खिलाफत आन्दोलन की शुरुआत हुई?
(a) वर्ष 1921 (b) वर्ष 1918
(c) वर्ष 1919 (d) वर्ष 1920

21. नेपोलियन बोनापोर्ट ने किस वर्ष फ्रांस के सम्राट के रूप में अपनी ताजपोशी की थी?
(a) 1801 ई. (b) 1802 ई.
(c) 1803 ई. (d) 1804 ई.

22. निम्नांकित कथनों में से कौन-सा गलत है?
(a) एक एकाधिकार उत्पादन को प्रतिबन्धित कर कीमत बढ़ा सकता है
(b) एकाधिकार में एक फर्म और एक उद्योग में कोई अन्तर नहीं होता है
(c) वस्तु विभेद एकाधिकारात्मक प्रतियोगिता की विशिष्टता है
(d) पूर्ण प्रतियोगिता में विक्रय हेतु प्रस्तुत की गई वस्तुएँ विजातीय होंगी

23. चम्पारण कहाँ स्थित है?
(a) गुजरात में (b) उत्तर प्रदेश में
(c) बिहार में (d) मध्य प्रदेश में

24. 55° पश्चिमी देशान्तर रेखा का प्रतिध्रुव देशान्तर है
(a) 55° पूर्वी देशान्तर (b) 125° पूर्वी देशान्तर
(c) 125° पश्चिम देशान्तर (d) 155° पूर्वी देशान्तर

25. अफ्रीका के दक्षिणतम छोर पर उत्तर से दक्षिण की ओर प्रवाहित होने वाली समुद्री धारा है
(a) अगुलहास (b) कनारी
(c) मोजाम्बिक (d) बेंगुला

26. "मैं भारत के लिए ऐसा संविधान हूँ, जो उसे गुलामी और अधीनता से मुक्त करे,"...... मैं ऐसे भारत के लिए प्रयास करूँगा, जिसे सबसे गरीब व्यक्ति भी अपना मानें।"
यह कथन है
(a) बी. आर. अम्बेडकर (b) जवाहरलाल नेहरू
(c) डॉ. राजेन्द्र प्रसाद (d) महात्मा गाँधी

27. सुमेलित करें

ज्वालामुखी	देश
A. स्ट्राम्बोली	1. तन्जानिया
B. कोटापैक्सी	2. इटली
C. माउण्ट पोपा	3. इक्वेडोर
D. किलिमन्जारो	4. म्यांमार

कूट

	A	B	C	D
(a)	1	2	3	4
(b)	2	1	3	4
(c)	2	3	1	4
(d)	2	3	4	1

28. आर्थिक नियोजन सम्बन्धित है
(a) समाजवादी अर्थव्यवस्था से (b) मिश्रित अर्थव्यवस्था से
(c) '1' और '2' दोनों (d) इनमें से कोई नहीं

29. निम्नलिखित में से कौन-सा सुमेलित नहीं है?

स्थलाकृतियाँ		निर्माणक कारक
(a) सर्क	–	हिमनद
(b) पेनिप्लेन	–	नदियाँ
(c) लोयस	–	हवा
(d) नूनाटक	–	समुद्री लहरें

30. जब पृथ्वी, सूर्य तथा चन्द्रमा समकोणीय स्थिति में हों, तो कौन-सा ज्वार आएगा?
(a) दीर्घ ज्वार (b) दैनिक ज्वार
(c) मिश्रित ज्वार (d) लघु ज्वार

31. सुमेलित कीजिए

A. गुर्जर प्रतिहार	1. पश्चिमी दक्कन
B. राष्ट्रकूट	2. बंगाल
C. पाल	3. गुजरात और राजस्थान
D. चोल	4. तमिलनाडु

	A	B	C	D
(a)	3	1	2	4
(b)	1	2	3	4
(c)	2	3	1	4
(d)	4	2	1	3

32. निम्नलिखित युग्मों में से कौन-सा सुमेलित नहीं है?

	फसल		सर्वाधिक उत्पादक राज्य (भारत)
(a)	चाय	—	असम
(b)	जूट	—	पश्चिम बंगाल
(c)	कॉफी	—	कर्नाटक
(d)	रबर	—	तमिलनाडु

33. निम्नलिखित में से कौन-सा समवर्ती सूची का विषय है?
(a) संचार (b) कम्प्यूटर सॉफ्टवेयर
(c) पुलिस (d) विवाह

34. स्वतन्त्रता पश्चात् बने भारत के प्रथम राज्य पुनर्गठन आयोग ने राज्यों के गठन का आधार माना था
(a) संस्कृति को (b) भाषा को
(c) धर्म को (d) भौगोलिक स्थिति को

35. वह क्षेत्र पहचानिए, जहाँ लोकतान्त्रिक व्यवस्थाएँ अधिक सफल नहीं रही हैं?
(a) शान्ति व व्यवस्था कायम रखने में
(b) आर्थिक असमानताओं में कमी लाने में
(c) नागरिकों की गरिमा और आजादी कायम रखने में
(d) सामाजिक विविधताओं में सामंजस्य रखने में

36. कौन-सा अर्थशास्त्री उदासीनता वक्र विधि से सम्बन्धित नहीं है?
(a) हिक्स (b) पैरेटो
(c) एलेन (d) मार्शल

37. जनगणना, 2011 के अनुसार, भारत के तीन सबसे कम लिंगानुपात वाले राज्यों का सही बढ़ता हुआ क्रम कौन-सा है?
(a) हरियाणा < सिक्किम < पंजाब
(b) हरियाणा < जम्मू एवं कश्मीर < सिक्किम
(c) हरियाणा < सिक्किम < जम्मू एवं कश्मीर
(d) हरियाणा < पंजाब < सिक्किम

38. "व्यापार चक्र" सम्बन्धित नहीं है
(a) अर्थव्यवस्था में कीमत स्तर से (b) उत्पादन स्तर से
(c) रोजगार स्तर से (d) सरकार में राजनैतिक दल से

39. भारत में स्थानीय स्वशासी निकायों में सीटें आरक्षित रखी जाती हैं
(a) मात्र अनुसूचित जाति के लिए
(b) मात्र महिलाओं के लिए
(c) मात्र अनुसूचित जाति, अनुसूचित जनजाति एवं महिलाओं के लिए
(d) अनुसूचित जाति, अनुसूचित जनजाति, पिछड़ी जाति एवं महिलाओं के लिए

40. नेपाल में वर्ष 2006 में चले लोकतन्त्र समर्थक आन्दोलन हेतु बने राजनीतिक गठबन्धन का नाम था
(a) फॉर डेमोक्रेसी (b) होप
(c) सेवन पार्टी एलायन्स (d) डेमोक्रेसी फॉर पीस

41. प्रयाग प्रशस्ति के लेखक कौन थे?
(a) हरिषेण (b) कल्हण (c) हर्षवर्धन (d) कालिदास

42. 'बहुलक' की गणना कीजिए।
7, 12, 8, 5, 6, 4, 9, 10, 8, 9, 7, 9, 6, 5, 9
(a) 15 (b) 9 (c) 5 (d) 11

43. शाहजहाँ की माता थी
(a) कच्छावा राजकुमारी (b) सिसोदिया राजकुमारी
(c) राठौर राजकुमारी (d) चौहान राजकुमारी

44. टाइफून का उत्पत्ति स्थल है
(a) उत्तरी अन्ध महासागर (b) उत्तरी-पश्चिमी प्रशान्त महासागर
(c) दक्षिणी हिन्द महासागर (d) दक्षिणी प्रशान्त महासागर

45. 'हर्षचरित' के लेखक कौन हैं?
(a) कालिदास (b) हरिषेण (c) बाणभट्ट (d) रविकीर्ति

46. एक आयताकार अतिपरवलय माँग वक्र के लिए माँग की कीमत लोच का मूल्य क्या होता है?
(a) $e > 1$ (b) $e < 1$ (c) $c = 1$ (d) $c = 0$

47. रजिया पुत्री थी
(a) कुतुबुद्दीन ऐबक की (b) खिज्र खाँ की
(c) बहलोल लोदी की (d) शमशुद्दीन इल्तुतमिश की

48. 'भूड़' स्थलाकृति एक विशेषता है
(a) ऊपरी एवं मध्य गंगा मैदानों की (b) ब्रह्मपुत्र मैदानों की
(c) तिस्ता मैदान की (d) सुन्दरबन डेल्टा की

49. भारत में उच्चतम एवं न्यूनतम जनघनत्व कितना है?
(a) दिल्ली (11297) और अरुणाचल प्रदेश (17)
(b) दिल्ली (9768) और अरुणाचल प्रदेश (171)
(c) महाराष्ट्र (1122) और नागालैण्ड (212)
(d) दिल्ली (14444) और नागालैण्ड (22)

50. 'किताब-उल-हिन्द' के लेखक हैं
(a) अमीर खुसरों (b) अबुल फजल
(c) अलबरूनी (d) अमीर हसन देहलवी

51. एच. एच. गौसेन का द्वितीय नियम कौन-सा है?
(a) सीमान्त उपयोगिता ह्रास नियम (b) सम सीमान्त उपयोगिता नियम
(c) उपभोक्ता की बचत (d) परिवर्तनशील अनुपातों का नियम

52. अशोक के अधिकतर अभिलेख लिखे गए थे
(a) पालि में (b) हिन्दी में (c) संस्कृत में (d) प्राकृत में

53. आई. एम. एफ. ने कार्य करना कब प्रारम्भ किया?
(a) वर्ष 1945 (b) वर्ष 1946 (c) वर्ष 1947 (d) वर्ष 1948

54. 'अधिकारों' के पीछे सबसे प्रभावशाली घटक है
(a) धार्मिक परम्पराएँ (b) राजनीतिक दलों के विश्वास
(c) समाज से स्वीकृति (d) भावुक दावे

55. निम्नलिखित में से कौन-सा जोड़ा सुमेलित नहीं है?

नदी घाटी परियोजनाएँ		**नदी**
(a) शिवसमुद्रम्	—	कावेरी
(b) पोचम्पाद	—	गोदावरी
(c) काकरापार	—	नर्मदा
(d) उकाई	—	तापी

56. 'श्रम के लैंगिक विभाजन' का मूल आधार है
(a) जैविक बनावट (b) राजनीतिक परम्पराएँ
(c) रूढ़िवादी छवियाँ (d) अनिश्चित सामाजिक भूमिकाएँ

57. सुमेलित करें।

सूची I (वन)	**सूची** II (प्रदेश)
A. मैंग्रोव	1. कोरोमण्डल तट
B. उष्णकटिबन्धीय सदाबहार	2. गंगा-ब्रह्मपुत्र डेल्टा
C. उष्णकटिबन्धीय शुष्क सदाबहार	3. नीलगिरि तथा अन्नामलाई पहाड़ियाँ
D. आर्द्र समशीतोष्ण	4. पश्चिमी घाट

कूट

	A	B	C	D
(a)	2	3	4	1
(b)	2	1	4	3
(c)	2	4	1	3
(d)	2	4	3	1

58. भारत में राजनीतिक दलों को 'मान्यता' प्रदान करते हैं
(a) राष्ट्रपति (b) संसद
(c) चुनाव आयोग (d) सर्वदलीय संसदीय समिति

59. एक उपभोक्ता सन्तुलन में होता है, जब सीमान्त उपयोगिताएँ होती हैं
(a) न्यूनतम (b) समान (c) उच्चतम (d) बढ़ती हुई

60. 'मणिकर्ण' (हिमाचल प्रदेश) जाना जाता है
(a) सौर्यिक ऊर्जा के लिए (b) वायु ऊर्जा के लिए
(c) भूतापीय ऊर्जा के लिए (d) अणुशक्ति ऊर्जा के लिए

उत्तरमाला

1 (b)	2 (a)	3 (b)	4 (c)	5 (d)	6 (a)	7 (b)	8 (a)	9 (a)	10 (a)
11 (a)	12 (c)	13 (d)	14 (d)	15 (b)	16 (b)	17 (c)	18 (d)	19 (b)	20 (c)
21 (d)	22 (c)	23 (c)	24 (a)	25 (a)	26 (a)	27 (d)	28 (c)	29 (d)	30 (d)
31 (a)	32 (d)	33 (d)	34 (b)	35 (b)	36 (b)	37 (b)	38 (d)	39 (c)	40 (c)
41 (a)	42 (b)	43 (c)	44 (b)	45 (c)	46 (a)	47 (d)	48 (a)	49 (a)	50 (c)
51 (b)	52 (d)	53 (c)	54 (c)	55 (c)	56 (c)	57 (c)	58 (c)	59 (b)	60 (c)

संकेत एवं हल

1. (b) अक्टूबर क्रान्ति के समय रूस का जार **निकोलस II** था। यह रूस का अन्तिम जार शासक था। अक्टूबर की क्रान्ति 25 अक्टूबर, 1917 से हुई थी। रूस में वोल्शेविक क्रान्ति का जनक लेनिन था, जिसने चेका नामक संगठन बनाया था। आधुनिक रूस का निर्माता स्टालिन को माना जाता है।

2. (a) 'इन्दिरा साहनी एवं अन्य बनाम भारत सरकार' मामले का सम्बन्ध **अन्य पिछड़ा वर्ग** के आरक्षण से था। वर्ष 1992 में सुप्रीम कोर्ट ने इन्दिरा साहनी के केस की सुनवाई करते हुए जाति आधारित आरक्षण की अधिकतम सीमा 50% तक कर दी थी। पिछड़ा वर्ग को आर्थिक आधार पर वर्तमान में 27% आरक्षण प्राप्त है। इसमें क्रीमीलेयर व नॉन क्रीमीलेयर का प्रावधान भी है।

3. (b) भारत की संसद लोक प्रथा, राज्यसभा तथा राष्ट्रपति से मिलकर बनती है। इसमें राज्यसभा एक स्थायी सदन है, जिसे उच्च सदन तथा लोकसभा को निम्न सदन कहा जाता है। राज्यसभा की शक्तियाँ लोकसभा की तुलना में कम होती हैं। राज्यसभा राज्यों तथा संघ राज्य क्षेत्रों का प्रतिनिधित्व करती है, जिसके सदस्य राज्य विधानसभा तथा राष्ट्रपति द्वारा मनोनीत होते हैं, जिससे इसे उच्च सदन कहा जाता है। अतः दिया गया कथन I सही तथा कथन II गलत है।

4. (c) तिब्बत का पठार, मैक्सिको का पठार एवं बोलीविया एवं पेरू का पठार अन्तरपर्वतीय पठार के उदाहरण हैं, जबकि दक्कन ट्रैप एक अन्तरपर्वतीय पठार नहीं है। अन्तरपर्वतीय पठार ऐसे पठार को कहा जाता है जो पर्वतश्रेणियों के मध्य स्थित रहता है। दक्कन ट्रैप लावा निर्मित पठार है, जो दक्षिणी मध्य भारत में स्थित है।

5. (d) उत्पादन सम्भावना वक्र को **रूपान्तरण वक्र** के साथ उत्पादन सम्भावना सीमा, रूपान्तर सीमा तथा उत्पादन सम्भावना फ्रण्टियर के नाम से भी जाना जाता है। यह वक्र दो वस्तुओं के उन आयोगों को दर्शाता है, जिसे दिए गए संसाधनों व तकनीकों द्वारा उत्पादित किया जा सकता है। इसमें संसाधनों का कुशलतम प्रयोग होता है।

6. (a) अर्थशास्त्र में उत्पादन के लिए जिस अतिरिक्त राशि की जरूरत होती है, उसे इक्रीमेण्टल कैपिटल आउटपुट रेशियो (आई सी ओ आर) कहते हैं। इसे अक्षमता का एक उपाय माना जा सकता है, जिसके साथ पूँजी का उपयोग किया जाता है। *इसे निम्न सूत्र से व्यक्त किया जा सकता है*

जैसे– $\dfrac{\text{पूँजी में परिवर्तन}}{\text{उत्पादन में परिवर्तन}}$

इसे कम खपत का सूचक भी माना जाता है। बचत हेतु अनुपात का कम होना महत्त्वपूर्ण होता है।

7. (b) रानी लक्ष्मीबाई जून, 1858 में ग्वालियर के कोटा के पास ब्रिटिश सेना से लड़ती हुई, पराजित हुई। इस समय ब्रिटिश सेना का नेतृत्व जनरल ह्यूरोज कर रहा था। राज्य हड़प नीति के तहत् ब्रिटिश सेना ने 24 मार्च, 1858 को झाँसी पर हमला कर दिया था, जिसका नेतृत्व रानी लक्ष्मीबाई ने बड़ी वीरतापूर्वक किया, किन्तु ब्रिटिश सरकार से जून, 1858 में, पराजित हो गई और मार दी गई।

8. (a) होआ-हाओ आन्दोलन के संस्थापक **हुनी-फु सो** थे। यह आन्दोलन वर्ष 1939 में हुआ था। यह उपनिवेशवाद विरोधी आन्दोलनों में उपजे विचारों से प्रेरित था। यह गरीबों, महिलाओं, बन्धुआ मजदूरों तथा अफीम आदि की खरीद एवं बिक्री का विरोधी था। फ्रांसीसी इन्हें पागल बुन्जे कहकर पुकारते थे। कुछ समय पश्चात् इन्हें वियतनाम से निष्कासित कर लाओस भेज दिया गया।

9. (a) किसी देश की एक वर्ष में भौगोलिक सीमा के अन्दर उत्पादित अन्तिम वस्तुओं और सेवाओं का मौद्रिक मूल्य सकल घेरलू उत्पाद (जी.डी.पी.) कहलाता है। वहीं सकल राष्ट्रीय उत्पाद (जी.एन.पी.) एक वर्ष की अवधि में देश के सामान्य नागरिकों द्वारा देश की घरेलू सीमा के अन्दर या बाहर उत्पादित अन्तिम वस्तुओं तथा सेवाओं का मौद्रिक मूल्य होता है। GDP एवं GNP को निम्न सूत्र से व्यक्त किया जा सकता है।

$$\boxed{\text{GNP} = \text{GDP}_1 + \text{अप्रत्यक्ष कर} - \text{अनुदान}}$$

अतः यहाँ अनुदान पर अप्रत्यक्ष करों की अधिकता है।

10. (a) भारत में केन्द्र सरकार के विरुद्ध अविश्वास प्रस्ताव **लोकसभा** व **राज्यसभा दोनों में पेश किया जा सकता** है। हालाँकि इसका स्पष्ट उल्लेख संविधान में नहीं है, किन्तु इस सम्बन्ध में अनुच्छेद 118 के तहत् दोनों सदन को शक्ति प्राप्त है। इसके लिए लोकसभा में कम-से-कम 50 सदस्यों का अनुसमर्थन आवश्यक होता है। इसके द्वारा मन्त्रिपरिषद् में अविश्वास प्रकट किया जाता है।

11. (a) स्वराज पार्टी के संस्थापक **सी. आर. दास** थे। 1 जनवरी, 1923 को चितरंजन दास, नरसिंह चिन्तामन केलकर, मोतीलाल नेहरू व विट्ठल भाई पटेल ने मिलकर कॉंग्रेस से अलग स्वराज पार्टी की स्थापना की थी, जिसके अध्यक्ष चितरंजन दास तथा मोतीलाल नेहरू सचिव बने थे।

12. (c) अन्तर्राष्ट्रीय मुद्रा कोष एक अन्तर्राष्ट्रीय संस्था है, जिसकी स्थापना 27 दिसम्बर, 1945 को हुई थी। इसका मुख्यालय वाशिंगटन डी. सी. में है। यह अपने सदस्यों को आर्थिक ऋण तथा तकनीकी सहायता प्रदान करता है। सदस्य देशों की मतदान शक्ति उनके एसडीआर कोटा से निर्धारित होती है। अतः समान मताधिकार प्राप्त नहीं होता है। इस प्रकार दिए गए कथन I तथा कथन II दोनों गलत हैं।

13. (d) संघीय बजट में सार्वजनिक उपक्रमों से प्राप्त लाभ राजस्व प्राप्तियों के अन्तर्गत आते हैं। यह प्राप्तियाँ सरकार द्वारा कर और शुल्क, ब्याज तथा लाभांश तथा सेवाओं के परिणामस्वरूप प्राप्त आय होती है। सरकार राजस्व प्राप्तियों के साथ पूँजीगत राशियाँ भी प्राप्त करती है। राजस्व प्राप्तियाँ, कर राजस्व प्राप्तियाँ तथा गैर कर राजस्व प्राप्तियाँ होती हैं।

14. (d) आर्थिक सर्वे वित्त मन्त्रालय द्वारा प्रकाशित किया जाता है। इसका निर्माण वित्त मन्त्रालय का आर्थिक मामलों के विभाग द्वारा आर्थिक सलाहकार के साथ वित्त मन्त्रालयों के सम्बन्धित विभाग द्वारा किया जाता है। यह वित्त मन्त्रालय की आधिकारिक रिपोर्ट होती है, जिसमें अर्थव्यवस्था के क्षेत्रवार विवरण होते हैं।

15. (b) पृथ्वी की वायुमण्डल की परतों में आयनमण्डल की परत 50 किमी की ऊँचाई के पश्चात् प्रारम्भ होती है, जो विभिन्न परतों में भी विभक्त होती है। यह डी-परत, ई-परत तथा एफ-परत में विभक्त होती है, जिसमें ई-परत को **कैनिली-हैवीसाइड** परत कहा जाता है। यह आयनमण्डल रेडियो तरंगों के प्रसारण में महत्त्वपूर्ण भूमिका निभाती है। यहाँ गैसें आयनीकृत होती हैं।

16. (b) सार्वभौम वयस्क मताधिकार सबसे अन्त में अपनाने वाला देश **दक्षिण अफ्रीका** है। सार्वभौम वयस्क मताधिकार लिंग, जाति, भाषा आदि के भेदभाव के बिना निश्चित उम्र के व्यक्ति को मताधिकार के अधिकार से अभिव्यक्त करता है। यह भारत में वर्ष

1950 में, संयुक्त राज्य अमेरिका में वर्ष 1965 तथा जर्मनी में वर्ष 1918 में अपनाया गया था तथा दक्षिण अफ्रीका में यह वर्ष 1994 में अपनाया गया था।

17. (c) भारत के संविधान के अनुच्छेद 324 से 329 में चुनाव आयोग और सदस्यों की शक्तियों, कार्यों, कार्यकाल व पात्रता सम्बन्धी उपबन्ध हैं। चुनाव आयोग एक संवैधानिक निकाय है, जो भारत में संघ तथा राज्य की चुनाव प्रक्रिया को संचालित करता है। भारत के मुख्य चुनाव आयुक्त की नियुक्ति राष्ट्रपति करता है। इनका कार्यकाल 6 वर्ष या 65 वर्ष होता है। यह राष्ट्रपति के प्रति उत्तरदायी नहीं होता है। अतः कथन I सही, किन्तु कथन II गलत है।

18. (d) ईएनएसओ (ENSO) घटना **भारतीय मानसून** से सम्बन्धित है। यह प्रशान्त महासागर में पेरू के निकट गर्म होने की घटना से सम्बन्धित होती है। भारतीय मानसून में अल-नीनो तथा ला-नीनो का प्रभाव पड़ता है। अल-नीनो से सूखा, जबकि ला-नीनो से अत्यधिक वर्षा होती है।

19. (b) मॉन्टेस्क्यू द्वारा लिखित पुस्तक का नाम 'द स्पिरिट ऑफ लॉज' है। मॉन्टेस्क्यू फ्रांस के एक राजनीतिक विचारक, न्यायविद् तथा उपन्यासकार थे। इन्होंने शक्तियों के पृथक्करण का सिद्धान्त दिया था। इनकी अन्य पुस्तकों में पर्शियन लेटर्स, फैमिलियर लेटर्स आदि प्रमुख हैं।

20. (c) खिलाफत आन्दोलन की शुरुआत **वर्ष 1919** में हुई, जो 1921 तक चला। यह मुख्य रूप से मुसलमानों द्वारा चलाया गया राजनीतिक-धार्मिक आन्दोलन था। इसका मुख्य उद्देश्य तुर्की के खलीफा के पद की पुनर्स्थापना हेतु अंग्रेजों पर दबाव डालना था। भारत में महात्मा गाँधी के नेतृत्व में खिलाफत आन्दोलन संचालित रहा।

21. (d) नेपोलियन बोनापार्ट ने **1804 ई.** में फ्रांस के सम्राट के रूप में अपनी ताजपोशी की थी। इसने समाज में समानता लाने के उद्देश्य से नई शासन प्रणाली की शुरुआत की। इसने विस्तृत शिक्षण प्रणाली विकसित की, जिसे लाइकेन्स कहा जाता है। यह वर्तमान में भी उपयोग में है। इसने दासता व सामन्तवाद को समाप्त किया।

22. (c) उत्पादन की एकाधिकार प्रवृत्ति कीमत को बढ़ा सकती है। जबकि पूर्ण प्रतियोगिता में विक्रय हेतु प्रस्तुत की गई वस्तुएँ विजातीय होती हैं। इसके साथ ही वस्तु विभेद एकाधिकारात्मक प्रतियोगिता की विशिष्टता नहीं होती है। इसमें वस्तु की आपूर्ति पर पूर्ण नियन्त्रण होता है, जबकि खरीददारों की संख्या अधिक होती है।

23. (c) चम्पारण **बिहार** में स्थित है। यह एक ऐतिहासिक स्थल है, जहाँ महात्मा गाँधी ने वर्ष 1917 में चम्पारण सत्याग्रह की शुरुआत की थी। इस सत्याग्रह या आन्दोलन का उद्देश्य नील उत्पादक किसानों को अंग्रेजों के शोषण से मुक्ति दिलाना था। यहाँ नील की खेती हेतु तीन कठिया पद्धति प्रचलन में थी, जिससे भारतीय किसानों का शोषण होता था।

24. (a) 55° पश्चिमी देशान्तर रेखा का प्रतिध्रुव देशान्तर **55° पूर्वी देशान्तर** है। पृथ्वी पर दो अक्षाँशों की कोणीय दूरी को देशान्तर कहा जाता है। यह दक्षिणी तथा उत्तरी ध्रुव पर एक बिन्दु पर मिल जाती है। विषुवत् रेखा पर इसकी दूरी सर्वाधिक होती है। दो देशान्तर रेखा के बीच की दूरी 'गोरे' कहलाती है।

25. (a) अफ्रीका के दक्षिणतम छोर पर उत्तर से दक्षिण की ओर प्रवाहित होने वाली समुद्री धारा **अगुलहास** है, जिसकी उत्पत्ति मेडागास्कर द्वीप के दक्षिण में 30° अक्षांश पर मोजाम्बिक एवं मेडागास्कर धाराओं के मिलने पर होती है। यह अफ्रीका के दक्षिणी छोर तक प्रवाहित होती है।

26. (a) दिया गया कथन भारत के संविधान निर्माता डॉ. बी. आर. अम्बेडकर से सम्बन्धित है। ये भारतीय संविधान की प्रारूप समिति के अध्यक्ष थे। प्रारूप समिति में कुल 7 सदस्य थे। यह भारत के पहले कानून मन्त्री थे। इनके और महात्मा गाँधी के बीच वर्ष 1932 में पूना पैक्ट समझौता हुआ था। जिसके तहत् लोकसभा व विधानसभा में अनुसूचित जाति/जनजाति के लिए सीटें आरक्षित की गई हैं।

27. (d) सही सुमेलन इस प्रकार है

	ज्वालामुखी	देश	सम्बन्धित तथ्य
A.	स्ट्राम्बोली	2. इटली	सक्रिय ज्वालामुखी
B.	फोटोपैक्सी	3. इक्वेडोर	शान्त ज्वालामुखी
C.	माउण्ट पोपा	4. म्याँमार	शान्त ज्वालामुखी
D.	किलिमन्जारों	1. तन्जानिया	शान्त ज्वालामुखी

सक्रियता के आधार पर ज्वालामुखी को सक्रिय, शान्त तथा मृत में विभक्त किया जाता है। विश्व का सर्वाधिक सक्रिय ज्वालामुखी किलायु तथा माउण्ट एटना है।

28. (c) आर्थिक नियोजन **समाजवादी** एवं **मिश्रित दोनों** अर्थव्यवस्था से सम्बन्धित है। समाजवादी अर्थव्यवस्था में देश के समस्त साधनों पर सरकार का एकाधिकार होता है। पूर्व सोवियत संघ में ऐसी अर्थव्यवस्था है। मिश्रित अर्थव्यवस्था में सार्वजनिक तथा निजी दोनों क्षेत्रों का योगदान होता है। भारत में मिश्रित अर्थव्यवस्था को अपनाया गया है।

29. (d) **नूनाटक** हिमानी द्वारा निर्मित अपरदनात्मक स्थलरूप है, समुद्री लहरों द्वारा नहीं। नूनाटक हिम क्षेत्र की विशाल हिम राशि के बीच बिखरे हुए द्वीप के समान प्रतीत होते हैं, जिसके कारण नूनाटक को हिमान्तर द्वीप कहा जाता है। यह चारों ओर से हिम से घिरे होते हैं।

30. (d) जब पृथ्वी, सूर्य तथा चन्द्रमा समकोणीय में होते हैं, तो **लघु ज्वार** उत्पन्न होता है। यह स्थिति अमावस्या एवं पूर्णिमा के दिन होता है। समकोणिक अवस्था में सूर्य व चन्द्रमा का आकर्षण बल एक-दूसरे के विपरीत कार्य करता है। इसलिए सागरीय जल पर तीव्र प्रभाव नहीं पड़ता है और लघु ज्वार की अनुभूति की जाती है। चन्द्रमा और सूर्य की आकर्षण शक्तियों के कारण सागरीय जल के ऊपर उठने को ज्वार तथा नीचे गिरने को भाटा कहा जाता है।

31. (a) सही सुमेलन निम्न प्रकार है

	राजवंश		सम्बन्धित क्षेत्र
A.	गुर्जर प्रतिहार	3.	गुजरात और राजस्थान (संस्थापक नागभट्ट प्रथम)
B.	राष्ट्रकूट	1.	पश्चिम दक्कन (संस्थापक दन्तिदुर्ग)
C.	पाल	2.	बंगाल (संस्थापक गोपाल)
D.	चोल	4.	तमिलनाडु (संस्थापक विजयालय)

32. (d) भारत में रबर का सर्वाधिक उत्पादक राज्य केरल है। इसके पश्चात् तमिलनाडु, त्रिपुरा और कर्नाटक का स्थान आता है। रबर के उत्पादन में भारत का स्थान विश्व में तीसरा है, जबकि विश्व का सर्वाधिक रबर उत्पादक देश थाइलैण्ड है। दूसरे स्थान पर इण्डोनेशिया है।

33. (d) **विवाह** व विवाह-विच्छेद समवर्ती सूची के अन्तर्गत आता है। कम्प्यूटर सॉफ्टवेयर और संचार संघ सूची के अन्तर्गत आते हैं, जबकि पुलिस, लोक व्यवस्था, स्थानीय स्वशासन राज्य सूची के विषयों के अन्तर्गत आते हैं। भारतीय संविधान की सातवीं अनुसूची के अन्तर्गत विधायी विषयों को तीन सूचियों संघ सूची, राज्य सूची एवं समवर्ती सूची में विभक्त किया गया है। जो विषय इन तीनों सूचियों में शामिल नहीं हैं, उन पर कानून बनाने का अधिकार केन्द्र सरकार को है।

34. (b) स्वतन्त्रता पश्चात् बने भारत के प्रथम राज्य पुनर्गठन आयोग ने राज्यों के गठन का आधार भाषा को माना। इसके अन्तर्गत 22 दिसम्बर, 1953 को 'जस्टिस फजल अली' की अध्यक्षता में राज्य पुनर्गठन आयोग गठित हुआ। इस आयोग से सदस्य-हृदयनाथ कुंजरू तथा के.एम. पाणिक्कर थे। इस आयोग ने भाषा के अतिरिक्त राष्ट्रीय एकता, प्रशासनिक व वित्तीय व्यवहार्यता, आर्थिक विकास व अल्पसंख्यकों के हितों की रक्षा को राज्यों के पुनर्गठन का आधार बनाया। इस आयोग ने दिसम्बर, 1955 को अपनी रिपोर्ट प्रस्तुत की तथा इस आधार पर आन्ध्र प्रदेश का तेलगुभाषी राज्य के रूप में गठन किया गया।

35. (b) **आर्थिक असमानताओं में कमी लाने** में लोकतान्त्रिक व्यवस्थाएँ अधिक सफल नहीं रही हैं। स्वतन्त्रता के पश्चात् से ही लोकतान्त्रिक व्यवस्थाएँ शान्ति व्यवस्था, नागरिकों की गरिमा और स्वतन्त्रता कायम रखने एवं साथ ही सामाजिक विविधताओं में सामंजस्य रखने में सफल रही हैं, किन्तु अमीरी-गरीबी व आर्थिक विषमता में कमी नहीं कर पाई हैं।

36. (b) **पैरेटो** अर्थशास्त्री उदासीनता वक्र विधि से सम्बन्धित नहीं है। पैरेटो दक्षता सिद्धान्त से सम्बन्धित हैं। यह जनसंख्या के बीच आय एवं धन वितरण के सन्दर्भ की अवधारणा से सम्बन्धित है। यह व्यवसाय प्रबन्धन का स्वयं सिद्ध सिद्धान्त भी है। इस सिद्धान्त में गुणवत्ता नियन्त्रण के कई अनुप्रयोग हैं। यह सिक्स सिग्मा तकनीकों के उपयोग में एक प्रमुख उपकरण है।

37. (b) जनसंख्या की लिंग संरचना को किसी अनुपात में व्यक्त करना लिंगानुपात कहलाता है। भारत में यह 1000 पुरुषों पर स्त्रियों की संख्या के रूप में दर्शाया जाता है। वर्ष 2011 के अनुसार, भारत का लिंगानुपात 943 है। वर्ष 2011 के अनुसार, न्यूनतम पाँच लिंगानुपात वाले राज्य क्रमशः हरियाणा (879), जम्मू-कश्मीर (889), सिक्किम (890), पंजाब (895) तथा उत्तर प्रदेश (912) हैं।

38. (d) व्यापार चक्र सरकार में **राजनैतिक दल से** सम्बन्धित नहीं है। व्यापार चक्र का सम्बन्ध अर्थव्यवस्था में कीमत-स्तर, उत्पादन स्तर तथा रोजगार स्तर से होता है। व्यापार चक्र बाजार अर्थव्यवस्था में एक वर्ष अथवा कुछ माह में उत्पादन, व्यापार और सम्बन्धित गतिविधियों को सन्दर्भित करने वाला एक शब्द है। व्यापार चक्र के पूरे प्रक्रम को चार भागों—समृद्धि, सुस्ती, मन्दी और पुनर्स्थान में विभाजित किया जाता है। व्यापार चक्र की संकल्पना प्रसिद्ध अर्थशास्त्री क्लिमेण्ट ने सर्वप्रथम 1878 ई. में रखी थी।

39. (c) भारत में स्थानीय स्वशासन (पंचायती राज एवं नगरपालिकाओं) में अनुसूचित जाति, अनुसूचित जनजाति एवं महिलाओं (सभी वर्ग के) के लिए सभी सीटों में 33% सीटें आरक्षित करने की व्यवस्था की गई है। कुछ राज्यों में आरक्षित सीटों का अनुपात 50% है। संविधान के 73वें संशोधन द्वारा पंचायती राजव्यवस्था तथा 74वें संविधान संशोधन द्वारा नगरपालिका को संवैधानिक दर्जा प्रदान किया गया है।

40. (c) नेपाल में वर्ष 2006 में निरंकुश शासन को समाप्त करने की माँग को लेकर **सेवन पार्टी एलायन्स** नामक राजनीतिक गठबन्धन का गठन किया गया था। इस गठबन्धन में शामिल दल इस प्रकार हैं—नेपाली कॉंग्रेस, नेपाली कॉंग्रेस (लोकतान्त्रिक), नेपाल की कम्युनिस्ट पार्टी, नेपाल श्रमिक और किसान पार्टी, नेपाल सद्भावना पार्टी, यूनाइटेड लेफ्ट फ्रण्ट, पीपुल्स फ्रण्ट।

41. (a) 'प्रयाग-प्रशस्ति' गुप्त शासक 'समुद्रगुप्त (335-375 ई.) की प्रशंसा में लिखा गया एक अभिलेख है, जिसे समकालीन विद्वान् (राजकवि) **हरिषेण** द्वारा लिखा गया। यह अभिलेख संस्कृत भाषा में लिखा गया है। हरिषेण ने इस अभिलेख में सम्राट की विजयों, युद्धों तथा साम्राज्य के विस्तार का वर्णन किया है।

42. (b) दिए गए आँकड़े में 9 अंक की बारम्बारता सर्वाधिक 4 है, जो दिए गए आँकडों की बहुलक है। बहुलक प्रेक्षण की सर्वाधिक बारम्बारता वाली इकाई होती है।

43. (c) पाँचवें मुगल शहंशाह शाहजहाँ का जन्म 1592 ई. को लाहौर में हुआ था। इनकी माता का नाम जगतगोसाई था। ये जोधपुर (मारवाड़) के शासक उदयसिंह की पुत्री थी। जगतगोसाई मारवाड़ के राठौर परिवार से सम्बन्धित थीं।

44. (b) अधिकांश टाइफून उत्पत्ति का स्थल **उत्तरीय-पश्चिमी प्रशान्त महासागर** है। उष्णकटिबन्धीय चक्रवात को अलग क्षेत्रों में अलग-अलग नामों से जाना जाता है। उनमें हरिकेन, टाइफून, साइक्लोन आदि हैं। उष्णकटिबन्धीय चक्रवात को चीन सागर क्षेत्र में टाइफून के नाम से जाना जाता है।

45. (c) सातवीं शताब्दी के पूर्वार्द्ध में सम्राट हर्षवर्धन के राजकवि बाणभट्ट द्वारा हर्षचरित की रचना की गई। बाणभट्ट ने इस कृति के माध्यम से हर्ष के जीवन के विभिन्न पक्षों का विस्तार से वर्णन किया है। हर्ष के राज्य विस्तार, युद्ध तथा उसके द्वारा किए गए कार्यों का वर्णन मिलता है।

46. (a) एक आयताकार अतिपरवलय माँग वक्र के लिए माँग की कीमत लोच का मूल्य $e > 1$ होगा। यह माँग विलासिता की वस्तु के सन्दर्भ में पाई जाती है। इसमें माँग वक्र कम ढालदार तथा चपटा होता है।

47. (d) रजिया सुल्तान दिल्ली सल्तनत के शासक **इल्तुतमिश** की पुत्री थी। इल्तुतमिश की मृत्यु के बाद रजिया ने 1236 से 1240 ई. तक दिल्ली सल्तनत पर शासन किया। रजिया मुस्लिम एवं तुर्की इतिहास की पहली महिला शासिका थीं।

48. (a) 'भूड़' स्थलाकृति का निर्माण ऊपरी एवं मध्य गंगा मैदानों की विशेषता है। इस मैदानी क्षेत्र में भूड़ की आकृति का निर्माण लम्बवत् अपरदन के द्वारा होता है। इसकी आकृति बीहड़ के समान दिखाई देती है तथा जल का जमाव हो जाता है।

49. (a) 2011 की जनगणना के अनुसार, उच्चतम घनत्व दिल्ली (NCR) का (11297) है और न्यूनतम घनत्व अरुणाचल प्रदेश का (17) है, जबकि राज्यों में सर्वाधिक जनसंख्या घनत्व बिहार का (1102) है।

50. (c) 'किताब-उल-हिन्द' अरबी भाषा में लिखी गई एक ऐतिहासिक कृति है। इस पुस्तक के लेखक अलबरूनी (973-1048) हैं। यह ग्रन्थ धर्म, दर्शन, खगोल विज्ञान तथा रीति-रिवाजों का विस्तृत वर्णन है।

51. (b) एच.एच. गौसेन का द्वितीय नियम **सम सीमान्त उपयोगिता नियम** से सम्बन्धित है, जो यह मानता है कि उपयोगिता कम-से-कम कमजोर मात्रा में एक व्यय आवण्टित से सम्बन्धित है।

52. (d) मौर्य साम्राज्य के महान् सम्राट अशोक ने अपने शासनकाल में चट्टानों एवं पत्थर के स्तम्भों पर कई नैतिक, धार्मिक और राजकीय शिक्षा देते हुए लेख खुदवाए थे, जिन्हें अशोक का अभिलेख या शिलालेख कहते हैं। अशोक के प्रायः सभी अभिलेख अधिकतर प्राकृत एवं ब्राह्मी लिपि में लिखे गए हैं, परन्तु कुछ अभिलेख खरोष्ठी लिपि में भी लिखे गए हैं। अशोक का सबसे लम्बा स्तम्भ लेख उसका 7वाँ लेख है तथा सबसे छोटा लेख रुम्मिनदेई लेख है।

53. (c) अन्तर्राष्ट्रीय मुद्रा कोष (IMF) एक अन्तर्राष्ट्रीय संस्था है, जो अपने सदस्य देशों की वैश्विक आर्थिक स्थिति पर नजर रखने का काम करती है। इसकी स्थापना जुलाई 1944 में सम्पन्न हुए संयुक्त राष्ट्र मौद्रिक एवं वित्तीय सम्मेलन में हस्ताक्षरित समझौते के अन्तर्गत की गई, जो 27 दिसम्बर, 1948 से प्रभावी हुआ। अन्तर्राष्ट्रीय मुद्रा कोष द्वारा 1 मार्च, 1947 को औपचारिक रूप से कार्य करना शुरू कर दिया गया।

54. (c) अधिकार सभी नागरिकों के बुनियादी मानव अधिकार के रूप में परिभाषित करता है अर्थात् **समाज से स्वीकृति** अधिकारों का प्रभावशाली घटक होता है। भारतीय संविधान के भाग III में अधिकार को परिभाषित किया गया है। अधिकार की माँग के आधार पर ही व्यक्ति के साथ समाज का बन्धन है, इसलिए समाज से स्वीकृति अधिकारों को दर्शाती है।

55. (c) **काकरापार नदी घाटी परियोजना** भारत की प्रमुख नदी घाटी परियोजनाओं में से एक है, जो गुजरात के सूरत में ताप्ती नदी पर स्थित है। शिवसमुद्र परियोजना कर्नाटक के मैसूर में कावेरी नदी पर स्थित है। पोचम्पाद परियोजना कर्नाटक में गोदावरी नदी पर स्थित है। उकाई परियोजना का निर्माण ताप्ती/तापी नदी पर गुजरात राज्य के सूरत जिले में किया गया है।

56. (c) 'श्रम का लैंगिक विभाजन' रूढ़िवादी छवियों को प्रदर्शित करता है। पुरुष व महिलाओं में भेदभाव तथा असमानता इसके प्रमुख कारण हैं। समाज में धर्म पर आधारित लैंगिक विभाजन, जाति पर आधारित लैंगिक विभाजन इसकी **रूढ़िवादी छवियों** को दर्शाता हैं। हमारे देश में लैंगिक विभाजन निरन्तर देखे जा रहे हैं। सार्वजनिक जीवन में पुरुषों का वर्चस्व रहता है तथा महिलाओं को कामकाज के लिए समझा जाता है, परन्तु आज देश में परिवर्तन हो रहा है। दोनों में समानता लाने के प्रयास किए जा रहे हैं।

57. (c) सही सुमेलन इस प्रकार है।

सूची I (वन)		**सूची** II (प्रदेश)
A. मैंग्रोव	2.	गंगा-ब्रह्मपुत्र डेल्टा
B. उष्णकटिबन्धीय सदाबहार	4.	पश्चिमी घाट
C. उष्णकटिबन्धीय शुष्क सदाबहार	1.	कोरोमण्डल तट
D. आर्द्र समशीतोष्ण	3.	नीलगिरि तथा अन्नामलाई पहाड़ियाँ

58. (c) भारतीय निर्वाचन आयोग (चुनाव आयोग) राजनीतिक दलों को मान्यता प्रदान करता है। यह एक स्वायत्त संवैधानिक निकाय है जो भारत में संघ व राज्य चुनाव प्रक्रियाओं का संचालन करता है। आयोग राजनीतिक दलों को मान्यता प्रदान करने के साथ उनसे सम्बन्धित विवादों को निपटाने के साथ ही उन्हें चुनाव चिह्न आवण्टित करता है।

59. (b) जब कोई वस्तु किसी मानव की आवश्यकता को पूरा करती है, तो उसे उपभोक्ता सन्तुलन कहते हैं। किसी वस्तु की निश्चित मात्रा के उपयोग से उपभोक्ता को प्राप्त होने वाली समस्त समान उपयोगिता, सीमान्त उपयोगिता को प्रदर्शित करती है। अर्थशास्त्र में किसी वस्तु या सेवा के उपभोग में इकाई वृद्धि करने पर प्राप्त होने वाले लाभ को उस वस्तु या सेवा की सीमान्त उपयोगिता कहते हैं।

60. (c) हिमाचल प्रदेश में स्थित 'मणिकर्ण' भूतापीय ऊर्जा के लिए जाना जाता है। यहाँ पर गर्म पानी के जलकुण्ड हैं तथा गर्म पानी के यह कुण्ड चर्म व गठिया जैसे रोगों के लिए काफी कारगर माने जाते हैं। पर्यटन के लिहाज से मणिकर्ण एक खूबसूरत स्थल भी है। यहाँ के गर्म पानी के बारे में वैज्ञानिकों का मानना है कि यहाँ के पानी में रेडियम उपस्थित हैं।

सॉल्वड पेपर

06 नवम्बर, 2019

UTET

उत्तराखण्ड शिक्षक पात्रता परीक्षा

पेपर II (कक्षा VI-VIII)

सामाजिक विज्ञान

1. सामाजिक अध्ययन के शिक्षण हेतु निम्न में से कौन-सा प्रक्षेपी शिक्षण साधन है?
(a) एपीडियास्कोप (b) रेडियो
(c) चाक बोर्ड (d) कम्प्यूटर

2. सामाजिक अध्ययन शिक्षण के अनुसार, निम्न में से कौन ग्लोब का प्रकार नहीं है?
(a) भौतिक ग्लोब (b) राजनीतिक ग्लोब
(c) खाका ग्लोब (d) प्रतिमान ग्लोब

3. सामाजिक अध्ययन के विषय में निम्नलिखित में से कौन-सा कथन असत्य है?
(a) यह सामाजिक विज्ञान का अंग है
(b) यह साधारण तथा सरल है
(c) यह मुख्यत: व्यावहारिक पक्ष पर बल देता है
(d) यह मुख्यत: सैद्धान्तिक पक्ष से सम्बन्धित है

4. निम्नलिखित में से कौन-सा सामाजिक अध्ययन के अन्तर्विषयक उपागम का गुण नहीं है?
(a) एक ही अध्यापक पूरी कक्षा का संचालन कर सकता है
(b) विषय-वस्तु का पुन: पठन कम होता है या नहीं होता
(c) 'बस्ते के बोझ' को कम करने में सहायक
(d) बच्चे विषय विशेष में विशेष योग्यता अर्जित करते हैं

5. भारतीय संविधान का अनुच्छेद 51 'क' सम्बन्धित है
(a) मौलिक अधिकारों से (b) मौलिक कर्त्तव्यों से
(c) राष्ट्रपति से (d) प्रधानमन्त्री से

6. 'गुट निरपेक्षता' की नीति को भारतीय विदेश नीति के रूप में किसने प्रारम्भ किया?
(a) श्रीमति इन्दिरा गाँधी (b) जवाहरलाल नेहरू
(c) मोरारजी देसाई (d) लाल बहादुर शास्त्री

7. भारतीय संविधान के किस अनुच्छेद द्वारा राज्य सरकारों को ग्राम पंचायतों को गठित करने हेतु निर्देशित किया गया है?
(a) अनुच्छेद 32 (b) अनुच्छेद 40
(c) अनुच्छेद 48 (d) अनुच्छेद 51

8. संविधान के अनुसार, राज्य व्यवस्थापिका के उच्च सदन का गठन और समाप्ति की संस्तुति की जाती है
(a) मुख्यमन्त्री द्वारा (b) मन्त्रिपरिषद् द्वारा
(c) राज्यपाल द्वारा (d) विधानसभा द्वारा

9. राज्य विधानसभा द्वारा पारित विधेयक को विधानपरिषद् द्वारा अधिकतम कितने समय तक रोका जा सकता है?
(a) एक माह (b) चार माह
(c) छ: माह (d) एक वर्ष

10. भारत के राष्ट्रपति के चुनाव सम्बन्धी विवादों को निर्णीत किया जाता है
(a) संसद द्वारा (b) भारत के सर्वोच्च न्यायालय द्वारा
(c) लोकसभा द्वारा (d) निर्वाचन आयोग द्वारा

11. यदि कोई व्यक्ति संसद का सदस्य नहीं है और उसे मन्त्रिपरिषद् का सदस्य बनाया जाता है, तो उसे कितने समय के अन्तर्गत किसी भी सदन की सदस्यता प्राप्त करना अनिवार्य है?
(a) तीन माह में (b) छ: माह में
(c) नौ माह में (d) बारह माह में

12. भारत के राष्ट्रपति के खिलाफ महाभियोग प्रक्रिया, भारतीय संविधान के किस अनुच्छेद के तहत रखी गई है?
(a) अनुच्छेद 59 (b) अनुच्छेद 60
(c) अनुच्छेद 61 (d) ये सभी

13. भारत के राष्ट्रपति द्वारा लोकसभा में कितने आंग्ल भारतीय समुदाय के सदस्यों को मनोनीत किया जाता है?
(a) 1 (b) 2 (c) 3 (d) 5

14. भारतीय संसद के संयुक्त अधिवेशन की अध्यक्षता कौन करता है?
(a) लोकसभा का अध्यक्ष (b) उपराष्ट्रपति
(c) प्रधानमन्त्री (d) राष्ट्रपति

15. भारतीय संविधान की दसवीं अनुसूची सम्बन्धित है
(a) चुनाव से (b) दलबदल से
(c) पंचायतों से (d) भाषाओं से

16. भारत के सर्वोच्च न्यायालय में न्यायाधीशों की संख्या को कौन बढ़ा सकता है?
(a) राष्ट्रपति (b) प्रधानमन्त्री
(c) संसद (d) इनमें से कोई नहीं

17. 'पिछड़ा वर्ग आयोग' के प्रथम अध्यक्ष कौन थे?
(a) बी. पी. मण्डल (b) काका साहेब कालेलकर
(c) एम. एम. सिंह (d) एल. एम. सिंहवी

18. भारत सरकार द्वारा महिला सबलीकरण हेतु राष्ट्रीय नीति की घोषणा किस वर्ष की गई?
(a) 1999 में (b) 2000 में
(c) 2001 में (d) 2005 में

19. उत्तराखण्ड की विधानसभा में अनुसूचित जाति के सदस्यों के लिए कितने स्थान सुरक्षित किए गए?
(a) 9 (b) 11 (c) 13 (d) 15

20. निम्न समितियों में से कौन चुनाव सुधार से सम्बन्धित नहीं है?
(a) तारकुण्डे समिति (b) सरकारिया समिति
(c) इन्द्रजीत गुप्त समिति (d) दिनेश गोस्वामी समिति

21. निम्न में से कौन भारत में कृषक आन्दोलन नहीं है?
(a) खेड़ा आन्दोलन (b) नामधारी आन्दोलन
(c) शेतकारी आन्दोलन (d) भारतीय किसान यूनियन

22. निम्नांकित में से कौन वैशेषिक दर्शन का संस्थापक था?
(a) जैमिनी (b) कणाद
(c) गौतम (d) व्यास

23. निम्नांकित हड़प्पा नगरों में से कौन-सा नगर पूर्णत: विशेष रूप से कला निर्माण को समर्पित था?
(a) रोपड़ (b) सुरकोटडा
(c) चन्हूदड़ो (d) राखीगढ़ी

24. निम्नांकित में से कौन शूरसेन महाजनपद की राजधानी थी?
(a) कोशल (b) काँची
(c) मथुरा (d) उज्जयिनी

25. निम्नांकित में से किस स्थान पर हमें अशोक का वृहद् शिलालेख मिलता है?
(a) सोपारा (b) मास्की
(c) ब्रह्मगिरी (d) सारनाथ

26. निम्नांकित में से किस काल में भारत में सर्वप्रथम स्तूप अस्तित्व में आए?
(a) प्रथम सदी ईसा पूर्व (b) द्वितीय सदी ईसा पूर्व
(c) तृतीय सदी ईसा पूर्व (d) चतुर्थ सदी ईसा पूर्व

27. निम्नांकित सन्तों में से कौन 'गरीब नवाज' के नाम से जाना जात है?
(a) ख्वाजा मुइनुद्दीन चिश्ती
(b) शेख सलीम चिश्ती
(c) निजामुद्दीन औलिया
(d) बख्तियार काकी

28. निम्नांकित में से कौन-सा मुगल काल में प्रचलित पद, 'जिन्स-ए-कामिल' का अर्थ है?
(a) दूषित फसल (b) उत्तम फसल
(c) शिक्षित पुरुष (d) अशिक्षित पुरुष

29. निम्नांकित में से कौन सल्तनत काल में, 'बन्दगान' थे
(a) घरेलू सेवाओं के लिए क्रय किए गए दास
(b) कृषि सेवाओं के लिए क्रय किए गए दास
(c) धार्मिक सेवाओं के लिए क्रय किए गए दास
(d) सैन्य सेवाओं के लिए क्रय किए गए दास

30. अलाउद्दीन खिलजी के शासन काल में 'खराज' की दर क्या थी?
(a) उपज का 30% (b) उपज का 40%
(c) उपज का 50% (d) उपज का 60%

31. निम्नांकित में से किससे उत्तरमेरूर का अभिलेख सम्बन्धित है?
(a) चेर (b) चोल
(c) पाण्ड्य (d) पल्लव

32. निम्नांकित में से किस रानी ने अपने अभिलेखों में अपना नाम बदला और स्वयं को पुरुष प्रदर्शित किया?
(a) रुद्रमादेवी (b) अहिल्याबाई
(c) रमाबाई (d) रजिया सुल्तान

33. निम्नांकित में से वह कौन व्यक्ति था, जिसने 'वीर शैव आन्दोलन' प्रारम्भ किया?
(a) नम्मालवार (b) सुन्दरार
(c) बसवन्ना (d) अप्पार

34. निम्नांकित में से कौन 1857 ई. के विद्रोह से सम्बन्धित पुस्तक 'माझा प्रवास' का लेखक है?
(a) नाथूराम गोडसे (b) शिवदत्त गोडसे
(c) विष्णुभटट् गोडसे (d) उमाकान्त गोडसे

35. निम्नांकित में से किस वर्ष खुर्दा विद्रोह हुआ था?
(a) 1816 ई. (b) 1817 ई.
(c) 1818 ई. (d) 1819 ई.

36. निम्नांकित में से किस वर्ष भारत में प्रथम कपास मिल जो कताई मिल के रूप में स्थापित की गई, अस्तित्व में आई?
(a) 1852 ई. (b) 1853 ई.
(c) 1854 ई. (d) 1856 ई.

37. निम्नांकित में किसने 'स्त्री पुरुष तुलना' पुस्तक प्रकाशित की?
(a) ताराबाई शिन्दे (b) पण्डिता रमाबाई
(c) रुकिया सखावत (d) रससुन्दरी देवी

38. निम्नांकित में किसने, 'आत्म-सम्मान आन्दोलन' की स्थापना की?
(a) अम्बेडकर (b) नारायण गुरु
(c) ज्योतिबा फुले (d) पेरियार

39. पोर्ट ब्लेयर निम्नलिखित में से किस द्वीप पर अवस्थित है?
(a) उत्तरी अण्डमान (b) मध्य अण्डमान
(c) दक्षिणी अण्डमान (d) लघु अण्डमान

40. किसी स्थान का स्थानीय समय 6 : 00 प्रात: है, जबकि उसी स्थान का ग्रीनविच मीन टाइम (GMT) 3 : 00 प्रात: है। उस स्थान की देशान्तर क्या होगी?
(a) 45° पूर्व
(b) 45° पश्चिम
(c) 120° पूर्व
(d) 120° पश्चिम

41. निम्नलिखित भारतीय नदियों में से कौन-सी नदी ज्वारनदमुख (एश्चुरी) का निर्माण करती है?
(a) कावेरी (b) गोदावरी (c) महानदी (d) तापी

42. निम्न में से कौन-सा पर्वत शिखर भारत में स्थित नहीं है?
(a) अनाईमुदी (b) नन्दादेवी (c) कामेत (d) अन्नपूर्णा

43. निम्न में से कौन सही सुमेलित नहीं है?
इस्पात संयन्त्र सहयोगी देश
(a) भिलाई—सोवियत यूनियन
(b) दुर्गापुर—ब्रिटेन (यूनाइटेड किंगडम)
(c) राउरकेला—जर्मनी
(d) बोकारो—जापान

44. क्षेत्रफल के आधार पर निम्नलिखित में से उत्तराखण्ड राज्य का कौन सबसे बड़ा राष्ट्रीय उद्यान है?
(a) राजाजी राष्ट्रीय पार्क (b) गंगोत्री राष्ट्रीय पार्क
(c) नन्दादेवी राष्ट्रीय पार्क (d) गोविन्द राष्ट्रीय पार्क

45. निम्नलिखित में से कौन-सा कथन बहुउद्देशीय नदी परियोजना के पक्ष में दिया गया तर्क नहीं है?
(a) बहुउद्देशीय परियोजनाएँ जल बहाव को नियन्त्रित करके बाढ़ पर काबू पाती हैं
(b) बहुउद्देशीय परियोजनाएँ उन क्षेत्रों में जल लाती हैं, जहाँ जल की कमी होती है
(c) बहुउद्देशीय परियोजनाओं से वृहत्स्तर पर विस्थापन होता है
(d) बहुउद्देशीय परियोजनाएँ विद्युत् पैदा करती हैं

46. निम्नलिखित में से कौन भारतीय राज्य तीन ओर से अन्तर्राष्ट्रीय सीमा से घिरा हुआ है?
(a) त्रिपुरा (b) असम (c) नागालैण्ड (d) बिहार

47. करेवा भू-आकृति हिमालय के किस भाग में पाई जाती है?
(a) सिक्किम हिमालय (b) अरुणाचल प्रदेश
(c) हिमाचल हिमालय (d) कश्मीर हिमालय

48. भारत में हाथी के संरक्षण एवं आवास बचाव के लिए 'प्रोजेक्ट एलीफेण्ट' प्रारम्भ किया गया
(a) वर्ष 1973 में (b) वर्ष 1992 में
(c) वर्ष 1972 में (d) वर्ष 1976 में

49. पार साइबेरियन रेलमार्ग के सन्दर्भ में निम्न में से कौन-सा कथन सही नहीं है?
(a) यह विश्व का सबसे लम्बा दोहरे पथ से युक्त विद्युतीकृत पारमहाद्वीपीय रेलमार्ग है
(b) यह ब्लाडिवोस्टक से सेण्टपीट्सबर्ग तक जाता है
(c) यह अपने एशियाई प्रदेश को पश्चिमी यूरोपीय बाजारों से जोड़ता है
(d) बैंकूवर इस रेलमार्ग पर पड़ने वाला एक महत्त्वपूर्ण नगर है

50. निम्नलिखित दक्षिण अमेरिकी राष्ट्रों में से कौन-सा एक ओपोक (OPEC) का सदस्य है?
(a) चिली (b) ब्राजील (c) वेनेजुएला (d) पेरू

51. निम्नलिखित में से किस विद्वान् ने सर्वप्रथम भूगोल (Geography) शब्द (Term) का प्रयोग किया?
(a) अरस्तू (b) गैलीलियो
(c) इरेटास्थनीज (d) हेरोडोटस

52. पृथ्वी के सूर्य के सबसे निकट स्थिति को उपसौर (Perihelion) कहा जाता है यह स्थिति होती है
(a) 3 जनवरी को (b) 4 जुलाई को
(c) 21 जून को (d) 23 सितम्बर को

53. निम्न में से कौन ठण्डी समुद्री जलधारा नहीं है?
(a) कनारी धारा (b) क्यूरोशियो धारा
(c) लेब्रोडोर धारा (d) ओयेशिवो धारा

54. गंगा नदी की निम्न सहायक नदियों का पूर्व से पश्चिम की ओर का सही अनुक्रम होगा
1. घाघरा 2. गण्डक
3. कोसी 4. गोमती
कूट
(a) 1, 2, 3 और 4 (b) 4, 3, 2 और 1
(c) 3, 2, 1 और 4 (d) 3, 2, 4 और 1

55. भारत में परमाणु ऊर्जा आयोग की स्थापना हुई
(a) वर्ष 1948 (b) वर्ष 1954
(c) वर्ष 1971 (d) वर्ष 1950

56. निम्नलिखित में से कौन सामाजिक अध्ययन के पाठ्यक्रम के निर्माण का आधार नहीं है?
(a) मनोवैज्ञानिक आधार (b) दार्शनिक आधार
(c) समाजशास्त्रीय आधार (d) धार्मिक आधार

57. सामाजिक अध्ययन पाठ्यक्रम का यह उपागम 'ज्ञात से अज्ञात', 'पास से दूर', 'सामान्य से जटिल' के शिक्षण सूत्र पर आधारित है
(a) सरोकार आधारित उपागम (b) विषयक् आधारित उपागम
(c) समेकित उपागम (d) अन्तर्विषयक् उपागम

58. सामाजिक अध्ययन की पाठ्ययोजना निर्माण में ये प्रश्न सामान्यतः पाठ्य-विषय पढ़ने से पूर्व किए जाते हैं तथा इनका उद्देश्य छात्रों के पूर्व ज्ञान को जानना होता है
(a) स्वाभाविक प्रश्न (b) औपचारिक प्रश्न
(c) प्रस्तावना प्रश्न (d) विकासात्मक प्रश्न

59. सामाजिक अध्ययन शिक्षण की किस प्रविधि के अन्तर्गत किसी विशेष स्थान पर रहने वाले व्यक्तियों के समूह की क्रियाओं, विचारों, आदतों, मूल्यों तथा साधनों इत्यादि की जानकारी प्राप्त की जाती है?
(a) प्रदर्शन प्रविधि (b) परिभ्रमण प्रविधि
(c) सर्वेक्षण प्रविधि (d) प्रदर्शनी प्रविधि

60. 'विषय-वस्तु का ज्ञान' सामाजिक अध्ययन के शिक्षक का किस प्रकार का गुण है?
(a) व्यक्तिगत गुण (b) व्यावसायिक गुण
(c) सामाजिक गुण (d) नेतृत्व गुण

उत्तरमाला

1	(a)	2	(d)	3	(c)	4	(d)	5	(b)	6	(b)	7	(b)	8	(d)	9	(b)	10	(b)
11	(b)	12	(c)	13	(b)	14	(a)	15	(b)	16	(c)	17	(b)	18	(c)	19	(c)	20	(b)
21	(b)	22	(b)	23	(c)	24	(c)	25	(a)	26	(c)	27	(a)	28	(b)	29	(d)	30	(c)
31	(b)	32	(a)	33	(c)	34	(c)	35	(b)	36	(c)	37	(a)	38	(d)	39	(c)	40	(a)
41	(d)	42	(d)	43	(d)	44	(b)	45	(c)	46	(a)	47	(d)	48	(b)	49	(d)	50	(c)
51	(c)	52	(a)	53	(b)	54	(c)	55	(a)	56	(d)	57	(b)	58	(c)	59	(c)	60	(b)

संकेत एवं हल

1. (a) सामाजिक अध्ययन के शिक्षण हेतु प्रक्षेपी शिक्षण साधन के रूप में एपीडियास्कोप का प्रयोग किया जाता है। एपीडियास्कोप का अर्थ 'परिचित्रदर्शी' है और यह एक वैज्ञानिक उपकरण है। इसका प्रयोग चित्रों को पर्दे पर प्रक्षेपण के लिए किया जाता है।

2. (d) सामाजिक अध्ययन शिक्षण में प्रतिमान ग्लोब, ग्लोब का प्रकार नहीं है। ग्लोब पृथ्वी का एक लघु प्रतिरूप है, पृथ्वी के विभिन्न भौतिक प्रतिरूपों, महाद्वीपों, महासागरों, विभिन्न देशों, द्वीपों आदि की आकृति, स्थिति, उनकी दिशा आदि को ग्लोब पर ज्यादा सही प्रतिरूप में दर्शाया जाता है। ग्लोब के प्रकारों में भौतिक ग्लोब, राजनीतिक ग्लोब और खाका ग्लोब या थिमैटिक ग्लोब को शामिल किया जाता है।

3. (द) सामाजिक अध्ययन, सामाजिक विज्ञान, मानविकी और इतिहास का समाकलित अध्ययन है। सामाजिक अध्ययन में साधारण तथा सरल, व्यावहारिक और सैद्धान्तिक पक्षों का अध्ययन किया जाता है। इस प्रकार सामाजिक अध्ययन एक समन्वित व्यवस्थित अध्ययन के सापेक्ष सामाजिक विज्ञान का अंग है।

4. (d) सामाजिक अध्ययन में बच्चे विषय विशेष में योग्यता अर्जित करते हैं। यह अन्तर्विषयक उपागम के गुण नहीं हैं, क्योंकि अन्तर्विषयक उपागम में सामूहिकता की भावना पर बल दिया जाता है। इसलिए इसमें दो या दो से अधिक विषयों को एक साथ जोड़कर पढ़ाने पर बल दिया जाता है। उदाहरण—अगर शिक्षक स्वतन्त्रता आन्दोलन पढ़ाते समय भारतीय लोकतन्त्र की बात करते हैं, तो इससे दो विषयों में सम्बन्ध स्थापित होता है।

5. (b) भारतीय संविधान के अनुच्छेद 51(क) सम्बन्ध मौलिक कर्त्तव्य से है। मौलिक कर्त्तव्य सरदार स्वर्ण सिंह समिति की अनुशंसा पर संविधान के 42वें संशोधन (1976 ई.) द्वारा संविधान में जोड़े गए। इन्हें रूस के संविधान से लिया गया है। मौलिक कर्त्तव्यों की संख्या वर्तमान में 11 है।

6. (b) गुप्त निरपेक्षता की नीति को भारतीय विदेश नीति के रूप में स्थापित करने का श्रेय पण्डित जवाहरलाल नेहरू को है। इसकी स्थापना वर्ष 1961 में पहले शिखर सम्मेलन (बेलग्रेड) में हुई थी। इसके संस्थापकों में पण्डित जवाहरलाल नेहरू, मिस्र के पूर्व राष्ट्रपति अब्दुल नासिर व यूगोस्लाविया के राष्ट्रपति जोसेफ टीटो और इण्डोनेशिया के डॉ. सुकर्णो थे। गुट निरपेक्षता का सचिवालय काठमाण्डू (नेपाल) में है।

7. (b) भारतीय संविधान के अनुच्छेद 40 में राज्य सरकारों को ग्राम पंचायतों के गठन हेतु दिशा-निर्देश दिए गए हैं। वर्ष 1986 में गठित एल.एम. सिंघवी समिति की सिफारिश पर 73वें संविधान संशोधन अधिनियम, 1993 के द्वारा पंचायती राज को संवैधानिक दर्जा प्रदान किया गया। इसके लिए संविधान के भाग-9 तथा अनुसूची 11 का प्रावधान किया गया है।

8. (d) राज्य व्यवस्थापिका के उच्च सदन को विधानपरिषद् कहा जाता है तथा इसके गठन और समाप्ति का अधिकार विधानसभा को है। यदि किसी राज्य की विधानसभा अपने कुल सदस्यों के पूर्ण बहुमत तथा उपस्थित और मतदान करने वाले सदस्यो के दो-तिहाई बहुमत से प्रस्ताव पारित करे, तो संसद उस राज्य में विधानपरिषद् स्थापित कर सकती है तथा उसकी समाप्ति भी कर सकती है।

9. (b) राज्य विधानसभा द्वारा पारित विधेयक को विधानपरिषद् अधिकतम चार माह तक रोक सकती है। विधानसभा द्वारा पारित विधेयक को विधानपरिषद् प्रथम बार में तीन महीने तक रोककर रख सकती है तथा दूसरी बार विधेयक पर चर्चा के बाद जब विधानपरिषद् में आता है, तो अधिकतम 1 महीने तक रोका जा सकता है।

10. (b) भारत के राष्ट्रपति के चुनाव सम्बन्धी विवादों का निर्णय सर्वोच्च न्यायालय द्वारा किया जाता है। भारतीय संविधान के अनुच्छेद 52 में राष्ट्रपति का प्रावधान किया गया है। राष्ट्रपति देश का संवैधानिक प्रधान होता है तथा भारत का प्रथम नागरिक कहलाता है।

11. (b) मन्त्रिपरिषद् का सदस्य बनने के लिए वैधानिक दृष्टि से यह आवश्यक है कि व्यक्ति संसद के किसी सदन का सदस्य हो, यदि व्यक्ति मन्त्री बनते समय संसद-सदस्य नहीं है, तो उसे 6 महीने के अन्दर संसद (राज्यसभा + लोकसभा) का सदस्य बनना अनिवार्य है अन्यथा उसे अपना पद छोड़ना होगा।

12. (c) राष्ट्रपति के खिलाफ महाभियोग प्रक्रिया का प्रावधान भारतीय संविधान के अनुच्छेद 61 में दिया गया है। महाभियोग राष्ट्रपति पर संविधान के प्रावधानों के उल्लंघन के आधार पर लगाया जाता है, इसके लिए राष्ट्रपति को 14 दिन पहले लिखित सूचना देना अनिवार्य है तथा यह प्रक्रिया संसद के दोनों सदनों में से किसी में भी शुरू की जा सकती है।

13. (b) राष्ट्रपति द्वारा आंग्ल भारतीय समुदाय के लोकसभा में समुचित प्रतिनिधित्व नहीं होने की स्थिति में 2 सदस्यों को लोकसभा के सदस्य के रूप में नामांकित किया जा सकता है। यह प्रावधान भारतीय संविधान के अनुच्छेद 331 में उल्लेखित है।

14. (a) भारतीय संविधान में अनुच्छेद 108 के तहत् संयुक्त अधिवेशन का प्रावधान किया गया है। संयुक्त अधिवेशन की अध्यक्षता लोकसभा अध्यक्ष द्वारा की जाती है। इसे भारतीय संविधान के अनुच्छेद 118 (d) में उल्लिखित किया गया है। अनुच्छेद 108 के तहत् संयुक्त अधिवेशन की प्रक्रिया सामान्य विधायन के तहत की जाती है।

15. (b) भारतीय संविधान की दसवीं अनुसूची का सम्बन्ध दल-बदल के प्रावधानों से है। दसवीं अनुसूची को संविधान में 52वें संशोधन अधिनियम, 1985 द्वारा जोड़ा गया है।

16. (c) भारत के सर्वोच्च न्यायालय में न्यायाधीशों की संख्या में बढ़ोतरी करने का अधिकार संसद को है। भारतीय संविधान के अनुच्छेद 124 में सर्वोच्च न्यायालय के गठन का प्रावधान किया गया है तथा वर्तमान समय में 1 मुख्य न्यायाधीश सहित 33 अन्य न्यायाधीश सर्वोच्च न्यायालय में पदस्थापित हैं।

17. (b) प्रथम पिछड़ा वर्ग आयोग का गठन वर्ष 1953 में काका साहेब कालेलकर की अध्यक्षता में गठित किया गया था। भारतीय संविधान में अनुच्छेद 340 के अन्तर्गत अनुसूचित जातियों एवं जनजातियों तथा पिछड़े वर्ग के लिए सरकारी नौकरियों में आरक्षण का प्रावधान किया गया है।

18. (c) भारत सरकार द्वारा महिला सबलीकरण/सशक्तीकरण हेतु राष्ट्रीय नीति की घोषणा वर्ष 2001 में की गई थी। इस नीति का लक्ष्य महिलाओं की उन्नति, विकास तथा सशक्तीकरण को मूर्त रूप देना है। इसके अन्तर्गत महिलाओं के पूर्ण विकास हेतु सकारात्मक, आर्थिक तथा सामाजिक नीतियों के जरिए एक माहौल का निर्माण करना होता है, ताकि वे अपनी क्षमताओं का उपयोग कर विकास की मुख्य धारा में आ सकें।

19. (c) उत्तराखण्ड विधानसभा के कुल सदस्यों की संख्या 70 है। इसमें अनुसूचित जाति के सदस्यों के लिए 13 सीटों का प्रावधान किया गया है तथा 2 सीटें अनुसूचित जनजाति के लिए आरक्षित हैं।

20. (b) सरकारिया समिति का सम्बन्ध केन्द्र-राज्य सम्बन्ध से है, जिसका गठन वर्ष 1983 में किया गया था। इसके अतिरिक्त तारकुण्डे समिति (1974-75), इन्द्रजीत गुप्ता समिति (1998) और दिनेश गोस्वामी समिति (1990) का सम्बन्ध चुनाव सुधार से है।

21. (b) नामधारी आन्दोलन (1827 ई.) का सम्बन्ध धार्मिक आन्दोलन से है। नामधारी सिख सम्प्रदाय का एक पन्थ है। कृषक आन्दोलनों में खेड़ा आन्दोलन (1918) गुजरात के अहमदाबाद में हुआ था। इसी प्रकार शेतकारी आन्दोलन (1945-1973) के संस्थापक शरद अनन्तराव जोशी थे। यह आन्दोलन महाराष्ट्र के सतारा जिले के कृषकों द्वारा चलाया गया। भारतीय किसान यूनियन की स्थापना वर्ष 1979 में राजस्थान के कोटा में की गई थी तथा यह संघ किसानों से सम्बन्धित है।

22. (b) जैमिनी पूर्व मीमांशा के गौतम न्याय दर्शन के संस्थापक थे तथा महर्षि व्यास द्वारा महाभारत की रचना की गयी थी।

23. (c) चन्हूदड़ो सिन्धु घाटी सभ्यता से सम्बन्धित एक पुरास्थल है। यह क्षेत्र पाकिस्तान के सिन्ध प्रान्त के मोहनजोदड़ो से 130 किमी दक्षिण में स्थित है। यहाँ पर 4000 से 1700 ई. पू. एक नगर बसा था। यहाँ पर इन्द्रगोप मनकों का निर्माण किया जाता था।

24. (c) भारतीय इतिहास के महाजनपद काल में 'मथुरा' शूरसेन की राजधानी थी। मथुरा भारतीय संस्कृति एवं सभ्यता का केन्द्र रहा है। यहीं पर भगवान श्रीकृष्ण का जन्म हुआ था तथा भारत की प्राचीन नगरी के रूप में विख्यात रहा था। मथुरा के उत्खनन से कुषाण

कालीन साक्ष्य भी मिले हैं, जो मथुरा संग्रहालय में रखे गए हैं।

25. (a) मौर्य वंश के शासक अशोक ने अपने राज्यादेश को राज्य के विभिन्न प्रान्तों में शिलालेखों पर उत्कीर्ण करवाया था। इसी प्रकार का एक वृहद् शिलालेख महाराष्ट्र के पालघर के पास सोपारा नामक स्थान से भी मिला है। सोपारा से प्राप्त अभिलेख की लिपि ब्राह्मी है। यहाँ पर हुए उत्खनन से स्तूप के साथ-साथ मूर्तियाँ भी मिली हैं।

26. (c) भारत में स्तूप निर्माण का प्रारम्भ तृतीय सदी ईसा पूर्व से माना जाता है। स्तूप मुख्यतः बौद्ध धर्म के पूजा स्थान होते हैं। स्तूप एक गोल टीले के आकार की संरचना है, जिसका प्रयोग पवित्र बौद्ध अवशेषों को रखने के लिए किया जाता है।

27. (a) हजरत मुइनुद्दीन चिश्ती अजमेरी जिन्हें 'ख्वाजा गरीब नवाज' के नाम से भी जाना जाता है, इस्लाम धर्म के चिश्ती सम्प्रदाय से सम्बन्धित थे। इनका जन्म 1135 ई. में सिस्तान में हुआ था। इन्होंने भारत के अजमेर नामक स्थान पर रहकर इस्लाम धर्म के प्रचार-प्रसार के लिए कार्य किया तथा बाद में अजमेर में ही इनका निधन हो गया।

28. (b) मुगलकाल में विभिन्न फसलों की पैदावार होती थी तथा इन फसलों में उत्तम फसल को 'जिन्स-ए-कामिल' कहा जाता है।

29. (d) मध्यकालीन भारतीय इतिहास के सल्तनत काल में बन्दगान से तात्पर्य है- सैन्य सेवाओं के लिए क्रय किए गए दास। सल्तनत काल में तुगलक वंश के शासक फिरोजशाह तुगलक ने दासों की देखभाल के लिए दीवाने-बन्दगान नामक विभाग की स्थापना की थी। सल्तनत काल में सर्वाधिक दास (लगभग 18000) फिरोज तुगलक के अधीन थे।

30. (c) मध्यकालीन भारत में खिलजी वंश के शासक अलाउद्दीन खिलजी (1296-1316 ई.) के समय में भूराजस्व या खराज की दर उपज का 1/2 भाग या 50% कर दी गई थी। इसने अपने शासनकाल में दो नए कर, चराई कर (दुधारू पशुओं पर) एवं गढ़ी कर (घरों एवं झोपड़ियों पर) लगाए।

31. (b) उत्तरमेरूर का अभिलेख चोल राज्य से सम्बन्धित है। चोल राज्य की राजधानी तन्जौर थी। चोल साम्राज्य तीन प्रशासनिक इकाइयों में बँटा था, जिसे केन्द्र सरकार, अस्थायी सरकार तथा स्थानीय सरकार कहा गया। उत्तरमेरूर अभिलेख चोल साम्राज्य के प्रशासन पर रोशनी डालते हैं। चोलवंश का संस्थापक विजयालय (वर्ष 850-887) था।

32. (a) रुद्रमादेवी काकतीय वंश के सबसे प्रमुख शासकों में से एक थीं, जिन्होंने अपने अभिलेखों में स्वयं को पुरुष (रूद्रदेव महाराज) प्रदर्शित किया था। रुद्रमादेवी ने चालुक्य वंश के राजकुमार वीर भद्र से विवाह किया था।

33. (c) वीर शैव आन्दोलन का नेतृत्व बसवन्ना ने किया। वीर शैव आन्दोलन हिन्दू धर्म के लिंगायत सम्प्रदाय से जुड़ा एक आन्दोलन था। इस सम्प्रदाय में दीक्षित साधक विश्व कल्याण की कामना से प्रभावित थे तथा वे समाजगत भेदभाव में अविश्वास करते थे।

34. (c) मराठी लेखक विष्णुभट्ट गोडसे ने 'माझा प्रवास' पुस्तक लिखी, जिसमें उन्होंने 1857 ई. की क्रान्ति एवं रानी लक्ष्मीबाई की विशेष रूप से चर्चा की है। रानीलक्ष्मी बाई को मराठी लेखक ने 'इकलौता मर्द' बताया था।

35. (b) खुर्दा विद्रोह 1817 ई. में अंग्रेजों के विरुद्ध होने वाला सशस्त्र विद्रोह था। यह विद्रोह बक्शी जगबन्धु विद्याधर के नेतृत्व में लड़ा गया। यह विद्रोह अंग्रेजों के द्वारा लागू 'कर-प्रणाली' के विरुद्ध था।

36. (c) 1854 ई. में भारत में प्रथम कपास मिल को कताई मिल के रूप में स्थापित किया गया। यह मिल बॉम्बे स्पिनिंग एण्ड वीविंग द्वारा स्थानीय पारसी उद्यमी द्वारा स्थापित की गई थी। सूती वस्त्र उद्योग का सर्वाधिक केन्द्रीकरण महाराष्ट्र तथा गुजरात में है, जो भारत की सर्वाधिक कपास का भी उत्पादन करते हैं।

37. (a) ताराबाई शिंदे एक नारीवादी कार्यकर्ता थीं, जिन्होंने 'स्त्री पुरुष तुलना' नामक पुस्तक की स्थापना की थी। इनकी पुस्तक मूल रूप से 1882 ई. में मराठी में प्रकाशित हुई, जिसमें 19वीं सदी के भारत में पितृसत्ता और जाति का विरोध किया गया। अकसर इनके द्वारा लिखित पुस्तक को पहला आधुनिक भारतीय नारीवादी पाठ माना जाता है।

38. (d) आत्म-सम्मान आन्दोलन वर्ष 1920 में रामा स्वामी नायकर द्वारा दक्षिण भारत में प्रारम्भ किया गया। रामास्वामी नायकर को पेरियार के नाम से भी जाना जाता है। इन्होंने हिन्दू रूढ़िवादिता का खण्डन तथा जाति प्रथा का विरोध किया था। पेरियार ने हरिजनों के सहयोग से वायकोम सत्याग्रह का नेतृत्व किया था।

39. (c) पोर्ट ब्लेयर अण्डमान निकोबार द्वीप समूह की राजधानी है, यह दक्षिणी अण्डमान द्वीप पर स्थित है। पोर्ट ब्लेयर नगर का नामकरण 'लेफ्टिनेण्ट रेगिनाल्ड ब्लेयर' के नाम पर किया गया। केन्द्रशासित प्रदेश अण्डमान और निकोबार द्वीप समूह 6 और 14 डिग्री उत्तरी अक्षाँश तथा 92 और 94 डिग्री पूर्वी देशान्तर पर स्थित हैं।

40. (a) यदि, किसी स्थान का स्थानीय समय 6 : 00 प्राप्त है, लेकिन उसी स्थान पर ग्रीनविच मीन टाइम 3 : 00 प्राप्त है, तो उस स्थान का देशान्तर 45° होगा। दोनों स्थानों के मध्य 3 घण्टे का अन्तर है। $15° \times 15°$ देशान्तर के मध्य 1 घण्टे का अन्तर स्पष्ट होता है, तो $15° \times 15° \times 15°$ अर्थात् तीन घण्टे का अन्तर स्पष्ट होता है, चूँकि ग्रीनविच का समय तीन घण्टे पीछे है, इसलिए यह पूर्वी देशान्तर में स्थित होगा।

41. (d) तापी नदी ज्वारनदमुख नदी है। ताप्ती पश्चिम भारत की प्रसिद्ध नदी है। यह मध्य प्रदेश राज्य के बैतूल जिले के मुल्ताई से निकलकर सतपुड़ा पर्वत क्षेत्रों के मध्य से प्रवाहित होती हुई अरब सागर में मिलती है। यह नदी पूर्व से पश्चिम की तरफ प्रवाहित होती है। ताप्ती नदी की सहायक, मिन्धोला, वाघूर, गिरना व पंजारा है। कावेरी कर्नाटक एवं तमिलनाडु के बीच प्रवाहित होने वाली नदी है। दक्षिण भारत की गंगा गोदावरी नदी को कहा जाता है।

42. (d) अन्नपूर्णा पर्वत शिखर उत्तर-मध्य नेपाल के हिमालय में स्थित है। अन्नपूर्णा विश्व की सबसे ऊँची चोटियों में से एक है। अन्नामलाई पर्वत शृंखला की सबसे ऊँची चोटी अनाईमुदी है। यह दक्षिण भारत की सबसे ऊँची चोटी है। यह केरल राज्य में स्थित है।

43. (d) बोकारो स्टील संयंत्र की स्थापना वर्ष 1964 में झारखण्ड के बोकारो नामक स्थान पर पूर्व सोवियत संघ की सहायता से की गयी थी। इसके अतिरिक्त भिलाई इस्पात संयंत्र की स्थापना वर्ष 1955 में सोवियत संघ के सहयोग से, राउरकेला स्टील संयंत्र (ओडिशा) की स्थापना वर्ष 1955 में पश्चिमी जर्मनी के सहयोग से तथा दुर्गापुर स्टील संयंत्र (पश्चिम बंगाल) की स्थापना वर्ष 1956 में ग्रेट ब्रिटेन के सहयोग से की गयी थी।

44. (b) क्षेत्रफल के दृष्टिकोण से गंगोत्री राष्ट्रीय पार्क उत्तराखण्ड राज्य का सबसे बड़ा उद्यान है। इसकी स्थापना वर्ष 1989 में हुई थी। गंगोत्री राष्ट्रीय उद्यान में मुख्य वन्य जीवों में हिम तेन्दुआ, हिमालयन भालू, कस्तूरी मृग आदि प्रमुख हैं। राजाजी राष्ट्रीय उद्यान की स्थापना वर्ष 1983 में हुई। यह देहरादून में स्थित है। नन्दा देवी राष्ट्रीय उद्यान वर्ष 1982 में चमोली जिले में स्थापित हुआ।

45. (c) वृहत् स्तर पर विस्थापन बहुउद्देशीय नदी परियोजनाओं के पक्ष में दिया गया तर्क नहीं है। इस प्रकार की परियोजनाओं से बाढ़ एवं खतरों को नियन्त्रित किया जा सकता है। इनसे जल विद्युत् का उत्पादन एवं शुष्क क्षेत्रों में सिंचाई कार्य सम्भव हो सकता है। बहुउद्देशीय नदी घाटी परियोजना का उद्देश्य बड़े-बड़े बाँध बनाकर ऊर्जा, सिंचाई आदि सुविधाएँ प्राप्त करना होता है।

46. (a) भारत का त्रिपुरा राज्य तीन ओर से बांग्लादेश से घिरा है। त्रिपुरा उत्तर-पूर्वी सीमा पर स्थित भारत का राज्य है। यह भारत का तीसरा सबसे छोटा राज्य है। त्रिपुरा की राजधानी अगरतला है। त्रिपुरा राज्य के पूर्व में असम ओर मिजोरम राज्य स्थित हैं।

47. (d) करेवा भू-आकृति कश्मीर हिमालय का भाग है। करेवा कश्मीर घाटी के झील निक्षेप हैं, इनमें हिमानी के मोटे निक्षेप तथा हिमोढ़ उपस्थित होते हैं। कश्मीर घाटी के करेवा में लिग्नाइट प्राप्त होने के संकेत भी मिले हैं।

48. (b) भारत सरकार ने वर्ष 1992 में प्रोजेक्ट ऐलीफेन्ट के अन्तर्गत हाथी संरक्षण क्षेत्र बनाने का निर्णय लिया। इस योजना का उद्देश्य हाथियों और प्राकृतिक वास का संरक्षण, मनुष्य-पशु संघर्ष कम तथा बन्दी हाथियों की देखभाल करना है। देश में प्रथम हाथी पुनर्वास केन्द्र केरल के कोत्तूर में स्थापित किया गया।

49. (d) ट्रांस साइबेरियन रेलमार्ग पर स्थित प्रमुख नगर मास्को, सिजरान, सोब्रेरोवस्क आदि हैं। बैंकूवर नगर इस रेलवे मार्ग पर स्थित नहीं है। ट्रांस साइबेरियन रेलमार्ग संसार का सबसे लम्बा दोहरे पथ युक्त वाला रेलमार्ग है, जिसकी लम्बाई 9300 किमी से अधिक है।

यह रेलवे मार्ग बाल्टिक सागर के तट पर स्थित लेनिनग्राद नगर के सुदूर तक है, जो पूर्व में प्रशान्त महासागर के तट पर स्थित ब्लाडिवोस्टक के साथ जुड़ता है।

50. (c) दक्षिण अमेरिका का वेनेजुएला ओपेक का सदस्य देश है। ओपेक पेट्रोलियम उत्पादक 14 देशों का संगठन है। इसके सदस्य देश, सऊदी अरब, अल्जीरिया, ईरान, ईराक, कुवैत, अंगोला, गिनी आदि हैं। ओपेक का मुख्यालय विएना में है। इसकी स्थापना इराक में वर्ष 1960 में हुई थी।

51. (c) इरेटास्थनीज ने सर्वप्रथम भूगोल शब्द का प्रयोग किया था। भूगोल का पिता इरेटास्थनीज को कहा जाता है। इरेटास्थनीज यूनान के एक गणितज्ञ, भूगोलविद्, कवि एवं सिद्धान्तकार थे। इन्होंने भूगोल को एक अलग अध्ययन शास्त्र के रूप में स्थापित किया और भूगोल के लिए GEOGRAPHICA शब्द का प्रयोग किया। इन्होंने ही भू-भौतिकी को जन्म दिया।

52. (a) 3 जनवरी को सूर्य पृथ्वी के सबसे अधिक समीप होता है। पृथ्वी एवं सूर्य की इस निकटतम स्थिति को उपसौर कहा जाता है। 4 जुलाई की स्थिति को अपसौर कहा जाता है, क्योंकि इस अवस्था में सूर्य एवं पृथ्वी के बीच की दूरी सर्वाधिक होती है।

53. (b) क्यूरोशियो प्रशान्त महासागर की गर्म जलधारा है क्यूरोशियो जापान के क्यूशू द्वीप से टकराकर दो शाखाओं में बँट जाती है। इसकी शाखा जापान सागर में 'सुशीमा' के नाम से जानी जाती है तथा बाहरी शाखा मुख्य 'क्यूरोशियो' के रूप में जापान के पूर्व से होकर उत्तर की ओर चली जाती है। 'क्यूरोशियों' को **जापान की काली जलधारा** भी कहते हैं।

54. (c) पूर्व से पश्चिम दिशा में अवस्थित गंगा की सहायक नदियों में कोसी, गण्डक, घाघरा तथा गोमती हैं। गंगा भारत की सबसे महत्त्वपूर्ण नदियों में से एक है। इसका उद्गम स्थल गंगोत्री हिमनद है। गंगा नदी को उत्तर भारत की अर्थव्यवस्था का मेरुदण्ड भी कहा गया है। गंगा भारत और बांग्लादेश में मिलकर 2,510 किलोमीटर की दूरी तय करती है। गंगा नदी को ही बंग्लादेश में पद्मा के नाम से जाना जाता है।

55. (a) 15 अप्रैल, 1948 को परमाणु ऊर्जा अधिनियम पारित किया गया और दिनाँक 10 अगस्त, 1948 को परमाणु ऊर्जा आयोग की स्थापना की गई। परमाणु ऊर्जा आयोग भारत सरकार के अन्तर्गत एक महत्त्वपूर्ण शासी निकाय है, जो सीधे प्रधानमन्त्री के नियन्त्रण में होता है। परमाणु ऊर्जा विभाग का मुख्यालय मुम्बई में है।

56. (d) धार्मिक आधार पर सामाजिक अध्ययन, पाठ्यक्रम निर्माण का आधार नहीं है, बल्कि मनोवैज्ञानिक, दार्शनिक, समाजशास्त्रीय आधार आदि सामाजिक अध्ययन पाठ्यक्रम के आधार हैं। सामाजिक अध्ययन का मुख्य उद्देश्य है, कि वह छात्रों में उत्पन्न जिज्ञासा को शान्त करे। सामाजिक अध्ययन में इस तथ्य पर ध्यान दिया जाता है कि किन-किन तथ्यों, सूचनाओं, अनुभवों और क्रियाओं आदि को सम्मिलित किया जाए, जिससे लक्ष्य की प्राप्ति की जा सके।

57. (b) विषयक आधारित उपागम ज्ञात से अज्ञात, पास से दूर, सामान्य से जटिल के शिक्षण सूत्र पर आधारित है। विषय आधारित उपागम में विषय-वस्तु पर ही ध्यान केन्द्रित करना होता है। अतः कक्षा में पाठ्य-पुस्तक का आदान-प्रदान ही सभी कक्षा क्रिया-कलापों का मूल होता है। विषयक् आधारित उपागम में अध्यापक के लिए पाठ्य-पुस्तक ही केवल मुख्य स्रोत होता है।

58. (c) पाठ्य-विषय पढ़ाने से पूर्व शिक्षक को विद्यार्थियों से प्रस्तावना प्रश्न पूछना आवश्यक होता है। प्रस्तावना प्रश्न का उद्देश्य छात्रों के पूर्व ज्ञान को जानना होता है। विद्यार्थियों के पूर्व ज्ञान से तात्पर्य विद्यार्थी के स्तर से है अर्थात् विद्यार्थी का शिक्षण स्तर तथा पूर्व कक्षा का कितना ज्ञान है।

59. (c) सर्वेक्षण विधि के माध्यम से किसी विशेष स्थान पर रहने वाले व्यक्तियों के समूह की क्रियाओं, विचारों, आदतों, मूल्यों तथा साधनों इत्यादि की जानकारी प्राप्त की जाती है। एक अच्छी शिक्षण विधि में मनोवैज्ञानिकता का गुण पाया जाना स्वाभाविक है यह विषय केन्द्रित न होकर बाल केन्द्रित होती है तथा उनकी रुचियाँ, आवश्यकताओं, योग्यताओं का ध्यान रखा जाता है।

60. (b) विषय-वस्तु का ज्ञान सामाजिक अध्ययन शिक्षण का व्यावसायिक गुण है। सामाजिक अध्ययन के शिक्षक को सभी सामाजिक विषयों के आधारभूत नियमों एवं तथ्यों का ज्ञान होना आवश्यक है। छात्रों को अपने व्यापक ज्ञान से प्रभावित करने के लिए यह आवश्यक है, कि एक शिक्षक का विषय-वस्तु का पर्याप्त ज्ञान प्राप्त होना चाहिए।

अध्याय 01

इतिहास के स्रोत व प्रारम्भिक समाज

CTET

1. मानव इतिहास में निम्नलिखित में से कौन-सी अवधि (काल) सबसे लम्बी है? *(CTET 2018, 14)*
(a) मध्यपाषाण काल (b) नवपाषाण काल
(c) महापाषाण काल (d) पुरापाषाण काल

व्याख्या (d) मानव इतिहास की सबसे लम्बी अवधि **पुरापाषाण काल** या **पैलियोलिथिक युग** को कहा जाता है। इस काल की अवधि 10 लाख से 10 हजार ईसा पूर्व तक मानी जाती है, जबकि **मध्यपाषाण काल** की अवधि 10 हजार से 7 हजार ईसा पूर्व तक तथा **नवपाषाण काल** की अवधि 7 हजार ईसा पूर्व के बाद की मानी जाती है। ई.पू. दूसरी शताब्दी का काल महापाषाणिक काल से संबंधित है।

2. इतिहास आपके लिए सहायक होगा *(CTET 2016)*
1. वर्तमान का कैसे विकास हुआ यह समझने में।
2. हमारे भौतिक और सामाजिक विश्व की गतिविधि को समझने में।
3. अतीत की वर्तमान से तुलना करने में।
उपरोक्त में से कौन-से/सा कथन सही हैं/है?
(a) 1 और 3 (b) 1 और 2 (c) 1, 2 और 3 (d) 2 और 3

व्याख्या (d) इतिहास हमारे सम्पूर्ण भूतकाल का वैज्ञानिक अध्ययन का लेखा-जोखा है। यह हमारी भौतिक और सामाजिक विश्व की गतिविधि को समझने में तथा अतीत की वर्तमान से तुलना करने में सहायता करता है। इतिहास हमें नहीं बताता है कि वर्तमान का विकास कैसे हुआ। अत: कथन 2 व 3 सही तथा कथन 1 गलत है।

3. महापाषाणों के विषय में निम्नलिखित कथनों में से कौन-सा कथन सही है? *(CTET 2016)*
(a) इनका उपयोग दफन करने की जगहों को चिह्नित करने के लिए किया जाता था
(b) ये सभी भूमिगत और दृष्टि से ओझल रूप में पाए गए थे
(c) ये पत्थर के औजार बनाने के लिए कच्चा माल उपलब्ध कराते थे
(d) ये भारतीय उपमहाद्वीप के उत्तर-पश्चिम में संकेन्द्रित थे

व्याख्या (a) महापाषाणों का उपयोग **दफन करने** की जगहों को चिह्नित करने के लिए किया जाता था। महापाषाण में पत्थर की कब्रें होती थीं, जिनमें लोगों को दफनाया जाता था। महापाषाण कब्रें बनाने की प्रथा लगभग 3000 ईसा पूर्व पहले शुरू हुई थी। यह प्रथा दक्षिण भारत, दक्कन, उत्तर-पूर्वी भारत व कश्मीर में प्रचलित थी। कुछ कब्रें जमीन से ऊपर तथा कुछ जमीन के नीचे होती थीं। मृतकों के साथ काले व लाल मृद्‌भाण्ड भी कब्रों से प्राप्त हुए हैं, साथ ही लोहे के औजार तथा सोने के गहने भी प्राप्त हुए।

4. 'अभिलेखागार' वह स्थान है, जहाँ *(CTET 2016)*
(a) खुदाई में पाई गई मूर्तियों को रखा जाता है
(b) पुरातत्त्वज्ञों द्वारा प्राप्त किए गए पत्थर और ईंटों से बनी इमारतों के अवशेषों को रखा जाता है
(c) ऐतिहासिक पाण्डुलिपियों तथा दस्तावेजों को रखा जाता है
(d) खुदाई में पाई गई पशुओं और पक्षियों की हड्डियों को रखा जाता है

व्याख्या (c) 'अभिलेखागार' वह स्थान है, जहाँ **ऐतिहासिक पाण्डुलिपियों व दस्तावेजों** को रखा जाता है। अभिलेखागार दो शब्दों से मिलकर बना है, अभिलेख + आगार। 'अभिलेख' का तात्पर्य ऐतिहासिक पाण्डुलिपियों व दस्तावेजों से है, जबकि 'आगार' से तात्पर्य रखने का स्थान होता है। अभिलेखों के अध्ययन को 'एपिग्राफी' कहा जाता है।
अन्य विकल्प असंगत हैं।

5. इतिहास में तिथियों के साथ BCE प्रयुक्त होता है, इसका तात्पर्य है *(CTET 2015)*
(a) बिफोर क्रिश्चियन एम्पायर (b) बिफोर कॉमन एरा
(c) बिफोर क्राइस्ट एण्टिटि (d) बिफोर सेन्चुरी एरा

व्याख्या (b) BCE से तात्पर्य Before the Common Era से है। इसका प्रयोग वर्तमान में बी.सी. (बिफोर द बर्थ ऑफ क्राइस्ट) के स्थान पर किया जाने लगा है। AD से तात्पर्य एनो डोमिनि (Anno Domini) से है। इसका प्रयोग जूलियन और ग्रेगोरियन कैलेण्डर में वर्ष को संख्यात्मक रूप में दर्शाने के लिए किया जाता है। AD ईसा मसीह के जन्म के बाद में कैलेण्डर युग को दर्शाता है। CE (Common Era) अंकन प्रणाली डायनीसियन युग प्रणाली के विकल्प के रूप में प्रयोग की जाती है, जो युगों के ईसवी और ईसा पूर्व के रूप में प्रयुक्त होती है।

6. पाण्डुलिपियों और अभिलेखों पर निम्नलिखित दो कथनों A और B पर विचार कीजिए और सही उत्तर का चयन कीजिए। *(CTET 2015)*

A. पाण्डुलिपियाँ प्राय: ताड़पत्रों अथवा भूर्ज नामक वृक्ष की छाल से विशेष तरीके से तैयार भोजपत्र पर लिखी जाती थीं।

B. अभिलेख पत्थर तथा धातु जैसी अपेक्षाकृत कठोर सतहों पर उत्कीर्ण किए जाते थे।

कूट

(a) A और B दोनों सही हैं
(b) A गलत है किन्तु B सही है
(c) A और B दोनों गलत हैं
(d) A सही है किन्तु B गलत है

व्याख्या (a) पाण्डुलिपियाँ प्राय: ताड़पत्रों या भूर्ज नामक वृक्ष की छाल से विशेष तरीके से तैयार भोजपत्र पर लिखी जाती थीं। अभिलेख पत्थर तथा धातु जैसी कठोर सतहों पर उत्कीर्ण किए जाते थे। अत: दोनों कथन सत्य हैं।

7. मनुष्य ने कुछ क्षेत्रों में लगभग 8000 वर्ष पहले गाँवों में रहना आरम्भ किया था। निम्नलिखित में से वे क्षेत्र कौन-से थे? *(CTET 2014)*

(a) नर्मदा के आस-पास के क्षेत्र
(b) सुलेमान तथा किरथर पहाड़ियाँ
(c) गंगा तथा यमुना दोआब
(d) दक्कन तथा कोंकण

व्याख्या (b) **सुलेमान तथा किरथर पहाड़ियाँ** वे क्षेत्र हैं, जहाँ लगभग 8000 वर्ष पहले मनुष्य ने रहना आरम्भ किया था। वर्तमान में ये स्थल पाकिस्तान व अफगानिस्तान में स्थित हैं। सुलेमान तथा किरथर पहाड़ी क्षेत्र में बोलन दर्रे के निकट मेहरगढ़ एक प्रमुख स्थल है। यहाँ सबसे पहले मनुष्य द्वारा जौ व गेहूँ उगाना तथा भेड़ व बकरी पालन के साक्ष्य मिले हैं। मेहरगढ़ से ऐसी कब्रों के साक्ष्य मिले हैं, जहाँ मृतक के साथ उसके पालतू जानवर को भी दफनाया जाता था। मेहरगढ़ से नवपाषाणकाल तथा हड़प्पा संस्कृति के साक्ष्य भी मिले हैं।

8. निम्नलिखित में से कौन-सा आखेटक-खाद्य संग्राहक के एक स्थान से दूसरे स्थान की ओर घूमते रहने का कारण नहीं था? *(CTET 2014)*

(a) एक स्थान पर रहने से संसाधनों में कमी हो जाती थी
(b) उन जानवरों का पीछा करना, जिसका वे शिकार करते थे
(c) संसाधनों के लिए अन्य आखेटक-खाद्य संग्राहक समूहों से संघर्ष करना
(d) जल संसाधनों की खोज के लिए

व्याख्या (c) संसाधनों के लिए दूसरे आखेटक-खाद्य संग्राहक समूहों से संघर्ष करना, आखेटक-खाद्य संग्राहक के एक स्थान से दूसरे स्थान की ओर घूमने का कारण नहीं था। प्रारम्भिक अवस्था में मानव का जीवन जंगल (वन) तथा जन्तुओं पर निर्भर था, जिसके कारण वह एक स्थान से दूसरे स्थान पर घूमता रहता था। प्रारम्भिक अवस्था में मनुष्य में सामाजिकता का अभाव था, जिसके कारण इनमें प्राय: समूहों का अभाव पाया जाता था।

9. नीचे कुछ स्थानों एवं वर्तमान राज्य के नाम दिए गए हैं, जहाँ अनाज और पालतू पशुओं के प्रमाण/साक्ष्य पाए गए हैं *(CTET 2014)*

	स्थान का नाम		वर्तमान राज्य
A.	चिराँद	1.	कश्मीर
B.	कोल्डिहवा	2.	उत्तर प्रदेश
C.	बुर्जहोम	3.	आन्ध्र प्रदेश
D.	हालुर	4.	बिहार

उपरोक्त दो कॉलमों के सही जोड़े हैं

	A	B	C	D
(a)	1	3	4	2
(b)	2	1	3	4
(c)	4	2	1	3
(d)	3	4	2	1

व्याख्या (c) **चिराँद** बिहार के सारण जिले में चिराँद नामक ग्राम में स्थित है, जहाँ से नवपाषाणिक अवशेष प्राप्त हुए हैं। **कोल्डिहवा** उत्तर प्रदेश में स्थित नवपाषाणिक स्थल है, जहाँ से चावल तथा हड्डियों के कुछ अवशेष मिले हैं।
बुर्जहोम, कश्मीर में स्थित एक पुरातात्विक स्थल है, जहाँ भूमिगत गड्ढे पाए गए हैं। **हालुर**, दक्षिण भारत के आन्ध्र प्रदेश में स्थित एक पुरातात्विक स्थल है।

10. किस स्थान पर मृतक को प्राय: उत्तर की ओर सिर करके दफनाया जाता था? *(CTET 2013)*

(a) इनामगाँव
(b) बुर्जहोम
(c) मेहरगढ़
(d) भीमबेटका

व्याख्या (a) **इनामगाँव** में मृतक को प्राय: उत्तर की ओर सिर करके दफनाया जाता था। इनामगाँव, महाराष्ट्र राज्य में स्थित एक ताम्रपाषाणिक पुरास्थल है। यहाँ से नगरीकरण के साक्ष्य भी प्राप्त हुए हैं। यह एक बड़ी बस्ती थी, जो किलाबन्द व खाई से घिरी हुई थी।

11. मध्य प्रदेश में स्थित भीमबेटका एक ...... पुरास्थल है। *(CTET 2013, 12)*

(a) पुरापाषाणिक
(b) नवपाषाणिक
(c) महापाषाणिक
(d) सूक्ष्मपाषाणिक

व्याख्या (a) भीमबेटका, मध्य प्रदेश में स्थित एक **पुरापाषाणिक** गुफा स्थल है। इस गुफा से शैलचित्रों के अवशेष मिले हैं। यह गुफा चित्र एक मुख्य पुरातात्विक स्रोत है, जिससे पूर्व ऐतिहासिक काल की सांस्कृतिक विविधता की जानकारी मिलती है।

12. भारतीय इतिहास को 'प्राचीन', 'मध्य' और 'आधुनिक' कालों में विभाजित करने में समस्याएँ भी हैं। निम्नलिखित में से वह समस्या कौन-सी है? *(CTET 2012)*

(a) त्रिविभाजन भारतीय राज्यों की क्रमिक प्रगति को दर्शाता है
(b) तीन काल भारतीय इतिहास को वर्णित करने के लिए अपर्याप्त हैं
(c) यह संकल्पना पश्चिम से ली गई है, जहाँ आधुनिक काल विज्ञान, तर्कणा, लोकतन्त्र, स्वतन्त्रता और समानता से सम्बन्धित है
(d) भारतीय इतिहास में 'प्राचीनकाल', 'मध्यकाल' और 'आधुनिक काल' में अन्तर की स्पष्ट रेखाएँ प्रतीत होती हैं

व्याख्या (c) भारतीय इतिहास को **प्राचीन, मध्य** व **आधुनिक** कालों में विभाजित करने में कई समस्याएँ आती हैं, क्योंकि काल विभाजन की संकल्पना पश्चिमी विचारों से ली गई है, जहाँ काल का सम्बन्ध विज्ञान, तर्कणा, लोकतन्त्र, स्वतन्त्रता एवं समानता से होता है।

13. ऐतिहासिक स्थल वह है, जहाँ *(CTET 2012)*

(a) अतीत के स्मृति शेष/अवशेष मिलते हैं
(b) उत्खनन के क्रियाकलाप होते हैं
(c) इतिहास-प्रिय लोग जुटते हैं
(d) इतिहासकार इतिहास लिखते हैं

व्याख्या (a) ऐतिहासिक स्थल वह है, जहाँ **अतीत के स्मृति शेष/अवशेष** मिलते हैं। ऐतिहासिक स्थल के अन्तर्गत ऐसी संरचनाएँ आती हैं, जो किसी महत्त्वपूर्ण व्यक्ति या घटना की स्मृति (याद) में बनाई जाती हैं; जैसे—मृतकों के शरीर को रखने के लिए बनाए गए मकबरे व गुम्बद, प्रमुख स्मारक तथा स्तम्भ जिनके शीर्ष पर मूर्तियाँ लगी होती हैं।
अन्य विकल्प असंगत हैं।

14. आदिवासी (जनजातीय) लोग अपना पिछला लिखित रिकॉर्ड नहीं रखते हैं। वर्तमान के इतिहासकार आदिवासी इतिहास कैसे लिखते हैं? *(CTET 2011)*

(a) प्राकृतिक परम्पराओं का प्रयोग करके
(b) आदिवासी पौराणिक-कथाओं का प्रयोग करके
(c) पुरातत्वीय स्रोतों का प्रयोग करके
(d) वाचिक परम्पराओं का प्रयोग करके

व्याख्या (d) आदिवासी शब्द दो शब्दों 'आदि' और 'वासी' से मिलकर बना है जिसका अर्थ 'मूल निवासी' होता है। आधुनिक इतिहासकार आदिवासी या जनजातीय लोगों का इतिहास लिखने के लिए **वाचिक परम्परा** (कथा कहानी लोकोक्ति, गान, भजन, कविता या अन्य मौखिक साधनों द्वारा सांस्कृतिक तत्वों और परम्परा का संचार वाचिक परम्परा है) का प्रयोग करते हैं। **ठक्करबापा** को आदिवासियों के मसीहा के रूप में जाना जाता है।

15. 'कॉमन एरा' क्या है? *(CTET 2011)*

(a) आदेश जारी करने के लिए सरकार द्वारा स्वीकृत भारतीय 'एरा'
(b) हिन्दू 'एरा' और इस्लामिक 'एरा' के सम्मिश्रण से विकसित एक नया 'एरा'
(c) ऐतिहासिक घटनाओं का अध्ययन करने का नया 'एरा'
(d) 'क्रिश्चियन एरा' जो अब दुनिया के अधिकांश हिस्सों में स्वीकृत है

व्याख्या (d) **क्रिश्चियन एरा** ही कॉमन एरा के नाम से जाना जाता है। वर्तमान में यह विश्व के अधिकांश हिस्सों में मान्य है। कॉमन एरा अंकन प्रणाली डायनीसियस युग प्रणाली के विकल्प के रुप में प्रयोग की जाती है जो युगों के ईसवी और ईसा पूर्व के रुप में प्रयुक्त होती है।

16. 19वीं शताब्दी के मध्य में, ब्रिटिश इतिहासकारों ने भारत के इतिहास को तीन कालों में बाँटा है–हिन्दू भारत, मुस्लिम भारत और ब्रिटिश भारत। इस विभाजन का क्या आधार है? *(CTET 2011)*

(a) यह इस विचार पर आधारित है कि शासकों का धर्म एक महत्त्वपूर्ण ऐतिहासिक परिवर्तन था
(b) इंग्लैण्ड का इतिहास भी इसी रूप में लिखा गया है
(c) ब्रिटिश लोग समझते थे कि वे इतिहास के उस बिन्दु के सर्वाधिक ज्ञानवान थे और इसलिए उन्होंने इस विभाजन का प्रयोग किया
(d) यह याद करने में सुविधाजनक और सरल है

व्याख्या (a) 19वीं शताब्दी के मध्य में, ब्रिटिश इतिहासकारों ने भारतीय इतिहास को तीन कालों में बाँटा है—हिन्दू भारत, मुस्लिम भारत, ब्रिटिश भारत। इस विभाजन का आधार शासकों का धर्म एक महत्त्वपूर्ण ऐतिहासिक परिवर्तन था।

17. निम्नलिखित में से कौन-सा कथन 'प्राचीन हस्तलिपि' के सन्दर्भ में सही नहीं है? *(CTET 2011)*

(a) वे प्राय: ताड़पत्रों पर लिखी हुई थीं
(b) वे जिस काल को प्रदर्शित करती हैं, उस काल का मुख्य स्रोत हैं
(c) वे हस्तलिखित थीं और उसके बाद मुद्रित की गई थीं
(d) कुछ हस्तलिपियाँ पत्थर या धातु पर उकेरी गई थीं

व्याख्या (b) 'प्राचीन हस्तलिपि' या पाण्डुलिपि प्राय: ताड़पत्रों या भोजपत्रों पर लिखी मिलती हैं, लेकिन ये किसी काल के इतिहास को जानने का मुख्य स्रोत नहीं होतीं।

» State TETs

18. भारतीय इतिहास के निम्नलिखित पुरातात्विक स्रोत हैं *(CGTET 2019)*

1. शिलालेख **2. ताम्रपत्र**
3. भोजपत्र लेख **4. स्तम्भलेख**

कूट
(a) 1 और 2
(b) 1, 2 और 3
(c) 1, 2 और 4
(d) 1, 2, 3 और 4

व्याख्या (d) भारतीय इतिहास के पुरातात्विक स्रोत शिलालेख, ताम्रपत्र, भोजपत्र लेख तथा स्तम्भलेख हैं।

19. ''इतिहास हमारे सम्पूर्ण भूतकाल का वैज्ञानिक अध्ययन तथा लेखा-जोखा है।'' कथन किसका है? *(UPTET 2014)*

(a) डॉ. राधाकृष्णन (b) रेपसन
(c) प्रो. घाटे (d) जोन्स

व्याख्या (c) ''इतिहास हमारे सम्पूर्ण भूतकाल का वैज्ञानिक अध्ययन व लेखा-जोखा है।'' यह कथन **प्रो. घाटे** का है।

20. 'एशियाटिक सोयायटी ऑफ बंगाल' के संस्थापक थे *(HTET 2014)*

(a) सर जेम्स ग्राण्ट (b) मैक्स मूलर
(c) सर विलियम जोन्स (d) मैकाले

व्याख्या (c) 'एशियाटिक सोसायटी ऑफ बंगाल' की स्थापना 1784 ई. में **सर विलियम जोन्स** ने कलकत्ता में की थी। इनका जन्म 28 सितम्बर, 1746 को लन्दन में हुआ था। इन्होंने भाषाशास्त्र व दर्शन पर अनेक पुस्तकें लिखीं। इसके अतिरिक्त **लॉर्ड मैकाले** को भारत में शिक्षा व कानून का जनक कहा जाता है। मैकाले ने भारत में अंग्रेजी शिक्षा की वकालत की। सर जेम्स ग्रांट स्कॉटिश जमींदार और राजनीतिज्ञ थे। वह अच्छे सर जेम्स के उपनाम से भी जाने जाते थे।
मैक्स मूलर एक जर्मनवासी थे जो ईस्ट इंडिया कम्पनी के कर्मचारी थे।

21. भारत की प्राचीनतम नवपाषाणिक बस्ती है *(HTET 2012-13)*

(a) बुर्जहोम (b) चिराँद (c) ब्रह्मगिरि (d) मेहरगढ़

व्याख्या (d) भारत की प्राचीनतम नवपाषाणिक बस्ती **मेहरगढ़** है। यह पुरास्थल सुलेमान तथा किरथर पहाड़ी क्षेत्र में बोलन दर्रे के निकट एक प्रमुख स्थल है। यहीं सर्वप्रथम मनुष्य द्वारा गेहूँ व जौ उगाना व बकरी पालन के साक्ष्य मिले हैं। इसके अतिरिक्त यहाँ मृतक के साथ उसके पालतू जानवर को साथ दफनाने के भी साक्ष्य मिले हैं।
इसके अतिरिक्त **बुर्जहोम** (कश्मीर), **चिराँद** (बिहार) व **ब्रह्मगिरि** (कर्नाटक) भी प्रमुख नवपाषाणिक स्थल हैं। यहाँ से गर्त निवास, मृद्भाण्ड निर्माण तथा अग्नि के प्रचलन के साक्ष्य भी मिले हैं।

22. पुरापाषाण युग की कालावधि है *(HTET 2012-13)*

(a) 1,00,000 से 30,000 ई. पू.
(b) 30,000 से 10,000 ई. पू.
(c) 20,00,000 से 10,000 ई. पू.
(d) 5,00,000 से 10,000 ई. पू.

व्याख्या (c) पुरापाषाण काल या पैलियोलिथिक युग की अवधि 20 लाख से 10 हजार ईसा पूर्व तक है। मानव की आरम्भिक गतिविधियाँ पुरापाषाण काल में ही घटित हुई हैं। इसी काल में मानव द्वारा बनाया गया प्रथम औजार कुल्हाड़ी था। पुरापाषाण काल के मानव सम्भवत: 'नीग्रेटो' प्रजाति के थे।

23. 'राष्ट्रीय अभिलेखागार' अवस्थित है *(HTET 2011)*

(a) मुम्बई में (b) कलकत्ता में (c) नई दिल्ली में (d) पूना में

व्याख्या (c) 'राष्ट्रीय अभिलेखागार' **नई दिल्ली** में स्थित है। इसकी स्थापना 1784 ई. में **कलकत्ता** में की गई थी, परन्तु वर्ष 1911 में भारत की राजधानी का स्थानान्तरण कलकत्ता से दिल्ली कर दिया गया, इसी के साथ राष्ट्रीय अभिलेखागार को भी नई दिल्ली स्थानान्तरित कर दिया गया। अभिलेखों के अध्ययन को 'ऐपिग्राफी' कहा जाता है।

24. प्राचीन भारतीय इतिहास का महत्त्वपूर्ण साहित्यिक स्रोत क्या है? *(CGTET 2011)*

(a) फारसी साहित्य (b) संस्कृत साहित्य
(c) उर्दू साहित्य (d) हिन्दी साहित्य

व्याख्या (b) प्राचीन भारतीय इतिहास का महत्त्वपूर्ण साहित्यिक स्रोत **संस्कृत साहित्य** है, क्योंकि प्राचीनकाल के सभी वेद, पुराण, उपनिषद्, साहित्य संस्कृत भाषा में ही लिखे गए हैं। अभिलेखों में संस्कृत भाषा का वर्णन शक शासक रुद्रदामन के जूनागढ़ अभिलेख (150 ई.) से मिलता है, जो संस्कृत में लिखा पहला अभिलेख है।

25. 'हिन्द-यूनानी' शासकों के बारे में जानकारी का मुख्य स्रोत क्या है? *(REET 2011)*

(a) यात्रियों का वृत्तान्त (b) सिक्के
(c) बौद्ध साहित्य (d) जैन साहित्य

व्याख्या (b) 'हिन्द-यूनानी' शासकों के बारे में मुख्य जानकारी/स्रोत **सिक्के** हैं। भारत में सिक्के का प्रचलन सर्वप्रथम हिन्द-यूनानी शासकों ने किया था। हिन्द-यूनानियों ने ही भारत में सर्वप्रथम सिक्के के निर्माण के लिए 'डाई विधि' का प्रयोग किया था। सर्वप्रथम हिन्द-यूनानी शासकों ने स्वर्ण मुद्राएँ चलायी थीं। इन्होंने यूनानी व खरोष्ठी दोनों लिपियों में सिक्के चलाए।

26. समाज की प्रयोगशाला माना जाता है *(BTET 2011)*

(a) अर्थशास्त्र को (b) भूगोल को
(c) इतिहास को (d) साहित्य को

व्याख्या (c) समाज की प्रयोगशाला **इतिहास** को माना जाता है, क्योंकि इतिहास के माध्यम से समाज की संरचना व इसके विकास के क्रम को समझा जा सकता है। इतिहास अतीत को जानने का एक साधन है।

27. चावल का कृषिगत उत्पादन सर्वप्रथम कहाँ हुआ था? *(PTET 2011)*

(a) अण्टार्कटिका (b) दक्षिण एशिया
(c) अमेरिका (d) यूरोप

व्याख्या (b) चावल का कृषिगत उत्पादन सर्वप्रथम **दक्षिण एशिया** में स्थित यांगिटसी नदी घाटी (चीन) से प्राप्त हुआ है, जो लगभग 10000 वर्ष पुराना है। इसके अतिरिक्त भारत में चावल के सर्वप्रथम कृषि साक्ष्य कोल्डिहवा (उत्तर प्रदेश) के बेलन घाटी से प्राप्त हुए हैं, जो लगभग 7000 वर्ष पुराने हैं।

28. इतिहास कब प्रारम्भ हुआ? *(PTET 2011)*

(a) जब मानव सभ्यता का प्रारम्भ हुआ
(b) जब मानव स्मृति प्रारम्भ हुई
(c) जब लिखित स्रोत उपलब्ध होने लगे
(d) उपरोक्त सभी

व्याख्या (a) मानव सभ्यता के प्रारम्भ या उत्पत्ति के साथ ही इतिहास का प्रारम्भ माना जाता है। *स्रोत के आधार पर इतिहास को तीन भागों में बाँटा गया है*

1. प्रागैतिहासिक काल (मानव उत्पत्ति से 3000 ईसा पूर्व)
2. आद्य ऐतिहासिक काल (3000 ईसा पूर्व से 600 ईसा पूर्व)
3. ऐतिहासिक काल (600 ईसा पूर्व से आगे)

अध्याय 02

आरम्भिक नगर

CTET

1. दिए गए कथनों को पढ़िए और सही व्याख्या का चयन कीजिए ***(CTET 2018)***

1. मेहरगढ़ पाकिस्तान के बोलन दर्रे के पास एक उपजाऊ मैदान में स्थित है।

2. यहाँ खेती और पशुपालन के साक्ष्य पाए गए हैं।

कूट

(a) 1 असत्य है किन्तु 2 सत्य है
(b) 1 और 2 दोनों असत्य हैं
(c) 1 और 2 दोनों सत्य हैं
(d) 1 सत्य है किन्तु 2 असत्य है

व्याख्या (c) **मेहरगढ़** पाकिस्तान के बोलन दर्रे के पास एक उपजाऊ मैदान में स्थित है। प्राचीनकाल से ही मेहरगढ़ ऐतिहासिक दृष्टिकोण से एक महत्त्वपूर्ण स्थल रहा है। मेहरगढ़ से ही प्राचीनकाल के **खेती व पशुपालन** के साक्ष्य प्राप्त हुए हैं। अत: कथन 1 व 2 दोनों सत्य हैं।

2. भारत के निम्नलिखित राज्यों में से किस एक राज्य में हड़प्पा के नगर सबसे बड़ी संख्या में मिले हैं? ***(CTET 2018)***

(a) हरियाणा (b) गुजरात (c) जम्मू-कश्मीर (d) पंजाब

व्याख्या (b) भारत के **गुजरात** राज्य में हड़प्पा के नगर सबसे बड़ी संख्या में मिले हैं। हड़प्पाकालीन नगर 'धौलावीरा' जिसे 'बन्दरगाह नगर' भी कहा जाता था, वर्तमान में गुजरात राज्य में स्थित है। यह सिन्धु घाटी सभ्यता का तीसरा बड़ा सुनियोजित नगर था। इसके अतिरिक्त **हरियाणा** में 'बनावली' तथा **पंजाब** में 'रोपड़' प्रमुख हड़प्पाकालीन स्थल हैं।

3. 'ऋग्वेद' मूल रूप से निम्नलिखित में से किस भाषा में रचा गया था? ***(CTET 2018, 14)***

(a) पालि (b) संस्कृत (c) प्राकृत (d) ब्राह्मी

व्याख्या (b) 'ऋग्वेद' मूल रूप से **संस्कृत** भाषा या वैदिक संस्कृत में लिखा गया है। ऋग्वेद में 10 मण्डल तथा 1028 सूक्त हैं। सूक्त का अर्थ होता है—अच्छी तरह से बोला गया। ऋग्वेद की रचना पूर्व ऋग्वैदिक काल (1500-1000 ई. पूर्व) में मानी जाती है। ऋग्वेद का पाठ करने वाले को 'होतृ' कहा जाता था। गायत्री मन्त्र ऋग्वेद के तीसरे मण्डल में वर्णित है। इसके रचनाकार विश्वामित्र है। यह मन्त्र सूर्य देव को समर्पित है। ऋग्वेद में इन्द्र के लिए 250 ऋचाएँ तथा अग्नि के लिए 200 ऋचाओं की रचना की गई हैं।

4. छठी शताब्दी ईसा पूर्व में मगध महाजनपद के पहले शासक थे ***(CTET 2018)***

(a) प्रसेनजित
(b) बिम्बिसार
(c) अजातशत्रु
(d) महावीर

व्याख्या (b) छठी शताब्दी ईसा पूर्व में मगध महाजनपद का पहला शासक **बिम्बिसार** को कहा जाता है। बिम्बिसार मगध की गद्दी पर 544 ई.पू. बैठा था। वह बौद्ध धर्म का अनुयायी था। बिम्बिसार ने मगध पर करीब 52 वर्षों तक शासन किया। बिम्बिसार ने वैवाहिक सम्बन्ध स्थापित कर अपने साम्राज्य का विस्तार किया। बिम्बिसार ने अंग देश के राजा ब्रह्मदत्त को हराकर अंग राज्य को मगध में मिला लिया। बिम्बिसार की हत्या उसके पुत्र **अजातशत्रु** द्वारा कर दी गई।

5. निम्नलिखित में से 'वस्तु-विनिमय पद्धति' की सही विशेषता कौन-सी है? ***(CTET 2016)***

(a) यह धन का उपयोग किए बिना वस्तुओं की अदला-बदली का व्यापार है
(b) यह वह व्यापार है, जिसमें वस्तुओं की अदला-बदली में धन का प्रयोग किया जाता है
(c) यह वस्तुओं के लेन-देन को आसान बनाती है
(d) यह खर्चीली और समय-साध्य प्रक्रिया है

व्याख्या (a) धन का उपयोग किए बिना वस्तुओं की अदला-बदली का व्यापार करना 'वस्तु-विनिमय पद्धति' की विशेषता है। 'वस्तु-विनिमय' के अन्तर्गत धन का उपयोग किए बिना वस्तुओं की अदला-बदली करके व्यापार किया जाता है; जैसे—एक गाय लेकर 10 बकरियाँ देना।

6. 'ऋग्वेद' के विषय में निम्नलिखित तीन कथनों पर विचार कीजिए और सही उत्तर का चयन कीजिए *(CTET 2016)*

1. यह 3500 वर्ष पूर्व लिखा गया था।
2. इसकी रचना प्राकृत में की गई थी।
3. इसमें एक हजार से अधिक प्रार्थनाएँ हैं।

कूट

(a) 3 सही है, 1 और 2 गलत हैं
(b) 1 गलत है, 2 और 3 सही हैं
(c) 1 सही है, 2 और 3 गलत हैं
(d) 2 सही है, 1 और 3 गलत हैं

व्याख्या (a) 'ऋग्वेद' सबसे प्राचीन वेद है। इसकी रचना पूर्व वैदिक काल (1500 ई. पू.-1000 ई. पू.) में मानी जाती है। ऋग्वेद में 1028 सूक्त या प्रार्थनाएँ हैं। ऋग्वेद को संस्कृत भाषा में लिखा गया है। इसके पाठकर्ता को 'होतृ' कहा जाता था। ऋग्वेद में सर्वाधिक ऋचाएँ इन्द्र (250) तथा अग्नि देवता (200) को समर्पित हैं।

7. निम्नलिखित में से कौन-सा हड़प्पा का स्थल नहीं है? *(CTET 2014)*

(a) राखीगढ़ी (b) सोत्काकोह
(c) गंवेरीवाला (d) चिराँद

व्याख्या (d) **चिराँद** हड़प्पाकालीन स्थल नहीं है, जबकि **राखीगढ़ी, सोत्काकोह** व **गंवेरीवाला** हड़प्पाकालीन स्थल हैं। चिराँद नवपाषाणकालीन स्थल है, जो बिहार के सारण जिले में स्थित है। यहाँ से हिरण के सींग से बने उपकरणों व वस्तुओं की प्राप्ति हुई है।

8. भरत लोगों का एक समूह था, जिसका उल्लेख 'ऋग्वेद' में मिलता है। वे ······ में रहते थे। *(CTET 2014)*

(a) दक्षिण भारत (b) उत्तर भारत
(c) पश्चिम भारत (d) उत्तर-पश्चिमी भारत

व्याख्या (d) 1500 ई. पूर्व भारत में कई कबीलों का आगमन हुआ, जिसमें एक कबीला भरत कबीला (वंश) था, जिसका राजा सुदास था। यह कबीला भारत के उत्तर-पश्चिमी क्षेत्र में सरस्वती व यमुना नदी के दोआब पर बसा हुआ था। भरत वंश के राजा सुदास तथा अन्य दस राजाओं के बीच परुष्णवी या रावी नदी के तट पर युद्ध हुआ, जिसमें राजा सुदास की विजय हुई। इस युद्ध को दसराज युद्ध के नाम से भी जाना जाता है।

9. पुरु, यदु और भरत का वेदों में उल्लेख ······ की तरह किया गया है। *(CTET 2014)*

(a) जन (b) राष्ट्र (c) राजन्य (d) दस्यु

व्याख्या (a) पुरु, यदु व भरत का उल्लेख वेदों में **जन** (कबीले) की तरह किया गया है। इसके अतिरिक्त तुर्वस, द्रुहु, अकीन्स, भलानश व विशाणी कबीले या जन का उल्लेख भी वेदों (ऋग्वेद) में हुआ है।
राजन्य यह चारों वर्णों में दूसरा उच्च वर्ण है जिसकी श्रेणी एक योद्धा की है। **दस्यु** एक व्यक्तियों का समूह है जो 1500 ई.पू. उत्तरी भारत में आये थे तथा भारतीय-यूरोपीय भाषा बोलते थे। **राष्ट्र** संस्कृत से लिया गया शब्द है जिसमें भारतीय आर्यन भाषाओं का वर्णन है।

10. ऋग्वेद में गंगा और यमुना नदी का ······ बार नाम आया है। *(CTET 2014)*

(a) बारह (b) एक
(c) लगभग एक हजार (d) सौ

व्याख्या (b) ऋग्वेद में गंगा व यमुना नदी का उल्लेख एक बार ही हुआ है। ऋग्वेद में सर्वाधिक सिन्धु तथा सरस्वती नदी का उल्लेख किया गया है। सरस्वती नदी को 'मातेतमा', 'देवीतमा' आदि नामों से सम्बोधित किया गया है।

11. ऋग्वेद काल में कौन-से तीन देवता विशेषकर प्रमुख थे? *(CTET 2013)*

(a) रुद्र, विष्णु तथा इन्द्र (b) अग्नि, इन्द्र तथा सोम
(c) इन्द्र, वरुण तथा रुद्र (d) अग्नि, इन्द्र तथा विष्णु

व्याख्या (b) ऋग्वैदिक काल में सर्वाधिक विशेषकर देवता **अग्नि, इन्द्र** तथा **सोम** थे। इनमें इन्द्र सबसे प्रमुख देवता थे। इन्हें युद्ध व वर्षा का देवता माना जाता था। मनुष्य व देवता के बीच मध्यस्थ की भूमिका निभाने वाले देवता के रूप में अग्नि की पूजा की जाती थी। ऋग्वेद में इन्द्र का 250, अग्नि का 200 तथा सोम (वनस्पति देवता) का 140 बार उल्लेख हुआ है। ऋग्वेद का 9वाँ मण्डल सोम को समर्पित है।

12. संस्कृत को जिस भाषा-परिवार का हिस्सा माना जाता है, उसे ······ कहते हैं। *(CTET 2013)*

(a) भारत-आर्य (b) भारत-यूनान (c) भारत-यूरोप (d) भारत-अरब

व्याख्या (c) संस्कृत को **यूरोपीय** या **भारत-यूरोपीय** भाषा-परिवार का हिस्सा माना जाता है। इन्हें एक भाषा-परिवार इसलिए कहा जाता है, क्योंकि प्रारम्भ में उनमें अनेक शब्द एक जैसे थे। आर्यों की मूल भाषा प्रायः संस्कृत थी।

13. निम्न में से किस भारतीय साहित्यिक धरोहर का अर्थ है ······ गुरु के पास (समीप) जाकर बैठना? *(CTET 2012)*

(a) आरण्यक (b) पुराण (c) उपनिषद् (d) वेद

व्याख्या (c) **उपनिषद्** का शाब्दिक अर्थ है—गुरु के समीप जाकर बैठना। उपनिषद् में मुख्य रूप से आत्मा, ब्रह्मा, आत्मा-ब्रह्मा सम्बन्ध का विवरण दिया गया है। उपनिषद् को 'वेदान्त' भी कहा जाता है। ब्रह्मा विषयक् होने के कारण इसे 'ब्रह्मा विद्या' भी कहा जाता है। उपनिषदों की संख्या 108 हैं। **आरण्यक** हिन्दू धर्म के पवित्रतम और सर्वोच्च ग्रन्थ वेदों का गद्य खण्ड है। **पुराण** हिन्दुओं के धर्म सम्बन्धी आख्यान ग्रन्थ है, जिनमें संसार के ऋषियों, राजाओं के वृत्तान्त आदि संकलित हैं। **वेद** प्राचीन भारत के पवित्रतम साहित्य हैं जो हिन्दुओं के प्राचीनतम आधारभूत धर्म ग्रन्थ भी हैं।

14. ज्यादातर 'महाजनपदों' की मजबूत किलेबन्दी होती थी, क्योंकि *(CTET 2012)*

(a) ये इनकी समृद्धि और शक्ति को प्रदर्शित करते थे
(b) शासकों को आक्रमण का भय था और वे स्वयं की रक्षा सुनिश्चित करना चाहते थे
(c) ये उनकी 'समृद्ध' यात्रा परम्पराओं के प्रतीक थे
(d) इनके आस-पास लकड़ी, ईंटों या पत्थरों की उपलब्धि थी

व्याख्या (b) अधिकतर 'महाजनपदों' की मजबूत किलेबन्दी होती थी, क्योंकि शासकों को आक्रमण का भय था और वे स्वयं की रक्षा सुनिश्चित करना चाहते थे। बौद्ध ग्रन्थों अंगुत्तर निकाय तथा महावस्तु में कुल 16 महाजनपदों का उल्लेख मिलता है, जिसमें मगध, कोसल, वत्स तथा अवन्ति अधिक शक्तिशाली थे।

15. लगभग 3900 वर्ष पूर्व आरम्भिक नगर हड़प्पा और मोहनजोदड़ो कई कारणों से समाप्ति की कगार पर आने लगे। निम्नलिखित में से कौन-सा उन कारणों में से एक कारण नहीं है? *(CTET 2011)*

(a) जंगलों के विनाश और बाढ़ के कारण नगर नष्ट हुए
(b) मवेशियों के बड़े-बड़े झुण्डों द्वारा चरागाह और घास वाले मैदानों को चराने से मृदा आवरण नष्ट हो गया
(c) नदियाँ सूख गईं, जिसके कारण नगर समाप्त हुए
(d) नगरों के बीच आपसी प्रतिद्वन्द्विता और लड़ाई

व्याख्या (b) मवेशियों के बड़े-बड़े झुण्डों द्वारा चरागाह और घास वाले मैदानों को चरने से मृदा आवरण नष्ट हो गया, यह कारण आरम्भिक नगर हड़प्पा और मोहनजोदड़ो के विनाश का कारण नहीं था। अलग-अलग पुरातत्त्वविदों द्वारा हड़प्पा सभ्यता के पतन के अलग-अलग कारण बताए गए; जैसे—बाढ़, आक्रमण, जलवायु परिवर्तन व सूखा आदि।

16. निम्नलिखित जोड़ी (वेद एवं उससे सम्बद्ध ब्राह्मण ग्रन्थ) सुमेलित नहीं है *(CTET 2019)*

1. ऋग्वेद–ऐतरेय 2. सामवेद–जैमिनीय
3. यजुर्वेद–द्वैतरेय 4. अथर्ववेद–शतपथ

कूट

(a) 1 (b) 2
(c) 3 (d) 4

व्याख्या (d) शतपथ ब्राह्मण का सम्बन्ध अथर्ववेद से नहीं है। यह यजुर्वेद से सम्बन्धित है। गोपथ ब्राह्मण का सम्बन्ध अथर्ववेद से है। ऋग्वेद का सम्बन्ध ऐतरेय से है। सामवेद का सम्बन्ध जैमिनीय से तथा यर्जुवेद का द्वैतरेय से है।

» State TETs

17. 'वक्राकार ईंटें' सिन्धु सभ्यता में कहाँ से मिली हैं? *(UPTET 2016)*

(a) कालीबंगा (b) लोथल
(c) चन्हूदड़ो (d) हड़प्पा

व्याख्या (c) **चन्हूदड़ो** एकमात्र पुरास्थल है, जहाँ से 'वक्राकार ईंटें' प्राप्त हुई हैं। इस स्थल की खोज एन जी मजूमदार ने वर्ष 1931 में की थी। वर्तमान में यह पाकिस्तान के सिन्ध प्रान्त में स्थित है। इस पुरास्थल से मुहर निर्माण केन्द्र तथा प्रसाधन सामग्री भी प्राप्त हुई है। इसके अतिरिक्त **लोथल** एक प्रमुख बन्दरगाह नगर था, जो गुजरात में स्थित था। **हड़प्पा** से सर्वाधिक अभिलेख युक्त मोहरें तथा **कालीबंगा** से जुते हुए खेत के साक्ष्य प्राप्त हुए हैं।

18. कालीबंगा किस राज्य में है? *(UPTET 2016; REET 2011; HTET 2011)*

(a) गुजरात (b) पंजाब
(c) राजस्थान (d) हरियाणा

व्याख्या (c) **कालीबंगा** राजस्थान राज्य के श्रीगंगानगर जिले में घग्घर नदी के किनारे स्थित है। कालीबंगा का शाब्दिक अर्थ है—काले रंग की चूड़ियाँ। इस पुरास्थल की खोज अमलानन्द घोष ने वर्ष 1953 में की थी। कालीबंगा से ईंटों से निर्मित चबूतरा तथा लकड़ी के पाइप व कृषि के साक्ष्य प्राप्त हुए हैं। कालीबंगा सैंधव स्थल से 'अग्नि कुण्ड' के साक्ष्य भी प्राप्त हुए हैं। इसके अतिरिक्त अलंकृत ईंटों से निर्मित एक फर्श के साक्ष्य भी प्राप्त हुए हैं।

19. 'सत्यमेव जयते' लिया गया है *(CGTET 2016)*

(a) हितोपदेश से (b) ऋग्वेद से
(c) मुण्डक उपनिषद् से (d) महाभारत से

व्याख्या (c) 'सत्यमेव जयते', **मुण्डक उपनिषद्** से लिया गया है, जो अथर्ववेद से सम्बन्धित है। यह हमारा 'राष्ट्रीय वाक्य' है। इसका अर्थ है, सत्य ही जीतता है। यह भारत के राष्ट्रीय प्रतीक (अशोक द्वारा बनवाये गये सिंह स्तम्भ) के नीचे देव नागरी लिपि में अंकित है।

20. 'लोथल'...... था। *(CGTET 2016; UTET 2013)*

(a) हड़प्पा सभ्यता का बन्दरगाह एवं व्यापारिक केन्द्र
(b) हड़प्पा की कृषि तकनीक का केन्द्र
(c) हड़प्पा सभ्यता की मूर्तिकला का केन्द्र
(d) सिन्धु सभ्यता का शिक्षा केन्द्र

व्याख्या (a) **लोथल हड़प्पा सभ्यता का प्रमुख बन्दरगाह तथा व्यापारिक केन्द्र** था। यह गुजरात में भोगवा नदी के पास स्थित था। इसकी खोज रंगनाथ राव द्वारा वर्ष 1957 में की गई थी। यहाँ देश-विदेश से जहाज आकर रुकते थे। इसके अतिरिक्त यहाँ फारस की मुहर, पक्के रंगों से रंगा पात्र तथा समाधियों के साक्ष्य भी प्राप्त हुए हैं।

21. निम्न में से कौन-सा सिन्धु समाज का सबसे मानकीकृत उत्पाद था? *(HTET 2012-13)*

(a) मृद्भाण्ड (b) मृण्मूर्तियाँ
(c) ईंटें (d) मूर्तियाँ

व्याख्या (c) सिन्धु समाज का सबसे मानकीकृत उत्पाद **ईंट** था। इन ईंटों का आकार $4 \times 3 \times 1$ के आकार का था। इसके अतिरिक्त मिट्टी से निर्मित आकृति को **मृण्मूर्ति** कहा जाता है। **मृद्भाण्ड** अर्थात् बर्तनों पर काले रंग के सुन्दर चित्र उकेरे जाते थे।

22. निम्न में से किस सिन्धु शहर के दो के स्थान पर तीन हिस्से थे? *(HTET 2012-13)*

(a) सुरकोटड़ा (b) लोथल (c) कालीबंगा (d) धौलावीरा

व्याख्या (d) **धौलावीरा** शहर तीन भागों में विभक्त था। यह नगर कच्छ, गुजरात में स्थित था। इसकी खोज बी. बी. लाल द्वारा वर्ष 1959 को की गई थी। धौलावीरा का शाब्दिक अर्थ सफेद कुआँ है। यहाँ से दस चिह्नों वाला बड़ा अभिलेख तथा स्टेडियम के साक्ष्य प्राप्त हुए हैं।

23. निम्न में से कौन-सा कथन असत्य है? *(REET 2012)*

(a) वैदिक युगीन समाज में संस्कारों का ह्रास हो गया था
(b) 'वसुधैव कुटुम्बकम्' की भावना वैदिक संस्कृति की देन है
(c) रामायण, महाभारत की अपेक्षा लघु ग्रन्थ है
(d) भारतीय समाज में बड़े-बुजुर्गों को परिवार का मुखिया माना जाता है

व्याख्या (a) वैदिक युगीन समाज में संस्कारों में वृद्धि हुई न कि उनका ह्रास हुआ। वैदिक काल में व्यक्ति के जन्म से लेकर मृत्यु तक विभिन्न चरणों में कुल 16 संस्कारों का उल्लेख किया गया है। अत: कथन (a) असत्य है।

24. भारतीय इतिहास में 20वीं शताब्दी का तीसरा दशक महत्त्वपूर्ण रहा, क्योंकि *(REET 2012)*

(a) कर्नल टॉड की 'एनल्स' पुस्तक का प्रकाशन हुआ
(b) कौटिल्य लिखित 'अर्थशास्त्र' पुस्तक की प्रतिलिपि मिली
(c) अशोक के शिलालेखों को पढ़ा गया
(d) सिन्धु सभ्यता की खोज हुई

व्याख्या (d) भारतीय इतिहास में 20वीं शताब्दी के तीसरे दशक में **सिन्धु सभ्यता** की खोज हुई। सिन्धु घाटी के प्रमुख नगर हड़प्पा की खोज दयाराम साहनी द्वारा वर्ष 1921 में की गई, जबकि दूसरे महत्त्वपूर्ण नगर मोहनजोदड़ो की खोज राखलदास बनर्जी द्वारा वर्ष 1922 में की गई।

25. निम्न में से कौन-सी सभ्यता हड़प्पा सभ्यता की समकालीन थी? *(REET 2012)*

(a) क्रीट सभ्यता (b) मिस्र सभ्यता
(c) यूनानी सभ्यता (d) रोमन सभ्यता

व्याख्या (b) हड़प्पा सभ्यता या सिन्धु सभ्यता **मिस्र सभ्यता** के समकालीन थी। मिस्र सभ्यता स्थल से हड़प्पाकालीन वस्तुओं के अवशेष प्राप्त हुए हैं, जो इसके हड़प्पा सभ्यता से समकालीन होने का साक्ष्य प्रस्तुत करते हैं। **क्रीट सभ्यता** क्रीट एक यूनानी द्वीप है, जहाँ यूनान की आर्थिक व्यवस्था तथा संस्कृति की छाप विद्यमान है।

यूनानी सभ्यता यूनानी सभ्यता उस संस्कृति को कहा जाता है जो यूनान और उसके नजदीकी क्षेत्रों में लगभग आठवीं शताब्दी ईसा पूर्व से लगभग छठी शताब्दी ई. तक विस्तृत थी।

रोमन सभ्यता यह यूरोप के रोम नगर में केन्द्रित सभ्यता या साम्राज्य था। यहाँ लातिनी और यूनानी भाषाएँ बोली जाती थीं।

26. सिन्धु घाटी सभ्यता की लिपि है *(UPTET 2011)*

(a) अवाचनीय (b) संस्कृत (c) फारसी (d) द्रविड़

व्याख्या (a) सिन्धु सभ्यता की लिपि **अवाचनीय** है अर्थात् इस लिपि को अभी तक पढ़ा नहीं जा सका है। सिन्धु सभ्यता की लिपि भावचित्रात्मक है। यह लिपि दाईं ओर से बाईं ओर तथा पुन: बाईं ओर से दाईं ओर लिखी गयी है। इस पद्धति को 'बोस्ट्रोफेदन' कहा गया है। इस लिपि पर सबसे ज्यादा 'U' आकार तथा प्रचलित चिह्न 'मछली' का उल्लेख है।

27. हड़प्पा के लोग प्रयोग करना नहीं जानते थे *(UPTET 2011)*

(a) सोने का (b) चाँदी का
(c) लोहे का (d) कांस्य का

व्याख्या (c) हड़प्पा के लोग प्राय: लोहे की धातु का प्रयोग करना नहीं जानते थे। हड़प्पा सभ्यता मुख्यत: कांसा (टिन + ताँबा) युगीन सभ्यता थी। लोहे की खोज उत्तर वैदिक काल में हुई, लोहे के प्रथम साक्ष्य 1000 ई. पू. के आस-पास अतरंजीखेड़ा (उत्तर प्रदेश) से प्राप्त हुए हैं। उत्तर वैदिक ग्रन्थ यजुर्वेद में लोहे के लिए श्याम अनस शब्द का प्रयोग किया गया है।

28. निम्नलिखित में से कौन-सा वेद आंशिक रूप से गद्य में उल्लिखित है? *(CGTET 2011)*

(a) ऋग्वेद (b) यजुर्वेद
(c) सामवेद (d) अथर्ववेद

व्याख्या (b) **यजुर्वेद** एक ऐसा वेद है, जो आंशिक रूप से गद्य में उल्लिखित है। इसमें यज्ञ की विधियों पर बल दिया गया है। इस ग्रन्थ में 40 मण्डल व 2000 मन्त्र हैं। इस ग्रन्थ के दो भाग-कृष्ण यजुर्वेद तथा शुक्ल यजुर्वेद हैं। यजुर्वेद में राजसूया, वाजपेयी तथा अश्वमेध यज्ञों का भी उल्लेख है।

ऋचाओं के क्रमबद्ध ज्ञान के संग्रह को **'ऋग्वेद'** कहा जाता है, इसमें 10 मण्डल, 1028 सूक्त एवं 10,462 ऋचाएँ हैं। **सामवेद**, गायी जा सकने वाली ऋचाओं का संकलन है। इसके पाठकर्ता को 'उद्गातृ' कहते हैं। इसे भारतीय संगीत का जनक कहा जाता है। **अथर्ववेद** में रोग, निवारण, तन्त्र-मन्त्र, जादू-टोना, प्रेम विवाह आदि से सम्बन्धित मन्त्र है।

29. हड़प्पा सभ्यता का सम्बन्ध किस विदेशी सभ्यता से था? *(CGTET 2011)*

(a) इंका (b) एजटेक
(c) बेबीलोनिया (d) माया

व्याख्या (c) हड़प्पा सभ्यता का सम्बन्ध **बेबीलोनिया सभ्यता** से था। बेबीलोनिया सभ्यता का जन्म 2000-400 ईसा पूर्व माना जाता है। बेबीलोन की सभ्यता का जन्म फारस या पर्शिया में हुआ था। इस साम्राज्य की राजधानी अक्कादियन थी।

बेबीलोनिया सभ्यता की प्रमुख विशेषता हम्मूराबी की दण्ड संहिता है। इस सभ्यता के लोग भी हिन्दू धर्म का पालन करते थे तथा हिन्दुओं के समान ही पूजा व प्रार्थना आदि करते थे।

इंका, दक्षिण अमेरिका के मूल निवासियों (रेड इण्डियन जाति) की गौरवशाली सभ्यता थी।

इनका मुख्य पेशा कृषि था तथा ये लोग सूर्य के उपासक थे। **एजटेक** 14वीं से 16वीं शताब्दी के मध्य मैक्सिको की एक सभ्यता थी, जो मूल रूप से अमेरिकी थे। **माया** सभ्यता अमेरिका में ग्वाटेमाला, मैक्सिको, होण्डुरास तथा चूकाटन प्रायद्वीप में स्थापित थी। इस सभ्यता का आरम्भ लगभग 1500 ई.पू. में हुआ था।

30. किस हड़प्पाकालीन इमारत को सर जॉन मार्शल ने विश्व का एक अद्‌भुत निर्माण कहा? *(REET 2011)*

(a) वृहद् स्नानागार
(b) अन्नागार
(c) सभा भवन
(d) दुर्ग महल

व्याख्या (a) 'वृहद् स्नानागार' को हड़प्पाकालीन सभ्यता में सर जॉन मार्शल ने विश्व का एक अद्‌भुत निर्माण कहा है। यह अन्नागार 45.71 मी लम्बा तथा 15.23 मी चौड़ा है। यह सिन्धु सभ्यता की सबसे बड़ी इमारत है।
मोहनजोदड़ो के वृहद् भवनों में से एक अन्नागार का अवशेष मिला है, जिसका आकार 150 × 75 मी है। इसमें सम्भवत: अनाज रखा जाता था। मोहनजोदड़ो में दुर्ग के दक्षिण में एक वर्गाकार भवन मिला है, जिसे विद्वान् 'सभा भवन' कहते हैं। इस भवन का उपयोग सार्वजनिक सभाओं के लिए किया जाता था। हड़प्पा तथा मोहनजोदड़ो दोनों नगरों के अपने दुर्ग थे, जहाँ शासक वर्ग का परिवार रहता था। प्रत्येक नगर में दुर्ग के बाहर निम्न स्तर का शहर था, जहाँ सामान्य लोग रहते थे।

31. 'गीता' है *(REET 2011)*

(a) वेद
(b) स्वतन्त्र महाकाव्य
(c) रामायण का एक भाग
(d) महाभारत का एक भाग

व्याख्या (d) 'गीता' **महाभारत का एक भाग** है, जो भीष्मपर्व (भीष्मपर्व में कुरुक्षेत्र में युद्ध के लिए दोनों पक्षों की सेनाओं के लिए युद्ध सम्बन्धी नियमों का निर्णय, अर्जुन के युद्ध विषयक विवाद आदि का निरूपण है) का अंग है। गीता में 18 अध्याय और 700 श्लोक हैं। गीता में प्रथम अध्याय का नाम 'अर्जुन विषाद योग' है, जबकि अन्तिम अध्याय का नाम 'मोक्ष संन्यास योग' है। महाभारत को 'जयसंहिता' भी कहा जाता है। यह विश्व का सबसे बड़ा महाकाव्य है। इसमें श्लोकों की संख्या लगभग एक लाख है।

32. इतिहास के सन्दर्भ में सही कालक्रम है *(PTET 2011)*

(a) पैलियोलिथिक, मेगालिथिक, माइक्रोलिथिक, नियोलिथिक
(b) नियोलिथिक, मेगालिथिक, पैलियोलिथिक, माइक्रोलिथिक
(c) पैलियोलिथिक, माइक्रोलिथिक, नियोलिथिक, मेगालिथिक
(d) माइक्रोलिथिक, नियोलिथिक, मेगालिथिक, पैलियोलिथिक

व्याख्या (c) इतिहास के सन्दर्भ में सही कालक्रम
पैलियोलिथिक (पुरापाषाणकाल, 10 लाख से 10 हजार ई.पू.), माइक्रोलिथिक (मध्यपाषाण काल 10 हजार से 7 हजार), नियोलिथिक (नवपाषाण काल, 7 हजार से 1 हजार ई.पू.), मेगालिथिक (वृहद् या उच्च पाषाण काल, 40,000-10,000 ई.पू.)।

33. भारत में द्वितीय नगरीकरण छठी सदी ईसा पूर्व हुआ था, परन्तु पहला नगरीकरण लगभग कब हुआ था? *(PTET 2011)*

(a) 2500 ई. पू.
(b) 1200 ई. पू.
(c) 1000 ई. पू.
(d) 900 ई. पू.

व्याख्या (a) भारत में प्रथम नगरीकरण **2500 ई.** पूर्व हुआ था, जिसके साक्ष्य सिन्धु घाटी सभ्यता के नगर हड़प्पा, मोहनजोदड़ो, कालीबंगा व लोथल से प्राप्त होते हैं। इस सभ्यता का विकास मुख्यत: सिन्धु, घग्घर व सरस्वती नदी के किनारे हुआ। इस सभ्यता की सबसे प्रमुख विशेषता विकसित नगर निर्माण योजना थी।

अध्याय 03

नए विचार

CTET and State TETs

1. निम्नलिखित में से कौन-सा बौद्ध धर्म के 'त्रिरत्नों' में से नहीं है? *(CTET 2018)*

(a) धम्म (b) अहिंसा (c) संघ (d) बुद्ध

व्याख्या (b) **अहिंसा** बौद्ध धर्म के 'त्रिरत्नों' में शामिल नहीं है। बौद्ध धर्म के त्रिरत्नों में **बुद्ध, संघ** व **धम्म** आदि आते हैं। बौद्ध धर्म में निर्वाण प्राप्ति को सरल बनाने के लिए 10 शील बनाए गए हैं, अहिंसा उनमें से एक है। अन्य शील हैं— सत्य, अस्तेय, अपरिग्रह, मद्य निषेध, असमय भोजन न करना, सुखप्रद बिस्तर पर न सोना, धन संचय न करना, स्त्रियों से दूर रहना तथा नृत्य-गान से दूर रहना शामिल हैं। बौद्ध धर्म के संस्थापक गौतम बुद्ध थे।

2. निम्नलिखित स्तूपों में से किस एक को उस स्थान के रूप में चिह्नित किया गया है, जहाँ बुद्ध ने पहली बार उपदेश दिया था? *(UPTET 2011, CTET 2016)*

(a) सारनाथ (b) बोधगया (c) साँची (d) थोटलाकोण्डा

व्याख्या (a) बुद्ध ने अपना पहला उपदेश **सारनाथ** (उ.प्र.) में दिया था तथा यहीं पर बौद्ध संघ की स्थापना की गई। इस घटना को 'धर्मचक्रपरिवर्तन' कहा गया। बोधगया (बिहार) में बुद्ध द्वारा ज्ञान प्राप्ति के बाद उन्होंने बौद्ध धर्म की शिक्षा का प्रचार-प्रसार किया। साँची का स्तूप मध्य प्रदेश के रायसेन जिले में स्थित एक बौद्ध स्मारक है, जिसे सम्राट अशोक ने तीसरी शती ई.पू. में बनवाया था। थोटलाकोण्डा बौद्ध परिसर के पास आन्ध्र प्रदेश के विशाखापट्टनम में एक पहाड़ी पर स्थित है।

3. 'विनयपिटक' एक ग्रन्थ है, जो अभिलेखित करता है *(UPTET 2014), (HTET 2011), (CTET 2016, 2015)*

(a) बौद्धों के नियम (b) जैन धर्म की शिक्षाएँ
(c) वैदिक कर्मकाण्ड (d) शिक्षकों के मध्य बातचीत

व्याख्या (a) 'विनयपिटक' **बौद्ध धर्म के नियमों** को अभिलेखित करता है। बौद्ध धार्मिक साहित्य 'त्रिपटक' है, जो पालि भाषा में रचित है। इनकी संख्या तीन है

1. **विनयपिटक** इसके लेखक उपालि हैं। इसमें संघ में रहने वाले बौद्ध भिक्षुओं के लिए नियम बताए गए हैं।
2. **सुत्त पिटक** इसके लेखक आनन्द हैं। इसमें भगवान बुद्ध के उपदेशों का संकलन है। *इसे पाँच निकायों में बाँटा गया है*

(i) दीर्घ निकाय (ii) मज्झिम निकाय
(iii) संयुक्त निकाय (iv) अंगुत्तर निकाय
(v) खुद्दक निकाय

3. **अभिधम्म पिटक** इसमें धर्म व क्रियाकलापों की व्याख्या दार्शनिक ढंग से की गई है। इस पिटक का संकलन तीसरी बौद्ध संगीति में मोग्लिपुत्ततिस्स ने किया था।

4. जैन और बौद्ध भिक्षु-भिक्षुणियों के लिए आरम्भिक 'विहार' बने होते थे *(CTET 2015)*

(a) मिट्टी के (b) पत्थर के
(c) लकड़ी के (d) ईंटों के

व्याख्या (b) जैन व बौद्ध भिक्षु-भिक्षुणियों के लिए आरम्भिक विहार **पत्थरों** से बने होते थे। पत्थरों को काटकर गुफाओं का निर्माण कराया जाता था, जहाँ भिक्षु निवास करते थे। उसे 'विहार' कहा जाता था।

5. निम्नलिखित में से कौन-सी विशेषता बौद्ध और जैन दोनों धर्मों में है? *(CTET 2014)*

(a) मुक्ति पाने के लिए मनुष्य को अपने वस्त्रों सहित सब कुछ त्यागना होता है
(b) अधिक पाने की निरन्तर इच्छा को मध्यम मार्ग अपनाकर समाप्त किया जा सकता है
(c) केवल वही सच्चा ज्ञान प्राप्त कर सकता है, जो घर त्याग देता है
(d) इन दोनों धर्मों को मुख्यत: व्यापारियों का समर्थन प्राप्त था

व्याख्या (c) केवल वही सच्चा ज्ञान प्राप्त कर सकता है, जो घर त्याग देता है। यह विशेषता बौद्ध और जैन दोनों धर्मों में है। इसके अतिरिक्त दोनों धर्मों ने ब्राह्मणवादी संस्कार, वेदों की प्रामाणिकता, यज्ञ तथा ईश्वर के अस्तित्व को अस्वीकार किया है।

6. बुद्ध द्वारा इच्छाओं व लालसाओं को निम्नलिखित में से क्या बताया गया? *(CTET 2013)*

(a) पिपासा (b) तृष्णा (c) तन्हा (d) तीव्र इच्छा

व्याख्या (b) बुद्ध द्वारा इच्छाओं व लालसाओं की इच्छा को **तृष्णा** नाम दिया गया। भगवान बुद्ध के अनुसार दु:खों का मूल कारण तृष्णा (इच्छा) है। तृष्णा को समाप्त करने के लिए उन्होंने चार आर्य सत्यों का रास्ता बताया, *जो निम्न हैं*

(i) दु:ख (ii) दु:ख का कारण अविधा है
(iii) दु:ख निरोध (iv) दु:ख निरोध (समाप्ति) गामिनी प्रतिपदा।

7. 'वर्णों' में 'जातियाँ' क्यों उत्पन्न हुईं, जो भारतीय समाज को संगठित करने का आधार बन गईं? *(CTET 2012)*
(a) आदिवासी लोगों को वर्ण-व्यवस्था में एकीकृत करने में समस्या थी
(b) जाति और वर्ण समान हैं
(c) वर्ण-व्यवस्था के विरुद्ध प्रबल विरोध था, जिससे जातियों का विकास हुआ
(d) लोगों की सामाजिक व आर्थिक आवश्यकताओं में नियमित विस्तार के कारण, नए कौशलों से सम्पन्न लोगों की जरूरत थी

व्याख्या (d) लोगों की सामाजिक व आर्थिक आवश्यकताओं में नियमित विस्तार के कारण नए कौशलों से सम्पन्न लोगों की जरूरत थी, जिस कारण वर्णों में जातियों की उत्पत्ति हुई। इन जातियों का आधार कर्म न होकर जन्म हो गया। प्रथम तीन वर्णों—ब्राह्मण, क्षत्रिय और वैश्यों को 'द्विज' कहा गया तथा इन्हें शूद्रों से अलग माना जाने लगा।

8. गौतम बुद्ध का जन्म लुम्बिनी में हुआ था, इसकी पुष्टि किसके अभिलेख से होती है? *(UPTET 2018)*
(a) समुद्रगुप्त (b) हर्ष (c) अशोक (d) पुलकेशिन II

व्याख्या (c) गौतम बुद्ध का जन्म लुम्बिनी (नेपाल) में हुआ, इसकी पुष्टि अशोक द्वारा ब्राह्मी लिपि में लिखे गए रुम्मिनदेई अभिलेख से होती है। सम्राट अशोक ने अपने राज्याभिषेक के 20वें वर्ष लुम्बिनी की यात्रा की तथा लुम्बिनी में धार्मिक कर 'बलि' को माफ कर दिया तथा भूमिकर घटाकर 1/8 भाग कर दिया।

9. भारतीय कला में बुद्ध के जीवन की किस घटना का चित्रण 'चक्र' द्वारा हुआ है? *(UPTET 2018)*
(a) महाभिनिष्क्रमण (b) प्रथम उपदेश
(c) सम्बोधि (d) निर्वाण

व्याख्या (b) निर्वाण या ज्ञान प्राप्ति के बाद बुद्ध ने अपना **प्रथम उपदेश** सारनाथ (ऋषिपत्तनम) में दिया था। इस घटना को बौद्ध ग्रन्थों में 'धर्मचक्रप्रवर्तन' कहा गया। बुद्ध ने अपने उपदेश पालि/मगधी भाषा में दिए। बुद्ध को 'तथागत' तथा 'शाक्य मुनि' भी कहा जाता है।
सांसारिक समस्याओं से व्यथित होकर सिद्धार्थ (बुद्ध) ने 29 वर्ष की अवस्था में गृह-त्याग किया, जिसे बौद्ध धर्म में 'महाभिनिष्क्रमण' कहा जाता है। महात्मा बुद्ध द्वारा ज्ञान की प्राप्ति को 'सम्बोधि' कहा जाता है।
बौद्ध धर्म निर्वाण का अर्थ बुझ जाने से लगाता है। तृष्णा का बुझ जाना, अर्थात् दुखों से पूरी तरह छुटकारा ही निर्वाण है।

10. निम्नलिखित में से कौन-सा धर्म 'त्रिरत्न' में विश्वास करता है? *(UPTET 2016)*
(a) बौद्ध धर्म (b) वैष्णव धर्म
(c) शैव धर्म (d) जैन धर्म

व्याख्या (d) **जैन धर्म** 'त्रिरत्न' में विश्वास करता है। जैन धर्म के त्रिरत्न हैं—सम्यक् दर्शन, सम्यक् ज्ञान तथा सम्यक् आचरण। जैन धर्म का वास्तविक संस्थापक महावीर स्वामी (24वें तीर्थंकर) को कहा जाता है। जैन धर्म, कर्म व पुनर्जन्म में विश्वास करता है। यह मोक्ष व आत्मा को स्वीकार करता है, परन्तु ईश्वर व वेद की सत्ता को अस्वीकार करता है।
बौद्ध धर्म के संस्थापक गौतम बुद्ध थे, इनका जन्म 563 ई.पू. में कपिलवस्तु के लुम्बिनी नामक स्थान पर हुआ था। **वैष्णव** धर्म के प्रवर्तक कृष्ण थे, जिसकी प्रारम्भिक जानकारी उपनिषदों से मिलती है। भगवान शिव की पूजा करने वालों को **शैव** एवं **शिव** से सम्बन्धित धर्म को **शैव धर्म** कहा गया है। ऋग्वेद में शिव के लिए 'रुद्र' नामक देवता का उल्लेख है।

11. वह देश जहाँ पर बुद्ध धर्म का प्रचार नहीं हुआ *(HTET 2015)*
(a) थाइलैण्ड (b) श्रीलंका
(c) इण्डोनेशिया (d) ग्रीस

व्याख्या (d) **ग्रीस** देश में बौद्ध धर्म का प्रचार नहीं हुआ। बौद्ध धर्म का प्रचार दक्षिण-पूर्व एशियाई देशों-थाइलैण्ड, श्रीलंका, सिंगापुर, इण्डोनेशिया, भूटान, नेपाल आदि देशों में हुआ।

12. किस धर्म के तीर्थंकर के नाम से 24 महान् आचार्य हैं? *(UPTET 2011)*
(a) हिन्दू धर्म (b) सिख धर्म
(c) जैन धर्म (d) बौद्ध धर्म

व्याख्या (c) **जैन धर्म** में तीर्थंकर के नाम से 24 महान् आचार्य हैं। जैन धर्म की उत्पत्ति व विकास के लिए ये 24 तीर्थंकर उत्तरदायी थे। जैन धर्म के प्रथम तीर्थंकर ऋषभदेव या आदिनाथ थे, जबकि अन्तिम तीर्थंकर महावीर स्वामी (24वें) थे। महावीर स्वामी को जैन धर्म का वास्तविक संस्थापक माना जाता है। इनका मूल नाम वर्द्धमान था। सभी इन्द्रियों पर विजय प्राप्त करने के कारण इन्हें 'जिन' अर्थात् 'विजेता' कहा गया।

13. जैन धार्मिक ग्रन्थों का पहला संकलन तैयार हुआ था *(HTET 2011)*
(a) अमरावती में (b) वल्लभी में
(c) प्रयाग में (d) उज्जैन में

व्याख्या (b) जैन धार्मिक ग्रन्थों का पहला संकलन **वल्लभी** (गुजरात) में हुआ था। वल्लभी में 1512 ई. में द्वितीय जैन संगीति का आयोजन किया गया, जिसमें 11 अंगों को लिपिबद्ध किया गया। इस संगीति की अध्यक्षता देवार्धि क्षमाश्रमण ने की थी।

14. बौद्ध धर्म भारत से निकलकर किन देशों में पहुँचा? *(BTET 2011)*
(a) जापान (b) चीन
(c) कोरिया (d) ये सभी

व्याख्या (d) बौद्ध धर्म भारत से निकलकर अनेक देशों; जैसे—चीन, नेपाल, श्रीलंका, भूटान, जापान, थाइलैण्ड, सिंगापुर तथा कोरिया आदि में पहुँचा। सम्राट अशोक ने बौद्ध धर्म के विचारों को प्रसारित करने के लिए सीरिया, मिस्र तथा ग्रीस आदि देशों में अपने दूत भेजे।

अध्याय 04

प्रारम्भिक राज्य

» CTET and State TETs

1. रामपुरवा में मिला उत्कृष्ट पॉलिश वाले पत्थर पर बना साँड, जिसे अब राष्ट्रपति भवन में रखा गया है, इनमें से किसके शासनकाल में बनाया गया था? *(CTET 2016) (REET 2012)*

(a) मौर्य (b) पाण्ड्य (c) चोल (d) कुषाण

व्याख्या (a) रामपुरवा में मिला पॉलिश वाले पत्थर पर बना साँड **मौर्यकालीन** स्थापत्य कला का उदाहरण है। रामपुरवा बिहार के जिले चम्पारण में स्थित ऐतिहासिक ग्राम है। यहाँ से मौर्य शासकों के दो खण्डित स्तम्भ प्राप्त हुए हैं। इन स्तम्भों पर 'सप्त स्तम्भ आदेश' लिखे हुए लेख प्राप्त हुए हैं। इन लेखों में अशोक की धार्मिक घोषणाएँ तथा धार्मिक कार्यों का विवरण दिया गया है।

2. बौद्ध धर्म में बोधिसत्व थे *(CTET 2015)*

(a) वे लोग जिन्होंने निर्वाण (प्रबोध) प्राप्त किया हो
(b) बुद्ध की प्रतिमाएँ
(c) चीनी बौद्ध विचारक
(d) बौद्ध विद्वान्

व्याख्या (a) बौद्ध धर्म में बोधिसत्व वे थे, जिन्होंने **निर्वाण** या **प्रबोध** प्राप्त किया हो। बोधिसत्व बौद्ध धर्म की महायान शाखा से सम्बन्धित थे। इनका अन्तिम लक्ष्य बुद्धत्व को प्राप्त करना था। प्रतिष्ठित बोधिसत्व जिन्हें लगभग देवता ही माना जाता है, वे हैं—अवलोकितेश्वर, मंजूश्री, वज्रपाणि, आकाशगर्भ, सामन्तभद्र तथा मैत्रेय आदि।

3. अशोक के अधिकतर अभिलेख निम्नलिखित लिपियों में से किसमें लिखे गए थे? *(CTET 2015)*

(a) तमिल (b) ओचिकी
(c) देवनागरी (d) ब्राह्मी

व्याख्या (d) अशोक के अधिकतर अभिलेख **ब्राह्मी** लिपि में लिखे गए हैं। इसके अतिरिक्त खरोष्ठी, अरमाइक, ग्रीक लिपियों में भी अभिलेख प्राप्त हुए हैं। सभी अभिलेखों की भाषा प्राकृत है। सर्वप्रथम 1837 ई. में जेम्स प्रिंसेप ने अशोक के ब्राह्मी लिपि में लिखे गए लेख को पढ़ने में सफलता प्राप्त की और अशोक की पहचान प्रियदर्शी/पियदासी के रूप में की।

4. निम्नलिखित में से कौन-सा क्षेत्र प्राचीनकाल में 'मगध' के नाम से जाना जाता था? *(CTET 2014)*

(a) गंगा का दक्षिणी क्षेत्र
(b) गंगा तथा यमुना के मध्य का क्षेत्र
(c) गंगा का उत्तरी क्षेत्र
(d) यमुना तथा चम्बल के मध्य का क्षेत्र

व्याख्या (a) प्राचीनकाल में **गंगा का दक्षिण क्षेत्र** मगध के नाम से जाना जाता था। छठी शताब्दी ईसा पूर्व में मगध साम्राज्य का उदय हुआ। इस साम्राज्य के उत्कर्ष के कारण विस्तृत उपजाऊ मैदान, खनिज संसाधनों की प्राप्ति, नदी व स्थलीय व्यापार, सामाजिक खुलापन व प्रगतिशील दृष्टिकोण आदि थे। मगध साम्राज्य की स्थापना बिम्बिसार (544-492 ई. पू.) द्वारा की गई थी। वह इस वंश का पहला साम्राज्यवादी शासक था। इसकी (मगध) राजधानी गिरिव्रज या राजगृह थी। बिम्बिसार बौद्ध धर्म का अनुयायी था।

5. अर्थशास्त्र के अनुसार, मौर्यकाल में उत्तर-पश्चिमी भारत ...... के लिए प्रसिद्ध था। *(CTET 2013)*

(a) कपास (b) सोना एवं बहुमूल्य पत्थर
(c) चाँदी एवं ताँबा (d) कम्बल

व्याख्या (d) अर्थशास्त्र के अनुसार, मौर्यकाल में उत्तर-पश्चिमी भारत **कम्बल** निर्माण के लिए प्रसिद्ध था। इन कम्बलों को 'भिंगिसी' भी कहा जाता था। इसके अतिरिक्त इस काल में धातु, नमक, शराब व चमड़ा उद्योग आदि भी प्रसिद्ध थे। अर्थशास्त्र के निर्माता कौटिल्य ने मौर्यकाल में चीनपट्ट रेशम का भी उल्लेख किया है। यह रेशम चीन से आता था।

6. मौर्य शासक अशोक द्वारा लड़ी गई लड़ाई का स्थल कलिंग वर्तमान में कहाँ है? *(CTET 2012)*

(a) केरल (b) आन्ध्र प्रदेश
(c) कर्नाटक (d) ओडिशा

व्याख्या (d) मौर्य शासक अशोक द्वारा लड़ी गई लड़ाई का स्थल कलिंग वर्तमान में **ओडिशा** राज्य में स्थित है। यह दामोदर नदी पर स्थित एक उपजाऊ स्थल है। अशोक ने अपने

राज्याभिषेक के आठवें वर्ष बाद कलिंग पर विजय प्राप्त की, परन्तु हिंसा व युद्ध में खून खराबा देखकर उसे युद्ध से घृणा हो गई, अत: कलिंग युद्ध के बाद उसने युद्ध विजय की जगह धम्म विजय को अपनाया।

7. मौर्य प्रशासनिक व्यवस्था में निम्नलिखित में से कौन-सा अधिकारी भू-राजस्व विभाग का प्रमुख होता था? *(CGTET 2019)*

(a) सीताध्यक्ष (b) लोहाध्यक्ष (c) समाहर्ता (d) सन्निधाता

व्याख्या (c) मौर्य प्रशासनिक व्यवस्था में भू-राजस्व विभाग का प्रमुख **समाहर्ता** होता था। इसके अतिरिक्त कृषि विभाग का अध्यक्ष **सीताध्यक्ष**, धातु विभाग का अध्यक्ष **लोहाध्यक्ष** तथा राजकीय कोष का अध्यक्ष **सन्निधाता** कहलाता था।

8. द्वितीय बौद्ध संगीति का आयोजन किसके शासनकाल में हुआ था? *(UPTET 2017)*

(a) उदयभद्र (b) महापद्मनन्द (c) शिशुनाग (d) कालाशोक

व्याख्या (d) *बौद्ध धर्म के सिद्धान्तों के प्रचार-प्रसार के लिए चार संगीतियों का आयोजन किया गया*

बौद्ध संगीति	शासक	अध्यक्ष	स्थान
प्रथम संगीति (483 ईसा पूर्व)	अजातशत्रु	महाकस्यप	राजगृह
द्वितीय संगीति (383 ईसा पूर्व)	कालाशोक	सब्बकामी	वैशाली
तृतीय संगीति (247 ईसा पूर्व)	अशोक	मोग्गलिपुत्ततिस्स	पाटलिपुत्र
चौथी संगीति (102 ईसा पूर्व)	कनिष्क	वसुमित्र	कश्मीर (कुण्डलन)

9. कनिष्क का दरबारी चिकित्सक था *(UPTET 2014)*

(a) नागसेन (b) सुश्रुत
(c) चरक (d) अश्वघोष

व्याख्या (c) कनिष्क का दरबारी चिकित्सक **चरक** था। चरक द्वारा रचित 'चरकसंहिता' एक प्रसिद्ध आयुर्वेदिक ग्रन्थ है। इसमें रोगनाशक दवाओं का उल्लेख तथा सोना, चाँदी, लोहा आदि धातुओं के उपयोग का वर्णन मिलता है। इसके अतिरिक्त **अश्वघोष** कनिष्क के दरबारी कवि थे, इनकी प्रमुख रचना 'बुद्धचरित' है। **सुश्रुत** शल्य चिकित्सा (सर्जरी) के पिता कहे जाते हैं। इन्होंने 'सुश्रुत संहिता' की रचना की। **नागसेन** प्रसिद्ध बौद्ध भिक्षु थे, इन्होंने पालि भाषा में 'मिलिन्दपन्हो' की रचना की।

10. निम्न में से कौन-सा सुमेलित है? *(HTET 2012-13)*

(a) प्रसेनजित—मगध (b) प्रद्योत—कौशल
(c) परान्तक—अवन्ति (d) उदयिन—वत्स

व्याख्या (d)

शासक	राज्य
प्रसेनजित	कौशल
प्रद्योत	अवन्ति
कालाशोक	मगध
उदयिन	वत्स (कौशाम्बी)

11. अधिसंख्य 'कुषाण मूर्तियाँ' प्राप्त हुई हैं *(HTET 2012-13)*

(a) तक्षशिला से (b) पेशावर से (c) मथुरा से (d) पाटलिपुत्र से

व्याख्या (c) अधिसंख्य 'कुषाण मूर्तियाँ' **मथुरा** से प्राप्त हुई हैं। कुषाण नरेश कनिष्क के काल में मथुरा कला शैली विकसित हुई। यह एक उत्कृष्ट शैली है, जिसमें बौद्ध मूर्तियों के साथ-साथ जैन मूर्तियों की भी मूर्तिकारी की गई है। नवीनता, खड़ी हुई आकृति तथा नक्काशीदार पट्टी मथुरा कला शैली की विशेषता है। मथुरा मूर्ति शैली 'भारतीय शैली का स्वर्णयुग' मानी जाती है। गुप्त शासक मथुरा शैली के संरक्षक थे।

12. शहबाजगढ़ी में अवस्थित अशोक के शिलालेख हैं *(HTET 2012-13)*

(a) खरोष्ठी लिपि में (b) अरमाइक लिपि में
(c) यूनानी लिपि में (d) ब्राह्मी लिपि में

व्याख्या (a) शहबाजगढ़ी में स्थित अशोक के शिलालेख की लिपि **खरोष्ठी** है। शहबाजगढ़ी वर्तमान में पाकिस्तान के पेशावर जिले में स्थित है। अशोक के उत्तर-पश्चिम के शिलालेख में **खरोष्ठी** व **अरमाइक लिपि** का प्रयोग किया गया है। इन अभिलेखों को पढ़ने में सबसे पहली सफलता 1837 ई. में जेम्स प्रिंसेप को मिली थी।

13. समुद्रगुप्त के बाद चन्द्रगुप्त द्वितीय मगध की गद्दी पर बैठा। उसने शकों को पराजित कर निम्न में से कौन-सी उपाधि धारण की? *(UPTET 2013)*

(a) महाराजा (b) चक्रवर्ती
(c) शकारि विक्रमादित्य (d) महासम्राट

व्याख्या (c) गुप्त शासक समुद्रगुप्त के बाद चन्द्रगुप्त द्वितीय मगध की गद्दी पर बैठा। उसने शक-क्षत्रप रुद्रसिंह तृतीय को पराजित कर **शकारि विक्रमादित्य** की उपाधि धारण की तथा इसी उपलक्ष्य में चाँदी के 'व्याघ्र सिक्के' चलवाए। इसके अतिरिक्त चन्द्रगुप्त द्वितीय ने परम्परागत 'विक्रमांक' व 'विक्रमादित्य' की उपाधि भी धारण की। प्रसिद्ध चीनी यात्री फाह्यान (399-414 ई.) इसके समय ही भारत यात्रा पर आया था।

14. अन्तिम मौर्य शासक कौन था? *(UPTET 2011)*

(a) बिन्दुसार (b) चन्द्रगुप्त मौर्य
(c) देववर्मन (d) वृहद्रथ

व्याख्या (d) अन्तिम मौर्य शासक **वृहद्रथ** था, जिसकी हत्या उसके ब्राह्मण सेनापति पुष्यमित्र शुंग ने 185 ई. पूर्व कर दी थी तथा मगध पर शुंग वंश की नींव डाली।

बिन्दुसार, चन्द्रगुप्त मौर्य का उत्तराधिकारी था, जो 298 ई.पू. में मगध की राजगद्दी पर बैठा था। वह आजीवक सम्प्रदाय का अनुयायी था। मौर्य वंश का संस्थापक चन्द्रगुप्त मौर्य था जो 322 ई.पू. में मगध की राजगद्दी पर बैठा। सवर्ण द्वीप का शैलेन्द्र वंशी शासक देववर्मन था। इसका पूरा नाम बालपुत्र देववर्मन था।

15. चाणक्य को किस नाम से भी जाना जाता है? *(BTET 2011) (UPTET 2011) (CGTET 2011)*

(a) भट्टस्वामी (b) राजशेखर (c) विष्णुगुप्त (d) विशाखदत्त

व्याख्या (c) चाणक्य को **विष्णुगुप्त/कौटिल्य** के नाम से भी जाना जाता है। यह मौर्य सम्राट चन्द्रगुप्त मौर्य का प्रधानमन्त्री था। चाणक्य ने 'अर्थशास्त्र' नामक ग्रन्थ की रचना संस्कृत भाषा में की। 'अर्थशास्त्र' राजनीति व लोकप्रशासन पर लिखी एक प्रामाणिक पुस्तक है। इसमें 6000 श्लोक हैं। चाणक्य को भारत का 'मैकियावेली' भी कहा जाता है। इसके अतिरिक्त 'मुद्राराक्षस' **विशाखदत्त** द्वारा तथा 'काव्यमीमांसा' **राजशेखर** द्वारा रचित प्रसिद्ध पुस्तक है। गोपालभट्ट स्वामी वैष्णव संत, चैतन्य मलप्रभु के अग्रणी शिष्यों में से एक है।

16. शक काल की शुरुआत कनिष्क ने की थी *(UPTET 2011)*

(a) 62 ई. में (b) 78 ई. में (c) 82 ई. में (d) 88 ई. में

व्याख्या (b) शक काल या शक संवत् की शुरुआत कुषाण शासक कनिष्क ने **78 ई.** में की थी। वर्तमान में इस संवत् को भारत सरकार द्वारा प्रयोग में लाया जाता है। यह भारत का राष्ट्रीय संवत् है। शक संवत् के अनुसार वर्ष का पहला दिन अर्थात् 'चैत्र' महीने की पहली तारीख 22 मार्च को पड़ता है। कनिष्क के समय ही चौथी बौद्ध संगीति का आयोजन कुण्डलवन (कश्मीर) में हुआ, जिसकी अध्यक्षता वसुमित्र ने की थी।

17. मौर्य समाज का संस्थापक कौन था? *(UPTET 2011)*

(a) अशोक (b) बिन्दुसार (c) चन्द्रगुप्त (d) पुष्यमित्र

व्याख्या (c) मौर्य साम्राज्य का संस्थापक **चन्द्रगुप्त मौर्य** था। उसने चाणक्य की सहायता से घनानन्द को हराकर मगध पर मौर्य साम्राज्य की नींव डाली। चन्द्रगुप्त मगध की गद्दी पर 322 ईसा पूर्व में बैठा। वह जैन धर्म का अनुयायी था। मेगस्थनीज सेल्युकस निकेटर का राजदूत था, जो चन्द्रगुप्त के दरबार में रहता था। चन्द्रगुप्त का उत्तराधिकारी **बिन्दुसार** था।

18. सम्राट अशोक ने बौद्ध धर्म के प्रसार के लिए श्रीलंका किसे भेजा? *(CGTET 2011)*

(a) बुद्ध गुप्त (b) अश्वघोष (c) वसुमित्र (d) महेन्द्र

व्याख्या (d) सम्राट अशोक ने श्रीलंका में बौद्ध धर्म के प्रचार के लिए अपने पुत्र **महेन्द्र** को श्रीलंका भेजा। अशोक के अन्य पुत्रों का नाम तिवर व कुणाल तथा पुत्रियों का नाम संघमित्रा तथा चारुमति था।

19. 'इण्डिका' का लेखक था *(CGTET 2011)*

(a) अलबरूनी (b) जस्टिन (c) मेगस्थनीज (d) स्ट्रोबो

व्याख्या (c) 'इण्डिका' का लेखक **मेगस्थनीज** था। 'इण्डिका' पुस्तक से चन्द्रगुप्त मौर्य के प्रशासन की विश्वसनीय जानकारी मिलती है। मेगस्थनीज ने अपनी पुस्तक में चन्द्रगुप्त को सेण्ड्रोकोटस कहा तथा भारत की भौगोलिक स्थिति व भूमि की उर्वरता का वर्णन किया है।

20. किस मौर्य सम्राट ने जैन भिक्षु बनने के पश्चात् सिंहासन त्याग दिया? *(CGTET 2011)*

(a) चन्द्रगुप्त (b) अशोक (c) कुणाल (d) बिन्दुसार

व्याख्या (a) **चन्द्रगुप्त मौर्य** जैन धर्म का अनुयायी था तथा जैन भिक्षु बनने के पश्चात् उसने सिंहासन त्याग दिया। चन्द्रगुप्त ने जैनी गुरु 'भद्रबाहु' से जैन धर्म की दीक्षा ली थी तथा श्रवणबेलगोला (कर्नाटक) में संलेखन पद्धति से अपने शरीर का त्याग किया था।

21. निम्नलिखित में कौन-सा शहर मौर्य साम्राज्य की राजधानी थी? *(CGTET 2011)*

(a) पाटलिपुत्र (b) साँची (c) सारनाथ (d) रतनपुर

व्याख्या (a) **पाटलिपुत्र**, मौर्य साम्राज्य की राजधानी थी। मौर्य साम्राज्य के संस्थापक चन्द्रगुप्त मौर्य ने अपने मन्त्री चाणक्य की सहायता से 322 ईसा पूर्व में मगध की गद्दी हासिल की थी।

22. भारतीय इतिहास में पहली बार लोगों के जन्म एवं मृत्यु का पंजीयन किस काल में किया गया? *(REET 2011)*

(a) महाजनपद काल (b) गुप्त काल
(c) कुषाण काल (d) मौर्यकाल

व्याख्या (d) भारतीय इतिहास में पहली बार लोगों के जन्म व मृत्यु का पंजीयन **मौर्यकाल** में किया गया। मौर्यकाल में ही पहली बार जनगणना कराई गई।

23. अशोक का 'धम्म' था *(PTET 2011)*

(a) अच्छे व्यवहार का सिद्धान्त
(b) एक आदर्श
(c) सम्राट अशोक द्वारा प्रतिपादित विचारों की एक समष्टि
(d) उपरोक्त सभी

व्याख्या (d) अशोक का 'धम्म' तत्कालीन सभी धर्मों के अच्छे गुणों, व्यवहार तथा आदर्शों का सम्मिलित रूप था। अशोक के धम्म की परिभाषा 'राहुलोवादसुत्त' से ली गई है। स्वनियन्त्रण अशोक की धम्म नीति का मुख्य सिद्धान्त था। अशोक के धम्म में किसी देवता की पूजा या किसी कर्मकाण्ड की आवश्यकता नहीं थी।

24. भारत में सर्वप्रथम किस क्षेत्र में राज्य प्रणाली का उदय हुआ? *(PTET 2011)*

(a) कावेरी घाटी (b) नर्मदा घाटी
(c) गंगा-यमुना दोआब (d) ये सभी

व्याख्या (c) भारत में सर्वप्रथम **गंगा-यमुना दोआब** में राज्य प्रणाली का उदय महाजनपद के रूप में हुआ। छठी शताब्दी ईसा पूर्व में नवीन तकनीकों के कारण उत्तर वैदिक काल के जनपद महाजनपद में परिवर्तित हो गए। महाजनपदों की कुल संख्या 16 थी, जिसका उल्लेख बौद्ध ग्रन्थ अंगुत्तर निकाय व जैन ग्रन्थ भगवती सूत्र में मिलता है। 16 महाजनपदों में मगध, कौशल, वत्स व अवन्ति सर्वाधिक शक्तिशाली थे।

अध्याय 05

दूरस्थ भूमि से सम्पर्क व राजनैतिक विकास

» CTET

1. रोमन साम्राज्य में काली मिर्च की इतनी माँग थी कि इसे ...... के नाम से बुलाते थे। *(CTET 2013)*

(a) काला जादू
(b) काला ताबीज
(c) काला पत्थर
(d) काला सोना

व्याख्या (d) रोमन साम्राज्य में काली मिर्च की बहुत माँग थी, वे इसे **काला सोना** कहते थे। रोमन लोगों द्वारा मसालों को **यवनप्रिया** भी कहा जाता था। हिन्द-यवन शासकों ने ही भारत में सर्वप्रथम सोने के सिक्के चलाए।

2. निम्नलिखित में से कौन-सा कथन 'प्रशस्ति' के बारे में गलत है? *(CTET 2012)*

(a) राजा की प्रशंसा करने तथा उनका संरक्षण पाने के उद्देश्य से ये ज्ञानी/कवि/विद्वान् व्यक्ति द्वारा लिखी जाती थीं
(b) प्राय: राजा इन्हें स्वयं लिखा करते थे
(c) ये जिस काल से सम्बन्धित हैं, उस काल के इतिहास के मूल्यवान स्रोत हैं
(d) 'प्रशस्ति' में शासक या राजा की उपलब्धियों का वर्णन किया जाता था

व्याख्या (b) किसी व्यक्ति या वस्तु की प्रशंसा तथा उसकी उपलब्धियों का वर्णन **प्रशस्ति** कहलाता है। 'प्रशस्ति' को राजा स्वयं नहीं लिखते थे, बल्कि राजा की प्रशंसा करने तथा उनका संरक्षण पाने के उद्देश्य से ज्ञानी/विद्वान् व्यक्ति द्वारा लिखी जाती थी। इसमें राजा की उपलब्धियों का वर्णन भी मिलता था; जैसे—समुद्रगुप्त के दरबारी कवि हरिषेण द्वारा लिखित 'प्रयाग प्रशस्ति' में 'समुद्रगुप्त' की प्रशंसा करते हुए उसे कुबेर, वरुण, इन्द्र व यम (मृत्युदेव) के तुल्य बताया गया है। इस प्रशस्ति-पत्र में समुद्रगुप्त की एक योद्धा, विद्वान् तथा कवि के रूप में प्रशंसा की गई है।

3. किस काल में कर प्रथा का विशिष्ट महत्त्व था? *(CTET 2012)*

(a) महाजनपद
(b) गुप्तकाल
(c) हड़प्पा सभ्यता
(d) वैदिक काल

व्याख्या (b) **गुप्तकाल** में कर प्रथा का विशिष्ट महत्त्व था। गुप्तकाल में करों की अदायगी हिरण्य (नकद) तथा मेय (अन्न) दोनों रूपों में की जाती थी। वैष्टिका (बेगार), चारासन (चारा कर), हलदण्ड (हल पर लगने वाला कर), भूतोवात प्रत्यय (नशीली वस्तुओं पर कर) प्रमुख कर थे। गुप्तकाल को भारतीय इतिहास का 'स्वर्णकाल' कहा जाता है।

4. निम्नलिखित शासक गुप्त वंश के थे *(CTET 2019)*

1. समुद्रगुप्त **2. रामगुप्त**
3. श्रीगुप्त **4. स्कन्दगुप्त**

इनका कालक्रम निर्धारित कीजिए

कूट

(a) 1, 3, 4, 2
(b) 2, 4, 1, 3
(c) 3, 1, 2, 4
(d) 4, 2, 3, 1

व्याख्या (c) गुप्तशासकों का कालक्रम निम्न प्रकार है श्रीगुप्त (275 ई. गुप्त वंश का संस्थापक) > समुद्रगुप्त (335-375 ई., भारत का नेपोलियन) > रामगुप्त (375 ई.-455 ई., चन्द्रगुप्त II का बड़ा भाई) > स्कन्दगुप्त (455-467 ई., प्रथम हूणों का आक्रमण)।

5. भारतीय इतिहास में स्वर्ण-युग किस काल को कहते हैं? *(UPTET 2016)*
(a) मौर्य काल (b) वैदिक काल
(c) गुप्त काल (d) वर्द्धन काल

व्याख्या (c) भारतीय इतिहास में स्वर्ण-युग **गुप्त काल** को कहते हैं। गुप्त काल में विज्ञान, गणित, ज्योतिष, साहित्य तथा स्थापत्य (कला व मूर्तिकला) के क्षेत्र में अभूतपूर्व उन्नति हुई, जो मील का पत्थर साबित हुई।

6. सुबन्धु, घटकर्पर, क्षपणक तथा वीरसेन इन सभी में क्या समानता थी? *(UPTET 2016)*
(a) ये सभी गुजरात के शासक थे
(b) ये सभी बौद्ध धर्म के प्रचारक थे
(c) ये सभी चन्द्रगुप्त विक्रमादित्य के दरबार के नवरत्नों में से एक थे
(d) ये सभी जैन-धर्म के प्रचारक थे

व्याख्या (c) सुबन्धु, घटकर्पर, क्षपणक तथा वीरसेन ये सभी चन्द्रगुप्त विक्रमादित्य के दरबार के नवरत्नों में से एक थे, जिसमें घटकर्पर काव्य के क्षेत्र में, क्षपणक ज्योतिष के क्षेत्र में, वीरसेन व्याकरण के क्षेत्र में तथा सुबन्धु स्थापत्य कला के क्षेत्र में प्रमुख थे। इसके अतिरिक्त कालिदास, धनवन्तरि, अमर सिंह, वेतालभट्ट भी चन्द्रगुप्त II के दरबार में रहते थे। चन्द्रगुप्त II के समय चीनी यात्री फाह्यान भारत की यात्रा पर आया था। चन्द्रगुप्त II एक धर्मनिष्ठ वैष्णव था, जिसने 'परमभागवत' की उपाधि धारण की थी।

7. निम्नलिखित में से किसे 'भारत का नेपोलियन' कहा जाता है? *(UPTET 2014)*
(a) चन्द्रगुप्त मौर्य (b) हर्षवर्द्धन
(c) चन्द्रगुप्त विक्रमादित्य (d) समुद्रगुप्त

व्याख्या (d) गुप्त शासक **समुद्रगुप्त** (335-375 ई.) को उसके विजयी अभियानों के कारण 'भारत का नेपोलियन' कहा जाता है। समुद्रगुप्त ने उत्तर भारत के नौ शासकों को तथा दक्षिण भारत के 12 शासकों को पराजित किया। अपने विजयी अभियानों को पूरा करने के बाद उसने अश्वमेध यज्ञ किया तथा 'अश्वमेध पराक्रम' की उपाधि धारण की। इसके अतिरिक्त **चन्द्रगुप्त II** ने शकारि विक्रमादित्य तथा **हर्षवर्द्धन** ने 'शीलादित्य' की उपाधि धारण की।

8. 'महाराजाधिराज' की उपाधि धारण करने वाला प्रथम गुप्त शासक था *(UPTET 2014)*
(a) श्रीगुप्त (b) घटोत्कच
(c) चन्द्रगुप्त प्रथम (d) चन्द्रगुप्त द्वितीय

व्याख्या (c) 'महाराजाधिराज' की उपाधि धारण करने वाला प्रथम गुप्त शासक **चन्द्रगुप्त प्रथम** था। इसे गुप्तवंश का वास्तविक संस्थापक माना जाता है। गुप्त संवत् (319 ई.) की शुरुआत चन्द्रगुप्त प्रथम ने की थी। इसके अतिरिक्त **श्रीगुप्त** तथा **घटोत्कच** ने 'महाराज' की उपाधि तथा **चन्द्रगुप्त II** ने 'शकारि विक्रमादित्य' की उपाधि धारण की।

9. वर्तमान में अंकोरवाट स्थित है *(UPTET 2013)*
(a) कम्पूचिया (कम्बोडिया) में (b) श्रीलंका में
(c) चीन में (d) म्यांमार में

व्याख्या (a) 'अंकोरवाट' का मन्दिर **कम्पूचिया (कम्बोडिया)** के अंकारे में स्थित है। यह विश्व का सबसे बड़ा हिन्दू मन्दिर है। यह भगवान विष्णु को समर्पित है। इस मन्दिर का निर्माण खमेर शासक सूर्यवर्मन II (1112-53 ई.) के शासनकाल में हुआ था।

10. प्राचीनकाल में किस स्थल मार्ग से एशिया और यूरोप का व्यापार होता था? *(BTET 2013)*
(a) रेशम मार्ग (b) सूती मार्ग
(c) हो-ची-मिन्ह मार्ग (d) उत्तरापथ

व्याख्या (a) प्राचीनकाल में **रेशम मार्ग** से एशिया व यूरोप का व्यापार होता था। इस मार्ग पर नियन्त्रण रखने वाले शासकों में सबसे प्रसिद्ध शासक कुषाण थे। रेशम बनाने की तकनीक का आविष्कार चीन में हुआ था। इस रेशम मार्ग का प्रसिद्ध हिस्सा उत्तरी रेशम मार्ग है, जो चीन से होकर पश्चिम की ओर मध्य एशिया तथा यूरोप में जाता था। इसकी शाखा भारत की ओर जाती थी। रेशम मार्ग पर अधिकतर व्यापारी भारतीय व बैक्ट्रियाई थे।

11. नालन्दा विश्वविद्यालय की स्थापना किस शासक के द्वारा की गई थी? *(BTET 2013)*
(a) कुमारगुप्त I (b) चन्द्रगुप्त मौर्य
(c) अशोक (d) हर्षवर्द्धन

व्याख्या (a) नालन्दा विश्वविद्यालय की **स्थापना कुमारगुप्त I** (415-455 ई.) द्वारा की गई थी। गुप्त शासकों में सर्वाधिक अभिलेख कुमारगुप्त I के मिलते हैं। इसने महेन्द्रादित्य, श्रीमहेन्द्र, अश्वमेध महेन्द्र की उपाधियाँ धारण कीं। नालन्दा विश्वविद्यालय भारत में उच्च शिक्षा का महत्त्वपूर्ण तथा प्रसिद्ध केन्द्र था। यह बौद्ध धर्म की शिक्षा का भी प्रमुख केन्द्र था तथा स्थापत्य कला का अद्भुत नमूना था। यह विश्व का प्रथम पूर्णत: आवासीय विश्वविद्यालय था। इसमें विद्यार्थियों की संख्या 10,000 तथा अध्यापकों की संख्या 2000 थी। चीनी यात्री ह्वेनसांग ने नालन्दा विश्वविद्यालय में शिक्षा प्राप्त की थी।

12. ''कर्मचारी वेतनभोगी है, जबकि किसान राजा की भूमि जोतते हैं।'' चीनी यात्री का यह कथन किस शासक के सन्दर्भ में कहा गया? *(UPTET 2011) (REET 2012)*
(a) हर्षवर्द्धन (b) चन्द्रगुप्त I
(c) चन्द्रगुप्त II (d) समुद्रगुप्त I

व्याख्या (c) "कर्मचारी वेतनभोगी है, जबकि किसान राजा की भूमि जोतते हैं।" यह कथन प्रसिद्ध चीनी यात्री फाह्यान द्वारा गुप्तशासक **चन्द्रगुप्त II** के सन्दर्भ में कहा गया है। चीनी यात्री 'फाह्यान' गुप्त शासक चन्द्रगुप्त II के शासनकाल में भारत आया था। चीनी यात्री फाह्यान बौद्ध ग्रन्थों का अध्ययन करने तथा प्रमुख बौद्ध स्थानों को देखने के लिए भारत आया था। यह भारत में 399-414 ई. तक रहा, इस दौरान इसने पवित्र बौद्ध स्थानों की यात्रा की तथा संकिसा व श्रावस्ती में अनेक स्मारक व बौद्ध भिक्षु भी देखें। इसके अतिरिक्त इसने पंजाब व मध्य देश का भी भ्रमण किया।

13. "लोग घरों में ताला नहीं लगाते थे।" फाह्यान ने किस शासक के बारे में ऐसा लिखा है? ***(REET 2011)***

(a) रामगुप्त (b) चन्द्रगुप्त
(c) चन्द्रगुप्त विक्रमादित्य (d) समुद्रगुप्त

व्याख्या (c) "लोग अपने घरों में ताला नहीं लगाते थे" यह कथन चीनी यात्री फाह्यान ने प्रसिद्ध गुप्त शासक **चन्द्रगुप्त विक्रमादित्य** के सन्दर्भ में कहा है। अपनी यात्रा के दौरान इसने नालन्दा विश्वविद्यालय, राजगृह, बोधगया, श्रावस्ती व कपिलवस्तु की यात्रा की। फाह्यान ने अपने यात्रा वृत्तान्त को 'सी-यू-की' नामक पुस्तक में संकलित किया। भारतीय समाज का वर्णन करते हुए इसने बताया कि भारत देश ब्राह्मणों का देश है यहाँ के लोग सुखी व सम्पन्न हैं। यहाँ मृत्युदण्ड नहीं दिया जाता, केवल आर्थिक दण्ड दिया जाता है।

14. गुप्तकाल में सुदूर पश्चिम में प्रसिद्ध व्यापारिक केन्द्र था ***(REET 2011)***

(a) विदिशा (b) पुरुषपुर
(c) अहिच्छत्र (d) पैठन

व्याख्या (d) गुप्तकाल में सुदूर पश्चिम में प्रसिद्ध व्यापारिक केन्द्र **पैठन** था, जो गुजरात राज्य में स्थित था। वर्तमान में यह नगर महाराष्ट्र राज्य के औरंगाबाद जिले में गोदावरी नदी के उत्तरी तट पर स्थित है। इसका अन्य नाम 'प्रतिष्ठान' या 'पोतान' या 'पैठान' भी है। प्रतिष्ठान या पैठन उत्तर भारत व दक्षिण भारत के बीच जाने वाले व्यापारिक मार्ग पर स्थित था। इसे दक्षिणापथ का मुख्य व्यापारिक केन्द्र माना जाता था। यह व्यापारिक मार्ग श्रावस्ती तक जाता था।

अध्याय 06

नए राजा व राज्य

» CTET

1. एलोरा की गुफा 15 का भित्ति-चित्र, जिसमें विष्णु को नरसिंह अर्थात् पुरुष-सिंह के रूप में दिखाया गया है, किस काल की कृति है? *(CTET 2016)*

(a) गुप्तकाल
(b) गुर्जर-प्रतिहार काल
(c) राष्ट्रकूट काल
(d) चालुक्य काल

व्याख्या (c) एलोरा की गुफाएँ महाराष्ट्र राज्य के औरंगाबाद जिले में स्थित हैं। इन गुफाओं को स्थानीय स्तर पर 'वेरुल लेणी' के नाम से भी जाना जाता है। ये गुफाएँ भारत के शैल-कृत स्थापत्य का अद्‌भुत नमूना हैं। ये गुफाएँ मुख्यत: हिन्दू, बौद्ध व जैन धर्म से सम्बन्धित हैं। इन गुफाओं की संख्या 34 है। इसमें गुफा नम्बर 15 का भित्ति-चित्र, जिसमें भगवान विष्णु को नरसिंह अर्थात् पुरुष-सिंह के रूप में दिखाया गया है, **राष्ट्रकूट काल** से सम्बन्धित है। इन गुफाओं का निर्माण 6-12वीं शताब्दी के बीच कल्चूरि, चालुक्य व राष्ट्रकूट वंश के शासकों द्वारा कराया गया था।

2. निम्नलिखित राजवंशों में से किसने अपने अभिलेखों में मलयालम भाषा एवं लिपि का प्रयोग प्रारम्भ किया? *(CTET 2016)*

(a) चोल
(b) कुषाण
(c) चेर
(d) पाण्ड्य

व्याख्या (c) दक्षिण भारत के **चेर** राजवंशों ने अपने अभिलेखों में 'मलयालम भाषा व लिपि' का प्रयोग किया। चेर राज्य की राजधानी करुयर (केरल) या वंजि थी। इनका प्रतीक चिह्न धनुष था। चेर वंश का सबसे प्रतापी शासक शेनगुट्टूवन था, इसे 'लाल चेर' के नाम से भी जाना जाता है। इसका यशोगान 'पेरणर' कवि ने किया है। 'पेरणर' व 'कपिलार' नामक कवियों को चेर शासकों ने संरक्षण प्रदान किया था।

3. संगम कविताओं में किन तीन राजवंशों को 'मुवेन्दार' कहा गया है? *(CTET 2016)*

(a) चोल, राष्ट्रकूट, पाण्ड्य
(b) चेर, पाल, राष्ट्रकूट
(c) पाल, चोल, पाण्ड्य
(d) चोल, चेर, पाण्ड्य

व्याख्या (d) संगम कविताओं में **चोल, चेर, पाण्ड्य** राजवंशों को 'मुवेन्दार' कहा गया है। संगम राजवंश दक्षिण भारत में सम्राट अशोक के समकालीन था। इनका विस्तार आधुनिक तमिलनाडु व केरल राज्य में था। सम्राट अशोक के दूसरे व तेरहवें शिलालेख में इन तीनों राज्यों का उल्लेख किया गया है।

4. चोल साम्राज्य में सभा का सदस्य बनने के लिए निम्नलिखित में से कौन-सी एक शर्त नहीं थी? *(CTET 2015)*

(a) उनकी आयु 25 से 70 वर्ष के बीच होनी चाहिए
(b) उन्हें भूमि का स्वामी होना चाहिए, जहाँ से भू-राजस्व वसूला जाता है
(c) उनके पास अपना घर होना चाहिए
(d) उन्हें वेदों का ज्ञान होना चाहिए

व्याख्या (a) चोल साम्राज्य की स्थापना **विजयालय** ने की थी। इस साम्राज्य की राजधानी 'तन्जौर' या 'तन्जावुर' थी। स्थानीय स्वशासन चोल साम्राज्य की प्रमुख विशेषता थी। चोल अभिलेखों में तीन प्रकार की ग्राम सभाओं का विवरण मिलता है—उर, सभा, नगरम्। सभा या महासभा अग्रहार (ब्राह्मणों) की संस्था थी। चोल साम्राज्य में महासभा को 'पेरुर्गरी' तथा उसके सदस्यों को 'पेरुमक्कल' कहा जाता था। *सभा का सदस्य बनने के लिए निम्न योग्यताएँ आवश्यक थीं*

- व्यक्ति की आयु 35 से 70 वर्ष के बीच होनी चाहिए।
- उसे वेदों का ज्ञान होना चाहिए।
- उसे प्रशासनिक मामलों की अच्छी जानकारी होनी चाहिए।
- व्यक्ति के पास स्वयं का घर तथा $1\frac{1}{2}$ एकड़ भूमि का मालिकाना हक होना चाहिए।

5. लगभग 2000 वर्ष पूर्व निम्नलिखित में से कौन-से शासक 'रेशम मार्ग' पर नियन्त्रण रखने के लिए सर्वाधिक प्रसिद्ध थे? *(CTET 2015)*

(a) कुषाण
(b) चोल
(c) पाण्ड्य
(d) चेर

व्याख्या (a) लगभग 2000 वर्ष पूर्व 'रेशम मार्ग' पर नियन्त्रण रखने के लिए **कुषाण** सर्वाधिक प्रसिद्ध थे। 'रेशम मार्ग' से एशिया व यूरोप का व्यापार होता था। 'रेशम मार्ग' का सर्वाधिक प्रसिद्ध क्षेत्र उत्तरी रेशम मार्ग था, जो चीन से होकर पश्चिम की ओर मध्य एशिया तथा यूरोप तक जाता था। इसकी एक शाखा भारत की ओर भी जाती थी। रेशम मार्ग पर अधिकतर व्यापारी भारतीय व बैक्ट्रियाई थे।

6. कन्नौज पर लम्बे समय तक 'त्रिपक्षीय संघर्ष' किन तीन राजवंशों के बीच चला? *(CTET 2015)*

(a) गुर्जर-प्रतिहार, राष्ट्रकूट और चोल
(b) पाल, राष्ट्रकूट और गुर्जर-प्रतिहार
(c) गुर्जर-प्रतिहार, पाल और चोल
(d) राष्ट्रकूट, चोल और पाल

व्याख्या (b) कन्नौज (प्राचीन नाम 'महोदया नगर') पर नियन्त्रण, उत्तरी भारत पर प्रभुत्व का प्रतीक माना जाता था। कन्नौज पर आधिपत्य होने से गंगा घाटी एवं इसमें उपलब्ध व्यापारिक व कृषि सम्बन्धित समृद्ध संसाधनों पर नियन्त्रण किया जा सकता था। हर्षवर्द्धन की मृत्यु के पश्चात् कन्नौज पर अधिकार करने के लिए तीन बड़ी शक्तियों—**पाल, राष्ट्रकूल और गुर्जर-प्रतिहार** वंशों के बीच संघर्ष आरम्भ हो गया। यह त्रिपक्षीय संघर्ष 200 वर्षों तक चला तथा इसमें अन्तिम विजय गुर्जर-प्रतिहार वंश को प्राप्त हुई।

7. सम्राट हर्षवर्द्धन के दरबारी कवि बाणभट्ट ने उनकी जीवनी 'हर्षचरित' निम्नलिखित भाषाओं में से किसमें लिखी?

(a) प्राकृत (b) हिन्दी *(CTET 2015)*
(c) उर्दू (d) संस्कृत

व्याख्या (d) सम्राट हर्षवर्द्धन के दरबारी कवि बाणभट्ट ने उनकी जीवनी 'हर्षचरित' **संस्कृत** भाषा में लिखी। सम्राट हर्षवर्द्धन विद्वानों का संरक्षक था। मयूर, बाणभट्ट व मतांग दिवाकर जैसे विद्वान् उसके दरबार की शोभा बढ़ाते थे।

8. दन्तिदुर्ग, जिसने 'हिरण्यगर्भ' नामक एक अनुष्ठान किया, वह था *(CTET 2014, 13)*

(a) चोल राजा (b) प्रतिहार प्रधान
(c) राष्ट्रकूट प्रधान (d) पल्लव प्रधान

व्याख्या (c) **राष्ट्रकूट वंश** की स्थापना दन्तिदुर्ग ने की थी। इसने अपनी राजधानी 'मान्यखेत' बनाई, जो आधुनिक शोलापुर (महाराष्ट्र) के निकट है। दन्तिदुर्ग ने उज्जैन पर अधिकार कर 'हिरण्यगर्भ' नामक महायज्ञ किया। हिरण्यगर्भ (सोने का गर्भ) नामक अनुष्ठान ब्राह्मणों की सहायता से किया जाता था। किवदन्ति के अनुसार, इस महायज्ञ की मान्यता यह थी कि इससे याचक क्षत्रिय न होते हुए भी क्षत्रिय के रूप में दोबारा क्षत्रियत्व को प्राप्त कर लेगा।

9. 'मनीग्राम' और 'नानादेशी' निम्नलिखित में से क्या हैं?

(a) चोल शासन की प्रशासनिक इकाइयाँ *(CTET 2014)*
(b) ब्राह्मणों को 'ब्रह्मदेय' के रूप में दिए गए प्रसिद्ध गाँव
(c) चोल काल के प्रसिद्ध शहर
(d) दक्षिण भारत के प्रसिद्ध व्यापारिक संघ

व्याख्या (d) चोल शासन में 'मनीग्राम' व 'नानादेशी' दक्षिण भारत के प्रसिद्ध व्यापारिंक संघ थे। ये संघ मुख्यत: काँची व मामल्लपुर में स्थित थे। मनीग्राम व्यापारिक श्रेणी केवल आन्तरिक व्यापार करती थी, जबकि नानादेशी व्यापारिक श्रेणी विदेशों से व्यापार करती थी।

10. तमिलनाडु के चिंगलेपुर जिले में उत्तरमेरूर के शिलालेख में निर्धारित नियम के कारण निम्नलिखित में से कौन 'सभा' के सदस्य नहीं बन सकते? *(CTET 2014)*

(a) वे लोग जिनके अपने घर थे
(b) वे लोग जिन्होंने अपना लेखा-जोखा नहीं दिया था
(c) 35 से 70 वर्ष की आयु के लोग
(d) वेदों का ज्ञान रखने वाले लोग

व्याख्या (b) चोल प्रशासन में तमिलनाडु के चिंगलेपुर जिले में उत्तरमेरूर के शिलालेख में निर्धारित नियम के अनुसार ऐसे व्यक्ति जिन्होंने अपना लेखा-जोखा नहीं दिया था वे 'सभा' के सदस्य नहीं बन सकते थे। सभा का सदस्य बनने के लिए निम्न योग्यता आवश्यक थीं

1. व्यक्ति की आयु 35 से 70 वर्ष के बीच होनी चाहिए।
2. उसे वेदों का ज्ञान होना चाहिए।
3. उसका स्वयं का घर तथा $1\frac{1}{2}$ एकड़ भूमि का स्वामी होना चाहिए।
4. उसे प्रशासनिक मामलों की अच्छी जानकारी होनी चाहिए।

11. चोल काल में व्यापारियों के संघ को ...... कहा जाता था।

(a) ग्रामम् (b) श्रेणी *(CTET 2013)*
(c) नगरम् (d) सभा

व्याख्या (c) चोल काल में व्यापारियों के संघ को **नगरम्** कहा जाता था। ऐसे संघ काँची व मामल्लपुर में स्थित थे। इनके अतिरिक्त सभा या महासभा को **पेरुर्गुरी** कहा जाता था। गुप्तकाल में व्यापारियों के समूह को **श्रेणी** कहा जाता था।

12. ह्वेनसांग किसके शासनकाल में भारत आया था? *(UPTET 2017)*

(a) समुद्रगुप्त (b) चन्द्रगुप्त विक्रमादित्य
(c) हर्षवर्द्धन (d) स्कन्दगुप्त

व्याख्या (c) चीनी यात्री ह्वेनसांग सम्राट **हर्षवर्द्धन** के शासन काल में भारत आया था। वह यहाँ नालन्दा विश्वविद्यालय में शिक्षा ग्रहण करने तथा बौद्ध ग्रन्थों को अपने साथ ले जाने के लिए भारत आया था। ह्वेनसांग ने यहाँ 18 महीने तक रहकर अध्ययन किया। ह्वेनसांग के समय नालन्दा विश्वविद्यालय के कुलपति शीलभद्र थे। इस दौरान उसने हर्षवर्द्धन के दरबार में अनेक वर्ष व्यतीत किए और भारत के प्रमुख नगरों, बौद्ध केन्द्रों, स्तूपों व महाविहारों का भ्रमण किया। ह्वेनसांग ने अपनी यात्रा संस्मरण को 'सी-यू-की' पुस्तक में संकलित किया है।

13. 'खजुराहो मन्दिर' किस राजवंश के राजाओं द्वारा निर्मित कराए गए हैं? *(CGTET 2016, UPTET 2013-14)*

(a) राजपूत वंश (b) चोल वंश
(c) चन्देल वंश (d) पल्लव वंश

व्याख्या (c) 'खजुराहो के मन्दिरों' (मध्य प्रदेश) का निर्माण 950 ई. से 1050 ई. के मध्य **चन्देल** शासकों ने कराया था। ये मन्दिर शैव एवं जैन धर्म से सम्बन्धित हैं। इनमें सबसे प्रसिद्ध मन्दिर कन्दरिया महादेव, चौसठ योगिनी व चित्रगुप्त आदि हैं। इन मन्दिरों को यूनेस्को द्वारा 'विश्व धरोहर स्थल' का दर्जा दिया गया है। इनके अतिरिक्त महाबलिपुरम् के 'रूप मन्दिर' का निर्माण पल्लव शासकों ने कराया था।

14. 'वेल्लनवगई' भूमि का एक प्रकार था, जो चोल अभिलेखों में उल्लिखित है, इससे तात्पर्य है *(HTET 2015)*

(a) ब्राह्मणों को अनुदान में दी गई भूमि
(b) विद्यालयों को दी गई भूमि
(c) मन्दिरों को दान में दी गई भूमि
(d) गैर-ब्राह्मण कृषकों की भूमि

व्याख्या (d) चोल साम्राज्य में **गैर-ब्राह्मण कृषकों की भूमि** को 'वेल्लनवगई' या 'केल्लनवगाई' कहा जाता था। इसके अतिरिक्त विद्यालयों को दी गई भूमि को **ब्रह्मदेय**, मन्दिरों को दी गई भूमि को **देवदान** तथा ब्राह्मणों को दी गई भूमि को **ब्रह्मदेय** कहा जाता था।

15. भारत में मध्य युग में किस साम्राज्य ने कन्नौज पर शासन किया? *(UPTET 2013)*

(a) राठौर (b) गुर्जर-प्रतिहार (c) चौहान (d) पाल

व्याख्या (b) भारत में मध्य युग में **गुर्जर-प्रतिहार** वंश ने कन्नौज पर शासन किया। इस वंश का वास्तविक संस्थापक नागभट्ट प्रथम था। मिहिरभोज (836-885 ई.) इस वंश का सर्वाधिक शक्तिशाली शासक था। इसके काल में अरब यात्री 'सुलेमान' भारत की यात्रा पर आया था। इस वंश का अन्तिम शासक यशपाल था। गुर्जर-प्रतिहार वंश के बाद कन्नौज पर गहड़वाल वंश का शासन स्थापित हो गया।

16. निम्नलिखित में से किसने शिक्षा के एक महान् केन्द्र 'विक्रमशिला' महाविहार का निर्माण करवाया था? *(UPTET 2016)*

(a) धर्मपाल (b) गोपाल
(c) हर्ष (d) बालादित्य

व्याख्या (a) शिक्षा के महान् केन्द्र 'विक्रमशिला' महाविहार (बिहार) की स्थापना पाल नरेश **धर्मपाल** ने की थी। इसके अतिरिक्त उसने सोमपुर विश्वविद्यालय का निर्माण भी कराया था। विक्रमशिला महाविहार में मन्दिर तथा मठ आदि बनवाए गए तथा उन्हें अनुदान दिया गया। विक्रमशिला विश्वविद्यालय में 6 महाविद्यालय थे। विश्वविद्यालय में अध्ययन के विशेष विषय—व्याकरण, तर्कशास्त्र, मीमांसा, तन्त्र तथा विधिवाद आदि थे। 1203 ई. में इस विश्वविद्यालय को बख्तियार खिलजी ने ध्वस्त कर दिया तथा भिक्षुओं की सामूहिक हत्या करवा दी।

17. 'वृहदेश्वर मन्दिर' स्थित है *(UPTET 2013)*

(a) तन्जौर में (b) ओडिशा में
(c) कालीकट में (d) डक्कन में

व्याख्या (a) 'वृहदेश्वर मन्दिर' **तन्जौर (तमिलनाडु)** में स्थित है। इसे 'राज राजेश्वर मन्दिर' भी कहा जाता है। इस मन्दिर का निर्माण 1010 ई. में चोल शासक राजराज I ने कराया था। यह मन्दिर शैव धर्म से सम्बन्धित है। इस मन्दिर का निर्माण द्रविड़ शैली में किया गया है। इस मन्दिर के परिसर में एक भारी भरकम नन्दी की मूर्ति स्थापित है, जिसे भारत की विशालतम मूर्ति माना जाता है।

18. रोम के साथ दक्षिण भारत के व्यापार का सजीव वर्णन करने वाला ग्रन्थ है *(HTET 2012-13)*

(a) मणिमेखलै (b) सिलप्पदीकारम्
(c) पुरनानूरु (d) मदुरईकंजी

व्याख्या (b) रोम के साथ दक्षिण भारत के व्यापार का सजीव वर्णन करने वाला ग्रन्थ **सिलप्पदीकारम्** (रत्नजड़ित नूपुर) है। यह ग्रन्थ संगम काल से सम्बन्धित है। इसकी रचना 'इलंगोआदिगल' द्वारा की गई थी। इस ग्रन्थ में कोवलन तथा कन्नगी की दुर्भाग्य गाथा तथा श्रीलंका के शासक गजबाहु की चर्चा है। **मणिमेखलै**, कवि चितलाई चतनार द्वारा रचित महाकाव्य है, जो आधुनिक तमिल साहित्य के पाँच महाकाव्यों में से एक है। तीसरे संगम में रचित साहित्य आठ संग्रह ग्रन्थों में संकलित है, जिन्हें 'ऐन्तुतोगई' कहते हैं, पुरनानूरु इसके प्रमुख ग्रन्थों में से एक है। मदुरईकंजी प्राचीन तमिल कविताओं का संग्रह है, जो संगम साहित्य से सम्बन्धित है।

19. मलयालम पुस्तक 'लीला तिलकम्' की विषय-वस्तु है *(HTET 2012-13)*
(a) इतिहास (b) धर्म
(c) कला (d) व्याकरण

व्याख्या (d) मलयालम पुस्तक 'लीला तिलकम्' की विषय-वस्तु 'व्याकरण' है जिसकी भाषा संस्कृत एवं मणिप्रवालम है जो केरल के चेर राजाओं की भाषा है। यह 14वीं शताब्दी में लिखी गई पुस्तक है।

20. निम्न में से किस शासक वंश ने कभी भी जैन धर्म को संरक्षण नहीं दिया? *(HTET 2012-13)*
(a) राष्ट्रकूट (b) कदम्ब (c) चोल (d) मौर्य

व्याख्या (c) **चोल वंश** के शासकों ने कभी भी जैन धर्म को संरक्षण नहीं दिया। चोल वंश के शासक शैव धर्म के अनुयायी थे। इस वंश की स्थापना विजयालय (850-875 ई.) ने की थी। इस वंश की राजधानी 'काँचीपुरम' थी।

21. चोल राजवंश के प्रवर्तक थे *(HTET 2012-13)*
(a) विजयालय (b) आदित्य (c) परान्तक (d) उत्तम चोल

व्याख्या (a) चोल राजवंश के प्रवर्तक या संस्थापक **विजयालय** (850-875 ई.) थे। यह राजवंश अपनी नौसेना शक्ति के लिए प्रसिद्ध था। चोल शासक शिव के उपासक थे। नटराज की कांस्य मूर्ति का प्रचलन इन्हीं के काल में हुआ। चोल राजवंशों के काल में दक्षिण भारत में अनेक विशाल मन्दिरों का निर्माण कराया गया।

22. 'कन्दरिया महादेव मन्दिर' के निर्माता थे *(HTET 2012-13)*
(a) चौहान (b) तोमर (c) चन्देल (d) गुर्जर-प्रतिहार

व्याख्या (c) 'कन्दरिया महादेव मन्दिर' मध्य प्रदेश के खजुराहो जिले में स्थित है। इस मन्दिर का निर्माण 1025-1050 ई. में **चन्देल** शासक विद्याधर ने करवाया था। यह मन्दिर खजुराहो में सबसे बड़ा, ऊँचा व कलात्मक मन्दिर है। इसे 'चतुर्भुज का मन्दिर' भी कहा जाता है। यह मन्दिर भगवान शिव को समर्पित है।

23. दक्षिण भारत के किस राजवंश ने राज्य को राष्ट्र, कोट्टम तथा ग्राम में विभाजित किया? *(REET 2012)*
(a) चोल (b) पल्लव (c) राष्ट्रकूट (d) चालुक्य

व्याख्या (a) दक्षिण भारत के चोल राजवंश ने राज्य को राष्ट्र, कोट्टम व ग्राम में विभाजित किया था। चोल राजवंश का संस्थापक विजयालय था। चोल प्रशासन की सबसे प्रमुख विशेषता ग्रामीण स्वायत्तता थी।

24. किस राजवंश के समय 'कन्हेरी विश्वविद्यालय' प्रसिद्ध हुआ? *(REET 2012)*
(a) राष्ट्रकूट (b) चोल
(c) चालुक्य (d) पल्लव

व्याख्या (d) 'पल्लव' राजवंश के समय 'कन्हेरी विश्वविद्यालय' प्रसिद्ध हुआ। यह विश्वविद्यालय महाराष्ट्र राज्य में स्थित था।

25. किस चोल शासक ने पल्लवों को हराकर काँची पर अधिकार कर लिया? *(REET 2012)*
(a) परान्तक I (b) आदित्य I
(c) विजयालय (d) राजेन्द्र चोल II

व्याख्या (c) **विजयालय** ने पल्लवों को हराकर काँचीपुरम् (तमिलनाडु) पर अधिकार कर लिया तथा एक स्वतन्त्र राज्य की स्थापना की। विजयालय को चोल राजवंश का द्वितीय संस्थापक भी माना जाता है। आरम्भ में चोल पल्लवों के सामन्त थे। विजयालय ने पाण्डय साम्राज्य के शासकों से तन्जौर (तन्जावुर) को छीनकर 'उरैयूर' के स्थान पर इसे अपने राज्य की राजधानी बनाया। तन्जौर को जीतने के उपलक्ष्य में विजयालय ने 'नरकेसरी' की उपाधि धारण की थी।

26. एलोरा के कैलाश मन्दिर का निर्माण कराया गया था *(UPTET 2011)*
(a) चालुक्यों द्वारा (b) चोलों द्वारा
(c) पल्लवों द्वारा (d) राष्ट्रकूटों द्वारा

व्याख्या (d) एलोरा के प्रसिद्ध कैलाश मन्दिर का निर्माण **राष्ट्रकूट** शासक कृष्ण प्रथम द्वारा करवाया गया था। यह मन्दिर भारत में सर्वाधिक सुविस्तृत तथा वैभवशाली शैलकृत वेदिकाओं तथा अद्भुत स्थापत्यकला को प्रदर्शित करता है। यह मन्दिर द्रविड़ शैली में निर्मित है। यह मन्दिर केवल एक चट्टान को काटकर बनाया गया है।

27. सातवाहन वंश के शासकों की कार्यालयी भाषा थी *(CGTET 2011)*
(a) संस्कृत (b) तमिल
(c) प्राकृत (d) मगधी

व्याख्या (c) सातवाहन वंश के शासकों की कार्यालयी भाषा **प्राकृत** थी। सातवाहन वंश की स्थापना **सिमुक** द्वारा की गई थी। इस वंश की राजधानी 'प्रतिष्ठान' या 'पैठन' थी। पुराणों में इन्हें 'आन्ध्र-नृत्य' कहा गया है। भूमिदान करने का प्रारम्भ सर्वप्रथम सातवाहनों के काल में ही हुआ। सातवाहनों ने ब्राह्मण धर्म को प्रश्रय दिया, परन्तु अन्य धर्मों के प्रति भी उदार नीति अपनाई। सातवाहन समाज मातृसत्तात्मक था। सातवाहन शासकों ने ही सर्वप्रथम 'सीसे' के सिक्के चलाए थे।

28. राजा हर्ष का साम्राज्य फैला था *(PTET 2011)*
(a) दक्षिणी सागर से उत्तरी पर्वतीय क्षेत्रों तक
(b) पश्चिमी सागर से पूर्वी सागर तक
(c) गंगा-यमुना घाटी में
(d) अफगानिस्तान से असम तक

व्याख्या (b) सम्राट हर्षवर्द्धन का साम्राज्य **पश्चिमी सागर (गुजरात) से लेकर पूर्वी सागर (उड़ीसा)** तक फैला था। हर्ष के साम्राज्य में उत्तर प्रदेश, बिहार, बंगाल, असम, उड़ीसा के अतिरिक्त कश्मीर, पंजाब व नेपाल भी शामिल था। सम्राट हर्ष की प्रारम्भिक राजधानी थानेश्वर (हरियाणा) थी। बाद में इसे कन्नौज स्थानान्तरित किया गया।

29. महाबलिपुरम् के प्रसिद्ध मन्दिर किस शासक के शासनकाल के अन्तर्गत बने? *(REET 2011)*

(a) पल्लव (b) चोल (c) चालुक्य (d) काकतीय

व्याख्या (a) महाबलिपुरम् के प्रसिद्ध मन्दिर **पल्लव वंश** के शासनकाल में बने। इनमें मुख्यत: महाबलिपुरम् के रथ मन्दिर प्रसिद्ध हैं, इनका निर्माण पल्लव शासक नरसिंहवर्मन प्रथम ने कराया था। इस काल में वास्तुकला की नई शैलियाँ प्रचलित हुईं। रथ मन्दिर का निर्माण द्रविड़ शैली में हुआ है। यह एक शिलाखण्डीय मन्दिर है, जो एक पत्थर को काटकर बनाया गया है। चोल शासकों द्वारा द्रविड़ शैली में बना वृहदेश्वर मन्दिर तन्जौर में स्थित है तथा चालुक्य कालीन मन्दिर नागर और द्रविड़ शैली की विशेषताओं से युक्त बेसर शैली में बना है। काकतीय शासकों ने अनाककोंडा में राजसी रुद्रेश्वर मन्दिर का निर्माण करवाया था।

30. 'अजन्ता की गुफाएँ' स्थित हैं *(BTET 2011)*

(a) गुजरात
(b) महाराष्ट्र
(c) मध्य प्रदेश
(d) राजस्थान

व्याख्या (b) 'अजन्ता की गुफाएँ' **महाराष्ट्र** राज्य के औरंगाबाद जिले में स्थित हैं। इन गुफाओं का निर्माण गुप्तकाल में हुआ था। इन गुफाओं की कुल संख्या 29 है। ये गुफाएँ मुख्यत: बौद्ध धर्म के हीनयान व महायान मतों से सम्बन्धित हैं। इन गुफाओं में अनेक चित्रों को चित्रित किया गया है।

मध्य प्रदेश में भीमबेटका आदि मानव द्वारा बनाए गए शैल चित्रों और शैलाश्रयों के लिए प्रसिद्ध है।

अध्याय 07

संस्कृति व विज्ञान

» CTET

1. गणितज्ञ तथा खगोलशास्त्री आर्यभट्ट ने 'आर्यभटीयम्' नामक पुस्तक निम्नलिखित भाषाओं में से किसमें लिखी थी? *(CTET 2016)*

(a) हिन्दी (b) प्राकृत
(c) पालि (d) संस्कृत

व्याख्या (d) गणितज्ञ तथा खगोलशास्त्री आर्यभट्ट ने 'आर्यभटीयम्' नामक पुस्तक **संस्कृत** भाषा में लिखी थी। आर्यभट्ट गुप्तकाल के महान् गणितज्ञ तथा ज्योतिषशास्त्री थे। आर्यभट्ट ने ही सर्वप्रथम बताया कि पृथ्वी गोल है तथा अपनी धुरी पर घूमती है, जिसके कारण ग्रहण लगता है। शून्य की खोज भी आर्यभट्ट द्वारा ही की गई थी। आर्यभट्ट ने 'सूर्य सिद्धान्त' नामक ग्रन्थ की रचना भी की थी।

2. गर्भगृह, कुछ प्रारम्भिक हिन्दू मन्दिरों का सबसे महत्त्वपूर्ण भाग था, गर्भगृह से तात्पर्य है *(CTET 2015)*

(a) मन्दिरों में वह स्थान जहाँ लोग एकत्रित हो सकते थे
(b) वह स्थान जहाँ धार्मिक अनुष्ठान नहीं किए जाते थे
(c) गुफाएँ, जिन्हें मूर्तियों तथा भित्तिचित्रों द्वारा पूरी तरह सजाया जाता था
(d) वह स्थान जहाँ मुख्य देवी या देवता की मूर्तियों को रखा जाता है

व्याख्या (d) गर्भगृह से तात्पर्य हिन्दू मन्दिरों में **वह स्थान जहाँ मुख्य देवी या देवता की मूर्तियों की स्थापना की जाती थी,** से है। प्राचीन हिन्दू मन्दिरों के अन्य मुख्य भाग 'गोपुरम्' (प्रवेश द्वार) तथा 'मण्डपम्' (स्तम्भों पर खड़ा बाहरी हाल) आदि थे। मन्दिर के गर्भगृहके चारों ओर परिक्रमा के लिए स्थान होता है, इसके अतिरिक्त मन्दिर के लिए सभा कदा (मण्डप) होते थे, जहाँ लोग एकत्रित होते थे।

3. चोल मन्दिरों के विषय में निम्नलिखित कथनों में से कौन-सा सही है? *(CTET 2015)*

(a) चोल मन्दिर आर्थिक, सामाजिक और सांस्कृतिक जीवन के केन्द्र थे
(b) लौह प्रतिमाओं का निर्माण चोल मन्दिरों की मुख्य विशेषता थी
(c) चोल मन्दिर प्राय: अपने आस-पास विकसित होने वाली केवल ग्रामीण बस्तियों के केन्द्र बन गए
(d) जनसाधारण द्वारा दी गई भूमि से चोल मन्दिर सम्पन्न हो गए

व्याख्या (a) **चोल मन्दिर आर्थिक, सामाजिक व सांस्कृतिक जीवन के केन्द्र थे।** चोल काल को दक्षिण भारत की कला का 'स्वर्ण काल' कहा जाता है। चोल मन्दिर पल्लव व द्रविड़ कला से प्रभावित विशाल मन्दिर थे। तन्जौर का वृहदेश्वर मन्दिर को द्रविड़ शैली का सर्वोत्तम नमूना कहा जाता है। इसका निर्माण राजराज I ने करवाया था। इसके अतिरिक्त गंगैकोण्डचोलपुरम् मन्दिर तथा एकेश्वर मन्दिर भी प्रमुख हैं।

4. चाणक्य के अनेक विचार एक पुस्तक में लिखे गए, जिसे जाना जाता है *(CTET 2015)*

(a) अथर्ववेद (b) अर्थशास्त्र
(c) यजुर्वेद (d) धर्मशास्त्र

व्याख्या (b) चाणक्य द्वारा लिखी गई पुस्तक **अर्थशास्त्र** है, जिसका सम्बन्ध राजनीति से है। चाणक्य मौर्य साम्राज्य के संस्थापक चन्द्रगुप्त मौर्य का प्रधानमन्त्री था। चाणक्य ने ही नन्द वंश के अन्तिम शासक घनानन्द को हराने में चन्द्रगुप्त की सहायता की थी। चाणक्य तक्षशिला विश्वविद्यालय में शिक्षक थे। यह विश्वविद्यालय सिन्धु व झेलम नदी के मध्य स्थित था अथर्वा ऋषि के नाम पर अथर्ववेद का नाम पड़ा है। अथर्ववेद में तन्त्र-मन्त्र पर विशेष बल दिया गया है। यजुर्वेद एक कर्मकाण्डीय वेद है। इसमें यज्ञों से सम्बन्धित अनुष्ठानों की चर्चा है। इसके अतिरिक्त धर्मशास्त्र संस्कृत ग्रन्थों का एक वर्ग है।

5. कुछ आरम्भिक हिन्दू मन्दिरों में एक हॉल होता था, जहाँ लोग इकट्ठा हो सकते हैं। इस स्थान को कहा जाता था *(CTET 2015)*

(a) ग्रामभोजक (b) गर्भगृह
(c) प्रदक्षिणा पथ (d) मण्डप

व्याख्या (d) आरम्भिक हिन्दू मन्दिरों में एक हॉल होता था, जहाँ लोग इकट्ठा होकर प्रार्थना या कोई सामूहिक समारोह करते थे, वह स्थान **मण्डप** कहलाता था। मन्दिर में जिस स्थान पर देवी-देवताओं की मूर्तियाँ स्थापित होती थीं, उसे **गर्भगृह** कहा जाता था। इसके अतिरिक्त गर्भगृह के चारों ओर वह पथ जिस पर लोग मन्दिर की परिक्रमा करते थे, **प्रदक्षिणा पथ** कहलाता था। पालि ग्रन्थों में गाँव के मुखिया को 'ग्रामभोजक' कहा गया है।

6. 'अष्टाध्यायी' के लेखक थे *(UPTET 2017)*

(a) वेदव्यास (b) पाणिनी
(c) शुकदेव (d) वाल्मीकि

व्याख्या (b) 'अष्टाध्यायी' के लेखक **पाणिनी** थे। यह संस्कृत भाषा में लिखी प्रथम व्याकरण पुस्तक है। इसके अतिरिक्त 'महाभारत' की **वेदव्यास**, 'रामायण' की **वाल्मीकि** तथा 'बार्हस्पत्य शास्त्र' की रचना **शुकदेव** द्वारा की गई।

7. 'जयदेव' किस ग्रन्थ के रचयिता हैं? *(UPTET 2016)*

(a) राग तरंगिणी (b) स्वरमेल-कलानिधि
(c) गीत गोविन्द (d) हृदय कौतुक

व्याख्या (c) **गीत गोविन्द** के रचयिता जयदेव हैं। इसके अतिरिक्त रागभंजरी भी जयदेव द्वारा लिखी गई है। **राग तरंगिणी** के रचयिता नारायण तीर्था, **स्वरमेल-कलानिधि** के रचयिता रामामात्य तथा **हृदय कौतुक** के रचयिता हृदय नारायण देव हैं।

8. 'मालतीमाधव' नामक नाटक की रचना किसने की थी? *(UPTET 2016)*

(a) भास (b) कालिदास
(c) भवभूति (d) बाणभट्ट

व्याख्या (c) 'मालतीमाधव' नामक नाटक के रचयिता **भवभूति** हैं। इसमें मालती व माधव की प्रेमगाथा का वर्णन है। साथ ही बीच-बीच में प्रकृति की सुन्दरता का वर्णन भी किया गया है। 'स्वप्नवासवदत्ता' व 'चारुदत्ता' नामक ग्रन्थों की रचना **भास** द्वारा, 'हर्षचरित' व 'कादम्बरी' नामक ग्रन्थों की रचना **बाण भट्ट** द्वारा तथा 'मेघदूत', 'रघुवंश', 'कुमारसम्भव' आदि ग्रन्थों की रचना **कालिदास** द्वारा की गई थी।

9. 'पंचसिद्धान्तिका' के रचयिता कौन थे? *(CGTET 2016; UTET 2013)*

(a) आर्यभट्ट (b) अश्वघोष
(c) ब्रह्मगुप्त (d) वराहमिहिर

व्याख्या (d) 'पंचसिद्धान्तिका' के रचयिता **वराहमिहिर** थे। ये प्रसिद्ध गणितज्ञ व ज्योतिषशास्त्री थे। इसकी रचना गुप्तकाल में हुई थी। इसके अतिरिक्त **आर्यभट्ट** ने 'आर्यभटीयम्', 'सूर्य सिद्धान्त', **ब्रह्मगुप्त** ने 'ब्रह्म सिद्धान्त' तथा **अश्वघोष** ने 'बुद्धचरित' की रचना की। अश्वघोष कनिष्क के दरबार के राजकवि थे।

10. 'मार्कोपोलो' कौन था? *(UPTET 2013)*

(a) अन्वेषक (b) वैज्ञानिक
(c) लेखक (d) प्रकाशक

व्याख्या (a) 'मार्कोपोलो' इटली का यात्री था, जो व्यापारी, **अन्वेषक** व राजदूत था। इसे 'मध्यकालीन यात्रियों का राजकुमार' भी कहा गया है। इसका वृत्तान्त 'द बुक ऑफ सर-मार्कोपोलो' में है। यह 13वीं शताब्दी के अन्त में दक्षिण भारत आया था।

11. 'गन्धार कला' पर किस विदेशी कला का प्रभाव परिलक्षित होता है? *(UPTET 2013)*

(a) मिस्र (b) चीनी
(c) रोमन (d) यूनानी

व्याख्या (d) गन्धार कला शैली पर **यूनानी** कला का प्रभाव है। यह एक यथार्थवादी शैली है। इस शैली को 'ग्रीक बौद्ध शैली' भी कहा जाता है। गन्धार कला के अन्तर्गत बुद्ध और बोधिसत्वों की बहुसंख्यक मूर्तियों का निर्माण किया गया। ये मूर्तियाँ ध्यान, पद्मासन, धर्मचक्रप्रवर्तन आदि मुद्रा में हैं। प्रसिद्ध वास्तुविद् मार्शल के अनुसार, यह कला शैली कुषाणकाल में विकसित हुई तथा चौथी शताब्दी में इस कला का पतन हो गया।

12. 'महाभारत' के लेखक कौन थे? *(UPTET 2011)*

(a) कालिदास (b) वेदव्यास
(c) तुलसीदास (d) कौटिल्य

व्याख्या (b) 'महाभारत' के लेखक **वेदव्यास** थे। इसे विश्व का 'सबसे बड़ा महाकाव्य' कहा जाता है। इसमें श्लोकों की संख्या एक लाख है। **तुलसीदास** द्वारा रचित 'रामायण', **कौटिल्य** द्वारा रचित 'अर्थशास्त्र' तथा 'मेघदूत' व 'कुमारसम्भव' **कालिदास** द्वारा रचित ग्रन्थ हैं।

13. 'अभिज्ञानशाकुन्तलम्' लिखी थी *(UPTET 2011)*

(a) कालिदास ने (b) भास ने
(c) कम्बन ने (d) अश्वघोष ने

व्याख्या (a) 'अभिज्ञानशाकुन्तलम्' **कालिदास** द्वारा रचित महाकाव्य है। इसमें राजा दुष्यन्त तथा ऋषिकन्या शकुन्तला की प्रेमगाथा को वर्णित किया गया है। यह ग्रन्थ वियोग श्रृंगार रस शैली में लिखा गया है। 'स्वप्नवासवदत्ता' व 'चारुदत्ता' नामक ग्रन्थ की रचना **भास** द्वारा, 'बुद्धचरित' की रचना **अश्वघोष** द्वारा तथा **कम्बन** द्वारा 'तमिल रामायण' की रचना की गई।

14. औषधि से किसका सम्बन्ध नहीं है? *(UPTET 2011)*

(a) धनवन्तरि (b) भास्कराचार्य (c) चरक (d) सुश्रुत

व्याख्या (b) औषधि से **भास्कराचार्य** का सम्बन्ध नहीं है। ये प्रसिद्ध गणितज्ञ व खगोलशास्त्री थे। इनका प्रमुख व प्रसिद्ध ग्रन्थ 'सिद्धान्त शिरोमणि' है। इसके अतिरिक्त इन्होंने 'करण कौतूहल' की रचना भी की थी। **धनवन्तरि, चरक, सुश्रुत** का सम्बन्ध औषधि से है। धनवन्तरि को 'औषधि विज्ञान का पिता' या 'आरोग्य का देवता' भी कहा जाता है। सुश्रुत विश्व के पहले शल्य चिकित्सक थे, इन्होंने सुश्रुत संहिता की रचना की। चरक कनिष्क के दरबार के प्रमुख राजवैद्य थे, इन्होंने चरकसंहिता की रचना की।

15. निम्न विद्वानों में समान क्या है? आपस्तम्ब, बौधायन, कात्यायन, मानव, पाणिनी, पिंगल, याज्ञवल्क्य *(PTET 2011)*

(a) सभी खगोलविद् थे
(b) सभी व्याकरणाचार्य थे
(c) सभी कवि थे
(d) सभी गणितज्ञ थे

व्याख्या (b) आपस्तम्ब, बौधायन, कात्यायन, मानव, पाणिनी, पिंगल व याज्ञवल्क्य **सभी व्याकरणाचार्य** थे। इन्होंने व्याकरण के माध्यम से भाषा का स्वरूप निर्धारित किया। 'अष्टाध्यायी' पाणिनी द्वारा रचित प्रथम व्याकरण पुस्तक है। इसके अतिरिक्त कात्यायन की 'वर्तिका' पुस्तक भी व्याकरण से सम्बन्धित है।

16. प्लिनी कौन था? *(PTET 2011)*

(a) एक कवि, जिसने भारत के इतिहास के बारे में लिखा है
(b) एक योद्धा राजा, जो अफगानिस्तान में बस गया था
(c) एक रोमन विद्वान्, जिसने भारत के रोमन साम्राज्य के साथ व्यापार का उल्लेख किया है
(d) उपरोक्त सभी

व्याख्या (c) प्लिनी प्रसिद्ध रोमन विद्वान् व दार्शनिक था, जिसने **भारत के रोमन साम्राज्य के साथ व्यापार का उल्लेख किया है।** प्लिनी के वृत्तान्त में कल्पित गाथाएँ भी मिलती हैं। इसकी प्रमुख कृतियाँ 'लाइफ ऑफ पॉपिनियस', 'डूवियस लैंग्वेज' आदि हैं।

अध्याय 08

दिल्ली सल्तनत

CTET

1. दिल्ली की आरम्भिक सल्तनत के समय में 'बंदगाँ' के बारे में निम्नलिखित दो कथनों A और B पर विचार कीजिए तथा सही उत्तर का चयन कीजिए *(CTET 2016)*

A. 'बंदगाँ' विशेष गुलाम थे, जिन्हें सैनिक सेवा के लिए खरीदा जाता था और उन्हें राज्य के बहुत ही महत्त्वपूर्ण राजनीतिक पदों पर काम करने के लिए बड़ी सावधानी से प्रशिक्षित किया जाता था।

B. 'बंदगाँ' पूरी तरह अपने मालिकों पर निर्भर होते थे, इसलिए सुल्तान उन पर विश्वास नहीं कर सकते थे और न उन पर निर्भर हो सकते थे।

कूट

(a) A गलत है और B सही है (b) A सही है और B गलत है

(c) A और B दोनों सही हैं (d) A और B दोनों गलत हैं

व्याख्या (b) **बंदगाँ गुलामों की एक विशेष श्रेणी थी, जो दिल्ली सल्तनत के दौरान अस्तित्व में आई। बंदगाँ को प्रशिक्षण के बाद राज्य की सेवा में भेजा जाता था।** ऐसे गुलाम अपनी प्रतिभा के बल पर अकसर उच्च पदों तक पहुँच सकते थे।

'बंदगाँ' का समूह में गठन कर उसे सल्तनत की शक्तियों के अधीन रखा जाता था। 'बंदगाँ' को खरीदने की शुरुआत इल्तुतमिश के समय आरम्भ की गई थी। फिरोजशाह तुगलक ने 'दीवाने बंदगाँ' नामक मन्त्रालय (विभाग) का निर्माण किया था, जिसमें 1,80,000 गुलाम थे। सुल्तान द्वारा ऐसे गुलामों के प्रशिक्षण तथा नियुक्ति पर सीधे दृष्टि रखी जाती थी।

2. दिल्ली सल्तनत के सुल्तानों के लिए लिखी गई 'तवारीख' के विषय में निम्नलिखित कथनों में से कौन-सा सही है? *(CTET 2015)*

(a) तवारीख के लेखक शासकों को अच्छे शासन की आवश्यकता और न्यायसंगत शासन पर बल देते थे

(b) लेखकों द्वारा तवारीख सुल्तानों से ढेर सारे इनाम पाने के लिए नहीं लिखी गई

(c) यह दिल्ली सल्तनत की प्रशासनिक भाषा उर्दू में लिखी गई

(d) तवारीख उन लोगों द्वारा लिखी गई, जो शायद ही नगरों में रहें

व्याख्या (a) **तवारीख ऐसी रचनाएँ होती थीं, जिसमें दिल्ली सल्तनत के तहत् शासकों (सुल्तानों) के अधीन प्रशासनिक संरचना तथा शासन की न्यायोचित व्यवस्था का विवरण दिया जाता था।** 'तवारीख' की रचना फारसी भाषा (पर्शियन लैंग्वेज) में की जाती थी। 'तवारीख' वस्तुत: इतिहास से सम्बन्धित रचना है।

'मुंतखाब अल तवारीख' (बदायूँनी) में दिल्ली के सुल्तानों तथा मुगल शासकों का विवरण प्रस्तुत किया गया है। तवारीख की रचना करने वाले अधिकांश रचनाकार नगरों में रहते थे। विशेषकर दिल्ली ऐसे रचनाकारों की शरणस्थली थी।

3. दिल्ली सुल्तानों के शासनकाल में निम्नलिखित में से कौन-सी एक प्रशासनिक भाषा थी? *(CTET 2015)*

(a) फारसी (b) उर्दू (c) हिन्दी (d) अरबी

व्याख्या (a) दिल्ली सल्तनत में 1206 से 1526 ई. तक पाँच वंशों के सुल्तानों ने शासन किया। इसमें तुर्क तथा अफगान जातियों के शासक भी शामिल थे।

दिल्ली सल्तनत में प्रशासकीय भाषा के रूप में **फारसी** भाषा को स्थान दिया गया। दिल्ली सल्तनत के कई सुल्तान फारसी भाषा के जानकार तथा रचनाकार भी थे। सिकन्दर लोदी ने फारसी भाषा में कविताओं की रचना की।

4. यह किसने लिखा है कि रजिया अपने भाइयों से कहीं अधिक योग्य तथा सक्षम थी? *(CTET 2014)*

(a) अलबरूनी (b) बदायूँनी

(c) मिन्हाज-उस-सिराज (d) जियाउद्दीन बरनी

व्याख्या (c) रजिया सुल्तान (रजियात उद्दीन) को इल्तुतमिश ने अपना उत्तराधिकारी नियुक्त किया था। वह दिल्ली की पहली महिला शासिका थी। रजिया सुल्तान 3 वर्ष 6 महीने तथा 6 दिनों तक दिल्ली की शासिका रही।

मिन्हाज-उस-सिराज ने अपनी रचना 'तबकाते नासिरी' में रजिया सुल्तान के शासन का विवरण प्रस्तुत किया है। इसके अनुसार, रजिया अपने भाइयों से कहीं अधिक योग्य तथा सक्षम थी, जिस कारण इल्तुतमिश ने उसे शासिका नियुक्त

किया था, किन्तु रजिया का एक महिला होना उसकी सबसे बड़ी कमजोरी थी। मिन्हाज के अनुसार, रजिया की असफलता का कारण उसका स्त्री होना था। जियाउद्दीन बरनी ने 'तारीखे फिरोजशाही' पुस्तक की रचना की थी। अलबरूनी ने 'किताबुल हिन्द' की रचना की तथा बदायूँनी ने 'मुन्तखाब-उल-तवारीख' पुस्तक लिखी थी।

5. एक शिलालेख में कहा गया है कि दिल्ली के सुल्तान को खुदा के द्वारा चुना गया है, क्योंकि उसमें मोसिम तथा सोलोमन जैसे गुण विद्यमान हैं। दिल्ली का सुल्तान कौन था?

(CTET 2014)

(a) सिकन्दर लोदी
(b) फिरोजशाह तुगलक
(c) बलबन
(d) अलाउद्दीन खिलजी

व्याख्या (d) **अलाउद्दीन खिलजी** (1290-1316 ई.) दिल्ली सल्तनत का विस्तारवादी तथा महत्त्वाकांक्षी शासक था। अलाउद्दीन खिलजी ने 'सिकन्दर-ए-सानी' की उपाधि ग्रहण की तथा एक नवीन धर्म चलाने का मन बनाया। जोधपुर के संस्कृत शिलालेख में कहा गया है कि अलाउद्दीन के देवतुल्य शौर्य से पृथ्वी अत्याचार से मुक्त हो गई थी। इसी शिलालेख में अलाउद्दीन में 'मोसिम' तथा 'सोलोमन' जैसे गुणों के कारण उसे ईश्वर द्वारा शासक चुने जाने की बात कही गई है। **सिकन्दर लोदी** लोदी वंश का द्वितीय शासक था। उसने स्त्रियों को पीरों मजार पर जाने पर प्रतिबन्ध लगाया था। **फिरोजशाह तुगलक** ने यमुना नदी के किनारे फिरोजाबाद नगर बसाया था। गयासुद्दीन बलबन का वास्तविक नाम बहाउद्दीन था। बलबनने राजदरबार में सिजदा एवं पैबोस प्रथा की शुरुआत की थी।

6. निम्नलिखित में से किस दिल्ली के सुल्तान की प्रशंसा में एक संस्कृत प्रशस्ति पाया गया है? *(CTET 2013)*

(a) इल्तुतमिश
(b) बलबन
(c) अलाउद्दीन खिलजी
(d) फिरोज तुगलक

व्याख्या (c) जोधपुर संस्कृत शिलालेख में **अलाउद्दीन खिलजी** की विजयों का उल्लेख है। इस शिलालेख में 'दिल्ली सल्तनत' के शासक अलाउद्दीन खिलजी के प्रभामण्डल का विवरण है। इसमें कहा गया है कि उसके देवतुल्य शौर्य से पृथ्वी अत्याचार से मुक्त हो गई थी। जोधपुर संस्कृत शिलालेख में कहा गया है कि अलाउद्दीन खिलजी का शासक के रूप में चयन स्वयं ईश्वर ने किया है। यह उल्लेख उसमें महान् शासकों के गुण देखने के बाद किया गया।

7. निम्नलिखित में से किस सुल्तान ने अनाज को शहर के बाजारों में भेजने के लिए बंजारों का प्रयोग किया?

(CTET 2012)

(a) मोहम्मद-बिन-तुगलक
(b) अलाउद्दीन खिलजी
(c) बलबन
(d) फिरोजशाह तुगलक

व्याख्या (b) दिल्ली सल्तनत में वाणिज्य प्रणाली को प्रभावी बनाने के लिए **अलाउद्दीन खिलजी** ने अनाजों को शहर के बाजार में भेजने का दायित्व 'बंजारों' को सौंपा था। बंजारे गाँवों से दिल्ली जैसे शहरों तक अनाज लाते थे। बंजारे मुख्य रूप से कुरियर का काम करते थे तथा वे 'कारवाँ' में वाणिज्यिक यात्राएँ करते थे। वाणिज्य में वस्तु-विनिमय की जगह मुद्रा विनिमय प्रणाली को प्रभावी बनाया गया। मध्यकालीन इतिहास में बंजारों की भूमिका वाणिज्य-व्यापार में अत्यधिक महत्त्वपूर्ण थी।

8. मोहम्मद-बिन-तुगलक ने अपनी राजधानी को दिल्ली से दौलताबाद स्थानान्तरित क्यों किया? *(CTET 2011)*

(a) अपने साम्राज्य को प्रभावी तरीके से नियन्त्रित करने के लिए, क्योंकि दौलताबाद केन्द्र में स्थित था
(b) उत्तरी भारत से उसे पर्याप्त राजस्व प्राप्त नहीं हो रहा था
(c) मंगोलों से बचने के लिए
(d) दक्षिणी शासकों को दण्डित करने के लिए

व्याख्या (a) 'राजधानी परिवर्तन' मुहम्मद-बिन-तुगलक की एक महत्त्वाकांक्षी योजना थी। इसके तहत् 1333-34 ई. में राजधानी को दिल्ली से दौलताबाद स्थानान्तरित किया गया। मुहम्मद तुगलक द्वारा 'राजधानी परिवर्तन' के कारणों पर इतिहासकारों में विवाद है, किन्तु **देवगिरि (दौलताबाद) का दिल्ली सल्तनत के मध्य में होना, मंगोल आक्रमण के भय से सुरक्षा तथा दक्षिण भारत की सम्पन्नता मुख्य कारण थे,** जिससे प्रभावित होकर ऐसा किया गया।

1335 ई. में मुहम्मद-बिन-तुगलक ने पुनः राजधानी का स्थानान्तरण दिल्ली कर दिया। तुगलक की यह योजना पूर्णतः असफल रही।

9. गजनी के सुल्तान महमूद द्वारा सोमनाथ मन्दिर को नष्ट करने के पीछे कौन-सा मुख्य कारण था? *(CTET 2011)*

(a) उसे मन्दिर की वास्तुकला पसन्द नहीं थी
(b) उसने इस्लाम के महान् नायक के रूप में श्रेय लेने की कोशिश की
(c) वह किसी अन्य उद्देश्य के लिए मन्दिर का प्रयोग करना चाहता था
(d) वह वहाँ एक महल बनाना चाहता था

व्याख्या (b) महमूद गजनवी (गजनी का सुल्तान महमूद) ने भारत पर 17 बार आक्रमण किए। गजनवी ने 1025 ई. में सोमनाथ पर आक्रमण किया। महमूद गजनवी के समकालीन इतिहासकार उत्बी ने अपनी रचना 'किताब-उल-यामिनी' में सोमनाथ मन्दिर में लूटपाट तथा हिंसा का विवरण दिया है। **इस आक्रमण के द्वारा वह इस्लाम का महानायक बनना चाहता था।** इस मन्दिर से प्राप्त अकूत धन सम्पदा का उपयोग वह इस्लाम धर्म के प्रचार-प्रसार में करना चाहता था।

10. सिकन्दर लोदी ने किस नगर की स्थापना की? *(UPTET 2016)*

(a) इलाहाबाद
(b) सिकन्दराबाद
(c) कानपुर
(d) आगरा

व्याख्या (d) लोदी वंश के शासक सिकन्दर लोदी (1498-1517 ई.) ने 1504 ई. में **आगरा** नगर की स्थापना की थी तथा 1506 ई. में इसे दिल्ली सल्तनत की राजधानी बनाया।
आगरा को राजधानी बनाने का उद्देश्य राजस्थान के शासकों पर अपना अधिकार सुरक्षित रखने तथा व्यापारिक मार्गों पर नियन्त्रण स्थापित करना था।
सिकन्दर लोदी का मूल नाम 'निजाम खाँ' था। उसने 'गुलरुखी' उपनाम से फारसी भाषा में कविताएँ भी लिखीं।

11. भूमि की माप के आधार पर भू-राजस्व और 'प्रति बिस्वा' उपज का आकलन सबसे पहले किसके शासनकाल में किया गया? *(CGTET 2016) (UTET 2013)*

(a) अलाउद्दीन खिलजी (b) मोहम्मद-बिन-तुगलक
(c) फिरोजशाह तुगलक (d) सिकन्दर लोदी

व्याख्या (a) **अलाउद्दीन खिलजी** के शासनकाल में भूमि राजस्व प्रणाली को अधिक सशक्त बनाया गया। इसने भूमि पैमाइश की नई प्रणाली आरम्भ की। इसने भू-राजस्व के मध्यस्थों को समाप्त किया तथा खालसा भूमि के राजस्व को सीधे राज्य के अधीन किया।
अलाउद्दीन खिलजी ने 'जबिता' पैमाइश आरम्भ की। भू-राजस्व के लिए उपज का आकलन करने हेतु 'प्रति बिस्वा' (बीघे का 20वाँ भाग) को अपनाया। अलाउद्दीन खिलजी ने प्रति बिस्वा उपज के आधे हिस्से की माँग भू-राजस्व के रूप में की।

12. 'इल्तुतमिश' किस वंश का शासक था? *(UTET 2013)(CGTET 2016)*

(a) सैयद वंश (b) खिलजी वंश (c) गुलाम वंश (d) लोदी वंश

व्याख्या (c) इल्तुतमिश (1210-1236 ई.) दिल्ली सल्तनत के अन्तर्गत **गुलाम वंश** का शासक था। वास्तविक अर्थों में इसे दिल्ली सल्तनत की स्थापना का श्रेय दिया जाता है। कुतुबुद्दीन ऐबक (1206-1210 ई.) के उत्तराधिकार को प्राप्त करने के लिए उसे ऐबक के पुत्र आरामशाह के साथ संघर्ष करना पड़ा।
इल्तुतमिश ने दिल्ली सल्तनत में कई नए प्रयोग किए। उसने 'इक्ता प्रथा' की शुरुआत की। 'टंका' तथा 'जीतल' नामक अरबी सिक्कों का परिचालन आरम्भ किया। **सैयद वंश** दिल्ली सल्तनत पर शासन करने वाला चौथा वंश था, जिन्होंने 1414 से 1451 ई. तक शासन किया। इस वंश की स्थापना खिज्र खाँ ने की थी। **खिलजी वंश** का संस्थापक जलालुद्दीन खिलजी था जबकि **लोदी वंश** का संस्थापक बहलोल लोदी था।

13. चौहान शासक, जिसने मुहम्मद गोरी को 1191 ई. में पराजित किया था *(HTET 2015)*

(a) अजयराज (b) अर्णोराज
(c) पृथ्वीराज तृतीय (d) हरिराज

व्याख्या (c) तराइन का प्रथम युद्ध 1191 ई. में पृथ्वीराज चौहान तथा मुहम्मद गोरी के मध्य हुआ था। पृथ्वीराज चौहान को **पृथ्वीराज तृतीय** भी कहा जाता है। तराइन के प्रथम युद्ध में पृथ्वीराज चौहान की जीत हुई थी। मुहम्मद गोरी इस युद्ध में घायल हुआ तथा उसे भारत से भागना पड़ा। 1192 ई. में तराइन का दूसरा युद्ध हुआ। इस युद्ध में मुहम्मद गोरी ने पृथ्वीराज चौहान को पराजित कर उत्तर भारत पर अपना नियन्त्रण कायम किया।
अजयराज II पृथ्वीराज प्रथम के पुत्र थे जोकि 12वीं सदी के महत्त्वपूर्ण शासक थे। **अर्णोराज** चौहान वंश के प्रमुख शासक थे, जिन्होंने पुष्कर का सुप्रसिद्ध वराह मन्दिर का निर्माण करवाया था। हरिराज चौहान ने 1193 ई. से 1194 ई. तक शासन किया।

14. निम्नलिखित दिल्ली सुल्तानों को काल क्रमानुसार संयोजित कीजिए *(HTET 2014)*

I. कुतुबुद्दीन ऐबक **II. इल्तुतमिश**
III. रजिया **IV. नासिरुद्दीन महमूद**

सही उत्तर को चुनिए

कूट

(a) I, II, III, IV (b) I, IV, II, III
(c) II, I, III, IV (d) I, II, IV, III

व्याख्या (a) *दिल्ली सल्तनत के दिए गए शासकों का शासनकाल निम्न है*

- कुतुबुद्दीन ऐबक (1206-1210 ई.)
- इल्तुतमिश (1210-1236 ई.)
- रजिया (1236-1240 ई.)
- नासिरुद्दीन महमूद (1249-1266 ई.)

15. 'किताब-उल-हिन्द' नामक पुस्तक की रचना किसने की? *(BTET 2013)*

(a) बीरबल (b) अलबरूनी
(c) अबुल फजल (d) फिरदौसी

व्याख्या (b) 'किताब-उल-हिन्द', **अलबरूनी** की रचना है। यह मूल रूप में अरबी (Arabic) भाषा में रचित है। अलबरूनी ने अपने ग्रन्थ 'किताब-उल-हिन्द' के प्रत्येक अध्याय में एक विशिष्ट शैली का प्रयोग किया है।
'किताब-उल-हिन्द' एक विस्तृत रचना है, जिसमें भारत के धर्म, दर्शन, त्योहार, खगोल विज्ञान तथा परम्पराओं का विस्तृत वर्णन किया गया है।

अलबरूनी, महमूद गजनवी के साथ भारत आया था, किन्तु उसने स्वतन्त्र रूप में भारतीय जीवन का वर्णन किया है।
बीरबल अकबर के दरबार के नौ सलाहकारों में से एक था। इसका मूल नाम महेश दास था। **अबुल फजल** ने 'आइने अकबरी' की रचना की थी। **फिरदौसी** ने 'शाहनामा' की रचना की।

16. 'नूहे सिपिहर' के रचनाकार हैं ***(REET 2011)***

(a) अमीर खुसरो
(b) मलिक मोहम्मद जायसी
(c) दारा शिकोह
(d) शेख निजामुद्दीन औलिया

व्याख्या (a) 'नूहे सिपिहर', **अमीर खुसरो** की रचना है। यह मसनवी शैली की फारसी भाषा में रचित है। 'नूहे सिपिहर' का अर्थ है—'नौ आकाश।' इसमें भारतीय भाषाओं का विस्तृत विवरण प्रस्तुत किया गया है। अमीर खुसरो ने लिखा है—"कई भाषाओं से मैंने स्वयं कुछ परिचय कर लिया, जिसे मैं बोलता और जानता हूँ।" मैंने उन भाषाओं की खोज की है, जिसे मैं अधिक नहीं जानता।
अमीर खुसरो ने 'नूहे सिपिहर' में भारतीय भाषाओं का उल्लेख किया है। **मलिक मोहम्मद जायसी** ने पुस्तक 'पद्मावत' लिखी थी। इसके अतिरिक्त **दारा शिकोह** शाहजहाँ का ज्येष्ठ पुत्र था तथा **शेख निजामुद्दीन** औलिया चिश्ती सम्प्रदाय के सन्त थे। निजामुद्दीन औलिया का मकबरा दिल्ली में स्थित हैं।

17. गुलाम वंश बना था ***(PTET 2011)***

(a) एक परिवार जिसने दासता से मुक्ति पा ली थी
(b) कुछ असम्बन्धित परिवार जिनके संस्थापक दास सैनिक के रूप में राजा के लिए सेवा देते थे
(c) भारतीय शासकों के दास
(d) उपरोक्त में से कोई नहीं

व्याख्या (b) गुलाम वंश का शासन 1206 से 1290 ई. तक रहा। गुलाम वंश के अधिकांश शासक सैन्य गुलामों के रूप में कार्य करते थे।
मध्य एशिया से आए **असम्बद्ध परिवारों के सैन्य गुलामों** ने वैवाहिक सम्बन्धों की स्थापना कर शासक वर्ग में शामिल होने का गौरव प्राप्त किया।
कुतुबुद्दीन ऐबक, इल्तुतमिश तथा बलबन गुलाम वंश के सर्वाधिक सशक्त शासक थे, जो अपने पूर्ववर्ती शासकों के सैन्य गुलाम थे।

अध्याय 09

नए साम्राज्य का निर्माण

» CTET

1. निम्नलिखित में से कौन-सा मुगल चहारबाग का एक स्थल नहीं है? *(CTET, 2016)*

(a) लाल महल (बारी)
(b) कुव्वत-उल-इस्लाम मस्जिद
(c) हुमायूँ का मकबरा
(d) शालीमार बाग

व्याख्या (b) **कुव्वत-उल-इस्लाम मस्जिद** का सम्बन्ध मुगल चहारबाग स्थापत्य शैली से नहीं है। इसका निर्माण दिल्ली सल्तनत के अन्तर्गत गुलाम वंश के शासक कुतुबुद्दीन ऐबक ने 1192 ई. में दिल्ली में करवाया था। भारत में निर्मित यह प्रथम तुर्क मस्जिद है। यह इमारत कुतुबुद्दीन परिसर में स्थित है। लाल महल (बारी) का निर्माण शाहजहाँ ने 1637 ई. में राजस्थान में करवाया था।
हुमायूँ का मकबरा (दिल्ली), 1570 ई. में बनकर तैयार हुआ। शालीमार बाग का निर्माण जहाँगीर ने श्रीनगर (जम्मू-कश्मीर) में करवाया। लाल महल, हुमायूँ का मकबरा तथा शालीमार बाग मुगल स्थापत्य शैली के अनुपम उदाहरण हैं।

2. शाहजहाँ द्वारा 'दीवाने आम' बनवाने के सन्दर्भ में निम्नलिखित में से कौन-सा कथन उपयुक्त है? *(CTET, 2014)*

(a) प्रजा में सन्तोष, बेहतर शासन में सहायता करता है
(b) अपराध की दर को नियन्त्रित करना आवश्यक था
(c) ताजमहल का सफेद संगमरमर शान्ति का प्रतीक है
(d) राजा का न्याय छोटे-बड़े को एकसमान मानता है

व्याख्या (a) 'दीवाने आम' का निर्माण दिल्ली के लाल किले में शाहजहाँ द्वारा 1631 से 1640 ई. के मध्य करवाया गया। यह वह स्थान था, जहाँ से शासक बेहतर शासन के साथ **प्रजा में सन्तोष की वृद्धि के लिए कार्य** करता था। यहाँ मुगल शासन के उच्च पदस्थ लोगों को शासक निर्देश देने हेतु सम्बोधित करता था। शाहजहाँ ने 'दीवाने आम' का प्रयोग प्रजा की पीड़ा सुनने के लिए भी किया था। दीवाने आम, भारतीय तथा फारसी वास्तुशिल्प शैली के मिश्रण का उत्कृष्ट नमूना है।

3. 'विश्व शान्ति' का विचार किस मुगल शासक ने आगे बढ़ाया? *(CTET, 2012)*

(a) हुमायूँ
(b) जहाँगीर
(c) अकबर
(d) शाहजहाँ

व्याख्या (c) मुगल शासक **अकबर** ने 'विश्व शान्ति' का विचार आगे बढ़ाया। धार्मिक वैमनस्यता को दूर करने के लिए अकबर ने धार्मिक सहिष्णुता का समर्थन किया। अकबर का मानना था कि सभी धर्मों का उद्देश्य एकसमान है। इसे उसने 'सुलह-ए-कुल' की संज्ञा दी। इस सिद्धान्त को आगे बढ़ाने के लिए 1581 ई. में 'दीन-ए-इलाही' की स्थापना की गई। अकबर ने 'सुलह-ए-कुल' सिद्धान्त को धार्मिक एकता से आगे प्रशासनिक पारदर्शिता के क्षेत्र में प्रयुक्त किया।

4. इन बादशाहों में से 'कलन्दर' के नाम से कौन विख्यात था? *(UPTET, 2018)*

(a) हुमायूँ
(b) अकबर
(c) बाबर
(d) शाहजहाँ

व्याख्या (c) **बाबर** ने 1526 ई. में पानीपत के प्रथम युद्ध में इब्राहिम लोदी को पराजित कर भारत में मुगल वंश की स्थापना की। बाबर को **कलन्दर** भी कहा जाता था। उसने बड़ी संख्या में लोगों को धन दिया तथा उनकी सहायता की।
भारत में मुगल वंश की स्थापना के उपरान्त बाबर ने काबुल के प्रत्येक व्यक्ति को स्वर्ण मुद्राएँ दी थीं, जिसके बाद उसे 'कलन्दर' कहा जाने लगा।

5. ईस्ट इण्डिया कम्पनी की स्थापना के समय भारत का शासक कौन था? *(UPTET, 2018)*

(a) जहाँगीर
(b) शेरशाह सूरी
(c) अकबर
(d) औरंगजेब

व्याख्या (c) भारत में ब्रिटिश ईस्ट इण्डिया कम्पनी की स्थापना 1600 ई. में हुई थी। इस समय भारत पर मुगल शासक **अकबर** का शासन था। अकबर की मृत्यु 1605 ई. में हुई थी।
ईस्ट इण्डिया कम्पनी की स्थापना 31 दिसम्बर, 1600 में तत्कालीन ब्रिटिश महारानी एलिजाबेथ I के एक आज्ञा-पत्र द्वारा हुई थी। स्थापना के समय ईस्ट इण्डिया कम्पनी 'जॉन कम्पनी' के नाम से जानी जाती थी। ब्रिटिश महारानी ने कम्पनी को 21 वर्षों के लिए भारत में व्यापार की छूट दी थी।

6. इनमें से किस मुगल सम्राट ने राजा राममोहन राय को अपने दूत के रूप में लन्दन भेजा था? *(UPTET, 2018)*

(a) शाहआलम II
(b) बहादुरशाह I
(c) शाहआलम I
(d) अकबर II

व्याख्या (d) **अकबर II** का शासनकाल 1806-1837 ई. तक रहा, जिसने राजा राममोहन राय को अपने दूत के रूप में लन्दन (ब्रिटेन) भेजा था। अकबर द्वितीय, मुगल वंश का 18वाँ शासक था। 1835 ई. में ब्रिटिश ईस्ट इण्डिया कम्पनी ने मुगल शासक के नाम पर सिक्के चलाने को प्रतिबन्धित कर दिया तथा मुगल शासक की वार्षिक पेंशन को भी बन्द करने की घोषणा की।
अकबर द्वितीय ने राजा राममोहन राय को 'राजा' की उपाधि दी तथा ब्रिटेन जाकर मुगल शासक की पेंशन को बहाल करने की सिफारिश करने को कहा, किन्तु ब्रिटिश महारानी ने इस प्रस्ताव को खारिज कर दिया। राजा राममोहन राय की मृत्यु 1835 ई. में ब्रिस्टल (ब्रिटेन) में हो गई।

7. अकबर ने 'इबादतखाना' का निर्माण करवाया था *(UPTET, 2017)*

(a) आगरा में (b) फतेहपुर सीकरी में
(c) दिल्ली में (d) सिकन्दरा में

व्याख्या (b) अकबर ने 1575 ई. में अपनी नई राजधानी **फतेहपुर सीकरी** में 'इबादतखाना' की स्थापना की।
'इबादतखाना' में सभी धर्मों के आध्यात्मिक गुरुओं को विमर्श के लिए बुलाया जाता था। प्रत्येक बृहस्पतिवार को धार्मिक बहसों का आयोजन किया जाता था। आम जनता को धार्मिक बहसों को सुनने की इजाजत दी गई थी।
'इबादतखाना' वस्तुतः एक धर्म संसद थी, जिसमें अकबर ने धर्मों की एकता का पाठ पढ़ा और 'सुलह-ए-कुल' सिद्धान्त का समर्थन किया। इस सिद्धान्त से प्रेरित होकर अकबर ने 'दीन-ए-इलाही' (1581 ई.)नामक नए पन्थ की स्थापना की।

8. निम्नलिखित में से कौन-सा सही सुमेलित है? *(UPTET, 2016)*

	सूची I		सूची II
A.	चौसा का युद्ध	1.	1540 ई.
B.	घाघरा का युद्ध	2.	1539 ई.
C.	कन्नौज का युद्ध	3.	1576 ई.
D.	हल्दीघाटी का युद्ध	4.	1529 ई.

कूट

	A	B	C	D
(a)	4	3	2	1
(b)	1	4	2	3
(c)	2	4	1	3
(d)	2	1	4	3

व्याख्या (c) **चौसा का युद्ध** 1539 ई. में शेरशाह तथा हुमायूँ के बीच हुआ। इस युद्ध में हुमायूँ की पराजय हुई।
कन्नौज का युद्ध 1540 ई. में शेरशाह तथा हुमायूँ के बीच हुआ। यह एक निर्णायक युद्ध था, परिणामस्वरूप शेरशाह ने दिल्ली की सत्ता पर अधिकार कर लिया।
घाघरा का युद्ध 1529 ई. में बाबर तथा अफगानी सेना के मध्य लड़ा गया। इस युद्ध में अफगान पराजित हुए तथा मुगल शासन सुदृढ़ हुआ।
हल्दीघाटी का युद्ध 1576 ई. में लड़ा गया। मुगल तथा महाराणा प्रताप के मध्य सम्पन्न यह युद्ध राजपूत शक्ति के नियन्त्रण की प्रक्रिया का अंग था।

9. दिल्ली के लाल किले में मोती मस्जिद का निर्माण किया था *(UPTET, 2016)*

(a) अकबर (b) जहाँगीर (c) शाहजहाँ (d) औरंगजेब

व्याख्या (d) दिल्ली के लाल किले में मोती मस्जिद का निर्माण **औरंगजेब ने** 1659-60 ई. में करवाया था। इसका प्रयोग औरंगजेब ने निजी रूप से इबादत के लिए किया। माना जाता है कि मोती मस्जिद का निर्माण औरंगजेब ने अपनी बेगम के लिए करवाया था। यह मस्जिद छोटे आकार की तथा तीन गुम्बदों वाली है। इसके निर्माण में सफेद संगमरमर का प्रयोग किया गया है। इसके अतिरिक्त शाहजहाँ ने आगरा के किले में मोती मस्जिद का निर्माण करवाया था।

10. 'खानवा' का युद्ध किनके बीच लड़ा गया? *(CGTET, 2016)*

(a) बाबर और राणा सांगा (b) बाबर और इब्राहिम लोदी
(c) बाबर और सिकन्दर लोदी (d) बाबर और हयात खाँ

व्याख्या (a) 'खानवा' का युद्ध 1527 ई. में **बाबर तथा राणा सांगा** के मध्य हुआ था। इस युद्ध में राणा सांगा की पराजय हुई। 'खानवा' के युद्ध ने भारत में मुगल शासक की स्थापना की अन्तिम बाधा को समाप्त कर दिया।
खानवा के युद्ध में राणा सांगा को ग्वालियर, अजमेर, मारवाड़ के शासकों तथा अफगानों का साथ मिला था। मुगल शासक बाबर ने इस युद्ध को 'जेहाद' का नाम देते हुए शराब बन्दी की घोषणा की।

11. मुगल शासन प्रणाली में 'दीवान-ए-तन' नामक अधिकारी का क्या कार्य था? *(CGTET, 2016)*

(a) बंजर भूमि का प्रबन्ध करना
(b) सभी अधिकारियों पर नजर रखना
(c) वेतन सम्बन्धी मामलों को देखना
(d) जागीरों का लेखा-जोखा रखना

व्याख्या (c) मुगल शासन प्रणाली में 'दीवान-ए-तन' एक महत्त्वपूर्ण विभाग था। इस विभाग का सम्बन्ध **वेतन सम्बन्धी मामलों को देखना** था। 'दीवान-ए-तन', मुगल प्रशासन के पाँच प्रमुख विभागों में शामिल था। 'दीवान-ए-तन' में अकबर से लेकर शाहजहाँ के शासनकाल तक अधिकांश हिन्दुओं को प्रभारी नियुक्त किया गया था।

12. शेरशाह ने हुमायूँ को परास्त किया *(HTET, 2015)*

(a) चौसा (1539) के युद्ध में (b) चन्देरी (1528) के युद्ध में
(c) गोलकुण्डा (1687) के युद्ध में (d) दोहारिया (1532) के युद्ध में

व्याख्या (a) शेरशाह तथा हुमायूँ के बीच 27 जून, 1539 को **चौसा का युद्ध** हुआ था। इस युद्ध में हुमायूँ की पराजय हुई। इस विजय के साथ पूर्वी भारत में शेरशाह का वर्चस्व स्थापित हुआ। इस युद्ध में जीतने के बाद शेरशाह ने 'आलम सुल्तान उल-आदित्य' की उपाधि ग्रहण की।
1540 ई. में कन्नौज की लड़ाई में पराजित होने पर हुमायूँ को दिल्ली की सत्ता से वंचित होना पड़ा, परिणामस्वरूप शेरशाह दिल्ली का शासक बनने में सफल हुआ।

चन्देरी का युद्ध राजपूत शासक मेदिनीराय एवं बाबर के मध्य हुआ था। इसमें मेदिनीराय को हार का सामना करना पड़ा। **गोलकुण्डा का युद्ध** कुतुबशाही शासक एवं मुगल शासक औरंगजेब के मध्य हुआ था। **दोहारिया का युद्ध** मुगल शासक हुमायूँ और शेरशाह के मध्य हुआ था।

13. 'हुमायूँनामा' किसने लिखी? *(UPTET, 2014)*

(a) अबुल फजल (b) बदायूँनी
(c) गुलबदन बेगम (d) हुमायूँ

व्याख्या (c) 'हुमायूँनामा' की रचना बाबर की पुत्री तथा हुमायूँ की बहन **गुलबदन बेगम** द्वारा की गई। वह एक प्रतिभाशाली महिला थी। उसने हुमायूँ के शासनकाल के विवरणों को एकत्र कर हुमायूँनामा की रचना की।
'हुमायूँनामा' में तत्कालीन भारतीय समाज तथा अर्थव्यवस्था का महत्त्वपूर्ण विवरण प्रस्तुत किया गया है। गुलबदन बेगम ने अकबर के शाही आदेश के बाद 'हुमायूँनामा' की रचना की। यह फारसी भाषा में लिखी गई है।

14. निम्नलिखित में से किसे शाहजहाँ द्वारा निर्मित नहीं कराया गया था? *(CGTET, 2011) (UPTET, 2014) (PTET, 2016)*

(a) ताजमहल (b) दिल्ली का लाल किला
(c) दिल्ली की जामा मस्जिद (d) बुलन्द दरवाजा

व्याख्या (d) **बुलन्द दरवाजा** का निर्माण फतेहपुर सीकरी में अकबर द्वारा करवाया गया। इसका निर्माण 1602 ई. में गुजरात विजय की स्मृति में करवाया गया।
बुलन्द दरवाजा का निर्माण लाल बलुआ पत्थर से हुआ है, जिसे सफेद संगमरमर से अलंकृत किया गया है। बुलन्द दरवाजा की कुल ऊँचाई 53.63 मीटर है। ताजमहल, दिल्ली का लाल किला तथा जामा मस्जिद का निर्माण **शाहजहाँ** ने करवाया था। ताजमहल का निर्माण शाहजहाँ ने अपनी बेगम मुमताज महल की स्मृति में 1632 से 1653 ई. के मध्य करवाया था।

15. निम्नलिखित में से कौन-सा अकबर का समकालीन शासक था/थी? *(HTET, 2014)*

(a) ब्रिटेन की महारानी विक्टोरिया
(b) फारस के शाह अब्बास प्रथम
(c) रूस की कैथरीन महान्
(d) उपरोक्त में से कोई नहीं

व्याख्या (a) अकबर (1556-1608 ई.) के समकालीन शासकों में ब्रिटेन की महारानी एलिजाबेथ (1558-1603 ई.) प्रमुख थी। ईरान के सफाविद शासक शाह अब्बास प्रथम (1588-1629ई.) ने अकबर के शासन के उत्तरार्द्ध में ईरान की सत्ता प्राप्त की थी।
अकबर का समकालीन रूस का शासक ईवान चतुर्थ बेसियावचेव (1530-1584 ई.) था। ईवान चतुर्थ को 'ईवान द टेरिबुल' कहा जाता था।

16. औरंगजेब ने लगभग 25 वर्ष दक्षिण में बिताए, क्योंकि *(HTET, 2014)*

(a) वह उत्तर भारत में निश्चिन्त था
(b) वह अपनी राजधानी दक्षिण में बदलना चाहता था
(c) वह मराठा विस्तार पर नियन्त्रण करना चाहता था
(d) वह अपनी राजधानी में सुरक्षित नहीं था

व्याख्या (c) औरंगजेब ने अपने शासन के लम्बे समय तक दक्षिण भारत पर मुगल नियन्त्रण के लिए कार्य किया। उसने मराठों पर नियन्त्रण के लिए अपने जीवन के 25 वर्ष दक्षिण में बिताए। शाहजहाँ ने औरंगजेब को दक्कन का सूबेदार नियुक्त किया था।
औरंगजेब ने 1685 ई. में बीजापुर तथा 1687 ई. में गोलकुण्डा को मुगल शासन के अन्तर्गत लाने में सफलता प्राप्त की।

17. 'शाहनामा' किसके द्वारा लिखी गई? *(UPTET, 2013)*

(a) उमर खय्याम (b) फिरदौसी
(c) शेखसादी (d) कौटिल्य

व्याख्या (b) 'शाहनामा' फारसी भाषा में लिखी गई महत्त्वपूर्ण रचना है। इसका लेखन **फिरदौसी** ने किया था। फिरदौसी, महमूद गजनवी के दरबार का प्रसिद्ध इतिहासकार था। इसकी रचना 30 वर्षों में की गई, जो 1010 ई. में पूर्ण हुई।
'शाहनामा' एक महाग्रन्थ है, जिसमें प्रेम, विद्रोह, वीरता, मानवता तथा साहस के उत्कृष्ट उदाहरण दिए गए हैं। फिरदौसी ने ही 'रुस्तम' तथा 'सोहराब' जैसे पात्रों का निर्माण किया था।

18. निम्न में से कौन सुमेलित नहीं है? *(HTET, 2012-13)*

	इतिहासकार	पुस्तक
(a)	मिन्हाज-उस-सिराज	तबकाते नासिरी
(b)	फख्र-ए-मुदब्बिर	फुतूह-उस-सलातीन
(c)	जियाउद्दीन बरनी	तारीख-ए-फिरोजशाही
(d)	इब्नबतूता	किताब-उल-रेहला

व्याख्या (b) **मिन्हाज-उस-सिराज** ने 'तबकाते नासिरी' की रचना की। इस रचना में गुलाम वंश के आरम्भिक शासकों का विवरण मिलता है।
फख्र-ए-मुदब्बिर ने 'सजरा-ए-असाब' की रचना की थी। 'फुतूह-उस-सलातीन' की रचना इसामी ने की थी। यह तुगलक वंश का ऐतिहासिक दस्तावेज है।
'तारीखे-ए-फिरोजशाही' में **जियाउद्दीन बरनी** द्वारा फिरोजशाह तुगलक के शासनकाल से पूर्व के शासकों का विवरण दिया गया है।
'किताब-उल-रेहला' **इब्नबतूता** की रचना है। इब्नबतूता मुहम्मद-बिन-तुगलक के शासनकाल में दिल्ली आया था।

19. 'आइन-ए-अकबरी' की विषय-वस्तु है *(HTET, 2012-13)*

(a) अकबर के पूर्वजों का वर्णन
(b) अकबर के शासन के किस्से
(c) अकबर के प्रशासन का वर्णन
(d) उपरोक्त सभी

व्याख्या (c) 'आइन-ए-अकबरी' की रचना अबुल फजल द्वारा की गई। यह फारसी भाषा में लिखी गई है। 'आइन-ए-अकबरी' अकबरनामा का एक भाग है। इस रचना में अकबर की **प्रशासनिक व्यवस्था का विशद् विवरण** दिया गया है। 'आइन-ए-अकबरी' में मुगल शासक अकबर की प्रशस्ति, दरबारों का विवरण, वैवाहिक तथा शिक्षा सम्बन्धी नियम, चित्रकारों, संगीतकारों इत्यादि की जानकारी दी गई है। माना जाता है कि 'आइन-ए-अकबरी' में वही वर्णित है, जिसकी सहमति अकबर द्वारा दी गई है।

20. 'कुनबी' के रूप में जाने जाते थे *(HTET, 2012-13)*

(a) मुगल सैन्य कमाण्डर
(b) मराठा कृषक योद्धा
(c) सिख योद्धाओं का समूह
(d) जाट वंश का प्रमुख

व्याख्या (b) मराठा कृषक योद्धाओं के लिए 'कुनबी' शब्द का प्रयोग किया जाता है। यह पश्चिम भारत के गैर-सम्भ्रान्त किसानों का नाम है, जो मुगल शासन के विरुद्ध विद्रोह के लिए तत्पर रहने वाला समुदाय था।
शिवाजी के सत्ता प्राप्त करने से पूर्व 'कुनबी' मजदूर थे, किन्तु बाद में कृषि कार्य से जुड़े। इन्हें शिवाजी ने अपनी सेना का अभिन्न हिस्सा बनाया।

21. मुगल सम्राट अकबर के दरबार के नवरत्नों में निम्नलिखित में से कौन नहीं थे? *(BTET 2013)*

(a) बैरम खाँ
(b) अबुल फजल
(c) मानसिंह
(d) फैजी

व्याख्या (a) अकबर का विशेष संरक्षक व सेनापति बैरम खाँ नवरत्नों में शामिल नहीं था।
अकबर के दरबार में 9 प्रमुख व्यक्तियों को नवरत्न का दर्जा दिया गया था। 'नवरत्न' में शामिल व्यक्तित्व वस्तुत: अकबर के प्रमुख सलाहकार थे। नवरत्नों में शामिल थे—**अबुल फजल, फैजी, तानसेन, बीरबल, टोडरमल, मानसिंह, अब्दुल रहीम खान-ए-खाना, मुल्ला दो प्याजा तथा फकीर अजीजुद्दीन।**

22. मुगल साम्राज्य का अन्तिम मुगल सम्राट कौन था? *(BTET 2013)*

(a) औरंगजेब
(b) बहादुरशाह जफर (बहादुरशाह द्वितीय)
(c) अलीवर्दी खाँ
(d) इब्राहिम लोदी

व्याख्या (b) **बहादुरशाह जफर (बहादुरशाह द्वितीय)** मुगल साम्राज्य का अन्तिम शासक था। वह 1837 ई. में मुगल शासक बना। वह मुगल शासक के रूप में ईस्ट इण्डिया कम्पनी द्वारा पेंशन प्राप्त करने पर निर्भर था। दिल्ली में 1857 ई. के विद्रोह का नेतृत्व करने के कारण 14 सितम्बर, 1857 को उसे अपदस्थ कर रंगून भेज दिया गया। रंगून में निर्वासित जीवन व्यतीत करते हुए बहादुरशाह जफर का निधन 7 नवम्बर, 1862 को हो गया।
बहादुरशाह जफर एक प्रसिद्ध शायर थे। उन्होंने 'जफर' उपनाम से रचनाएँ कीं। जफर की रचनाएँ 'खुलियात-ए-जफर' के नाम से संगृहीत हैं।

23. 'फॉल ऑफ द मुगल एम्पायर' नामक पुस्तक के लेखक कौन हैं? *(BTET 2013)*

(a) डॉ. कालीकिंकर दत्ता
(b) सर यदुनाथ सरकार
(c) प्रो. सैयद हसन अस्करी
(d) प्रो. रामशरण शर्मा

व्याख्या (b) 'फॉल ऑफ द मुगल एम्पायर' एक महत्त्वपूर्ण पुस्तक है, जो मुगल साम्राज्य के उत्तरवर्ती शासकों का विवरण प्रस्तुत करती है। इस रचना के चार भागों में 1707 से 1803 ई. तक की घटनाओं का क्रमबद्ध विवरण है।
इस पुस्तक के लेखक सर यदुनाथ सरकार हैं। यदुनाथ सरकार ने इस रचना में समकालीन स्रोतों तथा दस्तावेजों के सूक्ष्म अवलोकन की प्रक्रिया को अपनाते हुए तथ्यों को समाहित किया है। इसका प्रकाशन वर्ष 1932 में हुआ था।

24. अठारहवीं शताब्दी में किस मुगल राजकुमार ने पटना का नाम बदलकर अजीमाबाद कर दिया? *(BTET 2013)*

(a) फर्रूखसियर
(b) अजीमुशान
(c) औरंगजेब
(d) अली इमाम

व्याख्या (b) अठारहवीं शताब्दी में मुगल राजकुमार **अजीमुशान** ने पटना का नाम बदलकर 'अजीमाबाद' कर दिया था।
अजीमुशान, मुगल शासक बहादुरशाह प्रथम का पुत्र तथा औरंगजेब का प्रपौत्र था। 1697 से 1712 ई. तक अजीमुशान बंगाल का गवर्नर था। बंगाल के अन्तर्गत उस समय बिहार तथा ओडिशा (उड़ीसा) क्षेत्र भी आता था। अजीमुशान को 1703 ई. में औरंगजेब ने बिहार का स्वतन्त्र गवर्नर नियुक्त किया। अजीमुशान ने पटना को अपनी राजधानी बनाया।
1712 ई. में बहादुशाह I की मृत्यु के बाद अजीमुशान ने स्वयं को मुगल शासक घोषित किया तथा पटना में अपना राज्याभिषेक किया, किन्तु सत्ता-संघर्ष में उसे रावी नदी में डुबाकर मार दिया गया।

25. मुगलकालीन कला के बारे में कौन-सा कथन असत्य है? *(REET 2012)*

(a) बीजापुर में 'इब्राहिम रोजा' है
(b) अकबर ने फतेहपुर सीकरी की स्थापना 1585 ई. के बाद की
(c) अकबर का मकबरा सिकन्दरा में है
(d) शाहजहाँ ने दिल्ली में तख्ते ताउस बनवाया

व्याख्या (b) फतेहपुर सीकरी को मुगल शासक अकबर ने **1571 ई.** में स्थापित किया था। उसने आगरा के स्थान पर फतेहपुर सीकरी को अपनी राजधानी बनाया।
अकबर का मकबरा **सिकन्दरा** में स्थित है। अकबर ने सिकन्दरा में अपने मकबरे के निर्माण के लिए स्थान का चुनाव किया था। अकबर की मृत्यु के बाद जहाँगीर ने 1605 से 1613 ई. के बीच इसका निर्माण करवाया।
'इब्राहिम रोजा', बीजापुर के शासक इब्राहिम आदिलशाह द्वितीय का मकबरा है। इसका निर्माण 1627 ई. में किया गया था। 'तख्ते ताउस' शाहजहाँ द्वारा निर्मित गद्दी थी, जिसे दिल्ली के लाल किले में स्थापित किया गया था।

26. निम्न में से किस राजवंश ने मध्यकालीन भारत में शानदार उद्यानों का निर्माण किया? *(HTET 2011, 12, 13)*

(a) मुगल (b) तुगलक
(c) खिलजी (d) सैयद

व्याख्या (a) मध्यकालीन भारत में शानदार उद्यानों के निर्माण के लिए मुगलों को याद किया जाता है। मुगल शासकों ने वस्तुशिल्प की फारसी शैली को अपनाते हुए उद्यानों का निर्माण किया। इन उद्यानों को फारसी स्थापत्य शैली की 'चाहरबाग संरचना' के रूप में देखा जाता है।
बाबर ने मुगल साम्राज्य की स्थापना के साथ भारत में चाहरबाग शैली के उद्यानों का निर्माण आरम्भ किया। बाबर ने आगरा में 'आराम बाग' स्थापित किया। जहाँगीर ने शालीमार बाग (श्रीनगर तथा लाहौर) का निर्माण करवाया।

27. कौन-सा सूफी सन्त सम्राट अकबर के दरबार में था? *(CGTET 2011)*

(a) शेख सलीम चिश्ती
(b) शेख नागौरी
(c) ख्वाजा मुइनुद्दीन
(d) उपरोक्त में से कोई नहीं

व्याख्या (d) **शेख सलीम चिश्ती** (1478-1572 ई.) अकबर के समकालीन थे। अकबर ने फतेहपुर सीकरी का निर्माण शेख सलीम चिश्ती के निवास के समीप किया था। चिश्ती सम्प्रदाय से जुड़े शेख सलीम चिश्ती ने अकबर के दरबार में अपना स्थान नहीं बनाया, किन्तु उनके परिवार के लोग अवश्य मुगल दरबार से जुड़े थे। इमीदुद्दीन नागौरी (1192-1274 ई.) का मकबरा राजस्थान के नागौर में स्थित है। वह चिश्ती सम्प्रदाय के प्रसिद्ध सूफी सन्त थे। ख्वाजा मुइनुद्दीन चिश्ती (1142-1236 ई.) की दरगाह अजमेर में स्थित है। इन्होंने भारत में सूफी मत के प्रसार में अपनी भूमिका निभाई।

28. अकबर की राजस्व व्यवस्था उसके अधिकारी के नाम से जानी जाती है। उसका नाम है *(CGTET 2011)*

(a) टोडरमल
(b) बीरबल
(c) बैरम खाँ
(d) आसफ खाँ

व्याख्या (a) **टोडरमल**, अकबर का राजस्व अधिकारी था। टोडरमल ने शेरशाह की सेवा में भू-लेख सम्बन्धी लेखन तथा मापन के साथ अपना प्रशासनिक जीवन आरम्भ किया। सूर वंश के शासन की समाप्ति के उपरान्त टोडरमल ने अकबर की सेवा में भू-सर्वेक्षण सम्बन्धी कार्य आरम्भ किया। अकबर ने टोडरमल को आगरा का प्रभारी नियुक्त किया। अकबर ने टोडरमल को मुगल राजस्व प्रणाली की नई व्यवस्था पर कार्य करने का दायित्व सौंपा, जिसे 'टोडरमल बन्दोबस्त' कहा जाता है। अकबर ने टोडरमल को 'राजा' की उपाधि दी। राजा टोडरमल ने 'भागवत पुराण' का फारसी में अनुवाद किया था।

29. 'आइन-ए-अकबरी' में अबुल फजल ने मनसबदारों की कितनी श्रेणियों का उल्लेख किया है? *(REET, 2011)*

(a) 22 (b) 33 (c) 44 (d) 66

व्याख्या (b) 'आइन-ए-अकबरी' में अबुल फजल द्वारा मुगल प्रशासन का विवरण प्रस्तुत किया गया है। इसमें मुगल मनसबदारी प्रथा की संरचना का वर्णन मिलता है। इस पुस्तक में मनसबदारों की **33 श्रेणियों** का उल्लेख किया गया है। अबुल फजल द्वारा 'आइन-ए-अकबरी' में मनसबदारों की तीन सूचियाँ जो 500 और उससे अधिक, 400 से 200 तक तथा 150 से 10 तक दी गई हैं।

30. अकबर के चित्तौड़गढ़ पर आक्रमण (1567-68 ई.) **के समय वहाँ का शासक कौन था?** *(REET 2011)*

(a) महाराणा प्रताप (b) महाराणा उदय सिंह
(c) जयमल (d) महाराणा अमर सिंह

व्याख्या (b) 1567-1568 ई. के दौरान अकबर द्वारा चित्तौड़ पर आक्रमण किया गया। इस दौरान अकबर की सेना ने चित्तौड़गढ़ दुर्ग में जयमल के नेतृत्व वाले राजपूतों की सेना की घेराबन्दी की। अकबर के चित्तौड़ पर आक्रमण के समय वहाँ का शासक **महाराणा उदय सिंह** था। किले पर आक्रमण के दौरान महाराणा उदय सिंह छिपकर निकलने में सफल रहा।
मुगल सेना ने चित्तौड़गढ़ के किले से सशर्त लौटने का फैसला लिया। आगे उदय सिंह के पुत्र महाराणा प्रताप ने चित्तौड़ की गरिमा के लिए मुगलों से संघर्ष किया।

31. किस मुगल बादशाह के काल को हिन्दी साहित्य का 'स्वर्ण युग' कहा जाता है? *(REET 2011)*

(a) औरंगजेब (b) अकबर
(c) जहाँगीर (d) शाहजहाँ

व्याख्या (b) **अकबर** के शासनकाल को हिन्दी साहित्य का 'स्वर्ण युग' कहा जाता है। तुलसीदास, अकबर के समकालीन थे। इन्होंने 'रामचरितमानस' की रचना की। अकबर के शासनकाल में ब्रजभाषा का उत्थान हुआ। भक्ति सन्तों ने इस दौरान महत्त्वपूर्ण रचनाएँ कीं। इस समय संस्कृत तथा हिन्दी की कई पाण्डुलिपियाँ तैयार की गईं।

32. शेख सलीम चिश्ती का मकबरा कहाँ स्थित है? *REET 2011*

(a) आगरा में
(b) दिल्ली में
(c) फतेहपुर सीकरी में
(d) अजमेर में

व्याख्या (c) प्रसिद्ध सूफी सन्त सलीम चिश्ती का मकबरा **फतेहपुर सीकरी** में स्थित है। इसका निर्माण 1580-81 ई. में अकबर द्वारा करवाया गया।
शेख सलीम चिश्ती की समाधि वास्तुकला तथा धर्मनिरपेक्षता का अनुपम उदाहरण है। समाधि के चारों ओर संगमरमर की जाली निर्मित है। मुख्य कक्ष में 'अरबस्क' स्थापत्य की मिश्रित शैली का आधार बना है, जिस पर कुरान की आयतें लिखी गई हैं।

33. अकबर का प्रशासक कौन था? *(PTET 2011)*

(a) हुमायूँ
(b) बाबर
(c) बैरम खाँ
(d) सलीम

व्याख्या (c) अकबर 13 वर्ष की अवस्था में 1556 ई. में दिल्ली का शासक बना। हुमायूँ की मृत्यु के बाद कलानौर में अकबर का राज्याभिषेक सम्पन्न हुआ। 1556-1560 ई. के बीच **बैरम खाँ** अकबर का संरक्षक था। बैरम खाँ ने पानीपत के दूसरे युद्ध में मुगल सेना का नेतृत्व किया था। अकबर ने बैरम खाँ को 'खान-ए-खाना' की उपाधि से अलंकृत किया था।

34. मुगल साम्राज्य प्रणाली की सुदृढ़ता का कारण था *(PTET 2011)*

(a) इसके कठोर नियम
(b) मनसबदारी प्रणाली
(c) पैतृक वंशागत नियम
(d) अन्य भारतीय राजाओं के साथ सहयोग का सम्बन्ध

व्याख्या (b) **मनसबदारी प्रणाली** ने मुगल साम्राज्य को सुदृढ़ बनाया। अकबर ने मंगोल पद्धति पर आधारित मनसबदारी प्रणाली को 1575 ई. में लागू किया।
'मनसबदार' शब्द का प्रयोग उन अधिकारियों के लिए किया जाता था, जिन्हें पद, वेतन तथा सैन्य उत्तरदायित्व के बदले एक निर्धारित 'जात' और 'सवार' की संख्या दी जाती थी। जात तथा सवार संख्या से पदाधिकारी की प्रतिष्ठा तथा प्रभाव का पता चलता था। सैन्य उत्तरदायित्व के अनुरूप ही मनसबदारों को घुड़सवार रखने पड़ते थे।

अध्याय 10

सामाजिक परिवर्तन व क्षेत्रीय संस्कृति

» CTET

1. 18वीं सदी में किसके नेतृत्व में बंगाल धीरे-धीरे मुगल नियन्त्रण से अलग हो गया? *(CTET 2018, 16)*

(a) नादिरशाह (b) अलीवर्दी खान
(c) बुरहान-उल-मुल्क (d) मुर्शिद कुली खान

व्याख्या (d) 18वीं सदी में **मुर्शिद कुली खान** (1717-27 ई.) के नेतृत्व में बंगाल मुगलों के नियन्त्रण से अलग हो गया। वह अपनी राजधानी ढाका से मुर्शिदाबाद ले गया। उसने जागीर भूमि के काफी बड़े हिस्से को 'खालसा' में परिवर्तित कर दिया तथा कृषि कर प्रथा की शुरुआत की। 'मुर्शिद कुली खान' को बंगाल में नई जमींदारी पर आधारित कुलीन वर्ग का जनक माना जाता है। इसके अतिरिक्त **अलीवर्दी खान** बंगाल का अन्तिम शक्तिशाली नवाब था। इसने अपने शासनकाल में भूमि सुधारों के अतिरिक्त व्यापार को भी प्रोत्साहित किया।

नादिरशाह फारस का शाह था, जिसने भारत अभियान में मुगल बादशाह मुहम्मद शाह आलम को हराने के बाद कोहिनूर हीरा अर्जित किया। सादत खाँ ने **बुरहान-उल-मुल्क** की उपाधि धारण की थी।

2. कानपुर के किस शासक ने खुद को 'पेशवा' कहा? *(CTET 2018)*

(a) बाजीराव प्रथम (b) बाजीराव द्वितीय
(c) बहादुरशाह जफर (d) नाना साहेब

व्याख्या (d) कानपुर के शासक **नाना साहेब** ने खुद को 'पेशवा' के रूप में प्रस्तुत किया। 'नाना साहेब' पेशवा **बाजीराव II** के दत्तक पुत्र थे। इनका वास्तविक नाम 'धोन्धू पन्त' था। नाना साहेब ने 1857 ई. के विद्रोह में कानपुर से क्रान्ति का नेतृत्व किया। इस गदर में इन्हें तात्याँ टोपे का साथ मिला। 6 सितम्बर, 1857 को अंग्रेज अधिकारी कैम्पबेल ने कानपुर पर अधिकार कर लिया तथा नाना साहेब भागकर नेपाल चले गए। **बाजीराव प्रथम** का अन्य नाम बाजीराव बल्लाल अथवा थोरले बाजीराव था। **बहादुरशाह जफर** भारत के अन्तिम मुगल शासक थे। इनकी मृत्यु बर्मा में हुई।

3. निम्नलिखित व्यक्तियों में से किसकी कविताओं और विचारों को 'पंचवाणी' और 'बीजक' में संरक्षित किया गया है? *(CTET 2016)*

(a) रविदास (b) मीराबाई
(c) कबीर (d) गुरुनानक

व्याख्या (c) **कबीरदास** की कविताओं व विचारों को 'पंचवाणी' व 'बीजक' में संरक्षित किया गया है। कबीरदास (1440-1510 ई.) का जन्म वाराणसी में एक विधवा ब्राह्मणी के गर्भ से हुआ था। इन्होंने एक ही ईश्वर व भक्तिवाद पर बल दिया। कबीर निर्गुण भक्ति धारा की आराधना करते हुए ऐसे प्रथम भक्त थे, जिन्होंने सन्त होने के बाद भी गृहस्थ जीवन का निर्वाह किया। कबीर की वाणी का संग्रह 'बीजक' में है, जिसके तीन भाग साखी, सबद, रमैनी हैं। इनकी भाषा को 'सधुक्कड़ी' कहा गया है।

सन्त कवि रविदास का जन्म काशी में माघ पूर्णिमा में हुआ था। ये निर्गुण सम्प्रदाय की भक्ति धारा के सन्त थे। **मीराबाई कृष्ण** भक्ति शाखा की प्रमुख कवयित्री थी। इनके पति उदयपुर के भोजराज थे। **नानक** सिखों के प्रथम गुरु हैं। इनका जन्म 1469 ई. में हुआ था।

4. गढ़ कटंगा के गोंड राज्य के सम्बन्ध में निम्नलिखित कथनों में से कौन-सा कथन सही है? *(CTET 2016)*

(a) यह राज्य केवल नगरों से बना था
(b) यह कमजोर बुन्देलों और मराठों के खिलाफ अधिक शक्तिशाली बना
(c) यह एक समृद्ध राज्य था। इसने जंगली हाथियों को पकड़कर और उनको दूसरे राज्यों में निर्यात करके धन कमाया
(d) 1565 ई. में मुगल सेनाओं ने गढ़ कटंगा पर हमला किया और उन्हें रानी दुर्गावती द्वारा हार का मुँह देखना पड़ा

व्याख्या (c) गढ़ कटंगा का गोंड राज्य एक समृद्ध राज्य था। **यहाँ के लोगों ने जंगली हाथियों को पकड़कर और उनको दूसरे राज्यों में विक्रय करके धन कमाया।** जब मुगलों ने गोंडों पर आक्रमण करके उन्हें पराजित किया, तो मुगलों ने इनके बहुमूल्यों सिक्कों व हाथियों पर कब्जा कर लिया। गढ़ कटंगा

के पतन के बाद गोंड साम्राज्य कुछ समय तक अस्तित्व में रहा, परन्तु कुछ समय बाद उसका पतन हो गया। गढ़ साम्राज्य को 'गढ़ मण्डला' के नाम से भी जाना जाता है। यह गोंडवाना के उत्तरी भाग का हिस्सा था। गढ़ के गोंड राज्य पर 16वीं सदी में मुगलों का अधिकार हो गया।

5. 'विशिष्टाद्वैत' के सिद्धान्त को इनमें से किसने विचारार्थ प्रस्तुत किया? *(CTET 2016)*

(a) शंकर (b) अल्लामा प्रभु
(c) रामानुज (d) बसवन्ना

व्याख्या (c) **रामानुजाचार्य** ने 'विशिष्टाद्वैत' के सिद्धान्त को प्रस्तुत किया। इस सिद्धान्त के अनुसार ब्रह्म अद्वैत होते हुए भी जीव तथा जगत की शक्तियों द्वारा विशिष्ट है। रामानुज का जन्म 1017 ई. में श्रीपेरुम्बूर (तमिलनाडु) में हुआ था। इन्होंने भक्ति मार्ग पर बल दिया तथा भक्ति को वैदिक परम्परा से जोड़ा। इनका सम्प्रदाय श्री सम्प्रदाय तथा अनुयायी 'वैष्णव' कहलाए। इसके अतिरिक्त **शंकर देव** को 'असम का चैतन्य' कहा जाता है। इन्होंने शरण सम्प्रदाय की स्थापना की। **बसवन्ना** कर्नाटक के प्रसिद्ध कन्नड़ भक्ति सन्त तथा **अल्लामा प्रभु** लिंगायत सम्प्रदाय के प्रवर्तक थे।

6. बारहवीं शताब्दी के मध्य कर्नाटक में प्रारम्भ हुए वीर शैव आन्दोलन के सन्दर्भ में निम्नलिखित कथनों में से कौन-सा सही है? *(CTET 2016)*

(a) यह नामदेव और उनके साथियों द्वारा शुरू किया गया
(b) इसने जाति और नारी के प्रति व्यवहार के बारे में ब्राह्मणवादी विचारधारा के विरुद्ध तर्क दिया
(c) इसने विट्ठल की पूजा पर बल दिया
(d) यह सभी प्रकार के कर्मकाण्ड का विरोधी था, परन्तु इसने मूर्तिपूजा को बढ़ावा दिया

व्याख्या (b) 12वीं शताब्दी के मध्य कर्नाटक में वीर शैव आन्दोलन प्रारम्भ हुआ। इस आन्दोलन का नेतृत्व प्रसिद्ध समाज सुधारक बसवन्ना ने किया था। **इस आन्दोलन में ब्राह्मणवादी विचारधारा के अन्तर्गत जातिगत विचारधारा व नारी के प्रति व्यवहार से सम्बन्धित विचारों का विरोध किया गया।** वीर शैव धर्म लिंगायत सम्प्रदाय का ही एक उपसम्प्रदाय है। यह शैव परम्परा पर आधारित है। वीर शैव धर्म के अधिकांश उपासक दक्षिण भारत के कर्नाटक राज्य में हैं। इसके अतिरिक्त महाराष्ट्र, आन्ध्र प्रदेश, केरल व तमिलनाडु में वीर शैव के उपासक हैं।

7. अहोम के विषय में निम्नलिखित में से कौन-सा एक तथ्य नहीं है? *(CTET 2015)*

(a) अहोम राज्य कुलों में विभाजित था, जिन्हें पाइक कहा जाता था
(b) अहोम राज्य बेगार पर निर्भर था
(c) अहोम समाज बहुत ही परिष्कृत था
(d) मुइयाँ लोगों की पुरानी राजनीतिक व्यवस्था का दमन करके अहोम राज्य की स्थापना की गई

व्याख्या (a) अहोम (असम के निवासी जो ताई जाति के वंशज थे) लोगों ने 1228 ई. में चुकाफा शासक के नेतृत्व में असम में अपने राज्य की स्थापना की। **यह राज्य कई कुलों में विभाजित था।** यहाँ राज्य व्यवस्था बेगार पर आधारित थी। अहोम लोगों की संस्कृति 'ताई संस्कृति' मूलत: स्थानीय तिब्बती-बर्मी व हिन्दू धर्म का एक सम्मिश्रण है। अहोम समाज बहुत ही परिष्कृत था। इस राज्य की स्थापना मुख्यत: मुइयाँ लोगों की पुरानी राजनीतिक व्यवस्था को समाप्त करके की गई थी। **पाइक** मध्यकालीन असम में पैदल चलने वाली सेना को कहा जाता था।

8. सूफी मत के अनुसार, 'खानकाहों' से अभिप्राय है *(CTET 2015)*

(a) वे स्थान जहाँ सूफी सन्त बैठकों का आयोजन करते थे
(b) एक विशेष प्रकार का गाना
(c) नाम का गुणगान करना
(d) नीति-कक्षाओं पर चर्चा

व्याख्या (a) सूफी मत के अनुसार, सूफी सन्त जिन आश्रमों में निवास करते थे, उन्हें 'खानकाह' या 'मठ' कहा जाता था। खानकाह में सूफी सन्त **बैठकों का आयोजन** करते थे। सूफी शब्द की उत्पत्ति 'सूफ' या 'सफा' शब्द से मानी जाती है, जिसका अरबी भाषा में अर्थ 'ऊन' होता है, जबकि 'सफा' का अर्थ है—पवित्रता। सूफी मत का उदय इस्लाम के प्रारम्भ से ही माना जाता है।

9. 'शफी तथा हनफी' है *(CTET 2014)*

(a) इस्लामी वास्तुकला शैलियाँ (b) सऊदी अरब में स्थान
(c) न्याय के इस्लामिक सिद्धान्त (d) दो इस्लामी शासक

व्याख्या (c) 'शफी व हनफी' **न्याय के इस्लामिक सिद्धान्त** से सम्बन्धित हैं। ये दोनों इस्लाम के सुन्नी सम्प्रदाय से सम्बन्धित हैं। इस्लामिक परम्परा में किसी विवाद को सुलझाने के लिए इन्हीं इस्लामी सिद्धान्तों का प्रयोग किया जाता है।

10. मध्यकालीन असम में 'पाइक' निम्नलिखित में से क्या थे? *(CTET 2014)*

(a) पानी लाने वाले
(b) अनिवार्य सेना के सदस्य
(c) बलात् मजदूर
(d) बागान में काम करने वाले मजदूर

व्याख्या (b) मध्यकालीन असम में 'पाइक' सेना के पैदल सैनिकों को कहा जाता था। ये **सेना के अनिवार्य सदस्य** होते थे। पाइक लोग मुख्यत: आदिवासी खेतिहर सैनिक थे, जो युद्ध के समय शत्रुओं से लड़ते थे।

11. निम्नलिखित में से किस पन्थ पर आदिवासी प्रभाव परिलक्षित होता है? *(CTET 2013)*

(a) वेंकटेश्वर पन्थ
(b) जगन्नाथ पन्थ
(c) विश्वनाथ पन्थ
(d) अमरनाथ पन्थ

व्याख्या (b) **जगन्नाथ पन्थ** पर आदिवासी प्रभाव सबसे ज्यादा परिलक्षित होता है। इस पन्थ के लोगों की पूजा में तन्त्र, मन्त्र व बलि आदि प्रक्रियाएँ शामिल होती हैं।

12. 'नाथ साहित्य' का सम्बन्ध है *(CTET 2013)*

(a) बंगाली से
(b) असमी से
(c) उड़िया से
(d) मैथिली से

व्याख्या (a) 'नाथ साहित्य' का सम्बन्ध **बंगाली भाषा** से है। नाथ सम्प्रदाय से सम्बन्धित साहित्य को 'नाथ साहित्य' भी कहा जाता है। इस सम्प्रदाय के प्रवर्तक मत्येन्द्र नाथ थे। यह हठ योग की साधना पद्धति पर आधारित पन्थ है। इसके आराध्य देव शिव हैं। इन्हें शिव के वंशज भी कहा जाता है। नाथ सम्प्रदाय को संन्यासी, योगी, जोगी, अवधूत, गोस्वामी तथा गोसाईं आदि नामों से भी जाना जाता है।

13. रहट, चरखे एवं अग्न्यास्त्रों का आविष्कार ...... में हुआ था। *(CTET 2013)*

(a) प्रागैतिहासिक काल
(b) प्राचीनकाल
(c) मध्यकाल
(d) आधुनिक काल

व्याख्या (c) रहट, चरखे व अग्न्यास्त्रों का आविष्कार **मध्यकाल** में 14वीं व 15वीं शताब्दी के मध्य हुआ था। ख्वाजा अब्दुल्ला मलिक इसामी की पुस्तक 'फतेह-उल-सलातीन' में सर्वप्रथम 'चरखे' का उल्लेख मिलता है। बहमनशाह या हसन गंगू (बहमनी शासक) ने मलिक इसामी को संरक्षण प्रदान किया था। मनुष्य की जिन घटनाओं का कोई लिखित विवरण नहीं मिलता, उस काल को **प्रागैतिहासिक काल** कहा जाता है। मानव के उदय से लेकर दसवीं सदी तक के भारत का इतिहास **प्राचीनकाल** कहलाता है। इतिहास में मध्यकाल के बाद के काल के इतिहास को **आधुनिक काल** के रूप में जानते हैं।

14. बारहवीं शताब्दी में कीरा मुखियाओं ने जिस क्षेत्र पर शासन किया, वह वर्तमान में ...... में स्थित है। *(CTET 2012)*

(a) उत्तराखण्ड/उत्तर प्रदेश
(b) पंजाब/हरियाणा
(c) छत्तीसगढ़/मध्य प्रदेश
(d) झारखण्ड/बिहार

व्याख्या (c) 12वीं शताब्दी में कीरा मुखियाओं ने वर्तमान छत्तीसगढ़ व मध्य प्रदेश पर शासन किया था।

15. 'खालसा' की स्थापना करने वाले निम्न में से कौन थे? *(CTET 2012)*

(a) गुरु गोविन्द सिंह
(b) गुरु तेग बहादुर
(c) गुरुनानक देव
(d) गुरु अंगद देव

व्याख्या (a) 13 अप्रैल, 1699 को बैसाखी के दिन **गुरु गोविन्द सिंह** ने 'खालसा' संघ की स्थापना की। 'खालसा' में सर्वप्रथम पंच प्यारो को सम्मिलित करके अमृत चखाया गया। गुरु गोविन्द सिंह सिखों के दसवें व अन्तिम गुरु थे। इनका जन्म 1666 ई. (पटना) में हुआ था। गुरु गोविन्द सिंह की आत्मकथा का नाम 'बच्छित्तर नाटक' है। इनका निवास स्थान आनन्दपुर साहिब व कार्यस्थली पाओता थी। सिख धर्म की स्थापना **गुरुनानक देव** ने की थी। **गुरु तेग बहादुर** सिखों के नवें गुरु थे। गुरु अंगद देव का जन्म 31 मार्च 1504 ई. को पंजाब में हुआ था। यह सिखों के दूसरे गुरु थे।

16. सूफी सन्तों के मकबरे को कहा जाता है *(CTET 2012)*

(a) इबादतगाह
(b) दरगाह
(c) ईदगाह
(d) खानकाह

व्याख्या (b) सूफी सन्तों के मकबरे को **दरगाह** कहा जाता है। इसके अतिरिक्त सूफियों के निवास स्थान को **खानकाह**, पर्वों व त्योहारों के अवसर पर प्रयोग किए जाने वाले स्थान को **ईदगाह** तथा मुस्लिमों द्वारा नमाज के लिए प्रयुक्त स्थल को **इबादतगाह** कहा जाता है।

17. बंगाल में, ... प्राय: उन व्यक्तियों अथवा समूहों द्वारा मन्दिरों और अन्य धार्मिक भवनों का निर्माण करवाया गया, जो शक्तिशाली बन रहे थे। *(CTET 2011)*

(a) समाज में अद्‌भुत वास्तुकला का प्रदर्शन करने के लिए
(b) परिवेश का महत्त्व बढ़ाने के लिए
(c) अपनी शक्ति का प्रदर्शन करने के लिए अपनी धर्मपरायणता घोषित करने तथा अनुयायी बनाने के लिए
(d) यह सुनिश्चित करने के लिए कि उन्होंने अच्छे 'कर्म' किए हैं

व्याख्या (c) बंगाल में अपनी **शक्ति का प्रदर्शन** करने के लिए, अपनी **धर्मपरायणता घोषित करने** तथा **अनुयायी बनाने** के लिए लोगों के द्वारा मन्दिरों व धार्मिक भवनों का निर्माण कराया गया, जो शक्तिशाली बन रहे थे।

» State TETs

18. शेख निजामुद्दीन औलिया इनमें से किस सूफी सन्त के शिष्य थे? *(UPTET 2018)*

(a) बाबा फरीदुद्दीन गंज शंकर
(b) कुतुबुद्दीन बख्तियार काकी
(c) मकदूम याह्या मनेरी
(d) अब्दुल कादिर गिलानी

व्याख्या (a) शेख निजामुद्दीन औलिया, **बाबा फरीदुद्दीन गंज शंकर** के शिष्य थे। इनका जन्म बदायूँ (उत्तर प्रदेश) में हुआ था। इनका उपनाम 'महबूब-ए-इलाही' था। निजामुद्दीन औलिया ने दिल्ली के सात सुल्तानों का शासन देखा, परन्तु किसी के भी दरबार में उपस्थित नहीं हुए। निजामुद्दीन औलिया की दरगाह गियासपुर (दिल्ली) में स्थित है। इनके प्रमुख शिष्य जियाउद्दीन बरनी व अमीर खुसरो थे।

कुतुबुद्दीन बख्तियार काकी ख्वाजा मोइनुद्दीन चिश्ती के शिष्य थे। मकदूम याह्या मनेरी महान सूफी सन्त थे। इनकी दरगाह पटना में स्थित है। अब्दुल कादिर गिलानी कादरिया सूफी परम्परा से सम्बन्धित है।

19. दिल्ली में जन्तर-मन्तर का निर्माण किसने करवाया था?

(a) कीर्ति सिंह ने (b) अजीतमल ने *(UPTET 2016)*
(c) विजय सिंह ने (d) जय सिंह II ने

व्याख्या (d) दिल्ली में जन्तर-मन्तर का निर्माण **मिर्जा राजा सवाई जय सिंह द्वितीय** द्वारा 1724 ई. में करवाया गया था। यह इमारत प्राचीन भारत की वैज्ञानिक उन्नति की मिसाल है। जय सिंह एक महान् खगोलशास्त्री व नगर नियोजक थे। इन्होंने जयपुर, वाराणसी, उज्जैन व मथुरा में भी वेधशालाओं का निर्माण कराया। दिल्ली का जन्तर-मन्तर समरकन्द की वेधशाला से प्रेरित है। दो अश्वमेध यज्ञ कराने का श्रेय भी राजा सवाई जय सिंह को दिया जाता है।

20. हैदराबाद की निजामशाही के प्रवर्तक थे *(HTET 2012)*

(a) चिन किलिच खान (b) सआदत खान
(c) मुर्शिद कुली खान (d) सफदरजंग

व्याख्या (a) हैदराबाद की निजामशाही के प्रवर्तक **चिन किलिच खान** (निजामुलमुल्क) थे। चिन किलिच खान को मुगल बादशाह मुहम्मदशाह 'रंगीला' द्वारा दक्कन का सूबेदार नियुक्त किया गया, परन्तु बादशाह के ढुलमुल रवैये के कारण इसने 1725 ई. में स्वतन्त्र हैदराबाद राज्य की स्थापना की। मुहम्मद शाह ने उसे 'आसफ खाँ' की उपाधि प्रदान की। **सआदत खान** अवध का स्वतन्त्र राज्य का संस्थापक था। **मुर्शिद कुली खान** को 1717 ई. में मुगल शासक फर्रुखसियर द्वारा बंगाल का सूबेदार बनाया गया। **सफदरजंग** दिल्ली के अन्तिम मुगल बादशाह मुहम्मदशाह का प्रधानमन्त्री था।

21. निम्न में से सगुण भक्ति का प्रचारक सन्त था *(REET 2012)*

(a) कबीर (b) नानक
(c) निम्बार्क (d) दादू

व्याख्या (c) **निम्बार्क** सगुण भक्ति के प्रचारक सन्त थे। इन्होंने 'द्वैताद्वैत' नामक दर्शन प्रतिपादित किया इनका सम्प्रदाय सनक/सनकादी कहलाता था। ये कृष्ण भक्ति को मुक्ति का मार्ग मानते थे। इसके अतिरिक्त **कबीर, नानक व दादू** निर्गुण भक्ति के प्रचारक थे।

22. राणा सांगा सम्बन्धित है *(UPTET 2011)*

(a) मालवा से (b) खजुराहो से
(c) मेवाड़ से (d) माण्डु से

व्याख्या (c) राणा सांगा **मेवाड़** से सम्बन्धित थे। ये सिसोदिया राजपूत राजवंश के राजा थे तथा राणा रायमल के सबसे छोटे पुत्र थे। 17 मार्च, 1527 के मध्य बाबर व राणा सांगा के बीच खानवा का युद्ध हुआ। बाबर ने इस युद्ध को 'जिहाद' घोषित कर दिया तथा मुगलों की सेना ने अपने से दोगुनी बड़ी सेना को हरा दिया। इस तरह भारत में मुगल साम्राज्य का मार्ग प्रशस्त हो गया। मालवा के सुल्तान ने अपनी विजय के स्मरण में **माण्डु** में एक सात महलों वाला स्तम्भ स्थापित किया। इससे स्पष्ट है कि महमूद खिलजी, **मालवा** के मुस्लिम शासकों में अधिक योग्य था।

23. पानीपत की तीसरी लड़ाई में मराठों को पराजित किया था *(UPTET 2011, 2016)*

(a) मुगलों ने (b) अफगानों ने
(c) अंग्रेजों ने (d) सिखों ने

व्याख्या (b) पानीपत की तीसरी लड़ाई 14 जनवरी, 1761 को **मराठों** व **अफगानों के** बीच हुई, जिसमें मराठों की पराजय हुई। इस युद्ध में अवध के नवाब शुजाउद्दौला, रुहेला सरदार हाफिज रहमत खाँ तथा सादुल्ला खाँ ने अफगान शासक अहमदशाह अब्दाली का साथ दिया। इस युद्ध में पराजय को सहन न करने के कारण पेशवा बालाजी बाजीराव (नाना साहब) की मृत्यु हो गई।

24. भक्ति आन्दोलन में किसका योगदान नहीं था? *(CGTET 2011)*

(a) मीराबाई (b) कबीरदास
(c) एकनाथ (d) बाबर

व्याख्या (d) **बाबर** भारत में मुगल वंश का संस्थापक था। इसका भक्ति आन्दोलन में कोई योगदान नहीं था। भक्ति आन्दोलन का प्रारम्भ दक्षिण भारत से हुआ। इस आन्दोलन ने मध्यकालीन भारतीय समाज में एक नई आध्यात्मिक व सामाजिक चेतना का संचार किया। इस आन्दोलन का प्रभाव सम्पूर्ण भारत पर व्याप्त था। इस आन्दोलन ने हिन्दू धर्म व इस्लाम के बीच खाई को भरने करने में सहायता की। भक्ति आन्दोलन के प्रमुख सन्त—कबीरदास, सूरदास, मीराबाई, रामानन्द, वल्लभाचार्य तथा नामदेव आदि थे। **कबीरदास** भक्ति शाखा के निर्गुण सम्प्रदाय से थे। **एकनाथ** प्रसिद्ध मराठी सन्त थे।

25. महाराष्ट्र में सन्त तुकाराम ने किस पन्थ की स्थापना की?

(a) बरकरी (b) नाथपन्थी *(CGTET 2011)*
(c) ज्ञानपन्थी (d) नरहरी

व्याख्या (a) महाराष्ट्र में सन्त तुकाराम ने **बरकरी** सम्प्रदाय की स्थापना की। सन्त तुकाराम (1598-1650 ई.) महाराष्ट्र के प्रमुख समाज सुधारक थे। ये शिवाजी के समकालीन थे। इनका जन्म एक शूद्र परिवार में हुआ था। इन्होंने शिवाजी द्वारा दी गई बहुमूल्य भेंट को अस्वीकार कर दिया था। इन्हें 'दक्कन का कबीर' भी कहा जाता है। इनके उपदेश 'अभंग' रूप में संकलित हैं। **नाथ सम्प्रदाय हिन्दू** धर्म का ग्रन्थ है। इस सम्प्रदाय के गुरु आदिगुरु हैं। **श्री नरहरी सोनार जी** ने नरहरी सम्प्रदाय की स्थापना की।

26. निम्नलिखित में कौन-सा भक्ति सन्त कृष्ण का उपासक नहीं था? *(CGTET 2011)*

(a) मीराबाई (b) सूरदास
(c) वल्लभाचार्य (d) रामानन्द

व्याख्या (d) **रामानन्द** कृष्ण के उपासक नहीं थे। ये वैष्णव सन्त तथा भगवान राम के उपासक थे। इनका जन्म 1299 ई. में प्रयाग में हुआ था। इन्होंने भक्ति के क्षेत्र में क्रान्तिकारी विचारधारा का सूत्रपात करते हुए सभी के लिए भक्ति का मार्ग

प्रशस्त दिया। ये प्रथम भक्ति सन्त थे, जिन्होंने महिलाओं को संघ में प्रवेश दिया तथा सन्देशों के प्रचार में हिन्दी भाषा का प्रयोग किया। इनके प्रमुख शिष्य कबीरदास, रैदास, जन्ना, पीपा तथा सेनदास आदि थे। इसके अतिरिक्त **मीराबाई, सूरदास** तथा **वल्लभाचार्य** भगवान कृष्ण के उपासक थे।

27. सन्त जाम्भोजी का जन्म कहाँ हुआ था? *(REET 2011)*

(a) पीपासर
(b) गागरोन
(c) जैतारण
(d) नागौर

व्याख्या (a) सन्त जाम्भोजी का जन्म 1451 ई. में राजस्थान के **पीपासर** गाँव में हुआ था। इन्हें 'गुरु जम्मेश्वर' भी कहा जाता है। ये विश्नोई सम्प्रदाय के संस्थापक थे। 1485 ई. में इन्होंने विश्नोई संघ की स्थापना की। ये प्रमुख धर्म गुरु व पर्यावरणवादी थे। इन्होंने सभी मानव प्राणी को पर्यावरण व जीवों की रक्षा करने का सन्देश दिया।

28. सन्त दादू की मृत्यु किस स्थल पर हुई? *(REET 2011)*

(a) साम्भर
(b) आम्बेर
(c) नराणा
(d) पुष्कर

व्याख्या (c) दादू दयाल (1544-1603 ई.) कबीर की निर्गुण भक्ति परम्परा के सन्त थे तथा निर्गुण ईश्वर की भक्ति करते थे। इनका जन्म अहमदाबाद में हुआ था, परन्तु अधिकांश समय इन्होंने राजस्थान में व्यतीत किया। यह एकेश्वरवाद के प्रचारक थे। इनके प्रमुख शिष्य कछवाहा सरदार, भगवान दास, रज्जब व सुन्दरदास थे। इनकी मृत्यु राजस्थान के जयपुर के समीप नराणा नामक स्थान पर हुई थी। इन्होंने असाम्प्रदायिक मार्ग का उपदेश दिया। दादू सन्त ने 1625 ई. में साम्भर में मानव-मानव के भेद को दूर करने का उपदेश दिया। दादू भ्रमण करते हुए राजस्थान की आबू पर्वतमाला तीर्थराज पुष्कर से होते हुए करडाला धाम भी गए।

29. दक्षिणी भारत में चिश्ती सिलसिले का प्रमुख केन्द्र था *(REET 2011)*

(a) गुलबर्गा
(b) गोलकुण्डा
(c) बीजापुर
(d) बीदर

व्याख्या (a) भारत में स्थापित होने वाला प्रथम सूफी सम्प्रदाय **चिश्ती** था। चिश्ती सूफी अपनी सादगी, उदारता एवं नि:स्वार्थ सेवाभाव के लिए जाने जाते थे। उत्तर भारत में चिश्ती सम्प्रदाय के संस्थापक ख्वाजा मुइनुद्दीन चिश्ती थे, जबकि दक्षिण में चिश्ती सिलसिले की स्थापना 1340 ई. में बुरहानुद्दीन 'गरीब' ने की थी। दक्षिण भारत में चिश्ती सिलसिले का प्रमुख केन्द्र **गुलबर्गा** (कर्नाटक) था। चिश्ती सम्प्रदाय के सूफी ने समा या कव्वाली को सम्प्रदाय का प्रमुख अंग बनाया, क्योंकि इनकी मान्यता थी कि भक्ति संगीत ईश्वर के निकट पहुँचने का एक प्रमुख साधन है।

30. मराठा शासक शिवाजी का जन्म हुआ था *(BTET 2011)*

(a) 1605 ई.
(b) 1566 ई.
(c) 1627 ई.
(d) 1680 ई.

व्याख्या (c) मराठा शासक शिवाजी का जन्म **अप्रैल, 1627** में शिवनेर के किले में हुआ था। ये मराठा साम्राज्य के संस्थापक थे। इनकी माता का नाम जीजाबाई व पिता का नाम शाहजी भोंसले था। शिवाजी के संरक्षक दादा कोण्डदेव तथा आध्यात्मिक गुरु रामदास समर्थ थे।

31. फकीर अजीजुद्दीन, दीवान मोतीराम और क्लाउड ऑगस्ट कोर्ट के सम्बन्ध में समान हैं *(PTET 2011)*

(a) वे खगोलविद् थे
(b) महाराजा रणजीत सिंह के अधिकारी/कर्मचारी थे
(c) ये सिपाही थे
(d) उपरोक्त सभी

व्याख्या (b) फकीर अजीजुद्दीन, दीवान मोतीराम, क्लाउड ऑगस्ट कोर्ट **महाराजा रणजीत सिंह के अधिकारी/कर्मचारी** थे। महाराजा रणजीत सिंह सुकरचकिया मिसल से सम्बन्धित थे। इन्हें आधुनिक पंजाब के निर्माण का श्रेय दिया जाता है। ऑगस्ट क्लाउड एक फ्रांसिसी सैनिक था, जिसने महाराजा रणजीत सिंह की सेना को प्रशिक्षित किया।

32. निम्नलिखित में से सही कालक्रम की पहचान कीजिए *(PTET 2011)*

(a) गुरु हरकिशन, गुरु हरराय, गुरु हरगोविन्द
(b) गुरु अंगद, गुरु हरगोविन्द, गुरु अमर दास
(c) गुरु नानक, गुरु अंगद, गुरु हरगोविन्द
(d) उपरोक्त सभी

व्याख्या (c) सिख सम्प्रदाय द्वारा गुरु परम्परा का निर्वहन किया गया। सिख समुदाय में कुल 10 गुरु हुए, जो क्रमश: हैं— गुरु नानकदेव (सम्प्रदाय के संस्थापक), गुरु अंगद, गुरु अमर दास, गुरु रामदास, गुरु अर्जुन देव, गुरु हरगोविन्द, गुरु हरराय, गुरु हरकिशन, गुरु तेग बहादुर, गुरु गोविन्द सिंह (अन्तिम गुरु)। गुरु गोविन्द सिंह रचित सिखों के धार्मिक ग्रन्थ 'गुरु ग्रन्थ साहिब' को सिखों का अगला गुरु घोषित किया गया।

अध्याय 11

भारत में कम्पनी राज की स्थापना

» CTET

1. किस गवर्नर-जनरल ने घोषित किया कि अवध पर गलत तरीके से शासन किया जा रहा था और उचित प्रशासन सुनिश्चित करने के लिए ब्रिटिश शासन की आवश्यकता थी?

(a) लॉर्ड कैनिंग
(b) लॉर्ड डलहौजी *(CTET 2018)*
(c) लॉर्ड माउण्टबेटन
(d) लॉर्ड रिपन

व्याख्या (b) लॉर्ड डलहौजी ने 'व्यपगत सिद्धान्त' (हड़प नीति) के तहत् अवध का अधिग्रहण (1856 ई. में) किया। अवध के शासक पर उचित तरीके से शासन नहीं चलाने का आरोप लगाया गया था।

ब्रिटिश शासन में अवध के अधिग्रहण के समय वहाँ का नवाब वाजिद अली शाह था। वाजिद अली शाह को कोलकाता (पहले कलकत्ता) में कैद किया गया। अवध में 1857 ई. के विद्रोह का नेतृत्व वाजिद अली शाह की बेगम हजरत महल ने किया था। **लार्ड कैनिंग** भारत के अन्तिम गवर्नर-जनरल एवं प्रथम वायसराय थे। **लॉर्ड माउण्टबेटन** भारत के अन्तिम वायसराय थे। **लार्ड रिपन** ने 1882 ई. में वर्नाक्यूलर प्रेस एक्ट को समाप्त कर दिया।

2. निम्नलिखित में से किस गवर्नर-जनरल ने फैसला किया कि बहादुरशाह जफर आखिरी मुगल सम्राट होंगे और उनकी मृत्यु के बाद किसी भी वंशज को शासक के रूप में पहचाना नहीं जाएगा?

(a) विलियम बैण्टिंक
(b) लॉर्ड कैनिंग
(c) लॉर्ड कॉर्नवालिस
(d) लॉर्ड डलहौजी

व्याख्या (b) दिल्ली में बहादुरशाह जफर ने 1857 ई. के विद्रोह का नेतृत्व किया था। 20 सितम्बर, 1857 को बहादुरशाह जफर को अपदस्थ कर और इन्हें गिरफ्तार कर रंगून भेज दिया गया। बहादुरशाह की मृत्यु 7 नवम्बर, 1862 को रंगून (म्यांमार) में हो गई।

बहादुरशाह जफर की गिरफ्तारी तथा उन्हें रंगून भेजे जाने का निर्णय **लॉर्ड कैनिंग** द्वारा लिया गया, जो उस समय ब्रिटिश भारत के गवर्नर-जनरल थे। लॉर्ड कैनिंग ने बहादुरशाह जफर की गिरफ्तारी के उपरान्त मुगल शासन की समाप्ति की घोषणा की। विलियम बैण्टिक ने सती प्रथा को समाप्त किया था। **लॉर्ड कॉर्नवालिस** ने 1793 ई. में बंगाल में स्थायी बन्दोबस्त लागू किया था। **लॉर्ड डलहौजी** ने व्यपगत सिद्धान्त को लागू किया था।

3. निम्नलिखित मदों में से कौन-सी मद 'कैलिको' के नाम से जानी गई, जिसे पुर्तगाली भारत से यूरोप ले गए थे?

(a) मस्लिन (मलमल) *(CTET 2016)*
(b) फुटकर माल (पीस गुड्स)
(c) मसाले
(d) सूती कपड़े

व्याख्या (a) 'कैलिको' नामक वस्त्र पुर्तगालियों द्वारा यूरोप में ले जाया गया। 'कैलिको' को **भारत में मलमल** कहा जाता था। ब्रिटेन में भी इस वस्त्र का प्रयोग 1505 ई. के बाद किया जाने लगा।

'कैलिको' (Calico) शब्द 'कालीकट' (Calicut) से बना है। कालीकट को मलमल उत्पादन का केन्द्र माना जाता है, जिसके कारण पुर्तगालियों ने 'कालीकट' के नाम पर मलमल के वस्त्र को 'कैलिको' नाम दिया।

मलमल कपड़े का निर्माण सूती वस्त्र के रेशे से किया जाता था, जो अधिक पतला तथा कम वजनी होता था।

4. निम्नलिखित को कालक्रमानुसार व्यवस्थित करें *(CTET 2016)*

1. वॉरेन हेस्टिंग्स **2. क्लाइव**
3. लॉर्ड कॉर्नवालिस **4. लॉर्ड वेलेजली**

(a) 4, 3, 2, 1
(b) 1, 2, 3, 4
(c) 3, 1, 4, 2
(d) 2, 1, 3, 4

व्याख्या (d) **क्लाइव** 1757 से 1760 ई. तक बंगाल का गवर्नर था। वह अपने दूसरे कार्यकाल में 1764 से 1772 ई. तक बंगाल में रहा।

- **वॉरेन हेस्टिंग्स,** 1772 से 1785 ई. के बीच बंगाल का गवर्नर था।
- **लॉर्ड कॉर्नवालिस** का कार्यकाल 1786 से 1793 ई. तक था।

लॉर्ड वेलेजली 1798 से 1805 ई. तक बंगाल का गवर्नर जनरल था।

5. 'सहायक सन्धि' के अन्तर्गत, ईस्ट इण्डिया कम्पनी ने राज्यों के भारतीय शासकों को बाध्य किया *(CTET 2015)*

(a) वे अपनी स्वतन्त्र सैनिक शक्ति रखेंगे, कम्पनी द्वारा सुरक्षा प्रदान नहीं होगी, परन्तु फिर भी इसके रख-रखाव का खर्च उन्हें वहन करना होगा

(b) उनकी कोई अपनी स्वतन्त्र सैनिक शक्ति नहीं होगी, परन्तु कम्पनी द्वारा सुरक्षा प्राप्त कर सकेंगे और उसके रख-रखाव का खर्च प्राप्त कर सकेंगे और उसके रख-रखाव का खर्च उन्हें वहन करना होगा

(c) वे अपनी स्वतन्त्र सैनिक शक्ति नहीं रखेंगे, बिना किसी रख-रखाव के खर्चे के वे कम्पनी द्वारा सुरक्षा प्राप्त करेंगे

(d) वे अपनी स्वतन्त्र सैनिक शक्ति रखेंगे और साथ-साथ उन्हें कम्पनी द्वारा सुरक्षा दी जाएगी और इसके रख-रखाव का खर्च भी उन्हें वहन करना होगा

व्याख्या (b) 'सहायक सन्धि' (अंग्रेज इस संधि द्वारा भारत के राजाओं की सहायता करने का दिखावा कर रहे थे) का सिद्धान्त ब्रिटिश भारत में विस्तार से जुड़ा है। इस सिद्धान्त को लागू करने का श्रेय लॉर्ड वेलेजली को दिया जाता है, जिसने 1798 ई. में सबसे पहले हैदराबाद रियासत के साथ 'सहायक सन्धि' पर हस्ताक्षर किए।

'सहायक सन्धि' स्वीकार करने वाली रियासत को ब्रिटिश **सत्ता के सैन्य संरक्षण को स्वीकार करना होता था। ईस्ट इण्डिया कम्पनी एक सैन्य टुकड़ी रियासत में रखती थी,** जिसका खर्च रियासत द्वारा उठाया जाता था। इस प्रक्रिया में भारतीय रियासतें ब्रिटिश सत्ता के अधीन होती चली गईं।

6. अंग्रेजों की 'सर्वोच्चता' नीति के सम्बन्ध में निम्नलिखित कथनों में से कौन-सा कथन सही है? *(CTET 2015)*

(a) इसने इस बात पर बल दिया कि प्राच्य जानकारी के विपरीत यूरोपीय जानकारी देने का तरीका व्यावहारिक रूप से लाभकारी है

(b) इसने घोषित किया कि इंग्लैण्ड में कोई अन्य व्यापार करने वाला समूह ईस्ट इण्डिया कम्पनी से स्पर्द्धा नहीं कर सकेगा

(c) इसने घोषित किया कि यदि भारतीय शासक की मृत्यु बिना पुरुष वारिस के होती है, तो उसके साम्राज्य का अधिग्रहण कर लिया जाएगा

(d) कम्पनी का दावा था कि उसकी सत्ता सर्वोच्च है, इसलिए वह भारतीय राज्यों से ऊपर है

व्याख्या (d) 'सर्वोच्चता' की नीति अंग्रेजों द्वारा भारतीय रियासतों के सन्दर्भ में दी गई थी। **ब्रिटिश ईस्ट इण्डिया ने भारत में एक सर्वोच्च सत्ता की स्थापना की, जिसका न्यायिक क्षेत्र भारतीय रियासतों के ऊपर है।**

विलियम ली-वार्नर द्वारा ब्रिटिश सरकार तथा नेटिव स्टेट्स के सम्बन्धों के बारे में बताया गया, जो तीन चरणों में विकसित हुई है। शासन के आरम्भिक दौर में ब्रिटिश सत्ता द्वारा किए गए समझौतों में व्यापार करने तथा रियासतों के कानून का पालन करने पर बल दिया गया, किन्तु धीरे-धीरे ब्रिटिश सत्ता तथा रियासतों के सम्बन्धों में लगातार परिवर्तन होता गया।

7. 19वीं सदी में ब्रिटेन के औद्योगीकरण के साथ निम्नलिखित में से कौन-सा परिवर्तन हुआ? *(CTET 2014)*

(a) भारत ब्रिटिश औद्योगिक उत्पादों के लिए बड़ा बाजार बन गया

(b) भारत में अनेक उद्योग स्थापित किए गए

(c) भारत ब्रिटिश उद्योगों को कच्चे माल की आपूर्ति करने वाला प्रमुख देश बन गया

(d) भारत ने ब्रिटिश उद्योगों को सस्ते मजदूर उपलब्ध करवाए

व्याख्या (a) 19वीं शताब्दी में औद्योगिक क्रान्ति के परिणामस्वरूप भारत में **ब्रिटिश** वस्तुओं के बाजार की खोज हुई। ब्रिटिश **औद्योगिक उत्पादों के लिए भारत एक बाजार बन गया।** भारत के हस्तशिल्प तथा सूती वस्त्रों के निर्माण को झटका लगा, जब ब्रिटेन में निर्मित वस्तुओं की स्पर्द्धा भारतीय उपक्रमों को समाप्त करने लगी।

ब्रिटेन के उद्योगपति भारत को कच्चे माल की प्राप्ति के साथ विनिर्मित वस्तुओं के विक्रय के लिए बाजार के रूप में स्थापित करने का दबाव ब्रिटिश शासन पर डालने लगे। इसके परिणामस्वरूप भारत में विऔद्योगिकीकरण की प्रक्रिया तीव्र हो गई।

8. 19वीं सदी में ईसाई मिशनरियों ने भारत में क्रिश्चियन शिक्षा को क्यों लागू करना चाहा? *(CTET 2014)*

(a) जनसामान्य को शिक्षित करने के लिए

(b) भारतीयों को कम्पनी सरकार के प्रति वफादार बनाने के लिए

(c) सम्भ्रान्त वर्ग को शिक्षित करने के लिए

(d) लोगों के नैतिक चरित्र को सुधारने के लिए

व्याख्या (b) ब्रिटिश ईस्ट इण्डिया कम्पनी का मानना था कि भारत में प्रशासनिक ढाँचे को व्यवस्थित बनाने के लिए शिक्षित भारतीयों की आवश्यकता है।

ईसाई मिशनरियों द्वारा भारत में 'क्रिश्चियन शिक्षा' लागू करने का उद्देश्य भारतीयों को **सभ्य बनाना तथा रंग-रूप में भारतीय** तथा **विचार में यूरोपीय बनाना था। अर्थात् भारतीयों को कम्पनी के प्रति वफादार बनाना था।** इस सम्बन्ध में विलियम कैरी 1793 ई. में भारत आए तथा बंगाल में प्राथमिक शिक्षा केन्द्रों की स्थापना की। 1813 ई. के चार्टर एक्ट में पहली बार ब्रिटिश सरकार ने भारतीयों को शिक्षा के प्रसार के लिए ₹ 1 लाख का अनुदान दिया।

9. भू-राजस्व के कौन-से समझौते में राजाओं और ताल्लुकदारों को जमींदारों के रूप में मान्यता दी गई? *(CTET 2014)*

(a) स्थायी समझौता
(b) पट्टीदार समझौता
(c) रैयतवाड़ी समझौता
(d) महालवाड़ी समझौता

व्याख्या (a) **स्थायी बन्दोबस्त**, ईस्ट इण्डिया कम्पनी द्वारा जमींदारों के साथ किया गया एक समझौता था, जिसमें ताल्लुकदारों (कुलीन वर्ग) को जमींदारों के रूप में मान्यता देने पर सहमति बनी। इस बन्दोबस्त को लॉर्ड कॉर्नवालिस ने 22 मार्च, 1793 को लागू किया। स्थायी बन्दोबस्त, तत्कालीन ब्रिटिश सरकार की 19% भूमि पर लागू था। सबसे पहले इसे बंगाल में लागू

किया गया। जमींदारों को किसान से वसूले गए लगान का $\frac{10}{11}$ भाग सरकार को देना होता था, जबकि $\frac{1}{11}$ भाग अपने खर्च के लिए रखना होता था। इस समझौते से ब्रिटिश ईस्ट इण्डिया कम्पनी को एक निश्चित तथा स्थायी आय की प्राप्ति होने लगी। **रैयतवाड़ी व्यवस्था** में प्रत्येक किसान भूमि का स्वामी होता था। इसे मद्रास, मुम्बई के प्रान्तों में लागू किया गया था। **महालवाड़ी** व्यवस्था का प्रस्ताव सर्वप्रथम हॉल्ट मैकेंजी द्वारा लाया गया था।

10. जब एक देश पर दूसरे देश के दबदबे से राजनीतिक, आर्थिक, सामाजिक और सांस्कृतिक बदलाव आते हैं, तो इस प्रक्रिया को हम ········ कहते हैं। *(CTET 2012)*

(a) औपनिवेशीकरण (b) पुनर्जागरण
(c) महासंघ (d) व्यापारिक

व्याख्या (a) जब एक देश, किसी अन्य देश पर दबदबे से राजनीतिक, आर्थिक, सामाजिक तथा सांस्कृतिक बदलाव लाने का प्रयास करता है, तो इस प्रक्रिया को **औपनिवेशीकरण** कहा जाता है। भारत पर ब्रिटिश शासन की प्रक्रिया 'औपनिवेशीकरण' कहलाती है।

वस्तुत: किसी समृद्ध एवं शक्तिशाली राष्ट्र द्वारा अपने विभिन्न हितों को साधने के लिए किसी निर्बल, किन्तु प्राकृतिक संसाधनों से परिपूर्ण राष्ट्र के विभिन्न संसाधनों का शक्ति के बल पर उपभोग करना 'उपनिवेशवाद' कहलाता है।

11. ईस्ट इण्डिया कम्पनी ने मुख्य रूप से ······ के लिए बंगाल से दीवानी राजस्व का उपयोग किया। *(CTET 2012)*

(a) पुल और सड़कें बनाने
(b) स्कूल, कॉलेज और विश्वविद्यालय बनाने
(c) भारत में सूती और रेशमी कपड़ों को खरीदने
(d) ब्रिटेन में इनके क्षीयमान भण्डारों की भरपाई करने के लिए सोने और चाँदी के भण्डारों को संचित करने

व्याख्या (c) 1765 ई. में ब्रिटिश ईस्ट इण्डिया कम्पनी को बंगाल की दीवानी प्राप्त हुई। बंगाल की दीवानी प्राप्त करने के बाद कम्पनी को बंगाल, बिहार तथा ओडिशा (उड़ीसा) में राजस्व वसूलने का अधिकार प्राप्त हो गया।

दीवानी अधिकार से प्राप्त राशि से कम्पनी ने **भारत से सूती तथा रेशमी वस्त्रों को खरीदकर इंग्लैण्ड भेजने की प्रक्रिया आरम्भ की,** जिससे अत्यधिक लाभ अर्जित किया जा सके।

12. भारत में प्रभावी प्रशासनिक प्रथा विकसित करने के लिए ब्रिटिश सरकार ने निम्नलिखित में से किसे अपनाया? *(CTET 2012)*

(a) सर्वेक्षण करने की प्रथा
(b) भू-राजस्व संग्रह करने की प्रथा
(c) स्थानीय जनसंख्या का शोषण करने की प्रथा
(d) सैन्य अभियान

व्याख्या (b) ईस्ट इण्डिया कम्पनी द्वारा भू-राजस्व व्यवस्था में सुधार की प्रक्रिया आरम्भ की गई। कम्पनी द्वारा अपने खर्चों को पूरा करने तथा अधिकाधिक लाभ कमाने के उद्देश्य से भारत की कृषि व्यवस्था में हस्तक्षेप करना आरम्भ किया। करों के निर्धारण तथा वसूली के लिए नए प्रकार की भू-राजस्व प्रणालियों की शुरुआत की गई। अंग्रेजों द्वारा भारत में आरम्भ की गई **भू-राजस्व संग्रहण प्रणाली** में निम्न तत्त्व शामिल थे

- स्थायी बन्दोबस्त
- रैयतवाड़ी प्रथा
- महालवाड़ी पद्धति

13. ईस्ट इण्डिया कम्पनी ने 1651 ई. में बंगाल में हुगली नदी के किनारे फैक्ट्री स्थापित की *(CTET 2011)*

(a) स्थानीय किसानों से नील खरीदकर उसे इंग्लैण्ड भेजने के लिए
(b) एक आधार (बेस) स्थापित करने के लिए जहाँ फैक्ट्री अपना काम चला सके
(c) इंग्लैण्ड को निर्यात करने हेतु सूती कपड़ों के उत्पादन के लिए
(d) मसालों को खरीदकर उन्हें इंग्लैण्ड भेजने के लिए

व्याख्या (b) 1650 ई. में कम्पनी की ओर से गैब्रियल बाघटन को मुगल सत्ता से बंगाल में व्यापारिक अनुमति का लाइसेन्स प्राप्त हुआ। हुगली नदी पर 1651 ई. में ईस्ट इण्डिया कम्पनी ने पूर्वी भारत में अपनी पहली फैक्ट्री स्थापित की।

1651 ई. में स्थापित फैक्ट्री के माध्यम से ईस्ट इण्डिया कम्पनी ने बंगाल में विनिर्मित सामानों के संग्रह तथा उसे इंग्लैण्ड भेजने की प्रक्रिया आरम्भ की। **यह कम्पनी का एक बेस था, जहाँ से व्यापारिक गतिविधियों को दिशा दी गई।**

14. 1720 ई. में ब्रिटिश सरकार ने ····· के लिए 'कैलिको अधिनियम' पारित किया। *(CTET 2011)*

(a) इंग्लैण्ड में कैलिको (सूती कपड़ा) उद्योग को बढ़ावा देने
(b) इंग्लैण्ड में कैलिको (सूती) कपड़ों का उत्पादन करने
(c) इंग्लैण्ड में छापेदार सूती कपड़ों-छींट के उपयोग पर पाबन्दी लगाने
(d) कालीकट के विद्रोहियों को दण्ड देने

व्याख्या (c) 'कैलिको अधिनियम' (1720-21) के द्वारा इंग्लैण्ड में भारतीय सूती वस्त्रों के आयात को प्रतिबन्धित किया गया। यह आर्थिक संरक्षणवाद का एक रूप था, **जिसमें बंगाल से आने वाले विनिर्मित सूती वस्त्रों के इंग्लैण्ड में प्रवेश को रोका गया।**

कैलिको अधिनियम का उद्देश्य इंग्लैण्ड के सूती वस्त्रों को भारतीय बाजारों में प्रवेश दिलाना था, जो औद्योगिक क्रान्ति के बाद ब्रिटिश उद्योगपतियों के लिए जरूरी बन गया था। औद्योगिक क्रान्ति के फलस्वरूप इंग्लैण्ड में सूती वस्त्र निर्माण की प्रक्रिया तीव्र हुई थी।

15. निम्नलिखित में से किस पर ब्रिटिश संसद द्वारा महाभियोग चलाया गया था? *(CTET 2011)*

(a) टी. बी. मैकॉले
(b) कॉर्नवालिस
(c) चार्ल्स क्लाइव
(d) वॉरेन हेस्टिंग्स

व्याख्या (d) रेग्युलेटिंग एक्ट, 1773 के आधार पर **वॉरेन हेस्टिंग्स** को बंगाल का गवर्नर जनरल नियुक्त किया गया। वॉरेन हेस्टिंग्स पर 1785 ई. में इंग्लैण्ड की संसद में महाभियोग की प्रक्रिया चलाई गई। हेस्टिंग्स पर महाभियोग का प्रस्ताव इंग्लैण्ड की संसद के सदस्य बर्क द्वारा प्रस्तुत किया गया। उस पर बनारस के शासक चेत सिंह से घूस लेने तथा बंगाल में नन्द कुमार को फाँसी दिलाने के विरुद्ध महाभियोग चलाया गया। 1788 से 1795 ई. तक चली महाभियोग प्रक्रिया के अन्तर्गत अन्त में उसे बरी कर दिया गया।

» State TETs

16. निम्नलिखित में से कौन-सी जोड़ी (कम्पनी के गवर्नर-जनरल एवं उनके युद्ध) सुमेलित नहीं है? *(CGTET 2019)*

(a) वॉरेन हेस्टिंग्स — प्रथम रोहिला युद्ध
(b) लॉर्ड वेलेजली — तृतीय मैसूर युद्ध
(c) लॉर्ड हेस्टिंग्स — तृतीय मराठा युद्ध
(d) लॉर्ड हॉर्डिंग — प्रथम सिख युद्ध

व्याख्या (b) **प्रथम रोहिला युद्ध** 1773-74 ई. में शुजाउद्दौला (अवध का नवाब) द्वारा चलाया गया, उस समय वॉरेन हेस्टिंग्स बंगाल का गवर्नर-जनरल था।

- **तृतीय मैसूर युद्ध** 1790-92 ई. में लड़ा गया। इस दौरान बंगाल का गवर्नर-जनरल लॉर्ड कॉर्नवालिस था।
- **तृतीय मराठा युद्ध** 1817-18 ई. के बीच लड़ा गया। इस युद्ध के समय लॉर्ड हेस्टिंग्स बंगाल का गवर्नर-जनरल था।
- **प्रथम सिख युद्ध** 1845-46 के दौरान बंगाल का गवर्नर-जनरल लॉर्ड हॉर्डिंग था। अत: विकल्प (b) असंगत है।

17. 1764 ई. में बक्सर के युद्ध के समय बंगाल का गवर्नर निम्नलिखित में से कौन था? *(HTET 2011) (CGTET 2019)*

(a) विलियम ड्रेक (b) रॉबर्ट क्लाइव
(c) लॉर्ड रिपन (d) कॉर्नवालिस

व्याख्या (b) बक्सर का युद्ध 1764 ई. में हुआ था। इस युद्ध में बंगाल के नवाब मीर कासिम, अवध के नवाब शुजाउद्दौला तथा मुगल शासक शाह आलम की संयुक्त सेना के विरुद्ध ईस्ट इण्डिया कम्पनी की सेना आमने-सामने थी। **रॉबर्ट क्लाइव** इस समय बंगाल का गवर्नर था। 1765 ई. में इलाहाबाद की सन्धि के बाद कम्पनी को बंगाल में दीवानी अधिकार प्राप्त हुआ और द्वैधशासन की शुरुआत हुई।

18. भारत में प्रथम अंग्रेजी फैक्ट्री प्रारम्भ हुई *(HTET 2015)*

(a) मद्रास में (b) हुगली में
(c) बम्बई में (d) सूरत में

व्याख्या (d) भारत में ईस्ट इण्डिया कम्पनी की पहली फैक्ट्री 1612 ई. में **सूरत** (गुजरात) में स्थापित की गई।
मुगल शासक जहाँगीर द्वारा ईस्ट इण्डिया कम्पनी के अधिकारी कैप्टन मिड्लेटन को सूरत में फैक्ट्री स्थापित करने की स्वीकृति प्रदान की गई। सूरत में फैक्ट्री स्थापना के बाद ब्रिटिश तथा पुर्तगीज शक्तियों में परस्पर संघर्ष की स्थिति बनी।

19. ब्रिटिश गवर्नर-जनरल जिसने 'सर्वोच्च सत्ता' की नीति अपनाई *(HTET 2015)*

(a) वॉरेन हेस्टिंग्स
(b) लॉर्ड ऑकलैण्ड
(c) लॉर्ड कॉर्नवालिस
(d) लॉर्ड डलहौजी

व्याख्या (a) **वॉरेन हेस्टिंग्स** 1813 से 1823 ई. तक बंगाल का गवर्नर-जनरल रहा। उसने भारत में राजनीतिक श्रेष्ठता को बढ़ाने का प्रयत्न किया। ब्रिटिश 'सर्वोच्च सत्ता' को प्रभावी बनाने के लिए उसने युद्धों का सहारा लिया। उसके शासनकाल में आंग्ल-नेपाल युद्ध तथा तृतीय आंग्ल-मराठा युद्ध लड़ा गया। तृतीय आंग्ल-मराठा युद्ध के साथ ही भारत में मराठा शक्ति समाप्त हो गई। हेस्टिंग्स को पिण्डारियों के दमन का श्रेय भी दिया जाता है। वॉरेन हेस्टिंग्स बंगाल प्रेसीडेंसी का प्रथम गवर्नर था। लार्ड ऑकलैण्ड भारत के गवर्नर-जनरल रहे तथा 1839 ई. में ग्राण्ड ट्रंक रोड की मरम्मत करवाई थी। लॉर्ड कॉर्नवालिस का कार्यकाल 1786 से 1793 ई. तक रहा।

20. 1780 ई. में प्रारम्भ किए गए बंगाल गजट साप्ताहिक पत्रिका के सम्पादक कौन थे? *(HTET 2015)*

(a) जेम्स ऑगस्टस हिक्की
(b) विलियम बोल्ट्स
(c) गंगाधर भट्टाचार्य
(d) राजा राममोहन राय

व्याख्या (a) 'बंगाल गजट' कलकत्ता से प्रकाशित होने वाली पहली अंग्रेजी पत्रिका थी। इसका प्रकाशन 1780 ई. में आरम्भ हुआ था। 'बंगाल गजट' का प्रकाशन **जेम्स ऑगस्टस हिक्की** द्वारा कोलकाता (कलकत्ता) से किया गया। इस समाचार-पत्र में अंग्रेजी प्रशासन के भ्रष्टाचार तथा रिश्वतखोरी के समाचार को प्रमुखता से प्रकाशित किया जाता था।
भारत में सर्वप्रथम अखबार प्रकाशन की योजना विलियम बोल्ट्स ने 1767 ई. में बनाई थी। गंगाधर भट्टाचार्य द्वारा 1816 ई. में 'बंगाल गजट' प्रकाशित किया गया। राजा राम मोहन राय ने संवाद कौमुदी को बंगाल से प्रकाशित किया।

21. निम्न में कौन-सा सही सुमेलित युग्म नहीं है? ***(HTET 2014)***
(a) कॉर्नवालिस-स्थायी बन्दोबस्त
(b) विलियम बैण्टिंक-सती प्रथा उन्मूलन एक्ट
(c) लिटन-वर्नाक्यूलर प्रेस एक्ट
(d) रिपन-रॉलेट एक्ट

व्याख्या (d) रॉलेट एक्ट, वर्ष 1919 में पारित किया गया था। इस दौरान भारत में ब्रिटिश वायसराय लॉर्ड चेम्सफोर्ड थे।
स्थायी बन्दोबस्त 1793 ई. में लॉर्ड कॉर्नवालिस द्वारा लागू किया गया था।
सती प्रथा का उन्मूलन 1828 ई. में लॉर्ड विलियम बैण्टिंक के शासनकाल में किया गया।
वर्नाक्यूलर प्रेस एक्ट 1878 ई. में लागू किया गया। क्षेत्रीय भाषाओं के समाचार-पत्रों पर प्रतिबन्ध लगाने के लिए यह अधिनियम लॉर्ड लिटन के शासनकाल में अस्तित्व में आया था। अत: विकल्प (d) असंगत है।

22. निम्न में से कौन-सा सुमेलित है? ***(UPTET 2013)***
(a) लॉर्ड कॉर्नवालिस — स्थायी बन्दोबस्त
(b) लॉर्ड विलियम बैण्टिंक — विलय नीति
(c) लॉर्ड कैनिंग — सती प्रथा का अन्त
(d) लॉर्ड डलहौजी — सहायक सन्धि प्रणाली

व्याख्या (a) लॉर्ड कॉर्नवालिस का सम्बन्ध **स्थायी बन्दोबस्त** से है। भूमि राजस्व संग्रहण के लिए 1793 ई. में यह प्रणाली लागू की गई थी।
विलय की नीति अथवा **व्यपगत सिद्धान्त** लॉर्ड डलहौजी (1848-56) के शासन में अस्तित्व में आया। **सहायक सन्धि** को प्रमुखता के साथ भारत में लागू करने वाला गवर्नर-जनरल लॉर्ड वेलेजली था।
लॉर्ड कैनिंग ईस्ट इण्डिया कम्पनी के अन्तिम भारतीय गवर्नर-जनरल थे। वे भारत में ब्रिटिश क्राउन के पहले वायसराय थे। लॉर्ड विलियम बैण्टिक ने 1828 ई. में सती प्रथा को प्रतिबन्धित किया।

23. भारत में सूती वस्त्र का पहला कारखाना कब खोला गया? ***(BTET 2013)***
(a) 1854 ई.
(b) 1869 ई.
(c) 1907 ई.
(d) 1910 ई.

व्याख्या (a) भारत में पहला सूतीवस्त्र का कारखाना 1854 ई. में कासवजी नानाभाई द्वारा बम्बई (अब मुम्बई) में स्थापित किया गया। इस कारखाने का नाम 'बॉम्बे स्पिनिंग एण्ड वीविंग कम्पनी' था। इससे पूर्व 1818 ई. में सूती वस्त्र संयन्त्र की स्थापना का प्रयास फोर्ट ग्लोस्टर में किया गया, किन्तु इसमें सफलता नहीं मिली थी।

24. 1878 ई. के 'वर्नाक्यूलर प्रेस एक्ट' के माध्यम से ब्रिटिश सरकार ने क्या किया? ***(BTET 2013)***
(a) भारतीय भाषाओं के समाचार-पत्रों पर प्रतिबन्ध लगा दिया
(b) शोषण की खुली छूट अंग्रेजों को दे दी गई
(c) भारतीय प्रेस को स्वतन्त्रता प्रदान की गई
(d) अंग्रेजी समाचार-पत्रों पर प्रतिबन्ध लगा दिया गया

व्याख्या (a) वायसराय लॉर्ड लिटन द्वारा 1878 ई. में वर्नाक्यूलर प्रेस अधिनियम लागू किया गया। **इस अधिनियम द्वारा भारतीय भाषाओं में प्रकाशित होने वाले सभी समाचार-पत्रों पर नियन्त्रित प्रसार लागू किया गया।** यह अधिनियम अंग्रेजी भाषा में प्रकाशित समाचार-पत्रों पर लागू नहीं होता था। इस कारण भारतीयों ने वर्नाक्यूलर प्रेस एक्ट का खुलकर विरोध किया। 1882 ई. में लॉर्ड रिपन ने वर्नाक्यूलर प्रेस एक्ट को रद्द कर दिया।

25. किस क्षेत्र के अंग्रेज अधिग्रहण के कारण सिपाही विद्रोह हुआ था? ***(UPTET 2011)***
(a) अवध (b) बंगाल (c) मैसूर (d) दिल्ली

व्याख्या (a) 1856 ई. में ब्रिटिश शासन द्वारा **अवध का अधिग्रहण** किया गया। अवध पर ब्रिटिश शासन की स्थापना के साथ ही यहाँ जमींदारी प्रथा लागू की गई। स्थायी बन्दोबस्त के कारण किसानों का भूमि सम्बन्धी अधिकार सीमित हो गया। अवध के अधिकांश लोग ब्रिटिश सेना में थे। किसानों के शोषण का प्रभाव सैनिकों पर पड़ा। अवध के किसानों की दयनीय अवस्था ने उन्हें विद्रोह करने पर विवश किया। 1857 ई. के विद्रोह का इसे एक प्रमुख कारण माना जाता है।

26. हिन्द-चीन उपनिवेश था ***(HTET 2011)***
(a) इटली का (b) जर्मनी का
(c) फ्रांस का (d) इंग्लैण्ड का

व्याख्या (c) आधुनिक वियतनाम, लाओस तथा कम्बोडिया के प्रक्षेत्र को इण्डो-चाइना अथवा हिन्द-चीन कहा जाता था। फ्रांस की सेना 1858 ई. में वियतनाम पहुँची। 1880 ई. तक इस सम्पूर्ण क्षेत्र पर फ्रांसीसी सेना का कब्जा हो गया। चीन के साथ फ्रांस की लड़ाई के बाद टोंकिन तथा एनम पर भी **फ्रांस ने अधिकार कर लिया।** इस प्रकार 1887 ई. में फ्रेंच-इण्डो-चाइना का निर्माण हुआ।
फ्रांस ने इस क्षेत्र में उपनिवेश निर्माण के लिए खेती से पैदावार बढ़ाने तथा कच्चा माल प्राप्त कर इसे वृहद् बाजार के रूप में परिवर्तित किया। रेलों तथा बन्दरगाहों का निर्माण किया गया। फ्रांस ने हिन्द-चीन को वृहद् उपनिवेश में परिवर्तित किया।

27. मुगल शासनकाल में भारत में व्यापार के लिए आने वाले प्रथम यूरोपियन कौन थे? *(CGTET 2011)*

(a) पुर्तगाली (b) डच
(c) अंग्रेज (d) फ्रांसीसी

व्याख्या (a) भारत में सबसे पहले आने वाले यूरोपीय, **पुर्तगाली थे**। भारत में औपनिवेशिक काल की शुरुआत 1502 ई. में आरम्भ हुई। इस दौरान पुर्तगालियों ने कोल्लम (केरल) में पहला ट्रेडिंग सेण्टर स्थापित किया। 1510 ई. में पुर्तगालियों द्वारा गोवा में व्यापारिक केन्द्र की स्थापना की गई। ब्रिटिश ईस्ट इण्डिया कम्पनी ने 1612 ई. में सूरत (गुजरात) में अपनी पहली फैक्ट्री की स्थापना की। प्रथम डच व्यापारिक केन्द्र की स्थापना 1616 ई. में सूरत में की गई। डेन तथा फ्रांसीसी कम्पनियों ने इसके बाद अपने बेस स्टेशनों की स्थापना की।

28. कौन-से फ्रांसीसी यात्री ने छः बार भारत की यात्रा की? *(REET 2011)*

(a) मनूची
(b) बर्नियर
(c) थेवनोट
(d) ट्रेवर्नियर

व्याख्या (d) फ्रांस के यात्री **ट्रेवर्नियर** ने छः बार भारत यात्रा की। वह शाहजहाँ तथा औरंगजेब के शासनकाल में भारत आया। ट्रेवर्नियर ने मुगल काल के आपराधिक कानूनों का विवरण दिया है। अपराध के प्रति मुगल शासकों की सख्ती पर भी ट्रेवर्नियर ने अपने विचार रखे हैं।

29. 'दस्तक' शब्द से क्या तात्पर्य है? *(REET 2011)*

(a) गुलामी
(b) फैक्ट्री
(c) बन्दरगाह
(d) शुल्क मुक्त व्यापार

व्याख्या (d) ईस्ट इण्डिया कम्पनी द्वारा बंगाल में अपने व्यापार को बढ़ाने के लिए **दस्तक** नामक परिपत्र का प्रयोग किया गया। 1717 ई. में मुगल शासक फर्रूखशियर द्वारा कम्पनी को व्यापार करने के 'फरमान' के साथ 'दस्तक' नामक परिपत्र प्रदान किया। यह **शुल्क मुक्त व्यापार** का प्रमाण-पत्र था। कानूनी तौर पर दस्तक द्वारा कम्पनी को व्यापार में कर छूट का लाभ प्रदान किया गया था, किन्तु कम्पनी के कर्मचारियों ने दस्तक का अनुचित लाभ निजी व्यापार करने में लिया। इस दस्तक को भारतीय व्यापारियों को भी बेच दिया जाता था।

30. गेटवे ऑफ इण्डिया, इण्डिया गेट तथा तीन मूर्ति की स्थापना हुई थी *(PTET 2011)*

(a) क्रमशः आंग्ल राजा के स्वागत में, आंग्ल वायसराय के स्वागत में, प्रिंस ऑफ वेल्स के स्वागत में
(b) क्रमशः आंग्ल राजा के स्वागत में, गवर्नर-जनरल के स्वागत में, प्रिंस ऑफ वेल्स के स्वागत में
(c) क्रमशः आंग्ल महारानी विक्टोरिया के सम्मान में, प्रथम विश्वयुद्ध की विजय के अवसर पर, द्वितीय विश्वयुद्ध में मारे गए लोगों की याद में
(d) उपरोक्त में से कोई नहीं

व्याख्या (d) **गेटवे ऑफ इण्डिया** (Gateway of India) का निर्माण वर्ष 1924 में बम्बई (अब मुम्बई) में किया गया है। यह प्रवेश द्वार के रूप में ब्रिटिश शासक जॉर्ज पंचम तथा महारानी मैरी के भारत आगमन पर वर्ष 1911 में निर्मित हुआ। इसका शिल्पकार जॉर्ज विवेट था।

इण्डिया गेट, नई दिल्ली में स्थित है। इसका निर्माण वर्ष 1921 में आरम्भ हुआ, जो वर्ष 1931 में पूरा हुआ। यह एक युद्ध स्मारक है, जो प्रथम विश्वयुद्ध में मारे गए सैनिकों की स्मृति में बनाया गया।

तीन मूर्ति भवन को पहले 'फ्लैग स्टाफ हाउस' कहा जाता था। इसका निर्माण वर्ष 1930 में किया गया। यहाँ द्वितीय विश्वयुद्ध में शहीद तीन सैनिकों की मूर्ति के नाम पर ही उसे 'तीन मूर्ति' भवन नाम दिया गया।

अध्याय 12

ग्रामीण व आदिवासी समाज तथा उपनिवेशवाद

» CTET

1. निम्नलिखित में से किसने कहा था कि 'उच्च' जातियों का उनकी भूमि पर कोई अधिकार नहीं है, क्योंकि वास्तव में भूमि का सम्बन्ध देशज लोगों से है अर्थात् तथाकथित निम्न जातियों से? *(CTET 2014)*

(a) घासीदास (b) ज्योतिबा फुले
(c) श्रीनारायण गुरु (d) हरिदास ठाकुर

व्याख्या (b) ज्योतिबा फुले महाराष्ट्र के समाज सुधारक थे। उन्होंने तथाकथित निम्न जातियों के उत्थान के लिए संघर्ष किया। उन्होंने ब्राह्मणों की श्रेष्ठता को चुनौती दी। ज्योतिबा फुले का मानना था कि आर्यों ने भारतीय क्षेत्र पर अधिकार कर यहाँ के निवासियों को 'निम्न' श्रेणी का मानना आरम्भ किया। उनके अनुसार 'उच्च' जाति के लोगों का भूमि पर कोई अधिकार नहीं है। देश की सम्पूर्ण भूमि यहाँ के मूल निवासियों की है।
ज्योतिबा फुले ने 1873 ई. में 'गुलामगिरी' की रचना की। इस संरचना को उन अमेरिकी नागरिकों को समर्पित किया गया था, जिन्होंने गुलामों की मुक्ति के लिए संघर्ष किया।
गुरु घासीदास छत्तीसगढ़ राज्य के समाज सुधारक थे। इनका जन्म वर्ष 1756 ई. में हुआ था। इन्होंने सामाजिक-आर्थिक विषमता, शोषण तथा जातिभेद को समाप्त करके मानव-मानव एकसमान का सन्देश दिया। **श्रीनारायण गुरु** भारत के महान सन्त व समाज सुधारक थे। उन्होंने कन्याकुमारी के समीप मारुतवन पहाड़ों की एक गुफा में तपस्या की थी। **हरिदास ठाकुर** महान वैष्णव सन्त थे। इनका जन्म 1450 ई. में हुआ था। चैतन्य महाप्रभु इनके प्रमुख शिष्य थे।

2. निम्नलिखित में से कौन-सा तथ्य भारत के उत्तरी भागों में गाँव-प्रमुख 'ग्राम' भोजक के विषय में सत्य नहीं है? *(CTET 2014)*

(a) राजा ने उसका कभी टैक्स एकत्र करने के लिए प्रयोग नहीं किया
(b) प्राय: उसके पास दास होते थे और वह भूमि पर खेती करने के लिए मजदूरों को लगाया करता था
(c) वह प्राय: बड़ा भू-स्वामी होता था
(d) उसको पद विरासत में मिलता था

व्याख्या (a) 'ग्राम भोजक' की नियुक्ति गाँव के बड़े भूस्वामियों में से होती थी। इन जमींदारों अथवा भूस्वामियों की जमीन पर दास तथा मजदूर कार्य करते थे। उनके अधिक प्रभावशाली होने पर राजा द्वारा कर वसूली का अधिकार भी उन्हें दिया जाता था। 'ग्राम भोजक' द्वारा न्यायाधीश तथा पुलिस अधिकारी के रूप में कार्य करने का प्रमाण भी प्राप्त होता है।

3. कित्तूर के ब्रिटिश-विरोधी आन्दोलन का नेतृत्व किसने किया? *(CTET 2012)*

(a) रानी चेनम्मा (b) नाना फडणवीस
(c) अहिल्याबाई होल्कर (d) रानी लक्ष्मीबाई

व्याख्या (a) **रानी चेनम्मा** ने कित्तूर राज्य में आन्दोलन का नेतृत्व किया था। 1824 ई. में कित्तूर राज्य को ब्रिटिश सत्ता में मिलाए जाने का विरोध किया गया तथा सशस्त्र संघर्ष की शुरुआत की। रानी चेनम्मा, भारत की पहली शासिका थी, जिसने ब्रिटिश ईस्ट इण्डिया कम्पनी के विरुद्ध विद्रोह किया। उसे गिरफ्तार किया गया। गिरफ्तारी के दौरान ही 1829 ई. में रानी चेनम्मा का निधन मैसूर (कर्नाटक) में हो गया।
नाना फडणवीस अत्यत चतुर व प्रभावशाली मराठा मन्त्री थे। पानीपत के तृतीय युद्ध के दौरान इन्होंने अफगानों का मुकाबला किया। **अहिल्याबाई होल्कर** मालवा स्थित होल्कर साम्राज्य की रानी थी। इनका विवाह मल्हाराव होल्कर के बेटे खाण्डेराव से हुआ था।

4. आदिवासियों को रंग-बिरंगे कपड़े पहने, सिर पर मुकुट लगाए और नाचते-गाते हुए एक रूढ़िबद्ध रूप में प्रदर्शित करने के परिणामस्वरूप प्राय: *(CTET 2012)*

(a) संसार का ध्यान गरीब आदिवासियों की समस्याओं की ओर आकर्षित होता है
(b) इस प्रकार से समूहों के प्रति भेदभाव होता है
(c) आदिवासी संस्कृति को प्रोत्साहन मिलता है
(d) भारतीय संस्कृति की विविधता प्रदर्शित होती है

व्याख्या (c) आदिवासियों द्वारा समारोहों के दौरान रंग-बिरंगे कपड़े, सिर पर मुकुट लगाकर अपनी रूढ़िबद्धता का परिचय दिया जाता है। **यह आदिवासी संस्कृति को प्रोत्साहन देता है।** भारत में 427 प्रकार की आदिवासी जातियाँ निवास करती हैं। आदिवासी समाज में व्याप्त संस्कृति तथा स्थानीय सभ्यता उन्हें विशेष बनाती है।

5. ब्रिटिश शासन के अन्तर्गत स्थानान्तरीय कृषकों को कौन-सी समस्याओं का सामना करना पड़ा? ***(CTET 2012)***

(a) उनके कृषि-उत्पादन में गिरावट आई
(b) उनकी गतिविधि प्रतिबन्धित हो गई थी
(c) बेरोजगारी
(d) शोषण

व्याख्या (b) ब्रिटिश शासन के विस्तार के दौर में जनजातीय क्षेत्रों में आधारभूत संरचना को प्रभावी बनाने की दशा में **स्थानान्तरीय कृषि** (स्थान बदल-बदल कर कृषि करना) **तथा खुदकंटी** (वृक्ष काटना) **व्यवस्था को प्रतिबन्धित किया** गया। आदिवासियों के जीवन से जुड़ी इस परम्परागत कृषि प्रक्रिया को प्रतिबन्धित करने का प्रभाव उनके जीवन पर पड़ा। सन्थाल विद्रोह (1855-56 ई.) तथा बिरसा मुण्डा के **उल्गुलान** (महा विद्रोह) (1898-1900 ई.) में कृषि व्यवस्था के इस स्वरूप को प्रतिबन्धित करने की परिणति सशस्त्र संघर्ष के रूप में सामने आई।

6. निम्नलिखित में से किस आदिवासी समाज को 'खेल' में विभाजित किया गया? ***(CTET 2011)***

(a) सन्थाल (b) भील (c) गोण्ड (d) अहोम

व्याख्या (d) **अहोम** समाज (असम के निवासी ताई जाति के वंशज) 'खेल' में विभाजित किए जाते थे। एक खेल, जिसे 'कुल' कहा जाता था, के नियन्त्रण में प्राय: कई गाँव होते थे। अहोम समाज का यह विभाजन कालान्तर में भंग हुआ। 17वीं शताब्दी में अहोम प्रशासन केन्द्रीकृत था। किसानों को अपने ग्राम-समुदाय द्वारा जमीन दी जाती थी। समुदाय की सहमति के बाद ही राजा इसे वापस ले सकता था।
सन्थाल जनजाति मूल रूप से झारखण्ड में निवास करती है। ब्रिटिश नीतियों के खिलाफ इन्होंने विद्रोह किया था।
भील मुख्यत: मध्य प्रदेश व राजस्थान में निवास करने वाले जनजातीय समुदाय हैं। गोण्ड मध्य प्रदेश व छत्तीसगढ़ में निवास करते हैं। यह भारत का सबसे बड़ा जनजातीय समुदाय है।

» State TETs

7. बिरसा मुण्डा निवासी था ***(HTET 2015)***

(a) कलकत्ता का (b) पटना का
(c) छोटानागपुर का (d) मुँगेर का

व्याख्या (c) बिरसा मुण्डा का जन्म 15 नवम्बर, 1875 को राँची के निकट खूँटी में हुआ था। यह छोटानागपुर का हिस्सा है। बिरसा मुण्डा ने अपने क्रान्तिकारी चिन्तन के आधार पर 19वीं शताब्दी के उत्तरार्द्ध में नवीन सामाजिक तथा राजनीतिक युग का सूत्रपात किया। बिरसा मुण्डा का **उल्गुलान** (महा-विद्रोह) 1895 ई. में आरम्भ हुआ था। बिरसा का आन्दोलन पहले अहिंसात्मक तथा आध्यात्मिक था, किन्तु ब्रिटिश शोषण के विरुद्ध यह लगातार हिंसक तथा अशान्त होने लगा।

8. बंगाल में 'नील विद्रोह' कब हुआ? ***(HTET 2015)***

(a) मार्च, 1859 में (b) मई, 1857 में
(c) अप्रैल, 1776 में (d) मार्च, 1880 में

व्याख्या (a) मार्च, 1859 में पश्चिम बंगाल के नादिया जिले के गोविन्दपुर गाँव से 'नील विद्रोह' की शुरुआत हुई। इस आन्दोलन का नेतृत्व दिगम्बर विश्वास तथा विष्णु विश्वास ने किया। 1860 ई. में प्रकाशित दीनबन्धु मित्र की रचना 'नील दर्पण' में 'नील विद्रोह का विवरण मिलता है। किसानों को कुछ रकम देकर नील की खेती करने को मजबूर किया जाता था। किसान अपनी उपजाऊ जमीन पर चावल की खेती करना चाहते थे। नील विद्रोह ने पहली बार किसानों की एकजुटता को सम्भव बनाया।

9. भारतीय पुरातात्विक सर्वेक्षण के प्रथम सर्वेयर जनरल थे ***(HTET 2014)***

(a) सर विलियम जोन्स (b) जेम्स प्रिंसेप
(c) जेम्स फर्गुसन (d) अलेक्जेण्डर कनिंघम

व्याख्या (d) अलेक्जेण्डर कनिंघम भारतीय पुरातत्व सर्वेक्षण विभाग के प्रथम महानिदेशक थे। 'भारतीय पुरातत्व सर्वेक्षण' की स्थापना 1861 ई. में की गई। वर्ष 1905 में लॉर्ड कर्जन ने पुरातत्व विभाग की स्थापना की। वर्तमान में भारतीय पुरातत्व सर्वेक्षण केन्द्रीय संस्कृति मन्त्रालय के अन्तर्गत कार्य करता है। भारतीय पुरातत्व सर्वेक्षण द्वारा भारत में ऐतिहासिक स्थलों पर महत्त्वपूर्ण उत्खनन किए गए।
भाषाशास्त्री **विलियम जोन्स** ने 1784 ई. में बंगाल एशियाटिक सोसायटी की स्थापना की तथा संस्कृत का अध्ययन किया। ईस्ट इण्डिया कम्पनी के एक अधिकारी **जेम्स प्रिंसेप** ने 1837 ई. में सर्वप्रथम अशोक के शिलालेखों को पढ़ा। **जेम्स फर्गुसन** एक स्कॉटिश खगोलशास्त्री व वैज्ञानिक यन्त्रों के आविष्कारक थे।

10. ब्रिटिश सरकार ने आदिवासियों के लिए पेड़ों की कटाई पर रोक लगाने के लिए 'भारतीय वन अधिनियम' कब पारित किया? ***(BTET 2013)***

(a) 1864 ई. (b) 1865 ई.
(c) 1870 ई. (d) 1875 ई.

व्याख्या (b) पहली बार वनों को कानूनी दायरे में लाने के लिए 1865 ई. में प्रथम 'भारतीय वन अधिनियम' पारित किया गया। **भारतीय वन अधिनियम 1865** ई. में अंग्रेजों द्वारा वन कानून बनाकर आदिवासी समुदाय तथा उनके परम्परागत सम्बन्धों को समाप्त करने की प्रक्रिया आरम्भ की गई। इस अधिनियम द्वारा वन तथा वनोपज को सरकारी सम्पत्ति घोषित किया गया।

11. 'जेलियांगरांग' नामक आदिवासी आन्दोलन का नेता निम्नलिखित में से कौन था? *(BTET 2013)*

(a) जादोनांग (b) तिलक मांझी (c) बिरसा मुण्डा (d) जतरा भगत

व्याख्या (a) जादोनांग, एक नागा आध्यात्मिक गुरु था, जिसने हेराका आन्दोलन आरम्भ किया। जादोनांग ने स्वयं को 'मसीहा राजा' घोषित किया। यह आन्दोलन जेलियांगरांग क्षेत्र में विस्तृत हुआ। 'नागा राज' की स्थापना के लिए संघर्ष की शुरुआत की गई। जेलियांगरांग आन्दोलन के प्रणेता जादोनांग को वर्ष 1931 में ब्रिटिश सरकार द्वारा गिरफ्तार कर फाँसी की सजा दी गई। रानी गिण्डाल्यू ने जेलियांगरांग आन्दोलन को आगे बढ़ाया।

12. 1800 ई. के आस-पास भारतीय निर्यात में सूती कपड़े का प्रतिशत 30 था, जो 1870 ई. तक घटकर कितना प्रतिशत रह गया? *(REET 2012)*

(a) 25 (b) 13 (c) 8 (d) 3

व्याख्या (b) ब्रिटिश ईस्ट इण्डिया कम्पनी ने भारत से सूती वस्त्र का निर्यात आरम्भ किया, जिससे भारत में हस्तशिल्प का विस्तार हुआ था। 1800 ई. में भारत से होने वाले कुल निर्यात में सूती वस्त्र का हिस्सा 30% था।

औद्योगिक क्रान्ति के प्रभाव में ब्रिटेन में सूती वस्त्र के निर्यात को हतोत्साहित किया गया। ब्रिटेन के विनिर्माताओं ने भारत से सूती वस्त्र के स्थान पर कपास के आयात को महत्त्व दिया। सूती वस्त्र पर अत्यधिक शुल्क लगाया गया। इस प्रक्रिया में भारत से सूती वस्त्र का निर्यात लगातार घटने लगा। 1870 ई. में भारत से होने वाला निर्यात घटकर **13%** रह गया।

13. भू-अभिलेखन (रिकॉर्ड) के रख-रखाव के लिए कौन जिम्मेदार होता है? *(HTET 2011)*

(a) पटवारी (b) तहसीलदार
(c) नम्बरदार (d) इनमें से कोई नहीं

व्याख्या (a) **पटवारी**, राजस्व विभाग का कर्मचारी होता है। पटवारी द्वारा भू-अभिलेखन (लैण्ड रिकॉर्ड) का रख-रखाव किया जाता है। पटवारी व्यवस्था की शुरुआत शेरशाह सूरी द्वारा की गई। टोडरमल ने जमीन सम्बन्धी कार्यों के लिए पटवारी पद का सृजन किया। पटवारी को किसानों का प्रथम प्रशासनिक प्रतिनिधि माना जाता है, जो किसानों की समस्या को सीधे प्रशासन तक पहुँचाने के साथ सरकारी योजनाओं की जानकारी ग्रामीण नागरिकों तक पहुँचाने का कार्य करता है।

तहसील का प्रमुख **तहसीलदार** कहलाता है जिसके पास भूमि सम्बन्धित समग्र आँकड़े विद्यमान होते हैं। **नम्बरदार** भूमि का प्रमुख संरक्षक होता है, जो तहसीलदार के निर्देशानुसार कार्य करता है।

14. किस प्रान्त में रैयतवाड़ी राजस्व प्रणाली को लागू किया गया था? *(HTET 2011)*

(a) बम्बई प्रान्त (b) बंगाल प्रान्त (c) मद्रास प्रान्त (d) केन्द्रीय प्रान्त

व्याख्या (c) रैयतवाड़ी भू-राजस्व प्रणाली की शुरुआत सर्वप्रथम 1820 ई. में मद्रास प्रान्त में की गई। मद्रास प्रान्त के गवर्नर थॉमस मुनरो ने इस बन्दोबस्त को लागू किया। रैयतवाड़ी व्यवस्था में सरकार का रैयतों (किसानों) से सीधा सम्बन्ध होता था। किसानों के पास भूमि को रखने अथवा बेचने का अधिकार होता था। बम्बई प्रान्त में यह व्यवस्था 1835 ई. में लागू की गई। लेफ्टिनेण्ट विनगेर के सर्वेक्षण के उपरान्त इसे यहाँ लागू किया गया। **बंगाल प्रान्त** में 'जमींदारी प्रथा' प्रचलित थी, जिसे कॉर्नवालिस ने लागू किया था। केन्द्रीय प्रान्त में 'महालवाड़ी प्रथा प्रचलित थी, जिसे हॉल्ट मैकेंजी ने संकल्पित किया था।

15. राजाओं के पुत्र न होने की स्थिति में भारतीय राज्यों के अधिग्रहण की ब्रिटिश नीति कहलाती थी *(CGTET 2011)*

(a) मुनरो सिद्धान्त (b) हड़प का सिद्धान्त
(c) बल का सिद्धान्त (d) त्याग का सिद्धान्त

व्याख्या (b) लॉर्ड डलहौजी ने भारतीय रियासतों के अधिग्रहण के लिए **व्यपगत के सिद्धान्त** (हड़प की नीति) का सहारा लिया। लॉर्ड डलहौजी ने 1848 ई. में रियासतों के ब्रिटिश शासन के अन्तर्गत विलय की नीति तैयार की। व्यपगत सिद्धान्त में उत्तराधिकारी गोद लेने का निषेध एक महत्त्वपूर्ण प्रक्रिया थी। इस सिद्धान्त के अनुसार, उन सन्तानहीन रियासतों को जो कम्पनी के अधीन थे, उत्तराधिकारी गोद लेने का अधिकार नहीं था और ऐसी स्थिति में उनके राज्य को ब्रिटिश शासन में मिला लिया जाता था।

इस क्रम में सतारा (1848), सम्भलपुर और जैतपुर (1849), झाँसी (1853) तथा नागपुर (1854) को ब्रिटिश शासन में मिला लिया गया। **थॉमस मुनरो** द्वारा भूमि के सन्दर्भ में जो नियम बनाए गए उन्हें **मुनरो सिद्धान्त** कहा जाता है। मुनरो ने मद्रास का गवर्नर रहते भू-राजस्व उगाही के सम्बन्ध में रैयतवाड़ी व्यवस्था लागू की थी। इस व्यवस्था को सर्वप्रथम बारामहल जिले में लागू किया गया था।

16. महान नागा महिला गिण्डाल्यू को 'रानी' की उपाधि किसने दी थी? *(REET 2011)*

(a) रविन्द्रनाथ टैगोर (b) महात्मा गाँधी
(c) जवाहरलाल नेहरू (d) सुभाषचन्द्र बोस

व्याख्या (c) जेलियांगरांग विद्रोह की नायिका रानी गिण्डाल्यू को 'रानी' की उपाधि **जवाहरलाल नेहरू** ने दी। मणिपुर तथा नागालैण्ड के जेलियांगरांग समुदाय द्वारा स्वतन्त्रता के लिए किए गए विद्रोह का नेतृत्व रानी गिण्डाल्यू ने किया।

जादोनांग को 29 अगस्त, 1931 को इम्फाल (मणिपुर) में ब्रिटिश सरकार द्वारा फाँसी दिए जाने के बाद गिण्डाल्यू ने जेलियांगरांग विद्रोह को नेतृत्व प्रदान किया। 17 अक्टूबर, 1932 को उन्हें गिरफ्तार कर लिया गया। देश की स्वतन्त्रता के बाद वर्ष 1947 में ही उन्हें जेल से बाहर किया गया।

अध्याय 13

1857 ई. का विद्रोह

CTET

1. 1857 ई. के विद्रोह के तत्काल बाद ब्रिटिश सरकार की प्रशासनिक नीतियों में आए परिवर्तनों के सन्दर्भ में निम्नलिखित दो कथनों पर विचार कीजिए *(CTET 2016) (REET 2011)*

1. **ब्रिटिश संसद ने 1858 ई. में एक नया कानून पारित किया और ईस्ट इण्डिया कम्पनी के सभी अधिकार ब्रिटिश साम्राज्य के हाथों में सौंप दिए।**
2. **यह तय किया गया कि सेना में भारतीय सिपाहियों का अनुपात बढ़ाया जाए तथा यूरोपीय सिपाहियों की संख्या को कम किया जाए।**

उपरोक्त में से कौन-सा/से कथन सही है/हैं?

(a) 1 और 2 दोनों सही हैं (b) 1 और 2 दोनों गलत हैं
(c) 1 सही है, 2 गलत है (d) 1 गलत है, 2 सही है

व्याख्या (c) 1857 ई. के विद्रोह के उपरान्त ब्रिटिश संसद में 'भारत सरकार अधिनियम, 1858' पारित किया गया। इस अधिनियम को 'भारतीय प्रशासनिक सुधार सम्बन्धी अधिनियम' भी कहा गया। इस अधिनियम द्वारा कम्पनी पर ब्रिटिश संसद का प्रभावशाली नियन्त्रण स्थापित हुआ। कम्पनी के भारतीय शासन को समाप्त कर दिया गया तथा ब्रिटिश क्राउन के अधीन भारतीय प्रशासन को रखा गया। 1858 ई. के अधिनियम में भारतीय सेना के अनुपात में यूरोपीय सिपाहियों की संख्या में वृद्धि की गई। अत: दिए गए कथन के अनुसार, कथन 1 सही है तथा 2 गलत है।

2. 29 मार्च, 1857 को बैरकपुर में अपने अफसरों पर हमला करने के आरोप में निम्नलिखित में से किसको फाँसी पर लटका दिया गया था? *(CTET 2015) (CGTET 2011)*

(a) सुखदेव (b) मंगल पाण्डे
(c) भगतसिंह (d) राजगुरु

व्याख्या (b) चर्बीयुक्त कारतूस के प्रयोग के विरुद्ध सर्वप्रथम कलकत्ता के निकट बैरकपुर की 34वीं नेटिव इंफेण्ट्री के सैनिक मंगल पाण्डे ने विद्रोह किया। 29 मार्च, 1857 को मंगल पाण्डे ने लेफ्टिनेण्ट बाग तथा लेफ्टिनेण्ट जनरल ह्यूसन की हत्या कर दी। 8 अप्रैल, 1857 को सैनिक अदालत के निर्णय के अनुरूप मंगल पाण्डे को फाँसी की सजा दी गई।
10 मई, 1857 को मेरठ से सैन्य विद्रोह की शुरुआत हुई। दिल्ली पर विद्रोही सैनिकों के कब्जे के साथ सैन्य विद्रोह को विस्तार प्राप्त हुआ।
भगतसिंह, राजगुरु एवं सुखदेव को लाहौर षड्यन्त्र मामले में 23 मार्च, 1931 को फाँसी पर लटका दिया गया था।

3. निम्नलिखित में से किस अधिनियम (एक्ट) के अन्तर्गत भारतीय प्रशासन को ईस्ट इण्डिया कम्पनी से ब्रिटिश क्राउन को स्थानान्तरित किया गया? *(CTET 2014)*

(a) 1861 का अधिनियम (b) 1868 का अधिनियम
(c) 1833 का अधिनियम (d) 1858 का अधिनियम

व्याख्या (d) 1857 ई. के विद्रोह के बाद **भारतीय प्रशासनिक सुधार सम्बन्धी अधिनियम, 1858** पारित किया गया। इस अधिनियम के साथ भारत से ईस्ट इण्डिया कम्पनी का शासन समाप्त हो गया तथा ब्रिटिश क्राउन द्वारा भारतीय प्रशासनिक व्यवस्था का हस्तान्तरण किया गया।
भारत के गवर्नर जनरल को 'वायसराय' कहा गया। ब्रिटेन में 'भारत सचिव' पद का सृजन हुआ, जो 15 सदस्यीय 'भारतीय परिषद्' का प्रमुख होता था।
1861 के अधिनियम के अन्तर्गत विभागीय प्रणाली की शुरुआत की गई। 1833 के अधिनियम के तहत कम्पनी के व्यापारिक अधिकार पूरी तरह समाप्त कर दिए गए थे।

4. बेगम हजरत महल ने अंग्रेजों के विरुद्ध विद्रोह भड़काने में निम्नलिखित में से किस नगर से सक्रिय भाग लिया? *(CTET 2014)*

(a) फैजाबाद (b) इलाहाबाद
(c) कानपुर (d) लखनऊ

व्याख्या (d) अवध की 'बेगम हजरत महल' ने लखनऊ में 1857 ई. की क्रान्ति का नेतृत्व किया। 1856 ई. में व्यपगत सिद्धान्त के तहत अवध की रियासत को ब्रिटिश शासन में मिला लिया गया तथा अवध के शासक वाजिद अली शाह को गिरफ्तार कर कलकत्ता में नजरबन्द किया गया।
हजरत महल ने अपने पुत्र बिरजिस कादिर को शासक घोषित कर ब्रिटिश सरकार के विरुद्ध विद्रोह की शुरुआत की। 1858 ई. में हजरत महल नेपाल पलायन कर गई, जहाँ 1879 ई. में उनका निधन हो गया।

5. 1857 ई. के विद्रोह के परिणाम के रूप में निम्नलिखित में से कौन-सा परिवर्तन ब्रिटिश संसद द्वारा लाया गया? *(CTET 2012)*

(a) ब्रिटिश कैबिनेट के एक सदस्य को भारत के लिए राज्य सचिव नियुक्त किया गया
(b) उन प्रभुत्वशाली हिन्दू और मुस्लिम नागरिकों की जमीन और सम्पत्ति जब्त कर ली गई, जिन्होंने विद्रोह का समर्थन किया था
(c) पठान और सिख सैनिकों के ब्रिटिश-भारतीय आर्मी में शामिल होने पर प्रतिबन्ध लगाया गया
(d) देश के सभी शासन अध्यक्षों को यह चेतावनी दी गई कि यदि वे किसी भी विद्रोह का समर्थन करते हैं, तो उनके विरुद्ध सैनिक कार्यवाही की जाएगी

व्याख्या (a) 1857 ई. की क्रान्ति के बाद ब्रिटिश संसद द्वारा भारत सरकार अधिनियम, 1858 (द गवर्नमेण्ट ऑफ इण्डिया एक्ट, 1858) पारित किया गया। इस अधिनियम के आधार पर ईस्ट इण्डिया कम्पनी का शासन भारत से समाप्त कर दिया गया। ब्रिटिश क्राउन का प्रत्यक्ष शासन भारत में आरम्भ हुआ। भारत में ब्रिटिश क्राउन का प्रतिनिधि 'वायसराय' कहलाया। ब्रिटेन में भारतीय प्रशासन की देखरेख के लिए 'भारत सचिव' नियुक्त किया गया। यह ब्रिटिश कैबिनेट का सदस्य होता था। भारत सचिव के 15 सदस्यीय 'भारतीय परिषद्' को भारतीय शासन का उत्तरदायित्व सौंपा गया था।

State TETs

6. कुँवर सिंह किस राज्य के जमींदार थे? *(UPTET 2017)*

(a) बैरकपुर (b) जगदीशपुर
(c) अवध (d) बिठुर

व्याख्या (b) कुँवर सिंह **जगदीशपुर** (आरा, बिहार) के जमींदार थे। उन्होंने 1857 ई. की क्रान्ति का आरा (बिहार) में नेतृत्व किया था। 1857 ई. के प्रथम स्वतन्त्रता संग्राम में इनकी साहसिक भूमिका थी। उन्होंने दानापुर के सिपाहियों का नेतृत्व किया तथा लम्बे समय तक पश्चिमी बिहार को ब्रिटिश शासन से मुक्त रखा। ब्रिटिश इतिहासकार **होम्स** ने लिखा है—उस बूढ़े राजपूत ने ब्रिटिश सत्ता के विरुद्ध अद्भुत वीरता तथा आन-बान के साथ लड़ाई लड़ी। 26 अप्रैल, 1858 को उनका निधन हो गया।

7. 1857 ई. की क्रान्ति के समय गवर्नर-जनरल कौन थे? *(CGTET 2011)*

(a) लॉर्ड कर्जन (b) लॉर्ड रिपन
(c) लॉर्ड डफरिन (d) लॉर्ड कैनिंग

व्याख्या (d) 1857 ई. की क्रान्ति के समय भारत का गवर्नर-जनरल **लॉर्ड कैनिंग** था। लॉर्ड कैनिंग भारत का अन्तिम ब्रिटिश गवर्नर जनरल था। 1857 ई. की क्रान्ति के बाद ईस्ट इण्डिया कम्पनी का भारतीय प्रक्षेत्र से शासन समाप्त हो गया, जिसके बाद लॉर्ड कैनिंग को भारत का प्रथम वायसराय नियुक्त किया गया।

1856 ई. में **लॉर्ड डलहौजी** के उपरान्त लॉर्ड कैनिंग की नियुक्ति भारत में हुई थी। 21 मार्च, 1862 तक वह भारत के वायसराय रहे।

लॉर्ड कर्जन के निर्देशानुसार ही वर्ष 1905 में बंगाल का विभाजन किया गया था।

लॉर्ड रिपन को उदारवादी विचारधारा का माना जाता था, उसी के शासनकाल में स्वायत्त शासन की नींव भारत में डाली गई। इसका कार्यकाल 1880-82 के मध्य था। कांग्रेस की स्थापना के समय भारत के वायसराय **लार्ड डफरिन** था।

8. 1857 ई. के दौरान लिखित पुस्तक 'माझा प्रवास' के लेखक हैं *(REET 2011)*

(a) विष्णुभट्ट गोडसे (b) सीताराम पाण्डेय
(c) नारगेट (d) मंगल पाण्डेय

व्याख्या (a) 'माझा प्रवास' की रचना **विष्णुभट्ट गोडसे** ने 1857 ई. में की। यह मराठी भाषा की महत्त्वपूर्ण रचना है। यह एक यात्रा वृत्तान्त है, जिसमें भारत के प्रथम स्वतन्त्रता संग्राम (1857) के दौरान उत्तर भारत में हुए घटनाक्रमों का सही तथा सटीक विवरण दिया गया है। 1857 ई. के विद्रोह के दौरान विष्णुभट्ट गोडसे ने महू कैण्टोनमेण्ट, ग्वालियर, धार, उज्जैन तथा झाँसी की यात्रा की। उन्होंने कानपुर, लखनऊ, अयोध्या इत्यादि में 1857 ई. की क्रान्ति के प्रभावों को दर्शाया है।

9. भारत के प्रथम स्वतन्त्रता संग्राम (1857) का कानपुर में नेतृत्व किसने किया था? *(REET 2011)*

(a) तात्याँ टोपे (b) लक्ष्मीबाई
(c) नाना साहेब (d) कुँवर सिंह

व्याख्या (c) 1857 ई. के विद्रोह का नेतृत्व कानपुर में **नाना साहेब** ने किया। नाना साहेब को 1857 ई. के प्रथम स्वतन्त्रता संग्राम का शिल्पकार माना जाता है। उनका मूल नाम धोन्धू पन्त था। लॉर्ड डलहौजी ने पेशवा बाजीराव द्वितीय के निधन के बाद नाना साहेब को 8 लाख रुपये की पेंशन से वंचित कर दिया था। नाना साहेब द्वारा पेंशन जारी रखने की अपील की गई, किन्तु इसका प्रभाव नहीं हुआ।

तात्याँ टोपे नाना साहेब के सैनिक सलाहकार थे। **लक्ष्मीबाई** झाँसी की रानी थी। लक्ष्मीबाई ने झांसी में विद्रोह का नेतृत्व सँभाला। जगदीशपुर के जमींदार **कुँवर सिंह** ने भी विद्रोह में भाग लिया था।

10. 1857 ई. की क्रान्ति के समय कोटा का शासक था *(REET 2011)*

(a) महाराव राम सिंह I (b) महाराव राम सिंह II
(c) महाराव माधो सिंह I (d) महाराव उम्मेद सिंह I

व्याख्या (a) 1857 ई. की क्रान्ति के समय 'कोटा' (राजस्थान) के शासक राम सिंह प्रथम थे। कोटा में विद्रोह राजकीय सेना तथा आम जनता ने किया। यहाँ सैन्य विद्रोह का नेतृत्व लाला जयदयाल तथा मेहराब खाँ ने किया।
1857 ई. की क्रान्ति के समय कोटा में ब्रिटिश एजेण्ट मेजर बर्टन था। क्रान्तिकारियों ने मेजर बर्टन तथा उनके दो पुत्रों की हत्या कर दी।
मेजर जनरल राबट्र्स के नेतृत्व में ब्रिटिश सेना ने कोटा पर आक्रमण कर उसे अपने नियन्त्रण में लिया। कई क्रान्तिकारी मारे गए। लाला जयदयाल तथा मेहराब खाँ को फाँसी की सजा दी गई। कोटा रियासत की स्थापना के समय महाराव माधो सिंह I यहाँ के शासक थे।

11. 1857 ई. की क्रान्ति को सिपाही विद्रोह तथा भारत का प्रथम स्वतन्त्रता संघर्ष भी कहा जाता है। समान घटनाक्रम के पीछे अलग नाम होने के क्या कारण हैं? ***(PTET 2011)***

(a) इस घटना के मुख्य कारकों को चिह्नित करना
(b) भारतीय लोगों में उपनिवेश विरोधी भावना की माप करना
(c) विभिन्न परिणामों को समझना
(d) अपने द्वारा दिए गए नामों का प्रचार करवाना

व्याख्या (a) भारतीय इतिहासकारों ने 1857 ई. के विद्रोह को भारतीय स्वतन्त्रता का पहला आह्वान माना है। वी. डी. सावरकर ने इसे 'प्रथम स्वतन्त्रता संग्राम' की संज्ञा दी। ब्रिटिश इतिहासकारों ने विद्रोह की प्रवृत्ति तथा उसके विस्तार को सीमित बताने के लिए इसे 'सैन्य विद्रोह' अथवा 'सिपाही विद्रोह' के रूप में मान्यता दी।
एक परिघटना के विभिन्न नामों का कारण वैचारिक भिन्नता का होना है। भारतीय इतिहासकार की दृष्टि राष्ट्रवादी थी, जबकि ब्रिटिश इतिहासकारों ने साम्राज्यवादी विचारों के कारण 1857 ई. के संग्राम को संकीर्ण तथा सीमित बताने का प्रयास किया।

अध्याय 14

महिलाएँ, कृषक व जनजातीय आन्दोलन

» CTET

1. निम्नलिखित में से कौन-सा संगठन उपनिषद् में आस्था रखता है? *(CTET 2018)*

(a) रामकृष्ण मिशन
(b) सत्यशोधक समाज
(c) सेवा समाज
(d) ब्रह्म समाज

व्याख्या (d) **ब्रह्म समाज**, भारत की एक सामाजिक तथा धार्मिक सुधार आन्दोलनात्मक संस्था थी। इसने बंगाल में पुनर्जागरण युग को प्रभावित किया। ब्रह्म समाज की स्थापना 1828 ई. में राजा राममोहन राय ने की। देवेन्द्रनाथ टैगोर तथा केशवचन्द्र सेन ने ब्रह्म समाज के विस्तार में महत्त्वपूर्ण भूमिका निभाई।

ब्रह्म समाज 'उपनिषद्' तथा वेदों की महत्ता को सबके सामने लाया। मूर्तिपूजा, कर्मकाण्ड इत्यादि का विरोध करते हुए ब्रह्म समाज ने 'उपनिषदों' की चेतना को स्थान दिया। **रामकृष्ण मिशन** की स्थापना मई, 1897 में रामकृष्ण परमहंस के शिष्य स्वामी विवेकानन्द ने की थी। **सत्यशोधक समाज** की स्थापना ज्योतिबा फुले ने की थी।

2. रमाबाई, जो महिला शिक्षा की योद्धा थीं, कभी स्कूल नहीं गईं। फिर भी उन्हें 'पण्डिता' की उपाधि दी गई, क्योंकि *(CTET 2016)*

(a) उन्होंने महिला शिक्षा को बढ़ावा देने के लिए पुणे के पास खेड़ागाँव में एक मिशन स्थापित किया
(b) उनके मिशन ने विधवाओं और गरीब महिलाओं को न केवल पढ़ने-लिखने के लिए प्रोत्साहित किया, अपितु व्यावसायिक कुशलताओं की सहायता से स्वावलम्बी होने की शिक्षा भी दी
(c) उन्होंने अपने माता-पिता से पढ़ना-लिखना सीखा
(d) वे संस्कृत पढ़ना-लिखना जानती थीं, जो एक बहुत बड़ी उपलब्धि थी, क्योंकि उनके समय में महिलाओं को इस प्रकार का ज्ञान अर्जित करने की अनुमति नहीं थी

व्याख्या (d) पण्डिता रमाबाई (1858-1922) एक असाधारण महिला थीं। वह एक विदुषी तथा नारीवादी समाज सुधारिका थीं। उन्होंने बाल-विवाह तथा विधवा-विवाह का विरोध किया। 1881 ई. में उन्होंने 'आर्य महिला सभा' की स्थापना की। **रमाबाई ने संस्कृत भाषा तथा साहित्य का गहन अध्ययन किया। 1878 ई. में कलकत्ता (अब कोलकाता) में भाषा तथा साहित्य में उनके ज्ञान को सराहा गया, तो उन्हें 'पण्डिता' की उपाधि दी गई।** पण्डिता रमाबाई ने पितृसत्तावाद का प्रतिवाद किया तथा नारी मुक्ति को संघर्ष के केन्द्र में माना।

3. ज्योतिबा फुले ने अपनी पुस्तक 'गुलामगिरी' को निम्नलिखित में से किन्हें समर्पित किया? *(CTET 2016)*

(a) उन महिलाओं को, जिन्होंने ब्रिटेन में नारी मताधिकार आन्दोलन में भाग लिया
(b) उन भारतीय सैनिकों को, जो द्वितीय विश्वयुद्ध में मारे गए थे
(c) उन भारतीयों को, जिन्होंने भारतीय स्वाधीनता संग्राम में भाग लिया
(d) उन अमेरिकीयों को, जिन्होंने गुलामों को मुक्ति दिलाने के लिए अमेरिकी गृहयुद्ध में भाग लिया

व्याख्या (d) ज्योतिबा फुले ने 'गुलामगिरी' की रचना 1873 ई. में की थी। इस पुस्तक को उन्होंने उन अमेरिकी कार्यकर्ताओं के प्रति समर्पित किया, जिन्होंने **अमेरिकी समाज से दासता की समाप्ति के पक्ष में अमेरिकी गृहयुद्ध में भाग लिया।**

'गुलामगिरी' की रचना से 10 वर्ष पूर्व अमेरिकी गृहयुद्ध सम्पन्न हुआ था। इस रचना को अमेरिकी कार्यकर्ताओं को समर्पित करने का उद्देश्य भारत में जाति-प्रथा के उन्मूलन के प्रति लोगों में जागरूकता पैदा करना था। इस प्रकार, ज्योतिबा फुले ने अमेरिकी गुलामों तथा भारतीय निम्न जाति के लोगों को जोड़ने का प्रयास किया।

4. वर्ष 1906 में हुए सोग्राम संगमा के विद्रोह का कारण था *(CTET 2016)*

(a) अंग्रेजों द्वारा निर्धारित व्यापार की असमान (भेदकारी) शर्तों के विरुद्ध बंगाल में मुस्लिम व्यापारियों का उठ खड़ा होना
(b) नील के बागान-मालिकों के विरुद्ध चम्पारण में किसानों ने विद्रोह किया
(c) गुजरात में पाटीदार किसानों का अंग्रेजों द्वारा थोपे गए भारी लगान के खिलाफ विद्रोह
(d) असम में आदिवासी समूहों द्वारा किया गया औपनिवेशिक वन कानूनों का विरोध

व्याख्या (d) वर्ष 1906 में सोग्राम संगमा के विद्रोह का सम्बन्ध **असम में आदिवासी समूहों द्वारा किया गया औपनिवेशिक वन कानूनों का विरोध था।**

असम में औपनिवेशिक वन कानूनों का विरोध लम्बे समय से हो रहा था, क्योंकि इससे वन अधिकारों पर प्रहार किया गया था। ब्रिटिश नीतियों के कारण आदिवासी समुदाय की संस्कृतियों को झटका लगा था। औपनिवेशिक नीतियों के कारण वनों पर उनके परम्परागत अधिकार समाप्त हो गए थे। जीवन की रक्षा तथा उसमें आने वाली कठिनाइयों के कारण सोग्राम संगमा के नेतृत्व में आदिवासियों ने यह विद्रोह किया।

5. निम्नलिखित के सही जोड़े बनाइए *(CTET 2016)*

	आन्दोलन		सुधारक
A.	ब्रह्म समाज	1.	स्वामी विवेकानन्द
B.	यंग बंगाल आन्दोलन	2.	सैयद अहमद खाँ
C.	रामकृष्ण मिशन	3.	हेनरी लुईस विवियन डिरोजियो
D.	अलीगढ़ आन्दोलन	4.	केशवचन्द्र सेन

A B C D
(a) 4 3 1 2
(b) 1 4 3 2
(c) 3 2 4 1
(d) 2 1 4 3

व्याख्या (a) केशवचन्द्र सेन का सम्बन्ध **ब्रह्म समाज** से था। 1866 ई. में उन्होंने भारतीय ब्रह्म समाज की स्थापना की। उन्होंने 1870 ई. में 'इण्डियन रिफॉर्म एसोसिएशन' का गठन किया। हेनरी लुईस विवियन डिरोजियो ने **यंग बंगाल आन्दोलन** की शुरुआत की, जिसमें बुद्धिजीवियों तथा छात्रों को सदस्यता दी गई थी।
स्वामी विवेकानन्द ने 1897 ई. में **रामकृष्ण मिशन** की स्थापना की। सैयद अहमद खाँ ने **अलीगढ़ आन्दोलन** को प्रभावी रूप दिया। यह आन्दोलन मुस्लिमों में अंग्रेजी तथा आधुनिक शिक्षा के लिए आरम्भ किया गया था।

6. सुल्ताना का स्वप्न नामक कहानी की लेखिका इनमें से कौन थी? *(CTET 2016)*
(a) रुकैया सखावत हुसैन
(b) पण्डिता रमाबाई
(c) मुमताज अली
(d) रससुन्दरी देवी

व्याख्या (a) **रुकैया सखावत हुसैन** (1880-1932) एक प्रसिद्ध समाज सुधारक थी। उन्होंने 'सुल्ताना का स्वप्न' कहानी लिखी। यह कहानी उन्होंने वर्ष 1905 में अंग्रेजी भाषा में Sultana's Dream नाम से लिखी। यह एक व्यंग्यात्मक फैंटेसी थी, जिसमें उलट-पुलट भरी दुनिया की बात की गई है। इस कहानी में दिखाया गया है कि महिलाओं ने पुरुषों का स्थान ले लिया है। 'सुल्ताना का स्वप्न' कहानी का प्रकाशन वर्ष 1908 में मद्रास (अब चेन्नई) से प्रकाशित पत्रिका 'द इण्डियन लेडीज मैगजीन' में किया गया।
रससुन्दरी देवी एक बंगाली लेखिका थी, जिन्हें आधुनिक बंगाली साहित्य में पहली पूर्ण आत्मकथा लेखक के रूप में जाना जाता है। इनका जन्म 1899 ई. में पाबना (वर्तमान में बांग्ला देश) में हुआ था।
पंडित रमाबाई एक प्रतिष्ठित भारतीय ईसाई समाज सुधारिका एवं सामाजिक कार्यकर्ता थी।
मुमताज अली 19वीं सदी की प्रसिद्ध महिला समाज सुधारक थी।

7. जातीय समानता को प्रचारित करने के लिए निम्नलिखित में से किसने 'सत्यशोधक समाज' की स्थापना की? *(CTET 2015) (CGTET 2016)*
(a) हरिदास (b) ज्योतिबा फुले (c) घासीदास (d) नारायण गुरु

व्याख्या (b) ज्योतिबा फुले ने 24 सितम्बर, 1873 को 'सत्यशोधक समाज' का गठन किया। यह समाज एक छोटे समूह के रूप में आरम्भ हुआ।
सत्यशोधक समाज का उद्देश्य दलितों तथा अस्पृश्यों के लोगों को विमुक्त करना था। वह सभी सामाजिक वर्गों की शिक्षा के प्रबल समर्थक थे। महिलाओं तथा दलितों के उत्थान के लिए 'सत्यशोधक समाज' द्वारा अनेक कार्य किए गए। 'सत्यशोधक समाज' परम्परागत रूप से प्रचलित जाति आधारित सामाजिक विभाजन तथा भेदभाव के विरुद्ध था।

8. उन्नीसवीं सदी में निम्नलिखित में से किसने कुरान शरीफ की आयतों का हवाला देकर महिलाओं की शिक्षा के लिए तर्क दिया? *(CTET 2015)*
(a) रुकैया सखावत हुसैन
(b) मुमताज अली
(c) सैयद अहमद खाँ
(d) जियाउद्दीन बरनी

व्याख्या (b) **मुमताज अली**, 19वीं शताब्दी की प्रसिद्ध महिला समाज सुधारक थी, जिसने 'कुरान' की आयतों का हवाला देकर महिला शिक्षा के समर्थन में तर्क दिया।
मुमताज अली ने उर्दू में महिलाओं के लिए 'तहजीब-उन-निस्वान' पत्रिका का प्रकाशन आरम्भ किया। इस पत्रिका के प्रकाशन की शुरुआत 1898 ई. में लाहौर में हुई। इस पत्रिका में महिलाओं से जुड़े विषयों का प्रकाशन किया गया। मुमताज अली का मानना था कि इस्लाम में महिलाओं को अन्य धर्मों की अपेक्षा कहीं अधिक अधिकार प्राप्त हैं। वह शिक्षा द्वारा महिलाओं को अपने हक प्राप्त करने को प्रोत्साहित करती थीं।

9. निम्नलिखित में से किस विदुषी ने स्त्री और पुरुष के बीच सामाजिक अन्तरों की आलोचना पर आधारित पुस्तक स्त्री-पुरुष तुलना का लेखन किया था? *(CTET 2014)*
(a) ताराबाई शिन्दे
(b) रससुन्दरी देवी
(c) पण्डिता रमाबाई
(d) बेगम रुकैया

व्याख्या (a) 19वीं शताब्दी की एक प्रमुख नारीवादी कार्यकर्ता ताराबाई शिन्दे ने 1882 ई. में मराठी भाषा में एक पुस्तक 'स्त्री-पुरुष तुलना' लिखी। इस रचना में उन्होंने दुनियाभर की महिलाओं की वास्तविक स्थिति पर विचार-विमर्श प्रस्तुत किया। ताराबाई शिन्दे के पिता हरि शिन्दे, ज्योतिबा फुले के **सत्यशोधक समाज** से जुड़े थे।
'स्त्री-पुरुष तुलना' पुस्तक में ताराबाई शिन्दे ने स्त्रियों को दरकिनार करने की प्रवृत्ति की निन्दा की। उन्होंने लिंगभेद के आधार पर स्त्री-पुरुष अधिकारों में विभेद को चुनौती दी तथा पुरुष द्वारा स्वयं को अधिक बुद्धिमान समझने पर प्रश्न उठाया।

10. 19वीं शताब्दी के दौरान ज्यादातर लोगों को लगता था कि शिक्षा से स्त्रियाँ 'बिगड़' जाएँगी *(CTET 2012)*
उपरोक्त वाक्य में 'बिगड़' जाना शब्द का सन्दर्भगत अर्थ बताने वाला निम्नलिखित में से कौन-सा कथन है?
(a) यह उन्हें और अधिक धन देगा
(b) शिक्षा के कारण उन्हें जो शक्ति मिलती, उसके कारण वे अपनी पारम्परिक भूमिकाओं से दूर हो जातीं
(c) वे अपवित्र हो जाएँगी
(d) स्त्रियाँ पुरुषों की तुलना में ज्यादा बिगड़ी हुई थीं

व्याख्या (b) 19वीं शताब्दी में स्त्रियों को शिक्षा देने तथा उन्हें स्कूलों एवं कॉलेजों तक भेजने से उनके माता-पिता दूर रहे। इस समय बालिकाओं की शिक्षा को असहज माना जाता था। उन्हें परम्परागत भूमिकाओं के लिए अनुकूल माना गया। महिलाओं को शिक्षा देने से उनके 'बिगड़' जाने का विचार भी इसी समय आया। लोगों की धारणा यह थी कि **महिलाएँ शिक्षा ग्रहण करके जागरूक हो जाएँगी तो आने वाली पीढ़ियों के लिए यह कठिनाई पैदा करने वाला हो सकता है।**

11. राजा राममोहन राय जैसे समाज सुधारक स्त्रियों के विरुद्ध प्रचलित सामाजिक अन्याय (जैसे सती होना) के बारे में प्रचार-प्रसार के लिए निम्नलिखित में से किस युक्ति का प्रयोग करते थे? *(CTET 2012) (CGTET, BTET 2011)*

(a) वे सरकार के प्रभाव का प्रयोग करते थे
(b) अपनी सोच को सिद्ध करने के लिए प्राचीन धार्मिक पाठों में से श्लोक या वाक्य का प्रयोग करते थे
(c) वे लोकप्रिय राष्ट्रवादी नेताओं की सहायता लेते थे
(d) वे लोकप्रिय सामाजिक वातावरण की सहायता लेते थे

व्याख्या (b) ब्रह्म समाज के संस्थापक राजा राममोहन राय के अथक प्रयासों से 1829 ई. में सती प्रथा पर प्रतिबन्ध लगाया गया। राजा राममोहन राय ने सती प्रथा के विरुद्ध जागरूकता फैलाने के लिए हमेशा वैदिक श्लोकों का सहारा लिया। उन्होंने समाज को अत्यधिक जागरूक किया, किन्तु जागरूकता का विस्तार नहीं होने के कारण उन्हें कानून का सहारा लेना पड़ा। राजा राममोहन राय को 'भारतीय पुनर्जागरण का अग्रदूत' तथा आधुनिक भारत का जनक कहा जाता है। 19वीं शताब्दी में समाज सुधारों की शृंखला थी, जिसमें सती प्रथा पर प्रतिबन्ध को सर्वोत्कृष्ट माना जाता है।

12. संरचना और व्यवहार की वह प्रणाली, जिसमें पुरुष, स्त्री पर अपनी प्रधानता दिखाता है, उसे उत्पीड़ित और शोषित करता है ...... कहलाती है। *(CTET 2012)*

(a) फासीवाद (b) राजतन्त्र
(c) पितृसत्तात्मक (d) पदानुक्रमिक

व्याख्या (c) **पितृसत्तात्मकता** व्यावहारिक रूप से वह प्रणाली है, जिसमें पुरुषों की प्राथमिक सत्ता को महत्त्व दिया जाता है। परिवार में पिता या अन्य पुरुष का महिलाओं पर वर्चस्व होता है। वे महिला सदस्यों का शोषण और उत्पीड़न करते हैं। पुरुषों और महिलाओं के बीच असमानता की प्रवृत्ति पितृसत्तात्मक व्यवस्था की एक महत्त्वपूर्ण विशेषता है।
भारत में पितृसत्तात्मकता का विस्तार केवल परिवार तक सीमित नहीं है। यह समाज, राजनीति तथा अन्य वैचारिक जगत पर अपना वर्चस्व स्थापित कर चुका है।
फासीवादी विचारधारा उग्र एवं अराजकतावादी विचारधारा से अभिप्रेरित होती है। **राजतन्त्र** सामान्यत: प्रशासन प्रणाली का अंग है, जिसमें शासकों द्वारा वंशानुगत शासन किया जाता है। **पदानुक्रमिक** में विभिन्न पदों का श्रेणीबद्ध वर्णन किया जाता है।

नीचे दिए गए अनुच्छेद को पढ़ने के उपरान्त अगले दो प्रश्नों का उत्तर देने के लिए सबसे उचित विकल्प चुनिए। *(CTET 2011)*

अनुच्छेद

"उन्नीसवीं सदी के आखिर तक खुद महिलाएँ भी सुधारों के लिए बढ़-चढ़कर प्रयास करने लगी थीं। उन्होंने किताबें लिखीं, पत्रिकाएँ निकालीं, स्कूल और प्रशिक्षण केन्द्र खोलें तथा महिलाओं को संगठित किया। बीसवीं सदी की शुरुआत से वे महिलाओं को मताधिकार, बेहतर स्वास्थ्य सुविधाएँ और शिक्षा के अधिकार के बारे में कानून बनवाने के लिए राजनीतिक दबाव समूह बनाने लगी थीं। सभी समुदायों की महिलाओं ने वर्ष 1920 के दशक के बाद विभिन्न प्रकार के राष्ट्रवादी और समाजवादी आन्दोलन में हिस्सा भी लिया।
बीसवीं शताब्दी में, जवाहरलाल नेहरू और सुभाषचन्द्र बोस जैसे नेताओं ने महिलाओं के लिए और अधिक स्वतन्त्रता व समानता की माँगों का समर्थन किया। राष्ट्रवादी नेताओं ने आश्वासन दिया कि स्वतन्त्रता मिलने पर सभी पुरुषों व महिलाओं को वोट डालने का अधिकार दे दिया जाएगा, परन्तु उनका आह्वान था कि "जब तक स्वतन्त्रता नहीं मिल जाती तब तक महिलाओं को अंग्रेजी राज विरोधी संघर्ष में ही जोर लगाना चाहिए।"

13. महिलाओं के अधिकारों के सम्बन्ध में निम्नलिखित में से कौन-सा कथन दिए गए अनुच्छेद के आधार पर गलत है? *(CTET 2011)*

(a) स्वतन्त्रता संघर्ष से जुड़ने के लिए सभी समुदायों से अनेक महिलाएँ आगे आईं
(b) महिलाओं को राष्ट्रवादी नेताओं का समर्थन प्राप्त हुआ
(c) महिलाओं के लेखन को सराहा नहीं गया
(d) अब महिलाओं ने अपने राजनीतिक अधिकारों सहित अपने अधिकारों की माँग के लिए आवाज उठाई

व्याख्या (c) स्वतन्त्रता संघर्ष के समय राष्ट्रवादी नेताओं ने महिला अधिकारों के संरक्षण तथा प्रोत्साहन का प्रयास किया। नेताओं ने महिलाओं को अपने अधिकारों के लिए आगे आने का आह्वान किया।
स्वतन्त्रता संघर्ष से जुड़ने हेतु सभी समुदाय की अनेक महिलाएँ आगे आईं। महिलाओं को राष्ट्रवादी नेताओं का व्यापक समर्थन प्राप्त हुआ। **उनके लेखन को सराहा गया।** महिलाएँ इतनी जागरूक हो गईं कि वे अपने अधिकारों की माँग हेतु आवाजें उठाने लगी।

14. भारत के राष्ट्रीय आन्दोलनों के नेताओं द्वारा प्रयुक्त रणनीति से सम्बन्धित ऊपर दिए गए अनुच्छेद के आधार पर निम्नलिखित में से कौन-सा सबसे बेहतर निष्कर्ष निकाला जा सकता है? *(CTET 2011)*

(a) स्त्रियों और पुरुषों को 'लेन-देन' की नीति का अनुपालन करने के लिए प्रोत्साहित किया गया
(b) भारतीय महिलाएँ अपने भाषणों द्वारा अनेक लोगों को आन्दोलन में शामिल कर सकती थीं

(c) राष्ट्रवादी नेताओं ने महिलाओं को उनके अधिकार दिलवाने के लिए समर्थन माँगा और वादा किया कि स्वतन्त्रता के बाद उन्हें वोट देने का अधिकार दिलवाएँगे
(d) स्त्रियों की भागीदारिता स्वतन्त्रता संघर्ष को और अधिक आकर्षक बनाएगी

व्याख्या (c) राष्ट्रवादी नेता जवाहरलाल नेहरू तथा सुभाषचन्द्र बोस ने महिलाओं के लिए राजनीतिक स्वतन्त्रता का समर्थन किया। **महिलाओं को आगे आने की एवज में मताधिकार प्रदान करने का भरोसा भी इन नेताओं द्वारा दिया गया।** इसके साथ ही इन नेताओं ने यह भी कहा कि जब तक भारत को ब्रिटिश सरकार की अधीनता से मुक्त नहीं करवा लिया जाता है, तब तक महिलाओं को आन्दोलन में भागीदारी निभानी चाहिए।

15. 19वीं शताब्दी के दौरान किसके विकास ने बड़े पैमाने पर सामाजिक रीति-रिवाज और व्यवहार के बारे में वाद-विवाद तथा चर्चाओं को सुगम बनाया? *(CTET 2011)*
(a) रंगमंच (b) चलचित्र
(c) रेडियो (d) पत्रिकाएँ

व्याख्या (d) 19वीं शताब्दी के दौरान **पत्रिकाओं** के विकास ने सामाजिक रीति-रिवाज तथा व्यवहार पर बड़े पैमाने पर वाद-विवाद तथा चर्चाओं को सुगम बनाया।
इस दौरान प्रत्येक वर्ग के लिए पत्रिकाओं का प्रकाशन हो रहा था। राष्ट्रवादियों द्वारा राष्ट्रीय स्वतन्त्रता संघर्ष को प्रोत्साहन देने वाली धारणाओं पर विचार किया जा रहा था। नारीवादी कार्यकर्ता अपनी पत्रिकाओं के माध्यम से स्त्रियों की समस्याओं पर वार्ता कर रहे थे।
रंगमंच, रेडियो तथा **चलचित्र** का इतना अधिक प्रसार इस दौरान नहीं हुआ था। जबकि पत्रिकाओं की पहुँच सभी वर्गों तक समान रूप से थी।

16. 19वीं शताब्दी के दौरान अधिकतर शिक्षित महिलाओं को उनके उदारवादी पिताओं तथा पतियों ने उन्हें स्कूल भेजने की बजाय घर पर पढ़ाया क्योंकि *(CTET 2011)*
(a) लड़कियों को घर पर पढ़ाने में पुरुषों को बहुत खुशी होती थी
(b) लड़कियों को स्कूल पहुँचने के लिए सार्वजनिक स्थानों से गुजरते हुए यात्रा करनी पड़ती थी और उनकी सुरक्षा एक चिन्ता थी
(c) उस समय इस बात का डर था कि स्कूल लड़कियों को घरेलू कार्य करने से रोकेगा
(d) लोगों को भय था कि स्कूल लड़कियों को घर से दूर ले जाएँगे

व्याख्या (b) 19वीं शताब्दी के दौरान लड़कियों को स्कूल भेजने की बजाय उदारवादी अभिभावक उन्हें घर पर ही पढ़ाना अधिक उचित मानते थे। **इस दौरान लड़कियों एवं महिलाओं की सुरक्षा का मुद्दा सबसे अधिक प्रभावी था।** लड़कियों एवं महिलाओं को विद्यालय जाने के लिए सार्वजनिक स्थलों से गुजरना पड़ता था। इस समय विद्यालयों की संख्या कम थी तथा बालिकाओं को लम्बी यात्रा कर उस स्थान तक पहुँचना पड़ता था, जहाँ उनकी शैक्षणिक संस्था होती थी।

17. ब्रिटिश सरकार द्वारा 1857 ई. में निम्नलिखित में से कौन-से तीन विश्वविद्यालय स्थापित किए गए? *(CTET 2011)*
(a) कलकत्ता, बम्बई तथा पंजाब (b) कलकत्ता, बम्बई तथा दिल्ली
(c) कलकत्ता, मद्रास तथा बम्बई (d) कलकत्ता, मद्रास तथा बनारस

व्याख्या (c) भारत के प्रथम तीन विश्वविद्यालय—**कलकत्ता, मद्रास** तथा **बम्बई** की स्थापना 1857 ई. में हुई थी। इन विश्वविद्यालयों की स्थापना का प्रस्ताव चार्ल्स वुड घोषणा-पत्र द्वारा किया गया। चार्ल्स वुड घोषणा-पत्र में लन्दन विश्वविद्यालय के आधार पर भारत के तीन शहरों में विश्वविद्यालय स्थापना की व्यवस्था की गई। इन विश्वविद्यालयों को परीक्षा लेने एवं उपाधियाँ प्रदान करने का अधिकार होता था। वुड्स का घोषणा-पत्र भारत में आधुनिक शिक्षा के विकास की दिशा में अनूठा पड़ाव माना गया।

» State TETs

18. हिन्दू विधवा पुनर्विवाह अधिनियम निम्न में से किस वर्ष पारित हुआ? *(UPTET 2018)*
(a) 1856 ई. (b) 1846 ई. (c) 1816 ई. (d) 1826 ई.

व्याख्या (a) ब्रिटिश सरकार द्वारा हिन्दू विधवा पुनर्विवाह अधिनियम 1856 ई. में पारित किया गया। इस अधिनियम द्वारा हिन्दू धर्म को मानने वालों में विधवाओं का पुनर्विवाह करने को कानूनी मान्यता दी गई। यह अधिनियम 25 जुलाई, 1856 को लागू किया गया। यह विधवा महिलाओं के लिए उठाया गया महत्त्वपूर्ण कदम था, जिससे उनके जीवन में महत्त्वपूर्ण सुधार हुआ।
हिन्दू विधवा पुनर्विवाह अधिनियम के तीन महत्त्वपूर्ण बिन्दु थे
1. पति की मृत्यु के बाद महिला पुनर्विवाह कर सकती थी।
2. अल्पवयस्क बालिका के मामले में सम्बन्धियों से वार्ता की जा सकती है।
3. विवाह के लिए दोनों पक्षों का सहमत होना जरूरी है।

19. 'आत्मीय सभा' की स्थापना इनमें से किसने की थी? *(UPTET 2018)*
(a) राजा राममोहन राय
(b) एम. जी. रानाडे
(c) देवेन्द्रनाथ टैगोर
(d) आत्माराम पाण्डुरंग

व्याख्या (a) राजा राममोहन राय ने 1815 ई. में 'आत्मीय सभा' की स्थापना की। इसकी स्थापना कलकत्ता में की गई थी। आत्मीय सभा में विद्वानों के बीच दार्शनिक मुद्दों पर विस्तृत चर्चा होती थी। 'आत्मीय सभा' के अन्तर्गत राजा राममोहन राय के मणिकल्ला (कोलकाता) 'आवास गार्डन हाउस' पर साप्ताहिक बैठक आयोजित की जाती थी। 1823 ई. में आत्मीय सभा की बैठकें होना बन्द हो गईं। 'फ्री थिंकिंग' को बढ़ावा देने वाली यह संस्था अल्पजीवी प्रमाणित हुई।

एम. जी. रानाडे एवं **आत्माराम पाण्डुरंग** प्रमुख समाज सुधारक थे। इन्होंने जातीय भेदभाव एवं छुआछूत का पुरजोर विरोध किया। **देवेन्द्रनाथ टैगोर** ने ब्रह्म समाज की स्थापना में सहयोग दिया था।

20. आर्य समाज की स्थापना हुई थी *(UPTET 2017, 11) (CGTET 2016)*

(a) 1865 ई. में (b) 1870 ई. में
(c) 1875 ई. में (d) 1880 ई. में

व्याख्या (c) आर्य समाज की स्थापना 1875 ई. में बम्बई में की गई। इसकी स्थापना स्वामी दयानन्द सरस्वती ने अपने गुरु स्वामी विरजानन्द की प्रेरणा से की। आर्य समाज एकेश्वरवाद में विश्वास करता है तथा मूर्तिपूजा का निषेध करता है।

आर्य समाज वस्तुत: पाश्चात्य प्रभावों की प्रक्रिया में हिन्दू धर्म सुधार के लिए किया गया प्रयास था। स्वामी दयानन्द सरस्वती ने 'सत्यार्थ प्रकाश' नामक ग्रन्थ की रचना हिन्दी में की। इसे आर्य समाज का 'मूल ग्रन्थ' कहा जाता है। स्वामी दयानन्द सरस्वती ने 'वेदों की ओर लौटो' प्रसिद्ध नारा दिया।

21. लॉर्ड मैकाले सम्बन्धित हैं *(UPTET 2016)*

(a) सेना के सुधार से (b) सती प्रथा की समाप्ति से
(c) अंग्रेजी शिक्षा से (d) स्थायी बन्दोबस्त से

व्याख्या (c) लॉर्ड मैकाले का सम्बन्ध अंग्रेजी शिक्षा में सुधार से है। 1834 से 1838 ई. तक वह वायसराय की परिषद् के विधि सदस्य थे। लॉर्ड मैकाले प्रथम विधि आयोग के अध्यक्ष थे तथा भारतीय दण्ड संहिता (IPC) के निर्माण में उनकी महत्त्वपूर्ण भूमिका थी।

अंग्रेजी को भारत की सरकारी भाषा तथा शिक्षा का माध्यम बनाने के लिए उन्होंने 1835 ई. में मैकाले घोषणा-पत्र जारी किया। भारतीय शिक्षा के लिए दर्शन, साहित्य तथा विज्ञान को लक्ष्य बनाए जाने की दिशा में मैकाले ने महत्त्वपूर्ण भूमिका निभाई।

22. रामकृष्ण मिशन की स्थापना किसने की? *(UPTET 2016)*

(a) दयानन्द सरस्वती (b) स्वामी विवेकानन्द
(c) राजा राममोहन राय (d) दादाभाई नौरोजी

व्याख्या (b) **स्वामी विवेकानन्द** ने 1 मई, 1897 को रामकृष्ण मिशन की स्थापना कलकत्ता (कोलकाता) के निकट बेल्लूर में की। स्वामी विवेकानन्द, 1897 से 1901 तक रामकृष्ण मिशन के महाध्यक्ष (General President) रहे। वर्ष 1901 के बाद महाध्यक्ष पद को समाप्त कर अध्यक्ष का पद सृजित किया गया। स्वामी विवेकानन्द ने इस संस्था की स्थापना अपने आध्यात्मिक गुरु रामकृष्ण परमहंस की स्मृति में की। रामकृष्ण मिशन परोपकारी संस्था है। यह हिन्दू के महत्त्वपूर्ण सिद्धान्तों पर कार्य करता है।

दयानन्द सरस्वती ने आर्य समाज की स्थापना की थी। **राजा राम मोहन राय** ने ब्रह्म समाज की स्थापना की थी। **दादाभाई नौरोजी** समाज सुधारक के साथ-साथ एक स्वतन्त्रता सेनानी भी थे, जिन्होंने ब्रिटिश हुकूमत के खिलाफ आवाज उठाई थी।

23. 1893 ई. में अमेरिका के किस शहर में स्वामी विवेकानन्द ने भारत के प्रतिनिधि के रूप में विश्व धर्म संसद में प्रेरणादायक भाषण दिया? *(CGTET 2016)*

(a) न्यूयॉर्क (b) शिकागो (c) वाशिंगटन (d) कैलिफोर्निया

व्याख्या (b) 1893 ई. में अमेरिका के शिकागो शहर में 'विश्व धर्म संसद' का आयोजन किया गया। इस 'विश्व धर्म संसद' में स्वामी विवेकानन्द ने हिन्दू धर्म का प्रतिनिधित्व किया था। स्वामी विवेकानन्द ने विश्व धर्म संसद में अपना सम्बोधन 11 सितम्बर, 1893 को दिया। उन्होंने अपने भाषण की शुरुआत 'सिस्टर्स एण्ड ब्रदर्स ऑफ अमेरिका' से की। उनका भाषण अत्यधिक प्रेरणास्पद तथा भावनापूर्ण था।

24. शारदा अधिनियम के अन्तर्गत लड़कियों एवं लड़कों के विवाह की न्यूनतम आयु क्रमश: कितनी निर्धारित की गई थी? *(UPTET 2013)*

(a) 14 वर्ष एवं 18 वर्ष
(b) 15 वर्ष एवं 21 वर्ष
(c) 16 वर्ष एवं 22 वर्ष
(d) 12 वर्ष एवं 16 वर्ष

व्याख्या (a) 28 सितम्बर, 1929 को बाल विवाह प्रतिबन्ध अधिनियम, 1929 पारित किया गया। इस अधिनियम में लड़कियों के विवाह की न्यूनतम आयु **14 वर्ष** तथा लड़कों की न्यूनतम आयु **18 वर्ष** तय की गई। इस अधिनियम के प्रस्तावों को **हरविलास शारदा** ने तैयार किया था, जिस कारण इसे 'शारदा अधिनियम' भी कहते हैं।

शारदा अधिनियम 1 अप्रैल, 1930 को लागू किया गया। यह पहला सामाजिक सुधार मुद्दा था, जिसे भारतीय महिलाओं ने प्रोत्साहित किया।

25. निम्नलिखित में से प्रथम भारतीय समाचार-पत्र था *(UPTET 2013)*

(a) दि ट्रिब्यून (b) टाइम्स ऑफ इण्डिया
(c) बंगाल गजट (d) दि यंग इण्डिया

व्याख्या (c) 'बंगाल गजट' भारत में प्रकाशित होने वाला प्रथम अंग्रेजी समाचार-पत्र था। इसका प्रकाशन 29 जनवरी, 1780 को आरम्भ हुआ था। जेम्स ऑगस्टस हिक्की इस समाचार-पत्र के प्रकाशक थे। 'बंगाल गजट' का प्रकाशन कलकत्ता में किया जाता था। 23 मार्च, 1782 को इस समाचार-पत्र का अन्तिम अंक प्रकाशित हुआ। 1816 ई. में पुन: इसका प्रकाशन गंगाधर भट्टाचार्य द्वारा आरम्भ किया गया।

26. भारतीय समाज में महिलाओं की स्थिति में सुधार की दिशा में किए गए प्रयासों के सन्दर्भ में निम्न में से कौन-सा कथन सही नहीं है? ***(REET 2012)***

(a) मद्रास प्रेसीडेन्सी में वीरेशलिंगम पंतुलु ने विधवा विवाह के समर्थन में एक संगठन बनाया था
(b) जवाहरलाल नेहरू एवं सुभाषचन्द्र बोस ने महिलाओं के लिए अधिक स्वतन्त्रता एवं माँगों का समर्थन किया
(c) पण्डिता रमाबाई ने ऊँची जातियों की महिलाओं की दुर्दशा सुधारने का प्रयास किया
(d) ताराबाई शिन्दे ने 'स्त्री-पुरुष तुलना' नाम से किताब प्रकाशित कर स्त्री के बारे में रूढ़िवादी विचारों का समर्थन किया

व्याख्या (d) **ताराबाई शिन्दे ने 'स्त्री-पुरुष तुलना' में स्त्री तथा पुरुष के बीच विभेद पर प्रश्न किया।** उन्होंने स्त्रियों को पुरुषों के समान बताया। ताराबाई शिन्दे ने 1882 ई. में 'स्त्री-पुरुष तुलना' पुस्तक की रचना मराठी भाषा में की।

पण्डिता रमाबाई ने उच्च जातियों में महिलाओं की दुर्दशा को सुधारने का विचार दिया। बाल विवाह तथा विधवा विवाह निषेध पर उन्होंने सवाल खड़े किए। वीरेशलिंगम पंतुलु ने विधवा विवाह का समर्थन किया तथा 'हितकारिणी समाज' नामक संगठन की स्थापना की।

27. महिलाओं ने भी जागरण एवं सामाजिक सुधार हेतु आधुनिक काल में लेखन कार्य को प्रोत्साहन दिया। इसी क्रम में उन्होंने कई पुस्तकें लिखीं। 1876 ई. में प्रकाशित ग्रन्थ 'आमार जीवन' की लेखिका थीं ***(REET 2012)***

(a) रससुन्दरी देवी
(b) कैलाश बासिनी देवी
(c) रुकैया सखावत हुसैन
(d) पण्डिता रमाबाई

व्याख्या (a) रससुन्दरी देवी बांग्ला भाषा की प्रसिद्ध लेखिका थीं। उन्होंने आधुनिक बांग्ला साहित्य में पहली आत्मकथा लिखी। उनकी आत्मकथा 'आमार जीवन' (My Life) 1876 ई. में प्रकाशित हुई थी। इसका हिन्दी अनुवाद 'मेरा जीवन' नाम से किया गया है। रससुन्दरी देवी, भारत की पहली महिला है, जिसने 'भारत का इतिहास' पढ़ा था।

रससुन्दरी देवी की आत्मकथा दो भागों में विभाजित है। पहले भाग में 16 अध्याय हैं, जिसमें अपने जीवन की प्रवृत्तियों को उन्होंने उभारा है। दूसरे भाग में 15 अध्याय हैं। रससुन्दरी देवी-महिला अधिकारों के लिए संघर्षरत् रही थीं।

28. सिद्धू व कान्हू का सम्बन्ध है ***(HTET 2011)***

(a) मुण्डा विद्रोह से
(b) सन्थाल विद्रोह से
(c) भील विद्रोह से
(d) कोया विद्रोह से

व्याख्या (b) झारखण्ड में **सन्थाल विद्रोह** की शुरुआत 1855 ई. में हुई। इस विद्रोह को नेतृत्व प्रदान करने वाले सिद्धू तथा कान्हू नाम के भाई थे। यह विद्रोह ब्रिटिश शासन के दौरान जमींदारों तथा साहूकारों द्वारा किए जाने वाले अत्याचारों के विरुद्ध सन्थालों की तीव्र प्रतिक्रिया थी।

राजमहल के क्षेत्र को **दामिने कोह** कहा जाता था। बाहरी लोगों को 'दिकू' से सम्बोधित किया जाता था, जिन्हें अपने क्षेत्र से बाहर करने के लिए सन्थालों ने उग्र प्रयास किया। अंग्रेजों की बड़ी सैन्य कार्यवाही के उपरान्त 1856 ई. में सन्थाल विद्रोह को दबा दिया गया। **मुण्डा विद्रोह** भी ब्रिटिश सरकार की नीतियों के खिलाफ एक प्रभावी जनजातीय विद्रोह था। इस विद्रोह का नेतृत्व **बिरसा मुण्डा** ने किया था।

29. सती प्रथा के विरुद्ध कानून बनाने वाले गवर्नर-जनरल का नाम था ***(CGTET 2011)***

(a) लॉर्ड बैंटिक
(b) लॉर्ड डलहौजी
(c) लॉर्ड रिपन
(d) लॉर्ड कॉर्नवालिस

व्याख्या (a) भारत में सती प्रथा के अन्त की घोषणा 4 दिसम्बर, 1829 को की गई। इस बुराई का अन्त करने का श्रेय लॉर्ड विलियम बैण्टिक को है। बंगाल के प्रसिद्ध समाज सुधारक राजा राममोहन राय के अथक प्रयासों के बाद सती प्रथा को समाप्त करने वाले कानून का निर्माण हुआ।

ब्रिटिश सरकार ने 1829 ई. में 17वें नियम को पारित कर विधवाओं के जीवित जलाए जाने को अपराध घोषित किया। पहले यह नियम बंगाल प्रेसीडेन्सी में लागू हुआ, तथा बाद में 1830 ई. में बम्बई तथा मद्रास प्रेसीडेन्सी में लागू किया गया।

30. सिंह सभा आन्दोलन विस्तृत रूप से कब प्रारम्भ हुआ? ***(PTET 2011)***

(a) 18वीं शताब्दी
(b) 20वीं शताब्दी
(c) 19वीं शताब्दी
(d) 21वीं शताब्दी

व्याख्या (c) सिखों में सुधारवादी संगठन के रूप में 'सिंह सभा' की स्थापना 1873 ई. में की गई। यह संगठन अमृतसर (पंजाब) में गठित किया गया था। सिंह सभा ने किसी पन्थ की बुराई करने से परहेज किया था। सिंह सभा का गठन ब्रह्म समाज, आर्य समाज, अलीगढ़ आन्दोलन तथा ईसाई मिशनरियों की गतिविधियों की प्रतिक्रिया में किया गया। इस सभा का उद्देश्य सच्चे सिख धर्म का प्रचार-प्रसार करना तथा सिख धर्म के गौरव को पुनर्स्थापित करना था। सिंह सभा ने पंजाबी भाषा तथा गुरुमुखी लिपि के प्रचार-प्रसार को भी अपना लक्ष्य निर्धारित किया था।

अध्याय 15

भारतीय राष्ट्रीय आन्दोलन

» CTET

1. औपनिवेशिक शिक्षा पर गाँधी जी के विचारों के सम्बन्ध में निम्नलिखित कथनों में से कौन-सा कथन गलत है? *(CTET 2016)*

(a) अंग्रेजी शिक्षा ने पढ़ने और लिखने की अपेक्षा मौखिक ज्ञान पर अधिक बल दिया

(b) अंग्रेजी में दी जा रही शिक्षा ने भारतीयों को अपने सामाजिक परिवेश से काट दिया

(c) औपनिवेशिक शिक्षा ने भारतीयों के मस्तिष्क में हीनता का भाव पैदा कर दिया

(d) पश्चिमी शिक्षा में जीवन के अनुभवों और व्यावहारिक ज्ञान की अपेक्षा पाठ्य-पुस्तकों पर अधिक बल दिया गया

व्याख्या (a) महात्मा गाँधी ने 'औपनिवेशिक शिक्षा' का विरोध किया। उन्होंने इस शिक्षा व्यवस्था को भारतीय जनता के लिए घातक बताया। उनका मानना था कि भारतीयों को अंग्रेजी में शिक्षा देना उन्हें 'दास' बनाना है। पश्चिमी शिक्षा के कारण पश्चिमी सभ्यता, संस्कृति तथा पाश्चात्य जीवन शैली भारतीय जनता को मानसिकता का अंग बन गई है। इससे मुक्ति ही सच्ची स्वतन्त्रता है।

2. दक्षिण भारत में 'नमक सत्याग्रह' के एक वयोवृद्ध राष्ट्रवादी नेता निम्नलिखित में से कौन थे? *(CTET 2016)*

(a) महात्मा गाँधी (b) सी. राजगोपालाचारी

(c) सरदार वल्लभ भाई पटेल (d) पोट्टि श्रीरामुलु

व्याख्या (b) सविनय अवज्ञा आन्दोलन के दौरान महात्मा गाँधी ने 12 मार्च, 1930 को अपनी प्रसिद्ध दाण्डी यात्रा आरम्भ की। 6 अप्रैल, 1930 को दाण्डी पहुँचकर **महात्मा गाँधी** ने नमक बनाकर **नमक सत्याग्रह** की शुरुआत की। 'नमक कर' को गाँधी जी अभिशाप मानते थे और उसी से प्रेरित हो यह सत्याग्रह संचालित किया। नमक सत्याग्रह के दौरान तमिलनाडु में **सी. राजगोपालाचारी** ने 'नमक' बनाकर इस आन्दोलन में हिस्सा लिया। सी. राजगोपालाचारी ने तिरुचेनगोड आश्रम त्रिचुरापल्ली के वेदारण्यम तक 'नमक यात्रा' सम्पन्न की।

3. वहादत-ए-दीन अर्थात् सभी धर्मों की बुनियादी एकता के हिमायती इनमें से कौन थे? *(CTET 2016)*

(a) मुहम्मद अली जिन्ना (b) बाजी मुहम्मद

(c) मौलाना आज़ाद (d) सैयद अहमद खाँ

व्याख्या (c) वहादत-ए-दीन (Unity of Religions) का सिद्धान्त **मौलाना अबुल कलाम आज़ाद** ने प्रस्तुत किया था। मौलाना आज़ाद ने 'तर्जुमन-उल-कुरान' पत्रिका का प्रकाशन कर अपने 'वहादत-ए-दीन' को स्पष्टता दी।
मौलाना अबुल कलाम आज़ाद ने **तफसीर** के माध्यम से धर्मों की एकता को सैद्धान्तिक रूप दिया। उनके अनुसार, हिन्दू-मुस्लिम एकता के बाद कोई राजनीतिक आडम्बर नहीं है, बल्कि एक श्रेष्ठ अवधारणा है, जो धार्मिक आस्था से कहीं आगे है।

4. गुलामगिरी नामक पुस्तक इनमें से किसने लिखी? *(CTET 2016)*

(a) ई. वी. रामास्वामी पेरियार

(b) डॉ. बी. आर. अम्बेडकर

(c) ज्योतिबा फुले

(d) श्री नारायण गुरु

व्याख्या (c) 'गुलामगिरी' प्रसिद्ध समाज-सुधारक **ज्योतिबा फुले** की रचना है। गुलामगिरी की रचना 1873 ई. में की गई। इस रचना को ज्योतिबा फुले ने अमेरिकी गृह युद्ध में दास प्रथा के विरोधी कार्यकर्ताओं को समर्पित किया।
'गुलामगिरी' में ज्योतिबा फुले ने भारत में व्याप्त जाति प्रथा के स्वरूप को सामने रखा है। इस व्यवस्था को समाप्त करने के लिए संघर्ष की अनिवार्यता पर भी उन्होंने बल दिया।
ज्योतिबा फुले ने 1873 ई. में सत्यशोधक समाज की स्थापना की, जिसकी सहायता से समाज सुधार की प्रक्रिया को बल दिया गया।

5. ब्रिटिश सरकार ने 1827 ई. में भारत में अपनी अगुवाई में साइमन कमीशन भेजा, जिसका विरोध किया गया, क्योंकि *(CTET 2016)*

(a) इस आयोग में कोई भारतीय प्रतिनिधि नहीं था

(b) इसमें केवल अंग्रेजी पढ़े-लिखे भारतीय प्रतिनिधियों को शामिल किया गया था

(c) इस आयोग में अंग्रेजों की अपेक्षा भारतीय प्रतिनिधियों की संख्या न के बराबर थी

(d) इसमें कोई भी भारतीय महिला प्रतिनिधि नहीं थी

व्याख्या (a) साइमन कमीशन के गठन की घोषणा 8 नवम्बर, 1927 को की गई। इस आयोग का कार्य इस बात की सिफारिश

करना था कि भारत को किस प्रकार के संवैधानिक अधिकार दिए जाए तथा उसका स्वरूप क्या हो?
साइमन कमीशन के सभी सदस्य अंग्रेज थे। इस कमीशन में सात सदस्य थे तथा तत्कालीन भारत सचिव सर जॉन साइमन को इसका अध्यक्ष बनाया गया था। कांग्रेस ने इसे 'श्वेत कमीशन' कहा था। देशभर में इसके विरोध का कारण किसी भारतीय प्रतिनिधि का इस आयोग में नहीं रहना था।

6. रॉलेट अधिनियम, 1919 का विरोध किया गया था क्योंकि *(CTET 2015)*

(a) इसने मुसलमानों के लिए पृथक् निर्वाचन क्षेत्रों का अधिकार प्रदान किया था
(b) प्रान्तों में द्वैधशासन लागू किया था
(c) इसने भारतीयों के हथियार रखने पर रोक लगाई थी
(d) इसने भारतीय जनता की स्वतन्त्रता का हनन किया

व्याख्या (d) रॉलेट अधिनियम 8 मार्च, 1919 को लागू किया गया था। भारत में क्रान्तिकारी राष्ट्रवाद के उभार को समाप्त करने के लिए सिडनी रॉलेट की अध्यक्षता में बनी कमिटी ने इस कानून का प्रस्ताव रखा, जो ब्रिटिश संसद से पारित होकर 'रॉलेट एक्ट' बना।
इसने भारतीय जनता की स्वतन्त्रता का हनन किया।
रॉलेट अधिनियम में किसी भारतीय व्यक्ति को सन्देह होने की स्थिति में गिरफ्तार कर उस पर मुकदमा चलाया जा सकता था। इस एक्ट को 'बिना अपील, बिना वकील तथा बिना दलील' कानून भी कहा गया। इस कानून के विरोध में महात्मा गाँधी द्वारा सत्याग्रह आन्दोलन चलाया गया।

7. आन्ध्र प्रदेश में 'वन्दे मारतम' आन्दोलन को निम्नलिखित में से किस नाम से जाना जाता था? *(CTET 2014)*

(a) सविनय अवज्ञा (b) खिलाफत
(c) असहयोग (d) स्वदेशी

व्याख्या (d) आन्ध्र प्रदेश में राजनीतिक जागरूकता की प्रक्रिया प्रथम विश्व युद्ध (1914-18) के दौरान प्रारम्भ हुई। ब्रिटिश शक्ति के विरुद्ध 'वन्देमातरम् आन्दोलन' का आरम्भ किया गया, जिसे **स्वदेशी** आन्दोलन भी कहा जाता है। विशाखापट्टनम में वन्देमातरम् आन्दोलन का नेतृत्व डी.वी. सूर्यनारायण ने किया। डी.वी. सूर्यनारायण को गवर्नमेण्ट आर्ट्स कॉलेज से निष्कासित कर दिया गया। इस दौरान प्रसिद्ध कांग्रेसी नेता न्यायपति सुब्बाराव पंतुलु तथा सी वाई चिन्तामणि ने स्वदेशी के विस्तार के लिए सम्पूर्ण आन्ध्र प्रदेश का दौरा किया।

8. प्रथम विश्वयुद्ध ने किस प्रकार भारत की आर्थिक और राजनीतिक स्थिति बदल दी? *(CTET 2014)*

(a) भारतीय राष्ट्रीय कांग्रेस की राजनीतिक गतिविधियों पर छः वर्ष के लिए रोक लगा दी गई
(b) कीमतों में भारी गिरावट होने से जनसामान्य लाभान्वित हुए
(c) अनेक देशी रियासतों ने अंग्रेजी शासन के विरुद्ध बगावत कर दी
(d) युद्ध ने औद्योगिक वस्तुओं की माँग में वृद्धि कर दी, जिससे भारतीय उद्योगों का विस्तार हुआ

व्याख्या (d) प्रथम विश्व युद्ध (1914-18) का भारत की राजनीतिक तथा आर्थिक अवस्था पर महत्त्वपूर्ण प्रभाव देखने को मिला।

राजनीतिक प्रभाव

प्रथम विश्वयुद्ध के बाद भारत में औपनिवेशिक शासन के विरुद्ध राजनीतिक गतिविधियों का विस्तार हुआ। पंजाब में स्थितियाँ बदलीं तथा राष्ट्रवाद के साथ क्रान्तिकारी उभार देखने को मिला।

आर्थिक प्रभाव

भारतीय वस्तुओं की माँग तेजी से बढ़ी। बढ़ती कीमतों के कारण भारतीय उद्योगों को लाभ मिला। भारतीय उद्योगों का तेजी से विस्तार हुआ।

9. कांग्रेस द्वारा पारित 'पूर्ण स्वराज' (1929) के लिए संघर्ष की प्रस्तावना के बाद ..... को स्वतन्त्रता दिवस मनाया गया। *(CTET 2013)*

(a) 15 अगस्त, 1930 (b) 26 जनवरी, 1930
(c) 1 जनवरी, 1930 (d) 2 अक्टूबर, 1930

व्याख्या (b) दिसम्बर, 1929 में लाहौर कांग्रेस अधिवेशन में 'पूर्ण स्वराज्य' का प्रस्ताव पारित किया गया। इस अधिवेशन की अध्यक्षता जवाहरलाल नेहरू ने की। 31 दिसम्बर, 1929 को नेहरू ने रावी तट पर राष्ट्रध्वज फहराया। अधिवेशन के दौरान **26 जनवरी, 1930** को सम्पूर्ण देश में स्वतन्त्रता दिवस मनाने का निर्णय लिया गया।
26 जनवरी, 1930 को भारत में स्वतन्त्रता दिवस मनाते हुए राष्ट्र ध्वज फहराया गया। लाहौर अधिवेशन में ही सविनय अवज्ञा आन्दोलन चलाने का निर्णय लिया गया तथा महात्मा गाँधी को इसका नेतृत्व सौंपा गया।

10. खान अब्दुल गफ्फार खान ने उत्तर-पश्चिमी सीमान्त प्रान्त में शक्तिशाली अहिंसक आन्दोलन चलाया जिसे.....के रूप में जाना जाता है। *(CTET 2013)*

(a) राम-रहीम आन्दोलन
(b) खिलाफत आन्दोलन
(c) खुदाई खिदमतगार आन्दोलन
(d) पख्तून आन्दोलन

व्याख्या (c) खान अब्दुल गफ्फार खान ने उत्तर-पश्चिमी सीमान्त प्रान्त में भारतीय राष्ट्रीय कांग्रेस के समर्थन में **खुदाई खिदमतगार आन्दोलन** चलाया। वर्ष 1929 में 'खुदाई खिदमतगार' की स्थापना की गई।
सविनय अवज्ञा आन्दोलन के दौरान खान अब्दुल गफ्फार खान ने लाल कुर्ती आन्दोलन (Red Shirts Movement) आरम्भ किया। खान अब्दुल गफ्फार खान, महात्मा गाँधी के अनुयायी थे। उन्होंने भारत विभाजन का विरोध किया। उन्हें 'सीमान्त गाँधी' तथा 'बादशाह खान' उपनामों से भी पुकारा जाता था। वर्ष 1970 में उन्होंने सम्पूर्ण भारत की यात्रा की थी।
वर्ष 1987 में उन्हें 'भारत रत्न' से सम्मानित किया गया।

11. भारतीय स्वतन्त्रता संग्राम में 'दाण्डी यात्रा' को किसकी शुरुआत माना जाता है? *(CTET 2012)*

(a) स्वदेशी आन्दोलन (b) होमरूल आन्दोलन
(c) भारत छोड़ो आन्दोलन (d) सविनय अवज्ञा आन्दोलन

व्याख्या (d) भारतीय स्वतन्त्रता संग्राम में 'दाण्डी यात्रा' को सविनय अवज्ञा आन्दोलन की शुरुआत माना जाता है। 12 मार्च, 1930 को महात्मा गाँधी ने नमक कर के विरोध में दाण्डी मार्च की शुरुआत की। साबरमती आश्रम से अपने 78 अनुयायियों के साथ गाँधी जी ने दाण्डी पहुँचकर 6 अप्रैल, 1930 को नमक निर्माण कर नमक सत्याग्रह आरम्भ किया, जो सविनय अवज्ञा आन्दोलन के रूप में सम्पूर्ण देश में विस्तार प्राप्त कर सका। **सविनय अवज्ञा आन्दोलन** के दौरान 'गाँधी-इर्विन पैक्ट' तथा 'राउण्ड टेबल कॉन्फ्रेंस' सम्पन्न हुआ। अप्रैल, 1934 में सविनय अवज्ञा आन्दोलन वापस ले लिया गया।
स्वदेशी आन्दोलन बंगाल विभाजन के तुरन्त बाद वर्ष 1905 में हुआ था। **होमरूल आन्दोलन** वर्ष 1916 में तथा **भारत छोड़ो आन्दोलन** वर्ष 1942 में हुआ था।

» State TETs

12. किसके वायसराय काल में भारत की राजधानी कलकत्ता से दिल्ली स्थानान्तरित हुई? *(UPTET 2018)*

(a) लॉर्ड कर्जन (b) लॉर्ड हॉर्डिंग II
(c) लॉर्ड रीडिंग (d) लॉर्ड चेम्सफोर्ड

व्याख्या (b) **लॉर्ड हॉर्डिंग** वर्ष 1910 से वर्ष 1916 तक भारत में ब्रिटिश वायसराय थे। भारत में उनके कार्यकाल के दौरान कई महत्त्वपूर्ण घटनाक्रम सम्पन्न हुए। वर्ष 1911 में दिल्ली दरबार का आयोजन किया गया, जिसमें ब्रिटिश शासक जॉर्ज पंचम शामिल होने आए। वर्ष 1912 में भारत की राजधानी कलकत्ता से नई दिल्ली में स्थानान्तरित की गई। दिल्ली में राजधानी परिवर्तन के समारोह के दौरान लॉर्ड हॉर्डिंग पर बम फेंका गया, जिसमें वह बाल-बाल बचे।

13. इनमें से कौन काकोरी काण्ड से सम्बन्धित नहीं था? *(UPTET 2017)*

(a) रामप्रसाद बिस्मिल (b) राजेन्द्र लाहिड़ी
(c) अशफाकउल्ला खाँ (d) सूर्य सेन

व्याख्या (d) **रामप्रसाद बिस्मिल, राजेन्द्र लाहिड़ी** तथा **अशफाकउल्ला खाँ** का सम्बन्ध काकोरी षड्यन्त्र से था। **सूर्य सेन** जिसे लोकिप्रय नाम 'मास्टर दा' से पुकारा जाता था, का सम्बन्ध **इण्डियन रिपब्लिकन आर्मी** से था।
सूर्य सेन ने कई महत्त्वपूर्ण क्रान्तिकारी अभियानों का नेतृत्व किया। 'चिटगाँव आर्मरी मामले' में सूर्य सेन को फरवरी, 1933 में गिरफ्तार किया गया। 12 जनवरी, 1934 को उन्हें फाँसी की सजा दी गई। काकोरी काण्ड 9 अगस्त, 1925 को हुआ था, जिसमें क्रान्तिकारियों ने काकोरी स्टेशन के पास सरकारी खजाना ले जा रही रेलगाड़ी को लूट लिया।

14. बंगाल का विभाजन करने वाला गवर्नर-जनरल था *(UPTET 2017)*

(a) कर्जन (b) कैनिंग
(c) मिण्टो (d) मेयो

व्याख्या (a) बंगाल विभाजन के समय भारत में ब्रिटिश वायसराय लॉर्ड कर्जन था। बंगाल विभाजन की घोषणा 7 जुलाई, 1905 को की गई। यह घोषणा 16 अक्टूबर, 1905 को लागू हुई। बंगाल विभाजन के विरोध में बंगाल के बुद्धिजीवियों ने स्वदेशी आन्दोलन की शुरुआत की। इसमें 'बहिष्कार' को हथियार बनाया गया। ब्रिटिश विनिर्मित वस्तुओं का बहिष्कार किया गया। सुरेन्द्रनाथ बनर्जी 'विभाजन विरोधी आन्दोलन' के प्रमुख नेता थे।
रवीन्द्रनाथ टैगोर ने स्वदेशी आन्दोलन के दौरान ही 'आमार सोनार बांग्ला' गीत लिखा, जो आगे बांग्लादेश का राष्ट्रगीत बना। **लॉर्ड कैनिंग** भारत के प्रथम वायसराय थे। **लॉर्ड मिण्टो** के शासनकाल में मुस्लिमलीग को विशेष चुनावी लाभ दिया गया था। लॉर्ड मेयो के शासनकाल में पहली जनगणना आयोजित की गयी था।

15. भारतीय राष्ट्रीय कांग्रेस की प्रथम महिला अध्यक्ष थीं *(UPTET 2016)*

(a) सुचेता कृपलानी (b) राजकुमारी अमृत कौर
(c) नेली सेनगुप्ता (d) ऐनी बेसेण्ट

व्याख्या (d) भारतीय राष्ट्रीय कांग्रेस की पहली महिला अध्यक्ष **ऐनी बेसेण्ट** थी। उन्होंने वर्ष 1917 में कलकत्ता अधिवेशन की अध्यक्षता की। ऐनी बेसेण्ट, आयरिश मूल की महिला थी, जिन्होंने भारत में 'थियोसोफिकल सोसाइटी' का नेतृत्व किया। वर्ष 1914 में उन्होंने 'होमरूल लीग' का गठन किया। भारतीय राष्ट्रीय कांग्रेस का गठन 1885 ई. में बम्बई (मुम्बई) में हुआ।

16. भारतीय राष्ट्रीय कांग्रेस के प्रथम अध्यक्ष थे *(UPTET 2016) (HTET 2011)*

(a) ए.ओ.ह्यूम (b) डब्ल्यू.सी.बनर्जी
(c) सुरेन्द्रनाथ बनर्जी (d) महात्मा गाँधी

व्याख्या (b) भारतीय राष्ट्रीय कांग्रेस के प्रथम अध्यक्ष डब्ल्यू.सी. बनर्जी थे। भारतीय राष्ट्रीय कांग्रेस का गठन 1885 ई. में बम्बई (मुम्बई) के गोकुलदास तेजपाल संस्कृत विद्यालय में हुआ था। भारतीय राष्ट्रीय कांग्रेस की स्थापना के पीछे **ए.ओ. ह्यूम** की भूमिका थी, जो इस संगठन के प्रथम अध्यक्ष थे। प्रथम अधिवेशन के बाद कांग्रेस की वार्षिक बैठक देश के विभिन्न भागों में आरम्भ हुई। भारतीय राष्ट्रीय कांग्रेस की स्थापना के समय भारत में ब्रिटिश वायसराय लॉर्ड डफरिन था।

17. आजाद हिन्द फौज के सैनिकों पर चली मुकदमें की पैरवी करने वाले दल की अध्यक्षता किसने की? *(UPTET 2016)*
(a) भूला भाई देसाई (b) जवाहरलाल नेहरू
(c) मुहम्मद अली जिन्ना (d) सी. आर. दास

व्याख्या (a) 'आजाद हिन्द फौज' के सिपाहियों तथा अधिकारियों पर चलाए गए मामलों में उनकी अभिरक्षा के लिए राष्ट्रवादी नेताओं द्वारा 'आई एन ए डिफेन्स एण्ड रिलीफ कमिटी' का गठन किया गया। इस समिति ने वर्ष 1945 में गिरफ्तार किए गए सैनिकों पर चल रहे, मुकदमे में उनका पक्ष रखा। कांग्रेस द्वारा गठित इस समिति में भूला भाई देसाई, आसफ अली तथा जवाहरलाल नेहरू शामिल थे। भूला भाई देसाई ने इस समिति की अध्यक्षता की। समिति की पैरवी के बाद मृत्युदण्ड प्राप्त अधिकारियों की सजा को आजीवन कारावास में बदला गया।

18. वर्ष 1930 में डिप्रेस्ड क्लास एसोसिएशन किसने स्थापित की? *(HTET 2015)*
(a) डॉ. बी. आर. अम्बेडकर (b) महात्मा गाँधी
(c) ज्योतिबा फुले (d) मौलाना आजाद

व्याख्या (a) **डॉ. बी. आर. अम्बेडकर** ने वर्ष 1930 में 'डिप्रेस्ड क्लास एसोसिएशन' का गठन किया। वह इस संगठन के प्रथम अध्यक्ष थे। इस संगठन की माँग थी कि दलितों के लिए पृथक् निर्वाचक मण्डल के गठन के साथ उन्हें संवैधानिक सुरक्षा दी जाए।
बी. आर. अम्बेडकर ने 'डिप्रेस्ड क्लास एसोसिएशन' के प्रतिनिधि के रूप में वर्ष 1930-32 में आयोजित सभी तीन राउण्ड टेबल कॉन्फ्रेंस में भाग लिया।
महात्मा गाँधी ने पृथक् निर्वाचन का विरोध किया तथा बी. आर. अम्बेडकर के साथ 'पूना पैक्ट' पर हस्ताक्षर किया, जिसके बाद पृथक् निर्वाचन के बदले सीटों के आरक्षण पर सहमति बनी।

19. असहयोग आन्दोलन का निर्णय भारतीय राष्ट्रीय कांग्रेस के किस अधिवेशन में लिया गया? *(HTET 2015)*
(a) अहमदाबाद (b) बम्बई (c) नागपुर (d) पटना

व्याख्या (c) असहयोग आन्दोलन आरम्भ करने का निर्णय दिसम्बर, 1920 में **नागपुर** में आयोजित कांग्रेस अधिवेशन में लिया गया। इस अधिवेशन में असहयोग आन्दोलन के लिए प्रस्ताव पारित किया गया। विजयराघवाचारी ने इस अधिवेशन की अध्यक्षता की।
असहयोग आन्दोलन ने हिन्दू एवं मुस्लिम एकता के साथ औपनिवेशिक भारत में स्वतन्त्रता तथा स्वराज्य के प्रति नई चेतना प्रस्तुत की। असहयोग आन्दोलन के दौरान विदेशी वस्तुओं तथा संस्थाओं का बहिष्कार किया गया। वर्ष 1921 में 396 हड़तालें हुई, जिसमें 6 लाख मजदूरों ने भाग लिया। पहली बार ग्रामीण क्षेत्रों में स्वतन्त्रता के प्रति जागरूकता का विस्तार हुआ।

20. गाँधीजी ने असहयोग आन्दोलन कब शुरू किया? *(UPTET 2014)*
(a) 1920 में
(b) 1930 में
(c) 1940 में
(d) 1941 में

व्याख्या (a) महात्मा गाँधी ने ब्रिटिश शासन के विरुद्ध 'असहयोग आन्दोलन' आरम्भ करने का निर्णय लिया। असहयोग आन्दोलन का प्रस्ताव कांग्रेस ने दिसम्बर, 1920 में आयोजित नागपुर अधिवेशन में पारित किया गया।
असहयोग आन्दोलन के दौरान औपनिवेशिक प्रतीकों के विरोध का महत्त्वपूर्ण कार्य-प्रक्रिया बनाया गया। विद्यार्थियों ने सरकार द्वारा चलाए जा रहे स्कूलों एवं कॉलेजों में जाना छोड़ दिया। वकीलों ने अदालत में जाने से मना कर दिया। 12 फरवरी, 1922 को चौरी-चौरा काण्ड के बाद गाँधीजी ने असहयोग आन्दोलन समाप्त करने की घोषणा की।

21. भारत के स्वतन्त्रता संग्राम के युग में राष्ट्रीय प्रयोजन का पक्षधर समाचार-पत्र था *(HTET 2014)*
(a) द लीडर
(b) द सिविल एण्ड मिलिट्री गजट
(c) डॉन
(d) द स्टेट्समैन

व्याख्या (a) **द लीडर** एक प्रभावशाली अंग्रेजी समाचार-पत्र था, जिसका प्रकाशन इलाहाबाद (अब प्रयागराज) में वर्ष 1909 में आरम्भ हुआ था। ब्रिटिश शासन के विरुद्ध राष्ट्रवादी आवाज वाले इस समाचार-पत्र की स्थापना मदन मोहन मालवीय ने की थी। वर्ष 1909 से 1934 तक सी.वाई. चिन्तामणि 'द लीडर' के सम्पादक थे। 'द लीडर' समाचार-पत्र में महात्मा गाँधी के कई महत्त्वपूर्ण आलेखों का प्रकाशन किया गया था।

22. स्वराज्य पार्टी के संस्थापकों में एक थे *(HTET 2014)*
(a) मदन मोहन मालवीय
(b) मोतीलाल नेहरू
(c) राजेन्द्र प्रसाद
(d) लाल लाजपत राय

व्याख्या (b) स्वराज्य पार्टी का पूरा नाम 'कांग्रेस खिलाफत स्वराज्य पार्टी' था। गया में दिसम्बर, 1922 में आयोजित कांग्रेस अधिवेशन के दौरान एक ऐसे राजनीतिक दल के गठन की घोषणा की गई, जिसके द्वारा केन्द्रीय तथा प्रान्तीय विधायिकाओं में ब्रिटिश सरकार को घेरा जा सके।
जनवरी, 1923 में इलाहाबाद (अब प्रयागराज) में स्वराज्य पार्टी का गठन किया गया। सी आर दास को अध्यक्ष तथा **मोतीलाल नेहरू** को नवगठित राजनीतिक दल का सचिव निर्वाचित किया गया। अक्टूबर, 1923 में स्वराज्य पार्टी द्वारा अपना चुनावी घोषणा-पत्र जारी किया गया, जिसमें साम्राज्यवाद के विरोध को मुख्य मुद्दा बनाया गया।

23. सूची I को सूची II से सुमेलित कीजिए *(HTET 2014)*

	सूची I		सूची II
A.	सुरेन्द्रनाथ बनर्जी	1.	हिन्द स्वराज
B.	दादाभाई नौरोजी	2.	द इण्डियन स्ट्रगल
C.	सुभाषचन्द्र बोस	3.	पावर्टी एण्ड अनब्रिटिश रूल इन इण्डिया
D.	महात्मा गाँधी	4.	ए नेशन इन मेकिंग

कूट

	A	B	C	D		A	B	C	D
(a)	4	3	2	1	(b)	1	2	3	4
(c)	2	3	4	1	(d)	3	4	1	2

व्याख्या (a)
- **हिन्द स्वराज, महात्मा गाँधी** की रचना है, जो मूल रूप से गुजराती भाषा में लिखी गई थी। ब्रिटिश सरकार ने इसके प्रकाशन तथा वितरण पर प्रतिबन्ध लगाया था।
- **द इण्डियन स्ट्रगल, सुभाषचन्द्र बोस** की रचना है। इसका प्रकाशन वर्ष 1942 में किया गया।
- **पावर्टी एण्ड अनब्रिटिश रूल इन इण्डिया, दादाभाई नौरोजी** की रचना है, जिसमें उन्होंने भारत की दरिद्रता का कारण ब्रिटिश शासन को माना।
- **ए नेशन इन मेकिंग**, प्रसिद्ध राष्ट्रवादी नेता **सुरेन्द्रनाथ बनर्जी** की रचना है।

24. चौरी-चौरा की घटना का सम्बन्ध जिससे है, वह है *(HTET 2014)*

(a) असहयोग आन्दोलन (b) सविनय अवज्ञा आन्दोलन
(c) भारत छोड़ो आन्दोलन (d) क्रान्तिकारी आन्दोलन

व्याख्या (a) **असहयोग आन्दोलन** के दौरान 5 फरवरी, 1922 को चौरी-चौरा काण्ड के बाद महात्मा गाँधी ने इस आन्दोलन को वापस लेने की घोषणा की। चौरी-चौरा (गोरखपुर, उत्तर प्रदेश) में उग्र प्रदर्शनकारियों की भीड़ ने पुलिस स्टेशन में आग लगा दी, जिसमें 22 पुलिसकर्मियों की मौत हो गई।
चौरी-चौरा काण्ड के अभियुक्तों की ओर से मुकदमा मदन मोहन मालवीय ने लड़ा, जिसमें सभी आरोपी बरी किए गए।

25. भारत में साम्प्रदायिक मतदान क्षेत्र आरम्भ किए गए *(HTET 2012-13)*

(a) भारत सरकार अधिनियम, 1892 द्वारा
(b) मार्ले-मिण्टो सुधार, 1909 द्वारा
(c) माण्टेग्यू चेम्सफोर्ड सुधार, 1991 द्वारा
(d) भारत सरकार अधिनियम, 1935 द्वारा

व्याख्या (b) **मार्ले-मिण्टो सुधार वर्ष 1909** में पारित किया गया। इसे 'भारतीय परिषद् अधिनियम 1909' भी कहा जाता है। ब्रिटेन में वर्ष 1906 में लिबरल पार्टी की जीत के साथ भारत में सुधारों का दौर आरम्भ हुआ। भारत में ब्रिटिश वायसराय लॉर्ड मिण्टो तथा भारत के सचिव जॉन मार्ले के प्रयास से प्रशासनिक तन्त्र में कई परिवर्तन सामने आए। मार्ले-मिण्टो सुधारों का मूल उद्देश्य राष्ट्रवादी खेमे में फूट डालना था। मुस्लिमों के पृथक् निर्वाचन क्षेत्र एवं मताधिकार की व्यवस्था मार्ले-मिण्टो सुधार 1909 में किया गई।

26. निम्न में से कौन 'पेरियार' के नाम से प्रसिद्ध है? *(HTET 2012-13)*

(a) सी.बी. रमन पिल्लई (b) सी. एन. मुदालियर
(c) ई. वी. रामास्वामी नायकर (d) के. रामाकृष्ण पिल्लई

व्याख्या (c) **ई.वी. रामास्वामी नायकर** को 'पेरियार' नाम से प्रसिद्धि मिली थी। पेरियार एक प्रसिद्ध समाज सुधारक तथा दलित चिन्तक थे। 'पेरियार' का तमिल भाषा में अर्थ-सम्मानित व्यक्ति है। ई.वी. रामास्वामी नायकर ने आत्म सम्मान आन्दोलन की शुरुआत की। वह 'जस्टिस पार्टी' तथा 'द्रविड़ कडगम' के संस्थापक थे। उन्होंने तमिलनाडु में हिन्दी विरोध का नेतृत्व किया।

27. भारत को गणराज्य कब घोषित किया गया? *(BTET 2013)*

(a) 15 अगस्त, 1947 (b) 26 जनवरी, 1930
(c) 26 जनवरी, 1950 (d) 1 अप्रैल, 1952

व्याख्या (c) भारत का संविधान **26 जनवरी, 1950** को लागू किया गया। संविधान के लागू किए जाने के साथ ही भारत को 'गणराज्य' घोषित किया गया। डॉ. राजेन्द्र प्रसाद को भारतीय गणराज्य का प्रथम राष्ट्रपति नियुक्त किया गया।
भारतीय संविधान को 26 नवम्बर, 1949 को अंगीकृत किया गया। संविधान की 'प्रस्तावना' में भारत को एक 'गणराज्य' घोषित किया गया।

28. ब्रिटिश सरकार द्वारा पारित रॉलेट एक्ट के विरोध में सभा कहाँ हो रही थी? *(BTET 2013)*

(a) रामलीला मैदान
(b) प्रगति मैदान
(c) शालीमार बाग
(d) जलियाँवाला बाग

व्याख्या (d) ब्रिटिश सरकार द्वारा वर्ष 1919 में 'रॉलेट एक्ट' जारी किया गया। इस कानून के विरुद्ध देशभर में आन्दोलन आरम्भ हुआ। पंजाब में रॉलेट एक्ट के विरुद्ध 13 अप्रैल, 1919 को अमृतसर के **जलियाँवाला बाग** में शान्तिपूर्ण ढंग से लोगों की बैठक आयोजित की गई। बैठक कर रहे लोगों पर जनरल डायर ने गोली चलाने का आदेश दिया, जिसमें 300 से अधिक लोग मारे गए।
जलियाँवाला बाग हत्याकाण्ड की पूरे देश भर में निन्दा हुई। रवीन्द्रनाथ टैगोर ने 'सर' की उपाधि लौटा दी। इस घटना के विरोध में शिवशंकर अय्यर ने वायसराय की कार्यकारिणी परिषद् से त्याग-पत्र दे दिया।

29. सरफरोशी की तमन्ना अब हमारे दिल में है, देखना है जोर कितना बाजूए कातिल में है। इसके लेखक निम्नलिखित में से कौन हैं? *(BTET 2013)*

(a) बिस्मिल अजीमाबादी
(b) अल्लामा इकबाल
(c) मौलाना अबुल कलाम आजाद
(d) खुसरो

व्याख्या (a) 'सरफरोशी की तमन्ना' क्रान्तिकारी देशभक्तिपूर्ण गीत बिस्मिल अजीमाबादी द्वारा लिखा गया, जिसका प्रकाशन वर्ष 1922 में किया गया। काकोरी षड्यन्त्र में शामिल होने वाले क्रान्तिकारी नेता रामप्रसाद बिस्मिल ने **बिस्मिल अजीमाबादी** के नाम से यह गजल उर्दू के छन्द 'बहरे-रमल' में लिखी थी। यह गीत लम्बे समय तक क्रान्तिकारियों के स्वतन्त्रता संघर्ष की प्रक्रिया का सिंहनाद बन गया था। रामप्रसाद बिस्मिल को 19 दिसम्बर, 1927 को गोरखपुर जेल में फाँसी की सजा दी गई।

30. अखिल भारतीय राष्ट्रीय कांग्रेस की पहली बैठक कहाँ हुई? *(BTET 2013)*

(a) दिल्ली (b) बम्बई
(c) नागपुर (d) कलकत्ता

व्याख्या (b) अखिल भारतीय राष्ट्रीय कांग्रेस का गठन 1885 ई. में **बम्बई (मुम्बई)** में किया गया। भारतीय राष्ट्रीय कांग्रेस का पहला अधिवेशन बम्बई के **गोकुल दास तेजपाल** संस्कृत महाविद्यालय में आयोजित किया गया। इस अधिवेशन की अध्यक्षता वोमेशचन्द्र बनर्जी ने की। भारतीय राष्ट्रीय कांग्रेस की स्थापना में ब्रिटिश सिविल सेवा अधिकारी **ए.ओ. ह्यूम** की महत्त्वपूर्ण भूमिका थी। भारतीय राष्ट्रीय कांग्रेस की स्थापना के समय ब्रिटिश वायसराय लॉर्ड डफरिन था।

31. कृषि के क्षेत्र में 'तीन कठिया व्यवस्था' का सम्बन्ध किस राज्य से था? *(BTET 2013)*

(a) बिहार (b) उत्तर प्रदेश
(c) गुजरात (d) उड़ीसा

व्याख्या (a) कृषि के क्षेत्र में 'तीन कठिया व्यवस्था' का सम्बन्ध बिहार से है। बिहार के चम्पारण में नील की खेती के दौरान इसे अपनाया गया था। नील की खेती करने वाले जमींदारों ने किसानों को उनकी कुल जमीन के 1/3 हिस्से पर नील की खेती को अनिवार्य बना दिया था। इस प्रणाली को ही 'तीन कठिया' कहा गया।

नील किसानों के शोषण को देखते हुए चम्पारण के एक किसान राजकुमार शुक्ल ने वर्ष 1916 के लखनऊ अधिवेशन में महात्मा गाँधी को चम्पारण आने का निमन्त्रण दिया। अप्रैल, 1917 में गाँधीजी ने चम्पारण में नील की खेती के विरुद्ध आन्दोलन चलाया।

32. ''मेरे शरीर पर किया गया लाठी का एक-एक प्रहार ब्रिटिश साम्राज्य के कफन की कील सिद्ध होगा।'' यह कथन किसका है? *(BTET 2013)*

(a) लाला लाजपतराय (b) वीर सावरकर
(c) भगत सिंह (d) चन्द्र शेखर आजाद

व्याख्या (a) **लाला लाजपत राय,** भारतीय राष्ट्रीय कांग्रेस के गरम दल के प्रतीक नेताओं 'लाल-बाल-पाल' में शामिल थे। वर्ष 1928 में साइमन कमीशन का विरोध किया गया। भारत में उसके आने पर हड़तालें रखीं गईं।

30 अक्टूबर, 1928 को लाहौर में साइमन कमीशन के विरुद्ध विशाल प्रदर्शन का आयोजन किया गया। इस दौरान हुए लाठी चार्ज में लाला लाजपत राय घायल हो गए। 17 नवम्बर, 1928 को उनका निधन हो गया। निधन से पूर्व लाला लाजपत राय ने कहा था कि ''मेरे शरीर पर किया गया लाठी का एक-एक प्रहार ब्रिटिश साम्राज्य के कफन की कील सिद्ध होगा।''

वीर सावरकर, भगत सिंह और **चन्द्रशेखर आजाद** क्रांतिकारी विचारधारा के समर्थक थे। इन्होंने ब्रिटिश हुकूमत के खिलाफ मुहिम चलाई। वीर सावरकर को काले-पानी की सजा दी गई थी। भगत सिंह को लाहौर षडयन्त्र मामले में फांसी दी गई थी। चन्द्रशेखर आजाद हिन्दुस्तान रिपब्लिकन एसोसिएशन के सदस्य थे।

33. अखिल भारतीय ट्रेड यूनियन कांग्रेस की स्थापना कब हुई? *(BTET 2013)*

(a) वर्ष 1919 (b) वर्ष 1920
(c) वर्ष 1927 (d) वर्ष 1931

व्याख्या (b) अखिल भारतीय ट्रेड यूनियन कांग्रेस (AITUC) का गठन **31 अक्टूबर, 1920** को बम्बई (मुम्बई) में किया गया। इसके प्रथम अध्यक्ष लाला लाजपत राय थे।

34. भारत में पूर्ण स्वराज्य की माँग कांग्रेस के किस अधिवेशन में पारित की गई थी? *(BTET 2013)*

(a) नागपुर, 1920 (b) लाहौर, 1929
(c) कलकत्ता, 1928 (d) लखनऊ, 1936

व्याख्या (b) भारत में पूर्ण स्वराज्य की माँग कांगेस द्वारा लाहौर अधिवेशन **1929** में की गई। इस अधिवेशन में पूर्ण स्वराज्य के लिए एक प्रस्ताव पारित किया गया। दिसम्बर, 1929 में आयोजित इस अधिवेशन की अध्यक्षता जवाहरलाल नेहरू ने की।

लाहौर अधिवेशन में 26 जनवरी, 1930 को स्वतन्त्रता दिवस के रूप में मनाने के विचार पर भी सहमति हुई। 31 दिसम्बर, 1929 को लाहौर अधिवेशन के अन्तिम दिन जवाहरलाल नेहरू ने रावी नदी के तट पर राष्ट्रीय ध्वज फहराया।

35. अखिल भारतीय किसान सभा का गठन कब हुआ था? *(BTET 2013)*

(a) वर्ष 1928 (b) वर्ष 1929
(c) वर्ष 1936 (d) वर्ष 1939

व्याख्या (c) अखिल भारतीय किसान सभा का गठन 11 अप्रैल, **1936** को लखनऊ में किया गया। स्वामी सहजानन्द इस संगठन के पहले अध्यक्ष थे। एनजी रंगा को सचिव नियुक्त किया गया था। अखिल भारतीय किसान सभा के प्रथम अधिवेशन को जवाहरलाल नेहरू द्वारा भी सम्बोधित किया गया। इस अधिवेशन में 1 सितम्बर, 1936 को 'किसान दिवस' मनाने का निर्णय लिया गया।

अक्टूबर, 1937 में अखिल भारतीय किसान सभा ने बैनर के रूप में लाल झण्डे को अपनाया। शीघ्र ही इसके नेता कांग्रेस से पृथक् कम्युनिस्ट के निकट होते गए।

36. 'यंग इण्डिया' नामक पुस्तक के लेखक कौन थे?
(a) जवाहरलाल नेहरू
(b) महात्मा गाँधी *(BTET 2013)*
(c) फिरोजशाह मेहता
(d) भीमराव अम्बेडकर

व्याख्या (b) 'यंग इण्डिया' महात्मा गाँधी द्वारा प्रकाशित तथा सम्पादित साप्ताहिक समाचार-पत्र था। यह अंग्रेजी भाषा की पत्रिका थी, जिसमें गाँधी जी के विचार तथा दर्शन प्रकाशित किए जाते थे।
'यंग इण्डिया' नामक पुस्तक की रचना लाला लाजपत राय ने की थी। लाला लाजपत राय ने अपने यूएसए प्रवास के दौरान इस पुस्तक की रचना की थी।

37. बारदोली आन्दोलन का नेतृत्वकर्ता कौन था? *(BTET 2013)*
(a) महात्मा गाँधी
(b) सरदार वल्लभ भाई पटेल
(c) सहजानन्द सरस्वती
(d) राजकुमार शुक्ल

व्याख्या (b) भारतीय स्वतन्त्रता संघर्ष के दौरान वर्ष 1928 में बारदोली सत्याग्रह का आयोजन गुजरात में किया गया। यह एक प्रमुख किसान आन्दोलन था, जिसका नेतृत्व **सरदार वल्लभ भाई** पटेल ने किया।
बारदोली में प्रान्तीय सरकार ने किसानों के लगान में 30% की वृद्धि की थी। किसानों ने इस लगान-वृद्धि का विरोध किया। सत्याग्रह आन्दोलन के सामने सरकार को झुकना पड़ा। ब्रूमफील्ड तथा मैक्सवेल ने सम्पूर्ण मामले की जाँच के बाद लगान वृद्धि की दर को घटाकर 6.03% कर दिया। बारदोली सत्याग्रह आन्दोलन के दौरान यहाँ की महिलाओं ने 'सरदार' की उपाधि से वल्लभ भाई को नवाजा।

38. किसने कहाँ ''स्वराज्य मेरा जन्मसिद्ध अधिकार'' है?
(a) बाल गंगाधर तिलक *(UPTET 2011)*
(b) नेताजी सुभाष चन्द्र बोस
(c) दादाभाई नौरोजी
(d) लाला लाजपत राय

व्याख्या (a) **बाल गंगाधर तिलक** ने 'स्वराज्य मेरा जन्मसिद्ध अधिकार है' का नारा दिया। बाल गंगाधर तिलक ने यह नारा वर्ष 1916 के लखनऊ अधिवेशन में दिया।
बाल गंगाधर तिलक को 'लोकमान्य' की उपाधि दी गई।
तिलक ने अंग्रेजी सरकार की क्रूरता और भारतीय संस्कृति के प्रति हीन-भावना की बहुत आलोचना की।
उन्होंने माँग की कि ब्रिटिश सरकार को शीघ्र भारतीयों को पूर्ण स्वराज्य दे देना चाहिए। उन्होंने 'मराठा' तथा 'केसरी' पत्रिकाओं का प्रकाशन किया था। जनजागृति के लिए बालगंगाधर तिलक ने महाराष्ट्र में 'गणेश उत्सव' तथा 'शिवाजी उत्सव' आरम्भ किया।

39. सुमेलित कीजिए *(HTET 2011)*

A.	पण्डित मोतीलाल नेहरू	1.	संविधान सभा के सदस्य
B.	बी. आर. अम्बेडकर	2.	संविधान सभा के अध्यक्ष
C.	राजेन्द्र प्रसाद	3.	प्रारूप कमेटी के अध्यक्ष
D.	सरोजिनी नायडू	4.	1928 में संविधान प्रस्ताव बनाया

कूट

	A	B	C	D
(a)	4	3	2	1
(b)	3	2	1	4
(c)	1	2	3	4
(d)	2	3	4	1

व्याख्या (a) संविधान सभा के अध्यक्ष **डॉ. राजेन्द्र प्रसाद** थे। **बी.आर. अम्बेडकर** को संविधान निर्माण के लिए गठित संविधान सभा के प्रारूप समिति का अध्यक्ष बनाया गया था। **मोतीलाल नेहरू** प्रसिद्ध कांग्रेसी नेता थे, जिन्होंने वर्ष 1928 में संविधान प्रस्ताव तैयार करने वाली समिति की अध्यक्षता की थी। इसे 'नेहरू समिति' कहा गया, जिसने अपनी रिपोर्ट में भारतीय संविधान के स्वरूप का खाका खींचा।
सरोजिनी नायडू संविधान सभा की सदस्या थी।

40. महात्मा गाँधी ने अपनी आत्मकथा किस भाषा में लिखी?
(a) हिन्दी
(b) मराठी *(REET 2011)*
(c) गुजराती
(d) अंग्रेजी

व्याख्या (c) महात्मा गाँधी ने अपनी आत्मकथा 'सत्य के साथ प्रयोग' की रचना मूल रूप से **गुजराती भाषा** में की। इसका अंग्रेजी भाषा में अनुवाद काशीनाथ त्रिवेदी ने My Experiment with Truth (माई एक्सपेरिमेण्ट विद ट्रुथ) नाम से किया।
'सत्य के प्रयोग' में गाँधीजी ने सत्य, अहिंसा तथा सत्याग्रह के सफल प्रयोगों की चर्चा की है। इस पुस्तक में 167 अध्याय हैं।

अध्याय 16

स्वतन्त्रता के बाद भारत

» CTET

1. निम्नलिखित में से किसने भारत की रियासतों को एकीकृत करने में निर्णायक भूमिका निभाई थी? *(CTET, 2018)*

(a) सरदार वल्लभभाई पटेल (b) डॉ. बी. आर. अम्बडेकर
(c) सी. राजगोपालाचारी (d) जवाहरलाल नेहरू

व्याख्या (a) भारत की रियासतों को एकीकृत करने में **सरदार वल्लभभाई पटेल** ने निर्णायक भूमिका निभाई थी, रियासतों के मामले सुलझाने के लिए भारत सरकार ने 5 जुलाई, 1947 को 'भारतीय रियासत विभाग' नामक विभाग की स्थापना की, जिसका कार्यभार गृहमन्त्री 'सरदार वल्लभभाई पटेल' को सौंपा गया। स्वतन्त्रता के समय भारत में कुल 565 देसी रियासतें थीं। 15 अगस्त, 1947 तक अधिकांश देसी रियासतों ने भारत में शामिल होना स्वीकार कर लिया। केवल जूनागढ़, हैदराबाद तथा कश्मीर ही ऐसी रियासतें थीं, जिन्होंने भारतीय संघ में शामिल होने से इन्कार कर दिया।

2. निम्नलिखित में से कौन भारत का एकमात्र भारतीय गवर्नर-जनरल था? *(CTET, 2018)*

(a) बी. पट्टाभि सीतारमय्या (b) टी. टी. कृष्णमाचारी
(c) सी. राजगोपालाचारी (d) डॉ. सर्वपल्ली राधाकृष्णन

व्याख्या (c) **सी. राजगोपालाचारी** भारत के एकमात्र भारतीय गवर्नर-जनरल थे। ये अन्तिम ब्रिटिश गवर्नर-जनरल लॉर्ड माउण्टबेटन के बाद इस पद पर आसीन हुए।
सी. राजगोपालाचारी जून, 1948 से जनवरी, 1950 तक भारत के गवर्नर-जनरल रहे। 26 जनवरी, 1950 को भारत में गणतन्त्र लागू होने के बाद यह पद स्वत: समाप्त हो गया। इसके अतिरिक्त डॉ. सर्वपल्ली राधाकृष्णन भारत के पहले उपराष्ट्रपति तथा टी.टी. कृष्णमाचारी संविधान सभा के सदस्य रहे।

3. वयोवृद्ध गाँधीवादी नेता पोट्टी श्रीरामुलु निम्नलिखित राज्यों में से किसके बनाने के लिए वर्ष 1952 में भूख हड़ताल पर बैठे? *(CTET, 2016)*

(a) तमिलनाडु (b) तेलंगाना
(c) केरल (d) आन्ध्र प्रदेश

व्याख्या (d) वयोवृद्ध गाँधीवादी नेता पोट्टी श्रीरामुलु भाषायी आधार पर आन्ध्र प्रदेश को अलग राज्य बनाने के लिए वर्ष 1952 में भूख हड़ताल पर बैठे, परन्तु आमरण अनशन के दौरान उनकी मृत्यु हो गई, जिससे आन्ध्र प्रदेश में हिंसक आन्दोलन प्रारम्भ हो गया। वर्ष 1953 में भाषायी आधार पर आन्ध्र प्रदेश को प्रथम राज्य का दर्जा मिल गया।

4. स्वतन्त्रता के तुरन्त बाद भारत द्वारा निम्नलिखित में से किस समस्या का सामना नहीं किया गया? *(CTET, 2012)*

(a) राजाओं द्वारा शासित राज्यों को भारतीय संघ में सम्मिलित करने का प्रयास
(b) आर्थिक विकास
(c) पाकिस्तान में आने वाले शरणार्थी
(d) भारत, पाकिस्तान और ग्रेट ब्रिटेन में समान रूप से सम्पदा और कर्ज का बँटवारा

व्याख्या (d) स्वतन्त्रता प्राप्ति के तुरन्त बाद भारत को शरणार्थियों का पुनर्वास, देसी रियासतों का एकीकरण, देश के सामाजिक, आर्थिक व वैज्ञानिक विकास के लिए ठोस कार्यक्रमों का निर्माण जैसी प्रमुख समस्याओं का सामना करना पड़ा, परन्तु पाकिस्तान व ग्रेट ब्रिटेन के साथ समान रूप से सम्पदा व कर्ज बँटवारे जैसी समस्या स्वतन्त्रता के समय नहीं थी।

5. सी. के. जानू एक बहुत प्रतिष्ठित .... हैं। *(CTET, 2011)*

(a) पटकथा लेखक
(b) मानव-विज्ञानी
(c) आदिवासी कार्यकर्ता
(d) पर्यावरणविद्

व्याख्या (c) सी. के. जानू एक बहुत प्रतिष्ठित **आदिवासी कार्यकर्ता** हैं। ये आदिवासी गोथरा महासभा की नेता है, जो केरल में भूमिहीन आदिवासियों के लिए कार्य करती है।
वर्ष 2016 में इन्होंने अपनी नई राजनैतिक पार्टी जानाधीपाया राष्ट्रीय पार्टी की स्थापना की और केरल विधानसभा चुनाव में भाग लिया।

6. भूदान आन्दोलन किसने प्रारम्भ किया? *[UPTET, 2016)*

(a) जयप्रकाश नारायण (b) विनोबा भावे
(c) जे.बी. कृपलानी (d) नरसी मेहता

व्याख्या (b) भूदान आन्दोलन आचार्य **विनोबा भावे** द्वारा 18 अप्रैल, 1951 को आन्ध्र प्रदेश के पोचमपल्ली गाँव से शुरू किया गया। यह आन्दोलन करीब 13 सालों तक चला। इस दौरान विनोबा भावे ने देश के कोने-कोने का भ्रमण किया तथा इस आन्दोलन के माध्यम से वे गरीबों के लिए 44 लाख एकड़ भूमि दान के रूप में हासिल करने में सफल रहे। इस आन्दोलन की न सिर्फ भारत में बल्कि विश्व में भी प्रशंसा हुई। इसके अतिरिक्त जयप्रकाश नारायण द्वारा वर्ष 1950 में 'सर्वोदय योजना' चलाई गई। इसमें लघु व हथकरघा उद्योग को बढ़ावा देने की सिफारिश की गई।
स्वतन्त्रता के समय जे.बी. कृपलानी भारतीय राष्ट्रीय काँग्रेस पार्टी के अध्यक्ष थे। नरसी मेहता गुजरातके समाज सुधारक एवं स्वतन्त्रता सेनानी थे।

7. प्रथम वित्त आयोग ने आयकर के शुद्ध आगम का कितने प्रतिशत संघ द्वारा राज्यों को दिए जाने की संस्तुति की? *(CGTET, 2016)*

(a) 40% (b) 55% (c) 80% (d) 25%

व्याख्या (b) प्रथम वित्त आयोग द्वारा आयकर के शुद्ध आगम का **55%** संघ द्वारा राज्यों को दिए जाने की संस्तुति की गई थी। प्रथम वित्त आयोग का गठन वर्ष 1951 में किया गया था तथा इसके अध्यक्ष के. सी. नियोगी थे। वित्त आयोग का गठन भारतीय संविधान के अनुच्छेद 280(1) के तहत किया गया है। यह आर्थिक विषयों पर राष्ट्रपति को परामर्श देता है; जैसे-केन्द्र व राज्यों के बीच करों का विभाजन, भारत की संचित निधि से राज्यों को दिया जाने वाला अनुदान।

8. संविधान सभा किसके अन्तर्गत स्थापित की गई थी? *(UPTET, 2014)*

(a) क्रिप्स मिशन (b) कैबिनेट मिशन
(c) वैवेल प्लान (d) नेहरू रिपोर्ट

व्याख्या (b) संविधान सभा **कैबिनेट मिशन** की सिफारिश पर जुलाई, 1946 में स्थापित की गई। संविधान सभा की प्रथम बैठक 9 दिसम्बर, 1946 को आगोजित की गई तथा इसके प्रथम अध्यक्ष डॉ. सच्चिदानन्द सिन्हा को बनाया गया। वर्ष 1946 में कैबिनेट मिशन का भारत आगमन हुआ। इस मिशन में तीन सदस्य थे—पैथिक लॉरेन्स (मिशन के अध्यक्ष), एलेक्जेण्डर तथा स्टैफर्ड क्रिप्स। इस मिशन का कार्य भारत को शान्तिपूर्वक सत्ता हस्तान्तरण के लिए उपायों व सम्भावनाओं को तराशना था।
क्रिप्स मिशन 1942 में भारत आया था। **वैवेल** प्लान की घोषणा वर्ष 1944 में की गई थी। **नेहरू रिपोर्ट** का प्रकाशन मोतीलाल नेहरू के नेतृत्व में वर्ष 1928 में हुआ था।

9. स्वतन्त्र होने पर भारत एक रियासत बन गया था। रियासत का दर्जा किस वर्ष खत्म हुआ? *(UPTET, 2011)*

(a) वर्ष 1947 में
(b) वर्ष 1948 में
(c) वर्ष 1449 में
(d) वर्ष 1950 मे

व्याख्या (d) स्वतन्त्रता प्राप्ति के पश्चात् भारत की रियासतों के मामले सुलझाने के लिए भारत सरकार ने **5 जुलाई, 1947** को भारतीय रियासत विभाग की स्थापना की तथा इसका कार्यभार गृहमन्त्री सरदार वल्लभभाई पटेल को सौंपा गया। इसके अन्तर्गत भारत की सभी रियासत को मिलाकर एक रियासत में परिवर्तित कर दिया गया तथा वर्ष 1950 में भारत में रियासत के दर्जे को समाप्त कर दिया गया।

10. स्वतन्त्र भारत के अन्तिम गवर्नर जनरल कौन थे? *(UPTET, 2011)*

(a) माउण्टबेटन
(b) सी. राजगोपालाचारी
(c) सरदार पटेल
(d) जवाहरलाल नेहरू

व्याख्या (b) स्वतन्त्र भारत के अन्तिम गवर्नर जनरल **सी. राजगोपालाचारी** थे। वे प्रथम भारतीय गवर्नर जनरल भी थे। जून, 1948 से, जनवरी, 1950 तक वे स्वतन्त्र भारत के गवर्नर जनरल रहे। 26 जनवरी, 1950 को भारत में संविधान को लागू कर दिया गया तथा भारत एक गणतन्त्र देश बन गया। इसके साथ ही गवर्नर जनरल के पद को भी समाप्त कर दिया गया।

11. 'पंचशील' पर हस्ताक्षर हुए थे *(UPTET, 2011)*

(a) नेहरू और चाऊ-एन-लाई के बीच
(b) नेहरू और मुण्डेला के बीच
(c) गाँधी और जौ एन-लाई के बीच
(d) गाँधी और मण्डेला के बीच

व्याख्या (a) भारत व चीन के बीच नई दिल्ली में 29 अप्रैल, 1954 को पंचशील समझौता हुआ। इस समझौते पर तत्कालीन प्रधानमन्त्री **पण्डित जवाहर लाल नेहरू** तथा **चाऊ-एन-लाई** के बीच हस्ताक्षर हुए। इस समझौते के अन्तर्गत निम्न सिद्धान्त निर्धारित किए गए थे

1. एक-दूसरे की प्रादेशिक अखण्डता व परस्पर सम्मान की भावना।
2. परस्पर अनाक्रमण की भावना।
3. एक-दूसरे के मामले में आन्तरिक हस्तक्षेप न करना।
4. समानता व पारस्परिक लाभ।
5. शान्तिपूर्ण सह-अस्तित्व की भावना।

अध्याय 01

भूगोल-सामाजिक अध्ययन व विज्ञान के रूप में

State TETs

1. सामाजिक सर्वेक्षण क्या है? *(BTET 2013)*

(a) व्यक्तियों के समूह में परिवार की भूमिका का अध्ययन
(b) व्यक्तियों के समूह की सामाजिक संस्थाओं एवं क्रियाओं का अध्ययन
(c) व्यक्तियों के समूह में समाज के उत्तरदायित्व का अध्ययन
(d) व्यक्तियों के शैक्षिक अनुभवों का अध्ययन

व्याख्या (b) सामाजिक सर्वेक्षण के अन्तर्गत व्यक्तियों के समूह की सामाजिक संस्थाओं एवं क्रियाओं का विस्तृत अध्ययन किया जाता है। सामाजिक सर्वेक्षण, सामाजिक समस्याओं का अध्ययन तथा समाधान का वैधानिक साधन है। इसके अन्तर्गत किसी निश्चित भौगोलिक क्षेत्र में घटित होने वाली घटनाओं के विषय में विश्वसनीय तथ्यों का विस्तृत संकलन किया जाता है। इसकी सहायता से किसी भी पक्ष, विषय या समस्या का खोजपूर्ण निरीक्षण किया जाता है तथा उससे सम्बन्धित विश्वसनीय विस्तृत तथ्यों का संकलन करके वास्तविक एवं प्रयोग से निष्कर्ष निकाले जाते हैं।

इन निष्कर्षों के आधार पर रचनात्मक योजनाओं का निर्माण करके समाज सुधार एवं समाज कल्याण की दिशा में महत्त्वपूर्ण कार्य किए जाते हैं।

2. वह विज्ञान जो पृथ्वी तथा उसके क्षेत्रों, गुणधर्म, वासियों और स्वरूप का अध्ययन करता है, कहलाता है *(PTET 2011)*

(a) पुरा विज्ञान
(b) भूगोल
(c) जीव विज्ञान
(d) सामाजिक विज्ञान

व्याख्या (b) पृथ्वी तथा उसके क्षेत्रों, गुणधर्म, वासियों और स्वरूप का अध्ययन **भूगोल** कहलाता है। स्ट्रेबो के अनुसार, भूगोल हमें स्थल एवं महासागरों में बसने वाले जीवों के बारे में ज्ञान कराने के साथ-साथ विभिन्न लक्षणों वाली पृथ्वी की विशेषताओं को समझाता है। टॉलेमी के अनुसार, भूगोल वह आभामय विज्ञान है जो पृथ्वी की झलक स्वर्ग में देखता है।

जीव विज्ञान प्राकृतिक विज्ञान की तीन विशाल शाखाओं में से एक है। यह विज्ञान जीव, जीवन और जीवन की प्रक्रिया से सम्बन्धित है। इसके अतिरिक्त **सामाजिक विज्ञान** मानव समाज का अध्ययन करने वाली शैक्षिक विधि है।

पुरा विज्ञान के अन्तर्गत हम प्राचीन समय की वैज्ञानिक विचारधाराओं, उपकरण या वस्तु का अध्ययन करते हैं।

अध्याय 02

हमारा सौरमण्डल व ग्लोब/मानचित्र

CTET

1. एडुसैट (EDUSAT) से क्या अभिप्राय है? *(CTET 2018)*

(a) सौरमण्डल में खोजा गया एक नया ग्रह
(b) एक क्षुद्रग्रह जो मंगल और बृहस्पति की कक्षाओं के बीच पाया जाता है
(c) एक मानव-निर्मित भारतीय उपग्रह
(d) रॉकेट जिसका उपयोग मानव-निर्मित उपग्रहों को सूर्य की कक्षा में स्थापित करने के लिए किया जाता है

व्याख्या (c) भारतीय अन्तरिक्ष अनुसंधान संगठन (ISRO) द्वारा 20 सितम्बर, 2004 को एडुसैट (EDUSAT) का प्रक्षेपण किया गया। यह एक मानव निर्मित कृत्रिम उपग्रह प्रणाली है। इसे भारत का पहला 'शिक्षा उपग्रह' माना जाता है। इस उपग्रह का प्रक्षेपण श्रीहरिकोटा (आन्ध्र प्रदेश) से किया गया। इसे 'जीसैट-3' भी कहा गया था।
एडुसैट का उद्देश्य देश के अलग-अलग हिस्सों के शिक्षकों तथा छात्रों को एक दूसरे से जोड़ना था।

2. दिए गए आरेख में सूर्य, पृथ्वी और चन्द्रमा की स्थिति को ध्यान से देखिए और बताइए कि यह क्या दर्शाता है? *(CTET 2018)*

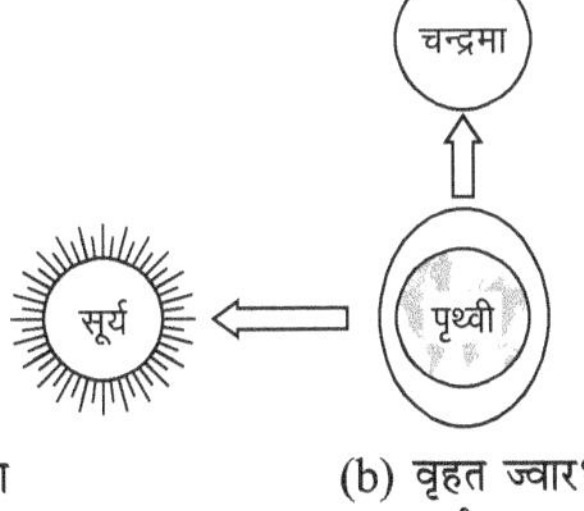

(a) चन्द्रग्रहण
(b) वृहत ज्वारभाटा
(c) लघु ज्वारभाटा
(d) सूर्यग्रहण

व्याख्या (c) प्रत्येक महीने में शुक्ल या कृष्ण पक्ष की सप्तमी तथा अष्टमी दिवस को सूर्य और चन्द्रमा पृथ्वी के केन्द्र पर समकोण का निर्माण करते हैं। इस दौरान सूर्य और चन्द्रमा दोनों ही पृथ्वी के जल को भिन्न दिशाओं में आकर्षित करते हैं। ज्वार उत्पन्न करने वाले बलों में विपरीत दिशा में कार्य करने के कारण उत्पन्न ज्वार औसत ज्वार से 20% कम ऊँचे होते हैं। इसे लघु या निम्न ज्वार भाटा (जल स्तर का सामान्य-स्तर से ऊपर उठना ज्वार तथा नीचे गिरना भाटा कहलाता है) कहते हैं।
जब सूर्य, चन्द्रमा एवं पृथ्वी तीनों एक तल पर होते हैं तो ज्वार औसत ज्वार से 20% अधिक ऊँचे होते हैं इसे **वृहत ज्वारभाटा** कहा जाता है।
सूर्य और चन्द्रमा के बीच जब पृथ्वी की स्थिति बीचोंबीच होती है, तो **चन्द्रग्रहण** होता है और जब पृथ्वी और सूर्य के बीच चन्द्रमा की स्थिति मध्य में होती है, तो **सूर्यग्रहण** होता है।

3. निम्नलिखित में से कौन-सी 'पृथ्वी दिन' की परिभाषा है? *(CTET 2016, 13)*

(a) पृथ्वी की गति जो सूर्य के चारों ओर कक्ष में होती है
(b) वे दिन जिन पर पूरी पृथ्वी पर दिन और रात बराबर होते हैं
(c) देशान्तरों के मध्य की दूरियाँ
(d) पृथ्वी का अपने अक्ष पर एक चक्कर पूरा करने में लगा समय

व्याख्या (d) पृथ्वी द्वारा अपने 'अक्ष' पर घूर्णन में लगा समय पृथ्वी का एक दिन अर्थात् 'पृथ्वी दिन' कहलाता है। पृथ्वी अपने अक्ष पर 23 घण्टे 56 मिनट तथा 4 सेकण्ड में एक चक्कर लगाती है अर्थात् 'पृथ्वी दिन' लगभग 24 घण्टे का होता है। पृथ्वी घूर्णन गति के अतिरिक्त परिक्रमण गति भी करती है और इसके तहत वह 365 दिनों में सूर्य का एक चक्कर पूरा करती है। एक वर्ष 365 दिनों का होता है।

4. पृथ्वी को भू-आभ के रूप में क्यों वर्णित किया जाता है? निम्नलिखित में से सही विकल्प चुनिए। *(CTET 2015)*

(a) पृथ्वी की दो तिहाई सतह जल से ढकी है
(b) जीवन के लिए अनुकूल परिस्थितियाँ केवल पृथ्वी पर पाई जाती हैं
(c) पृथ्वी ध्रुवों के पास थोड़ी चपटी है
(d) पृथ्वी न तो अधिक गर्म है और न ही अधिक ठण्डी है

व्याख्या (c) ध्रुवीय क्षेत्रों के समीप थोड़ी चपटी होने के कारण पृथ्वी का आकार पूरी तरह से गोल नहीं है। गुरुत्वाकर्षण बल के कारण पृथ्वी भूमध्यरेखा के चारों ओर उभरी हुई है, जबकि ध्रुवीय क्षेत्रों के समीप यह दबी हुई है। घुमाव के कारण पृथ्वी का भौगोलिक अक्ष चपटा और भूमध्यरेखा के आस-पास उभार लिये हुए प्रतीक होता है। भूमध्य रेखा पर पृथ्वी का व्यास, अक्ष के व्यास से 43 किमी ज्यादा बड़ा है; यही कारण है कि पृथ्वी का आकार पूरी तरह गोल न होकर भू-आभ (Geoid) अथवा लहवक्ष गोलाभ है।

5. ग्रहों के निम्नलिखित समूहों में से किस समूह के चारों ओर छल्ले हैं? *(CTET 2015)*

(a) शनि, नेप्च्यून, मंगल
(b) शनि, शुक्र, नेप्च्यून
(c) शनि, शुक्र, मंगल
(d) शनि, बृहस्पति, यूरेनस

व्याख्या (d) ग्रहीय छल्ले एक रोचक खगोलीय परिघटना है। शनि में उपस्थित 'वलय' प्राय: चित्रों के माध्यम से दिखता है, किन्तु कुछ अन्य ग्रह भी हैं जिसमें ग्रहीय छल्लों की उपस्थिति है।
सौरमण्डल के सभी गैसीय ग्रहों में छल्ले (वलय) पाए जाते हैं, जिसमें शनि, बृहस्पति, यूरेनस शामिल हैं। ये वलय गैसों के घेरे हैं।

6. पृथ्वी से चन्द्रमा का केवल एक ही भाग दिखाई पड़ता है, क्योंकि *(CTET 2015, 13)*

(a) चन्द्रमा केवल पृथ्वी का चक्कर लगाता है, परन्तु अपने अक्ष पर चक्कर नहीं लगाता है
(b) चन्द्रमा पृथ्वी का चक्कर नहीं लगाता है, केवल अपने अक्ष पर चक्कर लगाता है
(c) चन्द्रमा अपने अक्ष पर एक चक्कर पूरा करने से कहीं अधिक समय पृथ्वी का चक्कर पूरा करने में लेता है
(d) चन्द्रमा पृथ्वी का एक चक्कर पूरा करने में जितना समय लेता है, उतना ही समय अपने अक्ष पर एक चक्कर पूरा करने में लेता है।

व्याख्या (d) चन्द्रमा का एक ही हिस्सा पृथ्वी से दिखाई देता है, दूसरा कभी नहीं दिखता। अर्थात् पृथ्वी से चन्द्रमा का केवल 57% हिस्सा ही दिखायी देता है। इसका कारण चन्द्रमा द्वारा पृथ्वी की परिक्रमा 27.3 दिन में पूरा करना और इतने ही समय में अपने अक्ष पर एक चक्कर पूरा करना है। वस्तुत: चन्द्रमा के घूर्णन तथा परिभ्रमण में लगे समय की समानता के कारण पृथ्वी से चन्द्रमा की एकमात्र सतह दिखाई देती है।
चन्द्रमा पृथ्वी का एकमात्र प्राकृतिक उपग्रह है। पृथ्वी से चन्द्रमा के बीच की दूरी 3,84,403 किमी है।

7. निम्नलिखित में से मानचित्रों का कौन-सा एक घटक नहीं है? *(CTET 2015)*

(a) आकार (b) दिशा (c) प्रतीक (d) दूरी

व्याख्या (a) मानचित्र के तीन घटक हैं—दूरी, दिशा तथा प्रतीक मानचित्र एक आरेखण होता है जो पूरे विश्व या उसके एक भाग को छोटा कर कागज के एक पन्ने पर दर्शाता है। इसे छोटे पैमाने पर खींचा जाता है। यह इतनी सावधानी से किया जाता है कि स्थानों के बीच की **दूरी** वास्तविक रहे। इस दूरी को एक स्केल के द्वारा प्रदर्शित किया जाता है।
मानचित्रों के ऊपर दाहिनीं ओर तीर का निशान बना होता है। यह निशान उत्तर **दिशा** को दर्शाता है।
मानचित्र का तीसरा घटक **प्रतीक** है। इसमें विभिन्न आकृतियों को रंगों, चित्रों एवं रेखाओं से दर्शाया जाता है।
आकार को मानचित्रों का प्रमुख घटक नहीं माना जाता है।

8. अपने कक्षीय समतल पर पृथ्वी के अक्ष का झुकाव (आनति) कोण क्या है? *(CTET, 2015)*

(a) $33\frac{1}{2}°$ (b) 90° (c) 45° (d) $66\frac{1}{2}°$

व्याख्या (d) सूर्य की परिक्रमा के दौरान पृथ्वी एक ओर झुकी रहती है। इसे पृथ्वी का कक्षीय झुकाव कहते हैं। अपने कक्षीय समतल पर पृथ्वी के अक्ष का झुकाव $66\frac{1}{2}°$ होता है।

कक्षीय झुकाव खगोलशास्त्र में किसी वस्तु की परिक्रमा कक्षा का किसी अन्य वस्तु या वस्तुओं की परिक्रमा कक्षा से बनने वाला कोण होता है।
मसलन बुध ग्रह का कक्ष पृथ्वी के कक्ष से 7.01° के झुकाव पर है, यदि पृथ्वी के सूर्य के चारों ओर परिक्रमा कक्ष को एक समतल में देखा जाये तो बुध परिक्रमा करता हुआ एक छोर पर इस समतल से लगभग 7.01° ऊपर उठता है और दूसरे छोर पर 7.01° समतल से नीचे जाता है।

9. 21 मार्च और 23 सितम्बर को पूरी पृथ्वी पर दिन और रात बराबर होते हैं। इसका कारण है- *(CTET 2015), (CGTET 2016), (UPTET 2013)*

(a) सूर्य की किरणें विषुवत् वृत्त पर सीधी पड़ती हैं और इस स्थिति में कोई भी ध्रुव सूर्य की ओर झुका नहीं होता है
(b) सूर्य की किरणें मकर रेखा पर सीधी पड़ती हैं और इस स्थिति में कोई भी ध्रुव सूर्य की ओर झुका नहीं होता है
(c) सूर्य की किरणें कर्क रेखा पर सीधी पड़ती हैं और इस स्थिति में एक ध्रुव का झुकाव सूर्य की ओर होता है।
(d) सूर्य की किरणें विषुवत् वृत्त पर सीधी पड़ती हैं और इस स्थिति में एक ध्रुव का झुकाव सूर्य की ओर होता है।

व्याख्या (a) 21 मार्च और 23 सितम्बर को सूर्य की किरणें विषुवत् रेखा पर सीधी पड़ती हैं। इस अवस्था में कोई भी ध्रुव सूर्य की ओर झुका नहीं होता है। इस कारण सम्पूर्ण पृथ्वी पर रात और दिन बराबर होते हैं। इस अवस्था को 'विषुव' कहा जाता है। इस दौरान दोनों गोलार्द्धों में दिन और रात का समय 12-12 घण्टों का होता है। विषुव का अर्थ एक ग्रह की कक्षा में लगने वाला वह समय है जिसमें ग्रह की कक्षा और विशिष्ट स्थिति में सूर्य सीधे भूमध्य रेखा के ऊपर से होकर निकलता है।

10. निम्नलिखित कथनों में से कौन-सा कथन पृथ्वी की स्थिति के सम्बन्ध में सत्य है? *(CTET 2014)*

(a) पृथ्वी का अक्ष एक वास्तविक रेखा है जो इसके कक्षीय समतल से $66\frac{1}{2}°$ का कोण बनाती है
(b) पृथ्वी का अक्ष एक वास्तविक रेखा है जो इसके कक्षीय समतल से $23\frac{1}{2}°$ का कोण बनाती है
(c) पृथ्वी का अक्ष एक काल्पनिक रेखा है जो इसके कक्षीय समतल से $66\frac{1}{2}°$ का कोण बनाती है
(d) पृथ्वी का अक्ष एक काल्पनिक रेखा है जो इसके कक्षीय समतल से $23\frac{1}{2}°$ का कोण बनाती है

व्याख्या (c) पृथ्वी का अक्ष एक काल्पनिक रेखा है, जो इसके कक्षीय समतल से $66\frac{1}{2}°$ का कोण बनाती है।

वह समतल जो कक्षा के द्वारा बनाया जाता है, उसे 'कक्षीय समतल' कहते हैं।

कक्षीय झुकाव उपग्रह की कक्षा के प्रतल और विषुवतीय रेखा के मध्य का कोण होता है। खगोलशास्त्र में, किसी कक्षा में परिक्रमा करती खगोलीय वस्तु के घूर्णन अक्ष और उसकी कक्षा पर खड़े किसी काल्पनिक लम्ब के मध्य बने कोण को अक्षीय झुकाव कहते हैं।

11. प्रदीप्त वृत्त है *(CTET 2014)*

(a) वृत्त जो ग्लोब को दो भागों में विभाजित करता है
(b) वृत्त जो ग्लोब पर दिन को रात से विभाजित करता है
(c) विषुव पर पृथ्वी की स्थिति, जब दिन और रात बराबर होते हैं
(d) एक विशेष मध्याह्न रेखा पर दोपहर 12 : 00 बजे सूर्य की स्थिति

व्याख्या (b) ग्लोब पर वह वृत्त जो दिन तथा रात को विभाजित करता है, उसे 'प्रदीप्त वृत्त' कहते हैं। यह वृत्त अक्ष के साथ नहीं मिलता है। सूर्य की ओर वाले भाग में दिन होता है जबकि जो भाग सूर्य से दूर होता है वहाँ रात होती है। दिन तथा रात को विभाजित करने वाली रेखा को 'प्रदीप्त वृत्त' कहते हैं। पृथ्वी की घूर्णन गति के कारण दिन-रात होते हैं। ये परिवर्तन प्रदीप्त वृत्त के परित दैनिक रूप से होते हैं।

12. दो शहर N और M ग्रीनविच के क्रमशः 15° पूर्व तथा 15° पश्चिम पर स्थित हैं। इन दो शहरों के समय में कितना अन्तर होगा? *(CTET 2014)*

(a) 1 : 30 घण्टा (b) 2 घण्टे
(c) 30 मिनट (d) 1 घण्टा

व्याख्या (b) सम्पूर्ण पृथ्वी को 24 देशान्तर क्षेत्रों में विभाजित किया गया है। प्रत्येक जोन 15° के बराबर निर्धारित है। प्रत्येक 1° देशान्तर द्वारा 4 मिनट के समय का निर्धारण होता है।

प्रश्न के अनुसार, शहर N तथा M के बीच देशान्तर—

$$15°E + 15°W = 30°$$

30° देशान्तर के बीच समय का अन्तर $= 30 \times 4$ मिनट

$= 120$ मिनट $= 2$ घण्टे

13. विषुव के दिन सूर्य की सीधी किरणें पड़ती हैं *(CTET 2013), (HTET 2011)*

(a) कर्क रेखा पर (b) विषुवत् रेखा पर
(c) मकर रेखा पर (d) आर्कटिक वृत्त पर

व्याख्या (b) 21 मार्च तथा 23 सितम्बर को सूर्य की किरणें विषुवत् वृत्त पर सीधी पड़ती हैं। इस अवस्था में कोई भी ध्रुव सूर्य की ओर नहीं झुका होता है, इसलिए पूरी पृथ्वी पर रात एवं दिन बराबर होते हैं। इसे 'विषुव' कहा जाता है।

23 सितम्बर को उत्तरी गोलार्द्ध में शरद ऋतु होती है जबकि दक्षिणी गोलार्द्ध में वसन्त ऋतु होती है। 21 मार्च को यही स्थिति विपरीत होती है।

14. पृथ्वी अपने अक्ष पर घूमती है *(CTET 2013), (HTET 2011)*

(a) पश्चिम से पूर्व की ओर
(b) उत्तर से दक्षिण की ओर
(c) पूर्व से पश्चिम की ओर
(d) दक्षिण से उत्तर की ओर

व्याख्या (a) पृथ्वी अपने 'अक्ष' के परित: घूमती है। इसमें उसकी गति पश्चिम से पूर्व की ओर अर्थात् घड़ी की सुई के घूमने की दिशा के विपरीत होती है।

पृथ्वी के घूर्णन में 23 घण्टे 56 मिनट 4 सेकण्ड (लगभग 24 घण्टे) का समय लगता है। पृथ्वी की घूर्णन गति 15 डिग्री प्रति घण्टा है। पृथ्वी का अक्ष $23\frac{1}{2}°$ झुका हुआ है।

15. बिग बीयर एक उदाहरण है *(CTET 2013)*

(a) आकाशगंगा का
(b) नक्षत्रमण्डल का
(c) तारा का
(d) गैलेक्सी का

व्याख्या (b) **नक्षत्रमण्डल या तारामण्डल,** तारों का एक समूह है, जिसमें एक 'तारामण्डल' (Constellation), 'सप्तऋषि तारामण्डल' है। सप्तऋषि तारामण्डल का आकार एक बड़े भालू की तरह है, जिस कारण उसे **बिग बीयर** नाम दिया गया है। सप्तऋषि तारामण्डल को 'ऊर्सा मेजर' (Ursa Major) भी कहा जाता है।

16. जैसे-जैसे हम पूर्वी गोलार्द्ध से पश्चिमी गोलार्द्ध की ओर जाते हैं, देशान्तर रेखाओं का आकार *(CTET 2013)*

(a) बढ़ता जाता है
(b) घटता जाता है
(c) समान रहता है
(d) पहले बढ़ता जाता है फिर घटता जाता है

व्याख्या (c) देशान्तर रेखाओं की लम्बाई समान होती है। ये रेखाएँ समानान्तर नहीं होती हैं। उत्तरी एवं दक्षिण ध्रुवीय क्षेत्रों में ये रेखाएँ एक बिन्दु पर मिल जाती हैं। ध्रुवों से विषुवतीय रेखा की ओर बढ़ने पर देशान्तर रेखाओं के बीच की दूरी बढ़ती जाती है तथा विषुवतीय रेखा पर इसके बीच की दूरी अधिकतम (111.32 किमी) हो जाती है।

17. पृथ्वी द्वारा सूर्य के चारों ओर घूमने को कहा जाता है *(CTET 2012)*

(a) कक्षीय समतल (b) प्रदीप्त वृत्त
(c) घूर्णन (d) परिक्रमण

व्याख्या (d) पृथ्वी का सूर्य के चारों ओर एक निश्चित कक्षा में घूमने को परिक्रमण अथवा वार्षिकी गति कहा जाता है। पृथ्वी 365 दिनों में सूर्य की एक परिक्रमा पूरी करती है।

परिक्रमण के कारण ही वर्ष में ग्रीष्म, शीत, वसन्त, शरद इत्यादि ऋतुएँ आती हैं। पृथ्वी पर ऋतुओं में परिवर्तन का कारण पृथ्वी की परिक्रमा के दौरान स्थिति में आया परिवर्तन है।

18. पिण्ड जिनमें अपनी ऊष्मा व प्रकाश नहीं हो, लेकिन वे तारों की रोशनी से चमकते हैं, उन्हें कहा जाता है *(CTET 2012)*

(a) ग्रह (b) खगोलीय पिण्ड
(c) तारे (d) तारामण्डल

व्याख्या (a) ग्रह, वह खगोलीय पिण्ड है जो किसी तारा अथवा वृहद आकाशीय पिण्ड का चक्कर लगाते हैं। ग्रहों के पास अपना प्रकाश नहीं होता, वे उस तारे अथवा पिण्ड के प्रकाश से ऊर्जा प्राप्त करते हैं।

सौरमण्डल में ज्ञात ग्रहों की संख्या 8 है जिसमें चार सामान्य चट्टान निर्मित ग्रह—बुध, शुक्र, पृथ्वी तथा मंगल हैं, जबकि चार अन्य वृहद ग्रह गैसों से निर्मित हैं। ये हैं—बृहस्पति, शनि, अरुण तथा वरुण।

19. निम्नलिखित में से कहाँ, सभी अक्षांशों पर दोपहर का सूर्य वर्ष में कम-से-कम एक बार सीधा ऊपर से चमकता है? *(CTET 2012)*

(a) कर्क रेखा और मकर रेखा के मध्य
(b) आर्कटिक वृत्त और अन्टार्कटिका वृत्त के मध्य
(c) केवल कर्क रेखा और विषुवत् वृत्त के मध्य
(d) केवल मकर रेखा और विषुवत् वृत्त के मध्य

व्याख्या (a) कर्क रेखा और मकर रेखा के मध्य पड़ने वाले सभी अक्षांशों पर दोपहर का सूर्य वर्ष में कम-से-कम एक बार सीधा ऊपर पड़ता है। 21 जून को सूर्य की किरणें कर्क रेखा पर सीधी पड़ती हैं। इससे इस क्षेत्र में ऊष्मा अधिक प्राप्त होती है। उत्तरी गोलार्द्ध के वृहद क्षेत्र में सूर्य की रोशनी से विषुवत् रेखा के उत्तर में गर्मी का मौसम होता है।

22 दिसम्बर को सूर्य की ओर दक्षिण ध्रुव के झुके होने से मकर रेखा पर सूर्य की सीधी किरणें पड़ती हैं। सूर्य की किरणें मकर रेखा के क्षेत्र में लम्बवत् पड़ती हैं जिससे दक्षिणी गोलार्द्ध में ग्रीष्म ऋतु होती है।

20. यदि जून में लन्दन में सुबह 10:00 बजे हैं, तो भारतीय मानक समय होगा दोपहर *(CTET 2012)*

(a) 3 : 00 बजे
(b) 3 : 30 बजे
(c) 2 : 00 बजे
(d) 2 : 30 बजे

व्याख्या (b) ग्रीनविच मीन टाइम एक सोलर मीन टाइम है जो लन्दन (ब्रिटेन) के निकट ग्रीनविच के रॉयल ऑब्जर्वेटरी से होकर गुजरता है। इसे प्रधान मध्याह्न रेखा अथवा 0° देशान्तर कहा जाता है।

भारत का 'मानक समय' $82\frac{1}{2}$ डिग्री पूर्वी देशान्तर पर स्थित है। इसके आधार पर भारत का समय ग्रीनविच मीन टाइम से + 5:30 घण्टे आगे है।

इस प्रकार लन्दन में यदि 10 : 00 सुबह का समय होता है, तो भारत में यह 10:00 + 5:30 = 3:30 बजे अपराह्न का समय होगा।

21. निम्नलिखित में से कौन-सा उच्च ज्वार के कारण होने वाला लाभ नहीं है? *(CTET 2012)*

(a) इनसे विद्युत उत्पन्न की जा सकती है।
(b) पर्यटकों को लाने में ये स्थानीय अर्थव्यवस्था में सहायक होते हैं।
(c) नौसंचालन सरल होता है।
(d) ये मछली पकड़ने में सहायक होते हैं।

व्याख्या (b) सूर्य तथा चन्द्रमा के गुरुत्वाकर्षण बल के कारण पृथ्वी पर ज्वार-भाटे आते हैं। पूर्णिमा तथा अमावस्या के दिन पृथ्वी तथा सूर्य के एक साथ पृथ्वी पर लगने वाले गुरुत्वाकर्षण बल के कारण 'उच्च ज्वार' आते हैं। इसे 'वृहद ज्वार' भी कहते हैं। ये पर्यटकों को लाने में स्थानीय अर्थव्यवस्था में सहायक नहीं होते हैं।

उच्च ज्वार के मुख्य लाभ हैं-

- यह नौकायन में सहायक होता है।
- ज्वार में मछली पकड़ना आसान होता है।
- ज्वार-भाटे के तीव्र उतार-चढ़ाव से विद्युत उत्पादन आसान होता है।

22. अपने ग्रह 'पृथ्वी' के बारे में निम्नलिखित में से क्या नहीं कहा जा सकता? *(CTET 2012)*

(a) यह ध्रुवों के पास थोड़ी चपटी है
(b) इसके बीच में उभार होता है
(c) इसे 'नीला ग्रह' कहा जाता है
(d) यह पूर्णतः गोल है

व्याख्या (d) पृथ्वी की आकृति लघ्वक्ष गोलाभ (Oblate Spheroid) के समान है। यह लगभग गोल है; किन्तु ध्रुवों पर थोड़ी चपटी है। अपनी आकृति के कारण भूमध्य रेखा के निकट धरती का उभार स्पष्ट है। भूमध्य रेखा पर पृथ्वी का व्यास, ध्रुवों के मुकाबले 43 किमी ज्यादा है।

पृथ्वी की सतह पर पानी की बहुतायत एक विशिष्ट विशेषता है जो सौरमण्डल के अन्य ग्रहों से इसे अलग करती है। जल स्रोतों की वृहद उपलब्धता के कारण पृथ्वी को 'नीला ग्रह' भी कहा जाता है।

23. एक मानचित्र एक ऐसे पैमाने का प्रयोग करता है जिसमें मानचित्र में 1 सेमी धरती पर 20 मी के बराबर है। यदि मानचित्र पर दो स्थानों के बीच की दूरी 5 सेमी हो, तो उनके बीच की वास्तविक दूरी कितनी होगी? *(CTET 2011)*

(a) 150 मी
(b) 200 मी
(c) 100 मी
(d) 20 मी

व्याख्या (c) मानचित्र में प्रयुक्त पैमाने पर 1 सेमी = 20 मी

मानचित्र पर दो स्थानों के बीच की दूरी = 5 सेमी

तो उन दो स्थानों के बीच वास्तविक दूरी = 5×20

= 100 मीटर

24. नीचे दिया गया आरेख दिन विशेष पर पृथ्वी की स्थिति को दर्शाता है। A, B, C, D तथा E पृथ्वी पर स्थितियाँ हैं। कौन-सी स्थिति में दिन का प्रकाश सबसे ज्यादा घण्टों तक रहेगा? *(CTET 2011)*

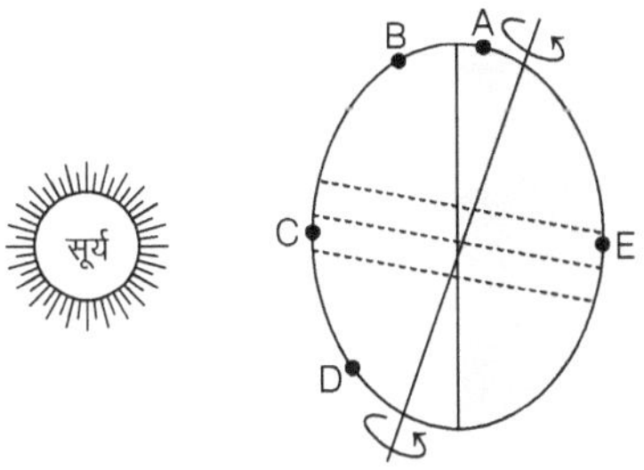

(a) C (b) D (c) A (d) B

व्याख्या (b) आरेख में दी गई स्थिति से यह स्पष्ट है कि पृथ्वी के दक्षिणी गोलार्द्ध पर सूर्य की सीधी किरणें पड़ रही हैं। दक्षिणायन की यह स्थिति स्थान D पर सूर्य की किरणों के अधिक समय तक होने की प्रवृत्ति को प्रतिकृत करती है।

25. यदि अहमदाबाद 72°30 E देशान्तर पर स्थित है, तो अहमदाबाद का स्थानीय समय क्या होगा? यदि भारतीय मानक समय 8 : 40 प्रातः *(CTET 2011)*

(a) 7 : 20 प्रात: (b) 7 : 00 प्रात:
(c) 8 : 40 प्रात: (d) 8 : 00 प्रात:

व्याख्या (d) भारत का मानक समय $82\frac{1}{2}$ डिग्री पूर्वी देशान्तर द्वारा तय किया जाता है जो मिर्जापुर (उत्तर प्रदेश) के निकट से गुजरता है।

देशान्तर के आधार पर स्थानीय समय निर्धारित किया जा सकता है।

मानक समय ($82\frac{1}{2}$ डिग्री पर आधारित) यदि 8 : 40 बजे प्रात: है, तो अहमदाबाद का स्थानीय समय, उससे 10 डिग्री देशान्तर पर आधारित होगा।

10 डिग्री देशान्तर पर समय $= 4 \times 10$
$= 40$ मिनट

अर्थात् अहमदाबाद का स्थानीय समय, भारत के मानक समय से 40 मिनट कम होगा।

स्थानीय समय $= 8:40 - 00:40$
$= 8:00$ प्रात:।

26. निम्नलिखित में से ग्रहों का कौन-सा संयोजन 'गैसीय ग्रह' कहलाता है? *(CTET 2011)*

(a) बृहस्पति, शनि, यूरेनस, नेप्च्यून
(b) बृहस्पति, मंगल, पृथ्वी, नेप्च्यून
(c) शुक्र, बृहस्पति, मंगल, शनि
(d) मंगल, शुक्र, शनि, यूरेनस

व्याख्या (a) सौरमण्डल में ग्रहों को दो भागों में बाँटा जाता है। ये हैं- स्थलीय ग्रह तथा गैसीय ग्रह। स्थलीय ग्रह में वे ग्रह शामिल हैं जिसकी धरती अथवा सतह का निर्माण चट्टानों से हुआ है।

गैसीय ग्रहों में शामिल ग्रह गैसों से निर्मित हैं। इन ग्रहों में कोई ठोस सतह नहीं है। बृहस्पति, शनि, यूरेनस, नेप्च्यून गैसीय ग्रहों की श्रेणी में आते हैं। बृहस्पति 90% हाइड्रोजन तथा 10% हीलियम गैस से बना है। ऐसे ग्रहों के आकार बड़े होते हैं, परन्तु घनत्व कम होते हैं तथा ऐसे ग्रहों के उपग्रह भी अधिक होते हैं।

» State TETs

27. वे दो ग्रह, जिनके उपग्रह नहीं हैं, हैं *(UPTET 2018, 16)*

(a) बुध और शुक्र
(b) बुध और शनि
(c) पृथ्वी और बृहस्पति
(d) शुक्र और मंगल

व्याख्या (a) सौरमण्डल के आठ ग्रहों में से सूर्य के गुरुत्वाकर्षण के कारण बुध तथा शुक्र के पास कोई उपग्रह नहीं है। इन दो ग्रहों के अतिरिक्त अन्य ग्रहों के पास प्राकृतिक उपग्रह मौजूद हैं। चन्द्रमा, पृथ्वी का एक मात्र प्राकृतिक उपग्रह है। बृहस्पति, सौरमण्डल का सबसे बड़ा ग्रह है, जिसके पास 79 प्राकृतिक उपग्रह मौजूद हैं। शनि के उपग्रहों की संख्या 62 है। मंगल ग्रह के दो उपग्रह हैं— फेबोस और डीमोस। सूर्य की परिक्रमा करने में इसे 687 दिन लगते हैं।

28. पुच्छलतारे की पूँछ की दिशा सदैव होती है *(UPTET 2017)*

(a) सूर्य की ओर
(b) सूर्य से दूर
(c) उत्तर-पूर्व की ओर
(d) दक्षिण-पूर्व की ओर

व्याख्या (b) पुच्छल तारा अथवा धूमकेतु सौरमण्डल में स्थित पिण्ड है, जो पत्थर, धूल, बर्फ और गैस से बने छोटे-छोटे खण्ड होते हैं। धूमकेतु, ग्रहों के समान ही सूर्य की परिक्रमा करते हैं। इनका परिक्रमा-पथ अण्डाकार अथवा वलयाकार होता है। धूमकेतु कार्बन डाइऑक्साइड, मीथेन, अमोनिया तथा अन्य सिलिकेट और कार्बनिक मिश्रण के बने होते हैं। धूमकेतु का केन्द्र नाभि तथा उसका बाह्य क्षेत्र 'कोमा' कहलाता है। पुच्छल तारे की पूँछ की दिशा सदैव सूर्य से दूर होती है।

29. चन्द्रग्रहण निम्नलिखित में से कब पड़ता है? *(UPTET 2016)*
(a) पूर्णमासी
(b) अमावस
(c) प्रथम चतुर्थ
(d) तृतीय चतुर्थ

व्याख्या (a) जब सूर्य और चन्द्रमा के मध्य पृथ्वी आ जाती है, तो सूर्य की पूरी रोशनी चन्द्रमा पर नहीं पड़ती है इसे चन्द्रग्रहण कहते हैं। चन्द्रग्रहण हमेशा पूर्णिमा या पूर्णमासी की रात्रि को होता है। प्रत्येक पूर्णिमा को चन्द्रग्रहण नहीं होता है क्योंकि चन्द्रमा और पृथ्वी के कक्षा पथ में 5° का अन्तर होता है जिसके कारण चन्द्रमा कभी पृथ्वी के ऊपर से या नीचे से गुजर जाता है।

30. पृथ्वी और चन्द्रमा के मध्य की दूरी लगभग है *(UPTET 2016)*
(a) 4,84,000 किमी
(b) 3,84,400 किमी
(c) 3,40,400 किमी
(d) 3,64,400 किमी

व्याख्या (b) चन्द्रमा, पृथ्वी का एकमात्र प्राकृतिक उपग्रह है। यह सौरमण्डल का पाँचवाँ सबसे बड़ा प्राकृतिक उपग्रह है। पृथ्वी से चन्द्रमा की औसत दूरी 3,84,403 किमी है। इस दूरी को 'सेमी-मेजर एक्सिस' कहा जाता है।
चन्द्रमा पर पृथ्वी के मुकाबले $\frac{1}{6}$ गुरुत्वाकर्षण है। यह पृथ्वी की परिक्रमा 27.3 दिनों में पूरा करता है।

31. पृथ्वी एवं सूर्य के मध्य अधिकतम दूरी की स्थिति को किस नाम से जानते हैं? *(UPTET 2014)*
(a) उपसौर (b) अपसौर
(c) विषुव (d) संचालन

व्याख्या (b) पृथ्वी, सूर्य की परिक्रमा एक दीर्घ वलयाकार परिपथ में करती है। परिक्रमा के दौरान पृथ्वी कभी सूर्य के निकट तो कभी सूर्य से अधिकतम दूरी पर होती है। सूर्य से पृथ्वी की अधिकतम दूरी **'अपसौर'** कहलाती है।
4 जुलाई को पृथ्वी तथा सूर्य के बीच की दूरी सबसे अधिक 15.2 करोड़ किमी होती है। पृथ्वी से सूर्य की निकटतम दूरी 3 जनवरी को 14.7 करोड़ किमी होती है। इसे **'उपसौर'** कहते हैं। **विषुव** पृथ्वी का एक ऐसा वृत्त है जहाँ दिन-रात समान होते हैं।

32. निम्नलिखित तिथियों में से किस पर ग्रीष्म आयनान्त होता है? *(UPTET 2014)*
(a) 22 दिसम्बर (b) 21 मार्च
(c) 23 सितम्बर (d) 21 जून

व्याख्या (d) 21 जून को उत्तरी गोलार्द्ध में सबसे बड़ा दिन होता है। इस दिन सूर्य की किरणें कर्क रेखा पर सीधी पड़ती हैं। इसे **'ग्रीष्म आयनान्त'** कहते हैं।
22 दिसम्बर को सूर्य की किरणें मकर रेखा पर सीधी पड़ती हैं जिस कारण इस तिथि को दक्षिण गोलार्द्ध में सबसे लम्बा दिन होता है। इसे **'शीत आयनान्त'** कहते हैं।

33. 180° देशान्तर कहलाता है *(HTET 2014)*
(a) प्रधान देशान्तर
(b) अन्तर्राष्ट्रीय तिथि रेखा
(c) ग्रीनविच रेखा
(d) भूमध्य रेखा

व्याख्या (b) 180° देशान्तर को 'अन्तर्राष्ट्रीय तिथि रेखा' भी कहा जाता है। यह उत्तर से दक्षिण की ओर खींची गई एक काल्पनिक रेखा है। इस रेखा का निर्धारण 1884 ई. में वाशिंगटन में आयोजित एक सम्मेलन में हुआ था।
पृथ्वी पर 0° देशान्तर पर खींची गई मध्याहन रेखा प्रधान मध्याहन, प्रधान याम्योत्तर या ग्रीनविच रेखा कहलाती है।
भूमध्य रेखा पृथ्वी की सतह पर उत्तरी ध्रुव एवं दक्षिणी ध्रुव से समान दूरी पर स्थित एक काल्पनिक रेखा है। इसके आधार पर विभिन्न देशों के मानक समय का निर्धारण किया जाता है।
भारत का मानक समय $82\frac{1}{2}$ डिग्री पूर्वी देशान्तर है।

34. जब भारत में सायं के 8 : 30 बज रहे हों, तो इंग्लैण्ड में मानक समय होगा *(UPTET 2013)*
(a) 3 : 00 सायं (b) 3 : 00 प्रातः
(c) 7 : 30 प्रातः (d) 3 : 30 सायं

व्याख्या (a) भारत का मानक समय $82\frac{1}{2}$ डिग्री पूर्वी देशान्तर पर आधारित है, जो ग्रीनविच मीन टाइम (GMT) (0 डिग्री देशान्तर) से 5 : 30 घण्टे आगे है। इस कारण इंग्लैण्ड का मानक समय 'भारतीय मानक समय' से 5 : 30 घण्टे पीछे है। इसका अर्थ यह है कि जिस समय भारत में सायं 8 : 30 बजे होंगे, उस समय लन्दन का समय 8 : 30 बजे से 5 : 30 घण्टे कम होगा।
इंग्लैण्ड का समय = 8 : 30 – 5 : 30 = 3 : 00 बजे अपराह्न।

35. पृथ्वी के सबसे निकटतम खगोलीय पिण्ड है *(UPTET 2011)*
(a) सूर्य (b) चन्द्रमा
(c) शुक्र (d) प्रॉक्सिमा सेंचुरी

व्याख्या (b) पृथ्वी से सर्वाधिक निकट खगोलीय पिण्ड, उसका प्राकृतिक उपग्रह 'चन्द्रमा' है। पृथ्वी तथा चन्द्रमा के बीच की दूरी 3,84,400 किमी है।
शुक्र, पृथ्वी के सबसे निकट सौरमण्डल का एक ग्रह है।
शुक्र तथा पृथ्वी के बीच की औसत दूरी 41 मिलियन किमी है। सूर्य, पृथ्वी से सर्वाधिक निकटस्थ तारा है। पृथ्वी से सूर्य की दूरी 15 करोड़ किमी है। सूर्य के बाद पृथ्वी का सर्वाधिक निकटतम तारा 'प्रॉक्सिमा सेंचुरी' है।

36. सूर्य के चारों ओर किसी उपग्रह का मार्ग कहलाता है इसका *(UPTET 2011)*

(a) परिक्रमण (b) परिभ्रमण
(c) कक्षा (d) प्रचक्रण

व्याख्या (c) सौरमण्डल के सभी खगोलीय पिण्ड सूर्य की परिक्रमा करते हैं। यह सूर्य के गुरुत्वाकर्षण बल के कारण सम्भव होता है।
खगोलीय पिण्ड, जिस परिक्रमण पथ से सूर्य का चक्कर लगाते हैं उसे **'कक्ष'** (कक्षा) (Orbit) कहा जाता है।
पृथ्वी का अपने अक्ष पर भ्रमण परिभ्रमण कहलाता है किसी पिण्ड के प्रति किये जाने वाले चक्करों को **प्रचक्रण** कहते हैं।

37. ग्लोब पर भूमध्यरेखा के समानान्तर खींची जाने वाली रेखाएँ कहलाती हैं *(HTET 2011)*

(a) ट्रॉपिक्स (b) देशान्तर
(c) अक्षांश (d) मेरिडियन्स

व्याख्या (c) ग्लोब पर भूमध्य रेखा के समानान्तर खींची जाने वाली रेखाएँ 'अक्षांश रेखा' कहलाती है। किसी स्थान की स्थिति को बताने के लिए अक्षांश का प्रयोग होता है। यह धरातल पर स्थान की उत्तर-दक्षिण स्थिति को बताता है।
उत्तरी तथा दक्षिणी ध्रुवों का अक्षांश क्रमश: 90° उत्तर तथा 90° दक्षिण होता है।
ध्रुवों को आपस में मिलाने वाली काल्पनिक रेखाओं को **'देशान्तर रेखा'** कहा जाता है। उष्ण अक्षांश को **ट्रॉपिक्स**, लम्बवत काल्पनिक रेखा को देशान्तर एवं मध्य अक्षांश रेखा को **मेरिडियन्स** कहा जाता है।

38. पाँचवाँ सबसे बड़ा ग्रह है *(HTET 2011)*

(a) मंगल (b) शुक्र (c) पृथ्वी (d) शनि

व्याख्या (c) पृथ्वी (Earth) सौरमण्डल का पाँचवाँ सबसे बड़ा ग्रह है। सूर्य से दूरी के आधार पर यह तीसरे स्थान पर है। पृथ्वी पर वातावरण उपस्थित है। सौरमण्डल के चार स्थलीय ग्रहों में यह सबसे बड़ा है। पृथ्वी पर जल की उपस्थिति के कारण इसे 'नीला ग्रह' कहा जाता है। मंगल तथा शुक्र भी पृथ्वी के समान स्थलीय ग्रह हैं जबकि शानि एक गैसीय ग्रह है।

39. निम्न में से कौन-सा आन्तरिक ग्रह नहीं है? *(HTET 2011)*

(a) बुध (b) शुक्र
(c) पृथ्वी (d) बृहस्पति

व्याख्या (d) सौरमण्डल के ग्रहों को दो भागों में विभाजित किया जाता है। ये हैं -आन्तरिक तथा बाह्य ग्रह।
आन्तरिक ग्रह उन ग्रहों को कहा जाता है जो स्थलीय तथा चट्टानों से निर्मित हैं तथा सूर्य के निकट स्थित हैं। आन्तरिक ग्रहों में शामिल हैं– बुध, शुक्र, पृथ्वी तथा मंगल।
सूर्य से दूरी तथा गैसीय पिण्डों को बाह्य ग्रह की संज्ञा दी जाती है, जिसमें बृहस्पति, शनि, अरुण तथा वरुण शामिल हैं।

40. पृथ्वी का झुकाव अपने अक्ष पर 23°.4' है, इसका अर्थ है *(PTET 2011)*

(a) पृथ्वी अपने अक्ष के परित: घूमती है
(b) पृथ्वी पर वर्षभर में मौसम में परिवर्तन होता है
(c) पृथ्वी के गोलार्द्ध इसी के कारण वर्ष के विभिन्न समयों में सूर्य के सामने आते हैं।
(d) पृथ्वी एक गोला है

व्याख्या (c) पृथ्वी अपने अक्ष पर $23\frac{1}{2}$ डिग्री झुकी है। इस झुकाव का पृथ्वी की भौगोलिक संरचना पर अत्यधिक प्रभाव है। अक्ष के परित: पृथ्वी के झुकाव के कारण ही पृथ्वी के गोलार्द्धों में वर्ष के विभिन्न समयों में सूर्य की किरणें सीधी तथा तिरछी पड़ती हैं। यह पृथ्वी पर मौसमों के निर्धारण में महत्त्वपूर्ण है।

41. सौरमण्डल में तीसरा ग्रह कहा जाता है *(PTET 2011)*

(a) शुक्र (b) मंगल
(c) पृथ्वी (d) अरुण

व्याख्या (c) सौरमण्डल में आठ ग्रह हैं। पृथ्वी सूर्य से दूरी के आधार पर तीसरे स्थान पर है।
सूर्य से दूरी के आधार पर सौरमण्डल के ग्रहों की स्थिति निम्न है–
बुध < शुक्र < पृथ्वी < मंगल < बृहस्पति < शनि < अरुण < वरुण

अध्याय 03

पृथ्वी के घटक-जलमण्डल, वायुमण्डल, स्थलमण्डल, जैवमण्डल

» CTET

1. पृथ्वी की विभिन्न परतों को क्रम में आन्तरिक से बाह्यतम परत तक पहचानिए। *(CTET, 2018)*

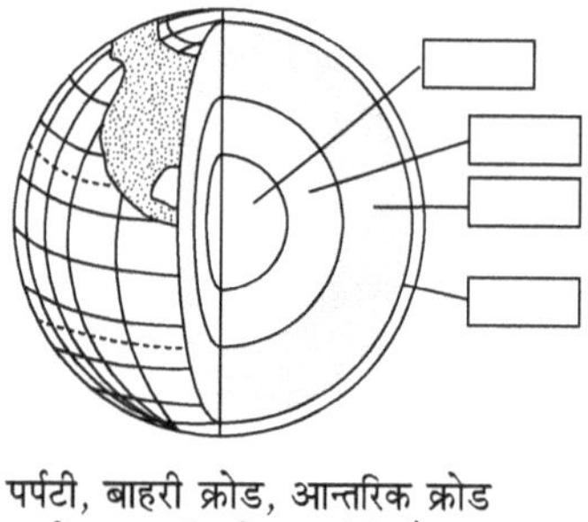

(a) मैण्टल, पर्पटी, बाहरी क्रोड, आन्तरिक क्रोड
(b) आन्तरिक क्रोड, बाहरी क्रोड, पर्पटी, मैण्टल
(c) आन्तरिक क्रोड, बाहरी क्रोड, मैण्टल, पर्पटी
(d) पर्पटी, मैण्टल, बाहरी क्रोड, आन्तरिक क्रोड

व्याख्या (c) पृथ्वी की आन्तरिक संरचना में विभिन्न परतें होती हैं। आन्तरिक से बाह्यतम परत इस प्रकार है-
आन्तरिक क्रोड < बाह्य क्रोड < मैण्टल < भू-पर्पटी
पृथ्वी की सबसे ऊपरी परत भू-पर्पटी है जो एक ठोस परत है। मध्यवर्ती परत मैण्टल अत्यधिक गाढ़ी है। बाह्य क्रोड तरल तथा आन्तरिक क्रोड ठोस अवस्था में है। भू-पर्पटी की गहराई औसतन 30 किमी है जिसमें ऑक्सीजन की मात्रा सर्वाधिक है। मैण्टल में स्थलमण्डल की प्लेटें गति करती हैं। क्रोड 2890 किमी की गहराई से पृथ्वी के केन्द्र तक है।

2. वायुमण्डल की निम्नलिखित में से कौन-सी परत रेडियो तरंगों के संचरण में मदद करती है? *(CTET, 2018, 16, 14)*

(a) मध्यमण्डल
(b) बाह्य वायुमण्डल
(c) बहिर्मण्डल
(d) समतापमण्डल

व्याख्या (b) वायुमण्डल के बाह्य वायुमण्डल से पृथ्वी द्वारा प्रेषित रेडियो तरंगें पुन: परिवर्तित होकर पृथ्वी पर वापस लौट जाती हैं। इसे 'आयनमण्डल' भी कहते हैं।
'आयनमण्डल' का स्तर 80 किमी से 400 किमी के बीच स्थित है। इस मण्डल में तापमान ऊँचाई के साथ बढ़ता रहता है। पृथ्वी से प्रेषित रेडियो तरंगों को पुन: पृथ्वी पर प्रेषण की क्षमता से रेडियो प्रसारण सम्भव होता है। 'आयनमण्डल' के बाद वायु की विरलता बढ़ती जाती है।
मध्यमण्डल की ऊँचाई लगभग 80 किमी है। अन्तरिक्ष से आने वाले उल्का पिण्ड इसी परत मे जलते हैं। धरातल से 500-1000 किमी के मध्य **बहिर्मण्डल** पाया जाता है। इसमें हीलियम तथा हाइड्रोजन की अधिकता होती है। समतापमण्डल में तापमान स्थिर रहता है तथा इसके बाद ऊँचाई के साथ बढ़ता जाता है।

3. वात-दिग्दर्शी का प्रयोग क्या मापने के लिए किया जाता है? *(CTET, 2018)*

(a) वायु दाब
(b) वायु दिशा
(c) वायु तापमान
(d) वायु वेग

व्याख्या (b) वात-दिग्दर्शी (Wind Vane) का प्रयोग वायु को दिशा दिखाने के लिए किया जाता है। यह 'वायु दिशा' को संसूचित करने का एक महत्त्वपूर्ण यन्त्र है।
वायु की सही दिशा को पहचानने के लिए 'वात-दिग्दर्शक' को जमीन के ऊपर तथा इमारतों, वृक्ष और टावरों पर लगाया जाता है।
हवा की दिशा को जानने का एक और उपकरण विण्डसॉक है, जिसे हवाई अड्डों पर हवा की दिशा और शक्ति पहचानने के लिए लगाया जाता है। वायुदाब का मापन बैरोमीटर द्वारा, एनीमोमीटर द्वारा वायु वेग का मापन किया जाता है। थर्मोमीटर यंत्र से वायु तापमान का मापन किया जाता है।

4. महासागरीय धाराओं के सम्बन्ध में नीचे दिए गए दोनों कथनों 1 और 2 पर विचार कीजिए तथा सही उत्तर का चयन कीजिए *(CTET, 2016)*

1. उष्ण (गर्म) महासागरीय धाराएँ भूमध्य रेखा के निकट उत्पन्न होती हैं और ध्रुवों की ओर प्रवाहित होती हैं।

2. शीत (ठण्डी) महासागरीय धाराएँ निम्न अक्षांशों से उच्च अक्षांशों को जल ले जाती हैं।

(a) 1 सही है और 2 गलत है
(b) 1 और 2 दोनों गलत हैं
(c) 1 और 2 दोनों सही हैं
(d) 1 गलत है और 2 सही है

व्याख्या (a) एक निश्चित दिशा में अधिक दूरी तक महासागरीय जल की एक विशाल जलराशि के प्रवाह को 'महासागरीय जलधारा' कहते हैं। ठण्डी (शीत) जलधारा मुख्यत: ध्रुवों से भूमध्य रेखा की ओर चलती है तथा गर्म जलधाराएँ मुख्यत: भूमध्य रेखा से ध्रुवों की ओर प्रवाहित होती हैं।
उत्तरी गोलार्द्ध की महासागरीय जलधाराएँ अपनी दाईं ओर तथा दक्षिणी गोलार्द्ध की महासागरीय जलधाराएँ अपनी बाईं ओर प्रवाहित होती हैं। यह कॉरिओलिस बल के प्रभाव से होता है।

5. निम्नलिखित क्षेत्रों में से किसमें 'चिनूक' स्थानीय पवन चलती है? *(CTET, 2016)*

(a) वेल्ड (b) पम्पास
(c) प्रेयरी (d) सवाना

व्याख्या (c) 'चिनूक', पर्वतीय ढाल के सहारे चलने वाली गर्म तथा शुष्क हवाएँ हैं जो यूएसए तथा कनाडा में चलती हैं। यह पवन रॉकी पर्वत के पूर्वी ढलानों में कोलारेडो से कनाडा के ब्रिटिश कोलम्बिया तक चलती है। **चिनूक** जिस क्षेत्र में चलती है, वह 'प्रेयरीज' घास का मैदान है।
चिनूक हवाओं का औसत तापक्रम 40°C होता है। इस हवा के कारण धरातल पर बर्फ पिघलने लगती है और घास उग आती है, जिससे 'पशुपालन' में अत्यधिक सहायता मिलती है।
'वेल्ड' दक्षिण अफ्रीका में, 'पम्पास' अर्जेंटिना में तथा 'सवाना' मध्य-पूर्व अफ्रीका के घास मैदान क्षेत्र है।

6. निम्नलिखित के सही जोड़े बनाइए *(CTET, 2016)*

	शैलों के प्रकार		उदाहरण
A.	अन्तर्भेदी आग्नेय शैलें	1.	चूना-पत्थर
B.	बहिर्भेदी आग्नेय शैलें	2.	बलुआ पत्थर
C.	अवसादी शैलें	3.	बेसाल्ट
D.	कायान्तरित शैलें	4.	ग्रेनाइट

कूट

	A	B	C	D		A	B	C	D
(a)	4	3	2	1	(b)	3	4	1	2
(c)	1	2	3	4	(d)	2	1	4	3

व्याख्या (a) आग्नेय चट्टानें दो प्रकार की होती हैं- अन्तर्भेदी तथा बहिर्भेदी। ज्वालामुखी उद्गार के समय भू-गर्भ से निकलने वाला लावा, जब धरातल पर जमकर ठण्डा हो जाने के पश्चात् आग्नेय चट्टानों में परिवर्तित होता है तो वह बहिर्भेदी आग्नेय चट्टान कहलाती है। धरातल की सतह से बाहर निकलने से पूर्व 'मैग्मा' जमीन के भीतर ठण्डा होकर जम जाता है, तो इसे अन्तर्भेदी चट्टान कहते हैं। 'ग्रेनाइट' अन्तर्भेदी चट्टान का उदाहरण है, जबकि 'बेसाल्ट' बहिर्भेदी आग्नेय चट्टान का उदाहरण है।
अवसादी और कायान्तरित चट्टानें, आग्नेय शैलों के टूटने या ताप एवं दाब के प्रभाव से निर्मित होती हैं। बलुआ पत्थर अवसादी शैल का उदाहरण है जबकि चूना पत्थर कायान्तरित शैल है।
मूल शैलों के विखण्डन के परिणामस्वरूप जब इनके कण एक स्थान पर निक्षेपित हो जाते हैं तो इससे अवसादी शैलों का निर्माण होता है। मूल चट्टानों, चाहे आग्नेय या अवसादी, भौतिक व रासायनिक संरचना में होने वाले परिवर्तन के परिणामस्वरूप कायान्तरित शैल का निर्माण होता है।

7. निम्नलिखित में से कौन-सी भूम्कपीय तरंगें नहीं हैं? *(CTET, 2016)*

(a) अनुप्रस्थ तरंगें (b) पृष्ठीय तरंगें
(c) अनुदैर्ध्य तरंगें (d) पोताश्रय तरंगें

व्याख्या (d) 'भूकम्प' का आरम्भ अपने 'भूकम्पीय केन्द्र' से होता है। भूकम्प के दौरान भूकम्पीय केन्द्र से तीन प्रकार की तरंगें विकसित होती हैं। ये हैं
(i) पी-तरंगें, (ii) एस-तरंगें तथा (iii) एल-तरंगें।
पी-तरंगें, जिसे प्राथमिक तरंगें कहा जाता है **अनुदैर्ध्य** तरंगों की भाँति कार्य करती हैं।
'एस-तरंगें', गौण तरंगें हैं, जिसे **अनुप्रस्थ** तरंगें भी कहते हैं।
एल-तरंगों को **धरातलीय** या **पृष्ठीय तरंगों** के नाम से भी जाना जाता है। इसे वैज्ञानिक **एच.डी.लव** के नाम पर 'लव वेव्स' भी कहा जाता है।

8. निम्नलिखित स्थलरूपों में से किसमें खनिज निक्षेपों की प्रचुरता पाई जाती है? *(CTET, 2016)*

(a) पठार (b) घाटी
(c) मैदान (d) पर्वत

व्याख्या (a) खनिज निक्षेपों की प्राप्ति आग्नेय तथा कायान्तरित चट्टानों से होती है। ये खनिज दरारों, भ्रंशों व विवरों में मिलते हैं। इन चट्टानों से वृहद् **पठारों** का निर्माण हुआ है। खनिजों के लघु जमाव शिराओं के रूप में तथा वृहद् जमाव परत के रूप में पाए जाते हैं। इनका निर्माण भी उसी दौरान होता है जब यह तरल अथवा गैसीय अवस्था में होते हैं।
खनिजों के निर्माण की एक अन्य विधि धरातलीय चट्टानों का अपघटन है। चट्टानों के घुलनशील तत्त्वों के अपरदन से अयस्क वाली चट्टानें बनती हैं।

9. निम्नलिखित स्थलाकृतियों में से किसमें 'छत्रक शैल' पाए जाते हैं? *(CTET, 2016, 12)*

(a) समुद्री गुफा
(b) रेगिस्तान
(c) डेल्टा
(d) हिमनद हिमोढ़

व्याख्या (b) मरुस्थलीय भागों में **छत्रक शैलों** का निर्माण होता है। रेगिस्तानों में पवनों के साथ चलने वाले रेत के कण मार्ग में पड़ने वाली चट्टानों के निचले हिस्से को अधिक घर्षित करते हैं तथा ऊपरी हिस्से का घर्षण काफी कम होता है। इससे छतरीनुमा आकार की एक विशिष्ट आकृति बन जाती है, जिसे **छत्रक शैल** कहा जाता है।

10. गर्म जल के झरने ········· से प्राप्त ताप ऊर्जा के परिणामस्वरूप बनते हैं। *(CTET, 2016)*

(a) पवन ऊर्जा
(b) भूतापीय ऊर्जा
(c) सौर ऊर्जा
(d) ज्वारीय ऊर्जा

व्याख्या (b) **भूतापीय ऊर्जा**, वह ऊर्जा है जिसे पृथ्वी में संगृहीत ताप से निकाला जाता है। यह भूतापीय ऊर्जा, ग्रह के मूल गठन से, खनिज के रेडियोधर्मी क्षय से और सतह पर अवशोषित सौर ऊर्जा से उत्पन्न होती है।

भूमितल के गर्म जलस्रोतों से शक्ति उत्पादन में यह प्रयुक्त किया जाता है। भूमिगत गर्म जलस्रोतों को गैर-परम्परागत ऊर्जा का प्रमुख स्रोत माना जाता है।

भारत में **भूतापीय ऊर्जा** संयन्त्रों का निर्माण लद्दाख में पूगा घाटी तथा हिमाचल के मणिकर्ण में किया गया है।

11. अधिक गहराई में स्थित खनिज निक्षेपों तक पहुँचने के लिए गहरे छिद्र बनाए जाते हैं। इस प्रकार के खनन को कहा जाता है- *(CTET, 2016)*

(a) प्रवेधन
(b) उत्खनन
(c) विवृत खनन
(d) कूपकी खनन

व्याख्या (d) अधिक गहराई में स्थित खनिज निक्षेपों तक पहुँचने के लिए गहरे छिद्र बनाए जाते हैं। इस प्रकार के खनन को **कूपकी खनन** कहते हैं।

पेट्रोलियम तथा प्राकृतिक गैसों को धरातल के नीचे से बाहर निकालने के लिए किए गए खनन को **प्रवेधन** कहा जाता है।

खनन करने की प्रक्रिया उत्खनन कहलाती है।

कम गहराई से खनिज को बाहर निकालने के लिए जिस प्रक्रिया को अपनाया जाता है वह **विवृत खनन** कहलाता है। इसमें खनिज को पृष्ठीय स्तर से निकालते हैं।

विवृत खनन को **खुला खनन** कहा जाता है। इसकी गहराई कम होती है। कोयला, लोहा, बॉक्साइट का खनन विवृत प्रकार के खनन हैं।

12. निम्नलिखित का मिलान कीजिए और सही उत्तर का चयन कीजिए *(CTET, 2016)*

वायुमण्डल की परतें	विशेषताएँ
A. क्षोभमण्डल	1. आयनमण्डल इस परत का एक भाग है।
B. समतापमण्डल	2. अन्तरिक्ष से प्रवेश करने वाले उल्कापिंड इस परत में आने पर जल जाते हैं।
C. मध्यमण्डल	3. इसमें ओजोन गैस की एक परत होती है
D. बाह्यमण्डल	4. मौसम की लगभग सभी घटनाएँ इस परत में घटित होती हैं।

कूट

	A	B	C	D
(a)	3	4	1	2
(b)	4	3	2	1
(c)	1	2	3	4
(d)	2	1	4	3

व्याख्या (b) वायुमण्डल को निम्न परतों में विभाजित किया गया है-

- क्षोभमण्डल
- बाह्यमण्डल

क्षोभमण्डल (10-18 किमी) में मौसम सम्बन्धी सभी घटनाएँ सम्पन्न होती हैं। इसे 'परिवर्तन मण्डल' भी कहते हैं।

समतापमण्डल (50 किमी तक) की निचली परत ओजोन मण्डल है। यह 15 से 35 किमी में स्थित है जिसमें ओजोन गैस की परत होती है।

मध्यमण्डल (50 से 80 किमी) में अत्यधिक न्यून ताप होता है जिससे उल्का पिण्ड जल जाते हैं।

बाह्यमण्डल, आयनमण्डल के ठीक ऊपर पाया जाता है जिसके कारण आयनमण्डल, बाह्यमण्डल का एक भाग है।

13. निम्नलिखित में से कौन-सी एक आकृति नदी के निक्षेपण कार्य का परिणाम है? *(CTET, 2015)*

(a) विसर्प (b) बाढ़कृत मैदान (c) चाप झील (d) जल प्रपात

व्याख्या (b) नदी जब अपने तटों से बाहर बहती है तो निकटवर्ती क्षेत्रों में 'बाढ़' (Flood) की स्थिति बनती है। बाढ़ के कारण नदी के तटों के निकटवर्ती क्षेत्रों में महीन मिट्टी एवं अन्य पदार्थों का जमाव हो जाता है। ऐसी मिट्टी एवं पदार्थों को 'अवसाद' कहा जाता है।

इससे समतल उपजाऊ बाढ़कृत मैदान का निर्माण होता है। यह स्थलाकृति नदी के निक्षेपण कार्य का परिणाम है।

विसर्प एक प्रमुख प्रवाही जल नदीकृत अपरदनात्मक स्थलरूप है। मैदानी क्षेत्रों में नदी की धारा दाएँ-बाएँ होती हुई प्रवाहित होती है और विसर्प बनाती है।

चाप झील एक अपरदनात्मक स्थलरूप है जो नदी की प्रौढ़ावस्था के बाद उसके विसर्पों के अर्द्धचन्द्राकार हिस्सों के मूल धारा से कट जाने और उनमें जल इकट्ठा हो जाने से होता है।

जल प्रपात अथवा **झरना** पहाड़ों की चट्टानों से गिरने वाली नदी या नालों को जल प्रपात कहा जाता है।

14. किसी भूकम्प के दौरान रिक्टर स्केल की किस तीव्रता पर वस्तुएँ गिरने लगती हैं? *(CTET, 2015)*

(a) 6.0 या उससे अधिक (b) 5.0 से अधिक
(c) 7.0 से अधिक (d) 2.0 से अधिक

व्याख्या (a) भूकम्पीय तीव्रता को मापने का पैमाना 'रिक्टर स्केल' है। रिक्टर स्केल में 0 से 9 तक की संख्या के आधार पर भूकम्प की तीव्रता को मापा जाता है।

6 से अधिक तीव्रता के भूकम्प विनाशकारी प्रभाव दर्शाते हैं। 6 से 6.9 की तीव्रता में जहाँ इमारतों में दरार आती है तथा वस्तुएँ गिरने लगती हैं, वहीं 7 से 7.9 की तीव्रता वाले भूकम्प के दौरान इमारतें गिरने लगती हैं।

8 से 8.9 तीव्रता वाले भूकम्प में पुलों के गिरने तथा सड़कों के टूटने की प्रक्रिया सामने आती है। 9 तीव्रता वाले भूकम्प 'सुनामी' जैसी तबाही ला सकते हैं।

15. पृथ्वी की सबसे आन्तरिक परत मुख्यतः बनी है *(CTET, 2015)* *(UPTET, 2016)*

(a) सिलिका एवं लोहे से (b) निकिल एवं लोहे से
(c) निकिल एवं एल्युमिना से (d) सिलिका एवं एल्युमिना से

व्याख्या (b) पृथ्वी की सबसे निचली तथा आन्तरिक परत 'क्रोड' है। क्रोड की औसत गहराई 6371 किमी है। क्रोड या आन्तरिक भाग में निकिल एवं लोहे की सर्वाधिक मात्रा पायी जाती है अत: पृथ्वी की क्रोड में ही सर्वाधिक चुम्बकीय क्षेत्र पाया जाता है।

इस परत में निकिल (Ni) तथा फेरस (Fe) की मात्रा सर्वाधिक होने के कारण इसे (NiFe) (निफे) कहा जाता है। 'निफे' का घनत्व 13 ग्राम प्रति घन सेमी है। यह पृथ्वी की सबसे अधिक घनत्व वाली परत है।

16. निम्नलिखित में से कौन-सा एक केवल तटीय क्षेत्रों में अत्यधिक विनाश कर सकता है? *(CTET, 2015)* *(CGTET, 2011)*

(a) सुनामी (b) भूकम्प (c) ज्वालामुखी (d) ज्वार भाटा

व्याख्या (a) **सुनामी** समुद्री ज्वारीय लहरें हैं जो समुद्र में आए भूकम्प के बाद पृथ्वी की ओर जोरदार तूफान का रूप लेती हैं। 'सुनामी' का शाब्दिक अर्थ **बन्दरगाह की लहर** है, जो सैकड़ों किमी चौड़ी होती है। तटीय क्षेत्रों में यह भारी विनाशकारी प्रभाव डालती है। इसकी गति 420 किमी प्रति घण्टा तथा ऊँचाई 10 से 18 मीटर तक होती है।

पृथ्वी का वह हिस्सा जहाँ धरती के 'प्लेट्स' या परतें आपस में मिलती हैं, वहाँ सुनामी का खतरा अधिक तीव्र होता है।

17. भूस्खलन को नियन्त्रित करने के लिए निम्नलिखित में से न्यूनीकरण क्रियाविधि कौन-सी नहीं है? *(CTET, 2015)*

(a) भूस्खलन को रोकने के लिए वनस्पति आवरण को कम करना
(b) भूस्खलन की गतिशीलता को नियन्त्रित करने के लिए सतही अपवाह का नियन्त्रण सुनिश्चित करना
(c) भूस्खलन प्रवण क्षेत्रों की पहचान के लिए संकट मानचित्रण
(d) भूमि को खिसकने से बचाने के लिए प्रतिधारी दीवार का निर्माण करना

व्याख्या (a) 'भूस्खलन' एक प्राकृतिक आपदा है जिसके नियन्त्रण हेतु निम्न उपायों को किया जाना प्रभावी कदम है-

- वनारोपण, वृक्ष तथा झाड़ियों को लगाना जो स्थानीय वातावरण तथा मृदा के अनुरूप हों।
- भूस्खलन की आशंका वाले क्षेत्रों में पृष्ठीय जल-प्रवाह को नियन्त्रित कर जल-रिसाव को कम करना।
- पहाड़ी ढालों पर मलबे को खिसकने से रोकने के लिए मजबूत दीवारें बनाई जाएँ।
- भूस्खलन प्रवण क्षेत्रों का मानचित्र तैयार किया जाना चाहिए। इन क्षेत्रों में निर्माण कार्यों पर रोक लगाई जाए।

18. निम्नलिखित में से पृथ्वी पर तापमान के वितरण को प्रभावित करने वाला सबसे महत्त्वपूर्ण कारक कौन-सा है? *(CTET, 2015)*

(a) पार्थिव विकिरण (b) समुद्र से दूरी
(c) सूर्यातप (d) सौर विकिरण

व्याख्या (c) पृथ्वी के तापमान को प्रभावित करने वाले विभिन्न कारकों में अक्षांशीय अवस्थिति, समुद्रतल से दूरी तथा ऊँचाई, पवन, महासागरीय धाराएँ, पार्थिव विकिरण तथा सूर्य-तापन प्रमुख हैं, परन्तु पृथ्वी पर तापमान के वितरण को प्रभावित करने वाले कारकों में सूर्यतप सबसे महत्त्वपूर्ण कारक है।

धरातलीय सतह के पास किसी स्थान का वायुमण्डल उस स्थान पर प्राप्त सूर्यतप की मात्रा पर निर्भर करता है। सूर्यतप की मात्रा भूमध्यरेखा से ध्रुवों की ओर घटती जाती है।

किसी भी स्थान के तापमान को प्रभावित करने वाला अन्य कारक समुद्र से उस स्थान की दूरी है। समुद्र स्थल की अपेक्षा देर से गर्म होता है और देर से ठण्डा होता है।

तापक्रम का वितरण एक समान वाले मेघ आवरण की सघनता, प्रकार और ऊँचाई से भी प्रभावित होता है। यह पृथ्वी के विकिरण बजट को प्रभावित करने वाला महत्त्वपूर्ण कारक है।

19. वायुमण्डल की निम्नलिखित परतों में से कौन-सी परत हवाई जहाज उड़ाने के लिए सबसे आदर्श है? *(CTET, 2015, 12)*

(a) मध्यमण्डल (b) तापमण्डल
(c) क्षोभमण्डल (d) समतापमण्डल

व्याख्या (d) क्षोभ सीमा से ऊपर 50 किमी की ऊँचाई तक **समतापमण्डल** का विस्तार होता है। इस मण्डल के तापमान में परिवर्तन नहीं होता है।

समतापमण्डल की मोटाई ध्रुवों पर सर्वाधिक तथा विषुवत् रेखा पर सबसे कम होती है। शीत ऋतु में 50 डिग्री से 60 डिग्री अक्षांशों के मध्य समतापमण्डल सर्वाधिक गर्म रहता है।

समतापमण्डल मौसमी घटनाओं से मुक्त होता है, इसलिए विमान चालकों के लिए यह उत्तम है। इस वायुमण्डलीय परत की खोज **तिजांस डी बोर** ने की।

20. भू-पर्पटी में वह स्थान जहाँ से भूकम्पीय तरंगें आरम्भ होती हैं, उसे कहा जाता है *(CTET, 2015), (HTET, 2012, 13)*

(a) अधिकेन्द्र (b) क्रेटर
(c) केन्द्र (d) उद्गम केन्द्र

व्याख्या (a) भूकम्पीय कम्पन का सर्वाधिक प्रभाव भू-पर्पटी पर होता है। कम्पन के दौरान ऊर्जा तरंगें निकलती हैं जो विभिन्न दिशाओं से होकर पृथ्वी की सतह पर पहुँचती हैं। भूमि की सतह पर वह बिन्दु जो उद्गम केन्द्र के समीप होता है **अभिकेन्द्र** (Epicentre) कहलाता है।
अभिकेन्द्र, वह स्थान होता है जहाँ सबसे पहले तरंगों को महसूस किया जाता है। वह स्थान जहाँ से ऊर्जा निकलती है, भूकम्प का **उद्गम केन्द्र** (Focus) कहलाता है। इसे 'अवकेन्द्र' (Hypocentre) भी कहा जाता है। पृथ्वी के गर्भ से मैग्मा जब पृथ्वी पर लावा के रूप में निकलता है, तो जिस स्थान से यह पृथ्वी के ऊपर आता है वह क्रेटर कहलाता है।

21. बैरोमीटर का प्रयोग .... होता है। *(CTET, 2014)*

(a) वर्षा को मापने के लिए
(b) तापमान को मापने के लिए
(c) वायुमण्डलीय दाब को मापने के लिए
(d) समुद्र के स्तर को मापने के लिए

व्याख्या (c) **बैरोमीटर** के माध्यम से वायुमण्डलीय दबाव (Atmospheric Pressure) को मापा जाता है। बैरोमीटर में पानी, हवा अथवा पारा का उपयोग किया जाता है।
पारायुक्त बैरोमीटर को 'टोरिसेलियन बैरोमीटर' भी कहा जाता है, क्योंकि इसका निर्माण **ई. टोरिसेली** नामक वैज्ञानिक ने किया था। बैरोमीटर में पठन का एकाएक नीचे आना 'तूफान' का संकेत देता है।

22. चित्र प्रस्तुत करता है *(CTET, 2014)*

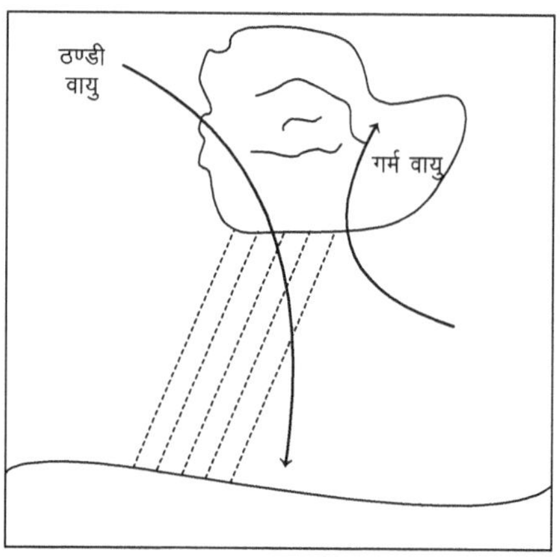

(a) पर्वतीय वर्षा
(b) संवहनी वर्षा
(c) चक्रवाती वर्षा
(d) मानसून-पूर्व वर्षा

व्याख्या (c) जब गर्म तथा ठण्डी वायु आपस में मिलती है तो **चक्रवातीय वर्षा** होती है। वह क्षेत्र जहाँ गर्म और ठण्डी वायु आपस में मिलती है, वह क्षेत्र वाताग्र (Airy) कहलाता है। चक्रवाती वर्षा प्राय: शीतोष्ण कटिबन्धीय क्षेत्रों में होती है।
तापमान अधिक होने के कारण गर्म वायु हल्की होकर ऊपर उठती है तथा ठण्डी वायु भारी होकर नीचे बैठ जाती है। अत: ऊपर उठने वाली गर्म वायु ठण्डी होकर वर्षा करती है। इस दौरान मेघ गर्जन (Cloud roaring) भी होता है।

23. धरातल के निकट पाए जाने वाले खनिजों को साधारणतया खोदकर निकालने की प्रक्रिया को क्या कहते हैं? *(CTET, 2014)*

(a) विवृत खनन
(b) सिन्टरन
(c) उत्खनन
(d) निस्तापन

व्याख्या (a) धरातल के निकट पाए जाने वाले खनिजों को बाहर निकालने की प्रक्रिया **विवृत खनन** कहलाती है। खनिज को कम गहराई से निकालने के लिए पृष्ठीय स्तर को हटाया जाता है। लौह अयस्क, कोयला, बॉक्साइट, मैंगनीज इत्यादि का उत्खनन विवृत खनन द्वारा किया जाता है।
सिन्टरन जलधारा से जमी हुई मिट्टी होती है।
उत्खनन पृथ्वी के अन्दर से खनिजों के खनन करने की प्रक्रिया होती है।
वायु या ऑक्सीजन की उपस्थिति में उच्च ताप तक गरम करना **निस्तापन** कहलाता है।

24. निम्नलिखित में से कौन जहाजों के नौकायन में सहायता करता है? *(CTET, 2014)*

(a) ऐसे क्षेत्र जहाँ गर्म समुद्री धाराएँ और शीत समुद्री धाराएँ मिलती हैं
(b) समुद्री धाराओं का क्षेत्र
(c) उच्च ज्वारीय क्षेत्र
(d) कम ज्वार का क्षेत्र

व्याख्या (c) ज्वार की दो स्थितियाँ होती हैं- उच्च ज्वार तथा लघु ज्वार। जिन क्षेत्रों में उच्च ज्वार की स्थिति होती है, उसे **उच्च ज्वारीय क्षेत्र** तथा जहाँ कम ज्वार की स्थिति होती है, उसे **लघु ज्वारीय क्षेत्र** कहते हैं।
जिस समय ज्वार का जल टाइडल साइकिल (ज्वारीय चक्र) में अधिकतम ऊँचाई पर होता है, तो उसे दीर्घ या उच्च ज्वार कहते हैं। इस दौरान समुद्र में नौकायन में सुविधा होती है। जहाजों को इस दौरान आसानी से बन्दरगाहों से निकाला जा सकता है।

25. मृदा के कौन-से गुण का निर्धारण जनक चट्टान करती है? *(CTET, 2014)*

(a) मृदा का जमाव
(b) रासायनिक गुण, पारगम्यता एवं संरचना
(c) अपक्षय की दर और खाद-मिट्टी
(d) मृदा की मोटाई

व्याख्या (b) मृदा के रासायनिक गुण, पारगम्यता तथा संरचना का निर्धारण उसके 'जनक चट्टान' द्वारा होता है। मिट्टी में रेत, सिल्ट तथा मृत्तिका रहते हैं। मृदा के रासायनिक गुण मृत्तिका पर अवलम्बित हैं। मृत्तिका अनेक तत्वों लोहा, सिलिकन, एल्युमीनियम इत्यादि की जटिल रचना के रूप में बनी है। मिट्टी के भौतिक गुण मिट्टी के कणों की मात्रा, आकार, आन्तरिक व्यवस्था और खनिज संरचना पर निर्भर करते हैं। मिट्टी का रासायनिक गुण, पृथक पोषक तत्त्वों और मिट्टी के पीएच मान की उपस्थिति पर निर्भर करता है।

26. दुनिया की सबसे लम्बी पर्वत शृंखला कौन-सी है? *(CTET, 2013)*

(a) हिमालय (b) रॉकी
(c) एण्डीज (d) आल्पस

व्याख्या (c) दक्षिण अमेरिका महाद्वीप में स्थित **एण्डीज पर्वत** शृंखला विश्व की सबसे लम्बी पर्वत शृंखला है। इसकी कुल लम्बाई **7200 किमी** है। एण्डीज पर्वत शृंखला दक्षिण अमेरिका के पश्चिमी तट पर स्थित है जो वेनेजुएला, कोलम्बिया, पेरु, बोलीविया, चिली तथा अर्जेण्टीना देशों में फैली है। 'एकांकगुआ', एण्डीज पर्वत शृंखला की सबसे ऊँची पर्वतीय चोटी है जिसकी ऊँचाई 6962 मीटर है।

हिमालय 2400 किमी लम्बी उत्तर भारत की पर्वतीय शृंखला हैं।

रॉकी पर्वत उत्तरी अमेरिका के पश्चिम भाग से सामान्यत: उत्तर-दक्षिण दिशा में अलास्का से उत्तरी न्यू मैक्सिको तक फैली हुई पर्वतमाला का नाम है।

आल्पस मध्य यूरोप की सबसे बड़ी पर्वतमाला है। इसकी सबसे ऊँची चोटी माउण्ट ब्लैंक फ्रांस में स्थित है।

27. विश्व का सबसे बड़ा नदी बेसिन कौन-सा है? *(CTET, 2013)*

(a) गंगा नदी बेसिन (b) नील नदी बेसिन
(c) मिसीसिपी नदी बेसिन (d) अमेजन नदी बेसिन

व्याख्या (d) **अमेजन नदी** का नदी बेसिन (River Basin) विश्व में सर्वाधिक विस्तृत है। अमेजन नदी बेसिन का कुल क्षेत्रफल 70,50,000 वर्ग किमी है।

अमेजन नदी विश्व की दूसरी सबसे लम्बी नदी है। इसकी कुल लम्बाई 6992 किमी है। यह दक्षिण अमेरिका महाद्वीप के नौ देशों से होकर बहती है। ये देश हैं-

ब्राजील, बोलीविया, पेरु, इक्वेडोर, कोलम्बिया, वेनेजुएला, फ्रेंच गुएना तथा सूरीनाम।

अमेजन की सहायक नदियों की संख्या 1100 है जिसमें 12 नदियों की लम्बाई 1500 किमी से अधिक है।

गंगा नदी बेसिन उत्तर भारत से पूर्व दिशा तक गंगा नदी का एक विस्तृत भू-भाग है।

नील नदी बेसिन अफ्रीका की सबसे बड़ी झील विक्टोरिया से निकलकर नील नदी विस्तृत सहारा मरुस्थल के पूर्वी भाग को पार करती हुई अपना बेसिन क्षेत्र का निर्माण करती है।

मिसीसिपी नदी बेसिन उत्तरी अमेरिका में मिसीसिपी नदी अपने बहाव से अपने जल सम्भरण क्षेत्र में इतनी उपजाऊ मिट्टी डालती है कि इसे विश्व के सबसे अधिक उपजाऊ क्षेत्रों में गिना जाता है।

28. अटलाण्टिक महासागर में अनेक पोताश्रय एवं पत्तन हैं, क्योंकि *(CTET, 2013)*

(a) संयुक्त राज्य अमेरिका एवं यूरोप के बीच बड़ी मात्रा में समुद्री व्यापार होता है
(b) अटलाण्टिक महासागर में मत्स्य उद्योग विकसित है
(c) अटलाण्टिक महासागर की तट रेखा अधिक तन्दुरित है
(d) अटलाण्टिक महासागर की तट रेखा अधिक छिछली है

व्याख्या (c) अटलाण्टिक महासागर में अनेक पोताश्रय तथा पत्तन होने का कारण इसके सागरीय तल का **पैसिव मार्जिन** आकृति में होना है। तट रेखा का अधिक तन्दुरित होना अटलाण्टिक महासागरीय तट को यह आकृति प्रदान करता है। यह आकृति जहाजों को तटीय क्षेत्रों में लगाए जाने की विशिष्ट स्थिति पैदा करती है जिससे यहाँ कई प्रसिद्ध बन्दरगाह तथा समुद्री व्यापार मार्ग स्थित हैं।

29. जब कोई शिलाखण्ड दबाव व कठोरता के कारण परतदार शैल में बदल जाता है, उन्हें कहते हैं *(CTET, 2012)*

(a) अवसादी शैल (b) प्रारम्भिक शैल
(c) आग्नेय शैल (d) कायान्तरित शैल

व्याख्या (a) 'अवसादी चट्टानें', अधिकांशतया परतदार चट्टानें ही होती हैं जो कालान्तर में दबाव तथा रासायनिक प्रतिक्रिया एवं अन्य कारकों द्वारा अवसादी चट्टान का रूप लेती हैं।

अवसादी शैलों का निर्माण जल, वायु या हिमानी जैसे कारकों के प्रभाव से होता है। इन शैलों में वनस्पति एवं जीव-जन्तुओं के जीवाश्म पाए जाते हैं।

खनिज तेल तथा अन्य खनिज इन शैलों से प्राप्त होते हैं। बलुआ पत्थर, चूना पत्थर, नमक इत्यादि अवसादी शैलों के उदाहरण हैं।

प्रारम्भिक शैल भू-पटल में मिलने वाले विभिन्न पदार्थों जैसे; ग्रेनाइट, बालुका पत्थर, चाक, रेत, लाइमस्टोन किसी की भी बनी हो सकती है।

आग्नेय शैल मैग्मा के ठण्डा होकर ठोस रूप धारण करने से आग्नेय शैल का निर्माण होता है।

कायान्तरित शैल ताप, दाब और रासायनिक क्रियाओं के कारण आग्नेय और अवसादी चट्टानों से कायान्तरित शैल का निर्माण होता है।

30. उत्तरी अमेरिका का पूर्वी तट व जापान के आसपास समुद्र में मत्स्य प्रचुर है क्योंकि- *(CTET, 2012)*

(a) तट के साथ गर्म धारा बहती है
(b) गर्म व ठण्डी धाराओं का मिलन है
(c) तट के साथ एक ठण्डी धारा बहती है
(d) तन्दुरित तटीय क्षेत्र है

व्याख्या (b) उत्तर अमेरिकी महाद्वीप का पूर्वी तट तथा जापान के निकटवर्ती समुद्री क्षेत्रों में मछली पालन (मत्स्यन) प्रमुख व्यवसाय है। इन क्षेत्रों में गर्म जलधाराएँ तथा ठण्डी जल धाराएँ आपस में मिलती हैं; जिससे अनुकूल परिस्थितियों का जन्म होता है। गर्म तथा ठण्डी जलधाराओं के मिलन स्थल पर 'प्लैंकटन' जैसी वनस्पतियाँ उत्पन्न होती हैं जो मछलियों का श्रेष्ठ आहार है।

31. निम्न में से कौन-सा अपरदन स्थल रूप है? *(CTET, 2012)*

(a) हिमोढ़
(b) छत्रक शिला
(c) लोएस
(d) डेल्टा

व्याख्या (b) भूपृष्ठ पर बहता जल, पवन तथा हिम जैसे विभिन्न घटकों के माध्यम से होने वाले कटाव की प्रक्रिया को 'अपरदन' कहते हैं।
नदियों द्वारा अपरदन से 'V' आकार की घाटी, हिम के अपरदन से 'U' आकार की घाटी तथा पवन के अपरदन से 'बरखान' (बालुका टिब्बा) तथा **छत्रक शिला** का निर्माण होता है।
हिमनद में विद्यमान अवसादों को 'हिमोढ़' कहा जाता है।
लोएस का निर्माण पवन द्वारा निक्षेपित क्रिया से होता है।
डेल्टा एक निक्षेपित स्थलाकृति है।

32. अटलाण्टिक महासागर के विषय में निम्नलिखित तथ्य पढ़ें *(CTET, 2012)*
1. यह अंग्रेजी के 'S' अक्षर के आकार का है।
2. इसकी तट-रेखा सरल रेखीय व निर्बाध है।
3. व्यापारिक दृष्टि से यह सबसे व्यस्त महासागर है।
उपरोक्त कथनों में से कौन-सा/से सत्य है/हैं?
(a) 1 तथा 3 (b) 1 तथा 2 (c) 2 तथा 3 (d) ये सभी

व्याख्या (a) अटलाण्टिक महासागर, विश्व का दूसरा सबसे बड़ा महासागर है। यह पृथ्वी के 29% जलीय क्षेत्र में विस्तृत है। यह अंग्रेजी के 'S' अक्षर के आकार का है, जो यूरोप तथा अफ्रीका के पश्चिम तथा अमेरिका के पूर्व में स्थित है।
व्यापारिक दृष्टि से विश्व के व्यस्ततम समुद्री मार्ग अटलाण्टिक महासागर में स्थित हैं।
अटलाण्टिक महासागर की तट रेखा तन्दुरित तथा कटी-छटी है।
अत: कथन 1, 3 सत्य एवं कथन 2 असत्य है।

33. भूमि की एक संकरी पट्टी जो दो बड़े भूखण्डों को जोड़ती है, उसे जाना जाता है *(CTET, 2012)*
(a) द्वीप (b) जल-सन्धि
(c) भू-सन्धि (d) खाड़ी

व्याख्या (c) दो बड़े भूमि समूहों को जोड़ने वाली संकीर्ण भूमि पट्टी को **भू-सन्धि** अथवा **स्थलडमरूमध्य** कहा जाता है।
भू-सन्धि (स्थलडमरूमध्य) किसी नदी, महासागर अथवा सागर से होकर गुजरता है। वस्तुत: किसी जलराशि के दोनों ओर स्थित भूखण्डों को जोड़ने वाला लम्बा स्थलमण्डल जो दाएँ और बाएँ ओर से जल से घिरा हो, 'स्थलडमरूमध्य' कहलाता है।
द्वीप जल के चारों ओर से घिरे स्थल भू-खण्ड को द्वीप कहते हैं।
जल सन्धि दो बड़े जलीय भागों के समूहों को जोड़ती है। इसे जलडमरूमध्य भी कहते हैं।
खाड़ी किसी ओर से सागर या महासागर से जुड़ी ऐसा जलाशय होता है जिसके आस-पास धरती का विस्तृत क्षेत्र हो।

34. जैवमण्डल के विषय में सबसे उपयुक्त कथन है *(CTET, 2012)*
(a) भूमि, जल, वायु, पौधे और पशु
(b) पर्यावरण के विभिन्न परिमण्डल
(c) मनुष्य का तात्कालिक परिवेश
(d) पौधे और पशु जगत

व्याख्या (a) जैवमण्डल से तात्पर्य पृथ्वी के उस भाग से है जहाँ सभी प्रकार का जीवन पाया जाता है। पृथ्वी के तीन परिमण्डल-स्थलमण्डल, वायुमण्डल तथा जलमण्डल जहाँ आपस में मिलते हैं, वहीं जैवमण्डल स्थित है।
जीवन के लिए आवश्यक वस्तुएँ भूमि, हवा, जल इन तीनों का मिलन स्थल जैवमण्डल है। इसके घटकों में जैव तथा अजैव तत्त्व आते हैं। पौधे, जन्तु तथा सूक्ष्मजीव जैविक घटक हैं।
मृदा, चट्टान तथा गैसें अजैविक घटक हैं।

35. महासागर का जल तालाब और झील के शान्त जल के विपरीत लगातार गतिमान रहता है। निम्नलिखित में से कौन-सा जल का प्रवाह या गति नहीं है? *(CTET, 2012)*
(a) जल चक्र (b) ज्वार-भाटा (c) धाराएँ (d) तरंगें

व्याख्या (a) 'जल चक्र', जल का प्रवाह या गति नहीं है, जबकि ज्वार-भाटा, महासागरीय धाराएँ तथा सागरीय तरंगें जल प्रवाह का हिस्सा हैं।
जल चक्र, पृथ्वी पर उपलब्ध जल के दूसरे रूप में परिवर्तित होने तथा एक भण्डार से दूसरे भण्डार अथवा एक स्थान से दूसरे स्थान में गति की चक्रीय प्रक्रिया है।
जल चक्र के दौरान जल की मात्रा का क्षय नहीं होता है, उसके रूप में परिवर्तन होता है।

36. पृथ्वी पर सबसे अधिक जल पाया जाता है *(BTET, 2011)*
(a) नदियों में (b) अण्टार्कटिका में
(c) महासागर में (d) झीलों में

व्याख्या (c) **महासागर** जलमण्डल का हिस्सा है। यह खारे पानी का विशाल क्षेत्र होता है। पृथ्वी के दो-तिहाई हिस्से में महासागर स्थित है।
पृथ्वी पर प्राप्त जल का 98% हिस्सा महासागरों में है, जबकि केवल 2% जल ही नदियों, झीलों तथा अन्य स्रोतों से प्राप्त होता है। पृथ्वी पर पाँच महासागर स्थित हैं। ये हैं-
प्रशान्त महासागर, हिन्द महासागर, अटलाण्टिक, महासागर, आर्कटिक महासागर तथा अण्टार्कटिक महासागर।

37. निम्नलिखित में से कौन-सी 'स्थलमण्डल' की विशेषता नहीं है? *(CTET, 2011)*
(a) स्थल-आकृतियाँ महासागर की सतह पर भी पाई जाती हैं।
(b) इस मण्डल में खनिज सम्पदा भी पाई जाती है।
(c) पहाड़, पठार और घाटियाँ मिलकर स्थलमण्डल का निर्माण करती हैं।
(d) पृथ्वी का 97% जल स्थलमण्डल में पाया जाता है।

व्याख्या (d) 'स्थलमण्डल' में पर्वत, पठार, मैदान तथा घाटियाँ स्थित होती हैं। यहाँ स्थित स्थलाकृतियों में खनिज-सम्पदा प्राप्त होती है। कई स्थलाकृतियाँ महासागर की सतह पर भी पाई जाती हैं।
पृथ्वी पर पाए जाने वाले जल का कम-से-कम 97% हिस्सा महासागरों में पाया जाता है। केवल 2.7% जल ही पृथ्वी पर अलवणीय जल के रूप में विद्यमान होता है।

38. 'कोयला' एक उदाहरण है *(UPTET, 2018)*

(a) अवसादी शैल का
(b) रूपान्तरित शैल का
(c) आग्नेय शैल का
(d) इनमें से कोई नहीं

व्याख्या (a) कोयला एक **अवसादी शैल** (Sedimentary rock) है। अवसादी शैलों का निर्माण अपक्षय एवं अपरदन के विभिन्न साधनों द्वारा मौलिक चट्टानों के विघटन, वियोजन तथा जमाव से होता है।
कोयले का निर्माण मृत वनस्पतियों के विघटन, वियोजन तथा संचयन से हुआ है।
'अवसादी शैलें', प्रकृति के कारकों द्वारा निर्मित होकर शैलों की परतों में जमा हो जाती हैं, जो खनिजों के लिए अनुकूल स्थिति पैदा करती है।

39. U-आकार की घाटी का निर्माण होता है *(UPTET, 2017)* *(REET, 2011)*

(a) हिमनदी द्वारा
(b) नदी द्वारा
(c) पवन द्वारा
(d) सागरीय तरंग द्वारा

व्याख्या (a) 'U' आकार की घाटी का निर्माण **हिमनदी** द्वारा होता है। पर्वतीय क्षेत्रों में हिमानियों द्वारा घाटियों के पार्श्ववर्ती तथा तली अपरदन के कारण सपाट तल वाली तथा चौरस घाटियों का निर्माण होता है।
अपरदन के कारण दोनों किनारे काफी समानान्तर तथा अन्तत्तोदर ढाल वाले बन जाते हैं।
'U' आकार की घाटी पर्वतीय ग्लेशियर की एक महत्त्वपूर्ण विशिष्टता है।

40. निम्नलिखित में से कौन-सा भ्रंश से सम्बन्धित है? *(UPTET, 2017)*

(a) समपनति
(b) नतिलम्ब घाटी
(c) हॉगबैक
(d) ग्राबेन

व्याख्या (d) **ग्राबेन** (Graben) दो समानान्तर भ्रंशों का मध्यवर्ती हिस्सा है जिसे 'द्रोणी' कहते हैं। जर्मन भाषा में 'ग्राबेन' का अर्थ खाई या गहरा स्थान है।
'ग्राबेन' द्वारा भ्रंश घाटियों का निर्माण होता है। बैकाल झील, 'ग्राबेन' से बनी आकृति है।
हॉगबैक ढलवाँ पहाड़ों की एक शृंखला होती है।
नतिलम्ब घाटी पर्वतों के निम्न क्षेत्रों में सीधे ढाल वाली घाटी नतिलम्ब घाटी कहलाती है।
समपनति पर्वतों के समान ढालों वाला क्षेत्र समपनति के अन्तर्गत आता है।

41. निम्नलिखित शैलों में से कौन-सा अवसादी शैल का उदाहरण है? *(UPTET, 2017)*

(a) स्लेट
(b) संगमरमर
(c) शैल
(d) ग्रेनाइट

व्याख्या (c) अवसादी शैलों का निर्माण मौलिक चट्टानी पदार्थों के विघटन, वियोजन, परिवहन इत्यादि से हुआ है। पृथ्वी के धरातल की उत्पत्ति में इन चट्टानों का योगदान प्रमुख है। अवसादी शैलों का निर्माण खनिजों एवं शिलाखण्डों के भौतिक कारणों से टूटकर इकट्ठा होने से होता है। अवसादी शैलों में जीवाश्म उपस्थित होते हैं। कोयला, बॉक्साइट, चूना पत्थर, शैल इत्यादि अवसादी चट्टानों में पाए जाते हैं।
ग्रेनाइट आग्नेय शैलों का उदाहरण है। स्लेट, अवसादी शैल का तथा संगमरमर कायान्तरित शैल का उदाहरण है।

42. तापक्रम विलोमता का अर्थ है *(UPTET, 2017)*

(a) बढ़ती ऊँचाई के साथ घटता तापक्रम
(b) बढ़ती ऊँचाई के साथ बढ़ता तापक्रम
(c) बढ़ती ऊँचाई के साथ स्थिर तापक्रम
(d) बढ़ती ऊँचाई के साथ अस्थिर तापक्रम

व्याख्या (b) सामान्य तौर पर वायुमण्डल में ऊपर की ओर जाते हुए तापमान में ह्रास होता है जिसकी दर 6-4°C प्रति एक हजार मीटर की ऊँचाई होती है। इसके विपरीत यदि वायुमण्डल में ऊँचाई की ओर जाते हुए तापमान में वृद्धि होने लगे तो उसे 'तापक्रम विलोमता' कहते हैं। धरातल की 'तापीय विलोमता' के लिए निम्न भौगोलिक परिस्थितियों की आवश्यकता होती है

- सर्दी के मौसम की लम्बी रातें
- स्वच्छ आकाश
- वायुमण्डल की सापेक्षित आर्द्रता का कम होना।

43. विश्व में सर्वाधिक अवसाद ढोने वाली नदी है *(UPTET, 2016)*

(a) अमेजन
(b) नील
(c) ब्रह्मपुत्र
(d) गंगा

व्याख्या (c) विश्व में सर्वाधिक अवसाद (Sediment) ढोने वाली नदी **ब्रह्मपुत्र** है। यह नदी चीन, भारत तथा बांग्लादेश में प्रवाहित है। इस नदी का उद्गम मानसरोवर के निकट चेमायुंगदुंग नामक ग्लेशियर से हुआ है।
ब्रह्मपुत्र नदी की कुल लम्बाई 2900 किमी है। इसे तिब्बत में सांग्पो, अरुणाचल प्रदेश में दिहांग तथा असम में ब्रह्मपुत्र के नाम से जाना जाता है।

44. निम्न में से कौन शान्त ज्वालामुखी का उदाहरण है? *(UPTET, 2017)*

(a) किलीमन्जारो (b) विसुवियस
(c) क्राकाटोआ (d) स्ट्राम्बोली

व्याख्या (a) **किलीमन्जारो** एक शान्त ज्वालामुखी पर्वत है। इसकी ऊँचाई 5895 मीटर है। तंजानिया में स्थित यह ज्वालामुखी विश्व का चौथा सबसे ऊँचा पर्वत है।
किलीमन्जारो की रचना तीन पृथक् ज्वालामुखीय शंकुओं से हुई है। किबो, मवेन्जी और शिरा इस ज्वालामुखी के तीन शंकु हैं। उहरू शिखर किबो के ज्वालामुखी विवर पर सर्वोच्च शिखर है। क्राकाटोआ एवं विसुवियस प्रसुप्त ज्वालामुखी हैं, जबकि स्ट्राम्बोली एक सक्रिय ज्वालामुखी है।

45. निम्नलिखित में से वायुमण्डल की सबसे निचली परत कौन सी है? *(UPTET, 2016), (REET, 2011)*

(a) आयनमण्डल (b) क्षोभमण्डल
(c) ओजोनमण्डल (d) समतापमण्डल

व्याख्या (b) वायुमण्डल की सबसे निम्न परत **क्षोभमण्डल** है। इसकी ऊँचाई 10 से 12 किमी है। इसके ऊपर वायुमण्डल की परत **समतापमण्डल** स्थित है।
समतापमण्डल तथा क्षोभमण्डल के मध्य के स्थान को 'क्षोभ सीमा' कहते हैं।
क्षोभमण्डल में सभी मौसमी घटनाएँ होती हैं। इस मण्डल का तापमान 15°C से 56°C तक होता है। ऊँचाई के साथ इसमें वायुदाब तथा तापमान में कमी आती है।
आयनमण्डल की परत का विस्तार 80 से 500 किमी की ऊँचाई तक होता है। इस परत से रेडियों तरंग वापस पृथ्वी पर लौट आती है।
ओजोनमण्डल 20 से 50 किमी तक विस्तृत है। यह सौर्यिक विकिरण की हानिकारक पराबैंगनी किरणों को सोख लेती है।

46. निम्नांकित महासागरीय धाराओं में किस पड़ोसी तट पर गर्म प्रभाव पड़ता है? *(UPTET, 2016)*

(a) ओएशियो (b) केनारी (c) ब्राजील (d) बेंगुएला

व्याख्या (c) **ब्राजील धारा** अटलाण्टिक महासागर में प्रवाहित उच्च तापक्रम तथा उच्च लवणता वाली गर्म जलधारा है। इसका उद्‌भव विषुवत रेखा क्षेत्र से हुआ है। यह अपने प्रवाह-क्षेत्र में गर्म प्रभाव छोड़ती है। **बेंगुएला** दक्षिणी अटलाण्टिक महासागर में प्रवाहित एक ठण्डी जलधारा है। यह दक्षिण अफ्रीका के पश्चिमी तटीय क्षेत्र में बहती है।
केनारी जलधारा, उत्तर अफ्रीका के पश्चिम तटीय क्षेत्र में अटलाण्टिक महासागर में प्रवाहित ठण्डी जलधारा है।
ओएशियो प्रशान्त महासागर की ठण्डी जलधारा है जो जापान के निकट प्रवाहित है।

47. निम्न स्थलाकृतियों में से किसका निर्माण भ्रंशन द्वारा होता है? *(UPTET, 2016)*

(a) छत्रक शिला (b) हिमोढ़
(c) विभ्रंश-घाटी (d) डोलाइन

व्याख्या (c) **विभ्रंश घाटियों** का निर्माण भ्रंशन के कारण होता है। तनाव तथा खिंचाव की शक्तियों द्वारा इसका गठन होता है। खिंचाव तथा तनाव के कारण भ्रंशोत्थ पर्वत का निर्माण भी होता है।
छत्रक शिला का निर्माण रेगिस्तानों में पवन द्वारा होता है। ग्लेशियर की हिमानी द्वारा **हिमोढ़** बनते हैं; जबकि **डोलाइन** का निर्माण भूमिगत जल द्वारा होता है।

48. समतापमण्डल में ओजोन परत का कार्य है *(CGTET, 2016)*

(a) वायुमण्डलीय दाब को स्थिर रखना
(b) भूकम्पों की आवृत्ति को घटाना
(c) मानसूनों की विफलता को बचाना
(d) भू-तल पर आने वाली पराबैंगनी विकिरण को थामना

व्याख्या (d) समतापमण्डल का निम्न हिस्सा **ओजोन परत** है। यह पृथ्वी की सतह से 10 किमी से 50 किमी की ऊँचाई में स्थित है। वायुमण्डल की इस परत में 'ओजोन' गैस की सघनता अधिक है। यह परत सूर्य के उच्च आवृत्ति की पराबैंगनी प्रकाश किरणों की मात्रा को पृथ्वी पर आने से रोकती है। यह 93 से 99% पराबैंगनी किरणों का अवशोषण करती है। पराबैंगनी किरणें पृथ्वी पर जीवन के लिए हानिकारक हैं।
ओजोन परत की खोज वर्ष 1913 में फ्रांस के वैज्ञानिक **चार्ल्स फैबरी** तथा **हेनरी बुसोन** ने की। ओजोन की मात्रा को सुविधापरक रूप में मापने के लिए डॉब्सन इकाई का प्रयोग किया जाता है।

49. प्लेट विवर्तनिकी सिद्धान्त के अनुसार, हिमालय पर्वतों का निर्माण किस सागर के मलबे-संकुचन से हुआ है? *(HTET, 2015)*

(a) हिन्द महासागर (b) टेथिस सागर
(c) कैस्पियन सागर (d) भूमध्य सागर

व्याख्या (b) प्लेट विवर्तनिकी सिद्धान्त के अनुसार, हिमालय पर्वत का निर्माण **टेथिस सागर** के संकुचन से हुआ है।
अनुमानतः 50 मिलियन वर्ष पूर्व इंडो-ऑस्ट्रेलियन प्लेट और यूरेशियन प्लेट में टक्कर के कारण टेथिस सागर की तलहटी में भूगर्भीय हलचल हुई और इससे हिमालय का उत्थान सम्भव हो सका।
टेथिस सागर गोंडवानालैण्ड और लौरेशिया के मध्य स्थित सागर के रूप में कल्पित है, जो एक छिछला और संकरा सागर था। प्लेट विवर्तनिकी के कारण टेथिस सागर का स्वरूप परिवर्तित हुआ।

50. अलनीनो है *(HTET 2015)*

(a) हिन्द महासागर की एक गर्म धारा
(b) हिन्द महासागर की एक गर्म हवा
(c) दक्षिणी प्रशान्त महासागर की एक गर्म धारा
(d) दक्षिणी प्रशान्त महासागर की एक गर्म हवा

व्याख्या (c) प्रशान्त महासागर में पेरू के समुद्री तट पर जल के गर्म होने की परिघटना को **अलनीनो** कहा जाता है।
अलनीनो की परिघटना भूमध्य सागर के निकट प्रशान्त क्षेत्र में घटित होती है, किन्तु यह पृथ्वी के सभी जलवायु चक्रों पर प्रभाव डालती है।
अलनीनो के प्रभाव से प्रशान्त महासागर में समुद्र की सतह गर्म हो जाती है। इससे हवाओं के मार्ग तथा गति में परिवर्तन आता है और इससे मौसम-चक्र प्रभावित होता है।

51. निम्नलिखित देशों में से किसमें मायोन ज्वालामुखी पर्वत स्थित है? *(UPTET, 2014)*

(a) संयुक्त राज्य अमेरिका में
(b) फिलीपीन्स में
(c) चिली में
(d) जापान में

व्याख्या (b) **मायोन** (Mayon) एक सक्रिय ज्वालामुखी है। यह **फिलीपीन्स** के लूजोन द्वीप पर स्थित है। इस ज्वालामुखी में समय-समय पर विस्फोट होता रहता है। इस ज्वालामुखी में अन्तिम बार विस्फोट 18 सितम्बर, 2014 को हुआ था।
विश्व में सक्रिय ज्वालामुखियों की संख्या 500 है। चिली में विश्व का सबसे ऊँचा सक्रिय ज्वालामुखी ओजस डेड सालाडो (6885 मी) स्थित है।

52. निम्नलिखित पर्वत प्रकारों में से कौन भ्रंशन द्वारा उत्पन्न होता है? *(UPTET, 2014)*

(a) वलित पर्वत
(b) ज्वालामुखी पर्वत
(c) गुम्बदाकार पर्वत
(d) अवरोधी पर्वत

व्याख्या (d) **अवरोधी** अथवा **ब्लॉक पर्वतों** का निर्माण पृथ्वी की आन्तरिक हलचलों के कारण तनाव की शक्तियों से धरातल के किसी भाग में दरार पड़ जाने की परिस्थितियों में होता है।
अवरोधी पर्वतों को 'भ्रंशोत्थ पर्वत' भी कहा जाता है। यूरोप में ब्लैक फॉरेस्ट तथा वासजेज (फ्रांस) भ्रंशोत्थ पर्वत के उदाहरण हैं। पाकिस्तान में सॉल्ट रेंज अवरोधी पर्वत के उदाहरण हैं।
वलित पर्वतों का निर्माण वलन नामक भूगर्भिक प्रक्रिया के तहत हुआ है; जैसे हिमालय पर्वत।
ज्वालामुखी पर्वतों का निर्माण मैग्मा के धरातल पर आने से होता है जिसमें लावा, गैस, राख आदि होते हैं;
जैसे—कोटोपैक्सी।
गुम्बदाकार पर्वत विवर्तनिक प्लेटों के टकराने से धरती की सतह पर विशाल गुम्बद के रूप में ऊपर उठ जाते हैं; जैसे ब्लैक हिल (अमेरिका)।

53. इन्द्रधनुष में नीले रंग के बाद कौन-सा रंग आता है? *(UPTET, 2014)*

(a) लाल रंग
(b) बैंगनी रंग
(c) हरा रंग
(d) गहरा नीला रंग

व्याख्या (c) वर्षा के दिनों में पानी की बूँदें सूर्य पर पड़ती हैं, तब सूर्य की किरणों के विक्षेपण से 'इन्द्रधनुष' का निर्माण होता है। इन्द्रधनुष, वर्ण विक्षेपण का श्रेष्ठ उदाहरण है।
इन्द्रधनुष में सात रंगों का विक्षेपण इस प्रकार होता है—
1. बैंगनी
2. नीला (गहरा)
3. आसमानी (हल्का नीला)
4. हरा
5. पीला
6. नारंगी
7. लाल
इस प्रकार इन्द्रधनुष में नीले रंग के बाद **हरा रंग** आता है।

54. निम्नलिखित में से कौन-सी शीत महासागरीय धारा है? *(UPTET, 2014)*

(a) ब्राजील धारा
(b) क्यूरोशियो धारा
(c) बेंगुएला धारा
(d) गल्फ स्ट्रीम

व्याख्या (c) अफ्रीका के दक्षिण-पश्चिमी तट से विषुवत् रेखा की ओर प्रवाहित धारा का नाम 'बेंगुएला जलधारा' है। यह एक ठण्डी जलधारा है जो उत्तर की ओर बढ़कर दक्षिण विषुवत् रेखीय जलधारा में मिल जाती है।
यह अटलाण्टिक महासागर में प्रवाहित है। **ब्राजील, क्यूरोशियो** तथा **गल्फ स्ट्रीम** गर्म जलधाराएँ हैं। ब्राजील तथा गल्फ स्ट्रीम अटलाण्टिक महासागर में प्रवाहित है, जबकि क्यूरोशियो प्रशान्त महासागर में जापान के तटीय क्षेत्र में प्रवाहित है।

55. बिजली चमक एवं मेघ गर्जन विशेषताएँ हैं *(UPTET, 2014)*

(a) क्षोभमण्डल की
(b) समतापमण्डल की
(c) मध्यमण्डल की
(d) आयनमण्डल की

व्याख्या (a) पृथ्वी के वायुमण्डल में मुख्य रूप से 5 महत्त्वपूर्ण परतें स्थित हैं—
1. क्षोभमण्डल
2. समतापमण्डल
3. मध्यमण्डल
4. तापमण्डल (आयनमण्डल)
5. बाह्यमण्डल
क्षोभमण्डल, वायुमण्डल की सबसे निचली, सक्रिय तथा सघन परत है। धरातल से इस परत की ऊँचाई 14 किमी तक है। इस परत में वायुमण्डलीय विक्षोभ तथा गतियाँ सम्पन्न होती हैं। समस्त मौसमी परिवर्तन इसी परत में होते हैं। मेघों का गर्जन और बिजली की चमक इसी परत में होती है।

56. निम्नलिखित युग्मों में से कौन सही सुमेलित नहीं है? *(UPTET, 2014)*

(a) एश्चुअरी-नदी
(b) लटकती घाटी-हिमानी
(c) नूनाटक-भूमिगत जल
(d) यारडंग-पवन

व्याख्या (c) **नूनाटक**, बर्फ के टीले होते हैं। यह किसी हिमानी या बर्फ से ढके क्षेत्र में एक बर्फ रहित क्षेत्र है। इसे 'हिमानी द्वीप' भी कहा जाता है।

एश्चुअरी, नदी का मुहाना होता है जो नदी तथा समुद्र के बीच संक्रमण वाला स्थान है। यहाँ समुद्री ज्वार-भाटों के प्रभाव से अवसादों का जमाव नहीं होता है। **लटकती घाटी** हिमानी से बनने वाली स्थलाकृति है जबकि **यारडंग** का निर्माण पवन निक्षेपों के माध्यम से होता है।

57. किन प्लेट किनारों के सहारे सर्वाधिक भूकम्प व ज्वालामुखी आते हैं? ***(HTET, 2014)***

(a) विनाशकारी प्लेट किनारे
(b) रचनात्मक प्लेट किनारे
(c) संरक्षी प्लेट किनारे
(d) उपरोक्त में से कोई नहीं

व्याख्या (a) सर्वाधिक भूकम्प तथा ज्वालामुखी के आने की प्रक्रिया **विनाशकारी प्लेट किनारों** पर होती है।

भू-पर्पटी तथा भू-प्रावार के ऊपरी हिस्से का भाग कई हिस्सों में टूटा होता है जिसे 'प्लेट' कहा जाता है। इन प्लेटों की गति 160 किमी प्रति वर्ष होती है। इन्हीं प्लेटों की सीमाओं पर भूकम्प आते हैं और ज्वालामुखी भी इन्हीं प्लेटों की सीमाओं के सहारे पाए जाते हैं। **रचनात्मक प्लेट किनारों** के सहारे नवीन प्लेटों का निर्माण होता है जबकि **संरक्षी प्लेट किनारों** के सहारे दो प्लेटें अगल-बगल खिसकती हैं।

58. निम्नलिखित में से किस सागर में लवणता सबसे अधिक है? ***(UPTET, 2013), (REET, 2011)***

(a) लाल सागर
(b) मृत सागर
(c) भूमध्य सागर
(d) कैस्पियन सागर

व्याख्या (b) **मृत सागर**, विश्व में सर्वाधिक लवणतायुक्त सागर है। इसकी लवणता 377 प्रति हजार है। मृतसागर एक भू-आवेष्ठित सागर है, जो चारों ओर से स्थलीय भूमि से घिरा है। मृत सागर में कई बड़ी नदियाँ गिरती हैं। यह सागर इजरायल, जॉर्डन तथा फिलीस्तीन के स्थलीय क्षेत्रों से जुड़ा है। मृत सागर का क्षेत्रफल 605 वर्ग किमी है। इसकी औसत गहराई 200 मीटर है।

लाल सागर अफ्रीका एवं एशिया के बीच हिन्द महासागर का एक नमकीन पानी की एक खाड़ी है। समुद्री सतह पर प्रवाल की मौसमी उपस्थिति के कारण यह कभी-कभी लाल दिखता है।

भूमध्य सागर यह उत्तरी अफ्रीका, यूरोप, अनातोलिया तथा मध्य-पूर्व के बीच स्थित है। इसका क्षेत्रफल 25 लाख वर्ग किमी है।

कैस्पियन सागर मध्य एशिया में स्थित यह झील क्षेत्रफल के हिसाब से विश्व की सबसे बड़ी झील है।

59. एकत्रित वर्षा जल वर्षा के 30 से 40 मिनट बाद पीने योग्य नहीं होता है, क्योंकि- ***(UPTET, 2013)***

(a) उसमें जीवाणु और धूल होती है
(b) उसमें विषैले रसायन घुले होते हैं
(c) उसमें खनिज नहीं होते हैं
(d) अम्लीय होता है

व्याख्या (a) वर्षा जल को एकत्रित करना तथा उसे उपयोग के योग्य बनाना एक श्रेष्ठ जल संरक्षण प्रक्रिया है। जल के संग्रहण के 30 से 40 मिनट बाद यह पीने योग्य नहीं रह जाता है। इसका कारण इसमें उपस्थित जीवाणु, परजीवी, धूल तथा अन्य रासायनिक प्रदूषक हैं। वर्षा जल का सेवन व्यक्ति को बीमार कर सकता है।

वर्षा जल में धूल तथा अन्य विलयनों के कारण इसके प्रयोग को कई स्थानों में प्रतिबन्धित किया गया है। कई राज्यों में वर्षा जल संग्रह के नियम बनाए गए हैं।

60. निम्नलिखित में से किसका उपयोग पृथ्वी की आयु के परिकलन में नहीं किया जाता है? ***(UPTET, 2013)***

(a) चन्द्रमा का ज्वारीय बल
(b) महासागरों में लवणता
(c) पृथ्वी का आकर्षण बल
(d) अवसादन की दर

व्याख्या (c) पृथ्वी की आयु के परिकलन में **पृथ्वी के आकर्षण बल** का प्रयोग नहीं होता है। पृथ्वी की आयु जानने के लिए चन्द्रमा के ज्वारीय बल तथा उस पर उपस्थित खनिजों के क्षरण, महासागरीय लवणता तथा पृथ्वी की चट्टानों की अवसादन दर का उपयोग किया जाता है। पृथ्वी पर उपस्थित चट्टानों से पृथ्वी की आयु का निर्धारण 4.3 बिलियन वर्ष लगाया गया है।

61. वायु की गति सामान्यत: जिस यन्त्र से मापते हैं, उसे कहते हैं ***(UPTET, 2013)***

(a) स्पीडोमीटर
(b) विण्डवेन
(c) बैरोमीटर
(d) एनीमोमीटर

व्याख्या (d) वायु की गति को मापने वाले यन्त्र को **एनीमोमीटर** कहा जाता है। पवन की गति एक वायु मण्डलीय राशि है। वायु का प्रवाह, उच्च दाब से निम्न दाब की ओर होता है।

पृथक् स्थानों का वायुमण्डलीय दाब अलग-अलग होता है। पवन की गति से कई महत्त्वपूर्ण कार्य प्रभावित होते हैं जिसमें मौसम की भविष्यवाणी, वायुयान तथा जलयान संचालन और निर्माण कार्य शामिल हैं।

स्पीडोमीटर द्वारा वाहन की गति, **बैरोमीटर** द्वारा वायुदाब व **विण्डवेन** द्वारा वायु की दिशा मापी जाती है।

62. सामान्यत: प्रवाल उष्णकटिबन्धीय सागर के मध्य में पाये जाते हैं ***(HTET, 2012-13)***

(a) 20° उत्तर एवं 15° दक्षिण के मध्य
(b) 10° उत्तर एवं 10° दक्षिण के मध्य
(c) 30° उत्तर एवं 30° दक्षिण के मध्य
(d) 23.5° उत्तर एवं 23° दक्षिण के मध्य

व्याख्या (c) प्रवाल (Coral) मुख्यत: 30° उत्तर एवं 30° दक्षिण अक्षांशों के बीच पाए जाते हैं, किन्तु महाद्वीपों के पश्चिमी हिस्से में जहाँ ठण्डी धाराएँ प्रवाहित होती हैं, इनकी उपस्थिति पाई जाती है।

प्रवालों का विकास प्राय: 30 से 50 मीटर गहरे भागों में होता है क्योंकि इससे अधिक गहराई में सूर्य के प्रकाश के अभाव में ऑक्सीजन यथोचित मात्रा में उपलब्ध नहीं होती है।

63. गल्फ स्ट्रीम पायी जाती है *(UPTET, 2013)*
(a) प्रशान्त महासागर में
(b) हिन्द महासागर में
(c) आर्कटिक महासागर में
(d) अन्ध महासागर के पश्चिमी किनारे पर

व्याख्या (d) 'गल्फ स्ट्रीम', उत्तरी अटलाण्टिक महासागर (अन्ध महासागर) में प्रवाहित होने वाली गर्म महासागरीय धारा है। यह जलधारा 20 डिग्री उत्तरी अक्षांश के पास मैक्सिको की खाड़ी में उत्पन्न होती है तथा उत्तर-पूर्व की दिशा में प्रवाहित होकर 70 डिग्री उत्तरी अक्षांश तक पश्चिमी यूरोप के पश्चिमी तट में प्रवाहित होती है। इस जलधारा के गर्म होने के कारण उष्णकटिबन्धीय चक्रवातों का निर्माण होता है। यह चक्रवातों की तीव्रता को भी बढ़ाता है।

64. वायुमण्डल में तापमान गिरावट की दर होती है *(HTET, 2012-13)*
(a) प्रति 100 मीटर पर 4°C
(b) प्रति 1500 मीटर पर 6.5°C
(c) प्रति 165 मीटर पर 1°C
(d) प्रति 111 मीटर पर 1°C

व्याख्या (c) वायुमण्डल में तापमान में गिरावट की दर को 'सामान्य ताप ह्रास दर' कहा जाता है। वायुमण्डल की सबसे निचली परत क्षोभमण्डल है। क्षोभमण्डल में मौसम सम्बन्धी सभी घटनाएँ होती हैं। **प्रति 165 मीटर की ऊँचाई पर वायु का तापमान 1 डिग्री सेल्सियस की औसत दर से घटता है।** इस परत (क्षोभमण्डल) के बाद क्षोभ सीमा आती है। क्षोभ सीमा, क्षोभमण्डल तथा समतापमण्डल के मध्य का संक्रमण है। क्षोभ सीमा के बाद तापमान का गिरना बन्द हो जाता है।

65. अधिकांश ज्वालामुखी पाये जाते हैं *(HTET, 2012-13)*
(a) अन्ध महासागर में
(b) हिन्द महासागर में
(c) प्रशान्त महासागर में
(d) आर्कटिक महासागर में

व्याख्या (c) **प्रशान्त महासागरीय** क्षेत्र में अधिकांश ज्वालामुखी पाए जाते हैं। प्रशान्त महासागर के क्षेत्र में विनाशात्मक प्लेट के किनारों के साथ विस्तृत इस पेटी में विश्व के दो-तिहाई ज्वालामुखी पाए जाते हैं।
यह अंटार्कटिका महाद्वीप से लेकर प्रशान्त क्षेत्रों, किनारों तथा दक्षिण-पूर्व एशिया के द्वीपों में विस्तृत है। इसे 'प्रशान्त महासागर का अग्निवृत्त' (Fire Ring of the Pacific Ocean) कहा जाता है। इस पेटी में कोटापैक्सी, फुजीयामा, माउण्ट मेशन इत्यादि प्रसिद्ध ज्वालामुखी पाए जाते हैं।

66. 97 प्रतिशत वायुमण्डल पृथ्वी तल से ……… तक पाया जाता है। *(HTET, 2012-13)*
(a) 50 किमी
(b) 8 किमी
(c) 18 किमी
(d) 29 किमी

व्याख्या (d) वायुमण्डल का 97% भाग पृथ्वी की सतह से 29 किमी की ऊँचाई तक ही है।
वायुमण्डल की सबसे निम्न परत क्षोभमण्डल है। क्षोभमण्डल की अधिकतम ऊँचाई 16 किमी है जो विषुवतीय क्षेत्रों में है, जबकि ध्रुवों पर क्षोभमण्डल 8 किमी ऊँचाई तक है।

67. पृथ्वी की आयु (लगभग) है *(HTET, 2012-13)*
(a) 1.9 अरब वर्ष
(b) 4.6 अरब वर्ष
(c) 6.3 अरब वर्ष
(d) 2.6 अरब वर्ष

व्याख्या (b) रेडियोधर्मी डेटिंग के आधार पर पृथ्वी की आयु **4.54 बिलियन वर्ष** निर्धारित की गई है। पृथ्वी का एकमात्र प्राकृतिक उपग्रह चन्द्रमा है जिसने इसकी परिक्रमा 4.53 बिलियन वर्ष पहले आरम्भ की।
पृथ्वी की कुल सतह का क्षेत्रफल 510 मिलियन वर्ग किमी है जिसमें 70.8% क्षेत्र पर समुद्र स्थित है। इसका औसतन घनत्व 5.5 है।

68. घाटी की गहराई का सामान्यतः कारण होता है *(HTET, 2012-13)*
(a) अपघर्षण (b) संक्षारण (c) संकर्षण (d) अपरदन

व्याख्या (d) घाटी (Valley) पहाड़ियों के बीच का निचला हिस्सा होता है जिससे नदियाँ अथवा हिमनद (ग्लेशियर) प्रवाहित होते हैं। भू-विज्ञान के अनुसार, घाटी का निर्माण नदी तथा हिमनद द्वारा बनाए गए क्रमशः 'V' आकार की घाटी तथा 'U' आकार की स्थलाकृति से हुआ है।
'V' आकार की स्थलाकृति तथा 'U' आकार की स्थलाकृति का निर्माण चट्टानों के **अपरदन** (erosion) से होता है।
अपघर्षण इसमें अपरदन के किसी कारक (नदी, हिमानी, पवन) के साथ चलने वाले कंकड, पत्थर, गोलश्म, शैलकण आदि भूमि की सतह को रगड़कर या कुरेदकर घर्षित करते हैं।
संघर्षण किसी वस्तु के एक पार्श्व या अंग से दूसरी वस्तु के किसी पार्श्व या अंग का रगड़ खाने की क्रिया कहलाती है।
संक्षारण एक रासायनिक क्रिया है जिसके फलस्वरूप धातुओं का क्षय एवं ह्रास होता है।

69. तीन ओर से समुद्र से घिरा हुआ स्थलीय भाग कहलाता है *(UTET, 2013)*
(a) तट (b) द्वीप (c) प्रायद्वीप (d) डेल्टा

व्याख्या (c) भूमि का वह हिस्सा जिसके तीन ओर पानी हो तथा एक ओर भू-सन्धि के साथ मुख्य भूमि से जुड़ा हो, **प्रायद्वीप** कहलाता है।
सामान्य अर्थों में, भूमि का वह भाग प्रायद्वीप कहलाता है जिसके तीन ओर जल तथा एक ओर स्थल है। **भारत** भी एक प्रायद्वीप है। भारत के गुजरात राज्य में काठियावाड़ एक प्रायद्वीपीय क्षेत्र है। जहाँ सागर और जमीन मिलते हैं उसे तट कहते हैं। इसमें एक तरफ रेत का मैदान तथा दूसरी तरफ अनन्त सागर का जल विद्यमान होता है। द्वीप जल से घिरे भू-खण्ड को कहते हैं। भारत में लक्षद्वीप व अण्डमान निकोबार प्रमुख द्वीप है।
नदी मुख भूमि या डेल्टा नदी के मुहाने पर उसके द्वारा बहाकर लाये गये अवसादों के निक्षेपण से बनी त्रिभुजाकार आकृति होती है। डेल्टा का नामकरणकर्ता हेरोटोइस को माना जाता है।

70. हिन्द महासागर में सुनामी नामक प्राकृतिक आपदा कब आई थी? *(BTET, 2013)*
(a) 21 जनवरी, 2001
(b) 26 दिसम्बर, 2004
(c) 11 सितम्बर, 2001
(d) 15 जनवरी, 2000

व्याख्या (b) हिन्द महासागर में **26 दिसम्बर, 2004** में आई सुनामी का प्रभाव भारत, इण्डोनेशिया, श्रीलंका इत्यादि देशों पर अत्यधिक पड़ा। सागरीय भूकम्प के बाद हिन्द महासागर में सुनामी का प्रकोप फैला था। भूकम्प की तीव्रता 9.1 से 9.3 तक मापी गई थी।
भूकम्प का कारण भारतीय प्लेट के बर्मा प्लेट से टकराना था। इस भूकम्प के उपरान्त आए सुनामी में 14 देशों के 2,27,898 लोगों की मृत्यु हुई थी। भारत में तमिलनाडु राज्य के नागपट्टनम पर इसका सर्वाधिक प्रभाव देखने को मिला।

71. निम्नलिखित में से कौन-सा एक पृथ्वी का परिमण्डल नहीं है? *(REET, 2012)*
(a) वायुमण्डल (b) ओजोनमण्डल
(c) जैवमण्डल (d) स्थलमण्डल

व्याख्या (b) पृथ्वी की सतह में पर्यावरण के तीन महत्त्वपूर्ण घटक आपस में मिलते हैं। संयुक्त रूप से इन्हें 'परिमण्डल' कहा जाता है। ये हैं–
1. स्थलमण्डल 2. वायुमण्डल तथा 3. जलमण्डल
पृथ्वी का समतल हिस्सा, जिस पर हम रहते हैं, 'स्थलमण्डल' कहलाता है। पृथ्वी पर पाए जाने वाले जल स्रोत 'जलमण्डल' कहलाते हैं।
पृथ्वी के स्थलमण्डल तथा जलमण्डल में जीवों का प्रक्रम 'जैवमण्डल' कहलाता है वायुमण्डल में गैस की परतें हैं, जो पृथ्वी को चारों ओर से घेरती हैं। ओजोन परत वायुमण्डल का एक हिस्सा है। यह प्रत्यक्षत: परिमण्डल में शामिल नहीं है।

72. किस महासागर में 'मेरियाना गर्त' स्थित है? *(REET, 2012)*
(a) हिन्द महासागर (b) प्रशान्त महासागर
(c) अन्ध महासागर (d) उत्तरी ध्रुव सागर

व्याख्या (b) 'मेरियाना गर्त' विश्व का सबसे गहरा महासागरीय गर्त है। यह **प्रशान्त महासागर** में स्थित है। इसकी गहराई 10,994 मीटर है। 'मेरियाना गर्त' फिलीपीन्स के पूर्व में स्थित है। वस्तुत: महासागरीय गर्त, महासागरीय बेसिन के सबसे नीचे का भाग होता है जिसका तल महासागरीय नितल के काफी नीचे होता है।

73. अपक्षय एवं अपरदन की संयुक्त क्रिया को कहते हैं *(REET, 2012)*
(a) अपघटन (b) जलीकरण
(c) कार्बोनेशन (d) अनाच्छादन

व्याख्या (d) भूपटल पर परिवर्तन लाने वाली कई प्रक्रियाओं का समूह **अनाच्छादन** कहलाता है; जिसके अन्तर्गत अत्यन्त मन्द गति से अपरदन और भूमि के समतल होने की प्रक्रिया चलती रहती है। अनाच्छादन के प्रक्रमों को दो प्रमुख वर्गों में विभाजित किया जाता है। ये हैं-अपक्षय एवं अपरदन। चट्टानों का विखण्डन तथा विभिन्न प्राकृतिक प्रक्रमों द्वारा 'अपरदन' की प्रक्रिया सामने आती है, जबकि पृथ्वी की सतह में टूट-फूट के बाद स्थानान्तरण नहीं होने की प्रक्रिया 'अपक्षय' कहलाती है।
अपघटन एक प्रकार की क्रिया है, जिसमें तत्व अलग-अलग सूक्ष्म भागों में विभाजित हो जाते हैं। जीवों में यह क्रिया उनकी मृत्यु के पश्चात शुरू होती है।
जलीकरण जब जल चट्टानों के खनिजों के साथ मिलता है, तो खनिजों का आयतन बढ़ जाता है इससे चट्टानें अन्दर ही अन्दर पिसकर चूर्ण हो जाती है और जल चट्टानों को घोलकर नष्ट कर देता है।
कार्बोनेशन एक तरल में कार्बन डाइऑक्साइड को भंग करने की प्रक्रिया है। प्रक्रिया में उच्च दबाव के तहत कार्बन डाइऑक्साइड शामिल होती है।

74. संगमरमर एक उदाहरण है *(REET, 2012)*
(a) कायान्तरित चट्टान का (b) अवसादी चट्टान का
(c) आग्नेय चट्टान का (d) प्लूटोनिक चट्टान का

व्याख्या (a) ताप, दाब और रासायनिक अभिक्रियाओं के कारण आग्नेय तथा अवसादी चट्टानें कायान्तरित चट्टान का रूप लेती हैं।
संगमरमर एक **कायान्तरित चट्टान** है, जो चूना-पत्थर के कायान्तरण से निर्मित होती है।
चूना-पत्थर एक **अवसादी चट्टान** है। अवसादी चट्टानें परतदार होती हैं। यह भी जीवाश्म से युक्त होती है।
मैग्मा तथा लावा के जमाव से बनने वाली चट्टानों को **आग्नेय चट्टान** कहते हैं। इसमें खनिज जीवाश्म पाए जाते हैं। पलूटोनिक चट्टानें आग्नेय चट्टानें जो पृथ्वी की सतह के नीचे पिघली हुई चट्टान सामग्री या मैग्मा के समेक से बनती हैं।

75. महासागर से छोटा वृहत लवणीय जलाशय कहलाता है *(UPTET, 2011)*
(a) झील (b) द्वीप (c) सागर (d) नदी

व्याख्या (c) **सागर** (Sea), महासागर (Ocean) की तुलना में अत्यधिक छोटे होते हैं। सागर वस्तुत: महासागरों का वह हिस्सा है जो तटीय क्षेत्रों से लगा है।
सागर, महासागरों की तुलना में कम गहरे होते हैं और इसका कारण जीवाश्मों एवं पादपों का इस क्षेत्र में पनपना है जिस कारण सागरों में 'वृहद लवणीयता' भी होती है। अरब सागर, दक्षिणी चीन सागर, भूमध्य सागर इत्यादि ऐसे सागरों के उदाहरण हैं।

76. किसी नदी और उसके सहायकों द्वारा अपवाह क्षेत्र कहलाता है *(UPTET, 2011)*
(a) नदी घाटी (b) नहर (c) बाँध (d) जलडमरू

व्याख्या (a) किसी नदी और उसकी सहायक नदियों के अपवाह क्षेत्र को **नदी बेसिन** कहा जाता है। इसे **नदी घाटी** भी कहा जाता है। नदी बेसिन का 'जल संसाधन' के वैश्विक अध्ययन में महत्त्वपूर्ण योगदान है।
नदी बेसिन को 'द्रोणी' भी कहा जाता है। इसमें वर्षा जल संग्रहण की क्षमता होती है।
जल की उपलब्धता के कारण 'नदी बेसिन' में जनसंख्या का संकेन्द्रण भी पाया जाता है।

77. हिमालय तथा आल्प्स किस प्रकार के पर्वत हैं? *(HTET, 2011)*
(a) वलित पर्वत (b) भ्रंशोत्थ पर्वत
(c) ज्वालामुखी पर्वत (d) इनमें से कोई नहीं

व्याख्या (a) **वलित पर्वत** उन पर्वतों को कहा जाता है, जिनका निर्माण **वलन** जैसी भूगर्भिक क्रिया के द्वारा होता है। प्लेट विवर्तनिकी सिद्धान्त के अनुसार, भूसन्नतियों में जमा अवसादों के दो प्लेटों के आपस में करीब आने के कारण सिकुड़ने तथा वलय से वलित पर्वतों का निर्माण हुआ है। हिमालय तथा आल्प्स वलित पर्वत के उदाहरण हैं। **ज्वालामुखी पर्वत** का निर्माण पृथ्वी की सतह पर उपस्थित विवर से होता है जिससे पृथ्वी के भीतर का गर्म लावा, गैस, राख इत्यादि बाहर निकलते हैं।
पृथ्वी की ऊपरी सतहों में भ्रंशन के द्वारा भू-भाग के ऊपर उठने की प्रक्रिया में निर्मित पर्वतों को **भ्रंशोत्थ** कहा जाता है।

78. निम्न में से कौन-सी पर्वत श्रृंखला एशिया को यूरोप से अलग करती है? *(HTET 2011)*
(a) एण्डीज (b) हिमालय (c) यूराल (d) पिरेनीज

व्याख्या (c) **यूराल**, पश्चिमी रूस की पर्वत श्रृंखला है। ये उत्तर से दक्षिण की ओर एक विस्तृत क्षेत्र में फैला है।
यूराल पर्वत श्रृंखला एशिया तथा यूरोप को भौगोलिक रूप से पृथक् करता है। इस पर्वत श्रेणी से कई नदियाँ निकलती हैं। अधिकांश नदियाँ कैस्पियन सागर में गिरती हैं।
पिरेनीज पर्वत दक्षिण-पश्चिमी यूरोप में स्पेन और फ्रांस की सीमा पर स्थित एक पर्वतमाला है। यह बिस्के खाड़ी से लेकर दक्षिण-पूर्व में भूमध्य सागर तक 491 किमी तक फैली है।

79. रिक्टर पैमाने का आधार है *(CGTET, 2011)*
(a) तीव्रता (b) घनत्व
(c) आकार (परिणाम) (d) इनमें से कोई नहीं

व्याख्या (a) **भूकम्पीय तरंगों की तीव्रता** मापने के लिए रिक्टर स्केल का प्रयोग किया जाता है।
चार्ल्स एफ रिक्टर ने वर्ष 1935 में भूकम्प की तीव्रता को मापने के लिए 'रिक्टर पैमाना' बनाया था।
इस उपकरण के माध्यम से भूकम्पीय तरंगों को आँकड़ों में परिवर्तित किया जाता है। यह पैमाना 1 से 10 तक के अंकों के आधार पर भूकम्प के वेग को माप सकता है। रिक्टर स्केल पर 7.0 से अधिक तीव्रता वाले भूकम्प अधिक विनाशकारी होते हैं।

80. सूर्य की किन किरणों का अवशोषण ओजोन परत द्वारा किया जाता है? *(CGTET, 2011)*
(a) पराबैंगनी किरण (b) एक्स किरण
(c) गामा किरण (d) इनमें से कोई नहीं

व्याख्या (a) 'ओजोन परत' द्वारा सूर्य से आने वाली **पराबैंगनी किरणों** का अवशोषण कर उन्हें पृथ्वी तक आने से रोका जाता है। पृथ्वी के वायुमण्डल में उपस्थित समतापमण्डल के निचले स्तर में 16 किमी से 50 किमी के बीच ओजोन परत उपस्थित है।
पराबैंगनी किरणों के पृथ्वी पर पहुँचने से अनेक समस्याएँ सामने आती हैं जिसमें त्वचा सम्बन्धी रोगों के साथ वनस्पति जगत को होने वाला नुकसान शामिल है।

81. वायुमण्डल में सबसे अधिक मात्रा में कौन-सी गैस पाई जाती है? *(CGTET, 2011)*
(a) ऑक्सीजन (b) कार्बन डाइऑक्साइड
(c) नाइट्रोजन (d) हाइड्रोजन

व्याख्या (c) वायुमण्डल में **नाइट्रोजन** की मात्रा 78% है, जो किसी अन्य गैसों से सबसे अधिक है।
नाइट्रोजन के अतिरिक्त वायुमण्डल में ऑक्सीजन, कार्बन डाइऑक्साइड, जलवाष्प, धूलकण इत्यादि पाए जाते हैं। ये गैसें पारिस्थितिक तन्त्र में भू-जैव रासायनिक चक्र के लिए महत्त्वपूर्ण हैं।
वायुमण्डल में **कार्बन डाइऑक्साइड** की मात्रा 0.003% है, किन्तु यह एक प्रमुख ग्रीन हाउस गैस है।
ओजोन की मात्रा 0.001% है, जो पराबैंगनी किरणों को धरती पर आने से रोकती है। मनुष्य के लिए अत्यन्त अनिवार्य **ऑक्सीजन 21%** है। वायुमण्डल में हाइड्रोजन की प्रतिशतता 0.000055% है। हाइड्रोजन की परमाणु संख्या 1 होती है तथा इसका परमाणु भार 1.008 होता है।

82. निम्नलिखित कायान्तरित कौन-सी चट्टान है? *(CGTET, 2011)*
(a) आकोंस (b) ग्रेनाइट (c) चार्नोकाइट (d) संगमरमर

व्याख्या (d) 'संगमरमर' एक कायान्तरित चट्टान है। इसका निर्माण अवसादी चट्टान के चूना पत्थर के रूपान्तरण से हुआ है। आग्नेय एवं अवसादी चट्टानों में ताप और दाब के परिवर्तन या रूपान्तरण के कारण कायान्तरित चट्टानों का निर्माण होता है। कायान्तरित चट्टानों का निर्माण पृथ्वी की पपड़ी के एक वृहद् हिस्से से हुआ है। बनावट, रासायनिक तथा खनिज संयोजन द्वारा इसे वर्गीकृत किया जाता है।

83. परतें किन चट्टानों में होती हैं? *(REET, 2011)*
(a) आग्नेय (b) रूपान्तरित (c) अवसादी (d) ये सभी

व्याख्या (c) प्रकृति के कारकों द्वारा निर्मित छोटी-छोटी चट्टानें जब किसी स्थान पर रासायनिक अभिक्रिया अथवा अन्य कारणों से ठोस रूप में जमा होती हैं, तो उसे 'परतदार चट्टान' कहते हैं। परतदार चट्टानें ही **अवसादी चट्टानें** हैं।
अवसादी चट्टानों में व्यवस्थित परतें पाई जाती हैं, जिसमें जीवाश्म होते हैं। इनमें धात्विक खनिजों का अभाव होता है। बलुआ पत्थर, चूना पत्थर, कोयला इत्यादि अवसादी चट्टानों के उदाहरण हैं।

84. निम्नलिखित में से कौन वर्षण का रूप नहीं है? *(BTET, 2011)*
(a) वर्षा (b) ओस (c) हिमपात (d) आँधी

व्याख्या (d) 'वर्षण' एक मौसमी परिघटना है। वायुमण्डलीय जल के संघनित होकर पृथ्वी की सतह पर वापस आने की प्रक्रिया को 'वर्षण' कहा जाता है।
वर्षण के कई रूप हैं, जिसमें वर्षा, फुहार, ओस, हिमवर्षा, हिमपात तथा ओलावृष्टि प्रमुख हैं। आँधी वर्षण का रूप नहीं है।

85. निम्न में कौन-सा भिन्न है? *(BTET, 2011)*
(a) सागर (b) झील (c) नदी (d) तालाब

व्याख्या (d) **तालाब** एक कृत्रिम जल-स्रोत है जिनका निर्माण जल के संरक्षण तथा उपयोग के लिए किया जाता है। इसकी पर्यावरणीय उपादेयता है तथा स्थानीय 'पारिस्थितिकी-तन्त्र' के निर्माण में यह महत्त्वपूर्ण है।
ग्रामीण क्षेत्रों में 95% लोग तालाब के जल का उपयोग किसी-न-किसी रूप में अवश्य करते हैं।
सागर, नदी तथा **झील** प्राकृतिक जल स्रोत हैं।

अध्याय 04

विश्व का भूगोल

» CTET

1. निम्नलिखित में से कौन-सा महाद्वीप आकार में सबसे छोटा है? *(CTET 2018)*

(a) दक्षिणी अमेरिका (b) अफ्रीका
(c) यूरोप (d) ऑस्ट्रेलिया

व्याख्या (d) पृथ्वी पर महाद्वीपों की संख्या 7 हैं। ये हैं- एशिया, अफ्रीका, उत्तर अमेरिका, दक्षिण अमेरिका, यूरोप, अंटार्कटिका तथा ऑस्ट्रेलिया।
ऑस्ट्रेलिया आकार में सबसे छोटा महाद्वीप है। इसका कुल क्षेत्रफल 76,92,024 वर्ग किमी है।
ऑस्ट्रेलिया, दक्षिणी गोलार्द्ध में अवस्थित है। इसकी अवस्थिति हिन्द महासागर तथा प्रशान्त महासागर में है।
एशिया, विश्व का सबसे बड़ा महाद्वीप है जिसका कुल क्षेत्रफल 4,45,79,000 वर्ग किमी है।

2. स्थल का एक संकरा भाग, जो दो बड़े स्थलीय भागों को एक-दूसरे से जोड़ता है, उसे क्या कहते हैं? *(CTET 2018)*

(a) स्थल सन्धि (b) द्वीप
(c) खाड़ी (d) जलसन्धि

व्याख्या (a) **स्थल सन्धि**, स्थल की वह संकरी पट्टी है जो दो विशाल भूखण्डों को आपस में जोड़ती है।
उदाहरणत:; पनामा स्थल सन्धि जो उत्तरी अमेरिका तथा दक्षिणी अमेरिका महाद्वीपों को जोड़ती है। इसे 'स्थलडमरूमध्य' भी कहा जाता है। **जल सन्धि**, ऐसे जलीय संयोजन को कहते हैं जिसके माध्यम से दो वृहद् जलीय स्रोतों को आपस में जोड़ा जाता है। इसे 'जलडमरूमध्य' भी कहा जाता है।
चारों ओर जल से घिरा स्थल का हिस्सा **द्वीप** कहलाता है।
खाड़ी उस सागरीय क्षेत्र को कहा जाता है जिसके आस पास भूमि क्षेत्र का विस्तार अधिक हो। 'बंगाल की खाड़ी' अथवा 'खम्भात की खाड़ी' इसका उदाहरण है।

3. इन नाविकों में से किसने भारत का समुद्री रास्ता पाने के लिए पश्चिम की ओर प्रस्थान कर अटलाण्टिक महासागर को पार किया? *(CTET 2016)*

(a) वास्को-डि-गामा (b) जुयन जंग
(c) क्रिस्टोफर कोलम्बस (d) फा जियन

व्याख्या (c) **क्रिस्टोफर कोलम्बस** ने भारत के समुद्री मार्ग का पता लगाने के लिए पश्चिम की ओर यात्रा की तथा अटलाण्टिक महासागर को पार किया।
कोलम्बस ने 1492 ई. में स्पेन के पोलस बन्दरगाह से अपनी यात्रा शुरू की थी।
12 अक्टूबर, 1492 को अमेरिकी महाद्वीप के जिस स्थल पर कोलम्बस पहुँचा उसे 'दक्षिण अमेरिका' नाम दिया गया।
दक्षिणी अमेरिका के निवासियों को **रेड इण्डियन** कहा जाता है।
वास्को डि-गामा 20 मई, 1498 ई. में केरल के कालीकट पर पहुँचे तथा भारत के व्यापारिक समुद्री मार्ग की खोज की।

4. 'मैत्री' और 'दक्षिण गंगोत्री' नामक भारत के शोध संस्थान निम्नलिखित महाद्वीपों में से कहाँ स्थित हैं? *(CTET 2016)*

(a) ऑस्ट्रेलिया (b) यूरोप
(c) अफ्रीका (d) अंटार्कटिका

व्याख्या (d) दक्षिण ध्रुव पर अनुसन्धान के लिए भारत ने **मैत्री, दक्षिण गंगोत्री** तथा **भारती** नाम से तीन अनुसन्धान केन्द्र स्थापित किए, जिसमें दक्षिण गंगोत्री के बर्फ में दब जाने के कारण उसका उपयोग नहीं किया जा रहा है।
भारत ने 1983-84 ई. में दक्षिण गंगोत्री के रूप में अपना पहला अनुसन्धान केन्द्र स्थापित किया था।
1989 ई. में स्थापित **मैत्री** का निर्माण **अंटार्कटिका** में स्थायी अनुसन्धान के लिए किया गया।
2011 ई. में 'भारती' की आधारशिला रखी गई। सुविधाओं से लैस यह एक आधुनिक अनुसन्धान केन्द्र है।
भारत के शोध संस्थान की स्थिति पूर्वी अंटार्कटिका के लेजरमैन पहाड़ी पर है। यहाँ से जैविक, रासायनिक तथा भौगोलिक शोध किए जा रहे हैं।

5. संसार में प्रचलित रोपण कृषि की सही विशेषता का चयन निम्नलिखित में से कीजिए *(CTET 2016)*

(a) यह वाणिज्यिक प्रकार की कृषि है, जो विस्तृत क्षेत्रों पर की जाती है।
(b) इस प्रकार की कृषि में भूमि का गहन उपयोग करने के लिए कृषक अपने पूरे परिवार के साथ लगा रहता है।
(c) यह कृषि मध्य-अक्षांशों के आन्तरिक अर्ध-शुष्क प्रदेशों में की जाती है।
(d) इसमें प्रति एकड़ उपज कम होती है।

व्याख्या (a) रोपण कृषि, **वाणिज्यिक कृषि** का एक प्रकार है जो विस्तृत क्षेत्र पर किया जाता है। इसके अन्तर्गत चाय, कहवा, काजू, रबर, केला, कपास इत्यादि फसलों का उत्पादन किया जाता है।
इसमें वृहद् पैमाने पर श्रम तथा पूँजी की अनिवार्यता होती है। उत्पाद का प्रसंस्करण निकटवर्ती क्षेत्र में स्थित कार्यशाला में किया जाता है। इसमें विस्तृत परिवहन व्यवस्था की भी अनिवार्यता होती है।

6. मौना कीआ पर्वत (हवाई द्वीप) सागर की सतह के नीचे स्थित है और इसकी ऊँचाई एवरेस्ट पर्वत से भी अधिक है। यह निम्नलिखित में से किसमें स्थित है? *(CTET 2016)*
(a) आर्कटिक महासागर
(b) हिन्द महासागर
(c) अटलाण्टिक महासागर
(d) प्रशान्त महासागर

व्याख्या (d) मौना कीआ पर्वत हवाई द्वीप (यू.एस.ए.) के निकट **प्रशान्त महासागर** में स्थित है। यह एक विशाल पर्वतीय द्वीप है जिसका आधार समुद्र के तल के सबसे नीचे है। समुद्र तल से मौना कीआ (मॉनाकी) की ऊँचाई 4,205 मीटर है किन्तु यह समुद्र तल से 6,000 मीटर तक फैला है। पर्वत के आधार से उसकी ऊँचाई 10,210 मीटर है। मौना कीआ (मॉनाकी) एक ज्वालामुखी पर्वत है। इस पर्वत में अब तक कोई विस्फोट नहीं हुआ है। अत: इसे 'सुषुप्त ज्वालामुखी' माना जाता है।

7. अमेजन बेसिन के सम्बन्ध में निम्नलिखित कथनों में से कौन-सा कथन सही है? *(CTET 2015)*
(a) अमेजन नदी डेल्टा का निर्माण करती है जो मैंग्रोव वनों से ढका है।
(b) अमेजन नदी बेसिन ब्राजील, पेरू, बोलीविया, अर्जेण्टीना के भागों से अपवाहित होती है।
(c) अमेजन बेसिन भूमध्यरेखीय प्रदेश में आता है।
(d) अमेजन नदी भूमध्यरेखीय प्रदेश से होकर पश्चिम दिशा में बहती है।

व्याख्या (c) अमेजन बेसिन विषुवतीय क्षेत्र (भूमध्यरेखीय प्रदेश) में स्थित है। यह नदी बेसिन ब्राजील, पेरू, इक्वेडोर, सुरीनाम, फ्रेंच गुएना, बोलीविया, कोलम्बिया के भागों में विस्तृत है। भूमध्यरेखीय क्षेत्र में यह पूर्व की ओर प्रवाहित है। अमेजन नदी अटलाण्टिक महासागर में गिरती है। यह डेल्टा का निर्माण नहीं करती बल्कि 'एश्चुअरी' (ज्वार नदमुख) का निर्माण करती है।
अमेजन नदी की कुल लम्बाई 6,400 किमी है।

8. निम्नलिखित देशों में से किसमें स्थानान्तरित कृषि को 'मिल्पा' के नाम से जाना जाता है? *(CTET 2015)*
(a) मैक्सिको
(b) ब्राजील
(c) भारत
(d) मलेशिया

व्याख्या (a) 'मिल्पा' **मैक्सिको** की एक कृषि प्रणाली है। मिल्पा एक स्थानान्तरित कृषि है जिसमें कर्तन-दहन प्रणाली (Slash and Bum) कृषि प्रणाली को महत्त्व दिया जाता है। वेनेजुएला में इसे 'कोनुको', ब्राजील में 'रोका', इण्डोनेशिया में 'लडांग' तथा मध्य अफ्रीका में 'मसोले' कहा जाता है। भारत में इसे झूम, वेबार, डहियार के नाम से जाना जाता है।

9. यूराल पर्वत अलग करते हैं *(CTET 2015)*
(a) अफ्रीका और यूरोप को
(b) उत्तर अमेरिका और दक्षिण अमेरिका को
(c) अफ्रीका और एशिया को
(d) एशिया और यूरोप को

व्याख्या (d) यूराल पर्वत प्राकृतिक रूप से **एशिया को यूरोप से अलग करता है।** यह पश्चिम रूस की पर्वत शृंखला है।
यूराल पर्वत से कई लम्बी नदियाँ निकलती हैं जिसमें 'कामा' प्रसिद्ध है।
यूराल पर्वत का उत्थान कई युगों में हुआ है। इसका विस्तार आर्कटिक महासागर से कैस्पियन सागर के बीच है।

10. निम्नलिखित में से कौन-सा एक उष्णकटिबन्धीय घास स्थल है? *(CTET 2015)*
(a) सवाना
(b) पम्पास
(c) स्टेपी
(d) डाउन्स

व्याख्या (a) **सवाना** उष्णकटिबन्धीय घास का मैदान है। यह सदाबहार तथा विस्तृत क्षेत्र में फैला है।
सवाना घास क्षेत्र का विस्तार 0° अक्षांश से $23\frac{1}{2}°$ अक्षांश के बीच उत्तरी तथा दक्षिणी गोलार्द्ध में पाया जाता है।
सवाना घास के मैदान अफ्रीका के साहेल क्षेत्र तथा पूर्वी अफ्रीका में पाए जाते हैं।
पम्पास शीतोष्ण कटिबन्धीय घास भूमि है जो अर्जेण्टीना, उरुग्वे एवं ब्राजील में पाई जाती है। **डाउन्स** ऑस्ट्रेलिया की घास भूमि है। **स्टेपी** घास का मैदान पूर्वी यूरोप तथा मध्य एशिया में स्थित है।

11. निम्नलिखित घास भूमियों में से कौन-सी अमेरिकी मूल निवासियों का निवास स्थल है? *(CTET 2015)*
(a) स्टेपी
(b) प्रेयरीज
(c) पम्पास
(d) वेल्ड्स

व्याख्या (b) **प्रेयरीज** शीतोष्ण कटिबन्धीय घास का मैदान है। यह उत्तर अमेरिका में घास का मैदान है। यह अमेरिकी मूल निवासियों का निवास स्थल है। **वेल्ड्स** दक्षिण अफ्रीका का घास का मैदान है। **पम्पास**, घास का मैदान अर्जेण्टीना, उरुग्वे तथा ब्राजील में पाया जाता है। **स्टेपी** (स्टेपीज), पूर्वी यूरोप एवं मध्य एशिया का प्रसिद्ध घास का मैदान है।

12. बेरिंग जलडमरूमध्य पानी का संकरा भाग है जो जोड़ता है *(CTET 2015)*
(a) प्रशान्त महासागर और अटलाण्टिक महासागर
(b) अटलाण्टिक महासागर और हिन्द महासागर
(c) आर्कटिक महासागर और प्रशान्त महासागर
(d) हिन्द महासागर और प्रशान्त महासागर

व्याख्या (c) बेरिंग जलडमरूमध्य एक जलसन्धि है जो **आर्कटिक तथा प्रशान्त महासागर** को जोड़ती है। यह जलसन्धि उत्तर-पूर्वी एशिया तथा उत्तर-पश्चिमी अमेरिका को पृथक् करती है।
अन्तर्राष्ट्रीय तिथि रेखा (IDL) के समानान्तर यह जलडमरूमध्य स्थित है। यह अलास्का (यू.एस.ए.) तथा साइबेरिया (रूस) को अलग करता है। पनामा जलसंधि अटलांटिक एवं प्रशांत महासागर को जोड़ती है।

13. ब्राजील में पाया जाने वाली 'कम्पोस' है ***(CTET 2014)***

(a) एक जनजाति
(b) एक उष्णकटिबन्धीय घास का मैदान
(c) एक परम्परागत नृत्य
(d) एक उष्णकटिबन्धीय पशु

व्याख्या (b) 'कम्पोस', ब्राजील का एक **उष्णकटिबन्धीय घास का मैदान** है। कम्पोस घास का मैदान अमेजन बेसिन में विस्तृत है। 'स्टीपा' (Stipa) इस क्षेत्र में पाई जाने वाली प्रसिद्ध घास प्रजाति है।
'कम्पोस' के निकट स्थित 'पम्पास', अर्जेण्टीना का घास का मैदान है। ब्राजील के अतिरिक्त उरुग्वे में भी कम्पोस घास का मैदान स्थित है।

14. संसार में किस महाद्वीप पर सबसे कम जनसंख्या है? ***(CTET 2014)***

(a) यूरोप
(b) ऑस्ट्रेलिया
(c) दक्षिण अमेरिका
(d) अफ्रीका

व्याख्या (b) **ऑस्ट्रेलिया** विश्व का सबसे छोटा महाद्वीप है। यह जनसंख्या तथा क्षेत्रफल की दृष्टि से विश्व का सबसे छोटा महाद्वीप है। इसका क्षेत्रफल 76,92,024 वर्ग किमी तथा जनसंख्या 2,53,85,500 है। ऑस्ट्रेलिया, विश्व का सबसे बड़ा द्वीप है। यहाँ विश्व की सबसे बड़ी प्रवाल भित्ति ग्रेट बैरियर रीफ स्थित है।
विश्व की तीसरी सबसे लम्बी पर्वत शृंखला 'द ग्रेट डिवाइडिंग रेंज' ऑस्ट्रेलिया में स्थित है।

15. अपैची और क्रो निम्नलिखित में से क्या है? ***(CTET 2014)***

(a) अमेरिका के म्यूजिक बैण्ड
(b) पर्यावरण पर वृत्तचित्र
(c) उत्तरी अमेरिका के कबीले
(d) कीनिया के घुमन्तू (खानाबदोश)

व्याख्या (c) **अपैची तथा क्रो उत्तरी अमेरिका की मूल जनजातियाँ हैं**। ये जनजातियाँ आथाबास्काई भाषाएँ बोलती हैं जो अलास्का तथा कनाडा में बोली जाती हैं।
अपैची जनजाति, संयुक्त राज्य अमेरिका के टैक्सास, कोलारेडो, एरिजोना तथा न्यू मैक्सिको प्रान्तों में निवास करती हैं।

16. निम्नलिखित में से किस क्षेत्र को 'विश्व का फलोद्यान' कहा जाता है? ***(CTET, 2014), (UPTET, 2018)***

(a) भूमध्यसागरीय क्षेत्र
(b) ऑस्ट्रेलिया में क्वींसलैण्ड
(c) दक्षिण अफ्रीका का ऑरेन्ज क्षेत्र
(d) भारत की कश्मीर घाटी

व्याख्या (a) **भूमध्यसागरीय क्षेत्र** को फलों की कृषि के कारण 'विश्व का फलोद्यान' भी कहा जाता है।
महाद्वीपों के पूर्व एवं उत्तर-पूर्वी किनारों के अधिकांश भाग में शीतोष्ण, सदाबहार तथा पर्णपाती वृक्ष पाए जाते हैं। इन्हें 'भूमध्यसागरीय वनस्पति' कहते हैं।
इन क्षेत्रों में संतरा, अंजीर, जैतून तथा अंगूर के फल पैदा किए जाते हैं।

17. 'मलोका' क्या है? ***(CTET 2013)***

(a) एक जनजाति
(b) एक प्रकार का घर
(c) एक वन्य पशु
(d) मलक्का का निवासी

व्याख्या (b) **मलोका, एक प्रकार का घर है** जिसका निर्माण दक्षिण अमेरिका महाद्वीप की जनजातियों द्वारा किया जाता है। कोलम्बिया तथा ब्राजील के स्थानीय निवासी इस प्रकार के घरों का निर्माण करते हैं।
मलोका का निर्माण एक खुले मैदान में किया जाता है। जहाँ एक ही रिश्ते के कई परिवार एक साथ निवास करते हैं।

18. विश्व की 80% से अधिक जनसंख्या निवास करती है ***(CTET 2012)***

(a) उत्तरी अमेरिका व एशिया में
(b) एशिया व यूरोप में
(c) एशिया व अफ्रीका में
(d) एशिया व दक्षिण अमेरिका में

व्याख्या (c) विश्व की सर्वाधिक जनसंख्या **एशिया तथा अफ्रीका महाद्वीप** में निवास करती है।
एशिया में अकेले विश्व की कुल जनसंख्या की 60% निवास करती है।
चीन तथा भारत विश्व के दो सर्वाधिक जनसंख्या वाले देश एशिया महाद्वीप के अंग हैं।
अफ्रीका विश्व में जनसंख्या की दृष्टि से दूसरा सबसे बड़ा महाद्वीप है।

19. 'ब्लैकफुट इण्डियन' है ***(CTET 2011)***

(a) क्यूबा में बागान में काम करने वाला
(b) कनाडा में प्रवासी भारतीय
(c) निकोबार द्वीपसमूह में प्रचलित बीमारी
(d) उत्तरी अमेरिका में एक देशी जनजाति

व्याख्या (d) 'ब्लैकफुट इण्डियन' **उत्तरी अमेरिका का एक जनजातीय समुदाय** है। मोंटाना, अलबर्टा तथा सास्काचेवान इत्यादि कनाडाई प्रान्तों में यह समुदाय पाया जाता है।

20. सबसे लम्बी पर्वतमाला है *(CGTET 2019)*

(a) रॉकी पर्वत
(b) एण्डीज पर्वत
(c) आल्पस पर्वत
(d) हिमालय पर्वत

व्याख्या (b) **एण्डीज** पर्वत श्रृंखला विश्व की सबसे लम्बी पर्वत श्रृंखला है। यह दक्षिण अमेरिका में स्थित है। इसकी कुल लम्बाई 7,000 किमी है।
एकांकगुआ, एण्डीज पर्वतमाला में स्थित सबसे ऊँची पर्वत चोटी है। इसकी ऊँचाई 6,962 मीटर है। **रॉकी पर्वत** श्रेणी की कुल लम्बाई 4800 मी है, जबकि **हिमालय श्रेणी** की लम्बाई 2400 मी है **आल्पस पर्वत** श्रेणी की लम्बाई 1200 किमी है।

21. निम्नलिखित में से कौन-सी एक रोपण फसल नहीं है? *(UPTET 2018)*

(a) गेहूँ
(b) चाय
(c) कॉफी
(d) रबड़

व्याख्या (a) **गेहूँ** का उत्पादन रोपण कृषि के अन्तर्गत नहीं होता है। गेहूँ एक खाद्यान्न फसल है जबकि रोपण कृषि के अन्तर्गत बागानी फसलों की खेती की जाती है।
चाय, कहवा, गन्ना, काजू एवं रबड़ इत्यादि की कृषि, रोपण कृषि के अन्तर्गत आती है। यह कृषि वृहद क्षेत्र में की जाती है जिसके लिए संचार तथा परिवहन व्यवस्था का व्यवस्थित होना जरूरी है।

22. निम्नलिखित में से किसे संसार की छत कहते हैं? *(UPTET 2018), (REET 2012)*

(a) सतपुड़ा
(b) पामीर
(c) अरावली
(d) म्यांमार

व्याख्या (b) **पामीर के पठार** को संसार की छत कहा जाता है। पामीर मध्य एशिया में स्थित पठार तथा पहाड़ों की श्रृंखला है। इसकी रचना हिमालय, तियनशान, काराकोरम तथा हिन्दूकुश की श्रृंखला के कारण हुआ है।
पामीर विश्व के सर्वाधिक ऊँचे स्थानों में से एक है। इसकी ऊँचाई 4,875 मीटर है।
पामीर एक पठारीय क्षेत्र है, जिसका अधिकांश भाग पर्वतीय तथा शेष घास का मैदान है।
सतपुड़ा यह नर्मदा और ताप्ती की दरार घाटियों के बीच राजपीपला पहाड़ी, महादेव पहाड़ी एवं मैकाल श्रेणी के रूप में पश्चिम से पूर्व की ओर विस्तृत है।
अरावली भारत के पश्चिम भाग राजस्थान में स्थित एक पर्वतमाला है। इसकी सबसे ऊँची चोटी 'गुरुशिखर' है।
म्यांमार दक्षिण एशिया का एक देश है। यहाँ अराकान योमा पर्वत पाया जाता है।

23. 'चिनूक' है *(HTET 2018)*

(a) शीत ऋतु में बहने वाली शीत पवन
(b) शीत ऋतु में बहने वाली गर्म पवन
(c) गर्म ऋतु में बहने वाली शीत पवन
(d) गर्म ऋतु में बहने वाली गर्म पवन

व्याख्या (b) चिनूक पर्वतीय ढाल के सहारे चलने वाली **गर्म तथा शुष्क हवा** है जो संयुक्त राज्य अमेरिका में चलती है। यह पवन रॉकी पर्वत के पूर्वी ढाल में कोलारेडो से उत्तर में कनाडा के ब्रिटिश कोलम्बिया तक चलती है।
इस हवा का औसत तापमान 40 डिग्री फारेनहाइट तक होता है। चिनूक के आगमन से तापक्रम में अचानक वृद्धि होती है जिससे बर्फ पिघलने लगती है।
बर्फ के पिघलने से घास उगती है जो पशुपालकों के लिए महत्त्वपूर्ण है।

24. निम्नलिखित में से कौन-सा उष्णकटिबन्धीय मरुस्थल नहीं है? *(UPTET 2017)*

(a) अटाकामा
(b) अरबिया
(c) गोबी
(d) कालाहारी

व्याख्या (c) अटाकामा (पेरू-चिली), अरबिया एवं कालाहारी उष्णकटिबन्धीय मरुस्थल है जबकि मंगोलिया एवं मध्य चीन में स्थित गोबी मरुस्थल शीतोष्ण प्रकार का मरुस्थल है।
उष्णकटिबंधीय मरुस्थल मुख्य रूप से तटीय भागों के समीप पाये जाते हैं जबकि शीतोष्ण मरुस्थल महासागरीय या सागरीय प्रभावों से दूर महाद्वीप के आन्तरिक भाग में मिलते हैं।
अटाकामा मरुस्थल को विश्व का सबसे शुष्क मरुस्थल कहा जाता है जहाँ वर्षा कई वर्षों के बाद होती है।

25. ऑस्ट्रेलिया की राजधानी है *(UPTET 2017)*

(a) सिडनी
(b) कैनबरा
(c) मेलबर्न
(d) ब्रिसबेन

व्याख्या (b) **कैनबरा,** ऑस्ट्रेलिया की राजधानी है। यह एक सुन्दर शहर है, जहाँ भव्य इमारतें स्थित हैं। कैनबरा शहर की स्थापना वर्ष 1913 में की गई। इस नगर की जनसंख्या 34 लाख है।
कैनबरा, ऑस्ट्रेलिया का दूसरा सबसे बड़ा नगर है। इसका कुल क्षेत्रफल 814.2 वर्ग किमी है। यहाँ गर्मियाँ तीव्र तथा शीत ऋतु सामान्य होती है। जनवरी तथा फरवरी में ग्रीष्म ऋतु उच्च स्थिति में होती है, जबकि जून तथा जुलाई शीत ऋतु का होता है। कैनबरा एक केन्द्रप्रशासित राज्य भी है। **सिडनी** ऑस्ट्रेलिया का सबसे बड़ा नगर है।

26. निम्नलिखित में से किसने विश्व के प्राकृतिक प्रदेशों की योजना को सर्वप्रथम प्रतिपादित किया? *(UPTET 2016)*

(a) हम्बोल्ट ने (b) हेटनर ने (c) हार्टशोर्न ने (d) हरबर्टसन ने

व्याख्या (d) **हरबर्टसन** ने वर्ष 1905 में सबसे पहले पृथ्वी का वृहद् प्राकृतिक प्रदेशों में विभाजन के सिद्धान्त का प्रतिपादन किया।

'हरबर्टसन' ने विश्व के प्राकृतिक प्रदेशों की योजना निर्माण में 'जलवायवीय पैमाने' को स्थान दिया। इसके बाद भूगोलवेत्ताओं ने उसी पैमाने पर स्थानीय स्तर पर 'प्राकृतिक प्रदेशों' का विभाजन किया।

27. निम्न में से किस जलवायु प्रदेश में एस्कीमो पाए जाते हैं? *(UPTET 2016)*

(a) टुण्ड्रा प्रदेश (b) भूमध्यरेखीय प्रदेश
(c) भूमध्यसागरीय प्रदेश (d) पश्चिमी यूरोपीय प्रदेश

व्याख्या (a) 'एस्कीमो', कनाडा एवं ग्रीनलैण्ड में निवास करने वाली जनजाति हैं। कनाडा एवं ग्रीनलैण्ड **टुण्ड्रा** जलवायु प्रदेश हैं। 'एस्कीमो' बर्फ से बने घरों में रहते हैं जिसे 'इग्लू' कहा जाता है। एस्कीमो का जीवन मछली तथा रेनडियर के शिकार पर आधारित है। शिकार के लिए सील मछली की हड्डी से बने भाले का उपयोग किया जाता है। इसे 'हारपुन' कहा जाता है। एस्कीमो ऋतु परिवर्तन के साथ स्थान परिवर्तित करते हैं। बर्फ पर चलने के लिए एस्कीमो 'स्लेज' नामक गाड़ी का उपयोग करते हैं, जिसे कुत्ते बर्फ पर खींचते हैं।

28. निम्न में से कौन-सा विश्व का सबसे बड़ा उष्ण मरुस्थल है? *(UPTET 2016)*

(a) कालाहारी मरुस्थल (b) अटाकामा मरुस्थल
(c) सहारा मरुस्थल (d) थार मरुस्थल

व्याख्या (c) 'सहारा' विश्व का सर्वाधिक उष्ण मरुस्थल है। यहाँ दैनिक तथा वार्षिक तापान्तर अत्यधिक है।

दिन का तापमान 58°C तक पहुँच जाता है, जबकि रात का तापमान 0°C तक पहुँच जाता है।

सहारा मरुस्थल में पूर्वोत्तर दिशा से 'हरमट्टम' हवाएँ चलती हैं। यह गर्म तथा शुष्क हवा है जिसके कारण सहारा का मरुस्थल शुष्क बनता है। सहारा मरुस्थल अफ्रीका के उत्तरी हिस्से में विस्तृत है। **कालाहारी मरुस्थल** दक्षिण अफ्रीका तथा मोजाम्बिक में विस्तृत है। **थार मरुस्थल** का विस्तार भारत तथा पाकिस्तान में है। **अटाकामा मरुस्थल**, दक्षिण अमेरिका के चिली में स्थित है।

29. ड्राकेन्सबर्ग पर्वत निम्न में से कहाँ स्थित है? *(UPTET 2016)*

(a) चीन (b) स्विट्जरलैण्ड
(c) दक्षिण अफ्रीका (d) श्रीलंका

व्याख्या (c) **ड्राकेन्सबर्ग, दक्षिण अफ्रीका की मुख्य पर्वत शृंखला है।** ड्राकेन्सबर्ग पर्वत शृंखला की कुल लम्बाई 1,125 किमी तथा औसत ऊँचाई 3475 मीटर है। यह पर्वत शृंखला अफ्रीका महाद्वीप के दक्षिण तटीय क्षेत्र के समानान्तर है।

ड्राकेन्सबर्ग पर्वत शृंखला को स्थानीय भाषा में 'क्वाथालम्बा' कहा जाता है। इस पर्वत शृंखला में स्थित ड्राकेन्सबर्ग नेशनल पार्क को यूनेस्को वर्ल्ड हैरिटेज साइट के रूप में वर्ष 2000 में मान्यता प्रदान की गई है।

30. निम्न में से वह कौन-सा शहर है जो एशिया और यूरोप दोनों महाद्वीपों में है? *(CGTET 2016), (UTET 2013)*

(a) बर्लिन (b) रोम (c) इस्तांबुल (d) प्राग

व्याख्या (c) तुर्की का शहर **'इस्तांबुल'** विश्व का एकमात्र शहर है जो विश्व के दो महाद्वीपों में शामिल है। इसे यूरोप तथा एशिया के बीच स्थित माना जाता है। इस्तांबुल की संस्कृति पर यूरोप तथा एशिया दोनों का प्रभाव है। जनसंख्या के आधार पर यह दुनिया का पाँचवाँ सबसे बड़ा देश है। इस्तांबुल का एक हिस्सा यूरोप में है जबकि दूसरा हिस्सा एशिया में। इस्तांबुल का यूरोपीय हिस्सा एशिया से **बॉस्फोरस स्ट्रेट** द्वारा विभाजित है। इन दोनों हिस्सों को फातिह सुल्तान मेहमेत ब्रिज जोड़ता है।

31. विश्व में गन्ने का सर्वाधिक उत्पादन किस देश में होता है? *(CGTET 2016), (UTET 2013)*

(a) ब्राजील
(b) भारत
(c) क्यूबा
(d) संयुक्त राज्य अमेरिका

व्याख्या (a) **ब्राजील** विश्व का सबसे बड़ा गन्ना उत्पादक देश है। इसकी वार्षिक गन्ना उत्पादकता 7,39,300 हजार मीट्रिक टन है। गन्ना उत्पादन में **भारत** का विश्व में स्थान दूसरा है। भारत में वार्षिक गन्ना उत्पादकता 3,41,200 हजार मीट्रिक टन है। ब्राजील चीनी उत्पादन में भी विश्व में प्रथम स्थान पर है। चीनी उत्पादन में विश्व स्तर पर 80% गन्ने का उपयोग होता है। गन्ना उत्पादन में चीन का स्थान विश्व में तीसरा है। संयुक्त राज्य अमेरिका में गन्ने की सर्वाधिक खेती दक्षिण-पूर्वी, दक्षिण प्रान्त में की जाती है।

32. वर्तमान विश्व अर्थव्यवस्था में उभरता हुआ उद्योग कौन-सा है? *(CGTET 2016), (UPTET 2013)*

(a) सूती-वस्त्र उद्योग
(b) लोहा-इस्पात उद्योग
(c) सूचना-प्रौद्योगिकी उद्योग
(d) सीमेण्ट-उद्योग

व्याख्या (c) **सूचना-प्रौद्योगिकी (आईटी) उद्योग** विश्व अर्थव्यवस्था में तेजी से विस्तार कर रहा है।

सूचना-प्रौद्योगिकी का सम्बन्ध आँकड़ों की प्राप्ति, उसके संग्रहण, सुरक्षा, परिवर्तन, आदान-प्रदान इत्यादि से है। यह कम्प्यूटर हार्डवेयर तथा सॉफ्टवेयर अनुप्रयोगों से सम्बन्धित है। सूचना-प्रौद्योगिकी, कम्प्यूटर पर आधारित सूचना-प्रणाली का आधार है।

इसके मुख्य रूप से दो आयाम हैं-

(i) आईटी सेवा तथा
(ii) बिजनेस प्रोसेस आउटसोर्सिंग (बीपीओ)

33. 'कर्तन दहन प्रणाली' कृषि को इण्डोनेशिया में कहते हैं *(HTET 2014)*

(a) झूम (b) रोके (c) मिल्पा (d) लदांग

व्याख्या (d) 'कर्तन दहन खेती' को 'प्रारम्भिक जीविका निर्वाह कृषि' भी कहा जाता है। इस प्रकार की खेती जमीन के छोटे से टुकड़े पर होती है। इसमें आदिम औजारों तथा सामुदायिक श्रम का उपयोग किया जाता है।

कृषि से पूर्व जमीन के टुकड़े की वनस्पति को काटा जाता है तथा अवशेषों को जलाया जाता है। वनस्पतियों के जलने से बनी राख से उर्वरक का कार्य लिया जाता है।

जमीन के टुकड़े पर कुछ समय तक खेती कर उसके बाद दूसरे स्थान पर खेती की जाती है। इस कृषि प्रणाली को भारत में **झूम** अथवा **स्थानान्तरित खेती** कहते हैं।

इण्डोनेशिया में 'कर्तन दहन प्रणाली' को **लदांग** कहा जाता है। मैक्सिको में इसे **मिल्पा** तथा ब्राजील में **रोका** कहा जाता है।

34. मेयान ज्वालामुखी पर्वत स्थित है *(UPTET 2013)*

(a) संयुक्त राज्य अमेरिका में (b) हवाई द्वीप में
(c) चिली में (d) फिलीपीन्स में

व्याख्या (d) मेयोन ज्वालामुखी फिलीपीन्स के लूजोन द्वीप में स्थित है। यह एक सक्रिय ज्वालामुखी है। वर्ष 2014 में मेयोन ज्वालामुखी में हुए विस्फोट के कारण हजारों लोगों ने लूजोन द्वीप से पलायन किया था।

मेयान ज्वालामुखी को 'फिलीपीन्स का फ्यूजीयामा' कहा जाता है। यह अपने शंकु आकार के लिए भी प्रसिद्ध है। वर्ष 1938 में इसे राष्ट्रीय उद्यान घोषित किया गया था। वर्ष 2000 में इसका नाम परिवर्तित कर 'मेयान ज्वालामुखी प्राकृतिक उद्यान' किया गया।

35. संयुक्त राज्य अमेरिका के वृहद् मैदान में प्रवाहित होने वाली गर्म, शुष्क एवं धूल भरी पवन को कहा जाता है *(UPTET 2013)*

(a) ब्रिक फील्डर (b) ब्लैक रोलर
(c) सिरोको (d) मिस्ट्राल

व्याख्या (b) संयुक्त राज्य अमेरिका (USA) के वृहद् मैदान में प्रवाहित गर्म, शुष्क तथा धूल भरी हवा को **ब्लैक रोलर** कहा जाता है। सहारा मरुस्थल में उत्तर-पूर्व दिशा से चलने वाली इस प्रकार की वायु को **हरमट्टन** कहते हैं।

मिस्ट्राल एक ठण्डी तथा शुष्क वायु है जो दक्षिण-पूर्व फ्रांस की स्थानीय पवन है। **ब्रिक फील्डर** दक्षिणी ऑस्ट्रेलिया में बहने वाली गर्म तथा शुष्क हवा है। **सिरोको** सहारा मरुस्थल में भूमध्य सागर की ओर चलने वाली गर्म हवा है। इसके प्रवाह से इटली में रुधिर वर्षा होती है।

36. निम्नलिखित में से कौन-सा जोड़ा गलत है? *(UPTET 2013)*

(a) लन्दन-थेम्स
(b) पेरिस-सीन
(c) न्यूयॉर्क-मिसीसिपी
(d) दिल्ली-यमुना

व्याख्या (c) **न्यूयॉर्क, हडसन** नदी के निकट बसा है। मिसीसिपी यूएसए की सबसे लम्बी नदी है। इसकी कुल लम्बई 3778 किमी है। **लन्दन** (ब्रिटेन), **थेम्स** नदी के तट पर बसा है। थेम्स नदी की कुल लम्बाई 346 किमी है। यह ब्रिटेन की प्रमुख नदी है तथा 18-19वीं शताब्दी में एक व्यस्ततम जलमार्ग थी।

पेरिस, सीन नदी के तट पर स्थित है। इसकी कुल लम्बाई 776 किमी है।

दिल्ली, यमुना के तट पर बसा है। यमुना, गंगा नदी की महत्त्वपूर्ण सहायक नदी है। इसकी कुल लम्बाई 1376 किमी है।

37. प्रथम भूमिगत रेलवे का निर्माण हुआ था *(UPTET 2013)*

(a) न्यूयॉर्क में (b) दिल्ली में (c) लन्दन में (d) दुबई में

व्याख्या (c) विश्व की प्रथम भूमिगत रेलवे का संचालन 1863 ई. में लन्दन (ब्रिटेन) में किया गया। यह रेल सेवा पैडिंगटन से फैरिंगटन रेलवे स्टेशनों के बीच संचालित की गई थी। उस समय भाप द्वारा ट्रेनों का संचालन किया जाता था। वर्ष 1905 में इस भूमिगत रेलवे में रेलगाड़ियों का परिचालन बिजली से किया गया।

वर्तमान में भूमिगत रेलवे को मेट्रो रेल, रैपिड रेलवे इत्यादि नामों से जाना जाता है। एशिया में सबसे पहले भूमिगत रेलवे का संचालन जापान में किया गया।

38. संयुक्त राज्य अमेरिका के दक्षिण कैलिफोर्निया में स्थित 'मृतक घाटी' (डेथ वैली) निम्नलिखित में से किसका उदाहरण है? *(UPTET 2013)*

(a) अपनत घाटी का (b) पूर्ववर्ती घाटी का
(c) रिफ्ट घाटी का (d) अवसादन की दर

व्याख्या (c) संयुक्त राज्य अमेरिका के दक्षिणी कैलिफोर्निया में स्थित मृतक घाटी (Death valley) एक भ्रंश (रिफ्ट) घाटी का उदाहरण है। इसे 'ग्रैबेन' (Graben) कहा जाता है जिसका निर्माण 'फर्नेस क्रीक फॉल्ट' तथा 'स्टाइक स्लीप फॉल्ट' से हुआ है। डेथ वैली विश्व का उच्चतम तापमान वाला प्रदेश है। यह मोजाबे मरुस्थल तथा ग्रेट बेसिन डेजर्ट का एक हिस्सा है। यहाँ डेथ वैली नेशनल पार्क भी स्थित है।

39. निम्न में से कौन-से देश अफ्रीका के प्रमुख यूरेनियम निर्यातक है? *(HTET 2012, 13)*

(a) अल्जीरिया एवं लीबिया (b) जायरे एवं दक्षिण अफ्रीका
(c) चाड एवं इथोपिया (d) सूडान एवं अंगोला

व्याख्या (b) **अफ्रीका में जायरे तथा दक्षिण अफ्रीका यूरेनियम** के सबसे वृहद् निर्यातक हैं। यूरेनियम उत्पादन अफ्रीका की अर्थव्यवस्था का महत्त्वपूर्ण हिस्सा है। विश्व के कुल 18% यूरेनियम का उत्पादन अफ्रीका महाद्वीप से होता है।

अफ्रीका में यूरेनियम उत्पादित करने वाले देशों में नाइजर, जायरे, नामीबिया, लीबिया तथा दक्षिण अफ्रीका प्रमुख हैं।

कजाकिस्तान विश्व में यूरेनियम का सबसे बड़ा उत्पादक तथा निर्यातक देश है।

40. निम्न में से कौन-सी महाद्वीप-पर्वत की स्थिति सही है? *(UPTET 2012-13)*

(a) दक्षिण अमेरिका-आल्पस (b) उत्तरी अमेरिका-रॉकी
(c) यूरोप-एटलस (d) एशिया-एण्डीज

व्याख्या (b) **रॉकी** पर्वत श्रृंखला **उत्तरी अमेरिका** के पश्चिमी भाग में स्थित है। माउण्ट एलबर्ट, इस श्रृंखला की सर्वोच्च पर्वतीय चोटी है जिसकी ऊँचाई 4,401 मीटर है। **आल्पस** (Alps) पर्वत श्रृंखला **यूरोप** में स्थित है। यह दक्षिण-पश्चिम से पूर्वोत्तर यूरोप तक विस्तृत है। 'माउण्ट ब्लॉक', आल्पस की सबसे ऊँची पर्वतीय चोटी है।

एटलस पर्वत श्रृंखला **पश्चिमी अफ्रीका** में स्थित है। तौबकाल इस पर्वत श्रृंखला की सर्वोच्च पर्वतीय चोटी है।

एण्डीज, विश्व की सबसे लम्बी पर्वतीय श्रृंखला है। यह **दक्षिण अमेरिका** के पश्चिमी तट पर स्थित है।

41. वह देश जहाँ पर शत-प्रतिशत जनसंख्या नगरों में वास करती है *(UPTET 2013)*

(a) जापान (b) संयुक्त राज्य अमेरिका
(c) न्यूजीलैण्ड (d) सिंगापुर

व्याख्या (d) विश्व के अनेक देशों की शत-प्रतिशत जनसंख्या नगरों में निवास करती है। दिए गए विकल्पों में **सिंगापुर** एक मात्र ऐसा देश है, जहाँ 100% जनसंख्या नगरीय क्षेत्र में निवास करती है। अन्य देश जिसकी 100% जनसंख्या नगरों में रहती है, वे हैं- एंग्यूला, बरमूडा, कैमन आइलैण्ड्स, जिब्राल्टर, हाँगकाँग, मकाऊ, मोनाको, नौरू, वेटिकन सिटी तथा सेण्ट मार्टिन। जापान में 94%, न्यूजीलैण्ड में 86% तथा यूएसए में 82% लोग नगरों में निवास करते हैं।

42. क्षेत्रफल के आधार पर विश्व का सबसे बड़ा और सबसे छोटा महाद्वीप है *(REET 2012)*

(a) अफ्रीका एवं ऑस्ट्रेलिया (b) एशिया एवं अण्टार्कटिका
(c) एशिया एवं ऑस्ट्रेलिया
(d) उत्तर अमेरिका एवं अण्टार्कटिका

व्याख्या (c) विश्व में क्षेत्रफल की दृष्टि से सबसे बड़ा महाद्वीप एशिया है, जबकि सबसे छोटा महाद्वीप ऑस्ट्रेलिया है। एशिया का क्षेत्रफल 4,45,79,000 वर्ग किमी है तथा यह सम्पूर्ण स्थलमण्डल के 29.5% क्षेत्र पर स्थित है। ऑस्ट्रेलिया का क्षेत्रफल 76,92,024 वर्ग किमी है। यह सम्पूर्ण स्थलमण्डल के 5.9% क्षेत्र पर अवस्थित है। अण्टार्कटिका, सम्पूर्ण स्थलमण्डल का 9.2%, यूरोप 6.8%, उत्तर अमेरिका 16.5% तथा दक्षिण अमेरिका 12% हिस्सा है।

43. विश्व में निम्नलिखित में से किस एक प्रदेश में गहन निर्वाह कृषि अधिक प्रचलित है? *(REET 2012)*

(a) शीतोष्ण प्रदेश (b) भूमध्यसागरीय प्रदेश
(c) मानसूनी प्रदेश (d) अर्द्धशुष्क प्रदेश

व्याख्या (c) गहन कृषि, **मानसूनी प्रदेश** की महत्त्वपूर्ण विशेषता है। यहाँ कृषि के लिए मानसूनी वर्षा से सिंचाई पर निर्भरता महत्त्वपूर्ण है। यह सघन जनसंख्या वाले क्षेत्रों में अपनाई जाती है। गहन कृषि अथवा सघन कृषि, कृषि उत्पादन की वह प्रणाली है जिसमें कम जमीन पर अधिक परिश्रम तथा उर्वरकों की सहायता से अधिक उत्पादन किया जाता है। इसमें एक ही भूमि पर वर्ष में कई फसलें बोई जाती हैं।

शीतोष्ण प्रदेश यह उष्णकटिबन्धीय और शीत कटिबन्ध के बीच का क्षेत्र कहलाता है। यहाँ गर्मी और सर्दी के मौसम के तापमान में अधिक अन्तर नहीं होता है।

भूमध्य सागरीय प्रदेश यह उत्तरी अफ्रीका, यूरोप अनातोलिया तथा मध्य-पूर्व के बीच स्थित है। इसका क्षेत्रफल 25 लाख वर्ग किमी है।

अर्द्धशुष्क प्रदेश जो प्रदेश न तो पूर्ण रूप से शुष्क हो और न ही पूर्ण आर्द्र हो। इसमें कुछ निश्चित किस्म की फसलों को बिना सिंचाई के उगाया जा सकता है।

44. भूमध्य रेखा नहीं गुजरती है *(UPTET 2011)*

(a) उत्तरी अमेरिका से होकर (b) दक्षिणी अमेरिका से होकर
(c) अफ्रीका से होकर (d) इनमें से कोई एक महाद्वीप

व्याख्या (a) भूमध्य रेखा अथवा विषुवत रेखा को 0° अक्षांश भी कहा जाता है। यह पृथ्वी की सतह पर उत्तरी ध्रुव एवं दक्षिणी ध्रुव से समान दूरी पर स्थित एक काल्पनिक रेखा है। भूमध्य रेखा दक्षिणी अमेरिका, अफ्रीका, एशिया से होकर गुजरती है। **उत्तरी अमेरिका, यूरोप** तथा **ऑस्ट्रेलिया** से होकर यह रेखा नहीं गुजरती है।

भूमध्य रेखा पर वर्ष भर उच्च ताप बना रहता है। यह 14 देशों के स्थलीय हिस्से से गुजरती है।

45. संसार का सबसे लम्बा रेलमार्ग है *(HTET 2011)*

(a) ट्रांस-साइबेरियन रेलवे (b) ट्रांस-अरेबियन रेलवे
(c) ट्रांस-यूरोपियन रेलवे (d) ट्रांस-एशियन रेलवे

व्याख्या (a) **ट्रांस-साइबेरियन रेलमार्ग** विश्व का सबसे लम्बा रेलवे नेटवर्क है। यह मॉस्को को ब्लाडिवोस्टक से जोड़ता है। इसकी कुल लम्बाई 9289 किमी है। इस रेलवे नेटवर्क से मंगोलिया, चीन तथा उत्तर कोरिया को भी जोड़ा जा चुका है। ट्रांस-साइबेरियन रेलमार्ग का निर्माण 1891 से 1916 के बीच किया गया। साइबेरिया में जनसंख्या तथा इस क्षेत्र के आर्थिक विकास के लिए ट्रांस-साइबेरियन रेलमार्ग का योगदान महत्त्वपूर्ण है।

46. किस जानवर को 'रेगिस्तान का जहाज' कहा जाता है? *(BTET 2011)*

(a) गधा (b) घोड़ा (c) ऊँट (d) हाथी

व्याख्या (c) **ऊँट** को 'रेगिस्तान का जहाज' कहा जाता है। यह रेतीली भूमि पर लम्बे समय तक बिना कुछ खाये-पीये रह सकता है। इस पशु का उपयोग मालों की आवाजाही तथा सवारी ढोने के लिए होता है। एक ऊँट का जीवन काल 40 से 50 वर्षों का होता है। जीवाश्म साक्ष्यों से पता लगा है कि ऊँट सर्वप्रथम उत्तरी अमेरिका में देखे गए थे।

मनुष्य ने 2000 ई. पू. में ऊँटों को पालतू बनाया।

अध्याय 05

भारत का भूगोल

» State TETs

1. निम्नलिखित में से कौन-सा ऊर्जा का गैर-परम्परागत स्रोत है? *(CTET 2018), (UPTET 2013)*

(a) प्राकृतिक गैस
(b) सौर ऊर्जा
(c) कोयला
(d) ईंधन

व्याख्या (b) गैर-परम्परागत ऊर्जा स्रोत वह ऊर्जा स्रोत है, जो प्रकृति में प्राप्त संसाधनों से प्राप्त किए जाते हैं तथा इनके समाप्त होने की कोई सम्भावना नहीं है।

सौर ऊर्जा, पवन ऊर्जा, ज्वारीय ऊर्जा, बायोगैस, परमाणु ऊर्जा इत्यादि गैर-परम्परागत ऊर्जा स्रोतों के अन्तर्गत आते हैं।

सौर ऊर्जा, सूर्य से प्राप्त किरणों को विद्युत ऊर्जा में परिवर्तित करने से प्राप्त होती है। इसके लिए फोटोवोल्टाइक टेक्नोलॉजी का प्रयोग किया जाता है। यह जीवाश्म ईंधनों का श्रेष्ठ विकल्प है।

प्राकृतिक गैस, कोयला परंपरागत ऊर्जा के स्रोत हैं। ये स्रोत निर्धारित स्रोत हैं, जिनका अन्त सुनिश्चित होता है। इसीलिए इन्हे परंपरागत ऊर्जा के स्रोत कहा जाता है।

2. अभिकथन (A) : सूर्य गुजरात में अरुणाचल प्रदेश से लगभग दो घण्टे बाद अस्त होता है।

कारण (R) : अरुणाचल प्रदेश, गुजरात की तुलना में उच्च अक्षांश पर स्थित है। *(CTET 2018)*

कूट

(a) A और R दोनों सत्य हैं तथा R, A की स्पष्ट व्याख्या नहीं करता है
(b) A सत्य है, किन्तु R असत्य है
(c) A असत्य है, किन्तु R सत्य है
(d) A और R दोनों सत्य हैं तथा R, A की स्पष्ट व्याख्या करता है

व्याख्या (b) गुजरात भारत के पश्चिम तथा अरुणाचल प्रदेश पूर्व में स्थित राज्य है। दोनों राज्यों की देशान्तर रेखाएँ अत्यन्त भिन्न हैं। अरुणाचल प्रदेश तथा गुजरात के देशान्तर में 30 डिग्री का अन्तर है। इस कारण इन दोनों राज्यों के बीच स्थानीय समय का अन्तर दो घण्टे का है।

भारत का मानक समय $82\frac{1}{2}$ डिग्री देशान्तर पर स्थित है। समय समान होने के बावजूद गुजरात तथा अरुणाचल प्रदेश में सूर्योदय तथा सूर्यास्त के दौरान समय का अन्तर देशान्तर के कारण सामने आता है।

3. भूगोल की वह शाखा, जो विशिष्ट मानव जनसंख्या की संरचना के विषय से सम्बन्धित है, कहलाती है *(CTET 2018)*

(a) जैव भूगोल
(b) जनसांख्यिकी
(c) मानव भूगोल
(d) नगरीय भूगोल

व्याख्या (b) **जनसांख्यिकीय भूगोल** अथवा **जनसंख्या भूगोल** वस्तुत: मानव भूगोल की वह शाखा है, जिसमें जनसंख्या, जनसंख्या वितरण, स्थानान्तरण, प्रवास एवं उनके आवास का अध्ययन किया जाता है।

जनसंख्या भूगोल को एक क्रमबद्ध शाखा के रूप में विकसित करने का श्रेय **जी.टी. ट्रिवार्था** को है। भारत में जनसंख्या भूगोल का विकास वर्ष 1980 के दशक में हुआ।

जैवभूगोल में जैविक क्रियाकलापों का, **मानव भूगोल** में मानव गतिविधियों एवं **नगरीय भूगोल** में नगरीय संरचना का वर्णन किया जाता है।

4. अधिकांश दुर्गम क्षेत्रों में और आपदाओं के समय लोगों को बचाने और भोजन, जल, कपड़े एवं दवाओं को वितरित करने के लिए यातायात का कौन-सा साधन बेहद उपयोगी है? *(CTET, 2018)*

(a) रेलमार्ग
(b) सड़क मार्ग
(c) जलमार्ग
(d) वायुमार्ग

व्याख्या (d) दुर्गम क्षेत्रों में आपदाओं के दौरान राहत तथा बचाव कार्य के लिए **वायुमार्ग** का उपयोग किया जाता है। हवाई जहाज तथा हेलीकॉप्टर के माध्यम से आपदाओं के दौरान भोजन, वस्त्र, दवाएँ तथा पानी की बोतलें पहुँचाई जाती हैं। आपदा के दौरान स्थलीय परिवहन के स्रोत अव्यवस्थित तथा विनष्ट हो जाते हैं, जिस कारण पीड़ित जनसंख्या तक पहुँचना आसान नहीं होता है।

5. जब नदी मैदान में प्रवेश करती है, तो यह मुड़ जाती है और बड़े मोड़ बनाकर बहती है, जो कहलाता है। *(CTET 2018)*

(a) बाढ़ का मैदान
(b) विसर्प
(c) चापझील
(d) तटबन्ध

व्याख्या (b) 'विसर्प', नदी की अपरदनात्मक स्थलाकृति है। मैदानों में प्रवेश के बाद नदियों की धाराएँ बाएँ-दाएँ मुड़ती हुई चलती हैं। इस गति के कारण नदियों द्वारा 'विसर्प' का निर्माण

किया जाता है। विसर्प अंग्रेजी के 'एस' (S) अक्षर के आकार का होता है। नदियों द्वारा विसर्प बनाने का कारण उनका अवसादी बोझ है।

'विसर्प' को त्यागकर सीधा मार्ग अपनाने के दौरान नदियों द्वारा 'गोखुर झील' का निर्माण किया जाता है। बाढ़ का मैदान एवं तटबन्ध निक्षेपित स्थलाकृति है।

बाढ़ के मैदानी भाग में जलीय जमाव से चापझील का निर्माण होता है।

6. लद्दाख में पाया जाने वाला यूरेनियम एक उदाहरण है *(CTET 2016)*

(a) भण्डार संसाधन का
(b) निक्षेप संसाधन का
(c) वास्तविक संसाधन का
(d) सम्भाव्य संसाधन का

व्याख्या (d) वैज्ञानिकों ने 'लद्दाख' (जम्मू-कश्मीर) में वृहद् पैमाने पर यूरेनियम के भण्डार को प्राप्त करने का दावा किया है। एक अध्ययन के अनुसार, ग्रेनाइट की परत के नीचे हरे रंग के जिरकॉन के भण्डार की बात कही गई है। भू-रासायनिक विश्लेषण के आधार पर यह माना जा रहा है कि जिरकॉन की उपस्थिति यूरेनियम तथा थोरियम के भण्डार की ओर संकेत करती है।

सम्भाव्य संसाधन का तात्पर्य उस संसाधन से है, जिसकी उपलब्धता सम्भव है और भविष्य में उसका उपयोग किया जा सकता है। लद्दाख में 'यूरेनियम' का भण्डार इसी श्रेणी में रखा जा सकता है।

7. भारत का दक्कन पठार, जो बेसाल्ट शैलों से बना है, निम्नलिखित में से शैलों की किस श्रेणी के अन्तर्गत आता है? *(CTET 2016)*

(a) कायान्तरित शैल
(b) अवसादी शैल
(c) बहिर्भेदी आग्नेय शैल
(d) अन्तर्भेदी आग्नेय शैल

व्याख्या (c) दक्कन का पठार बेसाल्ट चट्टानों से निर्मित है। यह ज्वालामुखीय विस्फोट में द्रवित लावा के पृथ्वी की सतह पर फैलने तथा उसके ठोस रूप ग्रहण करने के दौरान निर्मित हुआ है।

ज्वालामुखीय विस्फोट से बनी ऐसी चट्टानों को **बहिर्भेदी आग्नेय चट्टान** कहते हैं। बेसाल्ट चट्टान भी बहिर्भेदी आग्नेय चट्टानों के उदाहरण हैं।

दक्कन का पठार भारत का विशाल पठार है। भारत में आठ राज्यों में यह विस्तृत है। **अन्तर्भेदी आग्नेय शैल** का निर्माण पृथ्वी के आन्तरिक भाग में होता है। कायान्तरित शैल, मूल शैलों का परिवर्तित रूप है। अवसादी शैल का निर्माण विखण्डित शैलों या महीन कणों के निक्षेपण से होता है।

8. कृष्णा राज सागर बाँध निम्नलिखित नदियों में से किस पर बनाया गया है? *(CTET 2016)*

(a) महानदी
(b) कावेरी
(c) गोदावरी
(d) कृष्णा

व्याख्या (b) कृष्णा राज सागर बाँध का निर्माण कर्नाटक के माण्ड्या जिले में **कावेरी नदी** पर किया गया है। इस बाँध से कावेरी, हेमावती तथा लक्ष्मण तीर्थ जैसी नदियाँ आपस में मिलती हैं।

कृष्णा राज सागर बाँध की लम्बाई 2,621 मी तथा ऊँचाई 39 मी है। इसका निर्माण कार्य **एम. विश्वेश्वरैया** के निरीक्षण में वर्ष **1932** में आरम्भ हुआ था।

कर्नाटक तथा तेलंगाना में सिंचाई के लिए 'कृष्णा राज सागर बाँध' की श्रेष्ठ उपयोगिता है।

9. भारत के लगभग मध्य भाग से होकर गुजरने वाला प्रमुख अक्षांश है *(CTET 2016)*

(a) भूमध्य रेखा (विषुवत्-वृत्त)
(b) आर्कटिक वृत्त
(c) मकर रेखा (मकर-वृत्त)
(d) कर्क रेखा (कर्क-वृत्त)

व्याख्या (d) उत्तरी गोलार्द्ध में 'भूमध्य रेखा' के समानान्तर पश्चिम से पूर्व की ओर खींची गई काल्पनिक रेखा **कर्क रेखा** है; जिसे $23\frac{1}{2}$ डिग्री उत्तरी अक्षांश भी कहा जाता है। कर्क रेखा, भारत के मध्य से होकर गुजरती है। भारत के 8 राज्यों से कर्क रेखा गुजरती है। ये राज्य हैं-

1. गुजरात
2. राजस्थान
3. मध्य प्रदेश
4. छत्तीसगढ़
5. झारखण्ड
6. पश्चिम बंगाल
7. त्रिपुरा
8. मिजोरम

भूमध्य रेखा उत्तरी ध्रुव और दक्षिणी ध्रुव से समान दूरी पर स्थित एक काल्पनिक रेखा है। यह पश्चिम से पूर्व की ओर खींची गयी विषुवत् रेखा है।

आर्कटिक वृत्त आर्कटिक वृत्त का क्षेत्र उत्तरी ध्रुव में फैले कनाडा का कुछ भाग, ग्रीनलैण्ड, रूस का कुछ हिस्सा, अमेरिका (अलास्का), आइसलैण्ड, नार्वे, स्वीडन तथा फिनलैण्ड तक विस्तृत है।

मकर रेखा यह दक्षिणी गोलार्द्ध में भूमध्य रेखा के समानान्तर $23\frac{1}{2}^\circ$ दक्षिण अक्षांश पर पश्चिम से पूर्व की ओर खींची गयी एक काल्पनिक रेखा है।

10. निम्नलिखित के सही जोड़े बनाइए *(CTET 2016)*

	सूची-I वनस्पति के प्रकार		सूची-II पौधों की प्रजातियाँ
A.	उष्णकटिबन्धीय वर्षा वन	1.	सुन्दरी
B.	उष्णकटिबन्धीय पतझड़ वन	2.	बबूल
C.	कँटीली झाड़ियाँ	3.	महोगनी
D.	मैंग्रोव वन	4.	साल

कूट

	A	B	C	D
(a)	3	4	2	1
(b)	4	3	1	2
(c)	1	2	3	4
(d)	2	1	4	3

व्याख्या (a) **उष्णकटिबन्धीय वर्षा वन** वह क्षेत्र है, जो भूमध्य रेखा के $23\frac{1}{2}^\circ$ उत्तर तथा $23\frac{1}{2}^\circ$ दक्षिण अक्षांशों के बीच विस्तृत है। महोगनी इस वर्षा वन में पाया जाने वाला प्रमुख वृक्ष है।

उष्णकटिबन्धीय पतझड़ वन, मानसूनी जलवायु वाले क्षेत्रों की महत्त्वपूर्ण विशेषता है। साल, शीशम इत्यादि इस क्षेत्र में पाए जाने वाले वृक्ष हैं।

कँटीली झाड़ियाँ, शुष्क तथा रेगिस्तानी क्षेत्रों में पाई जाती हैं। बबूल, रेगिस्तानी तथा शुष्क जलवायु क्षेत्रों में उगने वाले वृक्ष हैं।

सुन्दरी, **मैंग्रोव वृक्ष** है जो 'सुन्दरवन' में पाए जाते हैं।

11. 'ऋतु-प्रवास' से अभिप्राय है ***(CTET 2016)***

(a) लोगों की अपनी जीविका के लिए ऋतुवत् गतिशीलता
(b) फसल कटाई की अवधि के दौरान श्रमशक्ति का नगर से गाँव की ओर प्रवसन
(c) नए चरागाहों की खोज में अपने पशुधन के साथ लोगों की ऋतुवत् गतिशीलता
(d) वन्य प्राणियों की ऋतुवत् गतिशीलता

व्याख्या (c) पशुपालकों का अपने पशुओं के साथ ऋतुवत् गमनागमन को 'ऋतु प्रवास' कहा जाता है।

पशुपालकों द्वारा पशुओं के लिए आहार की उपलब्धता के लिए इस प्रकार का प्रवास किया जाता है। उत्तराखण्ड की जनजाति अपने 'ऋतु प्रवास' के लिए प्रसिद्ध है।

किसी मौसम में लोग एक स्थान को छोड़कर दूसरे अनुकूल स्थान पर रहने लगते हैं तथा मौसम बदलने पर पुनः उस स्थान पर रहने आ जाते हैं। इस मौसमी स्थानान्तरण को 'ऋतु प्रवास' कहा जाता है।

12. पृथ्वी की सतह के निकट स्थित खनिजों को बाहर निकालने के लिए निम्नलिखित में से किस विधि का प्रयोग किया जाता है? ***(CTET 2016)***

(a) विवृत खनन
(b) कूपकी खनन
(c) आखनन
(d) कूपक

व्याख्या (a) पृथ्वी की सतह के निकट स्थित खनिजों को बाहर निकालने के लिए खनन की जिस विधि का प्रयोग किया जाता है, उसे **विवृत खनन** कहते हैं।

इस प्रकार के खनन में धरातल के ऊपर ही चट्टानों से खनिज प्राप्त किया जाता है। ऐसे खनिजों में ग्रेनाइट, लौह अयस्क तथा बालू का पत्थर प्रमुख हैं।

इस दौरान विस्फोटक तत्त्वों द्वारा भी चट्टानों को तोड़कर खनिज पदार्थ निकाले जाते हैं।

विवृत खनन में 40 से 50 मी की गहराई से खनिजों का निष्कर्षण किया जाता है। खनिजों को ऊपर लाने के लिए बड़े यन्त्रों का उपयोग किया जाता है।

कूप की खनन इसमें धरती में कूपक (कुआँ) खोदकर या बनाकर खनिज पदार्थों को हासिल किया जाता है।

आखनन एक परिव्यक्त खादान इमारती पत्थरों को खोदकर निकालने की क्रिया को आखनन कहते हैं।

कूपक जहाँ खनन के लिए कुएँ की आकृति का गड्डा खोदा जाता है वही कूपक कहलाता है।

13. 'सुनहरी जरी' निम्नलिखित में से किसकी एक किस्म है? ***(CTET 2016)***

(a) सिल्क (b) जूट (c) सूती-वस्त्र (d) नायलॉन

व्याख्या (a) 'सुनहरी जरी', **सिल्क** की एक किस्म है। बनारसी साड़ियों में 'सिल्वर जरी' तथा 'गोल्डन जरी' को अत्यधिक महत्त्व दिया जाता है।

वस्तुतः 'गोल्डन जरी' एक परम्परागत रेशमी धागा है, जिसका उपयोग बनारसी साड़ियों के निर्माण में किया जाता है। इसका उपयोग कांजीवरम साड़ियों का 'बॉर्डर' बनाने में भी किया जाता है।

14. जनसंख्या घनत्व से क्या अभिप्राय है? ***(CTET 2016)***

(a) पृथ्वी के पृष्ठ के एक इकाई क्षेत्र में रहने वाले लोगों की संख्या
(b) भू-पृष्ठ पर लोगों के फैलने का स्वरूप
(c) किसी क्षेत्र विशेष में रहने वाले लोगों की संख्या
(d) एक निश्चित अवधि के दौरान लोगों की संख्या

व्याख्या (a) **प्रति वर्ग किमी क्षेत्र में निवास करने वाले कुल व्यक्तियों की संख्या** को उस स्थान का जनसंख्या-घनत्व कहते हैं।

जनगणना 2011 के अनुसार, भारत का जनसंख्या घनत्व 382 है। कुल जनसंख्या तथा क्षेत्रफल के अनुपात के आधार पर जनसंख्या घनत्व तय किया जाता है।

15. खाद्य सुरक्षा के विषय में निम्नलिखित दो कथनों 1 और 2 पर विचार कीजिए और सही उत्तर का चयन कीजिए। ***(CTET 2015)***

1. कृषि के विकास का चरम लक्ष्य खाद्य सुरक्षा को बढ़ाना है।

2. खाद्य सुरक्षा से अभिप्राय है–प्राकृतिक आपदाओं के दौरान जब खाद्य-सामग्री की कमी होती है, तब सभी लोगों को खाद्य-सामग्री उपलब्ध कराना।

(a) 1 और 2 दोनों सही हैं
(b) 1 गलत है और 2 सही है
(c) 1 और 2 दोनों गलत हैं
(d) 1 सही है और 2 गलत है

उत्तर (d) खाद्य सुरक्षा का अर्थ समाज के सभी नागरिकों के लिए जीवन चक्र में पूरे समय पर्याप्त मात्रा में ऐसे विविधतापूर्ण भोजन की उपलब्धता सुनिश्चित करना है, जो सांस्कृतिक तौर पर मान्य तथा पोषण पर आधारित हो।

भारत सरकार ने खाद्य सुरक्षा को सुनिश्चित करने के लिए राष्ट्रीय खाद्य सुरक्षा अधिनियम-2013 को पारित किया है। इसके अन्तर्गत प्रत्येक बीपीएल परिवार को महीने में 35 किग्रा खाद्यान्न (चावल, गेहूँ, मोटा अनाज क्रमशः 3/2/1 रुपया/किग्रा) देने की प्रक्रिया चलाई जा रही है।

16. निम्नलिखित जनजातीय समूहों में से कौन-सा मुख्यतः उत्तराखण्ड में संकेन्द्रित है? ***(CTET 2015)***

(a) गौण्ड
(b) भोटिया
(c) माला इरुलर
(d) भील

व्याख्या (b) **भोटिया** जनजाति के लोग उत्तराखण्ड के तिब्बत से लगे सीमान्त क्षेत्रों में निवास करते हैं। इन जनजातियों को **शोका** (Shoka) या **रंग** (Rung) के नाम से भी पुकारा जाता है। भोटिया जनजाति की जनसंख्या मुख्य रूप से पिथौरागढ़, बागेश्वर, चमोली, उत्तर काशी इत्यादि जिलों में समुद्र तट से 2,500 मी की ऊँचाई पर निवास करती है।

भोटिया शारीरिक बनावट के आधार पर 'मंगोलियन' है। यह जनजाति ऋतु प्रवास के लिए प्रसिद्ध है।

भील तथा **गौण्ड** मध्य प्रदेश में निवास करते हैं। **माला इरुलर** जनजाति का निवास तमिलनाडु की नीलगिरि पहाड़ियों पर है।

17. विश्व में भारत का सबसे ऊँचा सड़क मार्ग निम्नलिखित में से कौन-सा है? *(CTET 2015)*

(a) शिलांग-सिलचर (b) ऊधमपुर-श्रीनगर
(c) ईटानगर-पासीघाट (d) मनाली-लेह

व्याख्या (d) भारत का सबसे ऊँचा सड़क मार्ग **मनाली-लेह** राष्ट्रीय राजमार्ग है। यह मार्ग लेह (जम्मू-कश्मीर) को मनाली (हिमाचल प्रदेश) से जोड़ता है।

यह राष्ट्रीय राजमार्ग समुद्र तल से औसतन 4,000 मी की ऊँचाई पर स्थित है।

मनाली-लेह मार्ग में कई पर्वतीय दर्रे स्थित हैं, किन्तु रोहतांग, लाचुलुंग, तांगलांग इत्यादि दर्रे महत्त्वपूर्ण हैं।

मनाली-लेह राजमार्ग, राष्ट्रीय राजमार्ग संख्या-3 (NH-3) का हिस्सा है। इसकी कुल लम्बाई 474 किमी है।

18. निम्नलिखित में से किसके उत्पादों को 'काला सोना' कहा जाता है? *(CTET 2015)*

(a) पेट्रोलियम (b) ताँबा (c) कोयला (d) सोना

व्याख्या (a) **पेट्रोलियम** उत्पादों को 'काला सोना' कहा जाता है। खान से (तेल कुएँ से) निकलते समय पेट्रोलियम पदार्थ का रंग काला होता है। इसे साफ कर विभिन्न ईंधनों के रूप में तैयार किया जाता है।

अपने गुण तथा प्रयोग के महत्त्व के कारण पेट्रोलियम को काला सोना (Black Gold) कहा जाता है। जीवाश्म ईंधन के रूप में यह औद्योगिक क्रान्ति का वाहक रहा है। आज अव्यावहारिक तथा अतिशय उपयोग के कारण यह प्रदूषण का बड़ा माध्यम बन चुका है।

19. निम्नलिखित में से कौन-सा भारत का परमाणु ऊर्जा संयन्त्र नहीं है? *(CTET 2015)*

(a) नरौरा (b) पोखरण (c) कलपक्कम (d) तारापुर

व्याख्या (b) **पोखरण** में परमाणु संयन्त्र स्थित नहीं है। राजस्थान के जैसलमेर जिले में स्थित पोखरण में भारत द्वारा दो बार (वर्ष 1974 तथा वर्ष 1998 में) परमाणु परीक्षण किया जा चुका है।

नरौरा, कलपक्कम तथा तारापुर में परमाणु संयन्त्र स्थापित हैं। तारापुर भारत (मुंबई) का पहला नाभिकीय ऊर्जा संयन्त्र है। इसकी शुरुआत वर्ष 1962 में की गई। नरौरा, उत्तर प्रदेश में स्थित नाभिकीय ऊर्जा संयन्त्र है। इसकी प्रथम इकाई वर्ष 1991 में आरम्भ हुई थी।

कलपक्कम नाभिकीय ऊर्जा संयन्त्र तमिलनाडु में अवस्थित है। वर्तमान में भारत के कुल बिजली उत्पादन में परमाणु का योगदान 1.9% है।

20. लक्षद्वीप द्वीपसमूह .... में स्थित है। *(CTET 2014), (UPTET 2018)*

(a) हिन्द महासागर (b) अरब सागर
(c) बंगाल की खाड़ी (d) दक्षिण चीन सागर

व्याख्या (b) लक्षद्वीप **अरब सागर** में स्थित भारत का केन्द्रशासित प्रदेश है। यह देश के सभी केन्द्रशासित प्रदेशों में सबसे छोटा है। इस द्वीप समूह का निर्माण प्रवाल भित्तियों द्वारा हुआ है। इसकी राजधानी कवारत्ती है।

लक्षद्वीप, भारत की मुख्य भूमि से 300 किमी दूर स्थित है। इस द्वीप समूह में 36 द्वीप हैं, किन्तु 10 द्वीपों पर ही जनजीवन है।

देशी पर्यटकों को 6 द्वीपों पर प्रवेश की अनुमति है, जबकि विदेशी पर्यटकों को केवल 2 द्वीपों पर जाने की अनुमति है।

21. दुनिया की प्राचीनतम चट्टानें निम्न में से कहाँ स्थित हैं? *(CTET 2014)*

(a) दक्षिण भारत (b) हवाई द्वीप
(c) पश्चिमी ऑस्ट्रेलिया (d) दक्षिणी अफ्रीका

व्याख्या (a) दक्कन का पठार दुनिया की प्राचीनतम चट्टानों से बना है। यहाँ गौण्डवाना लैण्ड तथा धारवाड़ की चट्टानें मौजूद हैं। ये भू-वैज्ञानिक संरचना के आधार पर क्रीटिसियस युग की चट्टानें हैं। पश्चिम ऑस्ट्रेलियाई भाग गोण्डवौना लैण्ड का हिस्सा माना जाता है। पैंजिया के विखण्डन के परिणामस्वरूप पश्चिमी ऑस्ट्रेलिया पृथक् होकर दक्षिण-पूर्वी भाग की ओर स्थानान्तरित हो गया।

दक्कन का पठार ज्वालामुखीय विस्फोट से निकले लावा तथा मैग्मा से बना है, जिसके जमाव से बेसाल्ट चट्टानों का निर्माण हुआ है।

22. कोलकाता बन्दरगाह .... पर/में स्थित है। *(CTET 2014)*

(a) गंगा सागर (b) बंगाल की खाड़ी
(c) हुगली नदी (d) भागीरथी नदी

उत्तर (c) कोलकाता बन्दरगाह **हुगली नदी** के तट पर अवस्थित है। कोलकाता में स्थित बन्दरगाह समुद्रतट से 130 किमी की दूरी पर स्थित है। इसका निर्माण ब्रिटिश ईस्ट इण्डिया कम्पनी द्वारा किया गया था। इस बन्दरगाह का उद्घाटन 1870 ई. में किया गया था।

कोलकाता बन्दरगाह में जहाजों के लगने के स्थान (पोताश्रय) को 'डायमण्ड हार्बर' कहा जाता है।

अभी हाल ही में प्रधानमन्त्री नरेन्द्र मोदी ने इस बंदरगाह का नाम बदलकर डॉ श्यामा प्रसाद मुखर्जी बंदरगाह कर दिया है।

23. निम्नलिखित में से कौन-सा मरुस्थल का एक उदाहरण है? *(CTET 2014)*

(a) लद्दाख (b) सुन्दरबन (c) कोंकण (d) पश्चिमी घाट

व्याख्या (a) **लद्दाख** एक शीत मरुस्थल है। यह एक केन्द्रशासित राज्य में स्थित है। यहाँ की जलवायु अत्यन्त शुष्क तथा कठोर है। वार्षिक वर्षा 3.2 इंच तथा वार्षिक औसत तापमान 5 डिग्री सेण्टीग्रेड है।

सुन्दरबन, गंगा-ब्रह्मपुत्र का डेल्टा है, जो बांग्लादेश तथा पश्चिम बंगाल में स्थित है।

कोंकण, पश्चिमी घाट का हिस्सा है, जो महाराष्ट्र से केरल तक विस्तृत पर्वतीय क्षेत्र है। यह अपनी जैव विविधता के लिए प्रसिद्ध है।

24. भारत में उष्णकटिबन्धीय वर्षा वन पाए जाते हैं *(CTET 2013)*

(a) मध्य प्रदेश में (b) हिमाचल प्रदेश में
(c) अण्डमान-निकोबार द्वीपसमूहों में (d) राजस्थान में

व्याख्या (c) भारत में कुल वन क्षेत्रों में 93% वन उष्णकटिबन्धीय वर्षा वन ही हैं। **अण्डमान-निकोबार द्वीप समूह** तथा **पश्चिमी घाट** में इस प्रकार के वन मिलते हैं। उत्तर पूर्व तथा प्रायद्वीपीय भारत में भी उष्णकटिबन्धीय वर्षा वन पाए जाते हैं। उष्णकटिबन्धीय वर्षा वन एक ऐसा क्षेत्र है, जो विषुवत् रेखा से $23\frac{1}{2}$ डिग्री उत्तर अक्षांश तथा $23\frac{1}{2}$ डिग्री दक्षिण अक्षांश के मध्य में स्थित है।

25. लौटते मानसून के समय आर्द्र पवनें बहती हैं *(CTET 2013)*

(a) घाटी से मैदान की ओर (b) स्थल से समुद्र की ओर
(c) समुद्र से स्थल की ओर (d) पठार से मैदान की ओर

व्याख्या (c) मानसून के लौटने की प्रक्रिया '**मानसून का निवर्तन**' कहलाता है। मानसून के लौटने की प्रक्रिया भारत में **1 सितम्बर** को आरम्भ हो जाती है तथा **15 सितम्बर** तक यह भारतीय महाद्वीप से लौट जाती है। लौटता हुआ मानसून बंगाल की खाड़ी से आर्द्रता ग्रहण करता है। दक्षिण-पश्चिम मानसून के कमजोर होने पर उत्तर-पूर्वी मानसून प्रवाहित होने लगता है। लौटते हुए मानसून को 'उत्तर-पूर्वी मानसून' भी कहा जाता है, जो सागरीय भाग से स्थलीय भाग की ओर प्रवाहित होता है।
इस कारण तमिलनाडु के कोरोमण्डल तट पर वर्षा होती है। आर्द्र पवनें बंगाल की खाड़ी से पूर्वी तट की ओर प्रवाहित होती हैं।

26. परमाणु ऊर्जा संयन्त्रों में बिजली .... की प्रक्रिया द्वारा उत्पादित की जाती है। *(CTET 2012)*

(a) नाभिकीय संघटन (b) परमाणवीय कम्पन
(c) नाभिकीय संलयन (d) नाभिकीय विखण्डन

व्याख्या (d) परमाणु ऊर्जा, नियन्त्रित नाभिकीय अभिक्रिया से उत्पन्न होती है। विद्युत उत्पादन के लिए वाणिज्यिक परमाणु संयन्त्रों में **नाभिकीय विखण्डन** का प्रयोग किया जाता है।
नाभिकीय संलयन अभिक्रिया अपेक्षाकृत सुरक्षित होती है तथा नाभिकीय विखण्डन की अपेक्षा यह कम रेडियो सक्रिय कचरा उत्पन्न करती है। सूर्य पर ऊर्जा उत्पन्न करने में 'नाभिकीय संलयन' की वैज्ञानिक प्रक्रिया संचालित होती है। नाभिकीय विखण्डन वह क्रिया है, जिसमें कोई भारी नाभिक दो या दो से अधिक छोटे भागों में तोड़ा जाता है। इस क्रिया में अत्यधिक ऊर्जा का उत्सर्जन होता है।

27. तंती, मोमिन और देवंग समुदाय .... में लगे हुए थे। *(CTET 2012)*

(a) लकड़ी के काम (b) बर्तन बनाने के काम
(c) चमड़े के काम (d) बुनने के काम

व्याख्या (d) तंती, मोमिन तथा देवंग समुदाय का कार्य कपड़ा बुनने से सम्बन्धित है। यह इन जातियों का परम्परागत व्यवसाय है।
तंती अथवा ततवा जाति बिहार में निवास करती है। यह अति पिछड़ी जाति है, जिसका काम बुनकरी का है। बिहार में यह जाति रजाई बुनने का कार्य करती है। मोमिन जनजाति झारखण्ड में निवास करती है तथा कपड़ा बुनने का परम्परागत कार्य करती है। देवंग समुदाय का सम्बन्ध दक्षिण भारत विशेषकर तेलंगाना तथा आन्ध्र प्रदेश राज्य से है। यह भी एक बुनकर जाति है।

28. निम्न में से कौन-सा परम्परागत ऊर्जा स्रोत है? *(CTET 2012)*

(a) सौर ऊर्जा (b) ज्वारीय ऊर्जा
(c) जीवाश्म ऊर्जा (d) पवन

व्याख्या (c) ऊर्जा स्रोतों को दो भागों में विभाजित किया जाता है। ये हैं—**परम्परागत** तथा **गैर-परम्परागत**।
परम्परागत ऊर्जा स्रोत वे हैं जिनकी उपलब्धता सीमित है और आने वाले समय में उनकी समाप्ति सम्भव है।
गैर-परम्परागत ऊर्जा स्रोत कभी समाप्त नहीं होने वाले हैं, जिस कारण उसे 'अक्षय स्रोत' भी कहते हैं।
जीवाश्म ऊर्जा, परम्परागत ऊर्जा स्रोत है। इसमें कोयला, पेट्रोलियम आदि पदार्थ आते हैं।
सौर ऊर्जा, **पवन ऊर्जा** तथा **ज्वारीय ऊर्जा** गैर-परम्परागत ऊर्जा स्रोत हैं।

29. कृषि की एक पद्धति, जिसमें व्यापक स्तर पर आधुनिक आगतों का उपयोग अधिक उत्पादकता प्राप्त करने के लिए किया जाता है, कहलाती है *(CTET 2012)*

(a) स्थानान्तरित कृषि (b) निर्वाह कृषि
(c) वाणिज्यिक कृषि (d) गहन कृषि

व्याख्या (c) **वाणिज्यिक कृषि** का सम्बन्ध 'बाजार' के लिए किए जाने वाले कृषि कार्य से है। इसमें व्यापक रूप से आधुनिक आगतों का प्रयोग कर अधिक उत्पादकता प्राप्त करने का कार्य किया जाता है। इसमें अत्यन्त आधुनिक प्रौद्योगिकी, उच्च उत्पादकता वाले बीज, उर्वरक तथा समय पर सिंचाई की व्यवस्था की जाती है।
वाणिज्यिक कृषि में बागानी फसलों की खेती को अधिक महत्त्व दिया जाता है, जिसे 'नकदी फसल' भी कहा जाता है।
गहन कृषि का उद्देश्य कम संसाधन में अधिक उत्पादकता को प्राप्त करना है। **स्थानान्तरित कृषि** मुख्यत: जनजातीय क्षेत्रों में की जाती है, इससे पर्यावरण को व्यापक क्षति पहुँचती है। **निर्वाह कृषि** को 'जीवनदायिनी कृषि' भी कहा जाता है।

30. भारत की मानक देशान्तर है *(CTET 2012), (UPTET 2013), (CGTET 2016)*

(a) 82° पूर्व देशान्तर (b) 83°30' पूर्व देशान्तर
(c) 82°30' पूर्व देशान्तर (d) 82°50' पूर्व देशान्तर

व्याख्या (c) भारत का मानक समय $82\frac{1}{2}$ डिग्री पूर्वी देशान्तर (82°30′) पर आधारित है। $82\frac{1}{2}$ डिग्री देशान्तर मिर्जापुर के निकट से गुजरती है। विश्व के किसी भी क्षेत्र का मानक समय 0° देशान्तर अथवा प्रधान मध्याह्न रेखा (ग्रीनविच मीन टाइम) द्वारा निर्धारित है।

31. निम्न में से कौन-से वनों की पत्तियों के गिरने का निश्चित समय नहीं होता, इसलिए वे कभी अनावृत नहीं दिखते हैं? *(CTET 2012)*
(a) शीतोष्ण सदाबहार (b) शीतोष्ण पर्णपाती
(c) उष्णकटिबन्धीय पर्णपाती (d) उष्णकटिबन्धीय सदाबहार

व्याख्या (d) **उष्णकटिबन्धीय सदाबहार वन** में पत्तियों के गिरने का समय निश्चित नहीं होता, इसलिए वह कभी अनावृत नहीं दिखते।
उष्णकटिबन्धीय सदाबहार वन में औसत वार्षिक वर्षा 200 सेमी होती है।
इस क्षेत्र में रबर, महोगनी, रोजवुड, आबनूस इत्यादि के वृक्ष पाए जाते हैं जिनके पत्ते नहीं गिरते ।
भारत में उष्णकटिबन्धीय सदाबहार वन अण्डमान एवं निकोबार, पश्चिमी घाट तथा तमिलनाडु में पाए जाते हैं।

32. भारत में मुण्डा जनजाति किस क्षेत्र में निवास करती है? *(CTET 2012)*
(a) दुर्ग (b) कुल्लू (c) छोटा नागपुर (d) बस्तर

व्याख्या (c) मुण्डा जनजाति **झारखण्ड के छोटा नागपुर** में निवास करती है। झारखण्ड के अतिरिक्त यह जनजाति बिहार, पश्चिम बंगाल तथा ओडिशा में भी निवास करती है।
मुण्डा जनजाति ऑस्ट्रो-एशियाटिक परिवार की 'भाषा मुण्डारी' का प्रयोग करती है। मुण्डा जनजाति के लोगों की सामाजिक व्यवस्था बुनियादी तथा सरल है। यह सामान्य हिन्दू संस्कृति से भिन्न है।
मुण्डा 'सिंगबोंगा' देवता को अपना आराध्य मानते हैं तथा प्रकृति पूजा पर भी विश्वास करते हैं।

33. बागान, जो वाणिज्यिक कृषि का एक प्रकार है, को अधिक मात्रा में किसकी आवश्यकता होती है? *(CTET 2011)*
(a) भूमि और पूँजी (b) केवल पूँजी
(c) भूमि और श्रम (d) श्रम और पूँजी

व्याख्या (d) वाणिज्यिक कृषि का मुख्य लक्ष्य आधुनिक निवेशों बीज, उर्वरक, कीटनाशक इत्यादि के उपयोग द्वारा उच्च उत्पादकता प्राप्त करना है। यह **श्रम तथा पूँजी** की उपलब्धता को अधिक महत्त्व देने वाली प्रणाली है।
हरियाणा तथा पंजाब में चावल की वाणिज्यिक कृषि की जाती है। यह स्थान चावल की कृषि के लिए अनुकूल नहीं है किन्तु श्रम तथा पूँजी के उपयोग से इसे अनुकूल बनाया जाता है।

34. अहमदाबाद सूती वस्त्र उद्योग का गढ़ (केन्द्र) है। निम्नलिखित में से कौन-सा कारक अहमदाबाद में वस्त्र उद्योगों के फलने-फूलने के लिए उत्तरदायी है? *(CTET 2011)*
(a) भारत सरकार की औद्योगिक नीति
(b) सस्ते दामों पर श्रम-शक्ति की उपलब्धता
(c) यह कपास की खेती वाले क्षेत्र के पास है
(d) तूतीकोरिन पत्तन तक पहुँचना आसान है

व्याख्या (c) सूती वस्त्र उद्योग एक शुद्ध कच्चा माल आधारित उद्योग है।
सूती वस्त्र उद्योग की अवस्थापना के कई स्थानीय कारक हैं, जिसमें कपास की कच्चे माल के रूप में उपलब्धता प्रमुख है।
अहमदाबाद में सूती वस्त्र उद्योग की सघनता का मुख्य कारण आस-पास के क्षेत्रों का काली मिट्टी युक्त होना है जिस पर कपास की खेती की जाती है। काली मिट्टी कपास के लिए श्रेष्ठ है।

35. निम्नलिखित में से कौन-सा खनिज नहीं है? *(CTET 2012)*
(a) भोजन पकाने में प्रयोग होने वाला नमक
(b) गहनों में प्रयुक्त सोना और चाँदी
(c) शोधन के लिए प्रयुक्त अभ्रक
(d) पेन्सिल में विद्यमान ग्रेफाइट

व्याख्या (a) भोजन पकाने में प्रयुक्त 'नमक' खनिज नहीं है। नमक जिसका रासायनिक नाम 'सोडियम क्लोराइड' (NaCl) है एक लवण है, जो समुद्र जल से तैयार किया जाता है। खनिज ऐसे भौतिक पदार्थ होते हैं जिन्हें खानों से निकाला जाता है। कुछ उपयोगी खनिज लोहा, अभ्रक, कोयला इत्यादि हैं। खानों से प्राप्त खनिजों का प्रशोधन कर धातुओं को प्राप्त किया जाता है।

» State TETs

36. हैदराबाद .... नदी पर स्थित है। *(UPTET 2018)*
(a) महानदी (b) गोदावरी
(c) मूसी (d) कृष्णा

व्याख्या (c) 'हैदराबाद' तेलंगाना राज्य की राजधानी है। यह **मूसी नदी** के तट पर बसा है।
मूसी नदी की कुल लम्बाई 240 किमी है और यह दक्षिण भारत की प्रमुख नदी 'कृष्णा' की सहायक नदी है।
मूसी नदी विकाराबाद के निकट अनन्तगिरि पहाड़ियों से निकलती है। यह नदी हैदराबाद शहर को दो भागों में बाँटती है। इस नदी पर 'हिमायत सागर' तथा 'उस्मान सागर' बाँध निर्मित हैं।

37. निम्नलिखित में से किस राज्य में 2011 की जनगणना में जनसंख्या का ह्रास अभिलिखित हुआ है? *(UPTET 2018)*
(a) बिहार (b) मणिपुर
(c) उत्तर प्रदेश (d) नागालैण्ड

व्याख्या (d) वर्ष 2011 की जनगणना के अनुसार, **नागालैण्ड** में दशकीय जनसंख्या वृद्धि (2001-11) ऋणात्मक है। यह –0.6% दर्ज की गई है।
भारत की दशकीय जनसंख्या वृद्धि (2001-11)
17.64% दर्ज की गई है। राज्यों में सर्वाधिक दशकीय जनसंख्या वृद्धि मेघालय (27.8%) की है।

उत्तर प्रदेश की दशकीय जनसंख्या वृद्धि दर 20.1%, **बिहार** की दशकीय जनसंख्या वृद्धि दर 25.1% तथा **मणिपुर** की दशकीय जनसंख्या वृद्धि दर 18.7% है।

38. 'पाकल दुल' पनबिजली ऊर्जा परियोजना कहाँ स्थित है? *(UPTET 2018)*

(a) उत्तराखण्ड (b) जम्मू-कश्मीर
(c) झारखण्ड (d) कर्नाटक

व्याख्या (b) पाकल दुल जल विद्युत परियोजना **जम्मू-कश्मीर** में स्थित है। इसका शिलान्यास 19 जुलाई, 2018 को प्रधानमन्त्री नरेन्द्र मोदी ने किया।

यह जम्मू-कश्मीर की पहली भण्डारण परियोजना है। इसके अन्तर्गत 4 विद्युत इकाइयाँ स्थापित की गई हैं, जिसकी कुल उत्पादन क्षमता 1000 मेगावाट होगी। **पाकल दुल जल** विद्युत परियोजना राज्य के किश्तवाड़ जिले में चिनाब नदी पर निर्मित है। यह जम्मू-कश्मीर की सबसे बड़ी जल विद्युत परियोजना भी है।

39. खेत में हरी खाद वाली फसल की पलटाई की निम्न अवस्था कौन-सी है? *(UPTET 2018)*

(a) फूल आने से पूर्व की अवस्था
(b) फूल आने के पश्चात् की अवस्था
(c) प्रारम्भिक अवस्था
(d) परिपक्व अवस्था

व्याख्या (a) खेत में हरी खाद वाली फसल की पलटाई **फूल आने से पूर्व की अवस्था** होती है। हरी खाद (Green Manure) का उपयोग खेत की उपजाऊ शक्ति, भूमि के पोषक तत्व तथा जैविक पदार्थों की पूर्ति के उद्देश्य से किया जाता है। इस प्रकार की फसलों को हरियाली की ही अवस्था में हल या किसी अन्य यन्त्र द्वारा मिट्टी में मिलाया जाता है।

हरी खाद से भूमि का संरक्षण होता है तथा खेत की उर्वरा शक्ति बढ़ती है।

हरी खाद के लिए बनी किस्में, दलहनी फसलें या अन्य फसलों को हरी अवस्था में जब भूमि की नाइट्रोजन और जीवाणु की मात्रा बढ़ाने के लिए खेतों में दबाया जाता है तो उसे 'हरी-खाद' कहते हैं।

40. निम्नलिखित में से कौन-सा उर्वरक तीव्र आर्द्रताग्राही होता है? *(UPTET 2018)*

(a) कैल्शियम अमोनियम नाइट्रेट (b) सोडियम नाइट्रेट
(c) अमोनियम सल्फेट (d) यूरिया

व्याख्या (d) **यूरिया** एक प्रमुख आर्द्रताग्राही उर्वरक है। यूरिया एक कार्बनिक यौगिक है जिसका रासायनिक सूत्र $(NH_2)_2CO$ है। इसे '**कार्बामाइड**' भी कहते हैं।

यूरिया पानी में घुलनशील है। इसकी सहायता से पौधों को आसानी से नाइट्रोजन प्राप्त होती है।

यूरिया का वृहद् पैमाने पर निर्माण अमोनिया तथा द्रव कार्बन डाइऑक्साइड की प्रतिक्रिया द्वारा होता है।

41. भिलाई इस्पात कारखाना स्थित है *(UPTET 2017)*

(a) छत्तीसगढ़ में (b) झारखण्ड में
(c) मध्य प्रदेश में (d) ओडिशा में

व्याख्या (a) भिलाई इस्पात संयन्त्र, **छत्तीसगढ़** में स्थित एक सार्वजनिक इस्पात संयन्त्र है। यह भारत का पहला इस्पात संयन्त्र है। इसकी स्थापना वर्ष **1955** में तत्कालीन सोवियत संघ (अब रूस) की सहायता से की गई। द्वितीय पंचवर्षीय योजना (1956-61) के दौरान इस संयन्त्र में उत्पादन आरम्भ हुआ।

भिलाई इस्पात संयन्त्र, स्टील अथॉरिटी ऑफ इण्डिया (SAIL) की अनुसंगी कम्पनी है।

झारखण्ड के बोकारो तथा जमशेदपुर में इस्पात संयन्त्र स्थित है। जमशेदपुर का इस्पात संयन्त्र निजी क्षेत्र की इकाई है। **ओडिशा** के राउरकेला में सार्वजनिक क्षेत्र का इस्पात संयन्त्र स्थित है।

42. केन्द्रिक बीज की संतति है *(UPTET 2017)*

(a) प्रजनक बीज (b) आधारीय बीज
(c) प्रमाणित बीज (d) पंजीकृत बीज

व्याख्या (a) केन्द्र सरकार की विभिन्न एजेन्सियों द्वारा प्रमाणित बीजों को केन्द्रिक बीज कहते हैं। **प्रजनक बीज**, केन्द्रिक बीज की संतति है।

यह बीज अधिकृत प्रजनक की देख-रेख में तैयार किया जाता है। प्रजनक बीज आनुवंशिक रूप में शत-प्रतिशत शुद्ध होता है। ऐसे बीज की थैली पर सुनहरे-पीले रंग का लेबल लगाया जाता है जिसमें फसल एवं किस्म के विवरण के साथ-साथ प्रजनक की मुहर तथा हस्ताक्षर दर्ज होते हैं।

43. भारत को कुल कितने कृषि जलवायु क्षेत्रों में बाँटा गया है? *(UPTET 2017)*

(a) 9 (b) 12 (c) 15 (d) 22

व्याख्या (c) भारत को **15 कृषि जलवायु क्षेत्रों** में विभाजित किया गया है। कृषि जलवायु क्षेत्र, जलवायु के सन्दर्भ में एक भूमि की इकाई है जो एक निश्चित सीमा के भीतर फसल की किस्मों एवं जोतने के लिए उपयुक्त है।

योजना आयोग द्वारा भारत को 15 कृषि जलवायु क्षेत्रों में वर्गीकृत किया गया था, जिसके अन्तर्गत प्रदेशों में व्याप्त सामाजिक, आर्थिक दशाओं तथा भौतिक विशेषताओं को ध्यान में रखा गया है।

44. गाय की कौन-सी नस्ल दुकाजी उद्देश्य की है? *(UPTET 2017)*

(a) गिर (b) जर्सी (c) सिंधी (d) थारपारकर

व्याख्या (d) भारत में गाय की 30 प्रमुख नस्लें पाई जाती हैं। आवश्यकता तथा उपयोगिता के आधार पर गायों की प्रजातियों को तीन भागों में बाँटा जाता है। इसमें प्रथम दुग्ध प्रधान, दूसरी वत्स प्रधान तथा तीसरी द्विकाजी हैं।

द्विकाजी को 'सर्वांगी नस्ल' भी कहते हैं। अच्छा दूध देने वाली तथा सन्तान खेती के कार्य में उपयोगी नस्ल इस श्रेणी में आती है।

थारपारकर हरियाणा, मेवाती इत्यादि गाय की द्विकाजी नस्लें हैं। गिर भारतीय मूल की गाय है। यह मुख्यत: दक्षिण काठियावाड़ में पाई जाती है। जर्सी भी गाय की प्रजाति है। यह मूलत: विदेशी नस्ल की है। सिन्धी गाय का क्षेत्र मुख्यत: सिन्ध का कोहिस्तान क्षेत्र है। इनमें सींगों से लड़ने की अद्भुत शक्ति होती है।

45. केसर प्राप्त किया जाता है *(UPTET 2017)*

(a) कलिका से (b) पत्ती से
(c) पुष्प वर्तिकाग्र से (d) बाह्य-दलपुंज से

व्याख्या (c) केसर, **पुष्प वर्तिकाग्र** (Stigma) है। यह इरिडेसी (iridaceae) कुल के पादप क्रोकस सैटाइवस (Crocus sativus) से प्राप्त होता है।

भारत में केसर जम्मू-कश्मीर के किश्तवाड़ तथा पाम्पोर से प्राप्त होता है। केसर के पादप का मूल स्थान यूरोप है।

केसर को उगाने के लिए समुद्रतल से लगभग 2000 मीटर ऊँचा पहाड़ी क्षेत्र एवं शीतोष्ण सूखी जलवायु की आवश्यकता होती है।

केसर के फूल अत्यधिक सुगन्धित होते हैं। रंग एवं आकार के आधार पर इन्हें मागरा, लच्छी, गुच्छी इत्यादि श्रेणियों में विभाजित किया जाता है।

46. 'जीइन' नामक प्रोटीन किस फसल से सम्बन्धित है? *(UPTET 2017)*

(a) धान (b) सोयाबीन (c) मक्का (d) जई

व्याख्या (c) जीइन (Zein) **मक्का** में संग्रहीत एक महत्त्वपूर्ण प्रोटीन है। यह मक्के के कुल प्रोटीन का **45-50%** हिस्सा है। जीइन (Zein) की खोज सर्वप्रथम **1897** ई. में की गई। इस प्रोटीन को मनुष्य द्वारा सीधे प्रयोग में नहीं लाया जा सकता है। इसका कारण ऋणात्मक नाइट्रोजन संतुलन तथा जल में उसके विलय की कठिनाई प्रमुख है।

जीइन एक श्रेष्ठ पादप प्रोटीन है। औद्योगिक रूप से खाद्य पदार्थों के निर्माण के लिए इसका उपयोग किया जाता है।

47. शिपकी ला प्रसिद्ध पर्वतीय दर्रा है *(UPTET 2017)*

(a) जम्मू-कश्मीर का (b) उत्तराखण्ड का
(c) सिक्किम का (d) हिमाचल प्रदेश का

व्याख्या (d) शिपकी ला दर्रा हिमाचल प्रदेश में स्थित है। यह राज्य के किन्नौर जिले को तिब्बत के जान्दा जिले से जोड़ता है।

भारत तथा चीन के बीच अधिकतर व्यापार इसी मार्ग से होता है। सतलज नदी, इसी दर्रे से होकर भारत में प्रवेश करती है।

सिक्किम में नाथूला तथा जलेप ला मुख्य पर्वतीय दर्रे हैं।
जम्मू-कश्मीर में जोजिला तथा बुर्जिल दर्रे प्रमुख हैं।
उत्तराखण्ड में नीति तथा माना दर्रे प्रमुख हैं।

48. निम्न में से किस नदी पर हीराकुड बहुउद्देशीय परियोजना का निर्माण हुआ है? *(UPTET 2016)*

(a) महानदी (b) चम्बल (c) सतलज (d) यमुना

व्याख्या (a) हीराकुड बाँध का निर्माण **ओडिशा में महानदी** पर किया गया है। इस परियोजना का निर्माण वर्ष **1957** में किया गया। यह भारत की पहली बहुउद्देशीय परियोजना है। यह विश्व के सर्वाधिक लम्बे बाँधों में से एक है। इसकी कुल लम्बाई **26** किमी है। बाँध की ऊँचाई 61 मीटर है।

हीराकुड बाँध का निर्माण बाढ़ नियन्त्रण तथा विद्युत उत्पादन के लिए किया गया है। यह भारत का सबसे महत्त्वपूर्ण सिंचाई का साधन है। हीराकुड के दो जलविद्युत गृहों से 307.5 मेगावाट बिजली प्राप्त होती है।

49. भारत के निम्न में से किस राज्य में 'सुन्दरवन' पाए जाते हैं? *(UPTET 2016)*

(a) महाराष्ट्र (b) गुजरात
(c) उत्तर प्रदेश (d) पश्चिम बंगाल

व्याख्या (d) 'सुन्दरवन' एक वृहद् डेल्टाई क्षेत्र है जो **बांग्लादेश** तथा **पश्चिम बंगाल** में स्थित है। यह गंगा, ब्रह्मपुत्र तथा मेघना नदी का डेल्टाई क्षेत्र है।

सुन्दरवन का विस्तार 1,40,000 हेक्टेयर अर्थात् 10 हजार वर्ग किमी क्षेत्र में है। यहाँ 'सुन्दरी' वृक्षों की बहुतायत है जो एक मैंग्रोव प्रकार की वनस्पति है। 'सुन्दरी' वृक्षों की अधिक संख्या के कारण ही इस क्षेत्र को सुन्दरवन कहा जाता है। सुन्दरवन को यूनेस्को द्वारा वर्ष 1987 में विश्व धरोहर स्थलों की सूची में शामिल किया गया है।

सुन्दरवन एक बाघ संरक्षित क्षेत्र, बायोस्फीयर रिजर्व तथा राष्ट्रीय उद्यान भी है। यह रॉयल बंगाल टाइगर का सबसे बड़ा संरक्षित क्षेत्र है।

50. निम्न में से कौन सी मिट्टी भारत में कपास की खेती के लिए आदर्श है? *(UPTET 2016)*

(a) जलोढ़ मिट्टी
(b) लाल मिट्टी
(c) काली मिट्टी
(d) लैटेराइट मिट्टी

व्याख्या (c) भारत में **काली मिट्टी** का क्षेत्र विस्तृत है। काली मिट्टी का निर्माण दक्कन ट्रैप में ज्वालामुखीय निक्षेप से हुआ है। काली मिट्टी को 'रेगूर' भी कहा जाता है। इसमें पोटाश की बहुलता होती है। इस क्षेत्र की मिट्टी में कपास की खेती अधिक होती है।

काली मिट्टी मुख्य रूप से महाराष्ट्र, कर्नाटक, गुजरात तथा मध्य प्रदेश में पाई जाती है। काली मिट्टी का क्षेत्र भारत में 5 लाख वर्ग किमी में फैला है। इस मिट्टी में कपास के अतिरिक्त गन्ना, केला, ज्वार, मूँगफली तथा सोयाबीन उत्पादित किया जाता है।

जलोढ़ मिट्टी यह बहते हुए जल द्वारा बहाकर लायी गयी मिट्टी होती है। इसके कण आपस में बंधकर कोई ठोस शैली नहीं बनाते हैं।

लाल मिट्टी यह शुष्क और तर जलवायु में प्राचीन रवेदार और परिवर्तित चट्टानों की टूट-फूट से बनती है। इसमें लोहा, ऐल्युमीनियम और चूना अधिक होता है।

लैटेराइट मिट्टी इसका निर्माण शुष्क व तर मौसम में निरन्तर रहने से होता है। इसमें लौह ऑक्साइड और पोटाश की अधिक मात्रा होती है।

51. खरीफ की फसल है *(UPTET 2016)*

(a) गेहूँ (b) धान
(c) आलू (d) चना

व्याख्या (b) 'खरीफ फसल' वह है जिसके बोने के समय अधिक तापमान, आर्द्रता और शुष्क वातावरण की आवश्यकता होती है। इस प्रकार की परिस्थितियाँ भारत में क्रमश: जून-जुलाई (बोआई) में होती है तथा इनकी अक्टूबर-नवम्बर में कटाई होती है।

खरीफ फसलों में **धान**, ज्वार, बाजरा, मूँग, गन्ना, मूँगफली इत्यादि प्रमुख हैं। 'खरीफ' अरबी भाषा का शब्द है जिसका अर्थ है—पतझड़। अर्थात् खरीफ की फसल अक्टूबर में पतझड़ के मौसम में तैयार होती है।

भारत में अन्य फसल के प्रकार रबी तथा जायद हैं।

52. धान का खैरा रोग किस तत्त्व की कमी से होता है? ***(UPTET 2016)***

(a) नाइट्रोजन (b) लोहा
(c) जिंक (d) पोटाश

व्याख्या (c) खैरा रोग (Khaira disease) धान में लगने वाला एक पादप रोग है। इस रोग में पत्तियों पर हल्के पीले रंग के धब्बे बनते हैं। इससे पौधे की लम्बाई छोटी रह जाती है तथा फली का निर्माण प्रभावित होता है।

यह रोग मिट्टी में **जिंक** की कमी के कारण होता है। खैरा रोग भारत के तराई क्षेत्र की एक समस्या है। यह रोग आन्ध्र प्रदेश, पंजाब तथा बंगाल के हिस्सों में भी पादपों में पाया जाता है। खैरा रोग के शमन के लिए मिट्टी में बुझे चूने का छिड़काव प्रभावी होता है।

53. मक्का का जन्म स्थान है ***(UPTET 2016)***

(a) भारत (b) चीन
(c) अमेरिका (d) रूस

व्याख्या (c) मक्का का जन्म स्थान **अमेरिका** है। 'मक्का' (Maize) एक महत्त्वपूर्ण खरीफ फसल है। मक्के का उत्पादन सभी प्रकार की मिट्टियों में होता है। यह बलुई, दोमट तथा चिकनी मिट्टी में उपजाया जाता है। मक्का, मोटे अनाज की श्रेणी में आता है।

भारत में मक्के का उत्पादन **1600 ई.** के आस-पास आरम्भ हुआ। भारत में मक्का पुर्तगालियों के माध्यम से मध्य अमेरिकी देशों से लाया गया। भारत में मक्का खाद्यान्न फसल की तरह उपजाया जाता है जबकि अमेरिका जैसे देशों में इसका वाणिज्यिक जरूरतों के अनुरूप उत्पादन किया जाता है। भारत में मक्का का उत्पादन सर्वाधिक आन्ध्र प्रदेश में होता है।

54. सिलवासा राजधानी है ***(UPTET 2016)***

(a) लक्षद्वीप की
(b) दादरा एवं नगर हवेली
(c) दमन एवं दीव की
(d) अरुणाचल प्रदेश की

व्याख्या (b) सिलवासा, केन्द्रशासित प्रदेश **दादरा एवं नगर हवेली** की राजधानी है। अंग्रेजी प्रभाव के कारण 'सिलवास' का उच्चारण 'सिलवासा' किया गया है। गुजराती भाषा में इस शहर को 'सिलवास' के रूप में ही उच्चारित किया जाता है। सिलवासा एक प्रसिद्ध पर्यटन स्थल भी है।

लक्षद्वीप समूह की राजधानी 'कावरत्ती' तथा **दमन एवं दीव** की राजधानी 'दमन' है। लक्षद्वीप तथा दमन एवं दीव भी भारत के केन्द्रशासित प्रदेश हैं।

अरुणाचल प्रदेश भारत का पूर्वोत्तर क्षेत्र में स्थित राज्य है। इसकी राजधानी 'ईटानगर' है।

55. 'ऑपरेशन फ्लड' सम्बन्धित है ***(UPTET 2016)***

(a) बाढ़ नियन्त्रण से (b) दुग्ध उत्पादन से
(c) सिंचाई विकास से (d) मृदा संरक्षण से

व्याख्या (b) ऑपरेशन फ्लड (Operation Flood) की शुरुआत वर्ष 1970 में की गई। इसका सम्बन्ध **दुग्ध उत्पादन** से है। इस अभियान ने डेयरी उद्योग से जुड़े किसानों को उनके विकास में स्वयं दिशा देने में सहायता दी है। देश के 700 से अधिक स्वयंसेवी संस्थाओं के आपस में जुड़ने से भारत में 'श्वेत क्रान्ति' सम्भव हुई है।

ऑपरेशन फ्लड की आधारशिला ग्रामीण दुग्ध उत्पादक सहकारी समितियाँ हैं। इसकी स्थापना **वर्गीज कुरियन** ने आनन्द मिल्क यूनियन लिमिटेड (AMUL) की सहायता से गुजरात में आरम्भ की।

56. निम्न में से भारत की कौन-सी नदी एक विभ्रंश घाटी से होकर बहती है? ***(UPTET 2016)***

(a) गंगा (b) नर्मदा (c) कावेरी (d) कृष्णा

व्याख्या (b) **नर्मदा** नदी विभ्रंश घाटियों से होकर बहती है। उसके मार्ग में उत्तर में विंध्य पट्टियों तथा दक्षिण में सतपुड़ा के बीच संकीर्ण घाटियाँ आती हैं। जबलपुर से आगे नर्मदा नदी धुआँधार जल प्रपात का निर्माण करती है जिससे आगे संकीर्ण चैनल में मैग्नीशियम, चूना पत्थर तथा बेसाल्ट चट्टानों के माध्यम से गुजरती है।

1,312 किमी प्रवाहित होने के बाद नर्मदा नदी खम्भात की खाड़ी में गिरती है। यह डेल्टा नहीं बनाती, बल्कि 'एश्चुअरी' का निर्माण करती है।

गंगा का उद्गम स्थल उत्तराखण्ड में गंगोत्री हिमनद है।

कावेरी कर्नाटक की प्रमुख नदी है जो पश्चिमी घाट के ब्रह्मगिरि से निकली है।

कृष्णा नदी दक्षिण भारत की नदी है जो महाबलेश्वर से निकलती है।

57. मृदा विज्ञान की वह शाखा जिसमें मृदा का अध्ययन पादप वृद्धि के दृष्टिकोण से किया जाता है, उसे कहते हैं ***(UPTET 2016)***

(a) पारिस्थितिकी (b) भूगर्भ विज्ञान (c) पेडोलोजी (d) इडैफोलोजी

व्याख्या (d) मृदा विज्ञान (Soil Science) की मुख्य रूप से दो शाखाएँ हैं

(i) इडैफोलोजी (Edaphology) तथा

(ii) पेडोलोजी (Pedology)

इडैफोलोजी, वह शाखा है जिसमें मृदा का अध्ययन पादप वृद्धि के दृष्टिकोण से किया जाता है। यह मिट्टी में जीवित जीवों की उपस्थिति के आधार पर परिभाषित की जाती है।

मिट्टी के निर्माण, उपयोग, मिट्टी की प्रकृति, प्रकार तथा संरचना के आधार पर किया गया अध्ययन **पेडोलोजी** कहलाता है।

पारिस्थितिकी इसमें जीव समुदायों का उसके वातावरण के साथ पारस्परिक सम्बन्धों का अध्ययन किया जाता है।

भूगर्भ विज्ञान इसमें ठोस पृथ्वी का निर्माण करने वाली शैलों तथा उन प्रक्रियाओं का अध्ययन किया जाता है जिनसे शैलों, भूर्पटी और स्थल रूपों का विकास होता है।

58. गेहूँ की प्रथम क्रान्तिक अवस्था है *(UPTET 2016)*

(a) बालियाँ निकलना
(b) दुग्धावस्था
(c) कल्ले निकलना
(d) उपरोक्त में से कोई नहीं

व्याख्या (c) गेहूँ की पहली 'क्रान्तिक अवस्था' **कल्ले का निकलना** है। क्रान्तिक अवस्था वह अवस्था है जो पौधे के विकास के लिए अनिवार्य है। इस दौरान सिंचाई की आवश्यकता होती है।

बुआई के 30 दिनों के बाद कल्ले निकलने की अवस्था आती है। इस दौरान फसल में पहली सिंचाई की जरूरत होती है।

59. सिंचाई की किस विधि में सर्वाधिक पानी की बचत होती है? *(UPTET 2016)*

(a) टपक सिंचाई विधि
(b) कूँड़ विधि
(c) छल्ला विधि
(d) प्रवाह विधि

व्याख्या (a) **टपक सिंचाई विधि**, सिंचाई की वह प्रणाली है जिसमें जल को मन्द गति से बूँद-बूँद के रूप में फसलों के जड़ क्षेत्र में एक छोटी पाइप द्वारा पानी दिया जाता है।

इस सिंचाई विधि का प्रयोग सर्वप्रथम **इजरायल** में किया गया। इस विधि में जल का उपयोग अल्पव्ययी तरीके से होता है जिससे सतह वाष्पन एवं भूमि रिसाव से जल की हानि कम से कम होती है।

सिंचाई की यह विधि शुष्क एवं अर्द्ध शुष्क क्षेत्रों के लिए अत्यन्त उपयुक्त होती है। यह जल की कमी-वाले क्षेत्रों में महत्त्वपूर्ण है। इसमें जल उपयोग दक्षता 95% तक होती है। परम्परागत सिंचाई विधि की तुलना में टपक सिंचाई में 70% तक जल की बचत की जाती है।

कूँड़ विधि इसके अन्तर्गत कूँड़ में उपलब्ध जल से कूँड़ के बगल में रिट पर बोई गयी फसलों को रिस-रिस कर नमी प्राप्त होती है।

छल्ला विधि इस विधि में पौधों के चारों ओर छल्लानुमा आकृति में जल डाला जाता है जिससे पौधों को आवश्यक जल की मात्रा प्राप्त हो सके।

प्रवाह विधि इसमें जल को भूमि के तल पर फैलाना तथा जल के अन्तःकरण का अवसर प्रदान किया जाता है।

60. बाजरा के लिए बीज दर है *(UPTET 2016)*

(a) 8 किग्रा/हे (b) 4 किग्रा/हे
(c) 12 किग्रा/हे (d) 16 किग्रा/हे

व्याख्या (b) बाजरा, खरीफ की मुख्य फसल है। बाजरे की खेती खाद्यान्न तथा चारा दोनों के लिए की जाती है। जहाँ वर्षा 300 से 450 मिली होती है, उन क्षेत्रों में बाजरा एक मुख्य फसल है।

प्रत्येक हैक्टेयर में बोआई के लिए **4 से 5 किग्रा** प्रमाणित बीज की आवश्यकता होती है।

बीज को नमक के 20% घोल में पाँच मिनट तक डुबोकर फसल को गुन्दिया या चैम्पा से बचाया जा सकता है।

बाजरे की बुआई मध्य जून से मध्य जुलाई के बीच होती है। उसे 5 सेमी गहरा बोने पर बीजों में अंकुरण सफलतापूर्वक होता है। बोआई के दौरान नाइट्रोजन तथा फॉस्फोरस की जरूरत पड़ती है।

61. सोनालिका किस फसल की प्रजाति है? *(UPTET 2016)*

(a) मक्का (b) जौ
(c) गेहूँ (d) धान

व्याख्या (c) **सोनालिका,** गेहूँ की एक प्रसिद्ध प्रजाति है। यह गेरुआ निरोधक, अम्बर रंग की बड़े दानों वाली गेहूँ की प्रजाति है। यह 110 दिनों में पककर तैयार होती है। देर से बोने में भी यह उपयुक्त है। 'सोनालिका' प्रजाति से गेहूँ का उत्पादन 30 से 35 क्विंटल प्रति हैक्टेयर होता है।

गेहूँ की अन्य महत्त्वपूर्ण प्रजातियों में कल्याण सोना, सुजाता, एनपी 404, नर्मदा 4, रतन इत्यादि प्रमुख हैं।

62. फर्टीगेशन का सम्बन्ध है *(UPTET 2016)*

(a) परागण से (b) निषेचन से
(c) संकरण से (d) जल एवं उर्वरक देने से

व्याख्या (d) 'फर्टीगेशन' **जल तथा उर्वरक को खेत में देने की प्रक्रिया है।** यह सिंचाई के साधन के साथ उर्वरक को पौधों तक पहुँचाने की प्रक्रिया है। ऐसा ड्रिप सिंचाई के माध्यम से किया जाता है। फर्टीगेशन के माध्यम से की गई सिंचाई से पौधों को पोषक तत्त्वों की उपलब्धता को प्रभावी बनाया जाता है, इसमें उर्वरकों की कार्यदक्षता अधिक रहती है।

- फर्टीगेशन पोषक तत्त्वों तथा जल को सक्रिय जड़ों तक पहुँचाता है।
- फर्टीगेशन के माध्यम से उर्वरकों की उपयोग दक्षता को 80-90% तक बढ़ाया जा सकता है।

63. भारत में ग्रीष्मकालीन मानसूनी हवाएँ किस दिशा की ओर चलती हैं? *(CGTET 2016), (UPTET 2011)*

(a) दक्षिण-पश्चिम से उत्तर-पूर्व
(b) उत्तर-पूर्व से दक्षिण-पश्चिम
(c) दक्षिण-पश्चिम से उत्तर-पश्चिम
(d) उत्तर-पश्चिम से दक्षिण-पश्चिम

व्याख्या (a) ग्रीष्मकालीन मानसूनी हवाएँ दक्षिण-पश्चिम से उत्तर-पूर्व की ओर प्रवाहित होती हैं। मानसून मूल रूप से हिन्द महासागर तथा अरब सागर की ओर से भारत के दक्षिण-पश्चिम तट पर आने वाली हवाओं को कहा जाता है जिससे भारतीय उपमहाद्वीप में भारी वर्षा होती है। ये मौसमी पवनें (मानसून) जून से सितम्बर तक दक्षिण एशिया में सक्रिय रहती हैं।

'मानसून' पुर्तगाली भाषा के शब्द 'मॉन्सैओ' से निकला है जिसका मूल रूप अरबी के 'मॉवसिम' शब्द से ग्रहीत है।

भारत में मानसून के कारण सर्वाधिक वर्षा होती है। मासिनराम (मेघालय) विश्व में सर्वाधिक वर्षा वाला स्थान है।

64. तीन ओर से समुद्र से घिरा हुआ स्थलीय भाग कहलाता है *(CGTET 2016)*

(a) तट (b) द्वीप
(c) प्रायद्वीप (d) डेल्टा

व्याख्या (c) वस्तुतः **प्रायद्वीप** भूमि का वह भाग होता है जिसके तीन ओर जल तथा एक ओर स्थल होता है।

भारत एक प्रायद्वीप है। भारत का प्रायद्वीपीय क्षेत्र प्राचीन गोंडवाना लैण्ड का हिस्सा है, जिसका निर्माण आर्कियन युग में हुआ है। भारत के दक्षिणी भाग को 'प्रायद्वीपीय भारत' भी कहते हैं।

65. जब भारत में सायं के 8 : 30 बज रहे हों, तो इंग्लैण्ड में मानक समय होगा। *(CGTET 2016), (UPTET 2011)*

(a) 3 : 00 सायं (b) 3 : 00 प्रातः
(c) 7 : 30 प्रातः (d) 3 : 30 सायं

व्याख्या (a) भारत का मानक समय $82\frac{1}{2}°$ पूर्वी देशान्तर पर आधारित है। यह ग्रीनविच मीनटाइम (0° देशान्तर) से 5 : 30 घण्टे आगे है।

ग्रीनविच मीनटाइम (GMT) लन्दन (ब्रिटेन) के निकट स्थित है। इसकी सहायता से ही अन्य देशों के मानक समय निर्धारित होते हैं।

भारत में जब रात के 8 : 30 बजे हों तो इंग्लैण्ड का समय उससे 5 : 30 घण्टे पीछे होगा। इस प्रकार लन्दन (ब्रिटेन) का समय 8 : 30 – 5 : 30 = 3 : 00 बजे होगा।

66. 'स्वर्णिम चतुर्भुज' परियोजना है *(CGTET 2016), (UPTET 2013)*

(a) जल-विद्युत शक्ति परियोजना (b) राष्ट्रीय राजमार्ग परियोजना
(c) वन्य जन्तु संरक्षण परियोजना (d) नदी संयोजन परियोजना

व्याख्या (b) स्वर्णिम चतुर्भुज (Golden Quadrilateral) भारत का एक प्रसिद्ध **राष्ट्रीय राजमार्ग परियोजना** है। इसके अन्तर्गत देश के महत्त्वपूर्ण औद्योगिक, सांस्कृतिक एवं कृषि से जुड़े नगरों को आपस में जोड़ना है। इसका आकार 'चतुर्भुज' की तरह होने के कारण इसे 'स्वर्णिम चतुर्भुज' नाम दिया गया है। स्वर्णिम चतुर्भुज परियोजना की शुरुआत वर्ष **2001** में की गई, जिसके अन्तर्गत 5,846 किमी सड़कों का निर्माण किया गया है। यह परियोजना वर्ष **2012** में पूर्ण हुई है। इसके अन्तर्गत देश के चार मेट्रो शहर दिल्ली, मुम्बई, कोलकाता तथा चेन्नई को सड़क मार्गों से जोड़ा गया है।

67. निम्न में से कौन-सी भारतीय कम्पनी बहुराष्ट्रीय कम्पनी नहीं है? *(CGTET 2016)*

(a) टाटा मोटर्स (b) रेनबैक्सी
(c) एशियन पेन्ट्स (d) इनमें से कोई नहीं

व्याख्या (d) विकल्पों में दी गई सभी भारतीय कम्पनियाँ 'बहुराष्ट्रीय कम्पनियाँ' हैं। बहुराष्ट्रीय कम्पनी वह है जो एक से अधिक देशों में उत्पादन पर नियन्त्रण तथा स्वामित्व रखती है। बहुराष्ट्रीय कम्पनियों की गतिविधियाँ एक से अधिक देशों में विस्तृत होती हैं। अधिकांश बहुराष्ट्रीय कम्पनियों का आकार तथा परिसम्पत्तियाँ वृहद् होती हैं।

- बहुराष्ट्रीय कम्पनियाँ विकसित तथा विकासशील देशों में पूँजी निवेश करती हैं। इसे 'विदेशी निवेश' कहा जाता है।
- बहुराष्ट्रीय कम्पनियों के आगमन के साथ छोटे देश अन्तर्देशीय व्यापार पर निर्भर होते हैं जिससे विदेशी व्यापार बढ़ता है।

68. सरदार सरोवर बाँध बना है *(CGTET 2016), (UPTET 2013)*

(a) कावेरी नदी पर (b) कृष्णा नदी पर
(c) महानदी पर (d) नर्मदा नदी पर

व्याख्या (d) सरदार सरोवर बाँध विश्व का दूसरा सबसे बड़ा बाँध है। यह **नर्मदा नदी** पर निर्मित है। इसकी ऊँचाई **138** मीटर है। इस परियोजना का उद्देश्य गुजरात के सूखाग्रस्त क्षेत्रों में सिंचाई की सुविधाओं का विकास करना है।

सरदार सरोवर परियोजना मध्य प्रदेश, महाराष्ट्र, राजस्थान तथा गुजरात की संयुक्त परियोजना है। **17 सितम्बर, 2017** को प्रधानमन्त्री नरेन्द्र मोदी ने इस परियोजना को देश के नाम समर्पित किया।

69. भारत में ब्रह्मपुत्र नाम से पुकारी जाने वाली नदी चीन में किस नाम से जानी जाती है? *(CGTET 2016), (UPTET 2013)*

(a) सिन्धु (b) अवांग
(c) सांग्पो (d) तांगवो

व्याख्या (c) ब्रह्मपुत्र नदी को तिब्बत (चीन) में **सांग्पो** नाम से पुकारा जाता है। अरुणाचल प्रदेश में इसे 'दिहांग' तथा असम में 'ब्रह्मपुत्र' कहा जाता है। बांग्लादेश में यह नदी जमुना के नाम से बहती है तथा गंगा से मिलकर 'मेघना' नाम ग्रहण करती है।

ब्रह्मपुत्र का उद्गम स्थल तिब्बत में स्थित मानसरोवर के निकट है। इसकी कुल लम्बाई 2900 किमी है। गंगा नदी के साथ मिलकर यह 'बंगाल की खाड़ी' में गिरती है। डिब्रूगढ़, तेजपुर तथा गुवाहाटी नगर इस नदी के तट पर स्थित हैं।

70. जनगणना-2011 के अनुसार, भारत में 0-6 वर्ष के आयु वर्ग में जनसंख्या है अनुमानतः *(HTET 2015)*

(a) 14 करोड़ (b) 16 करोड़
(c) 18 करोड़ (d) 12 करोड़

व्याख्या (c) भारत की 15वीं जनगणना वर्ष 2011 में सम्पन्न हुई। जनगणना 2011 के अनुसार, भारत में 0-6 वर्ष के आयु के शिशुओं की जनसंख्या **18 करोड़** है।

वर्ष 2011 की जनगणना के अनुसार, कुल जनसंख्या का 13% इस आयु वर्ग के बच्चे हैं। इस जनगणना के अनुसार, 0-6 वर्ष आयु वर्ग के बच्चों का लिंगानुपात 914 प्रति हजार है।

71. जनगणना-2011 के अनुसार, भारत में जनसंख्या घनत्व एवं लिंगानुपात क्रमशः है *(HTET 2015, 11)*

(a) 382 : 943 (b) 380 : 930
(c) 424 : 830 (d) 390 : 935

व्याख्या (a) वर्ष 2011 की जनगणना के अनुसार, भारत की कुल जनसंख्या 1.21 अरब है। इसमें ग्रामीण जनसंख्या 83.3 करोड़ तथा शहरी जनसंख्या 37.7 करोड़ है।

भारत में जनसंख्या घनत्व **382** व्यक्ति प्रति वर्ग किमी है तथा लिंगानुपात **943** महिलाएँ प्रति हजार पुरुष है।

भारत में सर्वाधिक जनसंख्या उत्तर प्रदेश (19.9 करोड़) में है। सर्वाधिक जनसंख्या घनत्व बिहार (1,106 व्यक्ति प्रति वर्ग किमी) तथा सर्वाधिक लिंगानुपात केरल (1,084 महिलाएँ प्रति हजार पुरुष) में हैं।

72. निम्नलिखित में से कौन-सा एक नवीकरणीय संसाधन नहीं है? *(HTET 2015)*

(a) भू-तापीय ऊर्जा (b) ज्वार ऊर्जा
(c) जल विद्युत (d) जीवाश्म ईंधन

व्याख्या (d) **जीवाश्म ईंधन** नवीकरणीय ऊर्जा का संसाधन नहीं है जबकि भू-तापीय ऊर्जा, ज्वार ऊर्जा तथा जल विद्युत नवीकरणीय ऊर्जा स्रोत हैं।

नवीकरणीय ऊर्जा स्रोत, उन ऊर्जा संसाधनों को कहते हैं जिसका प्रयोग बार-बार किया जा सकता है। ऐसे ऊर्जा स्रोतों की समाप्ति की कोई सम्भावना नहीं है; जिस कारण उन्हें 'अक्षय ऊर्जा स्रोत' भी कहते हैं।

अनवीकरणीय ऊर्जा स्रोत, उन स्रोतों को कहा जाता है जिनका पुन: प्रयोग नहीं किया जा सकता तथा इनका प्राकृतिक भण्डार निश्चित है। इसके समाप्त होने की सम्भावना है। जीवाश्म ईंधन अनवीकरणीय ऊर्जा स्रोत है। इसमें पेट्रोलियम, कोयला आदि शामिल हैं।

73. निम्न में से कौन-सी मृदा में नमी ग्रहण करने की क्षमता बहुत अधिक होती है? *(HTET 2015)*

(a) मरुस्थलीय मृदा
(b) जलोढ़ मृदा
(c) काली मृदा
(d) पर्वतीय मृदा

व्याख्या (c) **काली मिट्टी** में नमी ग्रहण करने की क्षमता अत्यधिक होती है। इस मिट्टी को 'रेगुर' भी कहा जाता है। यह मृदा कपास उत्पादन के लिए श्रेष्ठ होती है। नमी पाने पर यह मृदा फैलने लगती है जबकि सूखने पर सिकुड़ती है। ऐसा इसमें उपस्थित 'मॉन्टमॉरिलोनाइट' के कारण होता है।

काली मिट्टी दक्कन के प्रायद्वीपीय क्षेत्र में पाई जाती है जिसका निर्माण ज्वालामुखीय निक्षेप से हुआ है। देश के महाराष्ट्र, गुजरात, कर्नाटक तथा मध्य प्रदेश में काली मिट्टी का क्षेत्र है। इसे '**कपास वाली मृदा**' भी कहते हैं।

काली मिट्टी में गन्ना, धान, ज्वार, मूँगफली, सोयाबीन इत्यादि की पैदावार की जाती है।

74. राष्ट्रीय जनसंख्या नीति-2000 के लक्ष्यों के अनुसार, कौन-से वर्ष में भारतीय जनसंख्या स्थायी जनसंख्या का स्तर प्राप्त कर लेगी? *(HTET 2015)*

(a) वर्ष 2015 (b) वर्ष 2025
(c) वर्ष 2035 (d) वर्ष 2045

व्याख्या (d) राष्ट्रीय जनसंख्या-नीति 2000 के दीर्घ अवधि लक्ष्य के अनुसार, जनसंख्या स्थिरता के लिए वर्ष **2045** को निर्धारित किया गया है। माना गया है कि इस अवधि तक देश की जनसंख्या को स्थिर करने में सफलता प्राप्त की जा सकेगी।

राष्ट्रीय जनसंख्या नीति-2000 का उद्देश्य देश में परिवार नियोजन तथा स्वास्थ्य सेवा जैसी आधारभूत संरचनाओं को प्रभावी रूप देने की प्रक्रिया को गतिशील बनाना था। इसके मध्यावधि लक्ष्य में कुल प्रजनन दर (TFR) को 2.1% तक लाना है।

75. भारतीय जनगणना इतिहास के कौन-से दशक में भारत की जनसंख्या वृद्धि अधिकतम आंकी गई? *(HTET 2015, 14)*

(a) वर्ष 1951-61 (b) वर्ष 1961-71
(c) वर्ष 1971-81 (d) वर्ष 1981-91

व्याख्या (c) भारतीय जनगणना के इतिहास में 1971 की जनगणना के तहत दशकीय जनसंख्या वृद्धि दर 25% रही, जो अन्य दशकों की जनसंख्या वृद्धि दर से अधिक है। यह जनसंख्या वृद्धि दर 1971-81 की है। इस दौरान देश की जनसंख्या में 13.76 करोड़ की वृद्धि दर्ज की गई।

1961-71 के दौरान दशकीय जनसंख्या वृद्धि 24.8% थी। इस दौरान जनसंख्या वृद्धि 10.90 करोड़ दर्ज की गई।

76. भारत में प्रथम सूती कपड़ा मिल स्थापित हुई थी *(HTET 2015)*

(a) सूरत (1700) में (b) मुर्शिदाबाद (1765) में
(c) अहमदाबाद (1919) में (d) बम्बई (1854) में

व्याख्या (d) भारत में पहला सूती वस्त्र उद्योग **1854 ई.** में **बम्बई** (अब मुम्बई) में स्थापित किया गया। इस सूती वस्त्र उद्योग की स्थापना एक सुप्रसिद्ध पारसी उद्योगपति **कावसजी नानाभाई दवार** ने की। यह मिल कावसजी ने लंकाशायर (ब्रिटेन) के मिल मालिकों के विरुद्ध खोली थी।

वर्ष 1870 ई. तक बम्बई (मुम्बई) में सूती वस्त्र मिलों की संख्या 13 हो गई।

77. पड़ोसी देशों में से कौन-से देशों की भारत से लगी अन्तर्राष्ट्रीय सीमा क्रमशः अधिकतम व न्यूनतम लम्बाई वाली है? *(HTET 2015)*

(a) चीन एवं भूटान
(b) बांग्लादेश एवं भूटान
(c) चीन एवं अफगानिस्तान
(d) बांग्लादेश एवं अफगानिस्तान

व्याख्या (b) भारत की अपने पड़ोसी देशों के साथ लम्बी स्थलीय सीमा रेखा है।

भारत की **अधिकतम स्थलीय सीमा रेखा बांग्लादेश** के साथ 4096 किमी की है। इस अन्तर्राष्ट्रीय सीमा के साथ भारत के पाँच राज्यों की सीमा बांग्लादेश से जुड़ती है। ये राज्य हैं- असम, त्रिपुरा, मेघालय, मिजोरम तथा पश्चिम बंगाल।

भारत तथा भूटान की **न्यूनतम सीमा की कुल लम्बाई 699 किमी** है। इस अन्तर्राष्ट्रीय सीमा से भारत के तीन राज्य जुड़े हैं। ये हैं- असम, पश्चिम बंगाल तथा अरुणाचल प्रदेश।

78. हिमालय में दून घाटियाँ पायी जाती हैं *(HTET 2015)*

(a) वृहत् हिमालय एवं निम्न हिमालय के मध्य
(b) वृहत् हिमालय एवं कराकोरम पर्वतों के मध्य
(c) निम्न हिमालय एवं शिवालिक पर्वतों के मध्य
(d) निम्न हिमालय एवं कराकोरम पर्वतों के मध्य

व्याख्या (c) **निम्न हिमालय के शिवालिक पर्वतीय क्षेत्र** में लम्बी घाटियों को दून घाटी कहा जाता है। यह यूरेशियन तथा इण्डियन प्लेट की टक्कर से बने एक वृहद् समतल क्षेत्र है।

हिमालय की नदियों द्वारा लाए गए अवक्षेप से दून घाटियों का निर्माण हुआ है। उत्तराखण्ड राज्य में 'देहरादून' इस प्रकार की घाटी का उदाहरण है।

79. बहुउद्देशीय जलविद्युत परियोजना के अन्तर्गत निम्न में से कौन-से उद्देश्य पूरे किये जा सकते हैं? ***(HTET 2015)***

1. जलविद्युत उत्पादन **2. नहरी सिंचाई**

3. बाढ़ नियन्त्रण

4. जल-क्रीड़ा विकास

5. पेयजल आपूर्ति

सही उत्तर चुनिए

(a) 1, 2, 4 और 5 (b) 1, 2, 3 और 5
(c) 1, 2 और 5 (d) 1, 2, 3, 4 और 5

व्याख्या (d) बहुउद्देशीय परियोजनाओं का निर्माण विभिन्न नदी घाटी परियोजनाओं के साथ किया गया है जिसका उद्देश्य **बाढ़ नियन्त्रण** तथा **सिंचाई** है। इसके साथ ही बहुउद्देशीय परियोजनाएँ **जलविद्युत उत्पादन, पेयजल आपूर्ति** तथा **जल-क्रीड़ा** के विकास के लिए भी महत्त्वपूर्ण हैं।

भारत में महत्त्वपूर्ण बहुउद्देशीय परियोजनाओं में हीराकुड, भाखड़ा-नांगल, टिहरी बाँध, सरदार सरोवर इत्यादि प्रमुख हैं।

80. भारतीय मानसून 'दक्षिण-पश्चिम का मानसून' कहलाता है, क्योंकि ***(HTET 2015)***

(a) मानसूनी हवाएँ उत्तर-पूर्व से दक्षिण-पश्चिम दिशा में बहती हैं
(b) मानसूनी हवाएँ दक्षिण-पश्चिम से उत्तर-पूर्व दिशा में बहती हैं
(c) मानसून सबसे पहले भारत के दक्षिण-पश्चिम भाग में आता है
(d) उपरोक्त में से कोई नहीं

व्याख्या (b) भारतीय मानसून को दक्षिण-पश्चिम का मानसून भी कहा जाता है। ये मानसूनी पवनें देश के **दक्षिणी-पश्चिमी** तट पर सबसे पहले पहुँचती हैं, जहाँ से इनका प्रवाह **उत्तर-पूर्व** की ओर होता है।

मानसून मूलरूप से हिन्द महासागर तथा अरब सागर की ओर से भारत के दक्षिण-पश्चिम तट पर आने वाली हवाएँ हैं। इससे भारत, पाकिस्तान तथा बांग्लादेश में वर्षा होती है।

मानसून का अर्थ है ऐसी हवा जो किसी क्षेत्र में किसी ऋतु विशेष में अधिकांश वर्षा कराती है।

81. बंगाल की खाड़ी से लगे भारत के तटीय मैदानों को कहा जाता है। ***(HTET 2015)***

(a) कोरोमण्डल एवं उत्तरी सरकार (b) कोरोमण्डल एवं मालाबार
(c) उत्तरी सरकार एवं कोंकण (d) मालाबार एवं कन्नड़

व्याख्या (a) बंगाल की खाड़ी से लगे भारत के तटीय क्षेत्रों को **कोरोमण्डल तथा उत्तरी सरकार** कहा जाता है। कोरोमण्डल तट, भारतीय प्रायद्वीप की दक्षिण-पूर्वी तटीय रेखा का नाम है। यह क्षेत्र चोल शासकों द्वारा शासित होने के कारण 10वीं-11वीं शताब्दी में 'चोलमण्डलम' (Cholmandal) कहा जाता था, जिसे पुर्तगाली, फ्रेंच तथा अंग्रेज व्यापारियों ने बिगाड़ पर कोरोमण्डल (Coromandal) नाम दिया।

पूर्वी तटीय क्षेत्र में गोदावरी और कृष्णा नदी के बीच के भू-भाग को **उत्तरी सरकार** तट कहा जाता है।

कोंकण तट पश्चिम भारत में गोवा और महाराष्ट्र के तटीय क्षेत्र को कोंकण तट कहते हैं।

मालाबार तट भारत के दक्षिण-पश्चिम भाग में अरब सागर से लगे सागर तट को कहते हैं।

82. भारत में परमाणु शक्ति का केन्द्र कौन-सा है? ***(UPTET 2014)***

(a) डिगबोई (b) चन्द्रपुर
(c) रानीगंज (d) कलपक्कम

व्याख्या (d) **कलपक्कम**, परमाणु ऊर्जा संयन्त्र चेन्नई (तमिलनाडु) के निकट स्थित है। इस ऊर्जा संयन्त्र की स्थापना वर्ष 1984 में हुई। इस परमाणु ऊर्जा संयन्त्र की स्थापना में भारत को रूस की सहायता प्राप्त है।

डिगबोई, असम में स्थित है। यहाँ देश का पहला तेलशोधक संयन्त्र स्थित है। **रानीगंज**, पश्चिम बंगाल का एक प्रमुख कोयला उत्खनन क्षेत्र है।

चन्द्रपुर, महाराष्ट्र में स्थित है। यहाँ सुपर थर्मल पावर स्टेशन स्थित है।

83. पहाड़ी क्षेत्रों में बाग लगाने की कौन-सी विधि अपनाई जाती है? ***(UPTET 2014)***

(a) षट्भुजाकार विधि (b) आयताकार विधि
(c) कण्टूर विधि (d) पूरक विधि

व्याख्या (c) पहाड़ी क्षेत्रों में बाग लगाने के लिए **कण्टूर विधि** (समोच्च विधि) का प्रयोग किया जाता है।

यह क्षरण नियन्त्रण, नमी संरक्षण एवं फसल उत्पादकता को बढ़ाने की एक आसान, प्रभावशाली एवं कम लागत वाली विधि है।

कण्टूर विधि का अधिकांश उपयोग पहाड़ी क्षेत्रों में अपनाया जाता है। इसमें पौधे सीधी रेखा में लगाकर जमीन की रेखा के आवश्यकता अनुसार पौधों में पानी दिया जाता है। इस विधि में अन्य विधियों से अधिक वृक्ष लगाए जाते हैं।

84. गुल्ली-डण्डा (फ्लैरिस माइनर) किस फसल का प्रमुख खरपतवार है? ***(UPTET 2014)***

(a) मटर (b) बाजरा (c) मक्का (d) गेहूँ

व्याख्या (d) फ्लैरिस माइनर (Phalaris Minor) **गेहूँ** की फसल का प्रमुख खरपतवार है। यह गेहूँ के साथ खेतों में उगता है। इसे कैनारी ग्रास, ड्वार्फ कैनारी ग्रास, स्मॉल कैनारी ग्रास इत्यादि सामान्य नामों से पुकारा जाता है।

इस खरपतवार का मूल स्थान उत्तरी अफ्रीका तथा दक्षिणी यूरोप है। इन स्थानों से यह पश्चिमी एशिया तथा दक्षिणी एशिया में फैला है।

भारत में फ्लैरिस माइनर को *'गुल्ली डण्डा'* तथा **'सित्ती बुट्टी'** के नाम से भी जाना जाता है।

फ्लैरिस माइनर का उपयोग पशुओं के चारा तथा पक्षियों के लिए दाने के रूप में किया जाता है।

85. दूध में सर्वाधिक वसा (प्रतिशत) उत्पादन वाली भैंस की नस्ल है। ***(UPTET 2014)***

(a) जाफराबादी (b) मुर्रा
(c) मेहसाना (d) भदावरी

व्याख्या (d) **भदावरी**, भैंस की एक महत्त्वपूर्ण नस्ल है जो अपने दूध में सर्वाधिक वसा की मात्रा के लिए प्रसिद्ध है। भदावरी भैंस के दूध में औसतन 8% वसा पाई जाती है जो अन्य किसी नस्ल की भैंसों के दूध में प्राप्त वसा से अधिक है।

भारतीय चरागाह एवं चारा अनुसन्धान संस्थान, झाँसी में भदावरी भैंस संरक्षण एवं संवर्द्धन परियोजना के अन्तर्गत इस प्रजाति के दूध में अधिकतम 13.14% वसा पाई गई है। यह प्रजाति अधिकांशत: इटावा, आगरा, भिण्ड, मुरैना तथा ग्वालियर में पाई जाती है। इस क्षेत्र का नाम मध्य काल में 'भदावर' था।

जाफराबादी भैंस गुजरात की एक भैंस की नस्ल है। विश्व में केवल 25000 जाफराबादी भैंसें पायी जाती हैं।

मुर्रा भैंस यह पंजाब व हरियाणा की दूध देने वाली भैंस नस्ल है। इसका वैज्ञानिक नाम 'बुबालस बुबालिस' है।

मेहसाना भैंस यह भी गुजरात की पौष्टिक दूध देने वाली भैंस है। यह उत्तरी गुजरात के शहर मेहसाना में विकसित हुई है।

86. निम्न में किस प्रकार का मृदा जल पौधों द्वारा ग्रहण किया जाता है? ***(UPTET 2014)***

(a) गुरुत्वीय जल (b) केशिका जल
(c) आर्द्रताग्राही जल (d) इनमें से कोई नहीं

व्याख्या (b) **केशिका जल** प्राप्त करने की दो प्रक्रिया हैं-

1. पतली नलिकाओं में द्रवों की गति
2. सछिद्र माध्यमों से होकर द्रवों की गति

सछिद्र माध्यमों से होकर द्रवों की गति की प्रक्रिया से ही पौधे मृदा (मिट्टी) से जल प्राप्त करते हैं।

अत: शोषित जल मिट्टी में स्थित केशिकाओं द्वारा अवशोषित होता है। केशिका जल पौधों को प्राप्त होता है।

87. भारत के किन राज्यों तथा केन्द्रशासित प्रदेशों में लिंगानुपात स्त्रियों के पक्ष में है? ***(HTET 2014)***

(a) केरल व पुदुचेरी (b) केरल, पुदुचेरी व लक्षद्वीप
(c) पुदुचेरी व तमिलनाडु (d) तमिलनाडु व लक्षद्वीप

व्याख्या (a) भारत के राज्यों में सर्वाधिक लिंगानुपात केरल का है। वर्ष 2011 की जनगणना के अनुसार, **केरल** का लिंगानुपात 1084 महिलाएँ प्रति हजार पुरुष है।

केन्द्रशासित प्रदेशों में सर्वाधिक लिंगानुपात **पुदुचेरी** का है। वर्ष 2011 की जनगणना के अनुसार, पुदुचेरी का लिंगानुपात 1,038 महिलाएँ प्रति हजार पुरुष है।

भारत का लिंगानुपात 943 महिलाएँ प्रति हजार पुरुष है। 0-6 आयु वर्ग में भी केरल, भारतीय राज्यों में शीर्ष पर है। इस श्रेणी में केरल का लिंगानुपात 964 है।

88. भारत में कृषि आधारित उद्योगों में सूती वस्त्र उद्योग के बाद दूसरा सबसे बड़ा उद्योग है ***(HTET 2014)***

(a) जूट उद्योग (b) सिल्क उद्योग
(c) ऊनी वस्त्र उद्योग (d) चीनी उद्योग

व्याख्या (d) भारत में कृषि आधारित उद्योगों में सूती वस्त्र उद्योग का प्रथम स्थान है। सूती वस्त्र उद्योग के बाद **चीनी उद्योग** दूसरा सर्वाधिक विस्तृत उद्योग है जो कृषि क्षेत्र से कच्चा माल प्राप्त करता है। चीनी उद्योग का कच्चा माल गन्ना है। गन्ना उत्पादन में भारत का विश्व में ब्राजील के बाद दूसरा स्थान है। वर्ष 2018-19 में भारत का कुल चीनी उत्पादन 307 लाख टन है। देश में चीनी मिलों की संख्या 510 है।

89. निम्न वनों में से भारतीय भूमि पर सर्वाधिक क्षेत्रफल किसका पाया जाता है? ***(HTET 2014)***

(a) उष्णकटिबन्धीय वर्षा वन
(b) उष्णकटिबन्धीय पर्णपाती वन
(c) पर्वतीय वन
(d) मैंग्रोव वन

व्याख्या (b) भारतीय भूमि पर सर्वाधिक क्षेत्रफल में **उष्ण कटिबन्धीय पर्णपाती वन** पाए जाते हैं। उष्णकटिबन्धीय पर्णपाती वन को 'उष्ण मानसूनी वन' भी कहते हैं। ये वन देश के उन भागों में है जहाँ 100 से 200 सेमी वार्षिक वर्षा होती है। ये सह्याद्री (पश्चिमी घाट) के पूर्वी ढलान, उत्तर-पूर्वी पठार, शिवालिक पर्वत श्रेणी का तराई प्रदेश इत्यादि स्थानों पर प्रमुख रूप से पाये जाते हैं। इन वनों द्वारा ग्रीष्म के आरम्भ में पत्तियाँ गिरा दी जाती हैं। इस कारण इन्हें 'पतझड़ वन' कहा जाता है।

सखुआ, सागवान, महुआ, आम इत्यादि उष्णकटिबन्धीय पर्णपाती वन के प्रमुख वृक्ष हैं। **उष्णकटिबन्धीय वर्षा वन** एक ऐसा क्षेत्र होता है जो भू-मध्य रेखा के पास उपस्थित होते हैं। **पर्वतीय वन** पर्वतीय क्षेत्रों में ऊँचाई पर तापमान घटने के साथ-साथ प्राकृतिक वनस्पति में भी बदलाव आता है। ओक, लारेल, एलडर आदि प्रकार के वृक्ष पाए जाते हैं। सुन्दवन विश्व का सबसे बड़ा **मैंग्रोव क्षेत्र** है।

90. निम्नांकित में से कौन-सा भ्रंशित पर्वत का उदाहरण है? ***(HTET 2014)***

(a) नीलगिरि पर्वत (b) अरावली पर्वत
(c) सतपुड़ा पर्वत (d) सह्याद्री पर्वत

व्याख्या (c) **सतपुड़ा** भारत के मध्य भाग में स्थित एक पर्वतमाला है। यह नर्मदा तथा ताप्ती नदियों की भ्रंश घाटियों के बीच विस्तृत है। यह पर्वत श्रेणी एक ब्लॉक पहाड़ है, जो मुख्य रूप से ग्रेनाइट तथा बेसाल्ट चट्टानों से बना है।

सतपुड़ा पर्वत श्रेणी की सबसे ऊँची चोटी 'धूपगढ़' है जिसकी ऊँचाई 1,350 मीटर है। यह महादेव पर्वत में स्थित है। अमरकण्टक, सतपुड़ा पर्वत श्रेणी में ही स्थित है जिससे सोन तथा नर्मदा नदियाँ निकलती हैं।

अरावली एक अवशिष्ट पर्वत है जिसका विस्तार भारत के पश्चिमी क्षेत्र में है।

नीलगिरि पर्वत यह दक्षिण भारत में स्थित एक पर्वतमाला है। इसकी सबसे ऊँची चोटी डोड्डाबेटा है।

सह्याद्री पर्वत यह दक्कनी पठार के पश्चिमी किनारे के साथ-साथ उत्तर से दक्षिण की तरफ 1600 किमी लम्बी है। यह विश्व में अपनी जैव विविधता के लिए प्रसिद्ध है।

91. भारत में 1960 के दशक में आई हरित क्रान्ति से सर्वाधिक उत्पादन किन फसलों का बढ़ा? ***(HTET 2014)***

(a) गेहूँ व चावल (b) तिलहन
(c) दलहन (d) ये सभी

व्याख्या (a) वर्ष 1960 के दशक में भारत में हरित क्रान्ति की शुरुआत हुई। इस दौरान भारत के सिंचित तथा असिंचित कृषि क्षेत्रों में अधिक उपज के लिए संकर तथा उच्च उत्पादकता वाले बीजों का उपयोग कर खाद्यान्न उत्पादन में अत्यधिक वृद्धि की गई।

हरित क्रान्ति का सबसे अधिक लाभ देश में फसलों के क्षेत्रफल में वृद्धि, कृषि उत्पादन तथा उत्पादकता में वृद्धि के साथ हुआ। हरित क्रान्ति के फलस्वरूप सर्वाधिक उत्पादन **गेहूँ और चावल** का हुआ। इसके साथ ही बाजरा, धान, मक्का तथा ज्वार के उत्पादन में आशातीत वृद्धि हुई।
इसके फलस्वरूप भारत ने खाद्यान्न के मामले में आत्मनिर्भरता प्राप्त की।

92. वेम्बनाद है ***(HTET 2014)***

(a) एक बन्दरगाह (b) लैगून झील
(c) पर्वत चोटी (d) बहुउद्देशीय परियोजना

व्याख्या (b) 'वेम्बनाद' केरल में स्थित एक **लैगून झील** है। इसे 'कोच्चि झील' भी कहा जाता है। यह झील आलापुजा, एर्नाकुलम तथा कोट्टयम जिलों में विस्तृत है।

वेम्बनाद झील, **रामसर कन्वेंशन** द्वारा परिभाषित अन्तर्राष्ट्रीय महत्त्व की आर्द्रभूमियों की सूची में शामिल है। भारत सरकार ने इस झील को 'राष्ट्रीय जलभूमि संरक्षण योजना' में शामिल किया है। वर्तमान में भारत में 37 स्थल रामसर साइट में सम्मिलित हैं।

93. कर्णप्रयाग संगम है ***(HTET 2014)***

(a) भागीरथी व अलकनन्दा का (b) भागीरथी व पिण्डर का
(c) धोली गंगा व अलकनन्दा का (d) अलकनन्दा व पिण्डर का

व्याख्या (d) कर्णप्रयाग, उत्तराखण्ड में स्थित एक अर्द्धशहरी क्षेत्र है। यहाँ **अलकनन्दा तथा पिण्डर नदियों का संगम है।**

पिण्डर नदी का एक नाम 'कर्ण गंगा' भी है। कर्णप्रयाग बद्रीनाथ की यात्रा का एक पड़ाव भी है।

अलकनन्दा और मंदाकनी नदियों का संगम रुद्रप्रयाग में है। भागीरथी तथा अलकनन्दा देवप्रयाग में संगम बनाती है। विष्णु प्रयाग में अलकनंदा एवं धौली गंगा मिलती है, जबकि नंदप्रयाग में मंदाकिनी एवं अलकनंदा मिलती है।

94. भारतीय उपमहाद्वीप में लौटता हुआ मानसून कहलाता है ***(HTET 2014)***

(a) दक्षिण-पश्चिम मानसून (b) दक्षिण-पूर्व मानसून
(c) उत्तर-पूर्व मानसून (d) उत्तर-पश्चिम मानसून

व्याख्या (c) मानसून के लौटने की प्रक्रिया को मानसून का 'निवर्तन' अथवा 'लौटता मानसून' कहते हैं। मानसून के लौटने की प्रक्रिया 1 सितम्बर से 15 अक्टूबर के बीच होती है। यह **उत्तर-पूर्व मानसून** के प्रबल होने तथा दक्षिण-पश्चिम मानसून के कमजोर होने के कारण अस्तित्व में आता है।

'लौटता हुआ मानसून', बंगाल की खाड़ी से आर्द्रता (नमी) ग्रहण करता है तथा तमिलनाडु तट पर भारी वर्षा का कारण बनता है।

95. कृषि उत्पादन में खाद्यान्नों में सम्मिलित हैं ***(HTET 2014)***

(a) केवल अनाज (b) अनाज एवं दालें
(c) अनाज एवं तिलहन (d) दालें एवं तिलहन

व्याख्या (b) 'खाद्यान्न' के अन्तर्गत वैसे **अनाजों तथा दालों** को स्थान दिया जाता है जिनका उपयोग खाने की दैनिक आवश्यकताओं की पूर्ति के लिए किया जाता है। इसमें अनाज तथा दालें आती हैं।

अनाज मुख्य रूप से स्टार्च युक्त फसल होती है, जिससे मनुष्य को कार्बोहाइड्रेट, विटामिन तथा प्रोटीन की प्राप्ति होती है। दालों से प्रोटीन की प्राप्ति होती है। गेहूँ, मक्का, चावल इत्यादि अनाज की श्रेणी में आते हैं।

96. कोयले का सर्वाधिक उपयोग होता है- ***(UPTET 2013)***

(a) ऊर्जा उत्पादन में
(b) लोहा एवं इस्पात संयन्त्रों में
(c) रेलवे में
(d) वाष्पीय जहाजों में

व्याख्या (a) कोयला **ऊर्जा उत्पादन** का सस्ता तथा अत्यधिक प्रभावी ऊर्जा स्रोत है। यह अनवीकरणीय ऊर्जा स्रोत है जिसके विकल्पों पर लम्बे समय से विचार किया जा रहा है। ताप विद्युत संयन्त्रों में विद्युत उत्पादन के लिए कोयला प्रयुक्त किया जाता है। कोयले का उपयोग लौह-इस्पात संयन्त्रों में भी किया जाता है।

कोयला एक जीवाश्म ईंधन है जो सदियों पूर्व मृत पेड़-पौधों के अवशेषों से निर्मित हुआ है। इसके निर्माण में भू-वैज्ञानिक प्रक्रियाओं का सर्वाधिक महत्त्व है।

97. निम्नलिखित में से किन जिलों में भारत की सबसे बड़ी अभ्रक (Mica) मेखला पाई जाती है? ***(UPTET 2013)***

(a) बालघाट और छिन्दवाड़ा
(b) उदयपुर, अजमेर और अलवर
(c) हजारीबाग, गया और मुंगेर
(d) सलेम और धर्मपुरी

व्याख्या (c) अभ्रक (Mica) की सबसे बड़ी पेटिका हजारीबाग (झारखण्ड) तथा मुंगेर होती हुई पूर्व में भागलपुर तक फैली है। गया जिले में भी इसका वृहद् भण्डार है।

अभ्रक का सर्वाधिक उत्पादन कोडरमा तथा आसपास के क्षेत्रों में है। यहाँ 600 से अधिक अभ्रक की खानें हैं।

इस क्षेत्र में उत्तम जाति का लाल अभ्रक पाया जाता है जो विश्व में प्रसिद्ध है।

अभ्रक एक बहुपयोगी खनिज है जो आग्नेय तथा कायान्तरित चट्टानों में खण्डों के रूप में पाया जाता है।

98. निम्नलिखित में से कौन-सी सबसे लम्बी नदी है? ***(UPTET 2013)***

(a) गोदावरी (b) महानदी (c) कृष्णा (d) कावेरी

व्याख्या (a) **गोदावरी**, दक्षिण भारत की सबसे लम्बी नदी है। इसकी लम्बाई 1465 किमी है। यह महाराष्ट्र, तेलंगाना तथा आन्ध्र प्रदेश में प्रवाहित होती है।

यह गंगा के बाद भारत की दूसरी सबसे लम्बी नदी है। इसे 'दक्षिण की गंगा' अथवा 'वृद्ध गंगा' भी कहते हैं।

कृष्णा, कावेरी तथा **महानदी** भी मध्य तथा दक्षिण भारत में प्रवाहित नदी हैं। महानदी छत्तीसगढ़ तथा ओडिशा में प्रवाहित नदी है।

99. निम्नलिखित में से किस राज्य की सीमा बांग्लादेश से नहीं मिलती? ***(UPTET 2013)***

(a) मणिपुर (b) मेघालय
(c) मिजोरम (d) त्रिपुरा

व्याख्या (a) पूर्वोत्तर के राज्यों में **मणिपुर**, **नागालैण्ड** तथा **अरुणाचल प्रदेश** की सीमा बांग्लादेश के साथ नहीं मिलती है। भारत तथा बांग्लादेश की अन्तर्राष्ट्रीय सीमा की कुल लम्बाई 4096 किमी है। भारत द्वारा अपने पड़ोसी देशों के साथ यह सबसे लम्बी अन्तर्राष्ट्रीय सीमा रेखा है। भारत के पाँच राज्य, बांग्लादेश की सीमा से जुड़े हैं। ये राज्य हैं- असम, मेघालय, त्रिपुरा, मिजोरम तथा पश्चिम बंगाल।

भारत तथा बांग्लादेश की सीमा विश्व में पाँचवीं सबसे लम्बी अन्तर्राष्ट्रीय सीमा रेखा है।

100. जलोढ़ मिट्टी कहाँ मिलती है? *(UPTET 2013)*

(a) उत्तरी भारत (b) दक्षिण भारत
(c) पश्चिमी भारत (d) पूर्वी भारत

व्याख्या (a) जलोढ़ मिट्टी **उत्तरी भारत** में पंजाब से लेकर वृहद् गंगा-यमुना मैदान को आवृत करती है। यह क्षेत्र गंगा नदी के डेल्टा तक फैला है।

अत्यधिक उर्वरता वाली इस मिट्टी का विस्तार सामान्य रूप से नदियों के बेसिन में स्थित है। जलोढ़ मिट्टी में गन्ना, गेहूँ, चावल, जूट, तिलहन तथा सब्जियों की खेती की जाती है।

भारत के उत्तरी मैदानों में यह 7.68 लाख वर्ग किमी क्षेत्र में फैली है।

101. कृषि उत्पादन को बढ़ाने के लिए क्या उपयोगी नहीं है? *(UPTET 2013)*

(a) गुणवत्तापूर्ण बीजों का प्रयोग (b) उर्वरक प्रयोग में बढ़ोत्तरी
(c) सिंचाई क्षमता में विस्तार (d) जंगल काटना

व्याख्या (d) कृषि उत्पादन में **वनों का क्षयीकरण** (जंगल काटना) जरूरी नहीं है। कृषि उत्पादन में वृद्धि के लिए आधुनिक तकनीकों का उपयोग कर इसे प्रभावी रूप प्रदान किया जा सकता है।

कृषि उत्पादन में वृद्धि के लिए निम्न प्रवृत्तियों को अपनाया जा सकता है

- गुणवत्तापूर्ण तथा उच्च उत्पादकता देने वाले बीजों का प्रयोग
- उर्वरकों का प्रयोग
- सिंचाई क्षमता का विस्तार
- कृषि के यन्त्रीकरण का विस्तार

102. कश्मीर को शेष भारत से जोड़ने वाला दर्रा है *(HTET, 2012-2013)*

(a) नोट दर्रा (b) बोलन दर्रा
(c) बनिहाल दर्रा (d) कराकोरम दर्रा

व्याख्या (c) **बनिहाल दर्रा**, जम्मू-कश्मीर राज्य की कश्मीर घाटी को शेष भारत से जोड़ता है। यह हिमालय पर्वत में प्रमुख दर्रा है। यहाँ निर्मित जवाहर सुरंग से वर्ष 2013 में काजीगुंड से बनिहाल के बीच रेलमार्ग की शुरुआत की गई। जवाहर सुरंग के निर्माण के बाद बनिहाल दर्रे का उपयोग सीमित हो गया है।

बनिहाल दर्रा, जम्मू-कश्मीर राज्य के डोडा जिले में स्थित है।

बोलन दर्रा यह पाकिस्तान में ब्लूचिस्तान का एक प्रमुख दर्रा है जो क्वेटा को जैकोबाबाद से जोड़ता है।

कराकोरम दर्रा भारत में जम्मू-कश्मीर राज्य और जनवादी गणतन्त्र चीन द्वारा नियन्त्रित शिंजियांग प्रदेश के बीच 4,693 मी की ऊँचाई पर स्थित एक पहाड़ी दर्रा है।

103. रबी की फसल बोई जाती है। *(HTET, 2012-2013)*

(a) जून से जुलाई तक (b) अक्टूबर से नवम्बर तक
(c) जनवरी से मार्च तक (d) मार्च से मई तक

व्याख्या (b) रबी की फसलों की बोआई के समय कम तापमान तथा पकते समय शुष्क एवं गर्म वातावरण की आवश्यकता होती है। रबी फसलों में गेहूँ, जौ, चना, मसूर, सरसों, मटर इत्यादि प्रमुख हैं। ये फसलें सामान्यतया **अक्टूबर-नवम्बर** महीने में बोई जाती हैं। मौसम के आधार पर बोई जाने वाली फसलों में दो अन्य खरीफ तथा जायद फसलें हैं।

खरीफ फसलें जून-जुलाई महीने में बोई जाती हैं जबकि जायद फसलें अप्रैल-मई महीने में बोई जाती हैं।

104. जनगणना 2011 के अनुसार, सर्वाधिक जनसंख्या वाले चार राज्यों का चयन कीजिए *(HTET, 2012-2013)*

(a) उत्तर प्रदेश, महाराष्ट्र, बिहार और पश्चिम बंगाल
(b) उत्तर प्रदेश, महाराष्ट्र, आन्ध्र प्रदेश और मध्य प्रदेश
(c) उत्तर प्रदेश, बिहार, आन्ध्र प्रदेश और तमिलनाडु
(d) उत्तर प्रदेश, मध्य प्रदेश, बिहार और आन्ध्र प्रदेश

व्याख्या (a) वर्ष 2011 की जनगणना के अनुसार, भारत के राज्यों में सर्वाधिक जनसंख्या उत्तर प्रदेश की है। **उत्तर प्रदेश** की जनसंख्या 2011 की जनगणना के अनुसार, 19,95,81,477 है। यह देश की कुल जनसंख्या का 16.16% है।

महाराष्ट्र, जनसंख्या की दृष्टि से भारत में दूसरे स्थान पर है। 2011 की जनगणना के अनुसार, राज्य की जनसंख्या 11,23,74,333 है जो देश की कुल जनसंख्या का 9.28% है।

बिहार का जनसंख्या के आधार पर भारत में तीसरा स्थान है। 2011 की जनगणना के अनुसार, राज्य की जनसंख्या 10,40,99,452 है जो देश की कुल जनसंख्या का 8.6% है।

पश्चिम बंगाल भारत का चौथा सर्वाधिक जनसंख्या वाला राज्य है। वर्ष 2011 की जनगणना के आधार पर राज्य की जनसंख्या 9,13,47,736 (7.55%) है।

105. निम्न में से कौन-सा राज्य भारत का सर्वाधिक चाँदी उत्पादक राज्य है? *(HTET, 2012-2013)*

(a) कर्नाटक (b) झारखण्ड
(c) आन्ध्र प्रदेश (d) गोवा

व्याख्या (a) **कर्नाटक** भारत में सर्वाधिक चाँदी उत्पादक राज्य है। कर्नाटक में चाँदी का सम्भाव्य भण्डार 17.5 मिलियन है।

वर्तमान में भारत का सर्वाधिक चाँदी उत्पादक राज्य राजस्थान है। यहाँ भारत के कुल चाँदी उत्पादन का **87%** भाग प्राप्त किया जाता है। राजस्थान के बाद कर्नाटक तथा आन्ध्र प्रदेश का स्थान आता है। उदयपुर (राजस्थान) के निकट जेवर में चाँदी की सबसे बड़ी खान मौजूद है। **झारखण्ड** के हजारीबाग जिले से बॉक्साइट की प्राप्ति होती है। ताँबा की प्राप्ति **आन्ध्र प्रदेश** के **अग्नि गुण्डल** से होती है। गोवा भारत के पश्चिमी तट पर अवस्थित एक राज्य है।

106. वर्ष 2011 की जनगणना के आँकड़ों के अनुसार, उत्तराखण्ड की जनसंख्या *(UTET, 2013)*

(a) 84,60,942 (b) 89,75,454
(c) 1,00,86,292 (d) 12,01,51,900

व्याख्या (c) वर्ष 2011 की जनगणना के अनुसार, उत्तराखण्ड की कुल जनसंख्या 1,00,86,292 है। जनसंख्या की दृष्टि से उत्तराखण्ड भारत का 20वाँ सबसे बड़ा राज्य है। कुल जनसंख्या में ग्रामीण जनसंख्या 70,36,954 है जबकि शहरी जनसंख्या 30,49,338 है।

उत्तराखण्ड की दशकीय जनसंख्या वृद्धि 18.81% है।

भारत की कुल जनसंख्या का 0.83% हिस्सा उत्तराखण्ड में निवास करता है।

उत्तराखण्ड का भौगोलिक क्षेत्रफल 53,483 वर्ग किमी है।

107. निम्न में से कोंकणी किस प्रदेश की प्रमुख भाषा है? *(UTET 2013)*

(a) केरल (b) मिजोरम
(c) गोवा (d) अरुणाचल प्रदेश

व्याख्या (c) कोंकणी भाषा, गोवा के अतिरिक्त दक्षिणी महाराष्ट्र तथा उत्तरी कर्नाटक में बोला जाता है। भाषायी तौर पर यह आर्य भाषा है तथा मराठी के अधिक निकट है।

भारतीय संविधान की आठवीं अनुसूची में कोंकणी भाषा को स्थान दिया गया है। कोंकणी भाषा को मराठी के बराबर राजभाषा का दर्जा वर्ष 1987 में प्राप्त हुआ।

गोवा को राज्य का दर्जा मिलने के बाद देवनागरी लिपि में कोंकणी को यहाँ 'राजकीय भाषा' घोषित किया गया। केरल की भाषा मलयालम है जो द्रविड़ परिवार की भाषा है। मिजोरम की अधिकारिक भाषा मिजो है जो लूशाई भाषा के नाम से जानी जाती है। अरुणाचल प्रदेश की मुख्य भाषा हिन्दी एवं असमिया है।

108. नैनीताल झील को स्कन्दपुराण में निम्न में से किस नाम से जाना गया है? *(UTET 2013)*

(a) सप्तऋषि सरोवर (b) अगस्त्य सरोवर
(c) ऋषि सरोवर (d) पंचऋषि सरोवर

व्याख्या (c) नैनीताल झील, उत्तराखण्ड राज्य के नैनीताल में स्थित है। इसे 'नैनी झील' भी कहा जाता है। स्कन्दपुराण में इसे **ऋषि सरोवर** कहा गया है। स्कन्दपुराण की कथा के अनुसार, प्रसिद्ध ऋषियों अत्री पुलस्त्य तथा पुलह ने नैनीताल में जल की समाप्ति के बाद नैनी झील का निर्माण किया तथा मानसरोवर झील से पानी लाकर इसमें जल की आपूर्ति की।

109. भारत में हरित क्रान्ति के जनक कौन हैं? *[BTET 2013]*

(a) इन्दिरा गाँधी
(b) अमर्त्य सेन
(c) एम. एस. स्वामीनाथन
(d) लाल बहादुर शास्त्री

व्याख्या (c) भारत में हरित क्रान्ति का जनक **एम. एस. स्वामीनाथन** को कहा जाता है। भारत में कृषि उत्पादकता में वृद्धि के लिए वर्ष 1960 के दशक में **हरित क्रान्ति** की शुरुआत की गई। **एम. एस. स्वामीनाथन** ने वर्ष 1966 में मैक्सिको के बीजों को पंजाब की घरेलू किस्मों के साथ जोड़कर संकर किस्म के गेहूँ के बीज तैयार किए।

एम. एस. स्वामीनाथन की उपलब्धियों को देखते हुए भारत सरकार ने वर्ष 1972 में उन्हें 'पद्मभूषण' से अलंकृत किया। वर्ष 1989 में उन्हें 'पद्मविभूषण' का सम्मान दिया।

110. भारत और चीन को विभाजित करने वाली रेखा निम्नलिखित में से कौन है? *(BTET 2013, 11)*

(a) मैकमोहन रेखा (b) डूरण्ड रेखा
(c) रेडक्लिफ रेखा (d) कर्क रेखा

व्याख्या (a) भारत तथा चीन के मध्य की अन्तर्राष्ट्रीय सीमा रेखा को **मैकमोहन रेखा** कहा जाता है। इस सीमा रेखा का निर्माण हैनरी मैकमोहन ने किया था जो तत्कालीन ब्रिटिश सरकार के विदेश सचिव थे। चीन इस सीमा को नहीं मानता है।

मैकमोहन रेखा, वर्ष 1914 में अस्तित्व में आई, जब इसे भारत के तत्कालीन वायसराय **लॉर्ड हार्डिंग** तथा **तिब्बत के शासक** के बीच शिमला समझौते में स्वीकृति प्रदान की गई।

अफगानिस्तान एवं भारत के बीच सीमा रेखा को डूरण्ड रेखा कहते हैं। रेडक्लिफ रेखा भारत-पाकिस्तान के बीच सीमा बनाती है। कर्क रेखा उत्तरी गोलार्द्ध में ग्लोब पर पश्चिम से पूर्व की ओर खींची गई काल्पनिक रेखा है।

111. भाखड़ा-नांगल परियोजना किस नदी पर स्थित है? *(BTET 2013), (REET 2011)*

(a) नर्मदा (b) ताप्ती
(c) सतलज (d) साबरमती

व्याख्या (c) 'भाखड़ा-नांगल परियोजना' **सतलज नदी** पर स्थित है। इस परियोजना से लाभान्वित राज्य पंजाब, हरियाणा, राजस्थान तथा दिल्ली हैं।

भाखड़ा-नांगल परियोजना के निर्माण का कार्य वर्ष **1946** में आरम्भ हुआ। अमेरिकी बाँध निर्माता **हार्वे स्लोकेम** के निर्देशन में इसका निर्माण कार्य अक्टूबर, **1962** में पूर्ण हुआ।

भाखड़ा-नांगल बाँध भूकम्पीय क्षेत्र में स्थित भारत का सबसे ऊँचा गुरुत्वीय बाँध है।

इस बाँध पर कृत्रिम झील गोविन्द सागर निर्मित है।

112. नेपाल की सीमा निम्न में से भारत के किस राज्य से मिलती है? *(BTET, 2013)*

(a) अरुणाचल प्रदेश (b) मणिपुर
(c) सिक्किम (d) पंजाब

व्याख्या (c) भारत तथा नेपाल की अन्तर्राष्ट्रीय सीमा एक खुली अन्तर्राष्ट्रीय सीमा है। इसकी लम्बाई 1758 किमी है। भारत तथा नेपाल की सीमा में उत्तराखण्ड, उत्तर प्रदेश, बिहार, पश्चिम बंगाल तथा **सिक्किम** राज्यों की सीमा आती है।

नेपाल की सर्वाधिक सीमा रेखा उत्तर प्रदेश से मिलती है। प्रश्न के अनुसार, **अरुणाचल प्रदेश, मणिपुर** तथा **पंजाब** की सीमा नेपाल से नहीं मिलती है।

113. भरतपुर पक्षी विहार भारत के किस राज्य में स्थित है? *(BTET 2013)*

(a) गुजरात (b) मध्य प्रदेश
(c) राजस्थान (d) महाराष्ट्र

व्याख्या (c) **राजस्थान** के भरतपुर जिले में भरतपुर पक्षी विहार स्थित है जिसे 'केवलादेव घाना पक्षी विहार' के नाम से भी जाना जाता है। यह केवलादेव राष्ट्रीय उद्यान का हिस्सा है। प्रवासी पक्षियों के लिए श्रेष्ठ स्थान भरतपुर पक्षी विहार पर्यटन का प्रमुख स्थान है। यह भारत में सबसे बड़ा पक्षी अभयारण्य है।

भरतपुर पक्षी विहार (केवलादेव पक्षी विहार) को वर्ष 1982 में राष्ट्रीय उद्यान का दर्जा दिया गया तथा वर्ष 1985 में इसे यूनेस्को द्वारा 'विश्व विरासत स्थल' में शामिल किया गया।

114. क्षेत्रफल की दृष्टि से भारत का विश्व में कौन-सा स्थान है? *(BTET 2013), (HTET 2011), (PTET 2011)*

(a) 3 (b) 6 (c) 7 (d) 9

व्याख्या (c) क्षेत्रफल की दृष्टि से विश्व में भारत का स्थान सातवाँ है। भारत का कुल भौगोलिक क्षेत्रफल 32,87,469 वर्ग किमी है जो कुल क्षेत्रफल का 2.4% है।

विश्व में सर्वाधिक क्षेत्रफल वाला देश रूस है। दूसरा तथा तीसरा स्थान क्रमश: कनाडा तथा यूएसए का है। जनसंख्या की दृष्टि से भारत का विश्व में दूसरा स्थान है। चीन विश्व में सर्वाधिक जनसंख्या वाला राज्य है।

115. निम्नलिखित में से कौन-सा एक कथन अरावली श्रेणियों के लिए सही है? *(REET 2012)*

(a) वर्षा में सहायक
(b) जल विद्युत उत्पादन के लिए उपयुक्त
(c) जल विभाजक का कार्य करता है
(d) परिवहन के लिए अवरोधक

व्याख्या (c) अरावली का शाब्दिक अर्थ है- 'शिखरों की पंक्ति'। भारत के पश्चिमोत्तर क्षेत्र में स्थित यह एक अवशिष्ट पर्वत श्रृंखला है। इसकी लम्बाई 1100 किमी है। यह पर्वत श्रृंखला भारत में **जल विभाजक की भूमिका** निभाती है। यह भारत में गंगा तथा यमुना की सहायक नदियों और राजस्थान की नदियों के प्रवाह क्षेत्र को अलग करती है।

यह पर्वत श्रृंखला आर्द्र पूर्वी राजस्थान तथा शुष्क पश्चिमी राजस्थान को प्राकृतिक रूप में विभाजित करती है। 'गुरु शिखर', अरावली पर्वत श्रृंखला की सर्वोच्च चोटी है।

116. भारत के किस क्षेत्र में याक पशु मिलता है? *(REET 2012)*

(a) सुन्दरवन (b) अरुणाचल प्रदेश
(c) दार्जिलिंग (d) लद्दाख

व्याख्या (d) अधिक ऊँचाई वाले स्थानों पर 'याक' एक महत्त्वपूर्ण पशु प्रजाति है। भारत में **लद्दाख** में बड़ी संख्या में याक पाये जाते हैं।

बर्फ से लदे क्षेत्रों में याक परिवहन का साधन भी हैं। 'याक' बर्फीले रास्तों पर 25 से 30 किमी प्रतिदिन यात्रा करने में सक्षम है। बौद्ध मतावलम्बी याक को एक शुद्ध तथा आध्यात्मिक शक्ति का प्रतीक मानते हैं। याक की संख्या विगत वर्षों में लगातार घटी है।

117. निम्नलिखित में से किस एक स्थान पर एण्टीबायोटिक दवाओं की उत्पादक इकाई है? *(REET 2012)*

(a) ऋषिकेश (b) देहरादून
(c) शिमला (d) चण्डीगढ़

व्याख्या (a) **ऋषिकेश** (उत्तराखण्ड) में 'इंडियन ड्रग्स एण्ड फार्मास्यूटिकल लिमिटेड' का संयन्त्र है. जो एण्टीबायोटिक दवाओं का निर्माण करता है।

ऋषिकेश में इस संयन्त्र की स्थापना वर्ष 1961 में की गई थी। इस संयन्त्र में सरकार के कार्यक्रमों में प्रयुक्त होने वाली दवाओं का निर्माण होता है। क्लोरोक्वीन तथा ओआरएस (डिहाइड्रेशन की दवा) का निर्माण भी इस संस्था में किया जाता है।

118. भारत के किस राज्य में ग्रीष्म ऋतु में सामान्यतया 'काल वैशाखी' हवायें चलती हैं? *(REET 2012)*

(a) पश्चिम बंगाल (b) असम
(c) उड़ीसा (d) बिहार

व्याख्या (a) **पश्चिमी बंगाल** में तीव्र गति से चलने वाले स्थानीय तूफानों को 'काल वैशाखी' कहा जाता है। इस तूफान का कारण गर्म तथा शुष्क स्थानीय हवाएँ तथा आर्द्र समुद्री हवाएँ हैं। इन हवाओं के मिलने के कारण पश्चिम बंगाल में मार्च-अप्रैल महीने में तीव्र वर्षा होती है।

वस्तुत: ग्रीष्म ऋतु में मार्च से अप्रैल महीनों में भयानक गर्जना तथा तेज हवाओं को 'काल वैशाखी' अथवा 'नार्वेस्टर' के नाम से जाना जाता है।

119. निम्न में से कौन-सा युग्म सुमेलित नहीं है? *(REET 2012)*

	संसाधन का प्रकार	उदाहरण
(a)	अनवीकरणीय संसाधन	प्राकृतिक गैस
(b)	प्राकृतिक संसाधन	जल
(c)	जैव संसाधन	वन
(d)	सर्वव्यापक संसाधन	ताँबा

व्याख्या (d) **ताम्र (ताँबा) सर्वव्यापक संसाधन नहीं है।** यह विश्व के कुछ क्षेत्रों में संग्रहित भण्डारों से प्राप्त किया जाता है।

प्राकृतिक गैस, एक अनवीकरणीय संसाधन है जिसकी सीमित मात्रा है और जिसके समाप्त होने की सम्भावना है।

जल, प्राकृतिक संसाधन का उदाहरण है। प्राकृतिक स्रोतों से स्वत: प्राप्त होने वाले संसाधन, 'प्राकृतिक संसाधन' कहलाते हैं।

वन, एक जैव संसाधन है। ऐसे संसाधन को 'जैव संसाधन' कहा जाता है जो जैवमण्डल से प्राप्त होते हैं।

120. निम्नलिखित में से कौन-सा एक धात्विक खनिज नहीं है? *(RTET 2012)*

(a) बॉक्साइट (b) ताँबा
(c) क्रोमाइट (d) अभ्रक

व्याख्या (d) **अभ्रक** एक अधात्विक खनिज है। इसमें धातु की मात्रा नहीं पायी जाती है।

धात्विक खनिजों से धातुएँ प्राप्त की जाती हैं। धात्विक खनिज को तीन भागों में विभाजित किया जाता है

1. लौह
2. अलौह तथा
3. बहुमूल्य धातुएँ

ऐसे धात्विक खनिज 'लौह खनिज' कहलाते हैं जिसमें लोहे की मात्रा होती है, जैसे-लौह अयस्क, निकेल, कोबाल्ट इत्यादि। लोहे की मात्रा अनुपस्थित होने पर खनिज को 'अलौह खनिज' कहते हैं; जैसे—ताँबा, सीसा, जस्ता इत्यादि।
बहुमूल्य धातुओं का आर्थिक मूल्य उच्च होता है।

121. बॉम्बे-हाई सन्दर्भित है *(UPTET 2011)*
(a) अपतट तेल क्षेत्र से (b) तटवर्ती तेल क्षेत्र से
(c) अपतट गैस क्षेत्र से (d) तटवर्ती गैस क्षेत्र से

व्याख्या (a) भारत के पश्चिमी समुद्री क्षेत्र में बॉम्बे-हाई स्थित है। यह भारत के तटीय क्षेत्र से 165 किमी दूर स्थित एक **अपतटीय तेल क्षेत्र** है। यह तेल क्षेत्र समुद्र की गहराई में 75 मीटर नीचे स्थित है। 'बॉम्बे-हाई' का संचालन 'तेल तथा प्राकृतिक गैस निगम' (ONGC) द्वारा किया जाता है।
'बॉम्बे-हाई' में अपतटीय तेल क्षेत्र की खोज वर्ष **1965** में हुई तथा वर्ष 1974 से इस क्षेत्र में तेल उत्पादन किया जा रहा है।

122. सबसे अधिक मात्रा में केसर मिलता है *(UPTET 2011), (PTET 2011)*
(a) उत्तर प्रदेश से (b) जम्मू-कश्मीर से
(c) केरल से (d) असम से

उत्तर (b) **जम्मू-कश्मीर** में केसर का उत्पादन सर्वाधिक मात्रा में होता है। राज्य में केसर का औसत उत्पादन 4.2 किग्रा प्रति हैक्टेयर हो रहा है जो एक श्रेष्ठ स्थिति है। वैसे जम्मू-कश्मीर में केसर का उत्पादन लगातार कम हो रहा है। वर्ष 2017-18 में जम्मू-कश्मीर में केसर का कुल उत्पादन 5.2 मीट्रिक टन हुआ है।
केसर की उत्पादकता पर ध्यान देने के लिए वर्ष 2011 में 'राष्ट्रीय केसर मिशन' की शुरुआत की गई है।

123. निम्न में से कौन से जुड़वाँ नगर हैं? *(UPTET 2011)*
(a) दिल्ली तथा फरीदाबाद
(b) मुम्बई तथा पुणे
(c) बंगलौर तथा मैसूर
(d) हैदराबाद तथा सिकन्दराबाद

व्याख्या (d) **हैदराबाद तथा सिकन्दराबाद** को 'जुड़वाँ शहर' (Twin city) कहा जाता है। 'जुड़वाँ शहर' होने के बाद भी दोनों शहरों की संस्कृति तथा ऐतिहासिक पहचान में भिन्नता पाई जाती है। हुसैन सागर झील, इन दोनों शहरों को अलग करती है।
सिकन्दराबाद शहर की स्थापना आसफजाही वंश के शासक ने की थी, जबकि हैदराबाद की स्थापना निजामशाही वंश के शासक ने की थी।

124. निम्न में से कौन-सी नदी का उद्‌गम भारत में नहीं है? *(UPTET 2011)*
(a) कावेरी (b) नर्मदा
(c) ब्रह्मपुत्र (d) गंगा

व्याख्या (c) **ब्रह्मपुत्र** नदी का उद्‌गम स्थल तिब्बत (चीन) के दक्षिण में मानसरोवर के निकट 'चेमायुंगदुंग' नामक ग्लेशियर से हुआ है। ब्रह्मपुत्र तिब्बत, भारत तथा बांग्लादेश से होकर बहती है तथा गंगा में मिलकर प्रसिद्ध सुन्दरवन डेल्टा का निर्माण करती है।
ब्रह्मपुत्र नदी की कुल लम्बाई 2900 किमी है। इसे तिब्बत में सांग्पो, अरुणाचल प्रदेश में दिहांग तथा बांग्लादेश में जमुना कहा जाता है।

125. भारत में प्रथम आण्विक परीक्षण वर्ष 1974 में हुआ था। इसे किस नाम से जाना जाता है? *(UPTET 2011)*
(a) शक्ति-1 (b) टॉरनेडो
(c) चगाई (d) हँसते हुए बुद्ध

व्याख्या (d) **18 मई, 1974** को भारत द्वारा पहला आण्विक परीक्षण किया गया। यह परीक्षण पोखरण (राजस्थान) में किया गया था, जिसे **स्माइलिंग बुद्धा (हँसते हुए बुद्ध)** नाम दिया गया।
इस परमाणु परीक्षण के साथ भारत विश्व के परमाणु सम्पन्न देशों की कतार में शामिल हुआ।
भारत ने अपना दूसरा परमाणु परीक्षण **11 मई से 13 मई, 1998** के बीच किया। इसे ऑपरेशन शक्ति-1 के नाम से संचालित किया गया था।

126. 'शान्त घाटी' किस राज्य में स्थित है? *(UPTET 2011)*
(a) महाराष्ट्र (b) केरल (c) उत्तराखण्ड (d) कर्नाटक

व्याख्या (b) शान्त घाटी (Silent Valley) **केरल** के पालक्काड जिले में स्थित है। यह जैव-विविधता के लिए प्रसिद्ध क्षेत्र है। यह 90 वर्ग किमी में फैला एक राष्ट्रीय उद्यान है जहाँ 1000 से अधिक पुष्प वनस्पति प्रजातियाँ तथा 200 से अधिक तितलियों की प्रजातियाँ प्राप्त होती हैं।
शान्त घाटी की खोज **1847 ई.** में ब्रिटिश वनस्पतिशास्त्री राबर्ट वाइट ने की। राबर्ट वाइट ने इसे 'साइलेंट वैली' नाम दिया।

127. भारतीय मुख्य भू-भाग में कितने महासागर मिलते हैं? *(UPTET 2011)*
(a) 0 (b) 1 (c) 2 (d) 3

व्याख्या (b) भारत का मुख्य भाग केवल एक हिन्द महासागर से जुड़ा हुआ है। अरब सागर तथा बंगाल की खाड़ी भी हिन्द महासागर का हिस्सा है।
हिन्द महासागर विश्व का तीसरा सबसे बड़ा महासागरीय क्षेत्र है। पृथ्वी पर उपस्थित कुल जल का 20% हिस्सा हिन्द महासागर में अवस्थित है। भारत के लिए हिन्द महासागर आर्थिक तथा भू-राजनीतिक दृष्टि से अत्यधिक महत्त्वपूर्ण है। भारत के कई महत्त्वपूर्ण द्वीपीय क्षेत्र हिन्द महासागर में स्थित हैं।

128. निम्न में से कौन-सी भू-आकृति भारत में नहीं पाई जाती है? *(UPTET 2011)*
(a) समुद्र तल (b) हिमनदी (c) हिमशैल (d) मरुस्थल

व्याख्या (c) **हिमशैल** (Iceberg) बर्फ के बड़े टुकड़े होते हैं जो ग्लेशियर अथवा आइस रोल्स से टूटकर प्रवाहित होते हैं। उत्प्लावन बल के कारण किसी भी हिमशैल का लगभग 10वाँ हिस्सा प्रवाहित जल के ऊपर दिखता है।
आइसबर्ग या हिमशैल ध्रुवीय क्षेत्रों की स्थलाकृति है। भारत में यह स्थलाकृति देखने को नहीं मिलती है।

129. भारत की वृहत्तम नदी कौन-सी है?

(a) गोदावरी (b) कृष्णा
(c) महानदी (d) गंगा

व्याख्या (d) 'गंगा' भारत की सबसे वृहत्तम नदी है। इसकी कुल लम्बाई 2,525 किमी है। गंगा नदी गंगोत्री ग्लेशियर (उत्तराखण्ड) से निकलती है तथा सुन्दरवन डेल्टा के पास बंगाल की खाड़ी में मिल जाती है। गंगा नदी बेसिन का क्षेत्रफल 9.07 लाख वर्ग किमी है।

गंगा नदी भारत के पाँच राज्यों में प्रवाहित है। ये राज्य हैं— उत्तराखण्ड, उत्तर प्रदेश, बिहार, झारखण्ड तथा पश्चिम बंगाल।

130. निम्न में से कौन-सा ऊर्जा का परम्परागत स्रोत है? *(HTET 2011)*

(a) जलीय ऊर्जा (b) सौर ऊर्जा
(c) पवन ऊर्जा (d) ज्वारीय ऊर्जा

व्याख्या (a) **जल विद्युत ऊर्जा**, ऊर्जा का परम्परागत स्रोत है। जल विद्युत संयन्त्रों में गिरते जल की स्थितिज ऊर्जा को विद्युत में रूपान्तरित किया जाता है। जल प्रपातों की संख्या कम होने के कारण कृत्रिम बाँधों का निर्माण जल विद्युत उत्पादन के लिए किया जाता है।

सौर ऊर्जा, पवन ऊर्जा तथा **ज्वारीय ऊर्जा,** ऊर्जा के गैर-परम्परागत स्रोत हैं। सूर्य द्वारा विकिरित किरणों द्वारा सौर ऊर्जा प्राप्त की जाती है। पवन ऊर्जा, वायु प्रवाह से तथा ज्वारीय ऊर्जा समुद्र में उठने वाली तरंगों से प्राप्त की जाती है।

131. 'झूम कृषि' भारत के कौन-से भाग में की जाती है? *(HTET 2011)*

(a) पश्चिमी घाट
(b) दक्षिण भारत
(c) मध्यवर्ती भारत
(d) उत्तर-पूर्वी भारत

व्याख्या (d) भारत में 'स्थानान्तरित कृषि' के रूप में झूम कृषि की जाती है। देश के **उत्तर-पूर्वी हिस्से** में स्थानान्तरित कृषि को **'झूम कृषि'** कहते हैं। इस प्रकार की कृषि में जंगलों को काटकर खेती की जाती है। तथा कुछ वर्षों के बाद उस स्थान को छोड़कर दूसरी जगह जंगलों को काटकर खेती की जाती है। ओडिशा तथा आन्ध्र प्रदेश में झूम कृषि को **पोडू**, मध्य प्रदेश में **बेवर** तथा केरल में **पोनम** कहा जाता है।

132. भारत में किस राज्य की सर्वाधिक तटीय सीमा है? *[HTET 2011]*

(a) उड़ीसा (b) आन्ध्र प्रदेश
(c) गुजरात (d) केरल

व्याख्या (c) **गुजरात** में सर्वाधिक लम्बी तटीय रेखा है। इसकी तटीय रेखा की कुल लम्बाई 1214 किमी है। भारत की कुल तटीय सीमा रेखा की लम्बाई 7516.6 किमी है। भारत के नौ राज्यों तथा चार संघशासित प्रदेशों में समुद्री तट रेखा स्थित है।

ये राज्य तथा संघशासित प्रदेश हैं—गुजरात, महाराष्ट्र, गोवा, कर्नाटक, केरल, तमिलनाडु, आन्ध्र प्रदेश, ओडिशा, पश्चिम बंगाल, पुदुचेरी, लक्षद्वीप, दमन एवं दीव तथा अण्डमान एवं निकोबार द्वीप समूह।

133. देश, जिसकी भारत के साथ सबसे लम्बी अन्तर्राष्ट्रीय सीमा है। *(HTET 2011)*

(a) बांग्लादेश (b) चीन
(c) म्यांमार (d) पाकिस्तान

व्याख्या (a) भारत की सबसे लम्बी अन्तर्राष्ट्रीय सीमा **बांग्लादेश** के साथ है। इसकी कुल लम्बाई 4096 किमी है। भारत तथा बांग्लादेश की सीमा पर भारत के पाँच राज्य स्थित हैं। ये हैं- **असम, मेघालय, त्रिपुरा, मिजोरम** तथा **पश्चिम बंगाल**।

भारत तथा बांग्लादेश के बीच **लैण्ड-बाउण्ड्री एग्रीमेण्ट** पर 7 मई, 2015 को हस्ताक्षर किए गए हैं।

134. जनगणना 2011 के अनुसार, भारत की जनसंख्या में 'दशकीय वृद्धि' है *(HTET 2011)*

(a) 21.02%
(b) 17.64%
(c) 19.5%
(d) 19.6%

व्याख्या (b) दो जनगणनाओं के बीच के 10 वर्षों में जनसंख्या वृद्धि के औसत को दशकीय जनसंख्या वृद्धि कहते हैं।

जनगणना 2011 के आधार पर भारत की दशकीय जनसंख्या वृद्धि (2001-2011) 18.10 करोड़ थी।

यह कुल जनसंख्या का **17.64%** है।

वर्ष 2001-2011 के दौरान जनसंख्या की दशकीय वृद्धि दर स्वतन्त्रता के बाद सर्वाधिक है।

135. निम्नलिखित में से सबसे लम्बी नदी कौन-सी है? *(HTET 2011)*

(a) गंगा (b) ब्रह्मपुत्र
(c) यमुना (d) चम्बल

व्याख्या (b) सबसे लम्बी नदी **ब्रह्मपुत्र** है, किन्तु भारत में प्रवाहित नदियों में गंगा सबसे लम्बी है।

ब्रह्मपुत्र नदी की कुल लम्बाई 2,900 किमी है। यह तीन देशों चीन, भारत तथा बांग्लादेश में प्रवाहित होती है।

गंगा नदी की लम्बाई 2525 किमी है। यह भारत तथा बांग्लादेश में प्रवाहित है।

यमुना नदी की कुल लम्बाई 1,376 किमी है। **चम्बल** नदी की कुल लम्बाई 960 किमी है। यह यमुना की एक सहायक नदी है।

136. निम्नलिखित किस कारण से केरल में शिशु मृत्युदर न्यूनतम है? *(HTET 2011)*

(a) बेहतर शैक्षणिक सुविधाएँ
(b) प्राथमिक स्वास्थ्य सुविधाओं का समुचित प्रबन्ध
(c) रोजगार के बेहतर अवसर
(d) उपरोक्त सभी

व्याख्या (d) भारत में केरल की शिशु मृत्यु दर सबसे कम 6 प्रति हजार है। यह औसत विश्व के विकसित देशों की तुलना में बेहतर है।

भारत की राष्ट्रीय शिशु मृत्यु दर का औसत अनुपात वर्तमान में 36 प्रति हजार है।

केरल में शिशु मृत्यु दर में आई कमी का कारण प्राथमिक स्वास्थ्य सुविधाओं का श्रेष्ठ प्रबन्धन, बेहतर शैक्षणिक सुविधाएँ तथा रोजगार की उपलब्धता के कारण जीवन स्तर का गुणवत्तापूर्ण होना है।

137. निम्नलिखित में से कौन-सा विकल्प सुमेलित नहीं है? ***(HTET 2011)***

(a) कलपक्कम-तमिलनाडु (b) तारापुर-राजस्थान
(c) नरौरा-उत्तर प्रदेश (d) कैगा-कर्नाटक

व्याख्या (b) **तारापुर**, महाराष्ट्र के पालाघर जिले में स्थित है। यहाँ चार नाभिकीय रिएक्टर स्थित हैं।

तारापुर नाभिकीय ऊर्जा संयन्त्र की स्थापना वर्ष 1961 में की गई, जबकि परियोजना में विद्युत उत्पादन की प्रक्रिया वर्ष 1969 में आरम्भ हुई।

तारापुर तथा अन्य नाभिकीय संयन्त्रों का संचालन न्यूक्लियर पॉवर कार्पोरेशन ऑफ इण्डिया (NPCI) द्वारा किया जाता है।

कलपक्कम (तमिलनाडु), **नरौरा** (उत्तर प्रदेश) तथा **कैगा** (कर्नाटक) भी प्रमुख नाभिकीय रिएक्टर हैं।

138. भारत की पूरब से पश्चिम की चौड़ाई है ***(HTET 2011)***

(a) 3214 किमी (b) 3516 किमी
(c) 5200 किमी (d) 2933 किमी

व्याख्या (d) भारत की पूरब से पश्चिम तक की चौड़ाई 2,933 किमी है। उत्तर से दक्षिण भारत की कुल लम्बाई 3,214 किमी है।

भारत का कुल क्षेत्रफल 32.87469 लाख वर्ग किमी है। भारत का सुदूर पूर्वी क्षेत्र अरुणाचल प्रदेश के किबीथु में स्थित है जबकि सुदूर पश्चिमी क्षेत्र गुजरात के गौरमोता में है।

139. भारत में हरित क्रान्ति के तहत चावल बोया गया। सही राज्य चुनें ***(CGTET 2011)***

(a) पंजाब (b) हरियाणा
(c) उत्तर प्रदेश (d) तमिलनाडु

व्याख्या (d) हरित क्रान्ति के तहत चावल की उत्पादकता में सर्वाधिक वृद्धि **तमिलनाडु** में दर्ज की गई। वर्ष 1960 के दशक में आरम्भ कृषि आन्दोलन ने गेहूँ तथा चावल के उत्पादन को नई दिशा दी। पंजाब, उत्तर प्रदेश, हरियाणा जैसे राज्यों में गेहूँ के उत्पादन में तीव्र वृद्धि हुई।

वर्ष 1960 के दशक में आधुनिक तकनीकों के माध्यम से कृषि को नई दिशा प्रदान करने की प्रक्रिया को हरित क्रान्ति का नाम दिया गया था। एम.एस. स्वामीनाथन को हरित क्रान्ति का अग्रदूत माना जाता है।

140. निम्नलिखित में से ऊँचाई पर स्थित सामरिक स्थल (हिम क्षेत्र) कौन-सा है? ***(CGTET 2011)***

(a) सियाचिन (b) सिक्किम
(c) गंगोत्री (d) यमुनोत्री

व्याख्या (a) 18 हजार फुट ऊँचाई पर **सियाचिन** विश्व का एक विशिष्ट सैन्य क्षेत्र है। सियाचिन ग्लेशियर पूर्वी कराकोरम पर्वत श्रृंखला में स्थित है। यह भारत तथा पाकिस्तान के नियन्त्रण रेखा पर अवस्थित विश्व का सर्वाधिक ऊँचा सामरिक महत्त्व का स्थल है। सियाचिन ग्लेशियर की ऊँचाई 5,400 मीटर है। यह विश्व की दूसरी सबसे बड़ी हिमानी है। 700 वर्ग किमी क्षेत्र में फैले इस क्षेत्र का तापमान –50°C तक पहुँच जाता है। सियाचिन में भारत के 10 हजार सैनिक तैनात हैं।

141. भारत के कितने राज्यों से कर्क रेखा होकर गुजरती है? ***(CGTET 2011)***

(a) 5 (b) 8
(c) 7 (d) 6

व्याख्या (b) कर्क रेखा उत्तरी गोलार्द्ध में विषुवत रेखा के समानान्तर $23\frac{1}{2}$ डिग्री अक्षांश के रूप में एक काल्पनिक रेखा है। यह भारत के लगभग मध्य से होकर गुजरती है। देश के आठ राज्यों से होकर कर्क रेखा गुजरती है। ये राज्य हैं- गुजरात, राजस्थान, मध्य प्रदेश, छत्तीसगढ़, झारखण्ड, पश्चिम बंगाल, त्रिपुरा तथा मिजोरम।

142. बहुद्देशीय बाँधों में भारत का सबसे लम्बा बाँध है- ***(CGTET 2011)***

(a) हीराकुड बाँध (b) भाखड़ा-नांगल बाँध
(c) नागार्जुन सागर बाँध (d) कोयना बाँध

व्याख्या (a) **हीराकुड बाँध**, विश्व के लम्बे बाँधों में से एक है। इसकी लम्बाई 4.8 किमी है। ओडिशा के सम्बलपुर के निकट महानदी पर बने हीराकुड बाँध की ऊँचाई 61 मीटर है।

बाँध पर एक कृत्रिम झील निर्मित है जिसे 'हीराकुड' कहा जाता है। इस बहुद्देशीय योजना में दो जल विद्युत गृह निर्मित हैं जिनकी कुल क्षमता 307.5 मेगावाट है।

भाखड़ा-नांगल बाँध यह सतलुज नदी पर बना है। यह बाँध दो बाँधों भाखड़ा और नांगल से मिलकर बना है।

नागार्जुन सागर बाँध यह तेलंगाना राज्य में स्थित एक प्रमुख नदी घाटी परियोजना है। यह कृष्णा नदी पर बना है।

कोयना बाँध कोयना बाँध का निर्माण 1863 में हुआ। यह सांगली जिले की कोयना नदी पर बना है। यह महाराष्ट्र में स्थित है।

143. लोहे एवं इस्पात उद्योग में प्रयुक्त होने वाला प्रमुख अयस्क है- ***(CGTET, 2011)***

(a) लेटेराइट (b) बॉक्साइट
(c) हेमेटाइट (d) चेल्कोपाइराइट

व्याख्या (c) **हेमेटाइट** (Hematite) एक लौह अयस्क है। यह लोहे के खनिज के रूप में प्राप्त होता है। पृथ्वी के भूगर्भ में हेमेटाइट लौह अयस्क सबसे अधिक मात्रा में पाया जाने वाला लौह अयस्क है। लोहे के अन्य अयस्कों में मेग्नेटाइट, लिमोनाइट, सिडेराइट इत्यादि शामिल हैं।

बॉक्साइट, एल्युमीनियम का अयस्क है।

लेटेराइट मृदा का एक प्रकार है। **चेल्कोपाइराइट**, वस्तुत: ताँबे का एक प्रमुख अयस्क है।

144. भारत का कौन-सा प्रदेश गोण्डवाना भू-भाग से सम्बन्धित है? ***(CGTET 2011)***

(a) हिमालय (b) गंगा का मैदान
(c) थार मरुस्थल (d) दक्षिण का पठार

व्याख्या (d) गोण्डवाना भू-भाग वर्तमान भारत के **दक्षिण में स्थित पठारी** भाग को कहा जाता है। गोण्डवाना लैण्ड, वृहद् महाद्वीपीय प्रक्षेत्र 'पैन्जिया' का दक्षिणी भाग था। इसके उत्तरी भाग को 'लारेशिया' नाम दिया गया है। 13 करोड़ वर्ष पूर्व इसके टूटने से ऑस्ट्रेलिया, एशिया तथा अंटार्कटिका का निर्माण हुआ। 'गोण्डवाना लैण्ड' का नाम **एडुवर्ड सुएस** ने भारत के गोण्डवाना क्षेत्र के नाम पर रखा था।

145. सिन्दरी किसके उत्पादन के लिए प्रसिद्ध है? *(REET 2011)*

(a) पेट्रो-रसायन (b) सूती वस्त्र
(c) रासायनिक उर्वरक (d) सीमेण्ट

व्याख्या (c) सिन्दरी झारखण्ड राज्य के धनबाद जिले में स्थित है। सिन्दरी में **रासायनिक उर्वरक** का कारखाना उसकी प्रसिद्धि का कारण रहा है। यह भारत का पहला रासायनिक उर्वरक कारखाना वर्ष 2002 में बन्द कर दिया गया।

सिन्दरी में उर्वरक संयन्त्र की स्थापना वर्ष 1945 में की गई। वर्ष 1959 में इसे उर्वरक निगम के अन्तर्गत लाया गया।

सिन्दरी में उर्वरक संयन्त्र को पुनः चालू करने का प्रयास आरम्भ हुआ है। वर्ष 2018 में इसका प्रधानमन्त्री नरेन्द्र मोदी द्वारा शिलान्यास किया गया।

146. उत्तरी भारत में शीतकालीन वर्षा का कारण है *(REET 2011)*

(a) दक्षिणी-पश्चिमी मानसून (b) पश्चिमी चक्रवाती विक्षोभ
(c) शीत लहर (d) ये सभी

व्याख्या (b) भारत में शीतकालीन वर्षा का कारण **पश्चिमी चक्रवाती विक्षोभ** है।

पश्चिमी विक्षोभ भूमध्यसागर से उठी तूफानी हवाओं को कहा जाता है। उत्तरी-पश्चिमी भारत में भूमध्यसागर से आने वाली चक्रवाती विक्षोभ से शीत ऋतु में वर्षा होती है। यह वर्षा रबी फसलों के लिए अत्यधिक उपयोगी है। पश्चिमी चक्रवाती विक्षोभ का भारत के मौसम पर अत्यधिक प्रभाव पड़ता है।

147. अरावली का दूसरा उच्चतम शिखर है *(REET 2011)*

(a) जरगा (b) सेर
(c) तारागढ़ (d) अचलगढ़

व्याख्या (b) **सेर** अरावली पर्वत शृंखला की दूसरी सबसे ऊँची पर्वतीय चोटी है। सेर, पर्वतीय चोटी की ऊँचाई 1597 मीटर है। भौगोलिक संरचना की दृष्टि से 'अरावली' प्राचीन वलित पर्वत है जो अब अवशिष्ट पर्वत शृंखला के रूप में मौजूद है। इस पर्वत शृंखला की कुल लम्बाई 1100 किमी है। अरावली का सर्वोच्च शिखर **गुरुशिखर** है जिसकी ऊँचाई 1727 मीटर है। **जरगा** अरावली पर्वत की तीसरी सबसे ऊँची चोटी है। यह मेवाड़ पहाड़ी पर स्थित है। **तारागढ़** का किला अजमेर में स्थित है। यह किला अरावली पर्वत पर स्थित है। **अचलगढ़** अरावली का ही भाग है। अचलगढ़ का किला राजस्थान में है।

148. निम्नलिखित में से कौन-सा सही युग्म नहीं है? *(BTET 2011)*

(a) बॉक्साइट-एल्युमीनियम
(b) अभ्रक-विद्युत
(c) कोयला-पेयजल
(d) बलुआ पत्थर-भवन निर्माण

व्याख्या (c) **कोयला**, पेयजल से सम्बन्धित नहीं है। कोयला ईंधन के रूप में विभिन्न संयन्त्रों में प्रयुक्त होता है। **बॉक्साइट**, एल्युमीनियम का अयस्क है। इसके शुद्धीकरण द्वारा एल्युमीनियम बनाया जाता है। **अभ्रक** (Mica) का प्रयोग विद्युत के कुचालक पदार्थों के निर्माण में किया जाता है क्योंकि अभ्रक विद्युत का कुचालक है।

बलुआ पत्थर एक परतदार चट्टान है। इसका निर्माण बालू कणों के दबाव में होता है। बलुआ पत्थर का निर्माण भवन निर्माण के लिए किया जाता है।

149. उज्जैन नगरी बसी है *(BTET 2011)*

(a) नर्मदा के किनारे (b) सतलज के किनारे
(c) ताप्ती के किनारे (d) क्षिप्रा के किनारे

व्याख्या (d) उज्जैन, मध्य प्रदेश का एक महत्त्वपूर्ण शहर है। यह **क्षिप्रा नदी** के तट पर बसा है। यह एक प्राचीन नगर है जिसे गुप्त साम्राज्य की राजधानी के रूप में ऐतिहासिक महत्त्व प्राप्त है।

उज्जैन महान संस्कृत रचनाकार कालिदास के सृजन स्थल के रूप में प्रसिद्ध है। यहाँ 'महाकाल' का प्रसिद्ध मन्दिर है। यह 12 ज्योतिर्लिंगों में शामिल है। यहाँ प्रत्येक 12 वर्षों पर सिंहस्थ महाकुम्भ मेला लगता है।

उज्जैन के प्राचीन नाम अवन्तिका, उज्जयनी तथा कनकशृंगा प्रमुख हैं। उज्जैन को 'मन्दिरों की नगरी' कहते हैं।

150. निम्नलिखित में से कौन व्यापारिक फसल नहीं है? *(BTET 2011)*

(a) मखाना (b) मक्का
(c) जूट (d) कपास

व्याख्या (b) **मक्का** वाणिज्यिक फसलें नहीं है। यह एक खाद्यान्न फसल है जो 'खरीफ' फसल के रूप में प्रमुखता से उगाई जाती है। वैसे अन्य फसलीय मौसमों में भी इसकी उपज पैदा की जाती है। भारत में चावल और गेहूँ के बाद मक्का तीसरी सबसे महत्त्वपूर्ण फसल है। यह देश में कुल खाद्यान्न उत्पादन का 10% है।

मखाना, जूट तथा **कपास** वाणिज्यिक फसलें हैं। मखाना का उपयोग भी खाने के लिए किया जाता है किन्तु यह 'खाद्य फसल' की श्रेणी में नहीं आता। इसे जल स्रोतों में उगाया जाता है।

जूट तथा कपास प्रमुख वाणिज्यिक फसलें हैं जिनका सम्बन्ध व्यापारिक प्रवृत्तियों में अधिक होता है।

151. भारत का सबसे लम्बा रेलवे प्लेटफॉर्म है *(BTET 2011)*

(a) गोरखपुर में (b) सोनपुर में
(c) दिल्ली में (d) खड़गपुर में

व्याख्या (a) **गोरखपुर** (उत्तर प्रदेश) का रेलवे प्लेटफॉर्म दुनिया का सबसे लम्बा रेलवे प्लेटफॉर्म है। इसकी कुल लम्बाई 1366.4 मीटर है।

गोरखपुर उत्तर-पूर्व रेलवे का मुख्यालय है। कोल्लम तथा खड़गपुर रेलवे स्टेशनों की लम्बाई गोरखपुर के बाद सर्वाधिक है।

गोरखपुर, उत्तर प्रदेश के पूर्वी भाग में नेपाल की सीमा के साथ लगा है। यह पूर्वांचल की संस्कृति तथा सामान्य जीवन का श्रेष्ठ प्रतीक शहर है।

152. सम्पूर्ण बिहार राज्य स्थित है ***(BTET 2011)***

(a) पठारी क्षेत्र में (b) मैदानी क्षेत्र में
(c) पर्वतीय क्षेत्र में (d) ताल क्षेत्र में

व्याख्या (b) बिहार का सम्पूर्ण हिस्सा **मैदानी** है। बिहार के क्षेत्र का निर्माण जलोढ़ मैदान से हुआ है। यह गंगा तथा इसकी सहायक नदियों द्वारा लाई गई मृदा से बना है। बिहार के मैदानी भाग की औसत ऊँचाई 173 मीटर है।

बिहार में 56.03 लाख हैक्टेयर भूमि जलोढ़ मृदा के अन्तर्गत आती है जो कुल भौगोलिक क्षेत्र का 46% हिस्सा है। बिहार के मैदान को मुख्य रूप से दो भागों में विभाजित किया जाता है। ये हैं-उत्तरी बिहार का मैदान तथा दक्षिणी बिहार का मैदान।

153. बिहार का शोक निम्नलिखित में से किसे कहा जाता है? ***(BTET 2011)***

(a) गंगा को (b) यमुना को
(c) सोन को (d) कोसी को

व्याख्या (d) **कोसी नदी** को 'बिहार का शोक' कहा जाता है। इस नदी में बाढ़ की विभीषिका तथा उससे होने वाली तबाही के कारण इसे यह नाम दिया गया।

कोसी नदी, नेपाल में हिमालय पर्वत से निकलती है।

कोसी नदी को नेपाल में **सप्त कोशी** कहा जाता है। भीमनगर (नेपाल) के निकट यह भारतीय सीमा में प्रवेश करती है। इस नदी की कुल लम्बाई 260 किमी है। यह कुरसेला के निकट गंगा नदी में मिलती है।

154. भारत में प्रथम परमाणु परीक्षण किया गया ***(BTET 2011)***

(a) श्रीहरिकोटा में (b) पोखरण में
(c) चाँदीपुर में (d) ट्राम्बे में

व्याख्या (b) भारत ने अपना पहला परमाणु परीक्षण 18 मई, 1974 को **पोखरण** (राजस्थान) में किया था। इस परमाणु परीक्षण के साथ भारत विश्व के परमाणु सम्पन्न देशों की कतार में खड़ा हो सका।

यह एक भूमिगत परमाणु परीक्षण था, जिसका नाम 'स्माइलिंग बुद्धा' दिया गया था।

भारत ने अपना दूसरा परमाणु परीक्षण ऑपरेशन शक्ति 1 के नाम से 11-13 मई, 1998 को पोखरण में ही किया। वर्ष 1998 में किए गए दूसरे परमाणु परीक्षण का निर्देशन प्रसिद्ध वैज्ञानिक तथा पूर्व राष्ट्रपति ए.पी.जे अब्दुल कलाम ने किया था।

155. सबसे कम श्रमिकों की आवश्यकता वाला उद्योग है ***(BTET 2011)***

(a) वस्त्र उद्योग (b) इस्पात उद्योग
(c) कृषि (d) रेलवे

व्याख्या (b) **इस्पात उद्योग** में कम श्रमिक लागत के साथ उत्पादकता को प्रभावी बनाया जाता है। इसका कारण इस क्षेत्र में तकनीकी विकास का होना है।

वस्त्र उद्योग, कृषि तथा **रेलवे** में अधिक श्रमिकों की जरूरत होती है। कृषि एक श्रमसाध्य प्रक्रिया है। देश की 56% से अधिक जनसंख्या अब भी कृषि क्षेत्र से जुड़ी है।

वस्त्र उद्योग में श्रमिकों की अनिवार्यता अधिक होती है। रेलवे, भारत में सर्वाधिक लोगों को रोजगार प्रदान करने वाला सार्वजनिक उपक्रम है। वर्तमान में भारतीय रेलवे में कर्मियों की संख्या 13 लाख है।

156. 2011 की जनगणना के अनुसार, सर्वाधिक साक्षरता वाला प्रदेश है ***(BTET 2011)***

(a) बिहार (b) महाराष्ट्र (c) केरल (d) गुजरात

व्याख्या (c) **केरल**, भारत में सर्वाधिक साक्षरता वाला राज्य है। जनगणना 2011 के अनुसार, केरल की कुल साक्षरता दर 93.91% है। भारत की राष्ट्रीय साक्षरता दर 74.04% है।

बिहार की साक्षरता दर भारत में सबसे कम है। बिहार की साक्षरता दर जनगणना 2011 के अनुसार **63.82%** है।

157. सोनपुर के अतिरिक्त भारत में पशु मेला कहाँ आयोजित किया जाता है? ***(BTET 2011)***

(a) दिल्ली में (b) लालपुर में
(c) पुष्कर में (d) जालौर में

व्याख्या (c) **सोनपुर** (बिहार) में भारत का बड़ा पशु मेला आयोजित होता है। यह मेला कार्तिक पूर्णिमा से आरम्भ होकर एक महीने तक चलता है।

सोनपुर के अतिरिक्त **पुष्कर** (राजस्थान) में वृहद् पशु मेला लगता है।

राजस्थान के पुष्कर में विश्व का सबसे बड़ा ऊँट मेला लगता है। यह मेला भी कार्तिक पूर्णिमा के दिन आरम्भ होता है।

पुष्कर एक प्रसिद्ध तीर्थ स्थल है जहाँ पुष्कर झील तथा ब्रह्मा का एकमात्र मन्दिर स्थित है।

पुष्कर की पहचान ऊँटों की खरीद-बिक्री के लिए विश्व स्तर पर लोकप्रिय है।

158. भारत का सबसे शुष्क क्षेत्र है- ***(BTET 2011)***

(a) पूर्व (b) पश्चिम
(c) उत्तर (d) दक्षिण

व्याख्या (b) भारत का **पश्चिमी क्षेत्र** सबसे शुष्क है। जैसलमेर के फलौदी को भारत का सबसे शुष्क स्थान माना जाता है।

इस क्षेत्र में वर्षा की कमी तथा तीव्र तापमान के कारण जल की न्यूनतम उपलब्धता होती है।

जैसलमेर के अतिरिक्त बीकानेर, बाड़मेर, चुरू इत्यादि भी राजस्थान के शुष्क क्षेत्र हैं।

भारत के आर्द्र क्षेत्रों में चेरापूँजी, मासिनराम, महाबलेश्वर इत्यादि आते हैं जहाँ विश्व में सर्वाधिक वर्षा होती है। दक्षिण का भाग अर्द्धशुष्क है।

159. भारत का सबसे ऊँचाई पर स्थित नागरिक हवाई अड्डा है ***(BTET 2011)***

(a) लेह (b) शिमला
(c) श्रीनगर (d) गुवाहाटी

व्याख्या (a) भारत का सर्वाधिक ऊँचाई पर स्थित हवाई अड्डा **लेह (लद्दाख)** में स्थित कुशोक बकुला रिंपोचे हवाई अड्डा है। यह समुद्र तल से 3,256 मीटर की ऊँचाई पर स्थित है।

फरवरी, 2016 में भारतीय वायुसेना ने यह हवाई अड्डा 'भारतीय विमानपत्तन प्राधिकरण' को हस्तान्तरित किया था, जिसके उपरान्त इसका उपयोग नागरिक परिवहन उद्देश्यों के लिए भी किया जा रहा है।

लेह के इस हवाई अड्डे से घरेलू उड़ानों को अनुमति प्राप्त है। यहाँ दिल्ली, मुम्बई तथा श्रीनगर के लिए दैनिक उड़ानें हैं।

160. निम्नलिखित में से कौन दलहन फसल नहीं है? *(BTET 2011)*

(a) चना (b) मूँग
(c) मखाना (d) अरहर

व्याख्या (c) **मखाना** पोषक तत्वों से भरपूर एक जलीय उत्पाद है। तालाब, झील तथा दलदली क्षेत्रों में मखाने के पौधे उगाए जाते हैं। जल के भीतर उगने वाले मखाने के बीजों को भूनकर निकाला जाता है।

मखाने में प्रोटीन, कार्बोहाइड्रेट, खनिज लवण तथा वसा मौजूद होती है। **यह दलहन नहीं है।** चना, मूँग तथा अरहर दलहनी फसलें हैं। मखाने का सर्वाधिक उत्पादन बिहार के दरभंगा, मधुबनी, समस्तीपुर, सुपौल, सीतामढ़ी, पूर्णिया तथा कटिहार में होता है। विश्व में मखाना उत्पादन का 90% हिस्सा बिहार से प्राप्त होता है। दरभंगा के निकट वासुदेवपुर में राष्ट्रीय मखाना शोध केन्द्र की स्थापना की गई है, जो 'भारतीय कृषि अनुसंधान परिषद्' के अन्तर्गत कार्यरत है। भारत में **चने** का मुख्य उत्पादक राज्य मध्य प्रदेश है। **मूँग** रबी की फसल है। **अरहर** खरीफ फसल का उदाहरण है।

161. भारत का एकमात्र क्रियाशील ज्वालामुखी है *(BTET 2011)*

(a) मेघालय में
(b) लक्षद्वीप में
(c) अण्डमान निकोबार द्वीप समूह में
(d) गोवा में

व्याख्या (c) भारत का एकमात्र सक्रिय ज्वालामुखी **अण्डमान एवं निकोबार द्वीप समूह** के बैरन द्वीप पर स्थित है। इसे 'बैरन द्वीप ज्वालामुखी' पर्वत कहा जाता है।

बैरन द्वीप ज्वालामुखी को पहले मृत ज्वालामुखी माना जाता था। 180 वर्ष शान्त रहने के बाद यह वर्ष 1991 में सक्रिय हुआ था। इसके बाद वर्ष 1994-95 तथा वर्ष 2005 में इस ज्वालामुखी से लावा तथा मैग्मा का प्रवाह हुआ।

बैरन द्वीप ज्वालामुखी, अण्डमान एवं निकोबार द्वीप समूह के पूर्वी क्षेत्र में स्थित है।

162. भारत में सर्वाधिक ऊँचा अर्थ फिल्ड बाँध है *(PTET 2011)*

(a) रणजीत सागर (b) भाखड़ा बाँध
(c) टिहरी (d) हीराकुड

व्याख्या (a) **रणजीत सागर बाँध**, भारत का सबसे ऊँचा 'अर्थ फिल्ड डैम' (Earth Filled Dam) है। इस बाँध को 'थीन डैम' (Thein Dam) के नाम से भी जाना जाता है।

'अर्थ फिल्ड डैम' द्वारा प्रवाहित जल के प्रवाह को नियन्त्रित किया जाता है। यह तटबन्धीय बाँध की तरह बाढ़ नियन्त्रण का कार्य भी करता है।

रणजीत सागर बाँध, पठानकोट (पंजाब) के निकट रावी नदी पर निर्मित है। इस बाँध पर एक जलविद्युत परियोजना भी है। इस परियोजना की विद्युत उत्पादन क्षमता 600 मेगावाट है।

163. दक्षिणी भारत में उत्तर भारत की तुलना में चीनी उत्पादन में तीव्र वृद्धि के लिए उत्तरदायी प्रमुख कारण हैं- *(PTET 2011)*

1. प्रति एकड़ अधिक गन्ने का उत्पादन
2. गन्ने में चीनी की मात्रा अधिक होना
3. कम श्रमिक लागत
4. पेराई का लम्बा सत्र

कूट

(a) 1 और 2 (b) 1, 2 और 4
(c) 1, 3 और 4 (d) 1, 2 और 3

व्याख्या (b) दक्षिण भारत में गन्ना उत्पादन की अधिक श्रेष्ठ पर्यावरणीय अनुकूलता है किन्तु दक्षिण भारत की अपेक्षा उत्तर भारत में गन्ने का उत्पादन क्षेत्र विस्तृत है।

दक्षिण भारत में गन्ना उत्पादन की अनुकूलता के कारण, वहाँ उत्पादित गन्ने में अधिक शर्करा की मात्रा पाई जाती है। इसके साथ दक्षिण भारत में पेराई का लम्बा सत्र होने से चीनी का उत्पादन अधिक मात्रा में होता है।

दक्षिण भारत के कर्नाटक, तमिलनाडु, आन्ध्र प्रदेश, तेलंगाना इत्यादि राज्यों में गन्ना तथा चीनी का उत्पादन अधिक मात्रा में होता है।

उत्तर भारत में गन्ने का क्षेत्र विस्तृत होने के बावजूद चीनी का उत्पादन कम होना तथा गन्ने में शर्करा की मात्रा का कम होना प्रमुख कारण है।

164. निम्न के मध्य रेडक्लिफ रेखा सीमा निर्धारित करती है *(PTET 2011)*

(a) भारत एवं पाकिस्तान (b) भारत एवं म्यांमार
(c) भारत एवं अफगानिस्तान (d) भारत एवं चीन

व्याख्या (a) **भारत तथा पाकिस्तान** के बीच 15 अगस्त, 1947 के बाद (17 अगस्त, 1947 को निर्धारित) बनी सीमा रेखा 'रेडक्लिफ रेखा' (Redcliff Line) कहलाती है।

यह सीमा-रेखा, सिरिल रेडक्लिफ की अध्यक्षता में गठित सीमा आयोग द्वारा निर्धारित की गई थी।

रेडक्लिफ रेखा में यह ध्यान रखा गया कि भारत के पश्चिमी तथा पूर्वी क्षेत्र में मुस्लिम बहुल क्षेत्र को भारत से अलग किया जाए।

रेडक्लिफ रेखा की कुल लम्बाई वर्तमान में 3,310 किमी है जिसमें भारत के चार राज्यों-जम्मू-कश्मीर, पंजाब, राजस्थान तथा गुजरात की सीमा पाकिस्तान के साथ निर्धारित होती है।

165. मानसरोवर झील क्षेत्र से निम्न में से कौन-कौन सी नदियाँ निकलती हैं? *(PTET 2011)*

(a) ब्रह्मपुत्र, सतलज, यमुना (b) ब्रह्मपुत्र, सिन्धु, सतलज
(c) सिन्धु, झेलम, सतलज (d) झेलम, सतलज, यमुना

व्याख्या (b) मानसरोवर झील, कैलाश पर्वत के निकट तिब्बत में स्थित है। इसे तिब्बत में 'मापाम युम्त्सो' नाम से जाना जाता है।

मानसरोवर झील समुद्र तल से 4,590 मीटर की ऊँचाई पर स्थित है। यह **ब्रह्मपुत्र, सिन्धु** तथा **सतलज** नदियों के उद्‌गम स्थल के रूप में प्रसिद्ध है। मानसरोवर के निकट राक्षस ताल से सतलज नदी निकलती है। **घाघरा** नदी का उद्‌गम स्थल भी मानसरोवर झील है। हिन्दू मान्यताओं के अनुसार, 'मानसरोवर', 'पंच सरोवर' के अन्तर्गत मान्यता प्राप्त है। 'पंच सरोवर' में शामिल चार अन्य सरोवर हैं- बिन्दु सरोवर (गुजरात), नारायण सरोवर (गुजरात), पम्पा सरोवर (कर्नाटक) तथा पुष्कर सरोवर (राजस्थान)।

166. रणजीत सागर बाँध इस गाँव के समीप है *(PTET 2011)*

(a) नाबडेरा (b) थीन
(c) नाथपा (d) झाकरी

व्याख्या (b) रणजीत सागर बाँध, एक प्रमुख नदी परियोजना है। यह पठानकोट (पंजाब) के निकट है। रणजीत सागर बाँध रावी नदी पर निर्मित है। **थीन गाँव** के निकट इसके स्थापित होने के कारण इसे 'थीन डैम' भी कहा जाता है। थीन जम्मू-कश्मीर राज्य का एक गाँव है।

रणजीत सागर बाँध का निर्माण वर्ष 1982 में आरम्भ हुआ तथा यह वर्ष 1999 में बनकर तैयार हो गया।

इस बाँध परियोजना में 150 मेगावाट की चार विद्युत इकाइयाँ बनाई गई हैं। रणजीत सागर बाँध परियोजना से पंजाब, हिमाचल प्रदेश तथा जम्मू-कश्मीर में सिंचाई सुविधाएँ उपलब्ध हो रही हैं।

167. किस जनगणना के बाद यह पता चला कि भारत की जनसंख्या तेजी से बढ़ रही है? *(PTET 2011)*

(a) वर्ष 1921 (b) वर्ष 1931
(c) वर्ष 1951 (d) वर्ष 1901

व्याख्या (b) वर्ष 1931 की जनगणना में यह पता चला कि देश की जनसंख्या तेजी से बढ़ रही है। वर्ष 1921 की जनगणना को जनसंख्या की दृष्टि से विभाजक वर्ष माना जाता है। इसके पश्चात् देश की जनसंख्या तीव्र गति से बढ़ी।

वर्ष 1911-21 की दशकीय जनसंख्या वृद्धि दर ऋणात्मक थी। इस दौरान 1.2% जनसंख्या वृद्धि दर्ज की गई थी, जो वर्ष 1901-11 के दौरान 7.5% थी। इस तीव्र वृद्धि के बाद वर्ष 1921-31 की **दशकीय** जनसंख्या वृद्धि 10.0% रही, जो तीव्र जनसंख्या वृद्धि को दर्शाती है। भारत में प्रथम नियमित जनगणना 1881 ई. में आरम्भ की गई थी।

168. निम्न में से भारत में कौन-सी फसलें, उत्पादन में सर्वाधिक क्षेत्रफल घेरती हैं? *(PTET 2011)*

(a) जौ और मक्का
(b) ज्वार व बाजरा
(c) गेहूँ
(d) चावल

व्याख्या (d) भारत में **चावल** सर्वाधिक भूमि पर उगाया जाता है। भारत में 43.86 मिलियन हैक्टेयर भूमि पर चावल की खेती की जाती है।

भारत में पश्चिम बंगाल का स्थान चावल उत्पादन में प्रथम है। पश्चिम बंगाल में चावल उत्पादन की मात्रा 14.71 मिलियन टन (2018) है। चावल उत्पादन में भारत में उत्तर प्रदेश दूसरे स्थान पर है। उत्तर प्रदेश में चावल उत्पादन की मात्रा 12.12 मिलियन टन (2018) है।

पंजाब में प्रति हैक्टेयर चावल का उत्पादन सर्वाधिक है। पंजाब में 3,838 किग्रा प्रति हैक्टेयर चावल का उत्पादन होता है। प्रति हैक्टेयर चावल उत्पादन में आन्ध्र प्रदेश का दूसरा स्थान है। यहाँ 3,036 किग्रा प्रति हैक्टेयर उपज होती है। ज्वार, बाजरा एवं चावल खरीफ फसल के उदाहरण हैं जबकि गेहूँ एवं जौ रबी फसल के उदाहरण हैं।

अध्याय 06

पर्यावरण व आपदा प्रबन्धन

CTETs

1. निम्नलिखित परिमण्डलों में से किसमें मानव सहित जीवित जीव पाए जाते हैं, जो बहुसंख्या में भूतापन के कारण प्रभावित होते हैं? *(CTET 2016)*

(a) वायुमण्डल (b) जीवमण्डल
(c) जलमण्डल (d) स्थलमण्डल

व्याख्या (b) **जीवमण्डल**, पृथ्वी का वह क्षेत्र है, जो सभी जीवित प्राणियों-पशुओं, जीवाणुओं तथा मनुष्यों का निवास स्थान है। पृथ्वी का जीवमण्डल ही विशिष्ट स्थान है जो अन्य ग्रहों को इस ग्रह से विशिष्ट बनाता है।

'जीवमण्डल' शब्द को 1920 के दशक में रूसी वैज्ञानिक व्लादीमिर वर्नाडस्की ने लोकप्रिय बनाया था।

जीवमण्डल एक ऐसा क्षेत्र है, जिस पर वैश्विक तापन का सर्वाधिक प्रभाव देखने को मिलता है। इसके कारण कई जीव तथा वनस्पति प्रजातियाँ विलुप्त अथवा संकटग्रस्त हो गई हैं। इससे जीवित प्राणियों के अस्तित्व को खतरा उत्पन्न हो गया है।

2. निम्नलिखित में से किस एक को जीवाश्म ईंधन नहीं माना जाता है? *(CTET 2015)*

(a) पेट्रोलियम
(b) कोयला
(c) प्राकृतिक गैस
(d) जलाऊ लकड़ी

व्याख्या (d) **जलाऊ लकड़ी** को जीवाश्म ईंधन नहीं माना जाता है। जीवाश्म ईंधन एक प्रकार का प्राकृतिक ईंधन है, जो कई हजार वर्ष पहले निर्मित हुआ होगा। जीवों तथा वनस्पति के दबने तथा उच्च दाब एवं ताप पर जीवाश्म के तरल अथवा गैसीय रूप में आने से ही जीवाश्म ईंधनों के निर्माण होता है। जंगल से प्राप्त लकड़ी जीवाश्म ईंधन नहीं है, क्योंकि यह उच्च दाब तथा ताप के साथ प्राकृतिक ईंधन के रूप में प्राप्त नहीं होती और इसे मुक्त रूप में प्रयोग में लाया जाता है।

3. निम्नलिखित में से कौन-सा प्रसिद्ध पर्यावरण-अनुकूल ऑटोमोबाइल ईंधन है? *(CTET 2014)*

(a) सी.एन.जी. (b) पी.एन.जी.
(c) एल.पी.जी (d) के.जी. 6

व्याख्या (a) **सी.एन.जी.** अर्थात् 'संपीडित प्राकृतिक गैस' प्राकृतिक रूप से पाई जाने वाली ज्वलनशील गैस होती है, जिसे अत्यधिक दबाव के साथ कंटेनर में रखने से इसका तरल रूप प्राप्त होता है।

सी.एन.जी. के मुख्य अवयव मीथेन, ईथेन तथा प्रोपेन हैं। यह रंगहीन, गंधहीन तथा विषहीन है।

सी.एन.जी. पर्यावरण के लिए श्रेष्ठ गैस मानी जाती है। पेट्रोल तथा डीजल की तुलना में यह कार्बन डाइ-ऑक्साइड तथा अन्य जैविक गैसों का कम उत्सर्जन करती है। पर्यावरण संरक्षण के लिए सार्वजनिक परिवहन में सी.एन.जी. का प्रयोग विश्व के कई देशों में व्यापक स्तर पर हो रहा है।

एल.पी.जी. द्रवित पेट्रोलियम गैस (LPG) को रसोई गैस भी कहा जाता है। यह कई हाइड्रोकार्बन गैसों का मिश्रण है।

पी.एन.जी. इसका पूर्ण नाम पाइप नेचुरल गैस है। यह एल.पी.जी. की तुलना में 30% सस्ती होती है। यह गंधरहित गैस होती है।

4. पर्यावरण में सन्तुलन बिगड़ जाता है, यदि *(CTET 2014)*

(a) जंगली जानवरों का विवेकहीन शिकार किया जाना निषेध हो
(b) निर्वनीकरण तथा भू-अपरदन चलता रहे
(c) प्रजातियों की सापेक्ष संख्या के साथ छेड़छाड़ न की जाए
(d) मानवीय गतिविधियाँ प्राकृतिक पर्यावास को संरक्षित करती रहें

व्याख्या (b) पर्यावरणीय असन्तुलन के दो प्रमुख कारण हैं-**निर्वनीकरण** तथा **भूमि अपरदन**। पेड़ों के कटने, भूमि अपरदन तथा खनन से पर्यावरण को गम्भीर खतरा उत्पन्न हो जाता है। इससे प्राकृतिक आपदाएँ भी आती हैं।

निर्वनीकरण के कारण मिट्टी को बाँधे रखने की क्षमता कमजोर हो जाती है। इससे हवा अशुद्ध हो जाती है।

भूक्षरण, भूस्खलन और भूमि का कटाव बढ़ने से मिट्टी अनियन्त्रित हो जाती है। मिट्टी का बहाव तेजी से होता है, जो भूमि अपरदन के रूप में बड़ा पर्यावरणीय नुकसान उत्पन्न करता है।

5. निम्नलिखित में से कौन-सा विकल्प पोषणीय (दीर्घजीवी) विकास का सिद्धान्त नहीं है? *(CTET 2014)*

(a) पर्यावरण के प्रति व्यक्तिगत रवैये और व्यवहार में परिवर्तन
(b) मानव-जीवन की गुणवत्ता में बढ़ोतरी
(c) प्राकृतिक संसाधनों का अधिकतम प्रयोग
(d) जीवन में प्रत्येक प्रकार का सम्मान और उसकी देखभाल

व्याख्या (c) पोषणीय विकास सिद्धान्त के अन्तर्गत प्राकृतिक संसाधनों का अधिकतम उपयोग को शामिल नहीं किया जाता है। 'सतत् पोषणीय विकास', एक आर्थिक विकास की प्रक्रिया है, जिसका उद्देश्य प्राकृतिक संसाधनों तथा पर्यावरण में बिना किसी हानि के वर्तमान तथा भविष्य की पीढ़ियों के जीवन की गुणवत्ता को बनाए रखना है।

सतत् पोषणीय विकास के लिए प्राकृतिक संसाधनों का कार्य-कुशल उपयोग अनिवार्य है। उन गतिविधियों पर नियन्त्रण आवश्यक है जिसके माध्यम से पर्यावरण को हानि पहुँच रही हो। सतत् पोषणीय विकास में पर्यावरण के प्रति व्यक्ति के व्यवहार में परिवर्तन तथा जीवन की गुणवत्ता में वृद्धि के साथ प्राकृतिक संसाधनों का संरक्षण आवश्यक माना गया है।

6. निम्नलिखित में से किसे पृथ्वी के फेफड़े कहा जाता है? *(CTET 2013)*

(a) ब्राजील के उष्णकटिबन्धीय सदाबहार वन
(b) मध्य अमेरिका के उष्णकटिबन्धीय पर्णपाती वन
(c) चीन के शीतोष्ण सदाबहार वन
(d) चिली के शीतोष्ण पर्णपाती वन

व्याख्या (a) **उष्णकटिबन्धीय सदाबहार वन**, जिसे 'उष्ण कटिबन्धीय वर्षा वन' भी कहते हैं, को प्राय: 'पृथ्वी का फेफड़ा' भी कहा जाता है। ये वन अफ्रीका, ऑस्ट्रेलिया तथा दक्षिण अमेरिका में पाए जाते हैं। ब्राजील में अमेजन के सदाबहार वन प्रसिद्ध हैं। यहाँ अत्यधिक जैव विविधता पाई जाती है। यहाँ तापमान तथा वर्षा की मात्रा जीवों के अनुकूल है।

सदाबहार वृक्षों के कारण ही ऑक्सीजन की मात्रा तटस्थ रहती है। यहाँ तापमान 21 से 45 डिग्री सेल्सियस तथा वर्षा 125 से 660 सेमी तक होती है।

7. संसाधनों का सतर्कतापूर्वक उपयोग करना तथा उन्हें नवीकरण के लिए समय देना ········ कहलाता है। *(CTET 2013)*

(a) संसाधन संरक्षण
(b) सतत् पोषणीय विकास
(c) संसाधन प्रबन्धन
(d) विकास प्रबन्धन

व्याख्या (c) **संसाधन प्रबन्धन** का सन्दर्भ प्राकृतिक संसाधनों—भूमि, जल, मृदा, वनस्पति तथा जीव-जन्तु के प्रबन्धन से है, जो वर्तमान तथा भविष्य की पीढ़ियों के लिए जीवन की गुणवत्ता को प्रभावित करने पर विशेष बल देता है। प्राकृतिक संसाधन प्रबन्धन, सतत् पोषणीय विकास तथा प्राकृतिक पर्यावरणीय प्रशासन के आधार पर वैज्ञानिक सिद्धान्तों की अवधारणा के अनुकूल बनाया जाता है।

संसाधन प्रबन्धन के अन्तर्गत जल संचयन, बंजर भूमि विकास, मृदा संरक्षण, भूमि उपयोग इत्यादि पर ध्यान देना होता है, जिससे यह सतत् अभिवृद्धि कर सके।

8. रक्षक मेखला ········ की एक विधि है। *(CTET 2013)*

(a) जल संरक्षण
(b) मृदा निर्माण
(c) बागानी
(d) मृदा संरक्षण

व्याख्या (d) 'रक्षक मेखला', **मृदा संरक्षण** की एक महत्त्वपूर्ण विधि है। मृदा के कटाव और उसके बहाव की प्रक्रिया को 'मृदा अपरदन' कहते हैं। वनोन्मूलन, सघन कृषि, अति पशुचारण, भवन-निर्माण तथा अन्य मानव क्रियाओं के कारण मृदा का अपरदन तेजी से होता है। मृदा अपरदन की रोकथाम न करने से मरुस्थलीकरण का खतरा बना रहता है।

मृदा अपरदन को रोकने के लिए वृक्षों को लगाकर 'रक्षक मेखला' बनाई जाती है। वनों को लगाया जाना मृदा संरक्षण के लिए श्रेष्ठ क्रिया विधि है।

9. संसाधन जो किसी क्षेत्र में पाए जाते हैं, परन्तु जिनका अभी उपयोग नहीं किया गया, उन्हें कहा जाता है *(CTET 2012)*

(a) बेकार संसाधन
(b) मूल्यवान संसाधन
(c) सम्भावित संसाधन
(d) वास्तविक संसाधन

व्याख्या (c) विकास के स्तर पर संसाधनों को चार वर्गों में विभाजित किया जाता है। ये हैं-सम्भावित संसाधन, विकसित संसाधन, भण्डार तथा संचित कोष भण्डार।

सम्भावित संसाधन, वे संसाधन हैं, जो किसी क्षेत्र में विद्यमान हैं, किन्तु उसका उपयोग नहीं किया गया हो। उदाहरण के तौर पर, भारत के पश्चिमी भाग विशेषकर राजस्थान तथा गुजरात में पवन तथा सौर ऊर्जा संसाधन की अपार सम्भावना है, जिसका अधिक उपयोग नहीं किया जा सका है।

विकसित संसाधन वह है, जिसका उपयोग तथा मात्रा का निर्धारण हो चुका है। पर्यावरण में मौजूद संसाधन, जिसका उत्खनन नहीं हुआ है, उसे **भण्डार** कहा जाता है। **संचित कोष भण्डार** का वह हिस्सा है जिसे भविष्य के लिए बचा लिया गया है।

10. स्थान, लोग, वस्तुएँ व प्रकृति जो किसी भी जीव को घेरे रहते हैं, कहलाते हैं *(CTET 2012)*

(a) पर्यावरण
(b) जैविक संसाधन
(c) स्थलमण्डल
(d) परिवेश

व्याख्या (a) स्थान, लोग, वस्तुएँ एवं प्रकृति जो किसी जीव को घेरे रहते हैं, **पर्यावरण** (Environment) कहलाता है। वस्तुत: पर्यावरण उन सभी भौतिक, रासायनिक एवं जैविक कारकों की समष्टिगत इकाई है, जो किसी जीवधारी अथवा पारितन्त्रीय आबादी को प्रभावित करती है।

पर्यावरण, 'परि' तथा 'आवरण' शब्दों का युग्म है। 'परि' का अर्थ—'चारों ओर' तथा 'आवरण' का अर्थ— 'घेरा' अर्थात् प्रकृति में जो चारों ओर परिलक्षित है। वायु, जल, मृदा, पेड़-पौधें इत्यादि सभी पर्यावरण के अंग हैं।

11. भारतीय उपमहाद्वीप में उन मृत जीव-जन्तुओं को खाने के बाद गिद्ध किडनी (गुर्दे) के काम न करने के कारण मरने लगे, जिनका उपचार .... के साथ किया गया था। *(CTET 2011)*

(a) आइबूप्रोफेन (b) ऐल्ड्रिन
(c) डिक्लोफेनॉक (d) ऐस्प्रिन

व्याख्या (c) बॉम्बे नेचुरल हिस्ट्री सोसायटी (BNHS) के विश्लेषण के अनुसार, **डिक्लोफेनॉक** (Diclofenac) का पशु-चिकित्सा में उपयोग भारत में गिद्धों के लिए मुख्य खतरा है। 'डिक्लोफेनॉक' एक गैर-स्टेरॉयडल सूजन रोधी दवा (NSAID) है, जो मांसपेशियों के दर्द के समय लगाए जाने वाली लगभग सभी प्रकार की क्रीम तथा स्प्रे का एक घटक है। यह दवा पशुओं पर भी समान रूप से प्रभावी होती है और जब कामकाजी पशुओं को इसे दिया जाता है, तो उसका दर्द कम होता है। 'डिक्लोफेनॉक' के कारण गिद्धों के गुर्दों पर विपरीत प्रभाव पड़ता है और उनकी मृत्यु हो जाती है, जिस कारण इनकी संख्या लगातार घट रही है।

12. जल संरक्षण के सन्दर्भ में निम्नलिखित में से कौन-सा कथन गलत है? *(CTET 2011)*

(a) वन अथवा वनस्पति आवरणों के द्वारा भूमिगत जल के स्तर को सुधारा जा सकता है
(b) पृष्ठीय प्रवाह को नियन्त्रित करना जल संरक्षण तरीकों में से एक है
(c) स्प्रिक्लर वाष्पीकरण को प्रभावी तरीके से नियन्त्रित करते हैं
(d) जल अनवीकरणीय संसाधन है

व्याख्या (d) जल संरक्षण के सन्दर्भ में दिया गया कथन **जल अनवीकरणीय संसाधन** है, गलत है। जल संरक्षण का अर्थ है—जल के प्रयोग को घटाना एवं सफाई, निर्माण एवं कृषि इत्यादि के लिए अवशिष्ट जल का पुन: चक्रण करना। **जल एक नवीकरणीय संसाधन है।** जल संरक्षण के लिए ड्रिप सिंचाई का उपयोग किया जा सकता है। जल की आपूर्ति को सतत् बनाए रखने के लिए भूमिगत जल का पुनर्भरण किया जा सकता है।
भूगर्भीय जल भण्डार को रिचार्ज करने के अतिरिक्त वर्षा जल का संग्रह कर घरेलू कार्यों तथा कृषि में जल उपलब्धता को बढ़ावा दिया जा सकता है। वृक्षारोपण तथा रक्षा मेखला द्वारा जल प्रवाह को कम किया जा सकता है। कृषि भूमि में मृदा नमी को बनाए रखने के लिए हरित उर्वरक तथा उचित फसल-चक्र को अपनाना आवश्यक है।

» State TETs

13. जल प्रदूषण का कारण है *(UPTET 2018)*

(a) कीटनाशक
(b) मनुष्य के क्रियाकलाप
(c) बढ़ती जनसंख्या
(d) उपरोक्त सभी

व्याख्या (d) जल प्रदूषण के मानवीय तथा प्राकृतिक स्रोत हैं। जल के अतिशय उपयोग का सीधा सम्बन्ध जल प्रदूषण से है। बढ़ती **जनसंख्या** के कारण अवशिष्ट जल द्वारा जलीय स्रोतों का तीव्र प्रदूषण होता है। **कीटनाशकों** के माध्यम से विषैले पदार्थ जल स्रोतों में खनिजों की मात्रा बढ़ा देते हैं। इनकी अनुकूल सान्द्रता के कारण जल प्रदूषित होता है।
मानव के क्रियाकलाप जल प्रदूषण के महत्त्वपूर्ण कारण हैं। उद्योगों से उत्सर्जित अवशिष्ट जल, घरेलू उपयोग से निकले कचरों से जल प्रदूषित होता है। जैविक पदार्थों से जल के प्रदूषण का खतरा अधिक तीव्र होता है।
जल प्रदूषण तथा ऐसे प्रदूषित जल का प्रयोग करने से मानव शरीर अस्वस्थ हो सकता है तथा कई बीमारियों का प्रकोप हो सकता है।

14. 'विश्व पर्यावरण दिवस' मनाया जाता है *(UPTET 2016)*

(a) 31 मई को (b) 21 मार्च को
(c) 5 जून को (d) 11 जुलाई को

व्याख्या (c) 'विश्व पर्यावरण दिवस' प्रत्येक वर्ष **5 जून** को मनाया जाता है। इस दिवस को मनाने की घोषणा संयुक्त राष्ट्र (UN) ने पर्यावरण के प्रति वैश्विक स्तर पर राजनीतिक और सामाजिक जागृति लाने के लिए वर्ष 1972 में की थी। 5 जून, 1974 को पहला विश्व पर्यावरण दिवस मनाया गया।
विश्व पर्यावरण दिवस का सम्बन्ध बड़े पर्यावरण मुद्दों जैसे—भोजन की बर्बादी, वनों की कटाई, ग्लोबल वार्मिंग का बढ़ना इत्यादि से है। प्रत्येक वर्ष एक विशेष थीम पर इस दिवस का आयोजन किया जाता है।
31 मई को विश्व तम्बाकू निषेध दिवस, **21 मार्च** को विश्व वानिकी दिवस तथा **11 जुलाई** को विश्व जनसंख्या दिवस मनाया जाता है।

15. भारत में जल संग्रहण से सम्बन्धित 'नीरू-मीरू' कार्यक्रम किस प्रदेश में चलाया जाता है? *(CGTET 2016), (UPTET 2013)*

(a) राजस्थान (b) आन्ध्र प्रदेश
(c) उत्तराखण्ड (d) मणिपुर

व्याख्या (b) भारत में 'नीरू-मीरू' कार्यक्रम की शुरुआत वर्ष 2001 में **आन्ध्र प्रदेश** में की गई थीं। 'नीरू-मीरू' कार्यक्रम का उद्देश्य जल संरक्षण तथा भूमिगत जल स्तर को बनाए रखना था।

'नीरू-मीरू' का शाब्दिक अर्थ-'जल तथा आप' होता है। सरकार ने किसानों को सिंचाई सुविधा प्रदान करने के साथ उनकी आय में वृद्धि के लिए भी कई उपबन्ध इस कार्यक्रम में किए थे।

16. भौगोलिक सीमाओं से अलग विशेष क्षेत्रों में पाई जाने वाली जातियाँ कहलाती हैं *(HTET 2015)*

(a) संकटग्रस्त जातियाँ (b) लुप्त जातियाँ
(c) दुर्लभ जातियाँ (d) स्थानिक जातियाँ

व्याख्या (d) **स्थानिक प्रजातियाँ**, वे प्रजातियाँ होती हैं, जिनका वितरण अथवा विस्तार सीमित होता है। स्थानिक प्रजातियाँ संरक्षण को आधार प्रदान करती हैं तथा जैव विविधता के मुख्य स्थल का आधार होती हैं।
विकासात्मक आयु के आधार पर स्थानिक प्रजातियों को दो भागों में विभाजित किया जाता है। ये हैं- नवस्थानिक तथा पुरास्थानिक। नवस्थानिक प्रजातियाँ वे हैं, जो विकासात्मक प्रक्रिया में नई हैं। पुरास्थानिक प्रजातियाँ, विकासात्मक प्रक्रिया में पुरानी होती हैं।
संकटग्रस्त जातियाँ ये वे जातियाँ हैं जो लुप्त होने के कगार पर हैं। इनकी संख्या लगातार कम होती जा रही है।
लुप्त जातियाँ जो जातियाँ विश्व में अब लुप्त (खत्म) हो गयी हैं तथा इनके बारे में केवल कुछ साक्ष्य ही रह गये हैं।
दुर्लभ जातियाँ ऐसी जातियाँ किसी विशेष क्षेत्र में ही मिलती हैं अर्थात् इनकी कुछ विशेष संख्या ही पायी जाती हैं; जैसे—एक सींग वाला गैंडा।

17. एजेंडा-21 की घोषणा हुई *(HTET 2015)*

(a) प्रथम पृथ्वी सम्मेलन, 1992 में
(b) द्वितीय पृथ्वी सम्मेलन, 2002 में
(c) तृतीय पृथ्वी सम्मेलन, 2012 में
(d) प्रथम विश्व जलवायु सम्मेलन, 1979 में

व्याख्या (a) वर्ष **1992** में संयुक्त राष्ट्र (UN) का **प्रथम पृथ्वी सम्मेलन** रियो-डि-जेनेरियो (ब्राजील) में सम्पन्न हुआ। इस सम्मेलन में एजेंडा-21 पारित किया गया।
'एजेण्डा-21' में उन बिन्दुओं को शामिल किया गया था, जिसके माध्यम से पर्यावरण प्रदूषण को रोकने तथा सतत् विकास का रास्ता अपनाया जा सकता है। इसमें ऊर्जा के अधिक कुशल तरीके का उपयोग, प्रदूषण फैलाने वालों पर आर्थिक जुर्माना तथा राष्ट्रीय योजनाओं के निर्माण एवं उसे लागू करने की प्रतिबद्धता को शामिल किया गया है।

18. निम्नलिखित में से कौन-सा ज्वारीय वन है? *(HTET 2015)*

(a) कोणधारी वन (b) मैंग्रोव वन
(c) उष्णकटिबन्धीय पर्णपाती वन (d) उष्णकटिबन्धीय वर्षा वन

व्याख्या (b) ज्वारीय वन को **'मैंग्रोव वन'** भी कहा जाता है। ये भारत में 6,740 वर्ग किमी क्षेत्र में विस्तृत हैं। ज्वारीय वन विश्व के कुल वन क्षेत्रफल का 7% है। ये वन पर्यावरणीय दृष्टिकोण से महत्त्वपूर्ण होते हैं। भारत में ज्वारीय अर्थात् मैंग्रोव वन अण्डमान-निकोबार, पश्चिम बंगाल के साथ महानदी, गोदावरी, कृष्णा, कावेरी नदियों के डेल्टाई हिस्से में पाए जाते हैं।
मैंग्रोव वन समुद्र तथा धरती के मध्य 'बफर' की तरह कार्य करते हैं। ये महत्त्वपूर्ण जैव विविधता वाले क्षेत्र हैं।
कोणधारी वन ये ठण्डे या कम गरम क्षेत्रों में पनपते हैं। इनकी पत्तियाँ कोण या शंकु जैसी होती है; जैसे—चीड़, फर, देवदार।
उष्णकटिबन्धीय पर्णपाती वन ये भारत में सह्याद्री, प्रायद्वीप के उत्तर-पूर्वी भाग तथा हिमालय के गिरिपाद में पाये जाते हैं; जैसे—सागवान, साल, सखुआ।
उष्णकटिबन्धीय वर्षा वन ये भूमध्य रेखा के दक्षिण व उत्तर में 28° अक्षांश तक पाये जाते हैं। यहाँ वार्षिक वर्षा 1750-2000 मिमी तक रहती है।

19. निम्न में कौन भू-क्षरण का कारक नहीं है? *(UPTET 2014)*

(a) जल
(b) वायु
(c) ढाल के विपरीत जुताई
(d) तृण रहित खेती

व्याख्या (c) भू-क्षरण का अर्थ मृदा कणों का बाह्य कारकों; जैसे— हवा, जल तथा मानवीय कारक-अवैज्ञानिक रूप से खेती के कारण क्षरण होता है। **वायु** द्वारा भू-क्षरण मुख्यत: रेगिस्तानी क्षेत्रों में होता है जहाँ वर्षा की कमी तथा हवा की गति अधिक होती है।
जल तथा गुरुत्वीय बल द्वारा भू-क्षरण पर्वतीय क्षेत्रों में अधिक होता है।
समोच्च जुताई (ढाल के विपरीत जुताई), मृदा अपरदन से बचाव के लिए महत्त्वपूर्ण होती है। इस जुताई में खेत के ढाल के समानान्तर जुताई न कर इसके लम्बवत् जुताई की जाती है, जिससे भू-क्षरण में कमी आती है।

20. प्रथम, द्वितीय तथा तृतीय पृथ्वी सम्मेलन क्रमशः 1992, 2002 व 2012 में कहाँ-कहाँ हुए? *(HTET 2014)*

(a) जोहान्सबर्ग, दोहा, रियो-डि-जेनेरियो
(b) रियो-डि-जेनेरियो, जोहान्सबर्ग, दोहा
(c) रियो-डि-जेनेरियो, क्योटो, जोहान्सबर्ग
(d) रियो-डि-जेनेरियो, जोहान्सबर्ग, रियो-डि-जेनेरियो

व्याख्या (d) पृथ्वी पर पर्यावरणीय प्रदूषण की समस्या के नियन्त्रण सम्बन्धी विचार के लिए वैज्ञानिकों एवं पर्यावरण विशेषज्ञों का पहला 'पृथ्वी सम्मेलन' **1992 ई. में रियो-डि-जेनेरियो** में आयोजित किया गया। इस सम्मेलन में 172 देशों के प्रतिनिधियों ने भाग लिया।
वर्ष 2002 में 'द्वितीय पृथ्वी सम्मेलन' का आयोजन **जोहान्सबर्ग** (दक्षिण अफ्रीका) में किया गया। वर्ष 2012 में 'तृतीय पृथ्वी सम्मेलन' का आयोजन **रियो-डी-जेनेरियो** (ब्राजील) में किया गया।

21. प्रोजेक्ट टाइगर की शुरुआत हुई *(HTET 2014)*

(a) वर्ष 1973 में (b) वर्ष 1975 में
(c) वर्ष 1976 में (d) वर्ष 1977 में

व्याख्या (a) 'प्रोजेक्ट टाइगर' का आरम्भ **7 अप्रैल, 1973** को किया गया। इस परियोजना का उद्देश्य भारत में बाघों का संरक्षण तथा उन्हें अपने प्राकृतिक वास में संरक्षित करना है। 'प्रोजेक्ट टाइगर' के तहत देश भर में बाघ संरक्षण केन्द्रों की स्थापना की गई। बाघों के शिकार तथा तस्करी को रोकने के लिए 'राष्ट्रीय बाघ संरक्षण प्राधिकरण' (NTCA) का गठन किया गया।
'प्रोजेक्ट टाइगर' के तहत सबसे पहले जिम कार्बेट नेशनल पार्क को बाघ संरक्षित केन्द्र घोषित किया गया। 'प्रोजेक्ट टाइगर' की शुरुआत यहीं से आरम्भ की गई।

22. भारत में कौन-सा जन्तु लुप्त हो गया? *(UPTET 2013)*

(a) बाघ (b) शेर
(c) चीता (d) तेन्दुआ

व्याख्या (c) भारत में **चीता** वर्ष 1952 में विलुप्त जीव घोषित किया गया था। भारत सरकार के पर्यावरण, वन एवं जलवायु परिवर्तन मन्त्रालय के अनुसार, अन्तिम भारतीय चीता की मौत वर्ष 1947 में हो गई, जिसके 5 वर्षों बाद इसे विलुप्त घोषित किया गया।
भारत में चीता के विलुप्त होने का मुख्य कारण घास के मैदानों को खेती के लिए तैयार किया जाना था, जिससे उसके शिकार की जगह समाप्त हो गई। विश्व में कुछ संख्या में 'चीता' ईरान में निवास करते हैं।

23. किसके द्वारा वायुमण्डल का प्रदूषण नहीं हो सकता? *(UPTET 2013)*

(a) हाइड्रोजन (b) कार्बन मोनोऑक्साइड
(c) सल्फर डाइऑक्साइड (d) कार्बन डाइऑक्साइड

व्याख्या (a) वायु में **कार्बनडाइऑक्साइड, नाइट्रोजन के ऑक्साइड, कार्बन मोनोऑक्साइड, सल्फर डाइऑक्साइड** इत्यादि की मात्रा में वृद्धि के कारण प्रदूषण फैलता है। इसे 'वायु प्रदूषण' कहते हैं। **हाइड्रोजन** प्रदूषण नहीं फैलाता है, किन्तु हाइड्रोजन सल्फाइड अवश्य एक प्रदूषक है।
वायुमण्डल में हाइड्रोजन, हीलियम तथा निष्क्रिय गैसों की मात्रा 0.97% है। यह गैस वायु प्रदूषण का कारक नहीं है।
वायु प्रदूषण से वैश्विक तापन (ग्लोबल वार्मिंग) तथा जलवायु परिवर्तन (क्लाइमेट चेंज) जैसी पर्यावरणीय समस्याएँ सामने आती हैं।

24. भारत में वायु प्रदूषण की नवीनतम घटना जो भयंकर विनाश का कारण हुई है *(UPTET 2013)*

(a) एम. आई. सी. गैस दुर्घटना
(b) हिरोशिमा-बमबारी
(c) ईरान में भूकम्प
(d) चेरनोबिल-विध्वंस

व्याख्या (a) 2 दिसम्बर, 1984 को भारत में वायु प्रदूषण के कारण **एम. आई. सी. गैस दुर्घटना के रूप में** भारी तबाही देखने को मिली। भोपाल (मध्य प्रदेश) के 'यूनियन कार्बाइड' कारखाने से मिथाइल आइसोसायनेट (एम.आई.सी C_2H_3NO) का रिसाव हुआ, जिसके बाद कुछ ही घण्टों में बड़ी जनसंख्या इसकी चपेट में आ गई और हजारों लोग मारे गए।
एम.आई.सी. एक रंगहीन गैस है, जिससे तीव्र गन्ध निकलती है। इसका प्रयोग कीटनाशक तथा प्लास्टिक तैयार करने में होता है। इस गैस के कारण आँखों में जलन तथा फेफड़ों में सूजन आ जाती है।

25. 'भू-मण्डलीकरण' शब्द का प्रयोग विश्व में सर्वप्रथम किसने और कब किया? *(BTET 2013)*

(a) जॉन विलियम्सन, 1990 (b) लेनिन, 1917
(c) मिखाईल गोर्वाचोव, 1991 (d) जॉर्ज बुश, 1992

व्याख्या (a) वर्ष 1990 में 'भू-मण्डलीकरण' शब्द का प्रयोग आर्थिक एकीकरण के लिए प्रसिद्ध अमेरिकी अर्थशास्त्री **जॉन विलियम्सन** ने किया। उनके इस 'शब्द' का आधार 'वॉशिंगटन आम राय' (Washington Consensus) था।
जॉन विलियम्सन के अनुसार, आर्थिक भू-मण्डलीकरण के अन्तर्गत राज्यों की अर्थव्यवस्थाएँ, विश्व अर्थव्यवस्था का हिस्सा बनती हैं, परिणामस्वरूप उत्पादन का अन्तर्राष्ट्रीयकरण हो जाता है तथा वित्तीय पूँजी का प्रवाह उन्मुक्त रूप से सभी देशों में होता है।

26. भारत में सी.एन.जी. आधारित वाहनों का सर्वप्रथम परिचालन कहाँ हुआ? *(BTET 2013)*

(a) बम्बई में (b) दिल्ली में (c) कलकत्ता में (d) मद्रास में

व्याख्या (b) भारत में **दिल्ली** सबसे पहले सी.एन.जी. (Compressed Natural Gas) प्रयुक्त वाहनों के संचालन वाला पहला नगरीय क्षेत्र था। दिल्ली में सी.एन.जी. वाहनों का परिचालन वर्ष 1993 में आरम्भ हुआ।
वर्ष 2001 के बाद दिल्ली में सभी बसें, तिपहिया वाहनों तथा टैक्सी को सी.एन.जी. ईंधन पर चलाने के दिशा-निर्देश जारी किए गए।
बम्बई (मुम्बई) में सी.एन.जी. ईंधन आधारित वाहनों का परिचालन वर्ष 2001 में आरम्भ हुआ।

27. भोपाल गैस त्रासदी कब हुई थी? *(BTET 2013)*

(a) वर्ष 1984 (b) वर्ष 1986
(c) वर्ष 1992 (d) वर्ष 1994

व्याख्या (a) **2 दिसम्बर, 1984** को भोपाल (मध्य प्रदेश) के 'यूनियन कार्बाइड' नामक कम्पनी में मिथाइल आइसोसायनेट गैस के रिसाव से लाखों लोग प्रभावित हुए। यह विश्व की एक भीषण औद्योगिक दुर्घटना है। इस दुर्घटना को 'भोपाल गैस त्रासदी' भी कहते हैं।
'यूनियन कार्बाइड' कम्पनी द्वारा भोपाल संयन्त्र में मिथाइल आइसोसायनेट से कीटनाशक बनाया जाता था। वर्ष 2006 में

सरकार द्वारा जमा किए गए शपथ पत्र में माना गया कि प्रत्यक्षत: 5,58,125 लोग इस 'गैस त्रासदी' से प्रभावित हुए। सरकार ने इस दुर्घटना में 3,787 लोगों के मारे जाने की पुष्टि की। भोपाल गैस त्रासदी का मानवीय समुदाय तथा पर्यावरण पर दीर्घकालिक प्रभाव पड़ा है।

28. संसाधन संरक्षण की दिशा में 'नर्मदा बचाओ अभियान' किसने शुरु किया था? *(BTET 2013)*

(a) सुन्दरलाल बहुगुणा (b) मेघा पाटकर
(c) संदीप पाण्डेय (d) उमा भारती

व्याख्या (b) 'नर्मदा बचाओ आन्दोलन', जनजागरण के रूप में वर्ष 1980 के दशक में आरम्भ हुआ। **मेघा पाटकर** ने सरदार सरोवर परियोजना तथा इससे विस्थापित लोगों के पुनर्वास की नीतियों के क्रियान्वयन की कमियों को उजागर कर आन्दोलन को राष्ट्रव्यापी स्वरूप प्रदान किया।
'नर्मदा बचाओ आन्दोलन' वस्तुत: मानव अधिकार कार्यकर्ताओं का एक संगठित समूह था। वर्ष 1989 के बाद 'नर्मदा बचाओ आन्दोलन' को गति प्राप्त हुई। सरदार सरोवर बाँध की ऊँचाई को कम करने तथा लोगों के पुनर्वास की माँग को लेकर किये संघर्ष को सर्वोच्च न्यायालय ने भी सहमति दी। वर्ष 2006 में सर्वोच्च न्यायालय ने विस्थापितों को उचित पुनर्वास देने का आदेश दिया।

29. भारत में वन्यजीव संरक्षण अधिनियम कब लागू किया गया? *(BTET 2013)*

(a) वर्ष 1972 (b) वर्ष 1975 (c) वर्ष 1985 (d) वर्ष 1992

व्याख्या (a) 'भारतीय वन्यजीव संरक्षण अधिनियम' वर्ष 1972 में पारित किया गया। वर्ष 2003 में इस अधिनियम में संशोधन किया गया। इसे भारतीय वन्यजीव संरक्षण (संशोधित) अधिनियम 2002 कहा गया।
भारतीय वन्यजीव संरक्षण अधिनियम 1972 द्वारा वन्यजीवों, पक्षियों तथा वनस्पति को संरक्षण प्रदान करना है। इस अधिनियम में 6 अनुसूचियाँ हैं, जो संरक्षण तथा अपराधों के लिए उच्चतम दण्ड निर्धारित करती हैं।

30. वन्यजीवों के कम होने का एक प्रमुख कारण है *(REET 2012)*

(a) प्राकृतिक आवासों का नष्ट होना (b) बाँधों का निर्माण
(c) बाढ़ (d) नगरीकरण

व्याख्या (a) वन्यजीवों की संख्या में तेजी से हो रही कमी का कारण पर्यावरणीय परिस्थितियों में अवांछनीय परिवर्तन, वन्य जीवों के **प्राकृतिक आवासों का नष्ट होना,** वनों का उन्मूलन तथा तीव्र औद्योगीकरण है।
भारत जैव सम्पदा की दृष्टि से समृद्धतम देशों में से एक रहा है। विश्व की 40% प्रजातियाँ यहाँ निवास करती हैं, किन्तु इन प्रजातियों की संख्या तेजी से कम हो रही है। अन्तर्राष्ट्रीय तथा राष्ट्रीय स्तर पर 'वन्यजीव संरक्षण' के लिए नीतियों तथा कार्यक्रमों का क्रियान्वयन किया जा रहा है।

31. सतत् पोषणीय विकास की अवधारणा का सम्बन्ध है *(REET 2012)*

(a) संसाधनों के अधिकतम उपयोग से
(b) संसाधनों के संरक्षण से
(c) संसाधनों के औद्योगिक उपयोग से
(d) ऊर्जा संसाधनों के विकास से

व्याख्या (b) 'सतत् पोषणीय विकास' का अर्थ उस विकासात्मक प्रक्रिया से है जिसमें प्राकृतिक संसाधनों तथा पर्यावरण में बिना किसी हानि के वर्तमान तथा भविष्य की पीढ़ियों के लिए जीवन की गुणवत्ता को बनाए रखना है। यह प्राकृतिक **संसाधनों के संरक्षण** तथा पर्यावरण का उपयुक्त तरीके से दोहन के उद्देश्य को लेकर चलता है।
सतत् पोषणीय विकास का उद्देश्य प्राकृतिक संसाधनों तथा पर्यावरण के उपयोग से वर्तमान जीवन स्तर को उच्च बनाना है तथा भविष्य की पीढ़ियों के लिए गुणवत्ता को बनाए रखने पर जोर देना है।

32. असम के काजीरंगा नेशनल पार्क का आकर्षण कौन-सा प्राणी है? *(UPTET 2012)*

(a) गैण्डा (b) शेर
(c) बाघ (d) भालू

व्याख्या (a) काजीरंगा राष्ट्रीय उद्यान, असम राज्य के गोलाघाट तथा नौगाँव जिलों में स्थित है। यह राष्ट्रीय उद्यान एक सींग वाले भारतीय **गैण्डों** के लिए विशेष रूप से प्रसिद्ध है।
वर्ष 1985 में इस राष्ट्रीय उद्यान को यूनेस्को 'विश्व विरासत स्थल' की सूची में शामिल किया गया।
काजीरंगा राष्ट्रीय उद्यान का कुल क्षेत्रफल 378 वर्ग किमी है। वर्ष 2006 में इसे 'टाइगर रिजर्व' भी घोषित किया गया।
काजीरंगा उप-हिमालयी क्षेत्र में सबसे बड़े संरक्षित भूमि के रूप में जाना जाता है। इसे 'जैव विविधता हाट-स्पॉट' में भी शामिल किया गया है।

33. 'गिर राष्ट्रीय उद्यान' स्थित है *(HTET 2011)*

(a) राजस्थान में
(b) गुजरात में
(c) महाराष्ट्र में
(d) असम में

व्याख्या (b) 'गिर राष्ट्रीय उद्यान', **गुजरात** में अवस्थित है। यह एक बाघ संरक्षित क्षेत्र है, जो 'एशियाई शेर' के लिए विश्व प्रसिद्ध है। यह गुजरात के जूनागढ़, अमरेली तथा सोमनाथ जिले में स्थित है।
गिर राष्ट्रीय उद्यान का कुल क्षेत्रफल 1,295 वर्ग किमी है। गिर राष्ट्रीय उद्यान में 520 एशियाटिक शेर हैं।

34. सुन्दरी वृक्ष किस प्रकार के वनों में पाया जाता है? *(REET 2011)*

(a) ज्वारीय वन
(b) शीतोष्ण वन
(c) मरुस्थलीय वन
(d) भूमध्यसागरीय वन

व्याख्या (a) सुन्दरी वृक्ष, मैंग्रोव वनस्पति से सम्बद्ध है, जो **ज्वारीय वनों** में पाए जाते हैं। 'सुन्दरी' वृक्ष का वैज्ञानिक नाम 'हेरिटिएरा फोम्स' है।
'सुन्दरवन' में सुन्दरी वृक्ष पर्याप्त मात्रा में पाए जाते हैं। विश्व में सुन्दरी वृक्षों का 70% हिस्सा इसी क्षेत्र में पाया जाता है। अत्यधिक चारण तथा वनोन्मूलन के कारण 'सुन्दरी' वृक्षों की संख्या लगातार घटती जा रही है।
'इण्टरनेशनल यूनियन फॉर कंजर्वेशन ऑफ नेचर' (IUCN) ने सुन्दरी वन को 'संकटग्रस्त' श्रेणी में स्थान दिया है।

35. वर्षा जल संग्रहण लाभदायक है ***(REET 2011)***

(a) सिंचाई के लिए (b) कृषि के लिए
(c) जल विद्युत उत्पादन के लिए (d) भूमिगत जल स्तर सुधारने के लिए

व्याख्या (d) वर्षा जल संग्रहण (वाटर हार्वेस्टिंग) वह प्रक्रिया है जिसके माध्यम से वर्षा के जल को संग्रहीत किया जाता है। इस जल स्रोत का उपयोग **भूमिगत जल स्तर को सुधारने** में किया जाता है।
सूखाग्रस्त क्षेत्रों में 'छत उपरि जल संचयन तकनीक' को अपनाया जाता है। छतों पर वर्षा के जल का संचयन कर इसे भूमिगत टैंकों में संचित किया जाता है। इसकी सहायता से पेयजल स्रोतों को प्रभावी बनाया जाता है तथा जल की कमी के दौरान घरेलू कार्यों के लिए इसका उपयोग होता है।

36. पृथ्वी के पर्यावरण पर सबसे बड़ा प्रभाव होता है- ***(PTET 2011)***

(a) परमाणु विस्फोटों से (b) मानवीय क्रियाकलापों से
(c) रासायनिक प्रदूषण से (d) सौर विकिरण से

व्याख्या (b) पर्यावरण पर **मानवीय क्रियाकलापों** का प्रभाव सर्वाधिक होता है। ग्लोबल वार्मिंग, सागरों का अम्लीकरण, जैव विविधता ह्रास जैसी प्रक्रियाओं पर मनुष्य के प्रत्यक्ष तथा अप्रत्यक्ष क्रियाकलापों का प्रभाव पड़ता है।
1970 वर्ष के दशक में प्रसिद्ध वैज्ञानिक पॉल क्रुटन ने पर्यावरणीय ह्रास तथा प्रदूषण उत्सर्जन के लिए 'एंथ्रोपोसिन' शब्द का प्रयोग किया था। क्रुटन के अनुसार, पर्यावरण पर मानवीय प्रभाव व्यापक रूप से लागू होता है।

37. वायु प्रदूषण का नियन्त्रण यह सुनिश्चित करने हेतु महत्त्वपूर्ण है कि ***(PTET 2011)***

(a) फसलें बर्बाद नहीं हों
(b) उद्योगों को पर्याप्त स्वच्छ हवा प्राप्त हो
(c) हमें श्वसन के लिए स्वच्छ वायु मिले
(d) पशुओं की जनसंख्या कम न हो

व्याख्या (c) वायु प्रदूषण नियन्त्रण यह सुनिश्चित करता है कि वातावरण से प्रदूषणकारी तत्त्वों को नष्ट किया जाए, जिससे मनुष्य को **श्वसन हेतु स्वच्छ वायु प्राप्त** हो सके।
वायु प्रदूषण के कारण वातावरण में कार्बन डाइऑक्साइड, कार्बन मोनोऑक्साइड तथा अन्य विषैली गैसों की मात्रा बढ़ जाती है। इससे ऑक्सीजन की सान्द्रता कम होती है और मनुष्य श्वसन सम्बन्धी बीमारियों का शिकार होता है।
वायु प्रदूषण नियन्त्रण के लिए प्रयुक्त शब्द 'वायु गुणवत्ता सूचकांक' (Air Quality Index) का सन्दर्भ भी श्वसन के लिए स्वच्छ वायु से है।

38. हाल ही में भारत में ग्लेशियरों की स्थिति पर बड़ा विवाद रहा है। भय है कि ग्लेशियर ***(PTET 2011)***

(a) वृद्धिमान हैं
(b) गहराते जा रहे हैं
(c) घट रहे हैं
(d) स्थूल हो रहे हैं

व्याख्या (c) भारत में हिमनद (ग्लेशियर) के पिघलने के कारण नदियों में लगातार जल की कमी देखी गई है। ग्लेशियर पिघलने का कारण 'ग्लोबल वार्मिंग' है।
'गंगोत्री' ग्लेशियर निरन्तर पीछे खिसक रहा है। वर्ष 1962 से 2006 तक गोमुख ग्लेशियर 1.5 किमी कम हुआ है। ऐसी आशंका व्यक्त की जा रही है कि वर्ष 2035 तक कई ग्लेशियर पूर्णतः समाप्त हो सकते हैं, जिससे नदियों के अस्तित्व पर संकट उत्पन्न हो सकता है।
प्रमुख अनुसन्धानों के अध्ययन से स्पष्ट है कि विगत् 40 वर्षों में भारतीय ग्लेशियर औसतन 25 से 30 मीटर पीछे खिसक चुके हैं।

अध्याय 07

राज्य विशेष

» STATE TET

उत्तर प्रदेश सामान्य ज्ञान

1. मनोविज्ञान शाला उत्तर प्रदेश में कहाँ स्थित है? ***(UPTET 2018)***

(a) लखनऊ (b) इलाहाबाद (c) आगरा (d) वाराणसी

व्याख्या (b) मनोविज्ञान शाला उत्तर प्रदेश के **इलाहाबाद** (प्रयागराज) में स्थित है। इस मनोविज्ञान शाला की स्थापना वर्ष 1954 में की गई थी। इस प्रयोगशाला की स्थापना करने का उद्देश्य मनोविज्ञान से सम्बन्धित विषयों का व्यापक अध्ययन करना था। मनोविज्ञान को व्यवहार व मानसिक प्रक्रियाओं के अध्ययन का विज्ञान कहा गया है। मानसिक प्रक्रियाओं के अन्तर्गत संवेदन, अवधान, प्रत्यक्षण, सीखना, स्मृति, चिन्तन आदि आते हैं।

2. निम्नलिखित जलाशयों में से कौन-सा रिहन्द परियोजना से सम्बन्धित है? ***(UPTET 2017)***

(a) गाँधी सागर (b) गोविन्द वल्लभ पन्त सागर
(c) जवाहर सागर (d) गोविन्द सागर

व्याख्या (b) रिहन्द बाँध परियोजना उत्तर प्रदेश के सोनभद्र जिले में पिपरी नामक स्थान पर रिहन्द नदी पर स्थित है। इस परियोजना की शुरुआत वर्ष 1954 में तत्कालीन प्रधानमन्त्री पण्डित जवाहरलाल नेहरू द्वारा की गई थी। इस बाँध परियोजना का सम्बन्ध गोविन्द वल्लभ पन्त सागर नामक कृत्रिम झील से है। यह भारत की सबसे बड़ी कृत्रिम झील है। इस झील की अधिकतम गहराई 38 फीट है।

रिहन्द बाँध परियोजना से लाभान्वित होने वाले राज्य छत्तीसगढ़, उत्तर प्रदेश, झारखण्ड व मध्य प्रदेश का सिंगरौली जिला है। इसके अतिरिक्त जवाहरसागर, गाँधी सागर योजना चम्बल नदी पर जबकि गोविन्द सागर झील हिमाचल प्रदेश के बिलासपुर जिले में स्थित है।

3. निम्नलिखित में से कौन-सा युग्म सुमेलित नहीं है? ***(UPTET 2013)***

(a) देवीपाटन मन्दिर-तुलसीपुर (b) वृन्दावन मन्दिर-मथुरा
(c) जे. के. मन्दिर-लखनऊ (d) विश्वनाथ मन्दिर-वाराणसी

व्याख्या (c) जे. के. मन्दिर कानुपर में स्थित है। यह उत्तर प्रदेश के प्रसिद्ध मन्दिरों में से एक है। इस मन्दिर को 'राधा-कृष्ण मन्दिर' भी कहा जाता है, क्योंकि यह मन्दिर मुख्यत: राधा-कृष्ण को समर्पित है। इस मन्दिर की स्थापना 20 मई, 1960 को जे. के.ट्रस्ट द्वारा की गई थी। यह मन्दिर एक आधुनिक वास्तुशिल्प भवन है तथा मन्दिर की दीवारें भारतीय संस्कृति, सभ्यता, परम्पराओं व आध्यात्मिकता को प्रदर्शित करती हैं।

4. मलिक मोहम्मद जायसी किस ग्रन्थ के रचयिता थे? ***(CGTET 2011)***

(a) राणावत (b) पद्मावत
(c) कुसुमावत (d) कृष्णावत

व्याख्या (b) मलिक मुहम्मद जायसी **पद्मावत** ग्रन्थ के रचियता थे। इस ग्रन्थ की भाषा 'अवधी' है। इसमें रानी पद्मिनी व रावल रत्न सिंह के प्रेम का रोचक वर्णन हुआ है। मलिक मोहम्मद जायसी (1437-1542) हिन्दी साहित्य के भक्तिकाल की निर्गुण प्रेमाश्रयी शाखा के कवि थे। ये उत्तर प्रदेश के बायस नामक (रायबरेली, उत्तर प्रदेश) स्थान के रहने वाले थे। इनकी अन्य प्रमुख रचनाएँ— अखरावट, आखिरी कलाम, चित्ररेखा आदि प्रमुख हैं।

5. भारत का राष्ट्रीय चिह्न लिया गया है ***(REET 2011)***

(a) साँची स्तम्भ से (b) सारनाथ स्तम्भ से
(c) इलाहाबाद स्तम्भ से (d) लुम्बिनी स्तम्भ से

व्याख्या (b) भारत का राष्ट्रीय चिह्न **सारनाथ** (वाराणसी) के अशोक स्तम्भ से लिया गया है। इस चिह्न में चार शेर हैं, जो चारों दिशाओं की ओर मुँह किए-खड़े हैं। इसके नीचे एक गोल आधार पर चार पशु अंकित हैं— हाथी, बैल, घोड़ा, सिंह। प्रत्येक पशु के बीच में एक धर्मचक्र बना हुआ है। इस चिह्न को 26 जनवरी, 1950 को राष्ट्रीय चिह्न के रूप में अपनाया गया था। इस प्रतीक चिह्न के नीचे 'सत्यमेव जयते' अंकित है, जो मुण्डकोउपनिषद् (अथर्ववेद) से लिया गया है।

साँची स्तम्भ यह मध्य प्रदेश के रायसेन जिले में बेतवा नदी पर स्थित है। यह अशोक द्वारा बनवाया गया था। इस स्तम्भ के चारों ओर तोरण बने हैं।

इलाहाबाद स्तम्भ यह इलाहाबाद जिले के मुख्य द्वार पर स्थित 10.6 मी की ऊँचाई का 232 ई.पू. के समय का है। इस पर अशोक कालीन तीन शासकों के लेख खुदे हुए हैं।

लुम्बिनी स्तम्भ यह नेपाल में स्थित है। यह स्तम्भ एक शिलालेख के रूप में है जिसके शीर्ष पर एक घोड़ा बना है।

छत्तीसगढ़ सामान्य ज्ञान

6. कोया जनजाति किस जिले में निवास करती है? *(CGTET 2019)*
(a) भोजपुर (b) चम्पारण
(c) जयपुर (d) बलरामपुर

व्याख्या (d) कोया जनजाति छत्तीसगढ़ के **बलरामपुर** जिले में निवास करती है। बलरामपुर जिला छत्तीसगढ़ के उत्तरी भाग में स्थित है। यह एक आदिवासी प्रधान जिला है। यहाँ कोरवा, गोण्ड, खैरवा, पण्डो प्रमुख पहाड़ी आदिवासी जनजातियाँ रहती हैं।

7. बैलाडिला खदान जानी जाती है *(UPTET 2013)*
(a) सोना (b) अभ्रक
(c) लौह-अयस्क (d) हीरा

व्याख्या (c) बैलाडिला खदान **लौह-अयस्क** के लिए जानी जाती है। यह छत्तीसगढ़ के दन्तेवाड़ा जिले में स्थित है। यह खदान बैलाडिला की पहाड़ी पर स्थित है। इन पहाड़ियों की सतह बैल के कूबड़ के समान दिखती है, जिस कारण इसे बैलाडिला नाम दिया गया है।

8. इस राज्य में अस्पृश्यता उन्मूलन के कार्य को करने वाले प्रथम व्यक्ति कौन थे? *(CGTET 2011)*
(a) माधवराव सप्रे (b) सुन्दरलाल शर्मा
(c) ठाकुर छेदीलाल (d) प्यारेलाल सिंह

व्याख्या (b) छत्तीसगढ़ राज्य में अस्पृश्यता उन्मूलन के कार्य को करने वाले प्रथम व्यक्ति **सुन्दरलाल शर्मा** थे। इनका जन्म वर्ष 1907 में राजिम (रायपुर) में हुआ था। इन्होंने छत्तीसगढ़ के ग्रामीण अंचल में व्याप्त कुरीतियों, अन्धविश्वासों, अस्पृश्यता व रूढ़िवादिता को दूर करने का अथक प्रयास किया। इनके प्रयासों से ही महात्मा गाँधी सर्वप्रथम 20 दिसम्बर, 1920 को पहली बार छत्तीसगढ़ आए थे। वर्ष 1920 में असहयोग आन्दोलन के दौरान जेल जाने वाले ये प्रमुख व्यक्ति थे।

9. निम्नलिखित में से सही जोड़ी कौन-सी है? *(CGTET 2011)*
(a) सेल - कोरबा
(b) पावर ग्रिड - कुम्हारी
(c) एनटीपीसी - बस्तर
(d) एस ई सी एल - राजनांदगाँव

व्याख्या (b) **पावर ग्रिड, कुम्हारी** (दुर्ग) में स्थित है, जबकि **सेल** (स्टील अथॉरिटी ऑफ इण्डिया लिमिटेड), **भिलाई** (दुर्ग) में तथा **एनटीपीसी, कोरबा** में तथा **एस ई सी एल, बिलासपुर** में स्थित है।

10. भोरम देव का मन्दिर किस वंश के राजा के काल में निर्मित हुआ? *(CGTET 2011)*
(a) चिन्दक नाग वंश (b) नल वंश
(c) फणिनाग वंश (d) कलचुरि वंश

व्याख्या (c) भोरम देव का मन्दिर **फणिनाग वंश** के शासक रामचन्द्र के शासन काल में 7वीं से 11वीं शताब्दी के बीच बनाया गया था। यह मन्दिर नागर शैली में बना है तथा भगवान शिव को समर्पित है। इसे 'छत्तीसगढ़ के खजुराहो' के नाम से भी जाना जाता है। यह मन्दिर छत्तीसगढ़ के कबीरधाम जिले में स्थित है।

11. दुर्ग जिले में स्थित 'जामुल' किस उद्योग के लिए जाना जाता है? *(CGTET 2011)*
(a) एल्युमीनियम उद्योग
(b) सीमेण्ट उद्योग
(c) लौह एवं इस्पात उद्योग
(d) उपरोक्त में से कोई नहीं

व्याख्या (b) दुर्ग जिले में स्थित 'जामुल' **सीमेण्ट उद्योग के लिए** प्रसिद्ध है। इसके अतिरिक्त लौह-इस्पात उद्योग के लिए भिलाई इस्पात संयन्त्र (दुर्ग) तथा एल्युमीनियम उद्योग के लिए कोरबा जिला प्रसिद्ध है।

12. अगस्त, 1930 में इस राज्य के किस स्थान में जंगल सत्याग्रह हुआ? *(CGTET 2011)*
(a) रुद्री नवागाँव (b) गट्टा सिल्ली
(c) तमोरा (d) पोड़ीगाँव

उत्तर (a) अगस्त, 1930 में **रुद्री नवागाँव** में दूसरा जंगल सत्याग्रह आरम्भ हुआ। इसके सूत्रधार शंकर राव (गनादे वाले) थे। जंगल सत्याग्रह ब्रिटिश सरकार द्वारा आदिवासियों के परम्परागत अधिकारों को समाप्त करने के विरुद्ध था। छत्तीसगढ़ राज्य में प्रथम सत्याग्रह जनवरी, 1922 में सिहाबा नगरी में चलाया गया था। यह देश का पहला जंगल सत्याग्रह था। इसके सूत्रधार श्यामलाल सोम थे।

13. इस राज्य में कुल राष्ट्रीय उद्यान, वन्यजीव अभयारण्यों की संख्या है *(CGTET 2011)*
(a) 3-11 (b) 4-7
(c) 5-8 (d) 6-10

व्याख्या (a) छत्तीसगढ़ राज्य में 3 राष्ट्रीय उद्यान व 11 वन्यजीव अभयारण्य हैं, जो अपनी अद्वितीय प्राकृतिक सुन्दरता व विविध और समृद्ध वनस्पतियों व जीवों के लिए प्रसिद्ध हैं। इसमें इन्द्रावती राष्ट्रीय उद्यान (दन्तेवाड़ा) राज्य का सबसे प्रसिद्ध वन्यजीव अभयारण्य है। राज्य में दुर्लभ वन्यजीव प्रजातियाँ पाई जाती हैं। वन्यजीव व प्रकृति प्रेमियों के लिए छत्तीसगढ़ एक आदर्श स्थल है।

14. द्वितीय पंचवर्षीय योजना में स्थापित इस राज्य की प्रमुख औद्योगिक नगरी कहाँ स्थित है? *(CGTET 2011)*
(a) कोरबा (b) नायगढ़
(c) भिलाई (d) बिलासपुर

व्याख्या (c) दूसरी पंचवर्षीय योजना (वर्ष 1956-61) में छत्तीसगढ़ राज्य के दुर्ग जिले के **भिलाई** में सोवियत संघ के सहयोग से लौह-इस्पात संयन्त्र को स्थापित किया गया। इसके

अतिरिक्त बोकारो (झारखण्ड), राउरकेला (ओडिशा), दुर्गापुर (पश्चिम बंगाल) में भी दूसरी पंचवर्षीय योजना के अन्तर्गत लौह-इस्पात संयन्त्र की स्थापना की गई। द्वितीय पंचवर्षीय योजना पी.सी. महालनोबिस मॉडल पर आधारित थी।

15. माना, पाखांजूर और मैनपाट का सम्बन्ध किससे है? *(CGTET 2011)*

(a) धार्मिक स्थल (b) शरणार्थी स्थल
(c) ऐतिहासिक स्थल (d) युद्ध स्थल

व्याख्या (b) माना, पाखांजूर, मैनपाट का सम्बन्ध **शरणार्थी स्थल** से है, क्योंकि वर्ष 1962 में यहाँ तिब्बतियों को शरणार्थी के रूप में बसाया गया था, इसलिए इसे 'छोटा तिब्बत' भी कहा जाता है। **मैनपाट** छत्तीसगढ़ राज्य के सरगुजा जिले में स्थित है। इसे 'छत्तीसगढ़ का शिमला' भी कहा जाता है। इसके अतिरिक्त **पाखांजूर** छत्तीसगढ़ के कांकेर जिले में स्थित है। माना छत्तीसगढ़ के रायपुर जिले में स्थित है।

16. इस राज्य में किस स्थान पर प्रतिवर्ष कुम्भ मेला लगता है? *(CGTET 2011)*

(a) शिवरी नारायण (b) राजिम
(c) दामाखेड़ा (d) चम्पारण

व्याख्या (b) छत्तीसगढ़ राज्य के **राजिम** नामक स्थान पर प्रतिवर्ष कुम्भ मेले का आयोजन किया जाता है। राजिम महानदी के तट पर स्थित प्रसिद्ध तीर्थ है। इसे छत्तीसगढ़ का 'प्रयाग' भी कहते हैं, क्योंकि यहाँ पैरी नदी, सोंदुर नदी व महानदी का संगम होता है। संगम के मध्य में कुलेश्वर महादेव का विशाल मन्दिर भी स्थित है। मान्यता है कि यहाँ भगवान राम ने वनवास के दौरान कुल देवता महादेव की पूजा की थी। राजिम प्राचीन मन्दिरों व विरासत के लिए प्रसिद्ध है।

17. 'सतनाम पंथ' के संस्थापक थे *(CGTET 2011)*

(a) गुरु घासीदास (b) कबीरदास
(c) रामदास (d) ठाकुर प्यारे लाल सिंह

व्याख्या (a) 'सतनाम पंथ' के संस्थापक **गुरु घासीदास** थे। इनका जन्म 18 दिसम्बर, 1756 को छत्तीसगढ़ राज्य के रायपुर जिले के गिरौदपुरी ग्राम में हुआ था। गुरु घासीदास के सात वचन सतनाम पंथ के 'सप्त सिद्धान्त' के रूप में प्रतिष्ठित हैं। उन्होंने समाज में व्याप्त जातिगत विषमताओं को नकारा तथा कई वर्णों में बाँटने वाली जाति व्यवस्था का विरोध किया। गुरु घासीदास ने मूर्ति-पूजा को वर्जित किया।

उत्तराखण्ड सामान्य ज्ञान

18. वर्ष 2011 की जनगणना के आँकड़ों के अनुसार उत्तराखण्ड की जनसंख्या है *(UTET 2016)*

(a) 84, 60, 942
(b) 89, 75, 454
(c) 1, 01, 16, 752
(d) 1, 20, 15, 900

व्याख्या (c) वर्ष 2011 की जनगणना के अनुसार उत्तराखण्ड की जनसंख्या 1, 01, 16, 752 है। यहाँ की दशकीय वृद्धि दर 19.15% तथा जनघनत्व 189 व स्त्री-पुरुष अनुपात 863 है।

19. उत्तराखण्ड में निम्न में से वह कौन-सा आवासीय विद्यालय है, जिसमें केवल अनुसूचित जनजातियों के विद्यार्थियों हेतु प्रवेश की व्यवस्था की गई? *(UTET 2016)*

(a) राजीव गाँधी नवोदय विद्यालय
(b) जवाहर नवोदय विद्यालय
(c) कस्तूरबा गाँधी आवासीय विद्यालय
(d) एकलव्य आवासीय विद्यालय

व्याख्या (d) उत्तराखण्ड **एकलव्य आवासीय विद्यालय** के अन्तर्गत केवल अनुसूचित जनजातियों के विद्यार्थियों हेतु प्रवेश की व्यवस्था की गई है। ये आवासीय विद्यालय भारतीय संविधान के अनुच्छेद-275 (1) के अन्तर्गत स्थापित किए गए हैं। इन स्कूलों को खोलने के निर्देश वर्ष 1997-98 में जारी किए गए तथा वर्ष 2000 में महाराष्ट्र में पहला स्कूल खोला गया। इसके अतिरिक्त **राजीव गाँधी नवोदय विद्यालय** की स्थापना वर्ष 1930 में देहरादून में, जबकि **कस्तूरबा गाँधी आवासीय विद्यालय** का शुभारम्भ वर्ष 2006-07 में किया गया था।

20. उत्तराखण्ड का प्रसिद्ध सूर्य मन्दिर स्थित है *(UTET 2016)*

(a) लाखामण्डल, देहरादून में
(b) द्वारहाट, अल्मोड़ा में
(c) कनखल, हरिद्वार में
(d) कटारमल, अल्मोड़ा में

व्याख्या (b) उत्तराखण्ड का प्रसिद्ध सूर्य मन्दिर **द्वारहाट, अल्मोड़ा** में स्थित है। यह मन्दिर 'कटारमल सूर्य मन्दिर' के नाम से भी जाना जाता है। यह मन्दिर समुद्र तल से 2,116 मीटर की ऊँचाई पर स्थित है। यह कोणार्क के सूर्य मन्दिर के बाद एकमात्र सूर्य मन्दिर भी है। इस मन्दिर का निर्माण 13वीं शताब्दी में कत्युरी वंश के राजा 'कतर्मल्ला' द्वारा करवाया गया था। यह मन्दिर अपनी शानदार वास्तुकला, खूबसूरत नक्काशी व लकड़ियों के दरवाजे के लिए प्रसिद्ध है।

21. नैनीताल झील को स्कन्द पुराण में निम्न में से किस नाम से जाना गया है? *(UTET 2016)*

(a) सप्तऋषि सरोवर
(b) अगस्त्य सरोवर
(c) त्रिऋषि सरोवर
(d) पंचऋषि सरोवर

व्याख्या (c) नैनीताल झील को स्कन्द पुराण में **त्रिऋषि सरोवर** के रूप में जाना जाता है। इस झील का निर्माण अत्री, पुलस्त्य, पुलह ऋषि द्वारा किया गया था। यह झील 64 शक्ति पीठों में से एक है। मान्यता है कि इस झील में डुबकी लगाने से उतना ही पुण्य मिलता है जितना मानसरोवर नदी में डुबकी लगाने से मिलता है। यह झील ताजे पानी की झील है। इस झील के उत्तरी किनारे को मल्लीताल तथा दक्षिणी किनारे को तल्लीताल कहते हैं। झील के उत्तरी छोर पर नैना देवी मन्दिर स्थित है।

राजस्थान सामान्य ज्ञान

22. मंगला तेल कुआँ स्थित है *(REET 2014)*

(a) हरियाणा में (b) राजस्थान में (c) गोवा में (d) असोम में

व्याख्या (b) मंगला तेल कुआँ **राजस्थान** के बाड़मेर जिले में स्थित है। जनवरी 2004 में इस तेल क्षेत्र की खोज हुई तथा अगस्त, 2009 को मंगला तेल क्षेत्र में पेट्रोलियम का उत्पादन शुरु हुआ था।

23. राजस्थान में नगर निगम के प्रमुख को कहते हैं *(REET 2012)*

(a) अध्यक्ष (b) महापौर (c) सभापति (d) नगर प्रमुख

व्याख्या (a) राजस्थान में नगर निगम प्रमुख को **अध्यक्ष** कहा जाता है। नगर निगम का गठन पंचायती राजव्यवस्था के निगम अधिनियम-1835 के अन्तर्गत किया गया है। नगर अध्यक्ष नगर निगम का प्रमुख होता है। निगम प्रभारी नगर आयुक्त के अधीन होता है। निगम के विकास की योजना बनाने से सम्बन्धित कार्यक्रमों की निगरानी और कार्यान्वियन करने का कार्य नगर अध्यक्ष का होता है। नगर निगम का कार्यकाल 5 वर्ष का होता है।

24. विरासत के संरक्षण हेतु स्मारक, पुराशेष, स्थान एवं प्राचीन वस्तु अधिनियम राजस्थान में कब लागू हुआ? *(REET 2012)*

(a) वर्ष 1961 (b) वर्ष 1971 (c) वर्ष 1947 (d) वर्ष 1952

व्याख्या (a) विरासत के संरक्षण हेतु स्मारक, पुराशेष, स्थान व प्राचीन वस्तु अधिनियम राजस्थान में वर्ष 1961 में लागू हुआ।

25. बालद क्या है? *(REET 2012)*

(a) माण्ड गायन की परम्परा
(b) बिणजारों का वह बैल समूह, जिसकी पीठ पर माल लादकर विक्रय हेतु ले जाया जाता है
(c) 'ओलयूं' का पर्यायवाची
(d) अकाल पड़ने पर मवेशियों को चारे-पानी की खोज में अन्य भू-भागों में ले जाने की घटना

व्याख्या (b) 'बालद' राजस्थान में बिणजारों का बैल समूह है, जिसकी पीठ पर माल को लादकर बेचने हेतु ले जाया जाता है।

26. राजस्थान के जननायक माणिक्यलाल वर्मा के बारे में निम्न में से कौन-सा कथन असत्य है? *(REET 2012)*

(a) इनका जन्म बिजौलिया में हुआ था
(b) इन्होंने अपना जीवन एक किसान के रूप में शुरु किया था
(c) वे बिजौलिया किसान आन्दोलन से लम्बे समय तक सम्बद्ध रहे
(d) स्वतन्त्रता प्राप्ति के पश्चात् वे वृहत्तर राजस्थान के प्रधानमन्त्री बने

व्याख्या (b) दिए गए विकल्पों में से विकल्प (b) असत्य है। राजस्थान के जननायक माणिक्यलाल वर्मा का जन्म 1897 ई. में बिजौलिया में एक कायस्थ परिवार में हुआ था। अपनी शिक्षा समाप्त कर वे बिजौलिया ठिकाने में नौकरी करने लगे। विजय सिंह पार्थक की प्रेरणा से ये बिजौलिया किसान आन्दोलन में सम्मिलित हो गए और अपने भाषणों व कविताओं द्वारा किसानों को जागृत करने लगे। वर्ष 1938 में इन्होंने कांग्रेस के हरिपुरा अधिवेशन में भाग लिया। स्वतन्त्रता प्राप्ति के पश्चात् ये वृहत्तर राजस्थान के प्रधानमन्त्री बने तथा 14 जनवरी, 1969 को इनका देहान्त हो गया।

27. निम्नलिखित में से कौन-सा युग्म सही सुमेलित नहीं है? *(REET 2012)*

	उद्योग	स्थान
(a)	हिन्दुस्तान मशीन टूल्स (एचएमटी)	अजमेर
(b)	बॉल बियेरिंग	अलवर
(c)	सीमेण्ट	मोड़क
(d)	विद्युत मीटर	जयपुर

व्याख्या (b) दिए युग्मों में से विकल्प (b) सही सुमेलित नहीं है। **बॉल बियेरिंग उद्योग राजस्थान के जयपुर** जिले में स्थित है। इसके अतिरिक्त हिन्दुस्तान मशीन टूल्स अजमेर में, सीमेण्ट उद्योग मोड़क में व विद्युत मीटर उद्योग जयपुर जिले में स्थित है।

28. राजस्थान की अमूल्य साहित्यिक धरोहर 'वातां री फुलवाड़ी' कितने खण्डों में उपलब्ध है? *(REET 2012)*

(a) 8 (b) 10
(c) 12 (d) 16

व्याख्या (*) राजस्थान की अमूल्य साहित्यिक धरोहर 'वातां री फुलवाड़ी' **14 खण्डों में** उपलब्ध है। इस 'वातां री फुलवाड़ी' में राजस्थानी भाषा में लोक कथाएँ हैं, जिसके लेखक विजयदान देवा थे। इन्हें वर्ष 1974 में राजस्थानी भाषा के लिए साहित्य अकादमी पुरस्कार से सम्मानित किया गया।

29. राजस्थान के किस जिले में छबड़ा तापीय ऊर्जा केन्द्र स्थित है? *(REET 2012)*

(a) कोटा (b) बाराँ
(c) झालावाड़ (d) सवाई माधोपुर

व्याख्या (b) छबड़ा तापीय ऊर्जा केन्द्र राजस्थान के **बाराँ** जिले में मोतीपुर गाँव में स्थित है। यह कोयला आधारित बिजली संयन्त्र है। इसकी नियोजित क्षमता 2,320 मेगावाट है। यह राजस्थान में सर्वाधिक बिजली उत्पादन की इकाई है। इस ऊर्जा संयन्त्र की स्थापना वर्ष 1989 में की गई थी।

30. राजस्थान में प्रमुख अभ्रक उत्पादक जिले हैं *(REET 2012)*

(a) अजमेर, भीलवाड़ा और जयपुर
(b) उदयपुर, चित्तौड़गढ़ और राजसमन्द
(c) भीलवाड़ा, चित्तौड़गढ़ और कोटा
(d) जयपुर, दौसा और टोंक

व्याख्या (a) राजस्थान में प्रमुख अभ्रक उत्पादक जिले **अजमेर, भीलवाड़ा व जयपुर** हैं। अभ्रक के उत्पादन में भारत का विश्व में प्रथम स्थान है। झारखण्ड के कोडरमा को 'अभ्रक की राजधानी' भी कहा जाता है। अभ्रक विद्युत का कुचालक है। इसका प्रयोग ट्रांसफार्मर आदि संयन्त्रों में किया जाता है।

31. निम्नलिखित में से कौन-सी एक राजस्थान में वर्षा जल संग्रहण की परम्परागत विधि है? *(REET 2012)*

(a) तालाब (b) कुआँ (c) नदी (d) टांका

व्याख्या (d) **टांका** राजस्थान के ग्रामीण क्षेत्रों में वर्षा जल संग्रहण करने की एक परम्परागत विधि है। इसकी शुरुआत थार रेगिस्तान (राजस्थान) से हुई थी। इस विधि में पानी को इकट्ठा किया जाता है तथा बाल्टी की मदद से बाहर निकाल कर उपयोग में लिया जाता है।

32. ऐतिहासिक स्थल 'मानगढ़' राजस्थान के किस जिले में स्थित है? *(REET 2012)*

(a) डूंगरपुर (b) प्रतापगढ़ (c) राजसमन्द (d) बाँसवाड़ा

व्याख्या (d) ऐतिहासिक स्थल 'मानगढ़' राजस्थान के **बाँसवाड़ा** जिले में स्थित है। वर्ष 1913 में यहाँ गोविन्द गुरु के नेतृत्व में अंग्रेजों से स्वतन्त्रता की लड़ाई में करीब 1500 आदिवासी शहीद हो गए थे। 19वीं शताब्दी में गोविन्द गुरु ने आदिवासियों के सशक्तीकरण के लिए 'भगत आन्दोलन' चलाया था।

33. राजस्थान में अगस्त, 2010 में हुए स्थानीय निकायों के चुनाव में महिलाओं ने आरक्षण का कितना प्रतिशत का लाभ उठाया? *(REET 2012)*

(a) 30 (b) 33 (c) 50 (d) 10

व्याख्या (c) राजस्थान में अगस्त, 2010 में हुए स्थानीय निकायों के चुनावों में महिलाओं ने आरक्षण का **50%** लाभ उठाया था।

34. राजस्थान में विधानसभा के सदस्यों की कुल संख्या है *(REET 2012)*

(a) 200 (b) 180 (c) 160 (d) 210

व्याख्या (a) राजस्थान में विधानसभा के सदस्यों की कुल संख्या 200 है। राजस्थान विधानसभा में एकसदनीय विधानमण्डल है। यह राज्य की राजधानी जयपुर में स्थित है। राजस्थान विधानसभा का कार्यकाल 5 वर्ष का होता है।

35. राजस्थान के किस जिले में टंगस्टन का उत्पादन होता है? *(REET 2012)*

(a) भीलवाड़ा (b) उदयपुर (c) नागौर (d) जयपुर

व्याख्या (c) टंगस्टन राजस्थान के **नागौर** जिले में उत्पादित किया जाता है। भारत में सबसे ज्यादा टंगस्टन का उत्पादन कर्नाटक राज्य में होता है। टंगस्टन का उपयोग बिजली के बल्बों के तन्तुओं में होता है। इसके अतिरिक्त इसका उपयोग मिश्र धातु बनाने में तथा इस्पात उद्योग में होता है। राजस्थान के भीलवाड़ा व उदयपुर जिले चाँदी उत्पादन में तथा जयपुर में लौह अयस्क का उत्पादन किया जाता है।

36. राजस्थान में राष्ट्रीय राजमार्ग-15 पर स्थित नगर है *(RTET 2011)*

(a) बीकानेर, नागौर, जोधपुर, पाली
(b) गंगानगर, बीकानेर, जैसलमेर, बाड़मेर
(c) जयपुर, अजमेर, उदयपुर, डूंगरपुर
(d) जयपुर, टांक, बूँदी, कोटा

व्याख्या (b) राजस्थान में राष्ट्रीय राजमार्ग-15 पर गंगानगर, बीकानेर, जैसलमेर, बाड़मेर नगर स्थित हैं। यह राजमार्ग पठानकोट (पंजाब) से काण्डला (गुजरात) तक जाता है। इस राजमार्ग की कुल लम्बाई 875 किलोमीटर है।

37. राजस्थान में सोयाबीन के प्रमुख उत्पादक जिले हैं *(REET 2011)*

(a) गंगानगर - हनुमानगढ़ (b) कोटा - बाराँ
(c) बूँदी - टोंक (d) जयपुर - दौसा

व्याख्या (b) राजस्थान में सोयाबीन के प्रमुख उत्पादक जिले कोटा व बाराँ हैं। भारत में मध्य प्रदेश राज्य में सोयाबीन का सर्वाधिक उत्पादन होता है।
इसके अतिरिक्त राजस्थान का **गंगानगर** जिला गेहूँ उत्पादन में तथा **हनुमानगढ़** जिला चावल उत्पादन में प्रथम स्थान पर है।

38. वह किला, जिस पर अंग्रेज जनरल लार्ड येक ने पाँच बार चढ़ाई की, किन्तु असफल हुआ, है *(REET 2011)*

(a) लोहागढ़, भरतपुर (b) बाला किला, अलवर
(c) माण्डलगढ़ (d) अचलगढ़, आबू

व्याख्या (a) **लोहागढ़** का किला राजस्थान के भरतपुर जिले में स्थित है। इस किले पर अधिकार करने के लिए जनरल लार्ड येक ने पाँच बार चढ़ाई की, परन्तु वह असफल रहा। यह भारत का एकमात्र अजेय दुर्ग है, इसलिए इसे अजयगढ़ का दुर्ग भी कहते हैं। इस दुर्ग का निर्माण भरतपुर के जाट वंश के शासक महाराजा सूरजमल ने 1733 ई. में करवाया था। इस किले के चारों ओर मिट्टी की दोहरी दीवार बनी है, इसलिए इसे मिट्टी का दुर्ग भी कहा जाता है।

39. किस जिले में गौगामेढ़ी मेला लगता है? *(REET 2011)*

(a) बीकानेर (b) गंगानगर (c) हनुमानगढ़ (d) चुरू

व्याख्या (c) राजस्थान के **हनुमानगढ़** जिले में गौगामेढ़ी मन्दिर में गौगामेढ़ी मेला लगता है। यह मेला सावन पूर्णिमा की कृष्ण पक्ष की नवमी को आयोजित किया जाता है। इस मेले में सभी धर्मों के लोग आकर अपनी आस्था प्रकट करते हैं। गौगादेव, गुरु गोरखनाथ के परम शिष्य थे। वे एक वीर योद्धा, परमभक्त व प्रतापी राजा थे। उनकी याद में ही यह मेला प्रतिवर्ष आयोजित किया जाता है।

40. मेवाड़ प्रज्ञामण्डल के प्रथम अध्यक्ष थे *(REET 2011)*

(a) माणिक्य लाल वर्मा (b) बलवन्त सिंह मेहता
(c) भूरेलाल बया (d) रमेश चन्द्र व्यास

व्याख्या (b) मेवाड़ प्रज्ञामण्डल के प्रथम अध्यक्ष **बलवन्त सिंह मेहता** थे। इस मण्डल की स्थापना अप्रैल, 1938 में माणिक्य लाल वर्मा द्वारा की गई थी। इस संस्था के उपाध्यक्ष भूरेलाल थे। वर्ष 1941 में मेवाड़ प्रज्ञामण्डल के पहले अधिवेशन की अध्यक्षता माणिक्य लाल वर्मा ने की थी। इस संस्था की स्थापना का उद्देश्य स्वतन्त्रता प्राप्त करना था। मेवाड़ प्रज्ञामण्डल में माणिक्य लाल वर्मा ने प्रतिनिधि के रूप में अखिल भारतीय कांग्रेस के वर्ष 1942 के ऐतिहासिक सत्र में भाग लिया था।

अध्याय 01

भारत में विविधता

» CTET

1. भारतीय राष्ट्र-राज्य का वर्णन करने के लिए 'विविधता में एकता' मुहावरा इन राष्ट्रीय नेताओं में से किसने दिया? *(CTET, 2016)*

(a) महात्मा गाँधी
(b) बाल गंगाधर तिलक
(c) सरदार वल्लभभाई पटेल
(d) पण्डित जवाहरलाल नेहरू

व्याख्या (d) भारतीय राष्ट्र-राज्य का वर्णन करने के लिए 'विविधता में एकता' मुहावरा भारत के प्रथम प्रधानमन्त्री **पण्डित जवाहरलाल नेहरू** ने दिया था।
उनके अनुसार, भारत एक विशाल देश है, यहाँ प्रजातीय, भाषायी, धार्मिक तथा जातीय विविधताएँ पाई जाती हैं। यहाँ, विभिन्न संस्कृतियों, प्रदेशों तथा विभिन्न धर्मों से सम्बन्धित होते हुए भी लोगों ने एकसाथ मिलकर ब्रिटिश साम्राज्य का विरोध किया। इसीलिए पण्डित जवाहरलाल नेहरू ने उपर्युक्त वक्तव्य दिया था।

2. भारत में असमानता का मुख्य कारण क्या है? *(CTET, 2014)*

(a) जाति
(b) लिंग
(c) गरीबी
(d) धर्म

व्याख्या (c) भारत में असमानता का मुख्य कारण **गरीबी** है। असमानता के अन्य गौण कारण लिंग, जाति और धर्म आदि भी हैं। यदि कोई व्यक्ति अपनी मूलभूत आवश्यकताओं (रोटी, कपड़ा और मकान) से वंचित है, तो वह गरीब व्यक्ति की श्रेणी में आता है।

3. निम्नलिखित में से कौन-सा लिंगमूलक भेदभाव प्रदर्शित करता है? *(CTET, 2013)*

(a) लड़कियाँ, लड़कों से अधिक मेधावी होती हैं
(b) लड़कियाँ केवल घर के काम-काज कर सकती हैं
(c) लड़कियाँ उन तमाम कार्यों को कर सकती हैं, जो एक लड़का कर सकता है
(d) लड़कियों को लड़कों के समान अवसर मिलने चाहिए

व्याख्या (b) दिए वाक्य **लड़कियाँ केवल घर के काम-काज कर सकती हैं**, लिंगमूलक भेदभाव को प्रदर्शित करता है, साथ ही लिंग असमानता को बढ़ावा भी देता है, जबकि प्रश्न में दिए गए अन्य विकल्पों; जैसे—लड़कियाँ लड़कों से अधिक मेधावी होती हैं, लड़कियाँ उन सभी कार्यों को कर सकती हैं, जो एक लड़का कर सकता है तथा लड़कियों को लड़कों के समान अवसर मिलने चाहिए आदि में लिंग असमानता को कम करने का प्रयास किया गया है।

4. आप कक्षा VIII में विद्यार्थियों को 'विविधता में एकता' पढ़ा रहे हैं। आप विद्यार्थियों को प्रभावी तरीके से अवधारणा समझाने के लिए निम्नलिखित में से किस गतिविधि को करेंगे? *(CTET, 2012)*

(a) विद्यालय के समीप हाइड्रो-इलेक्ट्रिक परियोजना का मॉडल बनाना
(b) पाठ को अच्छी तरह से पढ़ा देने के बाद परीक्षा लेना
(c) हमारे देश के नृत्य के विभिन्न प्रकारों पर फीचर प्रस्तुत करना और उनमें निहित समानताओं तथा अन्तरों का मूल्यांकन करना
(d) भारत के राज्यों के बीच 'नदी विवादों' पर निबन्ध लिखना

व्याख्या (c) विविधता का तात्पर्य मनुष्यों के बीच वंशानुगत आधार पर भाषायी, सांस्कृतिक एवं धार्मिक विभिन्नता आदि से है। कक्षा VIII के विद्यार्थी को प्रभावी तरीके से 'विविधता में एकता' की अवधारणा समझाने के लिए देश के विभिन्न भागों में प्रचलित **विभिन्न प्रकार के नृत्यों में अन्तर स्थापित करना और समानताओं का मूल्यांकन करना** आदि सही साबित हो सकता है।

5. निम्न में से कौन-सा विविधता को बढ़ावा देता है? *(CTET, 2011)*

(a) अपने गाँव जाना
(b) रेलगाड़ी से यात्रा करना
(c) अपनी मातृभाषा में बोलना
(d) अपने त्योहारों को मनाना

व्याख्या (b) रेलगाड़ी से यात्रा करना विविधता को बढ़ावा देता है। यात्रा के दौरान न केवल विविध स्थलों से गुजरते समय वहाँ की संस्कृति (खान-पान, वेश-भूषा, रहन-सहन, बात-चीत) से सरोकार होता है, बल्कि उन्हें समझने में भी विविधता को बढ़ावा मिलता है। यात्रा के दौरान प्राकृतिक विविधता से भी संपर्क होता है और विविध पशु-प्रजातियाँ, वन-जंगल आदि का भी प्रापक्ष दर्शन होता है। ये सभी चीजें विविधता को बढ़ाती हैं। विविधता में एक सभ्यता का कोई महत्व नहीं होता है। अपने गाँव में जाना, अपने त्योहार मनाना एवं अपनी भाषा बोलना, विविधता को बढ़ावा नहीं बल्कि विविधता को संकुचित करते हैं।

6. भारतीय समाज की प्रमुख विशेषता है ***(REET, 2011)***

(a) अनेकता में एकता (b) अशिक्षा
(c) स्वावलम्बन (d) प्रादेशिकता

व्याख्या (a) भारतीय समाज की प्रमुख विशेषता **अनेकता में एकता** है। यहाँ अनेक धर्म, भाषा, त्योहार, खान-पान से सम्बन्धित लोग रहते हैं। भारत के अलग-अलग राज्यों में अलग-अलग प्रकार की विविधताएँ देखने को मिलती हैं। इन सभी विविधताओं के उपरान्त भी सभी लोग एकसाथ प्रेमपूर्वक एक ही समाज में रहते हैं। यही विशेषता समाज में 'अनेकता में एकता' को दर्शाती है।

7. क्षेत्रीयतावाद मुख्य कारण है ***(REET, 2011)***

(a) गरीबी का
(b) सामाजिक तनावों का
(c) बेरोजगारी का
(d) वैश्वीकरण का

व्याख्या (b) क्षेत्रीयतावाद या क्षेत्रवाद **सामाजिक तनावों का** मुख्य कारण है। क्षेत्रवाद एक विचारधारा है, जो किसी ऐसे क्षेत्र से सम्बन्धित होती है, जो धार्मिक, आर्थिक, सामाजिक या सांस्कृतिक कारणों से अपने पृथक् अस्तित्व के लिए जाग्रत होती है और अपनी पृथक्ता बनाए रखने का प्रयास करती है। क्षेत्रवाद के कारण भारतीय इतिहास में कई रियासतों व राज्यों का उदय हुआ। भारत-पाकिस्तान विभाजन भी क्षेत्रवाद का ही परिणाम है।

8. भारत में गरीबी के लिए कौन-सा कारण उत्तरदायी नहीं है? ***(REET, 2011)***

(a) बेरोजगारी (b) तीव्र जनसंख्या वृद्धि
(c) शिक्षा (d) वृहद् परिवार

व्याख्या (c) बेरोजगारी, तीव्र जनसंख्या वृद्धि, वृहद् परिवार आदि भारत में गरीबी के मुख्य कारण हैं, जबकि **शिक्षा** गरीबी को दूर करने में सहायक है।

शिक्षा द्वारा ही उपर्युक्त कारणों का समाधान हो सकता है तथा गरीबी को दूर किया जा सकता है। बेरोजगारी से लोगों की क्रय शक्ति घटती है और अन्ततः गरीबी को बढ़ावा मिलता है।

तीव्र जनसंख्या वृद्धि, यदि उत्पादन भी समान स्तर पर रहे तो कारगार होती है, किन्तु दोनों में विरोधाभास होता है जो अन्त: उत्पादन कम होने के कारण गरीबी में वृद्धि करता है।

वृहद परिवार के अन्तर्गत यदि सभी लोग उत्पादन हों, तो समस्या नहीं आती है। लेकिन अनुत्पादक रहने के कारण गरीबी बढ़ती है।

9. 'भारत में एकता में अनेकता और अनेकता में एकता है।' यह कथन किसका है? ***(PTET, 2016)***

(a) ए. एल. वाशम का
(b) वी. ए. स्मिथ का
(c) मैक्स मूलर का
(d) जवाहरलाल नेहरू का

व्याख्या (b) 'भारत में एकता में अनेकता और अनेकता में एकता' कथन **वी.ए. स्मिथ** का है। भारत में विभिन्न प्रकार की विभिन्नताएँ हैं, फिर भी यहाँ लोगों में एकता विद्यमान है, साथ ही देशवासियों में एकता होने पर भी विभिन्न क्षेत्रों में अनेकता देखने को मिलती है।

10. जब सरकार का ऐसी रीतियों (रिवाजों) से सामना होता है, जो कानून की दृष्टि से भिन्न होती हैं, तो इन्हें व्यावहारिक कानून के अन्तर्गत रखा जाता है। यहाँ 'रिवाज' की परिभाषा है*PTET, 2016)*

(a) ऐसी रीति (रिवाज) जो 'चिरकाल' (लम्बे-समय) से चलन में है
(b) ऐसी परिपाटी (परम्परा) जिस पर सामाजिक मतैक्यता हो
(c) ऐसा विचार जो खाप द्वारा समर्थित है
(d) ऐसी प्रथा जो मानव इतिहास का एक हिस्सा है

व्याख्या (a) जब सरकार का ऐसी रीतियों (रिवाजों) से सामना होता है, जो कानून की दृष्टि से भिन्न होते हैं तो इन्हें व्यावहारिक कानून के अन्तर्गत रखा जाता है। रीति अथवा रिवाज ऐसी परम्पराएँ/कार्य होते हैं, **जो चिरकाल** (लम्बे समय) **से प्रचलन में** हों। इन्हीं रिवाजों को व्यावहारिक कानूनों में स्थान दिया जाता है।

11. भाषा के आधार पर लोगों का विभाजन किन सिद्धान्त पर कार्य करता है? ***(PTET, 2016)***

(a) अपनी भाषा में प्रशासन अच्छा होता है
(b) भाषा वह संयोजक है, जो लोगों को आपस में जोड़ती है तथा उन्हें चिह्नित करती है।
(c) प्रशासनिक सरलता के लिए स्थानीय भाषा का प्रयोग
(d) उपरोक्त सभी

व्याख्या (d) *भाषा के आधार पर लोगों का विभाजन निम्न सिद्धान्तों पर कार्य करता है*

- अपनी भाषा में प्रशासनिक व्यवस्था अच्छी होती है, क्योंकि जनसम्पर्क में बढ़ता है।
- प्रशासनिक सरलता के लिए स्थानीय भाषा का प्रयोग भी कर सकते हैं।
- अपनी भाषा में लोकजन की समस्याएँ, राय अथवा स्थिति समझने में आसानी होती है, क्योंकि भाषा वह संयोजक है, जो लोगों को आपस में जोड़ती है तथा उन्हें चिह्नित करती है।

अध्याय 02

संविधान तथा लोकतन्त्र

» CTET

1. भारत का संविधान कब अपनाया गया था? *(CTET 2018; REET 2018)*

(a) 26 नवम्बर, 1947 (b) 26 नवम्बर, 1949
(c) 26 जनवरी, 1950 (d) 15 अगस्त, 1947

व्याख्या (b) भारत के संविधान को **26 नवम्बर, 1949** को अपनाया गया था, परन्तु इसे पूर्णरूप से 26 जनवरी, 1950 को लागू किया गया था। भारतीय संविधान की निर्माण प्रक्रिया में कुल 2 वर्ष, 11 महीने और 18 दिन लगे, तब इसमें कुल 22 भाग, 395 अनुच्छेद और 8 अनुसूचियाँ थीं। वर्तमान समय में संविधान में 22 भाग, 395 अनुच्छेद तथा 12 अनुसूचियाँ हैं। जबकि अनुच्छेद में विविध खण्ड/उपखण्ड के माध्यम से बढ़ोत्तरी की गई है। अत: इनकी संख्या 471 है।

2. भारत के संविधान में निम्नलिखित में से किसका उल्लेख नहीं किया गया है? *(CTET, 2018)*

(a) सरकार का ढाँचा
(b) राजनीतिक दलों के नाम
(c) नागरिकों के अधिकार
(d) राज्यों और केन्द्रशासित प्रदेशों के नाम

व्याख्या (b) संसदीय लोकतान्त्रिक प्रणाली में **राजनीतिक दलों का विशेष महत्त्व** होता है, परन्तु भारतीय संविधान में राजनीतिक दलों के नामों का उल्लेख नहीं किया गया है। भारतीय संविधान में सरकारी ढाँचा तन्त्र, नागरिकों को प्राप्त मौलिक अधिकार एवं राज्यों और केन्द्रशासित प्रदेशों आदि के नामों का विस्तृत वर्णन किया गया है। जबकि सरकार का ढांचा (संसदीय शासन प्रणाली) नागरिकों के अधिकार, मूलाधिकार एवं राज्यों और केन्द्रशासित प्रदेशों के नाम का उल्लेख किया गया है।

3. भारत में 'अस्पृश्यता प्रथा' के कारण निम्नलिखित में से किस मौलिक अधिकार का उल्लंघन होता है? *(CTET, 2018)*

(a) स्वतन्त्रता का अधिकार (b) शोषण के विरुद्ध अधिकार
(c) संवैधानिक उपचारों का अधिकार (d) समानता का अधिकार

व्याख्या (d) संविधान के अनुच्छेद-17 के अन्तर्गत भारत में 'अस्पृश्यता प्रथा' के कारण **समानता के अधिकारों** का उल्लंघन होता है। समानता के अधिकारों के अन्तर्गत किसी भी व्यक्ति के साथ भेदभावपूर्ण व्यवहार करना असंवैधानिक है। संविधान के अनुच्छेद-14, 15, 16, 17 एवं 18 के अन्तर्गत समानता से सम्बन्धित बातें कही गई हैं। इनके अन्तर्गत किसी भी स्तर पर भेदभावपूर्ण व्यवहार चाहे वह अस्पृश्यता से सम्बन्धित ही क्यों न हो, असंवैधानिक है।
अन्य विकल्पों में,
(a) स्वतन्त्रता का अधिकार → अनुच्छेद 14 से 18
(b) शोषण के विरुद्ध अधिकार → अनुच्छेद 23 से 24
(c) संवैधानिक उपचारों का अधिकार → अनुच्छेद 32

4. भारत के संविधान के अनुसार, निम्नलिखित में से कौन-सा मौलिक अधिकार नहीं है? *(CTET, 2018)*

(a) शोषण के विरुद्ध अधिकार (b) धर्म की आजादी का अधिकार
(c) सम्पत्ति का अधिकार (d) शिक्षा का अधिकार

व्याख्या (c) भारत के संविधान के अनुसार, **सम्पत्ति का अधिकार** अब मौलिक अधिकार के अन्तर्गत नहीं आता है, बल्कि इसे संविधान के अनुच्छेद-300(क) के अन्तर्गत वैधानिक अधिकार का दर्जा दिया गया है। वर्ष 1978 में संविधान के 44वें संविधान संशोधन अधिनियम के अन्तर्गत सम्पत्ति के अधिकार को मौलिक अधिकार से अलग कर वैधानिक अधिकार बना दिया गया।
अन्य विकल्पों में,
शोषण के विरुद्ध अधिकार, धर्म की आजादी का अधिकार तथा शिक्षा का अधिकार मौलिक अधिकारों के अन्तर्गत आते हैं।

5. निम्नलिखित में से कौन भारत की संविधान सभा का अध्यक्ष था? *(CTET, 2018)*

(a) डॉ. बी. आर. अम्बेडकर (b) डॉ. राजेन्द्र प्रसाद
(c) जवाहरलाल नेहरू (d) सी. राजगोपालाचारी

व्याख्या (b) भारत की संविधान सभा के अध्यक्ष **डॉ. राजेन्द्र प्रसाद** थे। संविधान सभा के पहले अस्थायी अध्यक्ष डॉ. सच्चिदानन्द सिन्हा थे, परन्तु डॉ. राजेन्द्र प्रसाद स्थायी तौर पर संविधान सभा के अध्यक्ष नियुक्त किए गए। **डॉ. बी. आर. अम्बेडकर** संविधान की प्रारूप समिति के अध्यक्ष थे। स्वतन्त्रता प्राप्ति के बाद **सी. राजगोपालाचारी** भारत के गवर्नर-जनरल और **जवाहरलाल नेहरू** भारत के प्रथम प्रधानमन्त्री बने।

6. अनुसूचित जातियों के लिए कितने संसदीय निर्वाचन क्षेत्र आरक्षित हैं? *(CTET, 2018)*
(a) 84 (b) 47 (c) 74 (d) 48

व्याख्या (a) भारतीय संविधान के अनुच्छेद 330 के तहत अनुसूचित जातियों के लिए **84** संसदीय निर्वाचन क्षेत्र आरक्षित हैं, जबकि अनुसूचित जनजातियों के लिए कुल 47 सीटें आरक्षित हैं। प्रारम्भ में अनुसूचित जातियों एवं अनुसूचित जनजातियों के लिए क्रमश: 79 एवं 41 सीटें आरक्षित थीं।

7. निम्नलिखित में से कौन भारत के संविधान की समवर्ती सूची के मामलों में कार्य करता है? *(CTET, 2018)*
(a) राज्य सरकार और स्थानीय सरकारी निकाय
(b) केन्द्रशासित प्रदेश
(c) स्थानीय सरकारी निकाय
(d) केन्द्र सरकार और राज्य सरकार

व्याख्या (d) भारत के संविधान की समवर्ती सूची के मामलों में **केन्द्र सरकार और राज्य सरकार** दोनों कार्य करती हैं अर्थात् समवर्ती सूची में शामिल विषयों पर केन्द्रीय संसद एवं राज्यों की विधानसभा दोनों कानून का निर्माण कर सकते हैं। लेकिन यदि दोनों के विधानों में संघर्ष की स्थिति उत्पन्न होती है, तो केन्द्र का विधान मान्य होगा। इस सूची में राष्ट्रीय एवं क्षेत्रीय दोनों के महत्त्व के 52 विषय (मूलत: 47) शामिल हैं, जिस पर केन्द्र एवं राज्य दोनों को विधि निर्माण की शक्ति प्राप्त है।

8. निम्नलिखित में से कौन भारत की संविधान सभा में प्रारूप (मसौदा) समिति के अध्यक्ष थे? *(CTET, 2018; BTET, 2013)*
(a) डॉ. बी. आर. अम्बेडकर (b) डॉ. राजेन्द्र प्रसाद
(c) जवाहरलाल नेहरू (d) सी. राजगोपालाचारी

व्याख्या (a) बी. एन. राव द्वारा पेश किए गए संविधान के प्रारूप (मसौदा) पर विचार-विमर्श करने हेतु संविधान सभा द्वारा 29 अगस्त, 1947 को एक संकल्प पारित करके प्रारूप समिति का गठन किया गया तथा इसके अध्यक्ष के रूप में **डॉ. भीमराव अम्बेडकर** को चुना गया। प्रारूप समिति के अन्य सदस्यों में एन. गोपालस्वामी आयंगर, अल्लादी कृष्णा स्वामी अय्यर, कन्हैया लाल मणिकलाल मुन्शी, सैयद मोहम्मद सादुल्ला, एन. माधव राव एवं डी. पी. खेतान (निधन के बाद टी. टी. कृष्णमाचारी) आदि शामिल थे।

9. लोकतन्त्र में चुनावों के सम्बन्ध में निम्नलिखित कथनों पर विचार कीजिए *(CTET, 2016)*
1. प्रतिनिधित्व लोकतन्त्र में लोग अपने प्रतिनिधियों को चुनकर अप्रत्यक्ष रूप से भाग लेते हैं और वे प्रतिनिधि पूरे देश के लिए कानून और नियम बनाते हैं।
2. सरकारें नियमित चुनावों द्वारा बदली जा सकती हैं।
उपरोक्त कथनों में से कौन-सा/से सही है/हैं?
(a) 1 और 2 दोनों सही हैं (b) 1 और 2 दोनों गलत हैं
(c) 1 सही है, किन्तु 2 गलत है (d) 1 गलत है, किन्तु 2 सही है

व्याख्या (a) लोकतन्त्र के अन्तर्गत जनता शासन में स्वयं भाग न लेकर एक निश्चित समय के लिए अपने प्रतिनिधियों को निर्वाचित करती है, जो कानून बनाने तथा उन्हें लागू करने का कार्य करते हैं। लोकतान्त्रिक व्यवस्था में प्रत्येक 5 वर्ष अथवा नियमित समयानुसार चुनाव होते हैं, जिसमें जनता को चुनाव द्वारा सरकार बदलने का अधिकार होता है। अत: कथन 1 व 2 दोनों सही हैं।

10. मौलिक अधिकारों के विषय में निम्नलिखित कथनों पर विचार कीजिए *(CTET, 2016)*
1. भारत के संविधान में दिए गए सभी मौलिक अधिकार न्यायालय में बाध्यकारी हैं।
2. शोषण के विरुद्ध अधिकार नागरिकों को उच्च स्तर के न्यायालय में जाने के लिए अनुमति प्रदान करता है, यदि वह समझता है कि निचले स्तर के न्यायालय द्वारा दिया गया निर्णय अन्यायपूर्ण है।
उपरोक्त कथनों में से कौन-सा/से सही है/हैं?
(a) 1 और 2 दोनों सही हैं (b) 1 और 2 दोनों गलत हैं
(c) 1 सही है, किन्तु 2 गलत है (d) 1 गलत है, किन्तु 2 सही है

व्याख्या (a) भारतीय संविधान के भाग III में **अनुच्छेद 12 से 35** तक मूल अधिकारों का विवरण दिया गया है।
मौलिक अधिकार न्यायालय में बाध्यकारी तथा न्यायोचित हैं। इन्हें न्यायालय द्वारा लागू कराया जाता है। मौलिक अधिकारों के उल्लंघन में किसी भी न्यायालय में अपील की जा सकती है।
शोषण के विरुद्ध अधिकार नागरिक को उच्च स्तर के न्यायालय में जाने के लिए अनुमति प्रदान करता है, यदि वह समझता है कि निचले स्तर के न्यायालय द्वारा दिया गया निर्णय अन्यायपूर्ण है, क्योंकि तब वह उच्चतम न्यायालय में अपील कर सकता है। ऐसे में उच्चतम न्यायालय द्वारा गारण्टी व सुरक्षा प्रदान की जाती है। विदित हो कि 44वें संविधान संशोधन अधिनियम 1978 द्वारा सम्पत्ति का अधिकार मूलाधिकार नहीं बल्कि वैधानिक अधिकार है।

11. तानाशाही के सन्दर्भ में निम्नलिखित कथनों में से कौन-सा एक गलत है? *(CTET, 2016)*
(a) तानाशाही में तानाशाह द्वारा लिए गए निर्णयों पर लोग प्रश्न उठा सकते हैं
(b) तानाशाह द्वारा लिए गए निर्णयों पर तानाशाह को स्पष्टीकरण देने की आवश्यकता नहीं होती है
(c) तानाशाही में तानाशाह द्वारा लिए गए निर्णयों पर लोग प्रश्न नहीं कर सकते हैं
(d) अन्तिम निर्णय लेने की शक्ति तानाशाह में निहित होती है

व्याख्या (a) तानाशाही वह प्रवृत्ति होती है, जिसमें **शक्ति का संकेन्द्रण एक ही व्यक्ति में निहित होता** है।
तानाशाह द्वारा लिए गए निर्णयों पर तानाशाह को स्पष्टीकरण देने की आवश्यकता नहीं होती है। तानाशाही में तानाशाह द्वारा लिए गए निर्णयों पर लोग प्रश्न नहीं कर सकते और अन्तिम निर्णय लेने की शक्ति तानाशाह में निहित होती है।
अत: विकल्प (a) गलत है।

12. संविधान का अनुच्छेद 22 सुनिश्चित करता है *(CTET, 2016)*

(a) संवैधानिक उपचारों का अधिकार
(b) गिरफ्तारी के दौरान या हिरासत में दुर्व्यवहार से बचने का अधिकार
(c) शोषण के विरुद्ध अधिकार
(d) शिक्षा का अधिकार

व्याख्या (b) भारतीय संविधान के भाग III में वर्णित मूल अधिकारों के अन्तर्गत अनुच्छेद 22 का वर्णन किया गया है। अनुच्छेद 22 के अन्तर्गत व्यक्ति को कुछ दशाओं में **गिरफ्तारी और निरोध में संरक्षण प्रदान किया गया** है। संविधान का अनुच्छेद 22 गिरफ्तारी के दौरान या हिरासत में दुर्व्यवहार से बचने का अधिकार सुनिश्चित करता है।
भारत के संविधान में अनुचछेद 23-24 में शोषण के विरुद्ध अधिकार का उल्लेख किया गया है। भारत के संविधान में अनुच्छेद 29-30 के अन्तर्गत संस्कृति एवं शिक्षा संबंधी अधिकारों का उल्लेख किया गया है।
अनुच्छेद 32 के तहत संवैधानिक उपचारों का अधिकार वर्णित है, जिसके तहत न्यायपालिका द्वारा 5 प्रकार की रिट जारी की जाती है।

13. संवैधानिक उपचारों के अधिकार के अन्तर्गत *(CTET, 2014, 15, 11; CGTET, 2011; UPTET, 2016)*

(a) केवल भाषायी अल्पसंख्यक समुदायों को यह अधिकार दिया गया है कि यदि वे समझते हैं कि संविधान में दिए गए उनके सांस्कृतिक और शैक्षिक अधिकारों का राज्य द्वारा उल्लंघन किया गया है, तो वे न्यायालय जा सकते हैं
(b) केवल धार्मिक अल्पसंख्यक समुदायों को यह अधिकार दिया गया है कि यदि वे समझते हैं कि संविधान में दिए गए उनके सांस्कृतिक और शैक्षिक अधिकारों का राज्य द्वारा उल्लंघन किया गया है, तो वे न्यायालय जा सकते हैं
(c) सभी नागरिकों को न्यायालय में जाने का अधिकार है यदि वे समझते हैं कि राज्य द्वारा किसी एक राज्य नीति के निदेशक सिद्धान्त का पालन नहीं हुआ है
(d) यदि किसी नागरिक को लगता है कि राज्य द्वारा उसके किसी मौलिक अधिकार का उल्लंघन हुआ है, तो वह न्यायालय में जा सकता है

व्याख्या (d) संवैधानिक उपचारों का अधिकार भारतीय संविधान के भाग III में वर्णित मूल अधिकार के अन्तर्गत आता है। अनुच्छेद 32 के अनुसार, **यदि किसी नागरिक को लगता है कि राज्य द्वारा उसके किसी मौलिक अधिकारों का उल्लंघन हुआ है, तो वह न्यायालय जा सकता है।** न्यायालय इस आयोग में मूलाधिकारों की सुरक्षा हेतु 5 प्रकार की रिट जारी कर सकती है। डॉ. अम्बेडकर ने इस अधिकार को संविधान का हृदय और आत्मा की संज्ञा दी है। इस अधिकार की अवहेलना होने पर उच्चतम न्यायालय व उच्च न्यायालय रिट जारी कर सकते हैं।

14. संविधान के अनुच्छेद 22 में उल्लिखित फौजदारी (दण्ड) कानून के अन्तर्गत प्रत्येक गिरफ्तार व्यक्ति को निम्नलिखित में से कौन-सा मौलिक अधिकार नहीं दिया गया है? *(CTET, 2015)*

(a) पुलिस हिरासत में दिए गए इकबालिया बयान को आरोपी के खिलाफ सबूत के तौर पर प्रयोग किया जा सकता है
(b) गिरफ्तारी के 24 घण्टे के अन्दर मजिस्ट्रेट के समक्ष पेश होने का अधिकार
(c) गिरफ्तारी के दौरान या हिरासत में किसी भी तरह के दुर्व्यवहार या यातना से बचने का अधिकार
(d) गिरफ्तारी के समय उसे यह जानने का अधिकार है कि गिरफ्तारी किस कारण से की जा रही है?

व्याख्या (a) संविधान के अनुच्छेद 22 में उल्लिखित फौजदारी (दण्ड) कानून के अन्तर्गत प्रत्येक गिरफ्तार व्यक्ति को पुलिस हिरासत में दिए गए इकबालिया बयान को आरोपी के खिलाफ सबूत के तौर पर प्रयोग करने का मौलिक अधिकार नहीं मिलता है।
अनुच्छेद 22 में नागरिकों को प्राप्त निम्न अधिकारों का उल्लेख है
- गिरफ्तारी के समय व्यक्ति को उसके बन्दी बनाए जाने के कारणों को जानने का अधिकार।
- गिरफ्तारी के दौरान या हिरासत में किसी भी तरह के दुर्व्यवहार या यातना से बचने का अधिकार।
- गिरफ्तारी के 24 घण्टे के अन्दर मजिस्ट्रेट के समक्ष पेश होने का अधिकार है।

15. निम्नलिखित कथनों में से कौन-सा कथन लोकतन्त्र के सम्बन्ध में गलत है? *(CTET, 2015)*

(a) लोकतन्त्र में एक शासक के पास देश पर शासन करने की सम्पूर्ण शक्ति होती है
(b) लोकतन्त्र में लोग लिए गए निर्णयों पर प्रश्न उठा सकते हैं
(c) लोकतन्त्र में देश के नागरिकों को अपनी पसन्द के नेता चुनने की स्वतन्त्रता होती है
(d) लोकतन्त्र में नागरिकों को कुछ स्वतन्त्रताएँ प्राप्त होती हैं

व्याख्या (a) लोकतन्त्र का अर्थ है—**जनता का शासन**। इस व्यवस्था में सत्ता का विकेन्द्रीकरण होता है तथा किसी एक व्यक्ति के पास देश पर शासन करने की सम्पूर्ण शक्ति नहीं होती है। लोकतन्त्र में नागरिकों को कुछ स्वतन्त्रताएँ दी गई हैं, जिनके द्वारा उन्हें अपनी पसन्द का नेता चुनने की स्वतन्त्रता होती है। इस व्यवस्था में जनता लिए गए निर्णयों पर प्रश्न उठा सकती है।

16. **लोकतन्त्र में लोगों की सहभागिता पर दिए गए निम्नलिखित दो कथनों पर विचार कीजिए और सही उत्तर का चयन कीजिए** *(CTET, 2015)*

1. **लोकतन्त्र में सामाजिक आन्दोलनों को संगठित करना, सरकार और उसके कार्यों को चुनौती देने का एक तरीका है।**
2. **लोकतन्त्र सभी लोगों को भागीदार होने की अनुमति देता है, लेकिन समाज के सभी वर्गों के लोग ऐसा करने में समर्थ नहीं होते हैं।**

कूट

(a) 1 गलत है और 2 सही है (b) 1 और 2 दोनों गलत हैं
(c) 1 सही है और 2 गलत है (d) 1 और 2 दोनों सही हैं

व्याख्या (d) राजनीतिक क्रियाकलाप में सहभागिता लोकतन्त्र का मूल तत्त्व है। लोकतन्त्र का सहभागिता सिद्धान्त संवर्द्धित भागीदारी में आदर्श माना जाता है। इस सिद्धान्त के प्रमुख विचारक कैरोल पर्लमैन, सी.बी. मैक्फर्सन और एन.पोलेन्ट हैं। लोकतन्त्र सभी लोगों को भागीदार होने की अनुमति देता है, लेकिन समाज के सभी वर्गों के लोग ऐसा करने में समर्थ नहीं होते हैं।

लोकतन्त्र में सामाजिक आन्दोलनों को संगठित करना, सरकार और उसके कार्यों को चुनौती देने का एक तरीका है। अत: कथन 1 व 2 दोनों सही है।

17. **एक राज्य में यदि एक राजनेता यह तय करता है कि उसके राज्य में दूसरे राज्य के कामगारों को कार्य करने की अनुमति नहीं दी जाएगी, तो इससे कौन-से मौलिक अधिकार का उल्लंघन होगा?** *(CTET, 2014)*

(a) समानता का अधिकार
(b) स्वतन्त्रता का अधिकार
(c) शोषण के विरुद्ध अधिकार
(d) संवैधानिक उपचारों का अधिकार

व्याख्या (b) भारतीय संविधान का अनुच्छेद 19 भारतीय नागरिकों को सम्पूर्ण भारत में अबाध संचरण की स्वतन्त्रता देता है। यदि किसी राज्य में एक राजनेता यह तय करता है कि उसके राज्य में दूसरे राज्य के कामगारों को कार्य करने की अनुमति नहीं दी जाएगी, तो इससे **स्वतन्त्रता का अधिकार** का उल्लंघन होगा।

18. **संविधान के अनुसार राज्य के कितने अंग हैं?** *(CTET, 2014)*

(a) दो (b) तीन (c) चार (d) पाँच

व्याख्या (b) *संविधान के अनुसार राज्य के निम्न **तीन अंग** होते हैं*

1. **विधायिका** का कार्य राज्य की शासन प्रणाली के विधानों का निर्माण करना है।
2. **कार्यपालिका** शासन का वह अंग है, जो विधायिका द्वारा स्वीकृत नीतियों और कानून को लागू करने के लिए जिम्मेदार होती है।
3. **न्यायपालिका** केन्द्र एवं राज्यों के बीच मध्यस्थ के रूप में भी कार्य करती है। भारतीय न्याय व्यवस्था इकहरी एवं एकीकृत न्याय व्यवस्था है।

19. **लोकतन्त्र में संचार माध्यम एक महत्त्वपूर्ण भूमिका निभाते हैं** *(CTET, 2013)*

(a) देश और विश्व के बारे में समाचार देने और उनमें होने वाली घटनाओं पर चर्चा करने में
(b) वस्तुओं का विज्ञापन करने में, ताकि लोग अपनी पसन्द की वस्तुओं को खरीद सकें
(c) क्रिकेट के आयोजनों का प्रसारण करना, ताकि लोग घर बैठे इसे देख सकें
(d) विभिन्न प्रकार के मनोरंजन की चीजें प्रस्तुत करना

व्याख्या (a) लोकतन्त्र में संचार माध्यम देश और विश्व के बारे में समाचार देते हैं और उनमें होने वाली घटनाओं पर परिचर्चा प्रसारित करके लोकतन्त्र को सुदृढ़ करने का कार्य करते हैं। लोकतन्त्र की सफलता के लिए आवश्यक है कि जनमत निर्माण के साधन; जैसे—संचार माध्यम, समाचार-पत्र, पत्रिकाएँ, सभा-संगठन आदि पर किसी वर्ग विशेष का अधिकार न हो।

20. **भारतीय संविधान के किस खण्ड को अकसर संविधान की अन्तरात्मा कहा जाता है?** *(CTET, 2013)*

(a) नीति-निदेशक सिद्धान्तों से सम्बन्धित खण्ड
(b) मौलिक अधिकारों से सम्बन्धित खण्ड
(c) अनुसूचित जाति, अनुसूचित जनजाति एवं अन्य पिछड़ा वर्ग के लिए आरक्षण नीति से सम्बन्धित खण्ड
(d) संविधान की प्रस्तावना

व्याख्या (d) पण्डित जवाहरलाल नेहरू ने **संविधान की प्रस्तावना** को संविधान की अन्तरात्मा कहा है। भारतीय संविधान की प्रस्तावना (उद्देशिका) पं. जवाहरलाल नेहरू द्वारा बनाए गए उद्देश्य प्रस्ताव पर आधारित है। इसके आधार पर संवैधानिक सलाहकार बी. एन. राव द्वारा उद्देशिका का प्रारूप तैयार किया गया था। संविधान की प्रस्तावना में इसे संविधान की कुँजी कहा गया है। प्रस्तावना के अनुसार, संविधान के अधीन समस्त शक्तियों का केन्द्र-बिन्दु अथवा स्रोत 'भारत के लोग हैं।

21. **भारतीय संविधान के अनुच्छेद 21 का सम्बन्ध है** *(CTET, 2012)*

(a) जीवन के अधिकार से
(b) संवैधानिक उपचारों के अधिकार से
(c) धार्मिक स्वतन्त्रता के अधिकार से
(d) समानता के अधिकार से

व्याख्या (a) भारतीय संविधान के अनुच्छेद 21 का सम्बन्ध **जीवन के अधिकार से** है। अनुच्छेद 21 के अनुसार, किसी व्यक्ति को विधि द्वारा स्थापित प्रक्रिया के बिना उसे प्राण या वैयक्तिक स्वतन्त्रता से वंचित नहीं किया जा सकता है। इसे प्राण एवं दैहिक स्वतन्त्रता का संरक्षण भी कहते हैं।

22. भारतीय संविधान की आठवीं अनुसूची में कितनी भाषाओं का उल्लेख है? *(UPTET, 2018)*

(a) 28 (b) 24 (c) 18 (d) 22

व्याख्या (d) भारतीय संविधान की आठवीं अनुसूची में **22** भाषाओं का उल्लेख है। मूल रूप से 8वीं अनुसूची में 14 भाषाएँ थीं। वर्ष 1967 (21वाँ संशोधन) में सिंधी को, वर्ष 1992 (71वाँ संशोधन) में कोंकणी, मणिपुरी तथा नेपाली को और वर्ष 2003 में 92वें संविधान संशोधन द्वारा मैथिली, संथाली, डोगरी एवं बोडो भाषा को आठवीं अनुसूची में शामिल किया गया है।

23. निम्नलिखित में से कौन-सा एक भारतीय संविधान की प्रस्तावना का भाग नहीं है? *(UPTET, 2018)*

(a) समाजवाद (b) प्रजातान्त्रिक (c) धर्मनिरपेक्षता (d) संघात्मकता

व्याख्या (d) **संघात्मकता**, भारतीय संविधान की प्रस्तावना का भाग नहीं है, जबकि समाजवादी, धर्मनिरपेक्षता (पन्थनिरपेक्ष), लोकतान्त्रिक शब्द प्रस्तावना के भाग हैं। संविधान की प्रस्तावना को संविधान की कुंजी कहा जाता है। 42वें संविधान संशोधन अधिनियम, 1976 के द्वारा प्रस्तावना में समाजवादी, धर्मनिरपेक्षता और राष्ट्र की अखण्डता शब्द जोड़े गए।

24. संविधान सभा के स्थायी अध्यक्ष थे *(UPTET, 2018; HTET, 2015)*

(a) जवाहरलाल नेहरू (b) डॉ. राजेन्द्र प्रसाद
(c) डॉ. सच्चिदानन्द सिन्हा (d) डॉ. के. एम. मुंशी

व्याख्या (b) 11 दिसम्बर, 1946 को **डॉ. राजेन्द्र प्रसाद** संविधान सभा के स्थायी अध्यक्ष निर्वाचित हुए। संविधान सभा की प्रथम बैठक **9 दिसम्बर, 1946** को नई दिल्ली स्थित कौंसिल चैम्बर के पुस्तकालय भवन में हुई थी। इसके अस्थायी अध्यक्ष डॉ. सच्चिदानन्द सिन्हा थे।
विदित हो कि, जुलाई 1946 में कैबिनेट मिशन योजना के अनुसार संविधान का गठन किया गया था। इनका चुनाव अप्रत्यक्ष रूप से प्रान्तीय विधान सभा के सदस्यों द्वारा किया गया था।

25. निम्नलिखित में से कौन-सा निदेशक सिद्धान्त विदेश नीति से सम्बन्धित है? *(UPTET, 2017)*

(a) अनुच्छेद 48 (b) अनुच्छेद 49
(c) अनुच्छेद 50 (d) अनुच्छेद 51

व्याख्या (d) भारतीय संविधान के भाग IV में अनुच्छेद 36 से 51 तक राज्य के नीति निदेशक सिद्धान्तों का उल्लेख किया गया है। इसमें वर्णित **अनुच्छेद 51** विदेश नीति से सम्बन्धित है। इसके अन्तर्गत अन्तर्राष्ट्रीय शान्ति और सुरक्षा की अभिवृद्धि करना, राष्ट्रों के बीच न्यायपूर्ण और सम्मानपूर्ण सम्बन्धों को बनाए रखना, अन्तर्राष्ट्रीय विधि और बाध्यताओं के प्रति आदर बढ़ाना और अन्तर्राष्ट्रीय विवादों को मध्यस्थ द्वारा निपटाने के लिए प्रोत्साहन देना है।

अन्य विकल्पों में,
- अनुच्छेद 48 — कृषि एवं पशुपालन का संगठन।
- अनुच्छेद 49 — राष्ट्रीय महत्त्व के स्मारकों, स्थानों और वस्तुओं का संरक्षण।
- अनुच्छेद 50 — कार्यपालिका एवं न्यायपालिका का पृथक्करण।

26. जनसंख्या नियन्त्रण व परिवार नियोजन विषय भारतीय संविधान के अन्तर्गत किस सूची में शामिल है? *(UPTET, 2017)*

(a) राज्य सूची (b) संघ सूची
(c) समवर्ती सूची (d) अवशिष्ट विषय

व्याख्या (c) जनसंख्या नियन्त्रण व परिवार नियोजन विषय भारतीय संविधान के अन्तर्गत **समवर्ती सूची** में शामिल है। संविधान की सातवीं अनुसूची में केन्द्र एवं राज्य के मध्य विधायी विषयों के सम्बन्ध में त्रिस्तरीय व्यवस्था की गई है, जिसके अन्तर्गत संघ सूची, राज्य सूची एवं समवर्ती सूची का उल्लेख किया गया है। समवर्ती सूची में शामिल विषयों पर केन्द्र (संघ) एवं राज्य दोनों कानून बना सकते हैं, जबकि संघ सूची में शामिल विषयों पर केवल केन्द्र सरकार कानून बना सकती है तथा राज्य सूची में शामिल विषयों पर केवल राज्य सरकार ही कानून बना सकती है।

27. भारतीय संविधान का कौन-सा भाग मौलिक अधिकारों से सम्बन्धित है? *(UPTET, 2017)*

(a) भाग I (b) भाग II
(c) भाग III (d) भाग IV

व्याख्या (c) भारतीय संविधान का **भाग III** मौलिक अधिकारों से सम्बन्धित है। इस भाग में अनुच्छेद-12 से 35 तक मौलिक अधिकारों का विवरण दिया गया है। मूल रूप से संविधान ने सात प्रकार के मौलिक अधिकार प्रदान किए थे, किन्तु 44वें संविधान संशोधन द्वारा सम्पत्ति के अधिकार को मौलिक अधिकारों की सूची से हटाकर विधिक अधिकार के अन्तर्गत रखा गया है। अत: वर्तमान में 6 प्रकार के मूल अधिकार नागरिकों को प्राप्त हैं, *जो निम्न प्रकार हैं—*

1. समानता का अधिकार (अनुच्छेद 14-18)
2. स्वतन्त्रता का अधिकार (अनुच्छेद 19-22)
3. शोषण के विरुद्ध अधिकार (अनुच्छेद 23-24)
4. धार्मिक स्वतन्त्रता का अधिकार (अनुच्छेद 25-28)
5. संस्कृति एवं शिक्षा सम्बन्धी अधिकार (अनुच्छेद 29-30)
6. संवैधानिक उपचारों का अधिकार (अनुच्छेद 32)

अन्य विकल्पों में,
- भारतीय संविधान का भाग I संघ और उसके राज्य क्षेत्र से सम्बन्धित है। इस भाग में अनुच्छेद 1 से 4 तक संघ तथा उसके राज्य क्षेत्रों के अधिकारों का वर्णन है।

- भारतीय संविधान का भाग II के अनुच्छेद (5 से 11) तक नागरिकता के अधिकारों से सम्बन्धित है।
- भारतीय संविधान का भाग IV के अनुच्छेद 36 से 51 तक राज्य के नीति निदेशक तत्वों का वर्णन किया गया है।

28. किस संशोधन द्वारा भारतीय संविधान की प्रस्तावना में 'पन्थनिरपेक्ष' शब्द जोड़ा गया? *(UPTET, 2016; CGTET, 2016; UTET, 2013)*

(a) 41वाँ संशोधन (b) 42वाँ संशोधन
(c) 43वाँ संशोधन (d) 44वाँ संशोधन

व्याख्या (b) **42वें संविधान संशोधन** अधिनियम 1976 द्वारा प्रस्तावना में समाजवादी, पन्थनिरपेक्ष एवं अखण्डता शब्द जोड़े गए। भारतीय संविधान में धर्मनिरपेक्षता (पन्थनिरपेक्षता) की सभी अवधारणाएँ विद्यमान हैं अर्थात् देश में सभी धर्म समान हैं और उन सभी को सरकार का समर्थन प्राप्त है, परन्तु राज्य किसी भी धार्मिक क्रियाकलापों में कोई हस्तक्षेप नहीं करती है और स्वयं को तटस्थ रखती है। **41वाँ** संविधान संशोधन 1976 द्वारा राज्य लोक सेवा आयोग की सदस्यों की आयु 60 वर्ष से बढ़ाकर 62 वर्ष का दी गई।
43वाँ संविधान संशोधन 1977 द्वारा लोकसभा व राज्य विधान सभाओं के 6 वर्ष के कार्यकाल को पुन: 5 वर्ष कर दिया गया। **44वाँ** संविधान संशोधन 1978 द्वारा सम्पत्ति के अधिकार को मौलिक अधिकार से हटाकर संवैधानिक अधिकार बना दिया गया तथा अनुच्छेद-352 के अन्तर्गत आपात उपबन्धों में आन्तरिक अशान्ति के स्थान पर 'सहस्त्र विद्रोह' शब्द का प्रयोग किया गया है।

29. संविधान के किस संशोधन के अन्तर्गत 6 वर्ष से 14 वर्ष के बच्चों की शिक्षा मौलिक अधिकार बन गई है? *(UPTET, 2016)*

(a) 52वाँ संविधान संशोधन (b) 73वाँ संविधान संशोधन
(c) 42वाँ संविधान संशोधन (d) 86वाँ संविधान संशोधन

व्याख्या (d) संविधान के **86वें संविधान संशोधन** अधिनियम, 2002 के अन्तर्गत एक नया अनुच्छेद 21(क) जोड़कर शिक्षा के अधिकार को मौलिक अधिकार में सम्मिलित किया गया। इसके अन्तर्गत राज्यों को 6 से 14 वर्ष तक के बच्चों के लिए नि:शुल्क प्रारम्भिक शिक्षा की व्यवस्था का प्रावधान किया गया है। इस संशोधन के द्वारा देश में सर्वशिक्षा के लक्ष्य को प्रगति मिली है।
52वाँ संविधान संशोधन 1985 द्वारा दल-बदल कानून को 10वीं अनुसूची में स्थापित किया गया। 73वाँ संविधान संशोधन-1992 द्वारा एक नया भाग-9 तथा 11वीं अनुसूची जोड़ी गई तथा पंचायती राजव्यवस्था को स्थापित किया गया। 42वाँ संविधान संशोधन 1976 द्वारा प्रस्तावना में समाजवादी, पन्थनिरपेक्षता एवं अखण्डता शब्द जोड़े गए तथा मूल कर्त्तव्य को अनुच्छेद 51(क) के अन्तर्गत जोड़ा गया।

30. कौन-सा विषय राज्य सूची में उल्लिखित नहीं है? *(UPTET, 2016)*

(a) कृषि (b) कानून व्यवस्था
(c) नागरिकता (d) भूमि एवं राजस्व

व्याख्या (c) कृषि, कानून व्यवस्था एवं भूमि और राजस्व, राज्य सूची का विषय है, जबकि **नागरिकता** संघ सूची का विषय है राज्य सूची नहीं। भारतीय संविधान की सातवीं अनुसूची में केन्द्र एवं राज्यों के बीच शक्ति का विभाजन किया गया है। शक्ति के विभाजन के लिए तीन सूचियों— संघ-सूची, राज्य सूची एवं समवर्ती सूची का वर्णन किया गया है। संघ सूची के अन्तर्गत **98** विषय शामिल किए गए हैं, जिन पर कानून बनाने का अधिकार केन्द्र सरकार को प्राप्त है। राज्य सूची के अन्तर्गत **61** विषय सम्मिलित किए गए हैं, जिन पर कानून बनाने का अधिकार राज्य सरकार को प्राप्त है। इसी प्रकार समवर्ती सूची के **52** विषयों पर राज्य एवं केन्द्र सरकार दोनों कानून बना सकती हैं।

31. संवैधानिक सरकार का अर्थ है *(UPTET, 2011, 16)*

(a) संविधान की शर्तों के अनुसार सरकार
(b) कानून के अनुसार सरकार
(c) लोकतान्त्रिक सरकार
(d) उपरोक्त सभी

व्याख्या (d) संवैधानिक सरकार, लोकतान्त्रिक व्यवस्था के अन्तर्गत संवैधानिक शर्तों के अनुसार कार्य करती है।
यह कानून के द्वारा विनियमित सरकार होती है, जो लोकतान्त्रिक ढंग से अपने कार्यों का निष्पादन करती है।

32. सर्वोच्च न्यायालय ने किस केस (वाद) में निर्णय देते हुए स्पष्ट किया कि संसद, संविधान के मूल स्वरूप में कोई परिवर्तन नहीं कर सकती? *(CGTET, 2016)*

(a) गोलकनाथ केस में (b) केशवानन्द भारती केस में
(c) मिनरवा मिल्स केस में (d) इनमें से कोई नहीं

व्याख्या (b) सर्वोच्च न्यायालय ने **केशवानन्द भारती केस** (वाद) 1973 में संविधान के 'मूल ढाँचे' की अवधारणा का प्रतिपादन किया और यह निर्णय दिया कि संसद संविधान के मूल स्वरूप में कोई परिवर्तन नहीं कर सकती अर्थात् अनुच्छेद-368 के अधीन उद्देशिका में भी संशोधन किया जा सकता है, किन्तु उद्देशिका में निहित संविधान के बुनियादी तत्वों में संशोधन नहीं किया जा सकता है।

33. निम्न में से किसका प्रावधान 'शिक्षा का अधिकार अधिनियम' में नहीं किया गया? *(CGTET, 2016; UPTET, 2013)*

(a) 6-14 वर्ष के सभी बच्चों को नि:शुल्क तथा अनिवार्य शिक्षा प्रदान करना
(b) कक्षा में प्रवेश के लिए परीक्षा तथा डोनेशन पर प्रतिबन्ध
(c) बच्चे को रोजगार की गारण्टी देना
(d) प्रारम्भिक शिक्षा पूर्ण करने की स्थिति में सार्वजनिक परीक्षा लेना

व्याख्या (c) शिक्षा का अधिकार अधिनियम अप्रैल, 2009 में पारित किया गया था। इस अधिनियम में **बच्चों को रोजगार देने की** बात नहीं की गई है। इसमें 6-14 वर्ष के बच्चों हेतु अनिवार्य एवं नि:शुल्क शिक्षा, कक्षा में प्रवेश हेतु परीक्षा एवं डोनेशन पर प्रतिबन्ध तथा प्रारम्भिक शिक्षा पूर्ण करने की स्थिति में सार्वजनिक परीक्षा लेना जैसे प्रावधान समाहित हैं।

34. आवेदक, 'सूचना का अधिकार अधिनियम, 2005' में किस धारा के अन्तर्गत वांछित सूचना प्राप्त कर सकता है? *(CGTET, 2016)*

(a) 6 (1) (b) 7 (1)
(c) 8 (1) (d) 11(1)

व्याख्या (a) 'सूचना का अधिकार अधिनियम,' 2005 की धारा 6 (1) के अन्तर्गत कोई भी व्यक्ति लिखित या इलेक्ट्रॉनिक युक्ति के माध्यम से अंग्रेजी या हिन्दी में या उस क्षेत्र की राजभाषा में निर्धारित फीस देकर सूचना प्राप्त कर सकता है।

35. अधिकार जो कानूनी अधिकार के रूप में तो हैं, लेकिन संवैधानिक अधिकार के रूप में नहीं हैं
(HTET, 2014, 15; BTET 2013; PTET 2014; REET 2011)

(a) अबाध भ्रमण की स्वतन्त्रता
(b) सम्पत्ति का अधिकार
(c) शोषण के विरुद्ध अधिकार
(d) अल्पसंख्यक वर्गों को शैक्षणिक संस्थाओं की स्थापना का अधिकार

व्याख्या (b) **सम्पत्ति का अधिकार** कानूनी अधिकार के रूप में तो है, परन्तु संवैधानिक अधिकार के रूप में नहीं है। वर्ष 1978 से पहले सम्पत्ति के अधिकार को अनुच्छेद 31 के द्वारा मौलिक अधिकार का दर्जा प्राप्त था, परन्तु 44वें संविधान संशोधन 1978 के द्वारा इसे मौलिक अधिकार की श्रेणी से हटाकर अनुच्छेद 300 (क) के द्वारा कानूनी अधिकार का दर्जा प्रदान किया गया है।

36. भारत का संविधान भारत को किस रूप में इंगित करता है? *(HTET, 2015)*

(a) राज्यों का संघ (b) स्वैच्छिक संघ
(c) परिसंघ (d) संघ

व्याख्या (a) भारतीय संविधान के भाग I में अनुच्छेद 1 से 4 के अन्तर्गत भारतीय संघ तथा उसके राज्य क्षेत्रों का वर्णन किया गया है। अनुच्छेद 1 के अनुसार, "भारत **राज्यों का संघ** होगा।" भारत की एकता और अखण्डता को सुनिश्चित करने के साथ ही भारत को एक संघ स्वरूप प्रदान किया गया है।

37. संविधान के किस अनुच्छेद द्वारा जम्मू-कश्मीर के लिए विशेष प्रावधान किया गया है? *(HTET, 2015; PTET, 2011)*

(a) अनुच्छेद 368 (b) अनुच्छेद 370
(c) अनुच्छेद 369 (d) अनुच्छेद 371

व्याख्या (b) भारतीय संविधान के **अनुच्छेद 370** के द्वारा जम्मू-कश्मीर के लिए विशेष प्रावधान किया गया था, लेकिन वर्तमान में अगस्त 2019 में संसद में एक प्रस्ताव पास कराकर जम्मू-कश्मीर के विशेष प्रावधान को समाप्त कर दिया गया है तथा जम्मू-कश्मीर राज्य को दो भागों में बाँटकर जम्मू-कश्मीर एवं लद्दाख को केन्द्रशासित प्रदेश बना दिया गया है। जम्मू-कश्मीर विधानसभा वाला केन्द्रशासित प्रदेश होगा तथा लद्दाख बिना विधानसभा वाला केन्द्रशासित प्रदेश होगा। यह प्रावधान 31 अक्टूबर, 2019 से लागू है।

38. लोकतान्त्रिक समाजवाद का प्रमुख भारतीय विचारक कौन था? *(HTET, 2015)*

(a) पण्डित जवाहरलाल नेहरू (b) एम. एन. राय
(c) एस. ए. डांगे (d) इनमें से कोई नहीं

व्याख्या (a) **पण्डित जवाहरलाल नेहरू** लोकतान्त्रिक समाजवाद के प्रमुख विचारक थे। लोकतान्त्रिक समाजवाद एक ऐसी व्यवस्था होती है, जिसमें उत्पादन के साधनों; जैसे— पूँजी, सम्पत्ति, भूमि आदि पर सार्वजनिक स्वामित्व या नियन्त्रण के साथ वितरण में समानता पाई जाती है। अन्य समाजवादी विचारक हैं—राममनोहर लोहिया, जयप्रकाश नारायण, आचार्य नरेन्द्र देव आदि। एम.एन. राय, एस.ए. डांगे मार्क्सवादी विचारक हैं।

39. भारतीय संविधान के निर्माण को किस भारतीय शासन अधिनियम ने सर्वाधिक प्रभावित किया? *(HTET, 2015)*

(a) भारतीय शासन अधिनियम, 1909
(b) भारतीय शासन अधिनियम, 1919
(c) भारतीय शासन अधिनियम, 1935
(d) भारतीय शासन अधिनियम, 1947

व्याख्या (c) भारतीय संविधान के निर्माण को **भारतीय शासन अधिनियम, 1935** ने सर्वाधिक प्रभावित किया है, क्योंकि संविधान के अधिकतर अनुच्छेद भारतीय शासन अधिनियम, 1935 से लिए गए हैं।

भारत शासन अधिनियम 1909 के अन्तर्गत पहली बार मुस्लिमों के लिए प्रथम निर्वाचन का उपबन्ध किया गया। भारत शासन अधिनियम 1919 के अन्तर्गत केन्द्र में द्विसदनीय विधायिका की स्थापना की गई। भारत शासन अधिनियम 1947 के अन्तर्गत दो अधिराज्यों (भारत, पाकिस्तान) की स्थापना का प्रावधान था। 1909 का अधिनियम मार्ले-मिन्टो अधिनियम एवं 1919 का अधिनियम मांटेग्यू चेम्स फोर्ड अधिनियम के नाम से जाना जाता है।

40. संविधान में मूल कर्त्तव्यों को किस समिति की अनुशंसा पर शामिल किया गया?
(UPTET, 2014; REET, 2012,11; CGTET, 2011)

(a) कर्ण सिंह समिति (b) कृपलानी समिति
(c) सरदार स्वर्ण सिंह समिति (d) अशोक मेहता समिति

व्याख्या (c) भारतीय संविधान में मौलिक (मूल) कर्त्तव्यों को **सरदार स्वर्ण सिंह समिति** की सिफारिश पर 42वें संविधान संशोधन अधिनियम 1976 के अन्तर्गत सम्मिलित किया गया है। इसके अन्तर्गत संविधान में 10 मौलिक कर्त्तव्यों को जोड़ा गया है। वर्तमान संविधान में 81वें संविधान संशोधन अधिनियम 2002 के बाद भारतीय नागरिकों के लिए **11 मौलिक कर्त्तव्य** निर्धारित किए गए हैं। मौलिक अधिकार संविधान के भाग IV में **अनुच्छेद 51 (क)** के अन्तर्गत वर्णित हैं।

अन्य विकल्पों में,
कर्ण सिंह समिति जम्मू-कश्मीर स्वायत्तता से सम्बन्धित है।
कृपलानी समिति मौलिक अधिकार उपसमिति से सम्बन्धित है।
अशोक मेहता समिति द्विस्तरीय पंचायती राज से सम्बन्धित है।

41. भारत में दलविहिन लोकतन्त्र का प्रस्ताव सर्वप्रथम किसने प्रस्तुत किया? ***(UPTET, 2014)***

(a) जयप्रकाश नारायण (b) एम. एन. राय
(c) महात्मा गाँधी (d) विनोबा भावे

व्याख्या (a) भारत में दलविहीन लोकतन्त्र का प्रस्ताव सर्वप्रथम **लोकनायक जयप्रकाश नारायण** द्वारा प्रस्तुत किया गया। इनके अनुसार, लोकतन्त्र में स्थायित्व का अभाव होता है और सरकार में परिवर्तन के साथ-साथ शासन की नीतियाँ भी बदल जाती हैं।
इसलिए जयप्रकाश नारायण दलविहीन लोकतन्त्र के पक्षधर थे।

42. निम्नलिखित में से कौन संविधान सभा की सदस्या नहीं थी? ***(HTET, 2014)***

(a) दुर्गाबाई देशमुख (b) श्रीमती हंसा मेहता
(c) श्रीमती रेणुका राय (d) विजयालक्ष्मी पण्डित

व्याख्या (d) **श्रीमती विजयालक्ष्मी पण्डित** संविधान सभा की सदस्या नहीं थी। ये पण्डित जवाहरलाल नेहरू की बहन थीं। वर्ष 1953 में ये संयुक्त राष्ट्र महासभा की प्रथम महिला अध्यक्ष बनी, जबकि **दुर्गाबाई देशमुख, हंसा मेहता** और **रेणुका राय** सहित संविधान सभा में कुल 15 महिला सदस्या थीं।

43. सुमेलित कीजिए ***(UPTET, 2013)***

	सूची I		सूची II
A.	वित्त आयोग	1.	अनुच्छेद 360
B.	वित्तीय आपातकालीन स्थिति	2.	अनुच्छेद 312
C.	राज्यसभा	3.	अनुच्छेद 368
D.	संवैधानिक संशोधन	4.	अनुच्छेद 280

कूट

	A	B	C	D		A	B	C	D
(a)	1	2	3	4	(b)	2	1	3	4
(c)	3	4	1	2	(d)	4	1	2	3

व्याख्या (d) **वित्त आयोग** का गठन, कार्य आदि भारतीय संविधान के अनुच्छेद 280 के अन्तर्गत वर्णित है।

- **वित्तीय आपातकालीन स्थिति** का उल्लेख अनुच्छेद 360 के अन्तर्गत उल्लेख किया गया है।
- **राज्यसभा** अनुच्छेद 312 के अनुसार, संघ एवं राज्यों के लिए सम्मिलित एक या अधिक अखिल भारतीय सेवाओं का सृजन कर सकती है।
- **संवैधानिक संशोधन** का प्रावधान अनुच्छेद 368 के अन्तर्गत किया गया है।

44. निम्न में से कौन-सा मौलिक अधिकार भारत की भूमि पर एक विदेशी को भी उपलब्ध है? ***(HTET, 2012, 13)***

(a) सार्वजनिक सेवाओं के मामले में अवसर की समानता
(b) संचरण, निवास व व्यवसाय की स्वतन्त्रता
(c) मात्र धर्म, प्रजाति, जाति व लिंग के आधार पर भेदभाव से संरक्षण
(d) जीवन व वैयक्तिक स्वतन्त्रता का संरक्षण

व्याख्या (d) **जीवन व वैयक्तिक स्वतन्त्रता के संरक्षण** का अधिकार भारत की भूमि पर विदेशी नागरिकों को भी उपलब्ध है। संविधान के अनुच्छेद 21 के अनुसार, किसी व्यक्ति को विधि द्वारा स्थापित प्रक्रिया के बिना उसके प्राण या वैयक्तिक स्वतन्त्रता से वंचित नहीं किया जा सकता है। सर्वोच्च न्यायालय के निर्णय के अनुसार, इसमें शोषण से मुक्त और मानतीय गरिमा से पूर्ण जीवन जीने का अधिकार अन्तर्निहित है।

45. संविधान के किस भाग में कल्याणकारी राज्य की अवधारणा को महत्त्व दिया गया है? ***(HTET, 2012, 13)***

(a) प्रस्तावना (b) मौलिक अधिकार
(c) मौलिक कर्त्तव्य (d) नीति निदेशक तत्त्व

व्याख्या (d) संविधान के भाग IV के अनुच्छेद 36 से 51 तक में राज्य के **नीति निदेशक तत्त्वों** का उल्लेख किया गया है, जिनमें कल्याणकारी राज्य की अवधारणा को महत्त्व दिया गया है। नीति निदेशक तत्त्व लोक कल्याणकारी राज्य के निर्माण और सामाजिक, आर्थिक व राजनीतिक लोकतन्त्र की स्थापना हेतु केन्द्र व राज्य सरकारों का मार्गदर्शन करते हैं।

46. निम्न में से किसका उद्देश्य भारत को एक संघीय ढाँचा प्रदान करना था? ***(HTET, 2012, 13)***

(a) भारतीय परिषद् अधिनियम, 1909
(b) भारतीय परिषद् अधिनियम, 1919
(c) साइमन कमीशन, 1927
(d) भारतीय सरकार अधिनियम, 1935

व्याख्या (d) **भारत सरकार अधिनियम 1935** का उद्देश्य भारत को संघीय ढाँचा प्रदान करना था।
भारत सरकार अधिनियम, 1935 को अंग्रेजी शासन के दौरान 1861 ई. में प्रारम्भ हुई संवैधानिक विकास की प्रक्रिया का अन्तिम चरण माना जाता है।
इस अधिनियम में द्वैधशासन को समाप्त कर उसे स्वतन्त्र बनाया गया, जबकि केन्द्र में द्वैधशासन की स्थापना कर एक संघीय ढाँचे की रूपरेखा प्रदान की गई। 1909 के अधिनियम को मार्ले मिन्टो एवं 1919 के अधिनियम को मांटेग्यू चेम्सफोर्ड के नाम से जाना जाता है।

47. भारतीय संविधान का मुख्य आधार है ***(HTET, 2012, 13)***

(a) इंग्लैण्ड का संविधान
(b) आयरलैण्ड का संविधान
(c) भारतीय परिषद् अधिनियम, 1919 का संविधान
(d) भारत सरकार अधिनियम, 1935

व्याख्या (d) भारतीय संविधान का मुख्य आधार **भारत सरकार अधिनियम, 1935** है। भारतीय संविधान में अधिकतम अनुच्छेद भारत सरकार अधिनियम, 1935 से ही लिए गए हैं;
जैसे—न्यायपालिका, कैग, अध्यादेश, लोकसेवा आयोग और आपात उपबन्ध आदि। इंग्लैण्ड के संविधान से संसदीय प्रणाली, एकल नागरिकता तथा विधि निर्माण की प्रक्रिया ली गई है। आयरलैण्ड के संविधान से नीति निर्देशक सिद्धान्त तथा भारतीय परिषद अधिनियम, 1919 के संविधान से द्विसदनात्मक विधायिका की व्यवस्था को लिया गया है।

48. भारतीय संविधान को अंगीकृत किया गया *(REET, 2012)*

(a) संविधान सभा द्वारा (b) संसद द्वारा
(c) लोकसभा द्वारा (d) राज्यसभा द्वारा

व्याख्या (a) भारतीय संविधान को **संविधान सभा द्वारा** 26 नवम्बर, 1949 अंगीकृत किया गया था। इसी के साथ ही संविधान के कुछ अनुच्छेदों को लागू कर दिया गया था, तत्पश्चात् 26 जनवरी, 1950 को संविधान पूर्णरूपेण लागू कर दिया गया।

49. बालकों के अधिकार बिल (1992) का कौन-सा अनुच्छेद यह उपबन्ध करता है कि "मुझे मेरे अधिकारों को जानने का अधिकार है"? *(REET, 2012)*

(a) अनुच्छेद 42 (b) अनुच्छेद 12, 13
(c) अनुच्छेद 23, 28, 29 (d) अनुच्छेद 36

व्याख्या (a) बालकों के अधिकार बिल (1992) के **अनुच्छेद 42** के अनुसार प्रत्येक बालक को उसे अपने अधिकार को जानने का अधिकार है।
बाल अधिकार बिल (1992) एक अन्तर्राष्ट्रीय सन्धि है, जो हस्ताक्षरकर्ता राज्यों के लिए यह अनिवार्य बनाती है कि वे बालकों के अधिकारों के संरक्षण के लिए सभी आवश्यक उपाय करें।

50. निम्न में से कौन-सा मौलिक अधिकार नहीं है? *(REET, 2012)*

(a) समानता का अधिकार
(b) स्वतन्त्रता का अधिकार
(c) मतदान का अधिकार
(d) संवैधानिक उपचारों का अधिकार

व्याख्या (c) **मतदान का अधिकार**, मौलिक अधिकार नहीं है। यह एक संवैधानिक अधिकार है। 61वाँ संविधान संशोधन 1989 के अन्तर्गत मतदान की आयु सीमा 21 वर्ष से घटाकर 18 वर्ष कर दी गई थी।
समानता का अधिकार (अनुच्छेद 14-18), स्वतन्त्रता का अधिकार (अनुच्छेद 19-22) तथा संवैधानिक उपचारों का अधिकार (अनुच्छेद 32) मौलिक अधिकारों की श्रेणी में आते हैं।

51. संविधान सभा के सदस्यों द्वारा भारत के संविधान पर अन्त में कब हस्ताक्षर हुए थे? *(UPTET, 2011)*

(a) 26 नवम्बर, 1949
(b) 24 जनवरी, 1950
(c) 26 जनवरी, 1950
(d) 28 फरवरी, 1950

व्याख्या (b) संविधान सभा के सदस्यों द्वारा भारत के संविधान पर 24 जनवरी, 1950 को हस्ताक्षर किए गए थे तथा 26 जनवरी, 1950 को संविधान पूर्णत: लागू किया गया। इसी के साथ भारत एक गणतन्त्र देश के रूप में स्थापित हुआ।

52. अनुच्छेद 368 का सम्बन्ध है *(HTET, 2012)*

(a) आपातकाल से
(b) राष्ट्रपति के चुनाव से
(c) संविधान संशोधन से
(d) मूल अधिकारों से

व्याख्या (c) भारतीय संविधान के भाग 20 के अनुच्छेद 368 द्वारा संसद को संविधान एवं इसकी अवस्था में **संशोधन की शक्ति** प्रदान की गई है। भारत की संविधान संशोधन की प्रक्रिया में कठोरता व लचीलेपन का समन्वय है। संविधान संशोधन का विचार दक्षिणी अफ्रीका के संविधान से लिया गया है। भारतीय संविधान में तीन प्रकार के आपात (राष्ट्रपति शासन, राष्ट्रीय आपात एवं वित्तीय आपात) का उल्लेख है।

53. लोकतन्त्र शब्द किस भाषा से लिया गया है? *(HTET, 2011)*

(a) स्पेनिश (b) फ्रेंच
(c) यूनानी (d) डच

व्याख्या (c) लोकतन्त्र शब्द **यूनानी** भाषा के 'डेमास' तथा 'क्रोशिया' से मिलकर बना है, जिसमें लोक का अर्थ है 'लोग' (डेमास) तथा तन्त्र का अर्थ है 'शासन' (क्रोशिया)। इस प्रकार लोकतन्त्र का शाब्दिक अर्थ है– जनता का शासन।
लोगों की जरूरत के अनुरूप आचरण करने के मामले में लोकतान्त्रिक शासन प्रणाली किसी भी अन्य प्रणाली से श्रेष्ठ है।

54. भारतीय संविधान की कौन-सी विशेषता नहीं है? *(REET, 2011)*

(a) प्रजातान्त्रिक पद्धति
(b) मूल अधिकार एवं कर्त्तव्य
(c) प्रत्येक नागरिक को रोजगार की सुरक्षा
(d) स्वतन्त्र न्यायपालिका

व्याख्या (c) संविधान **प्रत्येक नागरिकों को रोजगार की सुरक्षा** की गारण्टी प्रदान नहीं करता है। अत: यह भारतीय संविधान की विशेषता नहीं है। भारतीय संविधान प्रजातान्त्रिक पद्धति का प्रतिनिधित्व करता है, जिसके अन्तर्गत नागरिकों के कर्त्तव्य एवं अधिकारों को सुरक्षा प्रदान की गई है तथा स्वतन्त्र न्यायपालिका की स्थापना भी संविधान के तहत ही की गई है।

55. प्रजातन्त्र को 'जनता का, जनता के लिए, जनता के द्वारा शासन' किसने कहा? *(BTET, 2011)*

(a) अब्राहम लिंकन ने
(b) जॉर्ज वाशिंगटन ने
(c) रूजवेल्ट ने
(d) विंस्टल चर्चिल ने

व्याख्या (a) अमेरिका के पूर्व राष्ट्रपति **अब्राहम लिंकन** ने प्रजातन्त्र की एक सटीक परिभाषा प्रस्तुत की, जिसके अनुसार "प्रजातन्त्र जनता का जनता के लिए, जनता के द्वारा शासन है।" प्रजातन्त्र की सफलता के लिए यह आवश्यक है कि नागरिक (जनता) शिक्षित, जागरूक तथा राजनीतिक जीवन में रुचि रखने वाले हों।

56. निम्नलिखित में से कौन भारतीय संविधान की विशेषता है?
(a) यह सबसे विशाल है *(BTET, 2011)*
(b) इसमें अनेक देशों के संविधान से प्रावधानों को लिया गया है
(c) यह लचीला है
(d) उपरोक्त सभी

व्याख्या (d) *भारतीय संविधान की विशेषताएँ निम्न हैं–*
- यह विश्व का सबसे विशाल संविधान है।
- मौलिक अधिकारों का संरक्षण एवं मूल कर्त्तव्य।
- संसदनात्मक व्यवस्था का उल्लेख किया गया है।
- स्वतन्त्र एवं निष्पक्ष न्यायपालिका।
- कठोरता एवं लचीलेपन का मिश्रण।
- अनेक देशों के संविधानों से प्रावधानों को ग्रहण किया गया है।
- सार्वभौमिक वयस्क मताधिकार।
- आपातकालीन प्रावधान।
- एकल नागरिकता।
- समाजवादी राज्य आदि।

57. शिक्षा को संविधान के किस संशोधन द्वारा समवर्ती सूची में डाला गया है? *(BTET, 2011)*
(a) 15वें संविधान संशोधन
(b) 21वें संविधान संशोधन
(c) 42वें संविधान संशोधन
(d) 45वें संविधान संशोधन

व्याख्या (c) **42वें संविधान संशोधन,** 1976 के द्वारा शिक्षा, वन, जनसंख्या नियन्त्रण तथा परिवार नियोजन, बाट तथा माप, जानवर तथा पक्षियों की सुरक्षा आदि विषयों को समवर्ती सूची में शामिल किया गया है।

42वें संविधान संशोधन का **लघु संविधान** की संज्ञा प्रदान की गई है।

15वें संशोधन अधिनियम 1963 द्वारा उच्च न्यायालय के न्यायधीशों की सेवानिवृत्ति की आयु 60 से बढ़ाकर 62 कर दी गई।

21वें संशोधन 1967 द्वारा सिंधी भाषा को आठवीं अनुसूची में शामिल कर लिया गया।

45वें संशोधन द्वारा लोकसभा, विधान सभा में SC/STs और एंग्लो इण्डिया के आरक्षण की अवधि को 10 वर्ष के लिए और बढ़ा दिया गया।

58. भारतीय संविधान का कौन-सा अनुच्छेद प्रारम्भिक शिक्षा को प्रत्येक बच्चे का मौलिक अधिकार बताता है? *(BTET, 2011)*
(a) 20(A) (b) 21(A)
(c) 45(A) (d) 45(A)

व्याख्या (b) भारतीय संविधान का **अनुच्छेद 21(A)** प्रारम्भिक शिक्षा को प्रत्येक बच्चे का मौलिक अधिकार बताता है।

यह संविधान के 86वें संशोधन अधिनियम 2002 द्वारा मूल अधिकार में जोड़ा गया था।

इसके अन्तर्गत राज्य को 6 से 14 वर्ष तक के सभी बच्चों को निःशुल्क एवं अनिवार्य शिक्षा उपलब्ध करानी होगी। इसका उद्देश्य प्राथमिक शिक्षा के क्षेत्र में सार्वभौमिक समावेशन को बढ़ावा देना तथा माध्यमिक शिक्षा के क्षेत्र में अध्ययन के नए अवसर सृजित करना है।

59. जीने का अधिकार है *(PTET, 2011)*
(a) सरकार द्वारा प्रदत्त अधिकार (b) दैवीय अधिकार
(c) न्यायालय द्वारा प्रदत्त अधिकार (d) मौलिक अधिकार

व्याख्या (d) जीवन जीने का अधिकार (प्राण एवं दैहिक स्वतन्त्रता का संरक्षण) एक **मौलिक अधिकार** है, जिसका वर्णन भारत के संविधान के अनुच्छेद 21 में किया गया है। सर्वोच्च न्यायालय ने अपने निर्णयों द्वारा इस अधिकार का दायरा और भी व्यापक कर दिया है। न्यायालय के अनुसार, 'जीवन के अधिकार' का अर्थ है कि व्यक्ति को आश्रय एवं आजीविका का भी अधिकार हो, क्योंकि इसके बिना कोई व्यक्ति गरिमापूर्ण जीवन व्यतीत नहीं कर सकता।

60. मौलिक अधिकार भारत में अपनाए गए हैं *(PTET, 2011)*
(a) मानव अधिकारों की सुनिश्चितता हेतु
(b) भारत में नागरिक के तौर पर सभी लोग शान्ति और सद्भाव के साथ रह सकें
(c) स्वतन्त्रता की सुरक्षा हेतु
(d) राज्यों की सुरक्षा हेतु

व्याख्या (a) भारत के संविधान में मौलिक अधिकारों को सभी नागरिकों के बुनियादी मानव अधिकार के रूप में परिभाषित किया गया है। मौलिक अधिकारों को **मानव अधिकारों की सुनिश्चितता हेतु** संविधान द्वारा गारण्टी एवं सुरक्षा प्रदान की गई है। ये व्यक्ति के चहुमुँखी विकास (भौतिक, बौद्धिक, नैतिक एवं आध्यात्मिक) के लिए आवश्यक हैं।

अध्याय 03

संसदीय या केन्द्र सरकार

CTET

1. निम्नलिखित में से कौन राज्यसभा सदस्यों का चुनाव करता है? *(CTET, 2018)*

(a) संसदीय निर्वाचन क्षेत्रों के मतदाता
(b) लोकसभा सदस्य
(c) विधानसभा के सदस्य (विधायक)
(d) विधानसभा निर्वाचन-क्षेत्रों के मतदाता

व्याख्या (c) राज्यसभा के सदस्यों का चुनाव **विधानसभा के निर्वाचित सदस्यों** (विधायक) द्वारा किया जाता है। विधानसभा के मनोनीत सदस्य राज्यसभा के सदस्यों के चुनाव में भाग नहीं लेते हैं। राज्यसभा एक स्थायी सदन है, जो कभी भी भंग नहीं होती। इसके 1/3 सदस्य प्रत्येक दो वर्षों के अन्तराल पर अवकाश ग्रहण कर लेते हैं। राज्यसभा के 12 सदस्यों का मनोनयन राष्ट्रपति द्वारा किया जाता है। मनोनीत सदस्य विशेष क्षेत्रों (साहित्य, विज्ञान, कला और समाज सेवा) में उपलब्धि हासिल किए हुए होते हैं।

2. भारत द्वारा निम्नलिखित में से किस शासन प्रणाली को अपनाया गया है? *(CTET, 2018)*

(a) राष्ट्रपति और संघीय
(b) राष्ट्रपति और एकात्मक
(c) संसदीय और संघीय
(d) संसदीय और एकात्मक

व्याख्या (c) भारत द्वारा **संसदीय और संघीय** शासन प्रणाली को अपनाया गया है। भारत द्वारा संसदीय प्रणाली को ब्रिटिश संविधान से लिया गया है। इसके अन्तर्गत निम्न सदन (लोकसभा) के सदस्यों का निर्वाचन प्रत्यक्ष रूप से वयस्क मताधिकार द्वारा किया जाता है। संघीय शासन व्यवस्था के अन्तर्गत केन्द्र एवं राज्यों के बीच शक्तियों का समान रूप से विभाजन किया गया है। संघीय प्रणाली के अन्तर्गत संविधान की सर्वोच्चता को स्वीकार किया जाता है।

3. प्रधानमन्त्री का चुनाव कौन करता है? *(CTET, 2018)*

(a) मुख्यमन्त्री
(b) सांसद
(c) सांसद और विधायक
(d) मन्त्रियों की परिषद्

व्याख्या (b) संसदीय प्रणाली में प्रधानमन्त्री का चुनाव लोकसभा के निर्वाचित सदस्यों अर्थात् **सांसदों** द्वारा किया जाता है। प्रधानमन्त्री पद पर नियुक्त होने वाला व्यक्ति संसद के किसी भी सदन का सदस्य हो सकता है, परन्तु निम्न सदन (लोकसभा) में उसे पूर्ण बहुमत प्राप्त होना आवश्यक है। प्रधानमन्त्री अपने पद पर तभी तक विराजमान रहता है, जब तक उसे लोकसभा में बहुमत हासिल रहता है।

4. निम्नलिखित में से किसको भारत का पहला नागरिक कहा जाता है? *(CTET, 2018)*

(a) गृहमन्त्री
(b) राष्ट्रपति
(c) प्रधानमन्त्री
(d) भारत का मुख्य न्यायाधीश

व्याख्या (b) भारत के **राष्ट्रपति** को भारत का पहला नागरिक एवं उप-राष्ट्रपति को दूसरा नागरिक कहा जाता है। वहीं राज्यों के सन्दर्भ में राज्य के राज्यपाल को राज्य का पहला नागरिक माना जाता है। राष्ट्रपति एवं राज्यपाल दोनों संवैधानिक रूप से कार्यपालिका प्रमुख होते हैं। इन्हें संसद एवं विधानसभा का प्रमुख अंग भी माना जाता है।

5. वर्तमान लोकसभा (2014 के बाद) है *(CTET, 2018)*

(a) 14वीं (b) 15वीं (c) 16वीं (d) 13वीं

व्याख्या (*) प्रश्नकाल के समय 16वीं लोकसभा (2014 के बाद) कार्यरत थी। इसका समापन मई, 2019 को हुआ। वर्तमान में 17वीं लोकसभा कार्यरत है। इसका कार्यकाल मई, 2024 तक निर्धारित है।

6. भारत का वर्तमान राष्ट्रपति कौन है? *(CTET, 2018)*

(a) प्रतिभा पाटिल
(b) एम. वेंकैया नायडू
(c) रामनाथ कोविन्द
(d) नरेन्द्र मोदी

व्याख्या (c) भारत के वर्तमान राष्ट्रपति **रामनाथ कोविन्द** हैं, जो जुलाई, 2017 को भारत के 14वें राष्ट्रपति निर्वाचित हुए। 25 जुलाई, 2017 को सर्वोच्च न्यायालय के तत्कालीन मुख्य न्यायाधीश जे. एस. खेहर ने उन्हें भारत के राष्ट्रपति पद की शपथ दिलाई। रामनाथ कोविन्द ने प्रणब मुखर्जी के स्थान पर राष्ट्रपति का पद ग्रहण किया।

अन्य विकल्पों में,
एम. वेंकैया नायडू, भारत के उपराष्ट्रपति हैं। नरेन्द्र मोदी भारत के प्रधानमन्त्री हैं तथा प्रतिभा पाटिल, भारत की 12वीं राष्ट्रपति थीं, जिनका कार्यकाल (2007-12) था।

7. राज्यसभा में सदस्यों को कौन नामांकित करता है? *(CTET, 2018)*
(a) उपराष्ट्रपति
(b) प्रधानमन्त्री
(c) सर्वोच्च न्यायालय का मुख्य न्यायाधीश
(d) राष्ट्रपति

व्याख्या (d) संविधान के अनुच्छेद-80 (2) एवं चौथी अनुसूची के अन्तर्गत राज्यसभा में सदस्यों को **राष्ट्रपति** द्वारा नामांकित किया जाता है। राष्ट्रपति द्वारा कुल 12 ऐसे व्यक्तियों को नामांकित किया जाता है, जो विशिष्ट क्षेत्रों में (जैसे—कला, साहित्य, सिनेमा, खेल आदि) विशेष उपलब्धि हासिल किए हुए हों। राष्ट्रपति द्वारा उच्च सदन में सदस्यों को नामांकित किए जाने का प्रावधान आयरलैण्ड के संविधान से लिया गया है। ऐसे सदस्यों का कार्यकाल 6 वर्ष निर्धारित है। उपराष्ट्रपति, राज्य सभा का पदेन सभापति होता है। लोकसभा में बहुमत दल के नेता को राष्ट्रपति प्रधानमन्त्री नियुक्त करता है। संविधान के अनुच्छेद 124-147 में सर्वोच्च न्यायालय के बारे में उल्लेख किया गया है।

8. सरकार के कार्यपालिका अंग से अभिप्राय है *(CTET, 2016)*
(a) निर्वाचित प्रतिनिधि
(b) देश का प्रत्येक नागरिक, जो सार्वभौमिक वयस्क मताधिकार का उपयोग करता है
(c) लोगों का समूह, जो कानूनों को लागू करने और शासन चलाने के लिए उत्तरदायी है
(d) उच्चतम न्यायालय तथा उच्च न्यायालयों के न्यायाधीश

व्याख्या (c) सरकार के कार्यपालिका अंग से तात्पर्य है— उन **लोगों का समूह, जो कानूनों को लागू करने और शासन को चलाने के लिए उत्तरदायी है**। सरकार के अन्य दो अंग विधायिका और न्यायपालिका हैं।
विधायिका में ऐसे लोग सम्मिलित होते हैं, जो नियम व कानून बनाते हैं, जबकि न्यायपालिका देश में स्वतन्त्र व निष्पक्ष न्याय के लिए उत्तरदायी है।

9. लोकसभा में सत्ताधारी दल का मुखिया इनमें से कौन होता है? *(CTET, 2016)*
(a) राष्ट्रपति (b) उपराष्ट्रपति (c) प्रधानमन्त्री (d) अध्यक्ष

व्याख्या (c) लोकसभा में सत्ताधारी दल का मुखिया **प्रधानमन्त्री** होता है। संसदात्मक प्रणाली में राष्ट्रपति लोकसभा के बहुमत प्राप्त दल के नेता को प्रधानमन्त्री नियुक्त करने के लिए बाध्य है। भारतीय संविधान के अनुसार, शासन प्रमुख प्रधानमन्त्री होता है।

10. गठबन्धन सरकार से अभिप्राय है *(CTET, 2015)*
(a) चुनावों के बाद किसी भी दल को स्पष्ट बहुमत न मिलने की स्थिति में दो या दो से अधिक राजनीतिक दलों के बीच सत्ता की साझेदारी
(b) कार्यपालिका और न्यायपालिका के बीच सत्ता की साझेदारी
(c) राज्य सरकार तथा पंचायती राज संस्थानों के बीच सत्ता की साझेदारी
(d) केन्द्र और राज्य सरकार के बीच सत्ता की साझेदारी

व्याख्या (a) गठबन्धन सरकार से अभिप्राय है— एक मिली-जुली सरकार। यदि चुनावों के बाद किसी भी दल को स्पष्ट बहुमत न मिलने की स्थिति उत्पन्न होती है, तो इस प्रकार की स्थिति में दो या दो से अधिक राजनीतिक दलों के बीच सत्ता की साझेदारी होती है तथा एक मिली-जुली सरकार का गठन होता है। यह विशेषता राज्य सरकारों में देखने को मिलती है।

11. भारतीय संसद के बारे में निम्नलिखित में से कौन-सा कथन सत्य नहीं है? *(CTET, 2015)*
(a) वित्त से सम्बन्धित मामलों में, संसद की मंजूरी सरकार के लिए महत्त्वपूर्ण नहीं होती
(b) हमारी व्यवस्था में संसद के पास महत्त्वपूर्ण शक्तियाँ हैं, क्योंकि यह जनता का प्रतिनिधित्व करती है
(c) जब संसद का सत्र चल रहा होता है, तो उसमें सबसे पहले प्रश्नकाल होता है
(d) भारतीय संसद के तीन अंग हैं— राष्ट्रपति, राज्यसभा और लोकसभा

व्याख्या (a) भारतीय संसद के बारे में कथन (a) सत्य नहीं है, क्योंकि भारतीय संविधान ने वित्त से सम्बन्धित मामलों में संसद को शक्ति प्रदान की है। संसद में ही वित्त सम्बन्धित विधेयक अथवा कानून बनाए जाते हैं।
भारतीय संसद के तीन अंग हैं— राष्ट्रपति, राज्यसभा और लोकसभा। हमारी व्यवस्था में संसद के पास महत्त्वपूर्ण शक्तियाँ हैं, क्योंकि यह जनता का प्रतिनिधित्व करती है, जब संसद का सत्र चल रहा होता है, तो उसमें सबसे पहला विषय प्रश्नकाल का होता है।

12. संसद के 'प्रश्नकाल सत्र' के सम्बन्ध में I और II दोनों कथनों पर विचार कीजिए। निम्नलिखित विकल्पों में से सही विकल्प का चयन कीजिए। *(CTET, 2015)*
1. सांसद सरकार के कामकाज के बारे में जानकारी प्राप्त करते हैं।
2. यह एक ऐसी व्यवस्था है, जिसमें कार्यकारिणी विधायिका को नियन्त्रित करती है।

कूट
(a) 1 गलत है और 2 सही है (b) 1 और 2 दोनों गलत हैं
(c) 1 सही है और 2 गलत है (d) 1 और 2 दोनों सही हैं

व्याख्या (c) लोकसभा की बैठक का पहला घण्टा तथा राज्यसभा की बैठक का दूसरा घण्टा 'प्रश्नकाल सत्र' कहलाता है। प्रश्नकाल के दौरान सदस्यों द्वारा प्रशासन और सरकार के कामकाज के बारे में प्रश्न पूछे जाते हैं। अत: कथन 1 सही है। यह एक ऐसी व्यवस्था है, जिसमें संसद के सदस्य, सरकार में उपस्थित सदस्यों से प्रश्न पूछते हैं। अत: कथन 2 गलत है।

13. भारतीय राज्य की सरकार किस प्रकार की है? *(CTET, 2015)*
(a) अध्यक्षात्मक (b) लोकतान्त्रिक (c) साम्यवादी (d) पूँजीवादी

व्याख्या (b) भारतीय राज्य की सरकार **लोकतान्त्रिक** प्रकार की सरकार है। लोकतान्त्रिक सरकार में जनता को शासन में भाग लेने का अधिकार प्राप्त होता है। सभी नागरिकों को मतदान करने, चुनाव लड़ने तथा सरकारी पद प्राप्त करने का समान अधिकार होता है। साथ ही नागरिकों को अनेक प्रकार की स्वतन्त्रताएँ प्राप्त रहती हैं।

14. न्यायिक व्यवस्था/न्यायिक समीक्षा पर दिए गए निम्नलिखित दो कथनों पर विचार कीजिए और सही उत्तर का चयन कीजिए *(CTET, 2015)*

1. **संसद द्वारा पारित किया गया कोई कानून संविधान के आधारभूत ढाँचे का उल्लंघन करता है, तो न्यायपालिका ऐसे कानून को रद्द कर सकती है।**
2. **कोई विधेयक न्यायपालिका के द्वारा पास किए बिना कानून नहीं बन सकता है।**

कूट
(a) 1 गलत है और 2 सही है
(b) 1 और 2 दोनों गलत हैं
(c) 1 सही है और 2 गलत है
(d) 1 और 2 दोनों सही हैं

व्याख्या (c) भारतीय संविधान के अनुसार, संसद द्वारा पारित किया गया कोई कानून यदि संविधान के आधारभूत ढाँचे का उल्लंघन करता है, तो न्यायपालिका को उस कानून को रद्द करने का अधिकार है, परन्तु कोई विधेयक संसद के द्वारा पास किए बिना कानून नहीं बन सकता है। न्यायपालिका कानून बनने के बाद अपनी समीक्षा प्रस्तुत करती है। साथ ही यदि जरूरत पड़ी तो न्यायिक पुनर्विलोकन कर सकती है। अत: कथन 1 सही है, किन्तु 2 गलत है।

15. हमारी व्यवस्था में संसद को बहुत अधिक अधिकार प्राप्त हैं, क्योंकि *(CTET, 2014)*
(a) इसे कानून बनाने की शक्ति प्राप्त है
(b) इसे न्यायपालिका को नजरअन्दाज करने की शक्ति प्राप्त है
(c) यह जनता का प्रतिनिधित्व करती है
(d) संसद में सभी शक्तियाँ निहित/प्रदान हैं

व्याख्या (c) हमारी संसदीय व्यवस्था में संसद को बहुत अधिक अधिकार प्राप्त हैं, क्योंकि यह **जनता का प्रतिनिधित्व** करती है। संसद में लोकसभा, राज्यसभा व राष्ट्रपति सम्मिलित होते हैं। जनता संसद में अपने प्रतिनिधि चुनकर भेजती है। अत: हमारी व्यवस्था में संसद को अधिक अधिकार प्राप्त हैं। संसद का कार्य शासन प्रणाली के विधानों, नियमों व कानूनों का निर्माण करना है।

16. भारतीय जनतन्त्र में कार्यकारी का कार्य ······· है। *(CTET, 2014)*
(a) अधिनियम बनाना
(b) संसद द्वारा बनाए गए अधिनियमों को लागू करना
(c) प्रधानमन्त्री को चुनना
(d) राष्ट्रपति को चुनना

व्याख्या (b) भारतीय जनतन्त्र में कार्यकारी/कार्यपालिका का कार्य **संसद द्वारा बनाए गए अधिनियमों को लागू करना है।** शासन व्यवस्था को अधिक प्रभावी बनाने के लिए भारतीय संविधान में कार्यपालिका की व्यवस्था की गई है। संविधान के भाग-V के अध्याय I (अनुच्छेद 52-78 तक) के अधीन संघीय कार्यपालिका का उल्लेख किया गया है। भारत संघ की कार्यपालिका राष्ट्रपति, उपराष्ट्रपति, प्रधानमन्त्री, मन्त्रिपरिषद् तथा महान्यायवादी से मिलकर बनती है।

17. संघवाद से तात्पर्य है *(CTET, 2014)*
(a) देश में एक से ज्यादा स्तर की सरकार का होना
(b) देश को चलाने के लिए राज्यों का संघ होना
(c) केवल केन्द्रीय सरकार को कानून बनाने का अधिकार है
(d) न्यायपालिका देश में सर्वोच्च शक्ति है

व्याख्या (a) संघवाद या संघात्मक व्यवस्था का सामान्य अर्थ केन्द्र व राज्यों के बीच शक्तियों व कार्यों का विभाजन है। भारत में केन्द्र सरकार, राज्य सरकार व स्थानीय सरकार के रूप में त्रिस्तरीय व्यवस्था की गई है। भारत में संघात्मक व्यवस्था के तहत् शक्तियों का विकेन्द्रीकरण किया गया है।

18. राज्यसभा में अधिकतम ········ हो सकते हैं। *(CTET, 2014)*
(a) 225 सदस्य (b) 235 सदस्य (c) 250 सदस्य (d) 260 सदस्य

व्याख्या (c) राज्यसभा, संसद का उच्च सदन है। भारतीय संविधान के अनुच्छेद 80 में राज्यसभा के गठन एवं निर्वाचन सम्बन्धी प्रावधान हैं। राज्यसभा हेतु अधिकतम संख्या **250** (238 निर्वाचित + 12 मनोनीत) हो सकती है, परन्तु वर्तमान समय में राज्यसभा में 245 सदस्य हैं। इसमें 233 सदस्य राज्यों तथा केन्द्रशासित प्रदेशों से निर्वाचित होते हैं तथा 12 सदस्य राष्ट्रपति द्वारा मनोनीत किए जाते हैं।

19. राष्ट्रपति द्वारा लोकसभा के लिए कितने सदस्य मनोनीत हो सकते हैं? *(CTET, 2013)*
(a) 4 (b) 2 (c) 3 (d) 12

व्याख्या (b) राष्ट्रपति लोकसभा में एंग्लो इण्डियन (आंग्ल भारतीय) समुदाय से **दो सदस्य** मनोनीत कर सकता है। इसका प्रावधान भारतीय संविधान के अनुच्छेद-331 में किया गया है। हालांकि 17वीं लोकसभा में अभी तक किसी की आंग्ल भारतीय की नियुक्ति नहीं की गई है।

20. भारत की सर्वोच्च 'कानून निर्माण' संस्था है? *(CTET, 2012)*
(a) राष्ट्रपति (b) न्यायपालिका
(c) संसद
(d) प्रधानमन्त्री व उसकी मन्त्रिपरिषद्

व्याख्या (c) भारत की सर्वोच्च 'कानून निर्माण' संस्था **संसद** है। इसे संघीय विधायिका अथवा व्यवस्थापिका भी कहा जाता है। लोकतान्त्रिक शासन प्रणाली के आधारभूत स्तम्भों में संसद को एक महत्त्वपूर्ण स्तम्भ माना गया है। संसद में राज्यसभा, लोकसभा एवं राष्ट्रपति निहित होते हैं।

21. एक निश्चित क्षेत्र जहाँ रहने वाले सभी मतदाता अपना प्रतिनिधि चुनते हैं, कहलाता है *(CTET, 2012)*
(a) राज्य (b) क्षेत्र (c) सीमा (d) निर्वाचन क्षेत्र

व्याख्या (d) वह निश्चित क्षेत्र जहाँ रहने वाले सभी मतदाता अपना प्रतिनिधि चुनते हैं, **निर्वाचन क्षेत्र** कहलाता है। भारत का निर्वाचन आयोग, इसका निर्धारण करता है तथा केन्द्र स्तर पर चुनाव कराता है।

22. लोकसभा के प्रत्येक सत्र का प्रथम घण्टा .... से शुरू होता है। *(CTET, 2011)*

(a) सार्वजनिक काल
(b) विशेषाधिकार काल
(c) शून्यकाल
(d) प्रश्नकाल

व्याख्या (d) लोकसभा के प्रत्येक सत्र का पहला घण्टा **प्रश्नकाल** से शुरू होता है। इस दौरान भारत सरकार से सम्बन्धित मामले उठाए जाते हैं और समस्याएँ सरकार के संज्ञान में लाई जाती हैं। प्रश्नकाल के दौरान मुख्यत: तीन प्रकार के प्रश्न पूछे जाते हैं—तारांकित प्रश्न, अतारांकित प्रश्न तथा अल्प सूचना प्रश्न।

» State TETs

23. राष्ट्रपति की अनुपस्थिति में उसके समस्त कार्य किसके द्वारा किए जाते हैं? *(UPTET, 2018)*

(a) उपराष्ट्रपति (b) राज्यपाल
(c) प्रधानमन्त्री (d) भारत का मुख्य न्यायाधीश

व्याख्या (a) राष्टपति के पद त्याग या अन्य किसी कारण से राष्ट्रपति की अनुपस्थिति में उसके समस्त कार्य **उपराष्ट्रपति** के द्वारा किए जाते हैं। अनुच्छेद 65 के अनुसार, विशेष परिस्थितियों में उपराष्ट्रपति, राष्ट्रपति के रूप में कार्य करता है, जिस काल में उपराष्ट्रपति, राष्ट्रपति पद पर कार्य करेगा, उसे वही उपलब्धियाँ व भत्ते मिलेंगे, जिनका राष्ट्रपति अधिकारी है।

24. भारतीय उपराष्ट्रपति का निर्वाचन निर्वाचक-मण्डल द्वारा किया जाता है, जिसके सदस्य होते हैं *(UPTET, 2017)*

(a) राज्यसभा के सभी सदस्य
(b) संसद के दोनों सदनों के सभी सदस्य
(c) संसद के दोनों सदनों के निर्वाचित सदस्य
(d) राज्यसभा के निर्वाचित सदस्य

व्याख्या (b) भारतीय संविधान में उपराष्ट्रपति का पद देश का दूसरा सर्वोच्च पद होता है। उपराष्ट्रपति का निर्वाचन संसद के दोनों सदनों की संयुक्त बैठक में आनुपातिक प्रतिनिधित्व की पद्धति के अनुसार एकल संक्रमणीय मत से तथा गुप्त मतदान द्वारा होता है। यह मतदान एक निर्वाचक मण्डल द्वारा किया जाता है। इसमें **संसद के दोनों सदनों के सभी सदस्य** (निर्वाचित और मनोनीत दोनों) शामिल होते हैं।

25. यह कौन निश्चित करता है कि कोई विधेयक धन विधेयक है अथवा नहीं? *(UPTET, 2016)*

(a) भारत का राष्ट्रपति (b) भारत का वित्तमन्त्री
(c) राज्यसभा का सभापति (d) लोकसभा का स्पीकर

व्याख्या (d) धन विधेयक को अनुच्छेद 110 के अन्तर्गत परिभाषित किया गया है। किसी विधेयक के बारे में विवाद उठने पर कि वह धन विधेयक है अथवा नहीं, इस सम्बन्ध में **लोकसभा के अध्यक्ष** (स्पीकर) का निर्णय अन्तिम होता है। धन विधेयक केवल लोकसभा में तथा केवल राष्ट्रपति की संस्तुति पर ही प्रस्तावित किया जा सकता है।

26. संविधान के किस अनुच्छेद के अन्तर्गत भारत के किसी भी राज्य में राष्ट्रपति शासन लागू किया जाता है? *(CGTET, 2016)*

(a) अनुच्छेद 370 (b) अनुच्छेद 352
(c) अनुच्छेद 356 (d) अनुच्छेद 360

व्याख्या (c) संविधान के **अनुच्छेद 356** के अनुसार, अगर राष्ट्रपति को राज्यपाल के प्रतिवेदन पर या अन्य किसी प्रकार से संज्ञान हो जाए कि ऐसी परिस्थितियाँ उत्पन्न हो गई हैं कि राज्य का शासन संविधान के प्रावधानों के अनुसार नहीं चलाया जा सकता है, तो वह राज्य में राष्ट्रपति शासन लागू कर सकता है।
अनुच्छेद 370 जम्मू कश्मीर से सम्बन्धित विशेष प्रावधान था, जिसे अगस्त, 2019 में संसद में एक प्रस्ताव पारित कर समाप्त कर दिया गया है तथा जम्मू कश्मीर को दो केन्द्रशासित प्रदेश जम्मू कश्मीर एवं लद्दाख के रूप में बाँट दिया गया है। अनुच्छेद 352 राष्ट्रीय आपातकाल से सम्बन्धित है तथा अनुच्छेद 360 वित्तीय आपातकाल से सम्बन्धित है।

27. संसद का सदस्य न होते हुए भी निम्न में से कौन संसद की कार्यवाही में प्रतिभाग कर सकता है? *(CGTET, 2016; UPTET, 2013)*

(a) महालेखा परीक्षक (b) महान्यायवादी
(c) मुख्य निर्वाचन आयुक्त (d) सॉलिसिटर जनरल

व्याख्या (b) भारत के **महान्यायवादी** को भारत के सभी न्यायालयों में सुनवाई का अधिकार होता है। वह सरकार का मुख्य विधि अधिकारी भी होता है।
महान्यायवादी संसद का सदस्य न होते हुए भी संसद की कार्यवाही में प्रतिभाग कर सकता है। उसे संसद के किसी भी सदन में बोलने का अधिकार है, परन्तु मताधिकार प्राप्त नहीं है। भारतीय संविधान के अनुच्छेद 148 में नियन्त्रक एवं महालेखा परीक्षक का वर्णन है। इसका प्रमुख कार्य भारत सरकार तथा राज्य सरकार के सभी लेखों का अंकेक्षण करना है। संविधान के भाग-15 के अनुच्छेद-324 से 329 में निर्वाचन से सम्बन्धित उपबन्ध किए गए हैं, जिसमें एक मुख्य निर्वाचन आयोग का प्रावधान है। इसका कार्यकाल 6 वर्ष या 65 वर्ष की आयु तक है। सॉलिसिटर जनरल भारत के महान्यायवादी के अधीन कार्य करता है, वह कानूनी मामलों पर सरकार को परामर्श देता है। इसका कार्यकाल तीन वर्ष का होता है।

28. संसद में 'प्रश्नकाल' के समय किस प्रकार के प्रश्न पूछे जाते हैं? *(CGTET, 2016; UPTET, 2013)*

(a) अतारांकित प्रश्न (b) तारांकित प्रश्न
(c) 'a' और 'b' दोनों (d) ये सभी

व्याख्या (c) संसदीय कार्यवाही की बैठक के पहले घण्टे के समय को प्रश्नकाल कहा जाता है। इस समय मन्त्रियों से **अतारांकित तथा तारांकित** दोनों प्रकार के प्रश्न किए जा सकते हैं। तारांकित प्रश्न मौखिक तथा अतारांकित प्रश्न लिखित प्रकृति के होते हैं।
तारांकित प्रश्नों में पूरक प्रश्न पूछे जा सकते हैं, जबकि अतारांकित प्रश्नों में पूरक प्रश्न पूछे जाने का प्रावधान नहीं है।

29. कौन-सा राजनीतिक दल का उद्देश्य नहीं है? *(HTET, 2015)*

(a) अपनी विचारधारा का प्रचार करना
(b) लोगों का आध्यात्मिक विकास करना
(c) लोकमत का निर्माण करना
(d) सरकार बनाने की आकांक्षा

व्याख्या (b) **लोगों की आध्यात्मिकता का विकास करना** राजनीतिक दल का उद्देश्य नहीं होता है। राजनीतिक दल का उद्देश्य मुख्यत: लोकमत का निर्माण कर सत्ता पर अधिकार करना है, साथ ही अपनी विचारधारा का प्रचार करना है।
सभी राजनीतिक दलों का अपना एक संविधान होता है, जिसके अनुरूप वह कार्य करते हैं।

30. संविधान के अनुसार, प्रधानमन्त्री है *(HTET, 2015)*

(a) राज्यों का प्रमुख (b) संघ की मन्त्रिपरिषद् का प्रमुख
(c) संघ सरकार का प्रमुख (d) संघ प्रशासन का प्रमुख

व्याख्या (b) भारतीय संविधान के अनुच्छेद 74 (1) के अनुसार, राष्ट्रपति को उसके कार्यों के सम्पादन एवं सलाह देने के लिए एक **मन्त्रिपरिषद्** होती है। जिसका मुख्य प्रधान प्रधानमन्त्री होता है और राष्ट्रपति अपने कृत्यों के सम्पादन में इसकी सलाह के अनुसार कार्य करता है।

31. दबाव समूह द्वारा अपनाए जाने वाले साधन हैं *(HTET, 2015)*

1. प्रचार 2. लॉबीइंग 3. प्रदर्शन

कूट

(a) 1 और 2 (b) 1 और 3 (c) 2 और 3 (d) 1, 2 और 3

व्याख्या (d) दबाव समूह द्वारा **प्रचार**, **लॉबीइंग** एवं **प्रदर्शन** आदि साधन अपनाए जाते हैं। दबाव समूह एक गैर-राजनीतिक संस्था होती है, जो वर्ग विशेष के हितों की रक्षा के लिए सरकार पर दबाव डालती है। दबाव समूह, राजनैतिक प्रक्रिया का स्वयं भाग नहीं बनते हैं।

32. बजट एक विवरण है *(HTET, 2015)*

(a) आय और व्यय का
(b) वस्तुओं की खरीद एवं बिक्री का
(c) वस्तुओं की कीमतों का
(d) सम्भावित आय और सम्भावित व्यय का

व्याख्या (d) संविधान के अनुच्छेद 112 के अन्तर्गत प्रत्येक वित्तीय वर्ष के सम्बन्ध में राष्ट्रपति द्वारा भारत सरकार की **सम्भावित आय और सम्भावित व्यय** का विवरण संसद के समक्ष प्रस्तुत कराया जाता है, जिसे वार्षिक वित्तीय विवरण अथवा बजट कहा जाता है। इसमें सरकार की प्राप्तियों एवं अदायगियों को, जिनमें सरकारी विवरण तीन वर्ष के रखे जाते हैं।

33. राष्ट्रपति के विरुद्ध संविधान के उल्लंघन पर महाभियोग की पहल हो सकती है *(HTET, 2015)*

(a) संसद के किसी भी सदन में
(b) लोकसभा में
(c) राज्यसभा में
(d) उच्चतम न्यायालय में

व्याख्या (a) संविधान के अनुच्छेद 61 के अन्तर्गत 'संविधान के उल्लंघन' के आधार पर महाभियोग की प्रक्रिया द्वारा राष्ट्रपति को उसके पद से हटाया जा सकता है।
महाभियोग का आरोप **संसद के किसी भी सदन** में लगाया जा सकता है। संसद के एक सदन द्वारा आरोप लगाया जाता है तथा दूसरे सदन द्वारा उस आरोप का अन्वेषण किया जाता है, परन्तु इसके लिए आवश्यक है कि राष्ट्रपति को 14 दिन पहले लिखित सूचना दी जाए।

34. निम्नलिखित में से कौन-सा लोकसभा का एक सत्र नहीं है? *(HTET, 2014)*

(a) बजट सत्र (b) ग्रीष्मकालीन सत्र
(c) शीतकालीन सत्र (d) मानसून सत्र

व्याख्या (a) **बजट सत्र**, लोकसभा का एक सत्र नहीं है। यह सरकार में एक वर्ष की अनुमानित आय-व्यय का लेखा-जोखा है। *लोकसभा में तीन सत्र अधिवेशन आयोजित किए जाते हैं*
1. ग्रीष्मकालीन सत्र (फरवरी-मई)
2. मानसून सत्र (जुलाई-सितम्बर)
3. शीतकालीन सत्र (नवम्बर-दिसम्बर)

35. लक्षण, जो दबाव समूह पर तो लागू होता है, किन्तु राजनीतिक दल पर नहीं, वह है *(HTET, 2014)*

(a) निर्वाचन में अपने प्रत्याशी खड़े करना
(b) सम्पूर्ण समाज की हित साधना का उद्देश्य
(c) सदस्यता अनन्य होती है
(d) राजनीतिक प्रक्रिया का स्वयं भाग नहीं बनते

व्याख्या (d) दबाव समूह एक संस्था की तरह होते हैं, जो **चुनाव प्रक्रिया में भाग नहीं लेते** एवं गैर-राजनीतिक होते हैं तथा किसी वर्ग विशेष के हितों की रक्षा के लिए सरकार को प्रोत्साहित करते हैं, जबकि राजनीतिक दल निर्वाचन में अपने प्रत्याशी खड़े करते हैं और राजनीतिक प्रक्रिया का भाग भी बनते हैं।

36. राष्ट्रपति राज्यसभा में कितने सदस्यों को मनोनीत कर सकता है? *(UPTET, 2016; HTET, 2014), (UPTET, 2012,13)*

(a) 10 (b) 12
(c) 17 (d) 15

व्याख्या (b) भारतीय संविधान के अनुच्छेद 331 के अन्तर्गत भारत का राष्ट्रपति राज्यसभा के लिए **12** ऐसे सदस्यों को मनोनीत कर सकता है, जिन्होंने कला, साहित्य, विज्ञान व समाजसेवा में उत्कृष्ट कार्य किया हो। राष्ट्रपति द्वारा राज्यसभा में सदस्यों को मनोनीत करने का अधिकार आयरलैण्ड के संविधान से लिया गया है, जबकि राष्ट्रपति लोकसभा में आंग्ल भारतीय वर्ग से 2 व्यक्तियों को मनोनीत कर सकता है।

37. निम्नलिखित में से किसे राष्ट्रीय राजनीतिक दल के रूप में मान्यता प्राप्त है? *(HTET, 2014)*

(a) बहुजन समाज पार्टी (b) कम्युनिस्ट पार्टी (मार्क्सवादी)
(c) राष्ट्रवादी कांग्रेस पार्टी (d) ये सभी

व्याख्या (d) *भारत में वर्तमान समय में कुल 8 राष्ट्रीय पार्टियाँ हैं-*

	पार्टी	स्थापना वर्ष
1.	कांग्रेस (INC)	1885
2.	भारतीय जनता पाटी (BJP)	1980
3.	राष्ट्रीय कांग्रेस पार्टी (NCP)	1999
4.	बहुजन समाज पार्टी (BSP)	1984
5.	भारतीय कम्युनिस्ट पार्टी (CPI)	1925
6.	मार्क्सवादी कम्युनिस्ट पार्टी (MCP)	1964
7.	सर्व भारतीय तृणमूल कांग्रेस पार्टी	1998
8.	नेशनल पीपुल्स पार्टी	2013

38. निम्नलिखित राज्यों में से कौन-सा राज्य लोकसभा में सर्वाधिक सांसद भेजता है? *(HTET, 2014)*

(a) महाराष्ट्र (b) बिहार
(c) आन्ध्र प्रदेश (d) तमिलनाडु

व्याख्या (a) दिए गए विकल्पों में, **महाराष्ट्र** राज्य लोकसभा में सर्वाधिक सांसद (48) भेजता है। *अन्य प्रमुख राज्य व उनकी लोकसभा सीटें निम्न हैं*

राज्य	लोकसभा सीटें
आन्ध्र प्रदेश	25
बिहार	40
तमिलनाडु	38

39. लोकसभा निर्वाचन क्षेत्र का भू-भाग निर्धारित किया जाता है *(HPTET, 2013)*

(a) परिसीमन आयोग द्वारा (b) निर्वाचन आयोग द्वारा
(c) जनगणना आयुक्त द्वारा (d) राष्ट्रपति द्वारा

व्याख्या (a) लोकसभा निर्वाचन क्षेत्र का भू-भाग, **परिसीमन आयोग द्वारा** निर्धारित किया जाता है। इस सम्बन्ध में अधिसूचना भारत के राष्ट्रपति द्वारा जारी की जाती है।
वर्ष 1952, 1963 व 1973 और वर्ष 2002 में परिसीमन आयोग गठित किए जा चुके हैं।

40. भारत के राष्ट्रपति के बारे में क्या सत्य है? *(HPTET, 2013)*

1. वह मुख्य कार्यकारी अधिकारी होता है।
2. वह सैन्य बलों का मुख्य कमाण्डर होता है।
3. वह राज्य का मुखिया होता है।
4. वह संघीय विधानमण्डल का हिस्सा होता है।

कूट

(a) 1 और 3 (b) 1 और 2 दोनों
(c) 2, 3 और 4 (d) 1, 2, 3 और 4

व्याख्या (b) भारत का राष्ट्रपति राष्ट्र का प्रमुख होता है। भारत सरकार के समस्त कार्यपालिका सम्बन्धी कार्य राष्ट्रपति के नाम से संचालित किए जाते हैं। भारत का राष्ट्रपति मुख्य कार्यकारी अधिकारी होता है, साथ ही सैन्य बलों का मुख्य कमाण्डर होता है। राष्ट्रपति संघीय विधानमण्डल का अंग नहीं होता है। राज्य का मुखिया राज्यपाल को माना जाता है। अत: कथन 1 व 2 सत्य हैं।

41. निम्न में से कौन-सी विशेषता संसदीय प्रणाली का तत्त्व है? *(HPTET, 2013)*

(a) प्रधानमन्त्री की निश्चित कार्य अवधि
(b) सामूहिक उत्तरदायित्व
(c) कार्यपालिका व व्यवस्थापिका का पृथक्करण
(d) नाममात्र व वास्तविक कार्यपालिका का सम्मिश्रण

व्याख्या (b) **सामूहिक उत्तरदायित्व** की विशेषता संसदीय प्रणाली का तत्त्व है। भारतीय संविधान द्वारा देश में संसदीय लोकतन्त्र की व्यवस्था की गई है। संसदात्मक व्यवस्था में संसद की प्रधानता रहती है। शासन व्यवस्था जनता द्वारा चुने गए प्रतिनिधियों द्वारा संचालित की जाती है।

42. लोकसभा के विघटन होने के बाद लोकसभा अध्यक्ष कार्यरत रहता है *(HPTET, 2013)*

(a) नई लोकसभा के गठन तक
(b) राष्ट्रपति द्वारा नए लोकसभा अध्यक्ष की नियुक्ति तक
(c) नए लोकसभा अध्यक्ष के चुनाव तक
(d) नई सरकार के गठन तक

व्याख्या (c) लोकसभा के विघटन होने के बाद लोकसभा अध्यक्ष **नए लोकसभा अध्यक्ष के चुनाव तक** अपने पद पर बना रहता है तथा अपने कर्त्तव्यों का निर्वहन करता है। भारत में संसदीय प्रणाली अपनाने के कारण निम्न सदन (लोकसभा) को राजनीतिक व्यवस्था में महत्त्वपूर्ण स्थान प्राप्त होता है।

43. किसी राज्य के नाम में परिवर्तन किया जा सकता है *(HPTET, 2013)*

(a) प्रधानमन्त्री द्वारा (b) संसद द्वारा
(c) राज्य विधानसभा द्वारा (d) राष्ट्रपति द्वारा

व्याख्या (b) किसी राज्य का नाम, उसकी सीमा आदि में परिवर्तन करने का अधिकार **संसद** को होता है। भारतीय संविधान के अनुच्छेद 79-122 में संसद के गठन, संरचना, अवधि, अधिकार तथा शक्तियों आदि के बारे में वर्णन किया गया है।

44. बिहार विधानसभा में अनुसूचित जाति के लिए कितनी सीटें सुरक्षित हैं? *(BTET, 2013)*

(a) 48 (b) 37 (c) 40 (d) 08

व्याख्या (*) बिहार विधानसभा में अनुसूचित जाति के लिए 38 सीटें आरक्षित की गई हैं तथा अनुसूचित जनजाति की दो सीटें आरक्षित हैं। जबकि देशभर में सभी विधानसभाओं में 614 सीट SCs और 554 STs के लिए आरक्षित हैं।

45. भारतीय संसद की बैठक बुलाने, स्थगित करने एवं लोकसभा को भंग करने का अधिकार निम्नलिखित में से किसे है? *(BTET, 2013)*

(a) प्रधानमन्त्री (b) वित्तमन्त्री
(c) राष्ट्रपति (d) लोकसभा के अध्यक्ष

व्याख्या (c) भारतीय संसद की बैठक बुलाने, स्थगित करने व लोकसभा को भंग करने का अधिकार **राष्ट्रपति** को है।

46. राष्ट्रपति चुनाव से सम्बन्धित गलत तथ्य है *(REET, 2012)*

(a) चुनाव से सम्बन्धित विवाद सिर्फ उच्चतम न्यायालय में ही उठा सकते हैं
(b) सभी विधायकों के मत समान मूल्य रखते हैं
(c) सभी सांसदों के मत समान मूल्य रखते हैं
(d) मनोनीत सदस्य मतदान में भाग नहीं ले सकते हैं

व्याख्या (a) राष्ट्रपति चुनाव से सम्बन्धित चुनाव विवाद को चुनाव आयोग के सामने उठाया जाता है, परन्तु इस विवाद का निपटारा **उच्चतम न्यायालय** द्वारा किया जाता है।

47. भारत के प्रथम राष्ट्रपति कौन थे? *(UPTET, 2011)*

(a) डॉ. राजेन्द्र प्रसाद
(b) डॉ. एस. राधाकृष्णन
(c) जाकिर हुसैन
(d) जवाहरलाल नेहरू

व्याख्या (a) स्वतन्त्र भारत के प्रथम राष्ट्रपति भारत रत्न प्राप्तकर्ता **डॉ. राजेन्द्र प्रसाद** थे। इनका कार्यकाल 1950-62 तक था। डॉ. राजेन्द्र प्रसाद एकमात्र राष्ट्रपति हैं, जो दो कार्यकाल के लिए राष्ट्रपति चुने गए। डॉ. सर्वपल्ली राधाकृष्णन भारत के दूसरे राष्ट्रपति बने इनका कार्यकाल 1962-67 तक था। जाकिर हुसैन भारत के तीसरे राष्ट्रपति तथा प्रथम मुस्लिम राष्ट्रपति बने थे। इनका कार्यकाल 1967-69 तक था। जवाहरलाल नेहरू भारत के प्रथम प्रधानमन्त्री बने थे। इनका कार्यकाल 1947-69 तक था।

48. भारत के प्रथम उपराष्ट्रपति कौन थे? *(REET, 2011)*

(a) डॉ. सर्वपल्ली राधाकृष्णन (b) वी.वी. गिरि
(c) डॉ. जाकिर हुसैन (d) बी.डी. जत्ती

व्याख्या (a) भारत के प्रथम उपराष्ट्रपति **डॉ. सर्वपल्ली राधाकृष्णन** थे। इन्हें सर्वप्रथम भारत रत्न से सम्मानित किया गया था। इनका कार्यकाल वर्ष 1962 से वर्ष 1967 तक था। वी.वी. गिरि भारत के चौथे राष्ट्रपति बने तथा इनका कार्यकाल मई, 1969 से जुलाई, 1969 तक था। डॉ. जाकिर हुसैन भारत के तीसरे राष्ट्रपति बने। इनका कार्यकाल 1967-69 तक था बी.डी. जत्ती भारत के प्रथम तथा अब तक के अन्तिम कार्यवाहक राष्ट्रपति बने थे। इनका कार्यकाल फरवरी, 1977 से जुलाई, 1977 तक था।

49. राष्ट्रपति की मृत्यु के कारण रिक्त हुए राष्ट्रपति पद पर उपराष्ट्रपति रहता है *(REET, 2011)*

(a) शेष रही अवधि तक (b) एक साल तक
(c) अधिकतम छः माह तक
(d) उस दिन तक जब नव-निर्वाचित राष्ट्रपति पदभार ग्रहण करता है

व्याख्या (d) राष्ट्रपति की मृत्यु के कारण रिक्त हुए राष्ट्रपति पद पर उपराष्ट्रपति की नियुक्ति तब तक के लिए की जाती है, जब तक नए राष्ट्रपति का निर्वाचन नहीं कर लिया जाता है। यदि उपराष्ट्रपति भी अनुपलब्ध है तो सर्वोच्च न्यायालय का मुख्य न्यायधीश राष्ट्रपति का पद धारण करेगा। जस्टिस हिरायतुल्ला पहले मुख्य न्यायधीश थे, जिन्होंने राष्ट्रपति के रुप में कार्य किए थे।

50. भारत की संसद मिलकर बनती है *(HTET, CGTET, 2011)*

(a) लोकसभा, राज्यसभा व मन्त्रिपरिषद् से
(b) लोकसभा, राज्यसभा व प्रधानमन्त्री से
(c) लोकसभा व राज्यसभा से
(d) लोकसभा, राज्यसभा व राष्ट्रपति से

व्याख्या (d) भारत की संसद के तीन अंग हैं—**लोकसभा, राज्यसभा एवं राष्ट्रपति**। लोकसभा को निम्न सदन तथा राज्यसभा को उच्च सदन कहा जाता है। राष्ट्रपति देश का कार्यपालिका प्रमुख होता है।

51. लोकसभा एवं विधानसभा चुनाव में प्रत्येक उम्मीदवार द्वारा खर्च की जाने वाली निर्वाचन आयोग द्वारा तय अधिकतम राशि है *(HTET, 2011)*

(a) 25 लाख और 10 लाख (b) 10 लाख और 25 लाख
(c) 30 लाख और 15 लाख (d) 15 लाख और 30 लाख

व्याख्या (a) प्रश्नानुसार लोकसभा एवं विधानसभा चुनाव में प्रत्येक उम्मीदवार द्वारा खर्च की जाने वाली निर्वाचन आयोग द्वारा तय अधिकतम राशि **25 लाख और 10 लाख** है, किन्तु वर्तमान समय में यह राशि क्रमशः 70 लाख और 28 लाख है।

52. हरियाणा में लोकसभा की कितनी सीटें हैं? *(HTET, 2011)*

(a) 10 (b) 15 (c) 20 (d) 25

व्याख्या (a) हरियाणा राज्य के लिए लोकसभा में 10 सीटों का प्रावधान किया गया है। लोकसभा में सर्वाधिक सीटें (80) उत्तर प्रदेश राज्य की हैं।

53. प्रधानमन्त्री है *(CGTET, 2011)*

(a) राष्ट्र प्रमुख (b) राष्ट्र एवं शासन प्रमुख
(c) शासन प्रमुख (d) ये सभी

व्याख्या (c) भारतीय संविधान के अनुसार, भारत में **शासन प्रमुख** प्रधानमन्त्री होता है, जो लोकसभा में बहुमत दल का नेता होता है। संसदीय प्रणाली में राष्ट्रपति लोकसभा के बहुमत दल के नेता को प्रधानमन्त्री नियुक्त करने के लिए बाध्य है। प्रधानमन्त्री का कार्यकाल निश्चित नहीं है तथा वह राष्ट्रपति के प्रसादपर्यन्त ही अपने पद पर बना रहता है।

54. सेना का 'सर्वोच्च सेनापति' कौन होता है? ***(CGTET, REET, PTET, BTET, 2011)***

(a) थल सेनाध्यक्ष (b) भारत का राष्ट्रपति
(c) भारत के प्रधानमन्त्री (d) मन्त्रिमण्डल

व्याख्या (b) भारतीय संविधान के अनुसार तीनों सेनाओं (जल, थल एवं वायु) का सर्वोच्च सेनापति **राष्ट्रपति** होता है। राष्ट्रपति संसद की सहमति के बिना न तो किसी देश के विरुद्ध युद्ध की घोषणा कर सकता है और न ही सेनाओं को युद्ध में लड़ने के लिए भेज सकता है। वस्तुत: युद्ध एवं शान्ति के समय कानून बनाने का अधिकार पूर्णरूपेण संसद को प्राप्त है।

55. राजस्थान में लोकसभा के लिए निर्वाचित सदस्यों की संख्या है ***(REET, 2011)***

(a) 21 (b) 26 (c) 30 (d) 25

व्याख्या (d) राजस्थान में लोकसभा के लिए **25** सीटें तथा राज्यसभा के लिए 10 सीटें निर्धारित की गई हैं। सर्वाधिक सीट उत्तर प्रदेश की 80 है। जबकि पूर्वोत्तर के अधिकांश राज्यों में 1, –1 लोकसभा सीट का आवंटन किया गया है।

56. राज्यसभा का सभापति कौन होता है? ***(REET, 2011)***

(a) उपराष्ट्रपति
(b) विपक्ष का नेता
(c) गृहमन्त्री
(d) राज्यसभा के सदस्यों द्वारा निर्वाचित व्यक्ति

व्याख्या (a) **उपराष्ट्रपति** राज्यसभा का सभापति होता है, परन्तु वह राज्यसभा का सदस्य नहीं होता है। भारतीय संविधान में उपराष्ट्रपति का पद देश का दूसरा सर्वोच्च पद होता है अनुच्छेद 63 के अनुसार, भारत का एक उपराष्ट्रपति होगा। अनुच्छेद 64 के अनुसार, उपराष्ट्रपति को राज्यसभा के पदेन सभापति के रूप में मान्यता प्रदान की गई है।

57. भारत का राष्ट्रपति चुना जाता है ***(REET, 2011)***

(a) भारत के नागरिकों द्वारा
(b) संसद के दोनों सदनों एवं राज्य विधानसभा के निर्वाचन सदस्यों द्वारा
(c) प्रधानमन्त्री एवं मन्त्रिपरिषद् के सदस्यों द्वारा
(d) समस्त मुख्यमन्त्रियों द्वारा

व्याख्या (b) राष्ट्रपति का निर्वाचन अप्रत्यक्ष रूप से 5 वर्षों के लिए होता है। जिसमें **संसद के दोनों सदनों के निर्वाचित सदस्य** और राज्य विधानसभाओं और संघीय क्षेत्रों की विधानसभा के निर्वाचित सदस्य भाग लेते हैं। राष्ट्रपति के चुनाव के लिए, आनुपातिक प्रतिनिधित्व की एकल-संक्रमणीय प्रणाली को अपनाया गया है।

58. आयकर, केन्द्रीय कर, सीमा शुल्क, राजस्व के द्वारा जुटाया गया धन जाता है ***(PTET, 2011)***

(a) भारत सरकार को (b) आकस्मिक निधि में
(c) संचित निधि में (d) ये सभी

व्याख्या (c) आयकर, केन्द्रीय कर, सीमा शुल्क, राजस्व द्वारा जुटाया गया धन **संचित निधि** में जमा किया जाता है, जहाँ से अधिकारियों तथा पदाधिकारियों को वेतन दिया जाता है।
अनुच्छेद 266 के अन्तर्गत संचित निधि का प्रावधान किया गया है। सरकार का पूरा खर्च संचित निधि से किया जाता है तथा संसद की स्वीकृति के बिना इस निधि से कोई भी रकम नहीं निकाली जा सकती। संविधान का अनुच्छेद 267 संसद और राज्य विधान मंडल को यथास्थित भारत या राज्य की आफस्मिकता निधि सर्जित करने की शक्ति देता है। यह निधि कार्यपालिका के अधीन होती है।

59. भारत की संसदीय प्रणाली इस सिद्धान्त पर कार्य करती है ***(PTET, 2011)***

(a) बहुमत की जीत (b) आनुपातिक प्रतिनिधित्व
(c) बहुमत (d) लोकप्रिय लोकतन्त्र

व्याख्या (a) भारत में संसदीय प्रणाली **बहुमत की जीत** के सिद्धान्त पर कार्य करती है। भारत में लोकतन्त्रात्मक शासन के अन्तर्गत संसदीय प्रणाली को अपनाया गया है। इसमें जनता अपने प्रतिनिधियों का चुनाव करती है और जनता द्वारा निर्वाचित प्रतिनिधि शासन में भाग लेते हैं।

60. जवाहरलाल नेहरू की मृत्यु के बाद प्रधानमन्त्री का कार्यभार किसने सँभाला? ***(PTET, 2011)***

(a) गुलजारी लाल नन्दा (b) मोरारजी देसाई
(c) लाल बहादुर शास्त्री (d) इन्दिरा गाँधी

व्याख्या (a) जवाहरलाल नेहरू की मृत्यु 27 मई, 1964 के बाद **गुलजारी लाल नन्दा** ने कार्यवाहक प्रधानमन्त्री के रूप में कार्यभार सँभाला। इनका कार्यकाल 27 मई, 1964 से 9 जून, 1964 तक रहा। गुलजारी लाल नन्दा प्रधानमन्त्री पद सँभालने वाले सबसे वृद्ध व्यक्ति थे।

61. भारतीय संसद में, जेपीसी का अर्थ है ***(PTET, 2011)***

(a) ज्वॉइण्ट पार्लियामेण्ट्री कौन्सिल (b) जस्ट पार्लियामेण्ट कंसल्टिंग
(c) ज्वॉइण्ट पार्लियामेण्ट कमेटी (d) ज्वॉइण्ट पार्लियामेण्ट कंसल्टिंग

व्याख्या (c) भारतीय संसद में जेपीसी का अर्थ **ज्वॉइण्ट पार्लियामेण्ट कमेटी** (संयुक्त संसदीय समिति) है। यह दोनों सदनों की सहमति पर बनती है। इस समिति में लोकसभा तथा राज्यसभा के सदस्य सम्मिलित होते हैं। जेपीसी का गठन अनेक दलों के सदस्यों को मिलाकर किया जाता है। *अब तक निम्न संयुक्त संसदीय समितियों का गठन किया गया है*

- बोफोर्स तोप खरीद मामला (1987)
- बैंकिंग लेन-देन में अनियमितता (1992)
- स्टॉक मार्केट घोटाला (2001)
- सॉफ्ट ड्रिंक्स और अन्य पेय पदार्थों में कीटनाशक का मामला (2003)
- 2-G स्पेक्ट्रम घोटाला (2011)
- वी वी आई पी चॉपर घोटाला (2013)

अध्याय 04

राज्य सरकार एवं कार्यपालिका

» CTET

1. मुख्यमन्त्री को कौन नियुक्त करता है? *(CTET, 2018)*

(a) प्रधानमन्त्री (b) राज्यपाल
(c) उच्च न्यायालय का मुख्य न्यायाधीश
(d) राष्ट्रपति

व्याख्या (b) मुख्यमन्त्री की नियुक्ति राज्य के **राज्यपाल** द्वारा की जाती है। राज्यपाल किसी भी बहुमत प्राप्त दल के नेता को (जो सर्वसम्मति से चुना गया है) मुख्यमन्त्री पद पर नियुक्त करता है। यदि किसी भी दल को विधानसभा में बहुमत हासिल नहीं हो पाता है, तो ऐसी स्थिति में राज्यपाल ऐसे व्यक्ति को मुख्यमन्त्री पद पर नियुक्त करता है, जो विधानसभा के पटल पर अपना बहुमत साबित कर सके।

2. राज्यपाल को कौन नियुक्त करता है? *(CTET, 2018)*

(a) मुख्यमन्त्री (b) भारत का मुख्य न्यायाधीश
(c) राष्ट्रपति (d) प्रधानमन्त्री

व्याख्या (c) केन्द्र सरकार की अनुशंसा पर राज्यों में राज्यपाल की नियुक्ति भारतीय संवधान के अनुच्छेद 155 के तहत **राष्ट्रपति** द्वारा की जाती है। राज्यपाल का पद प्रसादपर्यन्त पद माना जाता है अर्थात् राष्ट्रपति जब चाहे राज्यपाल को पद से हटा सकता है या उसका स्थानान्तरण कर सकता है। संवैधानिक रूप से राज्यपाल का कार्यकाल 5 वर्ष निर्धारित है, परन्तु इससे पूर्व भी उसे पद से हटाया जा सकता है।

3. निम्नलिखित में से किसको भारत में राज्य का पहला नागरिक कहा जाता है? *(CTET, 2018)*

(a) गृहमन्त्री
(b) राज्यपाल
(c) मुख्यमन्त्री
(d) उच्च न्यायालय का मुख्य न्यायाधीश

व्याख्या (b) भारत में राज्यों के सन्दर्भ में राज्य के **राज्यपाल** को पहला नागरिक माना जाता है। इसके अतिरिक्त जिस प्रकार भारतीय संघ की कार्यकारिणी का मुखिया राष्ट्रपति होता है, उसी प्रकार राज्यों की कार्यकारिणी का प्रधान राज्यपाल होता है।

4. विधानसभा के सदस्य *(CTET, 2015)*

(a) लोगों (जनता) द्वारा चुने जाते हैं
(b) मुख्यमन्त्री द्वारा नियुक्त किए जाते हैं
(c) राज्यपाल द्वारा नियुक्त किए जाते हैं
(d) प्रधानमन्त्री द्वारा नियुक्त किए जाते हैं

व्याख्या (a) राज्य विधानमण्डल के निचले सदन को विधानसभा कहा जाता है। इस सदन के सदस्यों का चुनाव **जनता द्वारा** प्रत्यक्ष रूप से किया जाता है।
अनुच्छेद-173 के अन्तर्गत कोई भी व्यक्ति जो भारत का नागरिक हो, 25 वर्ष की आयु पूरी कर चुका हो तथा दिवालिया न हो, विधानसभा का सदस्य बनने के योग्य होता है।

5. निम्नलिखित में से कौन-सा कार्य राज्य सरकार का है? *(CTET, 2014)*

(a) नई दिल्ली और वास्को-डि-गामा के बीच नई गाड़ी चलाना
(b) ₹ 1000 के नोट का नया डिजाइन लागू करना
(c) पाकिस्तान और बांग्लादेश के साथ शान्तिपूर्ण सम्बन्ध बनाना
(d) दसवीं कक्षा में बोर्ड परीक्षा को बन्द करना

व्याख्या (d) भारतीय संविधान की **7वीं अनुसूची** के अन्तर्गत केन्द्र और राज्य सरकारों में विधायी शक्तियों के विभाजन हेतु तीन सूचियों (संघ सूची, राज्य सूची और समवर्ती सूची) का प्रावधान है। इन सूचियों के अनुसार **दसवीं कक्षा में बोर्ड परीक्षा को संचालित करना या बन्द करना** राज्य सरकार का कार्य है, जबकि ट्रेन का संचालन, करेन्सी नोट के डिजाइन और देश- विदेश में शान्तिपूर्ण सम्बन्ध बनाना आदि केन्द्र सरकार के कार्य हैं।

6. मुख्यमन्त्री का चुनाव कैसे होता है? *(CTET, 2013)*

(a) चुनाव में बहुमत प्राप्त करने वाली पार्टी के अध्यक्ष द्वारा
(b) चुनाव में बहुमत प्राप्त करने वाली पार्टी के विधायकों द्वारा
(c) प्रधानमन्त्री के सुझाव पर भारत के राष्ट्रपति द्वारा
(d) गवर्नर की संस्तुति पर भारत के राष्ट्रपति द्वारा

व्याख्या (b) मुख्यमन्त्री राज्य मन्त्रिपरिषद् का प्रधान होता है। **अनुच्छेद 164** के अनुसार, राज्यपाल विधानसभा चुनाव में बहुमत प्राप्त दल के नेता को मुख्यमन्त्री नियुक्त करता है। जिस दल को चुनाव में बहुमत प्राप्त होता है। उसके विधायक अथवा सदस्य अपने मुख्यमन्त्री का चुनाव सर्वसम्मति से करते हैं। अत: विकल्प (b) उपयुक्त है।

7. भारतीय संविधान के किस अनुच्छेद के अन्तर्गत, राज्यपाल एक विधेयक को राष्ट्रपति की स्वीकृति के लिए सुरक्षित रखने की शक्ति रखता है? *(UPTET, 2017)*

(a) अनुच्छेद 52 (b) अनुच्छेद 108
(c) अनुच्छेद 200 (d) अनुच्छेद 213

व्याख्या (c) भारतीय संविधान के **अनुच्छेद 200** के अन्तर्गत विधानमण्डल द्वारा पारित विधेयक को राज्यपाल के समक्ष उसकी सहमति हेतु प्रस्तुत किया जाता है, तो राज्यपाल इस पर अपनी सहमति दे सकता है तथा पुनर्विचार हेतु विधानमण्डल को वापस भी कर सकता है अथवा राष्ट्रपति की स्वीकृति के लिए अपने पास सुरक्षित रख सकता है। यदि पुनर्विचार के बाद विधानमण्डल द्वारा उस विधेयक को पुन: पारित कर राज्यपाल के पास भेजा जाता है, तो उसे अनुमति देना अनिवार्य हो जाता है।
अनुच्छेद 52 में भारत के राष्ट्रपति का पद उल्लेखित है।
अनुच्छेद 108 में कुछ दशाओं में दोनों सदनों की संयुक्त बैठक का प्रावधान है।
अनुच्छेद 213 में विधानमण्डल के विश्रामकाल में अध्यादेश प्रस्तावित करने की राजपाल की शक्ति उल्लेखित है।

8. किन आधारों पर राष्ट्रपति राज्यपाल को पदच्युत कर सकेगा? *(UPTET, 2016)*

(a) कदाचार
(b) असमर्थता
(c) संविधान का उल्लंघन
(d) राज्यपाल की पदच्युति के आधार पर संविधान में कोई उल्लेख नहीं किया गया है

व्याख्या (d) सभी राज्यों में कार्यपालिका का अध्यक्ष राज्यपाल होता है। संविधान के अनुच्छेद 153 के अनुसार, प्रत्येक राज्य के लिए एक राज्यपाल की व्यवस्था की गई है।
राज्यपाल को राष्ट्रपति किस आधार पर हटा सकता है, इस विषय पर संविधान में कोई उल्लेख नहीं किया गया है।
अत: विकल्प (d) सही है।

9. राज्य विधानसभा की अधिकतम सदस्य संख्या है *(UPTET, 2017; HTET, 2015)*

(a) 400 (b) 500
(c) 450 (d) 550

व्याख्या (b) राज्य विधानमण्डल के निचले सदन को विधानसभा कहा जाता है। राज्य विधानसभा की सदस्य संख्या राज्य की जनसंख्या के आधार पर निर्धारित की जाती है। वर्तमान में अनुच्छेद 170 के अनुसार, अनुच्छेद-333 के उपबन्धों के अधीन रहते हुए किसी राज्य की विधानसभा में अधिकतम **500** सदस्य तथा न्यूनतम 60 सदस्य हो सकते हैं, परन्तु इसके तीन राज्य अपवाद हैं; जैसे— गोवा, मिजोरम, (प्रत्येक में 40 सदस्य), सिक्किम (32 सदस्य)।
वर्ष 2001 में किए गए 84वें संविधान संशोधन द्वारा लोकसभा तथा विधानसभा की सीटों की संख्या में वर्ष 2026 तक कोई परिवर्तन न करने का प्रावधान किया गया है।

10. किस राज्य में द्वि-सदनात्मक विधानमण्डल है? *(UPTET, 2016; HTET, 2012-13)*

(a) गुजरात (b) पश्चिम बंगाल
(c) तमिलनाडु (d) बिहार

व्याख्या (d) **बिहार** राज्य में द्वि-सदनात्मक विधानमण्डल है, जबकि गुजरात, पश्चिम बंगाल, तमिलनाडु में एक सदनीय व्यवस्था है। संविधान के अनुच्छेद 168 में प्रत्येक राज्य के लिए एक विधानमण्डल का प्रावधान किया गया है, जिसमें राज्यपाल के अतिरिक्त विधानमण्डल के एक या दो सदन शामिल होते हैं। जिन राज्यों में एक ही सदन है, वहाँ विधानसभा तथा जिन राज्यों में द्विसदनीय व्यवस्था है, वहाँ विधानसभा तथा विधानपरिषद् दोनों होती हैं। भारत में केवल 6 राज्यों-कर्नाटक, महाराष्ट्र, आन्ध्र प्रदेश, तेलंगाना, उत्तर प्रदेश और बिहार में ही विधानपरिषद हैं। वर्तमान में ओडिशा राज्य में विधानपरिषद् के गठन का प्रस्ताव संसद द्वारा पारित किया जा चुका है।

11. किसकी सलाह पर राज्य मन्त्रिपरिषद् की नियुक्ति होती है? *(UPTET, 2011)*

(a) राज्यपाल (b) प्रधानमन्त्री
(c) राष्ट्रपति (d) उपराष्ट्रपति

व्याख्या (a) संविधान के अनुच्छेद 164 के अनुसार, राज्यपाल द्वारा मुख्यमन्त्री की नियुक्ति की जाती है तथा उसके बाद मुख्यमन्त्री की सलाह पर अन्य मन्त्रियों की नियुक्ति की जाती है। प्रत्येक मन्त्री को पदग्रहण करने से पूर्व राज्यपाल द्वारा पद एवं गोपनीयता की शपथ दिलाई जाती है। अत: प्रश्न में दिए गए विकल्पों में से कोई भी विकल्प सही नहीं है।

12. भारत का 26वाँ राज्य निम्न में से कौन-सा है? *(UPTET, 2011)*

(a) उत्तराखण्ड (b) झारखण्ड
(c) गोवा (d) छत्तीसगढ़

व्याख्या (d) भारत का **26वाँ राज्य छत्तीसगढ़** है, जिसकी स्थापना 1 नवम्बर, 2000 को मध्य प्रदेश से पृथक् कर की गई थी। गोवा भारत का 25वाँ राज्य है, जिसकी स्थापना 30 मई, 1987 को की गई थी तथा उत्तराखण्ड भारत का 27 वाँ राज्य है, जिसकी स्थापना 9 नवम्बर, 2000 को हुई थी। झारखण्ड भारत का 28वाँ राज्य है, इसकी स्थापना 15 नवम्बर, 2000 को हुई।

अध्याय 05

पंचायती राजव्यवस्था

» CTET

1. भारत में पंचायती राज प्रणाली के सम्बन्ध में निम्नलिखित में से कौन-सा कथन सही है? *(CTET, 2016)*

(a) संवैधानिक दिशा-निर्देशों के अन्तर्गत, देश के प्रत्येक राज्य में पंचायतों के सम्बन्ध में अपने कानून होते हैं
(b) ग्राम सभा के सचिव का चुनाव उसके सदस्यों द्वारा किया जाता है
(c) जिला परिषद् पंचायती राज प्रणाली का द्वितीय स्तर है
(d) ग्राम पंचायत की अवधि 4 वर्ष होती है।

व्याख्या (a) शासन के विकेन्द्रीकरण के सिद्धान्त को लागू करने के उद्देश्य से भारत में पंचायती राज व्यवस्था की स्थापना की गई है। इस व्यवस्था के अन्तर्गत **संवैधानिक दिशा-निर्देशों के अनुसार देश के प्रत्येक राज्य में पंचायतों के सम्बन्ध में अपने कानून** होते हैं। जबकि ग्राम पंचायत अथवा ग्राम सभा का सचिव राज्य सरकार द्वारा नियुक्त किया जाता है। यह ग्राम पंचायत कार्यालय से सम्बन्धित सभी कार्यों का निष्पादन करती है। *पंचायती राजव्यवस्था तीन स्तरीय होती है*— ग्राम पंचायत (प्रथम स्तर), पंचायत समिति (द्वितीय स्तर) और जिला परिषद् (तृतीय स्तर)। ग्राम पंचायत का कार्यकाल/अवधि 5 वर्ष निर्धारित किया गया है।

2. 'पटवारियों' (लेखपालों) के कार्य की देखभाल निम्नलिखित में से कौन करता है? *(CTET, 2016)*

(a) सम्बन्धित क्षेत्र के पुलिस स्टेशन का एस. एच. ओ
(b) ग्राम पंचायत का सरपंच
(c) तहसीलदार
(d) जिलाधीश

व्याख्या (c) 'पटवारियों' (लेखपालों) के कार्य की देखभाल उप-जिलाधिकारी अथवा **तहसीलदार** करता है।
पटवारी (लेखपाल) जमीन मापकर उसका रिकॉर्ड (अभिलेख) सुरक्षित रखता है। इसके अतिरिक्त पटवारी किसानों से भूमि कर का संग्रह करता है और सरकार को उपज के बारे में जानकारी भी उपलब्ध कराता है।
पटवारी प्रणाली की शुरुआत सर्वप्रथम शेरशाह सूरी के शासनकाल के दौरान हुई और बाद में अकबर ने इस प्रणाली को बढ़ावा दिया।

3. जनपद पंचायत के कार्यों के विषय में निम्नलिखित कथनों पर विचार कीजिए। *(CTET, 2015, 16)*

1. जनपद पंचायत जिला स्तर पर विकास योजनाएँ निर्धारित करती है।

2. जनपद पंचायत, ग्राम पंचायतों के मध्य धन वितरण नियमित करने में जिला परिषद् की सहायता करती है।

उपरोक्त कथनों में से कौन-सा/से सही है/हैं?

(a) 1 सही है और 2 गलत है
(b) 1 और 2 दोनों गलत हैं
(c) 1 गलत है और 2 सही है
(d) 1 और 2 दोनों सही हैं

व्याख्या (d) जनपद पंचायत, पंचायती राज व्यवस्था में सबसे बड़ा निकाय है, जो अपने अधीन कार्य करने वाली पंचायती संस्थाओं और राज्य सरकार के मध्य एक कड़ी है।
जनपद पंचायत के प्रमुख कार्य निम्न हैं
जिला स्तर पर विकास योजनाएँ निर्धारित करना।

- जिले की सभी ग्राम पंचायत तथा पंचायत समितियों के बीच समन्वय बनाए रखना तथा जिला परिषदों की सहायता करना।
- राज्य सरकार द्वारा दिए गए अनुदान को पंचायत समितियों के मध्य धन वितरित करना।
- ग्राम नियोजन, जन-स्वास्थ्य, शिक्षा व्यवस्था, कृषि विकास एवं आर्थिक विकास के लिए कार्य करना।

4. निम्नलिखित में से कौन-सा एक ग्राम पंचायत का कार्य नहीं है? *(CTET, 2015)*

(a) गाँवों के लोगों को रोजगार देने सम्बन्धी सरकारी योजनाएँ लागू करना
(b) ग्राम पंचायत अपने पंचायत सचिव को चुनती है
(c) गाँवों की बुनियादी सुविधाओं का निर्माण और रख-रखाव
(d) स्थानीय कर लगाना और इकट्ठा करना

व्याख्या (b) संविधान के **अनुच्छेद 243(A)** में ग्राम सभा या ग्राम पंचायत का प्रावधान दिया गया है। यह पंचायती राजव्यवस्था का प्रथम स्तर है। ग्राम पंचायत अपने पंचायत सचिव का चुनाव स्वयं नहीं करती, बल्कि राज्य सरकार पंचायत सचिव नियुक्त करती है।

ग्राम पंचायत के प्रमुख कार्य निम्न हैं

- गाँव के लोगों को रोजगार देने सम्बन्धी सरकारी योजनाएँ लागू करना।
- गाँव की बुनियादी सुविधाओं का निर्माण और रख-रखाव।
- स्थानीय कर लगाना और इकट्ठा करना।
- ग्रामीण समाज में सौहार्द व एकता स्थापित करना।
- सामुदायिक कल्याण कार्यक्रमों में सहयोग देना आदि।

5. ग्राम सभा के बारे में निम्नलिखित कथनों में से कौन-सा सही है? *(CTET, 2015)*

(a) सभी ग्राम पंचायतों की विकास सम्बन्धी योजनाओं का ग्राम सभा में पुनरीक्षण किया जाता है।
(b) ग्राम सभा सभी ग्राम पंचायतों को धनराशि के वितरण को नियमित करती है
(c) यह जिले में सभी गाँवों के सरपंचों की बैठक का स्थल है।
(d) ग्राम सभा का सचिव ग्राम सभा और ग्राम पंचायत की बैठक बुलाने तथा कार्यवाही का आलेख करने के लिए उत्तरदायी होता है।

व्याख्या (d) ग्राम का सचिव ग्राम सभा और ग्राम पंचायत की बैठक बुलाने तथा कार्यवाही का आलेख रखने के लिए उत्तरदायी होता है। इसके अतिरिक्त वह ग्राम पंचायत के कार्यालय का **प्रभारी सचिव** भी होता है।
ग्राम सभा पंचायती राज व्यवस्था में निम्नतम स्तर पर होती है। इसका गठन 200 या उससे अधिक सदस्यों से मिलकर होता है। ग्राम की मतदाता सूची में पंजीकृत सभी मतदाता ग्राम सभा के सदस्य होते हैं।

» State TETs

6. पंचायती राज को सुदृढ़ करने हेतु भारतीय संविधान में निम्नलिखित में से कौन-सा संशोधन किया गया? *(UPTET, 2017, 2013)*

(a) 42वाँ (b) 44वाँ
(c) 73वाँ (d) 86वाँ

व्याख्या (c) पंचायती राज व्यवस्था को सुदृढ़ करने हेतु भारतीय संविधान में **73वाँ** संविधान संशोधन (1992) किया गया। इस संशोधन के द्वारा संविधान में भाग IX का उपबन्ध किया गया। इसके अन्तर्गत पंचायत के लिए **अनुच्छेद 243 से 243(O)** तक कई प्रावधान किए गए। इनको सुदृढ़ता प्रदान करने हेतु संविधान में ग्यारहवीं अनुसूची को जोड़ा गया।
42वें संविधान संशोधन (मिनी संविधान) द्वारा प्रस्तावना में, नए शब्द जोड़े गए।
44वें संविधान संशोधन द्वारा सम्पत्ति के अधिकार को मूल अधिकार से हटाया गया था।
86वें संविधान संशोधन 2000 द्वारा 6-14 वर्ष के बच्चों को नि:शुल्क शिक्षा का अधिकार प्रदान किया गया।

7. ग्राम पंचायत का सदस्य बनने के लिए न्यूनतम आयु सीमा क्या है? *(UPTET, 2016)*

(a) 18 वर्ष (b) 21 वर्ष
(c) 25 वर्ष (d) 30 वर्ष

व्याख्या (b) ग्राम पंचायत का सदस्य बनने के लिए न्यूनतम आयु सीमा **21 वर्ष** तथा मतदान की आयु 18 वर्ष निर्धारित की गई है। इसके अतिरिक्त उनका नाम ग्राम की निर्वाचक नामावली में अवश्य दर्ज होना चाहिए।

8. वर्ष 1959 में पंचायती राज को किन राज्यों में सर्वप्रथम लागू किया? *(UPTET, 2016, 2013)*

(a) राजस्थान और आन्ध्र प्रदेश (b) आन्ध्र प्रदेश और गुजरात
(c) राजस्थान और बिहार (d) तमिलनाडु और केरल

व्याख्या (a) जनवरी, 1957 में भारत सरकार ने सामुदायिक विकास कार्यक्रम (1952) तथा राष्ट्रीय विस्तार सेवा (1953) द्वारा किए गए कार्यों की जाँच और उनके बेहतर क्रियान्वयन के लिए बलवन्त राय मेहता समिति का गठन किया। इस समिति ने अपने प्रतिवेदन में लोकतान्त्रिक विकेन्द्रीकरण के त्रिस्तरीय संगठन का सुझाव दिया। इसके अन्तर्गत **2 अक्टूबर, 1959** को **राजस्थान** के नागौर जिले में पंचायती राजव्यवस्था की शुरुआत हुई। इसके बाद **20 अक्टूबर, 1959** को **आन्ध्र प्रदेश** में पंचायती राज व्यवस्था की शुरूआत की गई।

9. हरियाणा में एक ग्राम सभा बनती है *(HTET, 2014)*

(a) ग्राम सभा के निर्वाचित सदस्यों से
(b) पंचायत समिति के सदस्यों से
(c) पंचायत समिति में आने वाले गाँव/गाँवों के पंजीकृत मतदाताओं से
(d) पंचायत समिति में आने वाले गाँव/गाँवों के पंजीकृत सचिवों से

व्याख्या (c) हरियाणा में ग्राम सभा **पंचायत समिति में आने वाले गाँव/गाँवों के पंजीकृत मतदाताओं को मिलाकर** बनती है। ग्राम सभा की प्रत्येक बैठक वर्ष में कम-से-कम दो बार होनी आवश्यक है। ग्राम सभा की बैठक कुल पंजीकृत मतदाता के 5वें भाग (गणपूर्ति या कोरम) की उपस्थिति में ही हो सकती है।

10. संविधान की 11वीं अनुसूची में पंचायती राज संस्थाओं के लिए कितने विषय सूचीबद्ध हैं? *(HPTET, 2012, 13)*
(a) 29 (b) 30 (c) 35 (d) 37

व्याख्या (a) संविधान की 11वीं अनुसूची में पंचायती राज संस्थाओं के लिए **29** विषयों का वर्णन किया गया है।
ये विषय 73वें संविधान संशोधन अधिनियम (1992) द्वारा सूचीबद्ध किए गए हैं।

11. पंचायती राज संस्थाओं को प्रभावी एवं सशक्त बनाने के लिए 73वाँ संविधान संशोधन किस वर्ष पारित हुआ? *(REET, 2012)*
(a) वर्ष 1990 (b) वर्ष 1991 (c) वर्ष 1992 (d) वर्ष 1993

व्याख्या (d) पंचायती राज संस्थाओं को प्रभावी एवं सशक्त बनाने के लिए 73वें संविधान संशोधन को **20 अप्रैल, 1993** को राष्ट्रपति की मंजूरी मिली। इसी ने 73वाँ संविधान संशोधन अधिनियम, 1992 का रूप लिया और 24 अप्रैल, 1993 से देश में प्रभावी हो गया। इस अधिनियम के प्रावधानों के अनुसार, नई पंचायती राज प्रणाली को अपनाने के लिए राज्य सरकारें संवैधानिक रूप से बाध्य हैं।

12. ग्राम न्यायालय कहलाता है *(UPTET, 2011)*
(a) ग्राम सभा (b) न्याय पंचायत
(c) ग्राम पंचायत (d) ग्राम अदालत

व्याख्या (b) ग्राम न्यायालय ही 'न्याय पंचायत' कहलाता है। ग्रामवासियों को सस्ता और शीघ्र न्याय प्रदान करने के उद्देश्य से 73वें संविधान संशोधन द्वारा **न्याय पंचायत** की व्यवस्था की गई। प्राय: तीन या चार ग्राम पंचायतों के लिए एक न्याय पंचायत होती है, जिसके कुछ सदस्य मनोनीत तथा कुछ का निर्वाचन पंचायतों के द्वारा होता है। इसकी अधिकारिता छोटे दीवानी व फौजदारी मामलों तक सीमित होती है तथा यह दण्डस्वरूप केवल ₹ 50 से लेकर ₹ 1000 तक का जुर्माना लगा सकती है। विदित हो कि 3 फरवरी, 2020 को सर्वोच्च न्यायालय ने राज्यों को ग्राम न्यायालय के गठन के लिए निर्देशित किया है।

13. नगरपालिका कमेटी का प्रधान कहलाता है *(UPTET, 2011)*
(a) पार्षद (b) मेयर (c) कलेक्टर (d) अध्यक्ष

व्याख्या (d) नगरपालिका कमेटी का प्रधान **अध्यक्ष** कहलाता है। इसे कार्यकारी शक्तियाँ भी प्राप्त होती हैं। यह नगर निगम के मेयर की तुलना में नगरीय प्रशासन से सम्बन्धित कार्यकारी शक्तियों का प्रयोग करता है, जबकि नगर निगम का मेयर इसका औपचारिक प्रधान होता है।

14. पंचायत के कितने पक्ष हैं? *(UPTET, 2011)*
(a) 1
(b) 2
(c) 3
(d) 4

व्याख्या (c) संविधान के भाग IV के अनुच्छेद 40 के अनुसार, राज्य ग्राम पंचायतों की स्थापना करता। पंचायती राज व्यवस्था को त्रिस्तरीय रूप **ग्राम पंचायत, खण्ड/क्षेत्र पंचायत, जिला/जनपद पंचायत** में वर्गीकृत किया गया है

15. पंचायती राज संस्थाओं का निर्माण सर्वप्रथम किस राज्य ने किया था? *(UPTET, 2011)*
(a) राजस्थान
(b) महाराष्ट्र
(c) बिहार
(d) उत्तर प्रदेश

व्याख्या (a) पंचायती राज व्यवस्था की स्थापना बलवन्त राय मेहता समिति (1957) की सिफारिश पर सर्वप्रथम राजस्थान राज्य ने 2 अक्टूबर, 1959 को नागौर में की थी। इस समिति में त्रिस्तरीय पंचायती राज की घोषणा की गई थी।

16. त्रिस्तरीय (पंचायती राज एवं नगरीय प्रशासन) प्रशासनिक व्यवस्था का विरोधी कौन था? *(CGTET, 2011)*
(a) जवाहरलाल नेहरू
(b) के. एम. मुंशी
(c) डॉ. भीमराव अम्बेडकर
(d) जमुना लाल बजाज

व्याख्या (c) त्रिस्तरीय (पंजायती राज एवं नगरीय प्रशासन प्रशासनिक) व्यवस्था का विरोध **डॉ. भीमराव अम्बेडकर** ने किया था। त्रिस्तरीय पंचायती राजव्यवस्था का सुझाव 1557 में गठित बलवंत राय मेहता ने दी थी।

अध्याय 06

न्यायपालिका एवं प्रमुख आयोग

» CTET

1. अपराध की जाँच करने में पुलिस की भूमिका के सम्बन्ध में निम्नलिखित कथनों में से कौन-सा कथन सही है? *(CTET, 2016)*

(a) अगर पुलिस को ऐसा लगता है कि सबूत आरोपी के दोषी होने का संकेत दे रहा है, तो वह अदालत में प्रथम सूचना रिपोर्ट दाखिल कर सकती है।

(b) पुलिस-हिरासत में दिए गए इकबालिया बयान का पुलिस आरोपी के खिलाफ सबूत के रूप में इस्तेमाल कर सकती है।

(c) सर्वोच्च न्यायालय के दिशा-निर्देश पुलिस को जाँच के दौरान किसी को सताने या पीटने या गोली मारने की अनुमति नहीं देते हैं।

(d) कोई व्यक्ति दोषी है या नहीं यह निर्धारित करना पुलिस का काम है।

व्याख्या (a) पुलिस किसी अपराध के बारे में मिली शिकायत, किसी व्यक्ति द्वारा किए गए अपराध, सबूत इकट्ठा करना तथा गवाहों के बयान दर्ज कर सकती है और यदि पुलिस को ऐसा लगता है कि सबूत आरोपी के दोषी होने का संकेत दे रहे हैं, तो वह अदालत में प्रथम सूचना रिपोर्ट (FIR) दाखिल कर सकती है। अपराध की जाँच करने में जुटी पुलिस जाँच के दौरान मारपीट या अन्य प्रताड़ना नहीं दे सकती है।

2. भारत में उच्च न्यायालय के सम्बन्ध में दिए गए कथनों पर विचार कीजिए *(CTET, 2016)*

1. उच्च न्यायालय राज्य सरकारों के अन्तर्गत आते हैं और उनकी ओर से ही कार्य करते हैं।

2. उच्च न्यायालयों के सभी न्यायाधीशों की नियुक्ति राज्य के मुख्यमन्त्री के साथ विचार-विमर्श करने के बाद की जाती है।

उपरोक्त कथनों में से कौन-सा/से सही है/हैं?

(a) 1 और 2 दोनों सही हैं

(b) 1 और 2 दोनों गलत हैं

(c) 1 सही है, किन्तु 2 गलत है

(d) 1 गलत है, किन्तु 2 सही हैं

व्याख्या (b) संविधान का भाग VI (अनुच्छेद 214 से 231 तक) उच्च न्यायालय से सम्बन्धित है।

अनुच्छेद 214 के अन्तर्गत प्रत्येक राज्य हेतु एक उच्च न्यायालय की व्यवस्था की गई है। उच्च न्यायालय, उच्चतम न्यायालय के नियन्त्रण में आते हैं न कि राज्य सरकारों के नियन्त्रण में। अत: कथन (1) गलत है।

अनुच्छेद 217 के अनुसार, उच्च न्यायालय में मुख्य न्यायाधीशों की नियुक्ति भारत के राष्ट्रपति द्वारा भारत के मुख्य न्यायमूर्ति और सम्बन्धित राज्य के राज्यपाल से परामर्श करने के पश्चात् तथा अन्य न्यायाधीशों की नियुक्ति भारत के मुख्य न्यायमूर्ति, सम्बन्धित राज्य के राज्यपाल व उच्च न्यायालय के मुख्य न्यायाधीश के परामर्श के बाद होती है। अत: कथन 2 भी गलत है।

3. फौजदारी कानून के अन्तर्गत मामले के निवारण के बारे में निम्नलिखित कथनों में से कौन-सा कथन सही है? *(CTET, 2016)*

(a) सबसे पहले न्यायालय में मामले को दर्ज कराया जाता है और इसके बाद पुलिस के पास प्रथम सूचना रिपोर्ट दर्ज कराई जाती है

(b) सबसे पहले पुलिस के पास प्रथम सूचना रिपोर्ट दर्ज कराई जाती है और इसके बाद केवल प्रभावित पक्ष की ओर से सम्बन्धित न्यायालय में याचिका दायर करानी होती है

(c) सबसे पहले पुलिस के पास प्रथम सूचना रिपोर्ट (प्राथमिकी) दर्ज कराई जाती है और इसके बाद ही अदालत में मामला दर्ज किया जाता है

(d) प्रथम सूचना रिपोर्ट दर्ज नहीं कराई जाती केवल प्रभावित पक्ष की ओर से सम्बन्धित न्यायालय में याचिका दायर करानी होती है

व्याख्या (c) फौजदारी कानून के अन्तर्गत मामले के निवारण में सबसे पहले पुलिस के पास प्रथम सूचना रिपोर्ट/प्राथमिकी (F.I.R) दर्ज कराई जाती है, इसके बाद पुलिस अपराध की जाँच करती है और मामला अदालत में दर्ज किया जाता है, परन्तु कुछ मामलों में न्यायालय अपने संज्ञान में आने पर एक एफ.आई.आर (FIR) दर्ज करने को कहता है। यदि व्यक्ति दोषी पाया जाता है, तो उसे जेल भेजा जा सकता है या जुर्माना भी किया जा सकता है।

फौजीदारी कानून ऐसे व्यवहार या क्रियाओं से सम्बन्धित हैं, जिन्हें कानून में अपराध माना गया है; जैसे-चोरी, दहेज के लिए महिला को तंग करना तथा हत्या आदि।

4. भारतीय न्यायिक व्यवस्था के सन्दर्भ में अपील की व्यवस्था का अर्थ है *(CTET, 2016)*

(a) विधायिका, कार्यपालिका और न्यायपालिका के बीच शक्तियों का बँटवारा
(b) कोई भी अपने मामले पर, बिना किसी कानूनी डिग्री के, न्यायालय में बहस कर सकता है
(c) ऊपरी अदालतों के फैसले, निचली अदालतों को मानने होते हैं
(d) किसी व्यक्ति को अगर ऐसा लगता है कि निचली अदालत द्वारा दिया गया फैसला सही नहीं है, तो वह उससे ऊपर की अदालत में अपील कर सकता है

व्याख्या (d) भारतीय न्यायिक व्यवस्था के सन्दर्भ में अपील की व्यवस्था अथवा अपीलीय क्षेत्राधिकार का अर्थ है कि अगर किसी व्यक्ति को ऐसा लगता है कि निचले न्यायालय के द्वारा दिया गया फैसला सही नहीं है, तो वह उससे ऊपर के न्यायालय में अपील कर सकता है। सर्वोच्च न्यायालय अपील का उच्चतम न्यायालय है तथा उसे उच्च न्यायालयों के निर्णयों के विरुद्ध अपील सुनने का अधिकार प्राप्त है।

5. न्यायपालिका के सम्बन्ध में निम्नलिखित कथनों में से कौन-सा कथन गलत है? *(CTET, 2015)*

(a) न्यायपालिका को संसद द्वारा पारित किए गए कानूनों को रद्द करने का अधिकार है
(b) यह नागरिकों के मौलिक अधिकारों की सुरक्षा करने में महत्त्वपूर्ण भूमिका निभाती है
(c) न्यायिक व्यवस्था नागरिकों तथा नागरिकों व सरकार के बीच पैदा होने वाले विवादों का हल करने की क्रियाविधि उपलब्ध कराती है, परन्तु दो राज्य सरकारों के बीच नहीं
(d) न्यायपालिका के कार्यक्षेत्र में विधायिका और कार्यपालिका हस्तक्षेप नहीं कर सकती

व्याख्या (c) न्यायपालिका, नागरिकों, केन्द्र सरकारों और राज्य सरकारों के बीच विवादों का निपटारा करने का अधिकार रखती है। *न्यायपालिका के अन्य कार्य क्षेत्र निम्न हैं*

- न्यायपालिका संसद द्वारा पारित सभी कानूनों को रद्द करने का अधिकार रखती है
- नागरिकों के मौलिक अधिकारों की रक्षक होती है
- न्यायपालिका, कार्यपालिका तथा विधायिका से स्वतन्त्र होती है।

6. जनहित याचिका (PIL) के सन्दर्भ में नीचे दिए गए दोनों कथनों पर विचार कीजिए और सही उत्तर का चयन कीजिए। *(CTET, 2015)*

1. **यह एक ऐसी व्यवस्था है, जिसके माध्यम से सरकार के क्रियाकलापों के विषय में आवश्यक जानकारी प्राप्त करते हैं।**
2. **यह एक ऐसी व्यवस्था है, जिसके माध्यम से किसी व्यक्ति या संस्था को, जिनके अधिकारों का उल्लंघन हुआ है, उन्हें न्याय पाने के लिए उच्च न्यायालय या सर्वोच्च न्यायालय में याचिका दायर करने का अधिकार दिया गया है।**

कूट

(a) 1 गलत है और 2 सही है (b) 1 और 2 दोनों गलत हैं
(c) 1 सही है और 2 गलत है (d) 1 और 2 दोनों सही हैं

व्याख्या (a) जनहित याचिका (PIL) का शुभारम्भ तत्कालीन मुख्य न्यायमूर्ति **पी एन भगवती** और न्यायपूर्ति **बी आर कृष्णा अय्यर** ने किया था। यह एक ऐसी व्यवस्था होती है, जिसके माध्यम से किसी व्यक्ति या संस्था को, जिनके अधिकारों का उल्लंघन हुआ है, उन्हें न्याय पाने के लिए उच्च न्यायालय या सर्वोच्च न्यायालय में याचिका दायर करने का अधिकार है, जबकि सरकार के क्रिया-कलापों के विषय में जानकारी प्राप्त करना सूचना के अधिकार 2005 (RTI Act) के अन्तर्गत आता है। अतः कथन 1 गलत है तथा 2 सही है।

7. न्यायपालिका के सन्दर्भ में निम्नलिखित प्रावधानों में से भिन्न को पहचानिए *(CTET, 2014)*

(a) न्यायाधीश की नियुक्ति सरकारी हस्तक्षेप के बिना होती है
(b) न्यायाधीशों का सेवाकाल निश्चित होता है
(c) शक्तियों का पृथक्करण
(d) एक बार नियुक्ति के बाद न्यायाधीश को हटाना बहुत कठिन है

व्याख्या (c) **शक्तियों का पृथक्करण** न्यायपालिका के सन्दर्भ में सही प्रावधान नहीं है। यह मुख्यत: विधायिका का विषय होता है, जिसमें कुछ विषय केन्द्रीय विधायिका तथा कुछ विषय राज्य विधायिका को प्रदत्त होते हैं।
भारतीय न्यायिक व्यवस्था में न्यायाधीशों की नियुक्ति सरकारी हस्तक्षेप के बिना होती है तथा एक बार नियुक्ति के बाद न्यायाधीश को हटाना एक बहुत कठिन प्रक्रिया है। इस प्रक्रिया को महाभियोग का नाम दिया जाता है। न्यायाधीशों का कार्यकाल निश्चित होता है।

8. सुभाष कुमार बनाम बिहार राज्य (1991) में मामले में सर्वोच्च न्यायालय ने निम्नलिखित में से क्या निर्णय दिया था? *(CTET, 2014)*

(a) धार्मिक स्वतन्त्रता के अधिकार में अन्य धर्मों की आलोचना करना शामिल नहीं है
(b) समानता के अधिकार द्वारा प्राइवेट कम्पनियों पर नौकरियों में आरक्षण देने के लिए जोर दिया जाना चाहिए
(c) स्वतन्त्रता के अधिकार में सरकार की आलोचना करना शामिल है
(d) जीवन के अधिकार में प्रदूषण मुक्त पानी और हवा पर अधिकार शामिल है

व्याख्या (d) **सुभाष कुमार बनाम बिहार राज्य (1991)** के मामले में सर्वोच्च न्यायालय ने निर्णय दिया था कि **जीवन के अधिकार में प्रदूषण मुक्त पानी और हवा पर अधिकार सम्मिलित है।** यह केस मानव जीवन से सम्बन्धित था।

9. सर्वोच्च न्यायालय द्वारा निर्धारित डी के बसु दिशा-निर्देश (Guidelines) निम्नलिखित में से किसके बारे में हैं? *(CTET, 2014)*
(a) किसी व्यक्ति को गिरफ्तार करने, रोके रखने तथा उनसे पूछताछ करने के लिए विभिन्न एजेन्सियों द्वारा प्रयोग किए जाने वाले तरीके
(b) किसी चुनाव-क्षेत्र में पुन: चुनाव के लिए अपनाई जाने वाली विधियाँ
(c) कार्यस्थलों पर महिलाओं के साथ यौन उत्पीड़न को रोकना
(d) स्कूलों में बच्चों को यौन अपराधों से बचाना

व्याख्या (a) सर्वोच्च न्यायालय द्वारा निर्धारित **डी के बसु दिशा-निर्देश किसी व्यक्ति को गिरफ्तार करने, रोके रखने तथा उनसे पूछताछ करने के लिए विभिन्न एजेन्सियों द्वारा प्रयोग किए जाने वाले तरीकों से सम्बन्धित हैं**, साथ ही गिरफ्तारी के समय गिरफ्तारी का ज्ञापन साथ होना चाहिए, जिसमें गिरफ्तारी की तारीख तथा समय लिखित हो।
यदि गिरफ्तार किए गए व्यक्ति का सम्बन्ध गिरफ्तार किए गए स्थान से बाहर हो तो उसे गिरफ्तारी की सूचना **8 से 12** घण्टे के अन्दर दी जानी चाहिए।

10. न्यायाधीश किसी मुकदमे पर निर्णय देता है *(CTET, 2013)*
(a) दलीलों के आधार पर (b) दिए गए शुल्क के आधार पर
(c) सबूतों के आधार पर (d) पुलिस तहकीकात के अधिकार पर

व्याख्या (c) भारत में स्वतन्त्र एवं निष्पक्ष न्यायपालिका का प्रावधान है। यहाँ कोई भी न्यायाधीश **सबूतों के आधार पर** किसी मुकदमे पर निर्णय देता है न कि दलीलों, दिए गए शुल्क और पुलिस तहकीकात (जाँच) के आधार पर।

11. जनहित याचिका (PIL) द्वारा .... आई है। *(CTET, 2012)*
(a) न्यायिक सक्रियता में गिरावट
(b) सरकारी काम-काज में बाधा
(c) न्याय मिलने में बढ़त
(d) न्याय मिलने में बाधा

व्याख्या (c) जनहित याचिका (PIL) द्वारा **न्याय मिलने में बढ़त** आई है। भारत में जनहित याचिका की शुरुआत न्यायिक पहल द्वारा हुई। यह किसी व्यक्ति या संगठन को अधिकार प्रदान करती है कि यदि किसी के अधिकारों का उल्लंघन हो रहा हो, तो उसके पक्ष में जनहित याचिका उच्च न्यायालय या उच्चतम न्यायालय में दायर कर सके। जनहित याचिका की शुरुआत जस्टिस पी.एन भगवती एवं वी. आर कृष्णा अय्यर ने की थी।

» State TETs

12. भारतीय संविधान तदर्थ न्यायाधीशों की नियुक्ति की व्यवस्था करता है *(UPTET, 2016)*
(a) उच्च न्यायालय में (b) जिला एवं सत्र न्यायालय में
(c) संसद में (d) सर्वोच्च न्यायालय में

व्याख्या (d) भारतीय संविधान तदर्थ न्यायाधीशों की नियुक्ति की व्यवस्था **सर्वोच्च न्यायालय** करता है। संविधान के अनुच्छेद 127 के अनुसार, किसी समय उच्चतम न्यायालय के सत्र को आयोजित करने अथवा चालू रखने अथवा कर्त्तव्यों के निर्वहन हेतु उस न्यायालय के न्यायाधीशों की गणपूर्ति हेतु भारत का मुख्य न्यायाधीश राष्ट्रपति की पूर्व सहमति से किसी उच्च न्यायालय के न्यायाधीश को अस्थायी काल के लिए तदर्थ न्यायाधीश नियुक्त कर सकता है।

13. भारत में वित्त आयोग है *(HTET, 2015)*
(a) एक स्वायत्तशासी संस्था (b) एक सलाहकार संस्था
(c) एक संवैधानिक संस्था (d) एक वैधानिक संस्था

व्याख्या (c) वित्त आयोग **एक संवैधानिक संस्था है**, जिसका गठन अनुच्छेद 280 के तहत् किया जाता है।
इसके सदस्यों की नियुक्ति हेतु योग्यता एवं कार्यकाल का निर्धारण राष्ट्रपति द्वारा किया जाता है। इसका गठन राष्ट्रपति द्वारा प्रत्येक पाँचवें वर्ष या आवश्यकतानुसार उससे पहले किया जाता है। इस तरह से गठित खण्डपीठ को संवैधानिक पीठ कहते हैं।

14. संवैधानिक प्रश्नों की सुनवाई निम्न में से कितने न्यायाधीश करते हैं? *(UPTET, 2014)*
(a) 5 (b) 10 (c) 7 (d) 9

व्याख्या (a) संवैधानिक प्रश्नों की सुनवाई 5 न्यायाधीशों की बेंच करती है। इस तरह के गठित खण्डपीठ को संवैधानिक पीठ कहते हैं।

15. लोक अदालत द्वारा पहली बार मुकदमों की सुनवाई कब की गई? *(UPTET, 2014)*
(a) 6 अक्टूबर, 1985 (b) 4 अप्रैल, 1977
(c) 26 जनवरी, 1950 (d) 23 सितम्बर, 2013

व्याख्या (a) लोक अदालत द्वारा पहली बार मुकदमों की सुनवाई दिल्ली में **6 अक्टूबर, 1985** को सर्वोच्च न्यायालय के तत्कालीन मुख्य न्यायाधीश पी. एन. भगवती की अध्यक्षता में हुई थी। उस दिन लगभग 116 मामलों का निपटारा किया गया था। इस व्यवस्था का उद्देश्य सामाजिक व आर्थिक रूप से पिछड़े वर्गों के लिए न्याय की व्यवस्था प्रदान करना है।

16. वित्त आयोग के गठन का प्रावधान भारतीय संविधान के किस अनुच्छेद में है? *(UPTET, 2014)*
(a) अनुच्छेद 280 (b) अनुच्छेद 270
(c) अनुच्छेद 380 (d) अनुच्छेद 180

व्याख्या (a) वित्त आयोग के गठन का प्रावधान भारतीय संविधान के **अनुच्छेद 280** में है। वित्त आयोग में एक अध्यक्ष और चार अन्य सदस्य होते हैं, जिनकी नियुक्ति राष्ट्रपति द्वारा की जाती है। वित्त आयोग ने केन्द्र व राज्यों के बीच सहयोग एवं समन्वय स्थापित कर सहकारी संघवाद को बढ़ावा दिया हैं। वर्तमान में 15वें वित्त आयोग के अध्ययक्ष एन.के. सिंह है।

अनुच्छेद 270 का सम्बन्ध उद्ग्रहीत कर और उनका संघ तथा राज्यों के बीच वितरण करने से सम्बन्धित है।

अनुच्छेद 380 निरसित है।

अनुच्छेद 180 का सम्बन्ध राज्य विधानमण्डल में अध्यक्ष के पद के कर्त्तव्यों का पालन करने या अध्यक्ष के रूप में कार्य करने की उपाध्यक्ष या अन्य व्यक्ति की शक्ति है।

17. चुनावों में आदर्श आचार संहिता किस तिथि से प्रभावी होती है? ***(HTET, 2014)***

(a) अधिसूचना की तिथि से
(b) नामांकन करने के अन्तिम दिन से
(c) उम्मीदवारी वापस लेने की अन्तिम तिथि से
(d) चुनाव आयोग द्वारा चुनाव कार्यक्रम की घोषणा की तिथि से

व्याख्या (d) भारत में चुनावों में आदर्श आचार संहिता **चुनाव आयोग द्वारा चुनाव कार्यक्रम की घोषणा की तिथि से** ही प्रभावी हो जाती है। आचार संहिता में वे नैतिक आचरण सम्बन्धित मूल्य शामिल किए जाते हैं, जो चुनावी प्रक्रिया के दौरान चुनाव प्रत्याशी को आत्मधारण करने चाहिए।

18. निम्न में से किसका अर्थ है 'विधि के किस प्राधिकार से'? ***(HTET, 2014)***

(a) बन्दी प्रत्यक्षीकरण
(b) अधिकार पृच्छा
(c) उत्प्रेषण
(d) परमादेश

व्याख्या (b) **अधिकार पृच्छा** का अर्थ है— 'विधि के किस प्राधिकार से' अधिकार लेख पृच्छा/रिट सर्वोच्च या उच्च न्यायालय द्वारा उसे जारी की जाती है, जो ऐसे पदाधिकारी के रूप में कार्य करने लगता है, जिस रूप में उसे कार्य करने का वैधानिक अधिकार प्राप्त नहीं होता है। इस रिट के माध्यम से न्यायालय उस व्यक्ति से इस क्रियाकलाप का कारण पूछता है।

बन्दी प्रत्यक्षीकरण यह उस व्यक्ति की प्रार्थना पर जारी किया जाता है, जो यह समझता है कि उसे अवैध रूप से बन्दी बनाया गया है। इसके द्वारा न्यायालय पंजीकरण करने वाले अधिकारी को आदेश देता है कि वह बन्दी बनाये गए व्यक्ति को निश्चित स्थान और निश्चित समय के अन्दर उपस्थित करें, जिससे न्यायालय बन्दी बनाये जाने के कारणों को जान सकें।

उत्प्रेषण इसके द्वारा अधीनस्थ न्यायालयों को यह निर्देश दिया जाता है कि वे अपने पास लम्बित मुकदमों के न्याय-निर्णयन के लिए उसे वरिष्ठ न्यायालय को भेजें।

परमादेश यह उस समय जारी किया जाता है जब कोई पदाधिकारी अपने सार्वजनिक कर्त्तव्य का निर्वाह नहीं करता है। इस प्रकार के आज्ञा-पत्र के आधार पर पदाधिकारी को उसके कर्त्तव्य का पालन करने का आदेश जारी किया जाता है।

19. राष्ट्रीय मानवाधिकार आयोग का गठन कब हुआ? ***(BTET, 2013)***

(a) वर्ष 1990
(b) वर्ष 1991
(c) वर्ष 1993
(d) वर्ष 1995

व्याख्या (c) राष्ट्रीय मानवाधिकार आयोग एक संविधानेत्तर संस्था है। इसका गठन **12 अक्टूबर, 1993** को संसद में पारित मानवाधिकार संरक्षण अधिनियम, 1993 के द्वारा किया गया था। राष्ट्रीय मानवाधिकार आयोग एक बहु-सदस्यीय संस्था है जिसमें **एक अध्यक्ष व 6 सदस्य** होते हैं। आयोग का अध्यक्ष भारत का कोई सेवानिवृत्त मुख्य न्यायाधीश होता है। इसका मुख्यालय **नई दिल्ली** में अवस्थित है तथा इसके प्रथम अध्यक्ष **रंगनाथ मिश्रा** थे। विदित हो कि मानवाधिकारों की सार्वभौमिक घोषणा संयुक्त राष्ट्र महासभा द्वारा 10 दिसम्बर 1948 को पेरिस में अपनाया गया था। वर्तमान में एच. एल दत्तू इसके अध्यक्ष हैं।

20. राष्ट्रीय महिला आयोग की पहली अध्यक्षा निम्नलिखित में से कौन थीं? ***(BTET, 2013)***

(a) श्रीमती ममता शर्मा
(b) श्रीमती जयन्ती पटनायक
(c) श्रीमती इन्दिरा गाँधी
(d) श्रीमती ऐनी बेसेण्ट।

व्याख्या (b) राष्ट्रीय महिला आयोग की पहली अध्यक्षा **श्रीमती जयन्ती पटनायक** थीं। राष्ट्रीय महिला आयोग की स्थापना 31 जनवरी, 1992 को राष्ट्रीय महिला आयोग अधिनियम, 1990 के द्वारा की गई थी। इसमें एक अध्यक्ष, 5 सदस्य तथा एक सचिव होता है, जिनकी नियुक्ति केन्द्र सरकार द्वारा की जाती है। आयोग का मुख्यालय **नई दिल्ली** में अवस्थित है।

21. पटना उच्च न्यायालय की स्थापना कब हुई थी? ***(BTET, 2013)***

(a) वर्ष 1916
(b) वर्ष 1917
(c) वर्ष 1919
(d) वर्ष 1920

व्याख्या (a) पटना उच्च न्यायालय (बिहार) की स्थापना **3 फरवरी, 1916** को की गई थी। इस न्यायालय के प्रथम मुख्य न्यायाधीश सर एडवर्ड चमियार (वर्ष 1916-17) थे। वर्तमान में संजय करोल इसके मुख्य न्यायधीश हैं।

22. भारत में राष्ट्रीय विकास परिषद् (N.D.C.) का गठन कब हुआ था? ***(BTET, 2013)***

(a) 15 फरवरी, 2000
(b) 15 मार्च, 1950
(c) 6 अगस्त, 1952
(d) 1 अप्रैल, 1951

व्याख्या (c) भारत में राष्ट्रीय विकास परिषद् (N.D.C) का गठन **6 अगस्त, 1952** को मन्त्रिमण्डलीय सचिवालय के प्रस्ताव द्वारा किया गया था। यह एक संविधानेत्तर निकाय है। इसकी स्थापना का मुख्य उद्देश्य योजना निर्माण एवं क्रियान्वयन में राज्यों का सहयोग प्राप्त करना है। इसका अध्यक्ष प्रधानमन्त्री होता है।

23. भारत में चुनाव आयोग द्वारा चुनाव प्रचार के लिए निर्धारित अवधि है ***(HTET, 2011)***

(a) तीन सप्ताह
(b) दो सप्ताह
(c) एक सप्ताह
(d) इनमें से कोई नहीं

व्याख्या (b) भारत में चुनाव आयोग द्वारा चुनाव प्रचार के लिए **दो सप्ताह** की अवधि निर्धारित की गई है। भारत में स्वतन्त्र और निष्पक्ष चुनाव सम्पन्न कराने हेतु चुनाव आयोग का गठन किया गया है।

24. राष्ट्रपति एवं उप-राष्ट्रपति से सम्बन्धित चुनाव में किसी प्रकार का 'शक-शुबहा' (विवाद) होने पर इस पर जाँच एवं निर्णय किसके द्वारा किया जाता है? ***(CGTET, 2011)***

(a) चुनाव आयोग
(b) सर्वोच्च न्यायालय
(c) संसद
(d) सर्वोच्च न्यायालय एवं संसद

व्याख्या (b) राष्ट्रपति एवं उप-राष्ट्रपति से सम्बन्धित चुनाव में किसी प्रकार का 'शक-शुबहा' (विवाद) होने पर इसकी जाँच एवं निर्णय **सर्वोच्च न्यायालय** द्वारा की जाती है। यदि जाँच व निर्णय के बाद निर्वाचन अवैध घोषित हो जाता है, तो राष्ट्रपति या उप-राष्ट्रपति द्वारा किए गए कार्य अवैध घोषित नहीं होते हैं। यह मामला सर्वोच्च न्यायालय के आरम्भिक क्षेत्राधिकार के अन्तर्गत आता है।

25. चुनाव आयोग का मुख्यालय कहाँ है? ***(BTET, 2011)***

(a) मुम्बई में
(b) चेन्नई में
(c) कोलकाता में
(d) दिल्ली में

व्याख्या (d) चुनाव आयोग या निर्वाचन आयोग का मुख्यालय **नई दिल्ली** में स्थित है। निर्वाचन आयोग का गठन संविधान के भाग-XV में वर्णित अनुच्छेद-324 से 329 में दिए गए उपबन्धों के अनुसार किया गया है। अतः यह एक स्थायी एवं संवैधानिक निकाय है। इस निकाय में एक मुख्य निर्वाचन आयुक्त तथा दो अन्य निर्वाचन आयुक्त होते हैं, जिनकी नियुक्ति राष्ट्रपति द्वारा की जाती है। भारत के प्रथम मुख्य निर्वाचन आयुक्त सुकुमार सेन थे। वर्तमान में एस. ए. बोबड़े सर्वोच्च न्यायालय के न्यायधीश हैं।

26. भारत के मुख्य न्यायाधीश की नियुक्ति की जाती है ***(PTET, RTET 2011)***

(a) भारत के प्रधानमन्त्री द्वारा
(b) संसद द्वारा
(c) राष्ट्रपति द्वारा
(d) लोकसभा द्वारा

व्याख्या (c) संविधान के अनुच्छेद 124 (2) के अनुसार, भारत के मुख्य न्यायाधीश की नियुक्ति **राष्ट्रपति द्वारा** की जाती है। यदि राष्ट्रपति आवश्यक समझे तो वह उच्च न्यायालय के न्यायाधीशों से सलाह माँग सकता है। मुख्यतया उच्चतम न्यायालय का वरिष्ठतम न्यायाधीश, भारत के मुख्य न्यायाधीश का पद धारण करने हेतु योग्य होता है, लेकिन समय-समय पर वरिष्टता के क्रम का उल्लंघन किया गया है।

27. लोक अदालतें होती हैं ***(PTET, 2011)***

(a) समझौतों और सुलहों के द्वारा विवादों का निपटारा करने वाली
(b) विवादों को सुलझाने का एक अधिकरण जो कम समय लेता है
(c) लोगों के द्वारा चलाई जाने वाली
(d) उपरोक्त सभी

व्याख्या (d) लोक अदालत का तात्पर्य जनता की अदालत से है अर्थात् ये लोगों द्वारा चलाई जाने वाली अदालतें हैं, जो विवादों का निपटारा समझौतों और सुलहों के द्वारा कम समय में करती हैं। लोक अदालतों का आयोजन उच्चतम न्यायालय के कुछ न्यायाधीश, गैर-सरकारी संगठन तथा कुछ कानून का अध्ययन करने वाले युवा छात्रों के प्रयासों से शीघ्र तथा कम खर्चे में किया जाता है।

अध्याय 07

जीविका निर्वहन तथा सामाजिक न्याय एवं हाशियाकरण

» CTET

1. अस्पृश्यता ········ के आधार पर भेदभाव को सन्दर्भित करती है। *(CTET, 2018)*

(a) लिंग (b) जाति
(c) वंश (d) शारीरिक विकलांगता

व्याख्या (b) अस्पृश्यता मूलत: **जाति** के आधार पर भेदभाव को सन्दर्भित करती है। जाति किसी विशेष समुदायों या उप-समुदायों या विशिष्ट धर्मों का एक समूह होता है। सामाजिक स्तर पर जातिवाद का मूल विस्तार गुप्तकाल में हुआ। वैदिक काल में कर्मों के आधार पर ही जाति वर्ग का निर्धारण किया जाता था। समाज में जाति को ही अस्पृश्यता का मूल आधार माना जाता है।

2. मध्य और शीर्ष प्रबन्धन की प्रतिभा सर्वाधिक उपलब्ध होने का विशेष लाभ निम्नलिखित में से किस नगर को हमेशा प्राप्त है? *(CTET, 2016)*

(a) कोच्चि (b) बेंगलुरु (c) पुणे (d) चण्डीगढ़

व्याख्या (b) **बेंगलुरु** को हमेशा से मध्य और शीर्ष प्रबन्धन की सर्वाधिक प्रतिभा उपलब्ध होने का विशेष लाभ प्राप्त है। बेंगलुरु को भारत की **सिलिकॉन सिटी** कहा जाता है। यहाँ आई टी उद्योग का सर्वाधिक विकास हुआ है, साथ ही यहाँ महत्त्वपूर्ण सार्वजनिक क्षेत्र की उद्योग इकाइयाँ एवं शोध संस्थान हैं; जैसे— BEL, ISRO, DRDO, IISC आदि। इस प्रकार हुए विकास के कारण यहाँ मध्य और शीर्ष स्तर की प्रतिभा की उपलब्धता तथा उनके लिए व्यापक प्रबन्धन है।

3. हिन्दू उत्तराधिकार संशोधन अधिनियम, 2005 मृतक पिता की सम्पत्ति में समान अधिकार प्रदान करता है *(CTET, 2014, 2016)*

(a) पुत्री/पुत्रियों, पुत्र/पुत्रों तथा भाई/भाइयों को
(b) पत्नी, पुत्री/पुत्रियों तथा बहन/बहनों का
(c) पत्नी, पुत्र/पुत्रों तथा पुत्री/पुत्रियों को
(d) पत्नी, पुत्र/पुत्रों तथा भाई/भाइयों को

व्याख्या (c) हिन्दू उत्तराधिकार संशोधन अधिनियम, 2005 मृतक पिता की सम्पत्ति में **पत्नी, पुत्र/पुत्रों तथा पुत्री/पुत्रियों** को समान अधिकार प्रदान करता है। विदित हो कि हिन्दू उत्तराधिकार अधिनियम 1956 ने मृतक की पत्नी एवं पुत्रों को ही यह अधिकार प्रदान किया था।

4. अभियानों के फलस्वरूप महिलाओं के संरक्षण के लिए नए कानून बने। *(CTET, 2015)*
निम्नलिखित प्रताड़नाओं में से किस एक के कारण महिलाओं को संरक्षित करने के लिए 2006 में एक कानून बना?

(a) बच्चों के साथ दुर्व्यवहार (b) असमान वेतन
(c) घरेलू हिंसा (d) यौन प्रताड़ना

व्याख्या (c) महिलाओं के हितों को संरक्षित करने के लिए भारत सरकार ने **घरेलू हिंसा** से प्रताड़ित महिलाओं के लिए महिला संरक्षण अधिनियम 2005 बनाया तथा यह **26 अक्टूबर, 2006** को प्रभावी हुआ। इस अधिनियम का प्रमुख उद्देश्य घरेलू हिंसा से महिलाओं को संरक्षित करना है।

5. मध्याह्न अल्पाहार कार्यक्रम के बहुत से सकारात्मक प्रभाव हैं। निम्नलिखित में से कौन-सा इनमें से एक नहीं है? *(CTET, 2014)*

(a) विद्यालयों में गरीब बच्चों के नामांकन में वृद्धि हुई है
(b) जाति पूर्वाग्रह/जातिगत पक्षपात में कमी आई है
(c) अब निर्धन विद्यार्थी अपनी पढ़ाई पर ध्यान केन्द्रित कर सकते हैं, क्योंकि वे खाली पेट नहीं हैं
(d) निर्धन बच्चे परीक्षाओं में अधिक अंक प्राप्त कर रहे हैं

व्याख्या (d) **निर्धन बच्चों द्वारा अधिक अंक प्राप्त करना** मध्याह्न अल्पाहार कार्यक्रम का सकारात्मक प्रभाव नहीं है। मध्याह्न अल्पाहार योजना (मिड-डे-मील योजना) की शुरुआत **15 अगस्त, 1995** को की गई। इस योजना का मुख्य उद्देश्य सर्वशिक्षा के उद्देश्यों को बढ़ावा देना, छात्रों का नामांकन बढ़ाना तथा बच्चों को पोषक भोजन उपलब्ध कराना है। *इस योजना के प्रमुख सकारात्मक परिणाम निम्न हैं*

- बच्चों की नामांकन दर में वृद्धि।
- पूर्वाग्रह/जाति पक्षपात में कमी।
- बच्चों की पढ़ाई पर ध्यान केन्द्रित होना।
- बच्चों के मानसिक एवं शारीरिक स्वास्थ्य में सुधार।

6. खाद्य-सुरक्षा के सम्बन्ध में निम्नलिखित में से कौन-सा सत्य है? *(CTET, 2014)*

(a) खाद्य-सुरक्षा तभी बनी रहती है, जब सरकार अगले पाँच वर्षों के लिए अनाज का सुरक्षित भण्डार बनाए रखती है
(b) सरकार अनाज का पर्याप्त भण्डार बनाए रखने के लिए अनाज के निर्यात पर रोक लगा देती है
(c) सरकार बेहतर तथा सुरक्षित स्वास्थ्य के लिए ऑर्गेनिक खाद्यों के उत्पादन के लिए प्रोत्साहित करती है
(d) खाद्य-सुरक्षा बनी रहती है, जब सभी व्यक्तियों के लिए सभी समय पर्याप्त, सुरक्षित तथा पौष्टिक खाद्य पदार्थ की सुविधा उपलब्ध हो

व्याख्या (d) खाद्य सुरक्षा का अर्थ है— सभी व्यक्तियों को सभी समय पर्याप्त, सुरक्षित तथा पौष्टिक खाद्य पदार्थ की सुविधा उपलब्ध हो। इसके लिए **राष्ट्रीय खाद्य सुरक्षा अधिनियम, 2013** भारत सरकार द्वारा वर्ष 2014 में पारित किया गया। इसके माध्यम से भारत सरकार का उद्देश्य यह सुनिश्चित करना है कि देश में जनसाधारण को खाद्यान्न उपलब्ध हो सके।

7. ऐसे मुद्दे की पहचान कीजिए, जिसके महत्त्वपूर्ण होने के बावजूद मीडिया ने शायद ही उस पर ध्यान दिया *(CTET, 2014)*

(a) लैंगिक संवेदनशीलता
(b) पीने का पानी
(c) नागरिकों का शैक्षिक स्तर
(d) भवनों को गिराना

व्याख्या (b) मीडिया सम्पूर्ण विश्व के समाचारों से हमको अवगत कराती है तथा सम्पूर्ण विश्व की जानकारी प्रदान करती है। वर्तमान समय में मीडिया का स्तर नीचे गिरा है। **पीने का पानी** सामान्य लोगों से जुड़ा एक ज्वलन्त मुद्दा है, परन्तु मीडिया ने इस पर कभी भी ध्यान नहीं दिया है।

8. दलित और आदिवासी लड़कियों द्वारा स्कूल छोड़ने की दर सबसे अधिक है *(CTET, 2014)*

(a) लड़कियों के लिए अलग स्कूल नहीं मिलने के कारण
(b) शिक्षा का लाभ लड़की के ससुराल वालों को मिलने के कारण
(c) क्योंकि उनके माता-पिता शिक्षा को महत्त्व नहीं देते
(d) गरीबी और सामाजिक भेदभाव के कारण

व्याख्या (d) **गरीबी और सामाजिक भेदभाव के कारण** दलित और आदिवासी लड़कियों द्वारा स्कूल छोड़ने की दर सबसे अधिक है। भारत सरकार ने गरीबी और सामाजिक भेदभाव की रोकथाम के लिए बहुत-से महत्त्वपूर्ण नियम बनाए हैं, साथ ही इस वर्ग के लोगों की सहायता के लिए कई योजनाएँ संचालित की गई हैं।

9. निम्नलिखित में से किस समुदाय के सामाजिक, आर्थिक और शैक्षिक स्तर की जाँच करने के लिए न्यायाधीश राजिन्दर सच्चर की अध्यक्षता में भारत सरकार द्वारा किस समिति का गठन किया गया? *(CTET, 2012)*

(a) आंग्ल-भारतीय
(b) मुस्लिम
(c) जैन
(d) सिख

व्याख्या (b) **मुस्लिम** समुदाय के सामाजिक, आर्थिक तथा शैक्षिक स्तर की जाँच के लिए दिल्ली के पूर्व मुख्य न्यायाधीश **राजिन्दर सच्चर** की अध्यक्षता में भारत सरकार ने वर्ष 2005 में सच्चर समिति का गठन किया था। इस समिति में सात सदस्य थे। नवम्बर, 2006 में समिति ने अपनी रिपोर्ट पूर्व प्रधानमन्त्री मनमोहन सिंह को सौंपी। इस रिपोर्ट के अनुसार, मुसलमानों की देश में आर्थिक, सामाजिक और शिक्षा की स्थिति अन्य समुदायों की तुलना में बहुत ही खराब है।

» State TETs

10. 'सामुदायिक विकास कार्यक्रम' शुरू किया गया था *(UPTET, 2017)*

(a) वर्ष 1952 में
(b) वर्ष 1955 में
(c) वर्ष 1957 में
(d) वर्ष 1960 में

व्याख्या (a) 'सामुदायिक विकास कार्यक्रम' **2 अक्टूबर, 1952** को शुरू किया गया था। यह प्रथम पंचवर्षीय योजना के अन्तर्गत शुरू किया गया था। सामुदायिक विकास कार्यक्रमों में कृषि विकास, सिंचाई साधनों का विकास, शैक्षिक विकास, यातायात के साधनों का विकास, कारीगरों एवं कृषकों तथा अन्य व्यवसायों हेतु प्रशिक्षण एवं स्वास्थ्य, सफाई, आवास तथा मनोरंजन की व्यवस्था के तत्त्व सम्मिलित किए गए, लेकिन यह कार्यक्रम असफल रहा।

11. निम्नलिखित में से कौन-सा मानव विकास सूचकांक (HDI) का घटक नहीं है? *(HTET, 2015, 14)*

(a) प्रति व्यक्ति आय (सकल राष्ट्रीय आय के आधार पर)
(b) जन्म के समय जीवन-प्रत्याशा
(c) सकल पंजीयन दर
(d) स्वास्थ्य एवं पोषण

व्याख्या (d) मानव विकास सूचकांक की अवधारणा पाकिस्तानी अर्थशास्त्री महबूब-उल-हक के द्वारा वर्ष 1990 में दी गई थी। इसके अन्तर्गत वे घटक सम्मिलित किए जाते हैं, जो मानव विकास की गुणवत्ता को बढ़ाते हैं।

मानव विकास सूचकांक के तीन घटक होते हैं

1. प्रति व्यक्ति आय (सकल राष्ट्रीय आय के आधार पर
2. जन्म के समय जीवन-प्रत्याशा
3. सकल पंजीयन दर (शिक्षा)

अत: स्वास्थ्य एवं पोषण मानव विकास सूचकांक का घटक नहीं है।

12. निम्नलिखित कथनों पर विचार कीजिए

1. महात्मा गाँधी नरेगा भारत सरकार ने 2005 में लागू किया।
2. यह ग्रामीण परिवारों के वयस्कों को प्रत्येक वित्तीय वर्ष में 100 दिनों का रोजगार उपलब्ध कराने की गारण्टी देता है।

उपरोक्त में से कौन-सा कथन सही है? ***(HTET, 2014)***

(a) केवल 1 (b) केवल 2
(c) 1 और 2 (d) इनमें से कोई नहीं

व्याख्या (c) रोजगार देने हेतु राष्ट्रीय ग्रामीण रोजगार गारण्टी अधिनियम (नरेगा) अगस्त, 2005 में भारतीय संसद द्वारा पारित किया गया और 2 फरवरी, 2006 में इसे लागू किया गया। अत: कथन 1 गलत है। वर्ष 2009 में इसका नामकरण महात्मा गाँधी राष्ट्रीय ग्रामीण रोजगार गारण्टी अधिनियम (मनरेगा) किया गया। यह अधिनियम ग्रामीण परिवारों के एक वयस्क को प्रत्येक वित्तीय वर्ष में 100 दिनों के रोजगार की गारण्टी देता था।

13. भारत में कृषि क्षेत्र में पाई जाने वाली बेरोजगारी है ***(HTET, 2014)***

(a) संरचनात्मक (b) घर्षणात्मक
(c) खुली (d) मौसमी

व्याख्या (d) भारत में कृषि क्षेत्र में पाई जाने वाली बेरोजगारी, **मौसमी बेरोजगारी** है। इस प्रकार की बेरोजगारी में मौसम परिवर्तन के कारण रोजगार न मिलना, बेरोजगारी की स्थिति उत्पन्न होती है। कृषि की बुआई तथा कटाई के समय मजदूर वर्ग को रोजगार मिलता है, परन्तु अन्य समय उनकी स्थिति बेरोजगारी वाली होती है।

संरचनात्मक बेरोजगारी जब बाजार में दीर्घकालिक स्थितियों में बदलाव आता है उसे संरचनात्मक बेरोजगारी कहते हैं। घर्षणात्मक बेरोजगारी में जब व्यक्ति एक काम को छोड़कर किसी दूसरे काम को करने जाता है तो दोनों कार्यों के बीच की अवधि में वह बेरोजगार हो जाता है, उसे घर्षणात्मक बेरोजगारी कहते हैं।

खुली बेरोजगारी में जब व्यक्ति बाजार में प्रचलित मजदूरी दर पर काम करने को तैयार है, लेकिन फिर भी उसे काम नहीं मिल रहा है तो उसे खुली बेरोजगारी कहते हैं।

14. सामाजिक सुरक्षा की व्यवस्था जिस विचारधारा का मूल सिद्धान्त है, वह है ***(HTET, 2014)***

(a) अहस्तक्षेप सिद्धान्त (b) कल्याणकारी सिद्धान्त
(c) बहुलवादी सिद्धान्त (d) विकासवादी सिद्धान्त

व्याख्या (b) सामाजिक सुरक्षा की वह विचारधारा जिसका मूल सिद्धान्त लोगों को सामाजिक सुरक्षा प्रदान करना है, **कल्याणकारी सिद्धान्त** कहलाता है। कल्याणकारी सिद्धान्त के लोकजन का सभी दृष्टि से कल्याण करना शामिल है।

अहस्तक्षेप सिद्धान्त के अन्तर्गत सामाजिक कल्याण निर्माण के क्षेत्र में राज्य की भूमिका नहीं होती है।

बहुलवादी सिद्धान्त के अन्तर्गत राज्य समग्र रूप से समाज के सभी वर्गों के लिए एक समान रूप से कल्याणकारी योजनाएँ बनाता है।

विकासवादी सिद्धान्त के अन्तर्गत विकास कार्य से सम्बन्धित गतिविधियों को संचालित करने हेतु राज्य की ओर से जो नीतियाँ बनाई जाती हैं उसे विकासवादी सिद्धान्त कहते हैं।

15. बाल कल्याण से सम्बन्धित अन्तर्राष्ट्रीय संस्था है ***(UPTET, 2013)***

(a) आई एल ओ (b) डब्ल्यू एच ओ
(c) यूनिसेफ (d) एफ ए ओ

व्याख्या (c) **यूनिसेफ** या संयुक्त राष्ट्र बाल कोष बाल कल्याण से सम्बन्धित अन्तर्राष्ट्रीय संस्था है। इस संस्था की स्थापना संयुक्त राष्ट्र की महासभा ने **11 दिसम्बर, 1946** को द्वितीय विश्व युद्ध में नष्ट हुए राष्ट्रों के बच्चों को खाना और स्वास्थ्य सेवाएँ उपलब्ध कराने के उद्देश्य से की थी। वर्तमान में यह संस्था सम्पूर्ण विश्व विशेषकर अविकसित देशों के बालकों को विकास एवं संरक्षण की सुविधाएँ सुनिश्चित कराती है। वर्ष 1953 में यूनिसेफ, संयुक्त राष्ट्र का स्थायी सदस्य बना। यूनिसेफ का मुख्यालय न्यूयॉर्क (यूएसए) में अवस्थित है।

अन्तर्राष्ट्रीय श्रम संगठन (आई.एल.ओ) संयुक्त राष्ट्र की एक विशिष्ट संस्था जो श्रमिकों के हितों की रक्षा के लिए नियम बनाती है। इसकी स्थापना वर्ष 1919 में हुई थी।

विश्व स्वास्थ्य संगठन (W.H.O) विश्व में स्वास्थ्य सम्बन्धी समस्याओं पर आपसी सहयोग एवं मानक विकसित करने वाली संस्था है। इसकी स्थापना वर्ष 1948 में हुई थी।

खाद्य एवं कृषि संगठन (एफ.ए.ओ.) एक अन्तर्राष्ट्रीय संगठन है, जो कृषि उत्पादन, वानिकी और कृषि विपणन सम्बन्धी शोध करता है। इसकी स्थापना वर्ष 1945 में रोम में हुई थी।

16. मानव विकास सूचकांक रिपोर्ट प्रकाशित की जाती है ***(HTET, 2012)***

(a) यू एन डी पी द्वारा (b) विश्व बैंक द्वारा
(c) अन्तर्राष्ट्रीय मुद्रा कोष द्वारा (d) यूनेस्को द्वारा

व्याख्या (a) मानव विकास सूचकांक रिपोर्ट यू एन डी पी (United Nations Development Programme, UNDP) के द्वारा जारी की जाती है। मानव विकास सूचकांक की परिकल्पना पाकिस्तानी अर्थशास्त्री महबूब-उल-हक ने की थी। इस सूचकांक का उपयोग देशों को मानव विकास के आधार पर आँकने के लिए किया जाता है। इस सूचकांक से इस बात का पता चलता है कि कोई देश विकसित है, विकासशील है अथवा अविकसित है।

विश्व बैंक एक अन्तर्राष्ट्रीय संस्था है जिसका उद्देश्य सदस्य राष्ट्रों को विकास कार्यों में सहायता देना है। इसकी स्थापना वर्ष 1945 में हुई थी।

अन्तर्राष्ट्रीय मुद्रा कोष (IMF) अपने सदस्य देशों को आर्थिक और तकनीकी सहायता प्रदान करती है। इसकी स्थापना वर्ष 1945 में हुई थी।

यूनेस्को (संयुक्त राष्ट्र शैक्षिक, वैज्ञानिक एवं सांस्कृतिक संगठन) का कार्य शिक्षा, प्रकृति तथा समाज विज्ञान, संस्कृति तथा संचार के माध्यम से अन्तर्राष्ट्रीय शान्ति को बढ़ावा देना है। इसकी स्थापना वर्ष 1945 में हुई थी।

17. निम्न में से शहरीकरण का कौन-सा प्रमुख कारण नहीं है? *(REET, 2012)*

(a) कुटीर उद्योगों का ह्रास
(b) तीव्र जनसंख्या वृद्धि
(c) बढ़ती महँगाई
(d) आवश्यक सुविधाओं का अभाव

व्याख्या (c) **बढ़ती महँगाई** शहरीकरण का प्रमुख कारण नहीं है। शहरी क्षेत्रों के भौतिक विस्तार (क्षेत्रफल, जनसंख्या आदि का विस्तार) शहरीकरण कहलाता है। यह एक वैश्विक परिवर्तन है। शहरीकरण के प्रमुख कारण कुटीर उद्योगों का ह्रास, तीव्र जनसंख्या वृद्धि तथा आवश्यक सुविधाओं का अभाव आदि है।

18. किस राज्य में मिड-डे मील योजना सर्वप्रथम शुरू की गई थी? *(HTET, 2011)*

(a) तमिलनाडु में
(b) आन्ध्र प्रदेश में
(c) हरियाणा में
(d) पंजाब में

व्याख्या (a) मिड-डे मील (मध्याह्न भोजन) योजना की शुरुआत सर्वप्रथम **तमिलनाडु** (वर्ष 1962) में की गई थी। मध्याह्न भोजन योजना भारत सरकार की एक महत्त्वपूर्ण योजना है, जिसके अन्तर्गत पूरे देश के प्राथमिक और लघु माध्यमिक विद्यालयों के छात्रों को दोपहर का भोजन नि:शुल्क प्रदान किया जाता है। इसका उद्देश्य छात्रों के पोषण स्तर को उन्नत करना तथा छात्रों के स्कूलों में नामांकन में वृद्धि करना है। केन्द्र प्रायोजित स्कीम के रूप में यह योजना 15 अगस्त, 1995 को आरम्भ की गई थी।

19. 'सर्व शिक्षा अभियान' ……… वर्ष तक आयु समूह के सभी बच्चों को प्राथमिक शिक्षा प्रदान करने की दिशा में एक कदम है। *(HTET, 2011)*

(a) 6 से 14
(b) 8 से 10
(c) 10 से 12
(d) 4 से 15

व्याख्या (a) सर्वशिक्षा अभियान भारत सरकार का एक प्रमुख कार्यक्रम है, जिसकी शुरुआत वर्ष 2001-02 में तत्कालीन प्रधानमन्त्री अटल बिहारी वाजपेयी द्वारा एक निश्चित समयावधि में प्राथमिक शिक्षा के सार्वभौमिकरण के लिए की गई थी। यह अभियान **6 से 14 वर्ष** तक की आयु समूह के सभी बच्चों को प्राथमिक शिक्षा प्रदान करने की दिशा में एक कदम है।

20. नगरीकरण से किन सामाजिक समस्याओं में वृद्धि हुई है? *(CGTET, 2011)*

(a) वेश्यावृत्ति
(b) गन्दी बस्ती
(c) बाल अपराध
(d) ये सभी

व्याख्या (d) नगरीकरण विकास प्रक्रिया का एक अभिन्न अंग है। ग्रामीण क्षेत्रों की जनसंख्या का नगरीय क्षेत्रों में परिवर्तन आर्थिक विकास की दृढ़ कसौटी है। संयुक्त राष्ट्र संघ के अनुसार, "ग्रामीण क्षेत्रों के लोगों का शहरों में जाकर रहना और काम करना भी नगरीकरण है।"
इस प्रक्रिया में कई सामाजिक दोष भी उत्पन्न होते हैं; जैसे— **वेश्यावृत्ति, बाल अपराध** तथा **बस्तियों का गन्दा** होना आदि। नगरीकरण के दौर में जनसंख्या का संकेन्द्रण एक ही स्थान पर होने लगता है तथा लोग अपनी आवश्यकताओं की पूर्ति के लिए गलत रास्ते का भी चुनाव कर लेते हैं।

21. छत्तीसगढ़ राज्य में बाल श्रमिक की आयु सीमा क्या है? *(CGTET, 2011)*

(a) 15 वर्ष
(b) 14 वर्ष
(c) 16 वर्ष
(d) 18 वर्ष

व्याख्या (b) छत्तीसगढ़ राज्य में बाल श्रमिक की आयु **14 वर्ष** है। भारत में बाल श्रम (निषेध और विनियमन) अधिनियम 1986 में **14 वर्ष** से कम उम्र के व्यक्ति के रूप में एक बच्चे को परिभाषित किया गया है।

22. भारतीय संविधान के अनुसार किस वर्ष में महिला को परिवार के 'कर्ता' का स्थान दिया गया? *(CGTET, 2011)*

(a) वर्ष 2007
(b) वर्ष 1947
(c) वर्ष 2005
(d) वर्ष 2010

व्याख्या (c) भारतीय संविधान के **वर्ष 2005** में महिला को परिवार का **कर्ता** (मुखिया) का स्थान दिया। इसके अन्तर्गत वर्तमान में परिवारों के राशनकार्ड भी परिवार की महिला मुखिया के नाम पर बनाए जा रहे हैं।

23. भारतीय संविधान के अनुसार लड़की-लड़के की आयु विवाह के समय होनी चाहिए *(CGTET, 2011)*

(a) 18 वर्ष, 20 वर्ष
(b) 17 वर्ष, 21 वर्ष
(c) 18 वर्ष, 21 वर्ष
(d) 21 वर्ष, 25 वर्ष

व्याख्या (c) भारतीय संविधान के अनुसार, विवाह के लिए लड़कियों की न्यूनतम आयु 18 वर्ष तथा लड़कों की न्यूनतम आयु 21 वर्ष होती है।
सर्वप्रथम बाल विवाह को रोकने के लिए वर्ष **1928 में शारदा एक्ट** बनाया गया था, जिसमें लड़की की आयु 14 वर्ष तथा लड़के की आयु **18 वर्ष** होनी अनिवार्य थी। वर्ष 1978 में हिन्दू विवाह अधिनियम और बाल विवाह अधिनियम में संशोधन करके विवाह के समय लड़की की आयु 18 वर्ष और लड़के की आयु **21 वर्ष** कर दी गई।

24. नगरीकरण परिणाम है *(REET, 2011)*

(a) शैक्षिक विकास का
(b) ग्रामीण विकास का
(c) ग्रामों से नगरों की ओर जनसंख्या पलायन का
(d) कृषि विकास का

व्याख्या (c) नगरीकरण, **ग्रामों की जनसंख्या का शहरों की ओर पलायन** करने का परिणाम है, जिससे उनका शैक्षिक विकास तथा रोजगार की उपलब्धि हो सके। स्वतन्त्रता के पश्चात् जैसे–जैसे आर्थिक एवं औद्योगिक विकास की गति तीव्र हुई है, वैसे-वैसे नगरों की जनसंख्या तथा उनमें निवास करने वाली जनसंख्या दोनों में वृद्धि हुई है।

अध्याय 08

नागरिक सुरक्षा व दिव्यांगता

» CTET

1. सूचना के अधिकार अधिनियम पर निम्नलिखित कथनों पर विचार कीजिए *(CTET, 2016)*

1. सूचना का अधिकार अधिनियम के माध्यम से कोई भी नागरिक केवल केन्द्रीय सरकार के विभागों की कार्यप्रणाली के सन्दर्भ में सूचना प्राप्त कर सकता है।
2. सूचना का अधिकार अधिनियम के अन्तर्गत सूचना प्राप्त करने के लिए नागरिकों को किसी स्तर के किसी न्यायालय में पहले याचिका दाखिल करनी पड़ती है।

उपरोक्त कथनों में से कौन-सा/से कथन सही है/हैं?

(a) 1 सही है और 2 गलत है (b) 1 और 2 दोनों गलत हैं
(c) 1 गलत है और 2 सही है (d) 1 और 2 दोनों सही हैं

व्याख्या (b) सूचना के अधिकार अधिनियम को **15 जून, 2005** को अधिनियमित किया गया। सूचना अधिकार के द्वारा राष्ट्र अपने नागरिकों को अपने कार्य और शासन प्रणाली को सार्वजनिक करता है। इस अधिकार के माध्यम से कोई भी नागरिक सरकार के किसी भी स्तर के विभागों की कार्य-प्रणाली के सन्दर्भ में सूचना प्राप्त कर सकता है। इसके अतिरिक्त इस अधिनियम के अन्तर्गत सूचना प्राप्त करने के लिए नागरिक को किसी भी स्तर के न्यायालय में पहले याचिका दाखिल नहीं करनी पड़ती है। अत: कथन 1 और 2 दोनों गलत हैं।

निर्देश (प्र. सं. 2-4) *नीचे दिए गए गद्यांश को पढ़िए और उसके आधार पर प्रश्नों के उत्तर दीजिए।* *(CTET, 2016)*

पहियेदार कुर्सी (व्हीलचेयर) का उपयोग करने वाले रंजन की कक्षा विद्यालय भवन की तीसरी मन्जिल पर लगती है। वह प्रतिदिन सहायक की प्रतीक्षा करता है, जो उसे उठाकर विद्यार्थियों की भीड़ से होकर ले जाता है।

2. भारतीय संविधान के किस अनुच्छेद का उल्लंघन हो रहा है?

(a) अनुच्छेद 370 (b) अनुच्छेद 360
(c) अनुच्छेद 15 (d) अनुच्छेद 25

व्याख्या (c) दिए गए गद्यांश में विद्यार्थी रंजन के सम्बन्ध में संविधान के **अनुच्छेद 15** का उल्लंघन हो रहा है। अनुच्छेद 15(स) के अन्तर्गत राज्य को यह अधिकार है कि वह सामाजिक एवं शैक्षिक रूप से पिछड़े लोगों या अनुसूचित जाति या जनजाति के लोगों के उत्थान के लिए शैक्षणिक संस्थाओं में प्रवेश के लिए छूट सम्बन्धी कोई नियम बना सकता है।
अनुच्छेद 370 जम्मू-कश्मीर के विशेष प्रावधान से सम्बन्धित है जिसे अगस्त 2019 में **अनुच्छेद 370** को समाप्त कर दिया गया है तथा जम्मू-कश्मीर को दो केन्द्रशासित प्रदेश जम्मू-कश्मीर एवं लद्दाख के रूप में विभाजित कर दिया गया है।
अनुच्छेद 360 वित्तीय आपातकाल से सम्बन्धित है।
अनुच्छेद 25 मौलिक अधिकार के अन्तर्गत अन्त:करण और धर्म को अबाध रूप से मानने, आचरण और प्रचार करने की स्वतन्त्रता प्रदान करता है।

3. विकलांगता अधिनियम, 1995 के किस प्रावधान का पालन विद्यालय नहीं कर रहा है?

(a) विकलांग व्यक्तियों के लिए मुख्यधारा वाली और संयोजित शिक्षा
(b) अनौपचारिक शिक्षा के लिए योजनाएँ और कार्यक्रम
(c) विकलांग व्यक्तियों को शिक्षा का अधिकार
(d) रैम्प वाले सार्वजनिक स्थानों और भवनों तक सुरक्षित पहुँच

व्याख्या (d) विद्यालय **रैम्प** (ढलान) **वाले सार्वजनिक स्थलों और भवनों तक पहुँच** के प्रावधान का उल्लंघन कर रहा है। विकलांगता अधिनियम, 1995 के अन्तर्गत विकलांग व्यक्तियों को भी समान अधिकार प्राप्त हैं और समाज में उनकी भागीदारी सम्भव बनाना सरकार का दायित्व है। इसके अतिरिक्त सभी सार्वजनिक स्थान; जैसे—भवन, स्कूल आदि में ढलान (रैम्प) बनाए जाने चाहिए, जिससे वहाँ विकलांगों के लिए पहुँचना आसान हो।

4. रंजन के प्रति समानुभूति के विकास के लिए विद्यार्थियों के साथ किया गया निम्नलिखित में से कौन-सा क्रियाकलाप सबसे अधिक उपयुक्त होगा?

(a) विकलांगता अधिनियम पर एक भाषण देने के लिए किसी वकील को आमन्त्रित करना
(b) व्हीलचेयर कैसे ऊपर उठाई जाए, इस पर एक विचार करना
(c) रंजन को सीढ़ियों से ऊपर ले जाने और नीचे लाने के लिए विद्यार्थियों को कहना
(d) एक भूमिका-निर्वाह नाटिका का आयोजन करना, जिससे विद्यार्थी व्हीलचेयर में ले जाए जाने को अनुभव कर सकें

व्याख्या (d) **भूमिका-निर्वाह नाटिका का आयोजन करना, जिससे विद्यार्थी व्हीलचेयर में ले जाए जाने को अनुभव कर सकें।** रंजन के प्रति समानुभूति के विकास के लिए विद्यार्थियों के साथ किया गया सबसे अधिक क्रियाकलाप होगा।

5. न्यूनतम वेतन अधिनियम ***(CTET, 2014)***

(a) नियोगकर्ताओं को कर्मचारियों का न्यूनतम वेतन निश्चित करने की छूट देता है
(b) संगठित क्षेत्र के केवल सरकारी कर्मचारियों के लिए है
(c) निश्चित करता है कि मजदूरों को न्यूनतम वेतन मिलना चाहिए
(d) निश्चित करता है कि वेतन एक निश्चित मूल्य से कम नहीं होना चाहिए

व्याख्या (d) न्यूनतम वेतन अधिनियम स्वतन्त्र भारत के सबसे प्रारम्भिक कानूनों में से एक है, जिसे वर्ष 1948 में ही संविधान के लागू होने से पहले बना लिया गया था। यह कुशल तथा अकुशल श्रमिकों को दी जाने वाली मजदूरी का निर्धारण करता है। यह अधिनियम सुनिश्चित करता है कि **वेतन एक निश्चित मूल्य से कम नहीं होना चाहिए।**

6. सभी भारतीयों को मतदान का अधिकार होना चाहिए चाहे उनका सामाजिक-आर्थिक स्तर कुछ भी हो। यह विचार ''''''' द्वारा रखा गया। ***(CTET, 2014)***

(a) महात्मा गाँधी
(b) डॉ. राजेन्द्र प्रसाद
(c) बी. आर. अम्बेडकर
(d) जवाहरलाल नेहरू

व्याख्या (c) **डॉ. बी. आर अम्बेडकर** संविधान की प्रारूप समिति के अध्यक्ष थे। इन्हें संविधान का जनक भी कहा जाता है। संविधान सभा में मताधिकार के प्रश्न पर चर्चा करते हुए उन्होंने कहा था कि ''सभी भारतीयों को मतदान का अधिकार होना चाहिए, चाहे उनका सामाजिक आर्थिक स्तर कुछ भी है।'' वे सार्वभौम मताधिकार के पक्षकार थे।

7. हालाँकि भारत ने स्वतन्त्र होने के बाद सार्वभौम वयस्क मताधिकार की प्रक्रिया का चयन किया, कुछ मानदण्डों के आधार पर कुछ सम्प्रभु राष्ट्रों में इसे रोक लिया गया। निम्नलिखित में से कौन-सा उन मानदण्डों में से एक नहीं है? ***(CTET, 2012)***

(a) धर्म
(b) लिंग
(c) सम्पत्ति
(d) शिक्षा

व्याख्या (c) भारत ने स्वतन्त्र होने के बाद सार्वभौम वयस्क मताधिकार की प्रक्रिया का चयन किया है अर्थात् किसी भी व्यक्ति को जन्म, लिंग, धर्म, सम्पत्ति, शिक्षा आदि के आधार पर मताधिकार से वंचित नहीं रखा जाएगा, किन्तु कुछ सम्प्रभु राष्ट्रों ने कुछ मानदण्डों के आधार पर मताधिकार पर रोक लगाई है। **सम्पत्ति** इन मानदण्डों में से एक नहीं है।

» State TETs

8. 'सूचना का अधिकार' अधिनियम कब पारित किया गया? ***(UPTET, 2014)***

(a) जुलाई, 2007
(b) जून, 2006
(c) मार्च, 2005
(d) जून, 2005

व्याख्या (d) भारत सरकार ने देश के नागरिकों को सरकारी क्रिया कलापों की जानकारी देने और उस जानकारी का अधिक प्रभावी उपयोग सुनिश्चित करने के लिए सूचना का अधिकार अधिनियम 2005 अधिनियमित किया। इसे **15 जून, 2005** को राष्ट्रपति ने स्वीकृति दी और 12 अक्टूबर, 2005 को यह देश भर में लागू हो गया। इसके अन्तर्गत सूचना आयोग का गठन किया गया तथा वजाहत हबीबुल्लाह देश के प्रथम मुख्य सूचना आयुक्त बनाए गए।

9. उपभोक्ता संरक्षण अधिनियम भारतीय संसद ने कब पारित किया? ***(HTET, 2014, 2012-13)***

(a) 15 दिसम्बर, 1985
(b) 24 दिसम्बर, 1986
(c) 15 मार्च, 1985
(d) 24 दिसम्बर, 1987

व्याख्या (b) 24 दिसम्बर, 1986 को भारत सरकार द्वारा उपभोक्ताओं के हितों के संरक्षण के लिए एक बड़ा कदम उठाते हुए उपभोक्ता सुरक्षा अधिनियम, 1986 पारित किया गया। तभी से 24 दिसम्बर का दिन राष्ट्रीय उपभोक्ता दिवस के रूप में मनाया जाता है। यह अधिनियम जम्मू-कश्मीर राज्य को छोड़कर सम्पूर्ण भारत में समान रूप से लागू है।

10. संयुक्त राष्ट्र महासभा ने मानव अधिकारों की घोषणा कब की थी? ***(UPTET, 2013)***

(a) 10 दिसम्बर, 1949
(b) 10 दिसम्बर, 1948
(c) 10 दिसम्बर, 1947
(d) 10 दिसम्बर, 1946

व्याख्या (b) संयुक्त राष्ट्र महासभा ने मानव अधिकारों की घोषणा **10 दिसम्बर, 1948** को की थी। मानव अधिकार व्यक्तियों के वे अधिकार हैं, जो उनके पूर्ण शारीरिक, मानसिक और आध्यात्मिक विकास के लिए बहुत बुनियादी माने गए हैं। इन अधिकारों का उद्भव मानव की अन्तर्निहित गरिमा से हुआ है।

11. नागरिक सुरक्षा संगठन की स्थापना किस वर्ष की गई? ***(UPTET, 2013)***

(a) वर्ष 1960
(b) वर्ष 1961
(c) वर्ष 1962
(d) वर्ष 1963

व्याख्या (c) भारत में नागरिक सुरक्षा संगठन की स्थापना **14 नवम्बर, 1962** को चीनी आक्रमण के पश्चात् नागरिक सुरक्षा उपायों के क्रियान्वयन हेतु तत्कालीन प्रधानमन्त्री पण्डित जवाहरलाल नेहरू द्वारा की गई थी। इन संगठनों की स्थापना का उद्देश्य था– बाह्य युद्ध के समय देश की आन्तरिक व्यवस्था में कोई व्यवधान उत्पन्न न हो व नागरिकों का मनोबल बनाए रखना।

12. संविधान के किस संशोधन द्वारा वयस्क मताधिकार के लिए वयस्कता की उम्र 21 वर्ष से घटाकर 18 वर्ष कर दी गई? ***(BTET, 2013)***

(a) 42वें, संविधान संशोधन, 1976 द्वारा
(b) 66वें, संविधान संशोधन, 1989 द्वारा
(c) 86वें, संविधान संशोधन, 2002 द्वारा
(d) 44वें, संविधान संशोधन, 1978 द्वारा

व्याख्या (*) संविधान के **61वें संविधान संशोधन** अधिनियम (1989) के द्वारा वयस्क मताधिकार के लिए वयस्कता की उम्र **21 वर्ष** से घटाकर **18 वर्ष** कर दी गई थी। अत: प्रश्न में दिए गए सभी विकल्प गलत हैं।

13. 'पेटेण्ट' से आप क्या समझते हैं? ***(HTET, 2011)***

(a) सम्पत्ति पर एकमात्र अधिकार
(b) शिक्षा पर एकमात्र अधिकार
(c) किसी विचार या आविष्कार पर एकमात्र अधिकार
(d) सूचना के अधिकार पर एकमात्र अधिकार

व्याख्या (c) 'पेटेण्ट' एक अधिकार है, जो किसी व्यक्ति या संस्था को किसी नई सेवा, तकनीकी प्रक्रिया, उत्पाद या डिजाइन आदि के लिए प्रदान किया जाता है, ताकि कोई उसकी नकल तैयार न कर सके। दूसरे शब्दों में, पेटेण्ट एक ऐसा कानूनी अधिकार है, जिसके मिलने के बाद यदि कोई व्यक्ति या संस्था किसी उत्पाद को खोजती या बनाती है, तो उस उत्पाद को बनाने का एकाधिकार प्राप्त कर लेती है। वर्तमान में विश्व व्यापार संगठन ने पेटेण्ट लागू रहने की अवधि **20 वर्ष** कर दी है, जोकि पहले प्रत्येक देश में अलग अलग होती थी।

14. नागरिक अधिकारों का सुरक्षा अधिनियम (The Protection of Civil Rights Act) सम्बन्धित है ***(PTET, 2011)***

(a) व्यक्तियों के नागरिक अधिकारों की सुरक्षा से
(b) छुआ-छूत के खिलाफ सजा के प्रावधान से
(c) सामाजिक समुदायों के नागरिक अधिकारों की सुरक्षा से
(d) नागरिकों के नागरिक अधिकारों की सुरक्षा से

व्याख्या (b) नागरिक अधिकारों का सुरक्षा अधिनियम 1955 समाज में व्याप्त कुरीतियों तथा **छुआ-छूत के विरुद्ध सजा के प्रावधानों से** सम्बन्धित है। इस अधिनियम को **8 मई, 1955** को राष्ट्रपति की मंजूरी मिली तथा **1 जून, 1955** को यह कानून पूरे भारत में लागू किया गया। इस अधिनियम को सम्बन्धित राज्य सरकारों और संघ राज्य क्षेत्रों के प्रशासन द्वारा कार्यान्वित किया जाता है।

अध्याय 01

सामाजिक विज्ञान की अवधारणा, प्रकृति तथा महत्त्व

» CTET

1. उच्च प्राथमिक स्तर पर सामाजिक विज्ञान में शामिल हैं ***(CTET, 2015, 2018)***

(a) इतिहास, भूगोल, अर्थशास्त्र, समाजशास्त्र
(b) इतिहास, भूगोल, राजनीति विज्ञान, अर्थशास्त्र
(c) इतिहास, भूगोल, राजनीति विज्ञान, समाजशास्त्र
(d) इतिहास, भूगोल, राजनीति विज्ञान, मनोविज्ञान

व्याख्या (b) राष्ट्रीय शिक्षा अनुसन्धान एवं प्रशिक्षण परिषद् (NCERT) के अनुसार उच्च प्राथमिक स्तर पर सामाजिक विज्ञान में मूलरूप से **इतिहास, भूगोल, राजनीतिक विज्ञान** एवं **अर्थशास्त्र** को शामिल किया जाता है। उच्च प्राथमिक स्तरीय सामाजिक विज्ञान विषयों का मुख्य सम्बन्ध अनुसन्धान एवं शोध से माना जाता है। भूगोल, इतिहास, राजनीतिक विज्ञान एवं अर्थशास्त्र को सामाजिक विज्ञान का बुनियादी क्षेत्र माना जाता है। इन विषयों के माध्यम से सामाजिक अवसंरचना को अर्थात् इसकी ऐतिहासिक, भौगोलिक, राजनीतिक एवं आर्थिक पृष्ठभूमि को आसानी से समझा जा सकता है।

2. स्थानीय समाचार-पत्र से मौसम की जानकारी का संग्रह किस प्रकार का स्रोत है? ***(CTET, 2018)***

(a) प्राथमिक
(b) द्वितीयक
(c) तृतीयक
(d) प्राथमिक और तृतीयक दोनों

व्याख्या (a) स्थानीय समाचार-पत्र से मौसम की जानकारी का संग्रह **प्राथमिक** स्रोतों द्वारा किया जाता है। प्राथमिक स्रोत मुख्यत: स्थानीय स्तर पर विद्यमान साधनों पर आधारित होते हैं। लोकगीत, कथाएँ, कहानियाँ, नदी, समुद्र, पर्वत आदि प्राथमिक स्रोतों के उदाहरण हैं। मौसम का प्रतिरूप स्थानीय ही होता है, जिसके अन्तर्गत किसी क्षेत्र के वातावरण की स्थिति ज्ञात की जाती है। द्वितीयक स्रोत, प्राथमिक स्रोतों का व्याख्यान और विश्लेषण करते हैं। इनमें विश्वकोष, आत्मकथाएँ, पाठ्य-पुस्तकें तथा वृत्त चित्र आदि शामिल होते हैं। मौसम से सम्बन्धित पूर्वानुमान मौसम की जानकारी प्राप्त करने का तृतीय स्रोत माना जाता है। यह मुख्यत: वैज्ञानिक अवलोकन के आधार पर अभिव्यक्त किया जाता है।

3. एक शिक्षक 'भारत के विभाजन' पर प्राथमिक स्रोतों पर आधारित एक कार्य योजना (प्रोजेक्ट) करवाना चाहता है। निम्नलिखित में से कौन-सा प्राथमिक स्रोत नहीं है? ***(CTET, 2016)***

(a) आत्मकथाएँ
(b) समाचार-पत्रों का पुरालेखागार
(c) मौखिक इतिहास
(d) उपन्यास

व्याख्या (c) एक शिक्षक, भारत के विभाजन पर आधारित एक कार्ययोजना (प्रोजेक्ट) करवाना चाहता है, तो वह इसके लिए प्राथमिक स्रोत के रूप में आत्मकथाएँ, समाचार-पत्रों का पुरालेखागार एवं उपन्यास का उपयोग करता है। **मौखिक इतिहास** एक प्राथमिक स्रोत के रूप में स्वीकार नहीं किया जाता है। मौखिक इतिहास के माध्यम से ऐतिहासिक पृष्ठभूमि एवं परिस्थितियों को समझ पाना सम्भव नहीं है, साथ ही इसमें साक्ष्यों का अभाव होता है। भारत के विभाजन पर आधारित कार्य योजना तैयार करने हेतु लिखित साक्ष्यों का होना आवश्यक है। इसके लिए किसी व्यक्ति द्वारा लिखित आत्मकथा, तत्कालीन समाचार-पत्रों का पुरालेख एवं तत्कालीन परिस्थितियों पर लिखित उपन्यास एक उत्कृष्ट प्राथमिक स्रोत माने जाते हैं।

4. सामाजिक समानता के सिद्धान्तों को सुनिश्चित करने के लिए निम्नलिखित में से कौन-सा मानव-मूल्य सर्वाधिक महत्त्वपूर्ण होगा? ***(CTET, 2016)***

(a) परस्पर आदर
(b) दक्षता
(c) उपभोक्तावाद
(d) प्रतिस्पर्द्धा

व्याख्या (b) **दक्षता** सामाजिक समानता के सिद्धान्तों को सुनिश्चित करने के लिए सर्वाधिक महत्त्वपूर्ण मानवीय मूल्य होता है, जो सामाजिक समानता को स्थापित करने का प्रयास करता है। सामाजिक समानता में समाज के सभी व्यक्तियों को सामाजिक आधार पर समान महत्त्व प्राप्त होता है। यदि समाज में समानता की स्थिति कायम रहती है, तो इससे समाज के सभी वर्गों को समान रूप से लाभ पहुँचता है।

5. उच्च प्राथमिक स्तर पर, निम्नलिखित में से किस विषय को सामाजिक विज्ञान में सम्मिलित नहीं किया गया है? *(CTET, 2016)*

(a) इतिहास
(b) मनोविज्ञान
(c) राजनीति विज्ञान
(d) भूगोल

व्याख्या (b) **मनोविज्ञान** विषय को उच्च प्राथमिक स्तर पर सामाजिक विज्ञान के विषयों में सम्मिलित नहीं किया जाता है। सामाजिक विज्ञान के अन्तर्गत भूगोल, इतिहास, राजनीति विज्ञान तथा अर्थशास्त्र को सम्मिलित किया जाता है। मनोविज्ञान एक ऐसा विषय होता है, जिसमें बालक के व्यवहार का संज्ञानात्मक अध्ययन किया जाता है, जबकि सामाजिक विज्ञान/अध्ययन के अन्तर्गत समाज के सभी पक्ष शामिल होते हैं। यह समाज के आर्थिक, धार्मिक, राजनीतिक, सांस्कृतिक आदि पक्षों के अध्ययन पर बल देता है।

6. सामाजिक विज्ञान शिक्षण के लिए आप वृत्तान्तों का प्रयोग क्यों करेंगे? दिए गए विकल्पों में से सबसे उचित कारण को चुनिए *(CTET, 2016)*

(a) शिक्षार्थियों को संवेदनशील बना सकें, जिससे वे उचित आदर्श का पता कर सकें
(b) पाठ्यक्रम की पूर्णता को सुनिश्चित कर सकें
(c) कक्षा को मनोरंजक एवं सजीव बना सकें
(d) अवधारणाओं को सजीव वास्तविकताओं के साथ जोड़ सकें

व्याख्या (d) किसी पाठ्य-वस्तु की **अवधारणाओं को सजीव वास्तविकताओं के साथ जोड़कर** सामाजिक विज्ञान शिक्षण के लिए वृत्तान्तों का प्रयोग किया जाता है। वृत्तान्त का अर्थ किसी विषय-वस्तु का वास्तविक वर्णन करने से होता है। इसके द्वारा शिक्षक किसी विषय को सजीव वास्तविकता से जोड़कर शिक्षण करता है और बच्चे विषय को अच्छी प्रकार समझ पाते हैं, इसीलिए सामाजिक विज्ञान शिक्षण में वृत्तान्तों का प्रयोग सर्वाधिक किया जाता है।

7. सामाजिक विज्ञान का अध्ययन 'वैज्ञानिक' क्यों है? *(CTET, 2016)*

(a) यह पाठक को समाज का वैज्ञानिक अध्ययन करने में सहायता करता है
(b) इसके अन्तर्गत क्रमबद्ध तरीके से प्रमाणित ज्ञान को अर्जित किया जाता है
(c) इसकी विषय-वस्तु में वैज्ञानिक शब्दावली का प्रयोग है
(d) यह सामाजिक अध्ययन को विज्ञान कहने की माँग को पूरा करता है

व्याख्या (a) **सामाजिक विज्ञान पाठक को समाज का वैज्ञानिक अध्ययन करने में सहायता करता है।** आधुनिक युग विज्ञान का युग है एवं रेडियो, फिल्म, कम्प्यूटर, टी.वी. आदि का सम्बन्ध हमारे दैनिक जीवन से है। सामाजिक सन्दर्भ में ये हमारे जीवन को प्रत्यक्षत: प्रभावित करते हैं। इसी कारण विज्ञान के विविध पहलुओं का अध्ययन सामाजिक विज्ञान के अन्तर्गत किया जाता है। इसमें ज्ञान विकास की क्रमबद्धता को सुव्यवस्थित ढंग से बताया जाता है। सामाजिक अध्ययन/विज्ञान के अन्तर्गत सामाजिक संरचना एवं उसके कारकों का अध्ययन किया जाता है।

8. राष्ट्रीय पाठ्यचर्या की रूपरेखा (एन.सी.एफ.), 2005 की संस्तुति के अनुसार, बच्चों का विद्यालयी जीवन निम्नलिखित में से किसके साथ जुड़ना चाहिए? *(CTET, 2016, 2015)*

(a) विद्यालय का बाह्य वातावरण
(b) वार्षिक परीक्षा
(c) मुख्यधारा के विचार
(d) विद्यालय की आधारभूत संरचना

व्याख्या (a) राष्ट्रीय पाठ्यचर्या की रूपरेखा, 2005 में बिना बोझ के शिक्षा तथा बालकेन्द्रित शिक्षा पर बल दिया जाता है। NCF 2005, छात्रों के ज्ञान को बाहरी जीवन से जोड़ने की क्षमता विकसित करना और साथ ही शिक्षण प्रक्रिया की पुनरावृत्ति को समाप्त करने पर बल देती है। इसलिए राष्ट्रीय पाठ्यचर्या की रूपरेखा, 2005 की संस्तुति के अनुसार, बच्चों का विद्यालयी जीवन उसके **बाह्य वातावरण** के साथ जुड़ना चाहिए।

9. निम्नलिखित में से 'भूमण्डलीय तापन' पर हुई परियोजनाओं में से कौन-सा द्वितीयक स्रोत पर आधारित है? *(CTET, 2016)*

(a) एक क्षेत्र में रह रहे वरिष्ठ नागरिकों से मौसम में होने वाले परिवर्तनों पर साक्षात्कार
(b) भूमण्डलीय तापन पर चित्रों का कोलाज बनाना
(c) मौसम वैज्ञानिक के कार्यालय द्वारा एकत्रित मौसम के अविश्लेषित आँकड़ों पर आधारित आरेखी निरूपण
(d) एक पुस्तक में उल्लिखित मौसम में हुए परिवर्तनों पर आधारित चर्चा करना

व्याख्या (c) ऐसे सभी स्रोत, जो प्राथमिक स्रोतों का व्याख्यान तथा विश्लेषण करते हैं, द्वितीयक स्रोत कहलाते हैं। ये स्रोत का क्रमबद्ध रूप से अध्ययन करते हैं। द्वितीयक स्रोत प्राथमिक स्रोतों का चित्रात्मक तथा ग्राफीय वर्णन होते हैं। विश्वकोष, आत्मकथाएँ, पाठ्य-पुस्तकें, वृत्त चित्र आदि द्वितीयक स्रोतों के उदाहरण हैं। इसी प्रकार **मौसम वैज्ञानिक के कार्यालय द्वारा एकत्रित मौसम के अविश्लेषित आँकड़ों पर आधारित आरेखी निरूपण,** द्वितीयक स्रोत का उदाहरण है।

10. नागरिकशास्त्र की नामावली में राष्ट्रीय पाठ्यचर्या की रूपरेखा (एन.सी.एफ.), 2005 ने बदलाव का क्या सुझाव दिया है? *(CTET, 2016)*

(a) इतिहास
(b) भूगोल
(c) सामाजिक और राजनीति विज्ञान
(d) अर्थशास्त्र

व्याख्या (c) NCF 2005 शिक्षण पद्धति को निचले स्तर से ही प्रभावी एवं रोचक बनाने हेतु तथा साथ ही शिक्षण की पुरानी पद्धति को समाप्त करने की बात करती है। यह छात्र के चिन्तन पर बल देती है। इन्हीं सब बातों के आधार पर NCF 2005 ने नागरिक शास्त्र विषय के नाम के स्थान पर **सामाजिक एवं राजनीतिक जीवन** रखने का सुझाव दिया है। इतिहास, भूगोल तथा अर्थशास्त्र सामाजिक विज्ञान के विषय होते हैं।

11. उच्च प्राथमिक स्तर पर सामाजिक विज्ञान के स्वरूप पर निम्न कथनों पर विचार कीजिए *(CTET, 2016)*

1. यह अपने वातावरण में लोगों का अध्ययन है।

2. यह लोगों के सम्बन्धों और उनकी अन्त:निर्भरता का अध्ययन है।

3. यह अतीत और वर्तमान के साथ सम्बन्धों का अध्ययन है।

उपरोक्त में से कौन-सा/से कथन सही है/हैं?

(a) 1 और 2 (b) 1, 2 और 3
(c) 2 और 3 (d) 1 और 3

व्याख्या (b) *उच्च प्राथमिक स्तर पर सामाजिक विज्ञान का स्वरूप निम्न प्रकार समझा जा सकता है*

(i) इसमें समाज के सभी पक्ष शामिल होते हैं। यह समाज के आर्थिक, धार्मिक, राजनीतिक, सांस्कृतिक आदि पक्षों के अध्ययन पर बल देता है।
(ii) यह लोगों के सम्बन्धों और उनकी अन्त:निर्भरता का अध्ययन है।
(iii) यह अपने वातावरण में लोगों का अध्ययन है।
(iv) यह अतीत और वर्तमान के साथ सम्बन्धों का अध्ययन है।

12. उच्च प्राथमिक स्तर पर सामाजिक एवं राजनीतिक जीवन की पाठ्य-पस्तुकों में निम्नलिखित विषयों में से किससे सम्बन्धित विषय-वस्तु सम्मिलित है? *(CTET, 2016)*

(a) मनोविज्ञान (b) अन्तर्राष्ट्रीय
(c) अर्थशास्त्र (d) दर्शनशास्त्र

व्याख्या (c) उच्च प्राथमिक स्तर पर सामाजिक एवं राजनीतिक जीवन की पाठ्य-पुस्तकों में **अर्थशास्त्र** को सम्मिलित किया जाता है। NCF 2005 के अनुसार, सामाजिक विज्ञान के अन्तर्गत इतिहास, नागरिकशास्त्र, भूगोल तथा अर्थशास्त्र विषयों को रखा जाता है। समय के साथ सामाजिक विज्ञान की अवधारणा में परिवर्तन आए हैं परिणामस्वरूप सामाजिक विज्ञान के विषयों का विभाजन हुआ। सामाजिक अध्ययन/विज्ञान के विषय अलग होते हुए भी एक-दूसरे से सम्बन्धित हैं।

13. सामाजिक विज्ञान की पाठ्य-पुस्तकों के प्रति क्या दृष्टिकोण होना चाहिए? *(CTET, 2015)*

(a) याद करने योग्य एक अभिलेख के रूप में
(b) अन्तिम वक्तव्य के रूप में
(c) आगामी पूछताछ के अवसर के रूप में
(d) ज्ञान के भण्डार के रूप में

व्याख्या (c) सामाजिक विज्ञान की पाठ्य-पुस्तक का उद्देश्य बहुत ही व्यापक होता है। इनका उद्देश्य केवल विद्यार्थियों का ज्ञान बढ़ाना ही नहीं है, वरन् उनमें समझ का विस्तार भी करना है। सामाजिक विज्ञान की पाठ्य-पुस्तकों में विद्यार्थी को पूछताछ के अवसर भी देने चाहिए, ताकि उसकी ज्ञान के प्रति रुचि उत्पन्न हो सके। इससे किताबी ज्ञान को व्यावहारिक रूप से उपयोग करने में सहायता मिलती है।

14. सामाजिक विज्ञान की शिक्षा में ऐतिहासिक फिल्में उपयोगी हैं *(CTET, 2015)*

(a) व्यक्तिगत समस्या पर ध्यान केन्द्रित करने में
(b) एक अच्छा मनोरंजन प्रस्तुत करने में
(c) इतिहास को कल्पित कथा के रूप में चित्रित करने में
(d) एक विशेष सामाजिक संरचना के विभिन्न आयामों का सजीव चित्रण करने में

व्याख्या (d) **एक विशेष सामाजिक संरचना के विभिन्न आयामों का सजीव चित्रण करने में** सामाजिक विज्ञान के शिक्षण में ऐतिहासिक फिल्में उपयोगी होती हैं। फिल्में समाज का दर्पण मानी जाती हैं। इनमें समाज का प्रत्येक पहलू चित्रित किया जाता है। ये किसी विषय का वास्तविक रूप से चित्रण करती हैं। बच्चा ऐतिहासिक फिल्में देखकर समाज की अवसंरचना के बारे में जान जाता है और उनसे प्रेरणा भी लेता है।
अन्य सभी विकल्प असंगत हैं।

15. उच्च प्राथमिक स्तर पर भूगोल और अर्थशास्त्र एक साथ निम्नलिखित में सहायक हो सकते हैं *(CTET, 2015)*

(a) पर्यावरण, संसाधन एवं विकास के मुद्दों के प्रति दृष्टिकोण विकसित करना
(b) संसाधनों के इष्टाम नियतन को समझना
(c) बहुलवाद को समझना
(d) पर्यावरण एवं स्थानों के बारे में ज्ञान को विकसित करना

व्याख्या (a) **पर्यावरण, संसाधन एवं विकास के मुद्दों के प्रति दृष्टिकोण विकसित करने में** उच्च प्राथमिक स्तर पर भूगोल और अर्थशास्त्र दोनों एक साथ सहायक हो सकते हैं। पर्यावरण और संसाधन भूगोल से सम्बन्धित पाठ्य-वस्तु है, जबकि विकास का मुद्दा अर्थशास्त्र से सम्बन्धित पाठ्य-वस्तु की सामग्री है। सामाजिक विज्ञान के विषयों का विभाजन चार विषयों के अन्तर्गत किया गया है, ये हैं—इतिहास, भूगोल, नागरिकशास्त्र तथा अर्थशास्त्र। भूगोल और अर्थशास्त्र की विषय-वस्तु लगभग एक समान होती है। ये एक-दूसरे के पूरक विषय होते हैं।

16. सामाजिक विज्ञान शिक्षण का आधार-पत्र किस पर बल देता है? *(CTET, 2015)*

(a) विभिन्न मतों का सम्मान करना तथा विचारों व अभ्यासों का परीक्षण करना
(b) याद करने को प्रोत्साहित करना
(c) विशेषज्ञों द्वारा बनाए जाते हैं
(d) पाठ्य-पुस्तकों का प्रयोग अधिक करना

व्याख्या (a) **विभिन्न मतों का सम्मान करना तथा विचारों व अभ्यासों का परीक्षण करना** सामाजिक विज्ञान शिक्षण के आधार-पत्र के अन्तर्गत आते हैं। सामाजिक विज्ञान शिक्षण के अन्तर्गत न्याय, स्वतन्त्रता, समानता, बन्धुत्व, एकता और राष्ट्रीय एकीकरण की भावना से अवगत कराया जाता है और एक समाजवादी, धर्मनिरपेक्ष तथा लोकतान्त्रिक समाज के निर्माण के महत्त्व को समझने में सहायता मिलती है। यह समाज के सक्रिय, जिम्मेदार और चिन्तनशील सदस्य के रूप में समर्थ बनाने तथा विविध मतों, जीवन शैलियों और सांस्कृतिक रीति-रिवाजों का सम्मान करना सिखाता है।

17. सामाजिक विज्ञान की पाठ्य-पुस्तकों में मानचित्रों और आरेखों का प्रयोग प्रासंगिक है, क्योंकि वे *(CTET, 2015)*

(a) अवधारणा में नए आयाम को जोड़ते हैं
(b) अवधारणा को स्पष्ट करते हैं
(c) याद करने को प्रोत्साहित करना
(d) पाठ्य-पुस्तक को आकर्षक बनाते हैं

व्याख्या (b) किसी पाठ्य-वस्तु की अवधारणा को स्पष्ट करने के लिए सामाजिक विज्ञान की पाठ्य-पुस्तकों में मानचित्रों और आरेखों का प्रयोग किया जाता है। बच्चों को किसी प्रकार की अवधारणा का स्पष्ट ज्ञान होना चाहिए और इसके लिए पाठ्य-पुस्तकों में **अवधारणाओं को स्पष्ट** करने के लिए सरलतम और सुगम साध्य सामग्री को शामिल करना चाहिए। इससे बच्चे अवधारणा को शीघ्र ग्रहण अथवा समझ जाते हैं।

18. वृत्त आरेख किसके लिए उपयोगी हैं? *(CTET, 2015)*

(a) ऐतिहासिक अवधि की विशेषताओं को दर्शाना
(b) एक प्रतिरूप को प्रदर्शित करना
(c) विभिन्न मात्राओं की तुलना करना
(d) समग्र के सम्बन्ध में किसी एक मूल्य को प्रदर्शित करना

व्याख्या (c) वृत्त आरेख आँकड़े प्रस्तुत करने का एक प्रमुख साधन है। इसके माध्यम से **विभिन्न मात्राओं की तुलना** स्पष्ट रूप से की जा सकती है; जैसे—जनसंख्या वितरण, व्यय संरचना, आर्थिक अवसंरचना को आसानी से प्रदर्शित किया जाता है, साथ ही विभिन्न मदों के मध्य तुलनात्मक अध्ययन आसानी से किया जाता है। वृत्त आरेख को मानक आरेख के रूप में स्वीकार किया जाता है। भूगोल, राजनीतिक विज्ञान और अर्थशास्त्र में वृत्त आरेख का व्यापक उपयोग किया जाता है। किसी सूचना का किसी दृश्य तकनीक के अनुसार द्विविमीय ज्यामिति में सांकेतिक अभिव्यक्ति आरेख कहलाता है।

19. एक शिक्षिका अपने विद्यार्थियों को सरकारी परियोजनाओं के बारे में जानकारी प्राथमिक स्रोतों के माध्यम से देना चाहती है। निम्नलिखित में से कौन-सी योजना अनुपयुक्त होगी? *(CTET, 2015)*

(a) विद्यार्थियों के पड़ोस में लागू होने वाली योजनाओं पर सर्वे
(b) विद्यार्थियों के पड़ोस में लागू होने वाली परियोजनाओं पर हुए खर्च पर एक रिपोर्ट
(c) सरकारी परियोजनाओं पर पुस्तक की समीक्षा
(d) एक खण्ड विकास अधिकारी के साथ साक्षात्कार

व्याख्या (c) ऐसे स्रोत, जो अपने मूल रूप में पाए जाते हैं, प्राथमिक स्रोत अथवा मूल स्रोत कहलाते हैं; जैसे—लोकगीत, कथाएँ, कहानियाँ, प्रतिभा, भग्नावशेष, डायरी, ग्रन्थ आदि।
इस प्रकार प्राथमिक स्रोतों के अन्तर्गत निम्न परियोजनाएँ आती हैं

- एक खण्ड विकास अधिकारी के साथ साक्षात्कार।
- विद्यार्थियों के पड़ोस में लागू होने वाली योजनाओं पर सर्वे।
- विद्यार्थियों के पड़ोस में लागू होने वाली परियोजनाओं पर हुए खर्च पर एक रिपोर्ट।

इसके विपरीत सरकारी परियोजनाओं पर पुस्तक की समीक्षा करना प्राथमिक स्रोत के अन्तर्गत नहीं आता है।

20. जब आप विद्यार्थियों को एक ऐतिहासिक स्मारक दिखाते हैं, तब आप उन्हें किस प्रकार के अधिगम के स्रोत से सीखने के लिए प्रोत्साहित कर रहे हैं? *(CTET, 2015)*

(a) लेखा-चित्र कला संसाधन (b) पारम्परिक लोक संसाधन
(c) प्राथमिक स्रोत (d) पाठ्य स्रोत

व्याख्या (c) जब किसी ऐतिहासिक स्मारक को दिखाया जाता है, तो उससे प्राप्त अधिगम का स्रोत **प्राथमिक स्रोत** कहलाता है। प्राथमिक स्रोत ऐसे स्रोत होते हैं, जो अपने मूल रूप में पाए जाते हैं; जैसे—स्मारक, प्रतिभा, स्तम्भ, लोकगीत, दन्त कथाएँ, ग्रन्थ, डायरी, पत्र-पत्रिकाएँ आदि। पारम्परिक लोक संसाधन, लेखा-चित्र कला संसाधन तथा पाठ्य स्रोत प्राथमिक स्रोत के अन्तर्गत नहीं आते हैं।

21. सामाजिक विज्ञान के विषयों के अध्ययन का महत्त्व इसलिए है, क्योंकि बच्चे इससे ....। *(CTET, 2015)*

(a) लोकतन्त्र के बारे में विस्तार से सीख सकते हैं
(b) समाज और उसके पर्यावरण को समझ सकते हैं
(c) भूतकाल की घटनाओं का मूल्यांकन कर सकते हैं
(d) प्राकृतिक संसाधनों को संरक्षित कर सकते हैं

व्याख्या (b) **समाज और उसके पर्यावरण की समझ** को विकसित करने के लिए सामाजिक विज्ञान के विषयों के अध्ययन का महत्त्व बहुत अधिक है। सामाजिक विज्ञान के अन्तर्गत इतिहास, भूगोल, नागरिकशास्त्र, अर्थशास्त्र आदि विषयों को सम्मिलित किया जाता है। इतिहास व नागरिकशास्त्र से समाज के ज्ञान की समझ विकसित होती है तथा भूगोल से पर्यावरण सम्बन्धी ज्ञान प्राप्त होता है। इनसे प्रजातान्त्रिक भावना और उत्तम नागरिकता का विकास होता है।

22. निम्नलिखित में से कौन-से शिक्षार्थी की सांस्कृतिक पूँजी बनाते हैं? *(CTET, 2014)*

(a) मौद्रिक तथा वित्तीय संसाधन
(b) शिक्षार्थी के द्वारा प्रयोग हेतु उपलब्ध इलेक्ट्रॉनिक उपकरण
(c) परिवार की शैक्षिक पृष्ठभूमि
(d) स्थानों की संख्या जिनका शिक्षार्थी ने भ्रमण किया है

व्याख्या (c) बालक का जन्म परिवार में होता है और परिवार में ही वह अपने जीवन का पहला पाठ सीखता है। परिवार में ही वह पहला अक्षर बोलता है तथा व्यावहारिक बातें सीखता है। इस प्रकार **परिवार ही उसकी शैक्षिक पृष्ठभूमि** तैयार करता है और उसको सांस्कृतिक ज्ञान प्रदान करता है। वह परिवार में रहकर अनेक संस्कार सीखता है तथा उन्हीं के अनुरूप व्यवहार करता है।

23. सामाजिक विज्ञान के बारे में निम्नलिखित में से कौन-सा कथन सही है? *(CTET, 2014)*

(a) समाज के विविध सरोकारों से सामाजिक विज्ञान का कोई सम्बन्ध नहीं है
(b) सामाजिक विज्ञान सजातीयता और रीति-रिवाजों पर बल देता है
(c) सामाजिक विज्ञान एक विषयनिष्ठ अनुशासन है
(d) सामाजिक विज्ञान एक विश्लेषणात्मक और सृजनात्मक मानस की नींव रखता है

व्याख्या (d) सामाजिक विज्ञान/अध्ययन तथ्यों तथा सिद्धान्तों का बोध कराता है तथा छात्रों में अपेक्षित कौशल का विकास करता है। सामाजिक विज्ञान शिक्षा के सामाजिक, सांस्कृतिक तथा नागरिक उद्देश्यों की प्राप्ति में सहायता प्रदान करता है। इस प्रकार देखा जाए, तो यह एक **विश्लेषणात्मक और सृजनात्मक मानस की नींव रखता** है। समाज के सक्रिय, जिम्मेदार और चिन्तनशील सदस्य के रूप में समर्थ बनाता है तथा विविध मतों, जीवन शैलियों और सांस्कृतिक रीति-रिवाजों का सम्मान करना सिखाता है।

24. राष्ट्रीय पाठ्यचर्या की रूपरेखा, 2005 प्रस्तावित करती है कि भूगोल पढ़ाया जाए, जिससे *(CTET, 2014)*

(a) प्राकृतिक संसाधनों की अधिकतम प्राप्ति और उपयोग पर ध्यान केन्द्रित किया जा सके
(b) पर्यावरणीय चिन्ताओं तथा इसके संरक्षण के सम्बन्ध में आलोचनात्मक समझ पैदा की जा सके
(c) भारत की विविध भौगोलिक विशेषताओं की इसके आर्थिक विकास में भूमिका को जाना जा सके
(d) विद्यार्थियों का प्राकृतिक आपदाओं से भारत की अर्थव्यवस्था पर नष्टकारी प्रभावों के बारे में मार्गदर्शन किया जा सके

व्याख्या (b) **पर्यावरणीय चिन्ताओं तथा इसके संरक्षण के सम्बन्ध में आलोचनात्मक समझ पैदा की जाए**, इसलिए NCF 2005 में वर्णित है कि भूगोल एक विषय के रूप में पढ़ाया जाए। भूगोल को विषय के रूप में पढ़ाने से बच्चों में पर्यावरणीय चिन्ता के प्रति उसकी सोच का विकास होता है। वह प्राकृतिक वातावरण में रहकर उसके संरक्षण की बात करने लगता है। इस प्रकार उसमें आलोचनात्मक समझ विकसित हो जाती है।

25. सामाजिक विज्ञान की पाठ्य-सामग्री को *(CTET, 2014)*

(a) विद्यार्थियों की इतिहास, भूगोल और भारत की राजनीति के बारे में जागरूकता बढ़ाने का उद्देश्य तथा इनमें अन्तर्सम्बन्ध रखना चाहिए
(b) सुपरिचित सामाजिक वास्तविकताओं के बारे में गहन जानकारी एकत्र करने तथा प्रश्न पूछने के माध्यम से विद्यार्थियों की जागरूकता बढ़ाने का उद्देश्य रखना चाहिए
(c) सामाजिक मुद्दों और उनके समाधान की व्यापक जानकारी देनी चाहिए
(d) केवल सामाजिक यथार्थ के मुद्दों पर अधिक ध्यान देना चाहिए और शोध के वैज्ञानिक तरीके को प्रोत्साहित नहीं करना चाहिए

व्याख्या (b) सामाजिक विज्ञान समाज के आर्थिक, धार्मिक, राजनीतिक, सांस्कृतिक आदि पक्षों के अध्ययन पर बल देता है। सामाजिक विज्ञान का पाठ्यक्रम ऐसा होना चाहिए, जो शब्द की एकता में क्षेत्रीय चीजों का महत्त्व दर्शाए। सामाजिक विज्ञान की पाठ्य-सामग्री के निम्न उद्देश्य हैं

- सुपरिचित सामाजिक वास्तविकताओं के बारे में गहन जानकारी एकत्र करना।
- प्रश्न द्वारा विद्यार्थियों की जागरूकता को बढ़ाना।
- विद्यार्थियों की समझ का विस्तार करना।

26. राष्ट्रीय शिक्षा नीति 1986 ने निम्नलिखित में से किसके लिए 'एकीकृत कार्यक्रम' विकसित करने का सुझाव दिया था? *(CTET, 2014)*

(a) विकलांग बच्चों के नियमित स्कूलों में पढ़ने के लिए
(b) विकलांग बच्चों के विशेष स्कूलों में पढ़ने के लिए
(c) लड़के और लड़कियों की सहशिक्षा के लिए
(d) मानसिक रूप से विकलांगों की शिक्षा के लिए

व्याख्या (a) 'एकीकृत कार्यक्रम' विकसित करने के लिए राष्ट्रीय शिक्षा नीति 1986 ने **विकलांग बच्चों के नियमित स्कूलों में पढ़ने के लिए सुझाव** दिया था। राष्ट्रीय शिक्षा नीति 1986 ने शिक्षा में एकरूपता लाने तथा सभी को शिक्षा सुलभ करवाने पर बल दिया। इस शिक्षा नीति ने बुनियादी प्राथमिक शिक्षा की गुणवत्ता बनाए रखने तथा बालिका शिक्षा पर जोर दिया।

27. छोटे बच्चों की शिक्षा को समझने के लिए एक ग्रामीण समुदाय के जीवन-इतिहास का अध्ययन करना किस प्रकार के आँकड़े का उदाहरण है? *(CTET, 2014)*

(a) गौण (द्वितीयक) आँकड़े
(b) वर्णनात्मक आँकड़े
(c) क्लीनिकल केस-अध्ययन आँकड़े
(d) प्राथमिक आँकड़े

व्याख्या (d) **प्राथमिक आँकड़ों** द्वारा छोटे बच्चों की शिक्षा को समझने के लिए एक ग्रामीण समुदाय के जीवन इतिहास का अध्ययन किया जाता है। प्राथमिक आँकड़े, प्रेक्षणकर्ता स्वयं विशेष उद्देश्य के लिए एकत्र करता है। द्वितीयक आँकड़े, किसी अन्य प्रेक्षणकर्ता द्वारा दूसरे उद्देश्य के लिए एकत्र किए जाते हैं। क्लीनिकल केस अध्ययन आँकड़े प्रेक्षणकर्ता द्वारा किसी व्यक्ति की समस्या के सन्दर्भ में अध्ययन हेतु एकत्र किए जाते हैं।

28. भारतीय बहुलतावादी समाज में, सामाजिक विज्ञान की पाठ्य-पुस्तक को *(CTET, 2014; UPTET, 2018)*

(a) बहुसंख्यक की राय को प्रदर्शित करना चाहिए
(b) सरकार के विचारों को प्रदर्शित करना चाहिए
(c) विवादास्पद मुद्दों से बचना चाहिए
(d) सभी धर्मों और सामाजिक समूहों को शामिल करना और उनका प्रतिनिधित्व करना चाहिए

व्याख्या (d) भारतीय बहुलतावादी समाज में सामाजिक विज्ञान की पाठ्य-पुस्तकों को **सभी धर्मों और सामाजिक समूहों को शामिल करना और उनका प्रतिनिधित्व करना चाहिए**। भारत एक विविध धर्मों एवं सम्प्रदाय वाला देश है। यहाँ सैकड़ों भाषाएँ बोली जाती हैं। इसलिए पुस्तकों में सभी धर्मों व सम्प्रदायों की अच्छी बातों को महत्त्व देना चाहिए। ऐसा करने से व्यक्तियों के बीच सौहार्द का वातावरण बना रहेगा और वे एक-दूसरे को महत्त्व देंगे।

29. एक छात्रा भारतीय सैनिकों द्वारा कारगिल युद्ध में झेली कठिनाइयों के विषय में जानने को उत्सुक है। वह कुछ सैनिकों का इण्टरव्यू लेती है, जिन्होंने इस युद्ध में हिस्सा लिया था। इन सैनिकों को निम्नलिखित में से क्या माना जा सकता है? *(CTET, 2013)*

(a) गौण स्रोत (b) प्राथमिक स्रोत
(c) वास्तविक बयान करने वाले (d) आन्तरिक स्रोत

व्याख्या (b) **प्राथमिक स्रोत** वे स्रोत होते हैं, जो अपने मूल रूप में पाए जाते हैं; जैसे—स्मारक, प्रतिमा, दन्त कथाएँ, कहानियाँ, रीति-रिवाज, डायरी, ग्रन्थ आदि। यहाँ पर प्रश्न में दिए गए सैनिकों को प्राथमिक स्रोत माना गया है। प्राथमिक स्रोत सम्बन्धित पक्ष का निष्पक्ष विवरण देने में सहायक होते हैं। इसमें अध्ययनकर्ता को अपने ढंग से सोचने तथा विचार करने का अवसर प्राप्त होता है। प्राथमिक स्रोतों की सहायता से अध्ययन तथा अध्यापन खर्चीला होता है।

30. राष्ट्रीय पाठ्यचर्या प्रारूप 2005, सामाजिक विज्ञान विषय में शिक्षण उद्देश्य शिक्षार्थियों को निम्नलिखित में से किस सामर्थ्य के लिए तैयार करता है? *(CTET, 2013)*

(a) राजनैतिक निर्णयों की आलोचना
(b) सामाजिक-राजनैतिक वास्तविकता का विश्लेषण
(c) देश की सामाजिक-राजनैतिक स्थिति के विषय में सूचना का स्मरण
(d) राजनैतिक व सामाजिक सिद्धान्तों के विषय में ज्ञान को सरलतम विधि से प्रस्तुत करना ताकि शिक्षार्थी उसे सुविधाजनक तरीके से याद कर सके

व्याख्या (b) शिक्षार्थियों को **सामाजिक-राजनैतिक वास्तविकता का विश्लेषण** कराने के लिए NCF 2005 ने सामाजिक विज्ञान विषय में शिक्षण का उद्देश्य रखा है। राष्ट्रीय पाठ्यचर्या की रूपरेखा 2005 में बिना बोझ के शिक्षा तथा बाल केन्द्रित शिक्षा पर बल दिया गया है। NCF 2005 में शिक्षण की जाति तथा लिंग भेद की पुरानी परम्परा को समाप्त करने की सिफारिश की गई तथा शिक्षण प्रणाली में नवाचार पर बल दिया गया है।

31. सामाजिक विज्ञान विषय-वस्तु का उद्देश्य होना चाहिए कि *(CTET, 2013)*

(a) छात्रों को विश्व में होने वाली घटनाओं से परिचित करवाया जाए
(b) छात्रों को परिचित सामाजिक यथार्थों का आलोचनात्मक अन्वेषण एवं उन पर प्रश्न उठाकर जागरूक बनाया जाए
(c) छात्रों में राष्ट्रीयता की भावना का विकास किया जाए
(d) विकसित देशों के बारे में जानकारी दी जाए

व्याख्या (b) सामाजिक विज्ञान द्वारा शिक्षा के सामाजिक, सांस्कृतिक तथा नागरिक उद्देश्यों की प्राप्ति में सहायता प्रदान की जाती है। इसका उद्देश्य **छात्रों को परिचित सामाजिक यथार्थों का आलोचनात्मक अन्वेषण एवं उन पर प्रश्न उठाकर जागरूक बनाना** है। सामाजिक तथ्यों एवं सिद्धान्तों का बोध करना; जैसे—सामाजिक तथ्यों, सिद्धान्तों, नियमों, प्रत्ययों व धारणाओं के द्वारा दैनिक जीवन की समस्याओं का हल सम्बन्धी बोध करना भी होता है। बच्चों में सामाजिक विज्ञान शिक्षण से तर्कपूर्ण चिन्तन का विकास करना होता है।

32. हमारे जैसे विविधतापूर्ण समाज में पाठ्य-पुस्तकें इस प्रकार की होनी चाहिए कि *(CTET, 2013)*

(a) वे बच्चों को अच्छा नागरिक बनाने के सरकार के दृष्टिकोणों को प्रतिबिम्बित करें
(b) वे विवादित मुद्दों से दूर रहें
(c) सभी क्षेत्रों एवं सामाजिक समूहों का उनसे जुड़ाव हो
(d) अलग-अलग क्षेत्रों के लिए अलग-अलग पाठ्य-पुस्तकें हों

व्याख्या (c) सामाजिक अध्ययन की पाठ्य-पुस्तक तथा पाठ्यक्रम का उद्देश्य बहुत ही व्यापक होता है। इसका उद्देश्य समाज के विभिन्न पक्षों तथा सामाजिक अध्ययन के पाठ्यक्रम तथा पाठ्य-पुस्तकों में तालमेल बैठाना आवश्यक होता है। विविधतापूर्ण समाज में पाठ्य-पुस्तकें **सभी क्षेत्रों एवं सामाजिक समूहों का उनसे जुड़ाव** करने वाली होनी चाहिए। पाठ्य-पुस्तकों में इस बात पर बल देना चाहिए कि समाज के क्षेत्रों व सभी सम्प्रदायों का एक-दूसरे से सौहार्दपूर्ण सम्बन्ध बना रहे।

33. सामाजिक विज्ञान के बच्चों को .... के साथ लैस करना चाहिए। *(CTET, 2012)*

(a) स्वतन्त्र रूप से चिन्तन करने की योग्यता
(b) सामाजिक व्यवहारों का बचाव करने की योग्यता
(c) जेण्डर के बारे में सामाजिक नियमों का पालन करने की योग्यता
(d) सामाजिक दबावों को झेलने की योग्यता

व्याख्या (a) सामाजिक विज्ञान बच्चों को इस योग्य बनाता है कि वे समाज की संरचना, शासन एवं प्रबन्ध आदि के विषय में सूचना देकर उन्हें जागरूक बनाए। यह बच्चों को समाज के सक्रिय, जिम्मेदार और चिन्तनशील सदस्य के रूप में समर्थ बनाने तथा विविध मतों, जीवन शैलियों और सांस्कृतिक रीति-रिवाजों का सम्मान करना सिखाता है, ताकि वे ग्रहण किए गए विचारों, संस्थाओं और परम्पराओं के सम्बन्ध में प्रश्न कर सके और उनको जाँच-पड़ताल करने योग्य बनाए।

34. मौसमी उपकरणों के द्वारा मौसम सम्बन्धी सूचनाएँ एकत्र करना उदाहरण है *(CTET, 2012)*

(a) तृतीयक आँकड़ों का (b) विधागत आँकड़ों का
(c) प्राथमिक आँकड़ों का (d) द्वितीयक आँकड़ों का

व्याख्या (c) **प्राथमिक आँकड़ों** के अन्तर्गत मौसमी उपकरणों के द्वारा मौसम सम्बन्धी सूचनाएँ एकत्र की जाती हैं। प्राथमिक आँकड़े, प्रेक्षणकर्ता स्वयं किसी विशेष उद्देश्य के लिए एकत्र करता है, जबकि द्वितीयक आँकड़े, किसी अन्य प्रेक्षणकर्ता द्वारा दूसरे उद्देश्य के लिए एकत्र किए जाते हैं। विधागत आँकड़े किसी विषय के सन्दर्भ में एकत्र किए जाते हैं।

35. राष्ट्रीय स्तर पर सामाजिक विज्ञानों की पुस्तक की निम्नलिखित में से कौन-सी सर्वाधिक महत्त्वपूर्ण विशेषता है? *(CTET, 2012)*

(a) इसे ऐसा होना चाहिए, जिससे सभी सामाजिक समूह उसके साथ सम्बन्धित हो सकें
(b) इसे विशेषत: इतिहास लिखने में, किसी विचारधारा विशेष का अनुगमन नहीं करना चाहिए
(c) इसमें अधिक लम्बी पाठ्य-सामग्री शामिल नहीं होनी चाहिए, क्योंकि लम्बी पाठ्य-सामग्री को याद करने में बच्चों को कठिनाई होती है
(d) उसे स्पष्ट और व्यवस्थित रूप से सूचना उपलब्ध करानी चाहिए, ताकि याद करने में सहायता मिल सके

व्याख्या (a) सामाजिक विज्ञान के पाठ्यक्रम में **समाज के सभी वर्गों को शामिल करना चाहिए।** इसी को ध्यान में रखते हुए राष्ट्रीय स्तर पर सामाजिक विज्ञान की पुस्तकों में ऐसा होना चाहिए, जिससे सभी सामाजिक समूह उसके साथ सम्बन्धित हो सकें अर्थात् पुस्तकों में इस तथ्य पर जोर देना चाहिए कि समाज के सभी वर्गों का सम्मान हो तथा प्रत्येक व्यक्ति एक-दूसरे से जुड़ा हुआ हो।

36. सामाजिक विज्ञानों में सर्पिल पाठ्यचर्या का निम्नलिखित में से कौन-सा लाभ है? *(CTET, 2012)*

(a) अन्तर्वस्तु (Theme) आधारित सीखने को विकसित करने वाले अवसरों को बढ़ाना
(b) संकल्पनाओं को अधिक उद्देश्यपूर्ण और प्रासंगिक बनाना
(c) गहन समझ के साथ और एक लम्बी समयावधि के लिए संकल्पनाओं का सन्धारण
(d) सभी विषयों में संकल्पनाओं का अनुप्रयोग करना

व्याख्या (c) सामाजिक अध्ययन/विज्ञान की पाठ्य-पुस्तक तथा पाठ्यक्रम का उद्देश्य बहुत ही व्यापक होता है। इसका उद्देश्य केवल विद्यार्थियों का ज्ञान बढ़ाना ही नहीं है, वरन् उनमें समझ का विस्तार करना भी है, इसलिए सामाजिक विज्ञान के शिक्षण में ऐसे उपागम को अपनाना चाहिए, जिससे छात्रों में कल्पनाशीलता, तर्कशीलता, विश्लेषण तथा आलोचनात्मक शक्ति का विकास हो सके। इस प्रकार सर्पिल पाठ्यचर्या का लाभ यह होता है कि बच्चों में गहन समझ के साथ और एक लम्बी समयावधि के लिए संकल्पनाओं का सन्धारण हो सके।

37. राष्ट्रीय पाठ्यचर्या की रूपरेखा 2005, यह सुझाव देती है कि 'नागरिकशास्त्र' की जगह 'राजनीति विज्ञान' शब्दावली का प्रयोग किया जाए, क्योंकि *(CTET, 2012)*

(a) 'राजनीति विज्ञान' एक अध्ययन क्षेत्र के रूप में वैश्विक रूप से स्वीकृत है
(b) 'राजनीति विज्ञान' राजनीतिक प्रशिक्षण उपलब्ध कराएगा
(c) 'नागरिकशास्त्र' शब्दावली राज्य युग में बनाई गई और जो आज्ञाकारिता तथा ईमानदारी के साथ जुड़ी हुई है
(d) 'राजनीति विज्ञान' शिक्षा के उच्च स्तर पर पढ़ाया जाता है, अत: विद्यालयों को उसके लिए आधार-भूमि तैयार करनी चाहिए

व्याख्या (a) **राजनीति विज्ञान एक अध्ययन क्षेत्र के रूप में वैश्विक रूप से स्वीकृत विषय** है, इसलिए NCF 2005, ने सुझाव दिया था कि नागरिकशास्त्र के स्थान पर राजनीति विज्ञान शब्दावली का प्रयोग किया जाए। राजनीति विज्ञान को सामाजिक विज्ञान/अध्ययन में शामिल किया गया है। राजनीति विज्ञान अन्तर्राष्ट्रीय स्तर पर जानकारी प्रदान करता है तथा अन्य देशों से सम्बन्धों के बारे में बताता है।

38. 'बाल-केन्द्रित' शिक्षाशास्त्र है *(CTET, 2012)*

(a) बच्चों के अनुभवों, उनके विचारों और उनकी सक्रिय सहभागिता को प्राथमिकता देना
(b) वैयक्तिक ध्यान को सुनिश्चित करने के लिए छोटे शिशु देखभाल केन्द्रों पर बच्चों को पढ़ाना
(c) बच्चे की इच्छानुसार शिक्षण
(d) शिक्षक बच्चों के गोल घेरे में बीच में खड़ा होकर संकल्पनाओं को स्पष्ट करता है

व्याख्या (a) **बच्चों को अनुभव, विचार और उनकी सक्रिय सहभागिता** को प्राथमिकता देना 'बाल केन्द्रित' शिक्षाशास्त्र की विशेषताएँ हैं। बाल-केन्द्रित शिक्षा में बालक केन्द्र में होता है और बालक को ही प्रमुख महत्त्व दिया जाता है। इसमें शिक्षक निष्क्रिय भूमिका निभाता है। वह मात्र मार्गदर्शन का कार्य करता है। बालक स्वतन्त्रतापूर्वक चिन्तन करके किसी विषय पर अपने विचार व्यक्त कर सकता है।

निर्देश (प्र. सं 39-41) ***नीचे दिए गए अनुच्छेद को पढ़ने के उपरान्त अगले तीन प्रश्नों के उत्तर देने के लिए सबसे उचित विकल्प चुनिए*** *(CTET, 2011)*

एक चिट्ठी आपके नाम

"शायद आपने अपने छात्र-छात्राओं या बच्चों को कहते सुना होगा कि 'नागरिकशास्त्र बड़ा बोरिंग विषय है।' हो सकता है कि आपको भी लगता हो कि बात में दम है। अपने देश में नागरिकशास्त्र के पाठ्यक्रम में शासन की औपचारिक राजनीतिक संस्थाओं की जानकारी पर जोर रहा है। पाठ्य-पुस्तकों में संवैधानिक, कानूनी पेचीदगियों के नीरस और उबाऊ ब्यौरे भरे रहते हैं। जाहिर है, ऐसे में बच्चा जो कुछ अपने वास्तविक जीवन में देखता है और जो बातें किताबों में पढ़ता है, उनके बीच तालमेल नहीं बैठा पाता। शायद इसी कारण हमारे किशोर-किशोरियों को नागरिकशास्त्र की पढ़ाई 'बोरिंग' लगती है, जबकि वास्तव में स्थिति यह है कि हमारे देश के नागरिकों की राजनीति में भागीदारी और रुचि बहुत गहरी है।"

39. इस अनुच्छेद में 'तालमेल नहीं बैठा पाता' वाक्यांश किस सन्दर्भ में प्रयुक्त हुआ है?

(a) वास्तविक जीवन में क्या होता है और पाठ्य-पुस्तकों में वे क्या पढ़ते हैं बच्चे इनमें सम्बन्ध नहीं जोड़ पाते
(b) यह इससे सम्बन्धित है कि नागरिकशास्त्र की पाठ्य-पुस्तकें किस प्रकार लिखीं और प्रयोग में लाई जाती हैं
(c) सामान्यत: विद्यालयी शिक्षा और विशेष रूप से नागरिकशास्त्र के प्रति विद्यार्थियों की अभिवृत्ति से सम्बद्ध है
(d) विद्यालयों में नागरिकशास्त्र का शिक्षण नीरस है

व्याख्या (a) अपने देश में नागरिकशास्त्र के पाठ्यक्रम में शासन की औपचारिक राजनीतिक संस्थाओं की जानकारी पर जोर रहा है। पाठ्य-पुस्तकों में संवैधानिक, कानूनी पेचीदगियों के नीरस और उबाऊ ब्यौरे भरे रहते हैं। जाहिर है, ऐसे में **बच्चा जो कुछ अपने वास्तविक जीवन में देखता है और जो बातें किताबों में पढ़ता है, उनके बीच तालमेल नहीं बैठा पाता।**

40. नागरिकशास्त्र की पाठ्य-पुस्तकों में विषय-वस्तु की 'नीरस और उबाऊ' प्रस्तुति को शिक्षक ·········· के द्वारा जीवन्त बना सकता है

(a) अमूर्त पक्षों पर कम महत्त्व देने
(b) नीरस अवधारणाओं की विस्तृत
(c) कठिन अवधारणाओं के सुदृढ़ीकरण के लिए लघु परीक्षाओं की सहायता
(d) वास्तविक जीवन के उदाहरण और किस्सों पर वाद-विवाद और चर्चा

व्याख्या (d) **वास्तविक जीवन के उदाहरण और किस्सों पर वाद-विवाद और चर्चा** करके शिक्षक नागरिकशास्त्र की पाठ्य पुस्तकों में विषय-वस्तु की 'नीरस और उबाऊ' प्रस्तुति को जीवन्त बना सकता है। वाद-विवाद से छात्रों में तर्कशक्ति बढ़ती है तथा विषयों-तथ्यों को तर्क की कसौटी पर परखने का कौशल बढ़ता है। शिक्षक अनके विषय पर चर्चा करके या मनोरंजक उदाहरणों को पेश करके विषय को प्रेरणादायक बना सकता है, जिससे बच्चे नीरस और उबाऊ न हो।

41. नागरिकशास्त्र के पाठ्यक्रमों को कक्षा में सम्पादित करने के लिए सबसे बेहतर शिक्षा-शास्त्रीय अभ्यास को निम्नलिखित में से कौन-सा दर्शाता है?

(a) शिक्षिका किस्सों और लघु कथाओं से जोड़ते हुए विषय को रोचक बनाती है, लेकिन पाठ्य-पुस्तक और व्याख्यान पद्धति में उसका दृढ़ विश्वास है
(b) शिक्षिका अत्यन्त सतर्कता से पाठ-योजना का पालन करती है और नोट्स बनाने के लिए अनेक सन्दर्भ पुस्तकों का प्रयोग करती है
(c) शिक्षिका अपने विद्यार्थियों को युवा संसद में शामिल करती है और वास्तविकता में वे क्या देखते हैं, इनके साथ पाठ्य-पुस्तक में दी गई विषय-वस्तु का आलोचनात्मक विश्लेषण करने के लिए प्रेरित करती है
(d) शिक्षिका समस्त बातों को विस्तार से समझाते हुए नागरिकशास्त्र की पूरी पाठ्य-पुस्तक पढ़ाती है और विद्यार्थियों को भली प्रकार से तैयार करती है

व्याख्या (c) **एक शिक्षिका अपने विद्यार्थियों को युवा संसद में शामिल करती है तथा उन्हें पाठ्य-पुस्तक में दी गई विषय-वस्तु का आलोचनात्मक विश्लेषण करने के लिए प्रेरित करती है।** यह सभी क्रियाकलाप नागरिकशास्त्र के पाठ्यक्रम को कक्षा में सम्पादित करने के लिए सबसे बेहतर शिक्षा शास्त्रीय अभ्यास है। युवा संसद में विद्यार्थी स्वतन्त्रतापूर्वक अपने विचारों को अभिव्यक्त कर सकते हैं और विषय-वस्तु का विश्लेषण कर सकते हैं।

निर्देश (प्र.सं. 42-43) ***नीचे दिए गए अनुच्छेद को पढ़ने के उपरान्त अगले दो प्रश्नों के उत्तर देने के लिए सबसे उचित विकल्प चुनिए***
(CTET, 2011)

''सामाजिक विज्ञान के बारे में यह आम धारणा है कि यह एक अनुपयोगी विषय है। इसके परिणामस्वरूप निम्न स्वाभिमान कक्षा-सम्पादन को प्रभावित करता है, इसकी विषय-वस्तु को समझने में शिक्षक और विद्यार्थी दोनों की ही रुचि नहीं होती। विद्यालयी चरणों के आरम्भ से ही प्राय: विद्यार्थियों को यह सुझाव दिया जाता है कि प्राकृतिक विज्ञान सामाजिक विज्ञानों की अपेक्षा श्रेष्ठ है।''

42. निम्नलिखित में से कौन-सा उपरोक्त सारांश के सार को सबसे बेहतर तरीके से सम्प्रेषित करता है?

(a) प्राकृतिक विज्ञानों को विद्यालयी पाठ्यचर्या में महत्त्व देने की आवश्यकता है
(b) जो विद्यार्थी प्राकृतिक विज्ञानों में अच्छे समझे जाते हैं, उन्हें होशियार माना जाता है
(c) चूँकि सामाजिक विज्ञान अनुपयोगी विषय है, इसलिए वह प्राकृतिक विज्ञानों से हीन है
(d) जिस तरह से विद्यार्थियों को सामाजिक विज्ञान पढ़ाया जाता है, वह उन्हें सामाजिक विज्ञान को गम्भीरता से लेने में उत्साही नहीं बनाता

व्याख्या (d) सारांश को पढ़ने से ज्ञात होता है कि सामाजिक विज्ञान एक अनुपयोगी विषय है। इसकी विषय-वस्तु को समझने में शिक्षक और विद्यार्थी दोनों की ही रुचि नहीं होती। इसी कारण निम्न स्वाभिमान कक्षा सम्पादन को प्रभावित करता है। **यह बच्चों को गम्भीरता से लेने में उत्साही नहीं बनाता है।** सामाजिक विज्ञान को जिस प्रकार पढ़ाया जाता है उसी प्रकार उसका अधिगम होता है।

43. उपरोक्त सारांश में प्रयुक्त 'अनुपयोगी विषय' का सन्दर्भ क्या है?

(a) सामाजिक विज्ञान का अध्ययन करने से अच्छा पैसा देने वाली नौकरियाँ और भौतिक सम्पदा प्राप्त नहीं होगी
(b) सामाजिक विज्ञान एक विषय है, जो इसकी उपयोगिता के लिए नहीं सीखा जाता
(c) सामाजिक विज्ञान एक नीरस और कठिन विषय है, जिसका शिक्षकों या शिक्षार्थियों के लिए कोई उपयोग नहीं है
(d) सामाजिक विज्ञान के पास मानव सभ्यता में सुधार के लिए कुछ नहीं है

व्याख्या (b) **सामाजिक विज्ञान एक अनुपयोगी विषय है, जो इसकी उपयोगिता के लिए नहीं सीखा जाता।** सामाजिक विज्ञान के अध्ययन तथा अध्यापन में क्रियाकलापों को कम महत्त्व दिया जाता है। छात्र भी इस विषय को पढ़ने से बचते हैं। विद्यार्थी इसके बारे में सोचते हैं कि प्राकृतिक विज्ञान सामाजिक विज्ञानों की अपेक्षा श्रेष्ठ विषय है, इसलिए वे सामाजिक विज्ञान को नीरस एवं अनुपयोगी मानते हैं।

44. एन.सी.ई.आर.टी. की 'सामाजिक और राजनैतिक' जीवन पाठ्य-पुस्तकों का उपागम है *(CTET, 2011)*

(a) पाठ की तथ्यात्मक विषय-वस्तु पर शिक्षार्थियों का ध्यान आकर्षित करना
(b) अवधारणाओं का उपसंहार करने के लिए परिभाषाओं को प्रयोग करना
(c) अवधारणाओं को स्पष्ट करने के लिए केस अध्ययनों और कथाओं का प्रयोग करना
(d) शिक्षार्थी को प्रश्न का एक सही उत्तर देना

व्याख्या (c) सामाजिक विज्ञान समाज से सम्बन्धित होने के कारण यह लोगों के उत्तरदायित्व, भावना, स्वतन्त्रता, विश्वास आदि से सम्बन्धित है। **अवधारणाओं को स्पष्ट करने के लिए केस अध्ययनों और कथाओं का प्रयोग** NCERT की सामाजिक और राजनैतिक जीवन की पाठ्य-पुस्तकों के उपागम के अन्तर्गत आते हैं। पाठ्य-पुस्तकों में व्यक्तिगत अध्ययन को प्रधानता दी जाती है और ऐसे क्रियाकलापों को शामिल किया जाता है, जो बच्चों को सामाजिक तौर पर जोड़े रहे।

45. सामाजिक विज्ञान के बारे में निम्नलिखित में से कौन-सा कथन गलत है? *(CTET, 2011)*

(a) सामाजिक विज्ञान स्वतन्त्रता तथा विविधता के प्रति सम्मान, आदि जैसे मानवीय मूल्यों का निर्माण एवं विस्तार करता है
(b) चूँकि सामाजिक विज्ञान मनुष्यों से सम्बद्ध है, इसलिए उनकी खोज की प्रकृति वैज्ञानिक नहीं है
(c) सामाजिक विज्ञान विश्लेषणात्मक और सृजनात्मक सोच के लिए नींव रखता है
(d) सामाजिक विज्ञान में ऐतिहासिक, भौगोलिक, आर्थिक और राजनीतिक आयामों से लेकर समाज के विविध सरोकर शामिल होते हैं

व्याख्या (b) **सामाजिक विज्ञान मनुष्यों से सम्बद्ध है, इसलिए उनकी खोज की प्रकृति वैज्ञानिक नहीं है,** यह कथन सामाजिक विज्ञान के बारे में गलत है। *सामाजिक विज्ञान की निम्न विशेषताएँ होती हैं*

- सामाजिक विज्ञान विश्लेषणात्मक और सृजनात्मक सोच की नींव रखता है।
- सामाजिक विज्ञान में ऐतिहासिक, भौगोलिक, आर्थिक तथा राजनीतिक आयामों को शामिल किया जाता है
- सामाजिक विज्ञान स्वतन्त्रता, सम्मान आदि जैसे मानवीय मूल्यों का निर्माण एवं विस्तार करता है।

46. सामाजिक विज्ञान के शिक्षण-अधिगम में भाषा की सार्थकता पर अधिक बल देने की आवश्यकता ज्ञात है। निम्नलिखित में से कौन-सा कथन उपरोक्त विचार को सम्प्रेषित नहीं करता? *(CTET, 2011)*

(a) सामाजिक विज्ञान जैसे तथ्य-उन्मुखी विषय में भाषा की सार्थकता सबसे कम होती है
(b) सामाजिक विज्ञान की शिक्षण-अधिगम प्रक्रिया के प्रति केवल भाषा-शिक्षक ही न्याय कर सकते हैं
(c) चूँकि भाषा महत्त्वपूर्ण है, अत: सामाजिक विज्ञान के शिक्षक को सामाजिक विज्ञान की परीक्षाओं में अवबोधन और व्याकरण के प्रश्न शामिल करने चाहिए
(d) भाषा-प्रयोग और अर्थ की प्रभावी समझ सामाजिक विज्ञान अधिगम को संवर्धित करती है

व्याख्या (a) भाषा साहित्य का माध्यम है और साहित्य समाज का प्रतिबिम्ब है। भाषा की पाठ्य-पुस्तकों में संकलित निबन्धों, कहानियों, कविताओं आदि का सम्बन्ध सीधे-सीधे हमारे समाज के विविध पहलुओं से होता है।
सामाजिक विज्ञान के शिक्षण अधिगम में भाषा की सार्थकता पर अधिक बल देने की आवश्यकता होती है। यदि **सामाजिक विज्ञान जैसे तथ्य-उन्मुखी विषय में भाषा की सार्थकता सबसे कम है** तो यह भाषा की सार्थकता को सम्प्रेषित नहीं करता।

47. 'शिक्षा बिना बोझ के (1993)' यह अनुशंसित करता है कि सामाजिक विज्ञानों में अधिगम को *(CTET, 2011)*

(a) व्यवसायों के लिए प्रासंगिक कुशलताओं का विकास करना चाहिए
(b) विकासात्मक मुद्दों को उद्घाटित करने के लिए ज्ञान-मीमांसीय रूपरेखा का लगातार अनुपालन करना चाहिए
(c) महत्त्वपूर्ण सूचनाओं का संधारण करने में सहायता करनी चाहिए
(d) सामाजिक-राजनीतिक वास्तविकताओं का विश्लेषण करने हेतु संकल्पनाओं और योग्यताओं के विकास को बढ़ावा देना चाहिए

व्याख्या (d) प्रो. यशपाल की अध्यक्षता में राष्ट्रीय शिक्षा नीति के मूल्यांकन तथा सुझाव हेतु एक समिति का गठन किया गया था। इस समिति ने वर्ष 1993 में 'शिक्षा बिना बोझ के' नाम से एक रिपोर्ट प्रकाशित की।
इस समिति ने स्कूल की पाठ्य-पुस्तकों की संख्या कम करने का सुझाव दिया और साथ ही कहा कि किताबों में अनावश्यक पाठ्य-सामग्री न रखी जाए।
इस समिति ने सामाजिक विज्ञानों में अधिगम को **सामाजिक, राजनीतिक वास्तविकताओं का विश्लेषण करने हेतु संकल्पनाओं और योग्यताओं के विकास को बढ़ावा देने पर बल दिया।**

48. निम्न में से कौन-सी समावेशी शिक्षा की एक विशेषता नहीं है? *(UPTET, 2018)*

(a) यह केवल विशेष आवश्यकताओं वाले छात्रों के सीखने में अभिवृद्धि करती है
(b) यह दिव्यांग बालकों की देखभाल से उनकी शिक्षा और व्यक्तिगत विकास की ओर सेवा में बदलाव है
(c) समावेशी शिक्षा एक सतत् प्रक्रिया है, यह कोई उपार्जित अवस्था या उत्पाद नहीं है
(d) यह सभी विद्यार्थियों की क्षमताओं को अधिकतम स्तर तक बढ़ाना चाहती है

व्याख्या (a) समावेशी शिक्षा दिव्यांग बालकों की देखभाल द्वारा उनकी शिक्षा और व्यक्तिगत विकास की ओर सेवा में बदलाव माना जाता है। समावेशी शिक्षा प्रणाली के अन्तर्गत सभी विद्यार्थियों की क्षमताओं को अधिकतम स्तर तक बढ़ाना चाहती है। यह एक सतत् प्रक्रिया है, यह कोई उपार्जित अवस्था या उत्पाद नहीं है। समावेशी शिक्षा केवल विशेष आवश्यकता वाले छात्रों के सीखने में अभिवृद्धि नहीं करती है, बल्कि समावेशी शिक्षा एक साथ सभी प्रकार के बच्चों को शिक्षा देने का समर्थन करती है।

49. उच्च प्राथमिक स्तर पर कौन-सा विषय सामाजिक अध्ययन में सम्मिलित नहीं है? *(UPTET, 2018)*

(a) दर्शनशास्त्र (b) इतिहास (c) राजनीतिशास्त्र (d) भूगोल

व्याख्या (a) उच्च प्राथमिक स्तर पर सामाजिक अध्ययन में इतिहास, भूगोल एवं राजनीति विज्ञान व अर्थशास्त्र विषय सम्मिलित होते हैं। **दर्शनशास्त्र**, उच्च प्राथमिक स्तर पर सामाजिक अध्ययन में सम्मिलित विषय नहीं है।

50. सामाजिक अध्ययन शिक्षा का उद्देश्य है *(UPTET, 2018, 2016)*

(a) राष्ट्रीय एकता और अन्तर्राष्ट्रीय समझ विकसित करना
(b) अच्छे नागरिक होना
(c) सांस्कृतिक विरासत का विकास करना
(d) उपरोक्त सभी

व्याख्या (d) *सामाजिक अध्ययन की शिक्षा के निम्न मुख्य उद्देश्य होते हैं*

- प्रजातन्त्रीय भावना तथा उत्तम नागरिकता का विकास करना।
- राष्ट्रीय एकता व स्वदेश प्रेम की भावना का विकास करना।
- विश्व बन्धुत्व एवं अन्तर्राष्ट्रीयता की भावना का विकास करना।
- सांस्कृतिक विरासत का विकास करना।
- छात्रों में अपेक्षित कौशल, रुचि, मूल्य, सिद्धान्तों आदि का विकास करना।
- सामाजिक विज्ञान शिक्षण से तर्कपूर्ण चिन्तन का विकास करना।

51. शिक्षा को 'द्वि-ध्रुवीय' किसने कहा है? *(UPTET, 2016)*

(a) एडम्स (b) फ्रोबेल (b) डी.वी. (d) ओ.बी. स्मिथ

व्याख्या (a) द्वि-ध्रुवीय सिद्धान्त के अनुसार यह माना गया है कि शिक्षा की प्रक्रिया में दो व्यक्ति सम्मिलित होते हैं—
1. शिक्षक, 2. छात्र।
प्रसिद्ध शिक्षाशास्त्री **एडम्स** ने अपनी पुस्तक 'इवोल्यूशन ऑफ एजुकेशन थ्योरी' में स्पष्ट तौर पर कहा है कि— "शिक्षा एक द्वि-ध्रुवीय प्रक्रिया है।"
इनका जन्म 2 जुलाई, 1857 को स्कॉटलैण्ड में हुआ था। इन्होंने 'हर्बटियन साइकोलॉजी एप्लाइड टू एजुकेशन' का प्रकाशन किया था और बच्चों पर अनेक पुस्तकें लिखीं।

52. सामाजिक विज्ञान के अध्यापकों को छात्रों को देना चाहिए *(CGTET, 2016; UPTET, 2013)*

(a) सामाजिक समस्याओं का ज्ञान
(b) सामाजिक कुरीतियों के निदान का ज्ञान
(c) नए सामाजिक संरचनात्मक परिवर्तनों का ज्ञान
(d) संस्कारी व्यवस्था/समाज के निर्माण हेतु उपरोक्त सभी प्रकार का ज्ञान

व्याख्या (d) *सामाजिक विज्ञान के अध्यापकों को छात्रों को देना चाहिए*

- नए सामाजिक संरचनात्मक परिवर्तनों का ज्ञान।
- दैनिक जीवन की समस्याओं का हल सम्बन्धी बोध का ज्ञान।
- रुचि, अभिरुचि व मूल्यों आदि गुणों का ज्ञान।
- सामाजिक समस्याओं एवं कुरीतियों के निदान का ज्ञान।
- स्वदेश प्रेम की भावना का विकास करना चाहिए।
- विभिन्न संस्कारों का ज्ञान प्रदान करना चाहिए, जिससे एक सभ्य समाज का निर्माण हो सके।

53. राष्ट्रीय पाठ्यचर्या की रूपरेखा 2005 की संस्तुतियों के सम्बन्ध में कौन-सा कथन सत्य नहीं है? *(CGTET, 2016)*

(a) विश्वविद्यालयों को राजनीति से मुक्त रखना
(b) ज्ञान को बाह्य जीवन से जोड़ना
(c) राष्ट्र के प्रजातान्त्रिक मूल्यों का सम्मान
(d) परीक्षाओं में लचीलापन

व्याख्या (a) **विश्वविद्यालय को राजनीति से मुक्त रखने** की संस्तुति के सम्बन्ध में राष्ट्रीय पाठ्यचर्या की रूपरेखा (NCF-2005) कोई उल्लेख नहीं करती है।
NCF 2005 की निम्न संस्तुतियाँ थीं—

- राष्ट्र के प्रजातान्त्रिक मूल्यों का सम्मान।
- ज्ञान को छात्रों के बाह्य जीवन से जोड़ना।
- छात्र के चिन्तन पर बल देना, रटने पर नहीं।
- परीक्षाओं में लचीलेपन पर बल देना।
- शिक्षण कार्य को प्रभावी एवं रोचक बनाना।

54. शिक्षा का अधिकार अधिनियम, 2009 ने 6 वर्ष से 14 वर्ष आयु के विद्यालय कभी न गए अथवा विद्यालयी शिक्षा अधूरी छोड़ने वाले बच्चों को शिक्षा की मुख्य धारा से जोड़ने हेतु *(CGTET, 2016)*

(a) विशेष पाठ्यक्रम लागू करने पर जोर दिया है
(b) विशेष प्रशिक्षण लागू करने पर जोर दिया है
(c) अलग से विद्यालय खोलने की बात कही है
(d) अलग से शिक्षक नियुक्त करने की बात कही है

व्याख्या (b) 6 वर्ष से 14 वर्ष की आयु वाले बच्चों की अधूरी शिक्षा को पूरा करने या उन्हें पुन: शिक्षा देने हेतु उनको शिक्षा की मुख्य धारा से जोड़ने के उद्देश्य से **विशेष प्रशिक्षण लागू करने पर जोर दिया**। यह शिक्षा के अधिकार अधिनियम, 2009 के अन्तर्गत किया गया है। यह अधिनियम 4 अगस्त, 2009 से लागू किया गया था। यह संविधान के अनुच्छेद-21(A) के अन्तर्गत आता है।

55. ''सामाजिक अध्ययन लोगों तथा सामाजिक एवं भौतिक वातावरण के प्रति उनकी पारस्परिक क्रिया से सम्बन्धित है।'' *(UPTET, 2014)*

(a) एम पी मुफात
(b) राष्ट्रीय शैक्षिक अनुसन्धान एवं प्रशिक्षण परिषद्
(c) माध्यमिक शिक्षा आयोग
(d) आर सी एडविन

व्याख्या (b) **राष्ट्रीय शैक्षिक अनुसन्धान एवं प्रशिक्षण परिषद्** (NCERT) के अनुसार, ''सामाजिक अध्ययन लोगों तथा सामाजिक एवं भौतिक वातावरण के प्रति उनकी पारस्परिक क्रिया से सम्बन्धित है।''
NCERT भारत सरकार की स्वायत्त संस्था है, जिसकी स्थापना 1 सितम्बर, 1961 को हुई थी। इसका मुख्य कार्यालय नई दिल्ली में स्थित है।

56. निम्नलिखित में से कौन-सा ऐसा विषय है, जो सामाजिक अध्ययन को विषय-वस्तु प्रदान नहीं करता है? *(UPTET, 2014)*

(a) नागरिकशास्त्र (b) इतिहास
(c) भूगोल (d) रसायनशास्त्र

व्याख्या (d) **रसायनशास्त्र** एक ऐसा विषय है, जो सामाजिक अध्ययन को विषय-वस्तु प्रदान नहीं करता है। रसायनशास्त्र में पदार्थों की क्रिया-प्रतिक्रिया, गुण, अभिक्रिया आदि का अध्ययन किया जाता है। सामाजिक अध्ययन में नागरिकशास्त्र, इतिहास, भूगोल तथा अर्थशास्त्र की विषय-वस्तु को सम्मिलित किया जाता है। ये विषय समाज के आर्थिक, धार्मिक, राजनीतिक, सांस्कृतिक आदि पक्षों के अध्ययन पर बल देते हैं।

57. सामाजिक अध्ययन शिक्षण का मुख्य उद्देश्य छात्रों में निम्नलिखित भावना का विकास करना है *(UPTET, 2014)*

(a) राष्ट्रीयता की भावना का (b) प्रान्तीयता की भावना का
(c) स्थान विशेष की भावना का (d) जातीयता की भावना का

व्याख्या (a) सामाजिक विज्ञान द्वारा शिक्षा के सामाजिक, सांस्कृतिक तथा नागरिक उद्देश्यों की प्राप्ति में सहायता प्रदान की जाती है। इसके शिक्षण से **राष्ट्रीय एकता** व **स्वदेश प्रेम** की भावना का विकास किया जाता है। प्रान्तीयता की भावना, स्थान विशेष की भावना तथा जातीयता की भावना का विकास सामाजिक अध्ययन शिक्षण के उद्देश्य के अन्तर्गत नहीं आते हैं।

58. प्राथमिक कक्षाओं में सामाजिक विज्ञान के शिक्षण के सन्दर्भ में निम्न में से कौन-सा कथन उचित नहीं है? *(HTET, 2012, 13)*

(a) सामाजिक विज्ञान इसलिए पढ़ाया जाना चाहिए, क्योंकि यह मानवीय सम्बन्धों की समझ हासिल करने में सहायता करता है
(b) सामाजिक विज्ञान इसलिए पढ़ाया जाना चाहिए, क्योंकि यह बच्चों को सामाजिक यथार्थ के प्रति संवेदनशील बनाता है
(c) सामाजिक विज्ञान इसलिए पढ़ाया जाना चाहिए, क्योंकि यह विद्यार्थियों को सामाजिक मुद्दों पर विमर्श व चिन्तन के लिए प्रेरित करता है
(d) सामाजिक विज्ञान इसलिए पढ़ाया जाना चाहिए, ताकि विद्यार्थी पुराण एवं इतिहास के बारे में जान सकें

व्याख्या (d) सामाजिक विज्ञान इसलिए नहीं पढ़ाया जाना चाहिए, ताकि विद्यार्थी पुराण एवं इतिहास के बारे में जान सकें।
प्राथमिक कक्षाओं में सामाजिक विज्ञान के शिक्षण के निम्न उद्देश्य होते हैं

- मानवीय सम्बन्धों की समझ हासिल करने के लिए।
- विद्यार्थियों को सामाजिक मुद्दों पर विमर्श व चिन्तन के लिए प्रेरित करना।
- सामाजिक यथार्थ के प्रति संवेदनशील बनाने हेतु।

59. निम्नलिखित में से सामाजिक विज्ञान की नवीन संकल्पना कौन-सी है? *(REET)*

(a) तथ्यात्मक सूचनाओं को एकत्र करना
(b) सामाजिक प्रथाओं का अध्ययन
(c) मानवीय सम्बन्धों का अध्ययन एवं समाज को श्रेष्ठ बनाना
(d) अन्तर्राष्ट्रीय सम्बन्धों का अध्ययन

व्याख्या (c) सामाजिक विज्ञान की नवीन संकल्पना में **मानवीय सम्बन्धों का अध्ययन एवं समाज को श्रेष्ठ बनाना शामिल है।** सामाजिक विज्ञान समाज से सम्बन्धित होने के कारण यह लोगों के उत्तरदायित्व, भावना, स्वतन्त्रता, विश्वास आदि से सम्बन्धित है। सामाजिक विज्ञान के अन्य उद्देश्यों में सामाजिक प्रथाओं का अध्ययन, तथ्यात्मक सूचनाओं को एकत्र करना तथा अन्तर्राष्ट्रीय सम्बन्धों का अध्ययन करना शामिल है।

60. सामाजिक विज्ञान अध्ययन की आवश्यकता है *(REET, 2012)*

(a) सामाजिक-सांस्कृतिक संरचना एवं उसके पर्यावरण से सम्बन्ध को समझने के लिए
(b) ढाँचागत सुविधाओं के विकास के लिए
(c) तीव्र आर्थिक विकास के लिए
(d) शैक्षणिक समस्याओं को समझने के लिए

व्याख्या (a) सामाजिक विज्ञान के अध्ययन की आवश्यकता **सामाजिक-सांस्कृतिक संरचना एवं उसके पर्यावरण से सम्बन्ध को समझने के लिए होती है**। सामाजिक विज्ञान सामाजिक तथ्यों, सिद्धान्तों, नियमों, प्रत्ययों व धारणाओं के द्वारा दैनिक जीवन की समस्याओं का हल सम्बन्धी बोध कराता है तथा छात्रों में अनेक संस्कारों का सृजन करता है। यह छात्रों में रुचि, अभिरुचि व मूल्यों आदि गुणों का विकास करता है।

61. 'सामाजिक अध्ययन वह क्षेत्र है, जो मूलभूत मूल्यों, वांछित आदतों, स्वीकृत वृत्तियों तथा उन महत्त्वपूर्ण कुशलताओं के निर्माण के लिए आवश्यक है, जिनको प्रभावशाली नागरिकता का आधार माना जाता है। यह कथन किसका है? *(BTET, 2011)*

(a) ई बी वेस्ले का (b) एम पी मफात का
(c) क्रो एण्ड क्रो का (d) जेम्स हेमिंग का

व्याख्या (b) **एम पी मफात** के अनुसार, "सामाजिक अध्ययन वह क्षेत्र है, जो मूलभूत तथ्यों, वांछित आदतों, स्वीकृत वृत्तियों तथा उन महत्त्वपूर्ण कुशलताओं के निर्माण के लिए आवश्यक है, जिनको प्रभावशाली नागरिकता का आधार माना जाता है।" सामाजिक अध्ययन के क्षेत्र में एम पी मफात का महत्त्वपूर्ण योगदान है। इन्होंने सामाजिक तथ्यों, रुचि, अभिवृत्तियों व मूल्यों पर बल दिया तथा उत्तम नागरिकता के विकास को बढ़ावा दिया।

62. राष्ट्रीय स्तर पर विद्यालय शिक्षा के पाठ्यक्रम को तैयार करता है *(BTET, 2011)*

(a) एन सी ई आर टी (b) एन सी टी ई
(c) न्यूपा (d) मानव संसाधन विकास मन्त्रालय

व्याख्या (a) राष्ट्रीय स्तर पर पाठ्यक्रम का निर्माण **एन सी ई आर टी** (NCERT-राष्ट्रीय शैक्षिक अनुसन्धान एवं प्रशिक्षण परिषद्) द्वारा किया जाता है।
राष्ट्रीय शैक्षिक अनुसन्धान एवं प्रशिक्षण परिषद् (NCERT) राष्ट्रीय स्तर पर विद्यालय शिक्षा के पाठ्यक्रम को तैयार करती है। यह स्कूली शिक्षा के क्षेत्र में आवश्यक अनुसन्धान, सर्वे, नवाचार, प्रयोग, प्रशिक्षण और अन्य व्यापक क्रियाकलाप भी कराती है। NCERT भारत सरकार की एक स्वायत्त संस्था है, जिसकी स्थापना 1 सितम्बर, 1961 में की गई थी। इसका मुख्य कार्यालय नई दिल्ली में स्थित है।

63. सामाजिक अध्ययन का उद्देश्य है *(BTET, 2011)*

(a) ज्ञानात्मक विकास (b) भावनात्मक विकास
(c) सृजनात्मक विकास (d) ये सभी

व्याख्या (d) सामाजिक अध्ययन द्वारा शिक्षा के सामाजिक, सांस्कृतिक तथा नागरिक उद्देश्यों की प्राप्ति में सहायता प्रदान की जाती है। *सामाजिक अध्ययन के निम्न उद्देश्य हैं*

- प्रजातन्त्रीय भावना (भावनात्मक विकास) तथा उत्तम नागरिकता का विकास करना।
- स्वदेश प्रेम की भावना का विकास करना।
- सामाजिक तथ्यों, सिद्धान्तों, नियमों, प्रत्ययों व धारणाओं के द्वारा दैनिक जीवन की समस्याओं का हल सम्बन्धी बोध (ज्ञानात्मक) कराना।
- छात्रों में अपेक्षित कौशल (सृजनात्मक) का विकास करना; जैसे—रुचि, अभिरुचि व मूल्यों आदि गुणों का विकास करना।

64. सामाजिक विज्ञान के किस उप-विषय में विभिन्न देशों के मध्य के सम्बन्ध का अध्ययन किया जाता है? *(BTET, 2011)*

(a) अर्थशास्त्र (b) राजनीति विज्ञान (c) इतिहास (d) भूगोल

व्याख्या (b) सामाजिक विज्ञान/अध्ययन एक व्यापक शब्द है, जिसमें समाज के आर्थिक, धार्मिक, राजनीतिक, सांस्कृतिक आदि पक्षों के अध्ययन पर बल दिया जाता है। **राजनीति विज्ञान** में विभिन्न देशों के मध्य के सम्बन्ध का अध्ययन किया जाता है। राजनीति विज्ञान से देश के प्रशासन तथा दो देशों के बीच सम्बन्धों की जानकारी प्राप्त होती है। इसमें एक देश के व्यापारिक, सामाजिक, राजनीतिक, सांस्कृतिक, धार्मिक आदि सम्बन्धों का दूसरे देश से तुलनात्मक अध्ययन किया जाता है।

65. सामाजिक विज्ञान के किस उप-विषय में स्रोत विधि का प्रयोग किया जाता है? *(BTET, 2011)*

(a) अर्थशास्त्र (b) इतिहास (c) भूगोल (d) राजनीति विज्ञान

व्याख्या (b) सामाजिक विज्ञान के अन्तर्गत **इतिहास**, भूगोल, राजनीति विज्ञान तथा अर्थशास्त्र का अध्ययन किया जाता है। सामाजिक विज्ञान की प्रकृति परिवर्तनशील रही है। सामाजिक विज्ञान के इतिहास उप-विषय में स्रोत विधि का प्रयोग किया जाता है। इस विधि में विभिन्न विषयों तथा विकास के सिद्धान्त तथा मूल उत्पत्ति का अध्ययन किया जाता है। इतिहास में प्राचीन वस्तुओं एवं अवशेषों का अध्ययन किया जाता है।

66. सामाजिक अध्ययन का अर्थ है *(BTET, 2011)*

(a) परिवार का अध्ययन (b) पर्यावरण का अध्ययन
(c) समाज का अध्ययन (d) इनमें से कोई नहीं

व्याख्या (c) सामाजिक अध्ययन का शाब्दिक अर्थ है—**समाज का अध्ययन करना**। सामाजिक अध्ययन एक व्यापक शब्द है, जिसमें समाज के सभी पक्ष शामिल होते हैं। सामाजिक अध्ययन समाज के आर्थिक, धार्मिक, राजनीतिक, सांस्कृतिक आदि पक्षों के अध्ययन पर बल देता है।
कोलम्बिया एनसाइक्लोपीडिया के अनुसार, "सामाजिक अध्ययन/विज्ञान से तात्पर्य अध्ययन के उन क्षेत्रों से है, जो मानव मात्र को उनके सामाजिक सम्बन्ध के सन्दर्भ में समझने में सहायता करते हैं।"

67. सामाजिक विज्ञान का अध्यापक निर्माता है *(BTET, 2011)*

(a) राष्ट्र का
(b) परिवार का
(c) राजनेताओं का
(d) अर्थव्यवस्था का

व्याख्या (a) सामाजिक अध्ययन के शिक्षक को योग्य तथा कुशल प्रशिक्षित होना चाहिए, साथ ही शिक्षक को तार्किक तथा विचारशील होना चाहिए। वह **राष्ट्र का** निर्माता होता है। वह बच्चों में राष्ट्रीय एकता व स्वदेश प्रेम की भावना का विकास करता है। वह प्रजातन्त्रीय भावना तथा उत्तम नागरिकता का विकास करता है। अध्यापक छात्रों में अपेक्षित कौशलों का विकास भी करता है।

68. सामाजिक विज्ञान अध्ययन करता है *(PTET, 2011)*

(a) समाजों का (b) व्यक्तियों का
(c) सरकारों का (d) दर्शनों का

व्याख्या (a) सामाजिक विज्ञान व्यक्तियों का, सरकारों का तथा दर्शन का अध्ययन नहीं करता है। वह विभिन्न **समाजों का** अध्ययन करता है। सामाजिक अध्ययन एक व्यापक शब्द है, जिसमें समाज के सभी पक्ष शामिल होते हैं। सामाजिक अध्ययन/विज्ञान उन क्षेत्रों का अध्ययन करता है, जो मानव मात्र को उनके सामाजिक सम्बन्ध के सन्दर्भ में समझने में सहायता करते हैं।

69. प्राथमिक व द्वितीयक स्रोतों में अन्तर है *(PTET, 2011)*

(a) प्राथमिक स्रोत प्राथमिक हैं, जबकि द्वितीय स्रोत द्वितीयक हैं
(b) द्वितीयक स्रोत व्यक्ति से, सूचना से, काल से और अध्ययन किए जाने वाले विचारों से गहन सम्बन्ध रखता है
(c) प्राथमिक स्रोत व्यक्ति से, सूचना से, काल से और अध्ययन किए जाने वाले विचारों से गहन सम्बन्ध रखता है
(d) उपरोक्त सभी

व्याख्या (c) **प्राथमिक स्रोत** ऐसे स्रोत, जो अपने मूल रूप में पाए जाते हैं, प्राथमिक स्रोत/मूल स्रोत कहलाते हैं। **उदाहरण** स्मारक, अस्त्र-शस्त्र, लोकगीत, कहानियाँ, ग्रन्थ, डायरी, पत्र-पत्रिकाएँ आदि। ये स्रोत व्यक्ति से, सूचना से, काल से और अध्ययन किए जाने वाले विचारों से गहन सम्बन्ध रखते हैं। **द्वितीयक स्रोत** ऐसे सभी स्रोत, जो प्राथमिक स्रोतों का व्याख्यान तथा विश्लेषण करते हैं, द्वितीयक स्रोत कहलाते हैं। ये प्राथमिक स्रोतों का चित्रात्मक तथा ग्राफीय वर्णन करते हैं। **उदाहरण** विश्वकोष, आत्मथाएँ, पाठ्य-पुस्तकें, वृत्त चित्र आदि।

70. एक बच्चे की शिक्षा का स्थान है *(PTET, 2011)*

(a) स्कूल, समाज और घर
(b) स्कूल
(c) समाज
(d) घर

व्याख्या (a) सामाजिक अध्ययन बच्चों को इस योग्य बनाता है कि वे समाज की संरचना, शासन एवं प्रबन्धन आदि के विषय में सूचना देकर उन्हें जागरूक बनाए। बच्चा सर्वप्रथम शिक्षा अपने परिवार से ग्रहण करता है, क्योंकि उसका जन्म परिवार में होता है। इसके बाद वह **स्कूल** से और अन्त में वह **समाज** से शिक्षा प्राप्त करता है। वह स्कूल में संज्ञानात्मक बोध को प्राप्त करता है और समाज में रहकर अनेक क्रियाकलाप या अनुभव प्राप्त करता है।

अध्याय 02

कक्षा-कक्ष प्रक्रियाएँ, गतिविधियाँ एवं संवाद

» CTET

1. कक्षा में सहकारी शिक्षा को बढ़ावा देने के लिए एक शिक्षक को चाहिए *(CTET, 2018)*

(a) उन्हें व्यक्तिगत परियोजनाएँ दें
(b) काम के लिए कक्षा को छोटे समूहों में विभाजित करें
(c) परियोजना को करने के लिए उन्हें विभिन्न स्रोत प्रदान करें
(d) छात्रों को बहस और चर्चाओं में लगाएँ

व्याख्या (d) छात्रों को किसी विशेष विषय पर व्यापक अध्ययन एवं विश्लेषण करने हेतु उन्हें **बहस एवं चर्चाओं** में लगाया जाना चाहिए। यह कक्षा में सहकारी शिक्षा को बढ़ावा देता है। बहस एवं चर्चा अधिगम का वह माध्यम है, जिसमें ज्ञान का विस्तार होता है तथा व्यक्तिगत रूप से सभी छात्रों का कौशल विकास भी होता है, जबकि अन्य विकल्प सहकारी शिक्षा के सन्दर्भ में असंगत हैं।

2. निम्नलिखित सिद्धान्त किसने दिया है? *(CTET, 2018)*
"सभी बच्चे विकास के समान अनुक्रम से गुजरते हैं, लेकिन विभिन्न दरों से। इसलिए शिक्षक को पूरी तरह से कक्षा के लिए नहीं, बल्कि व्यक्तिगत बच्चों और छोटे समूहों के लिए गतिविधियों की योजना बनानी चाहिए।"

(a) डी. पर्सेल
(b) जे. एच. बेल
(c) जे. पियाजे
(d) सी. एल. ओग्डेन

व्याख्या (c) **जे. पियाजे** का मानना था कि सभी बच्चे विकास के समान अनुक्रम से गुजरते हैं, लेकिन यह अनुक्रम एक समान नहीं होता है। शिक्षक को पूरी तरह से कक्षा के लिए नहीं, बल्कि व्यक्तिगत बच्चों और छोटे समूहों के लिए गतिविधियों की योजना बनानी चाहिए। जे. पियाजे स्विट्ज़रलैण्ड के एक चिकित्सा मनोविज्ञानी थे। उन्होंने बाल विकास पर अनेक महत्त्वपूर्ण कार्य किए। पियाजे में बच्चों का निरीक्षण करने की विलक्षण प्रतिभा विद्यमान थी।

3. सामाजिक और राजनीतिक जीवन पढ़ाने के लिए दिए गए उपायों A, B और C में से सबसे उपयुक्त उपायों को चुनिए *(CTET, 2016)*

A. **व्यक्ति अध्ययन** B. **परिभाषाएँ** C. **दृश्य सामग्रियाँ**

कूट

(a) B और C
(b) A, B और C
(c) A और B
(d) A और C

व्याख्या (d) सामाजिक और राजनीतिक जीवन पढ़ाने के लिए **व्यक्ति अध्ययन** (केस स्टडी) तथा **दृश्य सामग्रियाँ** सबसे उपयुक्त माने जाते हैं। इनमें परिभाषाओं का कोई महत्त्व नहीं है। व्यक्ति अध्ययन में किसी व्यक्ति के सामाजिक, राजनीतिक, धार्मिक, सांस्कृतिक आदि पक्षों का गहन अध्ययन किया जाता है। दृश्य सामग्रियों के अन्तर्गत बच्चा किसी विषय-वस्तु को प्रत्यक्षतः आँखों से देखकर उसके बारे में ज्ञान प्राप्त करता है, चाहे वह सामाजिक पक्ष हो या राजनीतिक पक्ष।

4. 'कारखाना' विषय को पढ़ाने के लिए सबसे उपयोगी विधि होगी *(CTET, 2016)*

(a) एक डॉक्यूमेण्टरी फिल्म दिखाना
(b) एक कहानी सुनाना
(c) किसी विशेष को निमन्त्रित करना
(d) किसी औद्योगिक कारखाने की यात्रा आयोजित करना

व्याख्या (a) बच्चों को **एक डॉक्यूमेण्टरी फिल्म दिखाना** 'कारखाना' विषय को पढ़ाने की सबसे उपयोगी विधि है। डॉक्यूमेण्टरी फिल्म टी. वी. पर दिखाई जाने वाली 30 से 40 मिनट की फिल्म होती है। इसमें किसी विषय-वस्तु की सम्पूर्ण जानकारी/प्रक्रिया को दिखाया जाता है। 'कारखाना' की पूरी प्रक्रिया को देखकर बच्चे उसके बारे में जान जाते हैं। 'कारखाना' विषय-वस्तु को कहानी, यात्रा द्वारा समझा पाना उतना उपयोगी नहीं होता है, जितना डॉक्यूमेण्टरी द्वारा।

5. कक्षा VI के स्तर पर पृथ्वी का परिक्रमण पढ़ाने के लिए सबसे उपयुक्त अधिगम सहायक सामग्री क्या होगी? *(CTET, 2016)*

(a) चार्ट (b) ग्लोब
(c) एटलस (d) मानचित्र

व्याख्या (a) **चार्ट** कक्षा VI के स्तर पर पृथ्वी का परिक्रमण पढ़ाने के लिए सबसे उपयुक्त अधिगम सहायक सामग्री है। इसमें किसी विषय-वस्तु की सम्पूर्ण प्रक्रिया को लिखकर दिखाया जा सकता है। इससे बच्चा विषय-वस्तु को कक्षा में चार्ट पर देखकर उसकी क्रियाविधि को समझ सकता है। **एटलस** विभिन्न प्रकार के मानचित्रों की एक पुस्तक होती है। **ग्लोब** पृथ्वी का एक नमूना होता है, जिसमें पृथ्वी की बाह्य जानकारी दी गई होती है। **मानचित्र** किसी देश, स्थान, राज्य, जिला आदि का एक बाह्य चित्र होता है, जिसमें मुख्य जानकारी को दिखाया जाता है।

6. निम्नलिखित में से किस विषय-सामग्री को पाई रेखा के द्वारा सबसे अच्छी तरह प्रदर्शित किया जा सकता है? *(CTET, 2016)*

(a) तापमान का वितरण (b) वायुदाब का वितरण
(c) जलाशयों का वितरण (d) समुद्री लहरों का वितरण

व्याख्या (c) **जलाशयों का वितरण** पाई रेखा के द्वारा सबसे अच्छी तरह प्रदर्शित किया जा सकता है। पाई आरेख में किसी विषय-वस्तु के वितरण को वृत्तीय चित्र के विभिन्न भागों के रूप में दिखाया जाता है। इसमें जलाशयों के वितरण को दिखाया जा सकता है, क्योंकि जलाशयों में जल की मात्रा निश्चित होती है, जिसे वृत्तीय प्रतिशत में दिखाया जा सकता है। पाई आरेख द्वारा **तापमान, वायुदाब** तथा **समुद्री लहरों को** नहीं दिखाया जा सकता है।

7. दो विषयों A और B पर विचार कीजिए और लिंग समानता के बारे में चर्चा करने के लिए सही विषय/विषयों को चुनिए। *(CTET, 2016)*

A. **श्रम की महत्ता** B. **गृह-व्यवस्था के उत्तरदायित्व**

कूट

(a) A और B दोनों प्रासंगिक हैं (b) A और B दोनों अप्रासंगिक हैं
(c) केवल A प्रासंगिक है (d) केवल B प्रासंगिक है

व्याख्या (a) **श्रम की महत्ता** और **गृह-व्यवस्था के उत्तरदायित्व** पुरुष और स्त्री दोनों के लिए महत्त्वपूर्ण हैं। आज के समय में श्रम हो या गृह सम्बन्धी कार्य, दोनों को पुरुष व स्त्री आसानी से कर सकते हैं अर्थात् दोनों समान हैं। स्त्री एवं पुरुष दोनों में भेदभाव नहीं होना चाहिए। यही लिंग समानता को दर्शाता है। लिंग समानता से तात्पर्य किसी भी व्यक्ति के प्रति भेदभाव न करते हुए उससे समान व्यवहार करना है।

8. एक शिक्षक चाहता है कि उनके विद्यार्थी नगर निगम की उपलब्ध धनराशि के स्रोतों का पता लगाएँ। निम्नलिखित में से कौन-सी विधि सबसे अधिक विश्वसनीय और उपयुक्त होगी? *(CTET, 2016)*

(a) किसी विशेषज्ञ का भाषण आयोजित करना
(b) सरकारी वेबसाइटों को ढूंढ़ना
(c) काउन्सलरों के साथ भेंटवार्ताएँ
(d) आपस में विमर्श करना

व्याख्या (b) **सरकारी वेबसाइटों** के माध्यम से विद्यार्थी नगर निगम की उपलब्ध धनराशि के स्रोतों का पता लगा सकते हैं। यही विधि सबसे अधिक विश्वसनीय और उपयुक्त है। विद्यार्थी वेबसाइट के माध्यम से नगर निगम के बारे में सभी प्रकार की जानकारी प्राप्त कर सकते हैं। नगर निगम के बारे में किसी विशेषज्ञ का भाषण आयोजित करके, काउन्सलरों के साथ भेंटवार्ताएँ करके तथा आपस में विमर्श करके जानकारी प्राप्त नहीं की जा सकती।

9. निम्नलिखित में से किस विकल्प को दण्ड आरेख द्वारा सबसे अच्छे तरीके से दर्शाया जा सकता है? *(CTET, 2016, 2014)*

(a) तापमान (b) वायुदाब (c) वर्षा (d) आर्द्रता

व्याख्या (c) दण्ड आरेख द्वारा **वर्षा** को सबसे अच्छे तरीके से दर्शाया जा सकता है। दण्ड आरेख में किसी वस्तु/पदार्थ के आँकड़ों को आयताकार रूप में दण्ड के रूप में प्रदर्शित किया जाता है। वर्षा को आँकड़ों के रूप में दर्शाया जा सकता है, जबकि **तापमान, वायुदाब** तथा **आर्द्रता** को नहीं दर्शाया जा सकता।

10. उच्च प्राथमिक स्तर पर ऐतिहासिक तथ्यों/इतिहास लेखन को पढ़ाने के लिए निम्नलिखित में से कौन-सी विधि अधिक प्रासंगिक है? *(CTET, 2016)*

(a) परियोजना विधि (b) मानचित्र विधि
(c) समस्या-समाधान विधि (d) स्रोत विधि

व्याख्या (d) **स्रोत विधि** उच्च प्राथमिक स्तर पर ऐतिहासिक तथ्यों/इतिहास लेखन को पढ़ाने की उपयुक्त विधि है। स्रोत विधि में हमें किसी स्थान, व्यक्ति या वस्तुओं की भूत, वर्तमान तथा भविष्य से सम्बन्धित जानकारियाँ मिलती हैं। इतिहास लेखन के प्रमुख स्रोत साहित्य, अभिलेख, ग्रन्थ, डायरी, हस्तलिपियाँ आदि मिलते हैं। शिक्षण प्रक्रिया में स्रोत का प्रत्यक्ष प्रयोग शिक्षण अधिगम प्रक्रिया को अधिक सरल एवं रुचिकर बना देता है।

11. आप एक वर्ष में नियोजित, अल्पनियोजित और अनियोजित ग्रामीण श्रमिक द्वारा बिताए गए समय के समानुपात को चित्रित करना चाहते हैं। निम्नलिखित में से आप कौन-से आरेखीय चित्रण को चुनेंगे? *(CTET, 2016)*

(a) चक्र आरेख (b) दण्ड आरेख
(c) समय-रेखा आरेख (d) प्रवाह आरेख

व्याख्या (a) एक वर्ष में नियोजित, अल्पनियोजित और अनियोजित ग्रामीण श्रमिक द्वारा बिताए गए समय के समानुपात को **चक्र** (पाई) **आरेख** से चित्रित किया जा सकता है, क्योंकि इसमें विभिन्न क्षेत्रों के अनुपात को आसानी से प्रदर्शित कर सकते हैं। चक्र आरेख द्विविमीय आरेख होता है। इसके द्वारा सांख्यिकीय आँकड़ों को आसानी से प्रदर्शित किया जाता है।

12. मान लीजिए एक शिक्षक को कक्षा VII में पाठ 'ठण्डा रेगिस्तान-लद्दाख' पढ़ाना है। निम्नलिखित में से कौन-सी विधि सबसे अधिक उचित होगी? *(CTET, 2016)*

(a) सर्वेक्षण विधि (b) कार्यशील विधि
(c) प्रतीक अध्ययन विधि (d) क्षेत्रीय विधि

व्याख्या (c) 'ठण्डा रेगिस्तान-लद्दाख' को पढ़ाने के लिए **प्रतीक अध्ययन विधि** सबसे अधिक उपयुक्त होगी। प्रतीक अध्ययन विधि में किसी स्थान, वस्तु आदि को प्रतीक या चित्र, नमूने से दर्शाकर शिक्षण किया जाता है। लद्दाख जैसे ठण्डे क्षेत्र को सर्वेक्षण तथा भ्रमण द्वारा नहीं जाना जा सकता है। उसके लिए इसका एक चित्र या प्रतीक बनाकर उसको समझाया जा सकता है।

13. निम्नलिखित में से उच्च प्राथमिक स्तर पर सामाजिक विज्ञान के कक्षा-कक्ष में आप किस मूल्य पर सबसे कम बल देंगे? *(CTET, 2016)*

(a) प्रतियोगितात्मकता (b) सहयोग
(c) वैज्ञानिक दृष्टिकोण (d) समानता

व्याख्या (a) उच्च प्राथमिक स्तर पर सामाजिक विज्ञान के कक्षा-कक्ष में शिक्षक **प्रतियोगितात्मकता** पर सबसे कम बल देता है, क्योंकि प्रतियोगिता से बच्चों में द्वन्द्व की भावना विकसित होती है। कक्षा-कक्ष सामान्यत: शिक्षण गतिविधियों से सम्बन्धित एक स्थान होता है, जहाँ शिक्षक-शिक्षार्थी आपस में मिलकर सीखते हैं। कक्षा-कक्ष में शिक्षक सहयोग तथा समानता पर बल देता है अर्थात् वह बच्चों को सहयोग करना सिखाता है तथा सभी को समान मानकर शिक्षण कार्य करता है। वह उनमें वैज्ञानिक दृष्टिकोण विकसित करता है।

14. सामाजिक विज्ञान पढ़ाते समय एक शिक्षक का प्रयास होना चाहिए *(CTET, 2015)*

(a) विस्तृत रूप से याद करने पर बल देना
(b) केवल मूल्यों पर बल देना, लेकिन तथ्यों पर नहीं
(c) तथ्यों, मूल्यों तथा आदर्शों पर बल देना
(d) केवल तथ्यों पर बल देना, लेकिन मूल्यों पर नहीं

व्याख्या (c) सामाजिक विज्ञान द्वारा शिक्षा के सामाजिक, सांस्कृतिक तथा नागरिक उद्देश्यों की प्राप्ति में सहायता प्रदान की जाती है। **तथ्यों, मूल्यों तथा आदर्शों पर बल देना** सामाजिक विज्ञान के शिक्षक का मुख्य ध्येय होना चाहिए। ऐसा करने से बच्चों का सर्वांगीण विकास होता है। बच्चे मूल्य और आदर्शों को ग्रहण करेंगे। शिक्षक भी अपने शिक्षण कार्य के उद्देश्यों की प्राप्ति में सफल होगा।

15. कक्षा में परिचर्या के लिए दिए जाने वाले सामाजिक आन्दोलन के प्रतीक अध्ययन (केस स्टडी) में निम्नलिखित का होना आवश्यक नहीं है *(CTET, 2015)*

(a) आन्दोलन के समाधान
(b) आन्दोलन से सम्बन्धित समस्याओं के क्षेत्र
(c) आन्दोलन की पृष्ठभूमि
(d) आन्दोलन के उद्देश्य

व्याख्या (a) सामाजिक आन्दोलन के प्रतीक अध्ययन (केस स्टडी) में **आन्दोलन के समाधान** का होना आवश्यक नहीं है। केस स्टडी में बालक का व्यक्तिगत रूप में अध्ययन किया जाता है और उसकी समस्या का समाधान किया जाता है। सामाजिक आन्दोलन के सन्दर्भ में प्रतीक अध्ययन (केस स्टडी) में निम्न का होना अति आवश्यक होता है—

- आन्दोलन की पृष्ठभूमि
- आन्दोलन के उद्देश्य
- आन्दोलन से सम्बन्धित समस्याओं के क्षेत्र

16. क्रियाकलाप आधारित प्रश्न सामाजिक विज्ञान के पाठ को *(CTET, 2015)*

(a) आनन्ददायी बनाते हैं (b) विवादास्पद बनाते हैं
(c) लम्बा बनाते हैं (d) विस्तृत बनाते हैं

व्याख्या (a) सामाजिक विज्ञान के पाठ को **आनन्ददायी** बनाने के लिए क्रियाकलाप आधारित प्रश्नों को पूछा जाता है। ऐसे प्रश्न पूछने से विद्यार्थियों में उत्सुकता उत्पन्न होती है और वे प्रश्नों का उत्तर क्रियाकलाप करके देते हैं। इस प्रकार के प्रश्नों से उनमें तर्क क्षमता का विकास होता है।

17. सामाजिक विज्ञान के शिक्षण में चित्र कथा पट के प्रयोग के लिए सबसे महत्त्वपूर्ण कारण क्या है? *(CTET, 2015)*

(a) एकपक्षीय सूचना प्रदान करना
(b) दिए गए वृत्तान्त पर चर्चा को प्रोत्साहित करना
(c) घटनाओं का वर्णन करना
(d) पाठ्य-पुस्तकों को आकर्षक बनाना

व्याख्या (b) चित्र कथा पट विधि में चित्र को दिखाकर किसी कहानी या कथा का सृजन किया जाता है और उस कहानी या कथा का प्रयोग सामाजिक विज्ञान के शिक्षण में किया जाता है। इस विधि में बच्चों को दिए गए **वृत्तान्त पर चर्चा के लिए प्रोत्साहित** किया जाता है। बच्चे चित्र कथा पर चर्चा करके किसी निष्कर्ष पर पहुँचते हैं।

18. उच्च प्राथमिक स्तर पर भूगोल के शिक्षण के लिए निम्नलिखित में से कौन-सी विधि सबसे अधिक उपयोगी है? *(CTET, 2015)*

(a) कहानी सुनना (b) वाद-विवाद
(c) परिचर्चा (d) क्षेत्र भ्रमण

व्याख्या (d) **क्षेत्र भ्रमण विधि** उच्च प्राथमिक स्तर पर भूगोल के शिक्षण के लिए सबसे अधिक उपयोगी है। इस विधि में छात्रों को किसी क्षेत्र या स्थल का भ्रमण कराया जाता है, जिससे वे उस स्थल का आँखों से प्रत्यक्ष अनुभव कर सकें। प्रत्यक्ष अनुभव से छात्र ज्यादा और गहनता से सीखते हैं। कहानी, परिचर्चा तथा वाद-विवाद से प्रत्यक्ष अनुभव प्राप्त नहीं होता है।

19. सामाजिक समस्याओं की समझदारी को विकसित करने के लिए निम्नलिखित में से सबसे उचित विधि कौन-सी है? *(CTET, 2015)*

(a) चलचित्र प्रदर्शन (b) चित्र निबन्ध
(c) भूमिका निर्वाह (d) वृत्त अध्ययन

व्याख्या (d) **वृत्त अध्ययन** विधि सामाजिक समस्याओं की समझदारी को विकसित करने के लिए सबसे उचित विधि है। वृत्त अध्ययन विधि में व्यक्तियों का एक छोटा समूह विभिन्न अन्तरालों पर किसी विषय पर चर्चा करता है। इसमें किसी भी प्रकार की समस्या; जैसे-सामाजिक, धार्मिक, राजनीतिक तथा सांस्कृतिक विषयों पर चर्चा की जाती है।

20. भारतीय संसद की भूमिका एवं कार्यप्रणाली की समझ को विकसित करने के लिए निम्नलिखित में से कौन-सा सबसे उचित क्रियाकलाप है? *(CTET, 2015)*

(a) युवा संसद का आयोजन
(b) विषय-वस्तु का पठन
(c) कार्यों एवं जिम्मेदारियों का प्रवाह आरेख
(d) संसद के अवरोध पर समाचार-पत्र के लेखन पर चर्चा

व्याख्या (a) भारतीय संसद की भूमिका एवं कार्यप्रणाली की समझ को विकसित करने के लिए **युवा संसद का आयोजन** करना सबसे उचित क्रियाकलाप है। युवा संसद का आयोजन करने से बच्चे भारतीय संसद की भूमिका एवं कार्यप्रणाली को प्रत्यक्षत: समझ सकते हैं और किसी भी प्रकार के प्रश्न का हल प्राप्त कर सकते हैं। ऐसा करने से वे संसद के निर्माण, प्रक्रिया, उद्देश्य आदि की जानकारी प्राप्त कर सकते हैं।

21. सबसे उचित विकल्प को रिक्त स्थान में भरिए *(CTET, 2015)*
ज्ञान और विचारों को व्यवस्थित करने के लिए अवधारणात्मक संसाधनों में समय रेखा, सारांश, ... और ...... सम्मिलित हैं।

(a) शिक्षक प्रतिरूपण और दण्ड-आरेख
(b) स्मरण, संकेत और समीक्षा प्रश्न
(c) सूचना मानचित्र और अवधारणा मानचित्र
(d) अन्वेषणात्मक सॉफ्टवेयर और प्रश्न-बैंक

व्याख्या (c) ज्ञान और विचारों को व्यवस्थित करने के लिए अवधारणात्मक संसाधनों में समय रेखा, सारांश, **सूचना मानचित्र** और **अवधारणा मानचित्र** सम्मिलित हैं। सूचना मानचित्र में, विभिन्न प्रकार की सूचनाओं को मानचित्र के रूप में दर्शाया जाता है तथा अवधारणा मानचित्र में विभिन्न प्रकार की अवधारणाओं को मानचित्र द्वारा समझाया/सिखाया जाता है।

22. कक्षा-कक्ष में विद्यार्थियों को खुली पुस्तक अभ्यास करवाने के उचित कारण को चुनिए *(CTET, 2015)*

(a) बिना तैयारी के विद्यार्थियों का मूल्यांकन करना
(b) पाठ्य भाषा के प्रयोग को प्रोत्साहित करना
(c) पाठ को विस्तृत रूप से याद कराना
(d) पाठ को किसी विशिष्ट प्रश्नों के सन्दर्भ में पढ़ना

व्याख्या (d) **पाठ को किसी विशिष्ट प्रश्नों के सन्दर्भ में पढ़ने** के लिए कक्षा-कक्ष में विद्यार्थियों को खुली पुस्तक अभ्यास कराया जाता है। इसमें निबन्धात्मक प्रश्नों को याद कराने के लिए खुली पुस्तक अभ्यास विधि अपनाई जाती है। ऐसे प्रश्न विस्तृत एवं क्लिष्ट होते हैं। ऐसे प्रश्नों को अभ्यास करके ही अधिगमित किया जा सकता है।

23. सबसे प्राथमिक विकल्प को चुनिए *(CTET, 2015)*
उच्च प्राथमिक स्तर के विद्यार्थियों को सामाजिक विज्ञान की परियोजना के तहत् 'क्षेत्र भ्रमण' करने को कहा जा सकता है, जिससे कि

(a) विद्यार्थी व्यस्त रहते हैं और शिक्षक अन्य कार्यों को करने के लिए मुक्त हो जाते हैं
(b) यह परियोजना पूर्ण करने की अनिवार्य आवश्यकता को पूर्ण करता है
(c) यह विद्यार्थियों के लिए भागीदारी बढ़ाता है और आनन्दमय होता है
(d) यह अवधारणाओं और विचारों के साथ वास्तविकताओं की तुलना करने के योग्य बनाता है

व्याख्या (d) अवधारणाओं और विचारों के साथ वास्तविकताओं की तुलना करने के योग्य बनाने के लिए उच्च प्राथमिक स्तर के विद्यार्थियों को सामाजिक विज्ञान की परियोजना के तहत् 'क्षेत्र भ्रमण' करने को कहा जाना चाहिए। क्षेत्र भ्रमण से बालक प्रत्यक्ष अनुभव प्राप्त करता है और अवधारणा व विचारों को गहनता से समझने का अवसर मिलता है। इससे बच्चे अवधारणाओं को जल्दी सीखते हैं।

24. निम्नलिखित में से कौन-सा नियमों, विनियमों और मूल्यों के सामाजिक अधिगम को बढ़ावा देगा? *(CTET, 2014)*

(a) परियोजना कार्य
(b) समूह-चर्चा
(c) किताब पढ़ना
(d) निबन्ध लिखना

व्याख्या (b) विद्यार्थी नियमों, विनियमों और मूल्यों के सामाजिक अधिगम को **समूह चर्चा** द्वारा बढ़ा सकते हैं। समूह चर्चा में विद्यार्थी के समूह को किसी विषय पर चर्चा करनी होती है और निष्कर्ष निकालना होता है। बच्चे समूह चर्चा में तर्क करके विभिन्न नियमों, मूल्यों के सामाजिक अधिगम को ग्रहण करते हैं। परियोजना कार्य, किताब पढ़ने तथा निबन्ध लिखने से सामाजिक अधिगम को बढ़ावा नहीं मिलता है।

25. एक दशक में एक क्षेत्र विशेष में वर्षा में आने वाले बदलावों को प्रदर्शित करने के लिए निम्नलिखित में से कौन-सी शिक्षण सहायक सामग्री उपयुक्त है? *(CTET, 2014)*

(a) प्रवाह संचित्र
(b) दण्ड आरेख
(c) आवृत्ति बहुभुज
(d) वेन आरेख

व्याख्या (b) हम **दण्ड आरेख** द्वारा एक दशक में एक क्षेत्र विशेष में वर्षा में आने वाले परिवर्तनों को प्रदर्शित कर सकते हैं। दण्ड आरेख में आँकड़ों को आयताकार रूप में दण्ड के रूप में दर्शाया जाता है। वर्षा को दण्ड आरेख द्वारा प्रदर्शित किया जा सकता है। दण्ड आरेख में किसी निश्चित समय में और स्थान से प्राप्त होने वाले आँकड़ों को प्रदर्शित किया जाता है। वेन आरेख, प्रवाह सचित्र तथा आवृत्ति बहुभुज में वर्षा के आँकड़ों को नहीं दर्शाया जा सकता है।

26. चक्रीय चित्र ग्रामीण क्षेत्रों में मजदूरों को प्राप्त विशेष रोजगार के अवसर प्रदर्शित करता है। वे कितने लम्बे समय तक नियमित रोजगार प्राप्त करने में अयोग्य हैं? *(CTET, 2014)*

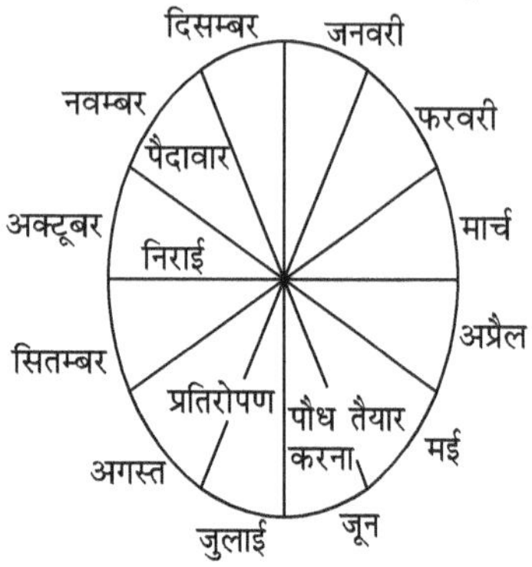

(a) तीन माह (b) चार माह (c) पाँच माह (d) छ: माह

व्याख्या (c) चक्रीय चित्र को देखने से ज्ञात होता है कि ग्रामीण क्षेत्रों में मजदूरों को **पाँच माह** से रोजगार प्राप्त नहीं हो रहा है। मजदूरों को जून से दिसम्बर (7 माह) तक रोजगार प्राप्त हो रहा है, जबकि जनवरी से मई (5 माह) तक कोई रोजगार प्राप्त नहीं हो रहा है। चक्रीय चित्र में किसी विषय की सूचना/जानकारी चक्र (वृत्त) रूप में दर्शाई जाती है।

27. निम्नलिखित में से कौन-सा आप अपनी कक्षा में समवयस्क अधिगम के लिए अनुशंसित करेंगे? *(CTET, 2014)*

(a) नाटक (b) कम्प्यूटर-सहयोगी अधिगम
(c) केवल रोजमर्रा की गतिविधियों में भागीदारिता
(d) शोध प्रयोगशालाओं में भ्रमण

व्याख्या (a) कक्षा में समवयस्क अधिगम के लिए **नाटक विधि** उपयुक्त होती है। बालकों को नाटक द्वारा भूमिका निर्वाह का अवसर मिलता है। वे अपनी-अपनी अधिगम क्षमता से भूमिक निर्वाह करते हैं। नाटक के माध्यम से बच्चे अधिगम की प्राप्ति भी करते हैं। नाटक विधि में समान उम्र के बच्चे प्रतिभाग करते हैं।

28. किसी सामाजिक विज्ञान की कक्षा में ढाँचा का मुख्य लक्ष्य होता है *(CTET, 2014)*

(a) आत्मसंयम के कौशल में सुधार को सुनिश्चित करना
(b) विद्यार्थियों को विचारों पर सोचने के योग्य बनाना
(c) योगज निर्धारण के वांछित परिणामों को मजबूत करना
(d) स्वतन्त्र सोच निर्मित होने तक विद्यार्थियों की सहायता करना

व्याख्या (d) **स्वतन्त्र सोच निर्मित होने तथा विद्यार्थियों की सहायता करना** सामाजिक विज्ञान की कक्षा का मुख्य लक्ष्य होता है। बच्चों में स्वतन्त्र सोच की प्रवृत्ति तथा सहयोग की भावना का विकास करने के लिए कक्षा-कक्ष का वातावरण अत्यन्त सुगम एवं प्रजातान्त्रिक होना चाहिए, अर्थात् कक्षा में बच्चों को सोचने की पूर्ण स्वतन्त्रता होनी चाहिए। उनके साथ सहयोगात्मक व्यवहार होना चाहिए। इससे उनका स्वस्थ मानसिक विकास होगा।

29. शैक्षिक गतिविधियों पर विद्यार्थियों द्वारा खर्च किए जाने वाले समय को बढ़ाने के लिए अध्यापक को निम्नलिखित में से क्या करना चाहिए? *(CTET, 2014, 2013)*

(a) विद्यार्थियों को कक्षा में चर्चा करने से पहले नए विषयों को पढ़ने के लिए कहें
(b) नई विषय-सामग्री को प्रश्नोत्तर सत्र के साथ प्रस्तुत करें
(c) कक्षा की गतिविधियों तथा संक्रमण काल के लिए योजना बनाएँ, पढ़ाएँ और समय-सारणी लागू करें
(d) मूल विषयों में प्रति सप्ताह कम-से-कम दो बार गृहकार्य दें

व्याख्या (c) शैक्षिक गतिविधियों पर विद्यार्थियों द्वारा व्यय किए जाने वाले समय को बढ़ाने के लिए अध्यापक को निम्न कार्य करने चाहिए
समय सारणी को लागू करें।
- कक्षा की गतिविधियों तथा संक्रमण काल के लिए योजना बनाएँ।
- विषयों/गतिविधियों के बारे में पढ़ाए।
- योजना में शिक्षक द्वारा कक्षा-कक्ष के संचालन में किए गए सभी कार्यों को व्यवस्थित करना भी है।

30. निम्नलिखित में से किस उपागम को राष्ट्रीय शैक्षिक अनुसन्धान परिषद् (NCERT) **द्वारा प्रकाशित पाठ्य-पुस्तक सामाजिक और राजनीतिक जीवन में निहित विचारों से विद्यार्थियों को अवगत करवाने के लिए अधिक प्रयोग किया गया है?** *(CTET, 2014)*

(a) चार्ट (b) कहानी-बोर्ड
(c) घटनाक्रम (d) ग्राफ

व्याख्या (b) राष्ट्रीय शैक्षिक एवं अनुसन्धान परिषद् (NCERT) द्वारा प्रकाशित पाठ्य-पुस्तकें सामाजिक और राजनीतिक जीवन में निहित विचारों से विद्यार्थियों को अवगत करवाने के लिए **कहानी-बोर्ड** का अधिक प्रयोग किया जाता है। कहानी के माध्यम से शिक्षक बच्चों को सामाजिक ज्ञान की समझ तथा किसी स्थान विशेष का ज्ञान प्रदान करता है। बच्चे कहानी को बड़ी उत्सुकता से सुनते हैं और उनसे सामाजिक मूल्यों को सीखते हैं।

31. सामाजिक विज्ञान की किसी कक्षा में निम्नलिखित में से कौन-सा तरीका यह समझने के लिए उपयुक्त है कि ग्रामीण क्षेत्रों में सार्वजनिक और खुले स्थान तेजी से लुप्त हो रहे हैं? *(CTET, 2014)*

(a) सर्वेक्षण परियोजना
(b) विषय पर समूह में चर्चा
(c) कम्प्यूटर की सहायता से प्रस्तुति करना
(d) निर्धारित पाठ्य-सामग्री के आधार पर परिचर्चा

व्याख्या (a) ग्रामीण क्षेत्रों में सार्वजनिक और खुले स्थानों के लुप्त होने का पता लगाने की उपयुक्त विधि **सर्वेक्षण परियोजना** है। सर्वेक्षण द्वारा ही यह ज्ञात किया जा सकता है कि सार्वजनिक और खुले स्थान क्यों लुप्त हो रहे हैं? सर्वेक्षण परियोजना में किसी क्षेत्र विशेष का सर्वे करने के लिए योजना बनाई जाती है और उस क्षेत्र से सम्बन्धित समस्या के आँकड़े एकत्र किए जाते हैं।

32. पाठ्य-पुस्तकों को सभी क्षेत्रों और सामाजिक समूहों का प्रतिनिधित्व करने वाली बनाने के लिए *(CTET, 2014)*

(a) पाठ्य-पुस्तकें देश की सभी भाषाओं विशेषत: भारतीय संविधान की सूची VIII में दर्ज भाषाओं में लिखी जानी चाहिए
(b) क्षेत्रों के बीच समान मुद्दों को केवल इसलिए उजागर किया जाए, ताकि संघात्मक गणतन्त्र की भावना को प्रोत्साहन मिले
(c) पाठ्य-पुस्तकों में सभी क्षेत्रों और सामाजिक समूहों से सम्बन्धित सामग्री जोड़ी जानी चाहिए
(d) स्थानीय संसाधनों से प्रासंगिक स्थानीय सामग्री शिक्षण-अधिगम प्रक्रिया का भाग होना चाहिए

व्याख्या (d) **शिक्षक को स्थानीय संसाधनों से प्रासंगिक स्थानीय सामग्री लेकर शिक्षण प्रक्रिया करनी चाहिए**, ऐसा करने से बच्चों की किसी क्षेत्र या सामाजिक समूहों के बारे में समझ विकसित होती है और वे अच्छी प्रकार विषय को समझ सकते हैं। उन्हें स्थानीय संसाधनों का ज्ञान होता है। इसी प्रकार यह पाठ्य-पुस्तकों के सभी क्षेत्रों और सामाजिक समूहों का प्रतिनिधित्व करता है।

33. निम्नलिखित में से किस सन्दर्भ में समय-रेखा सबसे उपयुक्त होगी? *(CTET, 2013)*

(a) किसी राजवंश का सारांश प्रस्तुत करने में
(b) किसी शासक की उपलब्धियों की व्याख्या करने में
(c) दो राजवंशों की तुलना करने में
(d) प्राचीन भारत के शिक्षण में

व्याख्या (a) समय-रेखा चार्ट **किसी राजवंश का सारांश प्रस्तुत करने में** सबसे उपयुक्त होता है। राजवंश को हम समयानुसार विभाजित करके उसके बारे में जानकारी प्राप्त कर सकते हैं। समय-रेखा चार्ट में राजवंश को विभिन्न काल खण्डों में बाँटकर दर्शाया जा सकता है। यह सबसे उपयुक्त विधि है। अन्य विकल्पों के साथ समय-रेखा का प्रयोग सम्भव नहीं है।

34. मानचित्र पर किसी स्थान को दर्शाना सम्बन्धित है *(CTET, 2013)*

(a) ज्ञान से (b) समझ से (c) अनुप्रयोग से (d) कौशल से

व्याख्या (d) **कौशल** का अर्थ किसी विषय-वस्तु में प्राप्त की गई योग्यता से लिया जाता है। मानचित्र पर किसी स्थान को दर्शाना कौशल से सम्बन्धित होता है। कौशल से विद्यार्थियों के ज्ञान में वृद्धि होती है। मानचित्र का ज्ञान, समझ तथा अनुप्रयोग से कोई सम्बन्ध नहीं होता है।

35. सरकार एवं इसके कार्यों की चर्चा अकसर अतिवादी विचारों की तरफ ले जाती है, अत: शिक्षक को चाहिए कि वह *(CTET, 2013)*

(a) इस पर किसी भी वाद-विवाद अथवा चर्चा से बचे
(b) सरकार के तौर-तरीकों की आलोचना करे
(c) न्यायिक सक्रियता (Judicial activism) के लिए दलील दे
(d) उपदेशात्मक क्रियाओं की तुलना में अधिक वस्तुनिष्ठ अन्त: क्रियाओं का आयोजन करे

व्याख्या (d) कक्षा में शिक्षण के दौरान अध्यापक को हमेशा सहयोगात्मक तरीके से अन्त: क्रियाओं का आयोजन करना चाहिए, इससे सद्भाव के वातावरण का निर्माण होगा और सद्विचारों का प्रवाह होगा। अतिवादिता किसी भी प्रकार से लाभप्रद नहीं होती है। अध्यापक को **उपदेशात्मक क्रियाओं की उपेक्षा करनी चाहिए**, क्योंकि यह द्वन्द्वता को बढ़ावा देती है।

36. विभिन्न देशों में भूमि उपयोग को दर्शाने के लिए निम्नलिखित में से सबसे उपयुक्त कौन-सा होगा? *(CTET, 2013)*

(a) फ्लो चार्ट (b) तुलनात्मक चार्ट
(c) समय-रेखा चार्ट (d) वेन आरेख

व्याख्या (b) **तुलनात्मक चार्ट** द्वारा विभिन्न देशों में भूमि उपयोग को दर्शाया जा सकता है। तुलनात्मक चार्ट में विभिन्न क्षेत्रों/स्थानों की किसी एक विषय के आँकड़ों की तुलना की जाती है। विभिन्न देशों में भूमि उपयोग को **फ्लो चार्ट**, **समय-रेखा चार्ट** तथा **वेन आरेख** द्वारा नहीं दर्शाया जा सकता है, क्योंकि इन सभी चार्ट से एक या दो विषय/स्थान के आँकड़ों को दर्शाया जा सकता है।

37. 'गरीबी' को पढ़ाते समय कौन-सी व्यूह-रचना सबसे ज्यादा उचित होगी? *(CTET, 2012)*

(a) वाद-विवाद और चर्चाओं में विद्यार्थियों को शामिल करना
(b) विद्यार्थियों को पाठ्य-पुस्तक में से पढ़ने के लिए कहना और कठिन शब्दों के अर्थ की व्याख्या करना
(c) नोट्स तैयार करना और अच्छा व्याख्यान देना
(d) विद्यार्थियों को 'हैण्ड-आउट्स' देना और व्याख्या करना

व्याख्या (a) 'गरीबी' जैसे विषय को पढ़ाते समय अध्यापक को **वाद-विवाद और चर्चाओं में विद्यार्थियों को शामिल करना चाहिए**। विद्यार्थियों को ऐसे विषय में शामिल करने से वे उस विषय के बारे में गहनता से जान पाएँगे और उसके समाधान के उपाय भी सुझा पाएँगे। वाद-विवाद और चर्चा छात्रों में स्वतन्त्रतापूर्वक चिन्तन एवं विचार व्यक्त करने का अवसर भी प्रदान करती है।

38. सामाजिक विज्ञानों के शिक्षण में बच्चों के संवेग बहुत आसानी से उजागर होते हैं-शब्दों से नहीं बल्कि दृश्यों और आवाजों से-इसके लिए शिक्षण का कौन-सा तरीका सबसे अधिक प्रभावी है? *(CTET, 2012)*

(a) क्षेत्र-भ्रमण और सर्वेक्षण (b) कक्षीय चर्चाएँ
(c) परियोजना पद्धति (d) व्याख्यान पद्धति

व्याख्या (a) **क्षेत्र-भ्रमण और सर्वेक्षण** बच्चों के संवेगों को उजागर करने के सबसे प्रभावी तरीके हैं। क्षेत्र भ्रमण में विद्यार्थी प्रत्यक्षत: किसी वस्तु का अनुभव करता है और अधिक अधिगमित करता है। सर्वेक्षण से भी प्रत्यक्षत: जानकारी प्राप्त की जाती है और सजीव अनुभव प्राप्त होते हैं। इन विधियों से बच्चा अधिक सीखता है। कक्षीय चर्चाएँ, व्याख्यान पद्धति तथा परियोजना पद्धति से संवेगों का उजागर होना कम प्रभावी होता है।

39. 'शिक्षा का अधिकार' अनुच्छेद 21 के अन्तर्गत एक मौलिक अधिकार है, जो 'जीवन का अधिकार' से सम्बन्धित है, क्योंकि *(CTET, 2012)*

(a) शिक्षा गरिमामय जीवन जीने में सहायता करती है
(b) केवल शिक्षित व्यक्तियों को जीवन का अधिकार है
(c) शिक्षा जीवन है
(d) सभी व्यक्तियों को शिक्षा का अधिकार नहीं है

व्याख्या (a) **शिक्षा गरिमामय जीवन जीने में सहायता करती है**, क्योंकि यह 'जीवन का अधिकार' से सम्बन्धित है। 'शिक्षा का अधिकार' अनुच्छेद 21 के अन्तर्गत एक मौलिक अधिकार है। संविधान अधिनियम 2002, अनुच्छेद 21(क) मौलिक अधिकार के रूप में 6 से 14 वर्ष की आयु के सभी बच्चों को मुफ्त और अनिवार्य शिक्षा का प्रावधान करता है।

40. प्रारम्भिक स्तर पर इतिहास शिक्षण का सबसे महत्त्वपूर्ण और प्रभावी तरीका है *(CTET, 2012)*

(a) प्रश्न-उत्तर पद्धति
(b) कहानी-कथन पद्धति
(c) व्याख्यान पद्धति
(d) चर्चा पद्धति

व्याख्या (b) **कहानी-कथन पद्धति** प्राथमिक स्तर पर इतिहास शिक्षण का सबसे महत्त्वपूर्ण और प्रभावी तरीका है। कहानी छोटे बच्चों में उत्सुकता उत्पन्न करती है, इसलिए वे कहानी को ध्यान से सुनते हैं। वे कहानी में सुने सभी पात्र, तथ्यों, बातों को शीघ्र याद कर लेते हैं। व्याख्यान पद्धति, चर्चा पद्धति तथा प्रश्न-उत्तर पद्धति इतिहास शिक्षण की कम प्रभावी पद्धतियाँ हैं।

41. 'मौसम और जलवायु' की संकल्पना पढ़ाते समय सबसे उपयुक्त गतिविधि कौन-सी होगी, जिससे विद्यार्थी मौसम के विभिन्न प्रकार के तत्त्वों को समझ सकें? *(CTET, 2012)*

(a) उन्हें मौसम के तत्त्वों के प्रतीक/संकेत का चित्र बनाने के लिए कहना
(b) नोट बुक में मौसम से जुड़े प्रश्नों के उत्तर लिखना
(c) मौसम के तत्त्वों पर आधारित शिक्षक द्वारा उपलब्ध कराए गए कार्य-पत्रक (वर्कशीट) को हल करना
(d) समाचार-पत्र से लगातार पाँच दिनों के मौसम की रिपोर्ट को एकत्र करना और उन्हें अपनी नोट बुक में चिपकाना

व्याख्या (d) 'मौसम और जलवायु' की संकल्पना को पढ़ाते समय सबसे उपयुक्त गतिविधि होगी **समाचार-पत्र से लगातार पाँच दिनों के मौसम की रिपोर्ट को एकत्र करके उन्हें अपनी नोट बुक में चिपकाना।** समाचार-पत्र मौसम के सबसे अच्छे स्रोत माने जाते हैं, क्योंकि समाचार-पत्र में प्रतिदिन की मौसम सम्बन्धी जानकारी प्रकाशित होती है। इस प्रकार विद्यार्थी मौसम के विभिन्न प्रकार के तत्त्वों को समझ सकते हैं।

42. सामाजिक विज्ञान कक्षा में अन्योन्यक्रिया पर्यावरण को बढ़ावा देने के लिए निम्नलिखित में से कौन-सा उपागम सबसे उपयुक्त होगा? *(CTET, 2012)*

(a) व्याख्यान और स्पष्टीकरण
(b) वृत्त-चित्र (डॉक्यूमेण्ट्रीज) दिखाना
(c) श्रुतलेखन एवं अभ्यास
(d) लगातार जाँच

व्याख्या (b) **वृत्त-चित्र** (डॉक्यूमेण्ट्रीज) दिखाना सामाजिक विज्ञान की कक्षा में अन्योन्यक्रिया पर्यावरण को बढ़ावा देने का सबसे उपयुक्त उपागम है। वृत्त-चित्र एक लघु चलचित्र (फिल्म) होता है, जिसका समय 30-40 मिनट का होता है, जो किसी विषय का सम्पूर्ण विवरण होता है। इसमें बच्चे विषय की जानकारी देखकर व सुनकर प्राप्त कर सकते हैं, जो उनके सीखने का सबसे आसान उपाय है।

43. 'समूह शिक्षण' *(CTET, 2012)*

(a) संसाधनों, रुचि व विशेषज्ञता का इष्टतम उपयोग करने हेतु शिक्षकों के समूहों द्वारा शिक्षण है
(b) शिक्षकों की अनुपलब्धता से निपटने का एक उपाय है
(c) स्कूल में शिक्षकों के समूहों के बीच स्वस्थ प्रतिस्पर्धा को प्रोत्साहित करता है
(d) विद्यार्थियों को उनकी योग्यता के अनुसार छोटे समूहों में बाँटना शिक्षण है

व्याख्या (a) 'समूह शिक्षण' के अन्तर्गत वे संसाधन, रुचि व विशेषज्ञता आते हैं, जो शिक्षकों के समूह को प्राप्त होते हैं। समूह शिक्षण ऐसा शिक्षण होता है, जो **शिक्षकों के समूह द्वारा किया जाता है।** ऐसा शिक्षण समूह शिक्षण कौशलों का मूल्यांकन करता है और विद्यार्थियों का मार्गदर्शन करता है। यह शिक्षण समूह कक्षागत सुधार, स्कूल प्रबन्धन, शिक्षा, स्कूल पर्यावरण आदि के सन्दर्भ में भी अपने सुझाव देता है।

44. निम्नलिखित में से कौन-सा 'संसद के कार्य' प्रकरण को पढ़ाने का सर्वोत्कृष्ट तरीका है? *(CTET, 2012)*

(a) मुद्दों पर सहमति बनाने के लिए वाद-विवाद का आयोजन करना
(b) परियोजना कार्य
(c) व्याख्यान पद्धति
(d) कहानी पद्धति

व्याख्या (a) मुद्दों पर सहमति बनाने के लिए वाद-विवाद का आयोजन करके 'संसद के कार्य' प्रकरण को सबसे उपयुक्त तरीके से पढ़ाया जा सकता है। वाद-विवाद किसी विषय पर तर्क-वितर्क करके निष्कर्ष निकालने की एक पद्धति है। संसद के कार्यों पर वाद-विवाद द्वारा उसके कार्यों के पक्ष व विपक्ष पर तर्क-वितर्क करके एक निष्कर्ष प्राप्त किया जा सकता है। इस प्रकार संसद के कार्यों के विषय में जाना जा सकता है।

45. निम्न में से कौन-सी शिक्षण सहायक सामग्री महाद्वीपों के आनुपातिक क्षेत्र व आकार को दर्शाने के लिए सबसे अधिक उपयुक्त है? *(CTET, 2012; UPTET, 2017)*

(a) ग्लोब (b) विश्व का राजनैतिक मानचित्र
(c) विश्व का भौतिक मानचित्र (d) पृथ्वी का पोस्टर

व्याख्या (b) **विश्व का राजनैतिक मानचित्र**, महाद्वीपों के आनुपातिक क्षेत्र व आकार को दर्शाने के लिए सबसे अधिक उपयुक्त है। विश्व के राजनैतिक मानचित्र में महाद्वीपों को आनुपातिक क्षेत्र व आकार के रूप में दर्शाया जाता है, जबकि ग्लोब पृथ्वी का एक नमूना मात्र होता है। विश्व के भौतिक मानचित्र में झील, पर्वत, पठार, नदी आदि को दर्शाया जाता है।

46. एक कक्षा में कुछ आदिम जनजाति के बच्चे भी शामिल हैं तथा इसके कारण उस कक्षा में सांस्कृतिक विविधता का माहौल है। शिक्षक द्वारा इसका प्रभावी ढंग से प्रयोग करने हेतु निम्नलिखित में से कौन-सा तरीका सबसे उपयुक्त होगा? *(CTET, 2012)*

(a) विद्यार्थियों से अपनी संस्कृति और उनके द्वारा सबसे अधिक मूल्यवान अथवा सम्मानित बिन्दुओं से जुड़े प्रकरणों पर क्रियात्मक शोध करने के लिए कहना
(b) आदिम जनजाति शिल्पकृतियों और पोशाकों को प्रदर्शित करना
(c) आदिम जनजाति के विद्यार्थियों से कहना कि वे अपनी जनजाति के बारे में बताएँ और पढ़ाए जाने वाले प्रकरणों के साथ उसे जोड़ना
(d) स्वतन्त्रता आन्दोलन में बिरसा मुण्डा जैसे स्वतन्त्रता सेनानियों की भूमिका को उजागर करना

व्याख्या (a) **विद्यार्थियों से अपनी संस्कृति और उनके द्वारा सबसे अधिक मूल्यवान अथवा सम्मानित बिन्दुओं से जुड़े प्रकरणों पर क्रियात्मक शोध करने के लिए कहना** सांस्कृतिक विविधता के माहौल को व्यक्त करने का सबसे उपयुक्त तरीका है। कक्षा में विभिन्न सांस्कृतिक विविधता का माहौल उपस्थित है। बच्चों से उनकी संस्कृति के बारे में जानकारी करने व क्रियात्मक शोध कराना उनकी संस्कृति के माहौल के बारे में ज्यादा जानने का तरीका है। इससे अध्यापक को बच्चों की संस्कृति का ज्ञान हो जाता है और वह प्रभावी तरीके से अपना शिक्षण कार्य कर सकता है, जिससे बच्चों को अधिकतम अधिगम प्राप्त हो।

47. मानचित्र को समझने की सर्वव्यापी भाषा को समझा जा सकता है *(CTET, 2012; UPTET, 2017)*

(a) वर्णमाला अक्षरों द्वारा (b) विषय-सम्बन्धी मानचित्रों द्वारा
(c) रूढ़ि चिह्नों द्वारा (d) रेखाचित्रों द्वारा

व्याख्या (c) **रूढ़ि चिह्नों/प्रतीकों द्वारा** मानचित्र को भली प्रकार समझा जा सकता है। रूढ़ि चिह्न ऐसे चिह्नों को कहा जाता है, जो लोक परम्परा से चले आ रहे हों और वर्तमान में भी प्रचलन में हों, जिनको समझने की अपनी एक विशिष्ट विधि होती है। इन रूढ़ि चिह्नों का एक विशेष अर्थ होता है।

48. 'जीवन की उत्पत्ति (विकास)' के शिक्षण हेतु अध्यापक को अवश्य भ्रमण करना चाहिए *(CTET, 2012)*

(a) चिड़ियाघर
(b) जीव संरक्षण उद्यान (पशु अभयारण्य)
(c) प्राकृतिक इतिहास संग्रहालय
(d) पुरातात्त्विक संग्रहालय

व्याख्या (c) 'जीवन की उत्पत्ति' (विकास) के शिक्षण हेतु अध्यापक को **प्राकृतिक इतिहास संग्रहालय** का अवश्य भ्रमण करना चाहिए, क्योंकि इतिहास संग्रहालय में जीवन की उत्पत्ति के सभी प्रमाण उपलब्ध होते हैं, जिससे उसके बारे में जानकारी की जा सकती है। अध्यापक को चिड़ियाघर, जीवन संरक्षण उद्यान (पशु अभयारण्य) तथा पुरातात्त्विक संग्रहालय जाकर भी जीवन की उत्पत्ति के प्रमाण मिल जाएँगे।

49. सामाजिक विज्ञान के किसी शिक्षक के लिए कक्षा में हाल ही में हुई चर्चा के बारे में कौन-सा तथ्य सर्वाधिक ध्यान देने योग्य है? *(CTET, 2012)*

(a) कोई भी विद्यार्थी दूसरे विद्यार्थियों से पूर्णरूपेण सहमत नहीं था
(b) विद्यार्थियों ने सह-विद्यार्थियों की बात सुनने से बिल्कुल मना कर दिया था
(c) विद्यार्थी सीधे ही अपने सह-विद्यार्थियों से प्रश्न करने लगे थे
(d) विद्यार्थियों ने अपने सह-विद्यार्थियों को बीच में ही टोकना शुरू कर दिया था

व्याख्या (a) सामाजिक विज्ञान की कक्षा में चर्चा में जब विद्यार्थी प्रतिभाग करते हैं, तो वे एक-दूसरे के मतों को सुनते हैं और फिर तर्क-वितर्क करते हैं। वे किसी बात पर सहमत होते हैं, तो किसी बात पर अपनी असहमति प्रकट करते हैं। वे एक-दूसरे से प्रश्न करते हैं और प्रश्नों के उत्तर देते हैं। इस प्रकार वे **एक-दूसरे से पूर्णरूपेण सहमत भी नहीं होते हैं।** शिक्षक को इस बात पर ध्यान देना चाहिए। विद्यार्थियों को प्रश्नों का तर्कपूर्ण उत्तर देकर सहमत कराया जा सकता है, तभी चर्चा आधारित उद्देश्य को प्राप्त किया जा सकता है।

50. 'औद्योगीकरण' को पढ़ाने के लिए चार अलग शिक्षिकाओं द्वारा प्रदर्शित निम्नलिखित शिक्षाशास्त्रीय उपागमों में से कौन-सा सबसे उचित है? *(CTET, 2011)*

(a) शिक्षिका कक्षा को चुपचाप पूरा पाठ पढ़ने के लिए और यदि उन्हें कुछ समझ नहीं आया, तो प्रश्न पूछने के लिए कहती है
(b) शिक्षिका पाठ्य-पुस्तक की समयातीत महत्ता में विश्वास करती है और वह प्रत्येक शब्द की व्याख्या करते हुए तथा विद्यार्थियों से बोध प्रश्न पूछते हुए पढ़ाती है
(c) शिक्षिका शिक्षाशास्त्र के बहु-उपागमों से परिचित है और वह अवधारणाओं को प्रदर्शित करने के लिए नजदीकी क्षेत्र के उद्योग का भ्रमण कराने की योजना बनाती है, समूहों में मुद्दों पर चर्चा और वाद-विवाद करवाती है और बाद में पूर्ण रूप से उपसंहार करते हुए निष्कर्ष निकालती है
(d) शिक्षिका का विश्वास है कि उसे औद्योगीकरण की पूरी प्रक्रिया को विस्तार से समझाना चाहिए और कक्षा में प्रचुर मात्रा में सामान लाना चाहिए

व्याख्या (c) शिक्षिका को 'औद्योगीकरण' प्रकरण पढ़ाने के लिए यह आवश्यक है कि वह **शिक्षाशास्त्र के बहु-उपागमों से परिचित हो** अर्थात् उसे प्रकरण को पढ़ाने की अनेक विधियाँ ज्ञात हों और वह अवधारणाओं को प्रदर्शित करने के लिए नजदीकी क्षेत्र (आस-पास) के उद्योग का भ्रमण कराने की योजना बनाती हो। वह बच्चों के समूह से प्रकरण पर चर्चा एवं वाद-विवाद करवाती है और बाद में उनसे निष्कर्ष निकलवाती है। औद्योगीकरण को पढ़ाने के लिए यह पूरी प्रक्रिया शिक्षाशास्त्रीय उपागमों में सबसे अधिक उपयुक्त एवं विश्वसनीय है।

51. नीचे दिया गया प्रश्न पाठ के अन्त में 'आओ चर्चा करें', शीर्षक के अन्तर्गत दिया गया है *(CTET, 2011)*
आपके विचार में साधारण पुरुष तथा स्त्री अपने कार्यों का विवरण सामान्यतया क्यों नहीं रखते थे?
इस प्रश्न को पूछने की सार्थकता क्या है?

(a) साधारण स्त्री-पुरुष साधारण जीवन जीते थे। उनके पास ऐसा कुछ महान् या महत्त्वपूर्ण-सार्थक नहीं था, जिसके बारे में वे लिखते
(b) यह अच्छा है कि चर्चा प्रारम्भ की जाए और विद्यार्थी अपने तर्क प्रस्तुत करें
(c) वे प्रश्न, जिनके तयशुदा उत्तर नहीं हैं उन्हें नहीं दिया जाना चाहिए, क्योंकि ये प्रश्न विद्यार्थियों को भ्रमित करेंगे
(d) इस प्रकार के प्रश्न अनुमान लगाने को प्रोत्साहित करते हैं, इसलिए इन्हें नहीं देना चाहिए

व्याख्या (b) उपरोक्त प्रश्न को पूछने की सार्थकता यह है कि **चर्चा में विद्यार्थी अपने-अपने तर्क प्रस्तुत करते हैं** और दूसरे विद्यार्थियों के तर्क सुनते भी हैं और विषय पर चर्चा करके निष्कर्ष भी निकालते हैं। ऐसे प्रश्न देने का उद्देश्य यह है कि बच्चे चर्चा के माध्यम से किसी विषय की अवधारणाओं को भली प्रकार समझ जाएँ।

52. माध्यमिक विद्यालयों में सामाजिक विज्ञान पढ़ाने के सन्दर्भ में कौन-सा कथन सर्वाधिक अनुचित है? *(CTET, 2011)*

(a) सामाजिक विज्ञान पढ़ाना चाहिए, क्योंकि यह सामाजिक यथार्थ के बारे में बच्चों को संवेदनशील बनाने में मदद करता है
(b) सामाजिक विज्ञान पढ़ाया जाना चाहिए, क्योंकि यह सामाजिक मुद्दों पर वाद-विवाद करने और अपने विचार अभिव्यक्त करने में विद्यार्थियों की मदद करता है
(c) सामाजिक विज्ञान पाठ्यचर्या का हिस्सा होना चाहिए, ताकि शिक्षार्थी राजाओं के जीवन और उनके बीच हुए युद्धों के बारे में जान सकें
(d) सामाजिक विज्ञान पढ़ाना चाहिए, क्योंकि यह मानवीय सम्बन्धों की समझ अर्जित करने में मदद करता है

व्याख्या (c) माध्यमिक विद्यालयों में सामाजिक विज्ञान पढ़ाने का उद्देश्य बच्चों को सामाजिक मुद्दों से अवगत कराना तथा अपने विचारों की अभिव्यक्ति में सहायता करना है। **सामाजिक विज्ञान पाठ्यचर्या का हिस्सा होना चाहिए, जिससे विद्यार्थी विभिन्न महान् व्यक्तियों के जीवन और उनके संघर्षों के बारे में जान सकें**; जैसे—राजाओं का जीवन एवं उनके बीच हुए युद्ध।

53. बच्चों के साथ गतिविधियाँ केवल तभी प्रभावी होती हैं, जब *(CTET, 2011)*

(a) शिक्षिका उन्हें अपनी 'पाठ-योजना' को पूरा करने के लिए करवाती है
(b) शिक्षिका गतिविधि-आधारित अधिगम के लिए अपने प्रधानाचार्य के आदेश को पूरा करने हेतु दिखावे के लिए करती है
(c) उसका विश्वास है कि गतिविधि-आधारित शिक्षा बच्चों को अवधारणा समझने में मदद करती है
(d) शिक्षिका यह नहीं जानती कि वह यह क्यों कर रही है

व्याख्या (c) यदि **गतिविधियाँ आधारित शिक्षा बच्चों को अवधारणा समझने में मदद करती** हैं तो वे बच्चों के लिए प्रभावी होंगी। गतिविधियाँ अवधारणा को समझने में यदि सफल नहीं होती हैं, तो ऐसी गतिविधियाँ विद्यार्थियों के लिए निश्चित रूप से अधिगम में सहायक नहीं होती हैं।

54. निम्नलिखित में से कौन-सा सामाजिक विज्ञान अनुदेशात्मक प्रक्रिया का हिस्सा नहीं होना चाहिए? *(CTET, 2011)*

(a) तथ्यों का श्रुतलेख
(b) प्रतिपुष्टि तन्त्र
(c) क्रियान्वयन
(d) योजना

व्याख्या (a) किसी पाठ्य-वस्तु के तथ्यों को सुनकर लिखने की प्रक्रिया **श्रुतलेखन** के अन्तर्गत आती है। इसे सामाजिक विज्ञान की अनुदेशात्मक प्रक्रिया का हिस्सा नहीं माना जाता है। यह भाषा शिक्षा के लिए महत्त्वपूर्ण होता है। अनुदेशात्मक प्रक्रिया में योजना, क्रियान्वयन तथा प्रतिपुष्टि तन्त्र को शामिल किया जाता है। किसी भी कार्य/प्रक्रिया की सर्वप्रथम योजना बनाई जाती है, तत्पश्चात् उसका क्रियान्वयन किया जाता है और उसके बाद प्रतिपुष्टि प्रदान की जाती है।

55. निम्न में से कौन-सी कक्षा शिक्षण में जनतान्त्रिक शिक्षण-नीति नहीं है? ***(UPTET, 2018)***

(a) व्याख्यान (b) योजना (c) अन्वेषण (d) मस्तिष्क उद्वेलन

व्याख्या (d) जनतान्त्रिक शिक्षण में कक्षा को अधिगम का महत्त्वपूर्ण भाग माना जाता है। व्याख्यान, योजना एवं अन्वेषण जैसी गतिविधियों को कक्षा शिक्षण में जनतान्त्रिक शिक्षण-नीति का विशेष भाग माना जाता है। व्याख्यान, योजना एवं अन्वेषण के माध्यम से छात्रों में अधिगम की क्षमता से बढ़ती है। इससे छात्र निर्णय लेने की क्षमता से सम्बन्धित ज्ञान अर्जित करते हैं। **मस्तिष्क उद्वेलन** जनतान्त्रिक शिक्षण विधि के अन्तर्गत नहीं आता है, क्योंकि इससे अधिगम की प्राप्ति नहीं होती है। इसमें छात्रों को भ्रमित करने वाले प्रश्न पूछे जाते हैं।

56. ब्रेल लिपि एवं टेप-रिकॉर्डिंग किसके लिए शैक्षिक प्रावधान के रूप में प्रयुक्त किए जा सकते हैं? ***(UPTET, 2018)***

(a) दृष्टिबाधित विद्यार्थी (b) अस्थिबाधित विद्यार्थी
(c) श्रवणबाधित विद्यार्थी (d) शारीरिक रूप से विकलांग विद्यार्थी

व्याख्या (a) ब्रेल लिपि का आविष्कार **लुइस ब्रेल** ने किया था। ब्रेल लिपि को हाथ से छूकर महसूस किया जाता है। ब्रेल लिपि एवं टेप-रिकॉर्डिंग दृष्टिबाधित विद्यार्थियों के शैक्षिक प्रावधान के रूप में प्रयुक्त किए जा सकते हैं। टेप-रिकॉर्डिंग के माध्यम से **दृष्टिबाधित विद्यार्थी** सुनकर अधिगम करते हैं।

57. वृत्त आरेख उपयोगी है ***(UPTET, 2018)***

(a) विभिन्न मात्राओं की तुलना करने के लिए
(b) समग्र के सम्बन्ध में किसी एक के मूल्य को प्रदर्शित करने के लिए
(c) एक प्रतिरूप को प्रदर्शित करने के लिए
(d) ऐतिहासिक अवधि की विशेषताओं को दर्शाने के लिए

व्याख्या (a) वृत्त आरेख एक सांख्यिकीय ग्राफ है, जो **विभिन्न मात्राओं की तुलना करने** के लिए उपयोगी होता है। वृत्त आरेख में विभिन्न प्रकार की वस्तुओं की मात्राओं को प्रदर्शित किया जाता है।

58. भूगोल शिक्षण हेतु सर्वाधिक उपयोगी सहायक सामग्री है ***(UPTET, 2017, 2014)***

(a) कैलेण्डर (b) मानचित्र (c) फ्लैश कार्ड (d) बैरोमीटर

व्याख्या (b) भूगोल शिक्षण हेतु सर्वाधिक उपयोगी सहायक सामग्री **मानचित्र** है। मानचित्र पृथ्वी की आकृतियों; जैसे—नदी, पर्वत, मैदान, महासागर, विभिन्न देशों की सीमाएँ आदि को दर्शाने वाला एक चित्र होता है। कैलेण्डर, फ्लैश कार्ड तथा बैरोमीटर भूगोल शिक्षण के कम प्रभावी साधन हैं। बैरोमीटर से वायु दाब ज्ञात किया जाता है। फ्लैश कार्ड में किसी विषय की बहुत कम सूचना प्रदान की जाती है और सीखने की सामग्री के रूप में प्रयुक्त किया जाता है।

59. भूगोल शिक्षण की उपयुक्त विधि है ***(UPTET, 2017)***

(a) भ्रमण विधि (b) वार्तालाप विधि
(c) कहानी विधि (d) इनमें से कोई नहीं

व्याख्या (a) **भ्रमण विधि** द्वारा भूगोल शिक्षण को सबसे उपयुक्त माना जाता है। इस विधि में छात्रों को किसी स्थल; जैसे—पर्वत, पठार, मैदान आदि पर भ्रमण हेतु ले जाया जाता है और वहीं भूगोल सम्बन्धी जानकारी प्रत्यक्षत: प्रदान की जाती है। इसके विपरीत वार्तालाप विधि तथा कहानी विधि कम प्रभावी विधियाँ हैं, क्योंकि इनसे भूगोल का सीमित ज्ञान ही प्रदान किया जा सकता है।

60. परिप्रेक्ष्य होता है ***(UPTET, 2016)***

(a) पटल की गहराई (b) चित्र की ऊँचाई
(c) चित्र की लम्बाई (d) चित्र की गोलाई

व्याख्या (a) परिप्रेक्ष्य को **पटल की गहराई** से सम्बन्धित माना जाता है। परिप्रेक्ष्य का अर्थ किसी वस्तु के दृष्टिकोण से लिया जाता है, जिसमें उसके स्वरूप को ध्यान में रखा जाता है अर्थात् वस्तु के सम्पूर्ण आयाम ऊँचाई, गहराई, चौड़ाई को देखा जाता है।

61. पास-पास रेखाएँ खींचकर छाया-प्रकाश के प्रभाव को दर्शाना कहलाता है ***(UPTET, 2016)***

(a) स्फूमैटो (b) एचिंग
(c) हैचिंग (d) चेरास्क्यूरो

व्याख्या (c) **हैचिंग** पास-पास रेखाएँ खींचकर छाया प्रकाश के प्रभाव को दर्शाना हैचिंग कहलाता है। यह खींची गई रेखाओं की एक ललित कला है।

स्फूमैटो यह रंगों द्वारा एक रेखा के ऊपर कोमल रेखा खींचने की विधि है। इससे रेखाओं को कलात्मक रूप प्रदान किया जाता है।

एचिंग यह किसी वस्तु पर सूई द्वारा उत्कीर्ण की गई कलाकृति को दर्शाने की विधि है।

चेरास्क्यूरो यह हल्के एवं गहरे रंगों से खींची गई कलाकृति है और इसमें रंग भी भरा जाता है। यह एक इटेलियन शब्द है।

62. निम्नांकित में कौन-सा व्याख्यान विधि का गुण नहीं है? ***(UPTET, 2016)***

(a) समय व शक्ति की बचत होती है
(b) तर्क एवं चिन्तन शक्ति का विकास होता है
(c) पाठ्य-पुस्तक को अधिक स्पष्ट किया जा सकता है
(d) विद्यार्थियों में स्वाध्याय की आदत पड़ती है

व्याख्या (d) उच्च प्राथमिक स्तर पर व्याख्यान विधि का प्रयोग किया जाता है। यह शिक्षक प्रधान विधि है अर्थात् इसमें शिक्षक व्याख्यान द्वारा सक्रिय रहता है और छात्र निष्क्रिय रहते हैं। इस विधि की निम्न विशेषताएँ होती हैं

- इसमें पाठ्य-वस्तु को अधिक स्पष्ट किया जा सकता है।
- समय एवं शक्ति की बचत होती है।
- बच्चों में तर्क एवं चिन्तन शक्ति का विकास होता है। इस विधि से विद्यार्थियों में स्वाध्याय की आदत नहीं पड़ती है।

63. शिक्षक को श्यामपट्ट पर लिखते समय कितने अंश के कोण पर खड़ा होकर लिखना चाहिए? *(UPTET, 2016)*

(a) 55° (b) 65°
(c) 45° (d) 35°

व्याख्या (c) श्यामपट्ट पर लिखते समय शिक्षक को **45°** के अंश पर खड़ा होना चाहिए, जिससे वह उचित प्रकार से श्यामपट्ट पर लिख सके। यदि शिक्षक श्यामपट्ट पर ठीक प्रकार खड़ा होकर लिखता है तो छात्र उसे ठीक से पढ़ और लिख सकते हैं। श्यामपट्ट पर लिखते समय शिक्षक को पाठ्य वस्तु की व्याख्या भी करनी चाहिए।

64. सामाजिक विषय में टी एल एम प्रयुक्त नहीं होता है *(UPTET, 2016)*

(a) चुम्बकीय कम्पास (b) ग्लोब
(c) मानचित्र (d) नेपियर पट्टी

व्याख्या (d) **नेपियर पट्टी,** सामाजिक विषय में टी एल एम के रूप में प्रयुक्त नहीं होती है। नेपियर पट्टी गणित विषय की अधिगम प्रक्रिया में प्रयुक्त की जाती है, जो एक शिक्षण सहायक सामग्री है। इसका आविष्कार 1617 ई. में स्कॉटलैण्ड के गणितज्ञ जॉन नेपियर ने किया था। T. L. M. का पूर्ण रूप है—Teaching Learning Method अर्थात् शिक्षण अधिगम विधि/सामग्री। शिक्षण अधिगम सामग्री में चुम्बकीय कम्पास, ग्लोब तथा मानचित्र आदि को शामिल किया जाता है, क्योंकि ये सामाजिक विषय को समझने में सहायक होते हैं।

65. सामाजिक अध्ययन के शिक्षण में सबसे महत्त्वपूर्ण सहायक साधन कौन-सा है? *(UPTET, 2016, 2018; REET 2012)*

(a) व्याख्यान (b) श्रव्य-दृश्य
(c) कार्य-निर्धारण (d) वाद-विवाद

व्याख्या (b) **श्रव्य-दृश्य** सहायक साधन सामाजिक अध्ययन के शिक्षण में सबसे महत्त्वपूर्ण होते हैं, क्योंकि इन साधनों द्वारा छात्र देखकर एवं सुनकर किसी विषय के बारे में ज्ञान प्राप्त करते हैं; उदाहरण—टी. वी., कम्प्यूटर, भ्रमण, ऑनलाइन क्लास आदि, जबकि व्याख्यान, कार्य निर्धारण तथा वाद-विवाद विधियाँ एक दृश्य प्रकृति की होती हैं। इनसे केवल श्रव्यता का पक्ष प्रबल होता है दृश्य का नहीं।

66. कक्षा शिक्षण होना चाहिए *(UPTET, 2016)*

(a) सघन (b) एकतरफा
(c) परस्पर-संवाद (d) सरल

व्याख्या (c) शिक्षक द्वारा कक्षा में शिक्षण कार्य किया जाता है। यह शिक्षण कार्य **परस्पर-संवाद** पर आधारित होना चाहिए, क्योंकि छात्र संवाद करके सहज अनुभव करते हैं और बिना किसी शंका के वे अपनी समस्याएँ शिक्षक को बता सकते हैं। परस्पर संवाद से छात्र अधिक सीखते हैं और अपने विचार, भावना तथा अनुभव को प्रेषित करते हैं। इससे शिक्षण कार्य प्रभावी हो जाता है।

67. निम्न में से कौन-सा विकल्प आदर्श पाठ योजना की विशेषता को प्रदर्शित करता है? *(CGTET, 2016; UTET, 2013)*

(a) उदाहरणों का प्रयोग (b) भाषा की सरलता
(c) व्यक्तिगत पथ-प्रदर्शन (d) ये सभी

व्याख्या (d) आदर्श पाठ योजना एक ऐसी पाठ्य योजना है, जिसमें शिक्षण द्वारा किसी पाठ्य-वस्तु के ज्ञानात्मक व क्रियात्मक उद्देश्यों की प्राप्ति की जाती है। आदर्श पाठ योजना में इस बात का ध्यान रखा जाता है कि छात्र पाठ्य-वस्तु को सरल व सहज तरीके से सीख जाए, इसलिए आदर्श पाठ योजना में **उदाहरणों का प्रयोग** किया जाता है। शिक्षक की **भाषा सरल** व सुग्रहण योग्य होनी चाहिए तथा कक्षा में प्रत्येक छात्र को अपनी **अभिव्यक्ति का अवसर** मिलना चाहिए, जिससे वह पाठ्य-वस्तु को भली प्रकार अधिगमित कर ले।

68. कक्षा-कक्ष का वातावरण होना चाहिए *(CGTET, 2016)*

(a) शान्त (b) शोरगुल से भरा
(c) अनुशासन से पूर्ण (d) मित्रतापूर्ण

व्याख्या (d) जब शिक्षक कक्षा में पढ़ाता है, तब उसे ध्यान रखना चाहिए कि कक्षा का वातावरण सहयोगात्मक व **मित्रतापूर्ण** हो। यदि कक्षा का वातावरण शोरगुल से भरा होगा तो न तो शिक्षक ठीक ढंग से शिक्षण कर सकता है और न ही छात्र पाठ्य-वस्तु को ठीक से समझ पाएँगे। मित्रतापूर्ण वातावरण के रहने से छात्रों को सीखने के ज्यादा अवसर प्राप्त होंगे और वे सहज तरीके से सीखेंगे।

69. कक्षा-कक्ष में शिक्षक व विद्यार्थियों के मध्य सम्प्रेषण होना चाहिए *(CGTET, 2016)*

(a) पाठ्य-पुस्तक केन्द्रित
(b) विद्यार्थी केन्द्रित
(c) शिक्षक केन्द्रित
(d) उद्देश्य केन्द्रित

व्याख्या (d) **उद्देश्य केन्द्रित** सम्प्रेषण होने से कक्षा में शिक्षण अधिगम का वातावरण बन जाता है। शिक्षक व विद्यार्थी सम्प्रेषण द्वारा अधिगम की प्रक्रिया करते हैं। अधिगम की प्रक्रिया उद्देश्य केन्द्रित होती है, क्योंकि शिक्षक शिक्षण द्वारा अधिगम के उद्देश्यप्राप्त करता है और छात्र किसी विषय का अधिगम प्राप्त करते हैं अर्थात् शिक्षक व विद्यार्थी दोनों मिलकर शिक्षा के उद्देश्य प्राप्त करते हैं।

70. बच्चों के भाषायी विकास के लिए जरूरी है कि *(CGTET, 2016)*
(a) उनको अधिक-से-अधिक अपने विचार व्यक्त करने के अवसर देने चाहिए
(b) भाषायी कौशलों के विकास हेतु गतिविधियाँ आयोजित की जानी चाहिए
(c) लिखना, पढ़ना, बोलना तथा सुनने का अभ्यास करना चाहिए
(d) उपरोक्त सभी

व्याख्या (a) बच्चों के भाषायी विकास के लिए जरूरी है कि **उनको अधिक-से-अधिक अपने विचार व्यक्त करने के अवसर देने चाहिए,** क्योंकि ऐसा करने से बच्चे भाषा को अधिक प्रयुक्त करेंगे और उनकी भाषा पर पकड़ अच्छी होगी तथा उनका भाषायी विकास प्रबल होगा। भाषा का विकास करने हेतु सम्प्रेषण जरूरी होता है।

71. कक्षा में सामाजिक रूप से उपेक्षित बच्चों के प्रोत्साहन के लिए आप क्या करेंगे? *(CGTET, 2016)*
(a) सामाजिक कुरीतियों पर कटाक्ष करेंगे
(b) अन्धविश्वासों की उपेक्षा करेंगे
(c) समाज के रीति-रिवाजों का विश्लेषण करेंगे
(d) समाज की बुराइयों को कम करने एवं अच्छाइयों को प्रोत्साहित करने को कहेंगे

व्याख्या (d) उपेक्षित बच्चों को प्रोत्साहित करने के लिए **समाज की बुराइयों को ग्रहण न करने और अच्छाइयों को ग्रहण करने के लिए कहना चाहिए।** उपेक्षित बच्चे उन बच्चों की श्रेणी में आते हैं, जिनको समाज में लिंग, शिक्षा, छुआछूत, अन्धविश्वास, कुरीतियों आदि बुराइयों का सामना करना पड़ता है। शिक्षक को बच्चों को बिना भेदभाव किए समानता के आधार पर शिक्षण कार्य व व्यवहार करना चाहिए।

72. कक्षा-कक्ष में बैठक व्यवस्था कैसी होनी चाहिए? *(CGTET, 2016)*
(a) कक्षा-कक्ष में कराई जा रही गतिविधियों के अनुरूप
(b) रोज एक जैसी होनी चाहिए
(c) एक ही लाइन में बच्चों को बैठाना चाहिए
(d) इस प्रकार से हो कि वे एक-दूसरे से बातचीत न कर सकें

व्याख्या (a) **कक्षा-कक्ष में कराई जा रही गतिविधियों के अनुरूप** ही विद्यार्थियों के बैठने की व्यवस्था करनी चाहिए। ऐसा करने से बच्चों को अभिव्यक्ति करने एवं अधिगम प्राप्त करने के अधिक अवसर मिलेंगे। गतिविधियों में कमजोर बच्चों को पहले अवसर देना चाहिए, ताकि वे प्रतिभासम्पन्न बच्चों की श्रेणी में आ सकें।

73. निम्न में से कौन एक क्षेत्र भ्रमण का उदाहरण है? *(HTET 2012, 13)*
(a) पुस्तक (b) पंचायत घर (c) नक्शा (d) ग्लोब

व्याख्या (b) क्षेत्र भ्रमण किसी स्थल/भू-भाग के बारे में जानकारी करने हेतु किया है, ताकि उस स्थल की प्रत्यक्षत: जानकारी की जा सके। प्रश्न में प्रस्तुत नक्शा, ग्लोब या कोई पुस्तक की आवश्यकता नहीं, बल्कि **पंचायत घर** ही एक स्थल है, जहाँ जाकर उसके बारे में जानकारी प्राप्त की जा सकती है और उसके बारे में प्रत्यक्ष अनुभव प्राप्त किया जा सकता है।

74. किण्डरगार्डन विधि का दूसरा नाम क्या है? *(BTET, 2013)*
(a) बाल विधि (b) बालोद्यान शिक्षण पद्धति
(c) प्रोजेक्ट पद्धति (d) मॉण्टेसरी पद्धति

व्याख्या (b) किण्डरगार्डन विधि का दूसरा नाम बालोद्यान शिक्षण पद्धति है। इस विधि का आविष्कार फ्रोबेल महोदय ने किया था। यह प्राथमिक स्तर की शिक्षण अधिगम विधि है। प्रोजेक्ट विधि में बच्चे किसी विषय-वस्तु का प्रोजेक्ट के रूप में अध्ययन करके निष्कर्ष निकालते हैं। इसके प्रतिपादक किलपैट्रिक महोदय थे। मॉण्टेसरी पद्धति में बच्चों का वैज्ञानिक निरीक्षण करके उनको शैक्षिक समाधान प्रदान किया जाता है। इसकी प्रतिपादक मारिया मॉण्टेसरी थीं।

75. विद्यालय में अध्यापन विधि के अन्तर्गत 'सामान्य से विशिष्ट की ओर' की शिक्षा निम्नलिखित में से किस विधि में दी जाती है? *(BTET, 2013)*
(a) आगमन विधि (b) निगमन विधि
(c) क्रियाकलाप विधि (d) खेल विधि

व्याख्या (b) **निगमन विधि** में पहले से विकसित अवधारणाओं का परीक्षण किया जाता है। इसमें तथ्यों की खोज तथा विश्लेषण, अवधारणाओं की वैधता या अवैधता सिद्ध करने के लिए की जाती है। निगमन विधि में पूर्वधारणाओं का विशेष महत्त्व होता है। इसमें 'सामान्य से विशिष्ट की ओर' की शिक्षा प्रदान की जाती है। इसे आगमन विधि से कम प्रगतिशील माना जाता है। आगमन विधि में विशिष्ट से सामान्य की ओर शिक्षा दी जाती है, इसे निगमन की अपेक्षा अधिक प्रगतिशील माना जाता है। खेल विधि में खेल का आयोजन कर शिक्षा दी जाती है। क्रियाकलाप विधि में प्रायोगिक शिक्षा को शामिल किया जाता है।

76. सामाजिक विज्ञान कक्षा-कक्ष की प्रमुख आवश्यकता क्या है? *(REET, 2012)*
(a) स्थिति, बनावट एवं स्थान
(b) पुस्तकालय एवं वाचनालय का संलग्न होना
(c) प्रदर्शन की सुविधा
(d) 'a' और 'c' दोनों

व्याख्या (d) सर्वप्रथम कक्षा की **स्थिति, बनावट** तथा **स्थान** कक्षा को प्रभावित करते हैं। इसके बाद कक्षा में ऐसी सुविधा होनी चाहिए, जो शिक्षक के शिक्षण कार्य को भली प्रकार **प्रदर्शित** कर सके। शिक्षण कार्य प्रभावी होना चाहिए, ताकि बच्चे उसे शीघ्र ग्रहण कर सकें।

77. सामाजिक विज्ञान में क्षेत्रीय भ्रमण उपयोगी होता है *(REET, 2012)*
(a) मूल्यांकन के लिए (b) आनुभविक साक्ष्य के लिए
(c) मनोरंजन के लिए (d) इनमें से कोई नहीं

व्याख्या (b) सामाजिक विज्ञान में क्षेत्रीय भ्रमण **आनुभविक साक्ष्य के लिए** उपयोगी होता है। क्षेत्रीय भ्रमण में किसी क्षेत्र विशेष का प्रत्यक्ष अनुभव करने के लिए उसका भ्रमण किया जाता है। यह अधिगम का सबसे उपयुक्त माध्यम है। प्रत्यक्ष अनुभव से बच्चे अधिक सीखते हैं और स्थायी सीखते हैं। यह मूल्यांकन और मनोरंजन के लिए प्रयुक्त नहीं किया जाता है।

78. अच्छे मूल्यांकन की कौन-सी एक विशेषता नहीं है? *(REET, 2012)*

(a) वैधता (b) विश्वसनीयता
(c) निदानात्मकता (d) नकारात्मकता

व्याख्या (d) अच्छे मूल्यांकन की विशेषताओं में **नकारात्मकता** शामिल नहीं है। अच्छे मूल्यांकन की निम्न विशेषताएँ होती हैं—

- **वैधता** अच्छे मूल्यांकन को वैध होना चाहिए। वैधता के अभाव में सही मूल्यांकन नहीं हो पाता है।
- **विश्वसनीयता** अच्छा मूल्यांकन विश्वसनीय होना चाहिए। विश्वसनीयता में उसकी सार्थकता सम्मिलित होती है।
- **सुधारात्मक/निदानात्मकता** मूल्यांकन में समय-समय पर सुधार की गुंजाइश होनी चाहिए, ताकि उपयोगी चीजों को इसमें शामिल किया जा सके।
- **उपयोगिता** मूल्यांकन अपने उद्देश्यों तथा लक्ष्यों को प्राप्त करने वाला होना चाहिए।

79. सामाजिक विज्ञान में कक्षा-कक्ष प्रक्रिया विकसित करने में सहायक होता है *(REET, 2012)*

(a) ज्ञान (b) कुशलता (c) अभिव्यक्ति (d) ये सभी

व्याख्या (d) सामाजिक विज्ञान में कक्षा-कक्ष प्रक्रिया विकसित करने में **ज्ञान, कुशलता** तथा **अभिव्यक्ति** सभी सहायक होते हैं। शिक्षक को अपने विषय का पूर्ण ज्ञान तथा शिक्षण कुशलता का ज्ञाता होना चाहिए, जिससे वह बच्चों को प्रभावित करके कक्षा प्रक्रिया निरन्तर विकसित कर सके। उसमें अभिव्यक्ति की पूर्ण क्षमता होनी चाहिए, जिसके द्वारा वह बच्चों से कुशल सम्प्रेषण कर सके। इस प्रकार कक्षा-कक्ष की प्रकिया में बच्चे अधिगम को सही तरीके से प्राप्त कर सकते हैं।

80. प्रगतिशील शिक्षा पद्धति होती है *(BTET, 2011)*

(a) अध्यापक केन्द्रित (b) पाठ्यक्रम केन्द्रित
(c) पुस्तक केन्द्रित (d) बाल केन्द्रित

व्याख्या (d) प्रगतिशील शिक्षा पद्धति **बाल केन्द्रित** होती है। प्रगतिशील शिक्षा पद्धति में अवधारणाओं का बोध कराने के लिए छात्रों के अनुकूल पाठ्य-पुस्तक, शिक्षण विधि, शिक्षण सामग्री रखी जाती है, जिससे उनकी अधिगम (सीखने) की प्रक्रिया तेज हो सके। इसमें शिक्षक का स्थान मार्गदर्शक के रूप में होता है।

81. समाचार-पत्र कैसी शिक्षण सामग्री है? *(BTET, 2011)*

(a) दृश्य (b) श्रव्य
(c) श्रव्य-दृश्य (d) इनमें से कोई नहीं

व्याख्या (a) **दृश्य शिक्षण** सामग्री वह होती है, जिसमें दृश्य इन्द्रियों (आँख) का प्रयोग किया जाता है। समाचार-पत्र दृश्य शिक्षण सामग्री होती है। श्रव्य सामग्री के अन्तर्गत रेडियो, टेपरिकॉर्डर आदि आते हैं तथा दृश्य-श्रव्य सामग्री के अन्तर्गत टेलीविजन, कम्प्यूटर, ऑनलाइन क्लास आदि शामिल किए जाते हैं।

82. कौन-सी शिक्षण विधि 'करके सीखने' का अवसर प्रदान करती है? *(BTET, 2011)*

(a) कहानी विधि (b) व्याख्यान विधि
(c) योजना विधि (d) ये सभी

व्याख्या (c) **योजना विधि** में 'करके सीखने' पर बल दिया जाता है। इस विधि के आविष्कारक किलपैट्रिक थे। इस विधि में छात्रों को योजना के रूप में एक विषय दिया जाता है, जिसमें छात्रों को प्रत्यक्ष अनुभव प्राप्त होते हैं और अन्त में वह निष्कर्ष निकालता है। कहानी विधि तथा व्याख्यान विधि करके सीखने पर बल नहीं देती है।

83. सामाजिक अध्ययन से सम्बन्धित समसामयिक विषय का ज्ञान दिया जा सकता है *(BTET, 2011)*

(a) वाद-विवाद प्रतियोगिता द्वारा (b) प्रश्नोत्तरी प्रतियोगिता द्वारा
(c) दैनिक समाचार विश्लेषण द्वारा (d) ये सभी

व्याख्या (d) **वाद-विवाद** प्रतियोगिता, **प्रश्नोत्तरी** तथा **दैनिक समाचार विश्लेषण द्वारा** सामाजिक अध्ययन से सम्बन्धित समसामयिक विषय का ज्ञान प्राप्त किया जा सकता है। वाद-विवाद प्रतियोगिता में छात्र किसी विषय पर वाद-विवाद (तर्क-वितर्क) करके निष्कर्ष पर पहुँचते हैं। प्रश्नोत्तरी प्रतियोगिता में भी छात्र प्रश्न व उत्तर द्वारा किसी विषय पर चर्चा करते हैं। इसी प्रकार दैनिक समाचार विश्लेषण में प्रतिदिन होने वाली घटनाओं, कार्यक्रम आदि का विश्लेषण कर निश्चित निष्कर्ष पर पहुँचा जाता है।

84. अध्यापक को कक्षा-शिक्षण का प्रारम्भ करना चाहिए *(BTET, 2011)*

(a) छात्रों का हाल-चाल पूछकर
(b) पूर्व ज्ञान से सम्बन्धित प्रश्न पूछकर
(c) नए पाठ की घोषणा कर
(d) नए पाठ की विषय-वस्तु से प्रश्न पूछकर

व्याख्या (b) अध्यापक द्वारा **पूर्व ज्ञान से सम्बन्धित प्रश्न पूछकर** कक्षा-शिक्षण का प्रारम्भ करना चाहिए। इससे छात्रों के पूर्व ज्ञान का सम्बन्ध वर्तमान पाठ्य-सामग्री से स्थापित हो जाता है। बच्चे भी प्रश्नों का उत्तर उत्सुकतापूर्वक देते हैं तथा पढ़ाई जाने वाली पाठ्य-वस्तु को रुचिपूर्वक सीखते हैं।

85. सामाजिक विज्ञान के अध्यापन में ग्लोब का उपयोग आवश्यक है *(BTET, 2011)*

(a) दिन-रात का प्रत्यय समझाने के लिए
(b) पृथ्वी का आकार बताने हेतु
(c) स्थल-जल का अनुपात बताने हेतु
(d) उपरोक्त सभी

व्याख्या (d) ग्लोब पृथ्वी का प्रतिरूप होता है। यह पृथ्वी के आकार को प्रतिबिम्बित करता है। सामाजिक विज्ञान के अध्यापन में ग्लोब के निम्न उपयोग हैं—

- स्थल व जल का अनुपात बताने में।
- दिन-रात का प्रत्यय समझाने के लिए।
- मौसम परिवर्तन को बताने में।
- पृथ्वी के आकार एवं स्थिति बताने में।

86. मानचित्र एवं स्केच में मुख्य अन्तर होता है ***(BTET, 2011)***

(a) कीमत का (b) समझ का (c) पैमाने का (d) ये सभी

व्याख्या (c) किसी निश्चित पैमाने को आधार मानकर खींचा गया चित्र **मानचित्र** कहलाता है। इसमें पैमाने का प्रयोग अनिवार्य होता है।

स्केच किसी वस्तु का अस्थायी चित्र (खाका) खींचना स्केच कहलाता है। इसमें किसी पैमाने का प्रयोग नहीं किया जाता है।

87. सामाजिक विज्ञानों की शिक्षण तकनीकों में शामिल किया जा सकता है ***(PTET, 2011)***

(a) वार्तालाप गतिविधि (b) लेक्चर्स
(c) प्रोजेक्ट (d) ये सभी

व्याख्या (d) सामाजिक अध्ययन/विज्ञान की अवधारणा निरन्तर गतिशील रही है। **प्रोजेक्ट, लेक्चर्स** तथा **वार्तालाप गतिविधि** को सामाजिक विज्ञानों की शिक्षण तकनीकों में शामिल किया जाता है। लेक्चर्स में पढ़ाई जाने वाली विषय-वस्तु को छात्रों को सुनाया जाता है। यह शिक्षक केन्द्रित उपागम है। वास्तविक जीवन जैसी परिस्थितियों में पूरा किया जाने वाला तथा बालकों द्वारा आयोजित उद्देश्य युक्त कार्य प्रोजेक्ट (परियोजना) कहलाता है। वार्तालाप से छात्रों में तर्कशक्ति बढ़ती है तथा विषयों/तथ्यों को तर्क की कसौटी पर परखने का कौशल बढ़ता है।

88. एक शिक्षक को निम्न गुणों को अपनाना चाहिए ***(PTET, 2016)***

(a) अभिनय (b) अधिगम
(c) संवाद कला (d) विभिन्न भूमिका निभाने वाला

व्याख्या (d) शिक्षक भविष्य का निर्माता होता है। वह छात्रों में विभिन्न कौशलों, गुणों, सिद्धान्तों, संस्कारों आदि को विकसित करके उन्हें सही राह दिखाता है। अत: उसे **विभिन्न भूमिका निभाने वाला** व्यक्ति होना चाहिए। उसे एक अध्यापक के साथ-साथ मार्गदर्शक, परामर्शदाता, वैज्ञानिक, मनोवैज्ञानिक तथा दोस्त आदि की भी भूमिका निभानी चाहिए।

अध्याय 03

आलोचनात्मक चिन्तन का विकास

» CTET

1. एक आत्म-निर्देशित, आत्म-अनुशासित सोच जो एक उचित तरीके से गुणवत्ता के उच्चतम स्तर पर तर्क करने का प्रयास होता है, उसे कहते हैं *(CTET, 2018)*

(a) जटिल सोच (b) बुद्धिमान सोच
(c) अमूर्त सोच (d) आलोचनात्मक सोच

व्याख्या (d) धारणाओं के निर्माण तथा विचारों के अनुप्रयोगों को विस्तृत करने में **आलोचनात्मक सोच** प्रासंगिक भूमिका निभाती है। आलोचनात्मक सोच आत्म-निर्देशित, आत्म-अनुशासित सोच को उत्पन्न करती है, जो एक उचित तरीके से गुणवत्ता के उच्चतम स्तर पर तर्क करने का प्रयास करती है। आलोचनात्मक चिन्तन (सोच) में वैज्ञानिक प्रवृत्ति पाई जाती है तथा इसमें कारण-कार्य सम्बन्ध का विशेष महत्त्व होता है। यह संकल्पनाओं के निर्माण, अनुप्रयोग तथा विस्तार को बढ़ावा देता है।

2. अनुभवजन्य साक्ष्य क्या हैं? *(CTET, 2018)*

(a) अनुसन्धान के लिए एक संख्यात्मक दृष्टिकोण
(b) मैट्रिक इकाइयों में मापे गए आँकड़े
(c) आँकड़ों के संग्रह के विश्वसनीय तरीकों का उपयोग कर एकत्रित आँकड़े
(d) इन्द्रियों के माध्यम से वास्तविक दुनिया में एकत्रित आँकड़े

व्याख्या (d) अनुभवजन्य साक्ष्य **इन्द्रियों के माध्यम** से प्राप्त जानकारी है। अनुभवजन्य साक्ष्य रिकॉर्ड किए गए डेटा के रूप में अवलोकन या प्रयोग के द्वारा जानकारी प्राप्त की जा सकती है। इन्द्रियों के माध्यम से वास्तविक दुनिया में एकत्रित आँकड़े अनुभवजन्य साक्ष्य के उदाहरण हैं। वर्णन, अवलोकन, व्याख्या, प्रतिक्रिया, आलेख, लेख, प्रसिद्ध पत्रिका तथा पुस्तक इत्यादि अनुभवजन्य साक्ष्य के प्रमुख स्रोत हैं। यह सत्य का सत्यापन करता है। अनुभवजन्य साक्ष्य एक प्रयोग के परिणाम का पर्याय हो सकता है। यह तर्कवादी दृष्टिकोण से विपरीत माना जाता है।

3. निम्नलिखित कथनों पर विचार कीजिए। *(CTET, 2018)*

1. **आलोचनात्मक सोच धारणाओं के निर्माण तथा विचारों के अनुप्रयोग और विस्तार को बढ़ावा देती है।**
2. **यह दूसरों के तर्कों और विश्वासों को समझने और मूल्यांकन करने में सहायता नहीं करती**

कूट

(a) 1 असत्य है और 2 सत्य है (b) 1 और 2 दोनों असत्य हैं
(c) 1 और 2 दोनों सत्य हैं (d) 1 सत्य है और 2 असत्य है

व्याख्या (d) आलोचनात्मक चिन्तन अच्छे निर्णय के लिए कौशलयुक्त तथा उत्तरदायित्वपूर्ण सोच है। यह व्यक्तिगत क्षमता तथा विविधता की पोषक होती है। आलोचनात्मक सोच या विचार से धारणाओं के निर्माण तथा विचारों के अनुप्रयोग विस्तार को बढ़ावा मिलता है। इससे दूसरों के तर्कों, तथ्यों, विचारों व विश्वासों को समझने में सहायता मिलती है। आलोचनात्मक सोच से विचारों व तथ्यों का आकलन किया जा सकता है तथा इससे निकलने वाले परिणाम सटीक व समग्र होते हैं। इसके अतिरिक्त इससे नए-नए विचारों का सृजन भी होता है। अत: कथन 1 सत्य है, जबकि कथन 2 असत्य है।

4. पाठांत प्रश्नों का सबसे उपयुक्त उपयोग है *(CTET, 2016)*

(a) परीक्षा के लिए प्रश्न सुझाना
(b) अध्याय से महत्त्वपूर्ण भागों की पहचान करना
(c) सीखे हुए को समझने में तथा अपने शब्दों में व्यक्त करने में विद्यार्थियों को सक्षम बनाना
(d) विद्यार्थियों के लिए अध्याय का सारांश प्रस्तुत करने में शिक्षकों की सहायता करना

व्याख्या (c) पाठांत प्रश्नों का मुख्य उद्देश्य छात्रों द्वारा **सीखे हुए ज्ञान को समझने में तथा अपने शब्दों में व्यक्त करने में** सक्षम बनाना है। पाठांत प्रश्न ऐसे प्रश्न होते हैं, जो पुस्तक में अध्यायों के बीच-बीच एवं अन्त में दिए होते हैं, जिनमें कथाओं, चित्रों तथा अनुभव को विषय-वस्तु का आधार बनाया जाता है। अध्याय के बीच में आने वाले प्रश्न का उपयोग करते हुए शिक्षक यह भी आकलन कर सकता है कि बच्चों ने विषय-वस्तु को कितना सीखा है?

5. किसी ऐतिहासिक वर्णन का चुनाव करते समय निम्नलिखित में से किस उद्देश्य पर विचार किया जाना चाहिए? *(CTET, 2016)*

(a) कारणात्मक सम्बन्ध और निष्कर्ष स्थापित करना
(b) मूल्यपरक निर्णय देना
(c) लोकप्रिय घटनाओं को उजागर करना
(d) प्रसिद्ध व्यक्तियों का मूल्यवर्धन करना

व्याख्या (a) ऐसे वर्णन में शिक्षक को विषय का सम्पूर्ण ज्ञान होना चाहिए, तभी वह विषय का **कारणात्मक सम्बन्ध तथा निष्कर्ष निकाल सकता है**। जब अध्यापक किसी विषय को पढ़ाता है, तो उसे विषय का वर्णन करते समय उसके पढ़ाने का कारण तथा विषय का निष्कर्ष ज्ञात होना चाहिए। ऐतिहासिक वर्णन में शिक्षक किसी विषय के इतिहास (भूतकाल) का वर्णन करता है।

6. 'कल्पना कीजिए कि आपको श्रीरंगपट्टनम के युद्ध और टीपू सुल्तान की मौत के बारे में खबर देने वाले दो पुराने अखबार मिलते हैं। एक अखबार ब्रिटेन का है और दूसरा मैसूर का है। दोनों अखबारों के लिए इन घटनाओं के बारे में एक-एक सुर्खी लिखिए।
कक्षा 8 के इतिहास की पाठ्य-पुस्तक में इस क्रियाकलाप को शामिल करने का क्या कारण है? *(CTET, 2015)*

(a) ब्रिटेन द्वारा राज्य में मिलाए जाने का अभिलेख तैयार करना
(b) लोगों को ब्रिटिश नीतियों के बारे में बताना
(c) विद्यार्थियों में लिखने के कौशल को विकसित करना
(d) विद्यार्थियों में विचारों की विविधता की अवधारणा को विकसित करना

व्याख्या (d) कक्षा 8 की इतिहास की पाठ्य-पुस्तक में उपरोक्त क्रियाकलाप को शामिल करने का मुख्य कारण **विद्यार्थियों में विचारों की विविधता की अवधारणा को विकसित करना है।** अखबार सूचना देने का साधन माना जाता है और छात्र उससे विविध सूचनाएँ प्राप्त करता है। इसके द्वारा छात्रों में अवधारणा का विकास होता है।

7. सामाजिक विज्ञान पर निम्नलिखित में से एक उचित और अर्थपूर्ण दत्त अभ्यास को चुनिए *(CTET, 2015)*

(a) पाठ्य-पुस्तकों में से सही उत्तर ढूँढ़ना
(b) पिछले वर्ष का अभ्यास
(c) अवधारणाओं के परीक्षण का एक मौलिक अभ्यास
(d) पठन सामग्री का सार

व्याख्या (a) छात्रों को दिए जाने वाले अर्थपूर्ण दत्त अभ्यास में **पाठ्य-पुस्तकों में से सही उत्तर ढूँढ़ना** सबसे उपयुक्त है। सामाजिक विज्ञान विषय में ऐसे अभ्यास कार्य छात्रों के लिए आसान होते हैं। सामाजिक विज्ञान में पाठ्य-पुस्तकों का उद्देश्य बहुत ही व्यापक होता है। ये छात्रों में समझ का विकास करती हैं। ऐसे अभ्यास कार्य को छात्र रुचिपूर्वक करते हैं।

8. समता के बारे में पढ़ाने के लिए, निम्नलिखित में से सर्वाधिक उपयुक्त पद्धति कौन-सी है? *(CTET, 2014)*

(a) व्याख्यान देना
(b) परियोजना देना
(c) गरीबी और पूँजीवाद के विचारों से सम्बन्धित कार्य-क्षेत्र देना
(d) समता को बढ़ावा देने के लिए संवैधानिक प्रावधानो को उभारना

व्याख्या (c) शिक्षक द्वारा छात्रों को **गरीबी और पूँजीवाद के विचारों से सम्बन्धित कार्य-क्षेत्र देना**, उन्हें समता के बारे में पढ़ाने के लिए सर्वाधिक उपयुक्त पद्धति है। समता का अर्थ समान दृष्टिकोण रखने से होता है। समाज में अमीर व्यक्ति (पूँजीवाद) गरीब व्यक्ति को शोषण, हीनभावना, असमानता आदि द्वारा निम्न मानता है। छात्र में इन्हीं विचारों द्वारा समता के बारे में समझ विकसित होती है।

9. निम्नलिखित में से कौन-सा सृजनात्मक चिन्तन का अनिवार्य गुण है? *(CTET, 2014)*

(a) अभिसारी (b) उत्पादक
(c) मनन (d) निगमन

व्याख्या (b) **उत्पादकता,** सृजनात्मक चिन्तन की मुख्य विशेषता है। यह एक ऐसा गुण है, जिसमें बालक किसी नई वस्तु/पदार्थ का सृजन या उत्पादन करता है। इसके अभाव में बालक निर्माणकारी कार्य नहीं कर सकता है। उत्पादकता छात्र के सृजनात्मक चिन्तन की उपज होती है। इसके अभाव में उसकी सृजनात्मकता का विकास नहीं हो पाता है।

10. निम्नलिखित में से कौन-सा कथन सामाजिक विज्ञान शिक्षण में प्रभावकारी चिन्तन व्यवहार के सन्दर्भ में सत्य है? *(CTET, 2014)*

(a) चिन्तन को सैद्धान्तिक ढाँचे की ऐसी कड़ियों को निकाल देना चाहिए, जो पूछताछ करने तथा समस्या-समाधान को सीमित करती हों
(b) अध्यापक को विश्वास तथा प्रत्येक अधिगम स्थिति के प्रति नमनीय वातावरण का निर्माण करना चाहिए
(c) समवयस्क-शिक्षण ध्यान से करना चाहिए, क्योंकि इससे शिक्षण-विद्यार्थियों की अपनी वैचारिक क्षमता प्रभावित होती है
(d) चिन्तन प्रक्रिया को ऐसे विद्यार्थियों के निवेश को नकार देना चाहिए, जो कक्षा में अनुशासन के लिए शिक्षण पद्धति को चुनौती देते हैं

व्याख्या (b) सामाजिक विज्ञान के शिक्षण में प्रभावकारी चिन्तन व्यवहार के सन्दर्भ में **अध्यापक को विश्वास तथा प्रत्येक अधिगम स्थिति के प्रति नमनीय वातावरण का निर्माण करना चाहिए।** प्रभावकारी चिन्तन व्यवहार में अध्यापक को छात्रों को पाठ्य-वस्तु सिखाने के लिए ऐसे वातावरण का निर्माण करना चाहिए, जिससे छात्रों को अधिकतम अधिगम प्राप्त हो। अध्यापक को सैद्धान्तिक पक्ष पर बल न देकर व्यावहारिक पक्ष पर बल देना चाहिए। अध्यापक को छात्रों की अधिगम क्षमता का भी ध्यान रखना चाहिए।

11. सूचना को छोटे-छोटे भागों में बाँटकर, अंश तथा पूर्ण में सम्बन्ध स्थापित करने की योग्यता ...... है। *(CTET, 2014)*

(a) विश्लेषण करना (b) स्मरण रखना
(c) बोध (d) प्रयोग करना

व्याख्या (a) **विश्लेषण** करना के अन्तर्गत सूचना को छोटे-छोटे भागों में बाँटकर, अंश तथा पूर्ण में सम्बन्ध स्थापित किया जाता है। इससे पाठ्य-पुस्तक को सीखने में आसानी रहती है। किसी पाठ्य-वस्तु को सम्पूर्ण में न सीखकर छोटे-छोटे भागों में बाँटकर सीखा जाता है। ज्ञान की समझ को बोध के अन्तर्गत रखा जाता है। स्मरण का अर्थ याद रखने से लगाया जाता है।

12. निम्नलिखित में से ...... के अतिरिक्त सभी सृजनात्मक चिन्तन के अभिलक्षण हैं। *(CTET, 2013)*

(a) दी गई समस्या के लिए सदा ठीक-ठीक उत्तर देने की सामर्थ्य
(b) विभिन्न स्रोतों से संश्लेषण
(c) किसी समस्या को हल करने हेतु कल्पनाशील व लचीली विधि का उपयोग
(d) अर्थपूर्ण व विचारशील निर्णय लेने की क्षमता

व्याख्या (a) सृजनात्मक चिन्तन के अन्तर्गत ऐसे चिन्तन से बोध होता है, जो किसी नई वस्तु/सोच का सृजन करे। *सृजनात्मक चिन्तन की निम्न विशेषताएँ होती हैं*

- किसी समस्या को हल करने हेतु कल्पनाशील व लचीली विधि का उपयोग करना।
- अर्थपूर्ण एवं विचारशील निर्णय लेने की क्षमता विकसित करना।
- इसमें विभिन्न स्रोतों से संश्लेषण किया जाता है।

13. लोकतान्त्रिक राजतन्त्र पढ़ाते समय सामाजिक विज्ञान की शिक्षिका अपनी कक्षा से बातचीत करने के लिए स्थानीय कॉलेज से राजनीति विज्ञान के विशेषज्ञ को आमन्त्रित करती है। इससे पहले कि विशेषज्ञ उसकी कक्षा से बातचीत करे, शिक्षिका को निम्नलिखित में से किसकी साझेदारी उनके साथ करनी चाहिए? *(CTET, 2012)*

(a) कक्षा में कुछ ऐसे विद्यार्थी हैं, जो आरक्षित श्रेणियों से सम्बन्धित हैं
(b) इस प्रकरण के लिए अनुदेशनात्मक उद्देश्य
(c) कक्षा के लिए प्रस्तावित पाठ्य-पुस्तक
(d) इस प्रकरण पर आधारित आकलनों का प्रकार

व्याख्या (b) लोकतान्त्रिक राजतन्त्र पढ़ाने से पहले शिक्षिका को छात्रों को **अनुदेशनात्मक कार्य** देना चाहिए, तभी वे प्रकरण से अधिकतम ज्ञान प्राप्त कर सकते हैं। शिक्षिका को यह सब विशेषज्ञ के विचार व्यक्त करने से पूर्व करना चाहिए। अनुदेशनात्मक कार्य/सूचना मिलने से छात्र प्रकरण को अच्छी प्रकार समझकर अधिगमित कर लेंगे।

14. एक शिक्षक-शिक्षिका कृषि के तरीकों को स्पष्ट करते हुए भारत और संयुक्त राज्य अमेरिका के कृषि-तरीकों से जुड़े केस-अध्ययनों पर चर्चा करता/करती है। वह सीखने के किस पहलू पर बल दे रहा/रही है? *(CTET, 2012)*

(a) बेहतर परियोजना बनाने की योग्यता
(b) मूर्त उदाहरणों के माध्यम से तुलना और अन्तर करते हुए सीखने की योग्यता
(c) संकल्पना को समझने की योग्यता
(d) निर्वचन और व्याख्या करने की योग्यता

व्याख्या (b) एक शिक्षक कृषि के तरीकों को स्पष्ट करते हुए भारत और संयुक्त राज्य अमेरिका के कृषि तरीकों से जुड़े केस अध्ययनों पर चर्चा करता है। वह छात्रों में **मूर्त उदाहरणों** के माध्यम से तुलना और अन्तर करते हुए सीखने की योग्यता का विकास कर रहा है। केस अध्ययन में किसी व्यक्ति/विषय पर व्यक्तिगत रूप से गहन अध्ययन किया जाता है और समस्या का निदान किया जाता है। छात्र मूर्त उदाहरणों (वास्तविक उदाहरण) से अधिक सीखते हैं।

15. 'सामाजिक समानता' पढ़ाते हुए शिक्षण का सबसे उपयुक्त उपागम क्या होना चाहिए? *(CTET, 2012)*

(a) समुदायों से अनुभवों के दृष्टान्त देना, जो बच्चे का सामाजिक और सांस्कृतिक परिवेश बनाते हैं
(b) अस्पृश्यता के व्यवहार की विस्तार से व्याख्या करना
(c) संकल्पना को व्याख्यायित करना, जैसा पाठ्य-पुस्तक में वर्णन किया गया है
(d) 'सामाजिक समानता' से जुड़ी पाठ्य-सामग्रियों की समीक्षा के लिए विद्यार्थियों को परियोजना-कार्य देना

व्याख्या (a) बच्चा परिवार में जन्म लेता है और समाज में रहकर अनेक बातें सीखता है। समाज से ही वह अनुभव प्राप्त करता है। समाज के विभिन्न समुदायों से बच्चा विविध कार्य करना सीखता है। वह सामाजिक समानता के बारे में समाज में रहकर ही जान पाता है। सामाजिक समानता में समाज के प्रत्येक व्यक्ति को समान महत्त्व प्रदान किया जाता है। वह समाज में अनेक क्रियाकलापों को देखता है और सीखता है। इस प्रकार अध्यापक को समाज के विभिन्न समुदायों के उदाहरण देकर छात्र को सामाजिक समानता के बारे में बताना चाहिए।

16. इनमें से कौन-से प्रश्न विद्यार्थियों के आलोचनात्मक (तार्किक) चिन्तन को विकसित नहीं करेंगे? *(CTET, 2011)*

(a) मुक्त-उत्तर वाले प्रश्न
(b) अन्वेषणात्मक (प्रोविंग) प्रश्न
(c) अभिसारी प्रश्न
(d) बन्द-उत्तर वाले प्रश्न

व्याख्या (d) **बन्द-उत्तर वाले प्रश्न** विद्यार्थियों के आलोचनात्मक चिन्तन को विकसित नहीं करते हैं। बन्द उत्तर वाले प्रश्न निश्चित नियमों, सिद्धान्तों आदि से बँधे होते हैं और इनका एक ही निश्चित उत्तर होता है। इनसे स्वतन्त्र रूप से चिन्तन या विश्लेषण नहीं किया जा सकता है। *विद्यार्थियों के आलोचनात्मक चिन्तन को निम्न प्रकार के प्रश्न विकसित करेंगे*

- **मुक्त उत्तर वाले प्रश्न** इस प्रकार के प्रश्न नियमों, सिद्धान्तों आदि से मुक्त रहते हैं। इनका स्वतन्त्र रूप से चिन्तन एवं विश्लेषण किया जा सकता है।
- **अन्वेषणात्मक** (प्रोविंग) प्रश्न इस प्रकार के प्रश्न खोज सम्बन्धी होते हैं। इनसे भी स्वतन्त्र एवं विश्लेषण किया जा सकता है।
- **अभिसारी प्रश्न** इन प्रश्नों में दिए गए तथ्यों के आधार पर व्यक्ति किसी निष्कर्ष पर पहुँचने का प्रयत्न करता है।

17. एक शिक्षिका/शिक्षक-प्रशिक्षणार्थ इस प्रकार एक अनुदेशनात्मक उद्देश्य लिखता/लिखती है–"विद्यार्थी लोकतन्त्र का अर्थ समझने योग्य हो पाएँगे।" यह उद्देश्य किस क्षेत्र में आता है? *(CTET, 2011)*

(a) विश्लेषण (b) कौशल (c) संश्लेषण (d) बोधन

व्याख्या (d) **बोधन** का अर्थ किसी पाठ्य-वस्तु की समझ (ज्ञान) से होता है। यह ज्ञानात्मक संकल्पना होती है। बच्चा बोधन में ज्ञान का सृजन करता है। बोधन अनुदेशनात्मक उद्देश्य के अन्तर्गत आता है। विश्लेषण में पाठ्य-वस्तु को छोटे-छोटे भागों में बाँटकर अध्ययन किया जाता है। संश्लेषण विश्लेषण के विपरीत होता है। कौशल किसी विशेष योग्यता को प्राप्त करने की क्षमता होती है।

18. निम्नलिखित में से कौन-सा प्रश्न विद्यार्थियों के आलोचनात्मक (तार्किक) **चिन्तन कौशल को विकसित करने में सहायता करेगा?** *(CTET, 2011)*

(a) 'महिलाओं के कार्य पर दोगुना बोझ' पर टिप्पणी कीजिए
(b) प्रदूषण को नियन्त्रित करने के लिए सरकार द्वारा किए जाने वाले दो उपायों को लिखिए
(c) भारतीय स्वास्थ्य और भारतीय शिक्षा में सरकार की क्या भूमिका है?
(d) 'सभी संक्रामक रोग जल जनित होते हैं।' सत्य अथवा असत्य बताइए

व्याख्या (a) आलोचनात्मक चिन्तन का शाब्दिक अर्थ है—आलोचना के साथ चिन्तन करना अर्थात् किसी भी विचार, अर्थ तथा अवधारणा आदि के पक्ष तथा विपक्ष पर विचार करना। आलोचनात्मक चिन्तन वैज्ञानिक पद्धति पर आधारित होता है। इसमें गुण व दोष का निष्पक्ष मूल्यांकन किया जाता है। आलोचनात्मक चिन्तन संकल्पनाओं के निर्माण, अनुप्रयोग तथा विस्तार को बढ़ा देता है। इस प्रकार प्रश्न **महिलाओं के कार्य पर दोगुना बोझ** पर टिप्पणी कीजिए, आलोचनात्मक चिन्तन कौशल को विकसित करने में सहायता करता है।

19. अन्तर्वैयक्तिक बुद्धि से तात्पर्य है *(CGTET, 2016)*

(a) स्वयं की क्षमताओं एवं कमजोरियों की पहचान करना
(b) दूसरों को अभिप्रेरित करने का कौशल
(c) विभिन्न व्यक्तियों को समझने का कौशल
(d) दूसरों के साथ बातचीत करने का कौशल

व्याख्या (c) **विभिन्न व्यक्तियों को समझने का कौशल** अन्तर्वैयक्तिक बुद्धि से प्राप्त किया जा सकता है। यह बुद्धि एक व्यक्ति की कमजोरी को पहचानकर उसे समझने का प्रयास करती है। यह बुद्धि प्रत्येक व्यक्ति में सामान्य रूप से होती है।

20. परीक्षा में विद्यार्थियों से किस प्रकार के प्रश्न पूछने चाहिए? *(CGTET, 2016)*

(a) स्मृति एवं समझ आधारित
(b) वस्तुनिष्ठ एवं विषयगत
(c) समझ एवं अनुप्रयोग आधारित
(d) केवल वस्तुनिष्ठ

व्याख्या (b) परीक्षा में विद्यार्थियों से **वस्तुनिष्ठ एवं विषयगत** प्रकार के प्रश्न पूछने चाहिए, क्योंकि इस प्रकार के प्रश्नों से विद्यार्थियों में ज्ञान, समझ तथा स्मृति आदि का विकास होता है। विषयगत प्रश्न लिखित या मौखिक पूछे जाते हैं, जबकि वस्तुनिष्ठ प्रश्नों की रचना अध्यापक अपने अनुभवों के आधार पर उद्देश्यों एवं आवश्यकताओं की पूर्ति हेतु करता है।

21. कक्षा में शिक्षण कार्य होना चाहिए *(PTET, 2016)*

(a) गहन (b) एक पक्षीय
(c) पारस्परिक क्रिया द्वारा (d) सरल

व्याख्या (c) कक्षा में शिक्षण कार्य **पारस्परिक क्रिया द्वारा** होना चाहिए। बच्चे कक्षा में शिक्षक के साथ अन्त: क्रिया करते हैं, जिससे आपसी समझ का विकास होता है। पारस्परिक क्रिया द्वारा बच्चे पाठ्य-वस्तु को उत्साहपूर्वक व रुचिपूर्ण तरीके से सीखते हैं।

अध्याय 04

पूछताछ/अनुभव साक्ष्य

CTET

1. आगमनात्मक अधिगम निम्नलिखित में से किस विधा का विरोधाभासी है? *(CTET, 2018)*
(a) संरचनात्मक प्रशिक्षण
(b) अनुकरण
(c) निपुणात्मक अधिगम
(d) व्याख्यात्मक शिक्षण

व्याख्या (d) आगमनात्मक अधिगम विधि के अन्तर्गत विशेष तथ्यों तथा घटनाओं के निरीक्षण तथा विश्लेषण द्वारा सामान्य नियमों अथवा सिद्धान्तों का निर्माण किया जाता है। **व्याख्यात्मक शिक्षण** आगमनात्मक अधिगम का विरोधाभासी माना जाता है। इस विधि में सबसे पहले विषय-वस्तु के साक्ष्यों तथा तथ्यों के बारे में जाना जाता है, तत्पश्चात् विश्लेषण कर अवधारणा का निर्माण किया जाता है। अनुकरणीय अधिगम के अन्तर्गत अनुकरण करके सीखा जाता है। निपुणात्मक अधिगम के द्वारा कुशलता से सम्बन्धित अधिगम प्रणाली को महत्त्व दिया जाता है, ताकि बालक को अमुक कार्य में निपुण बनाया जा सके।

2. लोकतान्त्रिक संस्थाओं की समझ को विकसित करने के लिए निम्नलिखित में से सबसे उचित पाठ्यक्रम सम्बन्धी उपागम को चुनिए *(CTET, 2016)*
(a) आदर्श स्थितियों को दर्शाना
(b) वास्तविक स्थितियों के साथ आदर्श स्थिति के उदाहरणों को प्रस्तुत करना
(c) मुख्य रूप से राष्ट्र स्तरीय उदाहरणों को प्रस्तुत करना
(d) शिक्षार्थियों को कठोर वास्तविक स्थितियों से परिचित करना

व्याख्या (b) **वास्तविक स्थितियों के आदर्श स्थिति के उदाहरणों को प्रस्तुत करना,** लोकतान्त्रिक संस्थाओं की समझ को विकसित करने के लिए सबसे उचित पाठ्यक्रम सम्बन्धी उपागम है। वास्तविक उदाहरण के साथ आदर्श उदाहरणों को सम्मिलित करने से बच्चे स्वयं को उन उदाहरणों के साथ जोड़ लेते हैं, जिस कारण उनमें लोकतन्त्र की समझ विकसित होती है।

3. आप ऐतिहासिक कल्पना पर प्रश्न क्यों पूछेंगे? निम्नलिखित में से सबसे उचित विकल्प को चुनिए *(CTET, 2016)*
(a) यह दर्शाता है कि इतिहासकार इतिहास में अपनी कल्पना के साथ कैसे अन्तरों को पूरा करता है?
(b) यह तिथि और घटनाओं को याद रखने का रोचक तरीका है
(c) यह वर्तमान की अतीत के साथ तुलना करने में प्रोत्साहित करता है
(d) यह स्रोतों को पहचानने में शिक्षार्थियों की योग्यता को मूल्यांकित करता है

व्याख्या (c) ऐतिहासिक कल्पना पर प्रश्न पूछने से **यह वर्तमान की अतीत के साथ तुलना करने के लिए प्रोत्साहित करता है।** सामाजिक विज्ञान समाज के आर्थिक, धार्मिक, राजनीतिक, सांस्कृतिक आदि पक्षों के अध्ययन पर बल देता है। इसमें इतिहास की वर्तमान से तुलना करके सटीक निष्कर्ष निकाला जाता है। इससे बच्चों में ऐतिहासिक कल्पना का विकास होता है।

4. उच्च प्राथमिक स्तर पर, निम्नलिखित कथनों में से कौन-सा कथन सामाजिक विज्ञान का सही वर्णन करता है? *(CTET, 2016)*
(a) यह ऐसे तथ्यों से भरपूर है, जिन्हें याद रखना जरूरी है
(b) यह विवेचनात्मक सोच और कल्पनाशीलता को प्रेरित करता है
(c) यह कम वैज्ञानिक है और धारणाओं पर आधारित है
(d) यह वास्तविक जीवन और रोजगार दिलाने के लिए उपायेगी नहीं है

व्याख्या (b) सामाजिक अध्ययन/विज्ञान से तात्पर्य अध्ययन के उन क्षेत्रों से है, जो मानव को उनके सामाजिक सम्बन्धों के सन्दर्भ में समझने में सहायता करते हैं। सामाजिक विज्ञान से छात्रों में रुचि, अभिरुचि तथा मूल्य आदि गुणों का विकास होता है। **यह विवेचनात्मक सोच और कल्पनाशीलता को प्रेरित करता है।** सामाजिक विज्ञान समाज के सक्रिय, जिम्मेदार और चिन्तनशील सदस्य के रूप में समर्थ बनाने तथा विविध मतों, जीवन शैलियों और सांस्कृतिक रीति-रिवाजों का सम्मान करना सिखाता है।

5. एक शिक्षक अनुभव करता है कि उच्च प्राथमिक स्तर पर विषय का सुझाव दीजिए, जो इस समस्या का समाधान करे *(CTET, 2016)*
(a) ऐसी विषय वस्तुएँ विकसित करे, जो विषय की सीमाओं को पार करके कई प्रत्ययों को सिखा सके
(b) क्रियाकलाप छोड़ दे, क्योंकि उनका परीक्षण नहीं होता
(c) प्रत्येक अध्याय से महत्त्वपूर्ण क्षेत्रों की पहचान कर उन पर नोट्स लिखवाए
(d) सारे पाठ्यक्रम को जल्दी-जल्दी पढ़ा दे

व्याख्या (c) उच्च प्राथमिक स्तर पर विषय का सुझाव देने के लिए शिक्षक को **प्रत्येक अध्याय से महत्त्वपूर्ण क्षेत्रों की पहचान करके उन पर उपयोगी नोट्स लिखवाने चाहिए।**

शिक्षक कक्षा में जो भी पढ़ाता है, उससे सम्बन्धित कार्य छात्रों को देना चाहिए, इससे उनकी लेखन क्षमता और विचार शक्ति का विकास होगा। इस स्तर पर सामाजिक विज्ञान की विषय-वस्तु इतिहास, भूगोल, राजनीति विज्ञान तथा अर्थशास्त्र आदि विषयों से ली जानी चाहिए।

6. जब विभिन्न सन्दर्भों में रहने वाले दो व्यक्तियों की स्थितियों पर कोई वर्णन दिया जाता है, तब सामाजिक विज्ञान के शिक्षक को अपने विद्यार्थियों को प्रोत्साहित करने का प्रयास करना चाहिए, जिसमें कि वे ***(CTET, 2016)***

(a) उनमें से आदर्श पात्र की पहचान करें
(b) उनमें जाति/वर्ग/लिंग विभेद करें
(c) उस वर्णन के बारे में मूल्यपरक निर्णय करें
(d) उनके माध्यम से प्रस्तुत सूचना का परीक्षण करें

व्याख्या (c) विद्यार्थियों को प्रोत्साहित करने के लिए सामाजिक विज्ञान के शिक्षक को विभिन्न सन्दर्भों में रहने वाले दो व्यक्तियों की स्थितियों का वर्णन करते समय **मूल्यपरक निर्णय** पर ध्यान देना चाहिए। सामाजिक विज्ञान समाज से सम्बन्धित होने के कारण यह लोगों के उत्तरदायित्व, भावना, स्वतन्त्रता तथा विश्वास आदि से सम्बन्धित होता है। इसलिए सामाजिक अध्ययन के शिक्षण में ऐसे उपागम को अपनाना चाहिए, जिससे छात्रों में तर्कशीलता, विश्लेषण तथा मूल्यों का विकास हो।

7. आप 'नए राज्य' पाठ में 'चोल' विषय पढ़ा रहे हैं। पाठ के अन्त में चीन के तांग राजवंश पर सूचना दी गई है। (कक्षा VII, हमारे अतीत II, पृष्ठ संख्या 28)। सामाजिक विज्ञान के शिक्षक होने के नाते इस पर विचार-विमर्श करते समय आपका शैक्षिक विचार क्या होगा? ***(CTET, 2016)***

(a) विद्यार्थियों को रोचक तथ्यों के प्रति जागरूक करना
(b) विद्यार्थियों को चीन के अतीत पर कल्पना करने का अवसर प्रदान करना
(c) विभिन्न समाजों में ऐतिहासिक विकास की तुलना करना
(d) विद्यार्थियों को विश्व इतिहास से परिचित कराना

व्याख्या (b) सामाजिक विज्ञान के शिक्षक को योग्य तथा कुशल प्रशिक्षित होना चाहिए, साथ ही शिक्षक को तार्किक तथा विचारशील भी होना चाहिए। तांग राजवंश चीन का एक प्रमुख राजवंश था, इसकी राजधानी शिआन थी। इस प्रकार सामाजिक विज्ञान के शिक्षक होने के नाते शिक्षक को **विद्यार्थियों को चीन के अतीत पर कल्पना करने का अवसर प्रदान करना चाहिए।** ऐसा करने से छात्र चीन के अतीत के बारे में वर्णन करने में समक्ष हो सकेंगे।

8. उच्च प्राथमिक स्तर की सामाजिक विज्ञान की कक्षा में लैंगिक भूमिका पर विद्यार्थियों की बातचीत को प्रोत्साहित करने के लिए सबसे उत्तम विधि निम्नलिखित में से कौन-सी है? ***(CTET, 2016)***

(a) प्रदर्शनी में जाना
(b) विद्यार्थियों द्वारा इण्टरनेट में ढूँढ़ना
(c) अनुभवों पर निर्देशित चर्चा
(d) विशेषज्ञ द्वारा व्याख्यान

व्याख्या (c) **अनुभवों पर आधारित या निर्देशित चर्चा** कराकर लैंगिक भूमिका पर विद्यार्थियों को बातचीत के लिए प्रोत्साहित किया जा सकता है। ऐसी चर्चा अनुभवों पर आधारित होती है, जिसको शिक्षक निर्देशित करता है। इसमें बच्चे अपने पूर्वज्ञान को आधार बनाकर चर्चा करते हैं और विषय की पूर्णत: तर्कशीलता के साथ चर्चा करते हैं। इसमें वे अपने साथ घटित घटनाओं को भी प्रस्तुत करते हैं।

9. कक्षा VI की इतिहास की पाठ्य-पुस्तक के प्रत्येक पाठ की शुरुआत एक युवा लड़की या लड़के के द्वारा की गई है। आपके विचार में पाठ्य-पुस्तक निर्माता द्वारा यह रणनीति क्यों अपनाई गई है? ***(CTET, 2015)***

(a) यह दिखाना कि लड़के एवं लड़कियाँ इतिहास का अध्ययन कर सकते हैं
(b) यह बताना कि प्रस्तावना कैसे दी जा सकती है?
(c) पाठ की विषय-वस्तु का मूल्यांकन करना
(d) विद्यार्थियों में पूछताछ तथा खोज की भावना को विकसित करना

व्याख्या (d) **विद्यार्थियों में पूछताछ तथा खोज की भावना को विकसित करने के लिए** पाठ्य-पुस्तक की शुरुआत एक युवा लड़की या लड़के द्वारा कराता है। ऐसा करने से बच्चों में रुचि उत्पन्न होती है और वे उत्साहपूर्वक पाठ को पढ़ते हैं और सीखते हैं। सामाजिक अध्ययन की पाठ्य-पुस्तक तथा पाठ्यक्रम का उद्देश्य बहुत ही व्यापक होता है। इसका उद्देश्य केवल विद्यार्थियों का ज्ञान बढ़ाना ही नहीं है वरन् उनमें समझ का विस्तार करना भी है।

10. लोकतान्त्रिक संस्थाओं के प्रति विद्यार्थियों में दोषदर्शिता को रोकने के लिए निम्नलिखित में से कौन-से दो विकल्प सबसे उचित होंगे ***(CTET, 2015)***

1. **आदर्श कार्यप्रणाली एवं सिद्धान्तों पर बल देना।**
2. **संस्थानों के बदलाव में असम्भावनाओं को इंगित करना।**
3. **सामाजिक विषमता की अपरिहार्यता पर बल देना।**
4. **जागरूक जनता की भूमिका को इंगित करना।**

कूट

(a) 3 और 4 दोनों
(b) 2 और 4 दोनों
(c) 1 और 2 दोनों
(d) 1 और 4 दोनों

व्याख्या (d) लोकतान्त्रिक संस्थाओं के प्रति विद्यार्थियों में दोषदर्शिता को रोकने के लिए शिक्षक को या संस्था निर्माताओं को आदर्श कार्य-प्रणाली एवं सिद्धान्तों तथा जागरूक जनता की भूमिका पर बल देना चाहिए। आदर्शवादी कार्य-प्रणाली से विद्यार्थी अपने जीवन के आदर्श (मॉडल) को स्थापित करते हैं और अपने जीवन में नियमों का पालन करने लगते हैं। इस प्रकार जनता का जागरूक होना भी लोकतान्त्रिक महत्त्व को बल प्रदान करता है। जागरूक जनता समाज और नवयुवकों को सद्मार्ग पर चलने के लिए प्रेरित करती है।

11. सामाजिक विज्ञान में निम्नलिखित में से कौन-सी शिक्षण पद्धति सबसे अधिक प्रभावी है, जिसे शिक्षकों को प्रयोग करना चाहिए? *(CTET, 2014)*

(a) बार-बार परीक्षा देने से यह सुनिश्चित करना कि शिक्षार्थी विषय-वस्तु को सीख गए हैं
(b) उदार भाव से ग्रेड देना
(c) शिक्षार्थियों को आलोचनात्मक और विचारोत्तेजक गतिविधियों में शामिल करना
(d) गृहकार्य देना

व्याख्या (c) सामाजिक विज्ञान के शिक्षण कार्य को शिक्षक विभिन्न विधियों द्वारा सफल बनाने का प्रयास करता है। शिक्षक को कक्षा में **विद्यार्थियों को सबसे अधिक प्रभावित करने के लिए आलोचनात्मक तथा विचारोत्तेजक गतिविधियों में शामिल करना चाहिए।** वाद-विवाद, संवाद, समस्या-समाधान विधि, परियोजना विधि आदि विधियाँ आलोचनात्मक गतिविधियाँ हैं, जो विद्यार्थियों में तर्क-वितर्क द्वारा आपसी समझ का विकास करती हैं।

12. सामाजिक विज्ञान की कक्षा में अवधारणाओं को स्पष्ट करते समय जब एक शिक्षक वैयक्तिक अनुभवों का प्रयोग करता है, तो वह *(CTET, 2014)*

(a) पाठ को भागीदार (दिलचस्प) बनाने वाला बनता है
(b) शिक्षार्थियों की ऊर्जा का सारणीकरण करता है
(c) उनकी स्थानीय वास्तविकता को वैश्विक सन्दर्भों के साथ जोड़ने की योग्यता को बढ़ावा देता है
(d) शिक्षार्थियों में भाषिक और सांस्कृतिक विविधता का ध्यान करता है

व्याख्या (c) जब एक शिक्षक सामाजिक विज्ञान की वैयक्तिक अनुभवों का प्रयोग कक्षा में अवधारणाओं को स्पष्ट करने के लिए करता है, तो वह **विद्यार्थियों की स्थानीय वास्तविकता को वैश्विक सन्दर्भों के साथ जोड़ने की योग्यता को बढ़ावा देता है।** अवधारणाओं की समझ को विकसित करने के लिए यह आवश्यक है कि शिक्षक को शिक्षण कार्य करते समय विद्यार्थियों के समक्ष ऐसे उदाहरणों को प्रस्तुत करना चाहिए, जो स्थानीय हों तथा उनका सम्बन्ध सम्पूर्ण विश्व से जुड़ा हो। ये उदाहरण व्यक्तिगत होने चाहिए।

13. निम्नलिखित में से कौन-सा सामाजिक विज्ञान की कक्षा में प्रगतिशील शिक्षा का आयाम है? *(CTET, 2014)*

(a) शिक्षार्थियों को अलग करना (b) प्रकार्यात्मक वृद्धि
(c) परीक्षा में अंक लाने पर बल देना
(d) बहुलता और विविधता के लिए सम्मान

व्याख्या (d) सामाजिक विज्ञान की अवधारणा निरन्तर गतिशील रही है। सामाजिक विज्ञान की कक्षा में विभिन्न उपागमों का उपयोग किया जाता है। इनमें प्रगतिशील शिक्षा के आयाम में **बहुलता और विविधता के लिए सम्मान** किया जाता है। बहुलता और विविधता में सभी सम्प्रदायों, धर्म, जाति, वर्ग, लिंग तथा संस्कृति आदि का सम्मान करते हुए शिक्षा का उद्देश्य प्राप्त किया जाता है। प्रगतिशील शिक्षा की यही पहचान है।

14. समवयस्कों के ज्ञान और पाण्डित्य के महत्त्व को समझने को किस परिप्रेक्ष्य में महत्त्व दिया गया है? *(CTET, 2014)*

(a) संज्ञात्मक (b) संवेगात्मक (c) व्यवहारवादी (d) रचनावादी

व्याख्या (d) समवयस्कों के ज्ञान और पाण्डित्य के महत्त्व को समझने के लिए **रचनावादी** आयाम का उपयोग किया जाता है। रचनावादी आयाम में अनुभवी व्यक्तियों का ज्ञान भण्डार और उनके वैचारिक मत तथा आधिपत्य को शामिल किया जाता है। उन्होंने अपने विचारों में विश्व की किस प्रकार चर्चा की है, वह उनके ज्ञान की समझ पर निर्भर करता है।

15. सामाजिक विज्ञान की कक्षा में उपयोग होने वाली विधि, जिसमें शिक्षार्थियों को एक-दूसरे के प्रति लगाव का मूल्यांकन करने के लिए कहते हैं ...... कहा जाता है। *(CTET, 2014)*

(a) स्व-आकलन (b) समाजमितीय तकनीक
(c) केस अध्ययन (d) मनोमितीय तकनीक

व्याख्या (b) सामाजिक विज्ञान की कक्षा में उपयोग होने वाली विधि, जिसमें शिक्षार्थियों को एक-दूसरे के प्रति लगाव का मूल्यांकन किया जाता है, उसे **समाजमितीय तकनीक** कहा जाता है। समाजमितीय तकनीक में समाज के व्यक्तियों के बीच उनके एक-दूसरे के प्रति लगाव (आकर्षण) का अध्ययन किया जाता है। ऐसा ही सामाजिक वातावरण कक्षा में भी पाया जाता है, जो उनके एक-दूसरे के प्रति लगाव को दर्शाता है। मनोमितीय तकनीक में व्यक्ति अपने मन में उठने वाले विचारों, भावों आदि का अध्ययन दूसरे व्यक्ति के परिप्रेक्ष्य में करता है।

16. अवलोकनीय तथ्यों से निष्कर्ष निकालने की प्रकिया ...... कही जाती है। *(CTET, 2014)*

(a) विश्लेषण (b) प्रतिपादन (c) निगमन (d) मस्तिष्क-आलोचन

व्याख्या (c) अवलोकनीय तथ्यों से निष्कर्ष निकालने की प्रक्रिया को **निगमन** कही जाती है। निगमन विधि में पहले से विकसित अवधारणाओं का परीक्षण किया जाता है। इसमें तथ्यों की खोज तथा विश्लेषण, अवधारणाओं की वैधता या अवैधता सिद्ध करने के लिए की जाती है। निगमन विधि में पूर्व अवधारणाओं का विशेष महत्त्व होता है, इसलिए यह आगमन विधि से कम प्रगतिशील मानी जाती है।

17. प्रेरक अधिगम (Inductive Learning) **निम्नलिखित में से किस उपागम के विपरीत है?** *(CTET, 2014)*

(a) निपुणता अधिगम (b) संरचनात्मक प्रशिक्षण
(c) अनुरूपण (नकल करना) (d) प्रतिपादक शिक्षण

व्याख्या (d) प्रेरक अधिगम या आगमन अधिगम, **प्रतिपादक शिक्षण** उपागम के विपरीत होता है। प्रेरक अधिगम में, पहले विषय-वस्तु के साक्ष्यों तथा तथ्यों के बारे में जाना जाता है। इसके बारे में साक्ष्यों तथा तथ्यों का विश्लेषण कर एक सामान्य अवधारणा का निर्माण किया जाता है, जबकि प्रतिपादक शिक्षण में पहले से विकसित अवधारणाओं का परीक्षण किया जाता है। इसमें तथ्यों की खोज तथा विश्लेषण, अवधारणाओं की वैधता या अवैधता सिद्ध करने के लिए की जाती है।

18. राज्य सरकार के कार्यों पर चर्चा करते हुए स्वास्थ्य, जल, यातायात इत्यादि से सम्बन्धित मुद्दों पर चर्चा की जा सकती है, जिससे *(CTET, 2014)*

(a) शिक्षार्थी इन मुद्दों को समझने तथा इन पर आलोचनात्मक विचार बनाने के लिए स्वतन्त्र हों
(b) विद्यार्थियों को सभी के लिए बेहतर सुविधाएँ पाने हेतु आन्दोलन आयोजित करने के लिए सजग किया जा सके
(c) विद्यार्थियों को इन मुद्दों पर उनके राज्य द्वारा किए जाने वाले प्रयासों की जानकारी मिल सके
(d) विद्यार्थियों का इन क्षेत्रों में सरकार की भूमिका को याद करवाया जा सके

व्याख्या (a) राज्य सरकार के कार्यों पर चर्चा करते हुए स्वास्थ्य, जल, यातायात इत्यादि से सम्बन्धित मुद्दों पर चर्चा की जानी चाहिए, जिससे **शिक्षार्थी को इन मुद्दों को समझने तथा इन पर आलोचनात्मक विचार बनाने के लिए स्वतन्त्रत मिल सके।** ऐसे मुद्दों पर चर्चा करने से विद्यार्थियों में तर्क-वितर्क और समझ का विकास होता है। ये मुद्दे सामान्य मुद्दे हैं, जिन्हें विद्यार्थी अपने दैनिक जीवन में देखते हैं।

19. एक नए प्रकार के कार्य को देने से पहले शिक्षिका को अपने विद्यार्थियों को अवश्य बताना चाहिए *(CTET, 2014)*

(a) कि इस कार्य को करने से प्राप्त अधिगम से उसकी (शिक्षिका) विद्यार्थियों से अपेक्षाएँ क्या हैं?
(b) इस कार्य को करने के लिए आवश्यक पूर्व अनुभव के बारे में, जो विद्यार्थियों में अवश्य ही होना चाहिए
(c) कि आगामी आकलन इस कार्य पर आधारित होगा/नहीं होगा
(d) अन्तिम परिणाम में इस कार्य को दिए गए अधिभार के बारे में

व्याख्या (a) **जब शिक्षिका किसी नए कार्य को विद्यार्थियों को देती है, तो उसे इस कार्य को करने से प्राप्त अधिगम से क्या अपेक्षाएँ हैं? यह विद्यार्थियों को बता देना चाहिए।** ऐसा करने से विद्यार्थी उस कार्य को सीखने/कराने के लिए तैयार हो जाते हैं अर्थात् वे कार्य को करने में रुचि प्रकट करते हैं। वे कार्य को करने से पहले अपना कार्य-आधार मजबूत कर लेते हैं।

20. एक चुनाव के दौरान उसके विभिन्न मुद्दों की भूमिका को समझने के लिए आप विद्यार्थियों का निम्न में से सबसे ज्यादा क्या पूछना पसन्द करेंगे? *(CTET, 2014)*

(a) न्यूज पेपर के सम्पादनों में दिए गए विभिन्न पार्टियों द्वारा एक-दूसरे के प्रति तर्कों का विश्लेषण करना
(b) प्रत्येक पार्टी की प्राथमिकताएँ और उसकी सर्वाधिक समर्थनकारी नीतियों के प्रकारों का विश्लेषण करना
(c) राजनीतिक पार्टियों की लोकप्रियता जानने के लिए अपने स्थानिक तौर पर सर्वे करना
(d) विभिन्न पार्टियों के लिए राष्ट्रीय न्यूज चैनलों द्वारा समर्पित समय की तुलना और विश्लेषण करना

व्याख्या (b) चुनाव में **प्रत्येक पार्टी की प्राथमिकताएँ और उसकी सर्वाधिक समर्थनकारी नीतियों के प्रकारों का विश्लेषण करना** ही चुनाव के मुद्दों का प्रमुख उद्देश्य होता है। कक्षा में विद्यार्थियों से इस प्रकार के मुद्दों पर बात की जा सकती है। विद्यार्थी ऐसे चुनावी मुद्दों में रुचिपूर्ण वाद-विवाद करना पसन्द करते हैं। वे जिस पार्टी को पसन्द करते हैं, उसके बारे में समर्थन भी प्रकट करते हैं।

21. एक शिक्षक अपनी पाठ-योजना में, ''छात्र मौर्य वंश के पतन के कारणों को बता सकेंगे'' अनुदेशात्मक उद्देश्य लिखता/लिखती है। यह उद्देश्य किसके अन्तर्गत आएगा? *(CTET, 2013)*

(a) ज्ञान (b) अवबोध (c) अनुप्रयोग (d) संश्लेषण

व्याख्या (b) एक शिक्षक अपनी पाठ योजना में अनुदेशात्मक उद्देश्य लिखता है। उसके ये उद्देश्य **अवबोध** से सम्बन्धित होते हैं। अवबोध का सामान्य अर्थ समझ से लगाया जाता है। जब छात्र किसी अवधारणा के बारे में ज्ञान प्राप्त करके अपनी स्वयं की सोच विकसित कर लेता है, तो उसे उसकी समझ कहा जाता है। संश्लेषण में किसी विषय-वस्तु के छोटे-छोटे पदों को एकीकृत कर मूल्यांकन किया जाता है।

22. वैयक्तिक चुनाव की तुलना में अवलोकन योग्य तथ्यों को ध्यान में रख निगमन निकालना निम्नलिखित में से क्या कहलाता है? *(CTET, 2013)*

(a) तर्कना (b) मुक्त-संगत
(c) आत्मकेन्द्रिता (d) सामाजिक बुद्धि उत्तेजना

व्याख्या (a) **तर्कना** में वैयक्तिक चुनाव की तुलना में अवलोकन योग्य तथ्यों को ध्यान में रखकर निगमन निकाला जाता है। इसमें पहले से विकसित अवधारणाओं का परीक्षण किया जाता है। इसमें तथ्यों की खोज तथा विश्लेषण, अवधारणाओं की वैधता या अवैधता सिद्ध करने के लिए की जाती है। मुक्तसंगत में तथ्यों का अध्ययन किसी व्यवधान में किया जाता है। सामाजिक बुद्धि उत्तेजना में सामाजिक ज्ञान के प्रति उत्सुकता का अध्ययन किया जाता है।

23. एक सामाजिक विज्ञान की कक्षा में शिक्षार्थी यह चर्चा आरम्भ करते हैं कि विद्यालय के निकट मोबाइल टावर लगाना चाहिए कि नहीं। एक छात्रा कहती है कि टावर से निकलने वाली विकिरण छात्राओं को बीमार कर देगी। एक और छात्रा कहती है कि उसने समाचारों में सुना है कि मोबाइल टावर मनुष्यों को बीमार नहीं करते हैं। एक शिक्षिका के नाते आप *(CTET, 2013)*

(a) छात्राओं को, स्थानीय प्रशासन के कार्यालय के बाहर धरना देने के लिए प्रोत्साहित करेंगी
(b) छात्राओं को इस स्थिति पर साक्ष्य एकत्रित करने के लिए अभिप्रेरित करेंगी, जिससे वह स्थिति का वस्तुनिष्ठ आकलन कर सके
(c) इस विषय पर कक्षा में एक संरचनात्मक बहस का आयोजन करवाएँगी
(d) कक्षा में इस स्थिति को जानने के लिए पक्ष/विपक्ष में चुनाव करवाएँगी

व्याख्या (b) कक्षा में विद्यालय के निकट मोबाइल टावर लगना चाहिए या नहीं, विषय पर चर्चा की जा रही है। कुछ छात्र इसके पक्ष में हैं और कुछ विपक्ष में। अत: शिक्षिका को **छात्राओं को इस स्थिति पर साक्ष्य एकत्रित करने के लिए अभिप्रेरित करना चाहिए,** जिससे वे स्थिति का स्पष्ट आकलन कर सकें। ऐसा करने से छात्र मोबाइल टावर के लाभ व हानि के बारे में जान पाएँगे और एक स्पष्ट निष्कर्ष पर पहुँचेंगे।

24. सामाजिक विज्ञान में परिणाम आधारित शिक्षार्थी अधिगम मॉडल निम्नलिखित में से किस पर प्राथमिक तौर पर केन्द्रित होगा? *(CTET, 2013)*

(a) समूह गतिविधियाँ भ्रमण एवं संकलित परीक्षाएँ
(b) कक्षा में पाठ्यक्रम का पूर्ण अध्ययन करवाना, सूचना आधारित शिक्षण व संकलित आकलन
(c) अधिगम उद्देश्य, अधिगम गतिविधियाँ, रचनात्मक व संकलित आकलन
(d) शिक्षा उद्देश्य, नई शिक्षण पद्धतियाँ, बोर्ड परीक्षा

व्याख्या (c) सामाजिक विज्ञान का अध्ययन कई कारणों से महत्त्वपूर्ण है। यह बच्चों को इस योग्य बनाता है कि वे समाज की संरचना, शासन एवं प्रबन्ध आदि के विषय में सूचना देकर उन्हें जागरूक बनाए। इसी प्रकार सामाजिक विज्ञान में परिणाम आधारित शिक्षार्थी अधिगम मॉडल *निम्न प्राथमिक उद्देश्यों पर केन्द्रित रहता है*

- यह अधिगम उद्देश्यों को निर्धारित करता है।
- इसमें अधिगम गतिविधियों को महत्त्व दिया जाता है।
- इसमें रचनात्मक व संकलित आकलन करने पर बल दिया जाता है।

25. बच्चों को कानून का बहुत कम अनुभव होता है, इसलिए कानून पर परिचर्चा करते समय यह महत्त्वपूर्ण है कि शिक्षक *(CTET, 2013)*

(a) कानून के सभी पहलुओं को सुस्पष्ट करे
(b) परिचित सन्दर्भों से अधिक-से-अधिक उदाहरण दे
(c) केवल बाल अपराध से सम्बन्धित कानूनों की चर्चा करे
(d) कानून के प्रति डर पैदा करे

व्याख्या (b) कानून पर चर्चा करते समय शिक्षक को छात्रों को **परिचित सन्दर्भों से अधिक-से-अधिक उदाहरण देने चाहिए,** जिससे छात्र कानून के विषय में अधिक-से-अधिक समझ तथा अनुभव प्राप्त कर सके। परिचर्चा छात्रों में तर्क शक्ति का विकास करती है तथा अवधारणाओं का स्पष्ट ज्ञान प्रदान करती है। परिचित सन्दर्भों से अधिक-से-अधिक उदाहरण देकर बच्चों को कानून के व्यावहारिक ज्ञान से भली-भाँति अवगत करवाया जा सकता है।

26. निम्नलिखित में से कौन-सी अन्योन्य (पारस्परिक) अधिगम की विशेषता है? *(CTET, 2012)*

(a) शिक्षक सक्रिय रूप से शिक्षण-अधिगम-प्रक्रिया को आगे बढ़ाते हुए परस्पर आदान-प्रदान करता है
(b) शिक्षिका विद्यालय में कार्य करते हुए अपनी शिक्षा को पूरा करती है
(c) सीखने का उत्तरदायित्व विद्यार्थियों और शिक्षक दोनों के द्वारा साझा किए जाते हैं
(d) भूलने के कारणों को सम्बोधित करते हुए सीखना अग्रसरित होता है

व्याख्या (c) अधिगम सीखने और सिखाने की प्रक्रिया मानी जाती है। अधिगम बालक के व्यवहार में परिवर्तन लाता है। अत: **सीखने का उत्तरदायित्व विद्यार्थी एवं शिक्षक दोनों द्वारा साझा किया जाता है,** अर्थात् सीखने की प्रक्रिया विद्यार्थी और शिक्षक दोनों की अन्तर्क्रिया का परिणाम हैं। यही अन्योन्य (पारस्परिक) अधिगम की मुख्य विशेषता है।

27. यह देखा गया है कि सांस्कृतिक, सामाजिक और वर्ग-विभेद कक्षीय सन्दर्भ में अपने पक्षपात, पूर्वाग्रहों और अभिवृत्तियों को उत्पन्न करते हैं। अत: शिक्षण का उपागम होना चाहिए *(CTET, 2012)*

(a) व्याख्यान पद्धति
(b) परियोजना-उन्मुखी
(c) चर्चा-उन्मुखी
(d) मुक्त-अन्त

व्याख्या (c) प्राय: यह देखा गया है कि सांस्कृतिक, सामाजिक और वर्ग विभेद कक्षीय सन्दर्भ में पक्षपात, पूर्वाग्रहों और अभिवृत्तियों को उत्पन्न करते हैं। अत: इसके लिए शिक्षक को शिक्षण का **चर्चा-उन्मुखी** उपागम अपनाना चाहिए। शिक्षण चर्चा-उन्मुखी होने से बच्चे अपने पक्षपात, पूर्वाग्रह तथा अभिवृत्तियों पर ध्यान नहीं दे पाएँगे। इससे उनका ध्यान हटकर विषय-वस्तु की ओर परिवर्तित हो जाएगा और वे सांस्कृतिक, सामाजिक और वर्ग विभेद को भूल जाएँगे।

28. कल्पना कीजिए कि आप खानाबदोश समुदाय के सदस्य हैं, जो हर दिन तीन महीने के उपरान्त अपना रहने का स्थान बदलते हैं। यह आपके जीवन को किस प्रकार परिवर्तित करेगा? *(CTET, 2011; BTET, 2013)*

(a) यह प्रश्न विद्यार्थियों को कम अहंवादी बनाएगा तथा सार्वभौमिक भाईचारे को बढ़ावा देगा
(b) यह प्रश्न विद्यार्थियों पर बल देगा कि सामाजिक विज्ञान में मनन अधिक महत्त्वपूर्ण होता है।
(c) यह प्रश्न विद्यार्थियों को इसमें शामिल अवधारणाओं को बेहतर रूप से समझने के लिए नई परिस्थितियों में स्वयं को परखने में सहायता करेगा
(d) यह प्रश्न यह सिद्ध करेगा कि विद्यार्थी का जीवन इस तरह की स्थितियों में जीने वाले व्यक्तियों की अपेक्षा अधिक सुरक्षित और आनन्दमय है

व्याख्या (c) खानाबदोश समुदाय निश्चित समय के बाद अपना रहने का स्थान बदलता रहता है, उनका जीवन घुमक्कड़ प्रवृत्ति का होता है। इस प्रकार के विषय विद्यार्थियों को इसमें शामिल **अवधारणाओं को बेहतर रूप से समझने के लिए नई परिस्थितियों में स्वयं को परखने में सहायता करते हैं।** जब बालक किसी नई जगह/स्थान या परिस्थिति में रहने जाता है, तो उपरोक्त परिस्थिति स्वयं को परखने में उसकी सहायता करती है।

29. निम्नलिखित में से कौन-सा मौखिक तर्कणा से सम्बन्धित है? *(CTET, 2011)*

(a) संकल्पनाओं का तत्काल अनुप्रयोग एवं वाग्विस्तार
(b) चरणबद्ध प्रक्रिया (एलगोरिथ्म) का वर्णन करना
(c) समकक्ष व्यक्तियों का अनुकरण
(d) शब्दों का जोर से उच्चारण करते हुए एक लेख लिखना

व्याख्या (a) मौखिक तर्कणा में **संकल्पनाओं का तत्काल अनुप्रयोग एवं वाग्विस्तार** को शामिल किया जाता है। जब किसी मौखिक व्याख्यान या भाषण द्वारा बच्चों को पाठ्य-वस्तु का अधिगम कराया जाता है, तो उसमें संकल्पनाओं का ज्ञान कराने के लिए छात्रों को तत्काल प्रतिपुष्टि दी जाती है और इसके साथ-साथ छात्रों की मौखिक क्षमता का विस्तार भी किया जाता है।

» State TETs

30. निम्न में से कौन-सा परामर्श का एक तत्त्व नहीं है? *(UPTET, 2018)*

(a) साक्षात्कार (b) विश्वास
(c) वृत्तिक वृद्धि (d) सम्प्रेषण

व्याख्या (c) साक्षात्कार, विश्वास एवं सम्प्रेषण परामर्श के आवश्यक तत्त्व माने जाते हैं। **वृत्तिक वृद्धि** का परामर्श से कोई सम्बन्ध नहीं होता है। परामर्शकर्ता, साक्षात्कार के माध्यम से समस्या का समाधान करता है तथा विश्वास उत्पन्न करता है कि समस्याओं का समाधान निश्चित होता है, इसके लिए परामर्शदाता एवं परामर्शकर्ता के मध्य उपयुक्त सम्प्रेषण होना अनिवार्य है।

31. 'संकलनात्मक परामर्श' के जन्मदाता हैं *(UPTET, 2018)*

(a) थॉर्न
(b) रोजर्स
(c) विलियम्सन
(d) उपरोक्त में से कोई नहीं

व्याख्या (c) संकलनात्मक परामर्श का जन्मदाता **विलियम्सन** को माना जाता है। 'संकलनात्मक परामर्श' व्यक्तित्व के विकास में महत्त्वपूर्ण भूमिका निभाता है। इसके द्वारा व्यक्ति की मनोदशाओं को जानकर परामर्श के माध्यम से सुधार किया जाता है। मनोविज्ञान में संकलनात्मक परामर्श के माध्यम से व्यक्ति के सम्पूर्ण जीवन के व्यवहार को परिवर्तित किया जा सकता है।

32. बच्चों को सीखने-सिखाने की प्रक्रिया के दौरान, वे उस कार्य को किस प्रकार से कर रहे हैं। इसकी जानकारी इन्हें

(a) कार्य समाप्त होने के पश्चात् दी जानी चाहिए *(CGTET, 2016)*
(b) कार्य करते समय सतत् रूप से दी जानी चाहिए
(c) कार्य के बीच में एक बार दी जानी चाहिए
(d) इसकी कोई आवश्यकता नहीं है

व्याख्या (b) बच्चों के सीखने-सिखाने की प्रक्रिया के दौरान किए जाने वाले कार्य की जानकारी बच्चों को **सतत् रूप से दी जानी चाहिए।** ऐसा करने से छात्र कार्य को सही और बेहतर तरीके से कर पाएँगे। कक्षा-कक्ष प्रक्रिया शिक्षण गतिविधियों से जुड़ी प्रक्रिया है, जो निरन्तर चलती रहती है। शिक्षक को बीच-बीच में कार्य की जाँच भी करते रहना चाहिए।

33. यदि कोई बच्चा विद्यालय में हमेशा देर से पहुँचता है, तो आप क्या करेंगे? *(CGTET, 2016)*

(a) उसे डाँटेंगे, ताकि वह यह गलती दोबारा न दोहराए
(b) प्रधानाचार्य को बताएँगे
(c) उसके माता-पिता से सम्पर्क करेंगे
(d) बच्चे से बातचीत करके कारण जानने का प्रयास करेंगे

व्याख्या (d) छात्र सीखने की प्रकिया में प्रत्यक्ष या अप्रत्यक्ष रूप से अपने अनुभवों द्वारा ज्ञान प्राप्त करता है। उसके ये अनुभव उसे सीखने के लिए प्रेरित करते रहते हैं। इसी क्रम में यदि कोई बच्चा विद्यालय में हमेशा देर से पहुँचता है, तो शिक्षक को उससे बातचीत करके **उसके देर से आने के कारण को जानने का प्रयास** करना चाहिए। तत्पश्चात् उसका उपयुक्त समाधान करना चाहिए।

34. सामाजिक विज्ञान के अध्यापकों को छात्रों को देना चाहिए

(a) सामाजिक समस्याओं का ज्ञान *(UTET, 2013)*
(b) सामाजिक कुरीतियों के निदान का ज्ञान
(c) नए सामाजिक संरचनात्मक परिवर्तनों का ज्ञान
(d) संस्कारी व्यवस्था/समाज के निर्माण हेतु उपरोक्त सभी प्रकार का ज्ञान

व्याख्या (d) सामाजिक विज्ञान/अध्ययन एक व्यापक शब्द है, जिसमें समाज के सभी पक्ष शामिल होते हैं। यह समाज के आर्थिक, धार्मिक, राजनीतिक, सांस्कृतिक आदि पक्षों के अध्ययन पर बल देता है। सामाजिक विज्ञान के शिक्षक को योग्य तथा कुशल प्रशिक्षित होना चाहिए। *उसे छात्रों को निम्न प्रकार का ज्ञान प्रदान करना चाहिए*

- सामाजिक कुरीतियों के निदान का ज्ञान।
- सामाजिक समस्याओं का ज्ञान।
- नए सामाजिक संरचनात्मक परिवर्तनों का ज्ञान।
- समाज के निर्माण हेतु संस्कारी व्यवस्था का ज्ञान।

35. 'बाल संसद' छात्रों को व्यावहारिक ज्ञान देती है *(BTET, 2011)*

(a) अर्थशास्त्र का (b) इतिहास का
(c) भूगोल का (d) राजनीति विज्ञान का

व्याख्या (d) 'बाल संसद' छात्रों को **राजनीति विज्ञान** का व्यावहारिक ज्ञान देती है। राजनीति विज्ञान किसी भी देश के प्रशासन सम्बन्धी ज्ञान/कार्यों के बारे में बताता है; जैसे—देश को कैसे चलाया जाता है? किस प्रकार की प्रणाली वहाँ लागू है? राजनीतिक सम्बन्ध कैसे हैं? आदि।

अध्याय 05

सामाजिक अध्ययन शिक्षण की समस्याएँ

» CTET

1. भौतिक विशेषताओं के मॉडल/प्रतिकृतियाँ .... शिक्षण के लिए सबसे अधिक उपयुक्त है। *(CTET, 2018)*

(a) अर्थशास्त्र
(b) भूगोल
(c) राजनीति विज्ञान
(d) इतिहास

व्याख्या (b) भौतिक विशेषताओं के मॉडल या प्रतिकृतियाँ **भूगोल** शिक्षण के लिए सबसे अधिक उपयुक्त मानी जाती हैं। इसके अतिरिक्त भूगोल शिक्षण की पद्धतियों में वैज्ञानिक विधि, क्रमबद्ध विधि, प्रादेशिक विधि आदि शामिल हैं।

2. एक शिक्षक का सामाजिक विज्ञान के विषय को सम्पादित करने की भूमिका के सम्बन्ध में निम्नलिखित कथनों पर विचार कीजिए।

1. **शिक्षक, सभी शिक्षार्थियों की गरिमा को अवश्य सुनिश्चित करे और संवेदनशीलता के साथ चर्चा को शुरू करे।**
2. **शिक्षक लड़कों के साथ तथ्यों और लड़कियों की भावनाओं पर अवश्य बल दे।** *(CTET, 2018)*

कूट

(a) केवल 1
(b) न तो 1 और न ही 2
(c) केवल 2
(d) दोनों 1 और 2

व्याख्या (a) सामाजिक विज्ञान के शिक्षक को योग्य तथा कुशल प्रशिक्षित होना चाहिए, साथ ही शिक्षक को तार्किक तथा विचारशील भी होना चाहिए। इस प्रकार **शिक्षक को सभी शिक्षार्थियों की गरिमा को अवश्य सुनिश्चित करना चाहिए तथा ऐसी चर्चा करनी चाहिए**, जो संवेदनशीलता से प्रेरित हो अर्थात् शिक्षक को प्रत्येक विद्यार्थी की पहचान करके सीखने का पूर्ण अवसर देना चाहिए तथा ऐसे विषय को रुचिपूर्ण होकर पढ़ाना चाहिए, जो विद्यार्थियों के लिए कठिन हो।

3. आप देखते हैं कि सामाजिक विज्ञान की कक्षा में विद्यार्थी कुछ पूर्वाग्रहों का प्रदर्शन करते हैं। अपनी सबसे उपयुक्त प्रतिक्रिया चुनिए *(CTET, 2016, 15)*

(a) पढ़ाए जा रहे अध्ययन को पढ़ाना बन्द कर दूँगा
(b) सामाजिक यथार्थ के आयामों पर एक परिचर्चा का आयोजन करूँगा
(c) इन टिप्पणियों पर ध्यान नहीं दूँगा
(d) विद्याथियों को दण्डित करूँगा

व्याख्या (b) **सामाजिक यथार्थ के आयामों पर एक परिचर्चा का आयोजन करके** शिक्षक कक्षा में विद्यार्थी के पूर्वाग्रहों को दूर कर सकता हैं। परिचर्चा से विद्यार्थियों के पूर्वाग्रह या दुविधाएँ कम की जा सकती हैं। शिक्षक को चाहिए कि वह ऐसे सामाजिक मुद्दों पर चर्चा करवाए, जिससे विद्यार्थी एक-दूसरे से भेदभाव न करें। उन्हें शिक्षक द्वारा प्रेरित करना चाहिए, जिससे वे अपने कार्य में संलग्न रहें।

4. राष्ट्रीय आधार समूह (2006) के अनुसार, सामाजिक विज्ञान का शिक्षण अपनी लोकप्रियता खो रहा है, क्योंकि *(CTET, 2016)*

(a) यह अत्यधिक वैज्ञानिक दृष्टिकोण पर बल देता है
(b) यह मानवीय मूल्यों में अन्तर्विरोध की कई स्थितियाँ प्रस्तुत करता है
(c) यह एक अनुपयोगी विषय के रूप में जाना जाता है
(d) यह कई विषयों के अध्ययन को प्रोत्साहित करता है

व्याख्या (b) सामाजिक विज्ञान **मानवीय मूल्यों में अन्तर्विरोध की कई स्थितियाँ प्रस्तुत करता है,** इसलिए यह अपनी लोकप्रियता खो रहा है। सामाजिक विज्ञान के विषय के सम्बन्ध में अनेक प्रकार की धारणाएँ प्रचलित हैं। मानवीय मूल्यों में ह्रास होने से व्यक्ति और समाज के बीच अन्तर होना स्वाभाविक है। ऐसे में व्यक्तियों में द्वन्द्व (तनाव) की स्थिति पैदा हो जाती है। अत: शिक्षक को इन मानवीय मूल्यों में अन्तर्विरोध को कम करने के प्रयास करने चाहिए।

5. सामाजिक विज्ञान के शिक्षण में प्रयोग की जाने वाली भाषा कैसी होनी चाहिए? *(CTET, 2015)*

(a) प्रमुख समूहों का प्रतिनिधित्व करने वाली
(b) कठिन
(c) पक्षपातपूर्ण
(d) तटस्थ और संवेदनशील

व्याख्या (d) भाषा साहित्य का माध्यम है और साहित्य समाज का दर्पण है। भाषा की पाठ्य-पुस्तकों में संकलित निबन्धों, कहानियों, कविताओं आदि का सम्बन्ध सीधे-सीधे हमारे समाज के विविध पहलुओं से होता है, इसलिए सामाजिक विज्ञान के शिक्षण में प्रयोग की जाने वाली भाषा **तटस्थ** (किसी भाषा को विशेष महत्त्व न देना) और **संवेदनशील** (सभी पक्षों को समान महत्त्व देना) होनी चाहिए। सामाजिक विज्ञान एवं भाषा एक-दूसरे से सम्बन्धित हैं।

6. आप अलाउद्दीन खिलजी या मोहम्मद बिन तुगलक के शासनकाल में एक किसान हैं और आप सुल्तान द्वारा लगाया गया कर नहीं चुका सकते। आप क्या करेंगे? उपरोक्त प्रश्न में किसको बढ़ावा दिया जा रहा है? *(CTET, 2015)*

(a) इतिहास के सन्दर्भ में एक कल्पना
(b) साहित्य का महत्त्व
(c) स्रोतों का महत्त्व (d) संस्कृति का सम्मान

व्याख्या (a) अलाउद्दीन खिलजी या मोहम्मद बिन तुगलक के शासनकाल में एक किसान होना **इतिहास के सन्दर्भ में एक कल्पना** को प्रदर्शित करता है। यह विद्यार्थियों में इतिहास की विभिन्न घटनाओं को स्मरण कराने की मात्र एक कल्पना है, जिससे वे अपने जीवन में इतिहास से सीख ले सकें।

7. एक क्षेत्र के इतिहास के पाठ को शिक्षिका 'ब' अभी पढ़ा रही है। आपके विचार में 'ब' को क्या करना चाहिए? *(CTET, 2015)*

(a) विभिन्न कालावधियों में समानताओं तथा परिवर्तनों पर प्रकाश डालना
(b) वर्तमान की भूतकाल से समानताओं पर प्रकाश डालना
(c) विभिन्न शासकों के व्यक्तित्वों पर प्रकाश डालना
(d) अवधि के मुख्य लक्षणों को विद्यार्थियों को याद करने के लिए प्रोत्साहित करना

व्याख्या (a) जब शिक्षिका द्वारा एक क्षेत्र के इतिहास के पाठ को पढ़ाया जाता है, तब शिक्षिका को उस क्षेत्र के इतिहास की **विभिन्न कालावधियों में समानताओं तथा परिवर्तनों पर प्रकाश डालना चाहिए,** ताकि विद्यार्थी उस क्षेत्र के इतिहास के विभिन्न कालों (समय) की विशेषताओं तथा परिवर्तनों (घटनाओं) के बारे में जान सकें।

8. मान लीजिए सामाजिक विज्ञान की प्रस्तावित पाठ्य-पुस्तक विद्यार्थियों के लिए कठिन है। आप क्या करेंगे? *(CTET, 2015)*

(a) विभिन्न प्रकार की पूरक सामग्रियाँ प्रदान करेंगे
(b) रटकर सीखने पर बल देंगे
(c) प्रत्येक पाठ का संक्षिप्त विवरण लिखवाएँगे
(d) प्रश्न-उत्तर तकनीक का प्रयोग करेंगे

व्याख्या (a) सामाजिक अध्ययन/विज्ञान की पाठ्य-पुस्तक तथा पाठ्यक्रम का उद्देश्य बहुत ही व्यापक है। इसका उद्देश्य केवल विद्यार्थियों का ज्ञान बढ़ाना ही नहीं है, वरन् उनमें समझ का विस्तार करना भी है। यदि सामाजिक विज्ञान की प्रस्तावित पाठ्य-पुस्तक विद्यार्थियों के लिए कठिन है, तो शिक्षक को **विभिन्न प्रकार की पूरक सामग्रियों का उपयोग करना चाहिए**, जिससे विद्यार्थी पाठ्य पुस्तक में दी गई पाठ्य पुस्तक को सही प्रकार से समझ सकें।

9. एक शिक्षिका विद्यार्थियों को सुझाव देती है कि वे एक तालिका बनाएँ, जिसमें उनके द्वारा एक सप्ताह में उपयोग की जाने वाली पानी की बाल्टियों की संख्या लिखी गई हों। इस गतिविधियों के बाद, वह पानी के प्रयोग और संरक्षण के बारे में चर्चा शुरू करती है। शिक्षिका कक्षा में किस प्रकार के अधिगम को प्रोत्साहित कर रही है? *(CTET, 2015)*

(a) निगमनात्मक विधि (b) वृत्त अध्ययन विधि
(c) समस्या-समाधान विधि (d) पूछताछ विधि

व्याख्या (b) शिक्षिका कक्षा में **वृत्त अध्ययन** विधि द्वारा अधिगम को प्रोत्साहित कर रही है। वृत्त अध्ययन विधि में किसी विषय-वस्तु के बिन्दु से शिक्षण कार्य प्रारम्भ किया जाता है और उसी बिन्दु पर पुन: आकर समाप्त कर दिया जाता है अर्थात् किसी विषय-वस्तु के अर्थ से शुरुआत करके उसके गुण-दोष, उत्पत्ति, समानता, लाभ-हानि आदि पर चर्चा करके पुन: उसी विषय-वस्तु पर आया जाता है। **पूछताछ विधि** में छात्र प्रश्नों का चयन करते हैं तथा उनके उत्तर की प्राप्ति का प्रयास करते हैं। यह अधिगम पूछताछ प्रक्रिया से सम्बन्धित होता है। **निगमन विधि** में पहले से विकसित अवधारणाओं का परीक्षण किया जाता है। इसमें तथ्यों की खोज तथा विश्लेषण, अवधारणाओं की वैधता या अवैधता सिद्ध करने के लिए की जाती है।

10. उच्च प्राथमिक स्तर पर सामाजिक एवं राजनैतिक जीवन की पाठ्य-पुस्तक का शिक्षण निम्नलिखित में से किस एक उपागम पर बल देता है? *(CTET, 2015)*

(a) रटकर सीखना
(b) अवधारणाओं के संश्लेषण से सीखना
(c) वास्तविक जीवन की स्थितियों में सीखना
(d) परिभाषाओं द्वारा सीखना

व्याख्या (c) उच्च प्राथमिक स्तर पर सामाजिक विज्ञान की विषय-वस्तु; जैसे—इतिहास, भूगोल, राजनीति विज्ञान तथा अर्थशास्त्र से ली जाती है। इसमें सामाजिक तथ्यों, सिद्धान्तों, नियमों, प्रत्ययों व धारणाओं के द्वारा दैनिक जीवन की समस्याओं का हल सम्बन्धी बोध कराया जाता है। इस प्रकार उच्च प्राथमिक स्तर पर सामाजिक एवं राजनैतिक जीवन की पाठ्य-पुस्तक में **वास्तविक जीवन की स्थितियों में सीखने** पर बल दिया जाता है। सामाजिक एवं राजनैतिक जीवन की पाठ्य-पुस्तकों द्वारा छात्रों में रुचि, अभिरुचि व मूल्यों आदि गुणों का विकास किया जाता है।

11. सामाजिक विज्ञान की शिक्षण पद्धति और संसाधनों के बारे में राष्ट्रीय पाठ्यचर्या की रूपरेखा, 2005 के अनुसार सामाजिक विज्ञान के शिक्षण के लिए निम्नलिखित में से किसको अपनाना चाहिए? *(CTET, 2011)*

(a) ऐसे तरीके, जो रचनात्मकता और आलोचनात्मक परिप्रेक्ष्य को बढ़ाते हैं
(b) ऐसा उपागम, जिसमें बुद्धिमत्ता को बढ़ाने के लिए अधिक शिक्षण सहायक सामग्री शामिल हो
(c) ऐसी रणनीतियाँ, जो विद्यार्थियों को लम्बे समय तक तथ्य याद रखने में सहायता करती हैं
(d) मानसिक मानचित्र, जो सूचना को तुरन्त याद करने की क्षमता को बढ़ाते हैं

व्याख्या (a) राष्ट्रीय पाठ्यचर्या की रूपरेखा 2005 में बिना भार के शिक्षा तथा बाल केन्द्रित शिक्षा पर बल दिया गया है। यह छात्रों के ज्ञान को बाहरी जीवन से जोड़ने की क्षमता विकसित करती है और साथ ही शिक्षण प्रक्रिया की पुनरावृत्ति को समाप्त करने पर बल देती है। NCF 2005 में इस बात पर बल दिया गया है कि सामाजिक विज्ञान के शिक्षण के लिए ऐसे उपायों को अपनाना चाहिए, जिससे **रचनात्मकता** (सृजन क्षमता) और **आलोचनात्मकता** (तर्क-वितर्क करने की क्षमता) **को बढ़ावा मिले।**

12. विद्यार्थियों को लैंगिक मुददों तथा लैंगिक भेदभाव में समाजीकरण की भूमिका के प्रति संवेदनशील बनाने के लिए स्कूलों को निम्नलिखित में से क्या करना चाहिए? *(CTET, 2011)*

(a) अध्यापकों को केस अध्ययन के लिए कहना चाहिए तथा उनसे अच्छे उदाहरण माँगने चाहिए
(b) ऐसे नियम बनाने चाहिए, जिससे लड़के लड़कियों के साथ भेदभाव का व्यवहार न कर सकें
(c) टीम शिक्षण को प्रोत्साहित करना चाहिए तथा पुरुष और महिला अध्यापकों को शामिल करना चाहिए
(d) प्रख्यात और विद्वान् वक्ताओं को आमन्त्रित करके लैंगिक संवेदनशीलता पर सेमिनार आयोजित करनी चाहिए

व्याख्या (a) यदि विद्यार्थियों को लैंगिक मुद्दों तथा भेदभाव में समाजीकरण की भूमिका के प्रति संवेनदशील बनाना है, तो **अध्यापकों को केस अध्ययन के लिए कहना चाहिए तथा उनसे अच्छे** (सकारात्मक) **उदाहरण माँगने चाहिए,** जिससे विद्यार्थी लैंगिक भेदभाव न कर पाए और सभी को समान रूप से महत्त्व दे। अध्यापक को बच्चों पर व्यक्तिगत रूप से भी ध्यान देना चाहिए और उनकी विभिन्न समस्याओं का समाधान भी करना चाहिए।

13. सामाजिक विज्ञान में अध्यापकों के लिए क्षमता-निर्माण कार्यक्रम अनिवार्य है, क्योंकि *(CTET, 2014)*

(a) अध्यापकों को व्यस्त रखने के लिए के.मा.शि. बोर्ड ने स्कूलों को ऐसे कार्यक्रम करने को कहा है
(b) उन्हें सामाजिक विज्ञान के विभिन्न घटकों की अवधारणाओं और शिक्षण-पद्धति में स्पष्टता की जरूरत है
(c) यह उनकी व्यावसायिक प्रगति से सम्बन्धित है
(d) उनके वेतन में वृद्धि क्षमता-निर्माण कार्यक्रम पर निर्भर करती है

व्याख्या (b) सामाजिक विज्ञान की शिक्षण विधि को छात्रों के अनुकूल तथा मनोरंजक बनाने पर बल दिया जाता है। यदि सामाजिक विज्ञान के अध्यापक कोई क्षमता निर्माण कार्यक्रम आयोजित कर रहे हैं, तो उन्हें **सामाजिक विज्ञान के विभिन्न घटकों की अवधारणाओं और शिक्षण पद्धति की जानकारी होनी अति आवश्यक है।** जानकारी न होने पर क्षमता-निर्माण कार्यक्रम सही ढंग से क्रियान्वित नहीं हो पाएँगे।

14. शिक्षक-शिक्षा के दौरान, सूक्ष्म-शिक्षण निम्नलिखित में से किसकी ओर संकेत करता है? *(CTET, 2014)*

(a) शिक्षक-प्रशिक्षक का बारीकी से अवलोकन करने के द्वारा शिक्षण
(b) ऐसी छोटी कक्षा को पढ़ाना, जिसमें सहपाठी शिक्षार्थियों की भूमिका निर्वाह कर रहे हों
(c) छोटे समूहों में शिक्षार्थियों को पढ़ाना
(d) एक समय में कम विषय-वस्तु को पढ़ाना

व्याख्या (b) सूक्ष्म शिक्षण में शिक्षक पाठ्य-वस्तु को छोटे-छोटे भागों में बाँटकर उनका शिक्षण किया जाता है और विद्यार्थियों को बीच-बीच में प्रतिपुष्टि भी मिलती रहती है। **इसमें छोटी कक्षा को शिक्षण दिया जाता है। इसमें प्रशिक्षु शिक्षक भी शिक्षक की भूमिका का निर्वाह करते हैं।** ऐसे शिक्षण के लिए शिक्षक को योग्य तथा कुशल प्रशिक्षित होना चाहिए, साथ ही शिक्षक को तार्किक तथा विचारशील होना चाहिए।

15. सामाजिक विज्ञान की कक्षा में निदानात्मक और उपचारात्मक शिक्षण में शामिल होंगे *(CTET, 2014)*

(a) शिक्षार्थी की कठिनाई विशेष की पहचान करना
(b) पढ़ने के लिए बहुत अधिक सामग्री उपलब्ध कराना
(c) चर्चा के लिए अनेक अवसर उपलब्ध करना
(d) शिक्षार्थियों की त्रुटियों में तुरन्त सुधार करना

व्याख्या (a) उपचारात्मक शिक्षण की प्रक्रिया में समस्याओं की पहचान की जाती है। पहचानी गई समस्याओं का उपचार किया जाता है। निदानात्मक शिक्षण **में विद्यार्थी की समस्याओं के समाधान** के साथ-साथ शिक्षण समस्याओ के सुधार पर भी ध्यान दिया जाता है। इसमें शिक्षार्थियों की कठिनाई विशेष की पहचान की जाती है, जिससे उनका समाधान समय पर किया जा सके।

16. एक सामाजिक विज्ञान की शिक्षिका द्वारा कक्षा में प्रभावशील होने के लिए निम्नलिखित में से कौन-सी विधि उपयोग में लाई जानी चाहिए? *(CTET, 2013)*

(a) विचारोत्तेजक व रुचिपूर्ण गतिविधियों द्वारा शिक्षार्थियों का विषय के प्रति आकर्षण बढ़ाना
(b) प्रत्येक सोमवार को परीक्षा लेकर छात्राओं का ज्ञानवर्द्धन करना
(c) धीरे सीखने वाले शिक्षार्थियों के विश्वास को बढ़ाने हेतु उपयुक्त ग्रेड्स देना
(d) माता-पिता को बच्चे की शिक्षा में सम्मिलित करने हेतु गृह परियोजना देना

व्याख्या (a) सामाजिक विज्ञान की शिक्षिका कक्षा में **विचारोत्तेजक व रुचिपूर्ण गतिविधियों द्वारा शिक्षार्थियों का विषय के प्रति आकर्षण बढ़ाकर** अपने शिक्षण को प्रभावशाली बना सकती है। विचारों को बल देने वाली तथा रुचिपूर्ण गतिविधियाँ विद्यार्थियों को सीखने के लिए प्रेरित करती हैं। कक्षा-कक्ष प्रक्रिया में छात्र के व्यवहार का महत्त्वपूर्ण स्थान होता है। छात्रों के व्यवहार में सकारात्मक परिवर्तन लाना ही शिक्षण का उद्देश्य है और यह परिवर्तन गतिविधियों द्वारा ही लाया जा सकता है।

17. प्रश्न-उत्तर तकनीक सामाजिक विज्ञान शिक्षण में काफी प्रभावी हो सकती है, क्योंकि यह ...... को सुनिश्चित करती है। *(CTET, 2012)*

(a) परीक्षा को बेहतर तरीके से करने सम्बन्धी विद्यार्थियों की योग्यता
(b) विद्यार्थियों द्वारा अच्छी तैयारी के साथ कक्षा में आना
(c) आर्थिक अनुशासित कक्षा
(d) शिक्षार्थियों द्वारा सक्रिय सहभागिता

व्याख्या (d) सीखने के लिए यह आवश्यक है कि उसमें सक्रिय सहभागिता हो। प्रश्न-उत्तर तकनीक **विद्यार्थियों में सक्रिय सहभागिता** को बढ़ाती है। इसलिए यह तकनीक सामाजिक विज्ञान के शिक्षण में काफी प्रभावी होती है। इस विधि में विद्यार्थियों से प्रश्न पूछे जाते हैं और वे उनका उत्तर देते हैं। इस प्रकार उनके बीच सक्रिय सम्प्रेषण का वातावरण बनता है और वे अधिगम के लिए प्रेरित होते हैं। इस तकनीक का प्रतिपादन सुकरात द्वारा किया गया था।

18. 'सामाजिक और राजनीतिक जीवन' पाठ्य-पुस्तकें बच्चे के संसार के प्रति शिक्षा को सन्दर्भित करने के लिए निम्नलिखित में से किस पद्धति का उपयोग करती हैं *(CTET, 2012)*

(a) वे इस सन्दर्भ में किए गए अनके सर्वेक्षणों के निष्कर्षों का उदाहरण होती हैं
(b) वे ध्यान भंग होने से बचने के लिए कम तस्वीरों को सम्मिलित करती हैं
(c) वे चतुराई से भारतीय व्यक्तियों के सामाजिक और राजनीतिक जीवन को सम्मिश्रित करती हैं
(d) वे ग्रामीण और शहरी उदाहरणों के सम्मिश्रण के अनेक केस अध्ययनों एवं वर्णनों का प्रयोग करती हैं

व्याख्या (d) **ग्रामीण और शहरी उदाहरणों के सम्मिश्रण के अनेक केस अध्ययनों एवं वर्णनों का प्रयोग** सामाजिक और राजनीतिक जीवन पर आधारित पाठ्य पुस्तकों में किया जाता है। यह बच्चों को शिक्षा के प्रति सन्दर्भित करने हेतु किया जाता है। विभिन्न केस अध्ययनों और उदाहरणों के प्रयोग से बच्चा को मिश्रित अवधारणाओं का ज्ञान होगा और वे अपने सामाजिक और राजनीतिक जीवन में शिक्षा का उपयोग कर सकेंगे।

19. प्रथम पीढ़ी के अधिगमकर्ता के अभिभावक, शिक्षक अभिभावक संघ (PTA) में अपने बच्चों की शैक्षिक समस्याओं से निपटने में अपनी अयोग्यता को अभिव्यक्त करते हैं। एक शिक्षक के रूप में आप *(CTET, 2012)*

(a) उन्हें वह बताते हुए तसल्ली देंगे कि अपने बच्चों के बारे में उनका ज्ञान उन बच्चों से व्यवहार करने में सहायता करने के लिए सर्वाधिक महत्त्वपूर्ण है
(b) उन्हें घर पर विभिन्न प्रकार की अधिगम सामग्री में समृद्ध वातावरण उपलब्ध कराने के लिए कहेंगे
(c) उन्हें प्रौढ़ शिक्षा के लिए स्थापित केन्द्रों में जाने के लिए कहेंगे
(d) उन्हें अपने बच्चों द्वारा घर पर पढ़ाई पर दिए जाने वाले समय को ध्यानपूर्वक देखने के लिए कहेंगे

व्याख्या (d) शिक्षक अभिभावक संघ (PTA) में अपने बच्चों की शैक्षिक समस्याओं से निपटने में अभिभावक अपनी अयोग्यता को प्रकट करते हैं। इसके लिए उन्हें अपने बच्चों द्वारा घर पर पढ़ाई पर दिए जाने वाले समय को ध्यानर्पूवक देखने की आवश्यकता है, बच्चों की शैक्षिक समस्याओं का समाधान शिक्षक द्वारा किया जाता है, लेकिन अभिभावक को शिक्षक को बच्चों की समस्याओं से अवगत करना चाहिए।

20. ...... के अलावा निम्नलिखित कारक सामाजिक विज्ञान शिक्षण के आधार पर निर्माण करते हैं। *(CTET, 2012)*

(a) पाठ्य-सामग्री पर सूचनाओं को स्थानान्तिरत करने
(b) समाज की आलोचनात्मक समझ विकसित करने
(c) विश्लेषणात्मक कौशलों को बढ़ावा देने
(d) वैश्विक दुनिया में समायोजन के लिए सामाजिक कौशलों को बढ़ावा देने

व्याख्या (a) विश्लेषणात्मक कौशलों को बढ़ावा देने में, समाज की आलोचनात्मक समझ विकसित करने में तथा वैश्विक दुनिया में समायोजन के लिए सामाजिक कौशलों को बढ़ावा देने में आदि कारक सामाजिक विज्ञान के शिक्षण के आधार का निर्माण करते हैं। ये सभी कारक विद्यार्थियों में अधिगम को बढ़ावा देते हैं। **पाठ्य-सामग्री पर सूचनाओं का स्थानान्तरण** सामाजिक शिक्षण के आधार का निर्माण करना नहीं है। पाठ्य-सामग्री सम्बन्धित सूचनाओं के स्थानान्तरण से ज्ञान का भले ही विस्तार होता है, लेकिन सामाजिक शिक्षण के आधार के निर्माण में इसकी कोई भूमिका नहीं होती है।

21. पाठ्य-पुस्तक में वर्णित, किसी समुदाय विशेष के लिए संवेदनशील मुद्दे को पढ़ाते समय *(CTET, 2012)*

(a) शिक्षक को सभी विद्यार्थियों की गरिमा का सम्मान करते हुए संकल्पना को संवेनदशील और पूर्ण निष्ठा के साथ व्याख्यायित करना चाहिए
(b) शिक्षक को विद्यार्था से कहना चाहिए कि वे इन पर पुस्तकालय में या घर पर नोट्स बनाएँ
(c) शिक्षक को पाठ्य-पुस्तक का सम्मान करना चाहिए और तथ्यों को उसी प्रकार व्याख्यायित करना चाहिए, जैसेकि दिया गया है
(d) शिक्षक को सक्षम अधिकारियों को लिखना चाहिए कि वे पाठ्यचर्या में से ऐसे विवादास्पद प्रकरण को हटा दें

व्याख्या (a) किसी समुदाय विशेष के रूप में संवेदनशील मुद्दे को पढ़ाते समय **शिक्षक को सभी विद्यार्थियों की गरिमा का सम्मान करते हुए संकल्पना की संवेदनशील और पूर्ण निष्ठा के साथ व्याख्या करनी चाहिए।** कक्षा में विभिन्न समुदायों के बच्चे पढ़ते हैं, इसलिए अध्यापक के लिए यह जरूरी हो जाता है कि वह किसी समुदाय पर ज्यादा जोर न दे और न ही जरूरत से ज्यादा उसका व्याख्यान करे। इससे बच्चों की सभी समुदायों के प्रति सद्भावना बनी रहेगी।

22. कक्षा में लैंगिक भूमिका के बारे में चर्चा करते हुए आप किस बात पर बल देंगे? *(CTET, 2011)*

(a) चूँकि लड़के आगे जाकर अपने परिवार के लिए धन-अर्जन करेंगे अत: उन्हें विद्यालय जाना चाहिए
(b) समाज में व्याप्त लैंगिक रूढ़िबद्धता को सार्थक रूप में सम्बोधित करने की आवश्यकता है
(c) घरेलू कार्यों को उत्पादक कार्य के रूप में नहीं देखा जाना चाहिए
(d) स्त्री और पुरुषों के लिए भिन्न व्यवसाय हैं

व्याख्या (b) समाज में व्याप्त लैंगिक रूढ़िबद्धता को सार्थक रूप में सम्बोधित करके ही कक्षा में लैंगिक भूमिका के बारे में चर्चा की जा सकती है। लैंगिक मुद्दा एक संवेदनशील विषय होता है। उसमें छिपी लैंगिक रूढ़िवादिता को पहले हल किया जाना चाहिए, जिससे समाज की प्रगति हो सके। लैंगिक रूढ़िबद्धता व्यक्तियों के बीच व्याप्त लैंगिक दुर्भावनाएँ हैं, जो समाज के वातावरण को दूषित करती हैं।

» State TETs

23. शिक्षण विधि का चयन करते समय निम्न में से किसको ध्यान में रखने की आवश्यकता नहीं है? *(UPTET, 2018)*

(a) व्यक्तिगत भेद
(b) अभिभावक की पृष्ठभूमि
(c) विद्यार्थियों का मानसिक स्तर
(d) विषय की विशिष्ट प्रकृति

व्याख्या (b) शिक्षण विधि का चयन करते समय व्यक्तिगत भेद, विद्यार्थियों के मानसिक स्तर एवं विषय की विशिष्ट प्रकृति पर विशेष रूप से ध्यान दिया जाता है। शिक्षण विधि का चयन करते समय **अभिभावक की पृष्ठभूमि** को ध्यान में रखने की आवश्यकता नहीं है। शिक्षण विधि अभिभावकों की पृष्ठभूमि को प्रभावित नहीं करती है, क्योंकि शिक्षण का सम्बन्ध केवल शिक्षक एवं विद्यार्थी के बीच होता है, जबकि शिक्षण विधि अन्य विकल्पों (a), (c) और (d) को पूर्ण रूप से प्रभावित करती है।

24. सामाजिक अध्ययन के अध्यापक को विषय-वस्तु के साथ-साथ ज्ञान होना चाहिए *(UPTET, 2017)*

(a) शिक्षा के उद्देश्यों का
(b) शिक्षण विधियों का
(c) शिक्षण तकनीक का
(d) उपरोक्त में से कोई नहीं

व्याख्या (b) सामाजिक अध्ययन के अध्यापक को विषय-वस्तु के साथ-साथ **शिक्षण विधियों** का ज्ञान भी होना चाहिए, जिससे वह उपयुक्त शिक्षण विधि का उपयोग करके विषय-वस्तु को अधिगम योग्य बना सके। सामाजिक अध्ययन के शिक्षक को योग्य तथा कुशल प्रशिक्षित होना चाहिए, साथ ही शिक्षक को तार्किक तथा विचारशील होना चाहिए, अन्यथा वह पूर्वाग्रह से ग्रसित होकर सामाजिक अध्ययन के शिक्षण विषयों का उपयोग करने लगता है।

25. शैक्षिक क्षेत्र में पाठ्यचर्या का तात्पर्य है *(UPTET, 2016)*

(a) पढ़ाने का तरीका
(b) मूल्यांकन प्रकिया
(c) विद्यालय का सम्पूर्ण कार्यक्रम
(d) कक्षा में प्रयुक्त विषय-सामग्री

व्याख्या (c) शैक्षिक क्षेत्र में पाठ्यचर्या से तात्पर्य **विद्यालय के सम्पूर्ण कार्यक्रम** से लगाया जाता है। सम्पूर्ण कार्यक्रम में विद्यालय के शैक्षिक व गैर-शैक्षिक सभी कार्य आते हैं। शैक्षिक कार्यों में कक्षा शिक्षण, वाद-विवाद, भाषण, प्रश्नोत्तरी आदि को सम्मिलित किया जाता है और गैर-शैक्षिक कार्यों में खेल-कूद, वन महोत्सव तथा पौधारोपण आदि को सम्मिलित किया जाता है।

26. एक कक्षा में बहुभाषी विद्यार्थी हैं। यह स्थिति उत्पन्न करती है *(CGTET, 2016)*

(a) शिक्षण अधिगम प्रक्रिया में बाधा
(b) विद्यार्थियों के मध्य सामंजस्य की समस्या
(c) अध्यापक में कुण्ठा
(d) सीखने के समृद्ध संसाधन

व्याख्या (d) यदि कक्षा में बहुभाषी विद्यार्थी पढ़ते हैं, तो उनके लिए **सीखने के सबसे समृद्ध संसाधन** उनकी कक्षा में उपलब्ध होते हैं। ऐसी कक्षा में विभिन्नता का वातावरण होता है, जो उन्हें एक-दूसरे से सीखने के लिए प्रेरित करता है। बच्चे एक-दूसरे से उनकी भाषा, रीति-रिवाज, खानपान, रहन-सहन, त्योहार, धार्मिक व सांस्कृतिक संस्कार आदि सीखते हैं। ऐसे में शिक्षक को सभी धर्मों या समुदायों के महत्त्व पर ध्यान देकर शिक्षण कार्य करना चाहिए।

27. यदि कक्षा में पढ़ाते समय आपको महसूस होता है कि अचानक सभी बच्चे पढ़ने में रुचि नहीं ले रहे हैं, तो आप क्या करेंगे? *(CGTET, 2016)*

(a) कोई ध्यान नहीं देंगे और पढ़ाना जारी रखेंगे
(b) पढ़ाना बन्द कर देंगे
(c) बच्चों को ध्यान देने को कहेंगे
(d) कारण जानने की कोशिश करेंगे

व्याख्या (d) यदि कक्षा में पढ़ाते समय शिक्षक को यह महसूस होता है कि अचानक सभी बच्चे पढ़ने में रुचि नहीं ले रहे हैं, तो इस स्थिति में शिक्षक को बच्चों की पढ़ाई में अरुचि के **कारणों को जानने की कोशिश** करनी चाहिए। कारणों को जानकर उसके लिए उपयुक्त समाधान भी करना चाहिए। बच्चों का पढ़ाई में रुचि न लेना इस बात की ओर संकेत करता है कि शिक्षक के शिक्षण कार्य/विधि में कोई कमी है। अत: शिक्षक को इस पर अवश्य ध्यान देना चाहिए।

28. वर्तमान समय में शिक्षा का सबसे उपयुक्त उपागम कौन-सा है? *(CGTET, 2016)*

(a) व्यवहारवादी उपागम (b) सृजनवादी उपागम
(c) संरचनात्मक उपागम (d) मानवतावादी उपागम

व्याख्या (b) वर्तमान में शिक्षा का सबसे उपयुक्त उपागम **सृजनवादी उपागम** होना चाहिए। सृजनवादी उपागम में किसी नवीन वस्तु का निर्माण एवं प्रणयन करने की सामर्थ्य अथवा क्षमता को शामिल किया जाता है। **व्यवहारवादी उपागम** में बालक के अधिगम द्वारा व्यवहार में हुए परिवर्तन को शामिल किया जाता है। **संरचनात्मक उपागम** में बालक की मौलिक योग्यताओं के विकास पर बल दिया जाता है और **मानवतावादी उपागम** में व्यक्तियों का व्यक्तियों से सम्बन्धों का अध्ययन किया जाता है।

29. स्कूलों में अधिकतर शिक्षकों में अपने छात्रों के लिए किसका सर्वाधिक अभाव पाया जाता है? *(CGTET, 2016)*

(a) स्नेह (b) क्रोध
(c) दोषारोपण (d) घृणा

व्याख्या (d) अधिकतर स्कूलों में शिक्षकों में छात्रों के प्रति **स्नेह, क्रोध** तथा **दोषारोपण** जैसे मनोभाव पाए जाते हैं, लेकिन सबसे कम घृणा का भाव पाया जाता है। शिक्षक चाहे कैसे भी हों, वह कभी भी अपने छात्रों को **घृणा** की दृष्टि से नहीं देखते हैं। यही एक अच्छे शिक्षक की विशेषता है।

30. उच्च प्राथमिक स्तर पर शिक्षक को क्रियात्मक शोध का ज्ञान होना चाहिए, क्योंकि वे *(CGTET, 2016)*

(a) इसके माध्यम से बच्चों की समस्या की पहचान कर सुधार करने का कौशल विकसित कर पाएँगे
(b) अपना स्वयं का विकास कर पाएँगे
(c) बच्चों को प्रभावी ढंग से पढ़ा पाएँगे
(d) शोध करने का कौशल विकसित कर पाएँगे

व्याख्या (a) उच्च प्राथमिक स्तर पर शिक्षक को क्रियात्मक शोध का ज्ञान होना चाहिए, क्योंकि वे **इसके माध्यम से बच्चों की समस्या की पहचान करके सुधार करने का कौशल विकसित कर पाएँगे।** क्रियात्मक शोध किसी समस्या के समाधान करने हेतु किए जाते हैं। शोध करने से नई वस्तु या विचार का निर्माण होता है, जिससे बालकों की समस्याओं के समाधान में सहायता मिलती है।

31. यदि आपकी कक्षा का कोई बच्चा प्रायः चुप रहता है, तो आप क्या करेंगे? *(CGTET, 2016)*

(a) उसकी ओर कोई ध्यान नहीं देंगे
(b) उसको किसी मनोवैज्ञानिक के पास ले जाएँगे
(c) उसके चुप रहने के कारणों को जानने का प्रयास करेंगे
(d) उसके माता-पिता से बात करेंगे

व्याख्या (c) कक्षा में प्राय: चुप रहने वाले बच्चे असामान्य व्यवहार करते हैं। वे कक्षा में बैठे अपनी कल्पना में खोए रहते हैं। शिक्षक को **उनके चुप रहने के कारणों को जानने का प्रयास करना चाहिए।** बच्चे की पढ़ाई में रुचि क्यों नहीं है? वह किस कारण चुप रहता है? इन तथ्यों का शिक्षक को पता लगाना चाहिए और उचित समाधान करना चाहिए।

32. बाल केन्द्रित शिक्षा के अन्तर्गत क्या सम्मिलित नहीं है? *(CGTET, 2016)*

(a) गृह कार्य प्रदान करना
(b) बालक को प्रश्न पूछने के लिए प्रेरित करना
(c) बालक के अनुभव को प्राथमिकता प्रदान करना
(d) बालक की सृजनात्मकता को बढ़ावा देना

व्याख्या (a) बाल केन्द्रित शिक्षा के अन्तर्गत **गृह कार्य प्रदान नहीं किया जाता** है। बाल केन्द्रित शिक्षा में बालक शिक्षा का केन्द्र-बिन्दु होता है और उसी के विकास पर बल दिया जाता है। *बाल केन्द्रित शिक्षा की निम्न विशेषताएँ होती हैं*

- बालक के अनुभव को प्राथमिकता प्रदान की जाती है
- बालक की सृजनात्मकता को बढ़ावा दिया जाता है।
- इसमें बालक को प्रश्न पूछने के लिए प्रेरित किया जाता है।
- बच्चों को सीखने के लिए सुगम्य वातावरण उपलब्ध कराया जाता है।
- उनके मौलिक गुणों के विकास पर बल दिया जाता है।

33. यदि आपकी कक्षा में कोई बच्चा अधिगम अक्षम हो, तो आप क्या करेंगे? *(CGTET, 2016)*

(a) उसकी ओर कोई ध्यान नहीं देंगे
(b) उसकी अक्षमता किस प्रकार की है, यह जानकर उसको सिखाने का प्रयास करेंगे
(c) उसकी अतिरिक्त कक्षा लेंगे
(d) उसकी बैठने व्यवस्था कक्षा के बुद्धिमान बच्चों के साथ करेंगे

व्याख्या (b) यदि किसी कक्षा में कोई बच्चा अधिगम अक्षम है, तो सर्वप्रथम उसकी **अक्षमता ज्ञात करके उसे दूर करने का प्रयास करना चाहिए।** अक्षम बच्चों के मल में अधिगम के प्रति जिज्ञासा उत्पन्न करना शिक्षक की जिम्मेदारी है। शिक्षक को चाहिए कि वह अक्षम बच्चे को नियमित रूप से प्रेरित करे एवं उसकी अक्षमता को दूर करे।

34. कठोर शिल्प उपागम किस सिद्धान्त पर आधारित है? *(CGTET, 2016)*

(a) औद्योगिक (b) इन्जीनियरिंग
(b) व्यावसायिक (d) अनुदेशन

व्याख्या (b) कठोर शिल्प उपागम **इन्जीनियरिंग सिद्धान्तों** एवं व्यवहारों पर आधारित है। इस उपागम को दृश्य-श्रव्य उपागम भी कहा जाता है। इसका सर्वप्रथम प्रयोग **लुम्सडेन** ने किया था। यह उपागम केवल ज्ञानात्मक पक्ष पर बल देता है। कठोर शिल्प उपागम को मशीन शिल्प उपागम भी कहा जाता है। इसके अन्तर्गत कम्प्यूटर, रेडियो, टेपरिकॉर्डर, मॉडल, टी.वी., प्रोजेक्टर आदि को शामिल किया जाता है। यह उपागम इन शिक्षण सहायक सामग्री का प्रयोग करके अधिगम वातावरण का निर्माण करता है और बालकों को पाठ्य-वस्तु के सीखने-सिखाने के लिए प्रेरित करता है।

35. वर्तमान समय में शिक्षक की भूमिका है *(CGTET, 2016)*

(a) ज्ञान देने वाले की
(b) सुगमकर्ता की
(c) मित्र की
(d) प्रबन्धक की

व्याख्या (b) वर्तमान शैक्षिक क्षेत्र में शिक्षक की भूमिका 'सुगमकर्ता' के समान है। शिक्षक को बच्चों का सारथी भी कहा जाता है, जो उसका सही और सच्चे अर्थों में मार्गदर्शन करता है। शिक्षक को **ज्ञान देने वाला, मित्र** तथा **प्रबन्धक** भी माना जाता है।

36. आपको लगता है कि आपकी कक्षा में कुछ बच्चे बहुत तेज गति से सीख रहे हैं और कुछ बहुत धीमी गति से। इस परिस्थिति में आप क्या करेंगे? *(CGTET, 2016)*

(a) तेज गति से सीखने वाले बच्चों को आगे बढ़ने देंगे
(b) धीमी गति से सीखने वाले बच्चों पर कोई ध्यान नहीं देंगे
(c) इस बात पर कोई ध्यान नहीं देंगे
(d) तेज गति से सीखने वाले बच्चों की सहायता धीमी गति से सीखने वाले बच्चों को सिखाने हेतु लेंगे

व्याख्या (d) कक्षा में कुछ बच्चे बहुत तेज गति से पाठ्य-वस्तु को सीखते है और कुछ बहुत धीमी गति से सीखते हैं। ऐसी परिस्थिति में शिक्षक को तेज गति से सीखने वाले बच्चों को धीमी गति से सीखने वाले बच्चों को सिखाने हेतु कहना चाहिए। ऐसा करने से धीमी गति से सीखने वाले बच्चों का मनोबल बढ़ेगा और वे सीखने के लिए प्रेरित होंगे। इस प्रकार कक्ष का वातावरण अधिगममय हो जाएगा और कक्षा में सभी बच्चे पाठ्य-वस्तु के बारे में भली प्रकार सीख जाएँगे।

37. शिक्षण अधिगम प्रक्रिया की दृष्टि से एक अच्छा शिक्षक वह है, जो *(CGTET, 2016)*

(a) कक्षा में बातचीत रोकने में सफल हो जाता है
(b) बातें करने वालों को दण्डित करता है
(c) उदासीन है
(d) जो सोचता है कि बातचीत को सीखने के संसाधन के रूप में उपयोग किया जा सकता है

व्याख्या (d) शिक्षण अधिगम प्रक्रिया में की दृष्टि से एक अच्छा शिक्षक वह है, **जो यह सोचता है कि बातचीत का सीखने के संसाधन के रूप में उपयोग किया जा सकता है।** शिक्षण अधिगम प्रक्रिया इस बात पर बल देती है कि सिखाने हेतु अधिक-से-अधिक साधनों का प्रयोग किया जाना चाहिए। एक अच्छे शिक्षक को जीवन के प्रत्येक क्रियाकलाप से सीखने-सिखाने का विशेषज्ञ होना चाहिए। इसके लिए शिक्षक को योग्य तथा कुशल प्रशिक्षित होना चाहिए, साथ ही शिक्षक को तार्किक तथा विचारशील भी होना चाहिए।

38. छात्रों में सृजनात्मकता का निर्माण करने के लिए आप क्या करेंगे? *(CGTET, 2016)*

(a) छात्रों को कक्षा में पढ़ाएँगे (b) छात्रों को गृहकार्य देंगे
(c) छात्रों को प्रोजेक्ट कार्य देंगे (d) नवाचार सम्बन्धी कार्य देंगे

व्याख्या (c) प्रोजेक्ट कार्य एक ऐसी प्रक्रिया है, जिसमें अधिगमकर्ता को व्यक्तिगत या सामूहिक रूप से शामिल किया जाता है। इसमें छात्र को एक सुनिश्चित या पूर्व निर्धारित कार्य दिया जाता है। इसका क्रियान्वयन अधिगम प्रक्रिया में एक निश्चित उद्देश्य के लिए किया जाता है। इसलिए छात्रों में सृजनात्मकता का निर्माण करने के लिए उनको **प्रोजेक्ट कार्य** देंगे।

39. विद्यालय में शिक्षक द्वारा सक्षम वातावरण बनाने के लिए किन बातों का पोषण करना चाहिए? *(CGTET, 2016) (UTET, 2013)*

(a) सामाजिक विविधता के प्रति सम्मान का
(b) बच्चों के अधिकारों और गरिमा के प्रति सजगता के भाव का
(c) सभी धर्मों के प्रति सहिष्णुता व आदर का भाव
(d) उपरोक्त सभी

व्याख्या (d) *विद्यालय में शिक्षक द्वारा सक्षम अधिगम वातावरण बनाने के लिए निम्न बातों का पोषण करना चाहिए—*
शिक्षक को सभी धर्मों के प्रति सहिष्णुता व आदर, सामाजिक व सांस्कृतिक विविधता के प्रति सम्मान तथा बच्चों के अधिकारों और गरिमा के प्रति सजगता का भाव रखना चाहिए।

40. सामाजिक विज्ञान विषय की विषय-वस्तु के शिक्षण में बालक की अवधारणात्मक समझ विकसित की जाए, तो बालक में कौन-सा परिलक्षित नहीं होगा? *(UTET, 2013)*

(a) सामाजिक मुद्दों पर स्वतन्त्र रूप से सोचने का विकास
(b) सामाजिक मुद्दों की आलोचनात्मक समीक्षा करने की क्षमता का विकास
(c) रटने की क्षमता का विकास
(d) नैतिक क्षमता का विकास

व्याख्या (c) यदि सामाजिक विज्ञान विषय की विषय-वस्तु के शिक्षण में बालक की अवधारणात्मक समझ विकसित की जाए, तो बालक में निम्न क्षमताओं का विकास होगा

- नैतिक क्षमता का विकास किया जा सकता है
- सामाजिक मुद्दों पर स्वतन्त्रतापूर्वक सोचने का विकास किया जा सकता है।
- सामजिक मुद्दों की आलोचनात्मक समीक्षा करने की क्षमता का किया जा सकता है।

इसके विपरीत बालक में **रटने की क्षमता** का विकास परिलक्षित नहीं होता है।

41. राष्ट्रीय अध्यापक शिक्षा परिषद् के 'योजना प्रपत्र' में समुदाय के अनुरूप कार्य-प्रणाली का विवेचन किया गया है, जिसमें अध्यापक शिक्षा के सुझाव दिए गए हैं। निम्न में से कौन-सा सुझाव 'योजना प्रपत्र' में वर्णित नहीं है? ***(UPTET, 2013)***

(a) विशिष्ट संस्तुतियाँ
(b) स्तरों के अनुसार उद्देश्य एवं पाठ्यक्रम का प्रारूप
(c) मूल्यांकन प्रक्रिया
(d) माध्यमिक विद्यालयों के लिए बजट तैयार करने की प्रक्रिया

व्याख्या (d) राष्ट्रीय अध्यापक शिक्षा परिषद् के योजना प्रपत्र में समुदाय के अनुरूप कार्य-प्रणाली का विवेचन करके जो सुझाव दिए गए, *वे निम्न हैं*

- स्तरों के अनुसार उद्देश्य एवं पाठ्यक्रम का प्रारूप
- विशिष्ट संस्तुतियाँ
- मूल्यांकन प्रक्रिया

इसके एक अन्य सुझाव में **माध्यमिक विद्यालयों के लिए बजट तैयार करने की प्रक्रिया को शामिल नहीं किया गया है।**

42. निम्नलिखित में से सामाजिक विज्ञान शिक्षण के सम्बन्ध में कौन-सा तथ्य उपयुक्त नहीं है? ***(BTET, 2013)***

(a) सामाजिक विज्ञान इसलिए पढ़ाया जाना चाहिए, क्योंकि यह मानवीय सम्बन्धों को समझने में सहायता करता है
(b) सामाजिक विज्ञान इसलिए पढ़ाया जाना चाहिए क्योंकि यह समाज के प्रति छात्रों को संवेदनशील बनाने मे सहायता करता है
(c) सामाजिक विज्ञान इसलिए पढ़ाया जाना चाहिए, क्योंकि यह छात्रों को वाद-विवाद और परिचर्चा के द्वारा सामाजिक समस्याओं का समझने में सहायता करता है
(d) सामाजिक विज्ञान इसलिए पढ़ाया जाना चाहिए, क्योंकि यह पाठ्यक्रम का एक भाग है, जिसके द्वारा छात्र राजाओं एवं उनके द्वारा लड़ी गई लड़ाइयों की जानकारी प्राप्त करते हैं

व्याख्या (c) सामाजिक विज्ञान शिक्षण से मानवीय सम्बन्धों को समझने, समाज के प्रति छात्रों को संवेदनशील बनाने तथा ऐतिहासिक जानकारी को जानने में सहायता मिलती है। सामाजिक विज्ञान से छात्रों को वाद-विवाद और परिचर्चा के द्वारा सामाजिक समस्याओं को समझने में सहायता नहीं मिलती है। सामाजिक विज्ञान समाज के आर्थिक, धार्मिक, राजनीतिक, सांस्कृतिक आदि पक्षों के अध्ययन पर बल देता है।

43. सामाजिक विज्ञान की कक्षा में शिक्षक द्वारा छात्रों की जाँच परीक्षा लेने से शिक्षक को क्या समझने में सहायता मिलती हैं? ***(BTET, 2013)***

(a) छात्र ने पाठ के किसी भाग को ठीक से याद नहीं किया है
(b) छात्र कितने तेज और बुद्धिमान हैं?
(c) पुनरावृत्ति कार्य से छात्रों को सहायता मिलती है
(d) सामाजिक विज्ञान को समझने में छात्रों की क्या समस्याएँ हैं?

व्याख्या (d) कक्षा में छात्रों को सीखने में बहुत-सी समस्याएँ आती हैं। ऐसे ही सामाजिक विज्ञान को समझने में छात्रों को बहुत समस्याएँ आती हैं। शिक्षक छात्रों की जाँच परीक्षा करके इन समस्याओं का पता लगा सकता है। शिक्षक इन समस्याओं को समझकर उनका उपयुक्त समाधान कर सकता है।

44. सामाजिक विज्ञान अध्ययन की प्रमुख समस्या है ***(REET, 2012)***

(a) छोटे कक्षा-कक्ष (b) अध्यापक-छात्र अनुपात में वृद्धि होना
(c) अप्रशिक्षित अध्यापक (d) पुस्तकालय सुविधाओं में कमी

व्याख्या (c) विद्यालयों में **अप्रशिक्षित अध्यापकों** का होना सामाजिक विज्ञान के अध्ययन की सबसे प्रमुख समस्या है। सामाजिक अध्ययन के शिक्षक को योग्य तथा कुशल प्रशिक्षित होना चाहिए, साथ ही शिक्षक को तार्किक तथा विचारशील होना चाहिए, अन्यथा वह पूर्वाग्रह से ग्रसित होकर सामाजिक अध्ययन के शिक्षण विषयों का उपयोग करने लगता है। सामाजिक विज्ञान के अध्ययन की अन्य समस्याओं में छोटे कक्षा-कक्ष होना, अध्यापक-छात्र अनुपात में वृद्धि होना तथा पुस्तकालय सुविधाओं में कमी आदि का होना शामिल हैं।

45. सामाजिक विज्ञान पढ़ाने में आने वाली कठिनाइयों में से प्रमुख है ***(PTET, 1011)***

(a) परिवर्तित होते रहना (b) बहुत जटिल होना
(c) अस्तित्वहीन होना (d) स्थानिक होना

व्याख्या (a) सामाजिक अध्ययन के विषय के सम्बन्ध में समाज में अनेक प्रकार की धारणाएँ प्रचलित हैं। सामाजिक अध्ययन के उद्देश्य व्यापक होते हैं। इसलिए सामाजिक विज्ञान को पढ़ाने में अनेकों कठिनाइयाँ/समस्याएँ आती हैं, जिनका समाधान आवश्यक है। इन कठिनाइयों में प्रमुख रूप से **परिवर्तन होना** एक बड़ी समस्या है। ऐसी समस्या का समाधान शिक्षक को उपयुक्त प्रविधि अपनाकर करना चाहिए।

अध्याय 06

परियोजना कार्य

CTET

1. विद्यार्थियों को इतिहासकारों के समान सोचने के लिए प्रोत्साहित करने हेतु निम्नलिखित में से कौन-सी विधि सर्वाधिक उपयुक्त होगी? *(CTET, 2016)*

(a) पूछताछ विधि
(b) स्रोत विधि
(c) परियोजना विधि
(d) कहानी सुनाने वाली विधि

व्याख्या (c) शिक्षा में **परियोजना कार्य** एक ऐसी प्रक्रिया है, जिसमें अधिगमकर्ता को व्यक्तिगत या सामूहिक रूप से शामिल किया जाता है। परियोजना एक सुनिश्चित या पूर्व निर्धारित कार्य होता है। इसका क्रियान्वयन अधिगम प्रक्रिया में एक निश्चित उद्देश्य के लिए किया जाता है। परियोजना कार्य से ही विद्यार्थियों को इतिहासकारों के समान सोचने का अवसर प्राप्त होता है। पूछताछ विधि के अन्तर्गत विद्यार्थी अपने शिक्षक से पूछकर भी इतिहास सम्बन्धित कहानियों को सुनकर इतिहासकारों के समान सोचने लगते हैं। स्रोत विधि के माध्यम से भी विद्यार्थी इतिहास का अध्ययन करते हैं, परन्तु इससे भी ज्ञान की व्यापकता सीमित रह जाती है।

2. लोकतान्त्रिक संस्थानों पर प्रोजेक्ट करके दिखाया जा सकता है कि *(CTET, 2015)*

(a) इनका विश्लेषण करके इनकी विशेषताओं और चुनौतियों को पहचाना जा सकता है
(b) विद्यार्थियों को इन संस्थानों को जैसे हैं, वैसे ही स्वीकार करना चाहिए
(c) वे जैसे पाठ्य-पुस्तकों में वर्द्धित हैं, उसी प्रकार के हैं
(d) यह संस्थान प्रभावशाली नहीं हैं

व्याख्या (a) लोकतान्त्रिक संस्थान लोकतन्त्र की मान्यताओं के आधार पर अपना कार्य करते हैं। इन संस्थानों की अपनी कुछ समस्याएँ भी होती हैं।
अतः **इनकी समस्याओं का विश्लेषण करके इनकी विशेषताओं और चुनौतियों को पहचाना जा सकता है** और प्रोजेक्ट के माध्यम से इनकी चुनौतियों का समाधान किया जा सकता है।

3. 'विभिन्न प्रकार के बाजार' विषय को पढ़ाने के लिए निम्नलिखित में से कौन-सी परियोजना सबसे अधिक उचित होगी? *(CTET, 2015)*

(a) दुकानदारों के उत्पादों को खरीदने व बेचने के दामों की तुलना करना
(b) कक्षा-कक्ष में बाजारों से खरीदे हुए उत्पादों की प्रदर्शनी लगाना
(c) अखबारों और पत्रिकाओं से बाजार पर कोलाज तैयार करना
(d) शॉपिंग मॉल में बेचे जाने वाले उत्पादों को देखने के लिए जाना

व्याख्या (a) **दुकानदारों के उत्पादों को खरीदने व बेचने के दामों की तुलना करके** 'विभिन्न प्रकार के बाजारों' के बारे में जाना जा सकता है। प्रत्यक्ष रूप से उत्पादों को खरीदकर व उनके विक्रय मूल्यों के बारे में जाना जा सकता है। बाजारों के विभिन्न प्रकारों के बारे में उत्पादों की प्रदर्शनी लगाकर, कोलाज तैयार करके तथा मॉल में उत्पादों को देखकर नहीं जाना जा सकता है।

4. आठवीं कक्षा के चार बच्चों से व्यर्थ सामग्री से कुछ रचनात्मक वस्तुएँ बनाने को कहा गया। कार्य पूरा होने पर शिक्षक ने निम्नलिखित टिप्पणियाँ कीं। इस सूचना के आधार पर सबसे अधिक रचनात्मक बच्चे को चुनिए। *(CTET, 2014)*

(a) थोड़े से मार्गदर्शन से ही बहुत अच्छी चीजें बना सकता है
(b) कौशल से परिपूर्ण तथा व्यर्थ सामग्री को उत्पादक वस्तुओं में बदलने की दृष्टि रखता है
(c) अधिकांश समय कल्पना का प्रयोग करता है, महँगी सामग्री प्रयोग न करने के प्रति सचेत है
(d) शिक्षक के साथ निरन्तर चर्चा करता है और प्रत्येक कदम पर उसकी स्वीकृति लेता है

व्याख्या (b) रचनात्मक बच्चे वे बच्चे होते हैं, जो उपयुक्त सामग्री का उपयोग करके नई वस्तु का निर्माण कर सकते हैं। उनमें रचनात्मक कौशल पूर्ण रूप से विकसित होता है। यदि उनसे व्यर्थ सामग्री से रचनात्मक वस्तुएँ बनाने को कहा जाए, तो वे उससे किसी नई वस्तु की रचना कर देते हैं। शिक्षक के अनुसार, रचनात्मक बच्चे कौशलों से परिपूर्ण तथा व्यर्थ की सामग्री को उत्पादक वस्तुओं में बदलने की क्षमता वाले होने चाहिए।

5. सामाजिक विज्ञान में परियोजना कार्य (Projects) उपयोगी होते हैं *(CTET, 2014)*

1. विषय-आधारित कार्यों में।

2. यदि उनमें संग्रहण और विश्लेषण नहीं करना हो।

3. यदि पाठ्य-सामग्री के अन्तर्गत सन्दर्भों पर आधारित हों।

4. कक्षा अथवा घर पर समूह में कार्य करने के लिए।

उपरोक्त में से कौन-से कथन सही हैं?

(a) 1 और 4 (b) 3 और 4
(c) 2 और 4 (d) 1 और 2

व्याख्या (a) वास्तविक जीवन जैसी परिस्थितियों में पूरा किया जाने वाला बालकों द्वारा आयोजित उद्देश्य युक्त कार्य परियोजना कार्य कहलाता है। इसमें विषय आधारित कार्यों तथा कक्षा या घर पर समूह में कार्य करने के लिए प्रयोजना दी जाती है। इसमें बालक अपनी रुचि के अनुसार कार्य करते हैं, जिससे कार्य बड़ी तेजी से होता है और थोड़े ही समय में अच्छा प्रतिफल मिलता है। परियोजना पद्धति में अध्यापक छात्रों को प्रदत्त स्थिति से लेकर प्रोजेक्ट को चुनने, योजना बनाने, क्रियान्वित करने, मूल्यांकन करने तथा आलेखन में उनका मार्गदर्शन करता है।

6. एक शिक्षक कक्षा VII के छात्रों को गहन अध्ययन (Case study) के लिए प्रकरण देना चाहता है। निम्नलिखित में से सबसे उपयुक्त कौन-सा होगा? *(CTET, 2013)*

(a) भूकम्प
(b) भारत की प्रमुख फसलें
(c) भारत में पाए जाने वाले खनिज
(d) पृथ्वी की संरचना

व्याख्या (b) भूकम्प, भारत में पाए जाने वाले खनिज तथा पृथ्वी की संरचना ऐसे विषय हैं, जिनकी सामग्री आसानी से उपलब्ध नहीं हो पाती है। इसलिए गहन अध्ययन (Case study) में प्रकरण **भारत की प्रमुख फसलें** सबसे उपयुक्त होगा, क्योंकि इस प्रकरण की सभी सामग्री आसानी से उपलब्ध हो जाएगी; जैसे—फसलों सम्बन्धी तथ्यात्मक ज्ञान, फसलों का विवरण, तापमान, वर्षा तथा क्षेत्र आदि।

7. सहयोगी अधिगम की प्रक्रिया को बढ़ावा देने के लिए शिक्षक को *(CTET, 2012)*

(a) कक्षा में समरूपी योग्यता-समूहों में विभाजित करनी चाहिए
(b) प्रत्येक विद्यार्थी को व्यक्तिगत दत्त-कार्य देना चाहिए
(c) सामूहिक परियोजना-कार्य देने चाहिए
(d) वाद-विवाद और चर्चाओं में विद्यार्थियों को शामिल करना चाहिए

व्याख्या (c) सहयोगी अधिगम की प्रक्रिया को बढ़ावा देने के लिए शिक्षक को छात्रों को **सामूहिक परियोजना कार्य देने चाहिए,** क्योंकि सामूहिक परियोजना में छात्र एक-दूसरे के सहयोग से किसी कार्य को परियोजना के रूप में पूरा करते हैं। परियोजना वह अभिप्राययुक्त क्रिया है, जो सम्पूर्ण संलग्नता के साथ सामाजिक पर्यावरण में क्रियान्वित होती है। यह सामूहिक शिक्षण की एक व्यावहारिक प्रक्रिया है। इसमें अनेकों अधिगमकर्ताओं को एक साथ संलग्न किया जाता है।

» State TETs

8. परियोजना कार्य महत्त्वपूर्ण होता है, क्योंकि *(UPTET, 2018/PTET, 2011)*

(a) वह शिक्षकों को रचनात्मक बनाता है
(b) करके सीखना, सीखने का महत्त्वपूर्ण तरीका है
(c) वह विद्यार्थियों को रचनात्मक बनाता है
(d) वह विद्यार्थियों के लिए एक क्रियाकलाप के रूप में होता है

व्याख्या (b) परियोजना कार्य के अन्तर्गत **बालक करके सीखता है**, जो सीखने का महत्त्वपूर्ण तरीका है। परियोजना विधि (Project Method) के प्रतिपादक **किलपैट्रिक** हैं। परियोजना कार्य वास्तविक जीवन जैसी परिस्थितियों में पूरा किया जाने वाला बालकों द्वारा आयोजित उद्देश्य युक्त कार्य होता है। इसमें बच्चे कार्य को स्वयं करके उपयुक्त निष्कर्ष निकालते हैं।

9. प्रोजेक्ट कार्य के अंग हैं *(CGTET, 2016, UTET, 2013)*

1. रिपोर्ट लेखन

2. स्थल का अवलोकन

3. सम्बन्धित जानकारी का संकलन

4. स्थल का चिह्नीकरण

कूट

(a) 1, 2, 3 और 4
(b) 2, 3, 4 और 1
(c) 4, 2, 3 और 1
(d) 1, 3, 4 और 2

व्याख्या (c) परियोजना कार्य एक ऐसी प्रक्रिया है, जिसमें अधिगमकर्ता को व्यक्तिगत या सामूहिक रूप से शामिल किया जाता है। परियोजना एक सुनिश्चित या पूर्व निर्धारित कार्य होता है। इसका क्रियान्वयन अधिगम प्रक्रिया में एक निश्चित उद्देश्य के लिए किया जाता है। *परियोजना का कार्य निम्न सोपानों के अन्तर्गत किया जाता है*

- स्थल का चिह्नीकरण (परियोजना का चयन)
- स्थल का अवलोकन (परियोजना का अवलोकन)
- परियोजना सम्बन्धी जानकारी का संग्रह करना (संकलन)
- रिपोर्ट लेखन (परियोजना का मूल्यांकन)

10. 'परियोजना विधि' के प्रतिपादक हैं *(CGTET, 2016)*

(a) दुर्खीम (b) प्लेटो (d) किलपैट्रिक (d) सुकरात

व्याख्या (c) परियोजना विधि का मुख्य उद्देश्य बच्चों में नियन्त्रित विभिन्न क्रिया-कलापों द्वारा ऐसे कौशलों को विकसित करना है, जो जीवन की वास्तविक परिस्थितियों से जुड़े हों। परियोजना विधि के प्रतिपादक **किलपैट्रिक** हैं। परियोजना विधि में छात्रों को कार्य करते हुए विभिन्न प्रकार की स्थितियों से गुजरना पड़ता है। इसमें कार्य करते हुए दूसरों के सहयोग की भी जरूरत पड़ती है, जिससे उसके सामाजिक समायोजन की क्षमता बढ़ती है, जोकि सामाजिक अध्ययन शिक्षण का एक महत्त्वपूर्ण उद्देश्य होता है।

11. छात्रों में सृजनात्मकता का निर्माण करने के लिए आप क्या करेंगे? *(UTET, 2013)*

(a) छात्रों को कक्षा में पढ़ाएँगे
(b) छात्रों को गृहकार्य देंगे
(c) छात्रों को प्रोजेक्ट कार्य देंगे
(d) नवाचार सम्बन्धी कार्य देंगे

व्याख्या (c) छात्रों में सृजनात्मकता का निर्माण करने के लिए उनको **प्रोजेक्ट कार्य दिया जाना चाहिए**, क्योंकि इस कार्य में छात्र सभी प्रकार की गतिविधियों को करने के लिए स्वतन्त्र होता है, जो कार्य से सम्बन्धित होती हैं।

12. विद्यालय स्तर पर सामाजिक विज्ञान में प्रोजेक्ट विधि द्वारा शिक्षण से छात्रों में किस तरह की प्रवृत्ति जाग्रत नहीं होती है? *(BTET, 2013)*

(a) सहनशीलता की (b) सृजनशीलता की
(c) संवेदनशीलता की (d) वाक्पटुता की

व्याख्या (b) सामाजिक अध्ययन/विज्ञान समाज के आर्थिक, धार्मिक, राजनीतिक, सांस्कृतिक आदि पक्षों के अध्ययन पर बल देता है। इसमें समाज के सभी पक्ष शामिल होते हैं। अत: विद्यालय स्तर पर सामाजिक विज्ञान में प्रोजेक्ट विधि द्वारा **सृजनशीलता का विकास नहीं होता** है। सामाजिक विज्ञान जैसे विषय से छात्रों में संवेदनशीलता, वाक्पटुता तथा सहनशीलता के गुणों का विकास होता है। सामाजिक विज्ञान में सामाजिक मुद्दों पर ही कार्य किया जाता है।

13. निम्नलिखित में से कौन-सा एक परियोजना का प्रकार थॉमस एम. रिस्क ने माध्यमिक विद्यालयों के लिए प्रतिपादित किया था? *(REET, 2012)*

(a) सामाजिक परियोजनाएँ (b) आर्थिक परियोजनाएँ
(c) उत्पादक परियोजनाएँ (d) पर्यावरणीय परियोजनाएँ

व्याख्या (c) **उत्पादक परियोजनाएँ** थॉमस एम. रिस्क ने **माध्यमिक विद्यालयों** के लिए प्रतिपादित की थीं।
अन्य परियोजनाओं का सम्बन्ध माध्यमिक विद्यालयों से नहीं है।

अध्याय 07

मूल्यांकन

CTET

1. सतत् और समग्र मूल्यांकन के अनुसार, आकलन के बारे में निम्नलिखित में से कौन-सा उद्देश्य सबसे उपयुक्त है? *(CTET, 2016)*

(a) विद्यार्थियों को अंक देकर प्रेरित करना
(b) विद्यार्थियों को उत्तर देने के लिए प्रोत्साहित करना
(c) विषय-वस्तु के बारे में विद्यार्थियों के प्रत्यास्मरण का परीक्षण करना
(d) विद्यार्थियों की तुलना पर उनकी रैंक निर्धारित करना

व्याख्या (c) सतत् एवं व्यापक मूल्यांकन में लगातार तथा व्यापक रूप से मूल्यांकन किया जाता है। वर्तमान समय में इसे सर्वाधिक उपयोगी माना जाता है। इसमें विद्यार्थी तथा शिक्षक दोनों का मूल्यांकन भी किया जाता है। सतत् और समग्र मूल्यांकन में **विषय-वस्तु के बारे में विद्यार्थियों के प्रत्यास्मरण का परीक्षण किया जाता है।** विषय-वस्तु के बारे में छात्रों ने कक्षा में जो कुछ भी सीखा है, उसका मूल्यांकन या परीक्षण करना आवश्यक होता है।

2. निम्नलिखित में से कौन-सा विकल्प विद्यालय आधारित आकलन का अनुपयुक्त वर्णन है? *(CTET, 2016)*

(a) यह शैक्षिक पक्षों को सम्मिलित करता है
(b) यह केवल सहगामी पक्षों को सम्मिलित करता है
(c) यह गैर-शैक्षिक पक्षों को सम्मिलित करता है
(d) यह सभी पक्षों को सम्मिलित करता है

व्याख्या (b) विद्यालय आधारित आकलन में **सहगामी पक्षों को सम्मिलित नहीं किया जाता है।** विद्यालय आधारित आकलन में विद्यालय से सम्बन्धित शैक्षिक तथा गैर-शैक्षिक पक्षों को सम्मिलित किया जाता है। इसमें शैक्षिक कार्यक्रम, शिक्षण विधियों आदि की उपयुक्तता की जाँच की जाती है। यह पाठ्यक्रम सुधार में सहायक होता है।

3. एक शिक्षक शिक्षार्थियों को कुछ मानदण्ड देते हैं और कहते हैं कि वे उन पर आधारित अपनी परियोजना का आकलन करें। निम्नलिखित में से कौन-से आकलन के तरीके का प्रयोग शिक्षक द्वारा किया गया है? *(CTET, 2016)*

(a) समकक्षी आकलन
(b) रचनात्मक आकलन
(c) स्व-आकलन
(d) संकलनात्मक आकलन

व्याख्या (c) **स्व-आकलन** में व्यक्ति स्वयं का मूल्यांकन करता है और निश्चित निष्कर्ष पर पहुँचता है। स्व-आकलन में वह अपनी त्रुटियों के बारे में जान जाता है। इसी प्रकार शिक्षक शिक्षार्थियों को कुछ मानदण्ड देते हैं और कहते हैं कि वे स्व-आकलन पर आधारित अपनी परियोजना का आकलन करें।

4. शिक्षार्थियों का सामाजिक विज्ञान विषय में कला के माध्यम से आकलन करने का सबसे उचित कारण चुनिए *(CTET, 2016)*

(a) यह शिक्षार्थियों की चित्रकला की योग्यता में सुधार लाता है
(b) यह पाठ्य-पुस्तक में दर्शाई गई विभिन्न अभिव्यक्त शैलियों के आनन्द लेने का माध्यम है
(c) यह एक आनन्ददायी मूल्यांकन का तरीका है
(d) यह अवधारणाओं का एक व्यक्तिगत प्रस्तुतीकरण करने का अवसर प्रदान करता है

व्याख्या (d) **अवधारणाओं का व्यक्तिगत प्रस्तुतीकरण करने का अवसर प्रदान करना** शिक्षार्थियों को सामाजिक विज्ञान विषय में कला के माध्यम से आकलन करने का सबसे उपयुक्त कारण है। सामाजिक विज्ञान विषय में कला व्यक्तिगत गुणों का विकास करने में सहायक होती है। यह पाठ्य पुस्तक में दर्शाई गई विभिन्न अभिव्यक्त शैलियों के आनन्द लेने का माध्यम है।

5. शिक्षार्थियों के संकलनात्मक आकलन का उद्देश्य क्या है? *(CTET, 2016)*

(a) कक्षा के दौरान आकलन
(b) सत्र के समाप्त होने पर आकलन
(c) परियोजना का आकलन
(d) पाठ के अन्त में आकलन

व्याख्या (b) शिक्षा के सन्दर्भ में **संकलनात्मक आकलन शैक्षणिक सत्र के अन्त में किया जाता है**। इसमें पहले से किए जा रहे निर्माणात्मक आकलन को भी जोड़ा जाता है। इस प्रकार के आकलन को छात्रों के प्रमाण पत्रों के रूप में प्रस्तुत किया जाता है।

6. रचनात्मक मूल्यांकन को कब किया जाता है? *(CTET, 2015)*

(a) सत्र के अन्त में
(b) इकाई के अन्त में
(c) नई इकाई को पढ़ाने से पूर्व
(d) शिक्षण-अधिगम प्रक्रिया के दौरान

व्याख्या (d) रचनात्मक मूल्यांकन को **शिक्षण-अधिगम प्रक्रिया के दौरान** छोटी-छोटी समयावधि में किया जाता है। इससे छात्रों पर कम भार पड़ता है, साथ ही शिक्षण प्रक्रिया का मूल्यांकन भी चरणबद्ध रूप से होता रहता है। इस प्रक्रिया में छात्रों को लगातार व्यस्त रखा जाता है, साथ ही इसका महत्त्व योगात्मक मूल्यांकन में दिया जाता है।
इसमें शिक्षण के अतिरिक्त अन्य गतिविधियाँ भी शामिल की जाती हैं।

7. मूल्यांकन का उद्देश्य क्या है? *(CTET, 2015)*

(a) समस्यात्मक विद्यार्थियों की पहचान करना
(b) शिक्षण-अधिगम प्रक्रियाओं में सुधार लाना
(c) बच्चों को श्रेणियों में बाँटना
(d) प्रतियोगिता को प्रोत्साहित करना

व्याख्या (b) **राल्फ. डब्ल्यू. टेलर** एक अमेरिकी शिक्षाशास्त्री थे, जिन्होंने मूल्यांकन के विषय में कार्य किया। उनके अनुसार, "मूल्यांकन एक प्रक्रिया है, जिसमें अनेक क्रियाओं को शामिल किया जाता है;" जैसे—उद्देश्य, परिभाषा, सूचकांक, निर्णयन तथा प्रमाणन आदि। *मूल्यांकन के निम्न उद्देश्य निर्धारित किए गए हैं*

- बालकों ने योग्यताओं, कुशलताओं, वृत्तियों, समझ आदि को स्वयं किस सीमा तक ग्रहण किया है, इसकी जाँच करना।
- बालकों की सफलता, विफलता, बाधाओं तथा कठिनाइयों का समुचित निर्धारण करना।
- शिक्षण अधिगम प्रक्रियाओं में सुधार लाना, पाठ्यक्रम सुधार में सहायक होता है।
- शिक्षकों की सफलता एवं कुशलता की माप करने में सहायक।

8. संक्रियात्मक मूल्यांकन निम्नलिखित के लिए अनुपयुक्त है *(CTET, 2015)*

(a) ग्रेड का निर्धारण करना
(b) विद्यार्थी के सीखने का सारांशीकरण करना
(c) प्रस्तावित सत्र के अन्त में मूल्यांकन करना
(d) शिक्षण-अधिगम प्रक्रिया के दौरान प्रगति का आकलन

व्याख्या (d) *संक्रियात्मक मूल्यांकन की निम्न विशेषताएँ होती हैं*

- यह मूल्यांकन शैक्षणिक सत्र के अन्त में किया जाता है।
- यह छात्रों के प्रमाण-पत्रों (ग्रेड) के रूप में प्रस्तुत किया जाता है।
- विद्यार्थियों के सीखने का सारांशीकरण किया जाता है।
- इसमें निर्माणात्मक मूल्यांकन का भी सहयोग लिया जाता है।
- निर्माणात्मक मूल्यांकन छोटी-छोटी समग्र अवधि में किया जाता है, इससे छात्रों पर भार कम पड़ता है इसलिए **शिक्षण अधिगम प्रक्रिया के दौरान प्रगति का आकलन** करना अनुपयुक्त होता है।

9. पोर्टफोलियो सतत् एवं व्यापक मूल्यांकन का एक महत्त्वपूर्ण माध्यम है, क्योंकि यह *(CTET, 2015)*

(a) विद्यार्थियों में कौशल के विकास को इंगित करता है
(b) अनिवार्य है
(c) क्रियान्वित करना सरल होता है
(d) न्यूनतम सूचना प्रदान करता है

व्याख्या (a) सतत् एवं व्यापक मूल्यांकन में लगातार तथा व्यापक रूप से मूल्यांकन किया जाता है। यह छात्रों तथा शिक्षक की शिक्षण प्रक्रिया में सुधार पर भी बल देता है। इसमें विद्यालयी तथा बाहरी कार्यक्रमों को भी शामिल कर उसका मूल्यांकन किया जाता है। सतत् एवं व्यापक मूल्यांकन में पोर्टफोलियो माध्यम का भी प्रयोग किया जाता है, क्योंकि यह **विद्यार्थियों में कौशल के विकास को इंगित करता** है।

10. वर्तमान स्केल आधारित आकलन में पारम्परिक बाह्य परीक्षा की किस विशेषता को शामिल नहीं किया जाता है? *(CTET, 2014)*

(a) शिक्षार्थी को अभिव्यक्ति का अवसर प्रदान करना
(b) एक-दूसरे के निकट शिक्षार्थियों, शिक्षिका और अभिभावकों के बीच सौहार्द
(c) सुव्यवस्थित क्रमबद्ध अधिगम पर बल
(d) अधिगम के केवल शैक्षिक पक्ष पर बल

व्याख्या (d) आज के समय में स्कूलों की परीक्षा व्यवस्था बिल्कुल बदल चुकी है। इसलिए परीक्षा को समाज में बहुत महत्त्व दिया जाता है। वर्तमान स्कूल आधारित आकलन में पारम्परिक बाह्य परीक्षा की *निम्न विशेषताओं को शामिल किया जाता है*

- सुव्यवस्थित क्रमबद्ध आकलन पर बल दिया जाता है।
- शिक्षार्थी, शिक्षकों तथा अभिभावकों के बीच सौहार्द बनाना।
- शिक्षार्थी को अभिव्यक्ति का अवसर प्रदान करना।

इन सभी विशेषताओं के विपरीत इस प्रकार की परीक्षा में **अधिगम के केवल शैक्षिक पक्ष पर बल** नहीं दिया जाता है, बल्कि सामाजिक एवं मनोवैज्ञानिक पक्ष पर बल दिया जाता है।

11. सामाजिक विज्ञान में, परीक्षा सुधार पर हाल ही का NCF आधार-पत्र ''........'' पर बल देता है। *(CTET, 2014)* *(UPTET, 2018)*

(a) खुली पुस्तक परीक्षा
(b) सतत् आकलन
(c) परीक्षा निष्पादन
(d) परीक्षा के समय बैठने की लचीली व्यवस्था

व्याख्या (b) राष्ट्रीय पाठ्यचर्या की रूपरेखा 2005 में बिना बोझ के शिक्षा तथा बाल केन्द्रित शिक्षा पर बल दिया गया है। इसमें छात्रों के ज्ञान को बाहरी जीवन से जोड़ने की क्षमता विकसित करना और साथ ही शिक्षण प्रक्रिया की पुनरावृत्ति को समाप्त करने पर बल दिया गया है। यह विद्यार्थियों के **सतत् आकलन** करने की सिफारिश करती है। NCF-2005 शिक्षण पद्धति को निचले स्तर से प्रभावी एवं रोचक बनाने हेतु, साथ ही शिक्षण की पुरानी पद्धति को समाप्त करने की बात करती है।

12. शिक्षार्थी के व्यवहार के निम्नलिखित में से किस वर्णन को सामाजिक विज्ञान की कक्षा में अभिवृत्तियों और मूल्यों के आकलन में उपयोग किया जा सकता है? *(CTET, 2014)*

(a) शिक्षकों के सभी विचारों को स्वीकार करना
(b) अकेले कार्य करने के लिए जोर देना
(c) प्रश्न पूछने के लिए स्वतन्त्र अनुभूत करना
(d) शैक्षणिक कार्यों में अच्छे ग्रेड प्राप्त करना

व्याख्या (c) कक्षा में बच्चे प्रश्न **पूछने एवं उत्तर देने के लिए उत्सुक रहते हैं**। वे प्रश्नों से अपनी जिज्ञासाएँ और उत्कण्ठा को शान्त कर लेते हैं। शिक्षक भी प्रश्नों के माध्यम से विद्यार्थियों के विचारों को समझ पाते हैं। शिक्षक शिक्षार्थियों के प्रश्न व्यवहार को सामाजिक विज्ञान की कक्षा में अभिवृत्तियों और मूल्यों के आकलन में उपयोग कर सकते हैं।

13. अभिवृत्ति और मूल्यों का आकलन करते समय सामाजिक विज्ञान के शिक्षक निम्नलिखित में से किस विवरण संकेत को अधिभार दे सकते हैं? *(CTET, 2012)*

(a) दूसरे बच्चों के साथ श्रेय की साझेदारी न करना
(b) रोजाना शिक्षक का अभिवादन न करना
(c) दूसरों के विचारों को निष्क्रिय रूप से स्वीकार करना
(d) प्रश्न पूछने के लिए स्वतन्त्र महसूस करना

व्याख्या (a) अभिवृत्तियों और मूल्यों का आकलन करते समय सामाजिक विज्ञान के शिक्षक यह आकलन कर सकते हैं कि **बच्चे एक-दूसरे के साथ श्रेय** (सहयोग) **की साझेदारी नहीं कर रहे हैं।** अभिवृत्तियों और मूल्यों के आकलन से शिक्षक बच्चों के व्यवहार, रुचि, इच्छा आदि का पता लगा सकता है।

14. सामाजिक विज्ञानों में योगात्मक आकलन में 51 विद्यार्थियों की कक्षा का मध्यांक 36 है। यह सुझाव देता है कि *(CTET, 2012)*

(a) अधिकांश विद्यार्थियों ने 36-46 के बीच अंक प्राप्त किए हैं
(b) उनके द्वारा 36% विषय-वस्तु सीखी गई
(c) अधिकांश विद्यार्थियों के अंक 36 से नीचे हैं
(d) 25 विद्यार्थियों के अंक 36 के बराबर या ऊपर हैं

व्याख्या (d) यदि सामाजिक विज्ञानों में योगात्मक आकलन में 51 विद्यार्थियों की कक्षा का मध्यांक 36 है, तो यह इस बात की ओर संकेत करता है कि **25 विद्यार्थियों के अंक 36 के बराबर या ऊपर** हैं। मध्यांक का अर्थ 'मध्य का अंक' होता है अर्थात् 51 विद्यार्थियों में से आधे (25) विद्यार्थियों के अंक 36 के बराबर अथवा ऊपर हैं। योगात्मक मूल्यांकन सत्र के अन्त में किया जाता है। इसमें पहले से किए जा रहे निर्माणात्मक मूल्यांकन को भी जोड़ा जाता है। ऐसे मूल्यांकन को छात्रों के प्रमाण-पत्रों के रूप में प्रस्तुत किया जाता है।

15. निम्न में से कौन-सा केन्द्रीय माध्यमिक शिक्षा बोर्ड के 'फोर्मेटिव मूल्यांकन' के लिए सुझाव नहीं है? *(CTET, 2012)*

(a) अधिक आवृत्ति से परीक्षण करना
(b) प्राथमिक पाठ्य-सामग्री के लिए प्रामाणिक स्रोतों का उपयोग
(d) स्रोत-आधारित विश्लेषण
(d) मॉडल व चार्ट

व्याख्या (a) केन्द्रीय माध्यमिक शिक्षा बोर्ड एक राष्ट्रीय स्तर का शिक्षा बोर्ड है। यह बोर्ड गुणवत्ताप्रद शिक्षा देने की सिफारिश करता है। *यह 'फोर्मेटिव मूल्यांकन' के लिए निम्न सुझाव देता है*

- यह स्रोत आधारित विश्लेषण पर बल देता है।
- यह मॉडल व चार्ट से शिक्षा प्रदान करने को बढ़ावा देता है।
- यह प्राथमिक पाठ्य सामग्री के लिए प्रामाणिक स्रोतों के उपयोग करने को बढ़ावा देता है।

केन्द्रीय माध्यमिक शिक्षा बोर्ड **अधिक आवृत्ति से परीक्षण करने का सुझाव नहीं देता** है अर्थात् अनेक बार परीक्षण करने की मनाही करता है।

16. सामाजिक विज्ञान की शिक्षिका अकसर वस्तुनिष्ठ प्रकार वाला रूपात्मक आकलन करती है, लेकिन उसे उसके द्वारा विकसित परीक्षण की विश्वसनीयता को बढ़ाने के लिए क्या करना चाहिए? *(CTET, 2012)*

(a) यह पता लगाना कि अन्य शिक्षक क्या करते हैं
(b) प्रश्नों की संख्या बढ़ाना
(c) मानकीकृत परीक्षण का प्रयोग
(d) एन.सी.ई.आर.टी. द्वारा प्रकाशित उदाहरणरूपी पुस्तिकाओं में दिए गए प्रश्नों का प्रयोग करना

व्याख्या (c) सामाजिक विज्ञान की शिक्षिका अकसर वस्तुनिष्ठ प्रकार वाला रूपात्मक आकलन करती है, लेकिन उसके द्वारा विकसित परीक्षण की विश्वसनीयता कम है। इसके लिए शिक्षिका को **मानकीकृत परीक्षण** का प्रयोग करना चाहिए। विश्वसनीयता का शाब्दिक अर्थ 'विश्वास करना' होता है। परीक्षण विश्वसनीयता विभिन्न अवसरों या समान पदों के विभिन्न विन्यासों में एक ही व्यक्ति के संगति प्राप्तांकों की प्राप्ति की ओर इंगित करती है।

17. सतत् और व्यापक मूल्यांकन मुख्य रूप से ...... पर बल देता है। *(CTET, 2012)*

(a) मस्तिष्क, हृदय और हाथ की शिक्षा पर
(b) कमजोर अयोग्य विद्यार्थियों को उच्च स्तर (अगली कक्षा) पर प्रोन्नत करने
(c) बच्चे के सुधार के लिए लगातार परीक्षण करने
(d) बच्चे के व्यवहार का सतत् अवलोकन करने

व्याख्या (d) सतत् एवं व्यापक मूल्यांकन लगातार तथा व्यापक रूप से मूल्यांकन करता है। वर्तमान समय में इसे सर्वाधिक उपयोगी माना जाता है। यह विद्यालयी तथा बाह्य कार्यक्रमों को भी शामिल कर उसका मूल्यांकन करता है। इसके परिणामों में शुद्धता बनी रहती है। **सतत् और व्यापक मूल्यांकन बच्चे के व्यवहार का सतत् अवलोकन भी करता है**, जिससे उसका मूल्यांकन सही प्रकार से किया जा सके। यह मूल्यांकन एक साथ विद्यार्थी तथा शिक्षक दोनों का मूल्यांकन करता है।

18. सामाजिक विज्ञान में आकलन का मुख्य उद्देश्य होना चाहिए *(CTET, 2012)*

(a) यह विश्वसनीय प्रतिपुष्टि (फीडबैक) उपलब्ध कराना कि किस सीमा तक शैक्षिक उद्देश्यों की प्राप्ति हुई है
(b) शिक्षार्थियों द्वारा मानविकी में सफल जीवन-वृत्ति को आगे बढ़ाने में सम्भावनाओं की भविष्यवाणी करना
(c) शिक्षार्थियों ने किस सीमा तक विषय-वस्तु सम्बन्धी ज्ञान अर्जित किया, यह मापना
(d) परीक्षा उत्तीर्ण करने वाले विद्यार्थियों में ज्ञान की वांछित शैक्षणिक गुणवत्ता बनाए रखना

व्याख्या (a) सामाजिक विज्ञान से तात्पर्य अध्ययन के उन क्षेत्रों से है, जो मानव मात्र को उनके सामाजिक सम्बन्ध के सन्दर्भ में समझने में सहायता करते हैं। इसकी प्रकृति परिवर्तनशील रहती है। इसके आकलन का उद्देश्य **विश्वसनीय प्रतिपुष्टि** (Feedback) **उपलब्ध कराना है कि किस सीमा तक शैक्षिक उद्देश्यों की प्राप्ति हुई है** अर्थात् इस बात का आकलन करना है कि बालक ने शिक्षा की प्रक्रिया के दौरान कितना सीखा है। इसके अन्य उद्देश्यों में नागरिकता की भावना तथा समझ का विकास करना शामिल है।

19. पुस्तक 'सामाजिक व राजनैतिक जीवन भाग II', अन्य पद्धतियों के साथ-साथ निम्नलिखित में से कौन-सी मूल्यांकन-पद्धति का समर्थन करती है? *(CTET, 2011)*

(a) सूचना प्रौद्योगिकी (कम्प्यूटर) द्वारा मूल्यांकन
(b) लिखित परीक्षाएँ
(c) खुली पुस्तकों द्वारा अभ्यास हल करवाना
(d) निजी साक्षात्कार

व्याख्या (c) पुस्तक 'सामाजिक व राजनैतिक जीवन भाग II' **खुली पुस्तकों द्वारा अभ्यास हल करवाने** की मूल्यांकन पद्धति का समर्थन करती है। इस पद्धति द्वारा बच्चों को स्वतन्त्रतापूर्वक अभ्यास कराकर प्रश्नों को हल करना सिखाया जाता है। यह पद्धति बच्चों को विद्यालयों के बाहर के जीवन से जोड़ती है और बच्चा अपने विचारों की अभिव्यक्ति स्वतन्त्र रूप से कर सकता है।

20. सामाजिक विज्ञान में निदानात्मक परीक्षण शिक्षक को क्या समझने में सहायता करेगा? *(CTET, 2011)*

(a) सामाजिक विज्ञान में विद्यार्थी सीखने सम्बन्धी किन कठिनाइयों का सामना कर रहा है
(b) पुनरावृत्ति किस प्रकार विद्यार्थी की सहायता करती है
(c) उसके विद्यार्थी कितने बुद्धिमान हैं
(d) प्रकरण का वह हिस्सा, जिसे विद्यार्थी ने कण्ठस्थ नहीं किया है

व्याख्या (a) सामाजिक विज्ञान में निदानात्मक परीक्षण शिक्षक को यह समझने में सहायता करता है कि **विद्यार्थी सीखने के दौरान किन कठिनाइयों का सामना कर रहा है।** निदानात्मक मूल्यांकन विद्यार्थी की समस्याओं के समाधान के साथ-साथ शिक्षण समस्याओं के सुधार से भी सम्बन्धित है। इसमें ऐसी परियोजना तैयार की जाती है, जो समस्या उत्पन्न करती है तथा उसका बेहतर समाधान करती है। यह प्रत्येक चरण का मूल्यांकन करने के बजाए समस्यात्मक चरण का मूल्यांकन करता है। निदानात्मक परीक्षण से विद्यार्थी की कठिनाइयों का पता लगाकर उसका उचित समाधान किया जा सकता है।

» State TETs

21. मूल्यांकन सम्बन्धित है *(UPTET, 2016)*

(a) छात्रों के कौशलों के विकास से
(b) छात्रों की उपलब्धियों से
(c) छात्रों की रुचि से
(d) छात्रों के गुणों से

व्याख्या (a) शिक्षण तथा अध्यापन प्रक्रिया में मूल्यांकन का महत्त्वपूर्ण स्थान है। मूल्यांकन एक प्रक्रिया है, जिसमें अनेक क्रियाओं को शामिल किया जाता है; जैसे—उद्देश्य, परिभाषा, सूचकांक, निर्णयन, प्रमाणन आदि। इसमें बालकों ने योग्यताओं, कुशलताओं, वृत्तियों, समझदारी आदि को स्वयं किस सीमा तक ग्रहण किया है, इसकी जाँच की जाती है। मूल्यांकन को छात्रों के कौशल के विकास से सम्बन्धित माना जाता है। यह बालकों की सफलता, विफलता, बाधाएँ तथा कठिनाइयों का समुचित निर्धारण करता है।

22. मूल्यांकन प्रक्रिया के तीन महत्त्वपूर्ण बिन्दु हैं *(CGTET, 2016)*

(a) उद्देश्य, अधिगम अनुभव व मूल्यांकन के उपकरण
(b) छात्र, अध्यापक व उद्देश्य
(c) छात्र, समाज व अधिगम के अनुभव
(d) छात्र, परीक्षा व परिणाम

व्याख्या (a) मूल्यांकन निरन्तर चलने वाली प्रक्रिया है। यह प्रक्रिया छात्रों की औपचारिक शैक्षिक उपलब्धि से अधिक सम्बन्धित है। यह व्यक्ति के विकास को उसकी भावनाओं, विचार तथा क्रियाओं से सम्बन्धित वांछित व्यवहार में परिवर्तन लाने का प्रयास करता है।

मूल्यांकन प्रक्रिया के तीन महत्त्वपूर्ण बिन्दु हैं

1. उद्देश्य 2. अधिगम अनुभव 3. मूल्यांकन के उपकरण मूल्यांकन प्रक्रिया में उद्देश्यों की प्राप्ति उपकरणों के प्रयोग द्वारा की जाती है और अन्त में परिणाम के रूप में अधिगम अनुभव प्राप्त किया जाता है।

23. विद्यालयों में सृजनात्मकता आधारित शिक्षा हेतु निम्नलिखित में से क्या आवश्यक है? *(BTET, 2013)*

(a) रटन्त शिक्षा को प्रोत्साहन देना
(b) साइकिल योजना को प्रोत्साहन देना
(c) विद्यालय की प्रशासन व्यवस्था में सुधार करना
(d) मूल्यांकन प्रणाली में सुधार करना

व्याख्या (d) विद्यालयों में सृजनात्मकता आधारित शिक्षा हेतु **मूल्यांकन प्रणाली में सुधार** किया जाना चाहिए। सृजनात्मकता का तात्पर्य नवीन विचार या किसी नई किसी वस्तु के सृजन से लगाया जाता है। सृजनात्मकता का विकास स्वतन्त्र वातावरण में होता है। अतः छात्रों में सृजनात्मकता के विकास के लिए शिक्षक को प्रभावी वातावरण का निर्माण करना चाहिए।

24. इकाई परीक्षा का मुख्य उद्देश्य होता है *(BTET, 2011)*

(a) पता लगाना कि छात्रों ने इकाई से सम्बन्धित सामग्री को समझा है या नहीं
(b) अगली इकाई को पढ़ना
(c) छात्रों को हमेशा परीक्षा के लिए तैयार रखना
(d) छात्रों को अनुशासित रखना

व्याख्या (a) इकाई परीक्षा मुख्य रूप से एक विषय क्षेत्र की परीक्षा का स्वरूप है। इसमें छात्र को निश्चित विषय-वस्तु का ज्ञान कराया जाता है। **इसका मुख्य उद्देश्य यह पता लगाना है कि छात्रों ने इकाई से सम्बन्धित सामग्री या विषय-वस्तु को सीखा है या नहीं।** यदि उसने पाठ्य वस्तु को सीख लिया है, तो उद्देश्य की प्राप्ति हो गई है यदि नहीं, तो उसे शिक्षक द्वारा पाठ्य सामग्री को सीखने हेतु प्रेरित करना चाहिए।

अध्याय 08

विविध

» CTET TET/State TETs

1. सीखने की अक्षमता वाले शिक्षार्थी किस प्रकार की कक्षा में अन्य छात्रों के साथ सीखते हैं? *(CTET, 2018)*

(a) विशेष (b) समावेशी (c) आधुनिक (d) अनन्य

व्याख्या (b) **समावेशी शिक्षण** वह विधा है, जिसके अन्तर्गत समाज के सभी वर्गों को एकसमान शिक्षा प्रदान की जाती है। छात्र-छात्राओं के मध्य बिना किसी भेदभाव के शिक्षा प्रदान करना समावेशी शिक्षा का परिचायक माना जाता है। सीखने की अक्षमता वाले शिक्षार्थी समावेशी कक्षा में अन्य छात्रों के साथ संयुक्त रूप से अधिगम कर सकते हैं।

अक्षमता वाले शिक्षार्थी को किसी विषय-वस्तु को सीखने में कठिनाई आती है। वह उसे सीखने में अक्षमता प्रकट करता है। यह अक्षमता शारीरिक व मानसिक दोनों प्रकार की हो सकती है।

2. दो वर्ष से छः वर्ष की अवस्था को कहते हैं *(UPTET, 2018)*

(a) बाल्यावस्था (b) किशोरावस्था
(c) शैशवावस्था (d) प्रौढ़ावस्था

व्याख्या (a) 2 से 6 वर्ष की अवस्था को बाल्यावस्था कहा जाता है। बाल्यावस्था में बच्चे का शारीरिक एवं मानसिक विकास तेजी से होता है। मनोवैज्ञानिकों के अनुसार, बाल्यावस्था बाल विकास की महत्त्वपूर्ण अवस्था है इसी कारण इस अवस्था को जीवन का **सुनहरा काल** भी कहा जाता है। 0 से 2 वर्ष की अवस्था को शैशवावस्था, 9 से 18 वर्ष की अवस्था को किशोरावस्था तथा 19 वर्ष के बाद की अवस्था को प्रौढ़ावस्था कहा जाता है।

3. सी. डब्ल्यू. एस. एन. का अर्थ है *(UPTET, 2018)*

(a) मजबूत आवश्यकता वाले बच्चे (b) एकांगी आवश्यकता वाले बच्चे
(c) विशिष्ट आवश्यकता वाले बच्चे (d) मृदु आवश्यकता वाले बच्चे

व्याख्या (c) सी. डब्ल्यू. एस. एन. का अर्थ **विशिष्ट आवश्यकता वाले बच्चे** होते हैं। इसका पूर्ण रूप Children With Special Needs होता है। इसमें ऐसे बच्चे शामिल किए जाते हैं, जो मुख्य रूप से दिव्यांग होते हैं अर्थात् ऐसे बच्चों को विशेष सहायता प्रदान की जाती है। मानसिक रूप से विक्षिप्त बच्चों को विशेष संरक्षण प्रदान किया जाता है।

4. निम्न में से कौन-सी बाल्यावस्था की एक विशेषता नहीं है? *(UPTET, 2018)*

(a) सामूहिकता की प्रबलता
(b) जिज्ञासा की कमी
(c) अभिवृद्धि में स्थिरता
(d) समूह एवं खेलों में सहभागिता

व्याख्या (b) **जिज्ञासा की कमी** बाल्यावस्था की विशेषता नहीं है। बाल्यावस्था में जागरूकता के साथ-साथ बालक में जिज्ञासा की भावना भी तेजी से प्रबल होती है। बाल्यावस्था 2 से 6 वर्ष तक की अवस्था होती है। **सामूहिकता की प्रबलता, अभिवृद्धि में स्थिरता, समूह एवं खेलों में सहभागिता** बाल्यावस्था की प्रमुख विशेषताओं में शामिल हैं।

5. निम्न में से कौन-सा सृजनात्मक प्रक्रिया से सम्बन्धित नहीं है? *(UPTET, 2018)*

(a) उद्भवन (b) अभिप्रेरण
(c) आयोजन (d) प्रबोधन

व्याख्या (b) सृजनात्मक प्रक्रिया वह प्रक्रिया है, जिसके अन्तर्गत लोग अपनी समस्याओं के समाधान हेतु उचित साधन का प्रयोग कर लेते हैं और वे नए विचार या वस्तु का सृजन कर पाते हैं। इसमें **अभिप्रेरण** की भूमिका नहीं होती है। सृजनात्मक प्रक्रिया **उद्भवन, प्रबोधन** एवं **आयोजन** से सम्बन्धित है, परन्तु अभिप्रेरण से इसका कोई सम्बन्ध नहीं है।

6. निम्न में से कौन-सा वृद्धि और विकास का प्रथम चरण है? *(UPTET, 2018)*

(a) शारीरिक विकास (b) सामाजिक विकास
(c) नैतिक विकास (d) मानसिक विकास

व्याख्या (b) वृद्धि और विकास का प्रथम चरण **सामाजिक विकास** कहलाता है। सामाजिक क्षेत्र में ही बालक अपने जीवन की शुरुआत करता है एवं बुनियादी पहलुओं को समझता है। समाज में ही उसका **नैतिक, मानसिक** एवं **व्यावहारिक विकास** होता है। शारीरिक विकास भी समाज में विभिन्न चरणों में सम्पन्न होता है।

7. सीखना एक तरह के व्यवहार का *(UPTET, 2018)*
(a) बचाव है (b) विस्तार है (c) संशोधन है (d) प्रसार है

व्याख्या (d) **जे. पी. गिलफोर्ड** के अनुसार, "व्यवहार के कारण व्यवहार में परिवर्तन ही अधिगम है।" सीखना या अधिगम एक तरह से व्यवहार का **प्रसार** माना जाता है। यह ज्ञान के विकास का माध्यम होता है। नवीन तथ्यों को जानना एवं विषयों को समझना, अधिगम द्वारा ही सम्भव है। व्यवहार में मूलभूत परिवर्तन ज्ञान द्वारा ही सम्भव है।

8. स्किनर बॉक्स का प्रयोग किया जाता है *(UPTET, 2018)*
(a) शाब्दिक अधिगम के लिए
(b) प्रसूत अनुबन्धन के लिए
(c) बालक अधिगम के लिए
(d) आकस्मिक अधिगम के लिए

व्याख्या (b) स्किनर बॉक्स का प्रयोग **प्रसूत अनुबन्धन** एवं **क्लासिकल अनुबन्धन** दोनों में किया जाता है। प्रसूत अनुबन्धन स्किनर बॉक्स प्रशिक्षण के लिए विशेष अनुमति प्रदान करता है।

9. बुद्धिमापन के भाटिया बैटरी परीक्षण में हैं *(UPTET, 2018)*
(a) 5 उप-परीक्षण (b) 8 उप-परीक्षण
(c) 4 उप-परीक्षण (d) 7 उप-परीक्षण

व्याख्या (a) भाटिया बैटरी परीक्षण को भारत की जनसंख्या परीक्षण के सन्दर्भ में विकसित किया गया था। भाटिया बैटरी परीक्षण को प्रयोग में लाने का मुख्य उद्देश्य अशिक्षित एवं शिक्षित भारतीयों का बुद्धि मापन करना था। इसमें कुल **5** उप-परीक्षण शामिल हैं—कोह परीक्षण, अलेक्जेण्डर परीक्षण, पैटर्न ड्रॉइंग परीक्षण, शीघ्र स्मृति परीक्षण, चित्र निर्माण परीक्षण इत्यादि।

10. छात्र के अवांछित व्यवहार के संशोधन हेतु सबसे प्रभावी विधि है *(UPTET, 2018)*
(a) छात्र को दण्डित करना
(b) उसे नजरअन्दाज करना
(c) उसके माता-पिता को सूचित करना
(d) अवांछित व्यवहार के कारणों का पता लगाना तथा उपचारों का सुझाव देना

व्याख्या (d) अवांछित व्यवहार को सुधारने हेतु छात्रों को दण्डित करना, उसे नजरअन्दाज करना या उसके माता-पिता को सूचित करना उपयुक्त साधन नहीं हो सकते, इससे बच्चों में अवांछित व्यवहार का प्रसार होता है। छात्र के अवांछित व्यवहार के संशोधन हेतु सबसे प्रभावी विधि **अवांछित व्यवहार के कारणों का पता लगाना तथा उपचारों का सुझाव देना है।**

11. एक बालक काली गाय, काला कुत्ता तथा काली वस्तुओं को देखकर डरने लगता है। इस प्रकार के अनुबन्धन में निहित है *(UPTET, 2018)*
(a) अनुक्रिया अनुबन्धन (b) उद्दीपक सामान्यीकरण
(c) अनुक्रिया सामान्यीकरण (d) इनमें से कोई नहीं

व्याख्या (b) **उद्दीपक सामान्यीकरण अनुबन्धन** के अन्तर्गत बालक में डर की भावना उत्पन्न होती है। यही कारण है कि एक बालक काली गाय, काला कुत्ता तथा काली वस्तुओं को देखकर डरने लगता है। उद्दीपन क्रिया डर की भावना को पैदा करती है।

12. शिक्षण की अन्तः क्रियात्मक अवस्था में मुख्य संक्रिया होती है *(UPTET, 2018)*
(a) निदान की (b) प्रत्यक्षीकरण की
(c) क्रिया और प्रतिक्रिया की (d) ये सभी

व्याख्या (d) क्रिया और प्रतिक्रिया के माध्यम से विचारों का परस्पर आदान-प्रदान होता है। निदान के अन्तर्गत शिक्षक छात्रों की क्षमता के अनुरूप उसकी उपलब्धि को जाँचने की कोशिश करता है। शिक्षण की अन्त:क्रियात्मक अवस्था में **निदान, प्रत्यक्षीकरण क्रिया** और **प्रतिक्रिया** जैसी मुख्य संक्रियाएँ होती हैं।

13. निम्न में से कौन-सा शिक्षण का स्तर नहीं है? *(UPTET, 2018)*
(a) बोध (b) चिन्तन
(c) स्मृति (d) वर्णन

व्याख्या (d) **बोध, चिन्तन** एवं **स्मृति**, शिक्षण के महत्त्वपूर्ण स्तर माने जाते हैं। अधिगमकर्ता के लिए यह आवश्यक है कि शिक्षण के दौरान वह बोध, चिन्तन एवं स्मृति पर विशेष बल दे, इससे मानसिक विकास की प्रबलता बढ़ती है। **वर्णन,** शिक्षण के महत्त्वपूर्ण स्तर का हिस्सा नहीं है।

14. "हम करके सीखते हैं" किसने कहा था? *(UPTET, 2018)*
(a) योकम (b) सिम्पसन
(c) डॉ. मेस (d) कोलेसनिक

व्याख्या (b) अमेरिकी मनोविज्ञानी **सिम्पसन** का मानना था कि 'करके सीखना' अधिगम का महत्त्वपूर्ण स्रोत है। इससे बच्चे का उपयुक्त मानसिक विकास होता है। करके सीखना सीखने का एक व्यावहारिक माध्यम है।

15. सम्भाषण में अर्थ की लघुतम इकाई है *(UPTET, 2018)*
(a) रूपग्राम (b) पद
(c) ध्वनिग्राम (d) शब्द

व्याख्या (a) **रूपग्राम** भाषा की इकाई है, जिसके माध्यम से **ध्वनिग्राम** के रूप में सन्देश को भेजा जाता है। फोन एक सम्भाषण ध्वनि का प्रतिरूप होता है। भाषा में ध्वनि की इकाई सबसे छोटी ध्वनिग्राम है इसलिए सम्भाषण में अर्थ की लघुत्तम इकाई **रूपग्राम** है।

16. निम्न में से कौन-सा फ्लैण्डर की अन्तः क्रिया विश्लेषण प्रणाली से सम्बन्धित नहीं है? *(UPTET, 2018)*
(a) छात्र कथन
(b) अभिभावक कथन
(c) शिक्षक कथन
(d) मौन

व्याख्या (b) फ्लैण्डर की अन्त:क्रिया विश्लेषण प्रणाली के अन्तर्गत शिक्षक एवं छात्रों के बीच आपसी सम्बन्धों पर व्यापक चर्चा की गई है। इसमें कक्षा में होने वाले संचार के विभिन्न पहलुओं पर चर्चा की जाती है। **फ्लैण्डर** के अनुसार कक्षा में होने वाली अन्त:क्रिया को तीन भागों में वर्गीकृत किया जाता है-**शिक्षक बातचीत** (कथन), **छात्र बातचीत** (कथन) एवं **मौन**। अत: फ्लैण्डर की अन्त:क्रिया विश्लेषण प्रणाली में **अभिभावक कथन** को शामिल नहीं किया जाता है।

17. निम्न में से कौन-सा शिक्षण अधिगम का स्तर नहीं है? ***(UPTET, 2018)***

(a) अवबोध स्तर (b) परावर्ती स्तर
(c) स्मृति स्तर (d) दूरवर्ती स्तर

व्याख्या (d) शिक्षक अपने छात्रों को अधिगम के तीन स्तर बताते हैं। ये अधिगमकर्ता के मानसिक विकास को विभिन्न स्तरों में दर्शाते हैं। इन्हीं स्तरों के माध्यम से शैक्षणिक उद्देश्यों को पूरा किया जाता है। *ये तीन स्तर निम्नलिखित हैं*

- अवबोध स्तर
- परावर्ती स्तर
- स्मृति स्तर

शिक्षण अधिगम में **दूरवर्ती स्तर** का कोई स्थान नहीं होता।

18. इनमें से कौन सूक्ष्म-शिक्षण की विचारधारा से सम्बन्धित है? ***(UPTET, 2018)***

(a) बुश (b) डेविड ह्यूम
(c) डी. डब्ल्यू. एलेन (d) एचिसन

व्याख्या (c) वर्ष 1960 के दशक के मध्य में **डी. डब्ल्यू. एलेन** ने कहा कि सूक्ष्म-शिक्षण का सम्बन्ध शिक्षण तकनीक में विकास एवं शिक्षण प्रशिक्षण से सम्बन्धित है। इसमें शिक्षक शिक्षण सत्र के विभिन्न पहलुओं का अवलोकन करता है, साथ ही शिक्षार्थी या छात्रों से संरचनात्मक फीडबैक प्राप्त करता है।

19. समस्या-समाधान में 'लक्ष्य-प्रवणता' के सम्प्रत्यय को किसने प्रस्तावित किया था? ***(UPTET, 2018)***

(a) हल (b) केण्डलर (c) कोह्लर (d) ब्रिक

व्याख्या (a) समस्या-समाधान में लक्ष्य प्रवणता के सम्प्रत्यय को सर्वप्रथम **हल** ने प्रस्तावित किया था। इसके अन्तर्गत कोई भी कार्य लक्ष्ययुक्त होता है। लक्ष्य निर्धारित करके किया गया कोई भी कार्य आसान हो जाता है। इससे समस्याओं का समाधान भी आसानी से हो जाता है।

20. छात्रों में सही व्यवहार के प्रशिक्षण हेतु सर्वाधिक महत्त्वपूर्ण क्या है? ***(UPTET, 2018)***

(a) प्रशंसा (b) दण्ड
(c) पुरस्कार (d) सही व्यवहार का प्रस्तुतीकरण

व्याख्या (d) सही व्यवहार के प्रशिक्षण हेतु सर्वाधिक महत्त्वपूर्ण है—**सही व्यवहार का प्रस्तुतीकरण करना**। सही व्यवहार का प्रस्तुतीकरण वर्ग (क्लास रूम) एक उचित एवं सार्थक माहौल उत्पन्न करता है, जो अधिगम के लिए अनिवार्य माना जाता है। **प्रशंसा, दण्ड** एवं **पुरस्कार** से सही व्यवहार का प्रशिक्षण निर्धारित नहीं किया जाता है।

21. 'द बिहेवियर ऑफ ऑर्गेनिज्म्स' नामक पुस्तक के लेखक हैं ***(UPTET, 2018)***

(a) स्किनर (b) हल
(c) पैवलॉव (d) थॉर्नडाइक

व्याख्या (a) 'द बिहेवियर ऑफ ऑर्गेनिज्म्स' नामक पुस्तक के लेखक **बी. एफ. स्किनर** हैं। यह इनकी पहली रचना थी, जिसका प्रकाशन वर्ष 1936 में **मनोविज्ञान सीरीज** के रूप में हुआ था।

22. अधिगम का पठार ***(UPTET, 2018)***

(a) अधिगम में अवरुद्ध वर्द्धन (b) अधिगम में दोष
(c) अधिगम की समाप्ति (d) अधिगम में अवरोध

व्याख्या (a) अधिगम के दौरान यदि कोई व्यक्ति उस अवधि तक पहुँच जाता है, जहाँ और अधिगम की सम्भावना समाप्त हो जाती है, तो प्रदर्शन पर नकारात्मक प्रभाव दिखाई देने लगता है अर्थात् अधिगम पठार उस स्थिति को दर्शाता है, जहाँ अधिगम स्थिर हो जाता है। अत: अधिगम का पठार मूलत: **अधिगम में अवरुद्ध वर्द्धन** माना जाता है।

23. जो सम्बन्ध स्किनर का चूहों से एवं थॉर्नडाइक का बिल्लियों से था, वही सम्बन्ध कोह्लर का था ***(UPTET, 2018)***

(a) कुत्तों से (b) मुर्गियों से
(c) बन्दरों से (d) वनमानुषों से

व्याख्या (d) डब्ल्यू कोह्लर एक जर्मन मनोवैज्ञानिक थे। बालकों के मनोविकास का विश्लेषण करने हेतु स्किनर एवं थॉर्नडाइक ने प्रयोग के तौर पर जिस प्रकार क्रमश: चूहे और बिल्लियों का प्रयोग किया, उसी प्रकार कोह्लर ने **वनमानुष** का प्रयोग किया। अपने प्रयोग के माध्यम से कोह्लर ने सिद्ध किया कि प्रारम्भ में बालक किसी भी समस्या के समाधान में सक्षम नहीं होता, लेकिन जैसे-जैसे वह प्रयत्न करता है, उसकी समस्या कम होती जाती है।

24. किशोरावस्था में बच्चे किस प्रकार की समस्या का सामना करते हैं? ***(CGTET, 2016)***

(a) शारीरिक एवं मानसिक परिवर्तन से समायोजन करना
(b) अपने साथियों से समायोजन करना
(c) अपने माता-पिता से समायोजन करना
(d) पढ़ाई सम्बन्धी समायोजन करना

व्याख्या (a) किशोरावस्था में बालक सामान्यतया **शारीरिक और मानसिक परिवर्तन से समायोजन** करने में कठिनाई महसूस करते हैं। किशोरावस्था वह समय है, जिसमें विचारशील बालक बाल्यावस्था से परिपक्वता की ओर संक्रमण करता है। किशोरावस्था में बालक के शरीर एवं मानसिक संवेदनों में अनेकों परिवर्तन होते हैं। किशोरावस्था शब्द अंग्रेजी के 'एडोलसेंस' (Adolescence) का हिन्दी रूपान्तर है। 'एडोलसेंस' शब्द लैटिन भाषा के एडोलसियर (Adolescere) से बना है जिसका अर्थ है— 'परिपक्वता की ओर बढ़ना'।

25. ''प्रतिभाशाली बालक वह है, जो अपने उत्पादन की मात्रा, दर तथा गुणवत्ता में विशिष्ट होता है।'' यह कथन दिया गया है *(CGTET, 2016)*

(a) टर्मन एवं ओडन द्वारा
(b) कैरल एवं मार्टिन्स द्वारा
(c) आर डब्ल्यू टेलर द्वारा
(d) उपरोक्त में से कोई नहीं

व्याख्या (c) प्रश्न में दिया गया कथन **आर डब्ल्यू टेलर** द्वारा दिया गया था। ये अमेरिका के एक शिक्षाशास्त्री थे। इन्होंने मूल्यांकन व आकलन के क्षेत्र में कार्य किया था। इनकी प्रसिद्ध पुस्तक 'Basic Principles of Curriculum and Instruction' है।

26. निम्नलिखित को सुमेलित कीजिए *(CGTET, 2016)*

	सूची I		सूची II
A.	एक तत्त्व सिद्धान्त	1.	गिलफोर्ड
B.	बहुतत्त्व सिद्धान्त	2.	बिने
C.	समूह तत्त्व सिद्धान्त	3.	थॉर्नडाइक
D.	त्रिआयाम सिद्धान्त	4.	थर्स्टन

कूट

	A	B	C	D
(a)	2	3	4	1
(b)	4	1	2	3
(c)	3	4	2	1
(d)	1	2	3	4

व्याख्या (a) सही सुमेलन इस प्रकार है

	सूची I		सूची II
A.	एक तत्त्व सिद्धान्त	2.	बिने
B.	बहुतत्त्व सिद्धान्त	3.	थॉर्नडाइक
C.	समूह तत्त्व सिद्धान्त	4.	थर्स्टन
D.	त्रिआयाम सिद्धान्त	1.	गिलफोर्ड

27. निष्पत्ति लब्धि (AQ) का सूत्र होता है *(CGTET, 2016)*

(a) $AQ = \frac{MA}{CA} \times 100$

(b) $AQ = \frac{CA}{EA} \times 100$

(c) $AQ = \frac{EA}{CA} \times 100$

(d) $AQ = \frac{EA}{MA} \times 100$

व्याख्या (d) निष्पत्ति लब्धि (Achievement Quotient, AQ) शैक्षिक उपलब्धि के आकलन का एक महत्त्वपूर्ण सूचकांक (Index) है। इसे छात्र की शैक्षिक आयु (Educational Age, EA) तथा मानसिक आयु (Mental Age, MA) के अनुपात में 100 से गुणा करके प्राप्त किया जाता है।

$$\therefore \text{निष्पत्ति लब्धि } (AQ) = \frac{\text{शैक्षिक आयु } (EA)}{\text{मानसिक आयु } (MA)} \times 100$$

28. 'भूख' और 'प्यास' हैं *(CGTET, 2016)*

(a) व्यक्तिगत प्रेरक
(b) जन्मजात प्रेरक
(c) सामाजिक प्रेरक
(d) अर्जित प्रेरक

व्याख्या (b) 'भूख' और 'प्यास' **जन्मजात प्रेरक** के उदाहरण हैं। जन्मजात प्रेरक व्यक्ति में जन्म से ही पाए जाते हैं। जन्मजात प्रेरक को ही जैविक, व्यक्तिगत अथवा शारीरिक प्रेरक भी कहा जाता है। **अर्जित प्रेरकों** को व्यक्ति द्वारा अर्जित किया जाता है अथवा प्राप्त किया जा सकता है; जैसे—पढ़ना, लिखना, ज्ञान, सुरक्षा आदि। अर्जित प्रेरक को **सामाजिक प्रेरक** भी कहा जाता है।

अध्याय 01

गृह विज्ञान/गृह शिल्प

» State TETs

1. ज्यामितीय डिजाइन कहते हैं *(UPTET, 2017)*

(a) ज्यामितीय आकारों को
(b) ज्यामितीय आकारों से बनी डिजाइन को
(c) वर्ग में बनी डिजाइन को
(d) उपरोक्त में से कोई नहीं

व्याख्या (b) **ज्यामितीय आकारों से बनी डिजाइन** को ज्यामितीय डिजाइन कहते हैं। इसके अन्तर्गत त्रिभुज, वर्ग, आयत, चतुर्भुज, घन आदि ज्यामितीय आकृतियाँ आती हैं।

2. गोंद का कलफ किस प्रकार के वस्त्रों में लगाया जाता है?, *(UPTET, 2017, 13)*

(a) ऊनी (b) सूती
(c) रेशमी (d) नायलॉन

व्याख्या (c) गोंद के कलफ का उपयोग **रेशमी वस्त्रों** में किया जाता है। रेशम को मुख्यत: शहतूत के पेड़ों पर पलने वाले रेशमी कीड़ों से प्राप्त किया जाता है। एशिया में रेशम का सर्वाधिक उत्पादन होता है, जो विश्व के कुल रेशम उत्पादन का **95%** है। रेशम उत्पादन के प्रमुख देश-चीन, भारत, उज्बेकिस्तान हैं।
भारत में रेशम उत्पादन के प्रमुख राज्य कर्नाटक, आन्ध्र प्रदेश, झारखण्ड व मणिपुर हैं। रेशम की प्रमुख व्यावसायिक किस्में—शहतूत, मलबरी, मूँगा, टसर व ओक हैं।

3. मुरब्बा बनाने के लिए अनुपयुक्त फल है। *(UPTET, 2016)*

(a) बेल (b) आँवला
(c) सन्तरा (d) सेब

व्याख्या (c) मुरब्बा ऐसे फल से बनाया जाना उपयुक्त होगा जिसका गुदा ठोस अवस्था में हो; जैसे—आम, आँवला, बेल एवं सेब आदि, क्योंकि अगर फल ठोस नहीं होगा, तो उसका गुदा विलयन की तरह व्यवहार करने लगेगा और मुरब्बा नहीं बन पाएगा। अत: सन्तरा फल मुरब्बे के लिए अनुपयुक्त होगा।

4. जेली में कितना प्रतिशत कुल घुलनशील ठोस पाया जाता है? *(UPTET, 2016)*

(a) 65 (b) 75 (c) 45 (d) 55

व्याख्या (c) जेली एक प्रकार से पदार्थ की अवस्था है जिसमें ठोस पदार्थ एवं द्रव पदार्थ का मिश्रण होता है। जेली में उपस्थित ठोस पदार्थ घुलनशील होते हैं। इस अवस्था में पदार्थ को किसी भी आकार में ढाला जा सकता है। इस प्रकार के पदार्थ में घुलनशील ठोस पदार्थों एवं द्रव का अनुपात 65:35 को होता है अर्थात् 100 इकाई जेली में 65 इकाई घुलनशील ठोस पदार्थ तथा 35 इकाई द्रव पदार्थ होते हैं।

5. किस प्रकार के वस्त्रों में अरारोट का कलफ लगाया जाता है? *(UPTET, 2014)*

(a) ऊनी (b) सूती
(c) रेशमी (d) कृत्रिम तन्तु

व्याख्या (b) **सूती** वस्त्रों में अरारोट का कलफ लगाया जाता है। इससे कपड़ा कड़ा व चमकीला हो जाता है। अरारोट का वैज्ञानिक नाम ***मैरेंटा अरुडिनेशी*** है। यह एक **बहुवर्षीय पौधा** होता है, यह एक प्रकार का स्टार्च या मण्ड है, जो पौधों की जड़ों से विकसित होता है। अरारोट का उपयोग कलफ लगाने के अतिरिक्त छोटे बच्चों व रोगियों के भोजन के रूप में भी किया जाता है।

6. रिंग कुशन का प्रयोग कब किया जाता है? *(UPTET, 2013)*

(a) सर्दी लगने पर (b) हैजा होने पर
(c) मोच आने पर (d) घाव होने पर

व्याख्या (d) रिंग कुशन का उपयोग **घाव होने** पर घाव को बिस्तर पर स्पर्श न करने देने के लिए किया जाता है।
हैजा होने, सर्दी लगने या मोच आने पर रिंग कुशन का प्रयोग नहीं किया जाता है।

अध्याय 02

शारीरिक शिक्षा व खेल-कूद

CTETs/State TETs

1. दस्त, पेचिश, हैजा जैसी बीमारियों को रोका जा सकता है *(CTET, 2013)*

(a) स्वास्थ्य शिक्षा के द्वारा
(b) बेहतर स्वास्थ्य सुविधाओं के द्वारा
(c) सुरक्षित पेय जल उपलब्ध कराकर
(d) सस्ती दवाइयाँ उपलब्ध कराकर

व्याख्या (c) **सुरक्षित पेय जल उपलब्ध कराकर** दस्त, पेचिश, हैजा जैसी बीमारियों को नियन्त्रित व रोका जा सकता है। ये सभी बीमारियाँ दूषित जल के सेवन से होती हैं। दस्त, पेचिश आँत को तथा हैजा छोटी आँत को प्रभावित करता है। डायरिया या दस्त से निवारण के लिए O.R.S. (Oral Rehydration Solution) का घोल दिया जाता है।

2. व्यायाम के लाभ हैं *(UPTET, 2018)*

(a) भूख लगना (b) फुर्तीलापन
(c) रक्त प्रवाह में वृद्धि (d) ये सभी

व्याख्या (d) **भूख लगना, फुर्तीलापन** तथा **रक्त प्रवाह में वृद्धि** व्यायाम के प्रमुख लाभ हैं। व्यायाम से शरीर स्वस्थ रहता है, जिससे मोटापा, मधुमेह, हृदय रोग एवं उच्च रक्तचाप जैसी शारीरिक समस्याओं का खतरा कम होता है।

3. शारीरिक शिक्षा का उद्देश्य है *(UPTET, 2018)*

(a) मनोवैज्ञानिक विकास (b) मानसिक विकास
(c) शारीरिक विकास (d) ये सभी

व्याख्या (d) शारीरिक शिक्षा का उद्देश्य **शारीरिक, मानसिक** व **मनोवैज्ञानिक विकास** करना है। शारीरिक विकास के अन्तर्गत दौड़, कूद, कुश्ती आदि आते हैं। मानसिक विकास के अन्तर्गत ध्यान लगाना तथा मनोवैज्ञानिक विकास के अन्तर्गत स्वास्थ्य उपायों को अपनाना तथा जीवन स्तर को ऊँचा उठाने की भावना का विकास करना आदि आते हैं।

4. बैडमिण्टन से सम्बन्धित खिलाड़ी हैं *(UPTET, 2018)*

(a) सानिया मिर्जा (b) दीपा कर्माकर
(c) पी.वी. सिन्धु (d) दुति चन्द

व्याख्या (c) बैडमिण्टन से सम्बन्धित खिलाड़ी **पी.वी. सिन्धु** हैं। ये ओलम्पिक खेलों में महिला एकल बैडमिण्टन में रजत पदक जीतने वाली पहली महिला खिलाड़ी हैं।
दीपा कर्माकर प्रसिद्ध भारतीय जिम्नास्टिक हैं।
सानिया मिर्जा प्रसिद्ध भारतीय लॉन टेनिस खिलाड़ी तथा **दुति चन्द** प्रसिद्ध भारतीय महिला एथलीट हैं।

5. अन्तर्राष्ट्रीय योग दिवस किस दिन मनाया जाता है? *(UPTET, 2017)*

(a) 21 जून (b) 20 जून
(c) 25 जून (d) 28 जून

व्याख्या (a) 21 जून को अन्तर्राष्ट्रीय योग दिवस मनाया जाता है। 11 दिसम्बर, 2014 को संयुक्त राष्ट्र में 193 सदस्यों द्वारा 21 जून को सर्वसम्मति से **अन्तर्राष्ट्रीय योग दिवस** के रूप में मंजूरी दी गई। वर्ष 2018 का योग दिवस देहरादून (भारत) में मनाया गया। 20 जून को विश्व शरणार्थी दिवस, 25 जून को सीफॉरर दिवस मनाया जाता है।

6. मानव शरीर में कुल कितनी पसलियाँ होती हैं? *(UPTET, 2017)*

(a) 22 (b) 26 (c) 24 (d) 28

व्याख्या (c) मानव शरीर में पसलियों की **संख्या 24** होती है। यह मानव और अधिकांश प्राणियों के वक्ष में स्थित एक हड्डियों का ढाँचा होता है। इसे **पसली पिंजर** भी कहा जाता है। यह वक्ष, गुहा में स्थित महत्त्वपूर्ण अंगों की रक्षा करता है। जिनमें हृदय, फेफड़े, श्वासनली, ग्रासनली व थाइराइड ग्रन्थि आदि होती हैं। पसलियाँ शरीर के पीछे मेरुदण्ड से जुड़ी होती हैं। प्राणियों में पसलियाँ पूरे शरीर को ढाँचा देती हैं तथा सुरक्षा प्रदान करती हैं।

7. ''आज भारत को गीता की नहीं, बल्कि फुटबॉल के मैदान की आवश्यकता है।'' यह किस विचारक ने प्रस्तुत किया है? *(UPTET, 2017)*

(a) राधाकृष्णन् (b) स्वामी विवेकानन्द
(c) प्लेटो (d) रूसो

व्याख्या (b) "आज भारत को गीता की नहीं, बल्कि फुटबॉल के मैदान की आवश्यकता है।" यह विचार **स्वामी विवेकानन्द** ने प्रस्तुत किया था। इस कथन से स्वामी विवेकानन्द का आशय है कि युवाओं को गीता पढ़ने की बजाय फुटबॉल खेलना चाहिए, क्योंकि स्वस्थ शरीर में ही एक स्वस्थ मस्तिष्क निवास करता है।

स्वामी विवेकानन्द का वास्तविक नाम नरेन्द्रनाथ दत्त था। इनका जन्म 1863 ई. में कलकत्ता में हुआ था। इनके गुरु का नाम स्वामी रामकृष्ण परमहंस था, जो अद्वैत दर्शन के प्रवर्तक थे। 1893 ई. में स्वामी जी ने शिकागो (यू.एस.ए.) में आयोजित **विश्व धर्म सम्मेलन** में भाग लिया। इसके बाद इन्हें **तूफानी हिन्दू** कहा जाने लगा। 1897 ई. में इन्होंने वेल्लूर (कोलकाता) में रामकृष्ण मिशन की स्थापना की।

इनकी प्रसिद्ध पुस्तक का नाम **'आई एम सोशलिस्ट'** है।

8. खेल दिवस कब मनाया जाता है? *(UPTET, 2017, 16)*

(a) 25 अगस्त (b) 29 अगस्त (c) 30 अगस्त (d) 31 अगस्त

व्याख्या (b) 'राष्ट्रीय खेल दिवस' हॉकी के महान् खिलाड़ी मेजर ध्यानचन्द के जन्म दिवस के अवसर पर **29 अगस्त** को प्रत्येक वर्ष मनाया जाता है। इस दिन को खेल दिवस के रूप में मनाने का उद्देश्य लोगों में खेल के प्रति जागरूकता उत्पन्न करना है। वर्ष 2012 में भारतीय सरकार ने मेजर ध्यानचन्द के सम्मान में **राष्ट्रीय खेल दिवस** मनाने का निर्णय लिया। इसका आयोजन प्रतिवर्ष राष्ट्रपति भवन में किया जाता है।

9. योग के सम्बन्ध में प्रमुख ग्रन्थ 'योग दर्शन' के लेखक कौन हैं? *(UPTET, 2017)*

(a) महर्षि भरत (b) महर्षि नारद
(c) महर्षि पतंजलि (d) महर्षि देवदत्त

व्याख्या (c) योग के सम्बन्ध में प्रमुख ग्रन्थ 'योग दर्शन' के लेखक **महर्षि पतंजलि** हैं। पतंजलि शुंग वंश के शासक पुष्यमित्र शुंग के समकालीन थे। इन्होंने पुष्यमित्र शुंग के दो अश्वमेध यज्ञों को भी सम्पन्न कराया। ये व्याकरणाचार्य पाणिनि के शिष्य थे। पतंजलि ने पाणिनि रचित अष्टाध्यायी पर टीका लिखी, जिसे **महाभाष्य** कहा गया। **महर्षि नारद द्वारा 'नारदपुराण'** लिखा गया।

महर्षि भरत ने नाट्यशास्त्र नामक ग्रन्थ की रचना की। इनका समय विवादास्पद है। इन्हें 400-100 ई.पू. के मध्य किसी समय का माना जाता है। भरत बहुत ही प्रतिभाशाली थे। इनके द्वारा रचित 'नाट्यशास्त्र' भारतीय नाट्य और काव्यशास्त्र का आदि ग्रन्थ है।

10. प्रथम राष्ट्रीय खेल कहाँ आयोजित हुए? *(UPTET, 2017)*

(a) दिल्ली (b) बॉम्बे (मुम्बई) (c) कलकत्ता (d) मद्रास

उत्तर (a) प्रथम राष्ट्रीय खेलों (Ist National Games) का आयोजन 19 नवम्बर, 1985 के बीच नई दिल्ली में किया गया। वर्ष 1924 में पहली बार राष्ट्रीय स्तर पर ओलम्पिक में खिलाड़ियों के चयन की स्पर्द्धा भी दिल्ली में ही आयोजित की गई थी।

11. निम्नलिखित में से कौन-सा विटामिन जल में घुलनशील है? *(UPTET, 2016)*

(a) विटामिन D (b) विटामिन A
(c) विटामिन E (d) विटामिन C

व्याख्या (d) जल में घुलनशील विटामिन B व C हैं। विटामिन C को **एस्कॉर्बिक एसिड** भी कहते हैं। वसा में घुलनशील विटामिन A (रेटिनॉल), D (केल्सिफेरोल), E (टोकोफेरोल), K (नैफ्थोक्विनोन) हैं। विटामिन की खोज **फुंक** वैज्ञानिक द्वारा की गई थी। विटामिन रोगों से शरीर की रक्षा करते हैं। विटामिन को **सहायक आहार कारक** भी कहा जाता है।

12. एक छात्रा मेज पर रखी पुस्तक को पढ़ने में कठिनाई अनुभव करती है, किन्तु श्यामपट्ट पर लिखे शब्दों को ठीक से पढ़ लेती है। उसका दृष्टि दोष है। *(UPTET, 2016)*

(a) दूरदृष्टि दोष (b) निकटदृष्टि दोष
(c) असमान दृष्टि दोष (d) वर्णान्धता

व्याख्या (a) छात्रा को **दूरदृष्टि** दोष है। इस दोष में व्यक्ति को दूर की वस्तुएँ साफ दिखाई देती हैं, परन्तु पास की वस्तुएँ साफ नहीं दिखाई देतीं, क्योंकि नेत्र लेन्स की फोकस दूरी बढ़ जाती है तथा नेत्र गोलक (Eye Ball) का आकार छोटा हो जाता है तथा प्रतिबिम्ब दृष्टि पटल के पीछे के भाग में बनता है। इस दोष के निवारण के लिए 'उत्तल लेन्स' का प्रयोग किया जाता है।

निकटदृष्टि दोष के निवारण के लिए 'अवतल लेन्स' का प्रयोग किया जाता है। इस दोष में नेत्र लेन्स की वक्रता में वृद्धि होती है।

असमान दृष्टि दोष के निवारण के लिए बाईफोकल लेन्सों का प्रयोग होता है।

वर्णान्धता एक आनुवंशिकी रोग है, जिसमें मनुष्य लाल व हरे रंग में पहचान नहीं कर पाता। इस रोग से मुख्यत: पुरुष प्रभावित होते हैं।

13. बी.सी.जी. का टीका किस रोग से बचाव करता है? *(UPTET, 2016)*

(a) चेचक या बड़ी माता (b) डिफ्थीरिया
(c) तपेदिक या टी.बी. (d) टायफाइड

व्याख्या (c) बी.सी.जी. का टीका (Bascillus Clamette Guerine) **टी.बी. या तपेदिक** से बचाव के लिए लगाया जाता है। शिशु के जन्म के सात दिन के अन्दर यह टीका लगाया जाता है तथा कुष्ठ रोगों से बचाव हेतु भी यह टीका लगाया जाता है।

डिफ्थीरिया से बचाव के लिए DPT (डीपीटी) का टीका लगाया जाता है।

चेचक या **बड़ी माता** के उपचार के लिए *वेथ्स ट्रायवैक्स* टीका लगाया जाता है।

टायफाइड एक प्रकार का बुखार है, जो दूषित पानी के प्रयोग द्वारा होता है। इस बुखार के इलाज में एण्टीबायोटिक दवाएँ बेहद प्रभावी होती हैं।

14. मानव शरीर में सबसे लम्बी और मजबूत अस्थि कौन-सी है? *(UPTET, 2016)*

(a) उर्वास्थि (b) अन्तर्जंघास्थि
(c) बहिर्जंघास्थि (d) प्रगण्डास्थि

व्याख्या (a) मानव शरीर की सबसे लम्बी व सबसे मजबूत अस्थि **उर्वास्थि** या **फीमर** है, जो जाँघ में स्थित होती है। इसके अतिरिक्त मनुष्य में टीबिया, बहिर्जंघिका (पैर में), फीबुला (टाँग में), कालान्जेस (पैर की अँगुलियों में), टार्सल, मेटाटार्सल (पैर के तलुवे में) तथा पटेला (घुटने में) अस्थियाँ होती हैं। एक वयस्क मनुष्य के शरीर में 206 अस्थियाँ तथा नवजात शिशु में 300 अस्थियाँ होती हैं।

15. खिलाड़ियों में डोपिंग परीक्षण किया जाता है *(UPTET, 2016)*

(a) रक्त द्वारा
(b) मूत्र द्वारा
(c) रक्त एवं मूत्र द्वारा
(d) उपरोक्त में से कोई नहीं

व्याख्या (c) खिलाड़ियों में डोपिंग परीक्षण **रक्त व मूत्र द्वारा** किया जाता है। डोप अर्थात् वे शक्तिवर्द्धक पदार्थ जिसके द्वारा खिलाड़ी अपनी मूल शारीरिक क्षमता में वृद्धि कर मैदान पर प्रतिद्वन्द्वियों को पीछे छोड़ने का रास्ता अपनाते हैं। यह तरीका खेल के मूल सिद्धान्त के विपरीत है। डोपिंग टेस्ट के लिए वर्ष 1999 में विश्व एण्टी डोपिंग संस्था (WADA) की स्थापना की गई। इसके बाद प्रत्येक देश में 24 नवम्बर, 2005 को **राष्ट्रीय डोपिंग रोधी संस्था** (NADA) की स्थापना की गई। इस संस्थान का उद्देश्य खेलों को डोपिंग मुक्त बनाना है।

16. द्रोणाचार्य पुरस्कार किसको दिया जाता है? *(UPTET, 2016)*

(a) खिलाड़ी (b) कोच
(c) शिक्षक (d) वैज्ञानिक

व्याख्या (b) द्रोणाचार्य पुरस्कार खिलाड़ियों व टीमों को प्रशिक्षण प्रदान करने में उत्कृष्ट कार्य करने वाले **खेल प्रशिक्षक** (कोच) को दिए जाते हैं। इस पुरस्कार की शुरुआत वर्ष 1985 को हुई। इस पुरस्कार के अन्तर्गत **₹ 5 लाख** तथा गुरु द्रोणाचार्य की प्रतिमा प्रदान की जाती है। यह पुरस्कार युवा को खेल मन्त्रालय द्वारा प्रतिवर्ष अधिकतम **5 खेल** प्रशिक्षकों को प्रदान किए जाते हैं।

17. आधुनिक ओलम्पिक खेल प्रारम्भ हुए *(UPTET, 2016)*

(a) वर्ष 1886 (b) वर्ष 1896
(c) वर्ष 1906 (d) वर्ष 1916

व्याख्या (b) आधुनिक ओलम्पिक खेलों की शुरुआत **वर्ष 1896** में यूनान के एथेंस शहर में हुई। ओलम्पिया पर्वत पर खेले जाने के कारण इन खेलों का नाम ओलम्पिक पड़ा। आधुनिक ओलम्पिक खेलों का सफल आयोजन फ्रांस के **बैरोन पियरे डि कोबार्टिन** के प्रयासों से किया गया। इस खेल में 14 देशों के 241 एथलीटों ने 43 खेल प्रतिस्पर्द्धाओं में भाग लिया।

18. भोजन में सबसे अधिक कैलोरी किसमें होती है? *(UPTET, 2016)*

(a) वसा
(b) कार्बोहाइड्रेट्स
(c) प्रोटीन
(d) खनिज लवण

व्याख्या (a) भोजन में सबसे अधिक कैलोरी **वसा** में होती है। एक ग्राम वसा में 9.2 किलो कैलोरी ऊर्जा प्राप्त होती है। वसा का अपघटन लाइपेज नामक एन्जाइम द्वारा होता है। वसा जल में घुलनशील है। विटामिन A, D, E, K वसा में घुलनशील विटामिन हैं। सर्वाधिक मात्रा में वसा से ऊर्जा मिलने के कारण इसे 'कैलोरी का राजा' भी कहा जाता है।

इसके अतिरिक्त 1 ग्राम **कार्बोहाइड्रेट** में 4 किलो कैलोरी ऊर्जा तथा **प्रोटीन** का एक अणु भी चार किलो कैलोरी ऊर्जा उत्पन्न करता है। खनिज लवण शरीर की जैविक क्रियाओं के संचालन के लिए आवश्यक होते हैं। दूध, अण्डा, पनीर, मछली, फल, हरी पत्तेदार सब्जियाँ खनिज लवणों का प्रमुख स्रोत हैं।

19. माँसपेशियाँ किस कार्य में सहायक होती हैं? *(UPTET, 2016)*

(a) शरीर को सुडौल और आकर्षक बनाने में
(b) शरीर की गतिशीलता में
(c) रक्त परिसंचरण में
(d) उपरोक्त सभी

व्याख्या (b) माँसपेशियाँ **शरीर की गतिशीलता** में सहायक होती हैं। माँसपेशियाँ कंकाल तन्त्र के साथ शरीर को सभी प्रकार की गतियाँ प्रदान करती हैं। इसके अतिरिक्त यह विभिन्न आन्तरिक अंगों के निर्माण, उनके संकुचन व प्रसार में भी योगदान करती हैं। मानव शरीर में माँसपेशियों की संख्या 640 से 850 तक होती है। मानव शरीर की सबसे मजबूत माँसपेशी मैसेट (जबड़े में) होती है, जबकि सबसे बड़ी माँसपेशी *ग्लूटियस मैक्सिमस* होती है।

20. मनुष्य को व्यायाम कब करना चाहिए? *(UPTET, 2016)*

(a) भोजन के पश्चात् (b) रात्रि में
(c) प्रात:काल खाली पेट (d) जब भी समय मिले

व्याख्या (c) मनुष्य को व्यायाम **प्रात:काल खाली पेट** करना चाहिए, क्योंकि रात में भरपूर नींद लेने के बाद सुबह व्यायाम करने से शरीर में अधिक ऊर्जा का संचार होता है। इसके अतिरिक्त सुबह व्यायाम करने से मेटाबॉलिज्म का स्तर बढ़ जाता है, जिससे अधिक कैलोरी बर्न होती है। व्यायाम के पश्चात् शरीर में उपस्थित वसा व कार्बोहाइड्रेट के टूटने के पश्चात् अधिक ऊर्जा निकलती है, जो शिथिल अंगों को पुन: सक्रिय कर देती है।

21. मनुष्य का मस्तिष्क कहाँ स्थित होता है? *(UPTET, 2016)*

(a) उदर गुहा में
(b) वक्षीय गुहा में
(c) कपाल में
(d) मुख गुहा में

व्याख्या (c) मनुष्य का मस्तिष्क **कपाल के अन्दर** उपस्थित होता है। यह हड्डियों का एक खोल होता है, जो मानव के मस्तिष्क को बाहरी आघातों से बचाता है तथा सिर को एक आकार प्रदान करता है। मनुष्य के कपाल में 29 हड्डियाँ होती हैं। मानव मस्तिष्क का औसत वजन 1300 से 1400 ग्राम होता है।

22. फुटबॉल का पहला अन्तर्राष्ट्रीय मैच कब हुआ था? *(UPTET, 2016)*

(a) 1872 ई. (b) 1873 ई.
(c) 1876 ई. (d) 1871 ई.

व्याख्या (a) फुटबॉल का पहला अन्तर्राष्ट्रीय मैच **30 नवम्बर, 1872 ई.** में इंग्लैण्ड व स्कॉटलैण्ड के बीच स्कॉटलैण्ड क्रिकेट क्लब ग्राउण्ड पर खेला गया। इस मैच का परिणाम ड्रॉ अर्थात् 0-0 रहा। फुटबॉल को सॉकर भी कहा जाता है। इसमें प्रत्येक टीम में 11 खिलाड़ी होते हैं। यह विश्व के सर्वाधिक लोकप्रिय खेलों में से एक है। वर्तमान में अन्तर्राष्ट्रीय स्तर पर फुटबॉल मैच का संचालन फीफा (फेडरेशन इण्टरनेशनल फुटबॉल एसोसिएशन) द्वारा किया जाता है। इस संस्था की स्थापना 21 मई, 1904 में हुई थी। इसका मुख्यालय स्विट्जरलैण्ड में है।

23. सैयद मोदी को किस खेल के लिए भारतीय राष्ट्रीय पदक मिला था? *(UPTET, 2016)*

(a) बैडमिण्टन (b) वालीबॉल
(c) फुटबॉल (d) बास्केटबॉल

व्याख्या (a) सैयद मोदी को **बैडमिण्टन** खेल के लिए भारतीय राष्ट्रीय पदक मिला था। सैयद मोदी प्रसिद्ध बैडमिण्टन खिलाड़ी थे तथा लगातार 8 बार बैडमिण्टन के राष्ट्रीय चैम्पियन रहे। इसके अतिरिक्त इन्होंने 3 अन्तर्राष्ट्रीय पदक भी जीते, जिसमें ऑस्ट्रेलिया इण्टरनेशनल (1984), USSR इण्टरनेशनल (1985) तथा कॉमनवेल्थ गेम्स (1982) शामिल हैं। 28 जुलाई, 1988 में लखनऊ के के.डी. बाबू सिंह स्टेडियम से बाहर निकलते समय इनकी हत्या कर दी गई थी।

24. ओलम्पिक ध्वज में कितने चक्र हैं? *(UPTET, 2016)*

(a) तीन (b) दो
(c) चार (d) पाँच

व्याख्या (d) ओलम्पिक ध्वज में **5 चक्र** होते हैं। ये चक्र अलग-अलग रंग के एक-दूसरे से जुड़े हुए छल्लों के रूप में बने होते हैं तथा पाँच चक्र अलग-अलग महाद्वीप को इंगित करते हैं। लाल चक्र उत्तरी व दक्षिणी अमेरिका महाद्वीप को, हरा चक्र ऑस्ट्रेलिया महाद्वीपों को, काला रंग अफ्रीका महाद्वीप को, पीला रंग यूरोपीय महाद्वीप को तथा नीला रंग एशिया महाद्वीप का प्रतिनिधित्व करता है।

25. कबड्डी में कितने खिलाड़ी होते हैं? *(UPTET, 2016, 2014)*

(a) आठ (b) सात (c) नौ (d) बारह

व्याख्या (b) कबड्डी में प्रत्येक टीम में **7 खिलाड़ी** होते हैं। कबड्डी मूल रूप से भारतीय खेल है। इस खेल को दक्षिण भारत में **चेडुगुडु** तथा पूर्वी भारत में **हु तु तू** के नाम से भी जाना जाता है। इस खेल की शुरुआत भारत में तमिलनाडु राज्य से मानी जाती है। कबड्डी के मैदान को **कोर्ट** कहा जाता है, जिसकी माप 13 × 10 मी (लम्बाई-चौड़ाई) होती है। 'बोनस प्वॉइण्ट', 'ऑल आउट', 'ऐम्पटी रेड' तथा बोनस लाइन कबड्डी से सम्बन्धित शब्दावली हैं। वर्ष 2004 में प्रथम कबड्डी विश्व कप का आयोजन किया गया, जिसका विजेता भारत रहा।

26. डूरण्ड कप किस खेल से सम्बन्धित है? *(CGTET, 2016), (UPTET, 2013)*

(a) हॉकी
(b) टेनिस
(c) फुटबॉल
(d) बैडमिण्टन

व्याख्या (c) डूरण्ड कप **फुटबॉल** से सम्बन्धित है। यह एशिया व भारत का सबसे पुराना टूर्नामेण्ट तथा विश्व का तीसरा सबसे पुराना टूर्नामेण्ट है। वर्ष 1988 में डूरण्ड कप की शिमला (भारत) में प्रथम प्रतियोगिता आयोजित हुई। इस प्रतियोगिता का नामकरण **मोरटाईमर डूरण्ड** के नाम पर रखा गया है, जो 1884 ई. से 1894 ई. तक ब्रिटिश भारत के विदेश सचिव रहे।

हॉकी हॉकी के विस्तार का श्रेय, विशेषकर भारत और सुदूर पूर्व में, ब्रिटेन की सेना को दिया जाता है। अनेक अन्तर्राष्ट्रीय प्रतियोगिताओं के आह्वान के फलस्वरूप वर्ष 1971 में विश्व कप की शुरुआत हुई। आगा खाँ कप तथा ध्यानचन्द कप हॉकी से सम्बन्धित खिलाड़ी हैं।

टेनिस टेनिस की शुरुआत फ्रांस में मध्यकाल में हुई मानी जाती है। इस समय यह खेल इन-डोर यानि छत के नीचे हुआ करता था। डेविस कप, होपमैन कप टेनिस से सम्बन्धित हैं।

बैडमिण्टन यह एक रैकेट का खेल है, जिसमें नैट से शटलकॉक मारने के लिए रैकेट का उपयोग किया जाता है। थॉमस कप, रहमतुल्ला कप आदि बैडमिण्टन से सम्बन्धित हैं।

27. लार ग्रन्थियों द्वारा कौन-सा पाचक रस स्रावित होता है? *(UPTET, 2014, 13)*

(a) टायलिन (b) रेनिन
(c) एमाइलेज (d) पेप्सिन

व्याख्या (a) लार ग्रन्थियों द्वारा **टायलिन** नामक पाचक रस स्रावित होता है। यह एक एन्जाइम है, जो भोजन में उपस्थित स्टार्च को माल्टोज शर्करा में अपघटित कर देता है तथा माल्टोज एन्जाइम, माल्टोज शर्करा को ग्लूकोज में परिवर्तित कर देता है।

स्टार्च $\xrightarrow{\text{टायलिन}}$ माल्टोज शर्करा $\xrightarrow{\text{माल्टोज एन्जाइम}}$ ग्लूकोज

पेप्सिन व रेनिन एन्जाइम अमाशय में तथा एमाइलेज अग्नाशय ग्रन्थि से स्रावित होता है।

28. प्राथमिक रंग कितने होते हैं? *(UPTET, 2014)*

(a) दो (b) तीन
(c) पाँच (d) एक

व्याख्या (b) प्राथमिक रंग **तीन** प्रकार के होते हैं—**लाल, हरा, नीला**। पीला, मैजेंटा, पीकॉक नीला रंग द्वितीयक रंग कहलाते हैं। ये दो प्राथमिक रंगों को मिलाने से प्राप्त होते हैं।

29. टेक ऑफ बोर्ड किस स्पर्द्धा से सम्बन्धित है? *(UPTET, 2014)*

(a) ऊँची कूद (b) लम्बी कूद
(c) जैवलिन (d) शॉट पुट

व्याख्या (b) टेक ऑफ बोर्ड शब्द **लम्बी कूद** स्पर्द्धा से सम्बन्धित है। टेक ऑफ बोर्ड वह स्थान होता है, जहाँ से खिलाड़ी कूदता है। अमेरिका में इस स्पर्द्धा को **Broad Jump** के नाम से भी जाना जाता है। जैवलिन को भाला फेंक के नाम से भी जाना जाता है। शॉट पुट में भारी गोलाकार गेंद को दूर तक फेंकना होता है। ऊँची कूद में प्रत्येक खिलाड़ी को एक निश्चित क्षेत्र पर लगी एक बाधा को कूदकर पार करना होता है।

30. लॉबी किस खेल से सम्बन्धित है? *(UPTET, 2014)*

(a) कबड्डी (b) खो-खो
(c) बैडमिण्टन (d) वॉलीबॉल

व्याख्या (b) लॉबी शब्द **खो-खो** खेल से सम्बन्धित है। खो-खो में प्रत्येक टीम में **9 खिलाड़ी** होते हैं तथा खो-खो मैदान को 'कोर्ट' कहा जाता है। 'कोर्ट' की लम्बाई-चौड़ाई 27×15 मीटर होती है। रेडर, एण्टी वक लाइन, बैटिंग से, ब्लॉक कबड्डी से तथा मिक्सड डबल, ड्यूस, ड्रॉप बैडमिण्टन से एवं स्पाइकर्स, बूस्टर, ड्यूस वॉलीबॉल से सम्बन्धित शब्द हैं।

31. पेनॉल्टी स्ट्रोक किस खेल से सम्बन्धित है? *(UPTET, 2014, 2013)*

(a) हॉकी (b) फुटबॉल
(c) क्रिकेट (d) वॉलीबॉल

व्याख्या (a) पेनॉल्टी स्ट्रोक **हॉकी** खेल से सम्बन्धित है। इसके अतिरिक्त 'स्कूप', 'साइडलाइन', 'ट्राई ब्रेकर', 'बुली' शब्द भी हॉकी से सम्बन्धित हैं। हॉकी के मैदान को 'फील्ड' कहा जाता है। 'फील्ड' की लम्बाई-चौड़ाई 92×55 मीटर होती है। हॉकी में कुल 11 खिलाड़ी होते हैं। हॉकी का पहला अन्तर्राष्ट्रीय मैच 26 जून, 1895 को वेल्स व आयरलैण्ड के बीच खेला गया। हॉकी की सर्वोच्च संस्था 'फेडरेशन इण्टरनेशनल द हॉकी' (एफ. आई. एच.) है। इसकी स्थापना 1884 ई. में की गई थी। हॉकी भारत का राष्ट्रीय खेल है।

32. रक्त की शुद्धि किस अंग में होती है? *(UPTET, 2014)*

(a) गुर्दा (b) हृदय (c) अमाशय (d) फेफड़े

व्याख्या (a) **गुर्दा या किडनी** (वृक्क) मानव शरीर में रक्त को शुद्ध करने का कार्य करता है। मनुष्य में एक जोड़ा गुर्दे का होता है। इसका वजन 140 ग्राम होता है। इसके दो भाग होते हैं बाहरी भाग को कोर्टेक्स व भीतरी भाग को मेड्यूला कहा जाता है। गुर्दे का प्रमुख कार्य रक्त के प्लाज्मा को छानकर शुद्ध बनाना तथा अनुपयोगी पदार्थों को जल की कुछ मात्रा के साथ शरीर से बाहर निकालना होता है। गुर्दे या वृक्क प्रति मिनट औसतन 125 मिली या दिनभर में 180 लीटर रक्त को निस्पन्द (Filterate) करता है। **नेफ्रॉन** गुर्दे की क्रियात्मक इकाई है।

33. अचल सन्धि पाई जाती है *(UPTET, 2014)*

(a) कोहनी में (b) कपाल में (c) कलाई में (d) घुटने में

व्याख्या (b) अचल सन्धि **कपाल** (सिर) में पाई जाती है। सन्धि या जोड़ शरीर के उन स्थानों को कहते हैं, जहाँ दो अस्थियाँ एक-दूसरे से मिलती हैं। इनका निर्माण शरीर में गति सुलभ करने तथा यान्त्रिक आधार हेतु होता है। अचल सन्धियों में अस्थियों के सन्धिपृष्ठों का संयोग हो जाता है। दोनों अस्थियों के बीच कुछ अन्तर नहीं होता। इस कारण अस्थियों के संगम स्थान पर किसी प्रकार की गति नहीं हो पाती।

34. भारत में एशियाई खेल सर्वप्रथम कहाँ आयोजित किए गए? *(UPTET, 2013)*

(a) कलकत्ता (b) दिल्ली (c) चेन्नई (d) मुम्बई

व्याख्या (b) भारत में एशियाई खेल सर्वप्रथम वर्ष 1951 में **दिल्ली** में आयोजित हुए। इन खेलों का उद्घाटन भारत के पहले राष्ट्रपति डॉ. राजेन्द्र प्रसाद ने किया। इस प्रतियोगिता में 11 देशों के 489 खिलाड़ियों ने 57 स्पर्द्धाओं में भाग लिया। एशियाई खेल या एशियाड प्रति चार वर्ष बाद आयोजित किए जाते हैं। इन खेलों का नियमन एशियन ओलम्पिक परिषद् द्वारा किया जाता है। वर्ष 2018 के एशियाई खेल इण्डोनेशिया के जकार्ता व पालेमबांग में आयोजित किए गए थे। इन खेलों का प्रतीक चिह्न **उगता सूरज** घोषित किया गया।

35. आई.पी.एल. किस खेल से सम्बन्धित है? *(UPTET, 2013)*

(a) फुटबॉल (b) हॉकी (c) क्रिकेट (d) बास्केटबॉल

व्याख्या (c) आई.पी.एल. खेल क्रिकेट से सम्बन्धित है। आई.पी.एल. भारतीय क्रिकेट नियन्त्रण बोर्ड द्वारा संचालित एक ट्वेण्टी-ट्वेण्टी प्रतियोगिता है। वर्ष 2007 में इण्डियन क्रिकेट लीग की स्थापना जी एण्टरटेनमेण्ट एण्टरप्राइजेज द्वारा दिए गए आर्थिक सहयोग द्वारा की गई थी।

अध्याय 03

संगीत एवं चित्रकला

» CTETs

1. अजन्ता गुफा चित्रों में उपयोग किए गए रंग निम्नलिखित में से किस सामग्री से प्राप्त किए गए हैं? *(CTET 2018, UPTET 2016)*

(a) ग्रेफाइट
(b) पौधों और खनिज
(c) स्लेट
(d) पशु अंगों के अवशेष

व्याख्या (b) अजन्ता गुफा चित्रों में उपयोग किए गए रंग **पौधों व खनिज** से प्राप्त किए गए हैं। अजन्ता की गुफाएँ महाराष्ट्र राज्य के औरंगाबाद से 63 मील दूर स्थित हैं। इनका निर्माण दूसरी शताब्दी ईसा पूर्व किया गया था। यहाँ बड़े-बड़े पर्वतों को काटकर **29** गुफाएँ बनाई गई हैं। इन गुफाओं की दीवारों व छतों पर व्यापक चित्रण किया गया है। ये गुफाएँ हीनयान व महायान दोनों मतों से सम्बन्धित हैं। इन गुफाओं में चैत्य कक्ष या मठ भगवान बुद्ध को समर्पित हैं। इन गुफाओं में 12वीं गुफा सबसे प्राचीन गुफा है। 19वीं गुफा में बुद्ध का अंकन प्रतीकों में न होकर मूर्तियों में किया गया है, जो अनेक मुद्राओं में है।

2. एलोरा की गुफा का भित्ति-चित्र, जिसमें विष्णु को नरसिंह अर्थात् पुरुष-सिंह के रूप में दिखाया गया है, किस काल की कृति है? *(CTET, 2018)*

(a) राष्ट्रकूट काल
(b) चालुक्य काल
(c) गुप्त काल
(d) गुर्जर-प्रतिहार काल

व्याख्या (a) एलोरा की गुफा का भित्ति-चित्र, जिसमें विष्णु को नरसिंह अर्थात् पुरुष-सिंह के रूप में दिखाया गया है **राष्ट्रकूट काल** से सम्बन्धित है। एलोरा में कुल 34 गुफाएँ हैं, जिसमें 12 गुफाएँ बौद्ध धर्म से, 17 हिन्दू धर्म से तथा 5 गुफाएँ जैन मन्दिर से सम्बन्धित हैं। जैन गुफाओं में इन्द्र सभा तथा जगन्नाथ सभा उल्लेखनीय हैं।

3. भारत का निम्नलिखित में से कौन-सा राज्य कलमकारी छापे के लिए लोकप्रिय है? *(CTET, 2015)*

(a) तमिलनाडु
(b) पंजाब
(c) कर्नाटक
(d) आन्ध्र प्रदेश

व्याख्या (d) कलमकारी छापे के लिए **आन्ध्र प्रदेश** राज्य प्रसिद्ध है। कलमकारी का शाब्दिक अर्थ है— कलम से बनाए गए चित्र। इस चित्रकारी में सूती कपड़ों पर हाथ से या ब्लॉकों से चित्र बनाए जाते हैं। कलमकारी छापे में केवल वानस्पतिक रंग प्रयोग किए जाते हैं। श्रीकालहस्ती (आन्ध्र प्रदेश) कलमकारी चित्रकारी का लोकप्रिय केन्द्र है।

4. औपनिवेशिक काल के दौरान भारत में ब्रिटिश कला के आने के साथ निम्नलिखित में से किस एक का चलन प्रारम्भ हुआ था? *(CTET, 2015)*

(a) भित्ति कला (b) लघुचित्र (c) तैल चित्र (d) परिप्रेक्ष्य विधि

व्याख्या (c) औपनिवेशिक काल के दौरान भारत में ब्रिटिश कला आने के बाद **तैल चित्रों** का चलन प्रारम्भ हुआ। राजा रवि वर्मा ने आधुनिक राष्ट्रीय कला शैली को विकसित करने में योगदान दिया। वे त्रावणकोर राज परिवार से थे। इन्होंने तैल चित्रकारी तथा यथार्थपरक जीवन अध्ययन की पश्चिम कला में महारत हासिल कर अनेक आध्यात्मिक चित्र निर्मित किए।

5. ...... में प्राचीन शैल चित्रकला मिली हैं। *(CTET, 2014)*

(a) कर्नाटक तथा तमिलनाडु
(b) तमिलनाडु तथा आन्ध्र प्रदेश
(c) आन्ध्र प्रदेश तथा उड़ीसा
(d) मध्य प्रदेश तथा उत्तर प्रदेश

व्याख्या (d) **मध्य प्रदेश व उत्तर प्रदेश** में शैल चित्रकला प्राप्त हुई है। मध्य प्रदेश में भीमबेटका की गुफाएँ, आदमगढ़ तथा उत्तर प्रदेश के चोपानीमाण्डो आदि में अनेक शैलकृत चित्र निर्मित स्थल हैं। भीमबेटका, मध्य प्रदेश के रायसेन जिले में स्थित पुरापाषाण कालीन पुरास्थल है। यह आदिमानव द्वारा बनाए गए शैलचित्रों व शैलाश्रयों के लिए प्रसिद्ध है। आदमगढ़ पहाड़ी की गुफाएँ पाषाणयुगीन सभ्यता की चित्रकारी के लिए प्रसिद्ध हैं। चोपानीमाण्डो इलाहाबाद जिले से 77 किमी दूर बेलन नदी के बाएँ तट पर स्थित है। इस पुरास्थल से लघु पाषाण उपकरण, विभिन्न पत्थर के टुकड़े आदि प्राप्त हुए हैं। यहाँ मृद्भाण्ड (बर्तन) मिले हैं, जो लाल व धूसर रंगों के हैं तथा बर्तनों की बाहरी सतह पर फूल-पत्तियों में शंख की चित्रकारी की गई है।

6. एम्फोरा एक .... था। *(CTET, 2013)*
(a) इटली का सिक्का
(b) लाल चमकदार बर्तन
(c) लम्बा एवं दोनों तरफ हत्थे लगा जार
(d) छिद्रयुक्त बर्तन

व्याख्या (c) एम्फोरा, आकार में **लम्बा व दोनों तरफ हत्थे लगा जार** था। इसका प्रयोग शराब व अन्य सूखी वस्तुओं को स्टोर करने तथा उन्हें निर्यात करने के लिए किया जाता था। ये मुख्यत: चीनी मिट्टी के बने होते थे।

7. शास्त्रीय नृत्यों के सन्दर्भ में निम्नलिखित में से कौन-सा कथन सत्य है? *(CTET, 2012)*
(a) कथकली, कथक शैली का शास्त्रीय रूप है
(b) कथक शैली को शास्त्रीय नृत्य के रूप में मान्यता केवल स्वतन्त्रता प्राप्ति के पश्चात् मिली है
(c) यह लोक नृत्यों से हमेशा श्रेष्ठ होते हैं
(d) शास्त्रीय नृत्यों के आठ मान्य रूप हैं

व्याख्या (d) शास्त्रीय नृत्यों के सन्दर्भ में **शास्त्रीय नृत्यों के आठ** मान्य रूप हैं। ये—भरतनाट्यम (तमिलनाडु), मणिपुरी (मणिपुर), कथक (उत्तर प्रदेश), कथकली (केरल), कुचिपुडी (आन्ध्र प्रदेश), मोहिनी अट्टम (केरल), ओडिसी (ओडिशा) तथा सत्रिया (असम) आदि हैं।

8. मुगल वास्तुशिल्प मिश्रण है *(CTET, 2012)*
(a) तुर्की व अफगान शैलियों का
(b) तुर्की व फारसी शैलियों का
(c) अरबी व भारतीय शैलियों का
(d) फारसी व भारतीय शैलियों का

व्याख्या (d) मुगल वास्तुशिल्प **फारसी व भारतीय शैलियों का** मिश्रण है। मुगल काल की वास्तुशिल्प की प्रमुख विशेषता चूना-गारा का सीमेण्ट के रूप में प्रयोग तथा मेहराबों, गुम्बदों, ऊँची मीनारों व डॉटदार छतों का व्यापक प्रयोग था। साथ ही जीवित वस्तुओं का चित्रण निषिद्ध होने के कारण भवनों के अलंकरण में सुलेख, ज्यामितीय व फूल-पत्तियों का प्रयोग किया गया है।

» State TETs

9. निम्नलिखित में से कौन-सा स्थल प्रागैतिहासिक चित्रकला के लिए प्रसिद्ध है? *(UPTET, 2018)*
(a) साँची (b) भीमबेटका (c) अमरावती (d) बाघ

व्याख्या (b) **भीमबेटका** प्रागैतिहासिक चित्रकला के लिए प्रसिद्ध है। यह भारत के मध्य प्रदेश राज्य के रायसेन जिले में स्थित पुरास्थल है। यहाँ प्राचीन आदिमानव द्वारा बनाए गए शैलचित्र उल्लेखनीय हैं तथा ये शैलचित्र भारतीय उपमहाद्वीप में मानव जीवन के प्राचीनतम चिह्न हैं।
साँची का स्तूप मध्य प्रदेश के रायसेन जिले में स्थित है। इसका निर्माण सम्राट अशोक द्वारा कराया गया था। यह स्तूप ईंटों का बना है।
अमरावती स्तूप आन्ध्र प्रदेश के गुण्टूर जिले में स्थित है। इस स्तूप की खोज वर्ष 1997 में कर्नल कॉलिन मैकेंजी ने की थी।
बाघ की गुफाएँ मध्य प्रदेश के धार जिले में स्थित हैं। ये बौद्ध धर्म से सम्बन्धित हैं।

10. संगीत में समान गति के सतत् प्रवाह को कहते हैं *(UPTET, 2018)*
(a) ताल (b) सम (c) लय (d) छन्द

व्याख्या (c) संगीत में समान गति के सतत् प्रवाह को **लय** कहते हैं। लय का सामान्य अर्थ है—लीन होना या विश्रान्ति। यह संगीत में गति का प्रतीक है।

11. ग म प नि नि सं नि ध प, म प, ग म ग किस राग का स्वरसमूह है? *(UPTET, 2018)*
(a) राग कल्याण (b) राग विहाग
(c) राग यमन (d) राग बिलावल

व्याख्या (b) ग म प नि नि सं नि ध प, म प, ग म ग **राग विहाग** का स्वरसमूह है। रागविहाग के गायन का समय रात्रि 10 बजे से 12 बजे के बीच है।

12. लोक कला का सम्बन्ध है *(UPTET, 2017)*
(a) क्षेत्रीय कला से (b) चित्रकला से
(c) आधुनिक कला से (d) प्रागैतिहासिक कला से

व्याख्या (a) लोक कला का सम्बन्ध **क्षेत्रीय कला** से है। लोक कला मूलत: ग्रामीण अंचलों में जनसामान्य आदिवासी विशिष्ट समूहों द्वारा धारित एक संरक्षित कला है। वह किसी अवसर विशेष से जुड़े अनुष्ठानों व आवश्यकताओं को सम्पन्न करने हेतु की जाती हैं; जैसे—मधुबनी, यमुनाघाट, वरली, पिथोरा चित्रकला, तंजावुर, पातचित्र प्रमुख लोक कलाएँ हैं।

13. 'राजपूत पेण्टिंग' के लेखक कौन हैं? *(UPTET, 2017)*
(a) आनन्द के. कुमारस्वामी (b) राय कृष्ण दास
(c) डॉ. मोती चन्द्र (d) डब्ल्यू. जी. आर्चर

व्याख्या (a) राजपूत पेण्टिंग पुस्तक के लेखक **आनन्द के. कुमारस्वामी** हैं। इन्होंने वर्ष 1916 में इस पुस्तक को लिखा तथा इस पुस्तक में राजस्थानी चित्र शैली के साथ-साथ पहाड़ी चित्रशैली को भी शामिल किया।

14. हिन्दुस्तानी संगीत में श्रुतियों की कुल कितनी संख्या मानी गई हैं? *(UPTET, 2017)*
(a) 22 (b) 13
(c) 12 (d) 9

व्याख्या (a) हिन्दुस्तानी संगीत में श्रुतियों की संख्या **22 मानी** गई हैं। श्रुति वह ध्वनि या नाद है जो गीत में प्रयोग की जाती है तथा एक-दूसरे से अलग व स्पष्ट सुनी जा सकती है।

15. चार ताल का प्रयोग किस गायकी के साथ किया जाता है? *(UPTET, 2017)*

(a) धमार (b) तराना
(c) ध्रुपद (d) ख्याल

व्याख्या (c) चार ताल का प्रयोग **ध्रुपद** गायकी के साथ किया जाता है। यह हिन्दुस्तानी शैली की प्राचीनतम शैली है। इसके जनक स्वामी हरिदास थे। यह मुख्य रूप से आध्यात्मिक ब्रजभाषा पर आधारित है। इसकी भाषा भी ब्रजभाषा है। ध्रुपद गायकी में **मृदंग** का प्रयोग किया जाता है। इसकी गायन शैली **बानी** कही जाती है। आधुनिक ध्रुपद गायक **डागर बन्धु,** अभय नारायण तथा विदुर मलिक आदि हैं।

16. हिन्दुस्तानी संगीत में शुद्ध और विकृत कुल मिलाकर कितने स्वर होते हैं? *(UPTET, 2017, 16)*

(a) 12 (b) 8 (c) 7 (d) 11

व्याख्या (a) हिन्दुस्तानी संगीत में शुद्ध व विकृत मिलाकर कुल **12** स्वर होते हैं। वे स्वर जो अपने स्थान पर निश्चित रहते हैं अर्थात् अचल रहते हैं, शुद्ध स्वर कहलाते हैं। इनकी संख्या **7** होती है। इसके विपरीत वे स्वर जो अपने स्थान से हट जाते हैं या ऊपर- नीचे गाए-बजाए जाते हैं, विकृत स्वर कहलाते हैं। इनकी संख्या 5 होती है।

17. ऐपण का सम्बन्ध किस राज्य से है? *(UPTET, 2017)*

(a) उत्तर प्रदेश (b) मध्य प्रदेश
(c) महाराष्ट्र (d) उत्तराखण्ड

व्याख्या (d) ऐपण का सम्बन्ध **उत्तराखण्ड** राज्य से है। यह उत्तराखण्ड में शुभ अवसरों पर बनाई जाने वाली प्रमुख रंगोली या चित्रकला है। ऐपण का अर्थ लीपने से होता है अर्थात् अँगुलियों से रंग लगाना। ऐपण में मुख्यत: चौखाने, चौपड़, चाँद-सूरज, गणेश व फूल-पत्तियों आदि का रूपांकन किया जाता है।

18. इनमें से कौन तबला वादक नहीं है? *(UPTET, 2017)*

(a) पण्डित किशन महाराज (b) जाकिर हुसैन
(c) रामदास शर्मा (d) अहमद जान थिरक्वा

व्याख्या (c) **रामदास शर्मा** तबला वादक नहीं हैं। ये प्रसिद्ध ख्याल गायक हैं। प्रसिद्ध तबला वादक पण्डित किशन महाराज, उस्ताद जाकिर हुसैन, अहमद जान थिरक्वा, लतीफ खाँ, गुदई महाराज, अल्ला रक्खा खाँ, सुखविन्दर सिंह आदि हैं।

19. स्वामी हरिदास संगीत सम्मेलन प्रतिवर्ष होता है *(UPTET, 2016)*

(a) मुम्बई (b) अमृतसर
(c) आगरा (d) जोधपुर

व्याख्या (a) स्वामी हरिदास संगीत सम्मेलन का आयोजन प्रतिवर्ष **मुम्बई** में होता है। यह एक प्रमुख हिन्दुस्तानी शास्त्रीय संगीत व नृत्य समारोह है, जो प्रतिवर्ष सुर सिंगार शमशाद द्वारा आयोजित किया जाता है। यह समारोह 16वीं शताब्दी में प्रसिद्ध संगीतज्ञ स्वामी हरिदास के सम्मान में आयोजित किया जाता है। स्वामी हरिदास वृन्दावन के प्रसिद्ध वैष्णव सन्त थे, इन्होंने ध्रुपद शैली का विकास किया था। यह संगीत समारोह वर्ष 1952 से प्रतिवर्ष आयोजित हो रहा है।

20. 'मधुबनी' लोक कला शैली किस राज्य से सम्बन्धित है? *(UPTET, 2016; BTET, 2011)*

(a) बिहार (b) उत्तराखण्ड (c) मध्य प्रदेश (d) उत्तर प्रदेश

व्याख्या (a) मधुबनी लोक कला शैली **बिहार** राज्य के मधुबनी जिले से सम्बन्धित है। मधुबनी जिले का छोटा-सा गाँव बितवारपुर इस कला का प्रमुख केन्द्र है। मधुबनी का शाब्दिक अर्थ है—**शहद का वन**। आरम्भ में इस कला का रूप दीवारों पर चित्रित किया जाता था, परन्तु बाद में ये चित्र कपड़े तथा कागज पर उकेरे जाने लगे। इन कलाकृतियों में सिन्दूरी लाल, गुलाबी, नीला, पीला व हरे रंगों का प्रयोग किया जाता है।

21. चित्रकला के तत्त्व होते हैं *(UPTET, 2016)*

(a) वर्ण एवं तान (b) पोत एवं अन्तराल
(c) रेखा एवं रूप (d) ये सभी

व्याख्या (d) स्मृति, भावना, आनन्द आदि को अभिव्यक्त करने के लिए समुचित रंगों का उपयोग तथा कौशलपूर्ण प्रयोग द्वारा सादृश्य का बोध कराना चित्रकला कहलाता है। इस कला के प्रमुख तत्त्व वर्ण, तान, पोत, अन्तराल, रेखा व रूप होते हैं।

22. विरोधी रंग कौन-से हैं? *(UPTET, 2016)*

(a) लाल-हरा (b) हरा-नीला (c) पीला-लाल (d) नीला-बैंगनी

व्याख्या (a) प्राथमिक व द्वितीयक रंगों के मिश्रण से जो रंग बनते हैं, उन्हें विरोधी रंग कहा जाता है। **ओस्टवाल्ड वर्ण** चक्र में प्रदर्शित किए गए आमने-सामने के रंग विरोधी रंग कहलाते हैं; जैसे—लाल का विरोधी रंग हरा, नीले का पीला, नारंगी का आसमानी व बैंगनी का विरोधी रंग धानी है।

23. आधुनिक भारतीय कला का पितामह कौन था? *(UPTET, 2016)*

(a) एम.एफ. हुसैन (b) अवनीन्द्र नाथ टैगोर
(c) अमृता शेरगिल (d) नन्दलाल बोस

व्याख्या (b) **अवनीन्द्र नाथ टैगोर** को आधुनिक भारतीय कला का पितामह कहा जाता है, इन्होंने **राजा-रविवर्मा** शैली को नकार कर केवल भारतीय शैली में निर्मित गैर-पश्चिमी कला पर जोर दिया। इनकी नई भारतीय शैली में भारत की विभिन्न लघु-चित्र परम्पराओं के लक्षण दिखाई देते हैं। इन्होंने राष्ट्रवाद को बढ़ावा देने के लिए अनेक चित्र बनाए। भारत को देवी दुर्गा के रूप में दर्शाने वाला इनका चित्र प्रसिद्ध है।

24. कालानुक्रम के अनुसार सही क्रम में चुनें *(UPTET, 2016)*
(a) पहाड़ी शैली, मुगल शैली, बंगाल शैली, कम्पनी शैली
(b) कम्पनी शैली, मुगल शैली, पहाड़ी शैली, बंगाल शैली
(c) बंगाल शैली, मुगल शैली, कम्पनी शैली, पहाड़ी शैली
(d) मुगल शैली, पहाड़ी शैली, कम्पनी शैली, बंगाल शैली

व्याख्या (d) भारतीय चित्रकला शैलियों के विकास का क्रम—मुगल शैली—पहाड़ी शैली—कम्पनी शैली—बंगाल शैली जहाँगीर के काल को चित्रकला का स्वर्णिम काल कहा जाता था। पहाड़ी शैली की चित्रकारी के प्रमुख केन्द्र बसौली, जसरोटा, चम्बा व नूपुर आदि थे। कम्पनी या ब्रिटिश शैली के साथ तैलीय चित्रण तकनीक के साथ यथार्थवादी चित्रण की परम्परा आगे बढ़ी। बंगाली शैली में स्थानीय कलाकारों, स्थानीय पौधों, ऐतिहासिक इमारतों, त्योहारों, जाति व समुदायों के चित्रण को प्रोत्साहित किया गया।

25. निम्नलिखित में से कौन-सा ग्रन्थ शारंगदेव द्वारा रचित है? *(UPTET, 2016, 14)*
(a) संगीत रत्नाकर (b) राग मंजरी
(c) गीतगोविन्द (d) संगीत मकरन्द

व्याख्या (a) **संगीत रत्नाकर** ग्रन्थ शारंगदेव द्वारा रचित है। यह संगीत पर लिखी प्रथम पुस्तक मानी जाती है। इसके अतिरिक्त गीत गोविन्द की रचना जयदेव तथा संगीत मकरन्द की रचना नारद मुनि द्वारा की गई थी। राग मंजरी की रचना महाराजा प्रताप सिंह द्वारा की गई।

26. आमद शब्द सम्बन्धित है *(UPTET 2016)*
(a) तबला से (b) गायन से
(c) सितार से (d) नृत्य से

व्याख्या (d) आमद शब्द **नृत्य से** सम्बन्धित है। नृत्य में कथक का एक प्रकार है। कथक एक नियमबद्ध व शुद्ध शास्त्रीय नृत्य शैली है, जिसमें पूरा ध्यान लय पर दिया जाता है। कथक उत्तर प्रदेश राज्य का प्रमुख नृत्य है। इसके प्रमुख कलाकार लच्छू महाराज, बिरजू महाराज, शम्भू महाराज, कालका प्रसाद, शोभना नारायण, मालविका सरकार आदि हैं।

27. तानसेन दरबारी गायक थे *(UPTET, 2016)*
(a) हुमायूँ के (b) बहादुर शाह जफर के
(c) अकबर के (d) औरंगजेब के

व्याख्या (c) तानसेन **अकबर** के दरबारी गायक थे। अकबर ने इन्हें रीवा के राजा रामचन्द्र से प्राप्त किया था। इनका मूल नाम रामतनु पाण्डेय था। ये ध्रुपद गायन के गायक थे तथा इनके गुरु स्वामी हरिदास थे। बाद में इन्होंने इस्लाम धर्म स्वीकार कर लिया। अकबर ने इन्हें '**कण्ठाभरण वाणी विलास**' की उपाधि प्रदान की।

28. राग पीलू किस वर्ग से आता है? *(UPTET, 2016)*
(a) शुद्ध (b) संकीर्ण
(c) 'a' और 'b' दोनों (d) इनमें से कोई नहीं

व्याख्या (b) राग पीलू गायन की एक विधा है, जो **संकीर्ण** वर्ग के अन्तर्गत आती है। इस राग में कोमल गन्धार व मन्द्र सप्तक के शुद्ध निषाद पर विश्रान्ति दी जाती है। इस राग में कोमल निषाद के साथ धैवत शुद्ध व शुद्ध निषाद के साथ जैवत धेमल लिया जाता है। राग पीलू दिन के तीसरे प्रहर में गाया जाता है।

29. किसका उपनाम गलत है? *(UPTET, 2016)*
(a) वाजिद अली—'अख्तर पिया'
(b) सामता प्रसाद मिश्र—'गुदई महाराज'
(c) महबूब खाँ—'दरस पिया'
(d) इनायत हुसैन—'प्राण पिया'

व्याख्या (d) विलायत हुसैन का उपनाम **प्राण पिया** था। इनके पिता का नाम इनायत हुसैन था। ये आगरा घराने से सम्बन्धित थे। इनका जन्म 1895 ई. में हुआ था। इन्होंने शास्त्रीय संगीत की शिक्षा फैयाब खान से ली। इनके शिष्य यशपाल, जगन्नाथ पुरोहित तथा गिरिजा कालेकर थे। वाजिद अलीशाह अवध के अन्तिम नवाब थे, जो **अख्तर पिया** के नाम से संगीत तैयार करते थे। सामता प्रसाद मिश्र प्रसिद्ध तबला वादक थे, जो गुदई महाराज के नाम से प्रसिद्ध हुए। महबूब खाँ प्रसिद्ध संगीतकार थे, जो दरस पिया के नाम से प्रसिद्ध हुए।

30. निम्न में से कोंकणी किस प्रदेश की मुख्य भाषा है? *(CGTET, 2016)*
(a) केरल (b) मिजोरम
(c) गोवा (d) अरुणाचल प्रदेश

व्याख्या (c) **गोवा** की प्रादेशिक भाषा कोंकणी व मराठी है। गोवा क्षेत्रफल के आधार पर भारत का सबसे छोटा राज्य है। चावल यहाँ की प्रमुख फसल होती है। इसके अतिरिक्त केरल की प्रादेशिक भाषा मलयालम, मिजोरम की मुख्य प्रादेशिक भाषा मिजो, लुशाई, अंग्रेजी तथा अरुणाचल प्रदेश की प्रादेशिक भाषा मिशिंग, मोनपा, अपतानी, मिजी आदि हैं।

31. वह कौन-सी एकमात्र भाषा है, जो चीनी-तिब्बती लिपि में भारतीय नोटों पर छपी है? *(CGTET, 2016)*
(a) असमी (b) बंगला
(c) मणिपुरी (d) उड़िया

व्याख्या (a) **असमी** एकमात्र भाषा है, जो चीनी-तिब्बती लिपि में भारतीय नोटों पर लिखी जाती है। कोई भी नोट; जैसे—10, 20, 50 पर भी हिन्दी और अंग्रेजी के साथ असमी, बंगाली, गुजराती, कन्नड़, कश्मीरी, कोंकणी, मलयालम, मराठी, नेपाली, उड़िया, पंजाबी, संस्कृत, तमिल, तेलुगू और उर्दू भाषाएँ लिखी जाती हैं।

32. 'गान्धार कला' पर किस विदेशी कला का प्रभाव है? *(CGTET, 2016)*
(a) मिस्र (b) चीनी
(c) रोमन (d) यूनानी

व्याख्या (d) गान्धार कला पर **यूनानी कला** का स्पष्ट प्रभाव दिखाई देता है। गान्धार कला की शैली को ग्रीक बौद्ध शैली भी कहा जाता है। इस शैली की विषय-वस्तु बौद्ध परम्परा से ली गई थी, परन्तु निर्माण यूनानी कला के समान था। इस शैली में बुद्ध व बौधिसत्व की शैलमूर्ति तथा बुद्ध का जीवन-चरित्र व जातक कहानियाँ शामिल हैं।

33. उत्तराखण्ड का वह लोक गीत जो विरह, वियोग, व्याकुलता में गाया जाता है, वह है *(CGTET 2016), (UPTET 2013)*

(a) चांचरी (b) न्यौली (c) झुमेलो (d) चौंफला

व्याख्या (c) **झुमेलो** उत्तराखण्ड के गढ़वाल में प्रसिद्ध लोक गीत है जो विरह, वियोग, व्याकुलता में गाया जाता है। इन गीतों में नारी हृदय की वेदना के साथ ही उसके रूप सौन्दर्य का वर्णन भी मिलता है।

चौंफला एक प्रकार का प्रेम गीत है जिसमें स्त्री सौन्दर्य के वर्णन साथ-साथ चारों कामनाएँ (धर्म, अर्थ, काम, मोक्ष) आदि को वर्णित किया गया है।

चांचरी कुमाऊँ क्षेत्र का प्रसिद्ध नृत्य गीत है। इसमें स्त्री-पुरुष दोनों भाग लेते हैं।

न्यौली गीत अनुश्रुति प्रधानगीत है जिसमें प्रेम की प्रधानता रहती है।

34. रस्किन के अनुसार कला क्या है? *(UPTET, 2014)*

(a) कला जीवन है (b) कला सौन्दर्य है
(c) कला अभिव्यक्ति है (d) कला अनुकृति है

व्याख्या (a) रस्किन के अनुसार **कला जीवन** है अर्थात् जीवन एक कला है। रस्किन बाण्ड प्रसिद्ध लेखक व कहानीकार थे। वर्ष 1999 में भारत सरकार से इन्हें साहित्य के क्षेत्र में उनके योगदान के लिए पद्मश्री से सम्मानित किया। वर्ष 2014 में इन्हें पद्म भूषण से सम्मानित किया गया।

35. राज्य ललित कला अकादमी कहाँ स्थित है? *(UPTET, 2014)*

(a) आगरा (b) लखनऊ (c) इलाहाबाद (d) कानपुर

व्याख्या (b) राज्य ललित कला अकादमी **लखनऊ** में स्थित है। इसकी स्थापना 8 फरवरी, 1962 में की गई थी। यह उत्तर प्रदेश सरकार के संस्कृति विभाग के अन्तर्गत एक पूर्णत: वित्त पोषित संस्था है।

36. भारत में संगीतिक विकास के क्रम में किस काल को स्वर्णयुग कहा जाता है? *(UPTET, 2014)*

(a) मध्य काल (b) प्राचीन काल
(c) ब्रिटिश काल (d) आधुनिक काल

व्याख्या (a) भारत में संगीतिक विकास के क्रम में **मध्य काल** को स्वर्ण काल कहा जाता है, क्योंकि इस काल में संगीत के क्षेत्र में अभूतपूर्व खोज हुई तथा संगीत की नई-नई शैलियों का विकास हुआ। मध्य काल में मुस्लिम आक्रमण के प्रभाव के परिणामस्वरूप भारतीय संगीत की प्रकृति में बदलाव आया। इस बार, भारतीय संगीत धीरे-धीरे हिन्दुस्तानी और कर्नाटक संगीत के दो अलग-अलग रूपों में बँटने लगा।

37. क्रमिक पुस्तक मालिका किसने लिखी है? *(UPTET 2014)*

(a) पण्डित विष्णुनारायण भातखण्डे
(b) पण्डित विष्णु नारायण गुणे
(c) पण्डित विष्णु विश्वनाथ पलुष्कर
(d) पण्डित विष्णु विश्वनाथ कैंकणी

व्याख्या (a) क्रमिक पुस्तक मालिका की रचना **पण्डित विष्णुनारायण भातखण्डे** द्वारा की गई थी। ये आधुनिक भारत में शास्त्रीय संगीत के अग्रदूत थे। भातखण्डे ने शास्त्रीय संगीत के विकास के लिए भातखण्डे संगीत शास्त्र की रचना की, साथ ही कई संगीत संस्थाएँ तथा शिक्षा केन्द्र भी स्थापित किए। इनकी अन्य प्रमुख रचनाएँ—अभिनव राग मन्जरी, लक्ष्य संगीतकम आदि हैं। इनकी स्मृति में लखनऊ में भातखण्डे संगीत विश्वविद्यालय की स्थापना की गई है।

38. निम्न में से कौन-सा राग एक सन्धि प्रकाश राग है? *(UPTET, 2014)*

(a) जौनपुरी (b) भैरवी
(c) बिहाग (d) वृन्दावनी सारंग

व्याख्या (b) **भैरवी** राग एक सन्धि प्रकाश राग है, जो उषा काल (प्रात:काल) में गाया जाता है। यह अत्यन्त ही मधुर राग है। इस राग की उत्पत्ति ठाठ भैरवी से मानी गई है।

39. बिहू नृत्य भारत के किस राज्य से है? *(UPTET, 2013)*

(a) अण्डमान तथा निकोबार (b) अरुणाचल प्रदेश
(c) असम (d) छत्तीसगढ़

व्याख्या (c) बिहू, **असम** राज्य का एक लोक नृत्य है। यह लोक नृत्य पुरुषों व महिलाओं द्वारा किया जाता है। इस नृत्य में नर्तक पारम्परिक असमिया परिधान पहनते हैं। इसकी विशेषता फुर्तीली नृत्य मुद्राएँ व हाथों की तीव्र गति है।

40. द्वितीयक रंग है *(UPTET, 2013)*

(a) नारंगी, हरा, बैंगनी (b) लाल, हरा, बैंगनी
(c) नारंगी, नीला, हरा (d) नारंगी, बैंगनी, नीला

व्याख्या (*) **नारंगी, बैंगनी व पीला रंग** द्वितीयक रंग कहलाते हैं। द्वितीयक रंग प्राथमिक रंगों (लाल, हरा, नीला) को आपस में मिलाने से बनते हैं।

41. इनमें से एक वेद संगीतमय है *(UPTET, 2013)*

(a) यजुर्वेद (b) सामवेद
(c) ऋग्वेद (d) अथर्ववेद

व्याख्या (b) **सामवेद** एक संगीतमय वेद है। इसे भारतीय संगीत का जनक कहा गया है। सामवेद के अन्तर्गत छन्दोग्य उपनिषद्, केन उपनिषद् व पंचवीश आते हैं। इसके पाठ करने वाले को **उद्गात्र** कहा जाता है। इसके अतिरिक्त ऋग्वेद के पाठकर्ता को **होतृ**, यजुर्वेद के पाठकर्ता को **अहर्वायु** तथा अथर्ववेद के पाठकर्ता को **ब्राह्मण** कहा जाता है।

42. एक सप्तक में कितने स्वर होते हैं? *(UPTET, 2013)*

(a) 14 (b) 12
(c) 11 (d) 17

व्याख्या (b) एक सप्तक में स्वरों की संख्या **12** होती हैं जिसमें शुद्ध स्वरों की संख्या सात तथा विकृत स्वरों की संख्या पाँच होती हैं।

43. उत्तराखण्ड का प्रसिद्ध सूर्य मन्दिर स्थित है *(UTET, 2013)*

(a) लाखामण्डल, देहरादून में
(b) द्वाराहाट, अल्मोड़ा में
(c) कनखल, हरिद्वार में
(d) कटारमल, अल्मोड़ा में

व्याख्या (b) उत्तराखण्ड का प्रसिद्ध सूर्य मन्दिर अल्मोड़ा जिले के **द्वाराहाट** नामक स्थान पर स्थित है। इस मन्दिर में भगवान सूर्य की मूर्ति सावधान मुद्रा में खड़ी है।

44. दिलवाड़ा मन्दिर उदाहरण है *(UPTET, 2011)*

(a) जैन स्थापत्य कला के
(b) बौद्ध स्थापत्य कला के
(c) मुगल स्थापत्य कला के
(d) सल्तनत स्थापत्य कला के

व्याख्या (a) **दिलवाड़ा मन्दिर जैन स्थापत्य कला** उदाहरण है। यह मन्दिर राजस्थान में आबू पर्वत पर स्थित है। इस मन्दिर का निर्माण सोलंकी नरेश **भीम प्रथम** के मन्त्री विमलशाह ने 1031 ई. में करवाया था।

45. भारत के संविधान द्वारा कितनी भाषाएँ स्वीकृत हैं? *(UPTET, 2011)*

(a) 15 (b) 20
(c) 22 (d) 28

व्याख्या (c) भारतीय संविधान द्वारा वर्तमान में **22** भाषाएँ स्वीकृत हैं, जो 8वीं अनुसूची में उल्लेखित हैं। मूल संविधान में 14 भाषाएँ वर्णित थीं। 21वें संविधान संशोधन (1967) द्वारा सिन्धी भाषा को, 71वें संविधान संशोधन द्वारा कोंकणी, मणिपुरी, नेपाली को तथा 92वें संविधान संशोधन (2004) द्वारा बोडो, डोगरी, मैथिली तथा सन्थाली भाषाओं को जोड़ा गया।

46. निम्न में से किस समूह की भाषा को भारत में सबसे अधिक लोग बोलते हैं? *(UPTET, 2011)*

(a) भारतीय-आर्य (b) द्रविड़
(c) ऑस्ट्रो-एशियाटिक (d) चीन-तिब्बती

व्याख्या (a) **भारतीय-आर्य** समूह की भाषा भारत में सर्वाधिक बोली जाती है। इसके बाद द्रविड़ भाषा (तमिल) का स्थान आता है।

ऑस्ट्रो एशियाई भाषाएँ दक्षिण पूर्वी एशिया में विस्तृत हैं। यह भाषा भारत और बांग्लादेश में जहाँ-तहाँ और चीन की कुछ दक्षिणी सीमावर्ती क्षेत्रों में भी बोली जाती है।

चीन-तिब्बती भाषा परिवार, दक्षिण एशिया के कुछ भागों, पूर्वी एशिया और दक्षिण पूर्वी एशिया में बोली जाने वाली 400 से अधिक भाषाओं का परिवार है।

47. बिहार का प्रसिद्ध पर्व है *(BTET, 2011)*

(a) दुर्गा पूजा (b) छठ पूजा
(c) वैशाखी (d) ये सभी

व्याख्या (b) बिहार का प्रसिद्ध पर्व छठ पूजा है। यह पर्व अक्टूबर-नवम्बर में दिवाली (दीपावली) के बाद मनाया जाता है, जिसमें भगवान सूर्यदेव की पूजा की जाती है।

दुर्गा पूजा यह दक्षिण एशिया में मनाया जाने वाला एक वार्षिक हिन्दू पर्व है, जिसमें हिन्दू देवी दुर्गा की पूजा की जाती है।

वैशाखी वैशाखी नाम वैशाख से बना है। पंजाब और हरियाणा के किसान सर्दियों की फसल काट लेने के बाद नए साल की खुशियाँ मनाते हैं। इसलिए वैशाखी, पंजाबी और आस-पास के प्रदेशों का सबसे बड़ा त्योहार है।

48. बिस्मिल्ला खाँ सम्बन्धित थे *(BTET, 2011)*

(a) तबला वादन से (b) सन्तूर वादन से
(c) बाँसुरी वादन से (d) शहनाई वादन से

व्याख्या (d) बिस्मिल्ला खाँ **शहनाई वादन** से सम्बन्धित थे। इनका जन्म 21 मार्च **1916 को डुमरागाँव**, बिहार में हुआ था। इन्होंने अपने मामा अली बख्श (विलायती) से शहनाई बजाना सीखा। इनका सम्बन्ध बनारस घराने से था। वर्ष 2001 में इन्हें भारत के सर्वोच्च सम्मान 'भारत रत्न' से सम्मानित किया गया।

अध्याय 04

उद्यान विज्ञान एवं फल संरक्षण

State TETs

1. कौन-सा उर्वरक 'किसान खाद्य' के नाम से जाना जाता है? *(UPTET, 2018)*

(a) कैल्शियम अमोनियम नाइट्रेट
(b) अमोनियम सल्फेट
(c) कैल्शियम नाइट्रेट
(d) अमोनियम सल्फेट नाइट्रेट

व्याख्या (a) **कैल्शियम अमोनियम नाइट्रेट** को 'किसान खाद्य' के नाम से जाना जाता है। यह एक अकार्बनिक यौगिक है जिसका रासायनिक सूत्र $5Ca(NO_3)_2.NH_4NO_3.10H_2O$ है। कैल्शियम अमोनियम नाइट्रेट मिट्टी की गुणवत्ता में वृद्धि करके फसल की उत्पादन क्षमता को बढ़ाता है। इसका उपयोग मिट्टी की उर्वरता बढ़ाने के अतिरिक्त विस्फोट व आतिशबाजी तथा कीटनाशक के रूप में भी किया जाता है।

2. फलों के रस में चीनी की सान्द्रता मापी जाती है *(UPTET, 2018)*

(a) पोटोमीटर द्वारा
(b) रिफ्रेक्टोमीटर द्वारा
(c) चीनोमीटर द्वारा
(d) टेण्ड्रोमीटर द्वारा

व्याख्या (b) फलों के रस में चीनी की सान्द्रता **रिफ्रेक्टोमीटर** द्वारा मापी जाती है। रिफ्रेक्टोमीटर चीनी उत्पाद की गुणवत्ता सुनिश्चित करने के लिए महत्त्वपूर्ण जानकारी प्रदान करता है। साथ ही पेय पदार्थों व खाद्य पदार्थों में चीनी की सान्द्रता व उसको नियन्त्रित करने में मदद करता है।

पोटोमीटर का उपयोग पौधों में वाष्पोत्सर्जन की दर मापने में किया जाता है।

टेण्ड्रोमीटर ताजा मटर की परिपक्वता का निर्धारण करने के लिए एक पोर्टेबल और किफायती उपकरण है।

3. जेली बनाने में पेक्टिन का प्रमुख कार्य है *(UPTET, 2018, 17, 14)*

(a) फलों के रस को साफ करना
(b) फलों के रस का थक्का बनाना
(c) फलों के रस को मीठा बनाना
(d) फलों के रस को रंगीन करना

व्याख्या (b) पेक्टिन का प्रमुख कार्य **फलों के रस का थक्का बनाना** होता है। पेक्टिन प्राकृतिक रूप से घुलनशील पोलीसेकेराइड कार्बोहाइड्रेट होते हैं जो सेब, बेरी आदि फलों में पाए जाते हैं। ये मुख्यत: पौधों की कोशिका-भित्ति तथा कोशिका के बीच चिपचिपे पदार्थ के रूप में पाए जाते हैं। इनका प्रयोग मुख्यत: जैम व जेली बनाने में किया जाता है।

4. टमाटर का लाल रंग किस रंजक के कारण होता है? *(UPTET, 2018)*

(a) सायनाइड
(b) जैन्थोफिल
(c) एन्थेसायनिन
(d) लाइकोपिन

व्याख्या (d) **लाइकोपिन** के कारण टमाटर का रंग लाल होता है। लाइकोपिन एक वर्णी लवण है जो पौधे के फूल, फलभित्ति व बीज में पाए जाते हैं। रासायनिक दृष्टि से लाइकोपिन एक कैरोटिनॉइड है। कैरोटिनॉइड पौधों की हानिकारक पराबैंगनी किरणों से रक्षा करते हैं।

जैन्थोफिल के कारण पत्तियों का रंग पीला।

एन्थेसायनिन चुकन्दर का रंग निर्धारित करते हैं।

सायनाइड एक विषैला रासायनिक पदार्थ है।

5. नींबू का फल प्रचुर स्रोत है *(UPTET, 2018)*

(a) मैलिक अम्ल का
(b) सिट्रिक अम्ल का
(c) टार्टरिक अम्ल का
(d) ऐसीटिक अम्ल का

व्याख्या (b) नींबू का फल **सिट्रिक अम्ल** का प्रचुर स्रोत है। इसके अतिरिक्त सिट्रिक अम्ल सन्तरे, टमाटर आदि फलों में भी पाया जाता है। यह एक दुर्बल कार्बनिक अम्ल है। इसका उपयोग दवा बनाने में व धातुओं को साफ करने में किया जाता है।

टार्टरिक अम्ल मुख्यत: इमली व अंगूर में पाया जाता है।

मैलिक अम्ल सेब, केला, आलू, गाजर में तथा **ऐसीटिक अम्ल** सुगन्धित तेल में, सिरका व फलों के रस में पाया जाता है।

6. केन्द्रीय औषधीय एवं सुगन्ध पौधा संस्थान स्थित है *(UPTET, 2017)*

(a) हैदराबाद में
(b) नई दिल्ली में
(c) भोपाल में
(d) लखनऊ में

व्याख्या (d) केन्द्रीय औषधीय व सुगन्ध पौधा संस्थान **लखनऊ** में स्थित है। इसके अतिरिक्त नेशनल इन्स्टीट्यूट ऑफ रूरल डेवलपमेण्ट **हैदराबाद** में, भारतीय कृषि अनुसन्धान संस्थान **नई दिल्ली** में एवं भारतीय वन प्रबन्धन संस्थान **भोपाल** में स्थित है।

7. केन्द्रीय खाद्य प्रौद्योगिकी अनुसन्धान संस्थान स्थित है *(UPTET, 2017)*

(a) नई दिल्ली में (b) इलाहाबाद में
(c) मैसूर में (d) लखनऊ में

व्याख्या (c) केन्द्रीय खाद्य प्रौद्योगिकी अनुसन्धान संस्थान **मैसूर** में स्थित है। नेशनल ब्यूरो ऑफ फिश जिनेटिक रिसोर्सेज **इलाहाबाद** में, नेशनल रिसर्च सेन्टर ऑफ बायोटेक्नोलॉजी **नई दिल्ली** में, इण्डियन इन्स्टीट्यूट ऑफ शुगरकेन रिसर्च **लखनऊ** में स्थित है।

8. मार्मलेड बनाने के लिए सर्वाधिक उपयुक्त फल है *(UPTET, 2017)*

(a) केला (b) जामून (c) माल्टा (d) बेल

व्याख्या (d) मार्मलेड (मुरब्बा) परम्परागत रूप से मीठा होता है। यह भारत और पाकिस्तान में काफी प्रचलित है। यूनानी वैद्यकीय प्रणाली में मुरब्बा, चटनी और माजून के रूप में दवा का एक रूप है। इसमें मिठास के लिए गुड और चीनी दोनों का उपयोग होता है। प्रश्नानुसार, मार्मलेड बनाने के लिए सबसे उपयुक्त फल बेल है।

9. पैपेन का स्रोत है *(UPTET, 2016)*

(a) आम (b) बेल (c) पपीता (d) केला

व्याख्या (c) **पपीता** पैपेन का प्रमुख स्रोत है। यह एक एन्जाइम है जिसमें विटामिन A प्रचुर मात्रा में पाया जाता है। पपीते का मध्य फल-भित्ति भाग खाने योग्य होता है। इसके अतिरिक्त बेल का अन्त: फल-भित्ति भाग, आम का मध्य फल-भित्ति भाग तथा केले का मध्य व अन्त: फल-भित्ति भाग खाने योग्य होता है।

10. लीची फल का कौन-सा भाग खाया जाता है? *(UPTET, 2016)*

(a) फल-भित्ति (b) मध्य फल-भित्ति
(c) मांसल एरिल (d) अन्त: फल-भित्ति

व्याख्या (c) लीची फल का **मांसल एरिल** भाग खाने योग्य होता है। लीची एक कोष्ठीय तथा एक बीजी फल है। इसकी फल-भित्ति कठोर व काष्ठीय होती है। यह शुष्क फलों की श्रेणी में आता है। अमरूद का **फल-भित्ति** वाला भाग खाने योग्य, पपीता का **मध्य फल-भित्ति** तथा बेल का **अन्त: फल-भित्ति** भाग खाने योग्य होता है।

11. प्रमाणित बीज के थैले पर लगे टैग का रंग होता है *(UPTET, 2016)*

(a) नीला (b) सफेद (c) लाल (d) पीला

व्याख्या (a) प्रमाणित बीज के थैले पर **नीले रंग** का टैग होता है। प्रमाणित या पंजीकृत बीज प्रमाणीकृत संस्था की देख-रेख में विकसित किया जाता है। इसमें आनुवंशिक गुण व शुद्धता विशेष मानकों के अनुसार रखे जाते हैं। अधिकतर इन्हीं बीजों का उपयोग किसानों द्वारा खेतों में व्यापारिक फसलों के उत्पादन में किया जाता है।

12. ओलरीकल्चर शब्द का सम्बन्ध है *(UPTET, 2016)*

(a) सब्जी विज्ञान से
(b) पुष्प विज्ञान से
(c) फसल विज्ञान से
(d) फल विज्ञान से

व्याख्या (a) ओलरीकल्चर शब्द का सम्बन्ध **सब्जी विज्ञान** से है। इसके अन्तर्गत विभिन्न प्रकार की सब्जियों के उत्पादन का अध्ययन किया जाता है। इसी प्रकार **पोमोलॉजी** का सम्बन्ध फल विज्ञान से, **फ्लोरीकल्चर** का सम्बन्ध पुष्प विज्ञान से व **एग्रीकल्चर** का सम्बन्ध फसल विज्ञान से है।

13. फलों को पकाने में उपयोग किया जाने वाला रसायन है *(UPTET, 2016)*

(a) मीथेन (b) एथिलीन
(c) सल्फ्यूरिक अम्ल (d) ग्लूकोज

व्याख्या (b) फलों को पकाने में मुख्यत: एथिलीन गैस का प्रयोग किया जाता है। एथिलीन एक हाइड्रोकार्बन गैस है जिसका सूत्र C_2H_4 है। यह एक रंगहीन, ज्वलनशील गैस है। यह एक महत्त्वपूर्ण पादप हॉर्मोन भी है। एथिलीन का जलयोजन करने पर एथिल एल्कोहल प्राप्त होता है। एथिलीन से पकाए गए फलों में कोई धब्बा नहीं आता। यह स्वास्थ्य के लिए भी नुकसान दायक नहीं होती है।
मीथेन (CH_4) एक रंगहीन व गन्धहीन गैस है। यह ईंधन के रूप में प्रयोग की जाती है। **सल्फ्यूरिक अम्ल** (H_2SO_4) पानी में घुलनशील अत्यधिक विषैला तरल पदार्थ होता है।
ग्लूकोज ($C_6H_{12}O_6$) सबसे प्रचुर मात्रा में चीनी से प्राप्त होता है। यह मोनोसैकेराइड तथा कार्बोहाइड्रेट की एक उपश्रेणी है।

14. आलू है *(UPTET, 2016)*

(a) जड़ (b) तना
(c) पुष्प (d) पत्ती

व्याख्या (b) 'आलू' एक **तना** है। आलू का जन्मस्थान दक्षिण अमेरिका में पेरू देश को माना जाता है। आलू में विटामिन सी, बी कॉम्पलैक्स, आयरन, कैल्शियम तथा मैंगनीज आदि तत्त्व मिलते हैं। इसके अतिरिक्त आलू में अनेक औषधीय व सौन्दर्यवर्द्धक गुण भी पाए जाते हैं। आलू के उत्पादन में भारत, चीन, रूस प्रमुख उत्पादक देश हैं।

15. बन्चीटॉप एक बीमारी है *(UPTET, 2016)*

(a) आम की (b) लीची की
(c) केले की (d) सेब की

व्याख्या (c) बन्चीटॉप **केले** की एक बीमारी है जो मुख्यत: वायरस बनाना-1 द्वारा होती है। इस बीमारी की पहचान सर्वप्रथम **1889** ई. में फिजी देश में की गई थी। इसके बाद यह बीमारी अनेक देशों में फैली। इस रोग के कारण केले की वृद्धि रुक जाती है तथा सभी पत्तियों की शाखाओं पर डण्ठलों के मध्य शिराओं पर गहरे हरे रंग की धारियाँ बन जाती हैं तथा पौधे व सभी पत्तियाँ एक जगह पर गुच्छे की तरह एकत्रित हो जाती हैं।

16. भण्डारण के समय बीज में नमी प्रतिशत होना चाहिए *(UPTET, 2014)*

(a) 8-10 (b) 20-25 (c) 30-35 (d) 40-45

व्याख्या (a) भण्डारण के समय बीज में नमी प्रतिशत 8-10% होनी चाहिए तथा बीज भण्डारण के लिए आवश्यक आदर्श तापमान 40 से 50°F होना चाहिए।

17. 'अल्फांसो' एक प्रचलित किस्म है *(UPTET, 2014)*

(a) नाशपाती की (b) केले की
(c) आम की (d) सेब की

व्याख्या (c) अल्फांसो एक प्रचलित **आम** की किस्म या प्रजाति है। भारत में इसे **हापुस** या **आपुस** के नाम से भी जाना जाता है। इस प्रजाति के आमों का निर्यात दूसरे यूरोपीय देशों में होता है। यह आम मिठास व सुगन्ध में दूसरे आमों से अलग होता है। इसकी सबसे बड़ी विशेषता यह है कि यह पकने के 1 सप्ताह बाद तक भी खराब नहीं होता है। इसी कारण इसे '**आमों का सरताज**' भी कहा जाता है।

18. आम की कौन-सी किस्म बहुभ्रूणीय है? *(UPTET, 2014)*

(a) अल्फांसो (b) नीलम (c) चन्द्रकली (d) दसहरी

व्याख्या (c) आम की **चन्द्रकली** किस्म बहुभ्रूणीय है। यह प्रजाति मुख्यत: केरल में पाई जाती है। **अल्फांसो या हापुस आम** मुख्यत: महाराष्ट्र में, **दसहरी** आम मुख्यत: उत्तर प्रदेश में तथा **नीलम आम** मुख्यत: दक्षिण भारत के हैदराबाद में उगाया जाता है।

19. 'गार्डेन रेक' का उपयोग किया जाता है *(UPTET, 2014)*

(a) कृन्तन हेतु
(b) पौध प्रसारण हेतु
(c) खरपतवार एकत्रीकरण हेतु
(d) काट-छाँट हेतु

व्याख्या (c) 'गार्डेन रेक' एक मशीनी संयन्त्र है जिसका उपयोग कचरा-पत्ती, सूखी पत्ती तथा **खरपतवार** आदि को गार्डन से साफ करने में किया जाता है।

20. निम्नलिखित में से कौन-सा रसायन फल परिरक्षण में प्रयोग नहीं किया जाता है? *(UPTET, 2013)*

(a) पोटैशियम मेटा बाई सल्फाइट
(b) सोडियम बेन्जोएट
(c) सोडियम मेटा बाई सल्फेट
(d) कैल्शियम बाई कार्बोनेट

व्याख्या (d) फलों के परिरक्षण में **पोटैशियम मेटा बाई सल्फाइट, सोडियम बेन्जोएट** तथा **सोडियम मेटा बाई सल्फेट** का प्रयोग किया जाता है; जबकि कैल्सियम बाई कार्बोनेट का प्रयोग फल परिरक्षण में नहीं किया जाता है। इसका प्रयोग आग बुझाने वाले यन्त्रों में, बेकरी उद्योग में एवं एन्टीएसीडेन्ट के रूप में किया जाता है।

21. भारत में खाद्य प्रबन्धन का निम्न में से कौन-सा एक उद्देश्य नहीं है? *(HTET, 2012, 13)*

(a) खाद्यान्नों का संग्रहण
(b) खाद्यान्नों का वितरण
(c) खाद्यान्नों का निर्यात
(d) खाद्यान्नों के बफर स्टॉक का रख-रखाव

व्याख्या (c) **खाद्यान्नों का निर्यात** करना खाद्यान्न प्रबन्धन के अन्तर्गत नहीं आता है; जबकि खाद्यान्नों का संग्रहण, खाद्यान्नों का वितरण तथा खाद्यान्नों के बफर स्टॉक का रख-रखाव खाद्यान्न प्रबन्धन के अन्तर्गत आता है।

22. केले और अनन्नास मुख्यतः उगाए जाते हैं *(UPTET, 2011)*

(a) उष्णकटिबन्धीय क्षेत्रों में
(b) भूमध्यसागरीय क्षेत्रों में
(c) पहाड़ी क्षेत्रों में
(d) मरुद्यानों में

व्याख्या (a) केला व अनन्नास मुख्यत: **उष्णकटिबन्धीय क्षेत्रों** में उगाए जाते हैं। इन क्षेत्रों में वर्षा 200 सेमी से अधिक होती है तथा वार्षिक तापमान औसतन 22°C से अधिक रहता है। इन क्षेत्रों में बड़े, सघन तथा काफी ऊँचे व लम्बे वृक्ष होते हैं। **भूमध्यसागरीय क्षेत्रों** में मुख्यत: ओक, जैतून, अंजीर व शहतूत उगाए जाते हैं। **पहाड़ी क्षेत्रों** में चीड़ व देवदार के वृक्ष तथा बबूल, कीकर, कैक्टस **मरुद्यानों** या **मरुस्थलीय क्षेत्रों** में पाए जाते हैं।

अध्याय 05

विविध

» CTETs

1. आई. एस. आई. चिह्न सम्बन्धित है *(UTET, 2013; CGTET, 2016)*

(a) वस्तुओं की गुणवत्ता से
(b) खाद्य पदार्थों की गुणवत्ता से
(c) आभूषणों की गुणवत्ता से
(d) जीवन मूल्यों की गुणवत्ता से

व्याख्या (a) आई. एस. आई. चिह्न एक भारतीय प्रमाणीकृत चिह्न है। इसका संक्षिप्त नाम **भारतीय मानक संस्थान** (Indian Standard Institution) है। आई. एस. आई. चिह्न की स्थापना **वर्ष 1955** में की गई थी। यह चिह्न **वस्तुओं की गुणवत्ता** के लिए जारी किया जाता है।

2. निम्न देशों में से कौन आसियान (ASEAN) का सदस्य नहीं है? *(UTET, 2013; CGTET, 2016)*

(a) इण्डोनेशिया
(b) सिंगापुर
(c) दक्षिण कोरिया
(d) फिलीपीन्स

व्याख्या (c) **दक्षिण कोरिया** आसियान (ASEAN) का सदस्य देश नहीं है। आसियान दक्षिण एशियाई देशों का एक संगठन है जिसकी स्थापना वर्ष 1967 में की गई थी। इस संगठन का मुख्यालय जकार्ता (इण्डोनेशिया) में है। वर्तमान में इसके 10 सदस्य देश हैं—इण्डोनेशिया, फिलीपीन्स, सिंगापुर, थाईलैण्ड, मलेशिया, ब्रुनेई, लाओस, वियतनाम, म्यांमार और कम्बोडिया। इस संगठन का उद्देश्य सदस्य देशों के मध्य शान्ति व स्थिरता स्थापित करने में सामूहिक योगदान को प्रोत्साहित करना है।

3. निम्न में से कौन-सी भारतीय कम्पनी बहुराष्ट्रीय कम्पनी नहीं है? *(UTET, 2013)*

(a) टाटा मोटर्स
(b) रेनबैक्सी
(c) एशियन पेन्ट्स
(d) इनमें से कोई नहीं

व्याख्या (d) उपरोक्त विकल्पों में विकल्प (d) सही है। बहुराष्ट्रीय कम्पनी वे कम्पनियाँ होती हैं जिनके कार्यक्षेत्र का विस्तार एक से अधिक देशों में होता है तथा जिसके उत्पाद व सेवाएँ देश से बाहर भी उपलब्ध होते हैं। बहुराष्ट्रीय कम्पनियों का उत्पादन व निवेश अन्तर्राष्ट्रीय स्तर का होता है इसलिए ये कम्पनियाँ अन्तर्राष्ट्रीय एकाधिकार व विश्व स्तर पर आर्थिक शक्ति के केन्द्रीकरण की प्रतीक होती हैं। टाटा मोटर्स, रेनबैक्सी, एशियन पेन्ट्स सभी बहुराष्ट्रीय कम्पनियाँ हैं।

4. विश्व व्यापार संगठन का मुख्यालय स्थित है *(UTET, 2013)*

(a) हेग में
(b) प्राग में
(c) जेनेवा में
(d) वियना में

व्याख्या (c) विश्व व्यापार संगठन का मुख्यालय **जेनेवा (स्विट्जरलैण्ड)** में स्थित है। इसकी स्थापना **1 जनवरी, 1995 में की** गई थी। इस संगठन का उद्देश्य अन्तर्राष्ट्रीय व्यापार सम्बन्धी मुद्दों पर नजर रखना व समझौतों को लागू करना है। वर्तमान में WTO के सदस्य देशों की संख्या 164 है। 164वाँ देश अफगानिस्तान है।

5. इम्पीरियल बैंक का नाम उसके राष्ट्रीयकरण के बाद बदलकर ······· रख दिया गया। *(UTET, 2013)*

(a) पंजाब नेशनल बैंक
(b) बैंक ऑफ बड़ौदा
(c) इलाहाबाद बैंक
(d) भारतीय स्टेट बैंक

व्याख्या (d) इम्पीरियल बैंक का नाम उसके राष्ट्रीयकरण के बाद वर्ष 1955 में बदलकर **भारतीय स्टेट बैंक** कर दिया गया। वर्तमान में इस बैंक का मुख्यालय मुम्बई में है व इसके चयरमैन रजनीश कुमार है। इस बैंक में सरकार की हिस्सेदारी 61.58% है। इस बैंक की टैगलाइन **With You All the Way, Pure Banking Nothing Else** है। पंजाब नेशनल बैंक, बैंक ऑफ बड़ौदा, इलाहाबाद बैंक, भारतीय स्टेट बैंक सहित 14 बैंकों का 19 जुलाई 1969 को राष्ट्रीयकरण किया गया।

6. भारत को कुल कितने डाक क्षेत्रों में बाँटा गया है? *(BTET, 2013)*

(a) 4
(b) 6
(c) 8
(d) 9

व्याख्या (d) भारत को कुल 9 डाक क्षेत्रों या पोस्टल क्षेत्रों में बाँटा गया है। इसमें आठ जोन को क्षेत्रीय जोन तथा एक को कार्यात्मक जोन (भारतीय सेना के लिए प्रयुक्त) के रूप में वर्गीकृत किया गया है। इन्हें **पोस्टल इण्डेक्स नम्बर** भी कहा जाता है। भारत में पिन कोड प्रणाली 6 अंकों की संख्या होती है। इसे भारतीय डाक विभाग द्वारा छाँटा जाता है। पिन प्रणाली को **15 अगस्त, 1972** को आरम्भ किया गया था। पिन अंकों में पहला अंक भारत के क्षेत्रों (राज्यों) को दर्शाता है।

7. शैक्षिक सुधार हेतु राष्ट्रीय शिक्षा नीति कब लागू की गई? *(BTET, 2013)*

(a) वर्ष 1986 (b) वर्ष 1987
(c) वर्ष 1998 (d) वर्ष 2006

व्याख्या (a) शैक्षिक सुधार हेतु राष्ट्रीय शिक्षा नीति **वर्ष 1986** में प्रधानमन्त्री राजीव गाँधी के समय लागू की गई थी। इस नीति की समीक्षा के लिए वर्ष 1990 में आचार्य राममूर्ति की अध्यक्षता में एक समिति व वर्ष **1993 में यशपाल समिति** का गठन किया गया। राष्ट्रीय शिक्षा नीति का मूल उद्देश्य **'सभी के लिए शिक्षा'** था। इस नीति के अन्तर्गत ही वर्ष 1987 में ऑपरेशन ब्लैकबोर्ड की शुरुआत की गई थी।

8. भारतीय रिजर्व बैंक की स्थापना कब हुई थी? *(BTET, 2013)*

(a) 1 अप्रैल, 1935 (b) 1 मार्च, 1935
(c) 1 जुलाई, 1955 (d) 24 अक्टूबर, 1945

व्याख्या (a) भारतीय रिजर्व बैंक की स्थापना **1 अप्रैल, 1935** को केन्द्रीय बैंक अधिनियम 1934 के अन्तर्गत 5 करोड़ की अधिकृत पूँजी से हुई। **1 जनवरी, 1949** को भारतीय रिजर्व बैंक का राष्ट्रीयकरण कर दिया गया। रिजर्व बैंक भारत का केन्द्रीय बैंक है। इसका मुख्यालय मुम्बई में स्थित है। भारत में मौद्रिक व साख नीति रिजर्व बैंक द्वारा बनाई जाती है और लागू की जाती है। **'सर ओस्बोर्न स्मिथ'** आर. बी. आई. के पहले गवर्नर थे। वर्तमान में इसके गवर्नर **'शक्तिकान्त दास'** हैं। आर. बी. आई. का लेखा वर्ष 1 जुलाई से 30 जून तक होता है।

9. वर्ष 1991 में भारत सरकार ने आर्थिक सुधारों के लिए नई आर्थिक नीति अपनाई। निम्नलिखित में से कौन-सी नीति आर्थिक सुधार के लिए अनिवार्य नहीं थी? *(BTET, 2013)*

(a) औद्योगीकरण (b) उदारीकरण
(c) निजीकरण (d) वैश्वीकरण

व्याख्या (a) **औद्योगीकरण** नई आर्थिक नीति के लिए अनिवार्य नहीं था। वर्ष 1991 में भारत सरकार ने आर्थिक सुधारों के लिए बनाई गई नई आर्थिक नीति में **उदारीकरण**, **निजीकरण**, **वैश्वीकरण** पर जोर दिया। नई आर्थिक सुधार नीति प्रधानमन्त्री पी.वी. नरसिंह राव के समय लागू की गई। इसका उद्देश्य उत्पादकता में सुधार, नई तकनीक को आत्मसात् करना तथा समग्र रूप से क्षमता के पूर्णत: प्रयोग को राष्ट्रीय अभियान का रूप देना था। भारत में आर्थिक उदारीकरण का जनक **डॉ. मनमोहन सिंह** को कहा जाता है।

10. जनसंख्या नियन्त्रण हेतु राष्ट्रीय जनसंख्या नीति की घोषणा कब की गई? *(BTET, 2013)*

(a) 8 फरवरी, 2000 (b) 15 फरवरी, 2000
(c) 26 फरवरी, 2001 (d) 26 फरवरी, 2004

व्याख्या (a) जनसंख्या नियन्त्रण हेतु राष्ट्रीय जनसंख्या नीति की घोषणा **8 फरवरी, 2000** में की गई। यह नीति डॉ. एम.एस. स्वामीनाथन की अध्यक्षता में गठित समिति की रिपोर्ट पर आधारित है। इस नीति का उद्देश्य 2010 तक 2.1 जनन क्षमता करना तथा 2045 तक जनसंख्या वृद्धि में स्थायित्व प्राप्त करना है। साथ ही गर्भ निरोधक व स्वास्थ्य सुविधाओं के बुनियादी ढाँचे की आवश्यकता पूरी करना भी तात्कालिक उद्देश्य है।

11. महाराणा प्रताप की मृत्यु के समय आयु थी *(REET, 2012)*

(a) 67 वर्ष (b) 54 वर्ष
(c) 57 वर्ष (d) 49 वर्ष

व्याख्या (c) महाराणा प्रताप की मृत्यु **57 वर्ष** की आयु में हुई थी। महाराणा प्रताप उदयपुर में मेवाड़ के सिसोदिया राजवंश से सम्बन्धित थे। इनका जन्म 1540 ई. में राजस्थान के कुम्भलगढ़ जिले में हुआ था। इनके पिता का नाम महाराणा उदयसिंह तथा इनकी माता का नाम जसवन्त कँवर था।

12. असम का प्राचीन नाम है *(UPTET, 2011)*

(a) पावा (b) कामरूप
(c) पिपलीवन (d) रामग्राम

व्याख्या (b) असम का प्राचीन नाम **कामरूप** है। यहाँ कामरूप पाल व पुश्यवर्मन ने वर्मन राजवंश की स्थापना की। भास्कर वर्मन (600-350 ई.) प्रसिद्ध वर्मन शासक था। असम भारत का एक सीमान्त राज्य है, जो चारों ओर से पर्वत श्रेणियों से घिरा है। वर्तमान में इसकी राजधानी दिसपुर है।

13. प्राचीन रोम कब गणतन्त्र हुआ है? *(UPTET, 2011)*

(a) छठी सदी ईसा पूर्व (b) तीसरी सदी ईसा पूर्व
(c) पहली सदी ईसवी (d) दूसरी सदी ईसवी

व्याख्या (a) **छठी सदी ईसा पूर्व** प्राचीन रोम गणतन्त्र बना। रोमन गणतन्त्र में सरकार गणतान्त्रिक व्यवस्था के अनुसार चलाई जाती थी। रोमन गणतन्त्र की शुरुआत **509 ईसा** पूर्व में रोम में राजशाही की समाप्ति के पश्चात् हुई तथा **27 ईसा** पूर्व तक ऑगस्टस कैसर के राजा बनने तक विद्यमान रही। रोमन गणतन्त्र के काल में रोमन साम्राज्य का बहुत विस्तार हुआ। यह पूरे इतालवी प्रायद्वीप तक फैल गया।

14. वह स्थान, जो किसी समय फ्रांसीसी उपनिवेश था, अब अरविन्दो आश्रम की मंजिल है, कौन-सा है? *(UPTET, 2011)*

(a) चेन्नई (b) अण्डमान
(c) पॉण्डिचेरी (d) गोवा

व्याख्या (c) अरविन्दो आश्रम वर्ष 1926 में स्वतन्त्रता संग्राम के सेनानायक श्री अरविन्दो घोष द्वारा स्थापित किया गया था। यह आश्रम केन्द्रशासित प्रदेश **पॉण्डिचेरी** में स्थित है, जो पूर्व में फ्रांसीसियों का उपनिवेश था।

15. निम्न में से कौन-सा औद्योगीकरण का परिणाम नहीं था? *(HTET, 2011)*

(a) शहरीकरण (b) मॉस प्रोडक्शन
(c) उपनिवेशीकरण (d) अन्ध-राष्ट्रवाद

व्याख्या (d) **अन्ध राष्ट्रवाद** (देश या राष्ट्र के प्रति पक्षतापूर्ण प्रेम) औद्योगीकरण का परिणाम नहीं था। 18वीं शताब्दी में औद्योगीकरण के समय शहरीकरण, मॉस प्रोडक्शन व उपनिवेशीकरण की प्रक्रिया पर अधिक जोर दिया गया, जिससे विकास में तेजी आई।

16. नई दिल्ली का वास्तुकार कौन था? *(HTET, 2011)*

(a) चार्ल्स कोरिया (b) एडवर्ड लुटियन
(c) ली कार्बुजियर (d) इनमें से कोई नहीं

व्याख्या (b) नई दिल्ली का वास्तुकार **एडवर्ड लुटियन** था। वर्ष 1911 में भारत की राजधानी कोलकाता की जगह दिल्ली को बनाने की घोषणा की गई। एडवर्ड लुटियन को नई दिल्ली के मुख्य आर्किटेक्ट का पद सौंपा गया।
वर्ष 1913 में **दिल्ली टाउन प्लानिंग कमेटी** का गठन हुआ, इसका प्रभारी एडवर्ड लुटियन को बनाया गया।
चार्ल्स मार्क कोरिया भारतीय वास्तुकार एवं शहरी योजनाकार था।
ली कार्बुजियर आधुनिक आर्किटेक्चर तथा चंडीगढ़ शहर के निर्माता थे।

17. निम्न में से कौन इटली के एकीकरण से सम्बद्ध नहीं है? *(HTET, 2011)*

(a) मेजिनी (b) गैरीबाल्डी (c) काबूर (d) मुसोलिनी

व्याख्या (d) **मुसोलिनी** इटली के एकीकरण से सम्बद्ध नहीं है। इटली के एकीकरण का श्रेय मेजिनी, काउण्ट काबूर, गैरीबाल्डी को दिया जाता है। इटली के एकीकरण की तलवार 'गैरीबाल्डी' को कहा जाता है। मुसोलिनी को फासिस्टवाद का जन्मदाता कहा जाता है। मुसोलिनी के दल का नाम फासिस्टवाद था तथा इसकी स्थापना **मिलान** में की गई थी। मुसोलिनी ने वर्ष 1939 में द्वितीय विश्व युद्ध में मित्र राष्ट्रों के विरुद्ध युद्ध की घोषणा की थी।

18. निम्न में से कौन-सा देश बाल्कन क्षेत्र का भाग नहीं है? *(HTET, 2011)*

(a) रोमानिया (b) बुल्गारिया (c) यूनान (d) इटली

व्याख्या (d) **इटली** बाल्कन क्षेत्र का भाग नहीं है। बाल्कन क्षेत्र दक्षिण-पूर्व यूरोप का विशिष्ट सांस्कृतिक क्षेत्र है, जिसमें सर्बिया, अल्बानिया, यूनान, बुल्गारिया, रोमानिया, बोस्निया हर्जगोविना, तुर्की, केसोव आदि देश आते हैं।

19. जब लोग रोजगार युक्त लगते हैं परन्तु वे वास्तव में नहीं होते .... बेरोजगारी कहलाती है। *(HTET, 2011)*

(a) खुली (b) मौसमी (c) छुपी हुई (d) संरचनात्मक

व्याख्या (c) जब लोग रोजगार युक्त लगते हैं परन्तु वे वास्तव में रोजगार युक्त नहीं होते तो इसे प्रछन्न या छुपी हुई बेरोजगारी कहा जाता है। इस प्रकार की बेरोजगारी अधिकतर कृषि क्षेत्र में पाई जाती है। कृषि में अनेकों लोग लगे रहते हैं। उनमें से कुछ लोगों को हटाने पर भी उत्पादकता पर कोई प्रभाव नहीं पड़ता है।

20. यूरोप में प्रिन्टिंग प्रेस का आविष्कारक कौन था? *(HTET, 2011)*

(a) गुटेनबर्ग (b) कैक्सटन
(c) रेमिंग्टन (d) इनमें से कोई नहीं

व्याख्या (a) जर्मनी निवासी **जॉन गुटेनबर्ग** ने यूरोप में प्रिन्टिंग प्रेस का आविष्कार किया था। इनके द्वारा छापी गई बाइबिल गुटेनबर्ग बाइबिल के नाम से प्रसिद्ध है। प्रिन्टिंग प्रेस या छापाखाना या छपाई की प्रेस एक यान्त्रिक युक्ति है जो दाब लगाकर कागज, कपड़े आदि पर प्रिन्ट करने के काम आती है।

21. देश का सबसे बड़ा वाणिज्यिक बैंक है *(HTET, 2011)*

(a) रिजर्व बैंक ऑफ इण्डिया
(b) स्टेट बैंक ऑफ इण्डिया
(c) आई. सी. आई. सी. आई. बैंक
(d) आई. डी. बी. आई. बैंक

व्याख्या (b) भारत का सबसे बड़ा वाणिज्यिक बैंक **स्टेट बैंक ऑफ इण्डिया** है। स्टेट बैंक ऑफ इण्डिया की स्थापना वर्ष 1921 में इम्पीरियल बैंक के नाम से की गई थी। 1 जुलाई, 1955 को इम्पीरियल बैंक का नाम बदलकर स्टेट बैंक ऑफ इण्डिया कर दिया गया। एस. बी. आई. एक सार्वजनिक उपक्रम इकाई है। यह राष्ट्रीयकृत बैंक नहीं है। इसका मुख्यालय मुम्बई में है और वर्तमान में इसके चेयरमैन रजनीश कुमार हैं। स्टेट बैंक ऑफ इण्डिया, आर. बी. आई. के एजेण्ट के रूप में कार्य करता है। **आई. डी. बी. आई, रिज़र्व बैंक ऑफ इण्डिया, आई. सी. आई. सी. आई. बैंक**, तीनों का मुख्यालय मुम्बई में स्थित है।

22. भारत में सेवाकर है *(HTET, 2011)*

(a) प्रत्यक्ष कर (b) अप्रत्यक्ष कर
(c) आरोही कर (d) अवरोही कर

व्याख्या (b) भारत में सेवाकर **अप्रत्यक्ष कर** है। वित्त मन्त्रालय के अधीन केन्द्रीय उत्पाद शुल्क व सीमा शुल्क बोर्ड सेवा कर लगाने व वसूल करने से सम्बन्धित नीति तैयार करने का कार्य करता है। वर्तमान में भारत में सेवाकर 10% है। छोटे सेवा प्रदाता जिनकी आय प्रतिवर्ष 4 लाख से कम है, उसे इस कर से छूट दी जाती है।
प्रत्यक्ष कर वह कर जिसका मौद्रिक तथा वास्तविक भार उसी व्यक्ति पर पड़ता है जिसके ऊपर सरकार यह कर लगाती है; जैसे—निगम कर, भू-राजस्व कर।
आरोही कर इसके अन्तर्गत कर योग्य राशि कम होने पर कर की दर कम होती है और कर योग्य राशि के बढ़ने पर उत्तरोत्तर बढ़ती जाती है।

23. यूरोप में राष्ट्रवाद के उदय का कारण था *(HTET, 2011)*

(a) फ्रांस की क्रान्ति का प्रेरणादायी प्रभाव
(b) नेपोलियन के प्रशासनिक सुधारों का प्रभाव
(c) मध्यम वर्ग का उदय
(d) उपरोक्त सभी

व्याख्या (d) यूरोप में राष्ट्रवाद के उदय का प्रमुख कारण नेपोलियन के प्रशासनिक सुधारों का प्रभाव, मध्यम वर्ग का उदय, दार्शनिक प्रभाव, निरंकुश तानाशाही राजव्यवस्था तथा फ्रांस की क्रान्ति का प्रेरणादायी प्रभाव था।

24. बोल्शेविक क्रान्ति के नायक थे *(BTET, 2011)*

(a) मार्क्स (b) लेनिन
(c) माओ (d) स्टॉलिन

व्याख्या (b) बोल्शेविक या रूसी क्रान्ति के नायक लेनिन थे। रूसी क्रान्ति की शुरुआत **7 नवम्बर, 1917** को हुई। इस क्रान्ति का तात्कालिक कारण प्रथम विश्वयुद्ध में रूस की पराजय थी। बोल्शेविक शब्द का अर्थ **बहुसंख्यक** से है। इस दल का नेता लेनिन था। आधुनिक रूस का निर्माता **स्टॉलिन** को माना जाता है। **कार्ल मार्क्स** की साम्यवादी विचारधारा ही मार्क्सवादी विचारधारा कहलायी। मार्क्स एक वैज्ञानिक, समाजवादी एवं विचारक थे। **माओ** चीनी क्रान्तिकारी, राजनैतिक विचारक और साम्यवादी दल के सबसे बड़े नेता थे।

25. सेलूलर जेल को किस नाम से जाना जाता था? *(BTET, 2011)*

(a) अंग्रेजी जेल (b) काला पानी
(c) बड़ी जेल (d) रुग्ण जेल

व्याख्या (b) सेलूलर जेल को **काला पानी** के नाम से भी जाना जाता था। यह जेल अंग्रेजों द्वारा भारतीय स्वतन्त्रता संग्राम के सेनानियों को कैद में रखने के लिए बनाई गई थी। यह जेल अण्डमान निकोबार द्वीप की राजधानी **पोर्ट ब्लेयर** में स्थित है। इस जेल की नींव **1867 ई.** में रखी गई थी। इस जेल के अन्दर 694 कोठरियाँ हैं।

26. सर्च इंजन क्या है? *(BTET, 2011)*

(a) इण्टरनेट खोजी (b) खोजी वाहन
(c) खोजी मोटर (d) ये सभी

व्याख्या (a) सर्च इंजन एक अत्यधिक लोकप्रिय व सुविधाजनक प्रोग्राम है जिसे **इण्टरनेट खोजी** की संज्ञा दी जाती है। यह इण्टरनेट पर उपलब्ध सूचनाओं में से किसी विशेष सूचना को खोजकर स्क्रीन पर प्रदर्शित करता है; जैसे—किसी संस्था, कम्पनी, कॉलेज, विश्वविद्यालय आदि के बारे में। गूगल, मोजिला, हॉटवोट, याहू, विंग, डॉगपाइल प्रमुख सर्च इंजन हैं।

27. कौन-सी संस्था बैंकों के कामकाज पर नियन्त्रण रखती है? *(BTET, 2011)*

(a) रिजर्व बैंक (b) सी.बी.आई. (c) सरकार (d) ये सभी

व्याख्या (a) भारतीय रिजर्व बैंक नामक संस्था बैंकों के कामकाज पर नियन्त्रण रखती है। इसकी स्थापना 1 अप्रैल, 1935 को हिल्टन यंग आयोग की सिफारिश पर की गई। 1 जनवरी, 1949 को आर. बी. आई. का राष्ट्रीयकरण कर दिया गया। रिजर्व बैंक भारत का केन्द्रीय बैंक है। इसका मुख्यालय मुम्बई में स्थित है। वर्तमान में भारतीय रिजर्व बैंक के गवर्नर शक्तिकान्त दास हैं। आर.बी.आई. का लेखा वर्ष 1 जुलाई से 30 जून तक होता है।

28. माँग और पूर्ति का सम्प्रत्यय सम्बन्धित है *(BTET, 2011)*

(a) राजनीतिशास्त्र से (b) इतिहास से
(c) अर्थशास्त्र से (d) समाजशास्त्र से

व्याख्या (c) माँग व पूर्ति का सम्प्रत्यय **अर्थशास्त्र** से सम्बन्धित है। माँग और पूर्ति में सीधा सम्बन्ध होता है अर्थात् माँग बढ़ने पर आपूर्ति बढ़ती है जबकि माँग घटने पर आपूर्ति घटती है। इसे **माँग का नियम** (Law of Demand) भी कहा जाता है।

29. "जहाँ मस्तिष्क बिना भय के हो" कथन है *(PTET, 2011)*

(a) महात्मा गाँधी का (b) स्वामी विवेकानन्द का
(c) गुरुदेव रवीन्द्रनाथ टैगोर का (d) सरदार भगत सिंह का

व्याख्या (c) "जहाँ मस्तिष्क बिना भय के हो, ज्ञान नि:शुल्क हो, विश्व टुकड़ों में न बँटा हो"
उपरोक्त कथन **रवीन्द्रनाथ टैगोर** का है। रवीन्द्रनाथ टैगोर का जन्म 7 मई, 1861 को कोलकाता में हुआ था। रवीन्द्रनाथ टैगोर अपनी पद्य कविताओं के लिए प्रसिद्ध है। इनकी काव्य रचना **गीतांजलि** के लिए वर्ष 1913 में इन्हें साहित्य का नोबेल पुरस्कार मिला। वर्ष 1901 में इन्होंने शान्ति निकेतन की स्थापना की।

30. डीपीआई (DPI) शब्द-संक्षेप है *(PTET, 2011)*

(a) डायरेक्टर ऑफ प्रॉसीक्यूशन एण्ड इण्टेलीजेन्स
(b) डिपार्टमेन्ट ऑफ पर्सनल एण्ड इन्वेस्टिगेशंस
(c) डायरेक्टर ऑफ प्राइवेट इन्स्ट्रक्शन
(d) डायरेक्टर ऑफ पब्लिक इन्स्ट्रक्शन

व्याख्या (d) डी. पी. आई. (DPI) शब्द **डायरेक्टर ऑफ पब्लिक इन्स्ट्रक्शन** का संक्षिप्त रूप है अर्थात् लोक शिक्षण संचालक यह राज्य के सरकारी विभागों का मुखिया होता है। साथ ही किसी राज्य में होने वाली सरकारी परीक्षाओं का कमिश्नर भी होता है।

31. प्रसार भारती है *(PTET, 2011)*

(a) भारत की लोक सेवा प्रसारण प्रदाता
(b) एक NGO
(c) एक टीवी संगठन
(d) एक रेडियो संगठन

व्याख्या (a) प्रसार भारती **भारत की लोक सेवा प्रसारण प्रदाता** संस्था है। इसकी स्थापना 23 नवम्बर, 1997 को की गई थी। इसमें मुख्य रूप से दूरदर्शन व आकाशवाणी शामिल है। इसका मुख्यालय दिल्ली में है। प्रसार भारती के वर्तमान अध्यक्ष मृणाल पाण्डे तथा सी. ई. ओ. जवाहर सरकार हैं।

32. उद्योग के निम्नलिखित प्रकारों में से 'टोकरी बुनाई' किसका एक उदाहरण है? *(CTET, 2016)*

(a) सहकारी क्षेत्र
(b) वृहत् आकार
(c) लघु आकार
(d) संयुक्त क्षेत्र

व्याख्या (c) 'टोकरी बुनाई' **लघु आकार** के उद्योग का उदाहरण है। लघु उद्योग के अन्तर्गत **5-10 व्यक्ति** सीमित संख्या में किसी वस्तु का उत्पादन करते हैं। इस उद्योग में व्यक्ति स्थानीय कच्चे माल का उपयोग करके दैनिक जीवन के उपभोग की वस्तुओं का उत्पादन करते हैं; जैसे—कपड़ा बुनना, चटाई बनाना, बर्तन, औजार, फर्नीचर, जूते व लघु-मूर्तियाँ आदि। विनिर्माण क्षेत्र के लिए उपक्रमों का वर्गीकरण इस प्रकार किया जाता है—**सूक्ष्म उद्यम-पूँजी लागत 25 लाख, लघु उद्यम-25 लाख-5 करोड़, मध्यम उद्यम-5-10 करोड़** तक होता है। सहकारी क्षेत्र के उद्योगों का स्वामित्व तथा प्रबन्धन लोगों के एक समूह द्वारा किया जाता है; जैसे—डेयरी उत्पाद संयुक्त क्षेत्र के उद्योगों का स्वामित्व सरकार तथा निजी उद्यमियों के हाथ में पूँजी के निवेश के आधार पर होता है।

33. एडूसैट (EDUSAT) से क्या अभिप्राय है? *(CTET, 2016)*

(a) एक मानव-निर्मित भारतीय उपग्रह
(b) रॉकेट जिसका उपयोग मानव-निर्मित उपग्रहों को सूर्य की कक्षा में स्थापित करने के लिए किया जाता है
(c) सौरमण्डल में खोजा गया एक नया ग्रह
(d) एक क्षुद्र ग्रह जो मंगल और बृहस्पति की कक्षाओं के बीच पाया जाता है

व्याख्या (a) एडूसैट (EDUSAT) एक **मानव-निर्मित भारतीय उपग्रह है,** जो दूरस्थ शिक्षा के लिए विशिष्ट रूप से समर्पित देश का प्रथम उपग्रह है। इसे **जीसैट-3** के नाम से भी जाना जाता है। इस उपग्रह को **20 सितम्बर, 2004** को श्री हरिकोटा स्थित सतीश धवन अन्तरिक्ष केन्द्र से **GSLV-F-01** द्वारा भू-समस्थानिक कक्षा में सफलतापूर्वक स्थापित किया गया।

34. भारत में चिकित्सा-पर्यटकों के सन्दर्भ में निम्नलिखित दो कथनों पर विचार कीजिए *(CTET, 2016)*

1. **वे विदेशी पर्यटक हैं, जो भारत के उन अस्पतालों में अपना इलाज कराने के लिए विशेष रूप से आते हैं जहाँ उन्हें अपने देश की तुलना में कम मूल्य पर विश्व-स्तरीय सुविधाएँ प्राप्त हो जाती हैं।**
2. **वे भारत के भीतर के ही प्रवासी हैं, जो एक राज्य से दूसरे राज्य के उन अस्पतालों में अपना इलाज कराने के लिए जाते हैं, जहाँ उन्हें अपने राज्य की तुलना में कम मूल्य पर विश्व-स्तरीय सुविधाएँ प्राप्त हो जाती हैं।**

उपरोक्त कथनों में से कौन-से/सा सही है/हैं?

(a) 1 और 2 दोनों सही हैं (b) 1 और 2 दोनों गलत हैं
(c) 1 सही है, 2 गलत है (d) 1 गलत है, 2 सही है

व्याख्या (c) भारत में चिकित्सा पर्यटक वे विदेशी पर्यटक हैं, जो भारत के उन अस्पतालों में अपना इलाज कराने के लिए विशेष रूप से आते हैं, जहाँ उन्हें अपने देश की तुलना में कम-मूल्य पर विश्वस्तरीय सुविधाएँ प्राप्त हो जाती हैं। वे मूलत: भ्रमण के लिए आते हैं साथ ही साथ अपनी चिकित्सा भी करा लेते हैं। अत: दिए गए विकल्पों में से विकल्प (c) सही है।

35. संयुक्त राज्य अमेरिका में 'नागरिक अधिकार आन्दोलन' शुरू हुआ था *(CTET, 2015, 13)*

(a) सभी अफ्रीकी-अमेरिकन नागरिकों के लिए समान अधिकारों तथा जातीय विभेद की समाप्ति की माँग के लिए
(b) अफ्रीकी-अमेरिकन महिलाओं के मताधिकार की माँग के लिए
(c) अफ्रीकी-अमेरिकन पुरुषों के मताधिकार की माँग के लिए
(d) अफ्रीकी-अमेरिकन वरिष्ठ नागरिकों की सामाजिक सुरक्षा की माँग के लिए

व्याख्या (a) संयुक्त राज्य अमेरिका में 'नागरिक अधिकार आन्दोलन' की शुरुआत सभी अफ्रीकन-अमेरिकन नागरिकों के लिए समान अधिकारों तथा जातीय विभेद की समाप्ति की माँग के लिए हुई थी। यह आन्दोलन **वर्ष 1955** से **वर्ष 1968** के बीच हुआ। इस आन्दोलन को अमेरिका में द्वितीय-पुनर्निर्माण के नाम से भी जाना जाता है। इस आन्दोलन के प्रमुख नेता फिलीप रेडोल्फ, मार्टिन लूथर किंग, रॉय विलकिन्स, जॉन लेविस थे। इस आन्दोलन ने विश्व के अन्य राष्ट्रों व समाजों को नागरिक अधिकारों के लिए प्रेरित किया।

36. समाचार चैनल पर विज्ञापन का मूल्य निर्भर होता है *(CTET, 2015)*

(a) बड़े व्यापारिक घरानों पर
(b) कम्पनी क्षेत्र पर
(c) चैनल की लोकप्रियता पर
(d) दर्शकों की माँग पर

व्याख्या (c) समाचार चैनल पर विज्ञापन का मूल्य **चैनल की लोकप्रियता** पर निर्भर करता है। चैनल की लोकप्रियता जितनी अधिक होगी उसके विज्ञापन का मूल्य भी उतना ही अधिक होगा।

37. संचार माध्यम के सन्दर्भ में निम्नलिखित कथनों में से कौन-सा गलत है? *(CTET, 2015)*

(a) जनसंचार का लोगों तक जानकारी पहुँचाना एक महत्त्वपूर्ण कार्य है
(b) संचार माध्यम की कार्यप्रणाली में नियमित सरकारी हस्तक्षेप रहता है
(c) विज्ञापनों द्वारा धन कमाया जाता है
(d) जनसंचार द्वारा उपयोग में लाई जाने वाली तकनीकें बदलती रहती हैं

व्याख्या (b) दिए गए विकल्पों में से विकल्प (b) गलत है। संचार माध्यम या मीडिया को सरकार का चौथा स्तम्भ कहा जाता है। संचार माध्यम की कार्य-प्रणाली में सरकारी हस्तक्षेप नहीं होता है।

एक स्थान, व्यक्ति या समूह से दूसरे स्थान, व्यक्ति या समूह तक सूचना को स्थानांतरित करना संचार कहलाता है। प्रत्येक संचार में एक प्रेषक, एक संदेश तथा एक प्राप्तकर्ता शामिल होता है।

38. निम्नलिखित उद्योगों में कौन-सा सार्वजनिक क्षेत्र के अन्तर्गत आता है? *(CTET, 2015)*

(a) मारुति उद्योग लिमिटेड
(b) टाटा आयरन एण्ड स्टील कम्पनी लिमिटेड
(c) हिन्दुस्तान एयरोनॉटिक्स लिमिटेड
(d) सुधा डेयरी

व्याख्या (c) **हिन्दुस्तान एयरोनॉटिक्स लिमिटेड (HAL)** सार्वजनिक क्षेत्र के अन्तर्गत आता है, जबकि मारुति उद्योग लिमिटेड, टाटा आयरन एण्ड स्टील कम्पनी, सुधा डेयरी निजी क्षेत्र के उपक्रम हैं। सार्वजनिक उपक्रम वह है जिसमें सरकार की भागीदारी **न्यूनतम 51%** तक होती है। इनका संचालन व नियन्त्रण सरकार के द्वारा होता है। हिन्दुस्तान एयरोनॉटिक्स लिमिटेड की स्थापना वर्ष **1940** में की गई। इसका मुख्यालय बेंगलुरू में स्थित है।

39. पटवारी (लेखपाल) द्वारा किए गए कार्यों के विषय में 1 और 2 दो कथन दिए गए हैं, उन पर विचार कीजिए और निम्नलिखित में से सही उत्तर का चयन कीजिए। *(CTET, 2015)*

1. पटवारी एक गाँव अथवा गाँवों के समूह की भूमि का आद्यतन लेखा-जोखा रखता है।
2. पटवारी अपने अधिकार-क्षेत्र में लगाई गई फसलों के बारे में सरकार को सूचना देने के लिए उत्तरदायी होता है।

कूट

(a) 1 गलत है और 2 सही है
(b) 1 और 2 दोनों गलत हैं
(c) 1 सही है और 2 गलत है
(d) 1 और 2 दोनों सही हैं

व्याख्या (d) दिए गए दोनों कथन सत्य है। पटवारी एक गाँव या गाँव के समूह की भूमि का आद्यतन लेखा-जोखा करता है। वह अपने अधिकार-क्षेत्र में लगाई गई फसलों के बारे में सरकार को सूचना देने के लिए उत्तरदायी होता है।

40. निम्नलिखित में से कौन-सा तिब्बत का राष्ट्रीय ग्रन्थ है? *(CTET, 2015)*

(a) सिद्ध सागा
(b) निर्वाण सागा
(c) बुद्ध सागा
(d) केसर सागा

व्याख्या (d) **केसर सागा** तिब्बत का राष्ट्रीय ग्रन्थ है। यह ग्रन्थ कविताओं के रूप में संकलित है जिसमें केसर नामक योद्धा को लिंग देश का राजा बताया गया है। बाद में यह कहानी या कविता लद्दाख आदि पहाड़ी क्षेत्रों में भी खूब प्रचलित हुई।

41. हैंगियोग्राफी सम्बन्धित है *(CTET, 2015)*

(a) सन्त के जीवनी लेखन से
(b) शासक के आत्मकथा लेखन से
(c) सन्त के आत्मकथा लेखन से
(d) शासक के जीवनी लेखन से

व्याख्या (c) हैंगियोग्राफी किसी **सन्त के आत्मकथा लेखन से** सम्बन्धित है जिसमें सन्तों के चमत्कारिक व्यक्तित्व का वर्णन किया जाता है। 'हैंगियोग्राफी' को संचरित्र लेखन भी कहा जाता है।

42. निम्नलिखित में से कौन-सा एक दीवानी (सिविल) कानून के दायरे में नहीं आता है? *(CTET, 2015)*

(a) जमीन को बेचने से सम्बन्धित विवाद
(b) बच्चों को रखने का दावा करना
(c) दहेज के लिए महिला को परेशान करना
(d) तलाक का केस फाइल करना

व्याख्या (c) दहेज के लिए महिला को परेशान करना दीवानी या सिविल कानून के अन्तर्गत नहीं आता है। यह फौजदारी कानून के अन्तर्गत आता है। सिविल या दीवानी कानून के अन्तर्गत व्यावसायिक कानून, औद्योगिक कानून आते हैं; जैसे—जमीन को बेचने से सम्बन्धित विवाद, पारिवारिक विवाद (वैवाहिक व भरण-पोषण से सम्बन्धित), धार्मिक अधिकारों से सम्बन्धित विवाद आदि।

43. तवा मत्स्य संघ, मछुआरों की सहकारी समितियों का एक संघ, जो जंगलों से विस्थापित निवासियों के अधिकारों के लिए लड़ रहा है, किस राज्य में है? *(CTET, 2015)*

(a) झारखण्ड में
(b) मध्य प्रदेश में
(c) छत्तीसगढ़ में
(d) महाराष्ट्र में

व्याख्या (b) तवा मत्स्य संघ, **मध्य प्रदेश** राज्य से सम्बन्धित है। यह संघ मछुआरों की सहकारी समितियों का एक संघ है जो जंगलों से विस्थापित निवासियों के अधिकारों के लिए लड़ रहा है। इसके अतिरिक्त यह संघ मछुआरों को नए जाल खरीदने तथा जालों की मरम्मत कराने के लिए लोन आदि भी प्रदान करता है।

44. 'सामाजिक विज्ञापनों' पर निम्नलिखित दो कथनों 1 और 2 पर विचार कीजिए और सही उत्तर का चयन कीजिए *(CTET, 2015)*

1. सामाजिक विज्ञापन वे विज्ञापन हैं जो समाज के लिए विस्तृत स्तर पर सन्देश का प्रसारण करते हैं।
2. सामाजिक विज्ञापन केवल सरकार (राज्य) द्वारा प्रस्तुत किए जाते हैं।

कूट

(a) 1 और 2 दोनों गलत हैं
(b) 1 गलत है और 2 सही है
(c) 1 और 2 दोनों सही हैं
(d) 1 सही है और 2 गलत है

व्याख्या (d) दिए गए कथनों में से कथन A सही है परन्तु B गलत है। सामाजिक विज्ञापन वे विज्ञापन होते हैं जो समाज के लिए विस्तृत स्तर पर सन्देश का प्रसारण करते हैं। सामाजिक विज्ञापन न केवल राज्य सरकार द्वारा प्रस्तुत किए जाते हैं बल्कि ये किसी संस्था, एन. जी. ओ. व किसी व्यक्ति द्वारा भी प्रस्तुत किए जा सकते हैं। सामाजिक विज्ञापन द्वारा समाज के लोगों में जागरूकता व सहयोग व समायोजन की भावना का विकास होता है।

45. निम्नलिखित में से कौन-सा विज्ञापन सामाजिक नहीं है? *(CTET, 2014)*

(a) लेन में गाड़ी चलाना बुद्धिमत्तापूर्ण है
(b) पानी की प्रत्येक बूँद बचाइए
(c) अतिथि देवो भव:
(d) जीवन बीमा-जिन्दगी के साथ भी, जिन्दगी के बाद भी

व्याख्या (d) **जीवन बीमा-जिन्दगी के साथ भी, जिन्दगी के बाद भी,** विज्ञापन सामाजिक नहीं है। यह कम्पनी विज्ञापन की श्रेणी में आता है। सामाजिक विज्ञापन वे होते हैं जो समाज के लिए अच्छे सन्देश के लिए प्रसारित किए जाते हैं तथा समाज में जागरूकता व सहयोग की भावना विकसित करते हैं। इसके अन्तर्गत **अतिथि देवो भव:, पानी की प्रत्येक बूँद बचाना, लेन में गाड़ी चलाना बुद्धिमत्तापूर्ण है** जैसे विज्ञापन सम्मिलित होते हैं।

46. कच्चे माल को अधिक मूल्यवान उत्पाद में बदलने वाली क्रिया को क्या कहा जाता है? *(CTET, 2014)*

(a) आर्थिक क्रिया (b) तृतीयक क्रिया
(c) प्राथमिक क्रिया (d) द्वितीयक क्रिया

व्याख्या (d) कच्चे माल को अधिक मूल्यवान उत्पाद में बदलने की क्रिया **द्वितीयक क्रिया** कहलाती है; जैसे—कपास से सूती कपड़ा बनाना, सोने से आभूषण बनाना आदि। द्वितीयक क्रिया में निर्मित वस्तु कच्चे माल की तुलना में अधिक मूल्यवान हो जाती है। **आर्थिक क्रियाओं** के अन्तर्गत उत्पादन, उपभोग, वितरण आदि के तरीके का अध्ययन किया जाता है।
प्राथमिक क्षेत्र यह अर्थव्यवस्था का वह क्षेत्र है, जो प्राकृतिक संसाधनों का सीधा उपयोग करता है। इसमें कृषि, वानिकी, मछली पकड़ना और खनन शामिल हैं। इसके विपरीत द्वितीयक क्षेत्र वस्तुओं का विनिर्माण करता है और **तृतीयक क्षेत्र** सेवाएँ प्रदान करता है। तृतीय क्षेत्र को बौद्धिक क्रियाओं के अन्तर्गत आने वाले क्षेत्र को चतुर्थ क्षेत्र कहते हैं।

47. लद्दाख में पाए जाने वाले 'गम्पास' ...... है। *(CTET, 2014)*

(a) बौद्ध विहार/मन्दिर
(b) बकरी की प्रजाति/किस्म
(c) शॉल की किस्म
(d) बौद्ध भिक्षु

व्याख्या (a) लद्दाख में पाए जाने वाले 'गम्पास' **बौद्ध विहार** या **मन्दिर** से सम्बन्धित हैं। इन्हें गोप या गोन्या भी कहा जाता है जिसका अर्थ एकान्त स्थान होता है। ये तिब्बती शैली में बने बौद्ध मठों के भवन हैं जिसमें बौद्ध भिक्षुओं के निवास स्थान, पूजा घर, धार्मिक शिक्षा आदि के निवास स्थान होते हैं। ये अधिकतर किसी शहर या बस्ती के पास ऊँचे पहाड़ या चट्टान पर बनाए जाते हैं।

48. कौन-सा उद्योग अकसर आधुनिक उद्योगों की रीढ़ की हड्डी कहलाता है? *(CTET, 2014)*

(a) विद्युत (b) ऊर्जा
(c) यातायात (d) इस्पात

व्याख्या (d) **इस्पात उद्योग** को आधुनिक उद्योगों की रीढ़ माना जाता है, क्योंकि अन्य उद्योगों के लिए मशीनरी व यन्त्र का निर्माण इस्पात से ही किया जाता है। इस्पात के उत्पादन में प्रमुख उत्पादक देश चीन, भारत, अमेरिका व जापान हैं।

49. उत्पादों की ब्रांडिंग करने से *(CTET, 2014)*

(a) इसकी बिक्री की ब्रांडिंग करने से
(b) बाजार में उपलब्ध दूसरे उत्पादों से इसे भिन्न करता है
(c) उपभोक्ताओं के लिए आकर्षक बन जाता है
(d) उपभोक्ताओं को खुदरा मूल्य पर छूट मिलती है

व्याख्या (b) उत्पादों या ब्रांडों की ब्रांडिंग करने से बाजार में उपलब्ध दूसरे उत्पादों से भिन्नता प्रकट की जाती है। ब्रांड या उत्पाद एक ऐसे नाम या डिजाइन या किसी ऐसे विशेष लक्षण को कहा जाता है, जो किसी एक विक्रेता के उत्पाद को दूसरे से अलग करता है। ब्रांडों का उपयोग व्यापार, विपणन व प्रचार में किया जाता है।

50. निम्नलिखित में से किस कारक के विद्यार्थियों व किशोरियों/किशोरों के व्यवहार व प्रवृत्ति पर असर के विषय में समाज विज्ञानियों के विचार सबसे अधिक विविधता लिए हुए हैं? *(CTET, 2013)*

(a) परिवार (b) विद्यालय (c) टेलीविजन (d) सहपाठी

व्याख्या (c) **टेलीविजन** ऐसा कारक या साधन है, जो विद्यार्थियों व किशोरों/किशोरियों के व्यवहार व प्रवृत्ति पर असर के विषय में समाज विज्ञानियों के विचार सबसे अधिक विविधता लिए हुए हैं। टेलीविजन के प्रभाव से किशोरों/किशोरियों के व्यवहार में व्यापक असर पड़ता है तथा कभी-कभी नकारात्मक विचार भी उत्पन्न होते हैं, जिससे निपटने के लिए विभिन्न तरह के सम्मेलन व संगोष्ठियाँ आयोजित की जाती हैं।

51. वर्ष 2012 को निम्नलिखित में से किस प्रकार से भी लिखा जा सकता है? *(CTET, 2012)*

(a) AD 2012 (b) AP 2012 (c) BC 2012 (d) EC 2012

व्याख्या (a) वर्ष 2012 को **A D 2012** के रूप में भी लिखा जा सकता है। ग्रेगेरियन कैलेण्डर में वर्ष को लिखने के लिए A D का प्रयोग किया जाता है। इसका पूरा नाम **Anno Domini** (एनो डॉमिनी) है। यह लैटिन भाषा का शब्द है जिसका तात्पर्य ईसा मसीह के जन्म के वर्ष से है। इसके अतिरिक्त BC (Before Christ या ईसा पूर्व) का तात्पर्य ईसा मसीह के जन्म के पूर्व के वर्ष से है।

52. जब बहुत-सी औद्योगिक इकाइयाँ एक-दूसरे के नजदीक स्थित होती हैं और अपनी नजदीकी का लाभ उठाती हैं, वह कहलाता है *(CTET, 2012)*

(a) बाजार अर्थव्यवस्था
(b) असेम्बली लाइन (समनुक्रम) उत्पादन
(c) औद्योगिक तन्त्र
(d) औद्योगिक क्षेत्र

व्याख्या (d) जहाँ बहुत-सी औद्योगिक इकाइयाँ एक-दूसरे के नजदीक स्थित होती हैं तथा अपनी नजदीकी का फायदा उठाती हैं, वह स्थान **औद्योगिक क्षेत्र** कहलाता है। इस क्षेत्र में यातायात व विकास की सभी प्रकार की सुविधाएँ होती हैं। औद्योगिक क्षेत्र अधिकांशत: शीतोष्ण कटिबन्धीय क्षेत्रों, समुद्री पत्तनों के समीप तथा विशेष रूप से कोयला क्षेत्रों के निकट स्थित होते हैं।

बाजार अर्थव्यवस्था बाजार अर्थव्यवस्था एक आर्थिक व्यवस्था है, जिसमें आर्थिक निर्णय, माल और सेवाओं की कीमत पूरी तरह से किसी देश के व्यक्तिगत नागरिकों और व्यवसायों की समग्र बातचीत द्वारा निर्देशित होती है।

असेम्बली लाइन यह एक विनिर्माण प्रक्रिया है जिसे अकसर प्रगतिशील असेंबली कहा जाता है।

53. जब किसी व्यक्ति या समूह को किसी प्रतिरूप (इमेज) के साथ जोड़ दिया जाता है, उसे कहा जाता है *(CTET, 2012)*

(a) प्रताड़ित
(b) मूर्ति
(c) भेदभाव
(d) रूढ़िबद्ध

व्याख्या (d) जब किसी व्यक्ति या समूह को किसी प्रतिरूप (इमेज) के साथ जोड़ दिया जाता है, तो उसे **रूढ़िवादिता** या **रूढ़िबद्धता** कहा जाता है। इसमें व्यक्ति या समूह का व्यवहार व आचरण प्रतिरूप की तरह परिलक्षित होता है।

» State TETs

54. नाटो (एन. ए. टी. ओ.) का मुख्यालय स्थित है *(UPTET, 2018)*

(a) न्यूयॉर्क में (b) लन्दन में (c) ब्रुसेल्स में (d) पेरिस में

व्याख्या (c) नाटो (North Atlantic Treaty Organization) का मुख्यालय **ब्रुसेल्स (बेल्जियम)** में है। इस संगठन की स्थापना **4 अप्रैल, 1949** में की गई थी। यह एक सैन्य सन्धि है जिसमें बाह्य आक्रमण की परिस्थिति में संगठन के सदस्य देश एक-दूसरे के प्रति सुरक्षा की सामूहिक जिम्मेदारी निभाने के लिए बाध्य हैं। वर्तमान में इस संगठन में 29 सदस्य देश हैं। 30वाँ सदस्य उत्तरी मेसिडोनिया है। इसके वर्तमान महासचिव जेम्स स्टोल्टेनबर्ग है, जो नॉर्वे के हैं।

55. निम्नलिखित में से किस नाभिकीय सन्धि का भारत सदस्य है? *(UPTET, 2018)*

(a) एन.पी.टी. (b) पी.टी.बी.टी.
(c) सी.टी.बी.टी. (d) इनमें से कोई नहीं

व्याख्या (b) **पी.टी.बी.टी.** (आंशिक परमाणु परीक्षण प्रतिबन्ध सन्धि, Partial Test Ban Treaty) का भारत सदस्य देश है। इस सन्धि के अन्तर्गत भूमिगत परमाणु परीक्षण के अतिरिक्त सभी प्रकार के परमाणु परीक्षणों पर प्रतिबन्ध लगाया गया है। भारत ने वर्ष 1963 में इस सन्धि पर हस्ताक्षर किए थे।

एन.पी.टी. (Non-Proliferation Treaty) परमाणु अप्रसार सन्धि को एनपीटी के नाम से जाना जाता है। इसका उद्देश्य विश्व भर में परमाणु हथियारों के प्रसार को रोकने के साथ-साथ परमाणु परीक्षण पर अंकुश लगाना है।

सी.टी.बी.टी. व्यापक परमाणु परीक्षण प्रतिबन्ध सन्धि को ही Comprehensive Test Ban Treaty (CTBT) कहा जाता है। यह एक ऐसा समझौता है जिसके जरिए परमाणु परीक्षणों को प्रतिबन्धित किया गया है।

56. निम्नलिखित में से कौन-सा संयुक्त राष्ट्र संघ का अभिकरण नहीं है? *(UPTET, 2018)*

(a) खाद्य और कृषि संगठन
(b) संयुक्त राष्ट्र शैक्षणिक, वैज्ञानिक और सांस्कृतिक संगठन (यूनेस्को)
(c) विश्व स्वास्थ्य संगठन
(d) एशियन बैंक

व्याख्या (d) **एशियन बैंक**, संयुक्त राष्ट्र संघ का अभिकरण नहीं है। संयुक्त राष्ट्र संघ की स्थापना वर्ष **1945** में हुई थी। इसका मुख्यालय न्यूयॉर्क में स्थित है। विश्व स्वास्थ्य संगठन, खाद्य और कृषि संगठन, संयुक्त राष्ट्र शैक्षणिक, वैज्ञानिक और सांस्कृतिक संगठन एवं अन्तर्राष्ट्रीय न्यायालय संयुक्त राष्ट्र संघ के प्रमुख अभिकरण हैं।

एशियाई विकास बैंक एक क्षेत्रीय विकास बैंक है जिसकी स्थापना **19 दिसम्बर 1966** को एशियाई देशों के आर्थिक विकास के सुगमीकरण के लिए की गयी थी।

57. राग यमन किस थाट से उत्पन्न है? *(UPTET, 2018)*

(a) कल्याण (b) भैरवी
(c) बिलावल (d) खमाज

व्याख्या (a) राग यमन **कल्याण थाट** से उत्पन्न होता है। राग स्वरों का अनुशासित रूप से प्रस्तुतीकरण है। भारतीय संगीत में राग का सर्वप्रथम उल्लेख मतंग मुनि ने अपने ग्रन्थ वृहद्देशी में किया था। यमन राग गाने का समय सायं **6 से 8** बजे के बीच होता है।

58. अन्तर्राष्ट्रीय न्यायालय का मुख्यालय स्थित है *(UPTET, 2017)*

(a) न्यूयॉर्क में
(b) लन्दन में
(c) हेग में
(d) पेरिस में

व्याख्या (c) अन्तर्राष्ट्रीय न्यायालय का मुख्यालय **हेग (नीदरलैण्ड)** में स्थित है। यह न्यायालय संयुक्त राष्ट्र के छ: प्रमुख अंगों में से एकमात्र ऐसा अंग है, जो न्यूयॉर्क में स्थित नहीं है। इसकी स्थापना **3 अप्रैल, 1946** को की गई थी। इसमें 15 न्यायाधीश होते हैं जिनका कार्यकाल 9 वर्ष का होता है। अन्तर्राष्ट्रीय न्यायालय की अधिकारिक भाषा **फ्रेंच व अंग्रेजी** है।

59. कौन-सा देश दक्षेस (सार्क) का सदस्य नहीं है? *(UPTET, 2017)*

(a) भूटान (b) नेपाल
(c) बांग्लादेश (d) जापान

व्याख्या (d) **जापान**, दक्षेस (सार्क) का सदस्य नहीं है। सार्क दक्षिण एशियाई देशों का संगठन है जिसकी स्थापना वर्ष **1985** में ढाका (बांग्लादेश) में की गई। इस संगठन के सदस्य आठ देश हैं—भारत, पाकिस्तान, बांग्लादेश, नेपाल, भूटान, श्रीलंका, मालदीव, अफगानिस्तान। इसका **मुख्यालय काठमाण्डू (नेपाल)** में स्थित है। इस संगठन का उद्देश्य सदस्य देशों के मध्य सामाजिक, आर्थिक, तकनीकी सहयोग को बढ़ावा देना व सामूहिक स्वावलम्बन की भावना को प्रोत्साहित करना है।

60. टी.ए.बी. का टीका किस रोग से बचाव करता है? *(UPTET, 2017)*

(a) तपेदिक (b) डिफ्थीरिया
(c) मियादी बुखार (d) काली खाँसी

व्याख्या (c) टी.ए.बी. का टीका **मियादी बुखार** या **टाइफाइड** से बचाव करता है। टाइफाइड को आँत ज्वर या मोतीझार भी कहा जाता है। यह ***साल्मोनेला टाइफी*** जीवाणु के कारण होता है। घरेलू मक्खी इस रोग का वाहक है। यह रोग गन्दे पानी के कारण फैलता है तथा इसके लक्षण तेज बुखार व सिर दर्द है। तपेदिक या क्षय रोग से बचाव के लिए बी.सी.जी. का टीका तथा डिफ्थीरिया व काली खाँसी से बचाव के लिए डी.पी.टी. का टीका लगाया जाता है।

61. गुट-निरपेक्ष आन्दोलन का 17वाँ सम्मेलन कहाँ हुआ? *(UPTET, 2016)*

(a) काहिरा (b) मार्गेरीटा
(c) दिल्ली (d) लुसाका

व्याख्या (b) गुट-निरपेक्ष आन्दोलन का 17वाँ सम्मेलन वेनेजुएला के **मार्गेरीटा** द्वीप पर सम्पन्न हुआ। गुट-निरपेक्ष आन्दोलन (NAM) की स्थापना वर्ष 1961 में हुई। इसका सचिवालय काठमाण्डू (नेपाल) में है। वर्तमान में इस आन्दोलन के सदस्य देशों की संख्या 125 है।

62. संयुक्त राष्ट्र की स्थापना कब हुई? *(UPTET, 2016)*

(a) 24 अक्टूबर, 1945
(b) 25 अक्टूबर, 1945
(c) 26 अक्टूबर, 1945
(d) 25 अक्टूबर, 1948

व्याख्या (a) संयुक्त राष्ट्र संघ की स्थापना **24 अक्टूबर, 1945** को हुई। स्थापना के समय संयुक्त राष्ट्र के संस्थापक देशों की संख्या **51** थी। इसका मुख्यालय न्यूयॉर्क (अमेरिका) में है। इसका भवन **39 मंजिल का** है, जो मैनहट्टन द्वीप पर बना है। संयुक्त राष्ट्र संघ की कार्यकारी भाषा **अंग्रेजी व फ्रेंच** है। वर्तमान में संयुक्त राष्ट्र संघ में **195 सदस्य** देश हैं। 195वाँ देश फिलिस्तीन है। संयुक्त राष्ट्र के वर्तमान महासचिव एण्टोनियो गुटेरस है, जो पुर्तगाल के हैं।

63. वास्तविक राष्ट्रीय आय में वृद्धि होती है, जब *(HTET, 2015)*

(a) आवश्यक वस्तुओं की कीमतें बढ़ जाती हैं
(b) लोगों की बचतें बढ़ जाती हैं
(c) अर्थव्यवस्था में मुद्रा की पूर्ति बढ़ जाती है
(d) अर्थव्यवस्था में कुल उत्पादन बढ़ जाता है

व्याख्या (d) अर्थव्यवस्था में उत्पादन बढ़ने पर वास्तविक राष्ट्रीय आय में वृद्धि होती है। राष्ट्रीय आय किसी अवधि विशेष में देश की सीमा के अन्दर उत्पन्न समस्त वस्तुओं व सेवाओं के मौद्रिक मूल्य की वह मात्रा है जिसे दो बार गिने बिना मापा जाता है अर्थात् साधारण कीमत पर शुद्ध राष्ट्रीय उत्पाद को राष्ट्रीय आय कहा जाता है।

64. निम्न में से कौन-सा कार्य भारतीय रिजर्व बैंक का नहीं है? *(HTET, 2015)*

(a) मुद्रा निर्गमन करना
(b) सरकार का बैंकर
(c) समाशोधन गृह का कार्य
(d) जनता को ऋण देने वाला

व्याख्या (d) **जनता को ऋण प्रदान करना** भारतीय रिजर्व बैंक का कार्य नहीं है। यह कार्य वाणिज्यिक बैंकों का है। आर.बी.आई. वाणिज्यिकी बैंकों व अनुसूचित बैंकों को ऋण उपलब्ध कराता है जिसे बैंक दर या डिस्काउण्ट दर कहते हैं। भारतीय रिजर्व बैंक का मुख्यालय मुम्बई में है तथा इसके वर्तमान गर्वनर शक्तिकान्त दास हैं।

भारतीय रिजर्व बैंक के प्रमुख कार्य

- मौद्रिक नीति तैयार कर उसका कार्यान्वयन और निगरानी करता है।
- बैंकिंग परिचालन के लिए विस्तृत मानदंड निर्धारित करता है।
- विदेशी मुद्रा प्रबन्धन अधिनियम, 1999 के अन्तर्गत मुद्रा का प्रबन्ध करता है।
- यह मुद्रा निर्गमन करता है और उसका विनिमय करता है।
- सरकार के बैंकर का कार्य करता है।

65. निम्नलिखित में से रिजर्व बैंक निर्धारित नहीं करता है *(HTET, 2015)*

(a) बैंक रेट
(b) रेपो रेट
(c) रिवर्स रेपो रेट
(d) आयकर दर

व्याख्या (d) रिजर्व बैंक **आयकर दर** निर्धारित नहीं करता है। यह भारत सरकार द्वारा निर्धारित किया गया एक प्रत्यक्ष कर है, जो आय पर लगाया जाता है। भारत में आयकर प्रणाली, आयकर अधिनियम 1961 द्वारा संचालित है। रिजर्व बैंक द्वारा बैंक रेट, रेपो दर, रिवर्स रेपो दर आदि का निर्धारण किया जाता है। रिजर्व बैंक भारत का केन्द्रीय बैंक है, इसका मुख्यालय मुम्बई में स्थित है।

66. भारत में राष्ट्रीय आय अनुमानित की जाती है *(HTET, 2015, 12)*

(a) योजना आयोग द्वारा
(b) भारतीय सांख्यिकी संस्थान द्वारा
(c) केन्द्रीय सांख्यिकी संगठन द्वारा
(d) राष्ट्रीय न्यादर्श सर्वेक्षण द्वारा

व्याख्या (c) भारत में राष्ट्रीय आय का अनुमान **केन्द्रीय सांख्यिकी संगठन** द्वारा किया जाता है। इसकी स्थापना 2 मई, 1951 में केन्द्रीय मन्त्रिमण्डल के सचिवालय में की गई। इस संगठन का मुख्यालय नई दिल्ली में है। इसकी औद्योगिक सांख्यिकी शाखा का मुख्यालय कोलकाता में है।

67. भारत में GDP विभिन्न क्षेत्रों से निम्नलिखित अवरोही क्रम में प्राप्त हो रही है *(HTET, 2015)*

(a) कृषि, विनिर्माण एवं तृतीयक क्षेत्र
(b) विनिर्माण, कृषि एवं तृतीयक क्षेत्र
(c) तृतीयक क्षेत्र, विनिर्माण एवं कृषि क्षेत्र
(d) तृतीयक क्षेत्र, कृषि एवं विनिर्माण क्षेत्र

व्याख्या (c) भारत में GDP विभिन्न क्षेत्रों से निम्न अवरोही क्रम में प्राप्त होती हैं—**तृतीयक क्षेत्र, विनिर्माण एवं कृषि क्षेत्र**। किसी देश की सीमा के भीतर एक निश्चित अवधि में उत्पादित सभी वस्तुओं व सेवाओं के मौद्रिक मूल्य के योग को सकल घरेलू उत्पाद (GDP) कहा जाता है। जी डी पी के आधार पर देशों का क्रम

1. अमेरिका 2. चीन 3. जापान
4. जर्मनी 5. भारत

68. निम्नलिखित में से सरकार का रेवेन्यू व्यय कौन-सा है? *(HTET, 2015)*

(a) ब्याज का भुगतान (b) भवन की खरीद
(c) मशीन की खरीद (d) राज्य सरकार को ऋण

व्याख्या (a) **ब्याज का भुगतान** करना सरकार के रेवेन्यू व्यय के अन्तर्गत आता है। विभिन्न सरकारी विभागों और सेवाओं पर खर्च, ऋण पर ब्याज की अदायगी और सब्सिडियों पर होने वाले व्यय को रेवेन्यू व्यय कहते हैं।

69. चैक जारी किया जा सकता है *(HTET, 2015)*

(a) बैंक में माँग जमा के विरुद्ध
(b) बैंक में मियादी जमा के विरुद्ध
(c) बैंक में बिना जमा के विरुद्ध
(d) पोस्ट ऑफिस में मियादी जमा के विरुद्ध

व्याख्या (a) **बैंक में माँग जमा के विरुद्ध** चैक जारी किया जा सकता है। चैक कागज का एक ऐसा टुकड़ा होता है, जो धन के भुगतान का आदेश देता है। चैक लिखने वाला व्यक्ति जिसे निर्माता कहते हैं उसका आमतौर पर एक जमा खाता होता है जिसे **माँग खाता** भी कहते हैं। यहाँ उसका धन जमा होता है। चैककर्ता, चैक की धनराशि, दिनांक, धनराशि लिखते हुए इसे किसी व्यक्ति, संस्था या कम्पनी को भुगतान करने का आदेश देता है।

70. मुद्रास्फीति होती है *(HTET, 2015)*

(a) वस्तुओं के निर्गमन में वृद्धि से
(b) सरकार के पास नकदी की बढ़ोत्तरी से
(c) मुद्रा निर्गमन में कमी से
(d) मुद्रा निर्गमन में वृद्धि से

व्याख्या (d) मुद्रास्फीति से तात्पर्य **मुद्रा के निर्गमन** में वृद्धि हो जाने से है अर्थात् मुद्रा की क्रयशक्ति में कमी आने को ही मुद्रास्फीति कहा जाता है। *इसके उत्पन्न होने के दो कारण होते हैं*
1. मुद्रा के प्रसार में वृद्धि 2. वस्तु के उत्पादन में कमी
मुद्रास्फीति (Inflation) के कारण मुद्रा की कीमत घट जाती है और पैसे की मात्रा बढ़ जाती है ऐसी स्थिति में महँगाई दर बढ़ने लगती है।

71. भारत में सिक्कों की ढलाई की जाती है *(HTET, 2014)*

(a) भारतीय रिजर्व बैंक द्वारा (b) भारतीय स्टेट बैंक द्वारा
(c) भारत सरकार द्वारा (d) योजना आयोग द्वारा

व्याख्या (c) भारत में सिक्कों की ढलाई **भारत सरकार** द्वारा की जाती है। टकसाल अधिनियम **1906** के अन्तर्गत सिक्कों की ढलाई का अधिकार भारतीय सरकार के पास है। वर्तमान में भारत टकसाल केन्द्र हैं—मुम्बई, कोलकाता, हैदराबाद, नोएडा।

72. उद्योग किस क्षेत्र में सम्मिलित है? *(HTET, 2014)*

(a) प्राथमिक क्षेत्र (b) द्वितीयक क्षेत्र
(c) सेवा क्षेत्र (d) इनमें से कोई नहीं

व्याख्या (b) उद्योग क्षेत्र **द्वितीयक क्षेत्र** के अन्तर्गत आता है। इसके अतिरिक्त विनिर्माण व खनन भी द्वितीयक क्षेत्र के अन्तर्गत आते हैं। अर्थव्यवस्था में कृषि क्षेत्र को **प्राथमिक क्षेत्र** में तथा बैंक व बीमा व अन्य **सेवा क्षेत्र** को तृतीयक क्षेत्र के अन्तर्गत रखा गया है।

73. मानववाद का अग्रदूत था *(HTET, 2014)*

(a) बोकेसिओ (b) दान्ते
(c) पेट्रार्क (d) बेकन

व्याख्या (c) मानवतावाद का अग्रदूत **फ्रांसिस्को पेट्रार्क** था। यह इटली का निवासी था। मानवतावाद मानव मूल्यों व चिन्ताओं पर ध्यान केन्द्रित करने वाला अध्ययन तथा दर्शन का एक दृष्टिकोण है। मानवतावाद एक वैचारिक कार्यक्रम नहीं, बल्कि यह साहित्यिक ज्ञान व भाषायी योग्यता का एक निकाय था, जो प्राचीन भाषाशास्त्र व व्याकरण का पुनरुद्धार था।

74. भारतीय रिजर्व बैंक के बारे में अधोलिखित में से कौन-सा/कौन-से कथन सत्य है/हैं? *(HTET, 2014)*
(a) यह एक राष्ट्रीयकृत बैंक है
(b) यह भारत का केन्द्रीय बैंक है
(c) इसकी स्थापना वर्ष 1935 में हुई
(d) ये सभी

व्याख्या (d) दिए गए विकल्पों में विकल्प (d) सही है। भारतीय रिजर्व बैंक भारत का राष्ट्रीय व केन्द्रीयकृत बैंक है। इसकी स्थापना **1 अप्रैल, 1935** को **हिल्टन यंग कमीशन** की सिफारिश पर की गई। वर्ष 1949 को इसका राष्ट्रीयकरण कर दिया गया। इसका कार्य सभी मूल्य के नोटों को निर्गमित करना तथा अन्य वाणिज्यिक व अनुसूचित बैंकों का मार्गदर्शन करना व उन पर नियन्त्रण रखना है। आर. बी. आई. का मुख्यालय **मुम्बई** में स्थित है तथा इसके वर्तमान गवर्नर **शक्तिकान्त दास** है।

75. भारत में कृषि ऋणों का शीर्ष निकाय है *(HTET, 2014)*
(a) भारतीय रिजर्व बैंक
(b) भारतीय स्टेट बैंक
(c) राज्य सहकारी बैंक
(d) राष्ट्रीय कृषि एवं ग्रामीण विकास बैंक

व्याख्या (d) भारत में कृषि ऋणों का शीर्ष निकाय राष्ट्रीय कृषि व ग्रामीण विकास बैंक (नाबार्ड) है। नाबार्ड ग्रामीण ऋण ढाँचे व कृषि ऋण से जुड़े क्षेत्रों में योजना व परिचालन के मामलों में एक शीर्ष संस्था है। इसकी स्थापना **वर्ष 1982 में शिवरामन समिति** की सिफारिश पर की गई। इसका मुख्यालय मुम्बई में स्थित है।

भारतीय रिजर्व बैंक भारतीय रिजर्व बैंक भारत का केन्द्रीय बैंक है। यह भारत के सभी बैंकों का संचालक है। इसकी स्थापना **1 अप्रैल 1935 को रिजर्व बैंक ऑफ इण्डिया एक्ट 1934** के अनुसार हुई।

भारतीय स्टेट बैंक यह भारत का सबसे बड़ा एवं सबसे पुराना बैंक है। **1 जुलाई 1955** को इस बैंक की स्थापना हुई जिसमें सरकार की हिस्सेदारी **61.58%** है।

राज्य सहकारी बैंक यह वह बैंक है जिसका गठन एवं कार्यकलाप सहकारिता के आधार पर होता है। विश्व के अधिकांश भागों में सहकारी बैंक हैं जो लोगों की पूँजी जमा करते हैं तथा लोगों को ऋण देते हैं।

76. 1789 ई. से पूर्व फ्रेंच चर्च द्वारा वसूल किया जाने वाला धार्मिक कर था *(HTET, 2014)*
(a) टाइल
(b) गेबुल
(c) टाइथ
(d) कोर्वी

व्याख्या (c) 1789 ई. से पूर्व फ्रेंच चर्च द्वारा वसूल किया जाने वाला धार्मिक कर **टाइथ** था, जो वार्षिक आय का 10वाँ हिस्सा होता था।

77. निम्न में से किसे 'ब्रेटनवुड्स ट्विन' के रूप में जाना जाता है? *(HTET, 2014)*
(a) आई. एम. एफ. एवं डब्ल्यू. टी. ओ.
(b) वर्ल्ड बैंक एवं आई. एम. एफ.
(c) डब्ल्यू. टी. ओ. एवं डब्ल्यू. एल. ओ.
(d) डब्ल्यू. एल. ओ. एवं आई. एफ. ओ.

व्याख्या (b) **वर्ल्ड बैंक** तथा **आई. एम. एफ.** को ब्रेटनवुड्स ट्विन या ब्रेटनवुड्स की जुड़वाँ सन्तानें कहा जाता है। वर्ल्ड बैंक और अन्तर्राष्ट्रीय मुद्रा कोष (IMF) की स्थापना वर्ष **1944** के ब्रेटनवुड्स सम्मेलन के परिणामस्वरूप हुई थी। इन संस्थानों की स्थापना का उद्देश्य दूसरे विश्व युद्ध और विश्वव्यापी आर्थिक मन्दी से जूझ रहे देशों की मदद करना था। ब्रेटनवुड्स सम्मेलन में 44 देशों के प्रतिनिधियों ने **1 जुलाई, 1944** को भाग लिया।

78. निम्नलिखित में से किस वस्तु के आयात पर भारत सर्वाधिक व्यय करता है? *(HTET, 2014)*
(a) लौह एवं स्टील (b) खाद्यान्न
(c) कच्चा तेल (d) सोना व चाँदी

व्याख्या (c) भारत **कच्चे तेल** के आयात पर सर्वाधिक व्यय करता है। भारत वर्तमान में सर्वाधिक कच्चा तेल सऊदी अरब से खरीद रहा है। अरब सागर में स्थित मुम्बई हाई भारत का सर्वाधिक तेल उत्पादन करने वाला क्षेत्र है। इसके अतिरिक्त अन्य महत्त्वपूर्ण तेल-क्षेत्र पन्ना-मुक्ता है।

79. एक वैयक्तिक खाता नहीं खोला जा सकता है *(HTET, 2014)*
(a) एक सहकारी बैंक में (b) एक अनुसूचित बैंक में
(c) रिजर्व बैंक ऑफ इण्डिया में (d) एक निजी बैंक में

व्याख्या (c) **रिजर्व बैंक ऑफ इण्डिया** में व्यक्तिगत खाता नहीं खोला जा सकता। आर.बी.आई भारत का केन्द्रीय बैंक है, जो सभी मूल्य के नोटों का निर्गमन तथा मौद्रिक व साख नीति का निर्धारण व उसकी समीक्षा तथा मुद्रा के प्रसार को नियन्त्रित करता है। इसकी स्थापना **1 अप्रैल, 1935** को **हिल्टन यंग आयोग** की सिफारिश पर की गई। वर्तमान में इसका मुख्यालय मुम्बई में स्थित है।

80. वर्ष 1913 में दादा साहेब फाल्के ने जो फिल्म बनाई, वह थी *(HTET, 2014)*
(a) सी. आई. डी. (b) हैंगिंग गार्डन
(c) राजा हरिश्चन्द्र (d) गेस्ट हाउस

व्याख्या (c) वर्ष 1913 में दादा साहेब फाल्के द्वारा बनाई गई फिल्म का नाम **राजा हरिश्चन्द्र** था, जो भारत की पहली फिल्म थी। यह एक मूक फिल्म थी। इस फिल्म में हरिश्चन्द्र की भूमिका स्वयं दादा साहेब ने ही निभाई थी। यह फिल्म सर्वप्रथम वर्ष 1913 को कोरोनेशन थिएटर (मुम्बई) में प्रदर्शित की गई। दादा साहेब की स्मृति में भारत सरकार द्वारा प्रतिवर्ष 'दादा साहेब फाल्के पुरस्कार' प्रदान किया जाता है। वर्ष 2019 का दादा साहेब फालके पुरस्कार (1969 में स्थापित) अमिताभ बच्चन को दिया गया है।

81. GNP एवं GDP में अन्तर का कारण है *(HTET, 2014)*
(a) सकल विदेशी निवेश
(b) विशुद्ध विदेशी निवेश
(c) विशुद्ध निर्यात
(d) विदेशों से प्राप्त विशुद्ध साधन आय

व्याख्या (d) GNP तथा GDP में अन्तर का कारण **विदेशों से प्राप्त विशुद्ध साधन आय** है। GDP (सकल घरेलू उत्पाद) के अन्तर्गत देश में एक वर्ष के भीतर सभी प्रकार की सेवाओं व उत्पाद का मौद्रिक मूल्य होता है जिसमें देश के अन्दर विदेशियों द्वारा अर्जित आय भी शामिल है, परन्तु सकल घरेलू उत्पाद में विदेशों से भारतीयों द्वारा भेजा गया पैसा शामिल नहीं होता। GNP (सकल राष्ट्रीय उत्पाद) के अन्तर्गत भारतीय नागरिक द्वारा विश्व में किसी भी स्थान पर किए गए वस्तु या सेवा उत्पादन को शामिल किया जाता है। साथ ही विदेशों में बसे भारतीयों द्वारा भेजी गई रकम से मिली आय को भी शामिल किया जाता है।

82. आई. एम. एफ. के बारे में निम्नलिखित में से कौन-से कथन सत्य है? *(HTET, 2014)*
1. आई. एम. एफ. में 188 सदस्य राष्ट्र हैं।
2. यह राष्ट्र संघ का एक विशिष्ट अभिकरण है।
3. आई. एम. एफ. में सदस्य राष्ट्रों को समान वोटिंग अधिकार नहीं है।
4. यह भुगतान सन्तुलन संकट के समय सदस्य देशों को ऋण व तकनीकी सलाह उपलब्ध कराता है।

उपरोक्त कथनों में से कौन-से/सा सही है/है
(a) 1 और 2
(b) 1 और 3
(c) 1 और 4
(d) उपरोक्त सभी

व्याख्या (b) दिए गए विकल्पों में से विकल्प (b) सही है। आई. एम. एफ. में 189 सदस्य राष्ट्र हैं। इसकी स्थापना वर्ष 1945 में की गई। इसका मुख्यालय वाशिंगटन डी. सी. है। आई. एम. एफ. की स्थापना का उद्देश्य अन्तर्राष्ट्रीय मौद्रिक सहयोग को बढ़ावा देना, मुद्रा स्थायित्व को बढ़ावा देना तथा भुगतान सन्तुलन की कठिनाइयों को दूर करना है। आई. एम. एफ. भुगतान सन्तुलन की व्यवस्था तो करता है, लेकिन सदस्य देशों को इसका उपाय नहीं बताता है। आई.एम.एफ. में सदस्य राष्ट्रों को समान वोटिंग का अधिकार नहीं है।

83. जिस सिद्धान्त ने फ्रांस और अमेरिका की क्रान्ति को जन्म दिया, वह है *(HTET, 2014)*
(a) अधिकारों का वैधानिक सिद्धान्त
(b) अधिकारों का प्राकृतिक सिद्धान्त
(c) समाज कल्याण सिद्धान्त
(d) अधिकारों का ऐतिहासिक सिद्धान्त

व्याख्या (b) अधिकारों के प्राकृतिक सिद्धान्त ने फ्रांस व अमेरिका की क्रान्ति को जन्म दिया। अमेरिका की क्रान्ति 1776 ई. को हुई। इस क्रान्ति के नायक जॉर्ज वाशिंगटन थे, जो बाद में अमेरिका के प्रथम राष्ट्रपति बने। फ्रांस की क्रान्ति 14 जुलाई, 1789 को लुई सोलहवें के शासनकाल में हुई। 'समानता, स्वतन्त्रता, बन्धुत्व' का नारा फ्रांस की राज्य क्रान्ति की देन है।

84. आर्थिक शब्दावली में किसी एक राष्ट्र में एक वर्ष में उत्पादित अन्तिम वस्तुओं एवं सेवाओं के कुल बाजार मूल्य को जाना जाता है *(HTET, 2014)*
(a) सकल घरेलू उत्पाद के रूप में
(b) सकल राष्ट्रीय उत्पाद के रूप में
(c) राष्ट्रीय आय के रूप में
(d) विशुद्ध राष्ट्रीय उत्पाद के रूप में

व्याख्या (a) किसी एक राष्ट्र में एक वर्ष में उत्पादित अन्तिम वस्तुओं व सेवाओं के कुल बाजार मूल्य को सकल घरेलू उत्पाद के रूप में जाना जाता है। सकल घरेलू उत्पाद (जी डी पी) की वृद्धि दर मापने के लिए नया आधार वर्ष 2011-12 है। सकल राष्ट्रीय उत्पाद किसी देश में एक निश्चित समयावधि में एक वित्तीय वर्ष में उत्पादित कुल अन्तिम वस्तुओं व सेवाओं के मौद्रिक मूल्य को कहते हैं। राष्ट्रीय आय के अन्तर्गत पूरे वर्ष में उत्पादित अन्तिम वस्तुओं व सेवाओं के शुद्ध मूल्य को शामिल किया जाता है। शुद्ध राष्ट्रीय उत्पाद ज्ञात करने के लिए GNP में से मूल्य ह्रास को घटाना होता है।

NNP = GNP − मूल्य ह्रास

85. भारत में वित्तीय वर्ष शुरू होता है *(HTET, 2014)*
(a) जनवरी से (b) अप्रैल से (c) जून से (d) अक्टूबर से

व्याख्या (b) भारत सरकार का वित्तीय वर्ष **1 अप्रैल** से शुरू होकर **31 मार्च** तक चलता है, जबकि आर बी आई का वित्तीय वर्ष 1 जुलाई से शुरू होकर 30 जून तक चलता है।

86. एक किलोबाइट (1 KB) किसके तुल्य होता है? *(UPTET, 2013)*
(a) 1000 बाइट (b) 10000 बाइट
(c) 1024 बाइट (d) इनमें से कोई नहीं

व्याख्या (c) एक बाइट डेटा का सबसे छोटा घटक है। 1 किलोबाइट (1 KB) 1024 बाइट के तुल्य होता है।

87. 'सोना' का लैटिन नाम है *(UPTET, 2013)*
(a) अर्जेन्टम (b) प्लम्बम (c) नोट्रियम (d) ऑरम

व्याख्या (d) 'सोना' का लैटिन नाम **ऑरम** है। **ऑरम** का शाब्दिक अर्थ **सूर्य की चमक** होता है। सोना एक चमकदार धातु है। इसका रासायनिक प्रतीक Au तथा परमाणु क्रमांक **79** तथा परमाणु भार **196.97** होता है। सोना कम अभिक्रियाशील होने के कारण प्रकृति में मुक्त अवस्था में पाया जाता है।

88. राष्ट्रीय ध्वज में लम्बाई तथा चौड़ाई का उचित अनुपात है *(UPTET, 2013)*

(a) 2 : 1 (b) 3 : 2
(c) 4 : 3 (d) 5 : 4

व्याख्या (b) राष्ट्रीय ध्वज में लम्बाई-चौड़ाई का अनुपात **3 : 2** है। भारतीय तिरंगें को **22 जुलाई, 1947** को अपनाया गया। **पिंगली वेंकैया** ने इसका वर्तमान स्वरूप तैयार किया था। वर्तमान राष्ट्रीय ध्वज में केसरिया रंग परित्याग का, सफेद रंग सत्य व शुद्धता का तथा हरा रंग खुशहाली का प्रतीक है। तिरंगे के मध्य में अशोक चक्र स्थित है जिसका रंग गहरा नीला है और इसमें **24 तीलियाँ** हैं।

89. कौन-सा देश दक्षेस (सार्क) का सदस्य नहीं है? *(UPTET, 2013)*

(a) अफगानिस्तान
(b) म्यांमार
(c) मालदीव
(d) भूटान

उत्तर (b) **म्यांमार** दक्षेस (दक्षिण एशियाई क्षेत्रीय सहयोग संगठन) का सदस्य नहीं है। इसकी स्थापना वर्ष **1985** में ढाका (बांग्लादेश) में हुई थी। इस संगठन में आठ सदस्य देश हैं—भारत, बांग्लादेश, पाकिस्तान, श्रीलंका, मालदीव, नेपाल, भूटान व अफगानिस्तान। इस संगठन का मुख्यालय काठमाण्डू (नेपाल) में है। इस संगठन का उद्देश्य सदस्य देशों के मध्य सामाजिक, आर्थिक व तकनीकी सहयोग को बढ़ावा देना है।

90. सार्वजनिक एवं निजी क्षेत्रों के वर्गीकरण का आधार है *(HTET, 2012, 13)*

(a) कार्य स्थिति
(b) आर्थिक क्रियाओं की प्रकृति
(c) उद्यम का मालिकाना हक
(d) उद्यम में रोजगाररत श्रमिकों की संख्या

व्याख्या (c) सार्वजनिक व निजी क्षेत्रों का वर्गीकरण **उद्यमों के मालिकाना हक** के आधार पर होता है। सार्वजनिक क्षेत्र के अन्तर्गत आर्थिक संसाधनों पर सरकार का स्वामित्व होता है, जबकि निजी क्षेत्र के अन्तर्गत आर्थिक संसाधनों पर निजी व्यक्ति या संस्था का स्वामित्व होता है।

91. प्राथमिक क्षेत्र में सम्मिलित है *(HTET, 2012, 13)*

(a) कृषि एवं वन लगाना
(b) मछली एवं मुर्गी पालन
(c) पशुपालन
(d) उपरोक्त सभी

व्याख्या (d) प्राथमिक क्षेत्र के अन्तर्गत **कृषि** व **वन लगाना**, **मछली** व **मुर्गीपालन** तथा **पशुपालन** सम्मिलित हैं। भारत की राष्ट्रीय आय में प्राथमिक क्षेत्र का योगदान 17% है। प्राथमिक क्षेत्र विकासशील देशों में सबसे महत्त्वपूर्ण होता है, जबकि यह औद्योगिक देशों में कम महत्त्वपूर्ण है। कृषि क्षेत्र भारत की 53% जनसंख्या को रोजगार प्रदान करता है।

92. प्राथमिक शिक्षा उपलब्ध करवाने हेतु सर्वशिक्षा अभियान का लक्ष्य है *(HTET, 2012, 13)*

(a) वे सभी बच्चे, जो 6 से 14 वर्ष की आयु समूह में है
(b) वे सभी व्यक्ति, जो 6 से 55 वर्ष की आयु समूह में है
(c) जनजाति क्षेत्र की बालिकाओं को
(d) गरीबी रेखा के नीचे के परिवारों के सभी बच्चों को

व्याख्या (a) सर्वशिक्षा अभियान की शुरुआत **वर्ष 2001-02** में अटल बिहारी वाजपेयी द्वारा प्राथमिक शिक्षा के सार्वभौमिकरण के लिए की गई। इसके अन्तर्गत **6 से 14** वर्ष तक के बच्चों को नि:शुल्क व अनिवार्य शिक्षा उपलब्ध कराना था। इसके लिए अनिवार्य प्राथमिक शिक्षा को **86वें संविधान संशोधन** द्वारा मौलिक अधिकार बनाया गया। इस कार्यक्रम का उद्देश्य (लक्ष्य) वर्ष 2010 तक सन्तोषजनक व गुणवत्तापूर्ण प्राथमिक शिक्षा प्रदान करना था।

93. भारत में सकल राष्ट्रीय उत्पाद में सबसे अधिक योगदान है *(HTET, 2012, 13)*

(a) प्राथमिक क्षेत्र का (b) द्वितीयक क्षेत्र का
(c) तृतीयक क्षेत्र का (d) सरकारी क्षेत्र का

व्याख्या (c) भारत के सकल राष्ट्रीय उत्पाद (GDP) में सबसे अधिक योगदान **तृतीयक क्षेत्र** या **सेवा क्षेत्र** का है। वर्तमान में इस क्षेत्र की हिस्सेदारी 54.3% है, जबकि प्राथमिक क्षेत्र की हिस्सेदारी 17% तथा द्वितीय क्षेत्र की हिस्सेदारी 29.6% है।

94. कार्यशील पूँजी में सम्मिलित है *(HTET, 2012, 13)*

(a) टूल्स, मशीनें एवं भवन (b) कच्चा माल एवं पास में नकदी
(c) भूमि एवं श्रम (d) मानवीय पूँजी

व्याख्या (b) **कच्चा माल** व **पास में नकदी** कार्यशील पूँजी के अन्तर्गत आते हैं। कार्यशील पूँजी मूलरूप से चालू परिसम्पत्तियों; जैसे—कच्चा माल, स्टोर्स, फुटकर ऋणी आदि में निवेश है। कार्यशील पूँजी उस धन को भी प्रदर्शित करती है, जो कच्चे माल को खरीदने, वेतन, मजदूरी, बिजली प्रभार आदि का भुगतान करने व माल की आपूर्ति आदि को भी प्रदर्शित करती है।

सम्पूर्ण सिलेबस का करें
क्विक रीविज़न
सामाजिक विज्ञान/अध्ययन

1 » इतिहास के स्रोत्र व प्रारम्भिक समाज

इतिहास में तिथि लेखन की पद्धति

- अंग्रेजी में बी. सी. (हिन्दी में ई. पू.) का तात्पर्य 'बिफोर क्राइस्ट' होता है। ए. डी. का तात्पर्य 'एनो डॉमिनी' होता है। इसका अर्थ ईसा मसीह के जन्म के वर्ष से है। सी. ई. का प्रयोग 'कॉमन एरा' तथा बी.सी. ई. का प्रयोग 'बिफोर कॉमन एरा' के लिए होता है। बी.पी. का अर्थ 'बिफोर प्रजेण्ट' (वर्तमान से पहले) है।

भारतीय इतिहास के स्रोत

- अतीत की जानकारी प्राप्त करने के लिए पुरातात्विक स्रोत, साहित्यिक स्रोत तथा विदेशी यात्रियों के विवरण का अध्ययन किया जाता है। अतीत का अध्ययन करने वाले 'इतिहासकार' कहलाते हैं।
- भारतीय इतिहास की जानकारी उपलब्ध कराने वाले पुरातत्व सम्बन्धी साक्ष्यों में अभिलेख, अवशेष, स्मारक, भवन, मूर्तियाँ, चित्रकला एवं प्राचीनतम सिक्के हैं, जिसका विवरण निम्नलिखित है

1. **अभिलेख** उत्कीर्ण अभिलेखों के अध्ययन को 'एपीग्राफी' (अभिलेखशास्त्र) कहा जाता है। ये सोना, चाँदी, लोहा, पत्थर, मन्दिरों पर उकेरे जाते थे। ये अभिलेख राजकीय, आधिकारिक एवं निजी होते थे। भारत के अधिकांश अभिलेख ब्राह्मी और खरोष्ठी लिपि में लिखे गए हैं, जिसे सर्वप्रथम जेम्स प्रिन्सेप ने पढ़ा था।
2. **सिक्के** सिक्के के अध्ययन को न्यूमिसमेटिक्स (मुद्राशास्त्र) कहा जाता है। ये सिक्के अधिकांशत: चाँदी के थे। देश में पहले लिखित स्वर्ण सिक्के चलाने का श्रेय इण्डो-ग्रीक को जाता है।
3. **पुरातात्विक स्रोत** इसके अन्तर्गत प्राचीन इमारतें, मन्दिर, मूर्तियाँ आदि आती हैं। हड़प्पा पूर्व काल की सभ्यता की खोज एशियाटिक सोसायटी ऑफ बंगाल (1784) के संस्थापक सर विलियम जोन्स ने की थी। हड़प्पा पूर्व सभ्यता एवं संस्कृति की खोज अलेक्जेण्डर कनिंघम ने की थी। इन्हें 'भारतीय पुरातत्व का जनक' कहा जाता है।
4. **साहित्यिक स्रोत** भारतीय इतिहास के साहित्यिक स्रोतों में धार्मिक एवं धर्मेत्तर स्रोतों को शामिल किया जाता है। इसमें प्राचीन ग्रन्थों को शामिल किया जाता है; जैसे—वैदिक साहित्य, पुराण, महाकाव्य, बौद्ध एवं जैन ग्रन्थ, अर्थशास्त्र, मनुस्मृति, हर्षचरित, राजतरंगिणी आदि।
5. **विदेशी यात्रियों का विवरण** प्राचीन इतिहास की जानकारी यूनानी, चीनी, अरबी, फारसी लेखकों के विवरण से प्राप्त होती है। यूनानी-रोमन लेखकों में टेसियस, मेगस्थनीज, टॉलमी, टिलनी, चीनी लेखकों में फाह्यान, ह्वेनसाँग, इत्सिंग, अरबी लेखकों में अलबरूनी आदि थे।

भारतीय इतिहास का काल विभाजन

- 1851 ई. में स्कॉटलैण्ड के दार्शनिक जेम्स मिल ने अपनी पुस्तक 'ए हिस्ट्री ऑफ ब्रिटिश इण्डिया' में भारतीय इतिहास को तीन कालखण्डों में विभाजित किया था-हिन्दू, मुस्लिम और ब्रिटिश।
- जेम्स के काल विभाजन को त्रुटिपूर्ण पाए जाने के कारण पश्चिम के इतिहासकारों ने भारतीय इतिहास को प्राचीन काल (1500 ई. पू. से 750 ई. तक), मध्यकाल (750 ई. से 1757 ई. तक) और आधुनिक काल (1757 ई. से 1997 तक) में विभाजित किया।

प्रारम्भिक समाज

- भारतीय उपमहाद्वीप में आरम्भिक मानव 20 लाख वर्ष पूर्व रहा करते थे, जिन्हें 'आखेटक-खाद्य संग्राहक' कहा जाता है। ये लोग भोजन के लिए जंगली जानवरों का शिकार किया करते थे।
- मानव सभ्यता की दृष्टि से पाषाण काल को प्रारम्भिक काल माना जाता है। भारत में पाषाणकालीन सभ्यता की खोज 1863 ई. में रॉबर्ट बुसफ्रुट ने पल्लवरम में की थी।

प्रारम्भिक समाज : महत्त्व, उपकरण एवं विशेषताएँ

- प्रारम्भिक 'होमोसेपियन्स' मानव काल के हार्पुन, फलक एवं हड्डी के उपकरण प्राप्त हुए हैं।
- बागोर, मध्यपाषाण काल का सबसे बड़ा स्थल है, जहाँ से जंगली और पालतू जानवरों की अस्थियाँ प्राप्त हुई हैं। महदहा से मृगशृंग छल्लों की माला तथा हड्डियों के आभूषण प्राप्त हुए हैं।
- 'बुजहोम' से मानव के साथ कुत्ते दफनाए जाने का साक्ष्य मिला है।
- इनामगाँव ताम्रपाषाण की जोखे संस्कृति से सम्बन्धित है। यहाँ से बड़ी संख्या में दफनाए गए बच्चों के शवाधान प्राप्त हुए हैं।
- मालवा से प्राप्त मृद्भाण्ड ताम्रपाषाण संस्कृतियों में सबसे उत्कृष्ट मृद्भाण्ड हैं। मालवा संस्कृति से सम्बन्धित प्रमुख स्थल एरण, नागडा आदि हैं।

प्रागैतिहासिक काल

- जिस काल के विषय में कोई लिखित विवरण प्राप्त नहीं होता है, उसे प्रागैतिहासिक काल कहते हैं। पुरातत्वशास्त्रियों ने प्रागैतिहासिक काल को निम्नलिखित प्रमुख कालों में विभाजित किया है

पुरापाषाण काल	**मध्यपाषाण काल**	**नवपाषाण काल**
(20 लाख ई. पू. से 10 हजार ई. पू. तक)	(10 हजार ई. पू. से 7 हजार ई. पू. तक)	(7 हजार ई. पू. से 1 हजार ई. पू. तक)
पूर्व पुरापाषाण काल	**मध्य पुरापाषाण काल**	**उच्च पुरापाषाण काल**
(25 लाख ई. पू. से 9 लाख ई. पू. तक)	(9 लाख ई. पू. से 40 हजार ई. पू. तक)	(40 हजार ई. पू. से 10 हजार ई. पू. तक)

पुरापाषाण काल

इस काल में आदि मानव पत्थर के औजारों का प्रयोग करते थे। औजारों के रूप, आकार और जलवायु परिवर्तन के आधार पर इसे तीन चरणों में विभक्त किया गया है-पूर्व पुरापाषाण काल, मध्य पुरापाषाण काल और उच्च पुरापाषाण काल।

मध्यपाषाण काल

इस काल के पाषाण औजार आमतौर पर बहुत छोटे होते थे, जिन्हें 'माइक्रोलिथ' अर्थात् लघुपाषाण कहा जाता था। इस काल में मनुष्य ने स्थायी रूप से रहना प्रारम्भ कर दिया तथा कृषि एवं पशुपालन की ओर धीरे-धीरे उन्मुख होने लगा था।

नवपाषाण काल

- इस काल के प्राचीनतम साक्ष्य बलूचिस्तान के मेहरगढ़ से मिले हैं। इस काल से बर्तन काले-धूसर रंग के मृद्‌भाण्ड मिले हैं। अब लोग पॉलिशदार पत्थर के औजारों का प्रयोग करने लगे थे तथा लोगों ने अग्नि का प्रयोग करना आरम्भ कर दिया था।

ताम्रपाषाण काल

- नवपाषाण काल के बाद ताम्रपाषाण काल आया तथा मानव ने सर्वप्रथम ताँबा धातु का प्रयोग किया, इस कारण इस काल को 'ताम्रपाषाण काल' कहते हैं।
- इस काल में बस्तियों के प्रमाण राजस्थान, पश्चिमी मध्य प्रदेश, पश्चिमी महाराष्ट्र, बिहार, बंगाल तथा पूर्वी उत्तर प्रदेश में मिले हैं।
- इस काल के उपकरण पत्थर के छोटे-छोटे औजार, ताँबे की कुल्हाड़ियाँ, काँटे, छेनी आदि मिले हैं। अनाज में चावल, गेहूँ, बाजरा, मसूर, उड़द, मूँग, दलहन, मटर, कपास, रागी तथा बाजरा भी उपजाया जाता था। इस काल के लोग झूम खेती करते थे।

2 » आरम्भिक नगर

हड़प्पा सभ्यता का उद्‌भव

- हड़प्पा के खण्डहरों का पहली बार वर्णन चार्ल्स मेशन ने 1842 ई. में किया था। वर्ष 1921 में सर जॉन मार्शल ने प्रथम हड़प्पाकालीन स्थल की खोज की। इस सभ्यता का काल (कार्बन डेटिंग के आधार) 2500 ई. पू. से 1750 ई. पू. तक माना गया है।

हड़प्पा सभ्यता की विशेषताएँ

- हड़प्पा सभ्यता का क्षेत्र उत्तर में माण्डा (जम्मू-कश्मीर), दक्षिण में दायमाबाद (महाराष्ट्र), पूर्व में आलमगीरपुर (उत्तर प्रदेश) तथा पश्चिम में सुत्कागेण्डोर (अफगानिस्तान) तक फैला हुआ था।
- हड़प्पाकालीन नगर पंजाब, सिन्ध प्रान्त, गुजरात, राजस्थान, हरियाणा, पश्चिमी उत्तर प्रदेश, बलूचिस्तान तथा अफगानिस्तान में पाए गये हैं।
- इन नगरों को दो या उससे ज्यादा हिस्सों में विभाजित किया गया था। प्राय: पश्चिमी भाग छोटा था, लेकिन ऊँचाई पर बना था, जिसे दुर्ग कहा गया है। पूर्वी हिस्सा बड़ा था, लेकिन यह निचले इलाके में था, जिसे सामान्य नगर कहा जाता था। ये दोनों नगर पक्की ईंट के बने थे।
- कालीबंगा और लोथल से अग्निकुण्ड के साक्ष्य मिले हैं, जहाँ सम्भवत: यज्ञ किए जाते थे। हड़प्पा, मोहनजोदड़ो और लोथल जैसे नगरों से बड़े-बड़े अन्नागार मिले हैं। ये नगर आधुनिक पाकिस्तान के पंजाब और सिन्ध प्रान्तों, भारत के गुजरात, राजस्थान, हरियाणा और पंजाब प्रान्तों में मिले हैं।

सामाजिक स्थिति

- स्त्री मृण्मूर्तियाँ मिलने के साक्ष्य से यह अनुमान लगाया जाता है कि सैन्धव समाज मातृ-प्रधान था।
- समाज में व्यापारी वर्ग सबसे प्रभावशाली था। कृषक, शिल्पकार, मजदूर सामान्य लोग थे तथा चिकित्सक, पुरोहित, अधिकारी शिक्षित वर्ग थे।
- समाज में दास प्रथा के संकेत हड़प्पा सभ्यता से मिले हैं।
- इस सभ्यता में योद्धा वर्ग के अस्तित्व का साक्ष्य नहीं मिला है। दस्तकारों में कुम्हारों को समाज में विशेष स्थान प्राप्त था।

नगर योजना

- हड़प्पा सभ्यता एक नगरीय सभ्यता थी, इसकी प्रमुख विशेषता इसकी नगर योजना प्रणाली थी। इन नगरों के घर एक या दो मंजिले होते थे। घर के आँगन के चारों ओर कमरे बनाए जाते थे। अधिकांश घरों में स्नानागार होता था।
- हड़प्पाकालीन नगरों के भवन तीन श्रेणियों में विभाजित थे-आवासीय भवन, विशाल भवन तथा सार्वजनिक स्नानागार/अन्नागार।
- कई नगरों में ढके हुए नाले थे, जिससे घरों की नालियों को सड़कों की नालियों से जोड़ दिया जाता था। ढके नालों में कहीं-कहीं मैनहोल बने होते थे। घर, नाले और सड़कों का निर्माण योजनाबद्ध तरीके से किया गया था।
- सड़कें कच्ची थीं, जो प्राय: एक-दूसरे को समकोण पर काटती थी तथा नगर को आयताकार खण्डों में विभक्त करती थी।

कला शिल्प

- हड़प्पा सभ्यता के लोग पत्थर की आयताकार मुहरें बनाते थे, जिस पर जानवरों के चित्र बने होते थे। हड़प्पावासी काले रंग से डिजाइन किए हुए खूबसूरत लाल मिट्टी के बर्तन बनाते थे।
- मोहनजोदड़ो से कपड़े के टुकड़े के अवशेष, चाँदी के फूलदान के ढक्कन तथा ताँबे की वस्तुएँ मिली हैं।
- पक्की मिट्टी तथा फेयन्स से बनी तकलियाँ सूत कताई के संकेत देते हैं।

उद्योग

- हड़प्पा के प्रमुख उद्योग कपड़ा बुनना, बर्तन बनाना, भवन निर्माण, धातु कर्म, मूर्ति निर्माण, आभूषण निर्माण आदि थे।

व्यापार

- हड़प्पा के लोग ताँबे का आयात राजस्थान तथा पश्चिमी एशियाई देश ओमान से करते थे। टिन का आयात आधुनिक ईरान तथा अफगानिस्तान से किया जाता था। सोने का आयात कर्नाटक तथा बहुमूल्य पत्थर गुजरात, ईरान और अफगानिस्तान से किया जाता था।

कृषि

- गाँव के लोग कृषि करते थे तथा जानवर पालते थे। हड़प्पा के लोग गेहूँ, जौ, धान, तिल, सरसों उगाते थे। खेत की जुताई हल से की जाती थी, जो सम्भवत: लकड़ी के बने होते थे।
- खेत की सिंचाई वर्षा पर निर्भर थी। वर्षा के पानी को संचय किया जाता था, जिससे जरूरत पड़ने पर फसलों की सिंचाई की जाती थी।
- हड़प्पा के लोग गाय, भैंस, भेड़, बकरियाँ पालते थे। बस्तियों के आस-पास तालाब तथा चरागाह होते थे। इसके अलावा हड़प्पावासी मछली पकड़ते थे तथा जानवरों का शिकार करते थे।

धार्मिक जीवन

- हड़प्पा सभ्यता के लोग मानव, पशु तथा वृक्ष तीनों की उपासना किया करते थे। इनकी जीवन पद्धति, हिन्दू जीवन पद्धति से मिलती-जुलती है।
- हड़प्पा के पुरास्थलों से प्राप्त मिट्टी तथा पत्थर की मूर्तियाँ, मुहरें, लिंग एवं योनि तथा मृद्‌भाण्डों पर चित्रित चिन्हों से यह परिलक्षित होता है कि मातृदेवी, पशुपतिनाथ, पशु, जल आदि की पूजा की जाती थी।
- हड़प्पा सभ्यता से स्वस्तिक और चक्र के भी साक्ष्य मिले हैं, जो सूर्य के प्रतीक हैं। हड़प्पा के लोग भूत-प्रेत, तन्त्र-मन्त्र, जादू-टोना आदि में भी विश्वास करते थे।

हड़प्पा सभ्यता का अन्त

- लगभग 3900 वर्ष पहले हड़प्पा सभ्यता में एक बड़ा बदलाव देखने को मिलता है। कुछ विद्वानों के अनुसार, यहाँ की नदियाँ सूख गईं, जंगलों का विनाश हो गया, चरागाह समाप्त हो गए तथा कुछ विद्वानों के अनुसार, यहाँ बाढ़ आ जाने से यह सभ्यता समाप्त हो गई। ये सभी विवादित विषय हैं।

वैदिक काल

- भारत में आर्यों के द्वारा सप्त सैन्धव क्षेत्र में जिस संस्कृति का विकास हुआ, उसे वैदिक संस्कृति कहते हैं। इसे पूर्व वैदिक काल अर्थात् ऋग्वैदिक काल एवं उत्तर वैदिक काल में बाँटा गया है।

वैदिक संस्कृति का उद्‌भव

- वैदिक 'वेद' शब्द से बना है, जिसका अर्थ है-ज्ञान। इसके निर्माता आर्य थे, जिसे श्रेष्ठ या कुलीन कहा गया है। वैदिक संस्कृति को दो भागों में बाँटा गया है-ऋग्वैदिक काल (1500-1000 ई. पू.) तथा उत्तर वैदिक काल (1000-600 ई. पू.)।

ऋग्वैदिक काल

- इस काल में आर्यों का जीवन कबीलाई था, जो अस्थायी जीवन जीते थे। इनमें युद्धों की प्रधानता थी।

- ऋग्वेद में सप्त सैन्धव प्रदेश का वर्णन मिलता है। यह सात नदियों सिन्धु (सुवासा), सतलज (शतुद्रि), व्यास (विपाशा), रावी (परुष्णी), चेनाब (अस्किनी), झेलम (वितस्ता) तथा घग्घर (सरस्वती) से घिरा क्षेत्र था।
- आर्य सर्वप्रथम पंजाब और अफगानिस्तान क्षेत्र में बसे थे।

उत्तर वैदिक काल

- इस काल के अध्ययन के स्रोत सामवेद, यजुर्वेद, अथर्ववेद तथा ब्राह्मण ग्रन्थ हैं। इस काल में आर्यों का जीवन स्थायी था।
- उत्तर वैदिक काल में आर्य सभ्यता पंजाब से कुरुक्षेत्र अर्थात् गंगा-यमुना दोआब तक फैली हुई थी।
- कृषि प्रधान अर्थव्यवस्था, वर्ण-व्यवस्था, क्षेत्रीय राज्यों का उदय, धार्मिक कर्मकाण्डों की प्रधानता इस काल की महत्त्वपूर्ण विशेषताएँ थीं।
- इस काल में मिट्टी के एक विशेष प्रकार के बर्तन बनाए जाते थे, जिन्हें चित्रित धूसर मृद्भाण्ड कहा जाता था।
- उत्तर वैदिक काल में यज्ञ तत्कालीन संस्कृति का मूल आधार था। यज्ञ के साथ अनेक अनुष्ठान प्रचलन में थे। समाज को जादू-टोने में भी विश्वास था।

वैदिक साहित्य

- वैदिक साहित्य में चार वेद एवं उनकी संहिताओं, ब्राह्मण, आरण्यक, उपनिषदों एवं वेदांगों तथा सूत्र साहित्य को शामिल किया गया है।

वेद

- वेद का संकलनकर्त्ता कृष्णद्वैपायन वेदव्यास को माना जाता है। वेदों को अपौरुषेय अर्थात् दैवकृत भी माना जाता है। चार वेदों को 'संहिता' कहा जाता है। इन वेदों के सम्मिलित संग्रह को 'वेदत्रयी' कहा जाता है।

ऋग्वेद

- इसमें 1028 प्रार्थनाएँ हैं, जिन्हें सुक्त कहा गया है। इसकी भाषा पद्यात्मक है। यह देवताओं की स्तुतियों का एक संग्रह है। इसमें तीन प्रमुख देवता अग्नि, इन्द्र तथा सोम हैं।
- यह 10 मण्डलों में विभक्त है, जिसमें प्रथम एवं 10वें मण्डल बाद में जोड़े गए हैं। प्रसिद्ध 'असतो मा सदगमय' वाक्य ऋग्वेद से लिया गया है। ऋग्वेद की भाषा वैदिक संस्कृत है।

यजुर्वेद

- सस्वर पाठ के लिए मन्त्रों तथा बलि के समय अनुपालन के लिए नियमों का संकलन यजुर्वेद कहलाता है। इसके पाठकर्त्ता को 'अध्वर्यु' कहते हैं।
- इसका संकलन गद्य एवं पद्य दोनों में है।

सामवेद

- यह गाई जाने वाली ऋचाओं का संकलन है। इसके पाठकर्ता को उद्गातृ कहते हैं। इसे 'भारतीय संगीत का जनक' कहा जाता है।

अथर्ववेद

- इसकी रचना अथर्वा ऋषि द्वारा की गई है। इस वेद में कुल 20 मण्डल, 731 सुक्त एवं 5839 मन्त्र हैं। इस वेद के महत्त्वपूर्ण विषय तन्त्र-मन्त्र, जादू-टोना, रोग-निवारण औषधि आदि हैं।
- इसे ब्रह्म वेद, भैषज्य वेद एवं महीवेद भी कहा जाता है।

ब्राह्मण ग्रन्थ

- यज्ञों एवं कर्मकाण्डों के विधान को समझने के लिए ब्राह्मण ग्रन्थ की रचना की गई है। ब्राह्मण ग्रन्थों में वैदिक संहिताओं की गद्यात्मक व्याख्या है।

आरण्यक

- आरण्यकों में दार्शनिक एवं रहस्यात्मक विषयों का वर्णन है। वनों में पढ़े जाने के कारण इसे आरण्यक कहा जाता है।

उपनिषद्

- उपनिषद् का शाब्दिक अर्थ है-समीप बैठना। उपनिषद् वैदिक साहित्य का अन्तिम भाग है, इसलिए इन्हें वेदान्त कहा गया है। इसकी कुल संख्या 108 है।
- 'सत्यमेव जयते' मुण्डकोपनिषद् से लिया गया है। अध्यात्म ज्ञान के सम्बन्ध में 'नचिकेता एवं यम संवाद' कठोपनिषद् से लिया गया है। उपनिषद् प्राचीनतम विचारों का संग्रह है।

वेदांग

- वेदों को समझने के लिए वेदांग की रचना की गई है। वेदांग छः हैं-शिल्प, कल्प, व्याकरण, निरुक्त, छन्द एवं ज्योतिष।

वैदिक काल की सामाजिक स्थिति

- ऋग्वैदिक समाज के संगठन का आधार 'गोत्र' था। समाज पितृसत्तात्मक था तथा संयुक्त परिवार का प्रचलन था।
- ऋग्वेद के 10वें मण्डल के पुरुष सुक्त में चार वर्णों का वर्णन मिलता है, जो ब्राह्मण, क्षत्रिय, वैश्य एवं शूद्र में विभाजित थे। ऋग्वेद में दास प्रथा का उल्लेख भी मिलता है।
- उत्तर वैदिक काल में सामाजिक व्यवस्था का आधार वर्णाश्रम व्यवस्था था। समाज में चार वर्ण थे-ब्राह्मण, क्षत्रिय, वैश्य एवं शूद्र।
- ब्राह्मण के लिए ऐहि, क्षत्रिय को आगच्छ, वैश्य को आद्रव तथा शूद्र के लिए आघव शब्द प्रयुक्त किया गया है। ब्राह्मण, क्षत्रिय तथा वैश्य इन तीनों को 'द्विज' कहा जाता था। ये उपनयन संस्कार धारण करते थे।

वैदिक काल की आर्थिक स्थिति

- ऋग्वैदिक आर्यों का प्रारम्भिक जीवन अस्थायी एवं ग्रामीण था। इनका मुख्य पेशा पशुपालन तथा गौण पेशा कृषि था। पशुओं में गाय सर्वाधिक महत्त्वपूर्ण थी, जिसका उल्लेख ऋग्वेद में 176 बार मिलता है।
- ऋग्वेद के चतुर्थ मण्डल में खेती की प्रक्रिया का वर्णन मिलता है। इसमें जौ अथवा यव का उल्लेख है। इन्हें पाँच ऋतुओं का ज्ञान था।
- इस काल में ऋण देकर ब्याज लेने वाले को 'बेकनाट' कहा जाता था।
- उत्तर वैदिक काल में कृषि आर्यों का मुख्य पेशा था तथा पशुपालन गौण पेशा हो गया। लोहे के उपकरण से खेती होने लगी थी। यजुर्वेद में लोहे को 'श्याम अयस' अथवा 'कृष्ण अयस' कहा जाता था।
- शतपथ ब्राह्मण में कृषि की चार क्रियाओं जुताई, बुआई, कटाई और मड़ाई का उल्लेख मिलता है।

वैदिक काल की धार्मिक स्थिति

- आर्य बहुदेववादी होते हुए भी एकेश्वरवाद में विश्वास करते थे। इस काल में प्राकृतिक शक्तियों का मानवीकरण कर उनकी पूजा की गई। यज्ञों का महत्त्वपूर्ण स्थान था। प्रकृति के प्रतिनिधि के रूप में आर्यों के देवता तीन श्रेणियों में विभक्त थे।
  1. **आकाश के देवता**-सूर्य, द्यौस, वरुण, मित्र, पूषन, विष्णु, सावित्री, आदित्य, उषा, अश्विन आदि।
  2. **अन्तरिक्ष के देवता**-इन्द्र, रुद्र, मरुत, वायु, पर्जन्य, आप: मातरिश्वन आदि।
  3. **पृथ्वी के देवता**-अग्नि, सोम, पृथ्वी, बृहस्पति, सरस्वती आदि।

जनपद

- जनपद का शाब्दिक अर्थ-जन के बसने की जगह होता है। पुरातत्वविदों ने इन जनपदों की कई बस्तियों की खुदाई की, जिसमें दिल्ली में पुराना किला, उत्तर प्रदेश में हस्तिनापुर (मेरठ) और अतरंजीखेड़ा (एटा) आदि हैं।

महाजनपद

- महात्मा बुद्ध के जन्म के पूर्व सोलह महाजनपदों का जन्म हो चुका था। बौद्ध ग्रन्थ अंगुत्तरनिकाय तथा जैन ग्रन्थ भगवतीसुत्र में सोलह महाजनपद के बारे में जानकारी मिलती है जिसमें वज्जि और मल्ल गणतन्त्र थे, शेष सभी राजतन्त्रात्मक राज्य थे।
- सोलह महाजनपदों में मगध सर्वाधिक शक्तिशाली था। अश्मक ही एक ऐसा जनपद था, जो दक्षिण भारत में गोदावरी नदी के किनारे स्थित था।
- बुद्ध काल का सबसे बड़ा तथा शक्तिशाली गणराज्य वैशाली का 'लिच्छवि' था।

सोलह महाजनपद

	महाजनपद	राजधानी
1.	अंग	चम्पा
2.	काशी	वाराणसी
3.	मगध	गिरिव्रज (राजगृह)
4.	अवन्ति	उज्जयनि या महिष्मती
5.	वत्स	कौशाम्बी
6.	गान्धार	तक्षशिला
7.	कम्बोज	हाटक
8.	कुरु	इन्द्रप्रस्थ
9.	पान्चाल	काम्पिल्य/अहिच्छत्र
10.	अश्मक	पोतन या पोटली
11.	मल्ल	कुशीनारा (कुशीनगर)
12.	चेति	शुक्तिमति
13.	शूरसेन	मथुरा
14.	मत्स्य	विराटनगर
15.	वज्जि	विदेह या मिथिला
16.	कोशल	श्रीवस्ती/अयोध्या

3 » नए विचार

जैन धर्म

- जैन 'जिन' शब्द से बना है, जिसका अर्थ है-विजेता अर्थात् जिसने इन्द्रियों को जीत लिया है। जैन धर्म में 24 तीर्थंकर हुए। इनमें प्रथम ऋषभदेव थे, 23वें तीर्थंकर पार्श्वनाथ तथा 24वें तीर्थंकर महावीर स्वामी थे।
- पार्श्वनाथ के अनुयायियों को निर्ग्रन्थ कहा जाता था। उन्होंने 100 वर्ष की आयु में सम्मेद शिखर पर निर्वाण प्राप्त किया।

महावीर स्वामी

- जैन धर्म के वास्तविक संस्थापक 24वें तीर्थंकर महावीर स्वामी हैं। इनका जन्म 540 ई. पू. में कुण्डग्राम में पिता सिद्धार्थ (ज्ञातृक क्षत्रिय) तथा माता त्रिशला (लिच्छवी नरेश चेटक की बहन) के यहाँ हुआ।
- महावीर के बचपन का नाम वर्धमान था। इनका विवाह यशोदा नामक कन्या से हुआ था। इनकी पुत्री का नाम 'अणोज्जा प्रियदर्शनी' था, जिसका विवाह 'जमालि' से हुआ था। जमालि महावीर के प्रथम शिष्य थे।
- 30 वर्ष की अवस्था में महावीर ने गृह त्याग किया तथा 12 वर्ष तक कठोर तपस्या के बाद 42 वर्ष की अवस्था में जृम्भिकग्राम के समीप ऋजुपालिका नदी के किनारे एक साल वृक्ष के नीचे कैवल्य (सर्वोच्च ज्ञान) प्राप्त हुआ, जिसके बाद महावीर को केवलिन, जिन (विजेता), अर्ह (योग्य), एवं निर्ग्रन्थ (बन्धन रहित) कहा गया।
- महावीर की मृत्यु पावापुरी में 72 वर्ष की आयु में 468 ई.पू. में हुई। बौद्ध साहित्य में महावीर को 'निगण्ठनाथपुत्र' कहा गया है।
- चम्पा की राजकुमारी चन्दना प्रथम जैन भिक्षुणी बनी। इस प्रकार चम्पा, जैन धर्म का प्रमुख केन्द्र बन गया। महावीर के ग्यारह शिष्यों को 'गणधर' कहा गया तथा मुख्य उपदेशक को 'थेरा' कहा गया।
- ग्यारह गणधरों में सुधर्मण महावीर की मृत्यु के बाद जैन धर्म का प्रमुख बना तथा जैन धर्म का प्रचार किया।

जैन दर्शन

जैन धर्म के अनुसार यह संसार छः द्रव्यों से निर्मित है, जो निम्न हैं

जीव, पुद्गल (भौतिक तत्व), धर्म, अधर्म, आकाश, काल।

- जैन ग्रन्थ 'आचारांग सूत्र' में महावीर की तपश्चर्या तथा कायाक्लेश का रोचक वर्णन मिलता है।
- महावीर स्वामी से पूर्व पार्श्वनाथ द्वारा प्रतिपादित चार महाव्रत निम्न हैं अहिंसा, सत्य, अपरिग्रह, अस्तेय।
- महावीर स्वामी ने पाँचवाँ महाव्रत 'ब्रह्मचर्य' को जोड़ा है।
- जैन धर्म के त्रिरत्न हैं— सम्यक् श्रद्धा, सम्यक् ज्ञान, सम्यक् आचरण।

जैन धर्म के पन्थ

- जैन धर्म के दो पन्थ श्वेताम्बर और दिगम्बर हैं। श्वेताम्बर श्वेत वस्त्र धारण करते हैं तथा दिगम्बर वस्त्रों का परित्याग करते हैं।

जैन संगीतियाँ

संगीति	समय	स्थल	अध्यक्ष
प्रथम जैन संगीति	322-298 ई. पू.	पाटलिपुत्र	स्थूलभद्र
द्वितीय जैन संगीति	512 ई.	वल्लभी	देवर्द्धि क्षमाश्रवण

इसका उद्देश्य जैन ग्रन्थों का संकलन कर उनको लिपिबद्ध करना है।

जैन धर्म का योगदान

- वर्ण-व्यवस्था और वैदिक कर्मकाण्डों की बुराइयों को रोकने का प्रयास।
- जैन ग्रन्थों में प्राकृत भाषा का प्रयोग।
- धार्मिक ग्रन्थ अर्द्ध मागधी भाषा में लिखे गए तथा इसका संकलन 6वीं शताब्दी में गुजरात के वल्लभी में किया गया।
- प्राकृत भाषा से शोरसैनी भाषा निकली और शोरसैनी से मराठी भाषा निकली है।

जैन धर्म ग्रन्थ

- महावीर के दिए मौलिक सिद्धान्त 14 प्राचीन ग्रन्थों में हैं, जिन्हें 'पूर्व' कहते हैं। बाद में इसे 12 अंग व 12 उपअंगों में विभाजित किया गया।

बौद्ध धर्म

- बौद्ध धर्म के संस्थापक महात्मा बुद्ध थे, जिनका जन्म लुम्बिनी में 563 ई. पू. में हुआ था। उनके पिता का नाम शुद्धोधन (शाक्य गण के प्रधान) तथा माता माया देवी (कोलियगण की राजकुमारी) थी। उनके बचपन का नाम सिद्धार्थ था।
- जन्म के 7वें दिन माता की मृत्यु हो जाने से उनका लालन-पालन उनकी मौसी प्रजापति गौतमी ने किया। सोलह वर्ष की अवस्था में उनका विवाह यशोधरा से हुआ था। उनका एक पुत्र था, जिसका नाम 'राहुल' था।
- सिद्धार्थ ने 29 वर्ष की अवस्था में गृह त्याग दिया, जिसे बौद्ध धर्म में 'महाभिनिष्क्रमण' कहा गया है।
- सिद्धार्थ को 35 वर्ष की आयु में 'वैशाख पूर्णिमा' के दिन पीपल वृक्ष के नीचे निरंजना (फल्गु) नदी के तट पर ज्ञान की प्राप्ति हुई। इसी दिन से वे तथागत कहलाए तथा बौद्ध धर्म में इस घटना को सम्बोधि कहा गया है।
- बुद्ध ने सर्वप्रथम उपदेश सारनाथ में पाँच ब्राह्मण संन्यासियों को दिया, जिसे बौद्ध धर्म में 'धर्मचक्र-प्रवर्तन' कहा जाता है।
- बुद्ध ने सर्वाधिक उपदेश श्रावस्ती (कोशल की राजधानी) में दिए। बुद्ध के प्रधान शिष्य उपालि तथा आनन्द थे। बौद्ध धर्म की प्रथम महिला भिक्षु बुद्ध की मौसी प्रजापति गौतमी थी।
- बुद्ध की मृत्यु कुशीनारा में 483 ई. पू. में 80 वर्ष की आयु में हुई, जिसे 'महापरिनिर्वाण' कहा जाता है।

बौद्ध दर्शन

- बौद्ध धर्म अनीश्वरवादी है तथा आत्मा के अस्तित्व को नहीं मानता है। बौद्ध धर्म पुनर्जन्म में विश्वास रखता है। बौद्ध धर्म के त्रिरत्न हैं-बुद्ध, संघ, धम्म।
- बौद्ध धर्म का सार चार आर्य सत्य में निहित है, जो निम्न हैं

दु:ख, दु:ख समुदाय, दु:ख निरोध, दु:ख निरोध गामिनी प्रतिपदा

बौद्ध महासंगीतियाँ

संगीति	समय	स्थल	शासक	अध्यक्ष
प्रथम	483 ई. पू.	राजगृह (सप्तपर्णी गुफा)	अजातशत्रु	महाकस्सप
द्वितीय	383 ई. पू.	वैशाली	कालाशोक	साबकमीर
तृतीय	250 ई. पू.	पाटलिपुत्र	अशोक	मोग्गलिपुत्त तिस्स
चतुर्थ	72 ई.	कुण्डलवन	कनिष्क	वसुमित्र

चतुर्थ बौद्ध संगीति में बौद्ध धर्म हीनयान और महायान में विभक्त हो गया।

बौद्ध धर्म का योगदान

- बुद्ध ने मध्यम मार्ग (मध्यमा-प्रतिपद) का उपदेश दिया। अनीश्वरवाद के सम्बन्ध में बौद्ध एवं जैन धर्म में समानता है।
- निर्वाण बौद्ध धर्म का परम लक्ष्य है, जिसका अर्थ है—'दीपक का बुझ जाना' अर्थात् जीवन-मरण चक्र से मुक्त हो जाना।
- बुद्ध ने निर्वाण-प्राप्ति को सरल बनाने के लिए दस शीलों पर बल दिया है-अहिंसा, सत्य, अस्तेय, अपरिग्रह, मद्य निषेध, असमय भोजन न करना, सुखद बिस्तर पर न सोना, धन-संचय न करना, स्त्रियों से दूर रहना तथा नृत्य-गान आदि से दूर रहना।
- गृहस्थों के लिए केवल पाँच शील तथा भिक्षुओं के लिए दस शील मानना अनिवार्य था।

4 » प्रारम्भिक राज्य

मगध साम्राज्य

- समकालीन जनपद में मगध सबसे शक्तिशाली महाजनपद था। उसकी नीतियों के कारण भारत में सबसे बड़े साम्राज्य का निर्माण हुआ।

मगध की सफलता के कारण

- समृद्ध लौह भण्डार।
- मगध की दोनों राजधानियाँ-राजगीर और पाटलिपुत्र सामरिक दृष्टि से महत्त्वपूर्ण थीं। राजगीर पाँच पहाड़ियों से घिरा हुआ था तथा पाटलिपुत्र से सभी दिशाओं से संचार एवं यातायात स्थापित किए जाते थे।
- मगध साम्राज्य ने सर्वप्रथम हाथियों का प्रयोग युद्ध में किया था। मगध का समाज रूढ़ि विरोधी था।

हर्यंक वंश

- हर्यंक वंश के संस्थापक बिम्बिसार मगध की गद्दी पर 544 ईसा पूर्व (बौद्ध ग्रन्थ के अनुसार) में बैठा था। वह बौद्ध धर्म का अनुयायी था।
- बिम्बिसार ने अंग राज्य को जीतकर उसे मगध राज्य में मिलाया तथा अपने पुत्र अजातशत्रु को वहाँ का शासक नियुक्त किया।
- बिम्बिसार ने राजगृह का निर्माण कर उसे अपनी राजधानी बनाया। मत्स्य पुराण में बिम्बिसार को 'क्षेत्रौजस' तथा जैन साहित्य में 'श्रेणिक' कहा गया है।
- बिम्बिसार ने अपने राजवैद्य जीवक को अवन्ति नरेश चण्डप्रद्योत के राज्य में चिकित्सार्थ भेजा था। उसकी प्रथम पत्नी कोशल देवी, कोशल राज प्रसेनजित की बहन थी तथा दूसरी पत्नी लिच्छवि राजकुमारी चेल्लमा थी।

अजातशत्रु (492-460 ई. पू.)

- अजातशत्रु अपने पिता की हत्या कर मगध का शासक बना तथा उन्होंने साम्राज्यवादी नीति अपनाकर काशी तथा वज्जि संघ को मगध साम्राज्य में मिला लिया।
- अजातशत्रु का उपनाम कुणिक था। वह प्रारम्भ में जैन धर्म का अनुयायी था। उसने 32 वर्षों तक मगध पर शासन किया।
- अजातशत्रु के मन्त्री वर्षकार (वस्कार) थे, जिसकी सहायता से उसने वैशाली पर विजय प्राप्त की।
- 461 ई. पू. में अपने पिता अजातशत्रु की हत्या कर उदायिन मगध की गद्दी पर बैठा।

उदायिन (461-445 ई. पू.)

- उदायिन ने गंगा तथा सोन नदियों के संगम पर पाटलिपुत्र (कुसुमपुर) नामक नगर की स्थापना की तथा उसे अपनी राजधानी बनाया।
- उदायिन जैन धर्म का अनुयायी था।

शिशुनाग वंश

- हर्यंक वंश का अन्तिम शासक नागदशक था। उसके आमत्य शिशुनाग ने 412 ई. पू. में उसे अपदस्थ कर मगध पर शिशुनाग वंश की स्थापना की।
- शिशुनाग ने अपनी राजधानी पाटलिपुत्र से हटाकर वैशाली में स्थापित की। शिशुनाग के उत्तराधिकारी कालाशोक या काकवर्ण ने पुनः पाटलिपुत्र को राजधानी बनाया।
- शिशुनाग वंश का अन्तिम शासक नन्दीवर्धन था।

नन्द वंश

- नन्द वंश का संस्थापक महापदमनन्द था तथा अन्तिम शासक घनानन्द था। यह सिकन्दर का समकालीन था। इसे चन्द्रगुप्त मौर्य ने युद्ध में पराजित किया और मगध पर एक नए वंश 'मौर्य वंश' की स्थापना की।

मौर्य साम्राज्य

- मौर्य शासन व्यवस्था वंशानुगत थी। यह आकशस घाटी से लेकर दक्षिण में कावेरी डेल्टा तक फैला हुआ था।
- मौर्य इतिहास के बारे में निर्याकस, मेगस्थनीज, विशाखदत्त (मुद्राराक्षस), अशोक के शिलालेख, कौटिल्य का अर्थशास्त्र प्रमुख जानकारी देते हैं।

चन्द्रगुप्त मौर्य

- मौर्य वंश को चन्द्रगुप्त मौर्य ने लगभग 324 ई. पू. में स्थापित किया था। जस्टिन ने चन्द्रगुप्त मौर्य को 'सेण्ड्रोकोटस' कहा है, जिसकी पहचान विलियम जोन्स ने चन्द्रगुप्त मौर्य से की है।
- विशाखदत्त कृत मुद्राराक्षस में चन्द्रगुप्त मौर्य के लिए वृषल (निम्न कुल में उत्पन्न) शब्द का प्रयोग किया है।
- घनानन्द को हराने में चाणक्य (कौटिल्य/विष्णुगुप्त) ने चन्द्रगुप्त की मदद की, जो बाद में चन्द्रगुप्त का प्रधानमन्त्री बना। इसके द्वारा लिखित पुस्तक अर्थशास्त्र है, जिसका सम्बन्ध राजनीति से है।
- चन्द्रगुप्त ने 305 ई. पू. में सेल्यूकस निकेटर को हराया था।
- सेल्यूकस निकेटर ने अपनी पुत्री कार्नेलिया का विवाह चन्द्रगुप्त मौर्य के साथ किया और युद्ध की सन्धि-शर्तों के अनुसार चार प्रान्त-काबुल, कन्धार, हेरात एवं मकरान चन्द्रगुप्त को दिए।
- चन्द्रगुप्त मौर्य ने जैन गुरु भद्रबाहु से जैन धर्म की दीक्षा ली थी। चन्द्रगुप्त ने अपना अन्तिम समय कर्नाटक के श्रवणबेलगोला नामक स्थान पर बिताया।
- मेगस्थनीज, चन्द्रगुप्त के दरबार में यूनानी राजा सेल्यूकस निकेटर का राजदूत बनकर आया था। उसने अपनी पुस्तक 'इण्डिका' में मौर्य साम्राज्य एवं पाटलिपुत्र का वर्णन किया था।

बिन्दुसार (298-273 ई. पू.)

- चन्द्रगुप्त मौर्य का उत्तराधिकारी बिन्दुसार हुआ, जो 298 ई. पू. में मगध की राजगद्दी पर बैठा।
- वायु पुराण में बिन्दुसार को 'भ्रदसार' कहा गया है। स्ट्रैबो के अनुसार, सीरियन नरेश एण्टियोकस ने बिन्दुसार के दरबार में डाइमेकस नामक राजदूत भेजा। इसे मेगस्थनीज का उत्तराधिकारी माना जाता है।
- बिन्दुसार के शासनकाल में तक्षशिला में दो विद्रोह हुए, इन विद्रोह को दबाने के लिए सुसीम एवं अशोक को भेजा था।
- बिन्दुसार आजीवक सम्प्रदाय का अनुयायी था, जैन ग्रन्थ में बिन्दुसार को सिंह सेन कहा गया है।

अशोक

- अशोक 273 ई. पू. में गद्दी पर बैठा, किन्तु उत्तराधिकारी के युद्ध के कारण 4 वर्ष बाद 269 ई. पू. में राज्याभिषेक करवाया।
- मास्की तथा गुर्जरा अभिलेख में अशोक का नाम उल्लेखित है। पुराणों में अशोक को अशोकवर्धन कहा गया है।
- अशोक ने अपने अभिषेक के 8वें वर्ष लगभग 261 ई. पू. में कलिंग पर आक्रमण किया।
- प्लिनी के अनुसार, मिस्र के राजा फिलाडेल्फस (टॉलमी-II) ने पाटलिपुत्र में डिथानीसियस नाम का राजदूत अशोक के दरबार में भेजा था।
- उपगुप्त नामक बौद्ध भिक्षु ने अशोक को बौद्ध धम की दीक्षा दी। अशोक ने आजीवकों को रहने हेतु बराबर की पहाड़ियों में चार गुफाओं का निर्माण करवाया-कर्ज, चोपार, सुदामा तथा विश्व झोपड़ी।

- भारत में शिलालेख का प्रचलन सर्वप्रथम अशोक ने किया, जो ब्राह्मी, खरोष्ठी, ग्रीक एवं अरमाइक लिपि में है।
- अशोक के अभिलेख पढ़ने में सर्वप्रथम सफलता 1837 ई. में जेम्स प्रिन्सेप को हुई।

मौर्यकालीन शिलालेख

शिलालेख	स्थान
एर्रागुडी	कुर्नुल (आन्ध्र प्रदेश)
ब्रह्मगिरि	कर्नाटक
जटिंग रामेश्वर	कर्नाटक
सिद्धपुर	कर्नाटक
गाविमठ	मैसूर (कर्नाटक)
राजुल मण्डगिरि	कुर्नूल (आन्ध्र प्रदेश)
गुर्जरा	दतिया (मध्य प्रदेश)
मास्की	रायचूर (आन्ध्र प्रदेश)
रूपनाथ	जबलपुर (मध्य प्रदेश)
अहरौरा	मिर्जापुर (उत्तर प्रदेश)
भाब्रू	जयपुर (राजस्थान)
सहसाराम	बिहार
पालिक गुण्ड	कर्नाटक

अशोक के शिलालेख

शिलालेख	विषय
शिलालेख-1	पशुबलि की निन्दा
शिलालेख-4	धम्म की घोषणा
शिलालेख-5	धम्म महामात्र की नियुक्ति
शिलालेख-6	आत्मनियन्त्रण की शिक्षा
शिलालेख-12	धार्मिक सहिष्णुता
शिलालेख-13	कलिंग युद्ध, अशोक का हृदय परिवर्तन
सोहगोरा एवं महास्थान अभिलेख	अकाल के समय जनता में अन्न वितरण हेतु गोदाम

मौर्य प्रशासन

- मौर्य साम्राज्य के प्रशासन का स्वरूप केन्द्रीकृत था। सत्ता का केन्द्र राजा होता था, परन्तु वह निरंकुश नहीं होता था। कौटिल्य ने राज्य के सात अंग (सप्तांग) बताए हैं-राजा, अमात्य, जनपद, दुर्ग, कोष, सेना और पितृ।
- राजा की सहायता के लिए एक मन्त्रिपरिषद् होती थी, जिसमें सदस्यों की संख्या 12, 16 या 20 हुआ करती थी।
- अशोक के समय मौर्य साम्राज्य में प्रान्तों की संख्या-5 थी, जिसे चक्र कहा जाता था। प्रान्तों के प्रशासक कुमार या आर्यपुत्र या राष्ट्रिक कहलाते थे। प्रान्तों का विभाजन विषय में किया गया था, जो विषयपति के अधीन होते थे। प्रशासक की सबसे छोटी इकाई ग्राम थी, जिसका मुखिया ग्रामीक कहलाता था।
- प्रशासकों में सबसे छोटा गोप था, जो उन ग्रामों का शासन सँभालता था।
- मेगस्थनीज के अनुसार, नगर का प्रशासन 30 सदस्यों का एक मण्डल करता था, जो 6 समितियों में विभाजित था। प्रत्येक समिति में 5 सदस्य होते थे, जो निम्न हैं

समिति	कार्य
प्रथम समिति	उद्योग एवं शिल्प कार्य का निरीक्षण
द्वितीय समिति	विदेशियों की देख-रेख
तृतीय समिति	जन्म-मरण का विवरण
चतुर्थ समिति	व्यापार/वाणिज्य की देख-रेख
पंचम समिति	निर्मित वस्तुओं के विक्रय का निरीक्षण
षष्टम समिति	बिक्री कर वसूल करना

- अर्थशास्त्र में शीर्षस्थ अधिकारी के रूप में तीर्थ का उल्लेख मिलता है, जिसे महापात्र भी कहा जाता था। इनकी संख्या 18 थी, जो निम्न हैं

तीर्थ	सम्बन्धित मन्त्री
मन्त्री	प्रधानमन्त्री
पुरोहित	दान विभाग का प्रधान
सेनापति	सैन्य प्रधान
युवराज	राजपुत्र
द्ववारिक	राजकीय द्वार-रक्षक
अन्तर्वैदिक	अन्तःपुर का अध्यक्ष
समाहर्ता	आय का संग्रहकर्ता
सन्निधाता	राजकीय कोष का अध्यक्ष
प्रशास्ता	कारागार का अध्यक्ष
प्रदेष्ट्रि	कमिश्नर
पौर	नगर का कोतवाल
व्यावहारिक	प्रमुख न्यायाधीश
नायक	नगर-रक्षक का अध्यक्ष
कर्मान्तिक	उद्योगों एवं कारखानों का अध्यक्ष
मन्त्रिपरिषद्	अध्यक्ष
दण्डपाल	पुलिस अधिकारी
दुर्गपाल	दुर्ग-रक्षक
अन्तपाल	सीमावर्ती दुर्गों का रक्षक

मौर्यकालीन कर

- सीता—राजकीय भूमि से होने वाली आय
- भाग—वृषकों द्वारा उत्पादित सामग्री
- प्रवेश्य—आयात कर (20%)
- निरकाम्य—निर्यात कर
- प्रणय—आपातकालीन कर
- बलि—भू-राजस्व कर
- हिरण्य—नकद लिया जाने वाला कर
- सेतुबन्ध—सिंचाई प्रबन्धन
- विष्टि—निःशुल्क श्रम एवं बेगार को विष्टि कहते हैं।

5 » दूरस्थ भूमि से सम्पर्क तथा राजनीतिक विकास

दूरस्थ भूमि से सम्पर्क में व्यापारियों की भूमिका

- दूरस्थ भूमि से सम्पर्क में व्यापारियों की भूमिका प्रमुख थी। दक्षिण भारत सोना, मसाले, खासतौर पर काली मिर्च तथा कीमती पत्थरों के लिए प्रसिद्ध था।
- काली मिर्च की रोमन साम्राज्य में इतनी माँग थी कि इसे 'काला सोना' कहा जाता था। व्यापार अरब सागर तथा बंगाल की खाड़ी से होता था।

समुद्र तटों से लगे राज्यों का दूरस्थ भूमि से सम्पर्क

- संगम साहित्य में 'मुवेन्दार' की चर्चा मिलती है, जिसका अर्थ तीन मुखिया है। ये तीन मुखिया थे-चोल, चेर तथा पाण्ड्य। इन तीन मुखियाओं के दो-दो सत्ता केन्द्र थे। इस तरह छः केन्द्रों में से दो महत्त्वपूर्ण थे- एक चोल का पत्तन पुहार कावेरीपट्टिनम, दूसरा पाण्ड्यों की राजधानी मदुरै।
- संगम काल में दक्षिण भारत और रोम के मध्य व्यापार काफी विकसित अवस्था में था। भारत में अरिकयेजु से रोमन बर्तन, एम्फोरा (लम्बा एवं दोनों हत्थे लगा जार) तथा मनके मिले हैं।
- मुवेन्दार के 200 वर्षों के बाद पश्चिम भारत में सातवाहन राजवंश का प्रभाव बढ़ गया। सातवाहन का प्रमुख राजा गौतमी पुत्र सातकर्णी था। इसका उल्लेख गौतमी बलश्री अभिलेख से पता चलता है। सातवाहन शासक को 'दक्षिणापथ का स्वामी' कहा जाता था।

रेशम मार्ग

- रेशम बनाने की तकनीक का आविष्कार सर्वप्रथम चीन में 7000 वर्ष पहले हुआ था। चीन के लोग जिस रास्ते से रेशम का व्यापार करते थे, उसे रेशम मार्ग कहा जाने लगा।
- चीन के शासक ईरान और पश्चिमी एशिया के शासकों को उपहार के रूप में रेशमी कपड़े भेजते थे।

भारत में स्थापित विदेशी राज

- मौर्य साम्राज्य के पतन के बाद केन्द्रीकृत शासन व्यवस्था समाप्त हो गई तथा छोटे-छोटे राज्यों का उदय हो गया, जिसमें देशी राज्य तथा विदेशी राजा थे। विदेशी राजाओं का वर्णन निम्न है

यवन

- विदेशी आक्रमणकारियों में सबसे पहले बैक्ट्रियन ग्रीक शासक भारत आए, जिसे यवन के नाम से जाना जाता है। इसकी जानकारी बौद्ध ग्रन्थों; जैसे— बौद्धजातक, दिव्यावदान, ललितविस्तर, मंजूश्रीमूलकल्प, मिलिन्दपन्हो, गार्गीसंहिता तथा अभिलेखों, सिक्कों एवं पुरातात्विक स्रोतों से पता चलता है।
- सिकन्दर के पश्चात् डेमेट्रियस ने 183 ई. पू. में हिन्दुकुश पहाड़ी को पार कर सिन्ध तथा पंजाब पर अधिकार किया।
- मिनाण्डर या मिलिन्द इस वंश का सबसे योग्य शासक था। बौद्ध साहित्य 'मिलिन्दपन्हो' में मिनाण्डर तथा बौद्ध भिक्षु नागसेन के मध्य वाद-विवाद हुआ, जिसके पश्चात् मिनाण्डर ने बौद्ध धर्म स्वीकार कर लिया।

शक

- यवन शासकों के बाद शक भारत आए, जिसे 'सीथियन' भी कहा जाता है। शक पाँच शाखाओं में विभाजित थे-काबुल, तक्षशिला, मथुरा, उज्जयिनी तथा नासिक।
- रुद्रदामन प्रथम (130-150 ई.पू.) शकों के सबसे महान शासक हुए। जूनागढ़ से प्राप्त 150 ई.पू. का उसका अभिलेख संस्कृत भाषा में लिखित पहला अभिलेख है।

पहल्लव (पार्थियन)

- शक के बाद पश्चिम भारत में पहल्लव का आधिपत्य हुआ। इसका मूल निवास ईरान था। पहल्लव वंश का प्रसिद्ध शासक 'गोन्दोकर्निस' था, इसके शासनकाल में 'सेण्ट थॉमस' ईसाई धर्म का प्रचार करने भारत आया।

कुषाण व कनिष्क

- पहल्लव के बाद कुषाण भारत आए, जो यूची एवं तोखरी कबीले से थे। कुषाण वंश का संस्थापक कुजुल कदफिसेस था तथा सबसे प्रतापी राजा कनिष्क था। इसकी पहली राजधानी पुरुषपुर या पेशावर थी तथा वित्तीय राजधानी मथुरा थी।
- कनिष्क ने 78 ई. (गद्दी पर बैठने के समय) में एक संवत् चलाया, जो शक-संवत् कहलाता है, जिसे भारत सरकार द्वारा प्रयोग किया जाता है।
- बौद्ध धर्म की चौथी बौद्ध-संगीति कनिष्क के शासनकाल में कुण्डलवन (कश्मीर) में वसुमित्र की अध्यक्षता में हुई। कनिष्क बौद्ध धर्म के महायान सम्प्रदाय का अनुयायी था।
- कुषाण शासकों ने सर्वाधिक स्वर्ण मुद्राएँ जारी कीं। गान्धार एवं मथुरा शैली का विकास कनिष्क के शासनकाल में हुआ।
- कनिष्क के राजकवि अश्वघोष ने बौद्धों की रामायण 'बुद्धचरित' की रचना की।
- कनिष्क की मृत्यु 102 ई. में हुई थी। कुषाण वंश का अन्तिम शासक वासुदेव था।

गुप्त वंश

- गुप्त वंश का उदय तीसरी शताब्दी के अन्त में प्रयाग के निकट कौशाम्बी में हुआ। इस वंश का संस्थापक श्रीगुप्त (240-280 ई.) था।
- गुप्त वंश का प्रथम महान सम्राट चन्द्रगुप्त-I था, जिसने महाराजाधिराज की उपाधि धारण की थी। इसने लिच्छवि नरेश की पुत्री कुमार देवी से विवाह किया। गुप्त संवत (319-320 ई.) की शुरुआत चन्द्रगुप्त-I ने की।

समुद्रगुप्त (335-380 ई.)

- चन्द्रगुप्त-I का उत्तराधिकारी समुद्रगुप्त हुआ, जिसने आर्यावर्त के 9 शासकों और दक्षिणावर्त के 12 शासकों को हराया। इसे 'भारत का नेपोलियन' कहा जाता है।
- समुद्रगुप्त का दरबारी कवि हरिषेण था, जिसने इलाहाबाद प्रशस्ति की रचना की। समुद्रगुप्त विष्णु का उपासक था। उसने 'अश्वमेधकर्ता' की उपाधि धारण की। वह संगीत प्रेमी था, क्योंकि उसे सिक्कों पर वीणा-वादन करते हुए दिखाया गया है।
- समुद्रगुप्त ने 'विक्रमंक' की उपाधि धारण की थी। इसे 'कविराज' भी कहा जाता था।

चन्द्रगुप्त-II

- समुद्रगुप्त का उत्तराधिकारी चन्द्रगुप्त-II हुआ, जो 380 ई. में राजगद्दी पर बैठा। चन्द्रगुप्त-II के शासनकाल में चीनी बौद्ध यात्री फाह्यान भारत आया।
- शकों पर विजय के उपलक्ष्य में चन्द्रगुप्त-II ने चाँदी के सिक्के चलाए।
- चन्द्रगुप्त-II के दरबार में 9 रत्न थे-कालिदास, धनवन्तरि, क्षवणक, अमरसिंह, शंकु, बेताल भट्ट, घटकर्पर, वराहमिहिर और वररुचि।

वर्धन वंश या पुष्यभूति वंश

- पुष्यभूति वंश का संस्थापक पुष्यभूति था। इनकी राजधानी थानेश्वर थी।
- प्रभाकरवर्द्धन इस वंश की स्वतन्त्रता का जन्मदाता था तथा प्रथम प्रभावशाली शासक था, जिसने परमभट्टारक और महाराजाधिराज जैसी उपाधियाँ धारण कीं।

हर्षवर्धन

- हर्षवर्धन प्रभाकरवर्धन का पुत्र था, जिसका जन्म 591 ई. में हुआ था।
- हर्षवर्धन अपने बड़े भाई राज्यवर्धन की मृत्यु के बाद 606 ई. में थानेश्वर की गद्दी पर बैठा। हर्ष को 'शिलादित्य' के नाम से भी जाना जाता था। इसने 'परमभट्टारक नरेश' की उपाधि धारण की।
- हर्ष ने शशांक को पराजित कर कन्नौज पर अधिकार कर लिया तथा उसे अपनी राजधानी बनाया। हर्ष और पुलकेशिन-II के बीच नर्मदा नदी के तट पर युद्ध हुआ, जिसमें हर्ष की हार हुई।
- चीनी यात्री ह्वेनसाँग, हर्षवर्धन के शासनकाल में भारत आया।
- बाणभट्ट, हर्ष का दरबारी कवि था। उसने हर्षचरित एवं कादम्बरी की रचना की। हर्ष ने 'प्रियदर्शिका', 'रत्नावली' तथा 'नागानन्द' नामक तीन संस्कृत नाटकों की रचना की।
- हर्ष के समय में नालन्दा महाविहार महायान बौद्ध धर्म की शिक्षा का प्रधान केन्द्र था।

6 » नए राजा एवं राज्य

7वीं से 12वीं शताब्दी के मध्य प्रमुख राजवंश

- गुप्तों के पतन के बाद विकेन्द्रीकरण की प्रवृत्ति पुन: उत्पन्न हो गई। भारत में एकीकृत शासन व्यवस्था का अभाव हो गया, जिसके कारण अनेक क्षेत्रीय राज्यों का उदय हुआ।
- गुप्तोत्तर कालीन तथा पूर्व मध्यकालीन राजवंशों को दो मुख्य वर्गों में विभाजित किया जाता है— पहला, उत्तर भारत का प्रमुख राजवंश तथा दूसरा, दक्षिण भारत का प्रमुख राजवंश।

उत्तर भारत के प्रमुख राजवंश

उत्तर भारत के प्रमुख राजवंश निम्नलिखित हैं

1. गुर्जर प्रतिहार वंश

- इस वंश का संस्थापक हरिश्चन्द्र था, परन्तु प्रथम वास्तविक शासक नागभट्ट था। इस वंश का सर्वाधिक प्रसिद्ध राजा मिहिरभोज-I (836-885 ई.) था।
- 1018 ई. में महमूद गजनवी ने इस वंश के शासक राज्यपाल को पराजित कर अपने अधीन कर लिया था।

2. गहड़वाल वंश

- इस वंश की स्थापना चन्द्रदेव ने 1085 ई. में कन्नौज में की थी। गोविन्द चन्द्र इस वंश का सबसे योग्य शासक था।
- जयचन्द इस वंश का अन्तिम शासक था। वह 1194 ई. में चन्दावर के युद्ध में मोहम्मद गोरी द्वारा मारा गया।

3. चौहान राजवंश

- इस वंश की स्थापना वासुदेव ने शाकुम्भरी (अजमेर के निकट) में की थी। जयराज इस वंश के प्रसिद्ध शासक हुए, जिन्होंने अजमेर नगर की स्थापना की तथा उसे अपनी राजधानी बनाया।
- इस वंश का सर्वाधिक प्रसिद्ध शासक पृथ्वीराज चौहान-III था, जिसने 1191 ई. के तराइन युद्ध में मोहम्मद गोरी को हराया तथा तराइन के द्वितीय युद्ध 1192 ई. में मोहम्मद गोरी से पृथ्वीराज पराजित हुआ।
- पृथ्वीराज चौहान के राजकवि चन्दबरदाई ने 'पृथ्वीराजरासो' नामक प्रसिद्ध पुस्तक लिखी।

4. चन्देल राजवंश

- चन्देलों की राजधानी खजुराहो थी। खजुराहो के प्रसिद्ध विष्णु मन्दिर (चतुर्भुज मन्दिर) का निर्माण यशोवर्मन ने करवाया था। यशोवर्मन का पुत्र जंग, चन्देल वंश का सबसे योग्य शासक था।
- जंग ने ही खजुराहो के भव्य मन्दिरों (कन्दरिया महादेव मन्दिर, विश्वनाथ मन्दिर, वैधनाथ मन्दिर आदि) का निर्माण करवाया।

5. परमार राजवंश

- परमार राजवंश का प्रथम शासक सीयक (श्रीहर्ष) था। प्रारम्भ में परमारों की राजधानी उज्जैन थी तथा दूसरी राजधानी 'जारा' बनी।
- भोज (1050-1055 ई.) इस राजवंश का सर्वाधिक लोकप्रिय शासक था। उसे कविराज कहा जाता था। भोज द्वारा लिखित ग्रन्थों में चिकित्साशास्त्र पर 'आयुर्वेद-सर्वस्व' तथा स्थापत्यशास्त्र पर 'समरागंण सूत्रधार' उल्लेखनीय कृतियाँ हैं।

6. सोलंकी राजवंश

- इस वंश का संस्थापक मूलराज-I था। उसने अन्हिलवाड़ को अपनी राजधानी बनाया था।
- भीम-I इस वंश का प्रसिद्ध शासक था। इसके शासनकाल में महमूद गजनवी ने 1026 ई. में सोमनाथ के शिव मन्दिर पर आक्रमण किया था।

7. पाल वंश

- पाल वंश का स्थापना बौद्ध धर्म के अनुयायी गोपाल (750-770 ई.) ने की थी। धर्मपाल ने विक्रमशिला विश्वविद्यालय की स्थापना की तथा नालन्दा विश्वविद्यालय का जीर्णोद्धार कराया।
- देवपाल इस वंश का सर्वाधिक शक्तिशाली शासक था। उसने उड़ीसा एवं असोम को जीता था तथा उसने प्रतिहार राजा भोज व राष्ट्रकूट राजा अमोघवर्ष को हराया।

दक्षिण भारत के राजवंश

दक्षिण भारत के राजवंश निम्नलिखित हैं

1. चालुक्य वंश

- इस वंश का संस्थापक पुलकेशिन प्रथम (535-566 ई.) था। इसकी राजधानी वापाती थी। इस वंश का सबसे शक्तिशाली शासक पुलकेशिन द्वितीय था, जिसने हर्षवर्धन को हराया था।
- पुलकेशिन द्वितीय ने पर्शिया के राजा खुसरो द्वितीय के दरबार में अपना दूत भेजा था। चालुक्य उस समय जल सैन्य शक्ति के रूप में प्रसिद्ध था।

2. राष्ट्रकूट वंश

- इस वंश का संस्थापक दन्तिदुर्ग था। राष्ट्रकूट वंश का प्रसिद्ध शासक कृष्ण-I एक महान निर्माता था, जिसने एलोरा के प्रसिद्ध कैलाश मन्दिर का निर्माण करवाया।
- अमोघवर्ष, धर्म और साहित्य में विशेष रुचि रखता था। उसने पहली कन्नड़ कविता 'कविराज मार्ग' तथा 'प्रश्नोत्तर मालिका' लिखी। कृष्ण-III ने विजय स्तम्भ तथा रामेश्वरम में एक मन्दिर का निर्माण करवाया।
- ध्रुव (780-793 ई.) ने उत्तर भारत पर आधिपत्य स्थापित करने हेतु त्रिकोणीय संघर्ष में गुर्जर-प्रतिहार नरेश वत्सराज एवं पाल नरेश धर्मपाल को पराजित किया था।

3. पल्लव वंश

- पल्लव वंश का वास्तविक संस्थापक सिंह विष्णु (570-600 ई.) को माना जाता है। इसकी राजधानी काँची थी।
- नरसिंह वर्मन (630-668 ई.) पल्लव वंश का सर्वाधिक यशस्वी शाासक था, जिसने महाबलीपुरम नगर की स्थापना की तथा एकाश्म (सात पैगोडा) रथों का निर्माण करवाया।
- महेन्द्रवर्मन एक कुशल लेखक था, जिसने 'मत्तविलास प्रहसन' नामक ग्रन्थ की रचना की। उसके काल में महाकवि भारवि ने 'विरातार्जुनीयम' की रचना की।
- नरसिंह वर्मन-II ने काँची का कैलाश मन्दिर, महाबलीपुरम का शोर मन्दिर, काँची का एरावतेश्वर मन्दिर का निर्माण करवाया।

4. गंग वंश

- गंग शासक, नरसिंह देव वर्मन ने कोणार्क का प्रसिद्ध सूर्य मन्दिर बनवाया तथा अनन्तवर्मन ने जगन्नाथपुरी मन्दिर का निर्माण करवाया।
- उड़ीसा के भुवनेश्वर के प्रसिद्ध लिंगराज मन्दिर का निर्माण केसरी शासकों ने करवाया था।

5. चोल राज्य

- चोल वंश का सबसे शक्तिशाली शासक 985 ई. में राजराज-I बना। उसने साम्राज्य के प्रशासन का पुनर्गठन किया था।
- राजराज के पुत्र राजेन्द्र-I ने गंगा घाटी, श्रीलंका तथा दक्षिण-पूर्व एशिया के देशों पर हमला किया। इन अभियानों के लिए उसने एक जल सेना बनाई थी।

चोल मन्दिर और मूर्तिकला

- राजराज और राजेन्द्र-I द्वारा बनवाए गए तन्जावुर और गंगईकोण्डचोलपुरम मन्दिर स्थापत्य और मूर्तिकला का उत्कृष्ट उदाहरण है।
- सजावटी द्वार 9वीं शताब्दी की मन्दिर स्थापत्य कला का हिस्सा था। मन्दिर के साथ जुड़े शिल्पों में सबसे विशिष्ट था-कांस्य प्रतिमाएँ बनाने का काम।
- चोल कांस्य प्रतिमाएँ संसार की सबसे उत्कृष्ट कांस्य प्रतिमाओं में मानी जाती हैं। ज्यादातर प्रतिमाएँ देवी-देवताओं की होती थीं। कुछ प्रतिमाएँ भक्तों की भी बनाई गई थीं।

चोल साम्राज्य का प्रशासन

- किसानों की बस्तियाँ 'उर' कहलाती थीं, गाँव के समूह को 'नाडु' कहा जाता था। ग्राम परिषद् और नाडु, न्याय करने और कर वसूलने जैसे प्रशासकीय कार्य करते थे।
- बेल्लाल जाति के धनी किसानों को केन्द्रीय सरकार की देख-रेख में 'नाडु' के काम-काज में अच्छा खासा नियन्त्रण हासिल था।
- मुवेदवेलन (तीन राजाओं को अपनी सेवाएँ प्रदान करने वाला वेलन या किसान) अरइयार (प्रधान) जैसी उपाधियाँ उन्हें प्रदान कीं।

भूमि के प्रकार

चोल अभिलेखों में भूमि की विभिन्न कोटियों का उल्लेख मिलता है

- वेल्लनगाई—गैर-ब्राह्मण किसान स्वामी की भूमि।
- ब्रह्मदेय—ब्राह्मणों को उपहार में दी गई भूमि।
- शालाभोग—किसी विद्यालय के रख-रखाव के लिए दी गई भूमि।
- देवदान—मन्दिर को उपहार में दी गई भूमि।
- पल्लिच्चन्दम—जैन संस्थाओं को दान में दी गई भूमि।
- नगरम के नाम से ज्ञात व्यापारियों के संघ भी अक्सर शहरों में प्रशासनिक कार्य सम्पादित करते थे।
- सिंचाई के कामकाज, बाग-बगीचों, मन्दिरों की देखरेख विभिन्न समितियाँ करती थीं।

चोल का स्थानीय स्वशासन

- चोल अभिलेखों में तीन प्रकार की ग्राम सभाओं का उल्लेख प्राप्त होता है, वे हैं-उर, सभा या महासभा और नगरम। उर, सभा या महासभा बालिग सदस्यों द्वारा निर्मित होती थी।

- 'उर' एक सामान्य प्रकार की ग्राम सभा थी, जिसमें ग्राम, पुर या नगर दोनों सम्मिलित थे। 'उर' की कार्यकारिणी समिति को 'आलुंगणम' कहा जाता था।
- 'सभा' या 'महासभा' गाँव के अग्रहारों (ब्राह्मण) की सभा थी।
- गाँवों के कारोबार की देख-रेख एक कार्यकारिणी समिति करती थी, जिसे 'वारियम' कहा जाता था।

7 » संस्कृति व विज्ञान

लौह स्तम्भ

- महरौली (दिल्ली) में कुतुबमीनार परिसर में स्थित यह लौह स्तम्भ भारतीय शिल्पकारों का अद्भुत उदाहरण है। इसका निर्माण 1500 साल पहले हुआ था। इसकी ऊँचाई 7.2 मी और वजन 3 टन है। इस पर 'चन्द्र' शासकों के नाम उल्लेखित हैं, जो सम्भवत: गुप्त वंश के थे।

स्तूप तथा मन्दिर

- स्तूप का शाब्दिक अर्थ टीला होता है। ये आकार में भिन्न होते हैं-कहीं गोल या लम्बे, छोटे या बड़े।
- प्रारम्भिक स्तूप धातु-मंजूषा के ऊपर रखा मिट्टी का टीला होता था, जिसे ईंटों से ढक दिया जाता था और बाद के काल में गुम्बदनुमा ढाँचे के रूप में निर्मित किया गया।
- स्तूप के चारों ओर परिक्रमा करने के लिए वृत्ताकार पथ बना होता था, जिसे 'वेदिका' कहते हैं। रेलिंग तथा तोरण मूर्तिकला की सुन्दर कलाकृतियों से सजे होते थे।
- मन्दिरों का महत्त्वपूर्ण भाग गर्भ-गृह होता है, जहाँ पुरण देवी या देवता की मूर्ति को रखा जाता था। मन्दिर में उसके ऊपर काफी ऊँचाई तक निर्माण किया जाता था, जिसे 'शिखर' कहते थे।
- मन्दिर में एक मण्डप होता था, जहाँ लोग इकट्ठा होकर सभा करते थे, इसे 'सभागार' कहा जाता था।

महाकाव्य एवं पुस्तकें

- लगभग 1800 वर्ष पहले एक तमिल महाकाव्य 'शिलप्पादिकारम्' की रचना इलांगो नामक कवि ने की थी।
- तमिल महाकाव्य 'मणिमेरवलर' को लगभग 1400 वर्ष पहले सन्तनार ने लिखा था। इसमें कोवलन तथा माधवी की बेटी की कहानी है।
- कालिदास की संस्कृत रचना 'मेघदूत' में एक विरही प्रेमी बरसात के बादल को अपना सन्देशवाहक बनाने की कल्पना करता है।
- धार्मिक कहानियों का संकलन पुराण संस्कृत भाषा में लिखे गए हैं।
- महाभारत एवं पुराणों का रचयिता वेदव्यास को माना जाता है। रामायण की रचना वाल्मीकि ने की थी।

गणित एवं विज्ञान की पुस्तकें

- गणितज्ञ तथा खगोलशास्त्री आर्यभट्ट ने संस्कृत भाषा में 'आर्यभट्टीयम' नामक पुस्तक लिखी। इसमें उन्होंने बताया कि दिन-रात पृथ्वी की धुरी पर घूमने से होते हैं।
- भारतीय गणितज्ञों ने 'शून्य' का आविष्कार किया, जिसे अरबों द्वारा यूरोप में फैलाया गया।

कागज का आविष्कार

- कागज का आविष्कार लगभग 1900 वर्ष पहले काई लून नामक व्यक्ति ने चीन में किया था। लगभग 1400 वर्ष में यह तकनीक कोरिया पहुँची जहाँ से जापान, उसके बाद बगदाद एवं यूरोप, अफ्रीका और एशिया के अन्य भागों में फैल गई।

8 » दिल्ली सल्तनत

गुलाम वंश

- दिल्ली सल्तनत के गुलाम वंश (1206 से 1290 ई. तक) की स्थापना कुतुबुद्दीन ऐबक ने की थी। गुलाम वंश के अन्तर्गत कुतुबुद्दीन ऐबक, इल्तुतमिश, बलबन जैसे महान शासक हुए।

कुतुबुद्दीन ऐबक

- गुलाम वंश की स्थापना 1206 ई. में कुतुबुद्दीन ऐबक ने की थी। वह मुहम्मद गोरी का गुलाम था। कुतुबुद्दीन ऐबक ने अपना राज्याभिषेक 24 जून, 1206 ई. को किया था।
- कुतुबुद्दीन ऐबक ने अपनी राजधानी लाहौर में बनायी थी। कुतुबमीनार की नींव कुतुबुद्दीन ऐबक ने डाली थी। दिल्ली का कुवत-उल-इस्लाम एवं अजमेर का 'अढ़ाई दिन का झोंपड़ा' नामक मस्जिद का निर्माण ऐबक ने करवाया था।
- कुतुबुद्दीन ऐबक को लाखबख्श (लाखों का दान देने वाला) भी कहा जाता था।

इल्तुतमिश

- इल्तुतमिश तुर्किस्तान का इल्बरी तुर्क था, जो ऐबक का दामाद एवं उसका गुलाम था। ऐबक की मृत्यु के समय वह बदायूँ का गवर्नर था।
- इल्तुतमिश ने अपनी राजधानी लाहौर से दिल्ली स्थानान्तरित की। इल्तुतमिश पहला शासक था, जिसने बगदाद के खलीफा से सुल्तान पद की वैधानिक स्वीकृति प्राप्त की।
- इल्तुतमिश ने 'इक्ता व्यवस्था' शुरू की। इसके अन्तर्गत सभी सैनिक व गैर-सैनिक अधिकारियों को नकद वेतन के बदले भूमि प्रदान की जाती थी। इसने चाँदी के 'टंका' तथा ताँबे के 'जीतल' चलाये थे।
- उसने चालीस योग्य तुर्की सरदारों का एक दल चालीसा (चहलगानी) का गठन किया था।

रजिया सुल्तान

- 1236 ई. में इल्तुतमिश की बेटी रजिया सुल्तान प्रथम मुस्लिम महिला थी, जो दिल्ली सल्तनत की सुल्तान बनी।
- रजिया पर्दाप्रथा को त्यागकर तथा पुरुषों की तरह चोगा (काबा) एवं कुलाह (टोपी) पहनकर राजदरबार में खुले मुँह से जाने लगी थी।
- रजिया ने भटिण्डा के गवर्नर अल्तूनिया से विवाह किया।
- गैर तुर्कों को सामन्त बनाने के रजिया के प्रयासों से तुर्की अमीर विरुद्ध हो गए और उसे बन्दी बनाकर दिल्ली की गद्दी पर मुइजुद्दीन बहराम शाह को बैठाया।

ग्यासुद्दीन बलबन

- बलबन 1266 ई. में ग्यासुद्दीन बलबन के नाम से दिल्ली की गद्दी पर बैठा। यह मंगोल आक्रमण से दिल्ली की रक्षा करने में सफल रहा।
- बलबन ने दरबार में **सिजदा** एवं **पैबोस** प्रथा की शुरुआत की तथा फारसी रीति-रिवाजों पर आधारित 'नवरोज' उत्सव को प्रारम्भ करवाया था।
- बलबन ने अपने विरोधियों के प्रति 'लौह एवं रक्त' की नीति को अपनाया था। नासिरुद्दीन महमूद ने बलबन को 'उलूख खाँ' की उपाधि प्रदान की। बलबन के दरबार में फारसी के प्रसिद्ध कवि अमीर खुसरो एवं अमीर हसन रहते थे।

खिलजी वंश (1290 से 1320 ई.)

जलालुद्दीन फिरोज खिलजी

- जलालुद्दीन फिरोज खिलजी ने गुलाम वंश के शासन को समाप्त कर 13 जून, 1290 ई. को खिलजी वंश की स्थापना की। इसने किलोखरी को अपनी राजधानी बनाया था।
- जलालुद्दीन की हत्या 1296 ई. में उसके भतीजे एवं दामाद अलाउद्दीन खिलजी ने कड़ामानिकपुर (इलाहाबाद) में कर दी।

अलाउद्दीन खिलजी

- 22 अक्टूबर, 1296 ई. में अलाउद्दीन दिल्ली का सुल्तान बना। उसका बचपन का नाम अली तथा गुरशास्प था।
- अलाउद्दीन ने स्थायी सेना की नींव रखी तथा उसे नकद वेतन देता था। दिल्ली के शासकों में अलाउद्दीन खिलजी के पास सबसे विशाल स्थायी सेना थी। दक्षिण विजय के लिए अलाउद्दीन ने मलिक काफूर को भेजा था।
- उसने घोड़ा दागने, सैनिकों का हुलिया लिखने की प्रथा की शुरुआत की तथा उसने मूल्य नियन्त्रण प्रणाली को दृढ़ता से लागू किया।
- अलाउद्दीन खिलजी ने जमैयत खाना मस्जिद, सीरी का किला, हजार खम्भा का महल तथा अलाई दरवाजा का निर्माण करवाया। 'अलाई दरवाजा' को इस्लामी वास्तुकला का रत्न कहा जाता है।

तुगलक वंश (1320-1398 ई.)

ग्यासुद्दीन तुगलक

- यह तुगलक वंश का संस्थापक था। इसका वास्तविक नाम गाजी मलिक था। ग्यासुद्दीन तुगलक ने दिल्ली के समीप तुगलकाबाद नामक एक नगर स्थापित किया तथा इस नगर में रोमन शैली में छप्पनकोट के नाम से एक दुर्ग का निर्माण किया।

मुहम्मद-बिन-तुगलक

- ग्यासुद्दीन के बाद जूना खाँ, मुहम्मद-बिन-तुगलक के नाम से दिल्ली की गद्दी पर बैठा। इसने अपनी राजधानी दिल्ली से देवगिरि स्थानान्तरित की और इसका नाम दौलताबाद रखा।
- मुहम्मद-बिन-तुगलक ने अपने शासनकाल में चार प्रमुख योजनाएँ चलाईं-दोआब क्षेत्र में कर वृद्धि (1326-1327 ई.), राजधानी परिवर्तन (1326-27 ई.), सांकेतिक मुद्रा का प्रचलन (1329-30 ई.) तथा खुरासन एवं कराचिल का अभियान।
- मुहम्मद-बिन-तुगलक ने कृषि विकास के लिए 'अमीर-ए-कोही' नामक एक नवीन विभाग की स्थापना की। इब्नबतूता (मोरक्को यात्री) की प्रमुख पुस्तक 'रेहला' में मुहम्मद-बिन-तुगलक के शासनकाल की जानकारी मिलती है।

फिरोजशाह तुगलक

- फिरोजशाह तुगलक का राज्याभिषेक भट्टा के निकट 20 मार्च, 1351 को हुआ तथा पुन: राज्याभिषेक दिल्ली में अगस्त, 1351 को किया गया।
- फिरोजशाह ने चार प्रकार के कर-खराज (लगान), खुम्स (युद्ध का माल), जजिया एवं जकात लगाये। वह ब्राह्मणों पर जजिया कर लगाने वाला पहला मुस्लिम शासक था।
- फिरोजशाह तुगलक ने 300 नए नगरों का निर्माण कराया। इनमें हिसार, फिरोजाबाद (दिल्ली), फतेहाबाद, जौनपुर, फिरोजपुर आदि प्रमुख हैं।
- इसके शासनकाल में खिज्राबाद (टोपरा गाँव) एवं मेरठ से अशोक के दो स्तम्भों को लाकर दिल्ली में स्थापित किया गया।
- फिरोजशाह तुगलक ने चाँदी एवं ताँबे के सिक्के चलवाए, जिसे अद्धा एवं विख कहा जाता था।
- तुगलक वंश का अन्तिम शासक नासिरुद्दीन महमूद तुगलक के समय 1398 ई. में तैमूर ने दिल्ली पर आक्रमण किया था।

सैयद वंश (1441-1451 ई.)

- सैयद वंश का संस्थापक खिज्र खाँ था। वह दिल्ली पर शासन करने वाला एकमात्र शिया राजवंश था। इसने रैयत-ए-आला की उपाधि धारण की।
- सैयद वंश के प्रमुख शासक थे-मुबारकशाह, मोहम्मदशाह, अलाउद्दीन शाह, आलमशाह आदि।

खिलजी और तुगलक वंश का प्रशासन

- सल्तनतकालीन शासन-व्यवस्था में केन्द्रीय प्रशासन का मुखिया सुल्तान होता था। सल्तनतकाल में शासन को चलाने के लिए एक मन्त्रिपरिषद् होती थी, जिसे मजलिस-ए-खलवत कहा जाता था।
- 'बार-ए-खास' में सुल्तान सभी दरबारियों, खानों, अमीरों, मालिकों और अन्य रईसों से मुलाकात करता था।
- दिल्ली सल्तनत अनेक प्रान्तों में बँटा हुआ था, जिसे 'इक्ता या सूबा' कहा जाता था। यहाँ का शासन 'नायब' या 'बलि' या 'मुक्ति' द्वारा संचालित होता था। 'इक्ताओं' को 'शिकों (जिला)' में विभाजित किया गया था, जिसका प्रमुख 'शिकदार' (सैनिक अधिकारी) होता था।
- शिकों को परगनों में विभाजित किया गया था जिसका अधिकारी 'आमिल' होता था। प्रशासन की सबसे छोटी इकाई 'ग्राम' होती थी।
- अलाउद्दीन खिलजी ने इक्ता प्रथा को समाप्त किया था, जिसे फिरोजशाह तुगलक ने दोबारा शुरू किया।
- सल्तनतकाल में लगान निर्धारित करने वाली मिश्रित प्रणाली को 'मुक्ताई' कहा गया है। अलाउद्दीन ने दान की गई भूमि को खालसा भूमि में परिवर्तित कर दिया था।

लोदी वंश (1451-1526 ई.)

बहलोल लोदी

- लोदी वंश का संस्थापक बहलोल लोदी था, जिसने दिल्ली पर प्रथम अफगान वंश की स्थापना की। बहलोल लोदी ने जौनपुर के शर्की राज्य को विजित कर दिल्ली सल्तनत में सम्मिलित किया। उसने बहलोल सिक्के का प्रचलन करवाया था।

सिकन्दर लोदी

- बहलोल लोदी पुत्र निजाम खाँ 17 जुलाई, 1489 ई. में सुल्तान सिकन्दर शाह की उपाधि लेकर दिल्ली के सिंहासन पर बैठा। सिकन्दर लोदी ने 1504 ई. में आगरा शहर की स्थापना की तथा उसे अपनी राजधानी भी बनाया।
- उसने भूमि मापक 'गजे सिकन्दरी' का प्रचलन किया। सिकन्दर लोदी ने 'गुलरुखी' शीर्षक से फारसी में कविताएँ लिखीं तथा उसने कुशल सैन्य-व्यवस्था एवं गुप्तचर प्रणाली गठित की।

इब्राहिम लोदी

- यह दिल्ली सल्तनत तथा लोदी वंश का अन्तिम शासक था, जिसने 1526 ई. में पानीपत का प्रथम युद्ध बाबर के साथ लड़ा था जिसमें इब्राहिम लोदी हार गया था।

सल्तनतकालीन वस्तुकला

- सल्तनतकालीन वास्तुकला ने सांस्कृतिक विकास में महत्त्वपूर्ण योगदान दिया है। दिल्ली के सुल्तानों एवं स्थानीय शासकों ने भवन-निर्माण, ललित कला, शिक्षा व साहित्य को प्रोत्साहित एवं संरक्षित किया।

सल्तनतकालीन वास्तुकला के स्थल

इमारत का नाम	शासक	स्थान
कुव्वत-उल-इस्लाम मस्जिद	कुतुबुद्दीन ऐबक	दिल्ली
कुतुबमीनार	कुतुबुद्दीन ऐबक एवं इल्तुतमिश	दिल्ली
अढ़ाई दिन का झोंपड़ा	कुतुबुद्दीन ऐबक	अजमेर
सुल्तान गढ़ी	इल्तुतमिश	दिल्ली
लाल महल	बलबन	दिल्ली
अलाई दरवाजा	अलाउद्दीन खिलजी	दिल्ली
ग्यासुद्दीन तुगलक का मकबरा	ग्यासुद्दीन तुगलक	दिल्ली
आदिलाबाद का किला	मोहम्मद-बिन-तुगलक	दिल्ली
फिरोजशाह का मकबरा	फिरोज-शाह-तुगलक	दिल्ली
बहलोल लोदी का मकबरा	बहलोल लोदी	दिल्ली
मोठ की मस्जिद	सिकन्दर लोदी के प्रधानमन्त्री मियाँमुवा	दिल्ली

9 » नए साम्राज्य का निर्माण

बाबर (1526-1530 ई.)

- बाबर का जन्म फरवरी 1483 ई. में फरगना में हुआ था। इनके पिता उमरशेख मिर्जा, तैमूरलंग के वंशज थे। बाबर ने भारत में मुगल वंश की स्थापना 1526 ई. में पानीपत के प्रथम युद्ध की विजय के बाद की।
- बाबर ने पद-बादशाही की स्थापना की, जिसके शासक को 'बादशाह' कहा जाता था।
- पानीपत के प्रथम युद्ध में बाबर ने पहली बार तुगलमा युद्ध नीति एवं तोपखाने का प्रयोग किया था। बाबर ने कन्धार (1508), पेशावर (1519) तथा दिल्ली (1526) पर अपना शासन किया। बाबर ने पानीपत-I (1526 ई), खानवा (1527 ई), चन्देरी (1528 ई) एवं जाजरा (1529 ई) के युद्ध में क्रमश: इब्राहिम लोदी, राणा साँगा, मेदनी राय एवं अफगानों को परास्त किया।
- बाबर ने तुर्की भाषा में 'तुजुक-ए-बाबरी' (आत्मकथा) की रचना की, जिसका फारसी भाषा में अनुवाद अब्दुल रहीम खान-ए-खाना ने किया। बाबर 'मुबईयान' नामक पद्य शैली का जन्मदाता है।
- बाबर को अपनी उदारता के लिए 'कलन्दर' की उपाधि दी गयी।

- बाबर की मृत्यु 26 दिसम्बर 1530 ई. को आगरा में हुई, जिसे प्रारम्भ में आगरा के आरामबाग में दफनाया गया और बाद में काबुल में उसके द्वारा चुने गए स्थान पर दफनाया गया।

हुमायूँ (1530 से 1556 ई. तक)

- हुमायूँ 29 दिसम्बर, 1530 ई. को आगरा में 23 वर्ष की अवस्था में सिंहासन पर बैठा। गद्दी पर बैठने से पहले हुमायूँ, बदख्शाँ का सूबेदार था।
- हुमायूँ ने सिंहासनारूढ़ होने के पश्चात् अपने राज्य का बँटवारा अपने भाइयों में कर दिया। इसने कामरान को काबुल और कन्धार, मिर्जा असकरी को सन्थाल, मिर्जा हिण्दाल को अलवर एवं मेवाड़ की जागीरें दीं। अपने चचेरे भाई सुलेमान मिर्जा को हुमायूँ ने बदख्शाँ प्रदेश दिया।
- 1533 ई. में हुमायूँ ने दीनपनाह नामक नए नगर की स्थापना की थी।
- अफगान शासक शेर खाँ ने हुमायूँ को चौसा (25 जून, 1539 ई. को) एवं बिलग्राम या कन्नौज (10 मई, 1540 ई.) के युद्ध में बुरी तरह पराजित किया और दिल्ली पर अधिकार कर लिया।
- हुमायूँ ने 29 अगस्त 1541 ई. को हमीदा बेगम से निकाह किया। 1542 ई. में उसे पुत्र प्राप्ति हुई, जिसका नाम अकबर रखा।
- 1555 ई. में हुमायूँ पंजाब के शूरी शासक सिकन्दर को पराजित कर पुन: दिल्ली की गद्दी पर बैठा।
- 1 जनवरी 1556 ई. को दीनपनाह भवन में स्थित पुस्तकालय (शेर मण्डल) की सीढ़ियों से गिरने के कारण हुमायूँ की मृत्यु हो गई।

शेरशाह सूरी (1540 से 1545 ई. तक)

- सूर साम्राज्य का संस्थापक अफगान वंशीय शासक शेरशाह सूरी था।
- शेरशाह का जन्म 1472 ई. में बजवाड़ा (होशियारपुर) में हुआ था। इसका बचपन का नाम फरीद खाँ था। इसके पिता हसन खाँ जौनपुर के अन्तर्गत सासाराम के जमींदार थे।
- शेरशाह बिलग्राम युद्ध (1540 ई.) के बाद दिल्ली की गद्दी पद बैठा।
- शेरशाह ने 1541 ई. में पाटलिपुत्र को पटना के नाम से पुन: स्थापित किया।
- शेरशाह ने ग्राण्ड ट्रण्क रोड, डाक-प्रथा का प्रचलन किया तथा सिकन्दरी गज एवं सनडण्डी का प्रयोग भूमि माप के लिए किया।
- शेरशाह ने 178 ग्रेन चाँदी का रुपया एवं 380 ग्रेन ताँबे का दाम चलवाया।
- शेरशाह ने कबूलियत एवं पट्टा प्रथा की शुरुआत की तथा कुल पैदावार का 1/3 भाग लगान के रूप में वसूलता था।
- शेरशाह की मृत्यु कालिन्जर के किले को जीतने के क्रम में 22 मई 1545 ई. को हुई। उस समय वह उक्का नामक आग्नेयशास्त्र चला रहा था।
- शेरशाह का मकबरा सासाराम (बिहार) में स्थित है। रोहतासगढ़ किला, किला-ए-कुहना (दिल्ली) नामक मस्जिद का निर्माण शेरशाह ने किया था।

अकबर (1556 से 1605 ई.)

- अकबर का राज्याभिषेक 14 फरवरी, 1556 को पंजाब के कलानौर नामक स्थान पर हुआ था। उसके बचपन का नाम 'जलाल' था। वह जलालुद्दीन मुहम्मद अकबर बादशाही गाजी की उपाधि से राजसिंहासन पर बैठा। बैरम खाँ 1556 से 1560 ई. तक अकबर का संरक्षक रहा।

अकबर के महत्त्वपूर्ण कार्य

वर्ष	कार्य
1562	दास प्रथा का अन्त
1562	अकबर को 'दरमदल' से मुक्ति
1563	तीर्थयात्रा कर समाप्त
1564	जजिया कर समाप्त
1571	फतेहपुर सीकरी की स्थापना एवं राजधानी का आगरा से फतेहपुर स्थानान्तरण
1775	इबादत खाने की स्थापना
1579	मजहर की घोषणा
1582	दीन-ए-इलाही की घोषणा
1585	राजधानी लाहौर स्थानांतरित

- अकबर ने हेमू को पानीपत के दूसरे युद्ध में 1556 ई. में पराजित कर आगरा एवं दिल्ली पर कब्जा कर लिया।
- बैरम खाँ की मक्का तीर्थयात्रा के दौरान पाटन नामक स्थान पर उसकी हत्या कर दी गई।
- 1571 ई. में अकबर ने फतेहपुर सीकरी नामक नगर की स्थापना की जिसमें बुलन्द दरवाजा अकबर ने गुजरात विजय के उपलक्ष्य में बनवाया था।
- हल्दी घाटी का युद्ध 1576 ई. को मेवाड़ के शासक महाराणा प्रताप एवं अकबर के बीच हुआ। इसमें अकबर विजयी हुआ था। इस युद्ध में मुगल सेना का सेनापति मान सिंह, आसफ खाँ ने किया था।
- अकबर के दरबार के नवरत्न थे — बीरबल, मानसिंह, फैजी, टोडरमल, अब्दुर्रहीम खानखाना, अबुल फजल, तानसेन, भगवान दास और मुल्ला दो प्याजा।
- अकबर ने राजस्व की जब्ती प्रणाली, मनसबदारी प्रथा, दहसाल बन्दोबस्त व्यवस्था लागू की।
- अकबर के दरबार का प्रसिद्ध संगीतकार तानसेन एवं चित्रकार अब्दुल समद, दसवन्त एवं बसावन थे।
- स्थापत्य कला के क्षेत्र में अकबर की महत्त्वपूर्ण कृतियाँ हैं– हुमायूँ का मकबरा, आगरा का लाल किला, फतेहपुर सीकरी में शाही महल, दीवाने खास, पंचमहल, बुलन्द दरवाजा, जोधाबाई महल, इबादतखाना आदि।

जहाँगीर (1605 से 1627 ई. तक)

- जहाँगीर का जन्म 30 अगस्त, 1569 ई. को हुआ था तथा उसका राज्याभिषेक 5 नवम्बर, 1605 को हुआ था। अकबर ने अपने पुत्र का नाम सूफी सन्त शेख सलीम चिश्ती के नाम पर रखा।
- जहाँगीर द्वारा शुरू की गई 'तुजुक-ए-जहाँगीरी' नामक आत्मकथा पूरा करने का श्रेय मौतबिन्द खाँ को है।
- जहाँगीर के सबसे बड़े पुत्र खुसरो ने 1606 ई. में अपने पिता के विरुद्ध विद्रोह कर दिया तथा जालन्धर के निकट भैरावल के मैदान में युद्ध किया, जिसमें खुसरो को कैद कर लिया गया।
- खुसरो को सहायता देने के कारण जहाँगीर ने सिक्खों के 5वें गुरु अर्जुनदेव को फाँसी दिलवा दी।
- 1622 ई. में शाह अब्बास (ईरान शासक) ने कन्धार मुगलों से छीनकर अपने अधिकार में ले लिया।
- नूरजहाँ ने 1611 से 1627 ई. तक जहाँगीर के प्रशासन को अपने हाथों में ले लिया था।
- अस्मत बेगम (नूरजहाँ की माता) ने गुलाब से इत्र बनाने की कला विकसित की थी।

शाहजहाँ (1627-1657 ई. तक)

- इसके बचपन का नाम खुर्रम था। इसका विवाह नूरजहाँ के भाई आसफ खाँ की पुत्री अर्जुमन्दबानो बेगम से हुआ, जो 'मुमताज महल' के नाम से प्रसिद्ध हुई।
- 4 फरवरी, 1628 ई. को शाहजहाँ, आगरा में 'अबुल मुजफ्फर शहाबुद्दीन साहिब किरन-ए-सानी' की उपाधि प्राप्त कर सिंहासन पर बैठा।
- शाहजहाँ ने आसफ खाँ को वजीर एवं महावत खाँ को खानखाना की उपाधि प्रदान की।
- शाहजहाँ ने अपनी बेगम मुमताज की याद में ताजमहल का निर्माण करवाया, जिसकी रूपरेखा उस्ताद ईशा एवं मुख्य स्थापत्यकार उस्ताद अहमद लाहौरी था।
- शाहजहाँ के शासनकाल को स्थापत्यकाल का स्वर्णयुग कहा जाता है। इसके द्वारा बनवाई गई प्रमुख इमारतें हैं— दिल्ली का लाल किला, दीवान-ए-आम व दीवान-ए-खास, दिल्ली की जामा मस्जिद, आगरा की मोती मस्जिद, ताजमहल एवं लाहौर किला स्थित शीश महल आदि।
- शाहजहाँ 1638 ई. में अपनी राजधानी को आगरा से दिल्ली लाया तथा यमुना के दाहिने तट पर जहाँनाबाद की स्थापना की।
- शाहजहाँ ने 1632 ई. में अहमदनगर को मुगल साम्राज्य में मिलाया।
- शाहजहाँ की मृत्यु 1666 ई. में गम्भीर बीमारी के कारण हुई।

औरंगजेब (1658-1707 ई. तक)

- औरंगजेब का जन्म 24 अक्टूबर, 1618 ई. में दाहोद (गुजरात) नामक स्थान पर हुआ था।
- आगरा पर कब्जा कर 1658 ई. में औरंगजेब ने अपना राज्याभिषेक करवाया तथा देवराई के युद्ध में विजय होने के उपरान्त दिल्ली में 1659 ई. को दूसरी बार राज्याभिषेक करवाया।
- औरंगजेब सुन्नी धर्म को मानता था, उसे 'जिन्दा पीर' कहा जाता था।
- पुरन्दर की सन्धि जय सिंह एवं शिवाजी के बीच 1665 ई. में हुई थी। मई 1666 ई. में शिवाजी को कैद कर जयपुर भवन में रखा गया।
- सिक्खों के 9वें गुरु तेगबहादुर की हत्या औरंगजेब ने 1675 ई. में दिल्ली में करवा दी थी।
- औरंगजेब ने 1679 ई. में 'जजिया कर' को पुन: लागू किया।
- 1685 ई. में बीजापुर एवं 1687 ई. में गोलकुण्डा को औरंगजेब ने मुगल साम्राज्य में मिला लिया।
- औरंगजेब ने कुरान को अपने शासन का आधार बनाया। इसने सिक्कों पर कलमा खुदवाना, नवरोज का त्योहार मनाना, गाना बजाना, झरोखा दर्शन, तुलादान प्रथा आदि पर प्रतिबन्ध लगा दिया।
- औरंगजेब के शासनकाल में सर्वाधिक मनसबदार थे, जिनकी संख्या 337 थी।
- औरंगजेब की मृत्यु 20 फरवरी, 1707 ई. को हुई। इसे खुलदाबाद जो अब रोजा कहलाता है, में दफनाया गया।
- औरंगजेब दारुल दर्ब (काफिरों का देश) को दारुल इस्लाम (इस्लाम का देश) में परिवर्तन को अपना लक्ष्य मानता था।

10 » सामाजिक परिवर्तन व क्षेत्रीय संस्कृति

शहर, व्यापार एवं शिल्प

- मध्यकालीन भारत में विभिन्न प्रकार के नगर हुआ करते थे, यथा-मन्दिर नगर, प्रशासनिक नगर, पतन नगर, वाणिज्यिक नगर इत्यादि।
- तन्जौर, चोलों की राजधानी थी तथा वह धर्म तथा व्यापार का प्रमुख केन्द्र था।
- तन्जावुर एवं उरैयूर में सलिया नामक बुनकरों का समुदाय था, जो वस्त्र उत्पादन का कार्य करता था।
- मध्यकालीन भारत में कुछ शहरों का विकास मन्दिरों के चारों तरफ हुआ, जिनमें प्रमुख हैं-भिल्लास्वामिन (विदिशा, मध्यप्रदेश), सोमनाथ (गुजरात), काँचीपुरम एवं मदुरै (तमिलनाडु), तिरुपति (आन्ध्र प्रदेश)।
- 16वीं शताब्दी में काबुल एवं कन्धार (अफगानिस्तान), जो प्राचीन रेशम मार्ग पर अवस्थित है, जो इस काल में घोड़ों का प्रमुख व्यापारिक केन्द्र बन गया। यहाँ से दासों का व्यापार भी हुआ करता था।
- बीदर अपनी ताँबा एवं चाँदी की शिल्पकारी के लिए प्रसिद्ध था। पांचाल या विश्वकर्मा एक शिल्पकार था, जो लोहार, राजमिस्त्री एवं बढ़ई का कार्य करता था।

हम्पी, सूरत और मसूलीपट्टनम

- हम्पी, कृष्णा-तुंगभद्रा बेसिन में अवस्थित था, जो 1336 ई. में विजयनगर साम्राज्य की राजधानी बना था।
- मुस्लिम व्यापारियों को सामूहिक रूप से 'मूर' कहा जाता था। इसके अलावा 'चेहि' एक प्रमुख व्यापारिक वर्ग था। महानवमी, हम्पी का प्रमुख त्यौहार था।
- 1565 ई. में गोलकुण्डा, बीजापुर, अहमदनगर, बरार, बीदर के दक्कनी सुल्तानों ने मिलकर विजयनगर साम्राज्य पर आक्रमण किया, जिससे हम्पी राज्य का अवसान हो गया।
- भारत के पश्चिम तट पर सूरत, पश्चिम एशिया एवं हर्मुज की खाड़ी के साथ लगा प्रमुख व्यापारिक केन्द्र था।
- सूरत को 'मक्का का द्वार' कहा जाता था। सूरत अपने जरी के कामों के लिए प्रसिद्ध था। सूरत के व्यापारी हुण्डी व्यवस्था का प्रयोग किया करते थे, जो सुदूर क्षेत्रों के देशों; जैसे—काहिरा (रोम), बसरा (इराक) एवं एण्टवर्प (बेल्जियम) में भी मान्य था।
- 17वीं शताब्दी के अन्त तक सूरत शहर का अवसान होने लगा। इसके स्थान पर ईस्ट इण्डिया कम्पनी द्वारा मुम्बई को अपना मुख्यालय (1688 ई.) बनाया।
- मसूलीपट्टनम कृष्णा नदी डेल्टा क्षेत्र में अवस्थित था। इसमें किला निर्माण का कार्य डचों द्वारा किया गया था। यहाँ मछलियों का एक व्यापारिक पत्तन था।
- अंग्रेजों के आने के बाद बम्बई, कलकत्ता एवं मद्रास जैसे शहरों का विकास हुआ, जिससे मसूलीपट्टनम का अवसान होना शुरू हो गया।

भक्ति आन्दोलन की शुरुआत

- भक्ति आन्दोलन की शुरुआत सामाजिक कुरीतियों जैसे—बाल-विवाह, बहु-पत्नी प्रथा, पर्दा प्रथा, छुआछूत आदि के कारण हुई थी।

भक्ति आन्दोलन

- भारत में भक्ति आन्दोलन दक्षिण भारत में आरम्भ हुआ था। भक्ति आन्दोलन का विकास बारह अलवार वैष्णव सन्तों और तिरसठ नयनार शैव सन्तों ने किया था।
- भक्ति आन्दोलन को दक्षिण भारत से उत्तर भारत में रामानन्द के द्वारा लाया गया। रामानन्द की शिक्षा से दो सम्प्रदायों का विकास हुआ, सगुण जो पुनर्जन्म में विश्वास करता है और निर्गुण जो भगवान के निराकार रूप को पूजता है।
- सगुण सम्प्रदाय के भक्त थे-तुलसीदास और नाभादास रामभक्त थे और निम्बार्क, वल्लभाचार्य, चैतन्य, सूरदास और मीराबाई कृष्णभक्त थे।
- निर्गुण सम्प्रदाय के भक्त थे-कबीर, जिन्हें उत्तर भारतीय पन्थों का आध्यात्मिक गुरु माना गया है।
- शंकराचार्य के अद्वैतदर्शन के विरोध में दक्षिण में वैष्णव सन्तों द्वारा चार मतों की स्थापना की गई थी।

दक्षिण भारत में वैष्णव सन्तों द्वारा स्थापित चार मत

- श्री सम्प्रदाय—रामानुजाचार्य—विशिष्टाद्वैतवाद
- ब्रह्म-सम्प्रदाय—माधवाचार्य—द्वैतवाद
- रुद्र-सम्प्रदाय—विष्णुस्वामी—शुद्धद्वैतवाद
- सनकादि-सम्प्रदाय—निम्बकाचार्य—द्वैताद्वैतवाद

भक्ति आन्दोलन के प्रमुख सन्त

- भक्ति परम्परा का जनक शंकराचार्य को माना जाता है। मध्यकाल में अलवार सन्तों एवं शिष्यों ने उनकी परम्परा को आगे बढ़ाया।
- **रामानुजाचार्य** इनका जन्म 1017 ई. में मद्रास के निकट पेरुम्बर नामक स्थान पर हुआ था। इन्होंने राम को अपना आराध्य माना। उन्होंने तिरुपति को वैष्णव धर्मश्री सम्प्रदाय का केन्द्र बनाया।
- **रामानन्द** इन्होंने भक्ति को रामानुज की भाँति मोक्ष का एकमात्र साधन स्वीकार किया तथा मर्यादा पुरुषोत्तम श्रीराम एवं सीता की आराधना को समाज के समक्ष रखा। इनके प्रमुख शिष्य थे-रैदास,कबीर, धन्ना, सेना, पीपा आदि।
- **कबीर** कबीर का जन्म 1440 ई. में वाराणसी में एक विधवा ब्राह्मणी के गर्भ से हुआ था। उन्होंने अपने गुरु रामानन्द के सामाजिक दर्शन को सुनिश्चित रूप दिया। कबीर के ईश्वर निराकार और निर्गुण थे। उन्होंने जात-पात तथा अवतार सिद्धान्त को अस्वीकार किया। कबीर की शिक्षाएँ 'बीजक' में संग्रहित हैं।
- **माधवाचार्य** इनका जन्म 1199 ई. में कन्नड़ जिले उदिपि नगर में ब्राह्मण परिवार में हुआ था। वे विष्णु धर्म के अनुयायी थे। उन्होंने जीव-जगत को ईश्वर पर आधारित माना तथा सुख-दु:ख कर्म के अनुसार बताए।
- **निम्बकाचार्य** इनका जन्म मद्रास के वेल्लारी जिले में हुआ था। वे भगवान कृष्ण के साकार (सगुण) भक्ति तथा बार-बार जन्म लेने के समर्थक थे।

- **वल्लभाचार्य** इनका जन्म 1481 ई. में तेलुगू ब्राह्मण परिवार में हुआ था। उन्होंने कृष्ण भक्ति को शान्ति का साधन बताया। वे ब्रह्म एवं जीव को सत्य मानते थे।
- **रविदास** ये जन्म से दलित एवं रामानन्द के शिष्य थे। इनके अनुसार मानव सेवा ही जीवन में धर्म की सर्वोत्कृष्ट अभिव्यक्ति का माध्यम है।
- **दादू-दयाल** ये कबीर के अनुयायी थे। इनका जन्म 1544 ई. में अहमदाबाद में हुआ था। इनका सम्बन्ध धुनिया जाति से था। सांथर में उन्होंने ब्रह्म सम्प्रदाय की स्थापना की। उन्होंने 'निपख' नामक आन्दोलन भी चलाया था।
- **शंकर देव** इन्होंने भक्ति आन्दोलन का प्रचार-प्रसार असम में किया। ये चैतन्य के समकालीन थे।
- **चैतन्य स्वामी** इनका जन्म 1486 ई. को बंगाल के मायापुर गाँव में हुआ था। इन्होंने गोसाई संघ की स्थापना की और साथ ही संकीर्तन प्रथा को जन्म दिया। इनके दार्शनिक सिद्धान्त को अचिंत्य भेदाभेदवाद के नाम से जाना जाता है।
- **गुरु नानक** इनका जन्म 1469 ई. में अविभाजित पंजाब के रावी नदी के तट पर स्थित तलवण्डी नामक गाँव में हुआ था, जो अब ननकाना साहब के नाम से जाना जाता है। नानक ने सिख धर्म की स्थापना की।
- गुरु नानक ने उपासना और धार्मिक कार्यों के लिए जो जगह नियुक्त की, उसे गुरुद्वारा कहा जाता है।
- नानक ने भारत के पाँच चक्कर लगाए, जिन्हें 'उदासीस' कहा जाता है। उन्होंने कीर्तनों के माध्यम से अपने उपदेश दिए। उन्होंने अपने जीवन के अन्तिम क्षणों में रावी नदी के किनारे करतारपुर में अपना डेरा (मठ) स्थापित किया। इनकी मृत्यु 1539 ई. में करतारपुर में हुई थी।
- नानक ने अपने शिष्य भाई लहना (अंगद) को अपना उत्तराधिकारी नियुक्त किया।

सूफी परम्परा

- 'सूफी' शब्द अरबी भाषा का शब्द है, जिसका अर्थ है-'युद्ध'। सूफी दर्शन केवल एक ईश्वर (एकेश्वरवादी) में विश्वास करता है।
- सूफियों का जीवन सादा होता था तथा वे मूर्तिपूजा में विश्वास नहीं करते थे। वे सूफी परम्परा का प्रचार गायन के माध्यम से करते थे।
- सूफी परम्परा मुख्यत: दो भागों में विभाजित थे (I) बा-शरा अर्थात् वे जो इस्लामी विधान (शरा) को मानते थे और (II) बे-शरा अर्थात् वे जो इस्लामी विधान (शरा) से बँधे नहीं होते थे। इनका जीवन घुमक्कड़ प्रवृत्ति का होता था।
- भारत में चिश्ती एवं सुहरावर्दी सूफी परम्परा प्रचलित थी। चिश्ती परम्परा का मुख्य केन्द्र अजमेर था। चिश्ती परम्परा के प्रमुख सन्त थे-निजामुद्दीन औलिया, बाबा फरीद, बख्तियार काकी आदि। सुहरावर्दी परम्परा का मुख्य केन्द्र मुल्तान था। इसके प्रमुख सन्त थे-जलालुद्दीन तबरीजी, सैय्यद सुर्ख जोश, बुरहान आदि।

11 » भारत में कम्पनी राज की स्थापना

भारत में कम्पनी राज की स्थापना

भारत में कम्पनी राज का अर्थ है— यूरोपीय व्यापारिक कम्पनियों द्वारा भारत में शासन सत्ता की स्थापना, जिनमें ब्रिटेन की ईस्ट इण्डिया कम्पनी प्रमुख थी। इसके अलावा अन्य यूरोपीय व्यापारिक कम्पनियाँ भी भारत में व्यापारिक सत्ता स्थापित करने के लिए प्रयासरत् थीं।

18वीं शताब्दी में भारत की स्थिति

- मुगल बादशाह औरंगजेब की 1707 ई. में मृत्यु के बाद मुगल साम्राज्य का पतन प्रारम्भ हो गया। औरंगजेब के बाद बहादुरशाह प्रथम शासक बना, जिसे 'शाहे बेखबर' कहा जाता है।
- इस समय मुगल साम्राज्य सैनिक एवं वित्तीय स्थिति से कमजोर हो गया तथा 1739 ई. में ईरानी आक्रमणकारी नादिरशाह ने दिल्ली पर आक्रमण किया और खूब सारा लूट का माल अपने साथ ले गया।
- अफगान शासक, अहमदशाह अब्दाली ने 1748 से 1761 ई. के मध्य भारत पर पाँच बार आक्रमण किया था। इसके समय में मुगल सम्राट मुहम्मदशाह द्वितीय और शाहआलम द्वितीय थे।
- 18वीं शताब्दी में मुगल साम्राज्य के पतन के साथ भारत में विभिन्न क्षेत्रीय राज्यों का उदय हुआ, जिनमें मैसूर, अवध, हैदराबाद, बंगाल आदि प्रमुख थे।

मैसूर

- हैदरअली ने 1761 ई. से मैसूर पर शासन करना प्रारम्भ किया तथा डिण्डिगुल में आधुनिक शस्त्रागार की स्थापना की।
- हैदरअली ने प्रथम आंग्ल-मैसूर युद्ध (1767-1769 ई.) में अंग्रेजों को पराजित किया और दूसरे आंग्ल-मैसूर युद्ध (1780-84 ई.) में हैदरअली की मृत्यु हो गई।
- टीपू सुल्तान 1787 ई. में सुल्तान बना तथा बादशाह की उपाधि धारण की। इसके समय में तृतीय आंग्ल-मैसूर युद्ध (1790-92 ई.) और चतुर्थ आंग्ल-मैसूर युद्ध (1799 ई.) हुआ।
- टीपू सुल्तान ने अपनी राजधानी श्रीरंगपट्टनम में स्वतन्त्रता का वृक्ष लगाया तथा जैकोबिन क्लब का सदस्य भी बना।

अवध

- 1722 ई. में सआदत खाँ बुरहानुल्मुल्क ने अवध राज्य की स्थापना की तथा नवाब आसफउद्दौला ने राजधानी फैजाबाद से लखनऊ स्थानान्तरित की।
- अवध के अन्तिम नवाब वाजिद अलीशाह (1847-1856 ई.) को अंग्रेजों ने कुशासन का आरोप लगा कर हटा दिया था और अवध को 1856 ई. में ब्रिटिश राज्य में मिला लिया गया।

हैदराबाद

- हैदराबाद के स्वतन्त्र राज की स्थापना दक्षिण के सूबेदार व तुर्रानी गुट के नेता चिनकिलिच खाँ निजामुलमुल्क ने 1724 ई. में की।
- हैदराबाद भारतीय राज्यों में प्रथम राज्य था, जिसे वेलेजली ने सहायक सन्धि के अन्तर्गत आश्रित सेना रखने के लिए मजबूर किया।

बंगाल

- औरंगजेब के शासनकाल में ही मुर्शिदकुली खाँ ने बंगाल में स्वतन्त्र शासन स्थापित कर लिया था तथा 1704 ई. में बंगाल की राजधानी मुर्शिदाबाद की स्थापना की।
- 1713 ई. में फर्रुखसियर के फरमान के बाद ईस्ट इण्डिया कम्पनी का हस्तक्षेप बंगाल में बढ़ा तथा 1756 ई. में मिर्जा मुहम्मद नवाब बने, जो सिराजुद्दौला के नाम से प्रसिद्ध हुए।

मराठा

- मराठा साम्राज्य के संस्थापक शिवाजी थे। 1656 ई. में शिवाजी ने रायगढ़ को अपनी राजधानी बनाया।
- दिल्ली पर आक्रमण करने वाला प्रथम पेशवा बाजीराव प्रथम (1720-40 ई.) था, जिसने 1737 ई. को दिल्ली पर आक्रमण किया।
- मराठा एवं अंग्रेजों के मध्य तीन युद्ध हुए-प्रथम आंग्ल-मराठा युद्ध 1782 ई. में हुआ तथा सलबई की सन्धि के साथ खत्म हुआ।
- 1817-19 ई. में तृतीय-आंग्ल-मराठा युद्ध हुआ, जिसके बाद मराठा शक्ति को खत्म कर दिया गया।

भारत में यूरोपीय व्यापारिक कम्पनियों का आगमन

- सन् 1498 ई. में वास्को-डि-गामा पहली बार यूरोप से चलकर भारत के पश्चिमी तट पर स्थित कालीकट पहुँचा और इससे भारत एवं यूरोप के मध्य नए व्यापारिक मार्ग का प्रारम्भ हुआ।
- तदुपरान्त यूरोप के कई देशों की व्यापारिक कम्पनियाँ भारत में व्यापार करने के उद्देश्य से आईं और धीरे-धीरे यहाँ की राजनीतिक सत्ता में दखल दिया।

पुर्तगाली

- पुर्तगाली समुद्री साम्राज्य को 'मुस्तादो द इण्डिया' कहा जाता है। पुर्तगाल का भारत में प्रथम गवर्नर जनरल फ्रांसिस्को द् अल्मीडा (1505-1509 ई.) था तथा 1509 ई. में अल्बुकर्क ने युसुफ-आदिलशाह से गोवा छीन लिया।
- पुर्तगाली वायसराय नान्हू-डी-कुन्हा (1529-38 ई.) ने 1530 ई. को गोवा को राजधानी बनाया तथा पुर्तगालियों की पहली व्यापारिक कोठी कोचीन में स्थापित हुई।
- पुर्तगालियों ने भारत में तम्बाकू की खेती तथा प्रिंटिंग प्रेस को आरम्भ किया तथा पुर्तगालियों ने भारत में 'गोथिक कला' को प्रारम्भ किया।

डच

- भारत आने वाला पहला डच यात्री कारनेलिस डी-हस्तमान था, जो 1596 ई. में आया था। 1602 ई. में यूनाइटेड ईस्ट इण्डिया कम्पनी ऑफ द हॉलैण्ड अस्तित्व में आई, जिसे दक्षिण-पूर्व एशिया के देशों के साथ व्यापार करने का अधिकार मिला।
- 1605 ई. में डच कम्पनी ने मसूलीपट्टनम में अपनी पहली फैक्ट्री स्थापित की। इसके बाद पुलिकट (1610), चिनसुरा (1653), सूरत (1616), नागपट्टनम (1658), कोचीन (1663), कासिम बाजार, पटना (1659 ई.), बालासोर (1658 ई.) में फैक्ट्री स्थापित की।

अंग्रेज

- सर्वप्रथम 1599 ई. में जॉन मिल्डेनहान नामक ब्रिटिश यात्री थल मार्ग से भारत आया। इंग्लिश ईस्ट इण्डिया की स्थापना 1600 ई. में हुई थी।
- 1609 ई. में प्रथम अंग्रेज कैप्टन हॉकिन्स, जहाँगीर के दरबार में आया। 1611 ई. में अंग्रेजों ने सर्वप्रथम मसूलीपट्टनम में व्यापारिक कोठी की स्थापना की।
- अंग्रेजों ने अपनी पहली फैक्ट्री सूरत में 1608 ई. में स्थापित की और 1717 ई. में फर्रुखसियर ने ईस्ट इण्डिया कम्पनी को बिना कर के बंगाल में व्यापार करने की छूट दी।
- 1757 ई. के प्लासी युद्ध से अंग्रेजों ने राजनीतिक सत्ता का उपयोग प्रारम्भ किया तथा 1764 ई. के बक्सर युद्ध के बाद भारत की सत्ता की वास्तविक हकदार बनी।

फ्रांसीसी

- लुई चौदहवें के समय 1664 ई. में फ्रेंच ईस्ट इण्डिया कम्पनी की स्थापना हुई। 1731 ई. में डुप्ले भारत में फ्रेंच गवर्नर बना।
- भारत में फ्रांसीसियों की पहली फैक्ट्री फ्रैन्क कैरो द्वारा 1668 ई. में सूरत में स्थापित की गई।
- भारत पर वर्चस्व के लिए फ्रांसीसी तथा अंग्रेजों के मध्य युद्ध हुए-प्रथम कर्नाटक युद्ध (1746-48 ई.), दूसरा कर्नाटक युद्ध (1749-1754 ई.) और कर्नाटक का तीसरा युद्ध (1756-1763 ई.)।
- 1761 ई. में अंग्रेजों ने पाण्डिचेरी को फ्रांसीसियों से छीन लिया तथा कुछ समय पश्चात् 1763 ई. में पाण्डिचेरी तथा कुछ अन्य प्रदेश फ्रांसीसियों को लौटा दिए। 1690-92 ई. में चन्द्रनगर में फ्रांसीसियों ने कोठी स्थापित की।

ईस्ट इण्डिया कम्पनी द्वारा व्यापारिक सत्ता की शुरुआत

- 1600 ई. में ईस्ट इण्डिया कम्पनी ने इंग्लैण्ड की महारानी से चार्टर प्राप्त कर पूर्वी देशों के साथ व्यापार करने का अधिकार प्राप्त किया।
- बंगाल में व्यापारिक सत्ता की स्थापना के अन्तर्गत 1651 ई. में हुगली में पहली इंग्लिश फैक्ट्री का प्रारम्भ हुआ। इस फैक्ट्री में निर्यात होने वाले सामानों को एकत्र किया जाता था।
- कम्पनी को बंगाल के विभिन्न शासकों द्वारा समय-समय पर रियायतें दी गईं, जिसे 'दस्तक' कहा जाता है। अंग्रेजों द्वारा दस्तक के दुरुपयोग से फायदा कमाने का वर्णन मिलता है।
- 18वीं शताब्दी की शुरुआत से ही बंगाल के नवाब और अंग्रेजों के मध्य टकराव बढ़ गया, जिससे आगे चलकर युद्ध हुआ

प्लासी का युद्ध

- 1756 ई. में सिराजुद्दौला बंगाल का नवाब बना तथा इसने अंग्रेजों को मिलने वाली सभी रियायतों को बन्द कर दिया, जिससे दोनों के मध्य टकराव की सम्भावना बनी।
- प्लासी का युद्ध 23 जून, 1757 ई. को अंग्रेजों के सेनापति रॉबर्ट क्लाइव एवं बंगाल के नवाब सिराजुद्दौला के बीच हुआ जिसमें नवाब की हार हुई क्योंकि मीर जाफर ने नवाब के साथ धोखाधड़ी की।
- प्लासी युद्ध के बाद अंग्रेजों ने मीर जाफर को बंगाल का नवाब बनाया तथा कुछ वर्षों पश्चात् मीर जाफर की जगह मीर कासिम को बंगाल का नवाब बना दिया गया।
- 1765 ई. की इलाहाबाद की सन्धि के पश्चात् अंग्रेज को बंगाल, बिहार तथा उड़ीसा की दीवानी मिल गई।

बक्सर का युद्ध

- बक्सर का युद्ध 1764 ई. में अंग्रेजों एवं मीर कासिम, अवध के नवाब शुजाउद्दौला एवं मुगल सम्राट शाहआलम द्वितीय के बीच हुआ।
- बक्सर के युद्ध में अंग्रेज विजयी हुए तथा इस युद्ध में सेनापति हेक्टर मुनरो था।

अंग्रेजों द्वारा सर्वोच्चता की स्थापना

- अंग्रेजों ने भारतीय राज्यों या लोगों पर शासन करने के लिए सर्वोच्चता की नीति का पालन किया, इसके प्रवर्तक लार्ड हेस्टिंग्स (1813-1823 ई.) को माना जाता है।
- अंग्रेजों द्वारा सर्वोच्चता की सत्ता की स्थापना के लिए चित्तूर की रानी चेनम्मा को विद्रोह करने के लिए 1824 ई. में गिरफ्तार कर लिया गया।
- इसके पश्चात् सिन्ध को अगस्त 1843 ई. में पूर्ण रूप से ब्रिटिश साम्राज्य में मिला लिया गया।
- पंजाब प्रान्त के शासक महाराजा रणजीत सिंह की 1839 ई. में मृत्यु के बाद अंग्रेज गवर्नर जनरल लॉर्ड डलहौजी (1848-1856 ई.) ने द्वितीय आंग्ल-सिख युद्ध (1848-49 ई.) के बाद पंजाब का पूर्ण विलय ब्रिटिश प्रान्त में कर लिया।

अंग्रेजी शासन की स्थापना

- अंग्रेजी शासन की स्थापना में गवर्नर-जनरल वॉरेन हेस्टिंग्स (1774-85 ई.) का महत्त्वपूर्ण योगदान है। इसके समय में बम्बई, बंगाल और मद्रास की सत्ता भी गवर्नर-जनरल के अन्तर्गत आ गई।
- वॉरेन हेस्टिंग्स के प्रशासकीय सुधारों में प्रत्येक जिले में एक फौजदारी तथा एक दीवानी न्यायालय की स्थापना की गई। इसने कलकत्ता में एक उच्चतम न्यायालय स्थापित किया।
- इसने अंग्रेजी शासन के सुचारू रूप से संचालन के लिए ब्रिटिश प्रान्त को तीन प्रेजीडेन्सी में विभाजित किया, जिनमें बंगाल प्रेजीडेन्सी, बम्बई प्रेजीडेन्सी और मद्रास प्रेजीडेन्सी प्रमुख हैं।

12 » ग्रामीण व आदिवासी समाज तथा उपनिवेशवाद

कम्पनी के वित्तीय स्रोत

- ईस्ट इण्डिया कम्पनी को 1765 ई. में बंगाल की दीवानी मिल गई थी, लेकिन अभी भी वह एक व्यापारिक कम्पनी ही थी। कम्पनी की कोशिश थी कि वह बंगाल से ज्यादा मात्रा में राजस्व एकत्र करे।
- कम्पनी की आर्थिक नीतियों के चलते बंगाल में अराजकता की स्थिति हो गई तथा कृषि की ऊँची राजस्व दर, कारीगर से जबरदस्ती उसकी माल की खरीददारी आदि से व्यवस्था चौपट हो गई तथा इन सबके कारण बंगाल की अर्थव्यवस्था खस्ताहाल हो चुकी थी।

स्थाई बन्दोबस्त

- 1793 ई. में लॉर्ड कार्नवालिस ने बंगाल, बिहार एवं उड़ीसा में स्थायी बन्दोबस्त लागू किया, जो आगे चलकर बनारस तथा मद्रास के उत्तरी जिले में भी लागू हो गई।

- इसके अन्तर्गत समूचे ब्रिटिश भारत के क्षेत्रफल का लगभग 19% हिस्सा शामिल था। इससे कम्पनी की आय निश्चित हो गई तथा किसान मजदूर की स्थिति में पहुँच गए।
- इस व्यवस्था द्वारा जमींदारों को भूमि का मालिक बना दिया गया तथा लगान वसूली के 10/11 भाग कम्पनी को एवं 1/11 भाग जमींदार को मिलता था।

रैयतवाड़ी बन्दोबस्त

- इसका जन्मदाता थॉमस मुनरो तथा कैप्टन रीड को माना जाता है। इसे पहली बार तमिलनाडु के बारामहल में लागू किया गया।
- यह व्यवस्था बम्बई व मद्रास प्रेजीडेन्सी में लागू की गई, जिसमें कम्पनी किसानों से प्रत्यक्ष रूप से उपज का 50% कर के रूप में प्राप्त करती थी।
- इस व्यवस्था में किसान को भूमि का स्वामी माना गया तथा इसके अन्तर्गत कुल ब्रिटिश भारत का 51% क्षेत्र शामिल था।
- 1836 ई. में विगेर व गोल्ड स्मिथ ने रैयतवाड़ी व्यवस्था में कुछ सुधार किए।

महालवाड़ी बन्दोबस्त

- यह व्यवस्था 1822 ई. में हॉल्ट मैकेन्जी द्वारा तैयार की गई, जिसे गंगा की घाटी, उत्तरी-पश्चिमी प्रान्तों, मध्य भारत के कुछ भाग तथा पंजाब में लागू किया गया।
- इसमें राजस्व को स्थायी रूप से तय नहीं किया गया, बल्कि उसमें समय-समय पर संशोधन का प्रावधान था। इसमें कुछ गाँवों को मिलाकर 'महाल' बनता था तथा इसके मुखिया को राजस्व एकत्र करने का अधिकार था।
- इसके अन्तर्गत ब्रिटिश भारत का 30% क्षेत्र आता था।

भारतीय नील की माँग

- नील मुख्यत: उष्णकटिबन्धीय पौधा है तथा भारत में यह उगाया जाता है, जिसकी माँग यूरोप के बाजारों में थी।
- औद्योगीकरण के बाद नील की माँग में तेजी आ गई तथा 1783 ई. से 1789 ई. के बीच विश्व में नील का उत्पादन आधा रह गया और ब्रिटेन के रंगरेज को नील की आपूर्ति के लिए भारत की ओर रुख किया।
- भारत में ब्रिटिश सत्ता ने नील की खेती के लिए बड़े पैमाने पर कान्ट्रैक्ट खेती को प्रारम्भ किया। बंगाल की नील की माँग दुनिया के बाजारों में सबसे ज्यादा थी।
- नील की माँग को देखते हुए बहुत से ब्रिटिश व्यापारियों ने भारत में नील की खेती के लिए जमीन पट्टे पर ली तथा मजदूरों से खेती करवाने लगे।

रैयतों की जमीन पर नील की खेती

- रैयत व्यवस्था में बागान मालिक रैयतों के साथ अनुबन्ध के अन्तर्गत उन्हें कर्जा देते थे तथा उनसे 3/20 भाग जमीन पर नील की खेती करने को कहते थे।
- इस प्रक्रिया को तीन 'कठिया पद्धति' कहा जाता है तथा खेती के लिए बागान मालिक किसानों को बीज, उपकरण, आदि मुहैया कराते थे।
- एक फसल के बाद यही चक्र दोबारा चलता रहता था।

उपनिवेशवाद और आदिवासी समाज

- भारत ब्रिटेन का उपनिवेश था तथा अपने हित की पूर्ति के लिए उसने समाज के प्रभावी वर्गों से सम्पर्क साधने का प्रयास किया। इस सम्बन्ध में उच्च वर्ग को फायदा हुआ तथा किसान एवं मजदूर और आदिवासी वर्ग पर बुरा प्रभाव पड़ा।
- किसान, मजदूर व आदिवासी वर्ग ने अपने हितों की रक्षा के लिए ब्रिटिश प्रान्त के विभिन्न भागों में आन्दोलन किए तथा आदिवासी समाज में मुण्डा, सन्थाल, उरांव आदि जनजातियों ने इसमें हिस्सा लिया।

जनजातीय समूह के लोगों का जीवन

- भारत के अधिकांश भागों में 19वीं शताब्दी तक आदिवासी समाज अपने जीवन-यापन के लिए झूम खेती व घुमन्तू खेती करते थे।
- झूम खेती में जंगल की जमीन को साफकर उस पर खेती की जाती थी। घुमन्तू किसान मुख्य रूप से पूर्वोत्तर और मध्य भारत की पर्वतीय व जंगली क्षेत्रों में रहते थे।
- इस प्रकार के आदिवासियों में पंजाब के पहाड़ों में रहने वाले गुर्जर, आन्ध्र प्रदेश के लबाड़िया, कुल्लू के गद्दी व कश्मीर के बकरवाल आदि जनजातियाँ तथा छोटानागपुर के क्षेत्रों में मुण्डा, सन्थाल, हो, उराँव आदि प्रमुख हैं।
- अंग्रेजों को इनके बारे में विश्वास था कि ये लोग जंगली व बर्बर हैं तथा इन्हें स्थाई रूप से बसाना आर सभ्य बनाना जरूरी है।

वन कानून का आदिवासियों के जीवन पर प्रभाव

- ब्रिटिश काल में वनों को सरकार के अन्तर्गत लाने के लिए वन अधिनियम, 1927 को पारित किया गया। इससे अंग्रेजों ने सारे जंगलों पर अपना अधिकार स्थापित कर लिया और वन को राज्य की सम्पत्ति घोषित कर दिया।
- इस अधिनियम से जंगलों में निवास करने वाले आदिवासियों की स्वतन्त्रता बाधित हुई तथा वे इसके खिलाफ विद्रोह करने लगे। इस प्रकार के विद्रोह में 1906 ई. में सोंग्राम संगमा द्वारा असम में और 1930 ई. के दशक के मध्य प्रान्त में हुए वन सत्याग्रह प्रमुख हैं।
- आदिवासियों पर इस अधिनियम द्वारा विभिन्न प्रकार के जुल्म किए जाते थे तथा उनको अपने निवास स्थान को छोड़कर दूसरी जगहों पर रहना पड़ता था।

व्यापार की समस्या

- 19वीं शताब्दी में व्यापारी व महाजन जंगलों में जाकर आदिवासी समूहों से मजदूरी करवाने लगे और वन उपज खरीदने, नकद ऋण देने आदि का काम करने लगे।
- रेशम की माँग बढ़ने से महाजन व व्यापारी जंगलों में जाकर आदिवासियों से औने-पौने दामों पर कृमिकोषों को खरीदकर उन्हें दूसरी जगहों पर अच्छे दामों में बेचते थे।
- रेशम उत्पादन करने वाले आदिवासियों को इससे बहुत कम लाभ हुआ तथा बिचौलिओं ने अधिक लाभ कमाया।

13 » 1857 ई. का विद्रोह

प्रथम स्वतन्त्रता संग्राम

- 1857 ई. का विद्रोह केवल सिपाहियों के असन्तोष का परिणाम मात्र नहीं था। यह औपनिवेशिक शासन की नीतियाँ, जनता का असन्तोष तथा विदेशी शासन के प्रति उनकी घृणा का परिणाम था।
- वीर सावरकर ने अपनी पुस्तक 'भारतीय स्वतन्त्रता का युद्ध' में इस संघर्ष का विस्तृत उल्लेख किया है।

विद्रोह के प्रमुख कारण

1857 ई. के विद्रोह के प्रमुख कारण निम्नलिखित हैं

अंग्रेजों की आर्थिक नीतियाँ

- अंग्रेजों की भू-राजस्व पद्धतियों, स्थायी बन्दोबस्त, रैयतवाड़ी और महालवाड़ी प्रथा से अंग्रेजों ने भारतीय किसानों का शोषण किया।
- गाँवों के किसान और जमींदार भारी-भरकम लगान और कर वसूली के सख्त तौर-तरीकों से परेशान थे।
- भारतीय सिपाहियों के वेतन, भत्ते और सेवा शर्तों के साथ-साथ धार्मिक भावनाओं और आस्थाओं को ब्रिटिश ठेस पहुँचाते रहे थे।
- 1824 ई. को जब भारतीय सिपाहियों को समुद्र के रास्ते बर्मा जाने का आदेश मिला, तो उन्होंने जाने से इंकार कर दिया। जिसे 1856 ई. में कम्पनी को एक नया कानून बनाना पड़ा, जिसमें किसी भी व्यक्ति को समुद्र पार जाना अनिवार्य कर दिया गया था।

प्रशासनिक एवं राजनैतिक असन्तोष

- इस क्रान्ति से पूर्व लॉर्ड वेलेजली की सहायक सन्धि और लॉर्ड डलहौजी का व्यपगत सिद्धान्त से भारतीय जनता में असन्तोष था।
- 18वीं सदी के मध्य से ही राजाओं और नवाबों की ताकत एवं सत्ता छिनने लगी थी। उनकी सेनाओं को भंग कर दिया गया तथा उनके राजस्व वसूली के अधिकार व राज्य क्षेत्र एक-एक कर छिनते जा रहे थे।
- अवध की रियासत अंग्रेजों के कब्जे में जाने वाली आखिरी रियासत थी। 1801 ई. में अवध पर एक सहायक सन्धि थोपी गई और 1856 ई. में अंग्रेजों ने उसे अपने कब्जे में ले लिया।

सामाजिक कारण

- अंग्रेज भारतीयों को घृणा की दृष्टि से देखते थे। भारतीयों के लिए रेलवे की प्रथम श्रेणी में यात्रा करना वर्जित था। वे किसी प्रकार के सामाजिक उत्सव में भाग नहीं लेते थे।

धार्मिक कारण

- 1850 ई. में पैतृक सम्पत्ति कानून धार्मिक अयोग्यता अधिनियम के द्वारा अंग्रेजों ने हिन्दू धर्म छोड़कर ईसाई बनने वालों को प्रोत्साहित किया।
- कम्पनी के निदेशक मण्डल के प्रधान मैगल्स ने हाउस ऑफ कॉमन्स में घोषित किया-''ईश्वर ने इंग्लैण्ड को हिन्दुस्तान का विस्तृत साम्राज्य इसलिए सौंपा है, ताकि ईसाई धर्म का झण्डा भारत के एक छोर से दूसरे छोर तक लहरा सके।''

सैनिक कारण

- 1764 ई. में बंगाल में सिपाही विद्रोह और 1806 ई. में बैल्लूर के सैनिकों ने विद्रोह कर दिया। 1824 ई. में बैरकपुर के सिपाहियों ने समुद्री मार्ग से बर्मा जाने से मना कर दिया।
- 1844 ई. में बंगाल की चार रेजीमेन्ट ने बिना अतिरिक्त भत्ता के सिन्ध जाने से मना कर दिया। वेतन, भत्ते, पद व पदोन्नति के सम्बन्ध में भारतीय सैनिकों की उपेक्षा की जाती थी।
- 1856 ई. में लॉर्ड कैनिंग ने सामान्य सेना भर्ती अधिनियम पारित कर दिया, जिसमें भारतीय सैनिकों को भारत से बाहर जाना आवश्यक कर दिया।

तात्कालिक कारण

- 29 मार्च, 1857 ई. को मंगल पाण्डे नामक एक सैनिक ने बैरकपुर में गाय की चर्बी मिले कारतूसों को मुँह से काटने से स्पष्ट मना कर दिया, जिसके फलस्वरूप उन्हें गिरफ्तार कर 8 अप्रैल, 1857 को फाँसी दे दी गई।
- मंगल पाण्डे का सम्बन्ध 34वाँ बंगाल नेटिव इन्फैन्ट्री (B.N.F) से था।
- 10 मई, 1857 को मेरठ की पैदल टुकड़ी सेना द्वारा क्रान्ति की शुरुआत हुई।

1857 ई. की क्रान्ति के बारे में इतिहासकारों का मत

मत	इतिहासकार
यह भारत का प्रथम स्वतन्त्रता संग्राम था	वी.डी. सावरकर
यह राष्ट्रीय विद्रोह था	डिजरायली
यह बर्बरता तथा सभ्यता के बीच युद्ध था	टी.आर.होम्स
यह पूर्णतया सिपाही विद्रोह था	सर जॉन लॉरेन्स एवं सीले
यह अंग्रेजों के विरुद्ध हिन्दू एवं मुसलमानों का षड्यन्त्र था	जैम्स आउट्रम तथा डब्ल्यू टेलर
यह धर्मान्धों का ईसाइयों के विरुद्ध युद्ध था	एल.ई.आर. रीज

1857 ई. की महान क्रान्ति के प्रमुख केन्द्र

भारतीय नायक	समय	केन्द्र	ब्रिटिश नायक	समय
बहादुरशाह जफर एवं जफर बख्त खाँ (सैन्य नेतृत्व)	11, 12 मई 1857	दिल्ली	निकल्सन हडसन	21 सितम्बर, 1857
नाना साहब एवं तात्यां टोपे	5 जून, 1857	कानपुर	कैम्पबेल	6 सितम्बर, 1857
बेगम हजरत महल	4 जून, 1857	लखनऊ	कैम्पबेल	मार्च, 1858
रानी लक्ष्मीबाई एवं तात्यां टोपे	जून, 1857	झाँसी,ग्वालियर	ह्यूरोज	3 अप्रैल, 1858
लियाकत अली	1857 ई.	इलाहाबाद, बनारस	कर्नल नील	1858 ई.
कुँवर सिंह	अगस्त, 1857	जगदीशपुर (बिहार)	विलियम टेलर, मेजर बिसेण्ट आयर	1858 ई.
खान बहादुर खाँ	1857 ई.	बरेली	–	1858 ई.
मौलवी अहमद उल्ला	1857 ई.	फैजाबाद	–	1858 ई.
अजीमुल्ला	1857 ई.	फतेहपुर	जनरल रेनर्ड	1858 ई.

14 » महिलाएँ, कृषक व जनजातीय आन्दोलन

महिला आन्दोलन

- भारतीय समाज में महिलाओं से सम्बन्धित अनेक कुरीतियाँ थीं; जैसे—सती-प्रथा, बाल-विवाह, विधवाओं की कष्टकारक स्थिति, अशिक्षा आदि। इन कुरीतियों को खत्म करने के लिए भारत में अनेक समाज सुधारकों ने महिला आन्दोलन चलाए हैं।

राजा राममोहन राय और सती-प्रथा का विरोध

- राजा राममोहन राय को 'भारतीय पुनर्जागरण का अग्रदूत' और 'आधुनिक भारत का जनक' कहा जाता है। उन्होंने भारतीय समाज में प्रचलित सामाजिक बुराइयों के विरोध में आन्दोलन चलाया।
- राजा राममोहन राय ने 1828 ई. में ब्रह्म समाज की स्थापना की, जिसके माध्यम से बाल-विवाह एवं बहु-विवाह को अनुचित एवं विधवा-विवाह को उचित ठहराया।
- सती-प्रथा का अन्त राजा राममोहन के सहयोग से लॉर्ड विलियम बैण्टिंक ने 1829 ई. में किया।

आत्माराम पाण्डुरंग एवं विधवा विवाह

- ब्रह्म समाज के आधार पर 1867 ई. में महाराष्ट्र में प्रार्थना समाज की स्थापना आत्माराम पाण्डुरंग ने की थी। प्रार्थना समाज ने जाति-व्यवस्था का विरोध किया और अन्तर्जातीय-विवाह, विधवा-विवाह, स्त्री शिक्षा पर अधिक बल दिया।

दयानन्द सरस्वती एवं समाज सुधार

- आधुनिक भारत में सामाजिक एवं धार्मिक पुनर्जागरण लाने में दयानन्द सरस्वती द्वारा 1875 ई. में स्थापित आर्य समाज की महत्त्वपूर्ण भूमिका रही है।
- आर्य समाज ने अन्ध-विश्वास, मूर्तिपूजा, पर्दा-प्रथा, बाल-विवाह, बहु-विवाह, छुआछूत आदि का विरोध किया एवं विधवा विवाह, नारी-शिक्षा आदि पर विशेष जोर दिया।

रामकृष्ण मिशन

- रामकृष्ण मिशन की स्थापना स्वामी विवेकानन्द ने अपने गुरु रामकृष्ण परमहंस की स्मृति में की। इस मिशन ने स्त्रियों की स्थिति में सुधार के लिए अनेक प्रयास किए।

ईश्वरचन्द्र विद्यासागर एवं नारी शिक्षा

ईश्वरचन्द्र विद्यासागर ने विधवाओं की दयनीय दशा में सुधार के लिए 1856 ई. में विधवा-पुनर्विवाह अधिनियम पारित कराया। उन्होंने बाल-विवाह एवं नारी शिक्षा पर भी विशेष बल दिया।

प्रमुख समाज सुधार अधिनियम

अधिनियम	वर्ष	गवर्नर जनरल	विषय	सम्बन्धित व्यक्ति
सती प्रथा पर प्रतिबन्ध	1829	लॉर्ड विलियम बैण्टिंक	सती-प्रथा पर पूर्ण प्रतिबन्ध	राजा राममोहन राय
शिशु वध प्रतिबन्ध	1785-1804	वेलेजली	शिशु हत्या पर रोक	–
हिन्दू विधवा पुनर्विवाह	1856	लॉर्ड कैनिंग	विधवा-विवाह को अनुमति	ईश्वरचन्द्र विद्यासागर
नेटिव मैरिज एक्ट	1872	नार्थब्रुक	अन्तर्जातीय विवाह की अनुमति	केशवचन्द्र सेन
एज ऑफ कन्सेट एक्ट	1891	लैन्सडाउन	लड़की की विवाह की आयु 12 वर्ष निर्धारित की गई	बी.एस. मालावरी
शारदा एक्ट	1930	इरविन	लड़की की विवाह की आयु 14 वर्ष निर्धारित की गई	हरिविलास शारदा
दास प्रथा पर प्रतिबन्ध	1843	एलनबारो	दासता पर पूर्ण प्रतिबन्ध	–

कृषक आन्दोलन

- ब्रिटिश शासन की राजस्व व्यवस्था ने मध्यस्थों की एक नई श्रेणी विकसित की। बढ़ते लगान के कारण किसान उधार लेने को बाध्य हुए, जिससे साहूकारों के एक वर्ग का उदय हुआ।
- किसानों के द्वारा इन वर्गों के विरुद्ध विभिन्न विद्रोह, जिनका मुख्य उद्देश्य सामन्तशाही बन्धनों को तोड़ना अथवा कमजोर करना था। उन्होंने भूमि लगान बढ़ाने, बेदखली और साहूकारों की ब्याजखोरी के विरुद्ध विरोध प्रकट किया।

अंग्रेजी शासन के विरुद्ध महत्त्वपूर्ण कृषक आन्दोलन

आन्दोलन (विद्रोह)	काल	प्रभावित क्षेत्र	सम्बन्धित नेतृत्वकर्ता
रामोसी विद्रोह	1822-29 ई.	पश्चिमी घाट	चित्तर सिंह
मोपला विद्रोह	1920-22 ई.	मालाबार (केरल)	अली मुसलियार
नील विद्रोह	1854-62 ई.	बंगाल, बिहार	तिरुत सिंह
पाबना विद्रोह	1873-76 ई.	पाबना (बंगाल)	ईशानचन्द्र राय एवं शम्भूपाल
दक्कन विद्रोह	1874-75 ई.	महाराष्ट्र	–
अवध विद्रोह	1918 ई.	अवध (संयुक्त प्रान्त)	गौरीशंकर मिश्र, इन्द्र नारायण द्विवेदी, मदन मोहन मालवीय

एका विद्रोह	1920-21	संयुक्त प्रान्त	मदारी पासी, सहदेव
बारदोली विद्रोह	1928 ई.	सूरत (गुजरात)	सरदार वल्लभभाई पटेल
वर्ली विद्रोह	1945 ई.	वर्ली (महाराष्ट्र)	–
तेभाग विद्रोह	1946 ई.	बंगाल	कम्पाराम, भवन सिंह

अखिल भारतीय किसान सभा (1936 ई.)

- 11 अप्रैल 1936 ई. को लखनऊ में अखिल भारतीय किसान सभा की स्थापना की गई। इसके सचिव एन.जी. रंग एवं अध्यक्ष स्वामी सहजानन्द सरस्वती थे। इस सम्मेलन में भू-राजस्व की दर को 50% कम करने तथा किसान संगठनों को मान्यता देने की माँग रखी गई थी।
- किसान आन्दोलन को गति देने के लिए वर्ष 1938 में आन्ध्र प्रदेश के गुण्टूर जिले में 'निदुब्रोल' में पहला किसान स्कूल खोला गया था।

जनजातीय आन्दोलन

- औपनिवेशिक काल में अंग्रेजों ने अपने साम्राज्य विस्तार के क्रम में कृषकों एवं आदिवासियों को उनकी जमीनों तथा क्षेत्रों से बेदखल कर दिया था, जिससे इन समुदायों में ब्रिटिश राज के प्रति तीव्र असन्तोष फैला, जिसके परिणामस्वरूप समय-समय पर देश के विभिन्न भागों में जनजातीय विद्रोह हुए।

अंग्रेजी शासन के विरुद्ध महत्त्वपूर्ण जनजातीय आन्दोलन

आन्दोलन (विद्रोह)	काल	प्रभावित क्षेत्र	सम्बन्धित नेतृत्वकर्ता
संन्यासी विद्रोह	1760-1800 ई.	बिहार, बंगाल	केना सरकार, दिर्जिनारायण
चुआर विद्रोह	1798 ई.	बाँकुड़ा (बंगाल)	दुर्जन सिंह
मुण्डा विद्रोह	1899-1900 ई.	बिहार	बिरसा मुण्डा
भील विद्रोह	1825-31 ई.	पश्चिमी घाट	सेवाराम
अहोम विद्रोह	1828 ई.	असम	गोमधर कुँवर
कोल विद्रोह	1831-32 ई.	छोटानागपुर (झारखण्ड)	गोमधर कुँवर
खासी विद्रोह	1833 ई.	असम	तीरत सिंह
सन्थाल विद्रोह	1855-56 ई.	बंगाल, बिहार	सिद्धू-कान्हू
नागा विद्रोह	1932 ई.	नागालैण्ड	रानी गौडिनल्यु
रम्पा विद्रोह	1879-82 ई.	आन्ध्र प्रदेश	सीताराम राजू
फकीर विद्रोह	1776-77 ई.	बंगाल	मजनुन शाह, चिराग अली
पौलीगारों का विद्रोह	1799-01 ई.	तमिलनाडु	वीर. पी. काहावाम्मान
कित्टूर विद्रोह	1824-29 ई.	कर्नाटक	रानी चेन्नमा
पागलपन्थी विद्रोह	1825-27 ई.	असम	करमशाह
खरवार विद्रोह	1837-56 ई.	तमिलनाडु, बंगाल	चक्र बिसोई
फराजी विद्रोह	1838-48 ई.	बंगाल	शरीयातुल्ला दुदु मियाँ
पाइक विद्रोह	1817-25 ई.	उड़ीसा	बख्शी जगबन्धु
कूका विद्रोह	1840 ई.	पंजाब	भगत जवाहर मल

15 » भारतीय राष्ट्रीय आन्दोलन तथा स्वतन्त्रता के पश्चात् भारत

राष्ट्रीय आन्दोलन

- 19वीं शताब्दी में भारत में राष्ट्रीय आन्दोलन की शुरुआत हुई। इस आन्दोलन के दौरान धर्म सुधार, आधुनिकीकरण तथा पाश्चात्य शिक्षा को अपनाया गया।

राष्ट्रवाद का उदय

- राष्ट्रवादी चेतना 1850 ई. के बाद राजनीतिक संगठनों में दिखाई देने लगी। 1870 और 1880 ई. के दशकों में बने राजनीतिक संगठनों में यह चेतना और गहरी हो चुकी थी।
- 1878 ई. में आर्म्स एक्ट पारित किया गया, जिसके द्वारा भारतीयों से अपने पास हथियार रखने का अधिकार छीन लिया गया था। उसी वर्ष वर्नाक्यूलर प्रेस एक्ट पारित किया गया।
- ब्रिटिश सरकार ने 1883 ई. में इल्बर्ट बिल लागू करने का प्रयास किया जिसमें यह प्रावधान था कि भारतीय न्यायाधीश भी ब्रिटिश व्यक्तियों पर मुकदमे चला सकते हैं।
- ए.ओ. ह्यूम के प्रयास से 1885 ई. में मुम्बई में भारतीय राष्ट्रीय कॉंग्रेस की स्थापना हुई तथा आगे चलकर इसी संगठन ने राष्ट्रवाद का नेतृत्व किया।
- बंगाल, पंजाब और महाराष्ट्र में विपिनचन्द्र पाल, बालगंगाधर तिलक और लाला लाजपत राय जैसे नेता आमूल परिवर्तनवादी उद्देश्य और पद्धतियों के अनुरूप काम करने लगे तथा 'निवेदन की राजनीति' का विरोध किया।
- वर्ष 1905 में वायसराय कर्जन ने बंगाल का विभाजन कर दिया। इसके विरोध में 7 अगस्त, 1905 को कलकत्ता के टाउन हॉल में स्वदेशी आन्दोलन की घोषणा की गयी। स्वदेशी आन्दोलन का विचार सर्वप्रथम कृष्ण कुमार मित्र के पत्र संजीवनी में प्रस्तुत किया गया था।
- वर्ष 1906 में मुस्लिमों ने ढाका में ऑल इण्डिया मुस्लिम लीग का गठन किया। इसका प्रथम अधिवेशन वर्ष 1908 में अमृतसर में हुआ, जिसके प्रथम अध्यक्ष आगा खाँ बने।

कांग्रेस का सूरत अधिवेशन

- राष्ट्रीय आन्दोलन की उग्रता के साथ-साथ कांग्रेस के उदारवादियों (दादा भाई नौरोजी, सुरेन्द्रनाथ बनर्जी, गोपाल कृष्ण गोखले आदि) एवं उग्रवादियों (लाला लाजपत राय, विपिनचन्द्र पाल तथा बालगंगाधर तिलक) के मध्य मतभेद व्यापक होते जा रहे थे, जिसके परिणामस्वरूप वर्ष 1907 के भारतीय राष्ट्रीय कांग्रेस के सूरत अधिवेशन में कांग्रेस उदारवादी एवं उग्रवादी गुटों में विभक्त हो गई।

गदर आन्दोलन

- 1 नवम्बर, 1913 में अनेक भारतीयों ने लाला लाजपत राय के नेतृत्व में सेन फ्रांसिस्को (अमेरिका) में गदर पार्टी की स्थापना की। सोहन सिंह भाक्खना इसके प्रथम अध्यक्ष, लाला हरदयाल इसके प्रथम मन्त्री एवं काशीराम कोषाध्यक्ष चुने गए थे।

लखनऊ पैक्ट

- मुस्लिम लीग और कांग्रेस द्वारा नियुक्त समितियों ने मिलकर एक संयुक्त योजना बनाई, जो 1916 के कांग्रेस के लखनऊ अधिवेशन में स्वीकृत हो गई, जिसे 'कांग्रेस-लीग योजना' या 'लखनऊ पैक्ट' कहते हैं।
- लखनऊ पैक्ट द्वारा कांग्रेस ने पहली बार मुसलमानों के लिए पृथक् निर्वाचन मण्डल की माँग को औपचारिक रूप से स्वीकार कर लिया।

होमरूल लीग आन्दोलन

- बालगंगाधर तिलक ने स्वशासन प्राप्ति हेतु मार्च, 1916 में पूना में होमरूल लीग का गठन किया था।
- होमरूल आन्दोलन आयरलैण्ड से प्रेरित है। सितम्बर, 1916 में कांग्रेस के बम्बई अधिवेशन में श्रीमती ऐनी बेसेण्ट द्वारा होमरूल लीग का प्रस्ताव लाया गया था।

अगस्त घोषणा

- भारत सचिव माण्टेग्यू द्वारा 20 अगस्त, 1917 को ब्रिटेन की कॉमन्स सभा में एक प्रस्ताव रखा गया, जिसमें भारत में प्रशासन की हर शाखा में भारतीयों को अधिक प्रतिनिधित्व दिए जाने की बात कही गई। इसे 'अगस्त घोषणा' कहा गया था।

रॉलेट सत्याग्रह

- 19 मार्च, 1919 को रॉलेट एक्ट लागू किया गया। इसके अनुसार किसी भी सन्देहास्पद व्यक्ति को बिना मुकदमा चलाए गिरफ्तार किया जा सकता था।
- गाँधी जी ने इस कानून के विरुद्ध 6 अप्रैल, 1919 को देशव्यापी हड़ताल करवाई।
- 13 अप्रैल, 1919 को अमृतसर में जनरल डायर द्वारा जलियाँवाला बाग में किया गया हत्याकाण्ड इसी कानून का हिस्सा था। रवीन्द्रनाथ टैगोर ने इसके विरोध में नाइटहुड की उपाधि वापस लौटा दी।

खिलाफत आन्दोलन और असहयोग आन्दोलन

- खिलाफत आन्दोलन भारतीय मुसलमानों का मित्र राष्ट्रों के विरुद्ध विशेषकर ब्रिटेन के विरुद्ध तथा टर्की के समर्थन में था। 19 अक्टूबर, 1919 को समूचे देश में खिलाफत दिवस मनाया गया।
- रॉलेट एक्ट, जलियाँवाला बाग हत्याकाण्ड और खिलाफत आन्दोलन के उत्तर में गाँधी जी ने 1 अगस्त, 1920 को असहयोग आन्दोलन प्रारम्भ किया।
- 5 फरवरी, 1920 को गोरखपुर जिले के चौरी-चौरा नामक स्थान पर आन्दोलनकारियों ने थाने में आग लगा दी, जिसमें एक थानेदार समेत 21 लोग मारे गए। इस घटना से दुखी होकर 11 फरवरी, 1922 को असहयोग आन्दोलन स्थगित कर दिया गया।

स्वराज पार्टी का गठन

- असहयोग आन्दोलन की समाप्ति के पश्चात् मार्च, 1923 में मोतीलाल नेहरू तथा सी. आर. दास ने इलाहाबाद में स्वराज पार्टी की स्थापना की।

साइमन कमीशन

- साइमन कमीशन 3 फरवरी, 1928 को भारत आया। इसे 'वाइटमैन कमीशन' भी कहते हैं। 30, अक्टूबर, 1928 को लाहौर में साइमन आयोग के विरुद्ध प्रदर्शन करते समय पुलिस की लाठी से लाला लाजपत राय घायल हो गए और बाद में उनकी मृत्यु हो गई।
- इसमें वर्ष 1919 के भारत सरकार अधिनियम के अन्तर्गत लागू की गई द्वैध शासन व्यवस्था को समाप्त कर उत्तरदायी शासन की व्यवस्था की गई थी।

नेहरू रिपोर्ट

- भारतीय नेताओं का वर्ष 1928 में दिल्ली में एक सर्वदलीय सम्मेलन हुआ। 19 मई, 1928 को बम्बई में दूसरा सम्मेलन हुआ, जिसमें संविधान के मसौदे तैयार किए गए, जिसे 'नेहरू रिपोर्ट' कहते हैं।
- नेहरू रिपोर्ट अगस्त, 1928 को लखनऊ में आयोजित सर्वदलीय सम्मेलन में स्वीकार कर ली गई। इस रिपोर्ट में 'पूर्ण स्वराज' को अन्तिम लक्ष्य माना गया।

कांग्रेस का लाहौर अधिवेशन

- कांग्रेस के वर्ष 1929 के लाहौर अधिवेशन में 'पूर्ण स्वराज' का लक्ष्य रखा था। 31 दिसम्बर, 1929 को जवाहरलाल नेहरू ने रावी नदी के तट पर नवग्रहीत तिरंगे झण्डे को फहराया। इसी अधिवेशन में 26 जनवरी, 1930 को 'प्रथम स्वतन्त्रता दिवस' के रूप में मनाने का निश्चय किया।

दाण्डी यात्रा

- 12 मार्च, 1930 को गाँधी जी ने 79 समर्थकों के साथ साबरमती आश्रम से लगभग 322 किमी दूर दाण्डी के लिए प्रस्थान किया। 6 अप्रैल, 1930 को गाँधी जी ने नमक कानून तोड़ा और 'सविनय अवज्ञा आन्दोलन' की शुरुआत की।

गोलमेज सम्मेलन

- प्रथम गोलमेज सम्मेलन 12 नवम्बर, 1930 को हुआ, जिसमें कांग्रेस ने भाग नहीं लिया।

- दूसरा गोलमेज सम्मेलन 7 सितम्बर, 1931 को हुआ, जिसमें गाँधी जी ने कांग्रेस प्रतिनिधिमण्डल के तौर पर भाग लिया, जो साम्प्रदायिक प्रतिनिधित्व के कारण असफल रहा।
- तीसरा गोलमेज सम्मेलन 17 नवम्बर, 1932 को हुआ था, जिसमें कांग्रेस ने भाग नहीं लिया था।
- तीनों गोलमेज सम्मेलन में भीमराव अम्बेडकर शामिल हुए थे तथा तीनों गोलमेज सम्मेलन के समय इंग्लैण्ड का प्रधानमन्त्री जेम्स रैम्जे मैक्डोनाल्ड था।

गाँधी इरविन समझौता

4 मार्च, 1931 को गाँधी-इरविन समझौता हुआ, जिसके बाद गाँधी जी ने सविनय अवज्ञा आन्दोलन स्थगित कर दिया। इसे दिल्ली-समझौता के नाम से भी जाना जाता है।

साम्प्रदायिक पंचाट

- 16 अगस्त, 1932 को विभिन्न सम्प्रदायों के प्रतिनिधिमण्डल के विषय पर ब्रिटिश प्रधानमन्त्री रैम्जे मैक्डोनाल्ड ने 'कम्युनल अवार्ड' जारी किया। इसमें मुसलमानों एवं दलितों के लिए पृथक् निर्वाचन की व्यवस्था की गई थी, जिसके विरोध में गाँधी जी ने 20 सितम्बर, 1932 को आमरण अनशन प्रारम्भ कर दिया था।

पूना समझौता

- गाँधी जी एवं अम्बेडकर के मध्य 25 सितम्बर, 1932 को एक समझौता हुआ, जिसे 'पूना समझौता' के नाम से जाना जाता है। इसमें पृथक् निर्वाचन की माँग को वापस ले लिया गया था।

वर्ष 1937 के चुनाव तथा कांग्रेसी मन्त्रिमण्डल

- वर्ष 1935 के भारत सरकार अधिनियम के तहत फरवरी 1937 में चुनाव कराए गए, जिसमें कांग्रेस को ग्यारह में से पाँच प्रान्तों में पूर्ण बहुमत मिला, तथा 6 प्रान्तों में सरकार बनाई।

कांग्रेस मन्त्रिमण्डल का त्यागपत्र तथा मुस्लिम लीग का मुक्ति दिवस

- 1 सितम्बर, 1939 को द्वितीय विश्व युद्ध प्रारम्भ हो गया। तत्कालीन वायसराय लिनलिथगो ने किसी भारतीय नेता की सलाह लिए बिना भारत को द्वितीय विश्व युद्ध में शामिल कर लिया।
- कांग्रेस ने इसके विरोध में 22 नवम्बर, 1939 को सामूहिक रूप से मन्त्रिमण्डल से त्यागपत्र दे दिया।
- मुस्लिम लीग ने इसी दिन को मुक्ति दिवस के रूप में मनाया।

पृथक् पाकिस्तान की माँग

- 20 मार्च, 1940 को मुस्लिम लीग के लाहौर अधिवेशन में अध्यक्षता करते हुए मुहम्मद अली जिन्ना ने पाकिस्तान की माँग की। वर्ष 1940 के दिल्ली अधिवेशन में खलीकुज्जमान ने पाकिस्तान नाम से अलग राष्ट्र का प्रस्ताव रखा।

व्यक्तिगत सत्याग्रह

- वर्ष 1940 में कांग्रेस के रामगढ़ अधिवेशन में मौलाना अबुल कलाम अजाद की अध्यक्षता में गाँधी जी के नेतृत्व में व्यक्तिगत सत्याग्रह शुरू किया गया।
- प्रथम सत्याग्रही विनोबा भावे तथा दूसरे सत्याग्रही जवाहरलाल नेहरू थे।

भारत छोड़ो आन्दोलन

- 8 अगस्त, 1942 को बम्बई के 'ग्वालिया टैंक मैदान' में कांग्रेस का अधिवेशन हुआ, जिसमें गाँधी जी के नेतृत्व में भारत छोड़ो प्रस्ताव स्वीकृत हो गया। इसी आन्दोलन में गाँधी जी ने 'करो या मरो' का नारा दिया गया।

क्रिप्स मिशन

- ब्रिटिश प्रधानमन्त्री चर्चिल ने स्टैनफोर्ड क्रिप्स की अध्यक्षता में एक मिशन 22 मार्च, 1942 को भारत भेजा, जिसे 'क्रिप्स मिशन' कहा जाता है। इसके अन्य सदस्य थे-ए.पी. अलेक्जेण्डर तथा पैथिक लॉरेन्स।
- कांग्रेस ने इस प्रस्ताव को अस्वीकार कर दिया, क्योंकि यह भारतीय एकता एवं अखण्डता के लिए खतरा था।

वेवेल योजना

- ब्रिटिश सरकार से परामर्श के पश्चात् भारत में व्याप्त गतिरोध को दूर करने के लिए लॉर्ड वेवेल ने 4 जून, 1945 को भारतीयों के समक्ष 'वेवेल योजना' को रखा।

शिमला सम्मेलन

- 25 जून, 1945 को शिमला में एक सर्वदलीय सम्मेलन का आयोजन किया गया था जिसमें यह शर्त थी कि वायसराय की कार्यकारिणी परिषद् में मुस्लिम सदस्यों का चयन वह स्वयं करेगी।

कैबिनेट

- 24 मार्च, 1946 को दिल्ली पहुँचे कैबिनेट मिशन के सदस्य थे-स्टेफोर्ड क्रिप्स, पैथिक लॉरेन्स, ए. पी. अलेक्जेण्डर। 16 मई, 1946 को इस मिशन ने अपनी रिपोर्ट प्रस्तुत की।
- कैबिनेट मिशन योजना को मुस्लिम लीग ने 6 जून, 1946 को और कांग्रेस ने 25 जून, 1946 को स्वीकार कर लिया।
- कैबिनेट मिशन योजना को स्वीकार किए जाने के पश्चात् संविधान के निर्माण के लिए हुए चुनाव में कांग्रेस ने 214 सामान्य स्थानों में से 205 और मुस्लिम लीग ने 78 स्थानों में 73 स्थान प्राप्त किए। कांग्रेस को 4 सिख सदस्यों का भी समर्थन प्राप्त था। मुस्लिम लीग ने 16 अगस्त, 1946 को सीधी या प्रत्यक्ष कार्रवाई दिवस मनाया।

माउण्टबेटन योजना

- 22 मार्च, 1947 को लॉर्ड माउण्टबेटन अन्तिम गवर्नर जनरल के रूप में भारत आया। 3 जून, 1947 को भारत विभाजन की माउण्टबेटन योजना प्रकाशित की गई।
- 14 जून, 1947 को कांग्रेस महासमिति की बैठक में गोविन्द वल्लभ पन्त ने देश के विभाजन की योजना को स्वीकार करने का प्रस्ताव पेश किया।

स्वतन्त्रता के पश्चात् भारत

- भारत औपनिवेशिक दासता से मुक्त होकर 15 अगस्त, 1947 को एक सम्प्रभु राष्ट्र की ओर अग्रसर हुआ।
- संविधान सभा के द्वारा भारतीय संविधान दिसम्बर 1946 से नवम्बर, 1946 के मध्य लिखा गया था।
- 26 जनवरी, 1950 को भारतीय संविधान लागू किया गया। भारतीय संविधान के प्रारूप समिति के अध्यक्ष डॉ. भीमराव अम्बेडकर थे।

भारत एवं विश्व का भूगोल

1 » भूगोल : सामाजिक अध्ययन व विज्ञान के रूप में

भूगोल की परिभाषा

- **मोंक हाउस** के अनुसार, "भूगोल में पृथ्वी तल का अध्ययन मानवीय निवास के रूप में क्षेत्रीय भिन्नताओं के आधार पर किया जाता है।"
- **हार्टशोर्न** के अनुसार, "भूगोल वह अनुशासन है, जो पृथ्वी तल पर एक स्थान से दूसरे स्थान तक परिवर्तनशील स्वरूपों का वर्णन और उनकी व्याख्या मानव संसार के रूप में करता है।"
- भूगोल, मानव एवं पृथ्वी के सम्बन्धों का अध्ययन है इसलिए **मिस सेम्पुल** ने कहा कि "पृथ्वी एवं मानव, भूगोल के दो गतिशील अंग हैं।"

भूगोल : सामाजिक अध्ययन के रूप में

- भूगोल के अध्ययन की शुरुआत सामाजिक अध्ययन के रूप में हुई थी। इसमें भौगोलिक घटनाओं का केवल विवरण दिया जाता था।
- सामाजिक अध्ययन के अन्य शास्त्रों जैसे, इतिहास, नागरिकशास्त्र, समाजशास्त्र आदि की तरह इसे वर्णनात्मक या विवरणात्मक विषय माना जाता है।

भूगोल : विज्ञान के रूप में

- अध्ययन पद्धति में वैज्ञानिकता का विकास होने से भूगोल का अध्ययन वैज्ञानिक तरीके से शुरु हुआ।
- वैज्ञानिक पद्धति से भौगोलिक घटनाओं के कारणों का पता लगाया जाने लगा, साथ ही भौगोलिक घटनाओं के प्रभाव का वैज्ञानिक वर्णन किया जाने लगा।
- भूगोल भौगोलिक घटनाओं का विवरण मात्र नहीं रहा। इसी आधार पर इसे विज्ञान की संज्ञा दी गई।
- भूगोल में सामाजिक अध्ययन एवं विज्ञान दोनों के गुण विद्यमान हैं।

भूगोल की शाखाएँ

- **भौतिक भूगोल** मुख्य रूप से भौतिक संरचना का अध्ययन करता है। इस शाखा में जलमण्डल वायुमण्डल, स्थलमण्डल, जैवमण्डल आदि आते हैं।
- **मानव भूगोल** भूगोल की एक शाखा है। इसका उद्देश्य मानव को केन्द्र में रखकर अध्ययन किया जाता है। इस शाखा में मानव प्रजाति, मानव प्रजाति के वितरण, समाज, संस्कृति तथा आर्थिक संरचना का अध्ययन किया जाता हैं।
- **आर्थिक भूगोल** आर्थिक पक्ष पर विशेष बल दिया जाता है। इसके अन्तर्गत प्राकृतिक संसाधनों, लोहा, आदि का अध्ययन होता है। इसमें मानव के आर्थिक क्रियाकलाप शामिल होते हैं।
- **पर्यावरण भूगोल** में पर्यावरण के विभिन्न पदों का अध्ययन किया जाता है। मानव तथा पर्यावरण के बीच अन्त:सम्बन्धों का अध्ययन भी करता है।
- **प्रयुक्त भूगोल** शाखा के अन्तर्गत भौगोलिक ज्ञान के व्यावहारिक प्रयोग पर बल दिया जाता है। इसमें भौगोलिक ज्ञान तथा कौशल का उपयोग सामाजिक, आर्थिक या अन्य संसाधनों के प्रयोग में किया जाता है।

भूगोल का अध्ययन क्षेत्र

भूगोल के अध्ययन में निम्नलिखित को सम्मिलित किया जाता है

- स्थलमण्डल के अन्तर्गत महाद्वीपों, पर्वतों आदि का अध्ययन किया जाता है।
- इसके अतिरिक्त पृथ्वी की आन्तरिक संरचना, ज्वालामुखी, भूमिगत जल भण्डारों एवं खनिज भण्डारों का अध्ययन भी इसकी विषय-वस्तु है।
- वायुमण्डल पृथ्वी के चारों ओर मिश्रित गैसों का आवरण होता है। इस मण्डल के अन्तर्गत मौसम, जलवायु परिवर्तन तथा वायुमण्डल में होने वाली विभिन्न घटनाओं का अध्ययन किया जाता है।
- जलमण्डल में महासागरीय तल का उच्चावच, जल का परिसंचरण तथा जल संसाधनों का अध्ययन भूगोल की विषय-वस्तु के अन्तर्गत आता है।
- जैवमण्डल जीवों का आवासित क्षेत्र है। इसका विस्तार स्थलमण्डल, जलमण्डल एवं वायुमण्डल की उस संक्रमण पेटी तक होता है, जो जीवों का आवासित क्षेत्र है।
- जैवमण्डल में प्राणी एवं वनस्पतिजन्य संगठनों का अध्ययन, स्थान एवं समय के परिवेश में किया जाता है।

भूगोल का अन्य विषयों से सम्बन्ध

- **भूगोल एवं अर्थशास्त्र** दोनों ही सामाजिक विज्ञान हैं, अत: एक-दूसरे से घनिष्ठ रूप से सम्बन्धित हैं। भूगोल मनुष्य के प्राकृतिक और सांस्कृतिक पर्यावरण का अध्ययन करता है, जबकि अर्थशास्त्र मानव की आर्थिक क्रियाओं का लेखा-जोखा प्रस्तुत करता है।
- **भूगोल एवं समाजशास्त्र** के विषयों में मनुष्य के सामाजिक जीवन के सभी पहलुओं का अध्ययन किया जाता है। समाजशास्त्र में मनुष्य की प्रथाओं, रीति-रिवाजों का अध्ययन किया जाता है, जबकि ये सभी तथ्य मानव भूगोल के अध्ययन क्षेत्र से जुड़े हुए हैं।
- **भूगोल एवं राजनीतिशास्त्र** एक-दूसरे से जुड़े हुए हैं। इसके अन्तर्गत राज्य की उत्पत्ति, विकास और उद्देश्यों का अध्ययन किया जाता है। प्राकृतिक दशाएँ एवं सामाजिक वातावरण एक ही सिक्के के दो पहलू हैं, इसलिए दोनों विषय पूर्ण रूप से जुड़े हुए हैं।
- **भूगोल एवं इतिहास** वर्तमान भौगोलिक घटनाएँ ही अतीत के गर्भ से इतिहास बनकर प्रकट होती हैं। इतिहास मानव की भूतकालीन घटनाओं का पूर्ण विवरण प्रस्तुत करने वाला शास्त्र है। यह वर्तमान भूगोल की झलक एवं अतीत की घटनाओं का पूर्ण विवरण प्रस्तुत करता है।

2 » हमारा सौरमण्डल व ग्लोब/मानचित्र

सौरमण्डल

- सूर्य एवं उसके चारों ओर भ्रमण करने वाले 8 ग्रह, उपग्रह, धूमकेतु, उल्काएँ एवं क्षुद्रग्रह का संयुक्त रूप सौरमण्डल कहलाता है।
- सूर्य एक विशाल तारा है तथा सौरमण्डल का केन्द्र है। इससे बहुत अधिक मात्रा में प्रकाश तथा ऊष्मा का उत्सर्जन होता है।
- सूर्य तथा पृथ्वी के बीच औसत दूरी 14.98 करोड़ किमी है। सूर्य का बाह्यतम भाग जो केवल सूर्यग्रहण के समय दिखाई देता है, कोरोना कहलाता है।

सौरमण्डल में ग्रह

- वर्तमान समय में हमारे सौरमण्डल में 8 ग्रह हैं। वर्ष 2006 में प्लेटो को ग्रह के दर्जे से हटा दिया गया। सभी ग्रह अपनी-अपनी कक्षा में सूर्य की परिक्रमा करते हैं।
- सूर्य से दूरी के आधार पर ग्रहों का क्रम है—बुध, शुक्र, पृथ्वी, मंगल, बृहस्पति, शनि, अरुण तथा वरुण।
- सौरमण्डल के ग्रहों को आन्तरिक एवं बाह्य भागों में बाँटा गया है। आन्तरिक भाग में बुध, शुक्र, पृथ्वी तथा मंगल आते हैं, जबकि बाह्य भाग में बृहस्पति, शनि, यूरेनस (अरूण) तथा नेप्च्यून (वरूण) हैं।
- बुध सूर्य का सबसे निकटतम तथा सौरमण्डल का सबसे छोटा ग्रह है। बुध, सूर्य की परिक्रमा सबसे कम समय 88 दिन में करता है। बुध का अपना कोई उपग्रह नहीं है।
- शुक्र ग्रह सूर्य की परिक्रमा 225 दिनों में करता है। शुक्र ग्रह सूर्य की परिक्रमा पूर्व से पश्चिम दिशा में करता है। यह एक चमकीला ग्रह है। शुक्र को आकार एवं द्रव्यमान में पृथ्वी के बराबर होने के कारण 'पृथ्वी की बहन' भी कहा जाता है। इसे 'भोर का तारा' भी कहते हैं।

- पृथ्वी, सूर्य से दूरी के क्रम में तीसरा ग्रह है तथा आकार में पाँचवाँ स्थान है। पृथ्वी, शुक्र और मंगल के बीच स्थित है।
- मंगल ग्रह आयरन ऑक्साइड की उपस्थिति के कारण लाल दिखाई देता है, इसलिए इसे लाल ग्रह भी कहते हैं। यह सूर्य की परिक्रमा 687 दिनों में पूरी करता है। फोबोस तथा डिमोस मंगल के दो उपग्रह हैं।
- बृहस्पति सौरमण्डल का सबसे बड़ा ग्रह है। यह सूर्य की परिक्रमा 11.9 वर्षों में करता है। बृहस्पति के 63 उपग्रह हैं। गैनिमीड बृहस्पति एवं सौरमण्डल का सबसे बड़ा उपग्रह है।
- शनि ग्रह सूर्य की परिक्रमा 29.5 वर्ष में पूरी करता है। शनि के पास सर्वाधिक उपग्रह हैं। इसमें टाइटन उपग्रह सबसे बड़ा है। शनि के निर्माण में गैसों का महत्त्वपूर्ण स्थान है।
- अरुण ग्रह को 'लेटा हुआ ग्रह' भी कहते हैं। ध्रुवीय प्रदेश में इसे सूर्य से सर्वाधिक ताप व प्रकाश की प्राप्ति होती है। यह 84 वर्षों में सूर्य की परिक्रमा करता है। यह ग्रह पूर्व से पश्चिम की ओर परिक्रमा करता है।
- वरुण की खोज खगोलशास्त्री **जोहान गाले** ने की थी। यह 165 वर्ष में सूर्य की परिक्रमा करता है। वरुण के 13 उपग्रह हैं, जिनमें टाइटन एवं मेरीड प्रमुख हैं।
- मंगल और बृहस्पति ग्रह के मध्य करोड़ों किमी क्षेत्र में भिन्न-भिन्न आकार के पिण्डों की पट्टी है, जिन्हें क्षुद्र ग्रह कहते हैं। सिरस सबसे बड़ा क्षुद्र ग्रह है।
- धूमकेतु साधारणत: पुच्छल तारे के नाम से जाने जाते हैं, क्योंकि इनकी लम्बी पूँछ होती है। हेली धूमकेतु एक प्रमुख धूमकेतु है।
- अन्तरिक्ष में घूमते आकाशीय पिण्ड, जो धूल और गैस से बने होते हैं, उल्का कहलाते हैं।
- असंख्य तारों का समूह आकाशगंगा है। आकाशगंगा सर्पिलाकार होती है।

चन्द्रमा

- चन्द्रमा पृथ्वी का एकमात्र उपग्रह है और यह पृथ्वी के चारों ओर चक्कर लगाता है। चन्द्रमा का अपना प्रकाश नहीं है, बल्कि सूर्य के प्रकाश से चमकता है।
- नील आर्मस्ट्रांग वर्ष 1969 में चन्द्रमा पर जाने वाले प्रथम व्यक्ति थे। ये अपोलो-11 अन्तरिक्ष यान से गए थे।
- अमावस्या से पूर्णिमा तक जाने में 15 दिन लगते हैं यह अवधि शुक्ल पक्ष कहलाती है। पूर्णिमा से अमावस्या तक की 15 दिन की अवधि कृष्ण पक्ष कहलाती है।

ग्रहण

- पृथ्वी तथा चन्द्रमा की गति के कारण ग्रहण की स्थिति बनती है।
- जब पृथ्वी, सूर्य व चन्द्रमा के बीच में आ जाती है, तो पृथ्वी की छाया चन्द्रमा पर पड़ती है, इसे चन्द्रग्रहण कहते हैं। चन्द्रमा के पृथ्वी और सूर्य के बीच में आने पर सूर्यग्रहण होता है।

पृथ्वी एवं उसकी गतियाँ

- सौरमण्डल का एकमात्र ग्रह पृथ्वी है, जहाँ जीवन पाया जाता है। जल की उपलब्धता होने के कारण इसे 'नीला ग्रह' भी कहा जाता है।
- पृथ्वी अपने अक्ष पर $23\frac{1^\circ}{2}$ झुकी हुई है। पृथ्वी सदैव अपने अक्ष पर पश्चिम से पूर्व दिशा में घूर्णन करती है, जिसके कारण दिन और रात होते हैं। इस गति को दैनिक गति भी कहते हैं।
- पृथ्वी अपने अक्ष पर घूमने के साथ-साथ सूर्य के चारों ओर एक अण्डाकार मार्ग पर 365 दिन तथा 6 घण्टे में एक चक्कर पूरा करती है। इस गति को 'वार्षिक गति' कहते हैं। अतिरिक्त 6 घण्टे चौथे वर्ष में एक दिन की वृद्धि करते हैं। इसे 'लीप ईयर' कहते हैं। प्रत्येक चार वर्ष पर लीप ईयर आता है।

ग्लोब की विशेषताएँ एवं महत्त्व

- ग्लोब द्वारा पृथ्वी के उत्तरी तथा दक्षिणी ध्रुव को प्रदर्शित किया जाता है तथा ग्लोब को अक्ष के साथ हुआ दिखाया जाता है। ग्लोब पृथ्वी का छोटा प्रतिरूप होता है।
- ग्लोब द्वारा पृथ्वी पर स्थित भू-आकृतियाँ जैसे स्थल, जल, द्वीप आदि को आसानी से प्रदर्शित किया जाता है। ग्लोब द्वारा पृथ्वी की सभी काल्पनिक रेखा, जैसे अक्षांश तथा देशान्तर रेखाओं आदि का प्रदर्शन करना आसान होता है। ग्लोब पृथ्वी के अध्ययन में सहायक होता है।

अक्षांश रेखाएँ

- विषुवत् वृत्त से ध्रुवों तक स्थित सभी समानान्तर वृत्तों को अक्षांश रेखाएँ कहा जाता है। अक्षांशों को अंश में मापा जाता है।
- दो अक्षांशों के बीच के दूरी 111 किमी होती है। विषुवत् वृत्त से दोनों ओर ध्रुवों के बीच की दूरी पृथ्वी के चारों ओर के वृत्त का एक-चौथाई है, अत: इसका माप 360° का $\frac{1}{4}$ अर्थात् 90° है। इस प्रकार 90° उत्तरी अक्षांश को तथा 90° दक्षिणी अक्षांश को दर्शाता है।
- उत्तरी गोलार्द्ध में कर्क रेखा $23\frac{1^\circ}{2}$ तथा दक्षिणी गोलार्द्ध में मकर रेखा $23\frac{1^\circ}{2}$ पर है।

देशान्तर रेखाएँ

- ग्लोब पर उत्तर से दक्षिण की ओर खींची जाने वाली काल्पनिक रेखाओं को देशान्तर रेखाएँ कहते हैं। देशान्तर रेखाएँ पूर्व तथा पश्चिम में विभाजित हैं। पृथ्वी पर कुल 360° देशान्तर रेखाएँ हैं।
- समय का निर्धारण 0° देशान्तर रेखा से किया जाता है। यह ग्रीनविच में स्थित है। प्रत्येक देशान्तर में 4 मिनट का अन्तर होता है।
- भारतीय समय का निर्धारण $82\frac{1^\circ}{2}$ पूर्वी देशान्तर से किया जाता है, जो इलाहाबाद के समीप नैनी से गुजरती है। भारत का समय ग्रीनविच के समय से 5 घण्टे 30 मिनट आगे है।
- पृथ्वी को एक-एक घण्टे वाले 24 समय क्षेत्रों में बाँटा गया है। 15° देशान्तर 1 घण्टे के बराबर होता है।

3 » पृथ्वी के घटक- जलमण्डल, वायुमण्डल, स्थलमण्डल, जैवमण्डल

पृथ्वी के घटक

- पृथ्वी एकमात्र ऐसा ग्रह है जहाँ जीवन है। मानव यहाँ जीवित रह सकता है, क्योंकि जीवन के लिए आवश्यक तत्त्व-भूमि, जल तथा हवा पृथ्वी पर मौजूद है।
- पृथ्वी की सतह ऐसी है जिसमें पर्यावरण के महत्त्वपूर्ण घटक आपस में मिलते हैं तथा एक-दूसरे को प्रभावित करते हैं। पृथ्वी के प्रमुख घटक जलमण्डल, वायुमण्डल, स्थलमण्डल एवं जैवमण्डल हैं।

स्थलमण्डल

- पृथ्वी के ठोस भाग को स्थलमण्डल कहा जाता है। यह भूपर्पटी की चट्टानों तथा मिट्टी की पतली परतों का बना है।
- पृथ्वी की सतह को दो मुख्य भागों में बाँटा जा सकता है— बड़े स्थलीय भू-भागों को महाद्वीप तथा बड़े जलीय भाग को महासागर के नाम से जाना जाता है।

स्थलमण्डल की आन्तरिक संरचना

- भूपर्पटी पृथ्वी की सबसे ऊपरी संरचना है। भूपर्पटी हल्के तत्त्वों से बनी होती है, जिसमें सिलिका एवं एल्युमीनियम (Sial) की प्रधानता होती है, इसे 'सियाल' कहते हैं।
- भूपर्पटी के नीचे तथा कोर के ऊपर मैंटल संरचना पाई जाती है। मैंटल में सिलिका तथा मैग्नीशियम (Sima) की प्रधानता होती है। इसे 'सीमा' भी कहा जाता है।
- पृथ्वी की सबसे आन्तरिक संरचना कोर है। कोर में निकेल और लोहे (Nife) की प्रधानता है। इसे 'नीफे' कहा जाता है।

चट्टानें

- वे समस्त पदार्थ, जिनसे भूपर्पटी का निर्माण हुआ हो, चाहे वे ग्रेनाइट की भाँति कठोर हो या चीका अथवा मृदा की भाँति मुलायम हो, चट्टान कहलाती है।
- चट्टानों का वर्गीकरण आग्नेय, अवसादी एवं रूपान्तरित चट्टानों में किया गया है।
- आग्नेय चट्टान का निर्माण पृथ्वी के आन्तरिक भाग के मैग्मा एवं लावा के ठण्डा होने से होता है। इसमें रवे पाए जाते हैं। खनिज तत्त्व बहुलता में मिलते हैं; जैसे-लोहा, निकिल, क्रोमाइट आदि।
- अवसादी चट्टान का निर्माण उन पदार्थों से हुआ है, जिन्हें अनाच्छादन के साधनों यथा, नदी, वायु आदि घटकों के अपक्षय एवं अपरदन के फलस्वरूप हुआ। अवसादों से निर्मित शैल को अवसादी शैल कहते हैं। इन चट्टानों में परतें पाई जाती हैं।
- अवसादी चट्टान में इमारती पत्थर, संगमरमर, कोयला आदि पाए जाते हैं।
- परतदार शैल तथा आग्नेय शैल में रूप परिवर्तन के फलस्वरूप रूपान्तरित शैल का निर्माण होता है। रूपान्तरित शैल के उदाहरण हैं— नीस, क्वार्टजाइट आदि।

जलमण्डल

- पृथ्वी को 'नीला ग्रह' कहा जाता है, क्योंकि पृथ्वी का 71% भाग जल तथा 29% भाग स्थल है। जलमण्डल में जल के सभी रूप हैं, जैसे- झीलें, नदियाँ आदि।
- महासागर जलमण्डल के मुख्य भाग हैं। ये आपस में एक-दूसरे से जुड़े हुए हैं। महासागरीय जल हमेशा गतिशील रहता है। इनमें तरंगें, ज्वार-भाटा आदि आते रहते हैं।
- बड़े से छोटे आकार के आधार पर क्रमश: पाँच महासागर प्रमुख हैं- प्रशान्त महासागर, अटलाण्टिक महासागर, हिन्द महासागर, दक्षिणी महासागर तथा आर्कटिक महासागर।
- प्रशान्त महासागर सबसे बड़ा महासागर है। मेरियाना गर्त प्रशान्त महासागर में स्थित है। अटलाण्टिक महासागर विश्व का दूसरा सबसे बड़ा महासागर है। यह *S* आकार का है।

वायुमण्डल

- पृथ्वी चारों ओर से गैस की एक परत से घिरी हुई है, जिसे 'वायुमण्डल' कहा जाता है। वायुमण्डल को उसके घटकों, तापमान तथा अन्य के आधार पर पाँच परतों में बाँटा जाता है।
- **क्षोभमण्डल** वायुमण्डल की सबसे निचली परत है, जिसकी सीमा 8-18 किमी तक है। क्षोभमण्डल में मौसमी घटनाओं का विशेष महत्त्व है; जैसे- तूफान, बादल, ओला आदि।
- **समतापमण्डल** सागर तल से 50 किमी की ऊँचाई तक विस्तृत है। सामान्यत: यहाँ पर बादल नहीं पाए जाते हैं। बादल एवं जलवाष्प के अभाव एवं ऊर्ध्वाधर पवनों की अनुपस्थिति के कारण यहाँ विमानों की उड़ान के लिए अनुकूल स्थिति होती है। ओजोन परत इसी मण्डल में पाई जाती है।
- **मध्यमण्डल** समताप सीमा से 50 किमी से 80 किमी की ऊँचाई तक पाया जाता है। मध्यमण्डल में ऊँचाई के साथ-साथ तापमान में कमी आती है।
- **आयनमण्डल** में व्याप्त उच्च विद्युत चालकता ही रेडियो तरंगों को पृथ्वी की ओर वापस परावर्तित करती है। इसका विस्तार 80-640 किमी की ऊँचाई तक है। इसी मण्डल में उत्तरी ध्रुव ज्योति तथा दक्षिणी ध्रुवीय ज्योति देखने को मिलती है।
- **बाह्यमण्डल** का विस्तार अनन्त है। इसकी ऊपरी परत अन्तरिक्ष में विलीन हो जाती है। यहाँ केवल सौर वायु द्वारा प्राप्त इलेक्ट्रॉन तथा प्रोटान के कण पाए जाते हैं।

जीवमण्डल

- जीवमण्डल स्थल, जल तथा हवा के बीच का एक सीमित भाग है। यह वह भाग है जहाँ जीवन मौजूद है। यहाँ जीवों की बहुत-सी प्रजातियाँ पाई जाती हैं।
- जीवमण्डल के प्राणियों को मुख्यत: दो भागों जन्तु-जगत एवं पादप-जगत में विभक्त किया जा सकता है। पृथ्वी के ये सभी मण्डल आपस में पारस्परिक क्रिया करते हैं।
- जीवमण्डल की अपनी संरचना होती है, जो जैव एवं अजैव घटकों से मिलकर बनती है। जैव घटक में पेड़-पौधे, जन्तु जबवि अजैव घटक में भूमि, नदी आदि सम्मिलित हैं।

भूकम्प

- भूकम्प भूपटल की कम्पन अथवा लहर है, जो धरातल के नीचे अथवा चट्टानों के लचीलेपन या गुरुत्वाकर्षण की समस्थिति में क्षणिक अव्यवस्था होने पर उत्पन्न होती है।
- भूकम्प की उत्पत्ति को उसका 'उद्गम केन्द्र' कहते हैं। उद्गम केन्द्र के ऊपर का स्थान 'अधिकेन्द्र' कहलाता है। भूकम्प का अध्ययन 'सिस्मोलॉजी' कहलाता है तथा रिक्टर स्केल पर भूकम्प की तीव्रता मापी जाती है। भूकम्प की तरंगें तीन प्रकार की होती हैं
- **P तरंगें** इन्हें प्राथमिक या अनुदैर्ध्य तरंग भी कहते हैं। ये ठोस, द्रव तथा गैस तीनों माध्यमों में गमन करती हैं।
- ***S* तरंगें** *P* तरंगों की उत्पत्ति के बाद *S* तरंग का आविर्भाव होता है। इन्हें द्वितीय या अनुप्रस्थ तरंगें भी कहते हैं। ये केवल ठोस माध्यम से ही होकर गुजर सकती हैं।
- ***L* तरंगें** इनका संचरण केवल धरातलीय भागों पर होता है। इनका वेग सबसे कम होता है। ये धरातल पर सबसे अन्त में पहुँचती हैं।
- भूकम्प के कारण ज्वालामुखी विस्फोट, पृथ्वी की प्लेटों में असंतुलन, हिमखण्डों का खिसकना आदि होते हैं।

4 » विश्व का भूगोल

स्थलरूपों के विकास से सम्बन्धित सिद्धान्त

- पृथ्वी पर उपस्थित विभिन्न प्रकार की स्थलाकृतियों की उत्पत्ति एवं विकास से सम्बन्धित अनेक सिद्धान्त प्रतिपादित किए गए हैं, जिनमें तीन प्रमुख सिद्धान्त निम्नलिखित हैं

1. **महाद्वीपीय विस्थापन सिद्धान्त** के अनुसार, आज के सभी महाद्वीप पूर्व में एक बड़े भू-खण्ड के भाग थे तथा उसके चारों ओर विशाल महासागर था। इस बड़े महाद्वीपीय खण्ड को **पैंजिया** कहा गया जबकि विशाल महासागर को **पेन्थालासा** कहा गया।

   महाद्वीपीय विस्थापन सिद्धान्त के अनुसार, 'प्रारम्भ में अंगारालैण्ड एवं गोडवाना लैण्ड के रूप में विभाजित हुआ, तत्पश्चात् यह विभाजित भाग अनेक खण्डों में विभाजित हुए और वर्तमान महाद्वीप का निर्माण हुआ। इस सिद्धान्त के प्रतिपादक **अल्फ्रेड वेगनर** थे।
2. **सागरीय नितल प्रसरण सिद्धान्त** के अनुसार, महासागरीय कटकों के शीर्ष पर लगातार ज्वालामुखी उद्भेदन से महासागरीय क्रस्ट में विभेदन होता है एवं नया लावा इस दरार को भरकर महासागरीय पर्पटी को दोनों ओर धकेलता है। इस प्रकार सागरीय नितल का विस्तार होता रहता है।

   सागरीय नितल प्रसरण सिद्धान्त के प्रतिपादक **हैरी हैस** हैं। महासागरीय पर्पटी की चट्टानें महाद्वीपीय पर्पटी की चट्टानों की अपेक्षा अधिक नई हैं। ये तथ्य इस सिद्धान्त को प्रमाणित करते हैं।
3. **प्लेट विवर्तनिकी सिद्धान्त** अनेक विद्वानों द्वारा प्रस्तुत स्वतन्त्र विचारों को समन्वित कर नवीन अवधारणा प्रस्तुत की गई, जिसे प्लेट विवर्तनिकी सिद्धान्त कहा जाता है।

   स्थलमण्डल को सात मुख्य प्लेटों व कुछ छोटी प्लेटों में विभक्त किया गया है। नवीन वलित पर्वत श्रेणियाँ, ट्रेंच एवं भ्रंश इन प्लेटों की सीमा बनाते हैं।

भू-संचलन

- भूतल पर परिवर्तन लाने वाले बलों का आगमन दो स्रोतों से होता है—अन्तर्जात एवं बहिर्जात बल।
- पृथ्वी के आन्तरिक भाग से उत्पन्न होने वाले बल अन्तर्जात बल कहे जाते हैं। पृथ्वी की सतह पर उत्पन्न होने वाले बल बहिर्जात बल कहे जाते हैं।
- अन्तर्जात बल के कारण पर्वत, पठार, भ्रंशन एवं घाटी का विकास होता है। भूकम्प, भूस्खलन तथा ज्वालामुखी की क्रियाएँ अन्तर्जात बल की परिचायक हैं।

पर्वत एवं प्रकार

- धरातल पर स्थित ऐसे उच्चावच, जिनका शीर्ष आधार तल की तुलना में संकुचित हो एवं ढाल तीव्र हो, पर्वत कहलाते हैं।
- **वलित पर्वत** वलन क्रिया द्वारा निर्मित तथा सबसे ऊँचे एवं विस्तृत पर्वत हैं; जैसे- हिमालय, रॉकी, एण्डीज आदि।
- **अवशिष्ट पर्वत** अपरदन के कारकों द्वारा निरन्तर अपरदन के बाद अवशेष के रूप में बचे रहते हैं; जैसे- अरावली।
- **संगृहीत पर्वत** धरातल के ऊपर मिट्टी, मलवा लावा, आदि के निरन्तर जमा होते रहने से निर्मित पर्वतों का 'संगृहीत पर्वत' कहते हैं, जैसे- रेनियर, हुड।
- **गुम्बदाकार पर्वत** जब धरातलीय भाग में चाप के आकार में उभार होने से धरातलीय भाग ऊपर उठ जाता है, तो उसे गुम्बदाकार पर्वत कहते हैं; जैसे सिनसिनाती।

उत्पत्ति के आधार पर पर्वतों का वर्गीकरण

उत्पत्ति के आधार पर पर्वतों को दो प्रकार से वर्गीकृत किया जाता है

- **नवीन मोड़दार पर्वत** टर्शियरी युग की निर्माणकारी हलचल के समक्ष बने मोड़दार पर्वतों को नवीन मोड़दार वलित पर्वतों के अन्तर्गत शामिल किया जाता है। उदाहरण-उत्तरी अमेरिका के रॉकी पर्वत, दक्षिण अमेरिका के एण्डीज हिमालय पर्वत आदि।
- **प्राचीन मोड़दार पर्वत** टर्शियरी युग के पूर्व अर्थात् कैलिडोनियन एवं हर्सीनियन निर्माणकारी हलचलों के कारण उत्पन्न पर्वत प्राचीन मोड़दार पर्वत कहलाते हैं। अरावली, यूराल, अप्लेशियन आदि प्राचीन मोड़दार पर्वतों के उदाहरण हैं।

पठार एवं वर्गीकरण

- ऐसी उष्ण भूमि, जिसका शिखर सपाट एवं विस्तृत हो, परन्तु किनारे बहुत तीव्र ढाल वाले हों, पठार कहलाते हैं।
- निर्माण की प्रक्रिया के अनुसार पठारों को दो भागों में बाँटा जा सकता है—अन्तर्जात शक्तियों द्वारा तथा बहिर्जात शक्तियों द्वारा उत्पन्न पठार।
- अन्तर्जात शक्तियों द्वारा उत्पन्न पठार में पटल विरूपणी पठार, लावा पठार आते हैं। अन्तर्जात शक्ति द्वारा उत्पन्न पठार के अन्तर्गत तिब्बत का पठार, दक्कन का पठार एवं कोलम्बिया का पठार आदि आते हैं।
- बहिर्जात शक्तियों द्वारा उत्पन्न पठार में हिमानीकृत पठार, पवन द्वारा निर्मित पठार आते हैं। बहिर्जात शक्तियों के फलस्वरूप लोयस पठार, ग्रीनलैण्ड पठार आदि का निर्माण हुआ है।

भौगोलिक स्थिति के आधार पर पठार का वर्गीकरण

- **महाद्वीपीय पठार** ये विस्तृत एवं अति प्राचीन पठार हैं, इन्हें शील्ड भी कहा जाता है। दक्षिण भारत का पठार, ब्राजील का पठार आदि इसके उदाहरण हैं।
- **अन्तर्पर्वतीय पठार** ये पठार चारों ओर से पर्वतों द्वारा घिरे होते हैं; जैसे—तिब्बत का पठार, बोलिविया का पठार आदि।
- **पर्वतपदीय पठार** ये पठार एक ओर उच्च पर्वतों तथा दूसरी ओर सागर या मैदान से घिरे होते हैं, जैसे- दक्षिणी अमेरिका में पैण्टागोनिया।

मैदान एवं निक्षेपण के आधार पर वर्गीकरण

- भू-पटल पर अपेक्षाकृत निचले और समतल क्षेत्र मैदान कहलाते हैं। ऊँचाई की दृष्टि से मैदान समुद्र तल से प्राय: 150 मी ऊँचे भू-भाग होते हैं।
- निक्षेपण से बने मैदान तीन प्रकार के होते हैं—गिरिपद मैदान, बाढ़ मैदान एवं डेल्टा का मैदान।
- **गिरिपद जलोढ़ मैदान** नदी द्वारा बहाकर लाए गए बड़े-बड़े शिलाखण्ड व मलबा पर्वत व पहाड़ियों के पादों पर निक्षेपित कर दिया जाता है। उदाहरण—भारत में ऐसे मैदान को भाबर कहते हैं।
- **बाढ़ मैदान** बाढ़ के समय नदी द्वारा अपने तल और मलबे को अपने मार्ग में ही निक्षेपित करने से निर्मित मैदान को बाढ़ का मैदान कहा जाता है। यह कृषि की दृष्टि से उपजाऊ होता है।
- **डेल्टा का मैदान** नदी अपनी वृद्धावस्था में जब समुद्र या झील में गिरती है तो उसके वेग में कमी आ जाती है और नदी अपने साथ मलबे का निक्षेपण कर देती है और समुद्र या झील में डेल्टा बनाती है तथा मैदानी क्षेत्र में निक्षेपण से उपजाऊ मैदान का निर्माण होता है। उदाहरण- गंगा तथा सिन्धु नदी के मुहाने पर बने डेल्टाई मैदान।

द्वीप

- द्वीप स्थलखण्ड के ऐसे भाग होते हैं जिनके चारों ओर जल का विस्तार पाया जाता है।
- अपरदन की क्रिया से बची कठोर चट्टानों के चारों ओर जल भर जाने से अपरदनमूलक द्वीप निर्मित होते हैं; जैसे- ग्रीनलैण्ड हिमानियों के अपरदन से बने बैफिन द्वीप आदि।
- महासागरीय कटकों के सहारे निकलने वाले लावा का विशाल निक्षेप, जो समुद्री जल सतह से ऊपर आ जाता है, उसे ज्वालामुखी द्वीप की संज्ञा दी जाती है; जैसे-बैरन द्वीप एवं नारकोण्डम द्वीप।
- संसार का सबसे बड़ा द्वीप ग्रीनलैण्ड है, जो आर्कटिक महासागर में अवस्थित है। प्रशान्त महासागर का सबसे बड़ा द्वीप न्यूगिनी है, जबकि हिन्द महासागर का सबसे बड़ा द्वीप बोर्नियो है।

झील

- झील भू-तल के वे विस्तृत गड्ढे हैं जो जल से भरे रहते हैं और स्थल के आन्तरिक भाग में स्थित होते हैं।
- उत्पत्ति के आधार पर झीले पटल विरूपण, ज्वालामुखी एवं हिमानीकृत द्वारा निर्मित हो सकती हैं।
- क्रेटर झील ज्वालामुखी द्वारा निर्मित झील है। दक्षिण अफ्रीका की गॉर्ज झीलें पटल विरूपण झील के उदाहरण हैं।
- गोखुर झील नदी मार्ग के विसर्पण एवं पुन: नदी द्वारा लघु मार्ग प्राप्त करने के पश्चात् छोड़ दिए गए भू-भाग से गोखुर झील का निर्माण होता है।
- कनाडा की ग्रेट बियर झील से आर्कटिक वृत्त होकर गुजरता है। विश्व की सबसे ऊँचाई पर स्थित झील टिसो सिकरु है, जो तिब्बत में है।

विश्व के प्रमुख जलवायु प्रदेश

- **भूमध्यरेखीय जलवायु प्रदेश** 0°-10° अक्षांशों के बीच पाये जाते हैं। यहाँ वर्षा मूसलाधार व संवहनीय प्रकार की होती है। ये जलवायु प्रदेश दक्षिणी अमेरिका के अमेजन बेसिन, अफ्रीका का काँगो बेसिन तथा फिलीपीन्स में पाये जाते हैं। यहाँ महोगनी, चन्दन, रोजवुड आदि पाए जाते हैं।
- **स्टेपी तुल्य जलवायु** भूमध्य रेखा के दोनों ओर 45° से 60° अक्षांशों के मध्य महाद्वीपों के मध्यवर्ती भागों में पाई जाती है। इसका विस्तार हंगरी मैदान, पोलैण्ड, रोमानिया एवं साइबेरिया के दक्षिण-पश्चिम मैदान में है।
- **भूमध्यसागरीय जलवायु** का विस्तार 30°–45° अक्षांशों के मध्य महाद्वीपों के पश्चिमी भागों में पाया जाता है। इसके प्रमुख क्षेत्र हैं—भूमध्य सागर के तटवर्ती क्षेत्र, यूएसए का कैलिफोर्निया, चिली। इस प्रदेश में नींबू, सन्तरा, अंजीर आदि पाए जाते हैं।
- **सवाना जलवायु** क्षेत्र में घास के बड़े-बड़े क्षेत्र मिलते हैं और यह भूमध्य रेखा के दोनों ओर 10° से 30° अक्षांशों तक पाई जाती है। यह जलवायु वेनेजुएला, कोलम्बिया, गुयाना में पाई जाती है।

महासागर

- पृथ्वी के लगभग 70.8% भाग पर जल तथा 29.2% भाग पर स्थल का विस्तार पाया जाता है। महासागर जलमण्डल का मुख्य भाग है। महासागरीय जल हमेशा गतिशील रहता है। तरंगें, ज्वार-भाटा तथा महासागरीय धाराएँ महासागरीय जल की मुख्य गतियाँ हैं। एक निश्चित दिशा में महासागरीय जल के प्रवाहित होने की गति को महासागरीय धारा कहते हैं। धाराएँ दो प्रकार की होती हैं—गर्म जल धारा एवं ठण्डी जल धारा।
- महासागरीय तरंगें महासागरीय सतह की दोलनमान गति है। इसके कारण महासागरीय जल स्तर नीचा या ऊँचा होता है।
- सूर्य व चन्द्रमा की आकर्षण शक्तियों के कारण सागरीय जल के ऊपर उठने तथा गिरने की घटना को ज्वार-भाटा कहते हैं। समुद्री जल जब एक तरंग के रूप में ऊपर उठता है, तो उसे ज्वार कहा जाता है तथा समुद्री जल का पुन: पीछे हटना भाटा कहलाता है। ज्वार-भाटा आपसी गुरुत्वाकर्षण के कारण आता है।
- प्रशान्त महासागर विश्व का सबसे बड़ा एवं गहरा महासागर है। इस महासागर की औसत गहराई 4,572 मी है तथा अधिकतम गहराई मेरियाना गर्त है।
- प्रशान्त महासागर में सभी प्रकार के द्वीप हैं, जैसे—ज्वालामुखी द्वीप, प्रवाल द्वीप तथा साधारण द्वीप आदि।
- अटलाण्टिक महासागर उत्तरी अमेरिका, दक्षिणी अमेरिका तथा यूरोप एवं अफ्रीका महाद्वीप के मध्य स्थित दूसरा सबसे बड़ा महासागर है।
- इसके पश्चिम में दोनों अमेरिका तथा पूरब में यूरोप और अफ्रीका तथा दक्षिण में अण्टार्कटिका है।
- हिन्द महासागर के उत्तर में एशिया महाद्वीप, दक्षिण में अण्टार्कटिका महाद्वीप, पूर्व में ऑस्ट्रेलिया महाद्वीप तथा पश्चिम में अफ्रीका महाद्वीप है, यह एक अर्द्धमहासागर है। इसका कुल क्षेत्रफल 7,34,25,500 वर्ग किमी है। इस महासागर का सबसे बड़ा द्वीप मेडागास्कर है। मेडागास्कर के पूर्व में मॉरीशस द्वीप है।

जलसन्धियाँ

- जलसन्धियाँ दो भिन्न जल राशियों को जोड़ती हैं एवं दो स्थलखण्डों को अलग करती हैं, जबकि दो जल राशियों को अलग करने एवं दो भू-खण्डों को जोड़ने वाले को स्थलखण्ड कहते हैं।
- मलक्का जलसन्धि अण्डमान सागर एवं दक्षिण चीन सागर को जोड़ती है। यह इण्डोनेशिया एवं मलेशिया में है।
- सुण्डा जलसन्धि मन्नार एवं बंगाल की खाड़ी को जोड़ती है। इसकी भौगोलिक स्थिति इण्डोनेशिया में है।

कृषि एवं उसके प्रकार

- कृषि एक प्राथमिक क्रिया है, जिसमें फसलों, फलों, फूलों को उगाना आदि शामिल है। विश्व में कृषि को भौगोलिक दशाओं, उत्पाद की माँग तथा सामाजिक, आर्थिक व भौगोलिक प्रभावों के आधार पर कई प्रणालियों में बाँटा गया है।
- **निर्वाहक कृषि** जो खेती करने वाले परिवार के निर्वाह मात्र करने हेतु की जाती है, उसे निर्वाहक कृषि कहा जाता है। यह कृषि आर्द्र- उष्णकटिबन्धीय प्रदेशों; जैसे अमेजन नदी घाटी, अफ्रीका का गिनी तट में की जाती है। यह कृषि स्थानान्तरणशील एवं स्थानबद्ध दोनों प्रकार की होती है।
- **भूमध्यसागरीय कृषि** यह भूमध्यसागरीय जलवायु प्रदेशों में की जाती है। यहाँ की जलवायु की विशेषता यह है कि यहाँ सर्दियों में वर्षा होती है एवं ग्रीष्म ऋतु में सूखा रहता है। यह कृषि दक्षिणी स्पेन, फ्रांस, इटली आदि में की जाती है।
- **व्यापारिक दुग्ध पशुपालन कृषि** दुग्ध पशुपालन कृषि का प्रधान उद्देश्य दूध एवं दूध से बने पदार्थों का व्यापारिक उत्पादन करना है। यह कृषि विश्व में अर्जेण्टीना, मध्य चिली, दक्षिणी अफ्रीका आदि स्थानों पर होती है।
- **मिश्रित कृषि** इस कृषि में फसलें उगाने तथा पशुओं को पालने का कार्य एक साथ किया जाता है। मिश्रित कृषि यूरोप में आयरलैण्ड, रूस, उत्तरी अमेरिका के पूर्वी भाग, न्यूजीलैण्ड आदि में की जाती है।

एशिया

- एशिया जनसंख्या तथा क्षेत्रफल दोनों के दृष्टिकोण से विश्व का सबसे बड़ा महाद्वीप है जोकि पूर्वी तथा उत्तरी गोलार्द्ध में अवस्थित है।
- एशिया महाद्वीप में तीन प्रमुख प्रायद्वीप हैं—अरब का प्रायद्वीप, दक्कन का प्रायद्वीप व इंडो-चीन का प्रायद्वीप। अरब प्रायद्वीप विश्व का सबसे बड़ा प्रायद्वीप है। एशिया में विश्व की लगभग 60% जनसंख्या निवास करती है।
- एशिया में विश्व का सबसे ऊँचा पर्वत शिखर हिमालय पर्वतमाला श्रेणी का माउण्ट एवरेस्ट है, जो नेपाल में स्थित है, जहाँ इसे 'सागर माथा' के नाम से जाना जाता है।
- विश्व का सर्वाधिक विस्तृत पठार तिब्बत का पठार है, जो मध्य एशिया में 2,00,000 वर्ग किमी क्षेत्र में विस्तृत है। कराकोरम पर्वत शृंखला जम्मू-कश्मीर तथा पाकिस्तान के उत्तर व पश्चिम भाग में फैली है, जिसकी सर्वोच्च चोटी-K2 या गाडविन ऑस्टिन है जो एवरेस्ट के बाद विश्व की दूसरी सबसे ऊँची चोटी है।
- एशिया में क्षेत्रफल की दृष्टि से सबसे बड़ा देश चीन तथा सबसे छोटा देश मालदीव है। एशिया में विश्व का सर्वाधिक जनसंख्या घनत्व वाला देश सिंगापुर है।

अफ्रीका

- अफ्रीका एशिया के बाद दूसरा सबसे बड़ा और दूसरा सर्वाधिक जनसंख्या वाला महाद्वीप है। इसका क्षेत्रफल लगभग 30.2 मिलियन वर्ग किमी तक है।
- अफ्रीका एकमात्र महाद्वीप है, जिससे होकर विषुवत वृत्त, कर्क वृत्त और मकर वृत्त गुजरते हैं। अफ्रीका की सबसे बड़ी झील विक्टोरिया झील है।
- अफ्रीका में बुशमैन, पिग्मी आदि प्रमुख आदिम जातियाँ मिलती हैं। अफ्रीका के उष्ण घास के मैदान सवाना और शीतोष्ण घास के मैदान वेल्ड कहलाते हैं।
- अफ्रीका में सहारा मरुस्थल संसार का सबसे बड़ा मरुस्थल है। दक्षिण अफ्रीका में कालाहारी दूसरा प्रमुख मरुस्थल है।

उत्तरी अमेरिका

- उत्तरी अमेरिका विश्व का तीसरा सबसे बड़ा महाद्वीप है, जिसका क्षेत्रफल लगभग 2 करोड़ 47 लाख वर्ग किमी है। उत्तरी अमेरिका का नाम अमेरिगो वेसपुस्सी नामक साहसी यात्री के नाम पर अमेरिका पड़ा।
- उत्तरी अमेरिका के मूल निवासियों में रेड इण्डियन, एस्किमो और इन्युट आते हैं।
- उत्तरी अमेरिका का उच्चतम पर्वत शिखर माउण्ट मैकिन्ले अलास्का में है। यह एक सक्रिय ज्वालामुखी है। उत्तरी अमेरिका में ग्रेट लेक्स के अन्तर्गत पाँच झीलें - सुपीरियर, ह्यूरन, मिशीगन, ईरी तथा ओण्टेरियो हैं।
- संयुक्त राज्य अमेरिका का डेट्रायट कार उद्योग का प्रमुख केन्द्र है। कनाडा का मॉण्ट्रियल कागज उद्योग के लिए विश्व प्रसिद्ध है।

दक्षिण अमेरिका

- दक्षिणी अमेरिका संसार का चौथा बड़ा महाद्वीप है। इस महाद्वीप का अधिकतर भाग दक्षिणी गोलार्द्ध में स्थित है। इसके पश्चिम में प्रशान्त महासागर, उत्तर एवं पूर्व में अटलाण्टिक महासागर है। इसमें कुल 12 देश स्थित हैं।
- दक्षिणी अमेरिकी देश ब्राजील की सीमा चिली और इक्वाडोर को छोड़कर शेष सभी दक्षिणी अमेरिका देशों की सीमा से मिलती है।
- दक्षिण अमेरिका में पेरु-बोलीविया सीमा पर विश्व की सबसे अधिक ऊँची नौकायन झील टिटिकाका है। यह बोलीविया पठार पर स्थित है।
- दक्षिण अमेरिका की शीतोष्ण घास भूमि अर्जेण्टीना के मध्य भाग में पाई जाती है। इन घास भूमियों को पम्पास कहते हैं।

अण्टार्कटिका

- यह विश्व का दक्षिणतम महाद्वीप है, जिसका क्षेत्रफल 14.0 मिलियन वर्ग किमी है। यह विश्व का पाँचवाँ सबसे बड़ा महाद्वीप है। यह गोण्डवाना लैण्ड का भाग है।
- अण्टार्कटिका की भूमि तीन महासागरों - हिन्द महासागर, प्रशान्त महासागर और अटलाण्टिक महासागर से घिरी है। माउण्ट एरेबस अण्टार्कटिका का एकमात्र सक्रिय ज्वालामुखी है। विश्व का सबसे बड़ा ग्लेशियर लैम्बर्ट यहीं अवस्थित है।
- अण्टार्कटिका में लाइकेन तथा मॉस जैसी वनस्पतियाँ पाई जाती हैं यहाँ पेंगुइन नामक न उड़ने वाला पक्षी तथा क्रिल मछली पाई जाती है।
- यहाँ भारत का 'मैत्री' और 'भारती' नाम का अनुसन्धान केन्द्र अवस्थित है।

यूरोप

- यूरोप क्षेत्रफल की दृष्टि से विश्व का छठा सबसे बड़ा महाद्वीप है। इस महाद्वीप की स्थिति स्थल गोलार्द्ध के मध्य में है। इसके उत्तर में उत्तरी ध्रुव महासागर, दक्षिण में भूमध्यसागर और पश्चिम में अटलाण्टिक महासागर है।
- यूरोप के अधिकांश लोग काकेशस प्रजाति के हैं। यहाँ की अधिकतर भाषाएँ इण्डो-यूरोपियन समूह से सम्बन्धित हैं।
- यूरोप का सर्वोच्च शिखर एलबुर्ज रूस में स्थित है। आल्पस की सबसे ऊँची चोटी माउण्ट ब्लैक फ्रांस में स्थित है। यूरोप की सबसे लम्बी नदी वोल्गा नदी है। यूरोप महाद्वीप का सबसे बड़ा नगर लंदन है, जो टेम्स नदी के तट पर बसा है।
- यूरोप का यूक्रेन गणराज्य विश्व का प्रमुख गेहूँ उत्पादक क्षेत्र है, जो विश्व का अन्न भण्डार या 'रोटी की डलिया' कहलाता है।

ऑस्ट्रेलिया

- ऑस्ट्रेलिया विश्व का सबसे छोटा महाद्वीप है। विश्व में ऑस्ट्रेलिया ही एकमात्र ऐसा देश है, जो पूरे महाद्वीप पर फैला है। इसे 'द्वीपीय महाद्वीप' भी कहा जाता है।
- ऑस्ट्रेलिया की खोज एक अंग्रेज नाविक **कैप्टन जेम्स कुक** ने की थी।
- ऑस्ट्रेलिया की राजधानी कैनबरा है जो एक केन्द्रशासित राज्य है। ग्रेट डिवाइडिंग रेंज ऑस्ट्रेलिया के पूर्वी तट के समान्तर फैली हुई है।
- ऑस्ट्रेलिया के उत्तर-पूर्वी तट के साथ-साथ समुद्र में एक प्रवाल भित्ति है, जिसे 'ग्रेट बैरियर रीफ' कहते हैं।
- ऑस्ट्रेलिया विश्व प्रसिद्ध मैरिनो ऊन का प्रमुख उत्पादक देश है। ऑस्ट्रेलिया में विश्व प्रसिद्ध सोने की खानें कालगूर्ली और कुलगार्डी हैं।

5 » भारत का भूगोल

भारत की भू-आकृति

- भारत 8°4′ से 37°6′ उत्तरी अक्षांश तथा 68°7′ से 97°25′ पूर्वी देशान्तर तक फैला हुआ है। इस प्रकार इसका अक्षांशीय तथा देशान्तरीय विस्तार लगभग 30° है।
- कश्मीर से कन्याकुमारी तक उत्तर-दक्षिण दिशा में इसकी लम्बाई 3214 किमी है जबकि कच्छ के रन से अरुणाचल प्रदेश तक पूर्व-पश्चिम दिशा में इसकी चौड़ाई 2933 किमी है।
- कर्क रेखा गुजरात, राजस्थान, मध्य प्रदेश, छत्तीसगढ़, झारखण्ड, पश्चिम बंगाल, त्रिपुरा एवं मिजोरम राज्यों से होकर गुजरती है।
- 82°30′ पूर्वी देशान्तर को भारत का मानक देशान्तर चुना गया है जो हमें भारत का मानक समय बताता है। भारत का मानक समय इलाहाबाद के निकट मिर्जापुर से गुजरने वाली $82\frac{1}{2}°$ पूर्वी देशान्तर रेखा को माना गया है, जो ग्रीनविच समय से $5\frac{1}{2}$ घण्टा आगे है।
- भारत का सबसे दक्षिणी बिन्दु इन्दिरा प्वाइण्ट है। यह निकोबार द्वीप समूह में स्थित है। भारत का सबसे उत्तरी बिन्दु इन्दिरा कॉल जम्मू-कश्मीर राज्य में स्थित है।
- भारत का पश्चिमी बिन्दु सरक्रीक व पूर्वी बिन्दु अरुणाचल प्रदेश में वालांगू है।
- भारत एवं चीन की सीमा को मैकमोहन रेखा कहते हैं। यह रेखा वर्ष 1914 में बनाई गई।
- भारत और अफगानिस्तान के बीच डूरण्ड रेखा है जबकि रेडक्लिफ रेखा भारत एवं पाकिस्तान के बीच है।
- जम्मू-कश्मीर के लद्दाख क्षेत्र में स्थित काराकोरम दर्रा भारत का सबसे ऊँचा दर्रा है। यहाँ से चीन को जाने वाली एक सड़क बनाई गई है।

भारत के प्रमुख दर्रे

- बनिहाल दर्रा पीर पंजाल पर्वत श्रृंखला में स्थित है। जवाहर सुरंग बनिहाल दर्रा में ही स्थित है। बनिहाल दर्रा जम्मू-कश्मीर राज्य में स्थित है।
- शिपकीला दर्रा हिमाचल प्रदेश राज्य में है। यह दर्रा हिमाचल प्रदेश को तिब्बत से मिलाता है।
- लिपुलेख उत्तराखण्ड के पिथौरागढ़ जिले में स्थित है। यह दर्रा उत्तराखण्ड को तिब्बत से मिलाता है। मानसरोवर की यात्रा इसी दर्रे से होती है।
- नाथुला दर्रा सिक्किम राज्य में है। यह भारत-चीन सीमा पर लगभग 4310 मी की ऊँचाई पर स्थित है।
- नीति दर्रा उत्तराखण्ड और तिब्बत को जोड़ता है।

भारत का भौतिक स्वरूप

- भारत में सम्पूर्ण क्षेत्रफल का 10.7% पर्वतीय, 18.6% पहाड़ियाँ, 27.7% पठारी क्षेत्र तथा शेष 43% मैदानी भाग है।
- भौतिक स्वरूप तथा धरातल के स्वरूप के अनुसार, भारत को चार भागों में बाँटा गया है—उत्तरी पर्वतीय भाग, विशाल मैदान, प्रायद्वीपीय पठार, तटीय मैदान एवं द्वीप।

उत्तर का पर्वतीय भाग

- उत्तर के पर्वतीय भाग को चार प्रमुख समान्तर पर्वत श्रेणी क्षेत्रों में बाँटा गया है
  1. **ट्रांस हिमालय क्षेत्र** यह महान् हिमालय के उत्तर में उसके समानातर पूर्व-पश्चिम दिशा में फैला हुआ है। इसके अन्तर्गत काराकोरम, लद्दाख, जास्कर आदि पर्वत श्रेणियाँ आती हैं। K-2 या गाडविन ऑस्टिन काराकोरम की सर्वोच्च चोटी है।
  2. **लघु हिमालय** यह वृहत हिमालय के दक्षिण में उसके लगभग समानान्तर पूर्व-पश्चिम दिशा में विस्तृत है। इस श्रेणी में पीरपंजाल, धौलाधर, नागटीबा श्रेणियाँ शामिल हैं। लघु हिमालय शिवालिक से मेन बाउण्ड्री फॉल्ट के द्वारा अलग होता है।
  3. **शिवालिक हिमालय श्रेणी** लघु हिमालय के दक्षिण में इसके समानान्तर पूर्व-पश्चिम दिशा में फैली हुई है। इसे 'बाह्य हिमालय' भी कहा जाता है। शिवालिक हिमालय, हिमालय का नवीनतम भाग है। शिवालिक एवं लघु हिमालय के बीच में कई घाटियाँ हैं; जैसे- काठमाण्डू घाटी।
  4. **वृहत हिमालय** यह हिमालय की सबसे ऊँची, अविच्छिन्न एवं सुदूर उत्तरी श्रेणी है; इसका अभ्यन्तर आर्कियन शैली से बना है। विश्व की सबसे ऊँची चोटी एवरेस्ट इसी पर्वत श्रेणी में स्थित है।

उत्तर भारत का विशाल मैदान

- भारत का विशाल मैदान उत्तर के पर्वतों और दक्षिण की प्रायद्वीप उच्च भूमि के मध्य एक संक्रमण क्षेत्र के रूप में स्थित है।
- उत्तर भारत का निक्षेपात्मक मैदान नदियों के जलोढ़ निक्षेपों से बना हुआ है। विशाल मैदान के उपभाग में भाबर प्रदेश, तराई प्रदेश, खादर प्रदेश शामिल हैं।
- गंगा का मैदान उत्तर प्रदेश, बिहार तथा पश्चिम बंगाल में विस्तृत है। गंगा नदी का डेल्टा विश्व में सबसे बड़ा डेल्टा है।
- ब्रह्मपुत्र का मैदान सुदूर पूर्वी भाग है जो ब्रह्मपुत्र और उसकी सहायक नदियों द्वारा अपवाहित किया जाता है। माजुली विश्व का सबसे बड़ा नदीय द्वीप है।

प्रायद्वीपीय पठार

- प्रायद्वीपीय पठार लगभग 16 लाख वर्ग किमी. क्षेत्र पर फैला प्रायद्वीपीय भू-भाग देश का सबसे बड़ा भू-आकृतिक प्रदेश है।
- **मालवा का पठार**, नर्मदा एवं तापी नदियों तथा विन्ध्याचल पर्वत के उत्तर-पश्चिम में त्रिभुजाकार आकृति में विस्तृत है। यह ग्रेनाइट जैसी कठोर चट्टानों का बना हुआ है।
- **छोटा नागपुर का पठार** झारखण्ड में स्थित है। इसके उत्तर-पश्चिम में सोन नदी बहती हुई गंगा से मिलती है। दामोदर इस पठार की प्रमुख नदी है।
- **मेघालय पठार** प्रायद्वीपीय पठार की चट्टानें पूर्व की ओर राजमहल की पहाड़ियों के परे भी विस्तृत हैं। इसे 'शिलांग का पठार' भी कहते हैं।
- **अरावली की पहाड़ियाँ** राजस्थान राज्य में हैं। यह सबसे पुरानी चट्टानों से बनी है। इस पहाड़ी की सबसे ऊँची चोटी माउण्ट आबू पर स्थित गुरुशिखर है। इसकी ऊँचाई 1,722 मीटर है।
- **मैकाल पठार** छत्तीसगढ़ में स्थित है। मैकाल पहाड़ी का सर्वोच्च शिखर अमरकंटक है। यह पुरानी चट्टानों का बना एक ब्लॉक पर्वत है।
- **सतपुड़ा की पहाड़ियाँ** मध्य प्रदेश राज्य में हैं। ये ज्वालामुखीय चट्टानों से बनी हैं। इसकी सबसे ऊँची चोटी धूपगढ़ी है, जो महादेव पर्वत पर स्थित है।

तटीय मैदान एवं द्वीप

- भारत की तट रेखा लगभग 6,100 किमी लम्बी है, जो पश्चिम में कच्छ के रन से पूर्व में गंगा-ब्रह्मपुत्र डेल्टा तक विस्तृत है।
- यह पश्चिमी घाट के पश्चिम में कच्छ खाड़ी से कुमारी अन्तरीप तक फैला है। मुम्बई से गोवा तक कोंकण, गोवा से मंगलौर तक कर्नाटक मैदान, मंगलौर से कन्याकुमारी तक मालाबार का मैदान कहते हैं।
- पूर्वी घाट तथा पूर्वी तट के बीच पूर्वी तटीय मैदान स्थित है। कृष्णा एवं कावेरी नदियों के बीच को कोरोमण्डल तट कहते हैं।
- बंगाल की खाड़ी के तट के निकट कई द्वीप स्थित हैं। अण्डमान द्वीप समूह की सर्वोच्च चोटी सैडल पीक है। अण्डमान द्वीप समूह के दक्षिण में निकोबार द्वीप समूह है। यह १९ द्वीपों का समूह है। इस द्वीप समूह के उत्तरी भाग को कार निकोबार तथा दक्षिणी भाग को ग्रेट निकोबार कहते हैं।

पूर्वी एवं पश्चिमी घाट

- पूर्वी घाट दक्कन पठार की पूर्वी सीमा का निर्माण करता है। नीलगिरि के समीप दो पर्वत श्रेणियाँ पश्चिमी घाट एवं पूर्वी घाट को मिलाती हैं।
- पश्चिमी घाट से उत्तर में गुजरात के सौराष्ट्र प्रदेश में गिर की पहाड़ियाँ मिलती हैं, जो एशियाई सिंह के लिए विख्यात है। पश्चिमी घाट को सह्याद्रि भी कहा जाता है।
- उत्तरी सह्याद्रि एवं दक्षिणी सह्याद्रि का सर्वोच्च शिखर काल सूबाई एवं कुद्रेमुख है। उत्तरी सह्याद्रि की दूसरी प्रमुख चोटी महाबलेश्वर है।
- नीलगिरि की पहाड़ी तमिलनाडु में है, जो एक ब्लॉक पर्वत है। इसकी सबसे ऊँची चोटी डोडाबेट्टा है। अन्नामलाई की पहाड़ी पर स्थित दक्षिणी भारत की सबसे ऊँची चोटी अनैमुदि है।

भारत की नदियाँ एवं झीलें

- गंगा नदी तन्त्र का विस्तार देश के लगभग एक-चौथाई क्षेत्र पर पाया जाता है। इससे उपजाऊ मैदान का निर्माण होता है।
- गंगा का उद्गम उत्तराखण्ड के उत्तरकाशी जनपद में 3,960 मी की ऊँचाई पर स्थित गोमुख के निकट गंगोत्री हिमनद से होता है। यहाँ इसे 'भागीरथी' कहते हैं। देवप्रयाग में भागीरथी अलकनन्दा से मिलती है। यमुना, गंगा की सहायक नदी है।
- गंगा नदी बांग्लादेश में 'पद्मा' के नाम से बहती है। ब्रह्मपुत्र नदी बांग्लादेश में 'जमुना' के नाम से बहती है।
- सतलज नदी का उद्गम स्थल मानसरोवर झील के समीप स्थित राकस ताल है।
- चिनाब नदी का उद्गम हिमाचल प्रदेश के लाहौल जिले के बारालाचा दर्रे के दोनों ओर स्थित है।
- सिन्धु नदी का उद्गम तिब्बती क्षेत्र में कैलाश पर्वत श्रेणी में स्थित बोश्वर न्यू हिमानी के नजदीक से होता है। तिब्बत में इसे 'सिंगी खम्बान' अथवा 'शेरमुख' कहते हैं।
- दामोदर नदी छोटा नागपुर पठार के पूर्वी किनारे पर बहती है और भ्रंश घाटी से होती हुई हुगली नदी में गिरती है। बराकर इसकी एक मुख्य सहायक नदी है। इसे 'बंगाल का शोक' कहा जाता है।
- सोन नदी अमरकण्टक पहाड़ से निकलती है। यह गंगा के दक्षिणी तट की सहायक नदी है।
- ब्रह्मपुत्र नदी कैलाश पर्वत श्रेणी में मानसरोवर झील के निकट स्थित चेमायुंग हिमानी से निकलती है। यहाँ से यह सांग्पो नाम से महान् हिमालय श्रेणी के समानान्तर पूर्व की ओर प्रवाहित होती है।
- भारत की सबसे बड़ी तटीय झील चिल्का झील है, जो खारे पानी की एक लैगून झील है।
- भारत में सबसे अधिक खारे पानी की झील साँभर झील राजस्थान में है। भारत में सबसे बड़ी मीठे पानी की झील वूलर झील जम्मू-कश्मीर में है।
- हुसैन सागर झील हैदराबाद और सिकन्दराबाद के मध्य स्थित है।
- पूर्वी तट पर स्थित पुलीकट झील भारत की दूसरी सबसे बड़ी लैगून झील है।

प्राकृतिक वनस्पति

- भौगोलिक विभिन्नता के आधार पर भारत के वनों को निम्न रूप में देख सकते हैं
  - **उष्णकटिबन्धीय सदाबहार वन** भारत के उन उष्ण और आर्द्र प्रदेशों में पाए जाते हैं, जहाँ वार्षिक वर्षा 200 सेमी से अधिक होती है। इन वनों में पाए जाने वाले वृक्ष रोजवुड, एबोनी, रबड़ आदि हैं।
  - **उष्णकटिबन्धीय पर्णपाती वन** का विस्तार 70 से 200 सेमी वार्षिक वर्षा वाले प्रदेशों में हुआ है। इन वनों के वृक्ष जल के अभाव में ग्रीष्म ऋतु के आरम्भ में अपनी पत्तियाँ गिरा देते हैं, इसलिए इन्हें पर्णपाती वन कहते हैं। इन वनों का विस्तार उत्तर-पूर्वी राज्यों, हिमालय गिरिपद में है। यहाँ सागवान, साल, शीशम एवं चन्दन आदि के वृक्ष मिलते हैं।
  - **उष्णकटिबन्धीय काँटेदार वन** उन क्षेत्रों में पाए जाते हैं, जहाँ वार्षिक वर्षा 50 सेमी से कम होती है। इनका विस्तार राजस्थान, दक्षिणी-पश्चिमी पंजाब, गुजरात आदि क्षेत्रों में है। इनमें बेर, खैर, नीम, खेजड़ी जैसे छोटे आकार वाले वृक्ष एवं झाड़ियाँ होती हैं।
  - **पर्वतीय वन** क्षेत्रों में ऊँचाई पर तापमान घटने के साथ-साथ प्राकृतिक वनस्पति में भी बदलाव आता है। अल्पाइन, टुण्ड्रा, चीड़, साल आदि इन क्षेत्रों के प्रमुख वृक्ष हैं।

भारत की जलवायु

- भारत की जलवायु उष्ण मानसूनी प्रकार की है। कर्क रेखा भारत को लगभग दो बराबर भागों में बाँटती है। भारत की उत्तरी सीमा पर विशाल हिमालय पर्वत स्थित है, जो भारतीय उपमहाद्वीप को मध्य एशिया से अलग करता है और वहाँ से आने वाली ठण्डी पवनों को रोकता है। इसी कारण समस्त भारत में उष्णकटिबन्धीय जलवायु पाई जाती है।
- भारत के दक्षिण में स्थित हिन्द महासागर से आने वाली मानसूनी पवनों का भारत की जलवायु पर सबसे अधिक प्रभाव पड़ता है।
- पश्चिमी विक्षोभ उत्तरी भारत के मैदानी भागों व पश्चिमी हिमालयी प्रदेश में शीतकालीन मौसमी दशाओं को प्रभावित करता है। पश्चिमी विक्षोभ भारत में पश्चिमी जेट प्रवाह के द्वारा भूमध्य सागरीय प्रदेश से आता है।
- सर्दी के दिनों में तमिलनाडु के तटों पर या कोरोमण्डल तट पर वर्षा लौटते हुए मानसून के कारण होती है।

- भारत की प्रायद्वीपीय आकृति के कारण दक्षिण-पश्चिम का मानसून दो शाखाओं में विभाजित हो जाता है—अरब सागर की शाखा तथा बंगाल की खाड़ी शाखा।
- अरब सागर शाखा का मानसून सबसे पहले भारत के केरल राज्य में जून के प्रथम सप्ताह में आता है। यहाँ यह पश्चिमी घाट पर्वत से टकराकर केरल के तटों पर वर्षा करता है, इसे मानसून प्रस्फोट कहा जाता है।

भारतीय कृषि सिंचाई

- रबी की फसल अक्टूबर-नवम्बर में बोई जाती है और मार्च-अप्रैल में काट ली जाती है। इसकी मुख्य फसलें हैं- गेहूँ, जौ, चना, मटर, सरसों आदि।
- खरीफ फसल जून-जुलाई में बोई जाती है और नवम्बर-दिसम्बर में काट ली जाती है। इसकी मुख्य फसलें हैं- धान, गन्ना, तिलहन, बाजरा, मक्का आदि।
- जायद फसलें मुख्यत: मार्च-अप्रैल में बोई जाती हैं। मटर, करेला, तरबूज आदि इसके उदाहरण हैं।
- भारत में सिंचाई परियोजना को वृहत्, मध्यम एवं लघु सिंचाई परियोजना में विभाजित किया गया है।
- वृहत् सिंचाई परियोजना के अन्तर्गत 10,000 हैक्टेयर से अधिक कृषि योग्य भूमि होती है।
- मध्यम सिंचाई परियोजना के अन्तर्गत 2,000 से 10,000 हैक्टेयर कृषि योग्य भूमि शामिल होती है।
- लघु सिंचाई परियोजना के अन्तर्गत 2,000 हैक्टेयर से कम कृषि योग्य भूमि ही शामिल होती है।

भारत के उद्योग

- भारत में एल्युमीनियम का पहला कारखाना वर्ष 1937 में पश्चिम बंगाल में आसनसोल के निकट जे. के. नगर में स्थापित किया गया था।
- हिन्दुस्तान एल्युमीनियम कॉर्पोरेशन की स्थापना मध्य प्रदेश के कोरबा नामक स्थान पर की गई।
- सूती वस्त्र उद्योग की आधुनिक ढंग से पहली मिल की स्थापना 1818 ई. में कोलकाता के समीप फोर्ट ग्लास्टर में की गई थी।
- सूती वस्त्र उद्योग का सर्वाधिक केन्द्रीकरण महाराष्ट्र एवं गुजरात राज्य में है। अन्य प्रमुख राज्य हैं—पश्चिम बंगाल, मध्य प्रदेश, तमिलनाडु।

भारत की जनगणना

- भारत में जनगणना की शुरुआत 1872 ई. में लॉर्ड मेयो के कार्यकाल में हुई। भारत में नियमित जनगणना की शुरुआत 1881 ई. में लॉर्ड रिपन के कार्यकाल में हुई थी।
- भारत विश्व में चीन के बाद दूसरा सर्वाधिक जनसंख्या वाला देश है। वर्ष 2011 की जनगणना के अनुसार, भारत की कुल जनसंख्या 121.08 करोड़ है। भारत की जनसंख्या में वर्ष 2001 से 2011 के दौरान 18.21 करोड़ की वृद्धि हुई है।
- वर्तमान में भारत की जनसंख्या की दशकीय वृद्धि दर 17.69% है, जबकि वार्षिक औसत वृद्धि दर 1.64% है।
- जनसंख्या के दृष्टिकोण से उत्तर प्रदेश सर्वाधिक जनसंख्या वाला राज्य है। महाराष्ट्र दूसरे एवं बिहार तीसरे स्थान पर है।
- वर्ष 2011 की जनगणना के अनुसार, भारत का जनसंख्या घनत्व 382 व्यक्ति प्रति वर्ग किमी. है।
- वर्ष 2011 की जनगणना के अनुसार, देश में लिंगानुपात 943 है। न्यूनतम लिंगानुपात वाले राज्य हरियाणा, सिक्किम, पंजाब हैं तथा सर्वाधिक लिंगानुपात वाले राज्य केरल, तमिलनाडु, आन्ध्र प्रदेश हैं।

6 » पर्यावरण व आपदा प्रबन्धन

- जीवमण्डल शब्द को वर्ष 1920 के दशक में रूसी वैज्ञानिक **व्लादीमिर वर्नाडस्की** ने लोकप्रिय बनाया था। जीवमण्डल पृथ्वी का वह क्षेत्र है, जो सभी जीवित प्राणियों-पशुओं, जीवाणुओं तथा मनुष्य का निवास स्थान है। भूमण्डलीकरण शब्द का प्रयोग **जॉन विलियम्सन** ने किया था।
- जीवाश्म ईंधन एक प्रकार का प्राकृतिक ईंधन है। जीवों एवं वनस्पतियों के दबने तथा उच्चदाब एवं ताप पर जीवाश्म के तरल अथवा गैसीय रूप में आने से ही जीवाश्म ईंधनों का निर्माण होता है।
- सी. एन. जी. अर्थात् सम्पीडित प्राकृतिक गैस प्राकृतिक रूप में पाई जाने वाली ज्वलनशील गैस होती है। इसका मुख्य अवयव मिथेन, एथेन तथा प्रोपेन है। यह गैस पर्यावरण के लिए श्रेष्ठ मानी जाती है।
- निरन्तर निर्जलीकरण तथा भूमि अपरदन पर्यावरणीय असन्तुलन के दो प्रमुख कारण हैं। इससे पर्यावरण को गम्भीर खतरा उत्पन्न हो जाता है।
- "सतत् पोषणीय विकास" आर्थिक विकास की एक प्रक्रिया है, जिसका उद्देश्य प्राकृतिक संसाधनों तथा पर्यावरण में बिना किसी हानि के वर्तमान तथा भविष्य की पीढ़ियों के जीवन की गुणवत्ता को बनाए रखना है। संसाधन संरक्षण की दिशा में नर्मदा बचाओ अभियान मेधा पाटकर ने प्रारम्भ किया था।
- संसाधन प्रबन्धन का सन्दर्भ प्राकृतिक संसाधनों भूमि, जल, मृदा, वनस्पति तथा जीव-जन्तु के प्रबन्धन से है। विकास के स्तर पर संसाधनों को चार वर्गों में विभाजित किया जाता है, ये हैं—सम्भावी संसाधन, विकसित संसाधन, भण्डार एवं संचित कोष।
- पर्यावरण उन सभी भौतिक, रासायनिक एवं जैविक कारकों की समष्टिगत इकाई है, जो किसी जीवधारी अथवा पारितन्त्रीय आबादी को प्रभावित करता है।
- वर्ष 1992 में संयुक्त राष्ट्र का प्रथम पृथ्वी सम्मेलन रियो-डि-जेनेरिया में आयोजित किया गया था। इस सम्मेलन में एजेण्डा-21 पारित किया गया था। विश्व पर्यावरण दिवस प्रति वर्ष 5 जून को मनाया जाता है।
- वर्तमान समय में जल प्रदूषण के बढ़ने का मुख्य कारण कीटनाशक का उपयोग, मानवीय गतिविधियाँ एवं बढ़ती जनसंख्या है। यह एक नवीकरणीय संसाधन है। भारत में जल संरक्षण को प्रोत्साहित करने हेतु अनेक कार्यक्रम संचालित किए जा रहे हैं। मीरू-नीरू कार्यक्रम की शुरुआत आन्ध्र प्रदेश राज्य में की गई है।
- भारत में चीता वर्ष 1952 में विलुप्त हो गया। अन्तिम भारतीय चीते की मौत वर्ष 1947 में हो गई। विश्व में कुछ संख्या में चीते ईरान में निवास करते हैं। भारत में प्रोजेक्ट टाइगर का आरम्भ 7 अप्रैल, 1973 को किया गया। इस योजना का मुख्य उद्देश्य भारत में बाघों को संरक्षण प्रदान करना है।
- भारत में वन्यजीव संरक्षण अधिनियम वर्ष 1972 में पारित किया गया था। इस अधिनियम के अन्तर्गत वन्यजीवों, पक्षियों तथा वनस्पतियों को संरक्षण प्रदान किया जाता है। भारत में वन्यजीवों के कम होने का एक प्रमुख कारण प्राकृतिक आवासों का नष्ट होना है। एशियाई शेरों का निवास स्थल गिर राष्ट्रीय उद्यान गुजरात में स्थित है।
- वायु में कार्बन डाइऑक्साइड, नाइट्रोजन ऑक्साइड, कार्बन मोनोऑक्साइड, सल्फर डाइऑक्साइड इत्यादि की मात्रा में वृद्धि के कारण वायु प्रदूषित होती है, जिसे वायु प्रदूषण कहा जाता है। इससे ऑक्सीजन की सान्द्रता कम होती है और मनुष्य श्वसन सम्बन्धी बीमारियों का शिकार होता है।
- ब्राजील के उष्णकटिबन्धीय सदाबहार वन क्षेत्र को 'पृथ्वी का फेफड़ा' भी कहा जाता है। भारत में ज्वारीय वन को मैंग्रोव भी कहा जाता है। यहाँ 6,740 वर्ग किमी भू-भाग पर यह वन क्षेत्र विस्तृत है। सुन्दरी वृक्ष के वन मुख्यत: ज्वारीय वन क्षेत्र में पाए जाते हैं।

- भारत में हिमनद के पिघलने के कारण नदियों में लगातार जल की मात्रा घट रही है। ग्लेशियर पिघलने का मुख्य कारण ग्लोबल वार्मिंग है।
- 2 दिसम्बर, 1984 को भोपाल की यूनियन कार्बाइट नामक कम्पनी में मिथाइल आइसोसायनेट गैस के रिसाव से लाखों लोग प्रभावित हुए। इसे विश्व की एक भीषण औद्योगिक त्रासदी माना जाता है।

7 » राज्य विशेष

उत्तर प्रदेश : सामान्य ज्ञान

- भारत का राष्ट्रीय चिन्ह सारनाथ (वाराणसी) के अशोक स्तम्भ से लिया गया है। इस चिन्ह में चार शेर हैं, जो चारों दिशाओं की ओर मुँह किए खड़े हैं। इस चिन्ह को 26 जनवरी, 1950 को राष्ट्रीय चिन्ह के रूप में अपनाया गया।
- मलिक मोहम्मद जायसी ने ऐतिहासिक पद्मावत ग्रन्थ की रचना की थी। इस ग्रन्थ की भाषा अवधी है। इसमें रानी पद्मावती एवं रावल रत्न सिंह के प्रेम का रोचक विवरण हुआ है।
- उत्तर प्रदेश में मनोविज्ञान प्रयोगशाला की स्थापना वर्ष 1954 में प्रयागराज में स्थापित की गई थी। इस प्रयोगशाला की स्थापना करने का मुख्य उद्देश्य मनोविज्ञान से सम्बन्धित विषयों का व्यापक अध्ययन करना था।
- रिहन्द बाँध परियोजना उत्तर प्रदेश के सोनभद्र जिले में पिपरी नामक स्थान के रिहन्द नदी पर स्थित है। इस परियोजना की शुरुआत वर्ष 1954 में तत्कालीन प्रधानमन्त्री पंडित जवाहरलाल नेहरू द्वारा की गई थी।
- राज्य में वृन्दावन मन्दिर मथुरा में, देवीपाटन मन्दिर तुलसीपुर में, जे. के. मन्दिर लखनऊ एवं विश्वनाथ मन्दिर वाराणसी में स्थित है।

छत्तीसगढ़ : सामान्य ज्ञान

- छत्तीसगढ़ राज्य में स्थित भोरम देव का मन्दिर फणिनाग वंश के शासक रामचन्द्र ने 7वीं से 11वीं शताब्दी के मध्य बनवाया था।
- राज्य में सतनाम पंथ के संस्थापक गुरु घासीदास थे, इनका जन्म 18 दिसम्बर, 1756 को छत्तीसगढ़ राज्य के रामपुर जिले के गिरौदपुरी ग्राम में हुआ था।
- छत्तीसगढ़ राज्य में अस्पृश्यता उन्मूलन के कार्य करने वाले प्रथम व्यक्ति सुन्दरलाल शर्मा थे। भारत के स्वतन्त्रता संग्राम में भी इन्होंने मुख्य भूमिका निभाई। अगस्त 1930 में राज्य के रूद्री नवागाँव नामक स्थान में श्यामलाल सोम के नेतृत्व में पहला जंगल सत्याग्रह हुआ था।
- छत्तीसगढ़ राज्य में द्वितीय पंचवर्षीय योजना के अन्तर्गत पूर्व सोवियत संघ की सहायता से भिलाई (दुर्ग जिले में) में लौह इस्पात उद्योग की स्थापना की गई है। इस औद्योगिक इकाई के लिए लौह अयस्क की आपूर्ति बैलाडिला खदान से की जाती है। दुर्ग जिले में ही स्थित जामुल सीमेण्ट उद्योग के लिए प्रचलित है।
- राज्य में प्रति वर्ष कुम्भ मेले का आयोजन राजिम जिले में किया जाता है, जो रामपुर जिले में स्थित है। राजिम महानदी के तट पर स्थित है। इसे छत्तीसगढ़ का प्रयाग भी कहा जाता है।
- छत्तीसगढ़ राज्य में 3 राष्ट्रीय उद्यान एवं 11 वन्यजीव अभयारण्य हैं। इन्द्रावती राष्ट्रीय उद्यान दाँतेवाड़ा जिले में स्थित है। यह राज्य का सबसे प्रमुख राष्ट्रीय पार्क है।
- राज्य में माना, पारवांजूर और मैनपाट क्षेत्र का सम्बन्ध सामान्यत: शरणार्थी स्थल के रूप में किया जाता है। इन स्थानों पर तिब्बतियों का निवास स्थल विद्यमान है। मैनपाट राज्य के सरगुजा जिले में व पारवांजूर राज्य के कांकेर जिले में स्थित है।
- गोण्ड राज्य का सबसे बड़ा जनजातीय समूह है। कोमा जनजाति के लोग बलराम जिले में संकेन्द्रित हैं।

उत्तराखण्ड : सामान्य ज्ञान

- वर्ष 2011 की जनगणना के आँकड़ों के अनुसार उत्तराखण्ड राज्य की कुल जनसंख्या 1,01,16,752 है। यहाँ की दशकीय वृद्धि दर 19.15% तथा जनसंख्या 189 एवं लिंगानुपात 863 है।
- उत्तराखण्ड एकलव्य आवासीय विद्यालय के अन्तर्गत केवल अनुसूचित जनजातियों के विद्यार्थियों के लिए प्रवेश की व्यवस्था की गई है। ये आवासीय विद्यालय भारतीय संविधान के अनुच्छेद 275(1) के अन्तर्गत स्थापित किए गए हैं।
- उत्तराखण्ड का प्रसिद्ध सूर्य मंदिर द्वारहाट, अल्मोड़ा जिले में स्थित है। इसका निर्माण 13वीं शताब्दी में कत्युरी वंश के शासक कत्तर्मल्ला द्वारा करवाया गया था।
- स्कन्द पुराण में नैनीताल झील को त्रिऋषि सरोवर के रूप में जाना जाता है। इस झील का निर्माण अत्री, पुलस्व्य, पुलह ऋषि द्वारा किया गया था। यह झील 64 शक्तिपीठों में से एक मानी जाती है।

राजस्थान : सामान्य ज्ञान

- अंग्रेजों ने लॉर्ड येक के नेतृत्व में लोहागढ़ (भरतपुर जिले में) पर पाँच बार चढ़ाई की, परन्तु इसके बावजूद वह असफल रहा। लोहागढ़ दुर्ग का निर्माण जाट शासक महाराजा सूरजमल ने करवाया था।
- मेवाड़ प्रजामण्डल के प्रथम अध्यक्ष बलवन्त सिंह मेहता थे। इसकी स्थापना वर्ष 1938 में माणिक्य लाल वर्मा द्वारा की गई थी। इस संस्था की स्थापना का मुख्य उद्देश्य स्वतन्त्रता प्राप्त करना था।
- राजस्थान में ऐतिहासिक विरासत के संरक्षण हेतु स्मारक, पुरावशेष, स्थान एवं प्राचीन वस्तु अधिनियम वर्ष 1961 में लागू हुआ था।
- राजस्थान में अभ्रक का सर्वाधिक उत्पादन अजमेर, भीलवाड़ा एवं जयपुर जिले में, टंगस्टन का सर्वाधिक उत्पादन नागौर जिले में तथा लौह अयस्क का उत्पादन जयपुर जिले में किया जाता है।
- राजस्थान की अमूल्य साहित्य धरोहर 'वातांरी फुलवाड़ी' सामान्यत: 14 खण्डों में विभाजित है। इसके लेखक विजयदान देवा हैं, जिन्हें वर्ष 1974 में साहित्य अकादमी पुरस्कार से सम्मानित किया गया।
- राजस्थान में मंगला तेल कुआँ बाड़मेर जिले में स्थित है। सर्वप्रथम वर्ष 2004 में यहाँ तेल क्षेत्र की खोज हुई तथा अगस्त 2009 को उत्पादन प्रारम्भ हुआ।
- राजस्थान का ऐतिहासिक स्थल मानगढ़ राजस्थान के बाँसवाड़ा जिले में स्थित है। 19वीं सदी में यहाँ गोविन्द गुरु के नेतृत्व में आन्दोलन चलाया गया था। इसे 'भगत आन्दोलन' के नाम से जाना जाता है।
- राजस्थान में वर्षा जल संग्रहण की परम्परागत विधि 'टांका' कहलाती है। इस परम्परा की शुरुआत थार रेगिस्तान से हुई थी।
- राजस्थान में नगर निगम के प्रमुख को अध्यक्ष कहा जाता है। उसे नगर निगम प्रमुख भी कहा जाता है। राज्य में स्थानीय निकायों के चुनाव में महिलाओं को 50 फीसदी आरक्षण का लाभ प्रदान किया गया है। राजस्थान विधानसभा में सदस्यों की कुल संख्या 200 तक निर्धारित है।

भारतीय राजव्यवस्था

1 ›› भारत में विविधता

भारत में विविधता

- किसी भी समाज में विभिन्न आर्थिक, धार्मिक समुदायों, विभिन्न भाषायी समूहों, संस्कृतियों और जातियों की उपस्थिति को उस समाज की विविधता कहते हैं।
- भारतीय समाज की विशेषता अनेकता में एकता है। **वी.ए. स्मिथ** ने भारत को अनेकता में एकता वाला देश कहा था।
- भारत के प्रधानमन्त्री पण्डित जवाहरलाल नेहरू ने भारतीय राष्ट्र का वर्णन करते हुए कहा था कि भारत विविधता में एकता वाला देश है।
- भारत एक विशाल देश है, जहाँ अनेक धर्म एवं भाषा के लोग रहते हैं। भारत में दो अलग-अलग राज्य में विभिन्न विविधताएँ देखने को मिलती हैं।

भारत में विविधता के प्रकार

भारत में विभिन्न नस्लों के लोग पाए जाते हैं, यहाँ नस्ल का तात्पर्य लोगों के ऐसे समूह से है, जो रंग-रूप, आकार-प्रकार एवं शारीरिक बनावट में एक-दूसरे से भिन्न होते हैं।

प्रजातीय विविधता भारत में विभिन्न प्रजातियों के लोग निवास करते हैं, जिनमें ऐसी शारीरिक विशेषता पाई जाती है, जो उन्हें दूसरे व्यक्तियों से अलग करती है।

धार्मिक विविधता धार्मिक आधार पर भारत विविधतापूर्ण परिवेश का प्रतिनिधित्व करता है; जैसे—जैन, हिन्दू, मुस्लिम आदि।

जातीय विविधता भारतीय समाज में जाति का महत्त्वपूर्ण स्थान है। प्राचीन हिन्दू धर्म की वर्ण व्यवस्था ने बाद में रूढ़िवादी रूप में जाति का स्वरूप ग्रहण कर लिया, जिससे जातियों में विभिन्नता आती गई।

भौगोलिक विविधता

- भौगोलिक दृष्टि से हमारे देश में अनेक विषमताएँ व्याप्त हैं। एक ओर हिमालय की ऊँची चोटियाँ हैं, तो दूसरी ओर गंगा का समतल मैदान और दक्षिण का पठारी भाग भी है।
- भौगोलिक विविधता के बावजूद भी सम्पूर्ण देश एक इकाई का निर्माण करता है।
- **डॉ. राजबली पाण्डेय** के अनुसार, ''प्रकृति ने भारत की भौगोलिक इकाई को इतना सुदृढ़ बनाया है कि यह देश के आन्तरिक विभाजनों को अच्छी तरह ढक लेती है।''

विविधता में एकता

- एक विशाल राष्ट्र तथा कई राज्यों का समूह होते हुए भी संविधान और मानवीय राजनीतिक अधिकारों के दृष्टिकोण से सम्पूर्ण भारत एक है।
- भारत भूमि विविध धर्मों की संगम स्थली रही है, जहाँ हिन्दू, जैन, इस्लाम विभिन्न धर्मों के लोग सदियों से भारत में साथ-साथ रह रहे हैं।
- सांस्कृतिक विभिन्नता के बावजूद भी भारत सांस्कृतिक रूप से एक है।
- राष्ट्रीयता हृदयों की एकता है, जो एक बार बन जाने के बाद कभी खण्डित नहीं होती है। भारत की विविधता में एकता आधारभूत तत्त्व है।

2 ›› संविधान तथा लोकतन्त्र

भारतीय संविधान का निर्माण

- भारतीय संविधान सभा का निर्माण नवम्बर, 1946 में कैबिनेट मिशन योजना द्वारा किया गया। संविधान सभा के सदस्यों का निर्वाचन अप्रत्यक्ष रूप से विधानसभा द्वारा किया गया।
- 11 दिसम्बर, 1949 को डॉ. राजेन्द्र प्रसाद संविधान सभा के प्रथम स्थायी अध्यक्ष के रूप में चुने गए।
- संविधान के निर्माण में 2 वर्ष 11 माह तथा 18 दिन लगें तथा 26 नवम्बर, 1949 को संविधान के कुछ अनुच्छेदों को लागू किया गया।
- शेष संविधान को 26 जनवरी, 1950 को लागू कर दिया गया।

भारतीय संविधान के स्रोत

भारत सरकार अधिनियम, 1935 से भारतीय संविधान में दो तिहाई प्रावधान लिए गए हैं

प्रावधान	स्रोत
आपात उपबन्ध	जर्मनी के वाइमर संविधान तथा वर्ष 1935 के अधिनियम
राज्य के नीति-निदेशक तत्त्व, राष्ट्रपति का निर्वाचन मण्डल, राज्य सभा में मनोनयन	आयरलैण्ड
उद्देशिका की भावना, समवर्ती सूची, केन्द्र-राज्य सम्बन्ध, शक्ति विभाजन	ऑस्ट्रेलिया
संघात्मक शासन, केन्द्र की अवशिष्ट शक्ति	कनाडा
मूल अधिकार, सर्वोच्च न्यायालय, महाभियोग, न्यायिक पुनर्विलोकन, उपराष्ट्रपति का पद	अमेरिका
एकल नागरिकता, संसदीय शासन, विधि का शासन	ब्रिटेन
संविधान संशोधन	दक्षिण अफ्रीका
मौलिक कर्त्तव्य	पूर्व सोवियत संघ (रूस)

भारतीय संविधान की विशेषता

- भारतीय संविधान संघात्मक व्यवस्था पर आधारित है, जिसमें केन्द्र व राज्यों के बीच शक्तियों व कार्यों का विभाजन किया गया है।
- भारतीय संविधान विश्व का सबसे बड़ा लिखित संविधान है, जिसमें 25 भाग, 12 अनुसूची तथा 450 अनुच्छेद हैं।
- भारतीय संविधान का स्वरूप संघात्मक के साथ आवश्यकतानुसार एकात्मक भी है।
- संविधान के भाग-3 में मूल अधिकार हैं, जबकि भाग-4 में राज्यों के कर्त्तव्यों के निर्धारण के लिए नीति-निदेशक तत्त्वों का वर्णन है, जिनका वर्णन अनुच्छेद 36 से 51 तक किया गया है।

संविधान में निर्धारित मूल अधिकार

भारतीय संविधान के भाग-3 में मानव के मूल अधिकारों की चर्चा है। मूल अधिकार मानव के विकास के लिए आवश्यक हैं, जो निम्न हैं-

- समानता का अधिकार (अनुच्छेद 14-18)
- स्वतन्त्रता का अधिकार (अनुच्छेद 19-22)
- शोषण के विरुद्ध अधिकार (अनुच्छेद 23-24)
- धार्मिक स्वतन्त्रता का अधिकार (अनुच्छेद 25-28)
- संस्कृति एवं शिक्षा सम्बन्धी अधिकार (अनुच्छेद 29-30)
- संवैधानिक उपचारों का अधिकार (अनुच्छेद 32-35)
- संविधान के अनुच्छेद 51(A) में नागरिक के मौलिक कर्त्तव्यों का निर्धारण है। मौलिक कर्त्तव्य 11 हैं।

राज्य के नीति-निदेशक तत्व

राज्य के कर्त्तव्यों का निर्धारण नीति-निदेशक तत्व/कल्याणकारी राज्य के अन्तर्गत किया गया है। *कुछ प्रमुख नीति-निदेशक तत्त्व निम्न प्रकार हैं—*

- अनुच्छेद 38 राज्य लोक-कल्याण की अभिवृद्धि के लिए सामाजिक व्यवस्था बनाएगा।
- अनुच्छेद 39-समान न्याय और नि:शुल्क विधिक सहायता।
- अनुच्छेद 40-पंचायतों का गठन
- अनुच्छेद 48-कृषि और पशुपालन का संगठन
- अनुच्छेद 50-कार्यपालिका से न्यायपालिका का पृथक्करण

लोकतन्त्र

- लोकतन्त्र अंग्रेजी भाषा के 'डेमोक्रेसी' शब्द का हिन्दी रूपान्तरण है, जो कि यूनानी भाषा के 'डेमोस' तथा 'क्रेशिया' से मिलकर बना है। इस प्रकार लोकतन्त्र का शाब्दिक अर्थ है— जनता का शासन।

- **अब्राहम लिंकन** के अनुसार, "लोकतन्त्र जनता का, जनता के द्वारा तथा जनता के लिए संचालित शासन है।"

लोकतन्त्र के प्रकार

- प्रत्यक्ष लोकतन्त्र के अन्तर्गत जनता शासन में प्रत्यक्ष रूप से भाग लेती है। **रूसो** ने प्रत्यक्ष लोकतन्त्र को सच्चा लोकतन्त्र कहा है।
- अप्रत्यक्ष लोकतन्त्र के अन्तर्गत जनता शासन में स्वयं भाग न लेकर एक निश्चित समय के लिए प्रतिनिधियों को निर्वाचित करती है, जो कानून बनाने तथा उसे लागू करने का कार्य करते हैं।

लोकतन्त्र के गुण

- लोगों की जरूरतों के अनुरूप आचरण करने के मामले में लोकतान्त्रिक प्रणाली, अन्य प्रणालियों से अच्छी है।
- लोकतान्त्रिक शासन प्रणाली में सरकार की जवाबदेही तय होती है।
- लोकतान्त्रिक शासन में नागरिक शिक्षित, जागरूक तथा राजनीतिक जीवन में रुचि रखने वाले होते हैं।
- लोकतान्त्रिक शासन में निष्पक्ष न्यायपालिका तथा विधि का शासन होता है।

लोकतन्त्र की सफलता की शर्त

लोकतन्त्र की सफलता की निम्न शर्तें हैं

- लोकतन्त्र की सफलता के लिए आवश्यक है कि नागरिक शिक्षित, जागरूक तथा राजनीतिक जीवन में रुचि लेने वाले हों।
- **ब्राइस** के अनुसार, "जनता का आलस्य तथा उदासीनता लोकतन्त्र के प्रबल शत्रु हैं।"
- लोकतन्त्र तभी सफल हो सकता है, जब शान्ति और सुव्यवस्था का वातावरण हो।

3 » संसदीय या केन्द्र सरकार

भारतीय संघीय सरकार एवं संसद

- भारतीय संविधान के अनुच्छेद 79 के अनुसार, संघ के लिए एक संसद होगी, जो राष्ट्रपति, राज्यसभा और लोकसभा से मिलकर बनेगी। राष्ट्रपति राष्ट्र का प्रथम व्यक्ति होता है।
- भारत की संघीय सरकार को केन्द्रीय सरकार भी कहते हैं। संघीय सरकार केन्द्रीय स्तर के कार्यों का संचालन करती है।
- भारत में संघीय सरकार के तीन अंग हैं- कार्यपालिका, विधायिका तथा न्यायपालिका।
- संघीय कार्यपालिका में राष्ट्रपति, उपराष्ट्रपति, प्रधानमन्त्री एवं मन्त्रिमण्डल आदि आते हैं।

राष्ट्रपति का निर्वाचन, उपलब्धियाँ एवं भत्ते

- भारतीय संविधान के अनुच्छेद 52 में कहा गया है कि भारत का एक राष्ट्रपति होगा तथा अनुच्छेद 53 के अनुसार, संघ की कार्यपालिका शक्ति राष्ट्रपति में निहित होगी।
- भारत के राष्ट्रपति का निर्वाचन अप्रत्यक्ष रूप से निर्वाचक मण्डल द्वारा 5 वर्ष के लिए किया जाता है।
- राष्ट्रपति के निर्वाचन में संसद के दोनों सदनों के अलावा राज्य विधानसभा एवं संघीय क्षेत्रों की विधानसभा के निर्वाचित सदस्य भाग लेते हैं।
- राष्ट्रपति को उनके कार्य के लिए संसद द्वारा निर्धारित राशि संचित कोष से दी जाती है। इनके वेतन, भत्ते भारत की संचित निधि से दिए जाते हैं।
- राष्ट्रपति निर्वाचित होने के लिए भारत का नागरिक एवं 35 वर्ष की आयु पूरी होने की अर्हता है।

उपराष्ट्रपति का निर्वाचन एवं कार्यकाल

- भारतीय संविधान में उपराष्ट्रपति का पद देश का दूसरा सर्वोच्च पद होता है। अनुच्छेद 64 के अनुसार, उपराष्ट्रपति को राज्यसभा के पदेन सभापति के रूप में मान्यता प्रदान की गई है।
- उपराष्ट्रपति का चुनाव संसद के दोनों सदनों की संयुक्त बैठक में आनुपातिक प्रतिनिधित्व पद्धति द्वारा एकल संक्रमणीय प्रणाली से होता है।
- उपराष्ट्रपति का चुनाव गुप्त मतदान से होता है। निर्वाचित होने के लिए भारत का नागरिक होना आवश्यक है।
- उपराष्ट्रपति का कार्यकाल 5 वर्ष का होता है। राष्ट्रपति की अनुपस्थिति में वह अस्थायी रूप से राष्ट्रपति के कर्त्तव्यों का पालन करेगा।

मन्त्रिमण्डल और प्रधानमन्त्री

- मन्त्रिमण्डल में प्रधानमन्त्री और कैबिनेट स्तर के मन्त्री ही सम्मिलित होते हैं। मन्त्रिमण्डल की सामान्यत: सप्ताह में एक बार बैठक होती है, इसके अतिरिक्त प्रधानमन्त्री जब चाहे बैठक बुला सकता है।
- मन्त्रिमण्डल का कार्य नीति-निर्धारण, वित्तीय कार्य करना आदि होता है। वस्तुत: मन्त्रिमण्डल ही देश के शासन का संचालन करता है।
- भारतीय संविधान के अनुच्छेद 74(1) के अनुसार, राष्ट्रपति को सहायता एवं सलाह देने के लिए मन्त्रिपरिषद् होगी, जिसका प्रधान प्रधानमन्त्री होगा।

प्रधानमन्त्री की नियुक्ति एवं शक्तियाँ

- संसदात्मक प्रणाली में राष्ट्रपति लोकसभा में बहुमत दल के नेता को प्रधानमन्त्री पद पर नियुक्त करने के लिए बाध्य है।
- कुछ विशेष परिस्थितियों में राष्ट्रपति प्रधानमन्त्री की नियुक्ति में स्वविवेक का प्रयोग कर सकता है; जैसे-स्पष्ट बहुमत प्राप्त न हो, बहुमत वाले दल में कोई नेता निश्चित न हो।
- प्रधानमन्त्री मन्त्रिपरिषद् का निर्माण करता है तथा मन्त्रियों में विभागों का बँटवारा और विभागों में परिवर्तन भी कर सकता है।

लोकसभा

- लोकसभा भारतीय संसद का निम्न सदन है, जो अस्थायी है और विघटित हो सकता है।
- लोकसभा का विघटन प्रधानमन्त्री की सिफारिश पर राष्ट्रपति करता है।
- लोकसभा की अधिकतम संख्या 552 हो सकती है। वर्तमान में सदस्यों की संख्या 545 है, जिसमें 523 राज्यों तथा 20 केन्द्रशासित प्रदेशों से चुने जाते हैं। शेष 2 आंग्ल भारतीय समूह के लिए आरक्षित हैं।
- लोकसभा का कार्यकाल 5 वर्ष का होता है, परन्तु समय पूर्व विघटन सम्भव है। लोकसभा निर्वाचित होने हेतु व्यक्ति को भारत का नागरिक एवं कम से कम 25 वर्ष की आयु का होना आवश्यक है।

लोकसभा अध्यक्ष के अधिकार

- लोकसभा के कार्यों का संचालन करने के लिए लोकसभा अध्यक्ष तथा उपाध्यक्ष चुने जाते हैं।
- लोकसभा अध्यक्ष संविधान और सदन की प्रक्रिया सम्बन्धी नियमों की व्याख्या करता है।
- संसदीय समिति की अध्यक्षता लोकसभा अध्यक्ष करता है।
- सदन में अव्यवस्था की स्थिति उत्पन्न होने पर सदन की कार्यवाही स्थगित कर सकता है।

राज्यसभा

- राज्यसभा संसद का उच्च सदन है, जो राज्यों के प्रतिनिधित्व की व्यवस्था करता है। संविधान के अनुच्छेद 80 में राज्यसभा सदस्यों की संख्या निर्धारित है।
- राज्यसभा की अधिकतम संख्या 250 है, परन्तु वर्तमान में 245 सदस्य हैं, जिसमें से 233 सदस्य राज्यों तथा केन्द्रशासित प्रदेशों से चुने जाते हैं। राज्यसभा में 12 सदस्य राष्ट्रपति द्वारा मनोनीत किए जाते हैं, जो कला, विज्ञान, साहित्य तथा समाज सेवा के क्षेत्र से सम्बन्धित होते हैं।
- राज्यसभा एक स्थायी सदन है। इसके सदस्यों का कार्यकाल 6 वर्ष का होता है तथा एक-तिहाई सदस्य प्रत्येक दो वर्ष बाद सेवानिवृत्त होते हैं।
- राज्यसभा सदस्य के रूप में निर्वाचित होने के लिए भारत का नागरिक एवं 30 वर्ष की आयु होना आवश्यक है।
- राज्यसभा सदस्यों का निर्वाचन एकल संक्रमणीय मत प्रणाली तथा आनुपातिक प्रतिनिधित्व पद्धति के अनुसार किया जाता है, जिसमें केन्द्रशासित एवं राज्य विधानसभा के निर्वाचित सदस्य भाग लेते हैं।

राज्यसभा के पदाधिकारी

- राज्यसभा का प्रमुख पदाधिकारी सभापति होता है। भारत का उपराष्ट्रपति राज्यसभा का पदेन सभापति होता है।
- राज्यसभा के सभापति के अधिकार तथा कर्त्तव्य वही हैं, जो लोकसभा अध्यक्ष के होते हैं।

लोकसभा एवं राज्यसभा की शक्तियाँ

- वित्तीय या धन विधेयक लोकसभा में ही पेश किया जा सकता है। यह प्रावधान संविधान के अनुच्छेद 117 में है।
- अनुच्छेद 312 के अन्तर्गत राज्यसभा अखिल भारतीय सेवा सृजित कर सकती है।

संसदीय कार्यवाही की प्रक्रिया

संसदीय कार्यवाही के निम्न चरण हैं

- **प्रश्नकाल** प्रत्येक संसदीय बैठक का प्रथम घण्टा प्रश्नकाल होता है। इस दौरान सामान्यत: सदस्य प्रश्न पूछते हैं।
- **तारांकित प्रश्न** इस प्रकार के प्रश्न में सदस्य तुरन्त उत्तर चाहते हैं।
- **अतारांकित प्रश्न** इस प्रकार के प्रश्नों का उत्तर सदस्य लिखित रूप में देते हैं।
- **शून्यकाल** यह प्रश्नकाल के तुरन्त बाद शुरू होता है।

संसदीय समितियाँ

संसद के कार्य को सम्पादित करने में संसदीय समितियों की मुख्य भूमिका होती है।

कुछ प्रमुख संसदीय समितियाँ निम्न हैं

- **स्थायी समितियाँ** ये समितियाँ स्थायी प्रवृत्ति की होती हैं तथा लगातार कार्यरत् रहती हैं।
- **वित्तीय समितियाँ** ये समितियाँ वित्त मामलों से सम्बन्धित होती हैं।
- **विभागीय समितियाँ** कार्यपालिका की संसद के प्रति जवाबदेही सुनिश्चित करने हेतु ऐसी समितियाँ बनाई गई हैं।
- **अनौपचारिक समितियाँ** कई बार संसद किसी विशेष उद्देश्य से गठित करती है।

4 » राज्य सरकार एवं कार्यपालिका

- केन्द्र सरकार की तरह ही राज्य सरकार में कार्यपालिका, विधायिका तथा न्यायपालिका होती है। ये सभी अंग शक्ति पृथक्करण के सिद्धान्त पर कार्य करते हैं।
- राज्य कार्यपालिका राज्य के कार्यों का संचालन तथा क्रियान्वयन करती है।
- राज्य कार्यपालिका में राज्यपाल, मुख्यमन्त्री, मन्त्रिपरिषद् तथा महाधिवक्ता शामिल होते हैं।

राज्यपाल

- राज्य की कार्यकारिणी का प्रधान राज्यपाल होता है। संविधान के अनुच्छेद 153 से 160 तक राज्यपाल की नियुक्ति, शक्तियों तथा कार्यों का वर्णन है।
- संविधान के अनुच्छेद 154 में वर्णित है कि राज्य की समस्त कार्यपालिका शक्ति राज्यपाल में निहित होगी, जिसका प्रयोग वह स्वयं अपने अधीनस्थों से करवाएगा।
- अनुच्छेद 155 के अनुसार, राज्यपाल की नियुक्ति राष्ट्रपति करता है। राज्यपाल का कार्यकाल पाँच वर्षों का होता है, परन्तु समय से पहले कदाचार या अक्षमता की स्थिति में उसे हटाया जा सकता है।
- संविधान के अनुच्छेद 213 के अनुसार, राज्यपाल को अध्यादेश की शक्ति प्राप्त है। अध्यादेश राज्य विधानमण्डल द्वारा पारित कानून के समान होता है।

मन्त्रिपरिषद् एवं मुख्यमन्त्री

- संविधान के अनुच्छेद 163(1) के अनुसार, राज्यपाल के विवेकी कार्यों को छोड़कर, उसके अन्य कार्यों में सहायता प्रदान करने के लिए एक मन्त्रिपरिषद् होगी, जिसका प्रधान मुख्यमन्त्री होगा।
- संसदीय प्रणाली के समान राज्य की मन्त्रिपरिषद् भी वास्तविक कार्यपालिका है, जबकि राज्यपाल का पद एवं उसकी स्थिति राष्ट्रपति की तरह संवैधानिक है।
- अनुच्छेद 164(1) के अनुसार, मन्त्रिपरिषद् सामूहिक रूप से राज्य विधानसभा के प्रति उत्तरदायी होती है।
- संविधान के अनुच्छेद 164(5) के अनुसार, मन्त्रियों के वेतन एवं भत्ते राज्य विधानमण्डल द्वारा बनाई गई विधियों के अनुसार होंगे।
- भारतीय संविधान के अनुच्छेद 167 में कहा गया है कि मुख्यमन्त्री का यह कर्त्तव्य होगा कि वह राज्यपाल को मन्त्रिपरिषद् एवं विधानमण्डल की कार्यवाहियों के बारे में सूचित करे।

महाधिवक्ता

- संविधान के अनुच्छेद 165 के अन्तर्गत राज्य सरकार का एक महाधिवक्ता नामक प्राधिकारी का प्रावधान है।
- इसका कार्य राज्य सरकार के विधिक सलाहकार के रूप में होता है। राज्यपाल महाधिवक्ता की नियुक्ति करता है। महाधिवक्ता के लिए वही अर्हता है, जो उच्च न्यायालय के न्यायाधीशों के लिए है।
- महाधिवक्ता को राज्य विधानमण्डल की कार्यवाही में भाग लेने तथा बोलने का अधिकार प्राप्त है। उसे राज्य के किसी भी न्यायालय में बोलने का अधिकार प्राप्त होता है।

राज्य विधानमण्डल

- राज्य का विधानमण्डल राज्यपाल और उस राज्य के विधानमण्डल के सदस्यों से मिलकर बनता है।
- विधानमण्डल के दो सदन होंगे- विधानसभा एवं विधानपरिषद्।
- विधानमण्डल के सदन की संरचना का अनुबन्ध करने की अन्तिम शक्ति संसद को अनुच्छेद 171 के अन्तर्गत दी गई है।

विधानसभा

- प्रत्येक राज्य में विधानसभा की व्यवस्था है। विधानसभा में अधिकतम 500 सदस्य तथा न्यूनतम 60 सदस्यों के रहने की व्यवस्था है।
- विधानसभा सदस्यों के निर्वाचित होने की अर्हता भारत का नागरिक हो एवं कम से कम 25 वर्ष की आयु का होना आवश्यक है।
- विधानसभा सदस्यों का निर्वाचन प्रत्यक्ष तरीके से होता है। जो भी स्त्री-पुरुष 18 वर्ष या उससे अधिक का होगा, मतदान का अधिकारी होगा।
- विधानसभा का कार्यकाल 5 वर्षों का होता है, किन्तु विशेष परिस्थितियों में पहले भी विघटित हो सकती है। आपातकाल के दौरान विधानसभा का कार्यकाल 1 वर्ष तक बढ़ाया जा सकता है।

विधानपरिषद्

- भारत के कुछ राज्यों जैसे बिहार, उत्तर प्रदेश, महाराष्ट्र, कर्नाटक, आन्ध्र प्रदेश तथा तेलंगाना में विधानमण्डल के दो सदन हैं, कुछ अन्य राज्यों में विधानपरिषद् स्थापित करने का प्रावधान पारित है; जैसे- उड़ीसा, राजस्थान आदि।
- केन्द्र सरकार की सहमति एवं उस राज्य के विधानमण्डल द्वारा बहुमत से पारित विधेयक से विधानपरिषद् स्थापित हो सकती है।
- विधानपरिषद् राज्य का उच्च सदन है। विधानपरिषद् में सदस्यों की न्यूनतम संख्या 40 एवं अधिकतम संख्या उस राज्य के विधानसभा के सदस्यों की संख्या की एक-तिहाई हो सकती है।
- विधानपरिषद् सदस्यों की योग्यता के बारे में यह उल्लेख कि वह भारत का नागरिक हो एवं साथ ही कम से कम 30 वर्ष की आयु पूर्ण कर चुका हो।
- विधानपरिषद् का प्रमुख पदाधिकारी सभापति है, जिसका वर्णन संविधान के अनुच्छेद 182 में वर्णित है। इनका कार्य विधानपरिषद् की व्यवस्था को बनाए रखना तथा सदस्यों के बीच समन्वय स्थापित करना है।

विधानपरिषद् सदस्यों का निर्वाचन एवं कार्यकाल

- विधानपरिषद् के कुल सदस्यों का 1/3 भाग उस राज्य की स्थानीय संस्थाओं, नगरपालिकाओं, ग्राम पंचायतों आदि से निर्वाचित होंगे।
- विधानपरिषद् के कुल सदस्यों का 1/3 भाग विधानसभा के सदस्यों द्वारा निर्वाचित किया जाएगा।

- विधानपरिषद् के कुल सदस्यों का 1/12 भाग राज्य के विश्वविद्यालय के स्नातकों द्वारा चुना जाएगा।
- विधानपरिषद् एक स्थायी सदन है। इनके सदस्यों का कार्यकाल 6 वर्ष का होता है। इसके 1/3 सदस्य प्रत्येक दूसरे वर्ष अवकाश ग्रहण करते हैं।

विधानमण्डल के कार्य

- विधानमण्डल का कार्य लोक-कल्याण की नीतियों का निर्माण करना तथा उसे लागू करना है।
- धन विधेयक को पारित करती है, लेकिन यह अधिकार मात्र विधानसभा को है, विधानपरिषद् मात्र धन विधेयक को कुछ अवधि अर्थात् 3 माह तक विलम्बित कर सकती हैं।

5 » पंचायती राज्य व्यवस्था

स्थानीय सरकार की संरचना

- शासन के विकेन्द्रीकरण के सिद्धान्त को लागू करने के उद्देश्य से भारत में पंचायती राज्य व्यवस्था की स्थापना की गई है।
- पंचायती राज का अर्थ है- ग्रामीण क्षेत्रों के लिए त्रिस्तरीय स्थानीय संस्थाओं का गठन-ग्राम स्तर पर ग्राम पंचायत, प्रखण्ड स्तर पर पंचायत समिति तथा जिला स्तर पर जिला परिषद्।
- वर्ष 1992 के 73वें संविधान संशोधन द्वारा पंचायती राज्य व्यवस्था की स्थापना की गई है।

पंचायती राज

- संविधान के चौथे भाग के अनुच्छेद 40 में कहा गया है कि राज्य ग्राम पंचायतों की स्थापना करेगा।
- भारत में वर्ष 1952 में सामुदायिक विकास योजना प्रारम्भ की गई थी।
- बलवन्त राय मेहता समिति, 1957 की सिफारिश पर वर्ष 1959 में सर्वप्रथम राजस्थान के नागौर जिले में पंचायती राज की स्थापना की गई। इस समिति ने त्रिस्तरीय व्यवस्था की घोषणा की थी।
- वर्ष 1977 में गठित अशोक मेहता समिति ने द्विस्तरीय पंचायती व्यवस्था की सिफारिश की थी।
- वर्ष 1992-93 में संविधान के 73वें संशोधन में 11वीं अनुसूची जोड़ी गई एवं संविधान के 9वें भाग के अनुच्छेद 243 के खण्डों में पंचायती राज्य संस्थाओं का वर्णन किया गया। 11वीं अनुसूची में इन संस्थाओं के 29 कार्यों का उल्लेख है।
- पंचायती राज संस्थाओं का कार्यकाल 5 वर्ष निर्धारित है, लेकिन राज्य सरकार इसे अक्षमता या कदाचार के आरोप में पहले भी हटा सकती है। ऐसी स्थिति में छ: महीने के अन्दर नई पंचायत का चुनाव हो जाना चाहिए।
- पंचायती राज संस्थाओं में अनुसूचित जाति, महिलाओं, जनजाति एवं पिछड़े वर्गों के लिए उनकी जनसंख्या के अनुपात में सीटें आरक्षित की गई हैं, जो चक्रानुक्रम विधि द्वारा की गई। पिछड़े वर्गों के लिए आरक्षण कुल निर्वाचित स्थानों की संख्या के 27% से अधिक नहीं होगा।
- संविधान के अनुच्छेद 243(5) में पंचायती राज संस्थाओं की वित्तीय स्थिति में सुधार के लिए राज्य वित्त आयोग की स्थापना की गई है।
- राज्य वित्त आयोग में एक अध्यक्ष एवं दो सदस्य होंगे, जिसकी नियुक्ति राज्यपाल प्रत्येक 5 वर्ष के अन्तराल पर करेंगे।

ग्राम पंचायत

- ग्राम पंचायतों का गठन लगभग 5000 जनसंख्या वाले ग्राम को मिलाकर होता है। प्रत्येक ग्राम पंचायत प्रत्यक्ष रूप से निर्वाचित सदस्यों तथा मुखिया से मिलकर बनती है।
- ग्राम सभा में गाँव के सभी वयस्क नागरिक ग्राम सभा के सदस्य होते हैं। उनका नाम गाँव की निर्वाचक नामावली में अवश्य दर्ज होना चाहिए।
- ग्राम पंचायत का प्रधान मुखिया होता है। मुखिया का चुनाव प्रत्यक्ष ढंग से ग्राम पंचायत की मतदाता सूची में दर्ज मतदाताओं द्वारा होता है।
- **मुखिया** ग्राम का वह व्यक्ति निर्वाचित होने योग्य है, जिसने 21 वर्ष की आयु पूरी की हो एवं उस क्षेत्र की निर्वाचक नामावली में नाम हो।
- उपमुखिया प्रत्येक नवगठित ग्राम पंचायत अपनी प्रथम बैठक में चुने हुए सदस्यों में से एक को उपमुखिया चुनती है।
- **सचिव** प्रत्येक ग्राम पंचायत में एक सचिव होता है, जो राज्य सरकार द्वारा नियुक्त किया जाता है।

पंचायत समिति का गठन

यह ग्राम पंचायत के ऊपर के स्तर की इकाई होती है। पंचायत समिति एक प्रमुख और *निम्नलिखित प्रकार के सदस्यों से मिलकर बनती है-*

- खण्ड की सभी ग्राम पंचायतों के प्रधान।
- निर्वाचित सदस्य में पंचायती क्षेत्र के 2000 जनसंख्या वाले प्रादेशिक निर्वाचन क्षेत्रों से प्रत्यक्ष निर्वाचन द्वारा निर्वाचित किए जाएँगे।
- राज्यसभा तथा विधानपरिषद् के ऐसे सदस्य जो खण्ड के अन्तर्गत निर्वाचकों के रूप में पंजीकृत हैं।
- पंचायत समिति का सबसे प्रमुख अधिकारी खण्ड विकास अधिकारी (Block Development Officer) होता है।

पंचायत समिति निर्वाचित होने की योग्यता

पंचायत समिति हेतु निम्नलिखित योग्यताएँ होनी आवश्यक हैं-

- उसका नाम क्षेत्र पंचायत की प्रादेशिक निर्वाचन क्षेत्र की निर्वाचक नामावली में हो।
- उसकी आयु 21 वर्ष हो।
- वह किसी लाभ के (सरकारी) पद पर न हो।

जिला परिषद् का गठन

प्रत्येक जिला स्तर पर एक जिला परिषद् का गठन होता है। *जिला परिषद् के गठन में निम्नलिखित दो प्रकार के सदस्य होते हैं-*

- निर्वाचित सदस्यों की सदस्य संख्या राज्य सरकार द्वारा निश्चित होती है। सामान्यत: 50,000 से अधिक जनसंख्या पर एक सदस्य निर्वाचित होता है।
- अन्य सदस्यों में कुछ पदेन सदस्य हैं, जोकि निम्नवत् हैं

  लोकसभा तथा विधानसभा के वे सदस्य, जो उन निर्वाचन क्षेत्रों का प्रतिनिधित्व करते हैं, जिनमें जिला क्षेत्र का कोई भाग समाविष्ट है।

जिला परिषद् निर्वाचित होने की योग्यता

- ऐसे व्यक्ति, जिनका नाम उस जिला परिषद् के किसी प्रादेशिक निर्वाचन क्षेत्र के लिए निर्वाचक नामावली में सम्मिलित हो।
- जो राज्य विधानमण्डल का सदस्य निर्वाचित होने की आयु-सीमा के अतिरिक्त अन्य सभी योग्यताएँ रखता हो।
- जिसने 21 वर्ष की आयु पूर्ण कर ली हो।

नगरीय स्थानीय संस्था

- वर्ष 1992 में संविधान के 74वें संशोधन अधिनियम के अनुसार नगरों के लिए तीन प्रकार की स्थानीय संस्थाओं का प्रावधान किया गया है।
- नगरपालिकाओं के गठन के सम्बन्ध में संविधान की बारहवीं अनुसूची जोड़ी गई है। सदस्यों के निर्वाचन के लिए आरक्षण की व्यवस्था की गई है।
- शहर की जनसंख्या के अनुपात में अनुसूचित जाति, जनजाति एवं महिलाओं के लिए भी स्थान आरक्षित होंगे।
- नगरपालिकाओं का कार्यकाल 5 वर्ष निर्धारित रहेगा। कार्यकाल समाप्त होने के छ: महीने पूर्व ही नगरपालिका का चुनाव हो जाना चाहिए।

नगर पंचायत

- ग्रामीण क्षेत्र और नगर क्षेत्र के बीच की श्रेणी में आने वाले क्षेत्र के लिए नगर पंचायत के गठन का प्रावधान किया गया है।
- 74वें संविधान संशोधन के अन्तर्गत नगर पंचायत के गठन, अधिकार और कार्यों का प्रावधान किया गया है।

नगरपालिका एवं कार्यकाल

- नगरपालिका के सदस्यों का निर्वाचन प्रत्यक्ष ढंग से नगरीय क्षेत्र के मतदाताओं द्वारा होता है, इसके लिए नगर क्षेत्र को कई वार्डों में बाँट दिया जाता है।
- नगर परिषद् का निर्वाचन 5 वर्ष के लिए होता है, किन्तु परिषद् किसी सदस्य को आरोप लगाकर हटा सकती है।

नगर निगम एवं कार्यकाल

- बड़े-बड़े नगरों में नगर निगम होते हैं। भारत में कई नगरों में नगर निगम हैं।
  नगर निगम में तीन प्रकार के सदस्य होते हैं
  - **निर्वाचित सदस्य** इन्हें सभासद कहा जाता है।
  - **मनोनीत सदस्य** ऐसे सदस्यों को राज्य सरकार मनोनीत करती है।
  - **पदेन सदस्य**, राज्यसभा और विधानपरिषद् के वे सदस्य, जो उस नगर में निर्वाचक के रूप में पंजीकृत हैं।
- नगर निगम का कार्यकाल 5 वर्ष निर्धारित है, परन्तु राज्य सरकार धारा 538 के अन्तर्गत निगम को इसके पूर्व भी विघटित कर सकती है।
- नगर निगम के सदस्य के लिए निगम क्षेत्र की मतदाता सूची में नाम अंकित होना चाहिए एवं 21 वर्ष से कम आयु नहीं होनी चाहिए।

6 » न्यायपालिका एवं प्रमुख आयोग

भारतीय न्यायपालिका की संरचना

- भारतीय संविधान भारत का सर्वोच्च वैधानिक दस्तावेज है। भारतीय संविधान के अन्तर्गत भारतीय न्यायपालिका, विधायिका एवं कार्यपालिका आती है।
- भारत में राष्ट्रीय स्तर पर सर्वोच्च न्यायालय, राज्य स्तर पर उच्च न्यायालय का गठन किया गया है तथा अधीनस्थ न्यायालय जिला स्तर पर स्थापित है।

सर्वोच्च न्यायालय

- भारत का सर्वोच्च न्यायालय 28 जनवरी, 1950 को अस्तित्व में आया। भारतीय संविधान के भाग-V में अनुच्छेद 124 से 147 तक सर्वोच्च न्यायालय के गठन की स्वतन्त्रता एवं अधिकार क्षेत्र का वर्णन है।
- सर्वोच्च न्यायालय में मुख्य न्यायाधीश के अतिरिक्त 33 अन्य न्यायाधीश होते हैं।

न्यायाधीशों की नियुक्ति

- न्यायाधीशों की नियुक्ति भारत के राष्ट्रपति द्वारा की जाती है। भारत के मुख्य न्यायाधीशों की नियुक्ति में राष्ट्रपति आवश्यक समझे तो उच्चतम न्यायालय के न्यायाधीशों से सलाह माँग सकता है।
- उच्चतम न्यायालय के अन्य न्यायाधीशों की नियुक्ति में राष्ट्रपति को मुख्य न्यायाधीश से सलाह लेना आवश्यक है।
- राष्ट्रपति विशेष परिस्थिति में कुछ समय के लिए विशेष न्यायाधीशों की नियुक्ति कर सकता है।

न्यायाधीशों की योग्यता तथा कार्यकाल

- वह भारत का नागरिक हो।
- वह एक विख्यात विधिवेत्ता हो या किसी अन्य न्यायालय में कम से कम 5 वर्ष तक न्यायाधीश रहा हो या किसी उच्च न्यायालय में कम से कम 10 वर्ष तक अधिवक्ता रहा हो, न्यायाधीश बनने योग्य है।
- 65 वर्ष की आयु पूरा होने पर सेवानिवृत्त हो सकते हैं। राष्ट्रपति को त्यागपत्र या संसद की सिफारिश पर राष्ट्रपति द्वारा हटाया जा सकता है।

न्यायाधीशों के वेतन तथा भत्ते

- न्यायाधीशों के वेतन के सन्दर्भ में संविधान के अनुच्छेद 125 में वर्णन है। इसके अनुसार वेतन तथा भत्ते संसद द्वारा निर्धारित किए जाएँगे।
- वर्तमान में उच्चतम न्यायालय के मुख्य न्यायाधी का वेतन 2.8 लाख है, जबकि अन्य न्यायाधीशों का वेतन 2.5 लाख है। न्यायाधीशों के वेतन, भत्ते भारत की संचित निधि से दिए जाते हैं।

सर्वोच्च न्यायालय का अधिकार क्षेत्र

उच्चतम न्यायालय के अधिकार क्षेत्र को निम्नलिखित प्रकार से वर्गीकृत किया जा सकता है–

- प्रारम्भिक क्षेत्राधिकार के अन्तर्गत इसके ऐसे मुद्दे आते हैं, जिन्हें केवल उच्चतम न्यायालय में ही लाया जा सकता है, जैसे— केन्द्र-राज्य विवाद, राज्यों के मध्य विवाद आदि।
- परमादेश क्षेत्राधिकार के अन्तर्गत उच्चतम न्यायालय नागरिकों के मौलिक अधिकारों का संरक्षण करता है।
- अपीलीय क्षेत्राधिकार के अन्तर्गत उच्चतम न्यायालय निचली अदालतों के फैसले के खिलाफ अपील पर सुनवाई करता है।
- सलाहकार क्षेत्राधिकार अनुच्छेद 143 के अन्तर्गत राष्ट्रपति कुछ विशेष अवसरों पर उच्चतम न्यायालय से सलाह माँग सकता है।
- न्यायिक समीक्षा के अन्तर्गत केन्द्र अथवा राज्यों की विधायिका द्वारा बनाए गए कानून की संवैधानिकता की जाँच कर सकता है।

उच्च न्यायालय

- भारत में बम्बई उच्च न्यायालय 1862 ई. में अस्तित्व में आया, जब कलकत्ता, बॉम्बे तथा मद्रास में उच्च न्यायालयों की स्थापना हुई।
- राज्य स्तरीय न्याय व्यवस्था में उच्च न्यायालय शीर्ष स्थान रखते हैं। भारत में कुल उच्च न्यायालयों की संख्या 25 है।
- वर्ष 2013 में मेघालय, मणिपुर तथा त्रिपुरा में तीन नवीन उच्च न्यायालयों की स्थापना हुई।
- संविधान के भाग-VI में अनुच्छेद 214 से 231 में उच्च न्यायालयों के गठन, अधिकार क्षेत्र आदि का वर्णन है।

न्यायाधीशों की नियुक्ति

- उच्च न्यायालय के न्यायाधीशों की नियुक्ति राष्ट्रपति करता है। मुख्य न्यायाधीश की नियुक्ति सम्बन्धित राज्यपाल से परामर्श के पश्चात् होती है।
- अन्य न्यायाधीशों की नियुक्ति सम्बन्धित राज्य के मुख्य न्यायाधीश से परामर्श के पश्चात् होती है।

योग्यता तथा कार्यकाल

- वह भारत का नागरिक हो। वह भारत के राज्य क्षेत्र में 10 वर्षों तक न्यायिक पद पर रहा हो।
- वह भारत के किसी उच्च न्यायालय में 10 वर्षों तक अधिवक्ता रहा हो।
- 62 वर्ष की आयु तक अपने पद पर बने रहेंगे अथवा राष्ट्रपति को त्याग-पत्र दे सकते हैं।

उच्च न्यायालय का अधिकार क्षेत्र

- उच्च न्यायालय को प्रारम्भिक, परमादेश, पर्यवेक्षक तथा अधीनस्थ न्यायालय पर नियम न्यायिक पुनर्विलोकन अभिलेखीय अधिकार प्राप्त है।
- परमादेश जारी करने के मामले में उच्च न्यायालय को उच्चतम न्यायालय से अधिक अधिकार प्राप्त है।
- उच्च न्यायालय अन्य मामलों में भी परमादेश जारी कर सकता है।

अधीनस्थ न्यायालय

- प्रत्येक राज्य में उच्च न्यायालय के पर्यवेक्षण में जिला स्तर पर अन्य न्यायालय कार्य करते हैं, जिन्हें अधीनस्थ न्यायालय कहते हैं।
- भारतीय संविधान के भाग VI में अनुच्छेद 233 से 237 तक अधीनस्थ न्यायालयों से सम्बन्धित है।

जिला न्यायाधीशों की नियुक्ति

- जिला न्यायाधीशों की नियुक्ति के लिए व्यक्ति कम से कम 7 वर्ष तक किसी न्यायालय में अधिवक्ता रहा हो या उच्च न्यायालय ने नियुक्ति की सिफारिश की हो।

प्रमुख आयोग

राष्ट्रीय महिला आयोग

- राष्ट्रीय महिला आयोग अधिनियम, 1990 के अन्तर्गत अधिसूचना के माध्यम से जनवरी, 1992 में राष्ट्रीय महिला आयोग का गठन किया गया।
- राष्ट्रीय महिला आयोग में एक अध्यक्ष, 5 सदस्य तथा 1 सचिव होता है, जिनकी नियुक्ति केन्द्र सरकार द्वारा की जाती है।
- राष्ट्रीय महिला आयोग का कार्य महिलाओं से सम्बन्धित वर्तमान कानूनों की समीक्षा करना और आवश्यक संशोधन हेतु सुझाव देना है।

राष्ट्रीय मानवाधिकार आयोग

- वर्ष 1993 को राष्ट्रपति के अध्यादेश द्वारा राष्ट्रीय मानवाधिकार आयोग का गठन किया गया। इस अध्यादेश के बाद मानव अधिकार संरक्षण अधिनियम 1993 अस्तित्व में आया।
- मानवाधिकार आयोग में 9 सदस्य होते हैं। इसमें एक अध्यक्ष होता है, जोकि पूर्व में सर्वोच्च न्यायालय का मुख्य न्यायाधीश रह चुका हो।
- आयोग का एक सदस्य ऐसा व्यक्ति होता है, जो उच्च न्यायालय का मुख्य न्यायाधीश रह चुका हो तथा मानवाधिकार विशेषज्ञ हो।

कार्य

- मानवीय अधिकारों के उल्लंघन से सम्बन्धित कोई मामला न्यायालय में लम्बित हो तो न्यायालय की अनुमति से मानवाधिकार आयोग उन मामले में हस्तक्षेप कर सकता है।
- मानवाधिकारों के प्रभावी संरक्षण के लिए सरकार को सिफारिश करता है।

शहरी जीविका निर्वहन

- यह शहरों से सम्बन्धित होता है, यहाँ पर अधिकांश लोग गैर-कृषि कार्यों में संलग्न रहते हैं।
- नगरों में सड़क परिवहन के अन्तर्गत व्यक्तिगत व सामूहिक आजीविका के साधन भी उपलब्ध होते हैं; जैसे—रिक्शा, बैलगाड़ी, बस आदि।

शहरी जीविका के साधन

- शहरी क्षेत्र में द्वितीयक तथा तृतीयक आर्थिक क्रिया-कलापों की प्रधानता होती है। अधिकतर लोग कारखाने तथा अन्य उत्पादन के कार्यों में नियोजित होते हैं।
- वर्तमान समय में नए तथा विकसित शहरों में सेवा क्षेत्र का हिस्सा तेजी से बढ़ रहा है।

7 » हाशियाकरण

- हाशियाई का अर्थ होता है— जिसे किनारे या हाशिए पर धकेल दिया गया हो। ऐसे में वह व्यक्ति समाज के केन्द्र में नहीं रहता है।
- किसी भी व्यक्ति या समुदाय के हाशियाकरण का कारण यह हो सकता है कि वे एक अलग भाषा बोलते हैं, अलग रीति-रिवाज अपनाते हैं या बहुसंख्यक समुदाय के मुकाबले किसी दूसरे धर्म के हैं।

भारत में हाशिए पर समूह

- भारत में शिक्षा के दृष्टिकोण से अनुसूचित जाति, आदिवासी, अल्पसंख्यक, महिलाएँ तथा बच्चे हाशिए पर खड़े समुदाय माने जाते हैं।
- आदिवासी ऐसे समुदाय हैं, जो जंगलों के साथ जीते आए हैं और आज भी उसी तरह जी रहे हैं।

जीविका निर्वहन तथा सामाजिक न्याय व हाशियाकरण

जीविका निर्वहन

- कोई व्यक्ति जीवन की विभिन्न कालावधियों में जिस क्षेत्र में कार्य करता है, उसी को उसकी आजीविका या जीविका निर्वहन कहते हैं।
- जीविका निर्वहन प्रायः ऐसे कार्यों को कहते हैं, जिसमें जीविकोपार्जन होता है; जैसे—शिक्षक, डॉक्टर, श्रमिक आदि।

जीविका निर्वहन के प्रकार

जीविका निर्वहन को तीन मुख्य प्रकारों में बाँटा जाता है

- **प्राथमिक आजीविका** इसमें मनुष्य द्वारा अपनाई गई प्राथमिक गतिविधियाँ आती हैं; जैसे-कृषि, बागवानी आदि।
- **द्वितीयक जीविका निर्वहन** इसमें प्राथमिक गतिविधियों को प्रसंस्कृत किया जाता है; जैसे—विनिर्माण, खाद्य प्रसंस्करण आदि।
- **तृतीयक जीविका निर्वहन** यह प्राथमिक और द्वितीयक आजीविका के स्रोतों पर निर्भर है; जैसे-सेवा, परिवहन आदि।

ग्रामीण जीविका निर्वहन एवं समस्याएँ

- भारत में कृषि जीविका निर्वहन का प्रमुख साधन है। इसके अतिरिक्त कुक्कुट पालन, ईंट भट्टा आदि ग्रामीण जीविका निर्वहन के प्रमुख साधन हैं।
- ग्रामीण क्षेत्र में सम्पत्ति का वितरण असमान है। ग्रामीण क्षेत्रों की आजीविका मौसम से प्रभावित होती है।
- आजीविका के साधन परम्परागत होते हैं, जिससे पूँजी निर्माण बहुत ही कम होता है।
- छत्तीसगढ़, झारखण्ड, मध्य प्रदेश, ओडिशा एवं त्रिपुरा आदि राज्यों में आदिवासियों की संख्या बहुत अधिक हैं। ये लोग समाज से बिलकुल कटे हुए महसूस करते हैं।
- अनुसूचित जाति आर्थिक, सामाजिक, राजनीतिक तथा शैक्षणिक रूप से पिछड़े समाज का वह वर्ग है, जिसे भारतीय समाज में जन्म पर आधारित सामाजिक वर्गीकरण में सबसे नीचे रखा जाता है।
- अल्पसंख्यक ऐसे समुदाय होते हैं, जो संख्या की दृष्टि से बहुसंख्यक आबादी के मुकाबले बहुत कम हैं। सत्ता और संसाधनों तक इनकी पहुँच का अभाव होता है।
- कुछ विशेष परिस्थितियों में छोटे समुदाय अपने जीवन, सम्पत्ति आदि में असुरक्षित महसूस करते हैं।
- पितृ सत्तात्मक समाज में महिलाएँ समाज के हाशिए पर होती हैं। दूसरी ओर समाज में बच्चे भी हाशिए पर रखे जाते हैं। बाल-मज़दूरी, यौन-शोषण आदि इसके प्रमुख उदाहरण हैं।

भारत में हाशियाकरण के कारण

- प्राचीनकाल से विद्यमान जाति एवं वर्ण व्यवस्था।
- पुरुष प्रधान समाज एवं लिंग भेद।
- अशिक्षा के कारण जागरूकता का अभाव।

सामाजिक न्याय

- सामाजिक न्याय एक वृहद् अवधारणा है, जिसका सम्बन्ध व्यक्ति तथा समाज से है। सामाजिक न्याय व्यक्ति तथा समाज के बीच उचित निष्पक्ष सम्बन्ध को सूचित करता है।
- सामाजिक न्याय जन्म, लिंग, वंश तथा धर्म आदि पर आधारित विभेद को समाप्त करता है।

सामाजिक न्याय के संवैधानिक प्रावधान

- संविधान के अनुच्छेद 17 के अनुसार, अस्पृश्यता का उन्मूलन किया जा चुका है। छुआछूत के नाम पर किसी प्रकार का भेदभाव नहीं किया जाएगा।
- संविधान के अनुच्छेद 15 में कहा गया है कि भारत के किसी भी नागरिक के साथ धर्म, नस्ल, जाति आदि के आधार पर भेदभाव नहीं किया जाएगा।
- मुसलमानों तथा अन्य अल्पसंख्यक समुदायों के अधिकारों के संरक्षण के लिए संविधान के अनुच्छेद 29 एवं 30 में धर्म और सांस्कृतिक व शैक्षणिक अधिकारों की स्वतन्त्रता प्रदान की गई है।
- अनुसूचित जाति एवं अनुसूचित जनजाति अधिनियम 1989 बनाया गया है, जिसमें यह प्रावधान किया गया है कि दलितों और आदिवासियों के साथ रोजमर्रा के जीवन में होने वाले दुर्व्यवहार और अपमान पर रोक लगाने के लिए ठोस कार्यवाही की जाए।
- अनुसूचित जाति या अनुसूचित जनजाति के किसी व्यक्ति को निर्वस्त्र करना या कोई ऐसा कृत्य करना, जो मानवीय प्रतिष्ठा के अनुरूप नहीं है, अपराध माना जाएगा।
- मौलिक अधिकारों के अन्तर्गत भी लिंग भेद को अस्वीकार किया गया है; जैसे—संविधान के अनुच्छेद 14 में विधि के समक्ष समता की बात कही गई है।
- अनुच्छेद 15(3) राज्य को स्त्रियों और बालकों के लिए विशेष प्रावधान करने की शक्ति प्रदान करता है। बच्चों के लिए शिक्षा का प्रबन्ध एवं महिला कल्याण से सम्बन्धित कार्य करता है।
- नीति-निदेशक तत्त्व के अनुच्छेद 39 एवं 42 आदि के अन्तर्गत महिला उत्थान विकास की चर्चा की गई है।
- स्थानीय शासन में महिलाओं के लिए 50% सीटें आरक्षित करने का प्रावधान है, ताकि वे समाज की मुख्यधारा में शामिल हो सकें।

8 » नागरिक सुरक्षा व दिव्यांगता

सूचना का अधिकार अधिनियम, 2005

- सूचना के अधिकार का तात्पर्य सूचना पाने का अधिकार है, जो सूचना अधिकार कानून लागू करने वाला राष्ट्र अपने नागरिकों को प्रदान करता है।
- 15 जून, 2005 को इसे अधिनियमित किया गया तथा पूर्णत: 12 अक्टूबर, 2005 को सम्पूर्ण धाराओं के साथ लागू किया गया।
- सूचना अधिकार के अन्तर्गत प्रत्येक नागरिक को ऐसी सूचनाओं को हासिल करने का अधिकार देता है, जो जनकल्याण से जुड़ी है।
- गलत सूचना उपलब्ध कराने या सूचना उपलब्ध न कराने पर अधिकतम ₹ 25,000 तक जुर्माने का प्रावधान है।

नागरिक सुरक्षा अधिनियम

- नागरिक सुरक्षा उपायों के क्रियान्वयन के लिए नागरिक सुरक्षा संगठन की स्थापना 14 नवम्बर, 1962 को चीन आक्रमण के पश्चात् किया गई।
- वर्ष 1962 में चीन आक्रमण के पश्चात् नागरिक सुरक्षा को ध्यान में रखते हुए 24 मई, 1968 को नागरिक सुरक्षा अधिनियम, 1968 लागू किया गया।
- नागरिक सुरक्षा उपायों के परिचालन के लिए भारत सरकार के निर्देशानुसार कुछ सेवाओं को शामिल किया गया है; जैसे—संचार सेवा, अग्निशमन सेवा, कल्याण सेवा, शव निस्तारण सेवा आदि।
- नागरिक सुरक्षा का मुख्य कार्य जन-धन की हानि को कम करना तथा विकट परिस्थितियों में जनता का मनोबल बनाए रखना है।

उपभोक्ता संरक्षण अधिनियम

- उपभोक्ता संरक्षण एक प्रकार का सरकारी नियन्त्रण है, जो उपभोक्ताओं के हितों की रक्षा करता है।
- भारत सरकार ने उपभोक्ताओं के हितों के संरक्षण के लिए उपभोक्ता संरक्षण अधिनियम, 1986 कानून बनाया, जो सम्पूर्ण देश में 15 अप्रैल, 1987 से लागू हो गया। इस कानून का उद्देश्य उपभोक्ता के हितों को बेहतर सुरक्षा प्रदान करना है।
- उपभोक्ता विवादों के निवारण के लिए उपभोक्ता परिषद् और अन्य प्राधिकरणों की स्थापना का प्रावधान है तथा राष्ट्रीय, राज्य और जिला स्तर पर उपभोक्ता अदालतें स्थापित की गईं।
- उपभोक्ता संरक्षण अधिनियम, 1986 को संशोधित कर उपभोक्ता संरक्षण अधिनियम, 2019 पारित किया गया *जिनमें कुछ मुख्य विशेषताएँ निम्न प्रकार हैं-*
  - ऐसी वस्तुओं और सेवाओं की मार्केटिंग के खिलाफ सुरक्षा जो जीवन और सम्पत्ति के लिए जोखिमपरक है।
  - प्रतिस्पर्द्धात्मक मूल्यों पर वस्तु और सेवा उपलब्ध होने का आश्वासन प्राप्त होना।

सार्वभौमिक वयस्क मताधिकार

- सार्वभौमिक मताधिकार की अवधारणा सामान्यत: मताधिकार के रूप में जानी जाती है, जिसमें सम्पत्ति के स्वामित्व, आय, जाति आदि के भेदभाव के बिना मतदान के अधिकार से है।
- संयुक्त राष्ट्र महासभा ने मानव अधिकारों की घोषणा 10 दिसम्बर, 1948 को की थी। *संयुक्त राष्ट्र में मानव अधिकार से जुड़ी कुछ निम्न घोषणाएँ हैं-*
  - जन्म से ही मानव को स्वतन्त्रता और समानता प्राप्त है।
  - जीवन, स्वतन्त्रता व सुरक्षा का अधिकार है।

दिव्यांगजन अधिनियम

- दिव्यांगता से आशय किसी व्यक्ति की उस शारीरिक अयोग्यता से है, जो किसी अन्य सामान्य व्यक्ति से उसे अलग या विशिष्ट बनाता है।
- दिव्यांगजन अधिकार अधिनियम, 1995 पारित किया गया। इसके अन्तर्गत दिव्यांग व्यक्तियों को भी समान अधिकार प्राप्त हैं तथा समाज में उनकी भागीदारी सम्भव बनाना सरकार का दायित्व है।
- दिव्यांगजन अधिकार अधिनियम, 1995 के स्थान पर दिव्यांगजन अधिकार अधिनियम, 2016 लागू किया गया। इसके अन्तर्गत दिव्यांग व्यक्तियों का आरक्षण 3% से 4% बढ़ा दिया गया है।

शिक्षाशास्त्र

1 » सामाजिक विज्ञान की अवधारणा, प्रकृति तथा महत्त्व

सामाजिक विज्ञान का अर्थ एवं प्रकृति

- सामाजिक विज्ञान का शाब्दिक अर्थ है—समाज का अध्ययन करना। सामाजिक विज्ञान एक व्यापक शब्द है, जिसमें समाज के सभी पक्ष शामिल होते हैं। सामाजिक विज्ञान आर्थिक, धार्मिक, राजनीतिक, सांस्कृतिक आदि पक्षों के अध्ययन पर बल देता है।
- सामाजिक विज्ञान की प्रकृति परिवर्तनशील रही है। प्रारम्भ में इसे केवल वर्णनात्मक विषय समझा जाता था तथा इसमें केवल मानवीय विषयों का विवरण दिया जाता था और इसका वैज्ञानिक अध्ययन नहीं किया जाता था।
- **कोलम्बिया एनसाइक्लोपीडिया** के अनुसार, ''सामाजिक विज्ञान से तात्पर्य अध्ययन के उन क्षेत्रों से है, जो मानव मात्र को उनके सामाजिक सम्बन्ध के सन्दर्भ में समझने में सहायता करते हैं।''

सामाजिक विज्ञान की अवधारणा

सामाजिक विज्ञान की अवधारणा निरन्तर गतिशील रही है। प्रारम्भ में सामाजिक विषयों का अलग-अलग विभाजन नहीं हुआ था। इसे सामान्यत: इतिहास का ही अंग माना जाता था। समय के साथ सामााजिक विज्ञान की अवधारणा में परिवर्तन आया, जिसमें विभिन्न विषयों का विभाजन हुआ; जैसे— इतिहास, भूगोल, नागरिकशास्त्र तथा अर्थशास्त्र आदि।

सामाजिक विज्ञान का अन्य विषयों के साथ सम्बन्ध

सामाजिक विज्ञान का अन्य विषयों के साथ सम्बन्ध निम्न प्रकार है

सामाजिक विज्ञान एवं भाषा भाषा, साहित्य का माध्यम है और साहित्य, समाज का प्रतिबिम्ब है। भाषा की पाठ्य-पुस्तकों में संकलित निबन्धों, कहानियों, कविताओं आदि का सम्बन्ध सीधे हमारे समाज के विविध पहलुओं से होता है।

सामाजिक विज्ञान एवं गणित सामाजिक विज्ञान के अन्तर्गत पढ़े जाने वाले विषयों; जैसे—इतिहास, भूगोल, पर्यावरण, राजनीति विज्ञान, अर्थशास्त्र आदि के अध्ययन के लिए गणित का होना आवश्यक है।

सामाजिक अध्ययन एवं विज्ञान प्रत्यक्षत: विज्ञान का सम्बन्ध हमारे सामाजिक जीवन से है तथा विज्ञान के विविध पहलुओं का अध्ययन सामाजिक विज्ञान के अन्तर्गत ही किया जाता है।

सामाजिक अध्ययन एवं कला विविध कालों के सामाजिक जीवन के अध्ययन के लिए हम विविध कालों की विविध कला; जैसे—स्थापत्य, चित्रकला तथा मूर्तिकला आदि का अध्ययन करते हैं।

बाल विकास में सामाजिक विज्ञान का योगदान

- सामाजिक विज्ञान बच्चों को सक्रिय, जिम्मेदार और चिन्तनशील सदस्य के रूप में समर्थ बनाता है।
- ग्रहण किए गए विचारों, संस्थाओं और परम्पराओं के सम्बन्ध में बालक प्रश्न कर सकते हैं।
- निष्पक्ष तथा तार्किक क्षमता के विकास पर बल देकर सामाजिक संस्कृति की स्थापना का प्रयास करे।

सामाजिक विज्ञान के शिक्षण के सूत्र

सामाजिक विज्ञान के शिक्षण के सूत्र निम्नलिखित हैं

- सरल से जटिल की ओर
- ज्ञात से अज्ञात की ओर
- विशिष्ट से सामान्य की ओर

राष्ट्रीय शिक्षा नीति और सामाजिक विज्ञान का शिक्षण

राष्ट्रीय शिक्षा नीति का मुख्य उद्देश्य एक समान शिक्षा लागू करना है, साथ ही राष्ट्रीय एकरूपता को प्राप्त करना है।

राष्ट्रीय शिक्षा नीति, 1986

वर्ष 1986 की राष्ट्रीय शिक्षा नीति के उद्देश्य निम्नलिखित हैं

- शिक्षा में एकरूपता लाना तथा सभी को शिक्षा उपलब्ध करवाना।
- बुनियादी शिक्षा की गुणवत्ता बनाए रखना तथा बालिका शिक्षा पर जोर देना।
- माध्यमिक शिक्षा को व्यवसायपरक बनाना तथा मुक्त शिक्षा की स्थापना करना।
- अखिल भारतीय तकनीकी शिक्षा परिषद् को सुदृढ़ करना।
- खेल-कूद, शारीरिक शिक्षा एवं योग को बढ़ावा देना तथा सक्षम, सतत् मूल्यांकन पद्धति को अपनाना।

बिना बोझ के शिक्षा, 1993

- प्रो. यशपाल की अध्यक्षता में राष्ट्रीय शिक्षा नीति के मूल्यांकन तथा सुझाव के बाद वर्ष 1993 में **शिक्षा बिना बोझ के** नाम से रिपोर्ट प्रकाशित की गई। इसमें स्कूल की पाठ्य-पुस्तकों की संख्या कम करना बताया गया है।
- सतत् एवं व्यापक मूल्यांकन पर बल तथा प्रायोगिक शिक्षा को बढ़ावा दिया जाना है।
- सीखने का उत्तरदायित्व विद्यार्थियों एवं शिक्षकों दोनों के द्वारा साझा किया जाना चाहिए।

राष्ट्रीय पाठ्यचर्या की रूपरेखा, 2005

राष्ट्रीय शैक्षणिक अनुसन्धान एवं प्रशिक्षण परिषद् द्वारा गठित समूह ने निम्नलिखित सुझाव दिए हैं

- बिना बोझ के शिक्षा तथा बाल-केन्द्रित शिक्षा पर बल तथा जाति, लिंग-भेद को समाप्त कर नवाचार शिक्षा पर बल देना।
- ज्ञान को बाहरी जीवन से जोड़ना तथा शिक्षण प्रक्रिया की पुनरावृत्ति को समाप्त करना।
- छात्रों को सवाल पूछने, चिन्तन करने तथा शिक्षकों पर पाठ्यक्रम का दायित्व सौंपना है।

सामाजिक विज्ञान का महत्त्व

सामाजिक विज्ञान का महत्त्व निम्नलिखित है

- प्रजातन्त्रीय भावना तथा उत्तम नागरिकता का विकास करना।
- राष्ट्रीय एकता, स्वेदश प्रेम तथा विश्व बन्धुत्व एवं अन्तर्राष्ट्रीय भावना का विकास करना।
- सामाजिक तथ्यों एवं सिद्धान्तों का बोध कराना।
- छात्रों में अपेक्षित कौशल का विकास करना।
- तर्कपूर्ण चिन्तन का विकास करना।
- शिक्षकों को स्वयं की क्षमता के निर्माण पर बल देना।

2 » कक्षा-कक्ष प्रक्रियाएँ, गतिविधियाँ तथा संवाद

कक्षा-कक्ष का अर्थ

- कक्षा-कक्ष सामान्यत: शिक्षण गतिविधियों से सम्बन्धित एक स्थान होता है, जहाँ शिक्षक-शिक्षार्थी परस्पर मिलकर सीखते हैं।
- राष्ट्रीय पाठ्यचर्या कार्यक्रम, 2005 के अनुसार कक्षा केवल विद्यालय का भाग नहीं है, वरन् बाह्य गतिविधियाँ भी कक्षा-कक्ष का भाग होती हैं।
- शिक्षक कक्षा-कक्ष शिक्षण का उपयुक्त वातावरण निर्मित कर शिक्षार्थियों को वाद-विवाद का अवसर देकर शिक्षण को प्रभावी बनाता है।

कक्षा-कक्ष के उद्देश्य

शिक्षक के जीवन में कक्षा-कक्षा के उद्देश्य निम्नलिखित हैं

- अधिगम को सफल तथा सह-शिक्षा को बढ़ाना है। इससे सामाजिक सह-अस्तित्व का विकास होता है।
- राष्ट्रीय शिक्षा नीति द्वारा निर्धारित लक्ष्यों को प्राप्त करना।

- मानव संसाधन तथा कुशल नागरिक का निर्माण करना।
- शिक्षा के दौरान आने वाली समस्याओं का निराकरण करना।

कक्षा-कक्ष प्रक्रिया

- कक्षा-कक्ष प्रक्रिया शिक्षण से जुड़ी गतिविधियाँ हैं, जो निरन्तर चलती रहती हैं।

कक्षा-कक्ष प्रक्रिया को तीन भागों में बाँटा गया है, जो निम्नलिखित है

1. **शिक्षक का व्यवहार** इस प्रक्रिया में शिक्षक के व्यवहार को तीन भागों में बाँटा गया है— योजना, अनुदेश तथा प्रबन्धन। योजना में शिक्षण तथा उससे सम्बन्धित सभी कार्यों को शामिल किया जाता है। अनुदेश एक नियमों का समूह होता है तथा कक्षा के संचालन में प्रयोग किया जाता है।
2. **छात्र का व्यवहार** छात्रों के व्यवहार में सकारात्मक परिवर्तन लाना ही शिक्षण का उद्देश्य है। इसमें विषयों के अतिज्ञापन से छात्रों में असहजता उत्पन्न होती है। ऐसे में छात्रों को सही कार्य की ओर उन्मुख करना महत्त्वपूर्ण होता है।
3. **अन्य प्रक्रिया** इसमें कक्षा-कक्ष के आर्थिक, सामाजिक, सांस्कृतिक तथा अन्य वातावरण को शामिल किया जाता है।

शिक्षण उपागम

शिक्षण उपागम, शिक्षण का एक ऐसा सिद्धान्त है, जो किसी विशेष उद्देश्य, नियम प्रक्रिया आदि से संचालित होता है।

शिक्षण उपागम के प्रमुख प्रकार

शिक्षण उपागम के प्रमुख प्रकार निम्नलिखित हैं

- शिक्षक केन्द्रित तथा छात्र केन्द्रित उपागम
- विषय-वस्तु केन्द्रित उपागम
- शिक्षक प्रभुत्व उपागम
- पारस्परिक उपागम
- रचनात्मक उपागम
- अनुशासनिक उपागम
- प्रत्यक्ष तथा अप्रत्यक्ष शिक्षण उपागम

शिक्षण विधियाँ

शिक्षण विधि, शिक्षण कार्य करने का एक क्रमबद्ध, व्यवस्थित एवं तार्किक उपाय है। शिक्षण कार्य को प्रभावी बनाने के लिए शिक्षण तकनीक का प्रयोग किया जाता है, *जो निम्नलिखित हैं*

व्याख्यान विधि, प्रदर्शन विधि, समस्या समाधान विधि।

शिक्षण सामग्री

- शिक्षण कार्य को प्रभावी बनाने के लिए शिक्षण सामग्री का प्रयोग किया जाता है; जैसे— श्रव्य, दृश्य तथा श्रव्य-दृश्य।
- श्रव्य शिक्षण सामग्री में रेडियो, दृश्य सामग्री में श्यामपट्ट, नक्शा, ग्लोब, चार्ट आदि तथा श्रव्य-दृश्य में टेलीविजन, ऑनलाइन क्लास आदि आते हैं।

शिक्षण गतिविधियाँ : अर्थ

छात्रों के ऐसे कार्य, जो शिक्षण क्रिया के दौरान उनकी क्षमता में वृद्धि करते हैं, शिक्षण गतिविधियाँ कहलाती हैं।

शिक्षण गतिविधियों के उद्देश्य

शिक्षण गतिविधियाँ के उद्देश्य निम्नलिखित हैं

- विद्यार्थियों में व्यावहारिक ज्ञान का विकास करना।
- सह-शिक्षा तथा स्वयं करके सीखों की अवधारणा का विकास करना।
- विद्यार्थी की क्षमता को सही दिशा प्रदान करना।
- उनकी शिक्षा का व्यावसायिक अनुभव के साथ सामंजस्य स्थापित करना।

कक्षा-कक्ष में की जाने वाली गतिविधियाँ

कक्षा-कक्ष में की जाने वाली प्रमुख गतिविधियाँ निम्नलिखित हैं

वाद-विवाद, निर्देशन, प्रश्न पूछना, तत्कालीन घटनाओं से सम्बन्धित चार्ट, मानचित्र आदि का निर्माण करना।

कक्षा-कक्ष के बाहर की जाने वाली गतिविधियाँ

कक्षा-कक्ष के बाहर की जाने वाली गतिविधियाँ निम्नलिखित हैं

- साहित्यिक गतिविधियाँ
- शारीरिक विकास गतिविधियाँ
- नागरिक विकास गतिविधियाँ
- समाज कल्याण सम्बन्धी गतिविधियाँ
- भ्रमण सम्बन्धी गतिविधियाँ

संवाद : अर्थ

- संवाद वह प्रक्रिया है, जिसमें शिक्षक छात्रों के साथ, छात्र शिक्षक के साथ तथा छात्र, छात्र के साथ अपनी भावना, विचार, ज्ञान तथा अनुभव आदि का आदान-प्रदान करते हैं।
- संवाद को स्थानान्तरित करने वाले साधन, संवाद के साधन कहे जाते हैं; जैसे- रेडियो, पुस्तक, समाचार-पत्र आदि।

संवाद के उद्देश्य

संवाद के उद्देश्य निम्नलिखित हैं

- शिक्षण कार्य को प्रभावी बनाना
- मानव विकास को बढ़ावा देना
- विश्वव्यापी संवाद स्थापित करना
- ज्ञान, अनुभव, कौशल आदि का प्रभावी संचार करना

संवाद के प्रकार

संवाद को प्रकृति के आधार पर तीन भागों में बाँटा गया है, जो निम्नलिखित हैं

1. **मौखिक संवाद** इसमें वक्ता तथा श्रोता दोनों आमने-सामने होते हैं लेकिन कभी-कभी दूर रहकर भी मौखिक संवाद किया जाता है; जैसे-टेलीकॉन्फ्रेन्सिंग
2. **लिखित संवाद** इसमें लिखित साधनों द्वारा कही बातों का प्रसार किया जाता है; जैसे-पुस्तक, पत्र-पत्रिकाएँ आदि।
3. **गैर-मौखिक संवाद** इसमें संकेत, शारीरिक हाव-भाव आदि शामिल होते हैं।

शिक्षण विधि के रूप में संवाद

शिक्षण विधि के रूप में निम्नलिखित संवाद होने चाहिए

- संवाद ही शिक्षण कार्य को व्यावहारिक रूप में सफल, बनाता है। संवाद ही शिक्षण सामग्री के ज्ञान का प्रवाह शिक्षक तथा छात्र दोनों की ओर करता है।
- प्रभावी संवाद शिक्षण की महत्त्वपूर्ण विधि मानी जाती है। प्रभावी संवाद में मौखिक, गैर-मौखिक आदि आते हैं।
- दो-स्तरीय या बहुस्तरीय संवाद; जैसे— शिक्षक-छात्र, छात्र-छात्र आदि महत्त्वपूर्ण शिक्षण विधि है।

3 » आलोचनात्मक चिन्तन का विकास

आलोचनात्मक चिन्तन : अर्थ

- आलोचनात्मक चिन्तन का शाब्दिक अर्थ है— आलोचना के साथ चिन्तन करना अर्थात् किसी भी विचार, अर्थ, अवधारणा आदि के पक्ष तथा विपक्ष पर विचार करना।
- **रॉबर्ट एनिस** के अनुसार, "आलोचनात्मक चिन्तन क्या करना है या किस पर विश्वास करना है? का कारणयुक्त तथा प्रभावी चिन्तन है।"
- आलोचनात्मक चिन्तन अच्छे निर्णय के लिए कौशलयुक्त तथा उत्तरदायित्वपूर्ण चिन्तन है।

आलोचनात्मक चिन्तन की विशेषताएँ

आलोचनात्मक चिन्तन की प्रमुख विशेषताएँ निम्नलिखित हैं

- आलोचनात्मक चिन्तन गुण तथा दोष का निष्पक्ष मूल्यांकन करता है। अत: निष्पक्षता इसकी प्रमुख विशेषता है।
- आलोचनात्मक चिन्तन में वैज्ञानिक प्रवृत्ति पाई जाती है तथा इसमें कारण-कार्य सम्बन्धों का विशेष महत्त्व होता है।
- यह व्यक्तिगत क्षमता तथा विविधता का पोषक है।
- यह वस्तुनिष्ठ तथा विषयनिष्ठ में सामंजस्य को प्रोत्साहन देता है।

आलोचनात्मक चिन्तन और पठन-पाठन की आवश्यकता

आलोचनात्मक चिन्तन और पठन-पाठन की आवश्यकता निम्नलिखित है

- पठन-पाठन की गुणवत्ता का आलोचनात्मक चिन्तन से सीधा सम्बन्ध है। आलोचनात्मक चिन्तन छात्रों को तर्क करने पर बल देता है।
- आलोचनात्मक चिन्तन वर्तमान में पठन-पाठन की प्रक्रिया के दोषों की पहचान कर उसे सुधारने में सहायक होता है।
- यह व्यक्तिवाद तथा बहुलतावाद को बढ़ावा देता है।
- पठन-पाठन की क्रिया में अनेक विचारों को समावेशित कर उसे नवाचार से युक्त बनाता है।

आलोचनात्मक चिन्तन के लाभ

आलोचनात्मक चिन्तन के लाभ निम्नलिखित हैं

- आलोचनात्मक चिन्तन संकल्पनाओं के निर्माण, अनुप्रयोग तथा विस्तार को बढ़ावा देता है। इससे उत्तरदायित्व की भावना का विकास होता है।
- आलोचनात्मक चिन्तन भाषागत कौशल, चिन्तन कौशल तथा सहभागी कार्य करने के कौशल में सहायक है।
- यह दूसरे के तर्क तथा विश्वासों को समझने तथा उसका निष्पक्ष मूल्यांकन कर बेहतर अवधारणा के निर्माण में सहायक है।

आलोचनात्मक चिन्तन के विकास में शिक्षक की रणनीति

- विद्यार्थियों में आलोचनात्मक चिन्तन के विकास में शिक्षक को केन्द्रीय स्थिति में नहीं होना चाहिए। वरन् उसे आलोचनात्मक चिन्तन के विकास हेतु उचित अवसर उत्पन्न करने का कार्य करना चाहिए।
- शिक्षक विद्यालय में वाद-विवाद प्रतियोगिता का आयोजन कर विद्यार्थियों को तर्क-वितर्क का अवसर प्रदान करे।
- शिक्षकों द्वारा विविधता तथा बहुलता वाली रणनीति अपनानी चाहिए।
- शिक्षक को मूर्त तथा अमूर्त उदाहरण का प्रयोग कर तुलनात्मक क्षमता का विकास करना चाहिए।

आलोचनात्मक चिन्तन के विकास हेतु क्रियाकलाप

- आलोचनात्मक चिन्तन के विकास हेतु क्रियाकलाप से छात्रों की बुद्धि का विकास होता है तथा उनकी सोचने की क्षमता बढ़ती है।
- आगमनात्मक क्रियाकलापों को अपनाकर विद्यार्थियों में आलोचनात्मक चिन्तन क्षमता को बढ़ाया जा सकता है।
- विद्यार्थियों को सोचने तथा विचार करने के लिए पर्याप्त समय देना चाहिए।
- विद्यार्थियों को गलत होने या असफल होने के भय से मुक्त करना चाहिए।

ब्लूम का वर्गीकरण

ब्लूम एक मनोवैज्ञानिक थे, जिसने 1856 ई. में शैक्षणिक उद्देश्यों की प्राप्ति के लिए तीन क्रमागत सिद्धान्तों का प्रतिपादन किया, *जो निम्नलिखित हैं*

1. **ज्ञानात्मक पक्ष** ब्लूम ने ज्ञानात्मक पक्ष को छः वर्गों में विभाजित किया है। इन्हें मानसिक प्रक्रिया की जटिलता तथा पदानुक्रमिता के अनुसार किया गया है। यह प्रणाली सरल से जटिल तथा मूर्त से अमूर्त की ओर जाती है।
2. **भावात्मक पक्ष** यह अनुभूति प्रधान होता है। इसमें प्रत्येक व्यक्ति का व्यवहार व्यक्तिगत तथा भौतिक वातावरण से प्रभावित होता है।
3. **क्रियात्मक पक्ष** इसमें शैक्षणिक उद्देश्य सम्मिलित होते हैं, जिनका सम्बन्ध शारीरिक तथा क्रियात्मक कौशल से युक्त होता है।

ब्लूम के वर्गीकरण में संशोधन

ब्लूम के वर्गीकरण को वर्ष 2001 में उसके शिष्य **लॉरेन एण्डरसन** तथा **डेविड कैथवोहल** ने संशोधित किया, *जो निम्नलिखित हैं*

- संज्ञा को क्रिया में बदला गया।
- ज्ञान को याददाश्त (स्मृति) क्रिया में बदला गया।
- अवबोध को समझने की क्रिया में बदला गया।
- संश्लेषण को रचना करने की क्रिया में बदला गया।

4 » पूछताछ/अनुभवजन्य साक्ष्य

पूछताछ आधारित अधिगम का अर्थ

पूछताछ आधारित अधिगम, पूछताछ प्रक्रिया से सम्बन्धित है। इसमें छात्र सवालों का चयन करते हैं तथा उनके उत्तर की प्राप्ति का प्रयास करते हैं। पूछताछ प्रक्रिया, छात्रों को अलग-अलग प्रकार से सोचने का अवसर देती है।

पूछताछ आधारित अधिगम के उद्देश्य

पूछताछ आधारित अधिगम के उद्देश्य निम्नलिखित हैं

- छात्रों में ज्ञानात्मक कौशल का विकास करना।
- छात्रों की जिज्ञासा, अभिवृत्ति एवं अभिरुचि का विकास करना।
- छात्र पूछताछ द्वारा प्रत्ययों की तार्किक ढंग से व्याख्या करते हैं।
- परिपृच्छा से समस्यात्मक घटनाओं की व्याख्या करने की क्षमता का विकास करना।
- अनुदेशनात्मक शिक्षण का उद्देश्य बोध क्षमता का विकास करना है।

पूछताछ आधारित अधिगम की विशेषताएँ

पूछताछ आधारित अधिगम की विशेषताएँ निम्नलिखित हैं

- छात्रों में वैज्ञानिक अभिवृत्ति का विकास होता है।
- छात्रों में जिज्ञासा की प्रवृत्ति का विकास होता है।
- इस अधिगम में छात्रों व शिक्षकों का परिचर्चा में सार्थक विचार रखने का समान अधिकार होता है।
- यह वैज्ञानिक अध्ययन में उपयोगी है।
- यह व्यावहारिक ज्ञान प्रदान करने में महत्त्वपूर्ण भूमिका निभाता है।

पूछताछ प्रक्रिया के प्रमुख घटक

पूछताछ प्रक्रिया के प्रमुख घटक निम्नलिखित हैं

- पूर्व ज्ञान की समीक्षा
- पृष्ठाधार सूचना प्रदान करना
- पूछताछ की सामान्य प्रक्रिया
- छात्रों को उत्तरदायी बनाना

अनुभवजन्य साक्ष्य

- छात्र सीखने की प्रक्रिया में प्रत्यक्ष या अप्रत्यक्ष रूप से अपने अनुभवों द्वारा ज्ञान प्राप्त करता है, परन्तु उनका ज्ञान तार्किक रूप से उपयुक्त नहीं होता है।
- अनुभवजन्य साक्ष्य, छात्रों के ज्ञान को पुष्ट एवं गहन आधार प्रदान करते हैं।
- अनुभवजन्य साक्ष्य ऐसे साक्ष्य हैं, जिनका परीक्षण अनुभव के माध्यम से किया जाता है।
- एक शिक्षक को पाठ्य-पुस्तक से सम्बन्धित तथ्यों पर ही छात्रों को अनुभव प्रदान करना चाहिए।
- अनुभवजन्य साक्ष्य से छात्रों में नवीन ज्ञान का प्रसार होता है।

अन्वेषण या अनुसन्धान

- खोज या अन्वेषण का तात्पर्य एक ऐसी प्रक्रिया से है, जिसमें छात्र नवीन ज्ञान अर्जित करने के लिए किसी विशेष विधि का सहारा लेते हैं।
- अन्वेषण विधि का प्रतिपादन सर्वप्रथम **प्रो. एच.ई. आर्मस्ट्राँग** द्वारा किया गया था। इस विधि का आधार, आर्मस्ट्राँग ने हरबर्ट स्पेन्सर के इस कथन पर रखा कि ''बालकों को जितना सम्भव हो, बताया जाए और खोजने को प्रोत्साहित किया जाए।''
- **जेम्स ड्रेवर** के अनुसार, ''किसी भी क्षेत्र में ज्ञान की खोज तथा पुष्टि के लिए क्रमबद्ध तरीके से की जाने वाली क्रिया ही अनुसन्धान है।''
- अनुसन्धान तर्क, निर्णय तथा चिन्तन आदि का विकास कर छात्रों के मानसिक विकास में विशेष योगदान करती है।

अनुसन्धान के गुण

अनुसन्धान के गुण निम्नलिखित हैं

- अनुसन्धान से छात्रों में स्वयं करने की भावना का विकास होता है।
- इससे बालकों का आत्मानुशासन, आत्मसंचय एवं आत्मविश्वास जाग्रत होता है।
- अनुसन्धान अधिगम को अधिक स्पष्ट एवं स्थायी बनाता है।
- उच्च अध्ययन के प्रति रुचि, उत्साह तथा जिज्ञासा उत्पन्न होती है।

अनुसन्धान की सीमाएँ

अनुसन्धान की सीमाएँ निम्नलिखित हैं

- छोटी कक्षाओं के लिए अनुसन्धान उपयुक्त नहीं है, क्योंकि इसके लिए तार्किक व निरीक्षण शक्ति का छोटे बच्चों में अभाव होता है।
- इस शिक्षण विधि में पाठ्यक्रम धीरे-धीरे आगे बढ़ता है।
- यह प्रतिभावान बालकों के लिए उत्तम विधि है, लेकिन पूरी कक्षा के छात्रों के लिए ठीक नहीं है।
- अनुसन्धान का उपयोग खर्चीला है, क्योंकि प्रयोग के उपकरण एवं सन्दर्भ पुस्तकें महँगी होती हैं।

आगमन तथा निगमन

- आगमन विधि में पहले विषय-वस्तु के साक्ष्यों तथा तथ्यों के बारे में जाना जाता है। इसके बाद साक्ष्यों तथा तथ्यों का विश्लेषण कर एक सामान्य अवधारणा का निर्माण किया जाता है।
- निगमन विधि में पहले से विकसित अवधारणाओं का परीक्षण किया जाता है तथा इसमें तथ्यों की खोज, विश्लेषण, अवधारणाओं की वैधता या अवैधता सिद्ध की जाती है।

आगमन तथा निगमन विधि के सिद्धान्त

- आगमन विधि में पहले जिन पर अवधारणाओं का निर्माण किया जाता है, उन पर तथ्यों तथा आँकड़ों का समूहीकरण तथा विश्लेषणात्मक परीक्षण किया जाता है।
- निगमन विधि में अवधारणाओं की सत्यता की जाँच की जाती है। इसमें अवधारणा के प्रत्येक पक्ष के साक्ष्यों की खोज की जाती है, जो पक्ष साक्ष्यहीन होते हैं, उन्हें हटा दिया जाता है।
  1. **उत्तम विवरण के लिए अनुमान** उत्तम विवरण का अनुमान दो मुख्य विधियों द्वारा किया जाता है, *जो निम्न हैं*
     - प्रमाणों का वर्णन करना तथा
     - प्रमाणों की व्याख्या करना।
  2. **वर्णनात्मक अनुमान** इसमें मुख्य बल प्रमाणों या स्रोतों का वर्णन करने पर बल दिया जाता है। वर्णनात्मक अनुमान तीन होते हैं, जो निम्न बातों पर आधारित हैं
     - एकाएक नए तथ्यों का मिलना
     - पहले से स्थापित तथ्य पूर्व ज्ञान
  3. **व्याख्यात्मक अनुमान** सामाजिक अध्ययन में अनेक व्याख्यात्मक प्रतिमान हैं, परन्तु आकस्मिक प्रतिमानों का महत्त्वपूर्ण स्थान है। इसमें कारण-कार्य पर बल दिया जाता है।

5 » सामाजिक अध्ययन शिक्षण की समस्याएँ

सामाजिक अध्ययन के बारे में सामान्य अवधारणा

- सामाजिक अध्ययन के विषय में समाज में अनेक प्रकार की धारणाएँ प्रचलित हैं। कुछ इसे विज्ञान नहीं मानते हैं, कुछ नीरस तो कुछ इसे अनुपयोगी विषय मानते हैं। इससे सामाजिक अध्ययन की शिक्षण प्रक्रिया प्रभावित होती है।
- इतिहास के सम्बन्ध में यह मान्यता प्रचलित है कि यह अतीत की अनावश्यक जानकारी उपलब्ध कराती है, इसमें छात्रों को लम्बे तथा उबाऊ उत्तर लिखने के लिए विवश किया जाता है।
- सामाजिक अध्ययन के विषय में यह धारणा प्रचलित है कि इसमें अवसर बहुत ही सीमित है तथा यह रोजगारोन्मुख भी कम है।

सामाजिक अध्ययन के अध्ययन तथा अध्यापन की प्रमुख चुनौतियाँ

सामाजिक अध्ययन के अध्ययन तथा अध्यापन की प्रमुख चुनौतियाँ निम्नलिखित हैं

- उद्देश्य से सम्बन्धित चुनौतियाँ
- अभिवृत्ति से सम्बन्धित चुनौतियाँ
- शिक्षक से सम्बन्धित चुनौतियाँ
- उपयोगिता से सम्बन्धित चुनौतियाँ
- शिक्षक चयन सम्बन्धी चुनौतियाँ
- क्रियाकलाप चयन से सम्बन्धित चुनौतियाँ
- मूल्यांकन से सम्बन्धित चुनौतियाँ
- अध्ययन सामग्री से सम्बन्धित चुनौतियाँ

सामाजिक अध्ययन का पाठ्यक्रम तथा पाठ्य-पुस्तकें

- सामाजिक अध्ययन की पाठ्य-पुस्तक तथा पाठ्यक्रम का उद्देश्य केवल विद्यार्थियों का ज्ञान बढ़ाना ही नहीं है, वरन् उनमें समझ का विस्तार भी करना है।
- समाज के विभिन्न पक्षों तथा सामाजिक अध्ययन के पाठ्यक्रम तथा पाठ्य-पुस्तक में तालमेल बैठाना आवश्यक होता है तथा इससे पुस्तकीय ज्ञान को व्यावहारिक रूप में उपयोग करने में सहायता मिलती है।
- सामाजिक अध्ययन के पाठ्यक्रम में पाठ्य-पुस्तकें तार्किक तथा आलोचनात्मक होनी चाहिए।
- सामाजिक अध्ययन में शब्द की एकता में क्षेत्रीय वस्तुओं को महत्त्व देना चाहिए तथा लिंग बोध से सम्बन्धित मुद्दों को प्राचीन काल तथा वर्तमान सन्दर्भ में बताया जाना चाहिए।

सामाजिक अध्ययन के शिक्षण उपागम

सामाजिक अध्ययन समाज से सम्बन्धित होने के कारण यह लोगों के उत्तरदायित्व, भावना, स्वतन्त्रता, विश्वास आदि से सम्बन्धित है। इसलिए सामाजिक अध्ययन के शिक्षण में ऐसे उपागम को अपनाना चाहिए, जिससे छात्रों की कल्पनाशीलता, तर्कशीलता, विश्लेषण तथा आलोचनात्मक शक्ति का विकास हो सके।

सामाजिक अध्ययन के प्रमुख उपागम निम्नलिखित हैं

1. **समस्या आधारित उपागम** समस्या आधारित उपागम का मूल उद्देश्य छात्रों में समस्या समाधान की योग्यता विकसित करना है, इसमें निम्नलिखित बातों को शामिल किया जाता है
   - शिक्षण का बल समस्या पर होना चाहिए।
   - सामाजिक अध्ययन में समस्या-समाधान की प्रक्रिया तथा चरणों का क्रमबद्ध समावेश करना।
   - समस्या-समाधान तथा निर्णय क्षमता को सामाजिक जीवन में उपयोग करने योग्य बनाना।
   - शिक्षक द्वारा ज्ञान के उपयोग का व्यावहारिक प्रयोग करके सिखाना, न की केवल पुस्तकीय ज्ञान देना।
2. **प्रयोग आधारित उपागम** इसमें शिक्षक छात्रों को स्वयं प्रयोग करने पर बल देता है। समाज को सामाजिक अध्ययन की व्यापक प्रयोगशाला माना जाता है। *प्रयोग आधारित अधिगम में निम्नलिखित बातों का समावेश किया जाता है*
   - इसमें शिक्षक को उत्प्रेरक की तरह कार्य करना चाहिए।
   - इसमें सामुदायिक कार्य तथा ऐतिहासिक स्थलों के पर्यटन को शामिल किया जाता है।
   - शिक्षण पाठ्य-पुस्तक को व्यावहारिक जीवन से सम्बन्धित होना चाहिए।
3. **सहयोग आधारित उपागम** इसमें शिक्षण कार्य सहयोग से किए जाने पर बल दिया जाता है। इसमें शिक्षक विद्यालय में सहयोगपूर्ण वातावरण बनाने का कार्य करता है।
4. **समुदाय आधारित उपागम** यह सहयोगात्मक शिक्षण का ही एक भाग है। इसमें समुदाय को ही अधिगम का केन्द्र बनाया जाता है।

- समुदाय आधारित अधिगम में स्थानीय स्रोतों को महत्त्व दिया जाता है। इसमें शिक्षक एक पर्यवेक्षक की तरह कार्य करता है।

5. **दल आधारित उपागम** इसमें विद्यार्थियों को विभिन्न समूहों में बाँटा जाता है। लिंग समानता को बढ़ावा देने के लिए टीम में बालक तथा बालिकाओं दोनों को स्थान दिया जाता है।
    - इसमें समूह शिक्षण से स्वयं करके सीखने के साथ-साथ समन्वय तथा सहयोग का विकास होता है।
    - समूह शिक्षण में शिक्षक पर्यवेक्षक के साथ-साथ प्रबन्धक भी होता है। वह नृजातीय विशेषताओं को भी ध्यान में रखता है।
    - इससे रचनात्मक, साहस, उत्तरदायित्व तथा सहिष्णुता का विकास होता है।

6 » परियोजना कार्य

परियोजना

- शिक्षा में परियोजना कार्य एक ऐसी प्रक्रिया है, जिसमें अधिगमकर्ता को व्यक्तिगत या सामूहिक रूप से शामिल किया जाता है।
- परियोजना एक सुनिश्चित या पूर्व निर्धारित कार्य होता है। इसका क्रियान्वयन अधिगम प्रक्रिया में एक निश्चित उद्देश्य के लिए किया जाता है।
- **किलपैट्रिक** के अनुसार, "परियोजना वह अभिप्राययुक्त क्रिया है, जो सम्पूर्ण संलग्नता के साथ सामाजिक पर्यावरण में क्रियान्वित होती है।

परियोजना के प्रकार

शिक्षण कार्य के अन्तर्गत परियोजना का विभाजन उसकी प्रकृति तथा स्वरूप के आधार पर किया जाता है। क्षेत्र के आधार पर इसे संकीर्ण तथा व्यापक परियोजना के रूप में विभाजित किया जाता है। शैक्षणिक परियोजना को मुख्यत: दो भागों में बाँटा जाता है, जो निम्न हैं–

1. **व्यक्तिगत परियोजना** इस प्रकार के परियोजना कार्य में एक छात्र का या छात्रों को अलग-अलग कार्य करना होता है। इस प्रकार की परियोजना में व्यक्तिगत ज्ञान, अनुभव तथा कौशल का विकास होता है।
2. **सामूहिक परियोजना** यह सामूहिक शिक्षण की एक व्यावहारिक प्रक्रिया है। इसमें अनेकों अधिगमकर्ताओं को एक साथ संलग्न किया जाता है। इससे छात्रों में सामूहिक कार्य करने, सामंजस्य स्थापित करने तथा उत्तरदायित्व की भावना का विकास होता है।

परियोजना कार्य के सोपान

परियोजना विधि से शिक्षण करते समय निम्नलिखित सोपानों का अनुसरण किया जाता है

- परिस्थिति उत्पन्न करना
- परियोजना का चयन
- उद्देश्य निरूपण
- परियोजना का कार्यक्षेत्र बनाना
- परियोजना कार्यान्वयन
- परियोजना का मूल्यांकन
- अवधारणा का विकास

परियोजना कार्य के गुण/लाभ

शिक्षा में परियोजना कार्य के गुण/लाभ निम्नलिखित हैं

- समय और शक्ति की बचत
- विद्यार्थियों को स्वतन्त्रता
- श्रम की महत्ता
- मनोवैज्ञानिक विधि
- सामाजिक समायोजन का प्रशिक्षण
- ज्ञान प्राप्ति के स्रोत
- जीवन की वास्तविक परिस्थितियों में शिक्षा
- छात्र तथा शिक्षक का आपसी सम्बन्ध
- स्व-मूल्यांकन में सहायक

परियोजना कार्य की सीमाएँ/दोष

परियोजना कार्य की सीमाएँ/दोष निम्नलिखित हैं

- अधिक व्यय
- विषय सामग्री की अव्यवस्था
- पाठ्यक्रम को समय पर पूरा करने में कठिनाई
- अध्यापक पर निर्भरता
- असन्तुलित शिक्षण

परियोजना कार्य : क्रियान्वयन के उपाय

परियोजना कार्य को क्रियान्वित करने के निम्नलिखित उपाय हैं

- परियोजना के उद्देश्यों का चयन शिक्षक द्वारा छात्रों की आवश्यकताओं के अनुसार किया जाता है, क्योंकि वह उद्देश्यों के आधार पर परियोजना का चयन करता है।
- परियोजना के चयन के उपरान्त छात्रों को आवश्यक दिशा-निर्देश दिए जाते हैं। इसके बाद एक-एक समस्या पर व्यक्तिगत तथा सामूहिक रूप से छात्रों को संलग्न करने का कार्य किया जाता है।
- परियोजना का मूल्यांकन कर सामान्य निष्कर्ष निकालने का कार्य करने के बाद इसमें सुधार की सम्भावना पर विचार करवाया जाता है।

परियोजना कार्य का मूल्यांकन

परियोजना कार्य का मूल्यांकन निम्न प्रकार से किया जाता है

- परियोजना का अन्तिम चरण उसका मूल्यांकन होता है।
- इसमें कार्य करने के उपाय, प्रक्रिया तथा उद्देश्यों को भी मूल्यांकित किया जाता है तथा इसमें देखा जाता है कि लक्ष्य प्राप्त किए गए हैं या नहीं।
- यदि लक्ष्य की प्राप्ति है, तो उसमें बेहतर उपायों की खोज तथा अवधारणा के निर्माण पर बल दिया जाता है।
- यदि पूर्व निर्धारित लक्ष्य प्राप्त नहीं किए जा सके हैं तो उसकी असफलता के कारणों का चरणबद्ध मूल्यांकन कर उसके दोष को दूर करने का प्रयास किया जाता है।
- इसमें अपनाई गई विधियों तथा उसमें सुधार पर बल दिया जाता है।

7 » मूल्यांकन

मूल्यांकन का अर्थ

- **रॉल्फ डब्ल्यू टेलर** एक अमेरिकी शिक्षाशास्त्री थे, इनके अनुसार, "मूल्यांकन यह बताता है कि निर्धारित शैक्षणिक उद्देश्यों को किस स्तर तक प्राप्त किया गया है।"
- मूल्यांकन एक प्रक्रिया है, जिसमें अनेक क्रियाओं को शामिल किया जाता है; जैसे— उद्देश्य, परिभाषा, सूचकांक, निर्णयन तथा प्रमाणन आदि।
- मूल्यांकन में व्यक्तित्व सम्बन्धी परिवर्तनों एवं शैक्षणिक कार्यक्रम के मुख्य उद्देश्यों पर बल दिया जाता है।
- **मेफात** के अनुसार, "मूल्यांकन निरन्तर चलने वाली प्रक्रिया है। यह प्रक्रिया छात्रों की औपचारिक शैक्षिक उपलब्धि से सम्बन्धित है। यह व्यक्ति के विकास को उसकी भावनाओं, विचार तथा क्रियाओं से सम्बन्धित वांछित व्यवहार में परिवर्तन लाने का प्रयास करता है।"

मूल्यांकन के उद्देश्य

मूल्यांकन के उद्देश्य निम्नलिखित हैं

- बालकों ने योग्यताओं, कुशलताओं, वृत्तियों तथा समझदारी आदि को अपने स्वयं में

किस सीमा तक ग्रहण किया है, इसकी जाँच करना है।

- बालकों की सफलता, विफलता, बाधाएँ तथा कठिनाइयों का समुचित निर्धारण करना।
- मूल्यांकन बालकों को उचित, शीर्षक एवं व्यावसायिक मार्गदर्शन देने में सहायक होता है।
- शैक्षिक कार्यक्रम, शिक्षण विधियों आदि की उपयुक्तता की जाँच करना।
- शिक्षकों की सफलता एवं कुशलता की माप करने में उपयुक्त है।

मूल्यांकन के प्रकार

मूल्यांकन को सामान्यत: दो आधारों पर वर्गीकृत किया है, जो निम्नलिखित हैं

1. गुण के आधार पर

गुण के आधार पर मूल्यांकन दो प्रकार के होते हैं

(i) **मात्रात्मक मूल्यांकन** इसमें मात्राओं का मूल्यांकन किया जाता है। इसे अनुपात में दिखाया जाता है; जैसे— कितने छात्रों ने 60 से कम अंक प्राप्त किए।

(ii) **गुणात्मक मूल्यांकन** इसमें मात्रात्मक मूल्यांकन के दोषों को समाप्त करने का प्रयास किया जाता है। इसे ग्रेड में व्यक्त किया जाता है।

2. समय अवधि के आधार पर

समय अवधि के आधार पर मूल्यांकन दो प्रकार के होते हैं

(i) **निर्माणात्मक मूल्यांकन** इसमें मूल्यांकन छोटी-छोटी अवधि में तथा चरणबद्ध रूप में होता है। इसमें छात्रों को व्यस्त रख कर योगात्मक मूल्यांकन किया जाता है।

(ii) **योगात्मक मूल्यांकन** इसका मूल्यांकन शैक्षणिक सत्र के अन्त में किया जाता है। इसमें पहले से किए जा रहे निर्माणात्मक मूल्यांकन को भी जोड़ा जाता है। इस प्रकार के मूल्यांकन को छात्रों के प्रमाण-पत्रों के रूप में प्रस्तुत किया जाता है।

उपचारात्मक शिक्षण तथा निदानात्मक मूल्यांकन

- उपचारात्मक शिक्षण की प्रक्रिया में समस्याओं की पहचान की जाती है तथा उसका उपचार किया जाता है। निदानात्मक मूल्यांकन में उपचारित शिक्षण का मूल्यांकन किया जाता है।
- निदानात्मक मूल्यांकन विद्यार्थी की समस्याओं के समाधान के साथ-साथ शिक्षण समस्याओं के सुधार से भी सम्बन्धित है। यह प्रत्येक चरण का मूल्यांकन करने के बजाय समस्यात्मक चरण का मूल्यांकन करता है।

मापन तथा मूल्यांकन में सम्बन्ध

- मापन तथा मूल्यांकन में समानताएँ तथा असमानताएँ दोनों पाई जाती हैं। मापन मूल्यांकन की प्रक्रिया का एक चरण है, जो मूल्यांकन को पूरा करता है। मूल्यांकन की सफलता तथा असफलता का निर्धारण मापन के गुण पर किया जाता है।
- मापन का क्षेत्र मूल्यांकन से छोटा होता है। मूल्यांकन के कई घटक हैं, जिसमें मापन एक घटक है। मापन में परिमाण को अधिक महत्त्व दिया जाता है। अर्थात् यह परिमाणात्मक होता है, जबकि श्रेष्ठ मूल्यांकन गुणात्मक होता है।

अच्छे मूल्यांकन की विशेषताएँ

अच्छे मूल्यांकन में निम्नलिखित विशेषताएँ अन्तर्निहित हैं

- वैधता
- विश्वसनीयता
- उपयोगिता
- सुधारात्मक

मूल्यांकन की भूमिका

मूल्यांकन की भूमिका निम्नलिखित क्षेत्र में है—

- शिक्षण के क्षेत्र में
- पाठ्यचर्या के क्षेत्र में
- छात्रों के क्षेत्र में

सतत् एवं व्यापक मूल्यांकन

सतत् एवं व्यापक मूल्यांकन की विशेषताएँ निम्नलिखित हैं

- सतत् एवं व्यापक मूल्यांकन छात्रों तथा शिक्षक की शिक्षण प्रक्रिया में सुधार पर भी बल देता है।
- इसमें लगातार मूल्यांकन किया जाता है। अत: परिणामों में शुद्धता बनी रहती है।
- सतत् मूल्यांकन एक साथ विद्यार्थी तथा शिक्षक दोनों का मूल्यांकन करता है।
- इसका क्षेत्र व्यापक होता है। इसमें विद्यालयी तथा बाहरी कार्यक्षेत्रों को शामिल कर उसका मूल्यांकन किया जाता है।

प्रैक्टिस सेट-1

CTET पर आधारित

महत्वपूर्ण निर्देश

1. इस प्रैक्टिस सेट में कुल 30 प्रश्न हैं, जोकि पर्यावरण विषय पर आधारित हैं।
2. प्रत्येक प्रश्न के लिए एक अंक निर्धारित है तथा गलत उत्तर देने के लिए नकारात्मक अंक का प्रावधान नहीं है।
3. सभी प्रश्न वस्तुनिष्ठ प्रकार के हैं।

सामाजिक विज्ञान/अध्ययन

1. निम्नलिखित में से कौन-सा कथन असत्य है?
(a) अभिलेखों का अध्ययन पुरालेख शास्त्र कहलाता है
(b) पुराने दस्तावेजों की प्राचीन तिथि का अध्ययन पुरालिपि शास्त्र कहलाता है
(c) सिक्कों के अध्ययन को 'न्यूमेरिमिटिक्स' कहा जाता है
(d) भारत में अभिलेख मात्र एक ही भाषा में लिखे गए थे

2. भारत में प्राप्त विभिन्न ताम्रपाषाणिक संस्कृतियों में कालक्रमानुसार सुमेलित नहीं है
(a) अहार संस्कृति–लगभग 1700-1400 ई. पू.
(b) कायथा संस्कृति–लगभग 2450-1700 ई. पू.
(c) मालवा संस्कृति–लगभग 1900-1400 ई. पू.
(d) जोरबे संस्कृति–लगभग 1500-900 ई. पू.

3. भारत में आर्यों की सफलता का मुख्य कारण क्या था?
(a) देशी जनजातियों के मध्य एकता का अभाव
(b) आर्यों की बेहतर संगठनात्मक शक्ति
(c) आर्यों के उत्तम सैन्य उपकरण
(d) सांस्कृतिक श्रेष्ठता

4. अफगानिस्तान का बामियान .... प्रसिद्ध था।
(a) बुद्ध प्रतिमा के लिए
(b) स्वर्ण सिक्कों के टंकण हेतु
(c) हाथीदाँत के काम हेतु
(d) हिन्दू मन्दिर के कारण

5. समुद्रगुप्त द्वारा दक्षिणापथ के शासकों के प्रति अपनाई गई नीति नहीं थी
(a) शत्रु पर अधिकार
(b) शत्रु को मुक्त करना
(c) राज्य को लौटाकर शत्रु पर दया करना
(d) सम्राट के सामने उनका हाजिर होना

6. पूर्व-मध्यकाल में जातियों की संख्या अधिक होने का प्रमुख कारण था
(a) तत्कालीन वर्ण संकर व्यवस्था
(b) जनजातियों का जातियों के रूप में अधिक मात्रा में रूपान्तरण
(c) व्यावसायिक वर्गों का जातियों में परिवर्तन
(d) धार्मिक सम्प्रदायों का जातियों में रूपान्तरण

7. 'द्वैताद्वैतवाद' के संस्थापक थे
(a) रामानुजाचार्य
(b) निम्बार्काचार्य
(c) माधवाचार्य
(d) शंकराचार्य

8. निम्न में से वे सिख गुरु कौन थे जिन्होंने सिखों को एक लड़ाकू जाति में परिवर्तित किया तथा उन्हें माँसाहार की अनुमति दी?
(a) गुरु अर्जुनदेव (b) गुरु गोन्विद सिंह
(c) गुरु हरगोन्विद (d) गुरु हरिकिशन

9. निम्न कथनों में कौन-सा/से सही है/हैं?
(i) शेरशाह ने पट्टा एवं कबूलियत व्यवस्था प्रारम्भ की।
(ii) उसने 'फसल दर' की सूची निर्धारित की।
(iii) उसके शासनकाल में राजस्व की दर 1/3 थी।
(iv) राजस्थान में राजस्व दर 1/4 थी।
कूट द्वारा सही उत्तर चुनें
(a) (i), (ii) और (iii) (b) (ii), (iii) और (iv)
(c) (i) और (iii) (d) (ii) और (iv)

10. निम्नलिखित में से कौन जहाँगीर एवं मेवाड़ के बीच सन्धि की शर्तों में शामिल नहीं था?
(a) अमरसिंह द्वारा मेवाड़ का आधिपत्य स्वीकार करना
(b) एक मुगल टुकड़ी की मेवाड़ में तैनाती
(c) राजकुमार को मुगल दरबार में सेवा हेतु भेजा गया
(d) मुगलों द्वारा छीने गए क्षेत्र मुगलों को लौटाना

11. उत्तरवर्ती मुगल बादशाहों में किसके साम्राज्य की सीमा 'आलम से पालम' तक विस्तृत थी?
(a) शाहआलम द्वितीय
(b) शाहआलम प्रथम
(c) आलमगीर द्वितीय
(d) बहादुरशाह द्वितीय

12. क्लाइव ने सन् 1757 में कलकत्ता पर अधिकार करने के बाद बंगाल के नवाब सिराजुद्दौला को .... पर हस्ताक्षर करने को बाध्य किया।
(a) हुगली की सन्धि
(b) सालबाई की संन्धि
(c) अलीनगर की सन्धि
(d) भैरोवल की सन्धि

निर्देश (प्र.सं. 13-14) *निम्नलिखित गद्यांश को ध्यानपूर्वक पढ़कर इस पर आधारित प्रश्नों के उत्तर दीजिए।*

बंगाल में पहली इंग्लिश फैक्टरी सन् 1651 में हुगली नदी के किनारे शुरू हुई। कम्पनी के व्यापारी यहीं से अपना काम चलाते थे। इन व्यापारियों को उस जमाने में 'फैक्टर' कहा जाता था। इस फैक्टरी में वेयर हाउस था जहाँ निर्यात होने वाली चीजों को जमा किया जाता था। यहीं पर उसके दफ्तर थे जिनमें कम्पनी के अफसर बैठते थे। जैसे-जैसे व्यापार फैला कम्पनी ने सौदागरों और व्यापारियों को फैक्टरी के आस-पास आकर बसने के लिए प्रेरित किया। सन् 1896 तक कम्पनी ने इस आबादी के चारों तरफ एक किला बनाना शुरू कर दिया था। दो साल बाद उसने मुगल अफसरों को रिश्वत देकर तीन गाँवों की जमींदारी भी खरीद ली। इनमें से एक गाँव कालीकाता था, जो बाद में कलकत्ता बना। अब इसे कोलकाता कहा जाता है। कम्पनी ने मुगल सम्राट औरंगजेब को इस बात के लिए भी तैयार कर लिया कि वह कम्पनी को बिना शुल्क चुकाए व्यापार करने का फरमान जारी कर दें।

13. वर्णित गद्यांश के अनुसार फैक्टरी से तात्पर्य था
(a) जहाँ कम्पनी के कर्मचारी रहते थे
(b) जहाँ से कम्पनी अपने व्यापार आदि का संचालन करती थी
(c) जहाँ वे मवेशी रखते थे
(d) उपरोक्त में से कोई नहीं

14. अंग्रेजों ने आधुनिक कोलकाता की स्थापना कैसे की थी?
(a) गाँवों पर युद्ध द्वारा अधिकार करके
(b) गाँवों की जमीन को बेचकर
(c) गाँवों की जमींदारी खरीदकर
(d) उपरोक्त में से कोई नहीं

15. निम्नलिखित सूचियों को सुमेलित कीजिए

	सूची I		सूची II
A.	सेवा समिति	1.	हृदयनाथ कुंजरु
B.	सेवा सदन	2.	बहराम जी मालाबारी
C.	वेद समाज	3.	श्री धरलू नायडू
D.	सत्यशोधक समाज	4.	ज्योतिबा फुले

कूट

	A	B	C	D
(a)	1	2	3	4
(b)	4	3	2	1
(c)	2	1	4	3
(d)	4	1	3	2

16. निर्वाह कृषि के सन्दर्भ में कौन-सा कथन असत्य है?
(a) इसका उद्देश्य कृषक तथा स्थानीय लोगों की आवश्यकताओं को पूरा करना होता है
(b) इसमें जोतों का आकार छोटा होता है
(c) इसके अन्तर्गत आधुनिक विधियों एवं नवीनतम उपकरणों का प्रयोग किया जाता है
(d) इसके अन्तर्गत तीन प्रकार की कृषि प्रणालियाँ आती हैं

17. निम्नांकित कथनों पर ध्यान दें-
1. कुतुबुद्दीन ऐबक ने लाहौर को अपनी राजधानी बनाया था।
2. कुतुबुद्दीन ऐबक सुल्तान बनने तक दासत्व से मुक्त नहीं हुआ था।

उपरोक्त कथनों मे ंसे कौन-सा कथन सत्य है?
(a) केवल 1
(b) केवल 2
(c) न तो 1 और न ही 2
(d) 1 और 2 दोनों

18. निम्न में से वृहद् ज्वार आने का उपयुक्त कारण क्या है?
(a) सूर्य और चन्द्रमा द्वारा एक-दूसरे की विपरीत दिशा से पृथ्वी पर गुरुत्वाकर्षण बल
(b) सूर्य, चन्द्रमा, पृथ्वी का सिजिगि की अवस्था में होना
(c) तटरेखा का घुमावदार होना
(d) उपरोक्त में से कोई नहीं

19. अलाउद्दीन खिलजी ने भूमि की उपज व श्रेणी के अनुसार भूमि कर निर्धारित कराया, जो सम्पन्नों और गरीबों सबकी भूमि पर एकीकृत करके लगाया। यह उपज का कितना भाग निर्धारित किया गया था?
(a) 1/2 भाग (b) 1/3 भाग
(c) 2/3 भाग (d) 3/2 भाग

20. हाशिया वर्ग का मुख्य आधार समझा जा सकता है
(a) गरीबी के कारण
(b) सामाजिक स्तर से
(c) अशिक्षा व रूढ़िवादिता से
(d) उपरोक्त सभी

21. समुद्र का पानी 'खारा' होता है, क्योंकि
(a) नदियाँ चट्टानों के लवणों को लाकर समुद्र में मिलाती हैं
(b) वाष्पीकरण द्वारा समुद्रों का जल वाष्प बनकर उड़ता रहता है
(c) समुद्री ज्वालामुखी उद्गारों से लवण प्राप्त होते हैं
(d) उपरोक्त सभी

22. 'कालाहांडी क्षेत्र' में कौन-से आदिवासी समाज का मूल स्थान है?
(a) डोंगरिया कोंड (b) डहरिया कोंड
(c) लांगपांग डोंग (d) लांगपांग कोंड

23. विश्व के दो सबसे छोटे महाद्वीप हैं
(a) ऑस्ट्रेलिया और अण्टार्कटिका
(b) अण्टार्कटिका और यूरोप
(c) ऑस्ट्रेलिया और यूरोप
(d) ऑस्ट्रेलिया और दक्षिण अमेरिका

24. पूर्वी घाट पर्वत श्रेणी का सर्वोच्च शिखर .... है।
(a) पंचमढ़ी (b) महेन्द्रगिरि
(c) दोदाबेट्टा (d) अनाईमुड़ी

25. कौन-सा प्रस्ताव संसद द्वारा कार्यपालिका को उत्तरदायी बनाने का सबसे सशक्त उपाय है?
(a) निन्दा प्रस्ताव
(b) अविश्वास प्रस्ताव
(c) ध्यानाकर्षण प्रस्ताव
(d) विश्वास प्रस्ताव

26. निम्नलिखित में से कौन-सा अधिकार भारत के राष्ट्रपति को प्राप्त नहीं है?
(a) उच्चतम न्यायालय तथा उच्च न्यायालय के न्यायाधीशों की नियुक्ति का
(b) उच्चतम एवं उच्च न्यायालयों के अधिकारों को हस्तगत करने का
(c) प्रधानमन्त्री एवं अन्य मन्त्रियों की नियुक्ति का
(d) संसद का अधिवेशन आहूत करने तथा उसका सत्रावसान करने का

27. भारतीय संविधान का अनुच्छेद 76 उपबन्धित करता है।
(a) प्रधानमन्त्री की नियुक्ति का
(b) नियन्त्रक एवं महालेखा परीक्षक की नियुक्ति का
(c) महान्यायवादी की नियुक्ति का
(d) उच्च न्यायालय के न्यायाधीश की नियुक्ति का

28. मौलिक अधिकारों का मुख्य उद्देश्य है
(a) समाज के समाजवादी ढाँचे को बढ़ावा देना
(b) व्यक्तिगत स्वतन्त्रता को सुनिश्चित करना
(c) न्यायपालिका की स्वतन्त्रता को सुनिश्चित करना
(d) उपरोक्त सभी

29. भारत में सूचना का अधिकार .... है।
(a) मूल अधिकार
(b) विधिक अधिकार
(c) मूल अधिकार और विधिक अधिकार दोनों
(d) न तो मूल अधिकार न ही विधिक अधिकार

30. भारतीय अर्थव्यवस्था में कृषि का महत्त्व उसके निम्नलिखित किस योगदान से जाना जाता है?
(a) राष्ट्रीय आय तथा रोजगार
(b) औद्योगिक विकास तथा अन्तर्राष्ट्रीय व्यापार
(c) खाद्यान्न आपूर्ति
(d) उपरोक्त सभी

31. किसी उद्योग के विषय में निम्न कारकों पर विचार कीजिए
(i) पूँजी निवेश (ii) व्यवसाय आवर्त
(iii) श्रम-शक्ति (iv) बिजली की खपत
इनमें से कौन-से उद्योग के स्वरूप और आकार को निर्धारित करते हैं?
(a) (i), (iii) और (iv)
(b) (i), (ii) और (iv)
(c) (ii), (iii) और (iv)
(d) (i), (ii) और (iii)

32. जब भारतीय रिज़र्व बैंक नकदी रिजर्व अनुपात में वृद्धि की घोषणा करता है, तो इसका तात्पर्य क्या है?
(a) वाणिज्यिक बैंकों के पास उधार देने के लिए कम मुद्रा होगी
(b) भारतीय रिज़र्व बैंक के पास उधार देने के लिए कम मुद्रा होगी
(c) केन्द्र सरकार के पास उधार देने के लिए कम मुद्रा होगी
(d) वाणिज्यिक बैंकों के पास उधार देने के लिए अपेक्षाकृत अधिक मुद्रा होगी

33. भारत में व्यापार नीतियों के सुधारों के लक्ष्यों में शामिल नहीं था
(a) आयात और निर्यात पर परिमाणात्मक प्रतिबन्धों की समाप्ति
(b) प्रशुल्क दरों में बढ़ोतरी
(c) आयातों के लिए लाइसेंस प्रक्रिया की समाप्ति
(d) उपरोक्त में से कोई नहीं

34. जगन्नाथ मन्दिर निम्न में से कहाँ स्थित है?
(a) केरल
(b) कर्नाटक
(c) मध्य प्रदेश
(d) उड़ीसा

35. निम्न में से कौन-सा एक सरित (लोटिक) पारिस्थितिकीय तन्त्र का उदाहरण नहीं है?
(a) लैगून (समुद्रताल)
(b) सरिता
(c) मुहाना
(d) तालाब

36. भारत के संविधान में मौलिक अधिकारों का सही क्रम इस प्रकार है
(a) स्वतन्त्रता, समानता, धार्मिक, शोषण के विरुद्ध
(b) स्वतन्त्रता, समानता, शोषण के विरुद्ध, धार्मिक
(c) समानता, स्वतन्त्रता, शोषण के विरुद्ध, धार्मिक
(d) समानता, स्वतन्त्रता, धार्मिक, शोषण के विरुद्ध

37. निम्नलिखित में से कौन-सा जोड़ा सही है?
(a) चावल अनुसन्धान संस्थान–कटक
(b) चर्म अनुसन्धान संस्थान–लखनऊ
(c) शर्करा अनुसन्धान संस्थान–चेन्नई
(d) रेशम अनुसन्धान संस्थान–बंगलुरु

38. भारत में मिनीकॉय (लक्ष्यद्वीप) व मालदीव को विभाजित करने वाली समुद्री जल रेखा कौन-सी है?
(a) 3° चैनल
(b) 9° चैनल
(c) 10° चैनल
(d) उपरोक्त में से कोई नहीं

39. मृदा के अर्थ के सम्बन्ध में सही कथन है
(a) मृदा पृथ्वी के पृष्ठ पर दानेदार कणों के आवरण की पतली परत है
(b) खनिजों का मिश्रण ही मृदा को अनउपजाऊ बनाता है
(c) मृदा का निर्माण चट्टान से प्राप्त खनिजों से नहीं होता
(d) उपरोक्त में से कोई नहीं

40. किसी वाहन के दृश्यदर्शी दर्पण में किस प्रकार का दर्पण प्रयोग किया जाता है?
(a) उत्तल दर्पण (b) अवतल दर्पण
(c) समतल दर्पण (d) परवलयिक दर्पण

41. ऋग्वेद के निम्नलिखित में से किस सूक्त में हमें चातुर्वर्ण व्यवस्था का प्राचीनतम उल्लेख प्राप्त होता है?
(a) केशिन सूक्त (b) नासदीय सूक्त
(c) पुरुष सूक्त (d) पुरूरवस सूक्त

42. भारतीय नागरिकता का लोप कब हो जाता है?
(a) जब कोई व्यक्ति विदेशी नागरिकता प्राप्त कर लेता है
(b) जब वह नागरिकता का परित्याग कर देता है
(c) जब सरकार किसी कारण से उसे नागरिकता से वंचित कर देती है
(d) उपरोक्त सभी परिस्थितियों में

43. निम्नलिखित में से किस संविधान संशोधन को लघु संविधान कहा गया है?
(a) 41वाँ (b) 42वाँ
(c) 51वाँ (d) 72वाँ

44. भारत में मौलिक कर्त्तव्यों को कौन-सी मान्यता नहीं प्राप्त है?
(a) सामाजिक (b) नैतिक
(c) राजनैतिक (d) वैधानिक

45. 'द डिस्कवरी ऑफ इण्डिया' किसने लिखी?
(a) मोतीलाल नेहरू (b) जवाहरलाल नेहरू
(c) महात्मा गाँधी (d) मौलाना आजाद

46. निम्नलिखित में से सबसे बड़ा एकल साधन कौन-सा है, जिसमें भारत में राजस्व कर से सरकार को आय होती है?
(a) उत्पादन शुल्क (b) सीमा शुल्क
(c) आय शुल्क (d) निगमित कर

47. निम्नलिखित में से कौन-सा केन्द्रीय सरकार का कर नहीं है?
(a) आय कर (b) भूमि राजस्व
(c) सीमा शुल्क (d) उत्पाद शुल्क

48. निम्न में से क्या सामाजिक विज्ञान शिक्षण की समस्या नहीं है?

(a) छात्रों में उचित दृष्टिकोण का अभाव
(b) सामुदायिक साधनों का उपयोग शिक्षण कार्यों में न होना
(c) संसाधनों की पर्याप्तता
(d) व्यक्तिगत अनुभवों की कमी

49. सामाजिक विज्ञान शिक्षण के अन्तर्गत शिक्षण की समस्याओं को दूर करने के लिए पाठ्य-पुस्तक को रोचक, सरल, प्रभावपूर्ण, सुगम, हृदयगामी जिसके माध्यम से बनाया जाता है, वह कहलाती है

(a) शिक्षण विधि
(b) अधिगम विधि
(c) शिक्षण सहायक सामग्री
(d) उपरोक्त सभी

50. जब कोई बिल भारतीय संसद के दोनों सदनों की संयुक्त बैठक में जाता है, तो ...... द्वारा इसे पारित किया जाता है।

(a) उपस्थित सदस्यों का सादा बहुमत और मतदान
(b) उपस्थित सदस्यों का तीन-चौथाई बहुमत और मतदान
(c) सदनों का दो-तिहाई बहुमत
(d) सदनों की कुल सदस्यता का सम्पूर्ण बहुमत

51. किसने बीजापुर में स्थित 'गोल गुम्बज' का निर्माण किया, जो विश्व का दूसरा बड़ा गुम्बज है तथा जो अपनी मरमरश्रावी गैलरी के लिए प्रसिद्ध है?

(a) महमूद गवां
(b) यूसुफ आदिल शाह
(c) इस्माइल
(d) मोहम्मद आदिल शाह

52. निम्नलिखित कथनों में से कौन-सा कथन सामाजिक अध्ययन शिक्षण की निबन्धात्मक परीक्षाओं की विशेषता से सम्बन्धित नहीं हैं

(a) निबन्धात्मक परीक्षाओं के द्वारा विद्यार्थी को तर्कपूर्ण ढंग से उत्तर देने की पूर्ण स्वतन्त्रता रहती है।
(b) निबन्धात्मक परीक्षाओं द्वारा विद्यार्थीओं द्वारा विद्यार्थी को अपनी भाषा एवं शैली को सुधारने के उचित अवसर प्राप्त होते हैं।
(c) निबन्धात्मक परीक्षाएँ सभी विषयों के लिए उपयुक्त हैं।
(d) निबन्धात्मक परीक्षाएँ रटने की प्रवृत्ति पर बल देती हैं जिससे शिक्षकों को सुविधा रहती है।

निर्देश (प्र.सं. 53-54) *निम्नलिखित गद्यांश को ध्यानपूर्वक पढ़कर इस पर आधारित प्रश्नों के उत्तर दीजिए।*

एक चिट्ठी आपके नाम 'शायद' आपने अपने छात्र-छात्राओं या बच्चों को कहते सुना होगा कि 'नागरिकशास्त्र बड़ा बोरिंग है।' हो सकता है कि आपको भी लगता हो की बात में दम है। अपने देश में नागरिकशास्त्र के पाठ्यक्रम में शासन की औपचारिक राजनीतिक संस्थाओं की जानकारी पर जोर रहा है। पाठ्य-पुस्तकों में संवैधानिक, कानूनी पेचीदगियों के नीरस और उबाऊ ब्यौरे भरे रहते हैं। जाहिर है, ऐसे में बच्चा जो कुछ अपने वास्तविक जीवन में देखता है और जो बातें किताबों में पढ़ता है, उनके बीच तालमेल नहीं बैठा पाता। शायद इसी कारण हमारे किशोर-किशोरियों को नागरिकशास्त्र की पढ़ाई 'बोरिंग' लगती है। जबकि वास्तव में स्थिति यह है कि हमारे देश के नागरिकों की राजनीति में भागीदारी और रुचि बहुत गहरी है।

53. इस गद्यांश में 'तालमेल नहीं बैठा पाता' वाक्यांश किस सन्दर्भ में प्रयुक्त हुआ है?

(a) वास्तविक जीवन में क्या होता है और पाठ्य-पुस्तकों में वे क्या पढ़ते हैं–बच्चे इनसे सम्बन्ध नहीं जोड़ पाते
(b) ये इससे सम्बन्धित है कि नागरिकशास्त्र कि पाठ्य-पुस्तकें किस प्रकार लिखी और प्रयोग में लाई जाती है
(c) सामान्यतः विद्यालयी शिक्षा और विशेष रूप से नागरिकशास्त्र के प्रति विद्यार्थियों की अभिवृत्ति से सम्बद्ध है
(d) विद्यालयों में नागरिकशास्त्र का शिक्षण नीरस है

54. नागरिकशास्त्र की पाठ्य-पुस्तकों में विषय-वस्तु की 'नीरस' और उबाऊ प्रस्तुती को शिक्षक ...... के द्वारा जीवन्त बना सकता है।

(a) अमूर्त पक्षों पर कम महत्त्व देने
(b) नीरस अवधारणाओं की विस्तृत और स्पष्ट व्याख्या
(c) कठिन अवधारणाओं के सुदृढ़ीकरण के लिए लघु परीक्षाओं की सहायता
(d) वास्तविक जीवन के उदाहरण और किस्सों पर वाद-विवाद और चर्चा

55. नागरिकशास्त्र के पाठ्यक्रमों को कक्षा में सम्पादित करने के लिए सबसे बेहतर शिक्षा-शास्त्रीय अभ्यास को निम्नलिखित में से कौन-सा दर्शाता है?

(a) शिक्षिका किस्सों और लघु कथाओं से जोड़ते हुए विषय को रोचक बनाती है लेकिन पाठ्य-पुस्तक और व्याख्यान पद्धति में उसका दृढ़ विश्वास है
(b) शिक्षिका अत्यन्त सतर्कता से पाठ-योजना का पालन करती है और नोट्स बनाने के लिए अनेक सन्दर्भ पुस्तकों का प्रयोग करती है
(c) शिक्षिका एक गतिविधि का आयोजन करती है, जिसमें वह अपने विद्यार्थियों को युवा संसद में शामिल करती है। इसके द्वारा वह पाठ्य-पुस्तक में दी गई विषय-वस्तु का आलोचनात्मक विश्लेषण करने के लिए प्रेरित करती है।
(d) शिक्षिका समस्त बातों को विस्तार से समझाते हुए नागरिकशास्त्र की पूरी पाठ्य-पुस्तक पढ़ाती है और विद्यार्थियों को भली प्रकार से तैयार करती है

56. एक सामाजिक अध्ययन की अध्यापिका 'भारतीय जलवायु' प्रकरण पढ़ाने के बाद परीक्षा का आयोजन करती है और यह देखती है कि अधिकांश विद्यार्थी मौसम और जलवायु के बीच अन्तर को नहीं समझते हैं। यह किसके कारण हो सकता है?

(a) वह उस कक्षा की अध्यापिका नहीं है
(b) विद्यार्थी प्रश्न को सही तरीके से नहीं समझ सके
(c) शिक्षिका की कक्षा में प्रायः अनुशासनहीनता रहती है
(d) वह कक्षा में प्रभावी तरीके से सम्बन्धित संकल्पना को व्याख्यित नहीं कर सकी

57. एन. सी. एफ. के आधार-पत्र में समानता, स्वतन्त्रता, न्याय, भाईचारा आदि विषयों को पाठ्यक्रम के अनुसार किस विषय में रखा गया है?

(a) इतिहास
(b) नागरिक शास्त्र
(c) राजनीति शास्त्र
(d) भूगोल

58. **एन. सी. एफ.-2005 के आधार पर पाठ्यपुस्तकों की रचना सम्बन्धी कौन-सा कथन गलत है?**
(a) विषयवस्तु वितरण में पर्याप्त संतुलन होना चाहिए।
(b) सामाजिक पूर्वाग्रह तथा लिंगभेद को बढ़ावा नहीं दिया जाना चाहिए
(c) अध्याय के अन्त में तकनीकी शब्दों की एक शब्दावली होनी चाहिए
(d) भाषा कठिन व प्रभावशाली होनी चाहिए

59. **एन. सी. एफ. आधार पत्र मूल्यांकन के सतत् आकलन पर बल देता है, सतत् एवं व्यापक मूल्यांकन के किस विधि द्वारा शिक्षार्थियों में सीखने की जिज्ञासा को उत्पन्न किया जाता है?**
(a) निरीक्षण (b) प्रश्नोत्तर
(c) साक्षात्कार (d) दत्त कार्य

60. **अलाउद्दीन ने मेवाड़ के राजा रत्नसिंह की रानी पद्मिनी को प्राप्त करने के लिए चित्तौड़ पर आक्रमण किया। इस कहानी को स्पष्ट तौर पर किसने वर्णित किया है?**
(a) खजाइन-उल फुतूह में अमीर खुसरो ने
(b) इब्नबतूता ने रेहला में
(c) मलिक मुहम्मद जायसी ने पद्मावत में
(d) कर्नल टॉड ने राजस्थान के पुराख्यान तथा पुरावशेष नामक ग्रन्थ में

उत्तरमाला

1 (d)	2 (a)	3 (c)	4 (a)	5 (d)	6 (c)	7 (b)	8 (c)	9 (a)	10 (a)
11 (a)	12 (c)	13 (b)	14 (c)	15 (a)	16 (c)	17 (d)	18 (b)	19 (a)	20 (d)
21 (d)	22 (a)	23 (c)	24 (b)	25 (b)	26 (b)	27 (c)	28 (b)	29 (b)	30 (d)
31 (a)	32 (b)	33 (b)	34 (d)	35 (d)	36 (c)	37 (a)	38 (b)	39 (a)	40 (a)
41 (c)	42 (d)	43 (b)	44 (d)	45 (b)	46 (a)	47 (b)	48 (c)	49 (c)	50 (a)
51 (d)	52 (d)	53 (a)	54 (d)	55 (c)	56 (d)	57 (c)	58 (d)	59 (b)	60 (c)

प्रैक्टिस सेट-2

CTET पर आधारित

महत्वपूर्ण निर्देश

1. इस प्रैक्टिस सेट में कुल 30 प्रश्न हैं, जोकि पर्यावरण विषय पर आधारित हैं।
2. प्रत्येक प्रश्न के लिए एक अंक निर्धारित है तथा गलत उत्तर देने के लिए नकारात्मक अंक का प्रावधान नहीं है।
3. सभी प्रश्न वस्तुनिष्ठ प्रकार के हैं।

सामाजिक विज्ञान/अध्ययन

1. दक्कन से प्राप्त 'राख के टीले' प्रदर्शित करते हैं

(a) वह स्थल, जहाँ वैदिक आहुतियाँ दी जाती थीं
(b) वह स्थल, जहाँ व्यक्तियों का अन्तिम संस्कार किया जाता था
(c) भट्टे, जहाँ बर्तन पकाए जाते थे
(d) नवपाषाण युग के मवेशी रखने वालों की बस्ती के अवशेष

2. बौद्ध धर्म की निम्नलिखित विशेषताओं में से कौन-सी इसे जैन धर्म से भिन्न करती है?

(a) वेदों की सत्ता की अस्वीकारोक्ति
(b) कर्म की प्रभावशीलता में विश्वास
(c) अत्यधिक सुख और आत्मनिग्रह दोनों का तिरस्कार
(d) सभी प्राणियों को क्षति नहीं पहुँचाने की अभिवृत्ति

3. अशोक के शिलालेखों/अभिलेखों से निम्न में से किस तथ्य की जानकारी प्राप्त नहीं होती है?

(a) समकालीन साम्प्रदायिक और धार्मिक संघर्ष
(b) अशोक के अन्तर्मन की जानकारी
(c) अशोक द्वारा शुरू किए गए प्रशासनिक सुधार
(d) समकालीन लोगों का सामाजिक, धार्मिक और आर्थिक जीवन

4. गुप्तकाल को प्राचीन भारत का 'स्वर्ण युग' क्यों कहा जाता है?

(a) व्यापार में अभूतपूर्व प्रगति के कारण
(b) कला एवं साहित्य के क्षेत्र में प्रगति के कारण
(c) प्रचुर मात्रा में स्वर्ण सिक्के चलाए जाने के कारण
(d) उपरोक्त सभी

5. निम्न कथनों पर विचार कीजिए तथा कूट द्वारा सही उत्तर चुनिए

1. अजन्ता कलाकृतियाँ गुप्तकाल से सम्बन्धित हैं।
2. अजन्ता चित्रकारी की विषय-वस्तु मुख्यतः बौद्ध धर्म से सम्बन्धित है।
3. अजन्ता की गुफा संख्या 16, 17, एवं 1 का निर्माण गुप्तकाल में हुआ।

कूट

(a) 1 और 2
(b) 2 और 3
(c) 1 और 3
(d) उपरोक्त सभी

6. मोहम्मद तुगलक के विषय में कौन-सा कथन असत्य है?

(a) उसने कम्पिली विजय किया
(b) उसके समय में सर्वाधिक विद्रोह हुए
(c) उसने इब्नबतूता को काजी पद पर नियुक्त किया
(d) उसने दीनपनाह नामक नगर दिल्ली में बसाया

7. बौद्ध धर्म के उदय से पहले प्राचीन भारत की प्रमुख शक्ति निम्न में से किस वंश/साम्राज्य के पास थी?

(a) कुषाण राजवंश (b) महाजनपद
(c) मौर्य साम्राज्य (d) गुप्त साम्राज्य

8. सती प्रथा थी

(a) बलिदान देने की क्रिया
(b) एक प्रथा, जिसमें एक स्त्री को उसके पति की मौत के बाद उसकी चिता पर जला दिया जाता था
(c) एक दहेज प्रथा
(d) एक धार्मिक प्रथा, जिसके द्वारा एक आदमी या औरत प्रबुद्ध हो जाते हैं

9. किसी देश की सरकार या किसी राज्य पर किसी राजा या रानी का आमतौर पर जीवन भर के लिए राज चलता है, उसे निम्न में से क्या कहा जाता है?

(a) अराजकतावाद
(b) सत्तावादी
(c) राजशाही
(d) लोकतन्त्र

1(a). निम्नलिखित सूचियों को सुमेलित कीजिए

	सूची I		सूची II
A.	दीवान	1.	धार्मिक विभाग
B.	मीर बक्शी	2.	कारखाना
C.	सद्र	3.	सैन्य विभाग
D.	मीर समां	4.	वित्त विभाग

कूट

	A	B	C	D
(a)	4	3	1	2
(b)	4	1	3	2
(c)	2	3	1	4
(d)	4	3	2	1

11. निम्नलिखित यूरोपीय व्यापार कम्पनियों में से किस एक ने भारत में 'वाटर ब्ल्यू पॉलिसी' (नीले जल की नीति) को अपनाया था?
(a) ब्रिटिश ईस्ट इण्डिया कम्पनी
(b) डच कम्पनी
(c) पुर्तगाली कम्पनी
(d) फ्रांसीसी कम्पनी

12. वारेन हेस्टिंग्स के समय निम्न में से कौन-सी घटना नहीं घटी?
(a) प्रथम मराठा युद्ध
(b) रुहेला युद्ध
(c) द्वितीय आंग्ल-मैसूर युद्ध
(d) पंजाब युद्ध

13. ब्रिटिश शासन का भारतीय अर्थव्यवस्था पर क्या प्रभाव नहीं पड़ा?
(a) कृषि का वाणिज्यिकरण
(b) अकाल एवं गरीबी
(c) भारतीय हस्तशिल्प का उत्थान
(d) आर्थिक विकास

14. बंगाल के वित्तीय संसाधनों की वृद्धि के लिए मुर्शीद कुली खाँ ने निम्न में से कौन-सा कदम नहीं उठाया?
(a) उसने जागीर भूमियों को खालसा भूमि में परिवर्तित किया
(b) उसने नवीन भू-राजस्व निर्धारित किया
(c) उसने ठेके पर लगान वसूली की व्यवस्था की
(d) उसने रैय्यतवाड़ी व्यवस्था के स्थान पर महालवाड़ी व्यवस्था का प्रारम्भ किया

15. बंगाल की क्रान्तिकारी घटनाओं से निम्नलिखित में से किसका सम्बन्ध था?
(a) कल्पना दत्त
(b) प्रीतिलता वाडेकर
(c) बीना दास
(d) उपरोक्त सभी

16. ग्रहों के बारे में निम्न में से क्या सत्य है?
(a) ये प्रकाशहीन होते हैं, किन्तु चमकते नहीं है
(b) ये अप्रकाशवान होते हुए भी चमकते हैं
(c) ये प्रकाशवान होते हैं किन्तु चमकते नहीं हैं
(d) ये प्रकाशवान भी हैं और चमकते भी हैं

17. यदि पृथ्वी के घूर्णन की दिशा को उलट दिया जाए एवं प्रधान मध्यन रेखा पर सुबह के 6 बजे हों तो 90° पश्चिमी देशान्तर का समय क्या होगा?
(a) दोपहर के 12 बजे
(b) रात्रि के 12 बजे
(c) दोपहर के 9 बजे
(d) रात्रि के 9 बजे

18. निम्नलिखित महासागरीय जलधाराओं में से कौन-सी एक गल्फस्ट्रीम में मिल जाती है?
(a) बेंगुएला धारा
(b) दक्षिण अटलाण्टिक धारा
(c) क्यूरोशियो धारा
(d) लैब्राडोर धारा

19. समतापमण्डल के सम्बन्ध में निम्न में से कौन-सा कथन असत्य है?
(a) इसका विस्तार 50 किमी की ऊँचाई तक पाया जाता है
(b) समतापमण्डल की सीमा आयनमण्डल से मिलती है
(c) इस मण्डल में बादलों का अभाव पाया जाता है
(d) इस मण्डल में धूलकण और जलवाष्प की मात्रा काफी कम होती है

20. 'एल्बिडो' से क्या तात्पर्य है?
(a) सबसे कोष्ण और सबसे शीत महीनों के माध्य तापमान का अन्तर
(b) समान तापमान वाले स्थानों को जोड़ने वाली रेखा
(c) किसी वस्तु के द्वारा परावर्तित दृश्य प्रकाश का प्रतिशत
(d) आने वाला सौर विकिरण

21. विषुवत वृत्त से ध्रुव की ओर जाने पर वर्षा की मात्रा में ······ होती है।
(a) अधिकता
(b) कमी
(c) कोई परिवर्तन नहीं
(d) वर्षा नहीं होती है

22. उष्णकटिबन्धीय घास के मैदान निम्न में से किस नाम से जाने जाते हैं?
(a) प्रेयरी
(b) स्टैपी
(c) सवाना
(d) इनमें से कोई नहीं

23. भारतीय संसदीय प्रणाली में, राष्ट्रपति संसद के निचले सदन को भंग करने के लिए निम्न में से किसकी सलाह ले सकते हैं?
(a) निचले सदन के अध्यक्ष की
(b) मुख्य न्यायाधीश की
(c) प्रधानमन्त्री की
(d) सभी राज्यों के मुख्यमंत्रियों की

24. भारत के एक कैबिनेट मंत्री के रूप में शपथ लेते समय, व्यक्ति को निम्नलिखित में से किसका सदस्य होना अनिवार्य है?
(a) लोकसभा
(b) राज्यसभा
(c) संसद के किसी सदन का
(d) न तो लोकसभा न ही राज्यसभा का

निर्देश (प्र.सं. 115-116) *निम्नलिखित गद्यांश को ध्यानपूर्वक पढ़कर इस पर आधारित प्रश्नों के उत्तर दीजिए।*

हमारे द्वारा अपनाई गई औद्योगिक नीति व्यापार नीति से घनिष्ठ रूप से सम्बद्ध थी। प्रथम सात पंचवर्षीय योजनाओं में व्यापार की विशेषता अन्तर्मुखी व्यापार नीति थी। तकनीकी रूप से इस नीति को आयात प्रतिस्थापन कहा जाता है।

इस नीति का उद्देश्य आयात के बदले घरेलू उत्पादन द्वारा पूर्ति करना है। उदाहरण के लिए, विदेश में निर्मित वाहनों का आयात करने के स्थान पर उन्हें भारत में ही निर्मित करने के लिए उद्योगों को प्रोत्साहित किया जाए।

इस नीति के अनुसार, सरकार ने विदेशी प्रतिस्पर्द्धा से घरेलू उद्योगों की रक्षा की। आयात संरक्षण दो प्रकार के थे प्रशुल्क और कोटा। प्रशुल्क आयातित वस्तुओं पर लगाया गया कर है। प्रशुल्क लगाने पर आयातित वस्तुएँ अधिक महँगी हो जाती हैं, जो वस्तुओं के प्रयोग को हतोत्साहित करती हैं।

कोटे में वस्तुओं की मात्रा निर्दिष्ट होती है, जिन्हें आयात किया जा सकता है। प्रशुल्क और कोटे का प्रभाव यह होता है कि उनसे आयात प्रतिबन्धित हो जाते हैं और उनसे विदेशी प्रतिस्पर्द्धा से देशी फर्मों की रक्षा होती है।

25. 'आयात-प्रतिस्थापन' नीति का उद्देश्य था
(a) विदेशों से आयात को प्रोत्साहन देना
(b) आयात के बदले घरेलू उत्पादन द्वारा पूर्ति करना
(c) निर्यात के बदले घरेलू उत्पादन द्वारा पूर्ति करना
(d) उपरोक्त में से कोई नहीं

26. प्रशुल्क लगाने से क्या होगा?
(a) आयातित वस्तुएँ महँगी हो जाएँगी
(b) निर्यातित वस्तुएँ महँगी हो जाएँगी
(c) उपरोक्त दोनों स्थितियाँ उत्पन्न होंगी
(d) निर्यात प्रतिबन्धित हो जाएगा

27. 'मुद्रा संकुचन' का कारण होता है
(a) माल तथा सेवाओं की पूर्ति की तुलना में मुद्रा की पूर्ति में कमी
(b) मुद्रा की पूर्ति की तुलना में माल एवं सेवाओं की पूर्ति में कमी
(c) निर्यात की तुलना में आयात की कमी
(d) आयात की तुलना में निर्यात में वृद्धि

28. पृथ्वी पूरी तरह से गोलाकार नहीं है, इसलिए निम्न में से कौन-सा कथन सत्य है?
(a) भूमध्य रेखा से ध्रुवों पर अधिक व्यास है।
(b) इसका भूमध्य रेखा पर ध्रुवों से अधिक व्यास है।
(c) ध्रुव और भूमध्य रेखा पर समान व्यास है।
(d) ध्रुव और भूमध्य रेखा पर व्यास की तुलना नहीं की जा सकती है।

29. निम्न में से कौन-सा कथन समताप मण्डल के सम्बन्ध में सत्य है?
(a) यह वातावरण का निम्नवत स्तर है।
(b) यह पृथ्वी की सतह से 100 किमी ऊपर तक फैला हुआ है
(c) इसका तापमान एक बढ़ती ऊँचाई के साथ स्थिर है।
(d) ओजोन परत यहाँ नहीं पायी जाती है।

30. निम्नलिखित शासकों में से किसने आगरा के किले का निर्माण करवाया था?
(a) शाहजहाँ
(b) अकबर
(c) बाबर
(d) कुतुबुद्दीन ऐबक

31. संसद के द्विसदनीय बनाने के पीछे तर्क हैं
(a) समाज के सभी वर्गों को समुचित प्रतिनिधित्व
(b) सभी क्षेत्रों को समुचित प्रतिनिधित्व
(c) एक सदन द्वारा जल्दबाजी में लिए गए निर्णय पर पुनर्विचार करने हेतु
(d) उपरोक्त सभी

32. निम्न में से कौन-सा मूल कर्त्तव्य नहीं है?
(a) संविधान का पालन करें और राष्ट्र-ध्वज तथा राष्ट्र-गान का सम्मान करें
(b) भारत की प्रभुसत्ता, एकता और अखण्डता की रक्षा करें
(c) अहिंसा से दूर रहें, और राष्ट्रीय सम्पत्ति से दूर रहें
(d) देश की रक्षा करे एवं देश सेवा करें

33. मौलिक अधिकारों के विषय में असत्य है
(a) मौलिक अधिकार नकारात्मक हैं
(b) मौलिक अधिकार राज्य को दिए गए है न कि नागरिकों को
(c) मौलिक अधिकारों पर बहुत-सी सीमाएँ हैं
(d) मौलिक अधिकार न्याय योग्य हैं

34. 'पंचायती राज' से सम्बन्धित निम्न कथनों में से कौन-सा कथन सही नहीं है?
(a) पंचायती राज संस्थाओं के तीनों स्तरों के चुनाव सीधे जनता करती है
(b) हर पंचायती निकाय का कार्यकाल पाँच वर्ष का होता है
(c) यदि पाँच वर्ष पूर्व पंचायत भंग होती है, तो एक वर्ष के अन्दर नये चुनाव होना अनिवार्य है
(d) पंचायत विकेन्द्रीकरण प्रक्रिया का विस्तृत रूप होती है

35. राष्ट्रीय विकास परिषद् की बैठक में राज्य का प्रतिनिधित्व करता है।
(a) राज्यपाल (b) मुख्यमन्त्री
(c) विधान सभाध्यक्ष (d) कैबिनेट सचिव

36. भारतीय संविधान बनाने वाली संविधान सभा को स्थापित किया गया था।
(a) भारतीय स्वतन्त्रता अधिनियम के तहत, 1947 में
(b) भारतीय राष्ट्रीय कांग्रेस द्वारा
(c) कैबिनेट मिशन योजना के तहत, 1946
(d) अस्थायी सरकार के एक प्रस्ताव के माध्यम से

37. वह लोकतन्त्र, जिसमें सभी लोगों को सीधे कानून बनाने और शासन करने का अधिकार हो, उसका नाम हैः?
(a) प्रत्यक्ष लोकतन्त्र
(b) प्रकृति की अवस्था
(c) सामाजिक अनुबन्ध
(d) सम्प्रभुता

38. चौथी बौद्ध परिषद् को निम्नलिखित शहरों में से किस शहर में आयोजित किया गया था?
(a) पाटलिपुत्र (b) मदुरै
(c) गया (d) कुण्डलवन

39. एनसीएफ-2005 में 'बहुलता' मुद्दों के तहत, सामाजिक विज्ञान शिक्षण से सम्बन्धित निम्नलिखित सुझावों में से कौन-सा सुझाव है?
(a) अलग-अलग भाषाओं में एक पाठ्य-पुस्तक का प्रकाशन करना।
(b) प्रासंगिक स्थानीय सामग्री को पाठ्यपुस्तकों का एक हिस्सा बनाना।
(c) चर्चा में आम समस्याओं को अधिक से अधिक लाना।
(d) सभी बोर्ड के लिए एक ही पाठ्यक्रम की पुस्तकें प्रकाशित करना।

40. छात्रों को प्राकृतिक 'संसाधनों का संरक्षण' विषय पढ़ाना उनकी निम्न में से कौन-से प्राकृतिक संसाधन का संरक्षण करना सीखने में सहायता करता है?
(a) वायु एवं जल
(b) वन एवं वन्यजीव
(c) पालतू तथा घरेलू जानवर
(d) बगीचों में उगने वाले पौधे

41. .... नामक पशु की आकृति जो मुहर पर मिली है, उससे ज्ञात होता है कि सिन्धु घाटी एवं मेसोपोटामिया की सभ्यताओं के मध्य व्यापारिक सम्बन्ध थे।
(a) घोड़ा
(b) गधा
(c) बैल
(d) हाथी

42. आपातकाल पर विचार करने के लिए लोकसभा के न्यूनतम $\frac{1}{10}$ सदस्य लोकसभा अध्यक्ष या राष्ट्रपति से सदन की बैठक अनिवार्य रूप से बुलाए जाने की लिखित माँग कर सकते हैं, ऐसी माँग की प्राप्ति के कितने दिनों के भीतर सदन के अध्यक्ष या राष्ट्रपति को विशेष बैठक बुलानी पड़ेगी?
(a) 7 दिन
(b) 10 दिन
(c) 14 दिन
(d) 45 दिन

43. निम्नलिखित में से कौन-सा प्रश्न विद्यार्थियों के आलोचनात्मक (तार्किक) चिन्तन कौशल को विकसित करने में मदद करेगा?
(a) 'महिलाओं पर कार्य का दोगुना बोझ' पर टिप्पणी कीजिए
(b) प्रदूषण को नियन्त्रित करने के लिए सरकार द्वारा किए जाने वाले दो उपायों को लिखिए
(c) भारतीय स्वास्थ्य और भारतीय शिक्षा में सरकार की क्या भूमिका है
(d) 'सभी संक्रामक रोग जल-जनित होते हैं।' सत्य अथवा असत्य बताइए

44. अन्वेषण के दौरान छात्र कार्य करता है
(a) पूर्ण स्वतन्त्र होकर
(b) शिक्षक के निर्देशानुसार
(c) प्राचार्य के निर्देशानुसार
(d) अभिभावकों के निर्देशानुसार

45. निम्नलिखित में से क्या सत्य है/हैं?
I. भारत पर अधिकार करने के क्रम में 1857 ई. से पहले अंग्रेज इसे एक राज्य मानते थे।
II. भारत पर अपने अधिकार को अंग्रेजों ने यहाँ के लोगों की भलाई के नाम पर सही ठहराया।
III. 1857 ई. के बाद भी वे भारत को एक राज्य ही मानते रहे, क्योंकि इससे उन्हें फायदा था।
IV. 1857 ई. के बाद उन्होंने देशी राज्यों के महत्त्व को पहचाना।
(a) I, III, और IV (b) II, III, और IV
(c) I, II और IV (d) I और II

46. 19वीं शताब्दी के दौरान सामाजिक अध्ययन शिक्षण में क्या एक समस्या नहीं थी?
(a) विद्यालय परिसर हेतु ज्यादा जगह की व्यवस्था
(b) कक्षा-कक्ष में आधुनिक उपक्रमों का प्रयोग
(c) उपलब्ध साधनों का व्यापक तथा सही दिशा में प्रयोग
(d) प्रशिक्षित शिक्षकों की अधिकता

47. "सामाजिक अध्ययन/सामाजिक विज्ञान शिक्षण के दौरान विद्यार्थियों को पहले उन वस्तुओं का ज्ञान कराया जाए जो उनके सामने प्रत्यक्ष रूप से हैं। तत्पश्चात् अप्रत्यक्ष अथवा उनका जो उनके सामने मौजूद नहीं हैं। इसका एकमात्र कारण यह है कि मनोवैज्ञानिक दृष्टि से छः वर्ष से चौदह वर्ष तक की आयु का विद्यार्थी प्रत्यक्ष ज्ञान के स्तर पर ही कार्य करता है।"
उपरोक्त कथन के अनुसार निम्न में से क्या सत्य है?
(a) सभी आयु-वर्ग के लिए सामाजिक अध्ययन/सामाजिक विज्ञान शिक्षण में प्रत्यक्ष ज्ञान आवश्यक है
(b) छः वर्ष से चौदह वर्ष तक की आयु के छात्रों के लिए सामाजिक अध्ययन/सामाजिक विज्ञान शिक्षण अप्रत्यक्ष ज्ञान पर करना शिक्षण की एक समस्या है
(c) अध्यापक को शिक्षण कराते समय अप्रत्यक्ष ज्ञान से प्रत्यक्ष ज्ञान की ओर जाना चाहिए
(d) अध्यापक को शिक्षण के दौरान हमेशा प्रत्यक्ष ज्ञान को प्रयोग से बचना चाहिए

48. मृदभाण्ड, भू-गर्भीय एवं पुरातात्विक वर्गीकरण के महत्त्वपूर्ण साधन हैं, क्योंकि
(a) मृदभाण्डों की सहायता से किसी काल विशेष की आर्थिक स्थिति का पता चलता है
(b) मृद्भाण्डों की सहायता से किसी काल विशेष की सामाजिक स्थिति का पता चलता है
(c) मृद्भाण्डों की सहायता से विभिन्न संस्कृतियों की पहचान की गई है
(d) मृद्भाण्डों की सहायता से किसी काल विशेष के प्रशासन के बारे में महत्त्वपूर्ण जानकारी मिलती है

49. 1857 ई. की क्रान्ति को सिपाही विद्रोह तथा भारत का प्रथम स्वतन्त्रता संघर्ष भी कहा जाता है। समान घटनाक्रम के पीछे भिन्न नाम होने का क्या कारण है?
(a) इस घटना के मुख्य कारकों को चिह्नित करना
(b) भारतीय लोगों में उपनिवेश विरोधी भावना की माप करना
(c) विभिन्न परिणामों को समझना
(d) अपने द्वारा दिए गए नामों का प्रचार करवाना

50. दक्षिण भारत में उत्तर भारत की तुलना में चीनी उत्पादन तीव्र गति से हुआ है। इसका प्रमुख कारण है
I. प्रति एकड़ अधिक गन्ने का उत्पादन
II. गन्ने में चीनी की मात्रा अधिक होना
III. कम श्रमिक लागत
IV. पेराई का लम्बा सत्र
(a) I और II (b) I, II और IV
(c) I, III और IV (d) I, II और III

51. "कानून के सामने सब व्यक्ति बराबर हैं।" इस कथन से आप क्या समझते हैं? आपके विचार से यह लोकतन्त्र में महत्त्वपूर्ण क्यों है?
'सामाजिक जीवन एवं राजनीतिक जीवन' नामक एन.सी.ई.आर.टी. की नागरिकशास्त्र की सातवीं कक्षा की पुस्तक के एक अध्याय को पढ़ाने के बाद शिक्षक द्वारा इस प्रश्न को पूछने का निम्नलिखित में से कौन-सा एक उद्देश्य नहीं हो सकता है?
(a) यह आकलन करना कि विद्यार्थी अध्याय में निहित विचारों को अपने शब्दों में अभिव्यक्त करने व उन्हें नए सन्दर्भों में लागू करने में किस तरह सक्षम है
(b) यह आकलन करना कि विद्यार्थी तर्क करने में कितना सक्षम है
(c) यह आकलन करना कि विद्यार्थी को कानून की कितनी समझ है
(d) यह आकलन करना कि विद्यार्थी ने अध्याय की अवधारणाओं को किस हद तक समझा है

52. ज्ञान और विचारों के आयोजन में निम्नलिखित संसाधनों में से क्या सहायक है?
(a) स्मृति संकेत
(b) प्रश्न बैंक
(c) सूचना पूर्ण नक्शे
(d) खोजपूर्ण सॉफ्टवेयर

53. बच्चों के लिए समाजीकरण की सबसे पहली संस्था निम्नलिखित में से कौन सी है?
(a) परिवार और शिक्षक
(b) परिवार और मित्र
(c) शिक्षक और सहपाठी
(d) मित्र और सहपाठी

54. उच्च प्राथमिक स्तर पर सामाजिक विज्ञान सीखने का निम्नलिखित में से कौन-सा वांछनीय सूचक नहीं है?
(a) सिद्धान्तों से सम्बन्धित तथ्यात्मक जानकारी की चर्चा करना
(b) जानकारी की परस्पर तुलना करना
(c) स्थितियों से बाह्य गमन
(d) सहानुभूति दिखाना

55. निम्नलिखित में से क्या चर्चा का प्रासंगिक बिन्दु है, जो सामाजिक विज्ञान की कक्षा में लैंगिक विभेदता से सम्बन्धित है?
(a) लड़कों को अधिक ज्ञान और कौशल पाने की जरूरत है, जो उन्हें पेशेवर तौर पर मजबूत बनने में मदद कर सकते हैं
(b) विभिन्न व्यवसाय पुरुषों और महिलाओं की क्षमता के लिए उपयुक्त होते हैं
(c) लड़कियों को खेलों पर ध्यान केंद्रित नहीं करना चाहिए
(d) अन्य कामों की तरह घरेलू काम के लिए भी कौशल की आवश्यकता होती है

56. निम्नलिखित में से क्या सामाजिक विज्ञान के क्षेत्र में रचनात्मक आकलन के लिए उपयुक्त है?

(a) पाठ में दिए गए परिभाषिक शब्दों की व्याख्या करना
(b) एक मुद्दे पर एक चर्चा करना
(c) ऐतिहासिक स्थल की यात्रा पर आलेख बनाना
(d) मॉडल और चार्ट तैयार करना

57. निम्नलिखित कारकों में से कौन-सा कारक नागरिकशास्त्र का नाम बदलने के लिए जिम्मेदार है?

(a) गतिशीलता को बढ़ावा देना।
(b) छात्रों को राजनीतिक प्रशिक्षण प्रदान करना।
(c) एक आज्ञाकारी और वफादार समाज का निर्माण करना
(d) उच्च स्तर में राजनीति विज्ञान के अध्ययन के लिए छात्रों को तैयार करना।

58. सामाजिक विज्ञान की पुस्तकों में चित्रों का उपयोग करने के पीछे क्या उद्देश्य है?

(a) अपरिचित स्थिति की कल्पना करना
(b) पाठ्य पुस्तक का आकर्षक बनाना
(c) सीखने को मजेदार बनाना
(d) पाठ को आसान बनाना

59. निम्नलिखित में से कौन-सा उद्देश्य उच्च प्राथमिक स्तर पर भूगोल शिक्षण का उद्देश्य नहीं है?

(a) भारत की अर्थव्यवस्था पर प्राकृतिक आपदाओं के विनाशकारी प्रभाव से सम्बन्धी ज्ञान का अधिग्रहण
(b) संरक्षण और पर्यावरण सम्बन्धी चिन्ताओं के लिए महत्त्वपूर्ण वृद्धि
(c) लोगों के प्रति सकारात्मक दृष्टिकोण का विकास
(d) मानचित्र व्याख्या कौशल का विकास

60. सामाजिक विज्ञान के निम्नलिखित विषयों में से कौन-सा विषय उच्च प्राथमिक स्तर पर पढ़ाया जाता है?

(a) इतिहास भूगोल, पर्यावरण विज्ञान और अर्थशास्त्र
(b) इतिहास, भूगोल, राजनीति विज्ञान और अर्थशास्त्र
(c) इतिहास, भूगोल, नागरिक शास्त्र और आपदा प्रबन्धन
(d) इतिहास, भूगोल, नागरिक शास्त्र और मूल्य शिक्षा

उत्तरमाला

1 (d)	2 (c)	3 (b)	4 (b)	5 (d)	6 (d)	7 (b)	8 (b)	9 (c)	10 (a)
11 (c)	12 (d)	13 (c)	14 (d)	15 (d)	16 (b)	17 (a)	18 (d)	19 (b)	20 (c)
21 (b)	22 (c)	23 (c)	24 (d)	25 (b)	26 (a)	27 (b)	28 (b)	29 (c)	30 (b)
31 (d)	32 (c)	33 (b)	34 (c)	35 (b)	36 (c)	37 (a)	38 (d)	39 (b)	40 (a)
41 (c)	42 (c)	43 (a)	44 (b)	45 (d)	46 (a)	47 (b)	48 (c)	49 (a)	50 (b)
51 (c)	52 (c)	53 (b)	54 (a)	55 (d)	56 (a)	57 (a)	58 (a)	59 (a)	60 (b)

प्रैक्टिस सेट-3

CTET पर आधारित

महत्वपूर्ण निर्देश

1. इस प्रैक्टिस सेट में कुल 30 प्रश्न हैं, जोकि पर्यावरण विषय पर आधारित हैं।
2. प्रत्येक प्रश्न के लिए एक अंक निर्धारित है तथा गलत उत्तर देने के लिए नकारात्मक अंक का प्रावधान नहीं है।
3. सभी प्रश्न वस्तुनिष्ठ प्रकार के हैं।

सामाजिक विज्ञान/अध्ययन

1. नदी, झील, नदी सम्बन्धी विज्ञान, बाढ़, पानी का स्तर और भूमिगत जल संसाधनों के उतार-चढ़ाव के अध्ययन को कहा जाता है

(a) भूकम्प विज्ञान (b) जल विज्ञान
(c) भूकम्प विज्ञान (d) हिमनद विज्ञान

2. ऋग्वेद के विषय में कौन-सा कथन असत्य है?

(a) ऋग्वेद में कुल 1028 सूक्त हैं
(b) वर्तमान में ऋग्वेद की शाकल शाखा का ही अध्ययन होता है
(c) ऋग्वेद 12 मण्डलों में विभक्त है
(d) इसमें 8 अवटक तथा प्रत्येक अवटक में 8 अध्याय हैं

3. यापनीय, कुर्चक्र, श्वर्तपट्ट है।

(a) जैन धर्म के उप-सम्प्रदाय
(b) बौद्ध धर्म के उप-सम्प्रदाय
(c) ब्राह्मण धर्म के उप-सम्प्रदाय
(d) पारसी धर्म के उप-सम्प्रदाय

4. निम्नलिखित सूचियों को सुमेलित कीजिए

सूची I (मौर्य प्रशासन की इकाई)		सूची II (ग्रामों की संख्या)	
A.	संग्रहण	1.	10 गाँव
B.	द्रोणमुख	2.	200 गाँव
C.	खार्वटिक	3.	400 गाँव
D.	स्थानीय	4.	800 गाँव

कूट

	A	B	C	D		A	B	C	D
(a)	4	3	2	1	(b)	1	3	2	4
(c)	1	2	3	4	(d)	3	4	1	2

5. भारतीय संविधान के भाग III में निहित 12 से 35 तक के अनुच्छेद पेश किए जाते हैं

(a) राज्य के नीति निर्देशक सिद्धान्त के साथ
(b) संघ के साथ
(c) मौलिक अधिकारों के साथ
(d) मौलिक कर्त्तव्यों के साथ

6. अलबरुनी द्वारा दिए गए विवरणों में से क्या असत्य है?

(a) भारतीय समाज संकीर्ण तथा जाति-पाँति से बंधा था
(b) भारतीय समाज में बाल विवाह तथा सती प्रथा विद्यमान नहीं थी
(c) वैश्य एवं शूद्र वेद का अध्ययन नहीं कर सकते थे
(d) राजस्व की दर 1/6 थी

7. अलाउद्दीन खिलजी ने अपने शासनारम्भ के कुछ वर्षों से सार्वजनिक असन्तोष तथा विद्रोह के कारणों पर विचार किया एवं इनके चार कारणों की पहचान की। निम्न में से कौन से कारण पर उसका ध्यान नहीं गया?

(a) राजा का अपनी प्रजा के प्रति अवस्था की उपेक्षा तथा अनभिज्ञता का रवैया था
(b) अमीरों की मदिरापान की गोष्ठियाँ षड्यन्त्रों की प्रसव भूमि थी
(c) अत्यधिक सम्पत्ति ने दुर शक्ति एवं कुविचारों के लिए पर्याप्त समय, दोनों प्रदान किए
(d) नौकरशाही द्वारा आरोपित दमन ने प्रजा को राजा के विरुद्ध विद्रोह के लिए मजबूर किया

8. निम्न में से किस एक भवन में चतुष्कोणीय मेहराब या ट्यूडर मेहराब का एक प्रमुख वास्तु तत्व के रूप में प्रयोग किया गया है?

(a) अलाई दरवाजा
(b) कुव्वतुल इस्लाम मस्जिद
(c) खानेजहाँ का मकबरा
(d) जामा मस्जिद आगरा

9. निम्नलिखित कथनों में से असत्य कथन है?

(a) जहाँगीर से पूर्व तक चित्रकारी का मुख्य विषय हस्तलिखित ग्रन्थों की सामग्री होती थी
(b) आकृति चित्रकारी अकबर के समय शुरू हुई थी
(c) शाहजहाँ के समय चित्रकारी में प्राकृतिक दृश्यों पर जोर दिया जाने लगा
(d) औरंगजेब ने भी अपने पूर्ववर्ती शासकों की तरह चित्रकारी को प्रोत्साहन दिया था

10. मुगल काल में भू-राजस्व के भुगतान की विधि के बारे में निम्नलिखित कथनों में से कौन-सा सही है?

(a) किसान धातु के सिक्कों में राजस्व अदा करते थे
(b) किसान कौड़ियों में राजस्व चुकाते थे
(c) किसान फसल के रूप में राजस्व देते थे
(d) सारे मुगल साम्राज्य में राजस्व चुकाने की कोई एक समान विधि नहीं थी।

निर्देश (प्र.सं. 11–12) *निम्नलिखत गद्यांश को ध्यानपूर्वक पढ़कर इस पर आधारित प्रश्नों के उत्तर दीजिए।*

अधिग्रहण की आखिरी लहर सन् 1848 से सन् 1856 के बीच गवर्नर-जनरल बने लॉर्ड डलहौजी के शासनकाल में चली। लॉर्ड डलहौजी ने एक नई नीति अपनाई जिसे विलय नीति का नाम दिया गया। यह सिद्धान्त इस तर्क पर आधारित था कि अगर किसी शासक की मृत्यु हो जाती है और उसका कोई पुरुष वारिस नहीं है, तो उसकी रियासत हड़प ली जाएगी, यानि कम्पनी के भू-भाग का हिस्सा बन जाएगी।

इस सिद्धान्त के आधार पर एक के बाद एक कई रियासतें- सतारा (सन् 1848), सम्बलपुर (सन् 1805), उदयपुर (सन् 1852), नागपुर (सन् 1853) और झाँसी (सन् 1854) अंग्रेजों के हाथ में चली गईं। आखिरकार सन् 1856 मे कम्पनी ने अवध को भी अपने नियन्त्रण में ले लिया। इस बार अंग्रेजों ने एक नया तर्क दिया। उन्होंने कहा कि वे अवध की जनता को नवाब के 'कुशासन' से आजाद कराने के लिए 'कर्त्तव्य से बँधे' हुए हैं इसलिए वे अवध पर कब्जा करने को मजबूर है। अपने प्रिय नवाब को जिस तरह से गद्दी से हटाया गया, उसे देखकर लोगों में गुस्सा भड़क उठा और अवध के लोग भी सन् 1857 के महान विद्रोह में शामिल हो गए।

11. 'राज्य हड़प नीति' के तहत डलहौजी द्वारा हड़पा गया राज्य था
(a) सम्बलपुर (b) उदयपुर
(c) झाँसी (d) ये सभी

12. अंग्रेजों द्वारा अवध का विलय किस आधार पर किया गया था?
(a) राज्य हड़प नीति द्वारा
(b) युद्ध द्वारा
(c) कुशासन के आधार पर
(d) इन सभी द्वारा

13. डॉ. बी. आर. अम्बेडकर के सम्बन्ध में निम्नलिखित कथनों में से कौन-सा असत्य है?
(a) उन्होंने सिद्धार्थ कॉलेज की स्थापना की
(b) सन् 1920 में उन्होंने अपनी पत्रिका मूक नायक शुरू की
(c) सन् 1922 में उन्होंने डिप्रेस्ड क्लास इन्स्टीट्यूट की स्थापना की
(d) वह भारत के प्रथम सुरक्षा मन्त्री थे

14. निम्नांकित में से खिलाफत आन्दोलन का परिणाम क्या था?
(a) हिन्दू-मुस्लिम मतभेदों में कमी आई
(b) भाषा की समस्या तीव्र हुई
(c) हिन्दू-मुस्लिम दंगे बढ़े
(d) हिन्दुओं को दबाया गया

15. वर्ष 1930, 1931 तथा 1932 में लन्दन में हुए गोलमेज सम्मेलनों को आयोजित करने के पीछे क्या अभिप्राय था?
(a) ब्रिटिश सरकार भारतीय नेताओं के विचार जानना चाहती थी
(b) ब्रिटिश सरकार भारत के भावी राजनीतिक ढाँचे के बारे में भारतीय नेताओं से बात करना चाहती थी
(c) ब्रिटेन तत्काल भारत को स्वतन्त्रता प्रदान करने का इच्छुक था
(d) ब्रिटिश सरकार साइमन कमीशन की सिफारिशों पर विचार करना चाहती थी

16. निम्नलिखित कथनों में से कौन-सा कथन ग्राम सभा के विषय में सत्य है?
(a) गांव का हर व्यक्ति ग्राम सभा का सदस्य है
(b) कोई भी, जो 18 साल या इससे अधिक है, वह ग्राम सभा का सदस्य है
(c) कोई भी, जो 21 साल या इससे अधिक है, वह ग्राम सभा का सदस्य है
(d) एक ग्राम सभा में केवल एक ही गाँव होता है।

17. जब मैग्मा का जमाव धरातल के भीतर होता है तब अनेकों आकृतियों का निर्माण होता है। निम्न में से कौन इस क्रिया द्वारा निर्मित आकृति नहीं है?
(a) पामोलिथ (b) लैकोलिथ
(c) लैपोलिथ (d) बैथोलिथ

18. धरातल में होने वाले अनवरत परिवर्तन के लिए .... उत्तरदायी है।
(a) भू-स्खलन (b) अपरदन
(c) अपक्षय (d) तीव्र संचलन

19. गहरे, लम्बे व विस्तृत गर्त या बेसिन जिनके शीर्ष दीवार खड़े, ढाल वाले किनारे खड़े व अवतल होते हैं उन्हें कहा जाता है
(a) सर्क (b) पार्श्विक हिमोढ़
(c) घाटी हिमनद (d) एस्कर

20. वायुमण्डल की निम्न गैसों में से कौन-सी गैस नाइट्रोजन के बाद सर्वोच्च सघनता वाली है?
(a) ऑक्सीजन
(b) हाइड्रोजन
(c) ऑर्गन
(d) कार्बन डाइऑक्साइड

21. पर्णपाती वनों के विषय में असत्य है
(a) औसत तापमान 25°C से 30°C होता है
(b) वार्षिक औसत वर्षा 1000 मिमी होती है
(c) वन में कम घने तथा मध्यम ऊँचाई के वृक्ष पाए जाते हैं
(d) इनका विस्तार 30°-40° उत्तर-दक्षिण अक्षांश तक होता है

22. निम्नलिखित में से किसका सुमेल नहीं है?
(a) अहमदाबाद–साबरमती
(b) हैदराबाद–कृष्णा
(c) कोटा–चम्बल
(d) नासिक–गोदावरी

23. खरीफ और रबी से सम्बन्धित निम्नलिखित कथनों में से कौन-सा ठीक नहीं है?
(a) खरीफ महीना वर्षा ऋतु के प्रारम्भ में आता है और वसन्त ऋतु के अन्त में फसल काटी जाती है
(b) खरीफ महीना वर्षा ऋतु के आरम्भ में आता है और शरद् ऋतु में फसल काटी जाती है
(c) रबी महीना वर्षा के बाद शरद् ऋतु में प्रारम्भ होता है और वसन्त ऋतु के अन्त में फसल काटी जाती है
(d) खरीफ में चावल, बाजरा तथा रबी में गेहूँ , चना आदि उगाया जाता है

24. भारतीय संविधान का स्वरूप .... है।
(a) एकात्मक
(b) पूर्णतया संघात्मक
(c) संरचना में संघात्मक, भावना में एकात्मक
(d) भावना में संघात्मक तथा संरचना में एकात्मक

25. निम्नलिखित में से कौन-सा नीति-निदेशक तत्व है?
(a) समान आचार संहिता
(b) प्रेस की स्वतन्त्रता
(c) धर्म की स्वतन्त्रता
(d) विधि के समक्ष समानता

26. भारतीय संविधान में अनुच्छेद 5-11 तक किसके विषय में प्रावधान किया गया है?
(a) मूल कर्त्तव्य. (b) नागरिकता
(c) मौलिक अधिकार
(d) नीति-निदेशक तत्व

27. किन-किन परिस्थितियों में राष्ट्रपति संसद का संयुक्त अधिवेशन आहूत कर सकता है?
(a) एक सदन द्वारा पारित विधेयक को दूसरे सदन द्वारा रद्द कर देना
(b) एक सदन द्वारा विधेयक में प्रस्तावित संशोधन, दूसरे सदन द्वारा स्वीकार न किया जाना
(c) एक सदन द्वारा विधेयक की प्राप्ति के 6 माह तक कोई कार्यवाही न करना
(d) उपरोक्त सभी परिस्थितियों में

28. **राष्ट्रपति के निर्वाचन के लिए गठित निर्वाचक मण्डल में सम्मिलित होते हैं**
(a) संसद तथा राज्य विधानसभाओं के सभी निर्वाचित सदस्य
(b) संसद के सभी तथा विधानसभा के सभी अनिर्वाचित सदस्य
(c) संघीय संसद तथा राज्य विधानसभाओं के सभी सदस्य
(d) उपरोक्त सभी

29. **निम्नलिखित में से कौन-सा कथन सार्वजनिक उद्योग के विषय में असत्य है?**
(a) इन उद्योगों का स्वामित्व राज्य अथवा केन्द्र या दोनों सरकारों के पास होता है
(b) इनमें बहुत बड़ी मात्रा में पूँजी लगी होती हैं
(c) उत्पादन का स्तर प्रायः वृहद् होता है
(d) लाभ कमाना इन उद्योगों का प्रमुख उद्देश्य होता है

30. **उष्ण कटिबन्धीय फसल, तापमान 20-30°C, वर्षा 50-75 सेमी तथा रबी एवं खरीफ दोनों मौसमों में ऊगाई जाने वाली फसल सम्बन्धित है**
(a) मक्का से (b) मूँगफली से
(c) गेहूँ से (d) सरसों से

31. **किसकी सिफारिश पर राष्ट्रीय आपातकाल घोषित किया जा सकता है?**
(a) भारत के प्रधानमन्त्री द्वारा
(b) प्रधानमन्त्री की अध्यक्षता वाली मन्त्री परिषद् द्वारा
(c) प्रधानमन्त्री की अध्यक्षता वाली कैबिनेट मन्त्रियों द्वारा
(d) भारत के मुख्य न्यायाधीश द्वारा

32. **उस रोजगार की स्थिति को क्या कहते हैं, जिसमें कृषि श्रमिकों की उत्पादकता शून्य होती है?**
(a) मौसमी बेरोजगारी
(b) प्रच्छन्न बेरोजगारी
(c) ढाँचागत बेरोजगारी
(d) चक्रीय बेरोजगारी

33. **राजकोषीय नीति-1991 के तहत कौन-सा कदम नहीं उठाया गया है?**
(a) सार्वजनिक व्यय को सख्ती से नियन्त्रित करना
(b) कर तथा कर भिन्न राजस्व को बढ़ाना
(c) केन्द्र तथा राज्य सरकारों पर राजकोषीय अनुशासन लागू करना
(d) अनुदान राशि में बढ़ोतरी करना

34. **वित्त आयोग, जो संवैधानिक निकाय है, की नियुक्ति प्रत्येक पाँच वर्ष में की जानी होती है, जिससे वह**
(a) केन्द्र और राज्य के मध्य करों का विभाजन कर सके
(b) वित्त मन्त्रालय को संघीय वित्त उपबन्ध की सलाह दे सके
(c) कराधान में वृद्धि या कमी का सुझाव दे सके
(d) कराधान की आर्थिक व्यवहारता की जाँच कर सके

35. **निम्न में से कौन-सा पर्यावरण प्रदूषकों की सबसे हानिकारक किस्म है?**
(a) प्राकृतिक पोषकों की अधिकता की उपस्थिति
(b) खाद्य समूहों से अपशिष्ट
(c) मानव जैविक अपशिष्ट
(d) जैव-अनिम्नकरणीय रसायन

36. **संवैधानिक राजशाही के मामले में, सम्राट**
(a) राजनीतिक मामलों में कुछ कानूनी सीमाएँ हैं या नहीं हैं।
(b) विशिष्ट कानूनी और औपचारिक भूमिका को बरकरार रखा गया है, लेकिन सीमित और बिना किसी शक्ति के।
(c) राजनीतिक मामलों में सभी शक्ति और बिना कोई कानूनी सीम के।
(d) सरकार में कोई कानूनी या औपचारिक भूमिका नहीं निभाते हैं।

37. **प्रकृति एवं प्राकृतिक संसाधन अन्तर्राष्ट्रीय संरक्षण संघ (IUCN) द्वारा प्रकाशित 'रेड डॉटा बुक्स' में क्या सम्मिलित होता है?**
(a) जैव विविधता के प्रखर स्थलों (हॉट स्पॉट) में विद्यमान स्थानिक पौधों और पशु जातियों की सूची
(b) संकटाग्रस्त पौधों और पशु जातियों की सूची
(c) विभिन्न देशों में प्रकृति एवं प्राकृतिक संसाधन संरक्षण हेतु संरक्षित स्थलों की सूची
(d) उपरोक्त सभी

38. **भारतीय नाभिकीय शक्ति की उत्पादन क्षमता के आधार पर बढ़ते क्रम में है**
(a) तारापुर-नरौरा-कैगा-रावतभाटा
(b) कैगा-तारापुर-नरौरा-रावतभाटा
(c) नरौरा-कैगा-रावतभाटा-तारापुर
(d) रावतभाटा-नरौरा-कैगा-तारापुर

39. **गोल्डन धान .... का अच्छा स्रोत है**
(a) प्रोटीन का (b) विटामिन A का
(c) विटामिन B का (d) वसा का

40. **आग्नेय चट्टानों के बारे में निम्नलिखित कथनों में से कौन-सा कथन सही नहीं है?**
(a) आग्नेय चट्टान मैग्मा के ठण्डे होने पर संपीडन से बनते हैं
(b) आग्नेय चट्टान प्राथमिक चट्टाने हैं
(c) आग्नेय चट्टानों की संरचना गैर क्रिस्टलीय है
(d) ग्रेनाइट आग्नेय चट्टान का एक प्रकार है

41. **निम्नलिखित में से कौन शक्ति या स्त्री सिद्धान्त की उपासना को उद्धृत करता है?**
(a) मेगस्थनीज की इण्डिका
(b) कुमारगुप्त का गंगाधर शिलालेख
(c) वृहत्संहिता
(d) पेरीप्लस ऑफ द इरीथ्रियन सी

42. **निम्नलिखित में से कौन-सा घने जंगलों वाले राज्यों का सही अनुक्रम है**
(a) आंध्र प्रदेश, अरुणाचल प्रदेश, असम, बिहार
(b) अरुणाचल प्रदेश, असम, बिहार, आंध्र प्रदेश
(c) अरुणाचल प्रदेश, मध्य प्रदेश, उड़ीसा, आंध्र प्रदेश
(d) असम, अरुणाचल प्रदेश, ओडिशा, आंध्र प्रदेश

43. **शहरी भूगोल के अन्तर्गत आता है**
(a) आकार, रूप और मनुष्यों द्वारा निर्मित बस्तियों के कार्य।
(b) स्थान, बातचीत और पहुँच के साथ ही वितरण और आबादी के आंदोलनों की अवधारणा।
(c) किस तरह भिन्न-भिन्न प्रकार के खेत और खेती प्रणाली विशेष क्षेत्रों में विकसित की गई है।
(d) सरकार, राज्य और देश

44. **बड़े मिट्टी के बर्तन बनाने का उद्देश्य क्या था?**
(a) अनाज का भंडारण
(b) पानी का भंडारण
(c) (a) और (b) दोनों
(d) उपरोक्त में से कोई नहीं

45. **निम्नलिखित में से कौन-सा कथन सतत और व्यापक मूल्यांकन (सीसीई) से सम्बन्धित है?**
(a) आसान और रट कर अधिगम करने के लिए प्रोत्साहित करना।
(b) प्रभावी चिंतन सोच के लिए कोई रास्ता न देना।
(c) बाल केंद्रित शिक्षण तरीकों का समर्थन करना।
(d) केवल मूल्यांकन के लिए सह-शैक्षिक पहलुओं पर बल देना।

46. कक्षा में छात्रों को नक्शे का अध्ययन कराते समय उन्हें सबसे पहले क्या सिखाया जाए?
(a) नक्शे का पैमाना समझाना
(b) नक्शे में दिशा का ज्ञान कराना
(c) नक्शे में दिए गए रंगों का अर्थ बताना
(d) नक्शे पर खींची गई लाइनों के बारे में बताना

47. अन्तर्राष्ट्रीय सद्भावना की शिक्षा का मुख्य प्रयोजन नहीं है
(a) विश्व शान्ति के महत्त्व को समझकर उसमें सहयोग देने की वृत्ति का विकास करना
(b) राष्ट्रीयता की भावना का विकास करना
(c) भावी विश्व युद्ध के खतरों को समझना
(d) संयुक्त राष्ट्र संघ की महत्ता को समझना व उसमें सहयोग करना

48. 'चन्द्रमा और उसकी कलाओं' को स्पष्ट करने के लिए कौन-सी शिक्षण विधि उपयोगी है?
(a) अनुसन्धान विधि (b) निरीक्षण विधि
(c) समस्या विधि (d) स्रोत-सन्दर्भ

49. छात्र ने सामाजिक संस्थाओं की कार्य प्रणाली से सम्बन्धित तथ्यों की जानकारी प्राप्त कर ली है, छात्र की इस योग्यता का सम्बन्ध शिक्षण के किस उद्देश्य से है?
(a) ज्ञानात्मक उद्देश्य
(b) अर्थ ग्रहण
(c) ज्ञानोपयोग
(d) कौशल

50. प्राथमिक कक्षा को रामायण प्रकरण पढ़ाना चाहते हैं, इसके लिए सर्वश्रेष्ठ विधि है
(a) अनुसन्धान विधि (b) भ्रमण विधि
(c) कहानी विधि (d) व्याख्यान विधि

51. 'देखकर सीखना' नामक सिद्धान्त पर कौन-सी विधि आधारित है?
(a) वाद-विवाद विधि
(b) व्याख्यान विधि
(c) निरीक्षण विधि
(d) पाठ्य-पुस्तक विधि

52. सामाजिक अध्ययन विषय के शिक्षक में निम्न गुण होने आवश्यक हैं
(a) सामाजिक योग्यता
(b) बौद्धिक जागरूकता
(c) उदार दृष्टिकोण
(d) उपरोक्त सभी

53. परियोजना वह समस्यायुक्त कार्य है, जो स्वाभाविक प्राकृतिक वातावरण में पूरा किया जाता है। यह कथन है
(a) किल्पैट्रिक
(b) विनिंग
(c) वाइनिंग एवं बाइनिंग
(d) स्वीवैन्सून

54. किस विधि में छात्र व अध्यापक विचारों का आदान-प्रदान करते हैं
(a) अध्ययन विधि
(b) आगमन विधि
(c) विचार-विमर्श विधि
(d) संश्लेषण विधि

55. यह देखा गया है कि कक्षा 6 में, इतिहास की पाठ्य पुस्तक के सभी अध्याय 'अन्यत्र' शीर्षक से समाप्त होते हैं। उसमें निम्नलिखित से क्या शामिल है?
(a) अन्य विषयों से सम्बन्धि जानकारी
(b) पाठ्य पुस्तक के अगले अध्यायों के बारे में जानकारी
(c) बाहर के वातावरण में इसी अवधारणा को जानने का अवसर
(d) एक ही समय मे दुनिया के अन्य भागों में घटी घटनाओं की जानकारी

56. सामाजिक अध्ययन शिक्षण में सामूहिक विचार-विमर्श हेतु किस विधि का उपयोग किया जाता है?
(a) स्रोत-सन्दर्भ विधि
(b) प्रायोजना विधि
(c) समस्या विधि
(d) कार्य गोष्ठी

57. सामुदायिक स्रोतों का महत्त्व है
(a) सामुदायिक स्रोतों से पूरक एवं अतिरिक्त ज्ञान की प्राप्ति होती है
(b) इससे छात्रों में समाजोपयोगी गुणों का विकास होता है
(c) शोध कार्य में शिक्षार्थियों के लिए सहायक होते हैं
(d) उपरोक्त सभी

58. उच्च प्राथमिक कक्षा के लिए सामाजिक विज्ञान के छात्र में निम्नलिखित में से किसको कौशल विकसित किए जाने की आवश्यकता नहीं है?
(a) तुलना करने और अनुभवों के विपरीत कार्य करने की क्षमता
(b) तथ्यों पर कारण से अधिक ध्यान केंद्रित करने की क्षमता
(c) दृश्य-सामग्री की व्याख्या करने की क्षमता
(d) विवेचनात्मक चिंतन

59. निम्नलिखित विशेषताओं में से कौन-सी विशेषता सामाजिक विज्ञान की पाठ्य पुस्तकों का प्रतिनिधित्व करती है?
(a) सामाजिक विज्ञान के क्षेत्र में विभिन्न घटकों के लिए असमान शिक्षण समय और अंक आवंटित करना।
(b) लेखक की पसंद के अनुसार विभिन्न मुद्दों का विषयों में वितरण।
(c) किसी भी अनजाने लिंग या सामाजिक पूर्वाग्रह से बचने के लिए प्रकाशित पाठ्य पुस्तक की समीक्षा करना।
(d) प्रत्येक अध्याय के बाद तकनीकी पदों की शब्दावली और पुस्तक के अंत में एक सूचकांक देना।

60. प्रोजेक्ट प्रणाली के अनुसार अध्यापक की भूमिका
(a) एक मूक और शान्त दर्शक की
(b) केवल मूल्यांकन करने की
(c) केवल मार्गदर्शन करने की
(d) केवल प्रश्न पूछने की

उत्तरमाला

1 (b)	2 (a)	3 (a)	4 (b)	5 (c)	6 (b)	7 (a)	8 (a)	9 (d)	10 (d)
11 (d)	12 (c)	13 (d)	14 (a)	15 (b)	16 (b)	17 (a)	18 (b)	19 (a)	20 (a)
21 (d)	22 (b)	23 (a)	24 (c)	25 (a)	26 (b)	27 (d)	28 (a)	29 (d)	30 (b)
31 (c)	32 (a)	33 (d)	34 (a)	35 (d)	36 (b)	37 (b)	38 (a)	39 (b)	40 (c)
41 (a)	42 (c)	43 (a)	44 (a)	45 (c)	46 (b)	47 (b)	48 (b)	49 (a)	50 (c)
51 (c)	52 (d)	53 (d)	54 (c)	55 (d)	56 (d)	57 (d)	58 (b)	59 (d)	60 (c)

प्रैक्टिस सेट-4

CTET पर आधारित

महत्वपूर्ण निर्देश

1. इस प्रैक्टिस सेट में कुल 30 प्रश्न हैं, जोकि पर्यावरण विषय पर आधारित हैं।
2. प्रत्येक प्रश्न के लिए एक अंक निर्धारित है तथा गलत उत्तर देने के लिए नकारात्मक अंक का प्रावधान नहीं है।
3. सभी प्रश्न वस्तुनिष्ठ प्रकार के हैं।

सामाजिक विज्ञान/अध्ययन

1. भारतीय उपमहाद्वीप में दर्ज या एकत्र किए गए अधिकांश पूर्व पुरापाषाणिक पुरावशेष उपकरण .... के बने हुए हैं।
(a) डोलोमाइट (b) क्वार्ट्ज
(c) रायोलाइट (d) सैण्डस्टोन

2. सैन्धव सभ्यता के पतन के सम्बन्ध में निम्न में से कौन-सा कथन सत्य है?
(a) प्रमुख नदियों के मार्ग परिवर्तन और बाढ़ों के कारण इस सभ्यता का समूल नाश हो गया
(b) आर्यों ने अपने आक्रमणों के दौरान सैन्धव निवासियों का पूर्ण सफाया कर दिया
(c) वनों की कटाई के कारण वर्षा में कमी और सूखे के कारण अधिकांश सैन्धव निवासी मारे गए
(d) उपरोक्त सभी का सम्मिलित परिणाम सैन्धव सभ्यता के पतन हेतु उत्तरदायी था

3. जैन धर्म के त्रिरत्न हैं?
(a) सम्यक् दर्शन, ज्ञान और चरित्र
(b) सम्यक् श्रद्धा, बल और अहिंसा
(c) सम्यक् श्रद्धा, ब्रह्मचर्य और तेज
(d) उपरोक्त में से कोई नहीं

4. उदायिन के सम्बन्ध में निम्न में से कौन-सा कथन असत्य है?
(a) सिंहली अनुश्रुतियों के अनुसार उसने अजातशत्रु की हत्या कर सत्ता प्राप्त की
(b) उसने गंगा एवं गण्डक नदी के तट पर पाटलिपुत्र की स्थापना की और उसे राजधानी बनाया
(c) उसने उज्जैन के राजा को अनेक बार हराया
(d) उसके बाद मगध में हर्यंक वंश का कोई उल्लेखनीय शासक नहीं हुआ

5. निम्नलिखित सूचियों को सुमेलित कीजिए

	सूची I (शासक)		सूची II (महत्त्वपूर्ण लड़ाइयाँ)
A.	अशोक	1.	उत्तरी एवं दक्षिणी भारत के अनेक शासकों के विरुद्ध युद्ध
B.	समुद्रगुप्त	2.	कलिंग युद्ध
C.	कनिष्क	3.	पुण्ड्रवर्धन का युद्ध
D.	हर्षवर्धन	4.	चीनियों एवं पार्थियों के विरुद्ध युद्ध

कूट

	A	B	C	D
(a)	2	1	4	3
(b)	1	2	3	4
(c)	4	3	2	1
(d)	2	1	3	4

6. काँची का कैलाशनाथ मन्दिर, जिसके द्वारा स्थापत्य कला की द्रविड़ शैली का उद्भव होता है, निम्नलिखित में से किसके द्वारा बनवाया गया था?
(a) महेन्द्रवर्मन प्रथम
(b) नरसिंहवर्मन प्रथम
(c) नरसिंहवर्मन द्वितीय
(d) नन्दिवर्मन द्वितीय

7. ...... को मूल दस्तावेजों, स्रोतों की भाषा के अध्ययन, ब्योरों और प्रमाणों की अत्यन्त सावधानी से जाँच-पड़ताल के प्रति ईमानदार रहने के कारण आधुनिक ऐतिहासिक शोध का जनक माना जाता है।
(a) जदुनाथ सरकार
(b) आर सी मजूमदार
(c) ईश्वरी प्रसाद
(d) मोहम्मद हबीब

8. परमार शासक भोज के विषय में क्या असत्य है?
(a) उसने चिकित्सा, खगोल, धर्म एवं वास्तु-शास्त्र पर अनेक ग्रन्थों की रचना की
(b) उसने सरस्वती मन्दिर के आहते में संस्कृत महाविद्यालय बनवाया
(c) उसने हलायुध, धनंजय को दरबार में संरक्षण दिया
(d) उसने भोजपुर नगर की स्थापना की

9. निम्नलिखित में से कौन-कौन सी इल्तुतमिश की उपलब्धियाँ थी?
(a) इक्ता प्रणाली का संगठन
(b) सेना का संगठन
(c) मुद्रा का व्यवस्थीकरण
(d) उपरोक्त सभी

10. मुगल काल में 'मीर अदल' किस प्रकार का अधिकारी होता था?
(a) सूबे का सर्वोच्च न्यायिक अधिकारी
(b) काजी सूबा का मददगार
(c) अपराधियों को दण्ड देने वाला
(d) उपरोक्त में से कोई नहीं

11. निम्न कथनों पर विचार कीजिए
A. करोड़ी व्यवस्था केवल खालसा भूमि तक ही प्रचलित थी।
B. इसके तहत समस्त खालसा क्षेत्र को 182 राजस्व प्रान्तों में बाँटा गया था।
C. प्रत्येक करोड़ी क्षेत्र से एक करोड़ दाम वसूलने का लक्ष्य था।
D. करोड़ी व्यवस्था को एतिमाद खाँ ने लागू करवाया था।
उपरोक्त कथनों में से सही कथन हैं
(a) A और B
(b) B और C
(c) A, B और C
(d) उपरोक्त सभी

12. सन् 1857 के विद्रोह के स्वरूप के विषय में किसने कहा है कि "यह तो निश्चित है कि यह सैनिक विद्रोह से कहीं बहुत बड़ा था फिर भी यह प्रथम स्वतन्त्रता संग्राम से बहुत छोटा था?
(a) जी वी मेलसेन
(b) स्टेनली वालपोट
(c) पर्सीवल स्पीयर
(d) सर जॉन सीले

13. निम्नलिखित सूचियों को सुमेलित कीजिए

सूची I (आन्दोलनकर्ता)	सूची II (आन्दोलन)
A. टीपू	1. सन्थाल
B. सिद्धू और कान्हू	2. पागलपन्थी
C. विरसा	3. रामोसी
D. उमा जी	4. मुण्डा

कूट

	A	B	C	D
(a)	1	2	3	4
(b)	4	3	2	1
(c)	2	1	4	3
(d)	3	4	1	2

14. मुडीमैन कमेटी (1924) का उद्देश्य था
(a) 1919 के एक्ट द्वारा लागू संवैधानिक सुधारों की जाँच करना
(b) 1909 के एक्ट द्वारा लागू संवैधानिक सुधारों की जाँच करना
(c) पुलिस व्यवस्था में हुए सुधारों की जाँच करना
(d) सिविल सर्विस के भारतीयकरण हेतु सुझाव देना

15. निम्न में से कौन-सी घटना सन् 1946 में नहीं घटी?
(a) भारतीय नौ सेना का विद्रोह
(b) कैबिनेट मिशन भारत में
(c) साम्प्रदायिक पंच निर्णय
(d) अंतरिम सरकार का गठन

16. राष्ट्रीय कांग्रेस का प्रारम्भिक नाम .... था।
(a) इण्डियन नेशनल कांफ्रेन्स
(b) इण्डियन रिप्रेजेन्टेटिव यूनियन
(c) इण्डियन नेशनल यूनियन
(d) इण्डियन एसोसिएशन

17. अक्षांश रेखाओं के विषय में क्या असत्य है?
(a) अक्षांश विषुवत् वृत्त से कोणात्मक दूरी है जो उत्तर से दक्षिण तक खींची जाती है
(b) अक्षांश विषुवत् वृत्त के समानान्तर होते हैं
(c) अक्षाशों से तापमण्डल की जानकारी होती है
(d) अक्षांश रेखाएँ बराबर होती हैं

निर्देश (प्र.सं. 18-19) निम्नलिखित गद्यांश को ध्यानपूर्वक पढ़कर इस पर आधारित प्रश्नों के उत्तर दीजिए।

जब भी भूकम्प उत्पन्न होता है, यह अवश्य देखा जाता है कि 105° के बाद दो प्रकार का छायाक्षेत्र बनता है। एक प्रकार का छायाक्षेत्र वृहत् है जिसे 'S' तरंग का छायाक्षेत्र कहा जाता है। यह तरंग 105° के बाद कहीं नहीं दिखाई देती है।

दूसरा छायाक्षेत्र 'P' तरंग का है जो 105° से 145° के बीच नहीं दिखाई देती है किन्तु यह 145° के बाद पुनः दिखाई देता है। P तरंग ठोस, तरल गैस तीनों माध्यमों से गुजर सकती हैं किन्तु परावर्तन के कारण यह 105° तक दिखाई पड़ती है।

अनुमान किया जाता है कि 2900 किमी तक लगातार घनत्व बढ़ने के कारण यह तरंग परावर्तित होकर 105° तक दिखाई देती है, किन्तु इसके बाद तरल होने के कारण इसमें अपवर्तन होता है और 105° से 145° तक नहीं दिखाई देती। पुनः इसके बाद परावर्तन के कारण दिखाई देती है। S तरंग का 105° के बाद कहीं नहीं दिखाई देना भी प्रमाणित करता है कि 2900 किमी के बाद क्षेत्र तरल है।

18. उपरोक्त अनुच्छेद हमें जानकारी देता है
(a) भूकम्पी तरंगों के बारे में
(b) भूमि की बनावट के बारे में
(c) बाह्य क्रोड के तरल अवस्था में होने की जानकारी
(d) उपरोक्त में से कोई नहीं

19. कौन-सी भूकम्पीय तंरग ठोस, तरल तथा गैस तीनों माध्यमों में चल सकती है।
(a) S तरंग
(b) P तरंग
(c) L तरंग
(d) उपरोक्त में से कोई नहीं

20. जब सूर्य दक्षिणी गोलार्द्ध में मकर रेखा पर सीधा चमकता है, तब निम्नलिखित में से क्या होता है?
(a) उत्तरी-पश्चिमी भारत में तापमान कम होने के कारण उच्च वायुदाब विकसित हो जाता है
(b) उत्तरी-पश्चिमी भारत में तापमान बढ़ने के कारण निम्न वायुदाब विकसित हो जाता है
(c) उत्तरी-पश्चिमी भारत में तापमान और वायुदाब में कोई परिवर्तन नहीं आता
(d) उत्तरी-पश्चिमी भारत में झुलसा देने वाली लू चलती है

21. जाड़े के आरम्भ में तमिलनाडु के तटीय प्रदेशों में वर्षा ...... के कारण होती है।
(a) दक्षिण-पश्चिमी मानसून
(b) उत्तर-पूर्वी मानसून
(c) शीतोष्ण कटिबन्धीय चक्रवात
(d) स्थानीय वायु परिसंचरण

22. उस तत्व की पहचान करें जो जलीय चक्र का भाग नहीं है
(a) वाष्पीकरण (b) वर्षण
(c) जलयोजन (d) संघनन

23. सिजिगी (Syzygy) है
(a) सूर्य, पृथ्वी तथा चन्द्रमा की एक ही सीधी रेखा में स्थिति
(b) सूर्य तथा चन्द्रमा के बीच पृथ्वी की स्थिति
(c) पृथ्वी के एक ही ओर सूर्य तथा चन्द्रमा की स्थिति
(d) सूर्य, चन्द्रमा और पृथ्वी की समकोणिक स्थिति

24. मानक समय क्या होता है?
(a) किसी देशान्तर का सूर्य के अनुसार समय
(b) देश के लगभग बीच से गुजरने वाले देशान्तर का स्थानीय समय
(c) ग्रीनविच औसत का समय
(d) उपरोक्त में से कोई नहीं

25. जर्मनी के वाइमर संविधान से निम्नलिखित में से कौन-सा लक्षण भारतीय संविधान में लिया गया है?
(a) सशक्त केन्द्र के साथ संघ का विचार
(b) राष्ट्रपति के निर्वाचन की पद्धति
(c) आपातकालीन शक्तियाँ
(d) राष्ट्रीय आपातकाल के दौरान मौलिक अधिकारों के निलम्बन सम्बन्धी प्रावधान

26. मौलिक अधिकारों को लागू करने का दायित्व है
(a) उच्चतम न्यायालय पर
(b) उच्च न्यायालय पर
(c) '1' एवं '2' पर
(d) केन्द्र सरकार पर

27. भारत के उप-राष्ट्रपति को पदमुक्त किया जा सकता है
(a) मन्त्रिपरिषद् की सलाह से राष्ट्रपति द्वारा
(b) राष्ट्रपति की सहमति से लोकपाल द्वारा
(c) लोकपाल की सहमति से राज्यसभा द्वारा
(d) राज्य सभा के बहुमत तक लोकसभा की सहमति द्वारा

28. यदि सरकार किसी विषय पर राज्यसभा में पराजित हो जाए तो क्या होगा?
(a) प्रधानमन्त्री अपना त्याग-पत्र दे देता है
(b) संसद भंग हो जाती है
(c) राष्ट्रपति शासन लागू हो जाता है
(d) उपरोक्त में से कुछ नहीं होगा

29. विधानपरिषद् का सभापति
(a) राज्यपाल द्वारा नियुक्त किया जाता है
(b) राज्यपाल (पदेन) होता है
(c) विधानपरिषद् के सदस्यों द्वारा अपने बीच से निर्वाचित होता है
(d) विधानसभा अध्यक्ष द्वारा नियुक्त किया जाता है

30. सभी प्रकार के सरकारों में, सरकार के अन्य भागों की तुलना में ...... अधिक शक्तिशाली होती है।
(a) कार्यपालिका (b) न्यायपालिका
(c) विधायिका (d) विधानमण्डल

31. राष्ट्रीय विकास परिषद् मुख्यतः सम्बद्ध है
(a) राज्य योजनाओं को लागू करने से
(b) भारत की मुख्य विकास योजनाओं के मूल्यांकन और अनुमोदन करने से
(c) पंचवर्षीय योजनाओं के अनुमोदन करने से
(d) सामुदायिक विकास कार्यक्रमों को लागू करने से

32. भारत में बेरोजगारी की स्थिति को ध्यान में रखते हुए, भारतीय उद्योगों के लिए आदर्श तकनीकी कैसी होनी चाहिए?
(a) मध्यम पूँजी श्रम प्रधान
(b) पूँजी प्रधान
(c) श्रम प्रधान
(d) उपरोक्त में से कोई नहीं

33. काली मुद्रा की सबसे मान्य परिभाषा है
(a) यह गैर कानूनी आय है
(b) यह बिना बताई गई एवं छिपाई गई आय है
(c) यह ऐसी आय है जिसका औचित्य नहीं है
(d) यह वह आय है, जिस पर कर अपवंचन नहीं हुआ है

34. निम्नलिखित कथनों में से कौन-सा कथन लोकतंत्रीकरण की तीसरी लहर के विषय में सत्य है?
(a) यह 19वीं शताब्दी के मध्य में हुई थी।
(b) इसे पूर्वी यूरोप और पूर्व सोवियत संघ में कम्युनिस्ट सत्तावादी शासन के बदलाव में शामिल नहीं किया।
(c) इसे 1990 के दशक में अफ्रीका में लोकतांत्रिक सरकारों के प्रसार को शामिल किया गया।
(d) यह केवल मुक्त लोकतांत्रिक संक्रमण में शामिल थे।

35. निम्नलिखित शहरों में से किसमें अशोक के शिलालेख नहीं पाये गए हैं?
(a) लुम्बिनी (b) कलसी
(c) गिरनार (d) कामरूप

36. सरकार के विभिन्न रूपों में से किस रूप के अंतर्गत आमतौर पर केंद्रीय विधायिका द्विसदनीय होती है?
(a) राजशाही (b) संघीय
(c) अराजकतावाद (d) कुलीनतंत्र

37. मौर्य साम्राज्य के निम्नलिखित क्षेत्रों में से कौन आवरण के रूप में महत्वपूर्ण थे?
(a) उत्तर-पश्चिम (b) दक्षिण-भारत
(c) उत्तर-पूर्व (d) दक्षिण-पूर्व

38. निम्न में से किसे क्षोभ मण्डल की सर्वोच्च परत कहा जाता है?
(a) तापीय मण्डल
(b) आयन क्षेत्र
(c) क्षोभ मण्डल
(d) बहिर्मण्डल

39. प्राचीन काल के मानव ने किसकी खेती सबसे पहले की थी?
(a) गेहूँ और जौ (b) दलहन
(c) ज्वार (d) चावल

40. वह 'लोकतन्त्र', जिसमें सभी नागरिकों की सरकार बनाने में प्रत्यक्ष भागीदारी होती है
(a) प्रत्यक्ष लोकतन्त्र
(b) अप्रत्यक्ष लोकतन्त्र
(c) पूर्ण लोकतन्त्र
(d) प्रतिनिधि लोकतन्त्र

41. परिक्रमारत अन्तरिक्ष यान (उपग्रह) से एक सेब (पिण्ड) बाहर छोड़ा जाए, तो यह
(a) पृथ्वी की ओर गिरेग
(b) यान के साथ ही उसी वेग से गमन करेगा
(c) अधिक वेग से गमन करेगा
(d) कम वेग से गमन करेगा

42. किसने कहाः "हमारे लिए शांति सिर्फ एक उत्कृष्ट उम्मीद नहीं है, यह आकस्मिक आवश्यकता है?"
(a) डॉ. बी. आर. अम्बेडकर
(b) मौलाना अबुल कलाम आजाद
(c) जवाहर लाल नेहरू
(d) महात्मा गाँधी

43. भारत के उपराष्ट्रपति, अध्यक्ष (Chairman) भी होते हैं
(a) लोकसभा के
(b) राज्यसभा के
(c) योजना आयोग के
(d) विशेषाधिकार समिति के

44. निम्न में से किस कालखण्ड को फलक संस्कृति की संज्ञा भी दी जाती है?
(a) पुरापाषाणकाल
(b) नवपाषाणकाल
(c) मध्य-पूर्व पाषाणकाल
(d) ताम्रपाषाण काल

45. नीले रंग के कुछ पाषाण खण्ड किस स्थल से प्राप्त हुए हैं?
(a) सौराष्ट्र
(b) भीमबेटका
(c) बागन
(d) सिरसा

46. सामाजिक अध्ययन शिक्षण में दत्त कार्य का उद्देश्य है
(a) छात्रों को प्राप्य ज्ञान का अभ्यास कराना
(b) छात्रों की कल्पना-शक्ति का विकास करना
(c) अवकाश के समय का सदुपयोग करना
(d) उपरोक्त सभी

47. अध्यापक के दृष्टिकोण से सामाजिक अध्ययन शिक्षण में मूल्यांकन का क्या लाभ है?
(a) पाठ्यक्रम निर्धारण में सुविधा
(b) उपलब्धियों व योग्यताओं के आधार पर शिक्षकों का वर्गीकरण
(c) शिक्षक को यह ज्ञान होना कि उसे अपना शिक्षण कार्य कितना और पूरा करवाना है
(d) उपरोक्त सभी

48. निम्नलिखित विशेषताएँ पढ़ें
A. तथ्यात्मक अधिगम
B. छात्रों में प्रेरणा और आत्म-विश्वास
C. महत्वपूर्ण सोच, साथ ही समस्या को हल करने, निर्णय लेने, खोजी, सहयोगात्मक कौशल

निम्नलिखित विशेषताओं में से कौन-सी विशेषता परियोजना विधि को बेहतर बनाती है?
(a) केवल B (b) A और C
(c) B और C (d) ये सभी

49. सामाजिक अध्ययन शिक्षण में शैक्षिक प्रक्रिया का प्रमुख अंग है
(a) अध्यापक, उद्देश्य एवं प्रयोजन
(b) अध्ययन, अध्यापन एवं परिस्थितियाँ
(c) मूल्यांकन
(d) उपरोक्त सभी

50. जिस विधि में छात्र व अध्यापक विचारों का आदान-प्रदान करते हैं, वह विधि कहलाती है
(a) प्रश्नोत्तर विधि
(b) विचार-विमर्श विधि
(c) निगमन विधि
(d) प्रायोजना विधि

51. जीवन के प्रत्येक क्षेत्र की प्रगति एवं सीमा के ज्ञान के लिए आवश्यकता होती है
(a) परीक्षण की (b) मूल्यांकन की
(c) निदान की (d) जाँच की

52. पूर्णतया वैध एवं विश्वसनीय मानी जाने वाली परीक्षाओं में किस प्रकार के प्रश्न होने चाहिए?
(a) निबन्धात्मक (b) लघुउत्तरात्मक
(c) वस्तुनिष्ठ (d) ये सभी

53. वह विधि जो 'देखकर सीखने के सिद्धान्त' पर आधारित है
(a) निरीक्षण विधि (b) संकेन्द्रीय विधि
(c) क्रियात्मक विधि (d) तुलनात्मक विधि

54. निम्न में से क्या सामाजिक अध्ययन शिक्षण में निबन्धात्मक प्रश्नों का प्रमुख गुण है?
(a) इनके द्वारा छात्रों की भाव-व्यक्त क्षमता का बोध होता है
(b) छात्रों को भाषा शैली एवं लेखन कला का ज्ञान होता है
(c) ये प्रश्न रचनात्मक चिन्तन को प्रोत्साहन देते हैं
(d) उपरोक्त सभी

55. निम्न में से क्या सामाजिक अध्ययन की विशेषता है?
(a) इसमें मानव जीवन को प्रधानता दी गई है
(b) यह अर्थशास्त्र, नागरिकशास्त्र, इतिहास, भूगोल का संघ है
(c) यह व्यक्ति तथा समूह में सामंजस्य स्थापित करता है
(d) उपरोक्त सभी

56. सामाजिक अध्ययन शिक्षण में कहानी विधि के अन्तर्गत अध्यापक को इस बात पर ध्यान देना चाहिए
(a) विषय-वस्तु का अधिकारी हूँ
(b) क्रमबद्ध रूप से कह रहा हूँ
(c) लक्ष्य की प्राप्ति हो रही है
(d) उपरोक्त सभी

57. अच्छे प्रश्न-पत्र की निम्न में यह विशेषता होती है
(a) प्रश्नों में स्पष्टता होती है
(b) उनका स्तर सामान्य होता है
(c) विकल्प व्यवस्था हो
(d) उपरोक्त सभी

58. निम्नलिखित तरीकों को पढ़ें:
A. प्रेरक कार्य का प्रयोग करें
B. सावधानी से संरचित और एकीकृत ज्ञान के आधार पर बनाई गयी क्रियाएँ
C. छात्रों की सक्रिय भागीदारी

इनमें से कौन-सा तरीका गहन अध्ययन को बढ़ाने का कार्य करता है?
(a) केवल A (b) A और B
(c) A और C (d) ये सभी

59. संशोधित ब्लूम के वर्गीकरण में ज्ञान कौशल का क्या मतलब है?
(a) जानकारी का स्मरण करना
(b) विचारों को एकीकृत करना
(c) मूल्यों के बारे में निर्णय करना
(d) सामग्री या अवधारणाओं को भागों में बाँटना

60. लघु पर्यटन विधि द्वारा किस स्तर के छात्रों को अध्ययन कराया जाता है?
(a) प्राथमिक स्तर
(b) उच्च स्तर
(c) विश्वविद्यालय स्तर
(d) उपरोक्त में से कोई नहीं

उत्तरमाला

1 (b)	2 (d)	3 (a)	4 (b)	5 (a)	6 (c)	7 (a)	8 (c)	9 (c)	10 (a)
11 (d)	12 (c)	13 (c)	14 (a)	15 (c)	16 (c)	17 (d)	18 (a)	19 (b)	20 (a)
21 (b)	22 (a)	23 (a)	24 (b)	25 (d)	26 (c)	27 (d)	28 (d)	29 (c)	30 (a)
31 (c)	32 (a)	33 (d)	34 (a)	35 (d)	36 (a)	37 (a)	38 (c)	39 (a)	40 (a)
41 (c)	42 (c)	43 (b)	44 (c)	45 (b)	46 (d)	47 (d)	48 (d)	49 (d)	50 (b)
51 (b)	52 (c)	53 (a)	54 (d)	55 (d)	56 (c)	57 (d)	58 (d)	59 (d)	60 (a)

प्रैक्टिस सेट-5

CTET पर आधारित

महत्वपूर्ण निर्देश

1. इस प्रैक्टिस सेट में कुल 30 प्रश्न हैं, जोकि पर्यावरण विषय पर आधारित हैं।
2. प्रत्येक प्रश्न के लिए एक अंक निर्धारित है तथा गलत उत्तर देने के लिए नकारात्मक अंक का प्रावधान नहीं है।
3. सभी प्रश्न वस्तुनिष्ठ प्रकार के हैं।

सामाजिक विज्ञान/अध्ययन

1. नव पाषाणकाल की धार्मिक प्रथा के सम्बन्ध में निम्न में से कौन-से अभिलक्षण स्पष्ट रूप से परिलक्षित होते हैं?

A. मातृदेवी की पूजा ँ.बलि-प्रथा
C. मन्दिर का निर्माण उ. देवताओं का पृथक्करण

कूट
(a) केवल A
(b) A और B
(c) A, B और C
(d) उपरोक्त में से कोई नहीं

2. 'बूस्त्रोफेदन' क्या है?
(a) एक प्रकार की लिपि है
(b) एक भारतीय स्थल है
(c) एक पुरातत्ववेत्ता का नाम है
(d) उपरोक्त में से कोई नहीं

3. ऋग्वेद में 'जातवेदस', 'हिरण्यदत्त' और 'गृहपति' किस देवता की उपाधियाँ थीं?
(a) इन्द्र (b) वरुण
(c) अग्नि (d) सूर्य

4. किन शासकों के अभिलेखों में संगमयुगीन राज्यों का उल्लेख मिलता है?
(a) कलिंग के राजा खारवेल के हाथीगुम्फा अभिलेख में
(b) अशोक के दूसरे और तेरहवें शिलालेख में
(c) रुद्रदामन के जूनागढ़ अभिलेख में
(d) '1' और '2' दोनों

5. मौर्य काल में 'छन्दवासिनी' किस प्रकार की महिलाएँ होती थीं?
(a) ऐसी महिलाएँ जो गाती थीं
(b) ऐसी महिलाएँ जो काव्य रचती थीं
(c) स्वतन्त्र रूप से रहने वाली विधवाएँ
(d) मनोरंजन करने वाली नट स्त्रियाँ

6. निम्न में से कौन-सा कथन असत्य है?
(a) राष्ट्रकूट शासकों ने शैव, वैष्णव तथा जैन धर्म को संरक्षण दिया
(b) राष्ट्रकूटों ने अपने राज्य में मुसलमानों के विरुद्ध कड़े प्रतिबन्ध लगाए थे
(c) एलोरा के शिव मन्दिर का निर्माण कृष्ण प्रथम ने करवाया था
(d) अमोघवर्ष की पुत्री राजबल्लभी ने कुछ समय तक शासन किया था

7. निम्नलिखित सूचियों को सुमेलित कीजिए।

	सूची I		सूची II
A.	फिरोज तुगलक	1.	नौरोज मनाने की प्रथा प्रारम्भ की
B.	बलबन	2.	नहरों का निर्माण करवाया
C.	इल्तुतमिश	3.	दाग प्रथा प्रारम्भ की
D.	अलाउद्दीन खिलजी	4.	इक्ता प्रथा स्थापित की

कूट

	A	B	C	D		A	B	C	D
(a)	2	1	4	3	(b)	2	1	3	4
(c)	1	2	4	3	(d)	1	2	3	4

8. शाहजहाँ से सम्बन्धित निम्नलिखित में से कौन-सा कथन असत्य है?
(a) शाहजहाँ के गद्दी पर बैठने से पहले दाबर बख्श को बैठाया गया था
(b) शाहजहाँ के शासनकाल का पहला विद्रोह खान-ए-जहाँ लोदी ने किया था
(c) शाहजहाँ तथा गुरु हरगोविन्द के बीच संघर्ष हुआ
(d) शाहजहाँ काल में पड़े दुर्भिक्ष का वर्णन पीटरमुण्डी ने किया है

9. फतेहपुर सीकरी में अकबर की इमारतें ...... के लिए प्रसिद्ध हैं।
(a) भारत में प्रथम कान्दाकार गुम्बद का निर्माण
(b) धारणिक और चापाकार शैलियों का समन्वय
(c) पच्चीकारी का प्रचुर प्रयोग
(d) व्यापक मात्रा में संगमरमर का प्रयोग

10. शिवाजी ने अपना दूसरी बार राज्याभिषेक तान्त्रिक विधि से करवाया था, उस समय उसे किसने पूरा करवाया था?
(a) बालभट्ट
(b) कृष्णजी भास्कर
(c) निश्चलपुरी गोसावी
(d) गुरु रामदास

11. निम्न में से कौन-सा सन् 1857 की क्रान्ति का कारण नहीं था?
(a) भारतीयों का संगठित एवं शक्तिशाली होना

(b) लॉर्ड डलहौजी की अपहरण नीति
(c) भारतीयों का आर्थिक शोषण
(d) सैनिकों को सूअर एवं गाय की चर्बी के कारतूस देना

12. निम्नलिखित में से कौन-सा एक सही कालानुक्रम में है?
(a) सूरत विभाजन-बंगाल का विभाजन - लखनऊ समझौता - जलियाँवाला बाग हत्याकाण्ड
(b) बंगाल का विभाजन-सूरत विभाजन - लखनऊ समझौता - जलियाँवाला बाग हत्याकाण्ड
(c) सूरत विभाजन - बंगाल का विभाजन - जलियाँवाला बाग हत्याकाण्ड - लखनऊ समझौता
(d) बंगाल का विभाजन - सूरत विभाजन - जलियाँवाला बाग हत्याकाण्ड - लखनऊ समझौता

13. राष्ट्रीय आन्दोलन की अवधि में किस घटना ने मतभेद के बीज बोए व अन्ततः देश का विभाजन कराया था?
(a) सन् 1906 में मुस्लिम लीग की स्थापना
(b) सन् 1905 में बंगाल का विभाजन
(c) गाँधीजी द्वारा खिलाफत आन्दोलन को समर्थन
(d) विधानसभा में मुसलमानों के लिए पृथक् निर्वाचन क्षेत्र और स्थानों का आरक्षण

14. निम्नलिखित कथनों पर विचार कीजिए
A. दयानन्द सरस्वती ने सन् 1875 में आर्य समाज की स्थापना की।
B. आर्य समाज ने जाति व्यवस्था की सत्ता का खण्डन किया।
C. दयानन्द सरस्वती का जन्म ब्राह्मण परिवार में हुआ था।
उपरोक्त कथनों में से कौन-से सही हैं?
(a) A और C (b) A और B
(c) B और C (d) ये सभी

15. ब्रिटिश सरकार और महात्मा गाँधी के मध्य सन् 1932 ई. में हस्ताक्षरित पूना समझौते में प्रावधान था
(a) भारत के लिए डोमीनियन स्थिति बनाए जाने का
(b) मुसलमानों के लिए पृथक् निर्वाचन क्षेत्र का
(c) हरिजनों के लिए पृथक् निर्वाचन क्षेत्र का
(d) हरिजनों के लिए आरक्षण सहित संयुक्त निर्वाचन क्षेत्र का

16. तारे का रंग .... सूचक है।
(a) सूर्य से दूरी का
(b) उसकी पृथ्वी से दूरी का
(c) उसकी ज्योति का
(d) उसके ताप का

17. निम्नलिखित में से कौन-सा एक कथन सही है?
(a) वृहत् ज्वार-भाटा पूर्णिमा को आते हैं
(b) लघु ज्वार-भाटा केवल अमावस्या को आते हैं
(c) भारत के पश्चिमी तट में दिन में चार बार ज्वार-भाटा आते हैं
(d) खाड़ियों में ज्वार-भाटा नहीं आते हैं

18. 'बरमूडा त्रिभुज' .... अवस्थित है।
(a) दक्षिणी अटलाण्टिक महासागर में
(b) उत्तरी अटलाण्टिक महासागर में
(c) दक्षिणी प्रशान्त महासागर में
(d) उत्तरी प्रशान्त महासागर में

19. भू-पृष्ठ से परावर्तित अवरक्त विकिरण के अवशोषण द्वारा भू-वायुमण्डल के तापमान में वृद्धि की प्रक्रिया को क्या कहते हैं?
(a) सुनामी
(b) सौर तापन
(c) ग्रीन हाउस प्रभाव
(d) भूकम्पीय प्रभाव

20. निम्नलिखित में से कौन-सा कथन असत्य है?
(a) वायुमण्डल के निचले स्तर में भारी गैस एवं ऊपरी स्तर में हल्की गैसों की प्रधानता है
(b) ऊँचाई में वृद्धि के साथ-साथ जलवाष्प की मात्रा में वृद्धि होती है
(c) वायुमण्डल का 50% भाग 5.6 किमी की ऊँचाई तक सीमित है
(d) वायुमण्डल की ऊपरी सीमा लगभग 10000 किमी की ऊँचाई तक है

21. निम्नलिखित में से कौन-सा 'तराई क्षेत्र' के विषय में सही व्याख्या करता है?
(a) भाबर क्षेत्र के पश्चिम में दलदली क्षेत्र जिसमें सघन वन व उच्च जैव-विविधता पाई जाती है
(b) शिवालिक पर्वत की तलहटी में सिन्धु से तिस्ता नदी तक का क्षेत्र, जिसमें नदियाँ समा जाती हैं
(c) पुरानी बलुई मिट्टी से बना मैदानी क्षेत्र जो गंगा-यमुना दोआब क्षेत्र में पाया जाता है
(d) नई बलुई मिट्टी से बना क्षेत्र जो गंगा-ब्रह्मपुत्र डेल्टा में पाया जाता है

22. निम्नलिखित कथनों में से कौन-सा एक सही नहीं है?
(a) काण्डला एक ज्वारीय बन्दरगाह है
(b) कोचीन बन्दरगाह एक समुद्रताल (लैगून) के प्रवेशद्वार पर स्थित है
(c) चेन्नई एक प्राकृतिक बन्दरगाह है
(d) विशाखापत्तनम् भारत का सबसे गहरा स्थलरुद्ध बन्दरगाह है

23. भूमिदान का अन्तर्निहित उद्देश्य था
(a) ब्राह्मणों का सन्तुष्टिकरण
(b) आध्यात्मिक पुण्य अर्जित करना
(c) भूमि अनुदान प्राप्त करना सामाजिक दृष्टि से अत्यधिक प्रतिष्ठित और आर्थिक दृष्टि से अधिक उत्पादक था।
(d) राजकोष को दानादि के दायित्व से मुक्त करना।

24. भारतीय संविधान में राज्य के नीति-निदेशक सिद्धान्तों को शामिल करने के पीछे मुख्य कारण क्या था?
(a) धर्मनिरपेक्ष राज्य की स्थापना करना
(b) सरकार के निरंकुश कार्यों पर नियन्त्रण रखना
(c) कल्याणकारी राज्य की स्थापना करना
(d) नागरिकों के विकास के लिए सर्वोत्तम अवसर प्रदान करना

25. लोकसभा द्वारा पारित विधेयक यदि राष्ट्रपति लोकसभा को पुनर्विचार के लिए लौटाता है और लोकसभा उसे पूर्ववत् पास करके राष्ट्रपति के पास भेज देती है, तो राष्ट्रपति विधेयक को
(a) पुनः स्पष्टीकरण माँग सकता है
(b) अनुमति देगा
(c) पुनः लौटा सकता है
(d) उच्चतम न्यायालय की अनुमति लेगा

26. निम्नलिखित में से किसके सम्बन्ध में राज्यसभा को लोकसभा की अपेक्षा अधिक अधिकार प्राप्त हैं?
(a) धन विधेयक
(b) धनेतर विधेयक
(c) नई अखिल भारतीय सेवाओं का गठन करना
(d) संविधान का संशोधन

27. निम्नलिखित में कौन सांस्कृतिक और शैक्षिक अधिकारों की सही व्याख्या है?
(a) शैक्षिक संस्था खोलने वाले अल्पसंख्यक वर्ग के बच्चे उस संस्थान में पढ़ाई कर सकते हैं
(b) सरकारी विद्यालयों को यह सुनिश्चित करना चाहिए कि अल्पसंख्यक-वर्ग के

बच्चों को उनकी संस्कृति और धर्म-विश्वासों से परिचित कराया जाए
(c) भाषायी और धार्मिक-अल्पसंख्यक अपने बच्चो के लिए विद्यालय खोल सकते हैं और उनके लिए इन विद्यालयों को आरक्षित कर सकते हैं
(d) भाषायी और धार्मिक-अल्पसंख्यक यह माँग कर सकते हैं कि उनके बच्चे उनके द्वारा संचालित शैक्षणिक संस्थाओं के अतिरिक्त किसी अन्य संस्थान में नहीं पढ़ेंगे

28. नीचे वंश तथा उनके संस्थापकों के जोड़ दिए गए हैं। असत्य जोड़े की पहचान कीजिए।

A.	गुर्जर-प्रतिहार	1.	गोविन्द
B.	मालवा के परमार	2.	भोज
C.	गुजरात के चालुक्य	3.	मूलराज प्रथम
D.	बुन्देलखण्ड के चन्देल	4.	नन्नुक

29. अनुशीलन समिति ने बंगाल से बाहर क्रान्तिकारी संस्थाएँ कहाँ-कहाँ स्थापित की?
(a) उत्तर-प्रदेश में-वाराणसी, इलाहाबाद
(b) बिहार में-पटना, देवधर, दुमका
(c) उपरोक्त दोनों प्रदेशों में
(d) कहीं नहीं

30. निम्नलिखित घटनाओं को सही क्रम में लिखिए
1. भारत छोड़ो आन्दोलन
2. चौरी-चौरा कांड
3. सविनय अवज्ञा आन्दोलन
4. असहयोग आन्दोलन
(a) 1, 3, 4, 2 (b) 4, 2, 3, 1
(c) 1, 2, 3, 4 (d) 4, 3, 2, 1

31. निम्नलिखित का क्रम तय कीजिए
1. इत्सिंग 2. मेगस्थनीज
3. ह्वेनसांग 4. फाह्यान
(a) 1, 4, 2, 3 (b) 2, 4, 3, 1
(c) 3, 4, 2, 1 (d) 3, 1, 4, 2

32. निम्नलिखित में से उत्तर वैदिक काल में लिखे गए ग्रन्थों का सही क्रम कौन-सा है?
(a) वेद, उपनिषद्, ब्राह्मण और आरण्यक
(b) वेद, ब्राह्मण, आरण्यक और उपनिषद्
(c) उपनिषद्, वेद, आरण्यक और ब्राह्मण
(d) वेद, आरण्यक, ब्राह्मण और उपनिषद्

33. बलबन के अनुसार वह कौन-सा नियम/कानून था, जो राजकीय आज्ञाओं और आदेशों का पालन कराने तथा राज्य को सुरक्षित रखने के लिए आवश्यक था?
(a) प्रजा को भी शासन में भाग लेने का अधिकार हो
(b) राजपद गौरवपूर्ण हो
(c) सुल्तान की शक्ति नियन्त्रित एवं मर्यादित हो
(d) उपर्युक्त में से कोई नहीं

34. भारत की जलवायु की सबसे महत्त्वपूर्ण विशेषता क्या है?
(a) पवनों की दिशा में परिवर्तन
(b) गर्म तथा शीतकालीन पवनों को असरदार होना
(c) पवनों में मौसम के अनुसार परिवर्तन
(d) पूरे साल लगातार वर्षा

35. अन्तर्राष्ट्रीय तिथि रेखा कहाँ-से होकर गुजरती है?
(a) 90° पश्चिमी देशान्तर के ठीक सहारे
(b) 180° पूर्वी/पश्चिम के सहारे, परन्तु भू-खण्डों से बचकर
(c) 90° पूर्वी देशान्तर के ठीक सहारे
(d) प्रधान देशान्तर के सहारे, लेकिन भू-खण्डों से बचकर

36. किसी व्यक्ति को निम्नलिखित में से किस स्थिति में भारतीय नागरिकता से वंचित नहीं किया जा सकता?
1. आपातकाल के दौरान
2. निर्वाचन के दौरान
3. युद्ध के दौरान
उपरोक्त में से कौन-सा/से सही है/हैं?
(a) केवल (a)
(b) (a) और (b)
(c) (b) और (c)
(d) केवल (c)

37. जो पवनें स्थल से समुद्र की ओर चलती हैं, क्या कहलाती हैं?
(a) स्थल-समुद्र हवाएँ
(b) उत्तर-पूर्व व्यापारिक पवनें
(c) दक्षिण-पश्चिमी व्यापारिक पवनें
(d) उत्तर-पश्चिमी स्थायी पवनें

38. निम्नलिखित सूची-I तथा सूची-II से उचित मेल स्थापित कीजिए

	सूची-I		सूची-II
A.	मुहम्मद तुगलक	1.	इब्नबतूता
B.	कृष्णदेवराय	2.	राल्फ फिच
C.	अकबर	3.	डोमिंगो पायस
D.	औरंगजेब	4.	मनूची

कूट

	A	B	C	D
(a)	4	2	3	1
(b)	3	2	4	1
(c)	1	3	2	4
(d)	1	4	3	2

39. राजपूतों के सामाजिक जीवन से सम्बद्ध कथनों पर विचार कीजिए
1. राजपूतों में जाति-प्रथा प्रचलित नहीं थी
2. राजपूतों में पर्दा-प्रथा प्रचलित थी
3. राजपूतों के दरबारी जीवन की एक विशेषता थी-भाट या चारन
4. वंशावली से सम्बद्ध प्रश्नों पर चारन या भाट का विचार सर्वमान्य था
कूट
(a) 1 और 2 सही हैं
(b) 2 और 4 सही हैं
(c) 3 और 4 सही हैं
(d) 2, 3 और 4 सही हैं

40. भारत में तेल उत्पादन केन्द्र एवं राज्यों का सही क्रम मिलाए?
1. असम-डिग्बोई
2. गुजरात-अंकलेश्वर
3. अरुणाचल प्रदेश-तिरप
4. राजस्थान-जैसलमेर
(a) 1 और 2 सही हैं
(b) 2 और 3 सही हैं
(c) 1, 2 और 3 सही हैं
(d) 1, 2, 3 और 4 सही हैं

41. कृष्णदेव राय के दरबार में 'अष्ट दिग्गज' कौन थे?
(a) आठ मन्त्री
(b) तेलुगू कवि
(c) आठ महान् सेनापति
(d) आठ परामर्शदाता

42. स्वतन्त्र भारत के लिए संविधान की रचना हेतु संविधान सभा का प्रस्ताव निम्नलिखित में से सर्वप्रथम प्रस्तुत किया था
(a) स्वराज पार्टी ने सन् 1935 में
(b) कांग्रेस पार्टी ने सन् 1936 में
(c) मुस्लिम लीग ने सन् 1942 में
(d) सर्वदल सम्मेलन सन् 1946 में

43. 'पहला आधुनिक ग्रह' किस ग्रह को कहा जाता है?
(a) अरुण (b) शनि
(c) शुक्र (d) बुध

44. संघात्मक शासन की दोहरी शासन व्यवस्था का अर्थ है

1. दो व्यवस्थापिकाएँ
2. दो कार्यपलिकाएँ
3. दो संविधान
4. दोहरी नागरिकता

उपरोक्त में से कौन-सा/से सही हैं/हैं?

(a) 1, 2 और 3 (b) 1, 3 और 4
(c) 1 और 3 (d) 1, 2 और 4

45. संघात्मक शासन के सम्बन्ध में कौन-सा कथन असत्य है?

1. केन्द्र व राज्यों के मध्य समान शक्ति वितरण
2. संविधान में दो-तिहाई बहुमत से संशोधन होना
3. केन्द्र एवं राज्यों के मध्य शक्तियों का स्पष्ट व लिखित विभाजन
4. संविधान की संरक्षक के रूप में स्वतन्त्र न्यायपालिका का होना

(a) 1 और 2 सही हैं (b) केवल 2 सही हैं
(c) केवल 3 सही है (d) 3 और 2 सही है

46. N.C.F 2005 के अनुसार पर्यावरण अध्ययन किस कक्षा से शुरू करने की सिफारिश की है

(a) कक्षा 3 से
(b) कक्षा 6 से
(c) कक्षा 1 से
(d) उपरोक्त में से कोई नहीं

47. पाठ्यक्रम सुधार हेतु सर्वमान्य सुझाव है

(a) पाठ्यक्रम सौद्देश्यपूर्ण बनाए जाएँ
(b) सामाजिक जीवन से सम्बन्धित होना चाहिए
(c) छात्रों की अवस्थानुकूल अभिरुचि के अनुसार होना चाहिए
(d) उपरोक्त सभी

48. माध्यमिक शिक्षा आयोग ने सामाजिक अध्ययन को माना है

(a) सांस्कृतिक इकाई के रूप में
(b) भौतिक इकाई के रूप में
(c) संगृहीत इकाई के रूप में
(d) आर्थिक इकाई के रूप में

49. सामाजिक अध्ययन शिक्षण में कथन विधि के लाभ हैं

(a) कथन अधिक प्रभावशाली होता है
(b) समय व शक्ति की बचत होती है
(c) छात्रों को सुनकर सीखने का अवसर मिलता है
(d) उपरोक्त सभी

50. बोधात्मक प्रश्नों से जाँच की जाती है

(a) छात्रों की समझ और ज्ञान के स्थायित्व की
(b) छात्रों की विचार-शक्ति की
(c) पूर्व ज्ञान की
(d) उपरोक्त सभी

51. "पर्यावरण शिक्षा ऐसी प्रक्रिया है जिससे पर्यावरण संरक्षण के लक्ष्यों को प्राप्त किया जाए" यह किसकी परिभाषा है

(a) आई. ई. लौब
(b) यूनेस्को
(c) राष्ट्रीय शिक्षा नीति
(d) फिनिश राष्ट्रीय आयोग, यूनेस्को

52. एक अच्छी इकाई विधि का गुण निम्नलिखित में से है

(a) आवश्यक पाठ्य-वस्तु का समावेश
(b) छात्रों द्वारा मानसिक एवं शारीरिक शिक्षण में सक्रिय रूप से भाग ले सकने की व्यवस्था
(c) स्वाध्याय की प्रवृत्ति को प्रेरित करना
(d) उपरोक्त सभी

53. किसी कक्षा में छात्रों को दिए गए पुरस्कार एवं दण्ड के सन्दर्भ में यह माना जाता है कि

(a) ये सीखने में सहायक नहीं होते हैं
(b) शिक्षक अधिकांश रूप से दण्ड का सहारा लेते हैं
(c) छात्र शीघ्र ही प्रलोभनों की प्राप्ति के ढंग सीख लेते हैं
(d) ये दोनों ही धीरे-धीरे अपना प्रभाव समाप्त कर लेते हैं

54. पर्यावरण अध्ययन को कक्षा 3 तथा 4 के पाठ्यक्रम में अलग विषय के रूप में किस शिक्षा आयोग ने माना

(a) माध्यमिक शिक्षा आयोग
(b) उच्च शिक्षा आयोग
(c) कोठारी शिक्षा आयोग
(d) भारत की प्रथम शिक्षा नीति

55. व्याख्यान विधि द्वारा किस अधिगम उद्देश्य को प्राप्त नहीं किया जा सकता?

(a) क्रियात्मक (b) भावात्मक
(c) ज्ञानात्मक (d) ये सभी

56. छात्रों में आलोचनात्मक चिन्तन की योग्यता बढ़ाने के लिए किस प्रकार के प्रश्न पूछने चाहिए?

(a) विचारात्मक प्रश्न
(b) बन्द-उत्तर वाले प्रश्न
(c) बोधात्मक प्रश्न
(d) बहुचयनात्मक प्रश्न

57. सामाजिक अध्ययन में मूल्यांकन का सम्बन्ध निम्न में से किसके साथ है?

(a) छात्र के अधिगम स्तर के साथ
(b) विद्यालय के साथ
(c) अध्यापकों के साथ
(d) इन सभी के साथ

58. 'राष्ट्रीय शिक्षा नीति 1986 में पर्यावरण अध्ययन के सम्बन्ध में उल्लेख है

(a) पर्यावरण अध्ययन कक्षा 3 से देनी चाहिए।
(b) पर्यावरण अध्ययन कक्षा 1 से देनी चाहिए।
(c) पर्यावरण के प्रति जागरूकता की जरूरत है।
(d) पर्यावरण अध्ययन को एक विषय के रूप में मान्यता दी गई।

59. सामाजिक अध्ययन के किस भाग में आर्थिक विकास की योजनाओं तथा अन्तर्राष्ट्रीय आर्थिक सम्बन्धों का अध्ययन किया जाता है?

(a) मानवशास्त्र (b) समाजशास्त्र
(c) अर्थशास्त्र (d) इनमें से कोई नहीं

60. इतिहास शिक्षण की अत्यन्त महत्त्वपूर्ण विधि है

(a) योजना विधि (b) स्रोत विधि
(c) प्रयोगशाला विधि (d) इनमें से कोई नहीं

उत्तरमाला

1 (a)	2 (a)	3 (c)	4 (d)	5 (c)	6 (b)	7 (a)	8 (b)	9 (a)	10 (c)
11 (a)	12 (b)	13 (d)	14 (a)	15 (d)	16 (d)	17 (a)	18 (b)	19 (c)	20 (b)
21 (a)	22 (d)	23 (a)	24 (c)	25 (b)	26 (c)	27 (c)	28 (a)	29 (c)	30 (b)
31 (b)	32 (b)	33 (b)	34 (a)	35 (b)	36 (d)	37 (a)	38 (c)	39 (c)	40 (a)
41 (b)	42 (b)	43 (a)	44 (a)	45 (d)	46 (a)	47 (d)	48 (c)	49 (d)	50 (a)
51 (b)	52 (d)	53 (d)	54 (a)	55 (a)	56 (a)	57 (a)	58 (a)	59 (c)	60 (b)

www.ingramcontent.com/pod-product-compliance
Lightning Source LLC
LaVergne TN
LVHW082027051026
849532LV00011B/3287
* 9 7 8 9 3 2 4 1 9 3 5 9 9 *